Painted by A. Chappel. Engraved by G. R. Hall.

G. Washington

From the original portrait by Pine in the possession of J. Carson Brevoort Esqr.

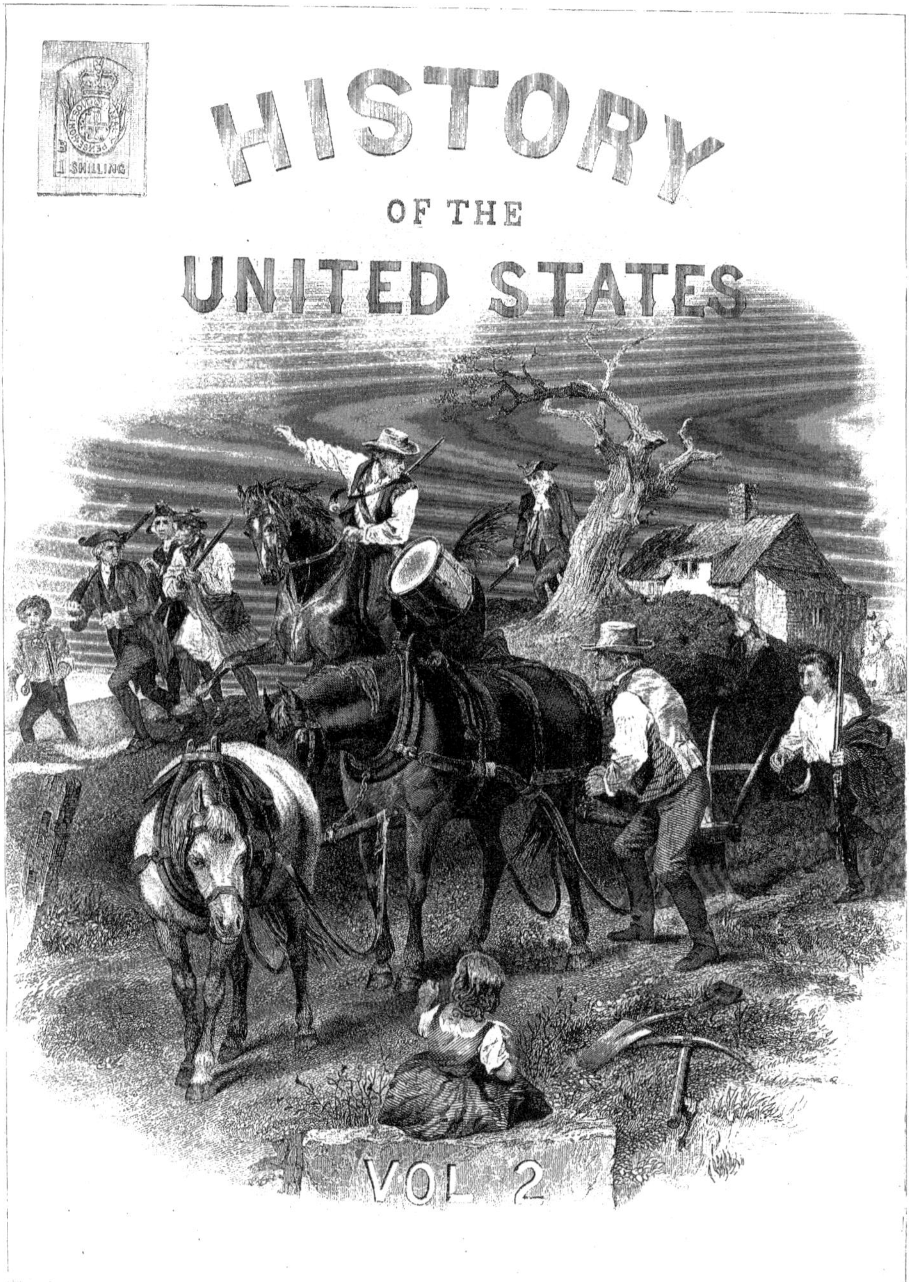

HISTORY OF THE UNITED STATES

VOL 2

Painted by Alonzo Chappel.

NEWS FROM LEXINGTON_PUTNAM LEAVING THE PLOUGH.

NEW YORK,
JOHNSON, FRY & COMPANY,
27 BEEKMAN STREET.

Geschichte

der

Vereinigten Staaten.

Von

den frühesten Zeiten

bis

zur Administration von James Buchanan.

Von

Dr. J. A. Spencer,

Mitglied der New Yorker Historischen Gesellschaft und der Société Orientale de France, u. s. w.

Illustrirt mit ausgezeichneten Stahlstichen,

nach Original-Gemälden von Leutze, Weir, Powell, Chappel und anderen bedeutenden Künstlern.

In drei Bänden.

Zweiter Band.

New York:

Johnson, Fry & Compagnie,

27 Beekman Straße.

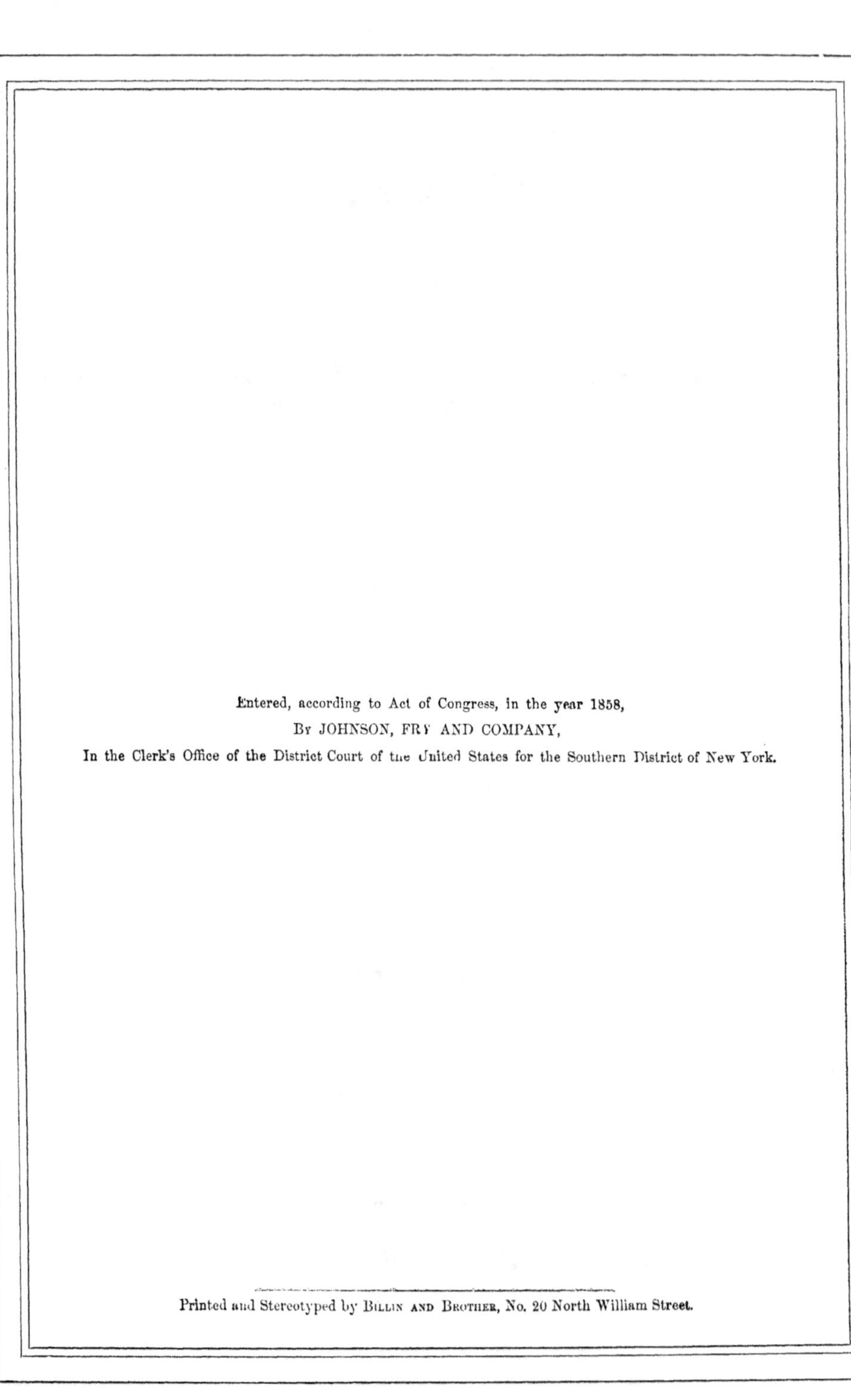

Printed and Stereotyped by Billin and Brother, No. 20 North William Street.

Inhalt des zweiten Bandes.

Drittes Buch.

(Fortsetzung.)

Von der Unabhängigkeits-Erklärung bis zum Friedensschlusse.

V. Kapitel.

1778.

Ende des Feldzuges von 1778.

VI. Kapitel.

1779.

Kriegsereignisse während des Jahres 1779.

VII. Kapitel.
1780.
Der Feldzug von 1780.

VIII. Kapitel.
1781.
Das Entscheidungs-Jahr des Krieges.

IX. Kapitel.
1782—1783.
Ende des Revolutions-Krieges.

Viertes Buch.

Von dem Friedens-Vertrage bis zu dem Ende von Adam's Verwaltung. 1783—1801.

I. Kapitel.

1783—1786.

Die drei Jahre nach dem Kriege.

II. Kapitel.

1787.

Die Föderal-Convention und ihr Werk

III. Kapitel.

1787—1788.

Die Annahme der Verfassung.

IV. Kapitel.

1789.

Organisation der Bundes-Regierung.

V. Kapitel.

1798—1781.

Die Verhandlungen während des ersten Kongresses.

VI. Kapitel.

1791—1793.

Schluß von Washington's erstem Amts-Termin.

VII. Kapitel.

1793—1794.

Schwierige Lage der Administration.

VIII. Kapitel.

1774—1796.

Fernere Drangsale der Administration.

IX. Kapitel.

1796—1797.

Schluß von Washington's öffentlichem Leben.

X. Kapitel.

1797—1798.

Das erste Jahr unter Adams Präsidentschaft.

XI. Kapitel.

1798—1799.

Begebenheiten während der Jahre 1798 und 1799.

XII. Kapitel.

1799.

Washington's Eigenschaften und sein Tod.

XIII. Kapitel.

1800—1802.

Schluß der Adams'schen Administration.

XVI. Kapitel.

1797—1801.

Fortschreiten des nationalen Wohlstandes.

Drittes Buch.

(Fortsetzung).

Von

der Unabhängigkeits-Erklärung

bis zum

Friedens-Schlusse.

1776—1783.

Geschichte

der

Vereinigten Staaten von Amerika.

Fünftes Kapitel.

1778.

Ende des Feldzuges von 1778.

Sir Henry Clinton räumt Philadelphia—Stärke der kriegführenden Heere—Ansicht des Kriegsraths—Maßregeln, das Vordringen der Engländer zu verhindern—Washington verfolgt Clinton—Beschließt den Angriff—Schlacht von Monmouth—Lee's Verhalten—Erfolg der Schlacht—Lee vor einem Kriegsgericht—Das Urtheil—Ein Zug in Lee's Leben—Ankunft der französischen Flotte—Segelt nach New-York und von da nach Rhode-Island—D'Estaing's Manöver—See-Schlacht—D'Estaing beschließt, nach Boston zu segeln—Sullivan zum Rückzuge gezwungen—Schreiben Washington's—Englische Expedition—Zerstörung von Bedford und anderen Städten—Der Congreß empfängt den französischen Gesandten—Botta's Bemerkungen--Die Engländer beschließen mit Strenge zu verfahren—Zerstörung von Wyoming—Fouragir-Züge—Baylor's Regiment in Stücke gehauen—Pulaski's Legion aufgerieben—Sparks' Kritik des Verfahrens der Engländer—Congreß empfiehlt Repressalien—Byron und die englische Flotte—D'Estaing segelt nach Westindien—Englische Truppen auf dem Marsche nach dem Süden—Die Armee bezieht Winterquartiere—Eifersucht und Parteizwist im Congresse—Brief Washington's an Harrison—Repressalien gegen die Indianer—Expedition des Obristen Clark—Allgemeine Abspannung—Washington geht nach Philadelphia—Plan zur Campagne im folgenden Jahre—Krieg in den Süden gespielt—Campbell nimmt Savannah—Seine Politik—Steuben's Verdienste um die Organisation—Unternehmungen zur See—Waffenthaten Biddle's, Jone's, Barry's und Talbot's—Annahme der Conföderations-Artikel.

Da man voraussah, daß in Kurzem eine französische Flotte an den Küsten der Vereinigten Staaten ankommen werde, erhielt Sir Henry Clinton den Befehl, Philadelphia unverzüglich zu räumen, mit einem Theile seiner Truppen den beabsichtigten Ueberfall der französischen Besitzungen in Westindien zu unterstützen, und die übrigen nach New-York zu dirigiren. Er ließ daher einen Theil derselben einschiffen, und beschloß, mit der Hauptmacht New-Jersey zu durchziehen. Die Räumung Philadelphia's ging am 18. Juni wirklich **1778.**
vor sich und Arnold besetzte die Stadt und übernahm darin das Commando. Wenige Tage darauf verlegte auch der Congreß seine Sitzungen von neuem dahin.

Zu jener Zeit bestand die Gesammtstärke der Engländer in Philadelphia, New-York und Rhode-Island aus mehr als drei und dreißig tausend Mann, während Washington höchstens fünfzehntausend und keine Aussicht hatte, den Effectivbestand auf mehr als zwanzigtausend zu bringen. Der Kriegsrath schätzte die Stärke der Engländer zwar nur auf die Hälfte des wirklichen Bestandes, war aber dennoch jedem Offensiv-Verfahren entgegen, und mit Ausnahme Washington's und weniger Oberoffiziere waren Alle entschieden gegen jede Angriffs-Bewegung, welche eine Schlacht mit den Engländern hätte herbeiführen können. Lee, der vor Kurzem ausgewechselt worden war, erklärte es sogar für verbrecherisch, mit einem in Stärke und Disziplin so überlegenen Feinde eine Schlacht wagen zu wollen. Die ausländischen Offiziere stimmten ihm größtentheils bei. Washington sah sich also gezwungen, mit größter Vorsicht zu Werke zu gehen, denn obgleich er selbst *für* die Schlacht gestimmt hatte, durfte er in einer so kritischen Lage doch nicht gegen die Ansicht des Kriegsrathes handeln.

Schon vorher hatte Washington den General Maxwell mit der Brigade von Jersey beordert, über den Delaware zu gehen und mit dem General Dickinson, der die Jerseyer Milizen befehligte, die Brücken zu zerstören, die Straßen durch Baumverhaue unwegsam zu machen und die Engländer auf dem Marsche aufzuhalten und zu necken. Dabei war ihm strenge Vorsicht anempfohlen, jedem Angriffe durch eine überlegene Macht auszuweichen.

Von Philadelphia führten zwei Straßen nach New-York; die eine an dem westlichen Ufer des Delaware nach der Fähre zu Trenton, und die andere an dem östlichen Ufer nach demselben Punkte. Die Engländer waren unbelästigt bei Gloucester Point über den Fluß gegangen, und hatten die letzterwähnte Straße eingeschlagen. Da sie durch eine feindlich gesinnte Bevölkerung und über ungünstiges Terrain führte, hatte sich Sir Henry Clinton weislich mit einem großen Vorrathe Lebensmitteln versehen und eine Menge Gepäck mit sich genommen; der Marsch seines Heeres konnte also nur langsam sein. So gelangte er in kurzen Etappen durch Haddonfield und Mount Holly, und langte am 24. Juni zu Croßwick und Allentown an. In sieben Tagen hatte er nicht ganz vierzig Meilen zurückgelegt. Die Langsamkeit seiner Bewegung ließ die Amerikaner glauben, daß er ein Zusammentreffen wünsche; General Maxwell, der zu Mount Holly stand, zog sich deshalb bei seiner Annäherung zurück, und weder ihm noch Dickinson war es gelungen, ihn auf dem Marsche bedeutend zu belästigen.

Da die Engländer den Delaware aufwärts und immer dicht am Flusse hinzogen, mußte Washington, der an dem Tage, an welchem Clinton Philadelphia räumte, von Valley Forge aufgebrochen war, einen Bogenmarsch machen, um den Fluß weiter oberhalb an Coryell's Fähre zu 1788.
überschreiten. Dieses geschah am 22. Juni und er stellte sich sogleich bei Hopewell auf den diesen Ort einschließenden Höhen auf, wo er bis zum 23. Juni weilte.

Von Allentown gingen zwei Straßen nach New-York, eine zur Linken durch South Amboy an den Hudson, die andere zur Rechten über Monmouth und Sandy Hook. Die ersterwähnte Straße war etwas kürzer, allein man hatte den Raritan-Fluß zu passiren, und das Uebersetzen im Angesicht des Feindes war schwierig und konnte gefährlich werden. Clinton beschloß daher, die Straße zum Sandy Hook einzuschlagen, da auf dieser der Raritan-Fluß ganz vermieden wurde.

In Hopewell berief Washington abermals einen Kriegsrath. Lee beharrte auf

MOLL PITCHER AT THE BATTLE OF MONMOUTH.

From the original Picture in the possession of the Publishers.

PAINTED BY D. M. CARTER. ENGRAVED BY J. ROGERS.

seiner früheren Ansicht, und Viele theilten dieselbe. Der Oberbefehlshaber aber fand, daß die Ehre der Armee hier gewissermaßen auf dem Spiele stehe, und er wußte, daß die Lieferung einer Schlacht von ihm erwartet wurde; er beschloß daher nach eigner Einsicht zu verfahren. Washington war zwar vorsichtig, aber nicht ohne Kühnheit im Unternehmen, und er glaubte durchaus nicht, daß die Kriegschance so sehr gegen ihn sei, wie es Lee und Andere zu glauben schienen. Sämmtliche Offiziere stimmten übrigens seiner Ansicht bei, daß vor Allem das Corps auf der linken Flanke des Feindes mit fünfzehnhundert Mann verstärkt werden solle, um den etwa zu erringenden Vortheil sogleich verfolgen zu können: das Hauptcorps sollte dagegen als Reserve dienen, um je nach Umständen verwendet zu werden.

So wie Washington Kunde erhielt, daß Sir Henry Clinton an dem Amthause von Monmouth aufmarschire, beorderte er den General Wayne das zuerst erwähnte Corps mit tausend Mann zu verstärken, und übertrug den Oberbefehl über solches dem General Lafayette mit der Instruktion, bei der ersten günstigen Gelegenheit den Feind im Rücken anzugreifen. Der Oberbefehl war dem General Lee angeboten worden, er hatte ihn aber abgelehnt. Das Hauptcorps folgte in kurzer Entfernung und erreichte am nächsten Morgen das Dorf Cranberry. Clinton durchschaute die Absicht der Amerikaner und hatte seine Grenadiere, leichte Infanterie und Chasseure in die Nachhut placirt, das Gepäck aber an die Spitze gebracht. Washington verstärkte seine Avantgarde mit zwei Brigaden, und da Lee aus irgend einem Grunde seine Ansicht geändert hatte, und seine Verwendung wünschte, übertrug er ihm das Kommando über dieselbe, und folgte mit der Hauptarmee, um überall Beistand und Nachdruck zu geben. Am Morgen des 28. Juni ertheilte er Lee den Befehl voranzurücken und anzugreifen, falls nicht ganz entscheidende Gründe es verhinderten. Als Washington ungefähr fünf Meilen weiter marschirt war, um die Avantgarde im Gefechte zu unterstützen, fand er dieselbe, über fünftausend Mann zählend, in voller Retirade, ohne daß Lee einen ernstlichen Angriff auch nur versucht gehabt hätte. Im höchsten Grade überrascht und erzürnt, ritt er auf Lee zu, und fragte nach der Ursache dieses Verfahrens, erhielt aber ungestüme und unpassende Worte zur Antwort.*)

Sogleich beorderte der Oberfeldherr die Obersten Stewart und Obristlieutnant Ramsay mit ihren Bataillonen auf einer günstig gelegenen Anhöhe Position zu nehmen, um das fernere Vordringen des Feindes zu verhindern. Lee wurde befragt, ob er die Position commandiren wollte, und da er sich sogleich geneigt erklärte, wurde ihm befohlen, die geeigneten Maßregeln zu ergreifen, den Feind aufzuhalten. „Ihr Befehl soll befolgt werden, antwortete er, und ich werde nicht der Erste sein, der das Schlachtfeld verläßt!“ Washington eilte nach dem Hauptcorps und formirte es in möglichster Eile zur passenden Verwendung, denn schon hatte eine heftige Kanonade zwischen den beiden Heeren begonnen, und Lee's Bataillone waren mit der Arrieregarde des Feindes bereits im Handgemenge. Lee hielt sich so lange er konnte, und leitete den Rückzug seines Corps in guter Ordnung, so daß man wirklich sagen konnte,

*) S. Irving a. a. O. Vol. III. p. 428.

daß er der Letzte auf dem Schlachtfelde war.

Der durch dieses Manöver verursachte Aufenthalt des Marsches der Engländer gestattete den Amerikanern, ihren linken Flügel und die Reserve in den Wäldern und auf den Höhen zu entwickeln, nach welchen sich Lee zurückzog. Dort postirte Lord Sterling, der den linken Flügel kommandirte, einige Geschütze, und war dadurch im Stande, den Weitermarsch der Engländer wirksam aufzuhalten. General Greene nahm sogleich auf der Rechten von Lord Sterling's Position eine äußerst vortheilhafte Stellung ein.*) Die Engländer versuchten, den linken Flügel der Amerikaner zu umgehen, wurden aber zurückgeworfen. Eine gleichfalls versuchte Bewegung nach der rechten Seite ward eben so erfolgreich durch Greene's Artillerie vereitelt. Wayne drang dann mit einer Abtheilung gegen sie vor, und nahm sie in ein so gut dirigirtes Feuer, daß sie bald geworfen waren.

Sie zogen sich zurück, und nahmen an dem Orte, den Lee zuvor besetzt gehabt, eine Stellung ein. Dort beschloß Washington sie anzugreifen. Er befahl dem General Poor zur Rechten, und dem General Woodford, zur Linken gegen sie vorzudringen; bevor sich dieselben aber auf Schußweite genähert hatten, war die Nacht hereingebrochen. Die Generale nahmen in der Dunkelheit die ihnen vorgeschriebenen Stellungen ein, und hielten sich bereit, am Morgen anzugreifen; das Hauptcorps blieb die Nacht über unter Waffen, um wo es Noth thun würde, Beistand zu leisten.*) General Washington durchwachte die auf einen Tag voller Anstrengungen und persönlichen Gefahren folgende Nacht, um seine Vorkehrungen zum Angriffe am nächsten Tage zu treffen.

Allein die Engländer benützten die Nacht, um in größter Stille abzumarschiren. Der Rückzug geschah mit so großer Vorsicht, daß General Poor, der ganz nahe bei ihnen stand, nichts davon gewahr wurde. Nur etwa vier Offiziere und vierzig Soldaten waren zurückgeblieben, weil ihre schweren Wunden nicht gestatteten, sie fortzuschaffen. Die Leicht-Verwundeten hatten sie mitgeführt. Sie gelangten ohne weitere Unterbrechung, und ohne Verlust ihres Gepäckes in die Nähe von Sandy Hook. Washington machte keinen Versuch, sie ferner zu verfolgen, und zog seine Truppen an den Ufern des Hudson zusammen. Sein Verlust betrug etwa zweihundert und fünfzig Mann, der der Engländer etwas mehr. Im Ganzen war das Resultat der Affaire, denn einen Sieg kann man es eigentlich nicht nennen, befriedigend. Die Soldaten hatten sich mit Muth und Tapferkeit geschlagen, und hätten General Lee's auffallende Fehler nicht alle Berechnung zu Nichte gemacht, so war die vollständige Niederlage der englischen Macht nicht unwahrscheinlich.

Am neunten Tage nach der Schlacht faßte der Congreß einstimmig den Beschluß, „General Washington den Dank des Volkes auszusprechen für den raschen Abbruch des Lagers von Valley Forge und die schleunige Verfolgung des Feindes, sowie für

*) Lafayette sagt bezüglich dieser Schlacht, daß Washington nie größeres Feldherrntalent gezeigt habe, als bei dieser Gelegenheit. Sein bloßes Erscheinen brachte die Fliehenden zum Stehen, und seinen Anordnungen folgte der gewisse Sieg. Seine imponirende Gestalt, wenn er zu Pferde saß, und die durch den empfundenen Aerger erzeugte Aufregung in seinem Wesen machten einen unwiderstehlichen Eindruck.

*) Es war an jenem Tage so heiß, daß etwa 60 Engländer und auch mehrere amerikanische Soldaten an bloser Ermattung starben.

THE BIVOUAC AT MONMOUTH.

From the original picture by A. Chappel, in the possession of the Publishers.

MARTIN JOHNSON & Co. PUBLISHERS, N.Y. — J. C. BUTTRE, ENGRAVER

die ausgezeichnete Leitung des Angriffes und den wichtigen Sieg, den er bei Monmouth über die englische Hauptarmee davon getragen, als dieselbe unter General Henry Clinton von Philadelphia nach New-York auf dem Marsche war."

Wahrscheinlich würde Washington Lee's Benehmen während der Schlacht nicht weiter beachtet haben; aber dieser General konnte die Ausdrücke nicht verschmerzen, deren sich der Oberbefehlshaber bei dem ersten Zusammentreffen mit ihm bedient hatte, sondern schrieb zweimal in heftigen Worten an ihn, indem er selbst verlangte, daß er vor ein Kriegsgericht gestellt werde. Die gegen ihn vorgebrachten Anklagepunkte waren erstens, daß er trotz wiederholter Befehle am 28. Juni den Feind nicht angegriffen habe; zweitens, daß er sich an demselben Tage dem Feinde gegenüber eines großen Vergehens schuldig gemacht habe, indem er, ohne dazu gezwungen zu sein, seine Truppen sich in voller Unordnung zurückziehen ließ; *) drittens, daß er in zwei Briefen die dem Oberbefehlshaber gebührende Achtung verletzt habe.

Lord Stirling präsidirte das Kriegsgericht. Nach langer Verhandlung wurde Lee zum ersten Anklagepunkte schuldig befunden und für die Dauer eines Jahres von jedem Commando in dem amerikanischen Heere ausgeschlossen; bezüglich des zweiten Anklagepunktes herrschte eine mildere Ansicht, indem erklärt wurde, daß er sich dem Feinde gegenüber dadurch eines Vergehens schuldig gemacht habe, daß er einen unnöthigen Rückzug und in Unordnung habe geschehen lassen.

Nach einigem Schwanken bestätigte der Congreß den Ausspruch des Kriegsgerichts und Lee, tief gekränkt, verließ das Heer, in das er nie wieder eintrat. Den Rest seiner Tage brachte er in Philadelphia zu, wo er am 21. Oktober 1782 starb. Sein ganzer Lebenslauf beweis't, daß er eben so viel Thorheiten und Irreligiosität, wie Fähigkeiten und militärische Kenntnisse besaß.*)

Anfangs Juli, gerade zur Zeit, wo das englische Heer in New-York anlangte, erschien Graf d'Estaing mit der französischen Flotte an der Küste von Virginien.

Er war am 13. April von Toulon abgefahren, aber durch Gegenwinde so lange aufgehalten worden. Die Franzosen standen in der sichern Erwartung, Graf d'Estaing würde die Engländer noch in Philadelphia finden, und in diesem Falle wäre allerdings die ganze feindliche Streitmacht, von der See aus durch die Franzosen und zu Land von den Amerikanern eingeschlossen, der drohendsten Gefahr ausgesetzt gewesen. Als nun aber der französische Befehlshaber

*) Der Oberrichter Marschall sprach sich in seiner Anklagerede über Lee's Vertheidigung dahin aus, daß die zur Rechtfertigung seines Rückzuges angeführten Gründe denselben vielleicht nicht ganz zu rechtfertigen vermöchten, die Sache aber doch so problematisch machten, daß darüber nie eine öffentliche Untersuchung angestellt worden wäre, wenn der stolze Mann sich dazu verstanden hätte, dem Oberbefehlshaber eine Erklärung einzureichen, statt denselben zu beleidigen.

*) Sparks führt in einer Note einen sonderbaren Vorfall aus Lee's Leben an. Als Washington dem Befehle des Congresses gemäß die Generale bei Valley Forge beeidigte und nach üblicher Weise die Bibel in die Hand nahm, zog Lee zweimal seine Hand gerade im Augenblick zurück, wo er den Eid leisten sollte. Dieses sonderbare und auffallende Benehmen rief ein Lächeln der anderen Offiziere hervor. Washington frug nach der Ursache seines Benehmens und Lee erklärte: „Er sei wohl bereit, den König Georg I. abzuschwören, habe aber in Bezug auf den Prinzen von Wales einige Bedenklichkeiten." Diese sonderbare Antwort erregte ein lautes Lachen der Umstehenden, und die Ceremonie war für eine Weile unterbrochen. Doch wurde sie wieder aufgenommen und Lee leistete mit den übrigen Offizieren den Eid. Durch sein späteres Benehmen erregte dieser, dem Range nach Washington am nächsten stehende Offizier Zweifel an seinen Patriotismus. Der obige Vorfall war jedoch wahrscheinlich nur einer jener Ausbrüche seiner excentrischen Laune.

die Gewißheit erhielt, daß die Engländer Philadelphia geräumt hatten, segelte er mit seiner Flotte nördlich und erschien am Abende des 11. Juli vor Sandy Hook. Lord Howe, dessen Flotte nur aus sechs Linienschiffen von fünfzig Kanonen jedes, nebst einigen Fregatten und kleineren Fahrzeugen bestand, war von d'Estaing's Annäherung einige Tage vor dessen wirklichem Erscheinen unterrichtet worden und hatte seine Streitkräfte ganz zweckmäßig zur Vertheidigung New-Yorks aufgestellt. Die französische Flotte konnte ungünstiger Winde wegen nach ihrer Ankunft während geraumer Zeit den Angriff auf die Engländer nicht beginnen. Am 22. Juli aber drehte sich der Wind nach Osten, die Franzosen lichteten Anker und die Engländer erwarteten mit jedem Augenblicke einen Angriff. Alle Piloten aber waren der Ansicht, daß die französischen Schiffe nicht über die Bank bei Sandy Hook hinüber könnten und weigerten sich, dieselben den Kanal hinaufzuführen; d'Estaing sah sich also gezwungen, wieder nach der offenen See zu steuern, und fuhr bis zu den Vorgebirgen des Delaware hinunter. Dort angekommen, änderte er seine Richtung und segelte geraden Weges nach Rhode-Island, vor dem er am 29. desselben Monats erschien. Seine Absicht war, die dort stehende englische Landmacht anzugreifen, wobei sich General Sullivan mit einem Detachement von Washington's Heere und Hülfstruppen von Neu-England betheiligen sollten.

Die Amerikaner hatten bereits seit einiger Zeit Rüstungen gemacht, um sich Rhode-Islands zu bemächtigen, und Sullivan war mit der Leitung und der Beschleunigung dieser Vorbereitungen beauftragt. Diese Maßregeln konnten der Aufmerksamkeit des Generals Pigot, Kommandanten der Insel, nicht entgehen. Um die Operationen der Amerikaner zu vereiteln, ließ er zwei Einfälle nach Providence-Plantation, die eine unter Obrist Campbell, die andere unter Major Eyre machen, in welchen eine bedeutende Masse von Kriegs- und Schiffsmaterial, einige Galeeren und Kriegsschaluppen nebst ungefähr hundert für die Expedition ausgerüsteten Boote zerstört wurden. Dieser Verlust verzögerte die Rüstungen des Generals Sullivan und die Amerikaner waren mehrere Tage nach der Ankunft der französischen Flotte noch nicht zum gemeinschaftlichen Handeln bereit.

Rhode-Island besteht aus zwei durch eine Landenge verbundenen Theilen; nahe der Küste liegt eine Anzahl kleiner Inseln zerstreut. Newport, der Hauptort der Insel, liegt auf dem westlichen Theile der Landenge und ihm gegenüber die Insel Connanicut zwischen Rhode-Island und dem festen Lande. Die Stadt ist auf drei Seiten zugänglich: durch die Ost- oder Seakonet-Durchfahrt, durch den sogenannten Haupt-Kanal westlich von der Insel zwischen dieser und Connanicut, und durch die West- oder Narraganset-Durchfahrt, welche an der Ostgränze von Connecticut mit dem „Hauptkanal" zusammenläuft.

Die Stärke der englischen Garnison belief sich auf sechstausend Mann unter dem Commando von General Pigot. Das Hauptcorps lag zu Newport; drei Regimenter waren auf der Insel Connanicut stationirt; der Isthmus wurde durch eine Reihe Verschanzungen vertheidigt, und jeder der drei Einläufe von der See-Seite war von Fregatten und Galeeren bewacht, welche indeß bei dem Erscheinen der französischen Flotte zerstört wurden, um sie dem

Feinde nicht in die Hände fallen zu lassen. D'Estaing stationirte einige Kriegsschiffe sowohl in die Seakonet- als in die Narraganset-Durchfahrt; den „Hauptkanal" aber blokirte er dadurch vollständig, daß er seine Flotte an der Mündung desselben vor Anker legte. In dieser Stellung verharrte er bis zum 8. August. Als dann die Amerikaner gerüstet waren, mit ihm in Gemeinschaft zu handeln, segelte er nach dem Hafen, wechselte mit den Uferbatterien im Vorüberfahren mehrere Ladungen und warf zwischen Newport und Connanicut Anker.

Das Erscheinen der französischen Flotte vor Rhode-Island wurde eiligst nach New-York berichtet, und Lord Howe segelte mit seiner Flotte, die jetzt aus acht Linienschiffen, vier Fregatten mit drei Brandern, zwei Bombardier-Schaluppen und einer Anzahl kleinerer Fahrzeuge bestand, nach einem durch Gegenwinde verursachten Aufenthalte von vier Tagen, nach Rhode-Island ab, wo er am 9. August auf der Höhe anlangte und bei Point Judith, außerhalb der Einfahrt in den Hauptkanal, die Anker auswarf. Am Morgen des Zehnten hatte sich der Wind gegen Nordost gedreht, und Graf d'Estaing fand sich auf einmal versucht, das Meer zu gewinnen, um Howe auf die Probe zu stellen, ob er es wagen werde, ihn anzugreifen.*) Er gab also vorerst die wichtige Stellung, in der er den Amerikanern so wirksamen Beistand leisten konnte, auf, und stach in die See, um der englischen Flotte eine Schlacht anzubieten.

Als Lord Howe eine so starke Armada gegen sich aufgestellt sah, während er unter dem Winde lag und die Franzosen den Vortheil der Stellung hatten, wich er einem Engagement aus und suchte durch sehr geschickte Manövres jenen Vortheil der Stellung für sich zu gewinnen. Dadurch entspann sich ein Wettstreit im Manövriren, der den ganzen Tag über fortdauerte, da der französische Admiral nicht weniger erpicht war, seinen Vortheil zu behaupten. Am zweiten Tage, als sich die Affaire gerade entwickeln zu wollen schien, wurden die Flotten durch einen heftigen Sturm getrennt, der ihnen beiden große Beschädigung verursachte. Einzelne Fahrzeuge kamen aneinander, und es fanden etliche scharfe Zusammenstöße statt, allein große Resultate wurden für keinen Theil gewonnen. Lord Howe kehrte nach New-York und d'Estaing nach Newport zurück, um die erlittenen Schäden auszubessern.

In der Zeit, als d'Estaing dem Lord Howe auf der Höhe von Rhode-Island eine Schlacht anzubieten beabsichtigte, war das von Sullivan befehligte Corps von etwa zehntausend Mann, meistens Milizen, schlagfertig; es wurde jedoch beschlossen, den Beginn der Feindseligkeiten bis zur Rückkehr d'Estaing's zu verschieben, da derselbe mehrmals Beweise von Empfindlichkeit in Beobachtung von Förmlichkeiten und Rücksichten an den Tag gelegt hatte. Da aber die amerikanischen Truppen nicht lange unthätig gelassen werden durften, wenn man sie zusammen halten wollte, so kam man gegen jenen Entschluß zurück und entschied sich für sofortige Eröffnung der Feindseligkeiten.

General Pigot zog jetzt seine Truppen von Connanicut zurück, zog die Vorposten ein und concentrirte sein Corps in der Nachbarschaft von Newport, wo er ein verschanztes Lager bezog. Die amerikanische

*) In Peabody's Life of John Sullivan, p. 98, kann man eine gründliche Untersuchung über das Verfahren d'Estaing's und dessen Folgen lesen.

Haupt-Armee dagegen wurde von dem festen Lande nach dem nördlichen Ende der Insel übergesetzt, wo sie einen befestigten Posten, den die Engländer geräumt hatten, einnahmen und gegen Newport vordrangen, um daselbst den Feind in seinen Verschanzungen zu belagern.

Aber noch vor dem Anfange dieser Belagerung, am 12. August, war Sullivan's Corps von dem nämlichen Orkane heimgesucht, der die Flotten auseinander geworfen und beschädigt hatte. Er riß die Zelte nieder und zerstörte sie beinahe gänzlich; der in Strömen fallende Regen machte die Feuerwaffen unbrauchbar und beschädigte die Munition, von der man gerade vorher fünfzig Rollen auf den Mann ausgetheilt hatte. Die Soldaten waren obdachlos und litten außerordentlich; mehrere kamen in dem fürchterlichen Wetter um, welches drei Tage währte. Nach diesem Ungemache marschirte die Armee gegen das verschanzte Lager der Engländer vor und begann die Belagerung, welche indeß, so lange d'Estaing nicht mit der Flotte zurück war, darum nur sehr unwirksam sein konnte, weil die englische Streitmacht von der See aus stets neu verstärkt werden konnte. Am Abende des 20. August erschien die französische Flotte wieder auf der Höhe vor der Insel; die Freude darüber war aber von kurzer Dauer. D'Estaing notifizirte dem General Sullivan, daß er schriftliche Instruktionen habe und daß alle seine Offiziere den darin vorausgesetzten Fall als eingetreten erklärten, wonach er sofort nach Boston segeln müsse. Seine Instruktion sei nämlich, er solle in Boston einlaufen, wenn er entweder einen Unfall erleide, oder auf eine überlegene englische Seemacht stoße. Die starke Beschädigung seiner Schiffe und die Ankunft des Admirals Byron mit Verstärkungen für die Engländer lasse nach der Ansicht seiner Offiziere den in jener Instruktion vorausgesetzten Fall als eingetreten betrachten, und er habe beschlossen, nach Boston abzusegeln.

Greene und Lafayette waren überzeugt, daß das Absegeln der französischen Flotte das ganze Unternehmen scheitern machen werde. Sie drangen in d'Estaing, seinen Entschluß zu ändern, um die gemeinschaftliche Sache nicht zu ruiniren; sie stellten ihm die Wichtigkeit des in Ausführung begriffenen Planes sowohl für Frankreich als für Amerika vor; wie derselbe schon so weit vorgeschritten, daß am Erfolge nicht zu zweifeln sei; daß man ihn jetzt nicht aufgeben könne, ohne die Amerikaner zu verletzen und zu empören, da sie, auf den Beistand der französischen Flotte rechnend, denselben mit so großer Energie unternommen und so unendlich große Anstrengungen gemacht hätten, die nöthige Ausrüstung vorzunehmen; daß das Zurücktreten ihrer Verbündeten in einem so kritischen Augenblicke den heimlichen Gegnern der großen Sache einen unendlichen Triumph gewähren müsse, die nicht mit Unrecht darin einen Beweis von Treulosigkeit der Franzosen erkennen, und über die Früchte der Allianz bitter höhnen würden; daß die aufeinander folgenden Fehlschläge auf dem Delaware, am Sandy Hook und zuletzt der vor Newport nothwendig eine nicht ungerechtfertigte Erbitterung hervorrufen müßten. Sie bemerkten noch, wie mißlich es sei, mit einer so übel zugerichteten Flotte durch die Untiefen von Nantucket zu passiren, und wie selbe weit besser zu Newport als zu Boston ausgebessert werden könne; endlich daß ihr jetziger Ankerplatz weit größere Vortheile biete, dem Feinde empfindliche Verluste beizubringen, als Boston, während die Flotte, wenn eine überlegene englische Macht gegen sie zusammengebracht würde, in Boston so wenig sicher sei, als in Newport. Es war aber Alles vergeblich. Zwar wurde ein Protest aufgesetzt, den mit Ausnahme Lafayette's sämmtliche Oberoffiziere unterzeichneten und der dem Grafen d'Estaing gerade im Augenblicke, wo er die Anker lichtete, zugestellt wurde, allein er blieb bei seinem Entschlusse und lief drei Tage nachher am 22. August im Hafen von Boston ein.

1778.

Wie Gordon sagt, verursachte die Abfahrt der Flotte dem General Sullivan einen solchen Kummer, daß er gegen alle Regeln der Politik am 24. in einem Tagesbefehl an das Heer sich folgendermaßen aussprach: „Der General kann nicht umhin, die plötzliche und unerwartete Abfahrt der französischen Flotte zu bedauern, denn er hält es für wahrscheinlich, daß sich Viele, welche von ihrer Mitwirkung große Erwartungen hegten, entmuthigen lassen werden; obgleich keineswegs zu befürchten steht, daß das Heer oder auch nur ein Theil desselben durch die Entfernung der französischen Schiffe gefährdet werde. Er lebt in der festen Hoffnung, daß Amerika sich fähig zeigen werde, auch ohne den Beistand seiner Verbündeten das Ziel seines Strebens zu erreichen."

Zwei Tage nachher suchte er in einem anderen Tagesbefehl die scharfen Ausdrücke des ersteren dadurch zu mildern, daß er erklärte, „er habe keineswegs andeuten wollen, die Abfahrt der französischen Flotte habe deswegen stattgefunden, weil sich ihre Allirten von dem Unternehmen hätten zurückziehen wollen. Er wolle keinen Anlaß geben, daß Leute von schroffer und übelwollender Denkungsart seine Worte entstellen oder falsch auslegen könnten."

Nach seiner Ankunft in Boston richtete d'Estaing am 26. ein Schreiben an den Congreß, worin er mittheilte, das königliche Geschwader befinde sich aus Mangel an Trinkwasser und Lebensmitteln in schwieriger Lage; man habe ihn in dieser Beziehung durch unrichtige Versicherungen getäuscht, und das Bedürfniß an diesen beiden Artikeln mache sich stets fühlbarer; er müsse jetzt ausschließlich darauf bedacht zu sein, das Geschwader zu erhalten und wieder kampffähig zu machen; es sei ihm daher nicht länger möglich, sich auf trügerische Verheißungen, Wasser und Lebensmittel zu erhalten, zu verlassen. Seine Abfahrt nach Boston rechtfertigte er durch den Zustand seiner Schiffe, die Nachricht von der Abfahrt eines englischen Geschwaders von Europa, die Unwissenheit hinsichtlich der Stärke von Howe's Seemacht, und endlich durch den Umstand, daß er in höchst nachtheiliger Stellung einem Angriffe der Engländer ausgesetzt gewesen sein würde, wenn er in Newport verblieben wäre. Zu gleicher Zeit sprach d'Estaing in dem Schreiben sein Mißvergnügen über den Protest aus.

Vielleicht war es nicht angemessen, den Grafen wegen seiner Abfahrt nach Boston zu tadeln, indem alle seine Offiziere auf diese Maßregel drangen. Trotzdem würde sich ihm wohl die Garnison von Newport ergeben haben, ehe Howe ihr hätte zu Hülfe kommen können, wenn er nur dort eingelaufen wäre. Als die Flotte nach Boston absegelte, sagte man: „Nie wurde eine so herrliche Aussicht durch einen so schmachvollen Abfall vereitelt." Es erhob sich ein allgemeiner Schrei des Unwillens selbst gegen die ganze französische Nation. Man verbreitete Briefe voll der bittersten Vorwürfe welche die öffentliche Meinung gegen d'Estaing und alle seine Offiziere aufregen mußten. Dies zu verhindern waren zwar die ruhigeren und vernünftigeren Bürger ihrerseits eifrigst bemüht, allein in Folge jener Vorfälle verließen zwei bis dreihundert Freiwillige binnen vier und zwanzig Stunden das Lager und viele Andere folgten ihnen, namentlich aus den Reihen der Miliz. Sullivan's Heer wurde dadurch so sehr geschwächt, daß er dem Feinde an Zahl nur noch wenig überlegen war.

In dieser Lage der Dinge beschloß Sullivan am 26. August die Belagerung aufzuheben und als Vorbereitung eines gänzlichen Aufgebens der Expedition sich nach dem Nord-Ende der Insel zurückzuziehen. Am 29. brach er mit seinem ganzen Heere auf. Obgleich ihm die Engländer und Hessen gewaltig nachsetzten, konnte er sich doch noch ohne Verlust mit seiner Avantgarde vereinigen. Dann aber stieß der Feind mit größerer Macht auf ihn und es entspann sich in der Nähe von Quäker Hill ein heftiges Gefecht, in welchem beide Theile gleich großen Verlust erlitten. Zuletzt warfen die Amerikaner ihre Gegner zurück und kamen in der Nacht durch die Päſſe von Bristol und über Hawland's Ferry auf dem Festland an.

So endete eine Expedition, welche nicht nur mit den glänzendsten Aussichten unternommen, sondern auch so weit gediehen war, daß Alles einen glorreichen Ausgang zu verheißen schien. General Sullivan hatte seinen Rückzug noch zur rechten Zeit bewerkstelligt, denn am folgenden Tage kam Clinton mit viertausend Mann Infanterie und einer Schwadron leichter Kavallerie zur Entsetzung Newport's an. Hätte derselbe günstigen Wind gehabt oder wäre Sullivan weniger rasch abgezogen, so würden die Amerikaner in eine verzweifelte Lage gekommen sein, da sie von einem doppelt starken Feinde auf einer Insel, deren Verbindung mit dem Festlande durch die englischen Schiffe abgeschnitten war, angegriffen worden wären. Auch erhielt Sullivan für seinen gelungenen Rückzug von dem Congresse die verdiente Anerkennung.

Washington sah die üblen Folgen voraus, welche die zwischen den Amerikanern und Franzosen eingetretene Erbitterung erzeugen mußte und wandte seinen ganzen Einfluß an, die Gemüther auf beiden Seiten zu besänftigen. Darin wurde er mächtig von Lafayette unterstützt, welcher verdientermaßen bei den Amerikanern wie bei den Franzosen sehr beliebt war. Vor Allem hatte er Pflichten gegen seinen König und sein Vaterland zu erfüllen, aber er liebte Amerika und war dem Oberbefehlshaber so ergeben, daß er ganz mit dessen Ansichten übereinstimmte und dessen versöhnliche Bemühungen auf's eifrigste unterstützte.

Washington schrieb sogleich an General Heath, den Commandanten von Boston; ferner an Sullivan und Greene, welcher letztere in Rhode Island befehligte. In dem Briefe an General Heath sprach er die Besorgniß aus, die Abfahrt der französischen Flotte in einem so kritischen Augenblick möge nicht nur das Vertrauen des Volkes in seine neuen Alliirten schwächen, sondern auch so starke Vorurtheile und bittere Gefühle erregen, daß vielleicht der Flotte in ihrem dermaligen Zustande nicht mit jenem Eifer und in dem Maße Unterstützung geleistet würde, wie es die Verhältnisse und die wahren Interessen Amerikas erforderten. Er sagte ferner, „die richtige Politik verlange, daß man solche Folgen zu verhindern suchen, und die Vorgänge auf eine gute Weise auslegen müsse; zu gleicher Zeit müsse man Alles aufbieten, die französische Flotte sobald als möglich in Stand zu setzen, sich vertheidigen und wieder nützlich werden zu können." Sein Brief enthält außerdem folgende Bemerkung: „Die Abfahrt der Flotte von Rhode Island ist noch nicht öffentlich besprochen worden, aber wenn es geschieht, bin ich gesonnen, dieselbe dem Umstande zuzuschreiben, daß die Flotte durch den letzten Sturm so sehr gelitten habe. Es scheint mir geeignet, diese Idee allgemein zu verbreiten. Da ich nicht zweifle, daß Sie, gleich mir das Gewicht dieser Gründe fühlen werden, so möchte ich Ihnen anempfehlen, mit all Ihrem Einflusse dahin zu wirken, die ganze Sache in ein plausibles Licht zu setzen und bei Allen, welche mit der Versorgung der Flotte beauftragt sind, den wärmsten Eifer und die größte Thätigkeit zu erwecken. Es ist Pflicht, unsere Mißgeschicke so gut wie möglich zu ertragen und nicht zu dulden, daß Leidenschaftlichkeit störend auf unsere Interessen und die öffentliche Wohlfahrt einwirke.

In einem Schreiben an General Sullivan bemerkte er: „Die zwischen Ihrem Heere und der französischen Flotte ausgebrochene Uneinigkeit hat mich sehr beunruhigt. Für das ganze Land ist unsere Eintracht von dem größten Interesse und dieselbe sollte durch alle mit unserer Ehre und Politik vereinbarlichen Mittel aufrecht erhalten werden. Die ersten Eindrücke sind gewöhnlich von längster Dauer und werden vor Allem die Franzosen in ihrem Urtheile über unseren Nationalcharakter bestimmen. In unserm Benehmen gegen dieselben müssen wir uns erinnern, daß sie ein altes Kriegsvolk sind, streng auf militärische Etiquette halten und geneigt sind, Feuer zu fangen, wenn Andere kaum warm zu werden anfangen. Erlauben Sie mir, Ihnen ganz besonders anzuempfehlen, Harmonie und gutes Verständniß zwischen den beiden Theilen zu pflegen und sorgfältig die Mißstimmung zu beseitigen, welche unter den Offizieren ausgebrochen ist. Auch ist es höchst wichtig, daß die Soldaten und das Volk nichts von diesem Zerwürfniß erfahren; oder wenn dasselbe ihnen bereits bekannt ist, alle Mittel anzuwenden, um dessen Umsichgreifen und Folgen zu verhindern."

An General Green schrieb Washington: „Ich habe jetzt nicht Zeit, die verschiedenen Gründe zu untersuchen, welche für und gegen d'Estaings Abfahrt von Newport nach Boston vorgebracht wurden. Gerechtfertigt oder nicht, wird dieselbe wahrscheinlich unsere sanguinische Hoffnungen etwas herabstimmen und, was mir noch nachtheiliger scheint, kann dadurch möglicher Weise zwischen uns und unsern neuen Alliirten der Samen der Zwietracht und des Mißtrauens ausgestreut werden, wenn nicht auf's vorsichtigste dahin gewirkt wird, Streit und Eifersucht, welche bereits ausgebrochen sind, zu unterdrücken. Von Ihrer Gesinnung und Ihrem Einflusse hängt Vieles ab für die Beilegung der zwischen den Amerikanern und französischen Offizieren herrschenden Gereiztheit. Ich ersuche Sie, Alles zu thun, um die Veröffentlichung des von den Offizieren abgefaßten Protestes zu verhindern. Mit richtiger Erkenntniß der übeln Folgen, welche das Bekanntwerden dieser Zwistigkeiten haben würde, hat auch der Congreß deßhalb einen Beschluß gefaßt. Uebrigens werden Sie, General, meine Ansicht im Ganzen besser auffassen, als ich sie auseinander setzen kann. Ich verlasse mich daher vollkommen darauf, daß Sie sich bemühen werden, alle persönlichen Feindseligkeiten zwischen den höheren Offizieren unseres Heeres und den Franzosen beizulegen und zu sorgen, daß unfreundliche Ausdrücke und Bemerkungen, von welcher Seite sie kommen mögen, vermieden werden."

Washington benutzte außerdem die erste Gelegenheit, seinen Briefwechsel mit dem Grafen d'Estaing wieder anzuknüpfen und sandte demselben ein Schreiben, welches ohne die ausgebrochenen Zwistigkeiten zu erwähnen, ganz darauf berechnet war, das unangenehme Gefühl zu mildern, welches in Folge derselben den Grafen mißstimmt hatte. — In Kurzem verschwand alle Gereiztheit von ernstlicherem Charakter, und gutes Einverständniß und Herzlichkeit kehrten zurück, obgleich hier und da der Unmuth des Volkes noch manchmal in ernsten Zänkereien und Streitigkeiten mit den französischen Matrosen und Seesoldaten ausbrach.

Als Sir Henry Clinton sah, daß General Sullivan sich von Rhode-Island zurückgezogen hatte, machte er sich wieder auf den Weg nach New-York; aber damit seine Expedition doch nicht fruchtlos bleibe, beabsichtigte er einen Angriff auf New London. Da jedoch der Wind sein Unternehmen nicht begünstigte, übergab er das Kommando der auf den Transportschiffen befindlichen Truppen dem General Grey mit dem Befehle, eine Landung in Buzzard's Bay zu machen und setzte seine Reise nach New-York fort. In Folge der erhaltenen Befehle fuhr Grey nach dem Acushnet River, wo er am 5. September landete 1788.
und alle Fahrzeuge, mehr als siebenzig an der Zahl zerstörte. Er brannte ferner einen großen Theil der Städte Bedford und Fairhaven nieder; jene auf dem westlichen, diese auf dem östlichen Ufer des Flusses, und zerstörte dabei eine große Masse von Kriegs- und Schiffsmaterial, Lebensmittel und Waaren. Um sechs Uhr des Abends hatte er gelandet und so rasch war er in der Ausführung dieses Vernichtungswerkes, daß am folgenden Tage um Mittag schon Alles beendet und sein Corps wieder eingeschifft war. Von da fuhr er nach der Insel Martha's Vine-Yard, nahm oder verbrannte dort mehrere Schiffe, zerstörte die Salinen, zwang die Einwohner ihre Waffen auszuliefern und schrieb eine starke Contribution an Schafen und Ochsen aus, welche den Engländern in New York sehr gelegen kamen.

Unterdessen war der Congreß nach Philadelphia zurückgekehrt und hatte am 6. August Hrn. Gerard, den bevollmächtigten Gesandten des Königs von Frankreich, in öffentlicher Sitzung und mit der gebührenden Feierlichkeit empfangen. Dieser überreichte seine Creditive und hielt eine ceremonielle Anrede, welche Laurens im Namen des Congresses und der Vereinigten Staaten in demselben Sinne erwiederte.

So reichte, wie ein beredter italienischer Geschichtschreiber sagt, ein König einer Republik hilfreiche Hand gegen einen andern König! So kam die französische Nation einem englischen Volke gegen ein anderes englisches Volk zu Hilfe; so begannen die europäischen Mächte, welche außer den Wilden bisher in Amerika keine Nation

S. Irving's Life of Washington. vol. III. p. 466.

als unabhängig gekannt hatten, sondern sie alle als Unterthanen betrachteten, daselbst zum ersten Mal ein civilisirtes Volk als unabhängig und selbstherrschend anzuerkennen und mit ihm durch förmliche Verträge ein Bündniß zu schließen. Gewiß verdient dieses Ereigniß eine besondere Beachtung, denn seit der Entdeckung von Amerika durch Columbus war daselbst kein Anderes von gleicher oder ähnlicher Wichtigkeit vorgekommen. Amerika hatte dahin gestrebt, sei es aus Liebe für Freiheit, sei es aus Sehnsucht nach Unabhängigkeit. In Europa dagegen gingen die neuen Zustände theilweise aus blindem Starrsinn hervor, vielleicht auch aus einem wohlgerechtfertigten Stolze auf der einen Seite, und aus Eifersucht einer Macht gegen die andere, so wie aus Nationalhaß auf beiden Seiten hervor.

Es ist wohl hier auch der Ort zu erwähnen, daß Dr. Franklin am 14. September
1778. vom Congreß zum bevollmächtigten Gesandten für Frankreich ernannt wurde.

Die fruchtlosen Bemühungen der königlichen Commissäre in Amerika hatten bei den englischen Offizieren und Soldaten die Ansicht erzeugt, die Amerikaner als unverbesserliche Empörer, die außer dem gewöhnlichen Kriegsrechte stünden, behandeln zu können. Im Laufe des Jahres hatten sich mehrere Belege jener Auffassung ereignet, deren Wirkungen äußerst beklagenswerth waren und die Schrecken des Krieges noch vermehrten. Die Geschichte von Wyoming und dessen trauriges Schicksal füllen eine tragische Seite in den Annalen Amerika's. Dr. Thacher theilt dieselben in seinem „Military Journal" ungefähr in folgender Schilderung mit:

„Am östlichen Arme des Susquehannah-Flusses lag eine blühende Ansiedlung, Wyoming genannt. Sie bestand aus acht Stadtgebieten von etwa tausend Familien bewohnt. Diese hatten die Sache der amerikanischen Freiheit mit solchem Eifer ergriffen, daß sie ungefähr tausend Freiwillige für das Ostheer gestellt hatten. Klima und Boden dieses Landstriches eignen sich ganz vorzüglich für die Produktion von Getreide, Hanf, Obst und für jede Art von Viehzucht. Die Bewohner dieses abgeschlossenen Flecks hätten in dem vollen Genusse jenes Glückes leben können, welches Eintracht und ungetrübte Freundschaft zu erzeugen vermögen. Aber unglücklicher Weise brach die Wuth des Parteigeistes auch unter ihnen aus und trennte sie in Whigs und Tories. Der sie trennende Zwist loderte in so heftige Feindseligkeiten auf, daß die Bande der Familienanhänglichkeit und der wärmsten Freundschaft gelöst wurden. Von Bosheit und Rachsucht fortgetrieben, verließen Mehrere der Unruhigsten die Ansiedlungen, entsagten ihren Nachbarn und Freunden und verbanden sich mit den Wilden, welche sie dann aufstachelten, gemeinschaftlich mit ihnen Tod und Verderben in die Mitte der früheren Freunde zu tragen.

Als die Ansiedler Kunde von dem bevorstehenden Angriffe erhielten, konnten sie sich das Gefahrvolle ihrer Lage nicht verhehlen und beschlossen, sich durch Aufwerfen von Verschanzungen und Anlegung von Redouten gegen den drohenden Sturm zu schüzzen. Am ersten Juli näherte sich der grausame Feind, aus tausend sechs hundert Tories, Indianern und englischen Mischlingen bestehend, der Ansiedlung und lauerte in der Nähe herum. Führer dieses Gesindels waren Obrist John Butler, ein flüchtiger Tory und Andere, sämmtlich an

Grausamkeit ihren Alliirten nicht nachstehend. Um die Bewohner mit dem Gefühle der Sicherheit einzuschläfern, sandte die Bande zu wiederholten Malen Botschaft an die Ansiedler mit der Erklärung, man beabsichtige nichts Feindliches; der verrätherische Butler selbst versicherte, er werde sie dieses Mal nicht beunruhigen. Aber die Bewohner schenkten diesen Erklärungen keinen Glauben, und die Waffenfähigen traten unter Obrist Zebulon Butler, einem Vetter des Indianer-Führers, zu einem Vertheidigungs-Corps zusammen. Die Weiber und Kinder brachte man nach den Forts in Sicherheit. Der Feind rückte heran, und schlug vor, Obrist Zebulon Butler solle unweit des Forts zu einer Unterredung mit John zusammentreten, um sich über eine gütliche Beilegung zu einigen. Butler willigte ein, nahm aber zu seiner Sicherheit vierhundert Bewaffnete mit. Die Vorsicht hatte verderbliche Folgen, denn er sah sich mit seiner kleinen Bedeckung sogleich umringt, und von allen Seiten angegriffen. Nach einer heldenmüthigen Vertheidigung glückte es ihm sich mit etwa zwanzig seiner Leute durchzuschlagen. Nach dieser Treulosigkeit stürzte der wilde Haufe gegen das Fort heran und beschoß es den Rest des Tages über. Der Parlamentär, der am Abende bei den Belagerten erschien, um sie zur Uebergabe aufzufordern, war der Ueberbringer von hundert sechs und neunzig blutigen Stirnhäuten, die sie von den während des Tages erschlagenen Feinden abgezogen hatten. Obrist Dennison, auf den das Kommando des Forts übergegangen war, vertheidigte sich, bis die Mehrzahl seiner Gefährten an seiner Seite gefallen waren; dann zog er mit der weißen Fahne in das Lager der Feinde, um zu hören, welche Bedingungen man ihm gewähre, wenn er das Fort übergebe? Der entmenschte Führer der Horde antwortete in zwei Worten, „das Beil.“ Zuletzt blieb Dennison nichts übrig, als sich auf Discretion zu ergeben; er hoffte noch immer Schonung zu finden. Darin aber täuschte er sich leider; die Drohung Buttler's wurde buchstäblich wahr gemacht; darnach wurden alle Ueberlebenden, Weiber und Kinder einbegriffen, in die Häuser und Barracken eingesperrt und Feuer angelegt, so daß sie zusammen durch die Flammen umkamen. In einem zweiten Fort waren siebenzig Continentale. Sie ergaben sich ohne Gegenwehr, und wurden bis auf den letzten Mann in höchst unmenschlicher Weise abgeschlachtet. Auch jetzt wieder sperrte man Frauen und Kinder in die Häuser ein, und die teuflischen Ungeheuer sättigten abermals ihre Rache, indem sie die Unglücklichen dem Feuertode opferten.

Nach Beendigung dieser tragischen Vorspiele verwüstete das höllische Gesindel alle Ansiedelungen mit Feuer und Schwert. Nur die Farmen und Wohnungen der Tory's blieben verschont; selbst die Thiere im Felde entgingen ihrer Grausamkeit nicht. Sie verkrüppelten sie, rissen ihnen die Zungen aus dem Halse u. s. f. Einer der Gefangenen, Capitän Badlock wurde in folgender Weise gemartert. Man steckte ihm zugespitzte Kiefernspäne in das Fleisch, machte ein Feuer rund um ihn her an, und röstete ihn langsam von Außen und Innen. Zwei andere Gefangene wurden in das nämliche Feuer geworfen und mit Heugabeln festgehalten, bis sie von den Flammen verzehrt waren. Ein gewisser Terry, der Sohn braver Eltern, hatte sich den Indianern angeschlossen, und mordete seine ganze Familie, Vater, Mutter und Schwester eigenhändig, scalpirte letztere und hieb ersterem den Kopf ab. Ein anderer von gleichem Namen schlachtete gleichfalls eigenhändig seine Mutter und seine und seiner Schwestern ganze Familie. Die Kinder in der Wiege wurden nicht ausgenommen. Nur Wenigen, meistens Frauen und Kindern glückte es, in die Wälder zu entfliehen, wo sie ohne Nahrung, voll Furcht und Schrecken ihre elende Existenz noch eine kurze Zeit fristeten. Scenen, wie sie hier beschrieben worden, sind zu gräßlich, um sie zurechnungsfähigen Menschen zuzutrauen: teuflische Verblendung hat die Thäter dazu angetrieben. Aber dennoch müssen wir das Unsrige beitragen den Namen John Butler für alle Zeiten zu brandmarken als den eines höllischen Ungeheuers, das seinen eigenen Verwandten verrätherisch mordete, und unerhörte Grausamkeiten und Niederträchtigkeiten zu verantworten hat.

Washington dachte es nicht unmöglich, daß Clinton die Absicht hege, Boston zu überfallen; darum verlegte er sein Hauptquartier nach Fredericksburg, dreißig Meilen von West Point, nahe an der Gränze von Connecticut. Indeß zeigte die Rückkehr der Flotte und der Armee nach New York, unzweideutig, daß die Engländer eine solche Absicht nicht hegten. Er ließ Einfälle in New Jersey machen, wobei sich die Engländer wieder durch die früher schon gerügte grausame Rücksichtslosigkeit auszeichneten. Obrist Baylor befand sich mit seinem Regimente gegen Ende September nahe bei Tappan, in isolirter Stellung; er war beordert worden, eine Fouragir-Partie des Feindes zu beobachten. Dieser überfiel ihn des Nachts, und stellte ein gräßliches
1778. Gemetzel an. Beinahe das ganze Regiment wurde niedergemacht. Eben so erging es der „Pulaski leichte Kavallerie" zu Egg Harbor, in der Mitte Oktobers. Es wurden Grausamkeiten verübt, die nicht allein in einem ehrlichen Kriege diejenigen, die sich ihrer schuldig machen, entehren, sondern auch einen Geist des Hasses und der Rache entzünden, der eben so geneigt ist die Pflichten der Humanität außer Acht zu lassen. Sparks äußert sich über das unpolitische und unmenschliche Verfahren, was die Engländer zu jener Zeit mehrfach einhielten, in folgenden Worten. „In der That haben die Engländer diese Politik zu keiner Zeit des Krieges recht begriffen, oder vielmehr sie haben eine ganz verkehrte Politik gehabt. Sie hatten viele Freunde im Lande, und es war ihr Interesse sich dieselben zu erhalten. Ferner war es ihre stets herausgekehrte Absicht, „zu versöhnen." Und dennoch verbrannten und zerstörten sie Städte, Dörfer und einzelne Ansiedelungen, plünderten die Einwohner ganz ohne Unterschied ihrer Gesinnung und reizten die Indianer, mit Tomahawks und Scalpirmesser über die wehrlosen Gränz-Ansiedelungen herzufallen, und wo sie hinkamen, ihre Anwesenheit durch Mord, Zerstörung und Entsetzen zu bekunden. Das englische Ministerium kannte und billigte diese Gräuel; es hoffte, das Volk werde unter seinen Leiden erliegen, seine traurige Lage bejammern, des Krieges leidig werden, und seine Führer zwingen, eine gütliche Ausgleichung herbeizuführen. Die Wirkung war aber gerade entgegengesetzt. Das Volk kannte seine Rechte und besaß auch den gewöhnlichen Grad menschlichen Gefühls. Als die ersten mit Füßen getreten, und die letzten in grausamer Weise verletzt wurden, war es ganz natürlich, daß seine Leidenschaften ent-

zündet wurden, und die anfänglich vorherrschende Neigung zur friedlichen Beilegung in Rache, Repressalien und Hartnäckigkeit umschlug. Wenn es das englische Cabinet darauf hätte anlegen wollen, die sämmtlichen Colonien zum äußersten Hasse und Widerstande gegen sich zu vereinigen, hätte es keine wirksamere Mittel ergreifen können" *).

Der Congreß fand sich durch die in letzter Zeit von den Engländern ergriffenen Maßregeln in hohem Grade indignirt. Er faßte am 30sten Oktober deßhalb einen Beschluß, der mit folgenden nachdrücklichen Worten schließt:

„Wir, der Congreß der Vereinigten Staaten, erklären und verkünden daher feierlichst, daß wenn die Feinde es wagen sollten, ihre Drohungen in Ausführung zu bringen und ihr gegenwärtiges barbarisches Verfahren fortzusetzen, wir ein Beispiel von Rache geben werden, das Jeden von ähnlichem Benehmen abschrecken wird. Möge Gott, der die Herzen der Menschen prüft, Zeuge sein für die Redlichkeit unserer Absichten; im Angesichte seiner Heiligkeit erklären wir, daß, so wenig wir uns durch oberflächliche und übereilte Einflüsterungen, des Zornes und der Rachsucht bestimmen lassen, wir aber auf der anderen Seite unsern einmal gefaßten Entschluß, trotz alles Wechsels des Kriegsglücks, auszuführen wissen werden."

Admiral Byron, der das Kommando der englischen Flotte an der Stelle von Lord Howe erhalten hatte, kam gegen Mitte September in New-York an, nachdem er auf der Ueberfahrt durch stürmisches Wetter bedeutend gelitten hatte. Mit großer Anstrengung suchte er die Beschädigungen der Schiffe rasch auszubessern, konnte aber doch vor dem 18. Oktober nicht auslaufen; er segelte dann nach Boston, um d'Estaing aufzusuchen. Neuer Unfall wartete seiner, kaum erreichte er die Bucht von Boston, als am 1. November ein heftiger Sturm ausbrach, ihn auf die hohe See trieb und seine Schiffe so beschädigte, daß er gezwungen war, nach Rhode-Island zu eilen, um dieselben wieder in Stand zu setzen. D'Estaing seiner Seits hatte unterdessen seine Schiffe wiederhergestellt und benutzte nun die Abwesenheit Byron's, um am 3. November auszulaufen und nach Westindien abzusegeln. An demselben Tage segelte General Grant mit einem Detachement von sechstausend englischen Truppen unter dem Geleit von sechs Linienschiffen, — kommandirt von Commodore Hotham, in gleicher Richtung ab. Gegen Ende des Monats wurde ein anderes Detachement von etwas mehr als zwei Tausend englischen Soldaten unter dem Geleite von Commodore Parker abgesandt, um einen Einfall in die südlichen Staaten zu machen. Trotzdem behielt New York eine für seine Vertheidigung hinreichende Besatzung.

Nach Beendigung des Feldzugs in den nördlichen und mittlern Staaten ließ Washington das Heer die Winterquartiere beziehen. Die Hauptarmee bezog dieselben auf beiden Seiten des Hudsons in der Nähe von Middlebrook, West-Point und Danbury, die Artillerie lag in Pluckemin. Auf diese Art wurde vom Long-Island Sund an bis zum Delaware rings um New York eine Linie von Cantonierungen gebildet, welche für den Fall der Noth sich wechselseitig unterstützen konnten. Bei Danbury führte General Putnam, in den

*) Life of Washington p. 282.

Highlands McDougall das Commando, und Lincoln wurde mit gleicher Würde nach dem Süden gesandt. Die Hauptmasse der Truppen lag auf dem westlichen Ufer des Flusses, weil man von da Zufuhr an Brod erhielt, während das Fleisch aus den Staaten von Neu-England kam und es leichter war aus der Ferne Vieh herbeizutreiben, als Getreide zuzuführen. Das Heer lebte, wie im vergangenen Winter in Hütten, auch hatte man in Folge des Bündnisses mit Frankreich jetzt die Mittel, die Soldaten besser zu kleiden, als früher.

Große Besorgniß verursachte dem Oberbefehlshaber die unglückliche Spaltung des Congresses, in Folge der Eifersucht und Zwistigkeiten der Parteien. Viele der ausgezeichnetsten Männer hatten aufgehört, Mitglieder des Congresses zu sein und die zurückgebliebene kleine Anzahl von Repräsentanten hatte wenig Einfluß und Gewicht. Gewöhnlich waren nur zwanzig bis dreißig Mitglieder anwesend; oft waren einzelne Staaten gar nicht vertreten und der Congreß hatte offenbar durch Parteizwist bedeutend an Wirksamkeit und Energie eingebüßt.

Washington sprach darüber mit großem Nachdruck seinen Kummer und seine Befürchtungen in einem Briefe an seinen Freund Benjamin Harrison in Virginien aus. Am 18. Dezember schrieb er demselben: „Klar, wie die Sonne am Firmament, scheint es mir, daß Amerika der weisen, patriotischen Kraftanstrengung seiner Söhne niemals mehr bedurfte, als in dem gegenwärtigen Augenblicke. Ist wirklich der Gegenstand nicht bedeutend genug, um die allgemeine und öffentliche Theilnahme in Anspruch zu nehmen, so will es mir wenigstens bedünken, als seien die Staaten jeder für sich zu sehr mit ihren Lokalangelegenheiten beschäftigt, und hätten zu viele der tüchtigsten Männer dem Rathe der Union entzogen, als daß das öffentliche Wohl nicht darunter leiden müßte. Um in einem Bilde zu reden, ich denke, unser Staatssystem kann mit dem Mechanismus einer Uhr verglichen werden, der uns belehren sollte, daß es nichts hilft, die kleinen Räder in gutem Stande zu erhalten, wenn man das große, von welchem die ganze Bewegung abhängt, vernachläßigt.

„Es geziemt mir nicht, zu sagen, inwiefern dies Letztere in unserm Staate der Fall ist, da es aber nichts schaden kann, fromme Wünsche für das Wohl des Vaterlandes auszusprechen, so will ich den meinigen dahin aussprechen, es möge jeder Staat seine tüchtigsten Männer nicht nur für den Congreß wählen, sondern sie auch veranlassen, dessen Sitzungen beizuwohnen. Auch halte ich es für wünschenswerth, daß die Staaten ihre Repräsentanten beauftragen, gründlich die Ursachen zu erforschen, welche in dem Heere wie in der Bevölkerung so nachtheilige Wirkungen hervorbrachten, mit einem Worte, daß sich ein regeres Interesse zeigen, den vielfachen öffentlichen Mißständen abzuhelfen.

Geschieht dies nicht, so kann man, meiner Ansicht nach, ohne Prophetengabe zu besitzen, die Folgen des gegenwärtigen Verwaltungssystems vorhersagen, und jetzt schon zeigen, wie wenig es nützen wird, daß die einzelnen Staaten sich Constitutionen ausarbeiten, Gesetze machen und ihre Aemter mit den Talenten ihrer fähigsten Männer versorgen. Wird das große Ganze schlecht geleitet, so müssen alle diese Einzelheiten in dem allgemeinen Schiffbruch untergehen, und dann wird man mit Recht von Gewissensbissen gefoltert werden, weil man fühlen wird, daß man durch eigene Thorheit und Nachläßigkeit, vielleicht auch durch den Wunsch zu Grunde gegangen ist, in einem behaglichen, sorgelosen Nichtsthun das Endresultat einer Revolution abwarten zu wollen, zu deren Durchführung es der höchsten Energie und des Rathes der redlichsten Männer, wie aller Opfer bedurft hätte, welche unsere amerikanische Bürgerschaft aufzubringen im Stande gewesen wäre.

Es ist sehr zu befürchten, werther Herr, daß die Staaten durch das Zurückziehen ihrer fähigen Männer beweisen, daß sie einen sehr unklaren Begriff von der gegenwärtigen Gefahr haben. Viele leben fern von dem Schauplatze des Kampfes, sehen und hören nur von den Ereignissen das, was ihren Wünschen entspricht, bilden sich ein, der Krieg nahe seinem Ende und es bleibe nichts weiter zu thun übrig, als die Regierung und die Verwaltung des eigenen Staates zu ordnen.

Es ist zu wünschen, daß sie nicht aus einer schrecklichen Täuschung, wie durch einen unerwarteten Donnerschlag geweckt werden mögen. Es ist nicht meine Absicht, hier auf einzelne Staaten besonders hinzuweisen; ich will gegen keinen derselben besondere Vorwürfe laut werden lassen. Das Volk glaubt (und besteht dieser Glaube, so beweist derselbe fast eben so viel, als die Thatsache selbst), daß die Staaten gegenwärtig schlecht vertreten sind, und daß die wichtigsten Angelegenheiten der Nation schmählich geleitet werden, sei es aus Mangel an Fähigkeit oder Thätigkeit der Congreßmitglieder, oder wegen des Geistes der Zwietracht und der Parteibestrebungen einzelner Individuen. Daß sich im Congresse solche Mitglieder befinden, ist jetzt mehr, als früher zu bedauern, da wir den unternommenen Kampf so weit fortgeführt und wie Manche glauben, bereits einem glücklichen Resultate nahe gebracht haben. Die Augen von ganz Europa sind auf uns gerichtet und ich bin der Ueberzeugung, daß wir manchen politischen Spion unter uns haben, der unsere Lage erforscht und Mittheilung über unsere Schwächen und Mängel macht."

Die oben mitgetheilte Gräuelthat von Wyoming erregte nicht nur eine große Theilnahme an dem Schicksale der unglücklichen Opfer, sondern auch den ernsten Wunsch, die barbarischen Feinde dafür zu bestrafen. Obrist Hartley brach daher in dieser Absicht mit seinem Regimente und zwei Compagnien Miliztruppen gegen die Indianerdörfer auf, zerstörte mehrere derselben und machte einige Gefangenen, fand sich aber bald gezwungen, sich zurückzuziehen. Der Feind setzte ihm nach und griff ihn heftig an, wurde aber mit Verlust zurückgeschlagen. Das vierte Pennsylvanische Regiment nebst einigen Büchsenschützen von Morgan eilten unter dem Befehle von Obristlieutenant William Butler, der sich als Partisanenführer sehr ausgezeichnet hatte, zur Vertheidigung der Westgränze. Nach einem langen und sehr beschwerlichen Marsche, auf dem man über hohe Gebirge und tiefe Gewässer zu setzen hatte, kamen die Truppen in der Nähe der Quellen des Susquehannah zu den Indianerdörfern Unadilla und Anaquaqua, wo zum Wintervorrath eine große Masse von Korn aufgehäuft lag. Obrist Butler zerstörte die Dörfer und die Vorräthe, trieb eine bedeutende Anzahl der Indianer weiter nach dem Innern des Landes und machte dadurch deren Einfälle weniger gefährlich für die unbeschützte Gränzgegend.

INCIDENT IN CHERRY VALLEY.—FATE OF JANE WELLS.

From the original Picture by A. Chappel, in the possession of the Publishers

MARTIN, JOHNSON & Co. PUBLISHERS, N.Y.

THOMAS PHILLIBROWN, ENGRAVER.

Am Morgen des 11. Novembers brach eine Truppe von fünfhundert Indianern unter Anführung von Brant, nebst zweihundert sogenannter Rangers unter Walter Butler, in die Ansiedlung bei Cherry Valley ein. Obrist Alden, der Kommandant des dortigen Forts, scheint seine Pflichten sehr vernachläßigt zu haben, und weder auf der Hut, noch gegen einen solchen Angriff gerüstet gewesen zu sein; der Ueberfall gelang vollkommen und es folgte ein fürchterliches Gemetzel, in dem die scheußlichsten Greuelthaten verübt wurden. In wenigen Augenblicken war die ganze schöne Ansiedelung ein Bild der Zerstörung. Richter Campbell gibt davon eine vollständigere und genauere Darstellung, als sie uns der Raum gestattet, und führt unter Anderem ein Beispiel indianischer Grausamkeit an, das wir auch mittheilen wollen. Es handelt von dem traurigen Ende von „Jane Wells," einem jungen Mädchen, welches nicht sowohl durch körperliche Schönheit, als wegen seiner liebenswürdigen Eigenschaften und christlichen Tugenden gerühmt wurde. Bei ihr, heißt es, habe der Freundlose eine Stütze und der Dürftige stets eine Gabe der Mildthätigkeit gefunden. Bei jenem Ueberfalle floh sie aus ihrer Wohnung und suchte sich hinter einem nahestehenden Holzhaufen zu verbergen. Ein Indianer verfolgte sie; als er ihr näher kam, wischte er ruhig sein blutiges Messer an seinen Lederstrümpfen ab, steckte es in die Scheide, ergriff seine Streitart und faßte sie bei dem Arme. Fruchtlos waren die Vorstellungen und Bitten des Mädchens, das einige Kenntniß der indianischen Sprache hatte. Peter Smith, ein Tory, der früher ein Diener der Familie Wells gewesen war, trat dazwischen, sagte, sie sei seine Schwester und bat den Indianer, sie zu verschonen. Dieser aber drohte ihm mit geschwungener Streitart, wandte sich dann um und streckte das Mädchen mit einem Streich todt zu Boden. Der damals schon verstorbene John Wells, der Vater von Robert Wells, war einer der Richter von Tryon County gewesen; in dieser Eigenschaft hatte er in sehr freundschaftlichem Verhältnisse mit William Johnson und dessen Familie gestanden, welche ihn oft besuchten; in ähnlicher Berührung hatte er sich mit Obrist John Butler befunden, der ebenfalls Richter war. In dem gegenwärtigen Streite hatte die Familie weder für noch gegen die Colonien Theil genommen; sie wünschte in diesen unruhigen Zeiten so weit als möglich neutral zu bleiben, that aber, so oft sie aufgefordert wurde, die Heimath zu vertheidigen, den gesetzlich vorgeschriebenen Militärdienst. Im Gespräche mit einem Verwandten dieser Familie äußerte Obrist John Butler: „Keine Anstrengung, kein Opfer wäre mir zu groß gewesen, diese Familie zu retten; warum mein Sohn sie nicht schützte, das weiß Gott allein. *)

Während die Gränzen von Pennsylvanien und New-York in dieser Weise von den Gräueln eines wahrhaft barbarischen Krieges heimgesucht waren, sah sich Virginien von demselben Elende bedroht, und entging demselben nur durch den Muth und die rastlose Thätigkeit von Obrist Georg Rogers Clarke. An der Spitze einer kleinen Anzahl von Miliztruppen aus dem Westen von Virginien und mit unbeschreiblichen Schwierigkeiten kämpfend, drang derselbe bis zu den am Mississippi gelegenen englischen Ansiedelungen und bemächtigte sich der Stadt

*) "Border Warfare of New-York," pp. 138. 9.

Kaskaskias, welche zu Canada gehörte, und durch den Friedensvertrag von 1763 mit dieser Provinz an die Engländer abgetreten worden war. Clarke befand sich nur mit einer Hand voll Leute in Kaskaskias, fern von aller Unterstützung und umgeben von zahlreichen und feindseligen Indianerstämmen, aber durch seinen Muth und seine Fähigkeiten war er der so gefährlichen Lage gewachsen und bewies aufs anschaulichste, welche Gefahren und Schwierigkeiten ein kühner und unternehmender Mann überwinden kann. Mit richtigem sicheren Urtheile faßte er seine Pläne, mit Schnelligkeit und Unerschrockenheit führte er sie aus. In der kältesten Jahreszeit überfiel er plötzlich die Indianer in ihren Dörfern, wandte deren gewohnte Kriegslisten gegen sie selbst an, und schreckte sie durch verdiente Züchtigungen von neuen Gewaltthaten ab.

Bei der Einnahme von Kaskaskias hatte Clarke den Gouvernör des Platzes, Rocheblave, gefangen genommen, und war dadurch in Besitz der schriftlichen Instruktion gekommen, welche derselbe von Quebec, Detroit und Michilimackinac für den Feldzug erhalten hatte. Darin fand er Aufklärungen von großer Wichtigkeit über den Plan des Obrist Hamilton, Gouvernör von Detroit, einen energischen und weit ausgedehnten Angriff auf die Gränzbezirke von Virginien zu machen. Clarke erfuhr bald darauf, daß Hamilton, im Vertrauen auf seine weite Entfernung vom Orte der Gefahr, und auf die Schwierigkeit, sich ihm zu nähern, alle seine Indianer abgesandt hatte, um die Gränze zu beunruhigen und zu plündern, während er mit nur ungefähr achtzig Soldaten und drei Feldgeschützen in voller Sicherheit in St. Vincent zu liegen vermeinte. Obgleich Clarke nur hundert und dreißig Mann zur Verfügung hatte, beschloß er dennoch, Hamilton's Schwäche und vermeintliche Sicherheit zu benutzen, und als einziges Rettungsmittel für sich selbst und zur Vereitelung des ganzen Planes seines Feindes, einen Angriff auf Hamilton zu machen. Er rüstete demnach ein kleines Fahrzeug mit zwei Vierpfündern und vier Drehkanonen aus, versah es mit Lebensmitteln für eine Compagnie, und sandte dasselbe Anfangs Februar mit dem Befehle ab, den Wabash hinauf zu fahren, einige Meilen unterhalb St. Vincent eine befestigte Stellung einzunehmen und die Passage über den Fluß zu sperren. Er selbst brach dann mit seiner geringen Mannschaft auf und machte in sechszehn Tagen den Marsch von Kaskaskias nach St. Vincent, während dessen er sich mit unbeschreiblicher Beschwerde seinen Weg durch Wälder und Sümpfe zu bahnen hatte.

Fünf Tage brauchte er, um über das vom Wabash überschwemmte Land zu kommen, und ganze fünf Meilen weit waren seine Leute oft bis an die Brust in dem Wasser. Aber alle diese Schwierigkeiten, so unüberwindlich sie auch oft schienen, konnten ihn nicht entmuthigen.

Plötzlich erschien er vor der überraschten Stadt. Die Einwohner unterwarfen sich mit Bereitwilligkeit, Hamilton aber warf sich in das Fort und leistete einigen Widerstand; am folgenden Tage aber ergab er sich mit der Besatzung als Kriegs-Gefangene.

Hamilton hatte von jeher die Indianer aufs eifrigste zu Feindseligkeiten gegen die Amerikaner aufgestachelt und dadurch die empörendsten Gräuelthaten veranlaßt; er war daher äußerst verhaßt geworden und die Exekutivbehörde von Virginien warf ihn und einige seiner unmittelbaren Agenten mit Ketten beladen ins Gefängniß.

Clarke hatte durch dieses Unternehmen seinem Lande einen großen Dienst geleistet. Hamilton's Pläne waren vereitelt, die westliche Gränze von Virginien befand sich von nun an gesichert gegen die Einfälle der Indianer und außerdem verlor sich bei diesem Barbaren-Volke allmälig die Lust, einen Kampf fortzuführen, der ihnen keinen Gewinn mehr versprach.

Obgleich das Bündniß mit Frankreich für die Vereinigten Staaten von großem Nutzen war, so wirkte es doch auch nachtheilig auf die Masse der Bevölkerung. Der öffentliche Geist der Gemeinheit, wie der Privaten erschlaffte, Abspannung und Gleichgültigkeit begannen allgemein zu werden. Ueberzeugt, daß durch diese Allianz der Erfolg ihrer Sache gesichert sei und erschöpft durch den langwährigen Kampf fingen die Amerikaner an träge zu werden und vor weiteren Anstrengungen und Opfern zurückzuschrecken. Es ging langsam mit der Rekrutirung für das Heer und dessen Verproviantirung stieß auf die größten Schwierigkeiten. Die traurige Nothwendigkeit, stets neues Papiergeld in Umlauf zu setzen, hatte eine Reihe beklagenswerther Folgen nach sich gezogen. Alle Versuche, dasselbe in Werth zu erhalten, waren fehlgeschlagen; ein Silberthaler galt acht und oft zwanzig Thaler Papier; die ungeheuere Masse falscher Noten, welche die Tories in Umlauf gebracht hatten, erhöhte noch diesen Uebelstand. Natürlicher Weise stiegen die Preise aller Bedürfnisse ungeheuer und es eröffnete sich ein weites Feld für die Operationen der Spekulanten und Spieler, welche überall das allgemeine Elend erzeugt und bereichert. Niemand aber litt mehr unter diesen Verhältnissen als das Heer. Der Preis aller Gegenstände war so hoch, daß in Carolina ein Paar Schuhe $700 Papiergeld kostete und die Löhnung der Soldaten und Offiziere nicht hinreichte zur Anschaffung des Allernöthigsten. „Washington sagte in Bezug auf diese verruchten Spekulanten: „Bei Gott ich wünschte, man knüpfte in jedem Staate einige der abscheulichsten an einen Galgen, fünfmal so hoch, als der für Haman war. Meiner Ansicht nach gibt es keine zu strenge Strafe für den Mann, der auf den Ruin des Vaterlandes seinen Reichthum gründen kann."

Im Laufe dieses Jahres war kaum irgend etwas Bemerkenswerthes geschehen. Während die Engländer nicht im Stande waren, irgend einen erheblichen Vortheil zu erringen, waren die Franzosen und Amerikaner ihrer Seits in allen Versuchen, den Feind aus dem Lande zu treiben, unglücklich gewesen.

Kurz vor Weihnachten begab sich der Oberbefehlshaber nach Philadelphia, um persönlich mit dem Congreß zu berathen und den Feldzugs-Plan für's nächste Jahr festzusetzen. Ganze fünf Wochen widmete man der Erwägung dieses wichtigen und schwierigen Gegenstandes; das Endresultat davon war, daß man in Betracht des erschöpften Staatsschatzes und der allgemein herrschenden Entmuthigung sich vor Allem auf einen Vertheidigungskrieg beschränken und nur dann angreifend auftreten wolle, wenn es nöthig werde, die Indianer für ihre Einfälle büßen zu lassen.

Unterdessen hatten die Engländer, nach dem Mißlingen ihrer Pläne im Norden, beschlossen, die Offensive im Süden zu ergreifen. Georgia, der schwächste Staat der Union, aber zugleich auch der reichste von

Vorräthen aller Art, wurde zum Schauplatze der ersten Operationen ausersehen.

Wir haben weiter oben schon mitgetheilt, daß Obrist Campbell Ende Novem-
1778. bers von New York nach dem Süden abgefahren war. Ungefähr drei Wochen später hatte er in der Nähe der Mündung des Savannah Flusses seine Truppen gelandet. Von da führte eine enge, etwa sechshundert Yard lange Chaussee, eingeschlossen auf beiden Seiten von Gräben, durch einen Morast. Ein kleines amerikanisches Detachement machte, jedoch vergebens, den Engländern den Durchmarsch streitig. General Robert Howe war an der Spitze von etwa achthundert Amerikanern mit der Vertheidigung von Georgia beauftragt. Er stellte nun seine Truppen zwischen dem Moraste und der Stadt auf und rüstete sich zu entschlossenem Widerstand. Ein Neger aber machte Campbell mit einem Nebenwege bekannt, auf dem man den Amerikanern in den Rücken gerathen konnte und so wurde den Engländern möglich, sie auf beiden Seiten zugleich anzugreifen und dadurch mit Leichtigkeit einen vollständigen Sieg davonzutragen. Mehr als hundert Amerikaner waren gefallen und vier bis fünfhundert wurden gefangen genommen. Auf diese Art bemächtigten sich die Feinde im Laufe von wenigen Stunden des Forts nebst der Munition und der Vorräthe, aller Fahrzeuge auf dem Flusse, einer Masse von Lebensmitteln und der Hauptstadt von Georgia. Die zerstreuten Trümmer des Amerikanischen Heeres retteten sich den Savannah hinauf und zogen sich nach Süd Carolina.

Nach dem Falle von Savannah ergab sich das Fort von Sunbury. General Prevost aus Ost-Florida, übernahm das Kommando der vereinigten Streitkräfte von New York und St. Augustine. Seiner Ankunft ging eine Proklamation voraus, welche die Bevölkerung zur Unterwerfung aufforderte und derselben Schutz unter der Bedingung versprach, daß sie die königliche Sache mit den Waffen in der Hand unterstützen würde. In seinen Bemühungen die Einwohner zur Unterwerfung zu bringen, handelte Obrist Campbell äußerst politisch und klug. Mit verhältnißmäßig geringen Streitkräften that er in kurzer Zeit für Wiederherstellung der englischen Herrschaft mehr, als alle seine Vorgänger im Commando. Er brach nicht nur jeden Widerstand, sondern verwischte selbst für eine gewisse Zeit alle Spuren der republikanischen Regierungsform, und bahnte die Rückkehr der königlichen Legislatur an. In der That war Georgia der einzige Staat der Union, in welchem seit der Unabhängigkeitserklärung eine gesetzgebende Versammlung unter der Oberhoheit der Krone zusammenberufen wurde. Die Klugheit und Mäßigung des Obristen Campbell verdienen wegen ihres Contrastes mit dem Benehmen der meisten englischen Offiziere eine ehrenvolle Erwähnung.

Der unermüdlichen Anstrengung des Baron Steuben, der unter Friedrich dem Großen gedient hatte, verdankte man es, daß eine mehr systematische und durchgreifende Disciplin in dem Heer eingeführt wurde. Er war an der Stelle von Conway zum Generalinspektor ernannt worden und hatte für den Kriegsdienst ein System ausgearbeitet, welches veröffentlicht und allgemein angewendet wurde. Man erzählt manche unterhaltende Anekdote über die Weise, auf welche Steuben mitten unter Schwierigkeiten aller Art, sich abmühte, dem ordnungslosen Treiben der Truppen aus den verschiedenen Staaten ein Ende zu machen und dieselben durch eine einheitliche Methode in Stand zu setzen, mit Erfolg auf dem Schlachtfelde zu manövriren. In der Organisation der Feldspitäler fand ebenfalls eine wichtige Reform statt; sie bestand darin, eine Anzahl von Offizieren mit der Versorgung und Aufsicht über die Militärhospitäler zu beauftragen, was seither Alles in einer und der nämlichen Hand lag. Das Verdienst der letzteren höchst zweckmäßigen Aenderung gebührt ganz besonders dem Dr. Rush.

Zur See konnten unter den damaligen Verhältnissen die Vereinigten Staaten keine Vortheile erringen, wie das Landheer solche aufzuweisen hatte. Man besaß nur wenige und meistens kleine Kriegsschiffe. Die Größe und Stärke der englischen Seemacht schien jeden Versuch, es mit einem so mächtigen Gegner aufnehmen zu wollen, hoffnungslos zu machen. Dennoch trug, wie Cooper in seiner „Navy-History" sagt, die amerikanische Flotte in vieler Beziehung das Ihrige zur Förderung der allgemeinen Sache bei. Die amerikanischen Kreuzer hatten im Jahre 1776 mehr als drei hundert englische Schiffe weggenommen und trotz einer Flotte von siebenzig Segeln, welche England allein an der amerikanischen Küste besaß, verlor es während des Jahres 1777 vier hundert sieben und sechszig Kauffarteischiffe, unter denen mehrere von außerordentlichem Werthe waren. Dagegen dürfen wir nicht vergessen, daß die Amerikaner ihrer Seits große Unfälle erlitten haben, und daß viele ihrer Kaperschiffe in die Hände des Feindes gefallen sind.

Das Bündniß mit Frankreich brachte in der Lage der Sache zur See im Jahre 1778 eine Veränderung hervor und der Congreß beschäftigte sich ernstlich mit der Flotte. Man baute und kaufte eine Anzahl neuer Schiffe und im Laufe dieses Jahres gaben einige unserer ersten Marineoffiziere im Kampfe mit dem für unüberwindlich gehaltenen Feinde Beweise von Kühnheit und Fähigkeit. Ganz im Anfange des Jahres griff Capitän Biddle mit dem Randolph, einer Fregatte von sechsunddreißig Kanonen, das englische Kriegsschiff Yarmouth, das vierundsechszig Kanonen führte, an. Nachdem der Kampf zwanzig Minuten gedauert hatte, flog der Randolph in die Luft und Capitän Biddle nebst seiner Mannschaft kam um; nur vier seiner Leute entgingen diesem Schicksale und wurden einige Tage darauf auf den Trümmern des zerstörten Schiffes herumtreibend, aufgefischt. Im Laufe dieses Jahres erschien auch zum ersten Mal der berühmte Paul Jones an den englischen Küsten und machte durch muthige und kühne Unternehmungen seinen Namen zum wahren Schrecken für seine Feinde.*). Capitän Barry bestand an der Küste von Maine in höchst rühmlicher Weise ein Gefecht mit zwei englischen Schiffen; sieben Stunden lang setzte er den Kampf fort, bis er sich endlich mit seinen Leuten auf die Küste retten mußte. Wir haben bereits früher von der heldenmüthigen Aufopferung eines Capitän Talbot gesprochen; wiederum zeichnete sich dieser Offizier im Oktober 1778 durch einen gut angelegten und glücklich ausgeführten Angriff auf ein englisches Schiff in der Nähe von Rhode Island aus. Der Schooner Pigot lag am Ausflusse des Seconset vor Anker,

*) S. Cooper's "Naval History," vol. I, p. 87—90.

schloß die Einfahrt in denselben, machte den Verkehr mit dem Platze unmöglich und schnitt der ganzen Umgegend alle Zufuhr an Lebensmittel und Zuströmen von Verstärkungstruppen ab. Talbot war entschlossen, die Bevölkerung von dieser nachtheiligen Hemmung des Verkehres zu befreien und erhielt von General Sullivan die Erlaubniß zu dem Versuche. Mit seiner gewohnten Entschlossenheit ging er an's Werk und die Ausführung gelang vollkommen. Der Schooner Pigot wurde genommen und im Triumph von Talbot's tapferer Mannschaft weggeführt. Im Laufe des Monats November erhielt Capitän Talbot von dem Präsidenten des Congresses ein Glückwünschungsschreiben nebst dem offiziellen Beschlusse, durch welchen ihm das Patent als Obristlieutnant des Heeres der Vereinigten Staaten zugefertigt wurde. *)

Wir können dieses Kapitel füglich mit der Meltung schließen, daß die Conföderations-Artikel, welche, wie wir früher mitgetheilt haben, im November 1777 den gesetzgebenden Behörden der Einzelstaaten zur Beschlußnahme überstellt wurden, förmlich angenommen worden waren. Die kleineren Staaten als Rhode-Island, Delaware, Ohio, Jersey und Maryland hatten einiges Bedenken getragen, solchen ihre Zustimmung zu ertheilen, hauptsächlich wegen der Ungewißheit, wie es künftig mit den ausgedehnten Ländereien im Westen, die als Eigenthum der Vereinigten Staaten erklärt waren, gehalten werden solle; zuletzt aber siegte der Geist des Patriotismus und des Vertrauens auf die Ehrenhaftigkeit und den guten Willen der größeren Staaten, worin New York mit einem guten Beispiele voran ging, und die genannten Staaten ratifizirten gleichfalls die Conföderations-Artikel, so daß auf den Grund derselben im März 1781 die Regierung als vollständig organisirt dastand. *) 1778.

*) S. Tuckermnan's Life of General Talbot pp. 52—64.

*) Curtis History of the Constitution pp. 142—151., worin eine gründliche Discussion des Charakters und Umfanges der Conföderation und eine Schilderung des anerkennenswerthen Patriotismus zu finden sind, der die schließliche Annahme der Artikel bewirkte. Vergl. auch Pitkin's Political and Civil History of the U. St. Vol. 2. pp. 16—36.

Sechstes Kapitel.

1779.

Kriegs-Ereignisse während des Jahres 1779.

General Lincoln im Süden—Die Stärke der Engländer—Tory-Zuwachs von Süd-Carolina—Ein Corps Banditten—Pickens sprengt sie auseinander—Lincoln's Unternehmungen—Prevost fällt in Süd-Carolina ein—Er bedroht Charleston—Lincoln verfolgt ihn—Prevost zieht sich zurück—Schlacht von Stono-Ferry—Einfall der Engländer in Süd-Carolina—General Mathews in Virginien—Die Energie läßt nach—Washington kämpft gegen die Erschlaffung—Die Brigade von New Jersey weigert sich zu marschiren—Washington's schwierige Stellung—Endliche Verständigung—Die Engländer nehmen Stony Point—Einfall in Connecticut—Wayne's kühne Waffenthat—Stony Point genommen—Anschlag auf Fort Lafayette vereitelt—Stony Point aufgegeben—Versuch gegen die Engländer zu Penobscott—Lee's heldenmüthiger Angriff auf Paulus-Hook—Blick in Washington's Leben zu West-Point—Verhalten des Congresses gegen die Indianer--Verwüstungen durch dieselben—Nothwendigkeit ihrer Züchtigung—Sullivan's Commando—Befehle Washington's—Gelungene Expedition—Die Franzosen in den West-Indischen Inseln—D'Estaing und Lincoln greifen Savannah an—Mißlingen—White's gelungene Kriegslist—Spanien schließt sich der Allianz an—Paul Jones—Dessen berühmte Seeschlacht—Die Amerikaner beziehen Winterquartiere—Washington außer Stande die Offensive zu ergreifen—Bemerkungen über die Schwierigkeit der Verhältnisse—Lauheit, Apathie, Habsucht, Verfall des Patriotismus, Papier-Spekulation, Partheigeist zc.—Anhang zum 6. Kapitel—Das Continental-Papiergeld.

General Lincoln, der an Howe's Stelle zum Commandanten in dem Departement des Südens ernannt worden war, kam gegen Ende des Jahres 1778 zu Charleston an, und ging sofort mit Eifer und Entschlossenheit an die Ausübung seiner Amts-Pflichten. Er fand die Truppen nicht allein schlecht disciplinirt, sondern auch höchst dürftig ausgerüstet. Nord-Carolina war der vom Congresse gemachten Auflage nachgekommen und hatte zwei tausend Mann unter den Generalen Ashe und Rutherford beordert, zu Lincoln zu stoßen, und dieser verlegte am 3. Januar, nachdem er von Howe's Niederlage in Georgia Kenntniß erhalten, sein Hauptquartier nach Purysburg am Savannah-Flusse. Er hatte zwischen drei- und viertausend Mann unter Waffen; darunter viele Rekruten und Milizen, welche von Disciplin und Subordination keinen Begriff hatten. General Prevost's Corps war etwas stärker, bestand aber überdieß aus weit besseren Soldaten. Bei allen dem aber war es für ihn keine leichte Sache, in Süd-Carolina einzudringen, indem der Savannah-Fluß zwischen ihm und dem Feinde lag. Derselbe ist zwar nicht sehr breit, allein ganze hundert Meilen oberhalb der Mündung ist das Land, wodurch er strömt, sumpfig, und öfters in einer Breite von zwei bis vier Meilen überschwemmt, so daß an beiden Ufern nirgends fester Grund ist. Nur wenige und schmale Damm-Wege führen durch den Sumpf, und oft sind auch diese nicht geeignet, einer Armee den Durchmarsch zu ermöglichen. Diese Boden-Beschaffenheit machte es für General Prevost sehr schwierig, in Süd-Carolina einzudringen, wogegen General Lincoln gleichfalls an etwaigen Ueberfällen der englischen Stationen verhindert war, wiewohl sich dieselben von Savannah bis Augusta ausdehnten.

Die Küsten von Georgien und Süd-Carolina sind gebrochen und unregelmäßig, mit einer Menge Inseln, und vielen sich durchschneidenden Meeres-Armen. General Prevost hatte den Major Gardener beordert, die Insel Port Royal mit zweihundert Mann zu besetzen; allein General Moultrie griff ihn an, und verjagte ihn aus seiner Position. Diese Schlappe hatte die Wirkung, daß General Prevost für längere Zeit alle Unternehmungen gegen Süd-Carolina einstellte.

Mit dem Entschluß, ihre Absichten für jetzt auf Georgien zu beschränken, suchten sich die Engländer durch Zuziehung von Torys oder Anhängern Englands aus den Carolina's zu verstärken. Etliche sieben hundert derselben traten unter dem Kommando des Obristen Boyd zu einem Corps zusammen, und marschirten die westliche Gränze von Süd-Carolina entlang, um sich mit den Engländern in Augusta in Georgien zu verbinden. Auf dem Marsche verübten sie überall rohe Gewaltthaten und Plünderungen; sie glichen in der That mehr einer Räuberbande, als einem Corps organisirter königlicher Soldaten. „Als Obrist Pickens von ihrem Raubzuge Kenntniß erhielt — wir führen hier die Worte des von Gordon erstatteten Berichtes an — berief er die Miliz des Distrikts von Sechs und Neunzig zusammen. An der Fähre über den Cherokee ließ er einen Posten zurück, um ihren Uebergang über den Savannah zu verhindern, ihn selbst rief der Dienst anderwärts hin. Allein sie setzten während seiner Abwesenheit über den Fluß; er folgte ihnen daher, traf sie am 14. Februar und schlug sie nach dreiviertelstündigem Gefechte aufs Haupt. Sie ließen vierzig Todte auf dem Platze, darunter ihr Anführer Boyd, den die Engländer heimlich angestellt hatten, sie zu organisiren und zu führen. Pickens hatte nur neun Todte und eine kleine Anzahl Verwundeter. Nach der Affaire zerstreute sich das Gesindel über das ganze Land. Viele kehrten in ihre Heimath zurück und bettelten bei ihrer Regierung um Gnade. Da sie Bürger von Süd Carolina waren, wurden sie dort in regelmäßigen Prozessen abgeurtheilt. Siebenzig wurden zum Tode verurtheilt; nur fünf der Haupträdelsführer wurden indeß hingerichtet, die Anderen aber begnadigt.

Die Engländer hatten ihre Vorposten den Fluß aufwärts weiter vorgeschoben; General Lincoln steckte sein Lager am Black Swamp, auf dem nördlichen Ufer, Augusta beinahe gegenüber, ab. In der Absicht, dieses Lager besser zu schützen und die Passage über den Fluß frei zu halten, so daß die Engländer auf die Seeküste von Georgien beschränkt blieben, wurde General Ashe beordert, die obere Gegend des Flußthales zu besetzen. Er setzte sich daher am 10. Februar an der Spitze von fünfzehn hundert Nord Caroliner Milizen und dem Reste der Regulären aus Georgien in Marsch und kam am Abende des 13. in General Williamson's Lager, Augusta gegenüber, an. In der Nacht darauf trat Obrist Campbell einen so übereilten Rückzug von Augusta an, daß er sich am Morgen darauf ganze vierzehn Meilen unterhalb des vorher eingenommenen Platzes befand. Diese so unvorhergesehene Eile, das Weite zu gewinnen, war durch ein falsches Gerücht über die Stärke des Ashe'schen Corps, oder auch über die Ankunft eines beträchtlichen Corps Continentaler zu Charleston veranlaßt worden, dem Campbell Glauben geschenkt hatte, und das ihn so erschreckte, daß er sich nur durch den schleunigsten Rückzug retten zu können meinte.

Als Lincoln erfuhr, daß Augusta geräumt war, schrieb er am 16. Februar an Ashe, daß es von höchster Wichtigkeit sei, sowie der Feind die obere Gegend geräumt habe, ihm auf dem Fuße in die untere zu folgen, indem er sich sonst mittelst eines Eilmarsches mit den unten stehenden Truppen vereinigen, einen Angriff auf seine (Lincoln's) Verschanzungen machen und ihn daraus verjagen könne, ehe Ashe mit seiner Arriere-Garde ihm zu Hülfe kommen könne. Lincoln schrieb ihm daher am 22. folgende Instruktion: „Ich glaube, daß Briar Creek eine gute Position für Sie abgeben kann, bis wir uns über einen Operationsplan verständigt haben werden. So wie Sie also dort angekommen sind, werde ich bei den „zwei Schwestern" mit Ihnen zusammentreffen. Die Bestimmung der Zeit erwarte ich von Ihnen." Ashe ging also mit ungefähr zwölfhundert Mann Infanterie und zwei hundert Mann leichter Reiterei über den Savannah. Am Morgen des 27. langte die Armee an der unteren Brücke über den Briar Creek an. Am Tage darauf ging Ashe zu der Zusammenkunft mit Lincoln, indeß die Generale Brian und Elbert einen geeigneten Platz zum Lager absteckten. Am 2. März meldete der wachthabende Offizier, daß Recognoscirungs-Parthien des Feindes, Infanterie und Cavallerie, während der Nacht in der Nähe des Lagers wahrgenommen worden seien. Ashe kam am Abend wieder in dem Lager an. Am 3., Mittwochs, war noch nichts vorbereitet, die Brücke wieder aufzuschlagen, die Campbell bei seinem Rückzuge zerstört hatte, obgleich fünf Tage vorher der Bericht erstattet worden war, die Wiederherstellung würde innerhalb weniger Stunden geschehen sein. Etwa zwei Uhr Mittags wurde berichtet, daß die Leiche eines Soldaten aufgefunden worden war, die sechs Schußwunden an sich trage. Aber auch davon wurde nur wenig Notiz genommen. Kaum eine Stunde darauf wurde rapportirt, daß fünfhundert Reguläre an der Fähre ständen. Man schickte einige leichte Reiterei zum Scharmützeln aus; diese kehrten um halb fünf unverrichteter Sache zurück. Nun wurde Befehl gegeben, die Truppen rechts in Pelotons zu formiren und in Kolonnen anmarschiren zu lassen. Aber schon erschien die englische leichte Infanterie im Anmarsche. Obristlieutenant Prevost hatte einen Halbbogen-Marsch von etlichen funfzig Meilen gemacht, und ungefähr fünfzehn Meilen oberhalb dem Lager von Ashe, Briar Creek überschritten. Er erschien daher mit einem Detachement von ungefähr neunhundert Mann und einiger Reiterei plötzlich im Rücken von Ashe. Als dieser die englische Infanterie anrücken sah, beorderte er den General Elbert, der die Continentalen kommandirte, voranzugehen und mit ihnen anzubinden. Sein Corps betrug nicht mehr als hundert Mann, Alles einbegriffen; es formirte sich aber auf Elbert's Kommando augenblicklich, rückte dem Feinde auf dreißig Schritte entgegen und eröffnete ein scharfes Feuer auf denselben, das über eine Viertelstunde anhielt. Die ganze Zeit über blieb Ashe mit der Nord-Carolina-Miliz ruhig und unthätig im Hintergrunde stehen. Die Leute waren von einem so panischen Schrecken befallen, daß sie, statt den Continentalen Beistand zu leisten, rechtsum machten und in größter Verwirrung davon liefen, ohne einen Schuß gethan zu haben. Da sich die wenigen Georgia-Regulären in dieser Weise verlassen sahen, und der ihnen gegenüberstehende Feind weit stärker war, so lösten sie auch gleichfalls die Reihen und suchten ihr Heil in der Flucht. Elbert suchte sie in jeder möglichen Weise zum Stehen zu bringen; aber vergebens. Er und die Ueberlebenden von dem tapferen Corps fielen den Engländern in die Hände. Von den Amerikanern waren etwa hundert und fünfzig gefallen, und einhundert zwei und sechszig gefangen genommen worden.

Keiner durfte hoffen, zu entkommen, wenn es ihm nicht gelang, über den Fluß zu kommen; Viele verunglückten bei diesem Versuche. Ein großer Theil Derer, welchen es glückte, kehrte nach Hause und nicht mehr in das amerikanische Lager zurück; im Ganzen fanden sich nur vierhundert und fünfzig Mann wieder dort ein. General Lincoln verlor in Folge dieses Ereignisses ein Viertel seiner Streitmacht, den Engländern war dadurch der Besitz von Georgia gesichert und ihre Verbindung mit den Indianern und den Tory's des Südens und des Nordens wieder hergestellt.

Die Bevölkerung von Süd-Carolina aber war weit entfernt, sich der englischen Herrschaft zu unterwerfen; sie ermannte sich im Gegentheil zu größerer Energie für die Vertheidigung der Freiheit. John Rutledge wurde als Statthalter erwählt; tausend Mann Verstärkungstruppen wurden auf die Beine gebracht, und General Lincoln marschirte am 23. April mit dem Hauptcorps seines Heeres gegen Savannah hin, theilweise in der Absicht, die legislative Versammlung von Georgia zu schützen, welche am 1. Mai in Augusta zusammentreten sollte.

Gerade in der Zeit hatte der Fluß die Moräste längs seinen Ufern überschwemmt. Die kleinen Bäche waren alle angeschwollen und die Sümpfe ganz unter Wasser. Man glaubte demnach, ein kleines Corps Milizen würde im Stande sein, das Land gegen einen Einfall des Feindes zu vertheidigen.

General Lincoln ließ also zur Beschützung der unteren Landestheile nur zweihundert Mann Continentaltruppen und achthundert Milizen unter Obrist M'Intosh zurück; General Moultrie, der sich im Jahre 1776 durch die tapfere Vertheidigung von Sullivan's Insel ausgezeichnet hatte, führte den Oberbefehl.

Man rechnete darauf, daß, im Falle ein Angriff auf die unteren Gegenden von Süd-Carolina während der Abwesenheit Lincoln's stattfinden sollte, die Miliz rasch zur Vertheidigung des Landes ins Feld rücken würde.

Statt am Flusse hinauf zu ziehen, um Lincoln im Innern des Landes eine Schlacht zu liefern, zog General Prevost es vor, in Süd-Carolina einzufallen, um auf diese Art den amerikanischen General zu nöthigen, das Unternehmen, worauf er ausgegangen war, aufzugeben. Demgemäß setzte General Prevost mit zweitausend und fünfhundert Mann Soldaten und einer bedeutenden Zahl Indianer plötzlich am 29. April, als Lincoln schon weit gegen Augusta vorgedrungen war, bei Purysburg über den Fluß. Obrist M'Intosh, der dort mit einem kleinen Detachement stand, zog sich zu General Moultrie bei Black Swamp zurück. Rasch drang nun Prevost in das Land hinein und Moultrie mußte sich, mit Zerstörung der Brücken, in aller Eile vor ihm zurückziehen. Die im Felde stehende Miliz zeigte nicht den geringsten Muth und konnte nicht dahin gebracht werden, die Pässe mit einiger Ausdauer zu vertheidigen. Die Miliz des Staates ergriff nicht, wie man erwartet hatte, die Waffen, und Moultrie's Streitkräfte wurden durch Desertion auf eine beunruhigende Weise geschwächt.

Unmittelbar nach dem Uebergange der

Engländer über den Fluß wurde Lincoln, der sich schon ganz in der Nähe von Augusta befand, durch einen Eilboten von der Lage der Sache in Kenntniß gesetzt. Er hielt die Bewegung Prevost's aber für blos simulirt, um ihn von dem oberen Theile des Flusses zurückzubringen, und beschloß, in der Ausführung seines Planes zu verharren und den englischen General zu zwingen, zur Vertheidigung der Hauptstadt herbeizueilen. Indessen sandte er zur Unterstützung Moultrie's dreihundert Mann leichte Truppen ab, setzte selbst bei Augusta über den Fluß und marschirte auf dem südlichen Ufer gegen Savannah hin.

Als er jedoch erfuhr, daß Prevost immer weiter vordrang und Charleston angreifen würde, ging er über den Savannah zurück und setzte ihm nach. Die Engländer waren ohne bedeutenden Widerstand zu finden, vorgedrungen. Moultrie war nicht stark genug gewesen, ihnen Widerstand zu leisten, und die Verheerung und Plünderung, welche in Folge dieses Einfalles das Land heimsuchte, verbreitete allgemeine Bestürzung. Unterdessen traf man doch in Charleston alle möglichen Vertheidigungsmaßregeln. Die Häuser der Vorstädte wurden niedergebrannt; Schanzen und Verhaue wurden in wenigen Tagen quer über die Halbinsel zwischen Ashley und Cooper-Rivers hin errichtet und in geeigneten Zwischenräumen auf der ganzen Strecke mit Kanonen besetzt. Obgleich man sich keines Landangriffs auf die Stadt zu versehen hatte, so gelang es doch mittelst ungeheurer Anstrengungen, geeignete Vorkehrungen zur Vertheidigung der Stadt zu machen und eine Streitkraft von dreitausend und dreihundert Mann war in Charleston zusammen, um den gedrohten Angriff zurückzuschlagen. Der Eifer war so groß, daß man den Herrn neben dem Sklaven Schanzarbeiten und Felddienste verrichten sah.

Am 11. Mai setzte ein Detachement von Prevost über den Ashley River und erschien vor Charleston. Um Zeit zu gewinnen und weil er wußte, daß Lincoln in raschem Anzuge war, brachte der Gouvernör Rutledge diesen Tag mit Unterhandlungen hin. Die Garnison sandte Commissäre mit dem Auftrag ab, „Neutralität zwischen England und Amerika für die Dauer des Krieges vorzuschlagen, und zu verlangen, daß die Frage, ob der Staat Großbritannien oder der Union gehören solle, durch den zwischen diesen beiden Mächten abzuschließenden Friedensvertrag entschieden werden solle." Prevost verweigerte die Anhörung solcher Vorschläge und bestand darauf, daß die Garnison, da sie unter den Waffen sei, sich als Kriegsgefangene ergeben müßte. Natürlich wurde dies abgewiesen, und man hatte sich nun auf einen Angriff gefaßt zu machen. Prevost hielt es aber während der Nacht für rathsam, sich zurückzuziehen, besonders aus dem Grunde, weil Lincoln in seinem Rücken rasch herankam und er nicht hoffen konnte, die Stadt mit Sturm zu nehmen.

Auf dem Rückmarsch schlug Prevost nicht, wie bei seinem Vordringen, die direkte Straße ein, da er nun in seinem Rücken die zahlreiche Garnison von Charleston und zu gleicher Zeit Lincoln mit seiner Armee in der Nähe hatte. Nachdem er daher über Ashley Ferry gegangen war, wandte er sich links und zog nach der Küste. Längs derselben liegen zahlreiche Inseln und sie ist bis zur Mündung des Savannah Flusses von Meeresarmen durchschnitten, so daß bei der Uebermacht der Engländer zur See diese Richtung für ihn die leichteste und sicherste Gelegenheit darbot, mit seinem sämmtlichen Gepäcke nach Georgia zurückzukehren. Er setzte zuerst auf die Insel St. James und von da auf St. John über, wo er bis zur Ankunft der Zufuhren, welche er seit einiger Zeit von New York erwartete, Position zu nehmen beschloß.

Noch ehe Prevost Ashley Ferry verlassen hatte, war General Lincoln in Eilmärschen bei Dorchester, nicht weit von Charleston, angekommen, folgte nun den Engländern auf ihrem Marsche nach der Küste und lagerte sich in ihrer Nähe, als die beiden Heere nur ungefähr dreißig Meilen von Charleston entfernt waren. In dieser Stellung blieben sie bis zum 20. Juni, wo etwa zwölfhundert Amerikaner einen Angriff auf siebenhundert Engländer machten, welche bei Stono Ferry eine sehr günstige Position
1779. inne hatten. Mehr als eine Stunde blieb der Kampf unentschieden; hätten die unter Moultrie stehenden Streitkräfte ihre Ordres ausführen und auf die Insel James übersetzen können, so würden die Amerikaner ohne Zweifel gesiegt haben. So aber hielt es Lincoln für das Klügste, sich zurückzuziehen, was er in guter Ordnung that. Die Engländer ließen drei Offiziere und drei und zwanzig Soldaten auf dem Schlachtfelde, und zehn Offiziere und drei und neunzig Soldaten waren verwundet. Die Amerikaner verloren fünf Offiziere, welche an empfangenen Wunden starben; fünf und dreißig Soldaten waren gefallen, außerdem waren noch neunzehn Offiziere und hundert und zwanzig Gemeine verwundet worden.

Drei Tage nach dieser Schlacht räumten die Engländer den Posten bei Stono Ferry sowie die Insel St. John, und zogen längs der Küste von Eiland zu Eiland, bis sie nach Beaufort, auf der Insel Port Royal, kamen, wo General Prevost eine Besatzung unter dem Befehle von Obristlieutnant Maitland ließ.

In den südlichen Provinzen machte die Hitze den Kriegsoperationen eben so entschieden ein Ende, wie die Kälte im Norden. Zu jener Epoche des Jahres war dieselbe schon so heftig geworden, daß an keine weitere Thätigkeit gedacht wurde. In beiden Heeren ging nun die ganze Sorgfalt der Offiziere dahin, ihre Leute vor den Fiebern der Jahreszeit zu bewahren und sie im Stand zu halten für den folgenden Feldzug, welcher im Laufe des Monats Oktober eröffnet werden sollte. Die amerikanische Miliz ging auseinander. General Lincoln behielt nur noch etwa achthundert Mann unter den Fahnen, mit denen er sich nach Sheldon, das in der Nähe von Beaufort in einer sehr gesunden Gegend lag, zurückzog.

Man war für die Sicherheit der südlichen Staaten in solcher Besorgniß gewesen, daß Washington sein schon so schwaches Heer noch mehr verringerte, um General Lincoln durch ein Detachement zu verstärken. Dieses bestand aus Bland's Kavallerie-Regiment, aus dem Ueberreste eines Regimentes, das früher von Baylar, jetzt aber von Obristlieutnant Washington kommandirt wurde und aus einer gewissen Anzahl neu ausgehobener Truppen.

Der Einfall Prevost's in Süd-Carolina gereichte dem englischen Heere nicht zur Ehre und war der königlichen Sache durchaus nicht nützlich, obgleich derselbe den Bewohnern der Provinz großen Schaden verursachte. Auf seinem Zuge durch das ganze Land ließ das englische Heer überall Spuren von Plünderung und Verheerung zurück. Kleine Abtheilungen derselben drangen in alle Häuser, nahmen Silberzeug, Geld, Juwelen und allen Schmuck der Einwohner weg und zerstörten gewöhnlich, was sie nicht fortschleppen konnten. Die zahlreichen Sklaven des Südens, durch die Hoffnung, ihre Freiheit zu erlangen, verlockt, liefen zur königlichen Arme über und verriethen, um sich bei ihren neuen Freunden einzuschmeicheln, die Plätze, wo ihre Herren die werthvollsten Gegenstände versteckt hatten. Später wurden viele dieser Sklaven eingeschifft und in Westindien verkauft; einige Hunderte davon starben am Lungenfieber und eine große Anzahl, die sich fürchtete, zu ihren Herren zurückzukehren, kam elend in den Wäldern um. Man hat den Verlust an Sklaven in Süd Carolina auf vier Tausend berechnet. Plünderung und Verheerung war allgemein; um nicht das Opfer derselben zu werden, entschlossen sich viele Einwohner, sich als Anhänger der königlichen Sache zu erklären. Mag es ihr Ernst oder nur Schein gewesen sein, so steht fest, daß die Mittel, welche sie anwandten, um den Schein des Loyalismus zu haben, eine große Entfremdung zwischen ihnen und Allen, welche für die gute Sache die Waffen führten, herbeiführte.

Weder von Seiten der Engländer, noch der Amerikaner geschah im Laufe der Jahre 1779 und 1780 irgend etwas Bedeutendes. Diese fühlten sich nicht stark genug, mehr zu thun, als die Defensive zu behaupten; jene dem oben auseinander gesetzten Plane treu bleibend, verwandten ihre ganze Macht darauf, Ueberfälle und Handstreiche auszuführen, deren Hauptzweck darin bestand, die Bevölkerung zu Grunde zu richten und in's Elend zu bringen.

Sir George Collyer, der an die Stelle des Admiral Gambier zum Commandanten der englischen Flotte in Amerika ernannt worden war, faßte mit Sir Henry Clinton den Plan, den Verkehr auf dem Chesapeake zu unterbrechen und die auf den Ufern errichteten Magazine zu zerstören. In dieser Absicht detachirte Clinton tausend acht hundert Mann, unter General Mathews; die Transportschiffe, worin sie eingeschifft waren, befehligte Admiral Gambier persönlich. Die Flotte segelte am 1. Mai von Sandy Hook ab und langte am 8. an den Vorgebirgen von Virginien ein. Der untere Theil von Virginien ist der Art von tiefen Gewässern und Flüssen durchschnitten, daß denen, welche die Küsten inne haben, eine leichte Communikation von einem Platz zum andern offen steht und ihnen einen bedeutenden Vortheil über diejenigen gibt, welche diese leichten Verbindungen entbehren.

Die Flotte legte in Hampton Road, einem breiten durch den Zusammenfluß der Flüsse James, Nansemond und Elisabeth gebildeten Becken, vor Anker. Am Morgen des 10. lief sie in den Elisabeth Fluß ein. Die dort stationirten amerikanischen Truppen, gänzlich unfähig, einer solchen Uebermacht Widerstand zu leisten, gaben ihre Stellung auf und retteten sich durch die Flucht. Die Engländer landeten ungehindert und General Mathews nahm sein Hauptquartier in Portsmouth, von wo er kleine Detachements nach Norfolk, Gosport, Kemp's Landing und Suffolk sandte, welche an diesen Orten eine große Masse von Schiffs- und Kriegsmaterial wegnahmen oder zerstörten und über hundert Schiffe, einige davon reich beladen, wegführten. *)

*) Wenn über diesen Vandalismus, wodurch ein fruchtbares Land in wenigen Tagen in eine rauchende Brandstätte umge-

Der Schaden, den der Staat, und die Privatleute erlitten, war groß, ohne daß dadurch die königliche Sache irgend gefördert worden wäre. Nachdem General Mathews den Zweck seiner Sendung erreicht hatte, kehrte er noch vor Ende des Monats nach New York zurück.

Die trügerische Ansicht, die französische Allianz habe die Unabhängigkeit Amerika's vollkommen gesichert und England werde aus Verzweiflung an dem Erfolge seiner Waffen, den Kampf bald aufgeben, hatte leider zur Folge, daß die Bevölkerung im Allgemeinen in ihrer energischen Vorbereitung zur Fortsetzung des Kampfes nachließ. Washington suchte mit der ganzen Macht seines Einflusses diese trügerische Hoffnung zu bekämpfen. In seinen Briefen an den Congreß, an die Gouvernöre der einzelnen Staaten und andere einflußreiche Personen hob er stets die Grundlosigkeit der allgemein herrschenden Ansicht, daß der Friede nahe bevorstehe, hervor, und bestand auf der Nothwendigkeit, Truppen genug auszuheben, zu equipiren und zu erhalten, um die Kriegsoperationen thätig fortsetzen zu können. Besonders drang er darauf, daß die jährlichen Anwerbungen für das Heer frühzeitig genug gemacht würden, um die Rekruten mit dem 1. Januar im Hauptquartier haben zu können. Aber so erschlafft war der öffentliche Geist, daß trotz aller Vorstellungen der Congreß erst am 23. Januar 1779 den Oberbefehlshaber ermächtigte, das Heer von Neuem zu verpflichten, und erst am 9. März die verschiedenen Staaten aufforderte, ihre Contingente zu stellen. Die Militär-Etats für 1780 wurden noch später aufgestellt, denn erst am 9. Februar wurde darüber ein Beschluß gefaßt und die Mannschaft ward erst für den 1. April aufgeboten. Während das Heer schon im Felde stehen sollte, gab man erst die nöthige Vollmacht, dasselbe auszuheben, gewiß eine unverantwortliche und schmähliche Verzögerung.

Der Werth des Papiergeldes war so rasch gefallen, daß die Offiziere nicht mehr im Stande waren, mit dem Tagessold ihre Bedürfnisse zu bestreiten.*) Dies rief eine gefährliche Mißstimmung in dem Heere hervor. Im Mai 1779 erhielt die Jersey-Brigade Marsch-Ordre, sich in einzelnen Regimentern mit der Westarmee zu vereinigen. Als Antwort auf diesen Befehl lief ein Schreiben des General Maxwell ein, worin er mittheilte, daß die Offiziere des ersten Regimentes ihrem Obrist eine Beschwerdeschrift an die gesetzgebende Versammlung von New Jersey eingereicht hätten, des Inhaltes, daß, wenn ihre früheren Beschwerden über unzureichenden Sold nicht unmittelbar berücksichtigt würden, sie nach Verlauf von drei Tagen als Demissionäre angesehen werden wollten, und daß sie für den eintretenden Fall die gesetzgebende Versammlung ersuchten, andere Offiziere an ihre Stelle zu ernennen. Washington, der dem Heer aufrichtig anhing, und seine Verdienste, wie seine Leiden kannte, und wohl wußte, wie gerecht jene Beschwerden waren, erkannte sogleich die gefährlichen Folgen, welche die angedrohte Maßregel ohne Zweifel haben würde.

Nach ernstem Nachdenken schrieb er an General Maxwell einen Brief, welchen die-

wandelt wurde, empört, die Virginier sich über diese Art, Krieg zu führen, beschwerten, erhielten sie zur Antwort, daß das gleiche Schicksal über alle Rebellen verhängt werden würde.

*) Eine übersichtliche Beleuchtung des so wichtigen Gegenstandes der Emission von Papiergeld befindet sich im Anhang L am Ende dieses Kapitels.

ser den Offizieren vorlegen sollte. Als Freund und als Oberbefehlshaber wandte er sich mit dem größten Nachdruck an ihren Stolz und ihren Patriotismus.

„Im Verlaufe des Krieges," sagte er, hat Nichts mich so betrübt, als die Beschwerdeschrift der Offiziere des 1. Regimentes. Ich kann dieselbe nur als einen übereilten und unklugen Schritt ansehen, den sie selbst, nach reiflicher Ueberlegung mißbilligen werden. Ich bedauere sehr, daß die Offiziere des Heeres unter so mißlichen Verhältnissen leiden und ich hoffe, sie lassen mir die Gerechtigkeit widerfahren zu glauben, daß ich unerläßlich bestrebt bin, sie zu erleichtern. Es ist jedoch schwerer, als dieselben denken, ihre Wünsche zu befriedigen. Unsere Geldmittel waren bisher in höchstem Grade beschränkt. Unsere Finanzverhältnisse verursachen nicht geringe Verlegenheit und obgleich Abhülfe zu erwarten steht, so kann deren Wirkung doch nicht das Werk eines Augenblickes sein. Die Regierung verkennt weder die Verdienste und die gebrachten Opfer der Offiziere, noch ist sie abgeneigt, denselben Ersatz zu geben; aber es ist nur zu wahr, und selbst eine oberflächliche Beurtheilung muß uns davon überzeugen, daß der Regierung nur sehr geringe Geldmittel dermalen zu Gebote stehen. Man muß daher in dieser Beziehung große Nachsicht haben und den Verzug nicht als Mangel an gutem Willen ansehen.

„Einige der Staaten haben sich allerdings so liberal gezeigt, als es ihnen möglich war, und wenn Andere weniger Bereitwilligkeit gezeigt haben, so muß man dies ganz besondern Ursachen zuschreiben, die gewiß bald beseitigt sein werden. Die Geduld und Ausdauer des Heeres in den schwierigsten Lagen waren immer der Art, daß sie ihm hier wie überall zur höchsten Ehre gereichen und mir stets das unbegrenzteste Vertrauen in seine Zuverlässigkeit eingeflößt hat. Dies hat mich in allen kritischen Momenten und Unglücksfällen, denen unsere Sache in einem solchen Kampfe nothwendig ausgesetzt sein mußte, stets getröstet und ermuthigt.

„Jetzt, wo wir der Erreichung unseres Zweckes schon so nahe gekommen sind, daß der Erfolg nicht mehr ausbleiben kann, wenn wir nicht selbst auf's Schmachvollste unsere eigenen Interessen aufgeben, würde auch die geringste Abweichung von unserer seitherigen strengen Disciplin zugleich eine unglückliche Verläugnung unserer Grundsätze und ein Vergessen alles Dessen sein, was wir uns selbst sowohl, als unserm Vaterlande schuldig sind. Könnte ich die Möglichkeit einer solchen Handlung selbst nur bei einem einzigen Regimente des Heeres voraussetzen, so würde mich dieses über allen Ausdruck verletzen und bekümmern. Dies würde mich schmerzen, als ob meine eigene Ehre verletzt worden wäre, denn ich betrachte diese als innig mit der des Heeres verbunden. Doch ich halte dies für unmöglich. Jenes Corps wird, ehe es einen solchen Schritt thun will, die Folgen davon wohl erwägen und kein Offizier von Urtheil und Ehrgefühl wird sich denselben aussetzen wollen. Würden die Wenigen, die solches Beispiel geben, ohne Nachahmer bleiben, was würden dann, unabhängig von allen Folgen, ihre Gefühle sein, wenn sie vor den Augen der Welt in einem Lichte dastehen, das sie tief unter den Rest des Heeres stellt? Oder, sollte deren Beispiel nachgeahmt und allgemein werden, wie könnten sie sich dann trösten, die ersten gewesen zu sein, welche den Ruin und die Schande des Vaterlandes verursachten? Wie schwer würden sie unter der Ueberzeugung leiden, daß dem Heere die doppelte Schuld an der allgemeinen Schande und dem allgemeinen Elende beigemessen würde, und daß der Name eines amerikanischen Offiziers alsdann eben so verächtlich sein würde als er jetzt ehrenvoll ist.

„Ich gebe zu, daß in dem vorliegenden Falle, der äußere Anschein allerdings gerechten Anlaß zur Entrüstung zu geben scheint, und doch bin ich überzeugt, daß die Drohung der Offiziere in Worten weiter geht, als sie zu thun entschlossen sind. Die Offiziere von Jersey stehen keinen andern in Bezug auf Bürger- und Soldaten-Tugenden nach, und ich hege das Vertrauen, daß nicht ein Einziger von denselben einen Flecken auf den seitherigen Ruhm des Heeres zu bringen fähig ist. Jene Männer können es nicht ernstlich meinen; sie haben sich blos in ihrem Urtheile über die geeigneten Mittel, ihren Zweck zu erreichen, geirrt. Ich schmeichle mir mit der Hoffnung, sie werden von einem Verfahren abstehen, das ihnen selbst als ganz unstatthaft erscheinen muß.

„Bei der Eröffnung eines Feldzugs und nachdem sie schon Marschordre erhalten haben, werden die Offiziere, im Gefühle ihrer eigenen Ehre und ihrer Pflicht gegen sich selbst und gegen die Nation nicht auf einer Handlungsweise bestehen, welche in so großem Widerspruche damit stehen würde. Ihr Zartgefühl wird sich schon verletzt fühlen, wenn sie bei ruhiger Ueberlegung empfinden, daß der gethane Schritt ihnen den Schein geben kann, als hätten sie die gegenwärtigen, schwierigen Verhältnisse benutzen wollen, um dem Lande Bedingungen vorzuschreiben.

„Die Erklärung, welche sie in einem so kritischen Augenblicke dem Staate abgeben, „daß man sie als außer Dienst zu betrachten habe, wenn Sie nicht in der kurzen Frist von drei Tagen Befriedigung erhielten," hat ganz und gar diesen Anschein, und die scheinbare Milderung, welche darin liegen soll, daß sie bis zur Anstellung anderer Offiziere ihren Dienst fortsetzen würden, wird nur für eine verfehlte Bemäntlung ihrer Absicht angesehen werden können.

„Ich möchte Sie nun ersuchen, den betreffenden Herren meine Ansicht mitzutheilen und sich zu bemühen, dieselben von ihrem Irrthume zurückzubringen. Der Dienst, für welchen das Regiment bestimmt war, erlaubt keinen Verzug. In jedem Falle muß dasselbe Montag Morgen den Marsch antreten und zwar zuerst noch in das hiesige Lager, wo es bei seiner Ankunft fernere Weisung erhalten wird. Ich bin überzeugt, daß ich mich nicht in der Erwartung eines unverzüglichen und freudigen Gehorsams täusche."

Die Offiziere gaben ihre Forderungen nicht förmlich auf, aber wurden in so ferne herumgebracht, daß sie ihren Dienst fortsetzten. In einer an den Oberbefehlshaber gerichteten Schrift erklärten sie, „sie fühlten sich unglücklich, einen Schritt gethan zu haben, der ihm unangenehm gewesen," ihre Rechtfertigung sei indessen, daß sie zu wiederholten Malen Denkschriften an die gesetzgebende Versammlung gerichtet hätten, welche aber alle unbeachtet geblieben wären. Sie fügten dann hinzu:

„Wir haben alles Vertrauen in diese Versammlung verloren. Vernunft und Erfahrung machen es unmöglich, noch ferner etwas von derselben zu erwarten. Wenige unter uns haben Privatvermögen; Viele haben Familien, welche bereits alle Leiden zu erdulden haben, die ein undankbares Vaterland verursachen kann. Sollen wir denn alle Lasten, Strapatzen und Gefahren des Soldatenlebens ertragen, während unsere Frauen und Kinder aus Mangel an den unentbehrlichsten Lebensmitteln zu Hause umkommen, und dies noch ohne die fernste Aussicht auf Lohn, da unser Sold nur nominell ist? Wir sind der Ueberzeugung, daß Ew. Excellenz dieß nicht von uns wünschen noch verlangen kann.

„Es thut uns leid, wenn Sie nur denken könnten, wir beabsichtigten, Ihren Befehlen den Gehorsam zu versagen. Es war und ist heute noch unser Entschluß, mit unserm Regimente zu marschiren und unsere Pflicht zu thun bis die gesetzgebende Versammlung gebührende Zeit gefunden hat, andere Offiziere zu ernennen; aber auch nicht länger.

„Es sei uns erlaubt, Ew. Excellenz zu versichern, daß wir von Ihrer Fähigkeit und Ihren hohen Eigenschaften die vollständigste Ueberzeugung haben; daß es uns stets die größte Freude war, Ihre Befehle auszuführen; daß wir den Dienst und unser Vaterland lieben, aber wenn dieses Vaterland alle Tugend und Gerechtigkeit dermaßen aufgibt, daß es seine Diener zu erhalten vergißt, so ist es deren Pflicht, von dem Dienste sich zurückzuziehen."

Die Offiziere hatten demnach in ihrer Rechtfertigung eine solche Stelle eingenommen, daß die Anwendung strenger Maßregeln gegen sie dadurch ausgeschlossen war, aber auf der anderen Seite war es unmöglich, ihre Forderungen zu befriedigen. In dieser schwierigen Lage hielt es Washington für klug von dem Briefe der Offiziere weiter keine Notiz zu nehmen, als denselben durch General Maxwell erklären zu lassen, daß, da sie fortführen, ihre Pflicht zu thun, er nur bedauern könne, daß sie einen solchen Schritt gethan hätten."

Die gesetzgebende Versammlung von New Jersey, angeregt durch diese Vorgänge, gewährte ihren Truppen eine theilweise Zahlung, worauf die Offiziere ihre Beschwerdeschrift zurücknahmen und ihre Pflicht nach wie vor erfüllten.

Washington's Takt und Klugheit hatte verhindert, daß das von den Jersey Offizieren eingeschlagene Verfahren zu schlimmen Folgen führte; er benutzte aber diesen Umstand, um dem Congreß eindringlich die Nothwendigkeit vorzustellen, irgend eine allgemeine und entsprechende Maßregel zu treffen, daß die Offiziere wenigstens mit dem Nöthigsten versehen würden. Er bemerkte dabei: „das Elend in manchen Heeresabtheilungen ist so groß, daß die Offiziere nachgesucht haben, man möge ihnen die Uniformen der gemeinen Soldaten bewilligen, so grob und ungeeignet dieselben auch seien. Ich war nicht ermächtigt dieses Gesuch zu bewilligen. Männer von Pflichtgefühl und Ehre tragen geduldig Alles bis zu einem gewissen Punkte, aber auch nicht darüber hinaus. Ich bezweifle, nicht, daß der Congreß die Gefahr, eine solche Lage aufs Aeußerste zu treiben, erkennen und es entschuldigen wird, daß ich mich so besorgt zeige, Mittel dagegen anzuempfehlen."

In Bezug auf die zu treffenden militärischen Anordnungen waren die Congreßmitglieder verschiedener Ansicht. Während einige in Uebereinstimmung mit dem Oberbefehlshaber ein stehendes Nationalheer auf gutem Fuße erhalten wollten, fürchteten Andere von einer solchen Einrichtung Gefahr für die Freiheit in der Zukunft und gaben dem System der „Anwerbung auf kurze Zeit," d. h. für nicht länger als ein Jahr, den Vorzug.

Auch hielten dieselben sehr darauf, das Militärwesen den einzelnen Staaten zu überlassen, welche bei vorkommender Gelegenheit die Miliz einberufen könnten, und wollten Nichts von einem zahlreichen stehenden Heere wissen, über das der Congreß oder der Oberbefehlshaber zu verfügen habe. Der unstete Zustand der öffentlichen Angelegenheiten und der häufige Wechsel, welcher in der Zusammensetzung der National-Versammlung stattfand, machte, daß bald diese, bald jene Partei die Majorität hatte. Leider aber müssen wir sagen, daß im Allgemeinen Washington immer weit weniger bewilligt ward, als eine richtige Politik mit vernünftiger Sparsamkeit vereint zu gebieten schien.

Die amerikanische Armee litt zu jener Zeit nicht nur an Kleidern, sondern auch an Lebensmitteln empfindlichen Mangel.

In den zwei Jahren, 1779 und 1780, war die Ernte mittelmäßig ausgefallen. Dabei war die Arbeit der Landleute oft durch den ihnen obliegenden Milizdienst unterbrochen worden. Das Papiergeld war so sehr im Werthe gesunken, daß es nicht mehr als Aequivalent im Verkehre angenommen wurde.

Die Noth in dem Heere war daher so groß, daß Washington gezwungen war, den Behörden der benachbarten Counties Befehl zu ertheilen, in bestimmter Frist bestimmte Zusendungen an Lebensmitteln zu machen. Zu anderer Zeit sah er sich genöthigt, Detachements auszusenden, um die Bürger mit dem Bajonette zu zwingen, Lebensmittel herzugeben. Auch dieser Ausweg hatte zuletzt keinen Erfolg mehr, denn das Land in der Nachbarschaft des Heeres hatte Nichts mehr zu geben. Diese Contributionen wirkten übrigens nicht nur nachtheilig für die Sitten und die Disciplin des Heeres, sondern sie hatten auch die Folge, daß das Volk zum Widerstande gereizt wurde, während seither der Oberbefehlshaber besonders deswegen von den Einwohnern freiwillige Zufuhr an Lebensmitteln erhalten hatte, weil sie von ihren im Heere stehenden Landsleuten besser behandelt wurden, als von den Engländern.

Washington, den die Bevölkerung bisher als ihren Beschützer angesehen hatte, war also in die traurige Alternative versetzt, entweder sein Heer aufzulösen oder dasselbe mit Anwendung von Gewalt zu ernähren. Die Armee verlangte von ihm Mittel zu leben, die Bewohner Schutz ihres Eigenthums. Die Einen mit dem Nöthigen zu versehen ohne die Andern zu verletzen, schien beinahe ganz unmöglich. Es würde schon ein schwieriges Werk gewesen sein, in einem Heere, wie das unter Washington, Ordnung und Subordination zu erhalten, selbst wenn es wohl genährt, gekleidet und bezahlt gewesen wäre, aber die Truppen im Dienst zu halten und die nöthige Disciplin zu handhaben, während sie nicht nur alle Pflege, sondern selbst die unbedingt nöthigen Lebensmittel entbehrten, dazu bedurfte es einer Gewandtheit und so hoher Fähigkeiten, wie sie nur selten in einem Manne zu finden sind. Mitten unter diesen so bedeutenden Schwierigkeiten hielt Washington nicht nur sein Heer zusammen, sondern benahm sich auch selbst mit so viel Einsicht, daß er weder

PUTNAM'S ESCAPE AT HORSE NECK.

Johnson, Fry & C° Publishers, New York.

das Vertrauen des Heeres noch das der Bürger einbüßte.

Mit einem so schlecht ausgerüsteten und schwachen Heere konnte keine ernstliche Unternehmung versucht werden. In den Reihen der Amerikaner standen damals nicht mehr als dreizehntausend Mann, während die Engländer stark in New-York und Rhode-Island befestigt waren, und ein Heer von sechszehn bis siebenzehn Tausend Mann hatten und noch dabei von einer mächtigen Flotte unterstützt wurden, welche, die Küsten und Flüsse beherrschend, es ihnen leicht machte, ihre Streitkräfte an irgend einem Punkte zu concentriren, ehe die Amerikaner sich ihnen gegenüber stellen konnten. Dieser Unterschied machte sich besonders in den Bewegungen der beiderseitigen, in der Nähe des Hudsons stehenden Heeren fühlbar. Beide Theile placirten oft Divisionen auf dieses oder jenes Ufer des Stromes. Während aber die Engländer direkt übersetzten und ihre Streitkräfte zu irgend einer Unternehmung vereinigen konnten, vermochten die Amerikaner die entsprechende Verbindung auf beiden Ufern nur dadurch zu bewerkstelligen, daß sie bedeutende Umwege machten, um die englischen Kriegsschiffe zu vermeiden.

West-Point und die damit verbundenen Fortifikationen zu behaupten, war der Hauptgegenstand der Bemühungen Washingtons. Um diesen Platz sicher zu stellen, war er genöthigt, den benachbarten Staaten ihre wiederholten dringenden Gesuche um Hülfs-Corps zum Zwecke des Schutzes einzelner Lokalitäten abzuschlagen, denn er wußte wohl, daß, wenn er sein Heer zersplittere, die kleinen Abtheilungen desselben der größten Gefahr ausgesetzt sein würden, abgeschnitten und aufgerieben zu werden.

Am 1. Juni machte Clinton eine Bewegung gegen den Hudson, um die amerikanischen Werke bei Stony Point, auf dem westlichen Ufer des Flusses und dem gegenüberliegenden Verplank's-Point anzugreifen. Die Position bei Stony Point war eine feste, aber die Werke waren noch unvollendet und die Amerikaner sahen sich genöthigt, den Platz zu räumen. Die Folge davon war, daß sich Fort Lafayette auf Verplank's Point nicht mehr halten 1779.
konnte. Sobald Clinton alle Vorkehrungen zur vollständigen Einschließung des Forts gemacht hatte, mußte sich die Garnison als Kriegsgefangene ergeben. Die Engländer ließen die Festungswerke an beiden Forts vollenden und dieselben in guten Vertheidigungszustand setzen.

Da Clinton fand, daß Washington auf seiner Hut und keine Unternehmung gegen West Point möglich war, kehrte er nach New-York zurück und machte, den erhaltenen Befehlen gemäß, Vorbereitungen zu einem Verheerungszug nach den Seestädten von Connecticut, wie es früher gegen Virginien geschehen war. Den Oberbefehl bei diesem Raubzuge erhielten George Collyer, der die Kriegs- und Transportschiffe kommandirte, und Gouvernör Tryon, dem General Garth beigegeben war, als Kommandant des aus zweitausend sechshundert Mann bestehenden Corps.

Auf der Fahrt durch den Sund faßten die beiden Commandanten eine gemeinschaftliche Proklamation ab, die vom 1. Juli datirt ist. Sie forderten darin die Bewohner auf, zu ihrer Pflicht und Botmäßigkeit zurückzukehren und versprachen Allen, welche friedlich in ihren Wohnorten bleiben würden, Schutz für ihre Person und ihr Eigenthum; nur die Civil- und Militärbeamten der Regierung waren von der Amnestie ausgenommen. Allen, welche diese Warnung nicht beachten würden, waren schwere Züchtigungen angedroht. Die Proklamation war in der That nur ein Possenspiel, denn statt den Bewohnern Zeit zu lassen, sich zu entschließen, wie es ihnen darin zugestanden war, nahm man davon Umgang, und fing sogleich mit Gewaltmaßregeln an, ohne sie zu fragen, was sie zu thun gedächten.

Am frühen Morgen des 5. Juli landete Tryon seine Abtheilung Truppen bei East Haven, und Garth die seinige bei West Haven. Die letzteren marschirten nach New Haven, wo sie zwischen zwölf und ein Uhr einzogen. Auf dem Wege dahin wurden sie von der Miliz und Anderen, die sich ihr zugesellten, vielfach belästigt und beunruhigt. New Haven wurde, mit Ausnahme weniger Häuser, die man verschonen ließ, der allgemeinen Plünderung Preis gegeben. Whigs wie Tories wurden ohne Unterschied der Person und der Grundsätze ihres Geldes, ihres Silberzeugs, Schmucks und sonstiger Gegenstände von Werth beraubt; ein großer Theil des Hausgeräthes, das nicht wegzubringen war, wurde muthwillig zerstört; alle Colonial-Waaren hatten gleiches Schicksal. In einer solchen Verwirrung konnten die Einwohner selbst persönlicher Mißhandlung nicht entgehen. Aber die Miliz versammelte sich so zahlreich und die englischen Soldaten hatten sich dermaßen in Brantwein berauscht, daß der Commandant am nächsten Morgen einen raschen Rückzug für das Räthlichste hielt, ohne nur so lange zu verweilen, um den ursprünglichen Plan, die Stadt niederzubrennen, auszuführen, ja ohne nur ein einziges Haus in Brand zu stecken. Sobald sie sich auf ihren Schiffen in Sicherheit wußten, versäumten sie nicht, einige Waarenlager auf der „langen Werfte" niederzubrennen. In East Haven, wo Tryon persönlich kommandirte, wurden einige Häuser in Brand gesteckt und das Vieh auf den benachbarten Feldern getödtet. Gegen Nachmittag versammelte sich die Miliz so zahlreich und rückte dem Feinde so nahe auf den Rücken, daß derselbe sich auf die Flotte zurückzog, welche noch am Abende nach Fairfield absegelte. Dort landeten die Truppen am Mittwoch Nachmittag gegen 3 Uhr. Da man in einer gewissen Entfernung von der Stadt Anker geworfen, hatte man längere Zeit, die Milizen zusammentreten zu lassen. Gouvernör Tryon sandte durch einen Parlamentär die oben erwähnte Addresse an Obrist Whiting und gab ihm eine Stunde, um sich zu berathen und zu antworten, damit die Stadt verschont werden könnte. Der Obrist erwiderte im Namen der Einwohner: „Euere Brandfackel ist bereits unserer Antwort vorausgeeilt. Wir werden fortfahren uns jener Gewalt auf's Aeußerste zu widersetzen, welche nur dazu gebraucht wird, das Recht zu unterdrücken" — gegeben am 7. Juli bei Sonnenuntergang." Während dieser Nacht und am nächsten Morgen noch plünderten und verheerten die Feinde die Stadt, indem sie das Versammlungshaus, die Episkopalkirche, überhaupt sämmtliche Gebäude auf zwei Meilen in der Runde, ja bis nach Greenfield hin Alles niederbrannten. Am Donnerstag zogen sie sich auf ihre Schiffe zurück, da die Miliz noch zahlreicher als bei New Haven heranzog. Sie fuhren über den Sund nach Long Island hinüber und von da später nach Norwalk, das ein ähnliches Schicksal, wie Fairfield, hatte. Todte und Verwundete gab es bei

STORMING OF STONY POINT.

"March on, carry me into the Fort and let me die at the head of the column!" Wayne.

[illegible] publishers

Johnson, Fry & Co. Publishers, New York.

diesen Raubzügen verhältnißmäßig nur wenige, aber wie das Feuer wüthete, mag folgendes Verzeichniß darthun.

Zu Norwalk verbrannten zwei Kirchen, achtzig Wohnhäuser, sieben und achtzig Scheunen, zwei und zwanzig Magazine, siebenzehn Kaufläden, vier Mühlen und fünf Schiffe. — Zu Fairfield zwei Kirchen, acht und zwanzig Wohnhäuser, fünf und fünfzig Scheunen, fünfzehn Waarenlager, außerdem noch die Waarenlager von New Haven und die Häuser bei East Haven. *)

Während die Engländer diesen empörenden Raubkrieg führten, beschloß Washington, nachdem er selbst Stony Point rekognoszirt hatte, einen kühnen Versuch zu machen, es zu überrumpeln. Die Leitung dieser Expedition wurde jenem tapfern Offiziere, Anton Wayne, anvertraut, der sich den bezeichnenden Spitznamen: „der tolle Anthony" erworben hatte. An der Spitze seines Detachements leichter Infanterie, aus eintausend zweihundert Mann bestehend, marschirte er ungefähr vierzehn Meilen voran, kam am 16. Juli 11 Uhr Abends in der Nähe des Forts an und rüstete sich augenblicklich zum Angriff. Er gab seinen Leuten strengen Befehl, ganz im Stillen, mit ungeladenem Gewehr und aufgepflanztem Bajonette vorzurücken. Ein Soldat handelte dem Befehl zuwider und fing an, sein Gewehr zu laden; die Ordre wurde wiederholt, der Soldat aber fuhr fort zu laden und ein Offizier stach ihn auf der Stelle nieder.

Unbedingter Gehorsam war in einem so kritischen Momente unerläßlich; denn wäre nur ein Schuß gefallen, so hätte das Gelingen vereitelt werden, oder ein furchtbares Blutbad dadurch entstehen können. Nachdem Alles vorbereitet war, bildeten hundert und fünfzig Freiwillige unter Obristlieutenant Fleury, einem französischen Offizier, den Vortrab der rechten Colonne, und hundert Andere unter Major Stuart den der Linken; beiden gingen als Plänkler zwanzig ausgesuchte Soldaten unter den Lieutenants Gibbon und Knox voraus, um Verhaue und sonstige Hindernisse aus dem Wege zu räumen. Ungefähr zwanzig Minuten nach zwölf liefen die Colonnen Sturm und das Feuer der Angreifer war so groß, daß sie, trotz des ununterbrochenen Gewehr- und Kartätschenfeuers, mit gefälltem Bajonette alle Hindernisse bei Seite warfen und mit beiden Colonnen beinahe gleichzeitig in dem Centrum der feindlichen Werke zusammentrafen. Obrist Fleury drang zuerst in das Fort und riß eigenhändig die englische Fahne herunter. Major Posey hatte das Losungswort „das Fort ist unser!" gegeben.

In seinem Briefe an den Oberbefehlshaber pries General Wayne aufs Höchste die tapfere Haltung seiner Offiziere und Leute, namentlich des Obristlieutenant Fleury, Major Stuart, Obrist Butler und Andere. Obristlieutenant Gay wurde am Schenkel verwundet, während er mitten im hitzigsten Gefechte kämpfte. General Wayne selbst wurde leicht am Kopfe verwundet, drang aber, auf seinen Adjutanten gelehnt, mit den Truppen in das Fort. Strenge Befolgung der Gesetze der Menschlichkeit und Großmuth gegen den besiegten Feind zeichnet stets die wahrhaft muthigen Krieger aus. Es ist darum ehrenvoll für die Amerikaner, daß sie die Gefangenen mit menschenfreundlicher Milde behandelten, im

*) Gordon's "History of the American Revolution," Vol. 11. pp. 435—38.

geraden Gegensatz zu dem, was die Engländer bei solchen Gelegenheiten zu thun pflegten. Die Sieger fanden es verächtlich, den Ueberwundenen das Leben zu nehmen, wenn sie um Gnade baten; nicht Einer kam um, der die Waffen gestreckt hatte. Dies erklärt auch die kleine Anzahl der getödteten Feinde. Die Amerikaner zählten nur fünfzehn Todte und drei und achtzig Verwundete. Fünfhundert und drei und vierzig Engländer wurden gefangen genommen. Darunter befanden sich Obrist Johnson, Kommandant des Forts, nebst mehreren anderen Offizieren. Es ist bemerkenswerth, daß von den zwanzig Mann, welche unter Lieutenant Gibbon als Plänkler voranmarschirten, siebenzehn theils verwundet, theils getödtet wurden.

Washington sprach in seinem Berichte über jenes Ereigniß an den Congreß mit großem Lobe von dem Benehmen der Offiziere und Soldaten; besonders führte er jene Offiziere an, denen der Dienst gebot, in der Gefahr voran zu stehen, und deren Bravour daher vorzüglich bemerkbar gemacht zu werden verdiente. „Die Lieutenants Gibbon und Knox," sagte er in seinem Briefe, „welche die Avantgarde kommandirten, vollzogen ihre Aufgabe aufs Glänzendste." In Bezug auf General Wayne bemerkt er: „Sein Verhalten während des ganzen Verlaufes dieses so gewagten Angriffes verdient die Anerkennung des Congresses; er vervollkommnete den von mir angegebenen Plan und führte ihn auf eine Weise aus, welche seinem Urtheile und seiner Tapferkeit zur größten Ehre gereicht. In dem kritischen Moment des Angriffes erhielt er eine Verwundung am Kopfe durch eine Flintenkugel, und blieb demungeachtet mit unerschütterlicher Festigkeit an der Spitze seiner Truppen." Ferner theilte Washington dem Congreß mit, daß man zwei Flaggen und zwei Fahnen, jene der Garnison, diese dem siebenzehnten Regiment angehörig, erobert habe. Der Congreß befahl, daß dem General Wayne eine Gold-Medaille, diese Waffenthat darstellend, und eine gleiche von Silber dem Obrist Fleury und dem Major Stuart überreicht werden sollten. Die Lieutenants Gibbon und Knox avancirten zu Kapitäns, und alles Geld, was die eroberten Vorräthe werth waren, sollte nach Gutdünken des Oberbefehlshabers unter die Soldaten vertheilt werden. *)

Ein Angriff auf Fort Lafayette lag ebenfalls in dem angenommenen Plane; zwei Brigaden unter General M'Dougall hatten Befehl erhalten, gegen dasselbe zu marschiren und sich zum Angriff bereit zu halten, sobald sie Nachricht erhielten, daß der Angriff, den General Wayne auf Stony Point zu machen hatte, gelungen sei.

Aber M'Dougall rückte nicht zeitig genug vor, und die Garnison von Fort Lafayette, wo Obrist Webster kommandirte, hatte sich rasch zur Vertheidigung gerüstet. Wayne richtete nun die Artillerie von Stony Point auf die englischen Schiffe und zwang sie, weiter unterhalb, außer dem Bereiche seiner Kugeln, zu ankern. Auch eröffnete er ein Feuer auf Verplank's Point, aber die Entfernung war so groß, daß seine Schüsse an den dortigen Werken nur geringen Schaden anrichteten. Da nun der entscheidende Augenblick für einen plötzlichen Angriff auf das Fort Lafayette verloren gegangen war, so wurde der Operationsplan wieder geändert. General Howe erhielt das Kom-

*) Thacher's "Military Journal," pp. 176—178.

mando von M'Dougall's Detachement und wurde mit etwas Belagerungsgeschütz versehen, um eine Bresche in die Festungswerke des Forts zu schießen; aber ehe derselbe noch bereit sein konnte, gegen den Platz zu operiren, war er genöthigt, sich von dort zurückzuziehen.

Clinton hatte nämlich, auf die Nachricht von obigen Ereignissen, augenblicklich seinen Plan gegen New London und die Küste von Connecticut aufgegeben, seine Transportschiffe und Truppen aus dem Sund zurückberufen und dem Obristen Webster zu Wasser ein Hülfskorps zugeschickt. Er selbst folgte ohne Verzug mit bedeutenderen Streitkräften in der Erwartung, er könne Washington dahin bringen, seine feste Stellung aufzugeben, und für den Besitz von Stony Point eine Schlacht zu wagen. Aber der mißlungene Plan auf Fort Lafayette benahm dem Besitz von Stony Point seine größte Bedeutung, und man räumte diesen Platz, nachdem man die Festungswerke zerstört hatte. Die Engländer nahmen sogleich wieder Besitz von Stony Point; die Festungswerke wurden wieder aufgeführt und eine starke Besatzung hineingelegt. Da Clinton fand, daß er Washington nicht von dem Hochlande herabbringen konnte, kehrte er nach New York zurück.

Ein englisches Detachement unter Obrist Maclean versuchte im Sommer dieses Jahres von Halifax aus einen befestigten Posten in Penobscot, im östlichsten Theil von Massachusetts, zu etabliren. Die Bevölkerung von Boston aber beschloß augenblicklich, eine Expedition gegen diesen feindlichen Eingriff auszurüsten. Rasch war eine beträchtliche Flotte bereit gemacht, und ungefähr drei bis vier tausend Mann schifften sich unter General Lovell ein, um an den streitigen Ort zu eilen. Am 25. Juli erschien die Flotte in Penobscot Bay. Aber der Widerstand, welchen einige englische Kriegsschaluppen leisteten, und die Natur der dortigen Küste, welche steil und felsig ist, hinderten die Amerikaner, vor dem 28. zu landen. Während dieser Zwischenzeit hatte Maclean mit solcher Eile und Anstrengung an seinen Festungswerken gearbeitet, daß dieselben ihrer Vollendung nahe waren. Lovell errichtete in einer Entfernung von siebenhundert und fünfzig Yards von derselben eine Batterie. Ungefähr vierzehn Tage lang unterhielt man eine lebhafte Kanonade und machte dann Anstalten zu einem Sturm auf das Fort. Während aber Lovell noch auf Verstärkung wartete, erhielt er am 13. August die Nachricht, daß Sir George Collyer mit einer überlegenen Flotte in die Bucht eingelaufen sei; er schiffte daher in aller Stille während der Nacht seine Mannschaft und Artillerie ein, ohne daß es die Garnison, welche mit jedem Augenblick den Angriff erwartete, wahrnahm.

Bei der Annäherung der englischen Flotte suchte die amerikanische Flottille nach einem kurzen Widerstandsversuch ihr Heil in der Flucht, wurde aber eifrigst verfolgt und größtentheils vernichtet. Der W a r r e n, eine schöne, ganz neue Fregatte von zwei und dreißig Kanonen und vierzehn andere Schiffe wurden theils in die Luft gesprengt, theils weggenommen. Die Transportschiffe suchten nach allen Seiten zu entkommen und wurden verbrannt, nachdem die darin eingeschifften Truppen in einer ganz wilden unbewohnten Gegend gelandet worden waren.

Die Mannschaft, ohne Lebensmittel oder sonstige Vorräthe, mußte mehr als hundert

Meilen weit ihren Weg durch eine unbewohnte, pfadlose Wildniß suchen; Viele kamen um, ehe man den bewohnten Theil des Landes erreichte.

Nach diesem erfolgreichen Unternehmen kehrte George Collyer nach New-York zurück, wo er das Kommando der Flotte dem Admiral Arbuthnot übergab, der mit einigen Kriegsschiffen, Lebensmitteln, Kriegsvorräthen und neuer Mannschaft für das Heer von England angekommen war.

Um den niederschlagenden Eindruck, welchen dieses Mißgeschick hervorbrachte, zu verwischen, führte Major Henry Lee einen kühnen und glänzenden Streich bei Paulus Hook aus, wo er einen englischen Posten im Angesicht der Garnison von New-York überfiel. Washington hatte den Plan gebilligt, und Lee, voller Begierde, die rühmliche That von Stony Point nachzuahmen, ging mit Freudigkeit an die Unternehmung. Am 18. August machte er sich mit ungefähr dreihundert Mann auf den Weg; die Dunkelheit der Nacht begünstigte ihn und er hatte einen vollständigen Erfolg. Er machte hundert und sechszig Gefangene, worunter mehrere Offiziere, doch hielt er sich nicht damit auf, auch die Kasernen oder die Artillerie zu vernichten. Sein Zweck war erreicht und er bewerkstelligte in aller Sicherheit seinen Rückzug. Der Oberbefehlshaber zollte dem unternehmenden Geiste und dem Muth Lee's und seines Corps das höchste Lob und der Congreß votirte ihm eine Goldmedaille.

Mitten in der Schilderung von Kriegsoperationen und blutigen Schlachten ist es nicht oft vergönnt, dem Leser einen Blick in das tägliche Leben von Männern zu gewähren, deren Namen und Großthaten über die ganze Welt verbreitet sind. Es gereicht uns zu besonderem Vergnügen, hier einen Brief Washington's an Dr. John Cochran, Generalchirurgus und Arzt des Heeres, anführen zu können, in welchem der ernste, würdevolle Oberbefehlshaber beweist, daß er höflichen Scherz zu machen wußte, selbst während die Angelegenheiten des ganzen Landes mit ihrem schweren Gewichte seine ganze Aufmerksamkeit in Anspruch nahmen. Der Brief ist datirt: 1779.

Westpoint, den 16. August.

„Lieber Doktor! — Ich habe Frau Cochran und Frau Livingston für morgen zu Tische gebeten, aber bin ich nicht in Ehren verpflichtet, dieselben mit den sie erwartenden Gerichten bekannt zu machen? Da ich alle Täuschung hasse, selbst wenn sie nur die Einbildung betrifft, so will ich es thun. Es ist unnöthig, im Voraus zu versichern, daß mein Tisch groß genug ist, den Damen Platz zu gewähren. Davon hatten Sie gestern den Beweis durch eigene Anschauung. Wichtiger ist es zu sagen, wie derselbe gewöhnlich besetzt ist, und dies ist der Gegenstand meines Briefes."

„Seit wir an diesem glücklichen Orte angekommen sind, haben wir einen Schinken und manchmal ein Stück Schweinefleisch zur Zierde des oberen Tisches gehabt; ein Stück Rindsbraten schmückt den untern Theil der Tafel und eine Schüssel mit Bohnen oder Gemüse, beinahe unwahrnehmbar, bildet die Verschönerung des Mittelpunktes. Wenn der Koch sich auszeichnen will, was ich für morgen vermuthe, so haben wir daneben noch zwei Beefsteakpies oder Schüsseln mit Crabben zu beiden Seiten des mittleren Gerichtes, um den Raum zu theilen und die Entfernung von Gericht zu Gericht auf ungefähr sechs Fuß zu reduziren, indem dieselben sonst etwa zwölf Fuß von einander stehen. Seit Kurzem hat er mit erstaunlichem Scharfsinn die Entdeckung gemacht, daß man aus Aepfeln Pasteten machen kann, und es fragt sich nun, ob er nicht in der Hitze seiner Bestrebungen uns eine Aepfelpastete statt zwei mit Beefsteaks geben wird. Können die Damen mit solchem Mahle sich begnügen und wollen sie sich herablassen, dasselbe von Tellern, die früher von Zinn waren, jetzt aber von Eisen sind (nicht als seien sie so durch hartes anhaltendes Reiben geworden), so werde ich mich glücklich schätzen, sie zu empfangen."

Die Politik, welche der Congreß seit dem Beginn des Kampfes mit dem Mutterlande bezüglich der Indianer verfolgte, muß als redlich und liberal anerkannt werden. Man hatte sich bemüht, dieselben zur Neutralität zwischen den beiden Parteien zu bestimmen, und eine Weile hoffte man, daß die Schrekken des Indianerkrieges nicht noch die Wuth des Kampfes erhöhen würden, den das Volk zur Vertheidigung seiner Freiheiten unternommen hatte. Aber der Einfluß der Lokkungen, mit welchen die Engländer auf die Indianer wirkten, war zu stark, als daß die Habgier der Wilden hätte widerstehen können, zumal da deren unruhiger Geist sie leicht dazu verführte, an jedem Unternehmen Theil zu nehmen, wobei sie Antheil an der Beute erwarten konnten. Weiter oben haben wir bereits zahlreiche Beispiele von Grausamkeiten angeführt, welche von den Indianern und den Tories, besonders in den Grenzdistrikten, verübt waren. Es war Washington's sofortige Sorge, diesen Gräuelthaten ein Ende zu machen und die Indianer für dieselben mit verdienter Strafe heimzusuchen.

Mit Ausnahme eines Theiles der Oneida's hatten die sechs Nationen die Pläne der Tories in Allem unterstützt und an den empörenden Grausamkeiten der Metzelei bei Wyoming Theil genommen. Washington, der den indianischen Charakter genau kannte, beschloß, ihnen eine tüchtige, nicht zu vergessende Lehre zu geben. Er gab etwa drei tausend Mann Befehl, sich bei Wyoming zu versammeln und von da unter General Sullivan in das Gebiet der Senecas einzufallen; zu ihnen sollte ein Corps stoßen, das unter General Clinton den Mohawk Fluß hinauf zu ziehen
hatte, und vereinigt sollte dann die 1779.
ganze Streitmacht in das Innere des Indianergebietes ziehen.

Auf den ersten Anblick mag es wohl auffallend erscheinen, daß mitleidlose Strenge ausgeübt werden sollte, und doch war dieselbe unbedingt nöthig, wollte man durch diese Expedition wirklich etwas erreichen. Washington gab daher Sullivan den Befehl, Detachements auszusenden, „welche alle Indianerdörfer mit solchem Nachdruck zu verheeren hätten, daß das Land nicht blos durch Streifzüge verwüstet, sondern vollkommen zu Grunde gerichtet würde." Erst nachdem dies gründlich geschehen, sollte er Friedensvorschläge anhören.

„Man muß gestehen," sagt Peabody mit richtigem Gefühle, „daß solche Befehle sonderbar erscheinen, wenn sie aus der Feder Washington's kommen. Der Krieg ist immer noch grausam genug, selbst wenn er mit den menschenfreundlichsten Rücksichten geführt wird, durch welche der veredelte Geist und das bessere Gefühl der Neuzeit denselben mildern. Die eingeführten Milderungen gleichen ziemlich den Rittergesetzen, denen gemäß es entehrend war, Streiche nach gewissen Theilen des Körpers zu führen, während es Jedem der Kämpfenden völlig frei stand, seinen Gegner durch gewaltige Schläge auf den ganzen übrigen Körper zu tödten. Aber blühende Ansiedelungen mit Feuer und Schwert verheeren, sie so vollkommen vernichten, daß, wie in alten Zeiten, der Pflug über den Ort, wo sie standen, gehen kann, und daß in den von reifem Korne glänzenden Feldern auch nicht die Spur von Vegetation übrig bleibt, daran kann man kaum ohne den tiefsten Schmerz denken; dies sind die traurigen Folgen des Krieges, welche das menschliche Herz mit Schauder erfüllen.

„Doch dürfen wir nicht vergessen, daß dieses Elend über einen Feind kommen sollte, dessen Pfad stets durch Blut bezeichnet ist; gegen dessen Wuth weder die Hülflosigkeit der Kindheit, noch die Schwäche des hohen Alters, noch die Wehrlosigkeit der Frauen schützte.

Wir haben bereits die bei Wyoming und Cherry Valley von den Indianern begangenen Grausamkeiten erwähnt. Sie hatten die tiefe und allgemeine Ueberzeugung hervorgebracht, daß man gegen solche Feinde nur dadurch Sicherheit finden könnte, daß man sie vollständig von den Lagerplätzen vertrieb, von wo sie aufgehetzt durch englische Agenten oder durch Loyalisten, barbarischer und unbarmherziger noch als die Wilden, zu ihrem Mordwerke hervorbrechen. Sie selbst gehorchten nur dem Drange ihres wilden Triebes, welcher aus Grausamkeit und Rache Tugenden macht. Die Verantwortlichkeit der gegen sie ergriffenen Maßregeln muß nothwendig auf die zurückfallen, von denen sie mit voller Kenntniß der nothwendigen Folgen zum Angriff gehetzt wurden. Um zu zeigen, wie stark das damals herrschende Gefühl der Nothwendigkeit dieser Maßregeln war, genügt die Bemerkung, daß Washington dieselben angab und deren Ausführung befahl; — er, der letzte Mann von Allen, der irgend etwas hätte ersinnen oder wünschen mögen, das ihm als zwecklose Grausamkeit erschienen wäre. *)

Der Oberrichter Marschall spricht in dieser Beziehung ebenfalls eine sehr richtige Ansicht aus, welche dem Leser mitgetheilt zu werden verdient.

„Man hat mit einem gewissen Grade von Mißbilligung die Verheerung des Landes besprochen; aber dieses Gefühl ist mehr das Resultat einer erfreulichen Richtung des Geistes, Alles zu verdammen, was den Schein haben mag, das Kriegselend zu erhöhen, als das der Ueberlegung. Es bestanden Verhältnisse, welche diese anscheinende Verläugnung der Menschlichkeit dennoch mit derselben vereinbar machen.

Großbritannien war in der Lage, auf die Indianer einen überwiegenden Einfluß zu üben und reizte sie zu beständigen Kriegen gegen die Vereinigten Staaten. Die gewohnte Grausamkeit derselben scheint durch die Bosheit jener Weißen, welche sich zu ihnen flüchteten, nur noch an Heftigkeit zugenommen zu haben. Es gab guten Grund für die Ansicht, daß eine jährliche Erneuerung der Gräuelthaten, wie die von Wyoming, nur dadurch abgewendet werden könnte, daß man es den Wilden unmöglich machte, sie zu begehen. Die Vereinigten Staaten hatten kein anderes Mittel in der Hand, dieses so wünschenswerthe Resultat hervorzubringen, als die Vertreibung von Nachbaren, deren feindliche Stimmung nur durch Schrecken, und deren Grausamkeit nur durch Furcht gemindert werden konnte.“ †)

*) Life of General Sullivan, pp. 128—9.

†) Marshall's "Life of Washington," v. 1. p. 323.

Am 11. August kam das Heer an der Mündung des Tioga in den Susquehanna an; General Clinton traf am 22. daselbst ein und ohne Verzug begann das Werk der Verheerung. Die Indianer entschlossen sich, zur Vertheidigung ihres Landes eine Schlacht zu wagen und wählten mit scharfem und richtigem Blick unter der Führung von Brant ihre Stellung. Ungefähr eine Meile vor Newtown war die ganze indianische Streitmacht versammelt; General Sullivan schätzte sie auf fünfzehnhundert Mann, die Indianer selbst gaben nur achthundert an. Mit denselben befanden sich fünf Compagnien Weißer, im Ganzen ungefähr zweihundert Mann. Sie hatten auf einer Anhöhe einen Erdwall von der Länge einer halben Meile aufgeworfen, dessen rechte Flanke durch den Fluß gedeckt war, der sich dort rechts wendet und die Rückseite der Verschanzung deckte, so daß blos die Fronte und die linke Flanke dem Angriff offen standen. Auf der linken Seite lief ein ziemlich steiler Hügelzug beinahe parallel mit dem Flusse, der erst unterhalb des Walles auslief. Hinter dieser ersten Hügelreihe lief eine zweite höhere in derselben Richtung, und an diese lehnte sich die Nachhut des amerikanischen Heeres an. Das Terrain war mit hochstämmigen Bäumen und kurzem Buschwerke überwachsen; von ersteren hatten die Indianer eine große Anzahl gefällt und sie vor ihrem Walle aufrecht in den Boden gepflanzt, um ohne Verdacht zu erwecken, ihr Schanzwerk vor der Wahrnehmung des Feindes zu verstecken. Die Straße zog sich, nachdem sie am Fuße des Hügels einen tiefen Bach überschritten, in beinahe parallelem Laufe mit dem errichteten Erdwalle nach der Rechten hin; wären die Amerikaner, ohne die Anstalten des Feindes zu durchschauen, in vermeintlicher Sicherheit darauf voranmarschirt, so war ihre ganze Flanke dem Feuer von dem Erdwalle ausgesetzt. Außerdem waren auf der Höhe noch starke Corps aufgestellt, um, so wie der Kampf begonnen habe, den Amerikanern in den Rücken und in die rechte Flanke zu fallen.

Man entdeckte diese Manövers zu rechter Zeit, als die Truppen sich am 29. August bereits in Bewegung gesetzt hatten, und begnügte sich daher zu plänkeln; ein Hauptengagement wurde vermieden. Dagegen befahl Sullivan, als sein ganzes Corps herangezogen war, dem General Poor, die zweite Hügelreihe hinter der von dem Feinde besetzten zu nehmen und von da links nach dem Auslaufe des Erdwalls vorzudringen, während Hand, von der Artillerie unterstützt, den Feind in der Fronte 1779. angreifen würde. Diese Befehle wurden pünktlich vollzogen. Während die Artillerie in der Fronte tüchtig wirkte, nahm Poor die hinterste Höhe, trieb die Indianer nach einem hartnäckigen Gefechte vor sich her, und stand bald darauf im Rücken der Schanze. Als die Indianer sich in Gefahr sahen, umringt zu werden, gaben sie ihre Stellung auf und suchten ihr Heil in eiliger Flucht.

Dieser Sieg kostete den Amerikanern dreißig Mann; auch die Indianer verloren nur wenig Leute, aber dennoch waren sie so eingeschüchtert, daß sie den Gedanken auf weiteren Widerstand aufgaben und sich stets weiter zurückzogen, als Sullivan vorrückte. Dieser drang in das Innere des Landes ein und verheerte es vollständig nach allen Seiten hin. Häuser, Kornfelder, Gärten, Obstbäume, nichts wurde verschont. Nachdem er auf diese Art die erhaltenen Befehle vollzogen hatte, kehrte er Anfangs Oktober nach Easton in Pennsylvanien zurück. Der Congreß passirte einen Beschluß, worin das Verhalten Sullivan's und seines Heeres belobt wurde.

Wir wollen gleichzeitig bemerken, daß noch andere Expeditionen gegen die Indianer im Laufe dieses Jahres gemacht wurden. Im Monat April marschirte Obrist Van Schaick mit fünfzig Mann von Fort Schuyler ab und verbrannte alle Dorfschaften der Onondagas, aus ungefähr fünfzig Häusern bestehend, nebst einem großen Vorrath von Lebensmitteln, tödtete zwölf Indianer und nahm vier und dreißig gefangen, ohne einen Mann zu verlieren. Im Monat August, während des Verheerungszugs von Sullivan, fand eine andere Expedition unter Obrist Brodhead, von Pittsburg aus den Alleghany hinauf, statt. Dieser zog etwa zweihundert Meilen den Fluß aufwärts und zerstörte an dem oberen Theile desselben alle Dörfer und Kornfelder. Auch hier vermochten die Indianer keinen Widerstand zu leisten und überließen, nach einem unglücklich für sie endenden Scharmützel, ihre Dörfer dem unvermeidlichen Schicksal der Vernichtung und retteten sich in die Wälder.

Obgleich diese verschiedenen Unternehmungen die westlichen Grenzen nicht vollkommen sicher stellten, so hatten sie doch ganz gute Folgen. Die Wilden waren eingeschüchtert und ihre Einfälle wurden nicht nur weniger verheerend, sondern auch seltener.

Wie wir schon oben gesagt haben, segelte Graf D'Estaing im November 1778 nach Westindien ab, in der Absicht, die Interessen Frankreichs durch einen auf die englischen Inseln unternommenen Angriff zu fördern. Dominica war schon früher von den Franzosen genommen worden, die Engländer hatten aber ihrerseits St. Lucie genommen. D'Estaing bemächtigte sich jetzt St. Vincents und Grenada's, und verbreitete die größte Bestürzung durch ganz Westindien. Nach einem heißen aber unentschiedenen Gefechte mit der englischen Flotte war D'Estaing entschlossen, nach England zurückzukehren; da indessen Gouvernör Rutledge, General Lincoln und der französische Consul in ihn drangen, die Waffen der Amerikaner in Georgien zu unterstützen, segelte er vom Vorgebirge Francois in St. Domingo ab und kam am 1. September mit zwei und zwanzig Linienschiffen und einer großen Anzahl kleinerer Fahrzeuge vor Savannah an. Der „Experiment," ein Schiff von fünfzig Kanonen, und einige andere englische Schiffe fielen in seine Hand.

Sobald General Lincoln die Ankunft D'Estaing's erfuhr, zog er mit ungefähr tausend Mann nach Zubly's Ferry am Savannah. Obgleich er größere Schwierigkeiten fand, über den Fluß und die Sümpfe zu gelangen, als er erwartet hatte, war er dennoch am 13. September Abends auf das südliche Ufer übergesetzt und lagerte sich auf den Anhöhen von Ebenezer, drei und dreißig Meilen von Savannah. Dort stieß Obrist M'Intosh mit seinem Detachement von Augusta her zu ihm; auch Pulaski's Legion kam in dem Lager an.

An dem Tage, als Lincoln den Uebergang bei Zubly's Ferry bewerkstelligte, landete D'Estaing dreitausend Mann bei Beaulieu, und am 16. September standen die vereinten Heere vor Savannah.

Dort war das Hauptquartier des Generals Prevost, Kommandant der englischen

Truppen in den Südprovinzen. Da er keine nahe Gefahr vorausgesehen, hatte er seine Garnison dadurch geschwächt, daß er an einige entlegene Posten in Georgia Besatzungen gelegt, und den Obristen Maitland mit einem starken Detachement zu Beaufort auf der Insel Port Royal in Süd-Carolina zurückgelassen hatte. Sobald aber die französische Flotte erschien, rief er alle Außenposten ein und ehe die Franzosen landeten oder die Amerikaner über den Fluß setzten, waren alle Detachements von Georgien wieder in Savannah zusammengetroffen, so daß die Garnison ungefähr zweitausend Mann stark war.

D'Estaing hatte Prevost bereits im Namen des Königs von Frankreich aufgefordert, die Stadt zu übergeben; dieser aber wußte ihn, in der Absicht Zeit zu gewinnen, zu verleiten, in einen Waffenstillstand von vier und zwanzig Stunden einzuwilligen. Diese Zeit wurde dazu benutzt, die Vertheidigungswerke noch zu verstärken und den Colonel Maitland mit dem Detachement von Beaufort heranzuziehen. Nach Ablauf der Frist erklärte Prevost, es sei seine Absicht, den Platz bis aufs Aeußerste zu vertheidigen. Die vereinten Armeen beschlossen, die Stadt zu belagern, und begannen die nöthigen Vorbereitungen. Man brachte mehrere Tage damit zu, das schwere Geschütz und die Kriegsvorräthe von der Flotte heraufzubringen; am 23. September endlich eröffnete das Belagerungskorps die Trancheen. Am 1. Oktober hatte man sich den englischen Werken auf dreihundert Yards genähert. Mehrere Batterien, aus drei und dreißig Kanonen großen Kalibers und neun Mörsern bestehend, hatten ununterbrochen während mehreren Tagen ihr Feuer auf die Stadt gespieen, und von dem Flusse aus hatte eine schwimmende Batterie von sechszehn Kanonen ein Gleiches gethan, ohne daß die Festungswerke bedeutend darunter gelitten hatten.

D'Estaing's Lage fing an äußerst mißlich zu werden. Bereits hatte er mehr Zeit mit der Belagerung zugebracht, als für die Vertreibung des englischen Heeres aus dieser Provinz aufzuwenden in seinem Plane gelegen hatte. Während seiner Abwesenheit waren die französischen Inseln in Westindien in Gefahr; die stürmische Jahreszeit nahte heran; eine übermächtige englische Flotte konnte gegen ihn herankommen, und seine Offiziere machten ihm ernste Vorstellungen gegen einen längeren Aufenthalt vor Savannah. Hätten die Belagerer die regelmäßigen Belagerungsarbeiten noch einige Tage fortgesetzt, so würden sie sich wahrscheinlich der Stadt bemächtigt haben; D'Estaing aber glaubte, diese wenigen Tage nicht opfern zu können. Die Wahl blieb daher nur, die Belagerung aufzuheben oder die Stadt mit Sturm zu nehmen. Der französische Kommandant entschloß sich zum Letzteren. Man eröffnete daher am 9. Oktober Morgens ein heftiges Kanonenfeuer und Bombardement auf die Stadt. Drei tausend Franzosen und eintausend fünfhundert Amerikaner unter der Führung von D'Estaing und Lincoln rückten in drei Colonnen zur Erstürmung der Stadt vor. Aber die Garnison war ganz bereit, sie zu empfangen. Die Vertheidigungswerke waren mit großer Einsicht errichtet und in besten Stand gesetzt worden; die Franzosen und Amerikaner fanden daher einen kräftigen Widerstand. Die Batterien des Feindes eröffneten auf sie ein wohl gerichtetes, wirksames Feuer. Dennoch drangen die Angreifer entschlossen vor, brachen durch die Verhaue, gingen über die Gräben und erstiegen das Parapet. Die Franzosen und Amerikaner fochten mit wetteifernder Tapferkeit. Beide pflanzten ihre Fahnen auf der erstürmten Redoute auf, allein als sie sich einen Weg in das Innere der Festungswerke erkämpfen wollten, fielen sie massenweis!

Während die Stürmer in der Fronte so hartnäckigen Widerstand fanden, litten ihre Flanken noch bedeutender unter dem Feuer der englischen Batterien. Graf Pulaski warf sich an der Spitze von zweihundert Mann zwischen den Batterien in die Stadt, in der Absicht, der Garnison in den Rücken zu fallen und von hinten auf sie einzuhauen, aber er fiel tödtlich verwundet und seine Schwadron wurde zersprengt. Nachdem die Franzosen und Amerikaner das Feuer der Feinde fünf und fünfzig Minuten lang ausgehalten hatten, gab man endlich Befehl zum Rückzug. Die Franzosen hatten ungefähr siebenhundert Todte und Verwundete, die Amerikaner an zweihundert. Die Engländer, welche hinter ihren Verschanzungen kämpften, verloren verhältnißmäßig nur sehr wenig Leute.

So zurückgeschlagen blieb den Belagerern keine Hoffnung mehr, die Stadt zu nehmen. Graf D'Estaing ließ daher das schwere Geschütz abführen und beide Heere zogen den 18. Oktober Abends ab. D'Estaing marschirte an diesem Abende nur zwei Meilen weit und blieb auch den folgenden Tag an dem Lagerplatz, um General Lincoln's Rückzug zu decken und ihn gegen jede Verfolgung von Seiten der Garnison sicher zu stellen.

Die Amerikaner gingen wieder bei Zubly's Ferry über den Savannah und
1779. nahmen Position in Süd-Carolina; die Milizen gingen nach Hause. Die Franzosen schifften sich ohne Verzug mit ihrer ganzen Artillerie, ihrer Munition und ihrem Gepäcke ein; aber kaum waren sie an Bord, als ein heftiger Sturm ausbrach, der die Flotte vollkommen zerstreute, so daß von den sieben Schiffen, welche der Admiral nach der Hampton Rhede in der Chesapeake Bay beorderte, nur eins dort ankam. *)

Die Amerikaner hatten von der Ankunft der Franzosen und deren Mitwirkung bei der Belagerung von Savannah die glänzendsten Resultate erwartet. Die Niederlage der vereinten Streitkräfte vor diesem Platze verursachte daher in den südlichen Provinzen tiefe Bestürzung; die Sache der Unabhängigkeit erschien daselbst verzweifelter, als sie je während des ganzen Krieges war.

Das Papiergeld fiel nun überall noch mehr, und die Hoffnung der Tories und anderer Feinde der Freiheit ihres Vaterlandes wuchs mit dem anscheinenden Siege des englischen Invasionsheeres. General Lincoln verlangte Verstärkung, und der Congreß bot alles Mögliche auf, die so unbedingt nothwendige Hülfe zu leisten.

Während der Belagerung von Savannah hatte Obrist John White, der die Infanterie von Georgien kommandirte, eine sehr listig angelegte Expedition, wie solche im Partisanenkriege wohl vorkommt, ausge-

*) So endete D'Estaings Feldzug auf den Küsten Nordamerika's, ein Feldzug, der so sanguinische Hoffnungen erzeugt hatte. Nach seiner verunglückten Expedition gegen die Engländer in Delaware hatte er Newport zweimal im entscheidenden Moment aufgegeben. Unter den Mauern von Savannah handelte er dann zuerst mit zu großer Vorsicht, zögerte mit dem Angriff und übereilte ihn dann so, daß eine Niederlage die Folge war. Trotz der Nichterfüllung der großen Erwartungen ist es aber billig zu bemerken, daß die französische Flotte die amerikanische Sache dadurch wesentlich förderte, daß sie die Pläne der Engländer störte, indem sie dieselben zwang, Rhode Island zu räumen, daß sie die Expedition von Clinton nach dem Süden verzögerte u. s. f.

führt. Vor der Ankunft der französischen Flotte in Savannah hatte ein englischer Kapitän mit hundert und eilf Mann bei dem Flusse Ogeeche, zwanzig Meilen von Savannah, Posten gefaßt. Dort lagen auch fünf englische Schiffe, wovon vier zum Kriegsdienst ausgerüstet waren, und die größten vierzehn, die kleinsten vier Kanonen führten; die Bemannung der Schiffe bestand aus vierzig Matrosen. Tief in der Nacht am 30. September zündete White mit nur sechs Freiwilligen, sein eigner Diener mitgerechnet, an verschiedenen Plätzen zahlreiche Feuer an, so daß es schien, als kampire da eine bedeutende Truppenmacht. Er traf noch andere ähnliche schlaue Vorkehrungen und forderte dann den feindlichen Offizier auf, sich zu ergeben. Dieser glaubte sich von einem starken Truppenkorps umringt; er fand nur in unmittelbarer Ergebung Rettung für sich und seine Leute, und leistete keinen Widerstand. Diese Kriegslist gelang so vollständig, daß die Engländer, hundert und ein und vierzig an der Zahl, sämmtlich gefangen genommen und fünf und zwanzig Meilen weiter nach dem amerikanischen Posten bei Sunbury gebracht wurden.

Im Jahre 1779 vereinigte sich Spanien nach langem Schwanken mit Frankreich zur Theilnahme an dem Kriege gegen Großbritannien, und es wurden jetzt große Anstrengungen gemacht, es mit der ungeheuern Seemacht Englands aufzunehmen. In Folge dieser neuen Allianz kamen viele Gegenstände zur Sprache, welche den Congreß mit Arbeiten überhäuften. Der französische Gesandte suchte den Congreß zu bestimmen, in Anerkennung der von Frankreich und Spanien gemeinschaftlich gewährten Unterstützung, diesen beiden Mächten das ausschließliche Schifffahrts-Recht auf dem Mississippi einzuräumen, für Frankreich speziell verlangte er die Abtretung der New-foundland-Fischereien. Ferner suchte derselbe der Ansicht Eingang zu verschaffen, daß man von dem Stolze Großbritanniens nicht verlangen dürfe, daß es die Unabhängigkeit der Colonien förmlich anerkenne, die Amerikaner müßten sich vielmehr wie die Holländer und Schweizer, mit einer stillschweigenden und indirekten Anerkennung zufriedengestellt finden.

Diese unvernünftigen und zugleich die Interessen der einzelnen Staaten verletzenden Forderungen gaben Veranlassung zu einer langdauernden und oft sehr erbitterten Diskussion. Was die Einen geneigt waren zuzugestehen, waren die Andern entschlossen als Lebensfragen anzusehen und zu verweigern. Massachusetts konnte die nördlichen Fischereien nicht aufgeben; Virginien verlangte die freie Schifffahrt auf dem Missisippi. Endlich einigte man sich über einen Aufschub; Florida wurde Spanien überlassen und die übrigen Gegenstände sollten künftiger Entscheidung vorbehalten bleiben. Aber in Bezug auf einen Punkt waren die Amerikaner unbeugsam: der Krieg sollte fortgeführt werden, bis ihre Unabhängigkeit förmlich gegründet und anerkannt wäre. *)

In einem früheren Kapitel haben wir auf den berühmten Paul Jones und seine Großthaten hingedeutet.

Als eine Episode der Geschichte dieses Jahres wollen wir nur eine Seeschlacht erwähnen, welche er lieferte, und die zu den

---

*) Siehe Pitkin's "Political and Civil History of tho United States," vol. 2, pp. 73—87.

hartnäckigsten gehört, von denen man Kenntniß hat.

Jones hatte sich, man weiß nicht recht wie, in Frankreich den "Bonhomme Richard", ein Schiff von vierzig Kanonen und mit dreihundert fünf und siebenzig Leuten bemannt, zu verschaffen gewußt. Noch drei andere Schiffe, die Alliance mit sechs und dreißig Kanonen, die Pallas mit zwei und dreißig, und die Vengeance mit zwölf Kanonen machten das Geschwader aus, welches Jones als Commodore befehligte. Gegen Ende Juli lief Jones aus L'Orient aus, segelte nach der Westküste von Irland und erschien im Angesicht von Kerry. Von da — wie eine Mittheilung jener Zeit lautet — fuhr er nördlich um Schottland herum, bis hinunter zum Frith of Forth, wo er am 19. September ankam und dann nach Flamborough Head steuerte.

Als er diesem Vorgebirge gegenüber war, traf er am 23. mit der baltischen Handelsflotte zusammen, die unter dem Geleite zweier Kriegsfahrzeuge segelte.

Vormittags war Kapitän Pearson, der eins der Geleitschiffe kommandirte, gewahr geworden, daß Jones mit seinem Geschwader an der Küste sei. Zwischen zwölf und eins bekamen die englischen Kauffahrer die Kaperschiffe zu Gesicht. Die Serapis, eine der escortirenden Fregatten, suchte sich sofort zwischen die Kauffarteischiffe und das Geschwader von Jones zu placiren, was ihr auch gelang. Gegen vier Uhr konnte Kapitän Pearson von seinem Verdecke genau erkennen, daß das amerikanische Geschwader aus drei großen Schiffen und einer Brigg bestand; er gab alsbald der zweiten Fregatte, der Counteß of Scarborough das Signal zu ihm zu stoßen, was auch gegen halb sechs geschah. Kurz nach sieben legte der Bonhomme Richard auf Flintenschußweite von der Serapis bei; der Kampf begann und wurde von beiden Seiten mit gleicher Wuth fortgeführt; jedes Schiff wandte alle Mittel an, eine günstige Stellung einzunehmen und sich des andern zu bemächtigen.

Durch die Leichtigkeit, mit welcher die Serapis die Manöver ausführte, hatte Kapitän Pearson einen außerordentlichen Vortheil über den Bonhomme Richard, und der Kampf neigte sich zu seinen Gunsten, trotz aller Anstrengungen Jones. Um ihr diesen Vorzug abzuschneiden, suchte Jones sein Schiff dem feindlichen in die Quere zu legen. Obgleich ihm dies nicht gelang, rann er das Bugspriet der Serapis zwischen sein Hinterdeck und den Besanmast, um die Serapis zu entern. Der Wind legte die Schiffe der Länge nach aneinander, und die Kämpfenden bedienten sich der Kolben ihrer Flinten.

So dauerte der Kampf von halb neun bis halb eilf. Aber schon gleich im Anfange des Gefechtes war der Bonhomme Richard von einer Kugel zwischen Wind und Wasser leck geworden. Seine Breitseite war zum Schweigen gebracht und seine schwere Artillerie, aus alten und unbrauchbaren Achtzehnpfündern bestehend, wurden im Ganzen nur achtmal abgefeuert.

Im Verlaufe des Gefechtes hatte daher Jones nur drei Neunpfünder zu seiner Verwendung, deren Feuer durch die in den Mastkörben postirte Mannschaft unterstützt wurde; gleichzeitig ließ er eine solche Masse verschiedenartiger Brennstoffe auf die Verdecke und auf alle Theile der Serapis werfen, daß sie nicht weniger als zehn bis zwölf mal in Brand gerieth, und man nur mit großer Mühe das Feuer löschen konnte. Um halb neun entlud sich durch Zufall eine Pulver-Patrone an Bord der Serapis; die Flamme verbreitete sich rasch nach dem Hintertheile des Schiffes, sprengte die Mannschaft sowie die Offiziere hinter dem Hauptmast in die Luft und machte für den Rest des Kampfes die Kanonen dieses Theiles vollkommen nutzlos. Die Alliance segelte zu wiederholten Malen um die beiden kämpfenden Schiffe, bestrich mit ihrem Feuer die Serapis nach allen Richtungen und tödtete oder verwundete eine bedeutende Anzahl ihrer Mannschaft. Nach zehn Uhr kam sie wieder heran und erneuerte das Feuer, aber bei der Dunkelheit der Nacht, und da beide Schiffe dicht aneinander lagen, fielen die Schüsse nicht blos auf die Serapis, sondern auch auf den Bonhomme Richard, dem sie eilf Leute tödtete und einen Offizier tödtlich verwundete. Kapitän Pearson sah nun ein, daß es unmöglich war, länger mit Aussicht auf Erfolg Widerstand zu leisten, und zog seine Flagge ein, nachdem er durch seine tapfere ausdauernde Haltung den Handelsschiffen Gelegenheit gegeben hatte, zu entkommen. Die Serapis war ein weit besseres Schiff, als der Bonhomme Richard; sie war nach einem trefflichen Plan gebaut und führte vier und vierzig Kanonen in zwei Reihen, wovon die untere aus Achtzehn-Pfündern bestand. Die Anzahl der Todten und Verwundeten war natürlich auf beiden Seiten sehr groß; beide Schiffe waren bedeutend beschädigt; der Bonhomme Richard war nur noch ein Wrack und hatte sieben Fuß Wasser im Boden, das noch immer im Steigen war. Man brachte die Verwundeten hinweg und ließ nur den ersten Lieutenant der Pallas mit einigen Leuten an Bord, um das Pumpen fortzusetzen, während die Boote sich bereit hielten, auf das erste Signal heranzukommen und sie aufzunehmen. Am 25. September stieg das Wasser bis zum Verdeck herauf und das Schiff sank, doch verlor Niemand das Leben dabei. Es bleibt uns noch zu berichten, daß die Counteß of Scarborough mit der Pallas zwei Stunden lang kämpfte und Kapitän Pierson endlich genöthigt war, sich zu ergeben.*) Commodore Jones segelte mit dem Reste seines Geschwaders und seinen Prisen nach Holland und legte am 3. Oktober im Texel vor Anker. Der Commodore schätzte seine während dieser Kreuzfahrt gemachten Prisen auf mehr als $40,000.

Washington hatte bis zu einem gewissen Grade auf Unterstützung von D'Estaing gerechnet und einen gemeinsamen Angriff auf New-York beabsichtigt, aber das Mißlingen der Operationen im Süden vereitelte die auf die französischen Flotten gebauten Entwürfe, und der Oberfeldherr bezog gegen Ende Dezember die Winterquartiere.

Diese waren mit Rücksicht auf Holz, Wasser und Lebensmittel, und im Interesse der Vertheidigung des Landes gewählt. Zu diesem Zwecke wurde das Heer in zwei große Divisionen getheilt. Die nördliche wurde unter das Kommando von General Heath gestellt und nahm eine Position ein, durch welche Westpoint mit seinen Außenwerken und die benachbarte Gegend geschützt waren. Die andere wurde nach Morristown in New Jersey gelegt. Nachdem Washington durch diese Dispositionen die Gegend südlich von New-York vollständig

*) Eine vollständige und klare Darstellung dieser berühmten Seeschlacht kann der Leser in Cooper's "Naval History," vol. 1, pp. 98—114 finden.

gedeckt glaubte, bezog er selbst mit der Hauptdivision seines Heeres das Winterquartier. *)

Der Winter von 1779 war ungewöhnlich streng. Die in New-York und auf Staaten Island stehenden Engländer erfreuten sich nicht länger der Sicherheit, welche Inseln gewöhnlich darbieten. Die Garnison von New-York litt durch Mangel an Brennholz und anderer Zufuhr von dem Lande her. Um diese schwierige Lage der Feinde noch zu vermehren, stellte Washington seine Truppen so auf, daß die Verbindung der englischen Garnison mit der außerhalb der Festungswerke liegenden, günstig für sie gestimmten Bevölkerung so viel als möglich erschwert wurde. Dadurch kam es zu Plänkeleien, worin Viele blieben, ohne daß für die Sache im Allgemeinen damit irgend Etwas gewonnen worden wäre. Hätte Washington die nöthige Unterstützung gehabt, so würde die Schwäche des englischen Heeres, welche durch Absendung bedeutender Detachements nach dem Süden verursacht worden war, vereint mit dem strengen Winter, ihm manche Gelegenheit gegeben haben, seinen angebornen Unternehmungsgeist zu bewähren. Aber er fühlte sich ganz außer Stand, irgend etwas Großes zu unternehmen, denn sein Heer war nicht nur schwächer als das feindliche, sondern litt auch derart Mangel an allen Vorräthen, besonders an Kleidungsstücken, daß es nicht fähig war, während des Winters im Felde activ aufzutreten.

Die Geschichte jener schweren Zeiten würde sehr unvollständig sein, wenn wir blos eine allgemeine Darstellung der Ereignisse gäben. Die Kriegsoperationen jener Periode sind nur ein Theil dessen, was der Leser zu wissen nöthig hat, wenn er die wahrheitsmäßigen Thatsachen kennen lernen und ein hinlängliches Bild von dem zu erhalten wünscht, was unsere Väter zu erdulden und durchzumachen hatten, ehe ihnen das herrliche Gut der Unabhängigkeit und Freiheit gesichert war. Es scheint uns hier der geeignetste Platz zu sein, in dieser Beziehung einige Züge nachzuholen, für welche im Laufe der allgemeinen Schilderung der revolutionären Epoche sich nicht immer ein geeigneter Ort findet.

Weiter oben haben wir von dem Umschlag gesprochen, der sich in der öffentlichen Meinung in Bezug auf das Bündniß mit Frankreich bemerkbar machte. Anfangs kannte die Begeisterung der Bevölkerung keine Grenzen, und man schien bereit, für das Verhältniß Opfer zu bringen, wie sie noch nie von einem anderen Volke gebracht worden waren. Als sich aber der Streit in die Länge zog, und der Krieg gegen alle Erwartung immer noch fortdauerte, fing man an kühler zu werden, und die Begeisterung schwand schnell und vollständig. Als die Capitulation Burgoyne's stattfand, und in Folge derselben das Bündniß mit Frankreich zu Stande kam, fing man an, sich dem Glauben hinzugeben, daß der Krieg nun thatsächlich zu Ende sei, und daß man

*) In einem Briefe an Lafayette, der nach Frankreich zurückgegangen war, sagt Washington: „Der Feind hat sich während des letzten Feldzuges darauf beschränkt, Vertheidigungswerke zu errichten, sich bei King's Ferry festzusetzen und die offenen Städte New Haven, Fairfield und Newark zu verheeren. Diese Orte, welche unter den Kanonen der englischen Sundflotte lagen, hatten dem Feinde nichts entgegen zu stellen, als das Jammergeschrei der Frauen und Kinder, was nicht beachtet wurde. Seit diesen Großthaten ist der Feind nie aus seinen Festungswerken, noch aus seinen Verschanzungen heraus gekommen. Wie auf solche Art Amerika erobert werden soll, wird der Weisheit eines North, eines Germaine oder eines Sandwich am besten einleuchten. Für den gewöhnlichen Menschenverstand und für politische Einsicht im Allgemeinen ist dies ein zu schweres Problem.

den Franzosen die Beendigung des Kampfes mit den Engländern überlassen könne, während die Amerikaner nichts zu thun hätten, als ruhig zuzuschauen und die Frucht des Sieges zu ernten.

Washington und die mit ihm gleichdenkenden Patrioten waren zu aufgeklärte Männer, als daß sie nicht über eine solche Stimmung der öffentlichen Meinung unangenehm berührt gewesen wären. Sie erkannten das Uebel in seiner ganzen Größe und unterließen nicht, alle nur möglichen Mittel dagegen anzuwenden. Sie versuchten es durch Bitten und durch Hinweisen auf die früheren Großthaten; sie zeigten die Nothwendigkeit, die Achtung der Alliirten nicht aufs Spiel zu setzen; sie wiesen auf die noch drohenden Gefahren und auf die Macht und die Intriguen Englands hin; aber Alles war vergebens. Die große Masse, vollkommen erschlafft und gleichgültig für alle Folgen, schien apathisch die Entscheidung über ihre höchsten Interessen dem Zufalle überlassen zu wollen. Nichts schien dieselbe aus dieser Lethargie emporreißen zu können.

Nur mühsam und langsam gelang es, Truppen für das Heer auszuheben. Von Washington's Armee verließ eine große Anzahl die Fahnen und ging nach Hause; die Einen, weil ihre Dienstzeit vorüber war, die Anderen, weil sie des Dienstes überdrüssig waren. Und auf welche Weise sollten sie ersetzt werden? Kaum konnte man einige Individuen auffinden, die nach den Anordnungen des Congresses sich auf drei Jahre oder bis zum Ende des Krieges engagiren wollten. Leute auf kürzere Frist für das Heer anzuwerben, wäre für den Dienst nutzlos gewesen, und selbst darauf war nicht zu rechnen, so stark hatte sich der Widerwille zu längerem Kriegsdienste der Bevölkerung bemächtigt. Mannschaft durch das Loos auszuheben und zum Dienste zu zwingen, hielt man bei der gegenwärtigen Stimmung des Volkes für eine zu gefährliche Maßregel, und in der That wäre sie es auch gewesen. Das Heer selbst schien von derselben Apathie ergriffen zu sein. Zum Glück für das Land waren die Engländer ihrerseits träge, oder doch wenig unternehmend.

Darf man sich nun wundern, daß Erschlaffung und Apathie den Feldzug dieses Jahres charakterisirten? Darf man sich wundern, daß Washington sich glücklich schätzte, eine Schlacht vermeiden zu können, statt, wie es sein sehnlichster Wunsch war, eine Unternehmung gegen New-York auszuführen?

Aber nicht nur Lauheit und Gleichgültigkeit, obgleich schon nachtheilig genug, herrschten damals. In dem Volk, das noch im Kampfe für das hohe Gut der Freiheit begriffen war, erwachte plötzlich eine schamlose Gewinnsucht und zügellose Gier nach Reichthum, welche keine Mittel, den Zweck zu erreichen, scheuten, so unerlaubt, so niederträchtig sie auch sein mochten. Wie dies oft in Revolutionszeiten geschieht, entstand plötzlich eine Klasse von Leuten, welche das öffentliche Elend zu ihrem Privatvortheile auszubeuten strebten. Abhängigkeit oder Unabhängigkeit, Freiheit oder Dienstbarkeit, wie ganz bezeichnend gesagt worden ist, das war ihnen gleich viel, wenn sie nur von dem Staatsgut sich fett mästen konnten. Während gute Bürger ihre Gesundheit in den Lagern und in der Erfüllung der schwierigsten Funktionen opferten; während sie dem Vaterlande Zeit, Vermögen, ja ihr Leben selbst widmeten, waren diese unersättlichen Räuber mit Plündern beschäftigt, und theilten sich ohne alles Schamgefühl in das öffentliche wie in das Privatvermögen. In alle Privatkontrakte drängten sie sich mit ihrem Wuchersinne ein, um sich durch List und Betrug Vortheile zu erschleichen; in den Lieferungen für das Heer fanden sie Gelegenheit zur Veruntreuung, und der Staat mußte oft mit schwerem Gelde bezahlen, was er nie empfangen hatte. Und dabei gaben sie sich den Schein des aufrichtigsten Patriotismus! Hörte man ihre eigenen Versicherungen, so waren diese Elenden stets nur von dem reinsten, wärmsten Patriotismus beseelt.

Weigerte sich irgend ein hochgestellter Bürger oder ein öffentlicher Beamter, ihre Diebereien zu übersehen, so denuncirten sie ihn als lau, als einen Tory, Loyalist, oder als an England verkauft. Man hätte wirklich glauben sollen, die erste Pflicht Derer, welche die Republik in einer Zeit solchen Elendes verwalteten, wäre gewesen, die Koffer dieser „glühenden Patrioten" zu füllen. Daß sie stets den Mund voll hatten von ihrem eigenen Lobe, ist nicht zu verwundern, denn nie gab es einen Dieb, der nicht zuvor ein Betrüger gewesen wäre, aber was in der That sonderbar ist und fast unglaublich scheint, ist, daß sie Glauben fanden und es noch Leute gab, die sich von ihnen betrügen ließen. Diese öffentliche Pest verbreitete sich täglich weiter; das Herz des Staates selbst war bereits angegriffen. Die guten Bürger wurden zum Schweigen gebracht; die schlechten rühmten sich ihrer eigenen Frechheit; Alles deutete auf einen bevorstehenden Ruin hin, und England triumphirte, denselben als unvermeidlich vorhersehend.

Betrübend ist es, solche Zustände mitzutheilen, betrübend ist es zu sehen, wie öffentliche Moralität und Treue zu Grunde gerichtet wurden, ohne daß man sich diesem Verderben entgegenstemmte. Die Armuth der Regierung und die Nothwendigkeit, in die sie versetzt war, Geldmittel zu ihrer Verfügung zu haben, brachte es natürlicher Weise dahin, daß sie ungeheure Emissionen von Papier machte, ohne Aussicht, dasselbe je wieder einlösen zu können. Dieses Geld wurde in kurzer Zeit ganz werthlos; die Engländer waren in ihrer Taktik gewissenlos genug, falsche Noten in Masse in Umlauf zu bringen; das Metallgeld stieg stets mehr im Werthe. Die Ehrlichkeit im Privatverkehr schwand überall; die Heiligkeit der Verträge wurde täglich verletzt und die Regierung, selbst an diesen Geldbetrügereien betheiligt, war genöthigt, bei den Unterschleifen ihrer Agenten und Diener die Augen zu schließen. Gar Viele machten sich kein Bedenken daraus, ihre Gläubiger zu übervortheilen, indem sie dieselben nöthigten, die Continental-Papierscheine zum Nominalwerth als Zahlung anzunehmen. Allerdings waren es Anfangs nur Wenige, die sich durch so niedrige Betrügereien entehrten, aber das Schlechte greift rasch um sich, und so ahmten bald Viele nach und die Ansteckung wurde allgemein. Dabei hatten diese schurkischen, habsüchtigen Schuldner vor Niemand die geringste Scheu. Washington selbst erfuhr von Vielen, denen er in Zeiten der Noth ausgeholfen hatte, den schnödesten Undank.

Noch eine andere Klasse Leute tauchte in jenen unglücklichen Zeiten auf: Spekulanten und Intriguanten machten ein Geschäft daraus, günstige oder ungünstige Nachrichten in Umlauf zu setzen, um die Entwerthung des Papiergeldes zu benutzen und aus dem Fallen oder Steigen desselben Gewinn zu ziehen. Die nützlichen Beschäftigungen und der solide, redliche Handel und Verkehr wurden aufgegeben, um sich dem verführerischen Reize, mittelst Spekulationen in Papiergeld schnellen Reichthum zu erwerben, hinzugeben. Betrüger und Schurken bereicherten sich, während die braven und redlichen Leute in Armuth versanken. Die Finanzen des Staates und das Vermögen der Privaten geriethen zusammen in Verfall. Die Gewinnsucht allein war aber noch nicht das größte Uebel. Diese pestartige Leidenschaft erstickte den Keim aller Tugenden des öffentlichen und Privat-Lebens. Der persönliche Vortheil galt überall höher, als das Staatswohl. Eine viel größere Zahl, als man glauben sollte, hielt die Liebe zum Vaterlande für eine bloße Phantasie, die zu nichts Anderem führen könnte, als zu Jammer und Elend.

Man konnte keine Leute mehr zum Heere anwerben. Jeder verlangte die Zusicherung ungeheurer Landschenkungen; Niemand wollte mehr einen Contrakt für Lieferungen eingehen; Niemand wollte den Contraktoren irgend etwas liefern, ohne vorher eines übermäßigen Nutzens dabei gewiß zu sein; Niemand wollte eine Stelle oder obrigkeitliches Amt übernehmen, ohne mit voller Sicherheit auf bedeutenden Gehalt und unerlaubten Nebenverdienst rechnen zu können. Die Auflösung aller Ordnung und Demoralisation gingen so weit, daß vielleicht nie das alte Sprichwort: „Auf dem Wege der Corruption gibt es kein Stillstehen," auf traurigere Weise Bestätigung fand. *)

*) Siehe Botta's "History of the War of Independence," Vol. III. pp. 76—91.

Aus dem Vorhergehenden sollte man schließen können, daß das Maß der Schwierigkeiten und Widerwärtigkeiten, denen die guten, redlichen Bürger ausgesetzt waren, bereits so voll gewesen sei, daß Nichts mehr hätte hinzugefügt werden können; leider aber müssen wir sagen, daß dem nicht so war, und daß Eigennutz und Mangel an Treu und Glauben, wenn auch die schlimmsten, doch nicht alle Widerwärtigkeiten waren, mit denen sie zu kämpfen hatten. Ein leidiger Parteigeist herrschte unter dem Volke, und selbst viele Mitglieder des Congresses würdigten sich dadurch herab, und vernachläßigten die hohen Pflichten ihrer Stellung, um sich in kleinlichen Zänkereien und läppischen Streitigkeiten zu ergehen, um sich wechselseitig zu verläumden, einander anzuklagen und sich Vorwürfe in Bezug auf das Bündniß mit den Franzosen und andern fremden Nationen zu machen. Der also keimende Samen der Zwietracht kam namentlich nach der Rückkehr von Silas Deane in dem Kongresse zur Reife. *) Wir wollen uns hier nicht darauf einlassen, zu untersuchen, ob die Anhänger oder Gegner

*) Elkanah Watson sagt in einer Schrift vom Jahre 1781: Bei meiner Rückkehr von Brüssel machte ich dem einst berühmten Silas Deane, Mitglied des ersten amerikanischen Congresses, zu Gent einen Besuch. Er war ein geistreicher, gewandter Diplomat und unser erster geheimer Agent am Hofe von Frankreich gewesen. Er hatte sein hohes Ansehen sowohl in Frankreich als in Amerika verloren. Ich fand ihn, einen freiwillig Exilirten, misanthropisch in seinen Ansichten, auf Geldgewinn erpicht und von tödtlichem Haß gegen sein Vaterland entflammt. Ueber die amerikanischen Angelegenheiten sprach er sich so entschieden und strenge aus, und legte gegen sein Geburtsland eine solche Feindschaft an den Tag, daß ich bei meiner Ankunft in Paris Veranlassung nahm, Dr. Franklin zu bemerken, ich halte Deane für einen Feind Frankreichs wie Amerika's. Dieser erwiderte, daß er schon Aehnliches gehört habe, er hätte aber nicht daran glauben können." Watson führt in einer Note einen Brief von John Trumbull, dem Verfasser von „McFingal," an, worin Deane gerechtfertigt werden soll, und wenigstens einige Gründe angeführt werden, welche ihn so zu handeln bestimmt hätten. — Siehe "Men and Times of the Revolution," pp. 130, 131.

Deane's in diesem Zanke Recht hatten. Wir erwähnen desselben nur, um zu zeigen, wie nur noch der Parteigeist herrschte und wie tief der Congreß bereits gefallen war. Will der Leser tiefer in diesen Gegenstand eingehen, so kann er vollständige Aufklärung darüber in Pitkin's "Political and Civil History of the United States" finden. Daselbst sind auch die Belege abgedruckt.

Nach diesem Blicke in die innere Lage der Dinge zu jener Zeit, wird der einsichtsvolle Geschichtsforscher leicht begreifen, wie es kam, daß Washington zuweilen alles Vertrauen verloren hatte, und warum die wahren Freunde des Vaterlandes und seiner Freiheit sich so oft veranlaßt fühlten, über den Verfall der öffentlichen Tugend zu klagen und beinahe an der Republik zu verzweifeln. Gott sei es gedankt, daß sie nicht ganz daran verzweifelten und daß sie im Stande waren, bis zum Ende auszuharren!

Anhang zum sechsten Kapitel.

Das Continentale Papiergeld.

In der modernen Kriegsführung ist Geld eben so wesentlich, als Tapferkeit auf dem Schlachtfelde oder Weisheit in dem Ministerrath. Die vollste Börse entscheidet eben so oft, als das längste Schwert das Schicksal streitender Nationen. Die Gründer des amerikanischen Staates erkannten bald, daß England, im Besitz geregelter Einkünfte, zuletzt doch ein Volk überwältigen müßte, das allerdings mit einem plötzlichen kräftigen Aufschwung den Kampf für seine Freiheit unternahm, aber nicht die dauernden Mittel hatte, denselben fortzusetzen. Aber selbst die klügsten Politiker waren in Verlegenheit, Mittel zu finden, diesem Uebel abzuhelfen. So viel man damals wußte, hatte die physische Natur das Land nicht reichlich genug mit Gold und Silber ausgestattet, um damit die Kriegsbedürfnisse zu bestreiten. Vom Ausland konnte man diese Metalle nicht beziehen, da durch eine frühere freiwillige Uebereinkunft in dem Congresse man beschlossen hatte, allen Handel mit fremden Ländern einzustellen. Direkte Abgaben hatten nie in Amerika bestanden; da man jetzt aber noch keine Regierungen eingesetzt hatte, und mit der früheren Oberherrschaft um die Unabhängigkeit kämpfte, so konnte man nicht wagen, unmittelbar solche Abgaben zu verordnen. Wäre dies selbst möglich gewesen, so würde es doch höchst unpolitisch gewesen sein, weil man gerade über den Punkt der Steuer-Auflage in jenen Kampf verwickelt worden war. Der einzige Ausweg war, Creditscheine auszugeben unter der Verpflichtung des Staates, sie später durch gleichkommende Steuern zu amortisiren oder mit Gold und Silber einzutauschen. Es war dies von jeher in den Colonien gebräuchlich gewesen und hatte sich, innerhalb einer gewissen Grenze, als vollkommen zweckmäßig bewährt. Dem Congreßbeschlusse vom Juni 1775 folgte daher ein anderer, Papiergeld zum Betrage von zwei Millionen Dollars auszugeben. Am 25. des folgenden Monats wurde noch eine Million mehr hinzugefügt. Die Vereinigten Colonien übernahmen die Verpflichtung, dieselben zurückzukaufen, und jede Colonie sollte Mittel finden, ihren Antheil in vier jährlichen Zahlungsterminen, vom 30. November 1779 an, einzulösen. Man hatte diese Frist in der Ueberzeugung festgesetzt, daß der Kampf bis dahin beendet sein würde. Am 29. November 1775 machte der Congreß eine Aufstellung der bereits für die Kriegführung aufgewendeten und noch bis zum 10. Juni 1776 aufzuwendenden Ausgaben und beschloß, eine fernere Emission von drei Millionen Dollars Creditbriefe, und zwar unter ähnlichen Bedingungen der Einlösung, mit dem Zusatz, daß der Antheil jeder

Provinz nach der Bevölkerung zu berechnen sei. Auch bei dieser Berechnung ging man wieder von dem Gedanken aus, daß der Krieg bis zum 10. Juni 1776 beendet sein würde. So waren also bisher alle Vorkehrungen sowohl für das Heer als für die Finanzen in der Erwartung getroffen, es werde eine Aussöhnung mit dem Mutterlande zu Stande kommen. Aber im Anfange des Jahres 1776 kam die Nachricht, daß England sechszehn tausend Mann fremder Truppen in Sold genommen habe und zur Unterdrückung des Volkes hierher senden werde. Der Congreß mußte also seinen Vertheidigungsplan über den 10. Juni hinaus organisiren.

Am 17. Februar beschloß er also eine neue Emission von vier Millionen Dollars und am 22. Juli von noch zehn Millionen mehr. Bei der damals herrschenden Begeisterung cirkulirten diese Creditbriefe im Gesammtbetrag von zwanzig Millionen Dollars mehrere Monate lang ohne irgend einen Werthverlust und galten im Verkehre gleich Gold und Silber.

Die Vereinigten Staaten zogen für lange Zeit aus diesem selbstgeschaffenen, durch nichts garantirten Papiergelde eben so viel Nutzen, als hätte man ihnen eine gleiche Summe in mexikanischen Dollars vorgeschossen. Während die englischen Minister in Verlegenheit waren, wie sie neue Steuern und Geldmittel ersinnen sollten, um die Kriegslasten zu bestreiten, that dies der Congreß durch einen einfachen Beschluß, Creditscheine ohne jeden reellen Werth auszugeben. Allein diese Kunst, Gold zu machen, konnte nur bis zu einem gewissen Punkte ausgeübt werden; die Grenze war erstens die Zeit, da man achtzehn Monate nach der ersten Emission die Einlösung versprochen hatte, und zweitens die Summe, welche ungefähr zwanzig Millionen Dollars nicht überschreiten durfte.

Als nun mit der Unabhängigkeits-Erklärung der Charakter des Krieges im zweiten Jahre des Kampfes sich änderte, war es klar, daß immer mehr Geld nöthig sein werde, und ebenso, daß eine fortgesetzte Emission von Creditscheinen dieselben entwerthen würde.

Man beschloß daher am 3. Oktober 1776 ein Anlehen von fünf Millionen Dollars zu machen, und im folgenden Monate eröffnete man eine Lotterie, um ein ferneres Darlehen zu erlangen. Die Kriegskosten aber waren so groß, daß die also aufgebrachten beträchtlichen Summen bei weitem nicht genügend waren. Trotzdem glaubten die Leiter der öffentlichen Angelegenheiten es noch nicht an der Zeit, Steuern auszuschreiben und nahmen abermals zu Emissionen von Papiergeld ihre Zuflucht. Die Leichtigkeit, auf diese Weise Geld zu schaffen, und die Bereitwilligkeit der Bevölkerung, es anzunehmen, machten den Congreß die Grenzen vergessen, welche ihm die Klugheit hätte setzen müssen. Ein Sinken im Werthe konnte daher nicht ausbleiben, Anfangs allerdings kaum bemerkbar, dann aber täglich zunehmend. Aber noch war die Begeisterung des Volkes mächtiger, als die genaue kaufmännische Berechnung des persönlichen Interesses, und die Feldzüge von 1776 und 1777 hatten durch das Fallen des Papiergeldes noch nicht zu leiden.

Der Congreß sah wohl voraus, daß dies nicht von Dauer sein könnte. Er faßte daher am 22. November 1777 den Beschluß, die einzelnen Staaten aufzufordern, durch Steuern eine Summe von fünf Millionen Dollars für die Kriegskosten des Jahres 1778 aufzubringen.

Vorher schon hatte man beschlossen, bedeutendere Anlehen zu machen, und um die Darleiher zu ermuthigen, war die Bestimmung getroffen worden, die betreffenden Zinsen durch Wechsel auf Frankreich zu decken, welche aus den für die Vereinigten Staaten dort geliehenen Geldern bezahlt werden sollten. Der Versuch, Steuern zu erheben, mißlang aber in den meisten Staaten. Die Unmöglichkeit, sei es durch Anlehen oder Steuern, die nöthigen Summen zu erheben, führte wieder zu dem alten Auskunftsmittel zurück; aber je mehr Papiergeld ausgegeben wurde, desto mehr fiel es im Werthe. Der Congreß wünschte ernstlich, der Emission von Papiergeld ein Ende zu machen, und einen Fond zu schaffen, um das bereits ausgegebene allmälig einzulösen; er forderte daher am 1. Januar 1779 die verschiedenen Staaten auf, ihre bezüglichen Beiträge von fünfzehn Millionen Dollars für den Kriegsdienst dieses Jahres, und von 1779 an jährlich sechs Millionen als Amortisationsfond in die Staatskasse einzuzahlen.

Man hatte sich im Beginn des Streites eine so falsche Idee von der vermuthlichen Dauer desselben gemacht, daß jetzt bereits der Zeitpunkt da war, an welchem die ersten Emissionen von Creditscheinen hätten eingelöst werden sollen, während der Krieg noch in seiner ganzen Wuth fortdauerte und die Geldbedürfnisse sich nicht vermindert, sondern erhöht hatten.

Außer diesen für den 1. Januar 1779 verlangten fünfzehn Millionen wurden die Staaten am 21. Mai noch aufgefordert, im Laufe des Jahres ihre respektiven Antheile an den fünf und vierzig Millionen Dollars zu zahlen. Um dem stets zunehmenden Sinken der Creditscheine Einhalt zu thun, verlangte der Congreß die Ausschreibung von Steuern für eine bedeutende Summe, damit die Forderungen der Staats-Gläubiger theilweise befriedigt und die Masse cirkulirenden Papiergeldes vermindert werden könne. Trotz des nominell hohen Betrages dieser Requisitionen waren die dadurch erlangten Geldmittel bei weitem nicht hinreichend. Der unsichere Stand des Papiergeldes machte es unmöglich, irgend eine sichere Berechnung auch nur auf zwei Tage zu machen. Hatte man eine gewisse Summe nöthig, so war sie vielleicht in dem Augenblicke der Einforderung groß genug, bis sie aber in die Kasse kam, war sie nicht mehr hinreichend. Dieses Sinken des Papiergeldes begann nicht gleichzeitig in den verschiedenen Staaten, war aber gegen die Mitte des Jahres 1777 allgemein und wurde im Laufe der drei bis vier folgenden Jahre stets größer. Gegen Ende des Jahres 1777 war das Verhältniß von 2 oder 3 zu Eins; 1778 kam es zu fünf oder sechs zu Eins; 1779 war es sieben und zwanzig oder acht und zwanzig zu Eins, und in den ersten fünf Monaten von 1780 fünfzig bis vier und sechszig zu Eins. Später hörte der Umlauf der Creditscheine theilweise ganz auf, und da wo er noch fortbestand, kamen dieselben auf einhundert und fünfzig zu Eins herunter. In einigen wenigen Theilen des Landes blieben dieselben noch während der ersten vier bis fünf Monate von 1781 im Umlaufe, aber während dieser letzten Periode wollte man sie um keinen Preis mehr annehmen, und wenn man es that, geschah es nur gegen Verlust von mehreren Hundert zu Eins.

Es erhob sich gegen diese periodenweise Ueberschwemmung der Staaten durch Papiergeld ein so allgemeiner Schrei der Unzufriedenheit, daß der Congreß beschloß, in keinem Falle die Totalsumme von zweihundert Millionen Dollars durch fernere Emissionen zu übersteigen, auch wollte man sich darauf beschränken, nur im äußersten Nothfalle zu diesem Mittel zu greifen, für gewöhnlich aber die erforderlichen Mittel von den einzelnen Staaten in Anspruch zu nehmen. In diesem Sinne erließ auch der Congreß ein sehr dringliches Rundschreiben, worin er die Staaten aufforderte, durch Vorenthaltung ihrer Beiträge das Uebel nicht noch zu steigern. Zu gleicher Zeit war darin die Möglichkeit entwickelt, die Creditscheine später al pari mit Münzwerthen einzulösen und die Voraussetzung, die Staaten könnten sich durch einen öffentlichen Bankerut entehren, mit Entrüstung zurückgewiesen. Eine so entschiedene Erklärung zu Gunsten des Papiergeldes bestimmte Viele, zu ihrem eigenen Ruin ferner noch Vertrauen in dasselbe zu setzen. Spätere Ereignisse aber zwangen den Congreß, gerade die Maßregel im Jahre 1780 zu ergreifen, gegen welche er sich im Jahre vorher mit solcher Entrüstung erklärt hatte.

Da die Staaten nämlich die verlangten Zuschüsse nicht leisteten, kam der Congreß wieder in die Nothwendigkeit, kurz nach Veröffentlichung des Rundschreibens, eine so bedeutende Emission von Creditscheinen zu machen, daß dadurch die Summe von zweihundert Millionen Dollars bereits erreicht wurde. Außer dieser ungeheuern Summe hatten die einzelnen Staaten noch für mehrere Millionen Papiergeld in Umlauf gesetzt, das mit den Continentalscheinen zusammen cirkulirte und zu dessen Entwerthung beitrug.

Obgleich die ganze Summe schnell ausgegeben wurde, so genügte sie doch bei der Entwerthung der Creditscheine nicht für die Bedürfnisse der Armee. Die Quelle, welche seit fünf Jahren den Congreß in Stand setzte, ein Heer im Feld zu halten, war erschöpft und Washington sah sich eine Zeit lang in die Alternative versetzt, seine Armee aufzulösen oder für deren Bedürfnisse mit Anwendung von Militärgewalt zu sorgen. Er zog das letztere vor, und obgleich die Einwohner von New-York und New-Jersey darunter litten, sahen sie doch die Nothwendigkeit davon ein und unterwarfen sich derselben.

Die Staaten wurden dann aufgefordert, statt Geld eine gewisse Quantität von Lebensmitteln für das Heer zu liefern; man nannte dies eine Abgabe in Naturalien, fand dieselbe aber in jeder Beziehung so unzweckmäßig, daß man sie bald aufgab. Um diese Zeit versuchte der Congreß den Ausweg, Papiergeld unter der Garantie der einzelnen Staaten auszugeben. Das frühere Papiergeld sollte bei Steuer-Zahlungen angenommen und sofort verbrannt werden. Statt dessen sollte dann für je zwanzig Dollars des alten ein Dollar des neuen Papieres ausgegeben werden, so daß die zweihundert Millionen auf zehn Millionen neuer Creditscheine reduzirt sein würden, von denen vier Zehntel auf den Congreß und die andern sechs Zehntel auf die verschiedenen Staaten fundirt werden sollten. Diese neuen Scheine sollten nach Ablauf von sechs Jahren mit 5 pCt. Zinsen baar eingelöst werden, oder sie sollten nach Wunsch des Inhabers in jährlichen Wechseln auf die amerikanischen Commissäre in Europa, dann aber nur zu vier Schilling und sechs Pence für jeden Dollar, eingelöst werden.

Von der Ausführung dieser Beschlüsse erwartete man, daß das alte Papiergeld dem Umlauf entzogen und das neue einen bestimmten Werth erhalten würde; daß ferner die Staaten dadurch Mittel fänden, Metallgeld anzukaufen zur Entrichtung ihrer Raten, und daß der Congreß auf diese Art mit hinreichenden Summen versehen würde, um die Kriegskosten zu bestreiten. Selbst bei vollständiger Durchführung der Congreß-Beschlüsse würde es noch sehr zweifelhaft gewesen sein, ob die erwarteten Resultate erreicht worden wären; die Staaten erfüllten aber dieselben nur theilweise, der Versuch blieb unvollständig und das neue Papier entsprach nur wenig seinem Zwecke. Man hatte gehofft, man würde durch den Wechsel der Basis des Credits die Vortheile der ersten Emission von Papiergeld wieder erzielen, aber diese Aussicht schwand bald. Der Volksenthusiasmus war jetzt bereits sehr abgenutzt und das Vertrauen in die von den Staaten eingegangenen Verbindlichkeiten hatte aufgehört. — Der Ausgang bewies, daß der Credit zu zarter Natur ist, als daß man damit ein Spiel treiben könnte, und daß er blos durch Redlichkeit und Pünktlichkeit erhalten werden kann. Die verschiedenen Auskunftsmittel, welche der Congreß anwandte, um Geld aufzubringen, waren fehlgeschlagen und eine Krisis brach aus, welche auf den Erfolg der Revolution großen Einfluß hatte. Das Nähere darüber wird mit den Ereignissen von 1781, wo sie ausbrach, gegeben werden. Wir wollen jetzt mit einigen Bemerkungen über die alten Continental-Creditscheine, dieses erste wichtige Werkzeug der amerikanischen Unabhängigkeit, diesen Gegenstand schließen.

Ohne irgend eine Art von Geld hätte man den Krieg nicht fortführen können. Es herrschte in Amerika wohl ein hinlänglich kräftiger Geist, um so viele seiner Söhne aufs Schlachtfeld zu rufen, als nöthig war, Englands Heere zu überwinden und um das Schicksal des Vaterlandes in einer großen Schlacht zu entscheiden, aber gerade das suchte man zu vermeiden. Die Haupthoffnung auf Erfolg lag in der Verlängerung des Kampfes; dazu eignete sich aber die Miliz trotz ihrer Tapferkeit nicht. Ein stehendes Heer war nöthig, und um dieses zu erhalten, bedurfte man Geld, was durch allen Patriotismus und den auch noch so uninteressirten Enthusiasmus nicht ersetzt wurde. Als England sich entschloß, mit dem Schwerte den Streit zu entscheiden, legte es sicher Gewicht auf den Umstand, daß es den Amerikanern beinahe unmöglich war, sich Gold und Silber zu verschaffen. Was aber nicht durch die gewöhnlichen Mittel erreicht werden konnte, geschah auf außerordentlichem Wege.

Ein an sich werthloses Papiergeld ersetzte Gold und Silber, und somit bestritt man die Kosten der ersten fünf Feldzüge. Den Erfolg verdankte man großentheils der Redlichkeit und Gewissenhaftigkeit, mit welcher bisher die Regierungen immer ihren Verpflichtungen nachgekommen waren. Von New-York bis nach Georgia hinunter war in Finanzsachen nie ein Treubruch vorgekommen. Bei der Seltenheit von Gold und Silber hatte man in manchen Fällen Creditscheine ausgeben müssen, welche ohne Ausnahme redlich wieder eingelöst worden waren. In Folge dieses Vertrauens des Publikums wurden die Scheine des Congresses bei ihrer Emission bereitwillig angenommen. Die Begeisterung der Nation trug gleichfalls dazu bei. Die große Mehrheit der Bürger war fest davon überzeugt, daß die gefährdeten Freiheiten Amerika's vertheidigt werden müßten und daß man dazu Papiergeld nöthig habe. Man hielt es daher für eine Ehrenpflicht, diese Scheine zum vollen Werthe anzunehmen. Privatgewinn wurde damals so wenig beabsichtigt, daß die Whigs bereit waren, lieber mit den Scheinen jede Gefahr zu laufen, als durch Herabsetzung derselben unter den Metallwerth der Sache des Vaterlandes zu schaden. Aber alle menschlichen Dinge gehen nur bis zu einer gewissen Grenze. Während der Credit des Papiergeldes durch das öffentliche Vertrauen und den Patriotismus aufrecht gehalten wurde, fiel dessen Werth durch übermäßige Emissionen. Dazu trugen noch andere Umstände bei, welche den Credit des Geldes afficirten. Die Engländer ließen falsche Scheine fertigen und brachten dieselben zahlreich in Umlauf. Der Congreß gestattete den Agenten eine Commission auf ihre Einkäufe; statt daher sich Mühe zu geben, zu niederen Preisen einzukaufen, hatten dieselben ein Interesse, Alles theuer zu bezahlen. Die Macht des Vorurtheils war so groß, daß der Congreß lange zögerte, bis er die Engländer alle Lieferungen für das Heer kontraktmäßig machen ließ. Unterdessen schwand nach und nach das öffentliche Vertrauen und der glühende, alles Interesse vergessende Patriotismus erkaltete von Tag zu Tag. Um die Entwerthung des Papiergeldes zu verhindern oder zu verzögern, versuchte der Congreß den Credit durch Mittel zu stützen, welche das Privatvermögen ruinirten und die Moralität des Volkes erschütterten, ohne den beabsichtigten Erfolg zu haben. Man forderte die Staaten auf, durch Gesetze den Arbeitslohn, den Preis der Manufaktur-Produkte und sonstiger Luxusartikel zu bestimmen; die Güter der Tory's zu confisziren und zu verkaufen, und das so erworbene Geld in Anleihcertifikaten anzulegen. Da viele Gegner der Revolution sich absolut weigerten, die Congreßscheine anzunehmen, selbst schon im Beginne des Krieges, als deren Real- und Nominalwerthe ganz derselbe waren, trug der Congreß, um deren Machinationen entgegen zu wirken, sehr bald den Staaten auf, das Papiergeld mit seinem vollen Werthe bei Abtragung von bona fide Schulden zum gesetzlichen Zahlungsmittel zu machen, selbst wenn kontraktmäßig Gold oder Silber festgesetzt war. In derselben Absicht wurden ferner die Staaten angewiesen, ein Gesetz zu erlassen, daß „wer immer für Gold oder Silber mehr Creditscheine verlange oder annehme, als die wirkliche Summe betrage, oder wer, wenn in solchen Scheinen gezahlt werde, einen höhern Preis für einen verkauften Gegenstand verlange, als wenn er denselben gegen Baar verkauft hätte, als Feind der Vereinigten Staaten erklärt und sein Vermögen konfiszirt werden solle." Der Erfolg zeigte bald die Unanwendbarkeit solcher Gesetze. Nur die geringe Zahl von aufopferungsfähigen Patrioten, welche jeder Anordnung des Staates sich unterwarfen, wurde von denselben betroffen, während alle Anderen sich denselben entzogen.

Dagegen verursachten diese Gesetze bei ihrem Erscheinen einen künstlichen Mangel und würden denselben in der That erzeugt haben, wären sie nicht widerrufen worden, denn Niemand will durch Arbeit produziren, wenn er nicht der Früchte seiner Arbeit und der freien Verfügung über dieselben sicher ist.

Die Confiskation und der Verkauf des Eigenthums der Tory's brachte dem Staatsschatz nur wenig ein. Der Verkauf geschah gewöhnlich auf Credit, und bei der fortschreitenden Entwerthung des Papiergeldes verlor der Verkaufpreis bis zum Tage der Einzahlung viel an Werth. Die Bestimmung, welche das Papiergeld bei Abzahlung von Schulden, trotz der Stipulation, daß in Gold oder Silber gezahlt werden müsse, zum gesetzlichen Mittel machte, hatte im Verlaufe der Zeit, und besonders gegen Ende des Krieges, die nachtheiligsten Folgen. Anfangs hatten dieselben sich nicht fühlbar gemacht, denn damals standen die Creditscheine dem Gold und Silber ganz oder doch beinahe gleich. Als aber die Entwerthung im Laufe des Krieges stattfand, änderte sich das Verhältniß bedeutend. Die Anfangs harmlosen Gesetze wurden nach und nach die Quelle großer Ungerechtigkeit.

Aeltere Leute, welche sich von den Geschäften zurückgezogen hatten, um die Früchte ihrer Arbeit zu genießen, sahen ihr Ersparniß hinschwinden und für ihren Lebensunterhalt ungenügend werden. Die Wittwe sah sich der Mittel beraubt, welche die liebevolle Fürsorge des Gatten ihr hinterlassen hatte; das Gesetz gab ihr statt des gebührenden Pfundes einen Schilling. Die hülflose Waise erhielt von ihrem Vormunde nicht die ihr geschuldete Summe, um ins Leben einzutreten, sondern mußte mit einem Sixpence für das Pfund quittiren. Der Gewinn eines ganzen Lebens wurde oft fast auf einen Heller herabgebracht. Eine kleine Anzahl entging diesen Unfällen, indem sie ihre Schuldscheine heimlich Andern übertrugen oder sich aus der Nachbarschaft ihrer Schuldner entfernten. Allerdings lagen diese schädlichen Folgen weder in der Absicht des Congresses, noch der gesetzgebenden Versammlungen der einzelnen Staaten. Auch ist es billig, noch hinzuzufügen, daß ein großer Theil dieses Uebels die Folge von Unwissenheit war. Bis 1780, wo die Creditscheine auf Vierzig zu Eins herunterkamen, beabsichtigte die Mehrzahl der Lenker der Nation, und die Majorität der Nation glaubte mit ihnen, daß die ganze im Umlaufe befindliche Summe durch allmäliges Einlösen so im Werthe erhalten werden könne, daß sie zuletzt mit Gold oder Silber gleichstehe. Die Amerikaner begingen in allen Fächern der Staatsverwaltung aus Unwissenheit große Fehler, aber in keinem mehr, als in dem Finanzfache.

Dies waren die üblen Folgen des Papiergeldes; aber auf der andern Seite wurde es für Viele eine Quelle des Gewinns. Dasselbe war stets der Freund des armen Mannes. So lange es im Umlauf war, fand jede Arbeit mit Leichtigkeit ihren guten Lohn. In den ersten Jahren des Krieges litt Niemand Noth aus Mangel an Arbeit, und Jeder, der arbeitete, fand prompte Bezahlung. Jener Klasse der Bevölkerung, welche von ihrer Tagesarbeit lebt, gereichte die Entwerthung des Papiergeldes zu keinem Nachtheile. Sie gaben das Geld wieder aus, sobald sie es eingenommen hatten, bekamen also zurück, was sie dafür gegeben hatten. Bei den Reichen und Denen, die das Geld aufsparten, war es anders. Kein agrarisches Gesetz, kann man sagen, hat je bewirkt, was das Papiergeld hier bewirkte. Wofür die Gracchen ihr Leben einsetzten, ist hier in ganz friedlichem Wege durch die gesetzliche Entwerthung der Staatsschuldscheine vor sich gegangen. Der Arme ward reich, der Reiche arm. Namentlich die Kapitalisten und überhaupt Alle, die Kredit gewähren konnten, litten am Empfindlichsten. Ihr Verlust stieg im Verhältnisse der Entwerthung des Papiers, während sich der Handwerker und Arbeiter dadurch halfen, daß sie den Lohn ihrer Dienste oder Arbeit dem Werthe des Geldes anpaßten. Die Erfahrung jener Zeit prägt der Jugend zwei heilsame Lehren ein: die Unzuverläßigkeit des im Besitze ihrer Eltern befindlichen Vermögens, und die Nothwendigkeit, auf eigenen Beinen zu stehen. Wer Schulden hatte, aber dagegen auch irgend etwas besaß, konnte sich mittelst des letzteren leicht des ersteren entledigen. Alles Nützliche fand einen bereitwilligen Absatz; mit einem kleinen Ertrage seines Landes konnte der Bauer sich schuldenfrei machen und erwerben, was er wünschte. Für ihn war es das goldene Zeitalter; leider verloren aber Andere, was er gewann.

Die üblen Wirkungen der Papier-Entwerthung hörten keineswegs mit dem Kriege auf; sie sind heute noch fühlbar. Daß ein Theil der Einwohner durch die Wirkungen gesetzlicher Maßregeln verarmte, ist vielleicht noch weniger zu beklagen, als daß die Achtung vor den Gesetzen selbst, die solche Ungerechtigkeiten gut heißen konnten, nothwendig sinken mußte.

Der Charakter rechtlicher Verbindlichkeiten war so total umgestaltet, daß derjenige als rechtlicher Mann galt, der aus Grundsatz seine Schulden nicht bezahlte! Die Schutzwehren, welche die Regierung zur Sicherung des Verkehrs zwischen den Menschen errichtet hatte, waren niedergerissen: Wahrheit, Ehre, Gerechtigkeit waren von den Fluthen des Unrechts in Form eines Gesetzes weggeschwemmt; und bis heute haben sie ihre alte gewohnte Stelle noch nicht wiedergefunden. Zwar haben Zeit und Arbeitsamkeit bereits in hohem Grade die erlittenen Verluste ersetzen machen, aber die dem Rechtsgefühle geschlagene Wunde blutet immer noch und wird erst vernarben, wenn in einer künftigen Generation die Erinnerung an das von den Vorvätern begangene Unrecht in den Hintergrund getreten sein wird.

So sprach dieser vortreffliche Patriot Dr. David Ramsay vor ungefähr siebenzig Jahren. Wir haben kein Wort geändert, und empfehlen seine Betrachtungen der Berücksichtigung Aller, welche von der Geschichte ihres Vaterlandes Nutzen ziehen wollen!

Siebentes Kapitel.

1780.

Der Feldzug von 1780.

Sir Henry Clinton operirt im Süden—Seine Stärke—Belagert Charleston—Lincoln muß kapituliren—Maßregeln—Thätigkeit von Cornwallis—Obrist Buford wird von Tarleton geschlagen—Proklamation Clinton's—Ungerechte und unpolitische Seite derselben—Cornwallis erhält das Kommando—Seine Absichten—Lage der Dinge im Süden—Sumpter's Waffenthaten—Der Volksgeist regt sich von Neuem—Der Congreß ernennt Gates zum Kommandanten im Süden—Seine Manövers—Die Schlacht bei Cambden—Niederlage und Flucht von Gates—Greene sein Nachfolger—Verhalten von Cornwallis—Ferguson bei Kings-Mountain geschlagen—Sumpters Parteigänger-Krieg—Die „Rebellen-Weiber"—Patriotismus der damaligen Frauen—Lord Stirling greift die Engländer auf Staten Island an—Benehmen der Offiziere von Jersey—Manövers von Knyphausen—Lafayette's abermalige Ankunft in Amerika—Französische Hülfstruppen in Aussicht—Verzögertes Eintreffen der Contingente—Washington's Schreiben an den Congreß—Patriotismus der Bürger von Philadelphia—Verlegenheiten Washington's—Ankunft der französischen Flotte—Getäuschte Erwartung des Generalissimus—Der Verräther Benedict Arnold—Grund seines Verraths—Andre kommt mit ihm zusammen—Wird gefangen genommen—Arnold entkommt—Andre's Verhör und Verurtheilung—Dr. Thacher's Schilderung der Exekution—Schluß der Campagne—Winter-Quartiere—Anhang zum siebenten Kapitel: Die „Kuh-Jagd" von Andre—Lee's Erzählung von Sergeant Champe's Abenteuer.

Nachdem Graf D'Estaing, wie wir früher erzählt haben, mit der französischen Flotte abgesegelt war, beschloß Sir Henry Clinton die Feindseligkeiten wieder aufzunehmen. Er übertrug dem General Knyphausen das Kommando in New-York und schiffte sich Ende Dezember 1779 mit sechs bis siebentausend Mann ein, um Savannah zu besetzen. Er führte auch ein Corps Reiterei und große Kriegsvorräthe mit sich. Der Wind war ungünstig; die Flotille wurde zerstreut und die Leute hatten viel auf der Ueberfahrt zu leiden. Auch fiel eins der Schiffe in die Hände der Amerikaner, ein anderes scheiterte und beinahe sämmtliche Pferde gingen zu Grunde.

Am letzten Januar 1780 vereinigte sich die zerstreut gewesene Armade zu Tybee in Georgien und war genöthigt, zur Ausbesserung beizulegen. Die dadurch eingetretene Verzögerung vereitelte den Plan des englischen Kommandanten, die Hauptstadt von Süd-Carolina zu überfallen, ehe sie in Vertheidigungsstand gesetzt werden konnte. Die Süd-Caroliner erhielten so die erforderliche Zeit, sich zur Abwendung des gegen sie beabsichtigten Streiches zu rüsten. General Lincoln und Gouvernör Rutledge boten Alles auf, die Stadt in Vertheidigungszustand zu setzen, wurden aber durch viele ungünstig wirkende Verhältnisse hingehalten. Mangel an Truppen, Widerspenstigkeit der Milizen, Furcht vor den damals herrschenden Blattern, Versäumniß des Congresses, die geforderten Verstärkungen zu senden, und anderes mehr machten es unmöglich, sich auf den bevorstehenden Angriff der Engländer hinlänglich vorzubereiten. Etliche sechshundert Neger arbeiteten unter der Leitung von französischen Ingenieuren an den Fortifikationen, die sich immer weiter ausdehnten und ein furchtbares Ansehen gewannen, so daß Lincoln gewiß im Stande gewesen wäre, Charleston mit Erfolg zu vertheidigen, wenn er die ihm zugesagte Verstärkung von neuntausend Mann wirklich erhalten, und nicht auf die dreitausend, woraus sein ganzes Corps bestand, beschränkt gewesen wäre.

Am 11. Februar landete Clinton an der Johns-Insel, dreißig Meilen südlich von Charleston. Wäre er sofort gegen die Stadt anmarschirt, so wäre sie wahrscheinlich ohne großen Widerstand in seine Hand gefallen. Er war aber der im Jahre 1776 empfangenen Lehre noch eingedenk, und näherte sich nur mit äußerster Vorsicht. Mit einem Theile der Flotte blokirte er den Hafen und bemächtigte sich der Inseln St. James und St. John. Dann schickte er nach New-York um Verstärkungen, beorderte den General Prevost, mit eilfhundert Mann zu ihm zu stoßen und versäumte keine Vorkehrung, um des Erfolges möglichst gewiß zu sein.

Unterdessen war der Gouvernör Rutledge unter der Bedingung, gemeinschaftlich mit den etwa anwesenden Mitgliedern des Rathes zu handeln, mit diktatorischer Gewalt bekleidet worden. Er sollte Alles thun können, was er dem öffentlichen Wohle angemessen erachte; nur nicht über Tod und Leben eines Bürgers, ohne vorheriges gesetzliches Verfahren entscheiden. Die ihm verliehene Gewalt solle zehn Tage nach dem Zusammentritte der nächsten Legislatur von selbst erlöschen. Nachdem die Legislatur in dieser Weise eine energische Leitung der öffentlichen Angelegenheiten in dieser Zeit der Noth gesichert hatte, löste sie sich auf. Rutledge bot Alles auf, was in seinen Kräften stand, dem schwierigen Verhältnisse gewachsen zu sein; es gelang ihm aber nur theilweise.

Mittlerweile war Clinton höchst thätig, Schanzen aufzuwerfen, an geeigneten Orten Magazine zu errichten und seine Verbindung mit der See zu sichern. Da die Pferde auf der Ueberfahrt von New-York größtentheils verunglückt waren, trieb Obristlieutenant Tarleton, ein Kavallerie-Offizier, der sich einen nicht beneidenswerthen Namen erwarb, auf der Insel Port Royal mit Geld und Gewalt eine beträchtliche Anzahl

derselben auf, um seine Dragoner beritten zu machen. So war gegen Ende März
1780. Alles hinlänglich vorbereitet, um die Belagerung von Charleston zu beginnen, von welcher die Engländer nur durch den Ashley Fluß getrennt waren.

In der Nacht vom 1. April fing Clinton an, in einer Entfernung von achthundert Schritten von den amerikanischen Verschanzungen die Laufgräben aufzuwerfen. Jene waren nach dem Plane des Franzosen Laumoy, einem ausgezeichneten Genie-Offiziere, errichtet und obgleich nicht darauf berechnet, eine regelmäßige Belagerung auszuhalten, waren sie keineswegs unbedeutend. Die Engländer verfuhren ganz nach den Regeln der Belagerungskunst. General Woodford führte eine Verstärkung von siebenhundert Continentaltruppen in die Stadt, wodurch die Garnison die Stärke von etwas mehr als zweitausend regulären Soldaten, außer der Nord-Carolina-Miliz und den Bürgern von Charleston, erreichte. Gouvernör Rutledge machte viele vergebliche Versuche, die Miliz der Provinz unter Waffen zu bringen; es sammelten sich kaum zweihundert davon in der Hauptstadt.

Am 9. benutzte Admiral Arbuthnot einen starken Südwind und die Fluth, um Fort Moultrie zu umsegeln und warf gerade in Schußweite der Geschütze auf den Wällen von Charleston, Anker. Das Fort spielte unausgesetzt auf die vorübersegelnden Schiffe, wobei auch viele beschädigt und sieben und zwanzig Seeleute getödtet wurden.

Nachdem die erste Parallele fertig war, warf Clinton in einer Entfernung von sechshundert bis eilfhundert Schritten von den Außenwerken der Belagerten eine Zickzack-Linie von Verschanzungen auf, und führte Kanonen auf die Batterien. Gemeinschaftlich mit dem Admiral ließ er dann die Belagerten zur Uebergabe auffordern, worauf Lincoln mit Ruhe und Festigkeit erwiderte, daß die Absicht, die Stadt zu nehmen, seit zwei Monaten bekannt sei, er also Zeit genug gehabt hätte, sie zu räumen, wenn ihn nicht seine Pflicht wie sein Entschluß bestimmt hätten, sie bis aufs Aeußerste zu vertheidigen.

Die Verbindung der Stadt mit dem offenen Lande war durch zwei Regimenter Reiterei hergestellt, welche unter dem Kommando des Generals Huger und des Obristen Washington eine feste Stellung zu Monk's-Corner, wo ihre Flanken von einem dort befindlichen Sumpfe und einem hindurch führenden Dammwege geschützt waren, eingenommen hatten. Clinton beorderte Obristlieutenant Webster, einen seiner besten Offiziere, diesen wichtigen Posten aufzuheben. Ferguson und Tarleton kommandirten unter ihm. Ein aufgefangener Neger diente zum Führer, und es gelang, am 14. April unversehens über die Amerikaner herzufallen und ihnen eine große Niederlage beizubringen. Mit Mühe entkamen Huger und Washington unter dem Schutze der Nacht durch den Sumpf. Vierhundert Pferde, ein sehr werthvoller Fang, fielen in die Hände der Engländer; außerdem eine Menge Waffen, Montirungsstücke und sonstige Vorräthe. Dadurch wurden die Belagerten gänzlich abgeschnitten, und die ganze Umgegend war in der Gewalt des Feindes.

Da jetzt die Räumung der Stadt zur Unmöglichkeit geworden war, bot Lincoln am 20. April an, auf gewisse Bedingungen zu kapituliren, was Clinton aber von der Hand wies. Auch Fort Moultrie ward am 7. Mai ohne jede Vertheidigung aufgegeben, und die Stadt war also jetzt von

allen Seiten umringt. Jede Hoffnung auf Verstärkung oder Beistand war grau-
1779. sam getäuscht worden; die Garnison und Bürgerschaft war auf sich allein angewiesen. Die Truppen, durch den unausgesetzten Dienst erschöpft, waren außer Stand, die Werke zu besetzen. Viele Kanonen waren unbrauchbar; die Munition ging zu Ende; Brot und Fleisch fingen an selten zu werden. Während dessen näherten sich die Werke der Belagerer immer mehr der Stadt; ein Sturm hätte für die Garnison wie für die Stadt nur gänzliche Vernichtung herbeiführen können.

In dieser kritischen Lage berief General Lincoln einen Kriegsrath, und dieser rieth unter allen Umständen zu kapituliren. Die Uebergabe der Festung wurde daher wiederholt angeboten; man verlangte nur, daß die Milizen und bewaffneten Bürger nicht als Kriegsgefangene behandelt würden, sondern ihnen gestattet werden solle, unbelästigt in ihre Heimath zurückzukehren. Auch dieses Anerbieten ward zurückgewiesen, und es wurden Anstalten zum Sturme getroffen. Früher war die Bürgerschaft gegen den Rückzug der Garnison gewesen — jetzt bestand sie lärmend auf unbedingter Uebergabe. In dieser verzweifelten Lage bot Lincoln an, den Platz unter den früher von Clinton gestellten Bedingungen zu übergeben, was angenommen wurde. Am 12. Mai wurde die Kapitulation unterzeichnet.

Demgemäß sollten die Stadt, alle Fahrzeuge, die Artillerie und alles öffentliche Eigenthum in dem Zustande, worin sich das Alles dermalen befinde, überliefert werden; die Garnison, aus den Continentaltruppen, Milizen, Matrosen und Bürgern, die während der Belagerung die Waffen getragen, bestehend, wurden als Kriegsgefangene erklärt; die Garnison sollte aus der Stadt marschiren und in Fronte vor den englischen Verschanzungen die Waffen strecken, ohne daß indeß die Trommeln einen englischen Marsch schlagen, oder die Fahnen heruntergenommen werden mußten; Soldaten und Matrosen sollten an einen später zu bestimmenden Ort untergebracht und dort bis zur Auswechslung ordentlich verpflegt werden; die Milizen sollten auf ihr Ehrenwort in ihre Heimath entlassen werden; die Offiziere sollten ihre Waffen, Gepäck und Diener behalten, und ihre Pferde verkaufen dürfen, ohne solche aber aus Charleston mitnehmen zu können; weder die Personen noch das Eigenthum der Milizen und Bürger sollten beeinträchtigt werden, so lange sie das aufs Wort eingegangene Versprechen hielten. General Lincoln wurde endlich gestattet, ein Fahrzeug mit Depeschen nach Philadelphia zu senden.

In dieser Weise fiel nach vierzigtägiger Belagerung die Hauptstadt von Süd-Carolina den Engländern in die Hände. Sieben Generale, zehn Regimenter Continental-Truppen, die freilich sehr schwach waren, und drei Bataillone Artillerie wurden Kriegsgefangene, Belege genug, wie wichtig dieser Sieg war. Die ganze Zahl der als Kriegsgefangene erklärten Bewaffneten wurde auf mehr als fünftausend angeschlagen. Vierhundert Geschütze von jedem Kaliber wurden die Beute des Siegers; dazu eine bedeutende Menge Kugeln, Bomben und Pulvers, nebst drei tüchtigen amerikanischen Fregatten und zwei französischen Schiffen. General Lincoln wurde wegen des üblen Erfolges bitter getadelt, jedoch unserer Ansicht nach mit Unrecht, denn unter den gegebenen Umständen blieb ihm keine andere Wahl. Hätte er zu rechter Zeit

Verstärkung erhalten, so würde der Erfolg wahrscheinlich ein anderer gewesen sein.

Kaum hatte Clinton Besitz von Charleston genommen, als er sofort alle geeigneten Maßregeln ergriff, die Ordnung wieder herzustellen; dann ging er ans Werk, seine Herrschaft in der ganzen Provinz zu befestigen, wobei er als Sieger natürlich keinen großen Widerstand fand. Um seinen Sieg zu verfolgen, so lange noch der Eifer seiner Truppen warm war und der Feind keine Zeit gehabt hatte, sich zu sammeln, beschloß er, eine dreifache Expedition zu machen; erstens nach dem Savannah Fluß in Georgien vorzubringen; sodann in Ninety-Six, jenseits des Saluda, einzufallen, hauptsächlich um die dort sehr zahlreichen Loyalisten zu organisiren, und drittens das Gebiet zwischen den Cooper- und Santee-Flüssen zu durchstreifen, um ein Corps Republikaner zu zerstreuen, welches unter Obrist Buford sich in forcirten Märschen nach Nord-Carolina zurückzog. Alle drei waren von bestem Erfolge begleitet; die Bewohner strömten aus allen Theilen des Landes herbei, um die königlichen Truppen zu begrüßen und ihren Eifer an den Tag zu legen, in das frühere Unterthänigkeits-Verhältniß zurückzutreten und ihre Bereitwilligkeit zu erklären, der Sache des Königs mit den Waffen in der Hand zu dienen. Selbst viele Bürger von Charleston wurden durch die Proklamationen der englischen Kommandeure verleitet, mit gleichem Eifer ihre Arme zum Dienste unter dem königlichen Banner anzubieten. Lord Cornwallis säuberte die beiden Ufer des Cooper von dem Feinde, ging über den Santee und bemächtigte sich Georgetowns. Mag es wahrer oder erdichteter Eifer gewesen sein, der die Einwohner so geneigt erwies, sich der Sache des Königs anzuschließen, oder mag Furcht oder der Wunsch, sich die Gunst des Siegers zu sichern, sie zu solchen Manifestationen verleitet haben, gewiß ist es, daß sie nicht allein von allen Theilen des Landes herbeiströmten, um ihre „gute Gesinnung" durch Anerbieten alles möglichen Beistandes für die königliche Regierung zu beweisen, sondern sie schleppten auch diejenigen Patrioten, denen sie vor Kurzem mit so vieler Ostentation angehangen hatten, gebunden und gefesselt herbei, und denuncirten sie als ihre Tyrannen.

Obrist Buford hatte inzwischen seinen Rückzug in möglichster Eile fortgesetzt, und man hätte es für unmöglich halten sollen, daß er eingeholt werden könne. Tarleton aber erbot sich, den Versuch zu machen. Cornwallis stellte ihn an die Spitze eines starken Corps Cavallerie und von etwa hundert beritten gemachten leichten Infanteristen. Er marschirte mit so merkwürdiger Schnelle, daß er schon am 28. Mai zu Camden war, wo er erfuhr, daß Buford erst am Tage zuvor durchgekommen war, und daß derselbe seinen Marsch noch mehr beschleunigt habe, um seine Verbindung mit einer von Nord-Carolina heranmarschirenden Abtheilung Regulärer herzustellen. Tarleton sah die Wichtigkeit ein, dieser Vereinigung zuvorzukommen; er achtete daher weder die Uebermüdung seiner Leute, von denen mehrere auf dem Marsche todt niederfielen, noch die große Hitze, sondern verdoppelte die Geschwindigkeit seines Marsches, so daß er in vier und fünfzig Stunden hundert und fünf Meilen zurücklegte. An einem Orte, Warhaws geheißen, traf er auf das verfolgte Corps. Er forderte die Amerikaner auf, die Waffen zu strecken; statt jeder Antwort stellte Buford seine Leute, aus vierhundert Virginischen Regulären und einer Schwadron Reiterei bestehend, in Schlachtordnung. Der Artillerie und dem Train befahl er, ohne Aufenthalt weiter zu marschiren; er selbst formirte im Rücken derselben eine einzige Linie. Die Soldaten hatten Befehl, ihr Feuer zu sparen, bis die feindliche Kavallerie auf zwanzig Schritte herangekommen sei. Tarleton griff sogleich mit Ungestüm an, die Amerikaner wichen nach kurzem Widerstande und die Engländer richteten ein furchtbares Blutbad unter ihnen an. Die Niederlage war vollständig, was nicht todt blieb, war verwundet oder gefangen genommen. Die Wuth der Sieger war so groß, daß sie keinen Pardon gaben. Das Gemetzel machte auf die Erinnerung der Amerikaner einen so unverlöschlichen Eindruck, daß Tarleton's Quartier zum Sprüchwort wurde, um die grausame Art und Weise zu bezeichnen, in welcher damals der Krieg geführt wurde. Nachdem der Zweck vollständig erreicht war, kehrte Tarleton zu Lord Cornwallis in Trenton zurück, wo ihn großes Lob für seine That erwartete.

Um die Unterwerfung dieses ganzen Landestheiles vollständig zu sichern, wurden an verschiedenen Orten starke Posten errichtet; ebenso wurden Maßregeln zur Organisation der Civiladministration im Staate getroffen. Clinton war so fest überzeugt von der definitiven Unterwerfung des Landes, sei es in Folge der wirklichen Sinnesänderung der Einwohner, sei es in Folge ihrer Unfähigkeit, noch ferneren Widerstand zu leisten, daß er am 3. Juni eine Proklamation erließ, worin er, „in der Absicht, alle Bewohner in die Lage zu setzen, das Ihrige zur Herstellung und Befestigung der königlichen Regierung beizutragen und die seither herrschende Anarchie zu unterdrücken," alle auf Parole entlassenen Milizen, die in Fort Moultrie und zu Charleston gefangen genommenen allein ausgenommen, ihres Wortes entband und sie in ihre sämmtlichen Rechte wieder einsetzte. „Diejenigen, erklärte er ferner, welche jetzt nicht zu ihrer Unterthanspflicht zurückkehrten, sollten als Feinde und Rebellen behandelt werden."

Diese Proklamation war ebenso ungerecht wie unpolitisch. Sie beruhte auf der Annahme, daß die Einwohner dieser Provinz zum Gehorsam zurückgeführte Rebellen, und durch einen Akt der Gnade aller Strafen entlassen und in ihre Rechte und Bürger-Verhältnisse wieder eingesetzt worden seien. Es war aber ganz außer Acht gelassen, daß diese Leute mehrere Jahre lang eine unabhängige Selbstregierung geübt hatten, so daß der Krieg für sie nur einen Ausgang haben konnte; sie waren, wenn siegreich: Patrioten, wenn überwunden: Rebellen. Es konnte sich leicht vorhersehen lassen, daß die Proklamation nur böses Blut machen und diejenigen zurückstoßen würde, welche sie versöhnlich zu stimmen die Absicht hatte. Viele Colonisten hatten ihre Unterwerfung deshalb erklärt, weil sie hofften, dadurch des anstrengenden Dienstes entbunden zu werden, zu welchem sie in der letzten Zeit gezwungen worden waren. Sie glaubten, in einem ruhigen geordneten Staate wie früher ihren Beschäftigungen nachgehen zu können. Die Proklamation zerstörte aber ihre Täuschung und öffnete ihnen die Augen über ihre wirkliche Lage. Sie hatten auf Frieden, oder doch Neutralität gerechnet; beide sahen sie jetzt ferner, als je. Traten sie nicht unter die Fahne ihres eignen Heeres ein, so waren sie als englische Unterthanen verpflichtet, als

Milizen im königlichen Dienste zu agiren. Friede wäre ihnen das Willkommenste gewesen; mußten sie aber einmal kämpfen, so zogen sie vor, für die Freiheit zu kämpfen. Freilich brachen sie in diesem Falle die ihnen abgezwungene Huldigung und Verpflichtung, allein sie dachten nicht mit Unrecht, daß sie dazu eben so sehr berechtigt seien, als Clinton berechtigt gewesen war, sie aus Kriegsgefangenen zu englischen Unterthanen zu machen, ohne sie um ihre Einwilligung zu fragen.

Nachdem Clinton also, wie er glaubte, die Ruhe im Süden dauernd wieder hergestellt hatte, ließ er Lord Cornwallis mit ungefähr viertausend Mann in Süd-Carolina und Georgien zurück, und schiffte sich am 4. Juni nach New-York ein. Anfangs war er Willens, seine Waffen in die angrenzenden Staaten zu tragen; Nachrichten aber, die ihm aus dem Norden über die Wahrscheinlichkeit zugekommen waren, daß ein französisches Hülfskorps für die Amerikaner unterwegs sei, machten ihn bedenklich, und er hielt für das Beste, mit dem größeren Theil seines Heeres nach New-York zurückzukehren.

Nach der Unterwerfung Charleston's und der Zerstreuung aller amerikanischen Truppenkorps in diesem Theile des Landes, blieb es etwa sechs Wochen lang vollkommen ruhig. Lord Cornwallis beabsichtigte, in dem festen Glauben, daß Süd-Carolina und Georgien der englischen Krone neuerdings fest unterworfen seien, seinen Eifer für die Sache seines Souverains durch einen Einfall in Nord-Carolina zu beweisen. So wenig aber auch dieser thätige General die Ruhe liebte, konnte er doch nicht sofort zur Ausführung seines Vorhabens schreiten. Die große Hitze, der Mangel an Magazinen, und die Unmöglichkeit, vor Eintritt der Erntezeit seine Armee im Felde zu erhalten, zwangen ihn zum Aufschube. Er verlor aber keineswegs die dazwischen liegende Zeit. Er stationirte seine Truppen durch Süd-Carolina und den oberen Theil von Georgien in solcher Weise, daß sie jungen Leuten die günstigste Gelegenheit boten, sich für den Dienst des Königs anwerben zu lassen. Er organisirte Compagnien königlicher Milizen, und unterhielt mit den Freunden der englischen Sache in Nord-Carolina eine eifrige Correspondenz. Er belehrte sie über die Ursache des Aufschubes seiner Expedition, ermahnte sie, sich ruhig zu verhalten und ihre Ernte einzuthun, bald werde die königliche Armee erscheinen, und ihre Bestrebungen nachdrücklich unterstützen. In ihrem Eifer aber, und von der allzu sanguinischen Hoffnung des Erfolges fortgerissen, ließen sie den wohlberechneten Rath außer Acht und erregten einen unzeitigen Aufstand, der überall entschiedenen Widerstand fand und sehr bald unterdrückt war. Nur einer Partie, etwa achthundert Mann stark, unter Obrist Bryan, gelang es, den Yadkin hinunter zu gelangen, bis zur Stelle, wo ein englischer Posten stand. Von dort gelangten sie später nach Camden.

Während Cornwallis in dieser Weise im Geiste seiner Vorgesetzten handelte und sich der eitlen Hoffnung überließ, durch militärischen Despotismus, durch Erniedrigung und Kränkungen den Geist der Amerikaner zu brechen, waren diese auch nicht müßig. Gouvernör Rutledge war unausgesetzt thätig für die Sache. **1780.** Nord-Carolina stellte ein zahlreiches Corps Milizen; der Congreß verordnete, ein starkes Detachement von der Hauptarmee nach dem Süden zu dirigiren. Viele, welche früher in Apathie die Hände in den Schooß gelegt hatten, als Charleston belagert wurde, zeigten sich jetzt zum Widerstande bereitwillig und entschlossen, die Eindringlinge aus dem Lande zu treiben.

Dazu kam, daß das hochfahrende Wesen der englischen Offiziere immer unerträglicher wurde. Ihre, so wie die Tyrannei der Tory's weckte allerwärts ein Gefühl der Rache. Ein talentvoller Schriftsteller entwirft von der damaligen Lage der Dinge in den südlichen Staaten ein düsteres Bild. „Ein Nachbar stand gegen den andern, Bruder gegen Bruder, ja der Sohn gegen den Vater, und Jeder von ihnen war mit einem Hasse und einer Rachsucht erfüllt, wie sie nur die blutgierigste Leidenschaft eingeben kann. Weder die Nacht, noch das wohlverwahrte Haus, noch die Stille des Waldes oder die Unwegsamkeit der Sümpfe vermochten Schutz zu gewähren. Beide Parteien kannten jeden Schlupfwinkel, jeden Ort, wo man sich verbergen konnte — diese gewährten daher Niemand ein Asyl, sondern dienten als Schauplätze der empörendsten Grausamkeit. Ueberall lauerten Mörder im Hinterhalte, oder Soldaten im Verstecke; wo die Gegner zusammentrafen, fielen blutige und gewaltthätige Handlungen vor; eine Reise zu unternehmen war so gefährlich, wie eine Schlacht mitzukämpfen. Fremde, die ruhig ihre Straße zogen und gegen die keinerlei Argwohn existirte, wurden oft auf öffentlicher Straße niedergeschossen. Ganze Landstriche glichen unsern Grenzansiedelungen zur Zeit eines Indianerkrieges. Selbst in der Ausübung ihrer Berufsarbeiten waren die Leute bewaffnet — zum Angriffe wie zur Vertheidigung. Aber damit war es nicht genug. Noch eine andere Schlächterei wüthete in jener Periode, die zur Erhöhung ihres Charakters von Entsetzen und Barbarei nicht wenig beitrug.

Auch die Sklaven waren nämlich von dem Mord-Geiste der Zeit angesteckt, und namentlich wo sie zahlreich waren, empörten sie sich gegen ihre Herren, und bewaffneten sich zu deren Vernichtung mit Allem, was ihnen der Zufall oder geheime Vorbereitung in die Hand gab. In den dadurch herbeigeführten Scenen waren Messer, Beil oder Gift gleich willkommene Werkzeuge. Mehrere Familien wurden ganz ausgerottet; manche wurden in ihren Häusern verbrannt. Von der Wuth der durch Kampf und Parteihaß angefochtenen Leidenschaften der Südländer hat ein nüchterner Bewohner des Nordens gar keinen Begriff. *)

Unter solchen Verhältnissen wurde der Krieg im Süden fortgesetzt, und beide Parteien gaben nur zu oft Beweise ihrer grausamen und unbarmherzigen Gesinnung. Wir können hier nicht auf die Einzelheiten eingehen, sondern verweisen dafür auf die Lokal-Chroniken.

Der ausgezeichnete Parteigänger Obrist Sumpter begann zuerst mit einigem Erfolge den neuen Kampf. Am 12. Juli schlug er bei der Plantage Williamson ein Bataillon Königlicher. Bald stand er an der Spitze von etwa sechshundert Mann. Obgleich seine Leute für ihren Unterhalt sich auf gutes Glück verlassen mußten, so bedrohten sie dennoch den Feind auf allen Seiten. Die Mittel, welche diesen Patrioten zu Gebote standen, waren gewöhnlich sehr knapp. Oft trafen sie mit dem Feinde zusammen, ohne mehr als drei Patronen auf den Mann zu besitzen. Durch die häufigen Scharmützel

*) Caldwell, a. a. O. p. 102—103.

mit den Engländern kamen sie aber bald in den Besitz von Gewehren und Munition. Sobald sie gehörig ausgerüstet waren, beschloß Obrist Sumpter einen Angriff auf die stärkeren feindlichen Posten zu machen. Er begann mit einem Versuch gegen Rocky Mount, mußte sich aber zurückziehen, griff dann den Posten bei Hanging Rock an und vernichtete das dort stehende englische Regiment.

Francis Marion, dessen Name von der Geschichte aufbewahrt zu werden verdient, war gleich unternehmend und glücklich. Seine fast romanhaft scheinenden Thaten gaben der niedergedrückten Sache der Freiheit neuen Aufschwung.*) Der „Sumpffuchs," wie Marion genannt wurde, und der „Streithahn," der Beiname unter dem Sumpter gekannt war, hatten die genaueste Kenntniß des ganzen Landes, und waren daher immer im Stande, dem Nachsetzen des Feindes zu entgehen. Dieser Partisanenkrieg hatte neben dem, daß er die feindlichen Streitkräfte schwächte, die gute Wirkung, daß die Amerikaner kühner und in ihrem Selbstvertrauen gestärkt wurden.

Unterdessen war eine kleine Anzahl regulärer Truppen unter Baron de Kalb von Maryland zur Vertheidigung von Carolina abgesandt worden. Bei der ungeheuern Hitze und der großen Schwierigkeit, Provisionen herbeizuschaffen, konnten die Truppen nur in kurzen Märschen vorrücken; doch erhielten sie unterwegs Verstärkungen von der Virginischen Miliz und den unter General Caswell in Nord-Carolina stehenden Streitkräften. Im Allgemeinen begann auch die Bevölkerung sich von dem Schrecken zu erholen, welchen der Fall von Charleston und das strenge Verfahren der Engländer verbreitet hatten. Sehr bald konnte Cornwallis wahrnehmen, daß alle die früheren Siege und Vortheile von geringem Nutzen waren, und daß das Werk der Unterdrückung des Landes noch lange nicht ausgeführt sei. Er war genöthigt, seine Außenposten einzuziehen und seine Truppen in stärkeren Corps zusammen zu halten.

Washington wünschte, daß General Green, ein Offizier von bedeutenden Talenten, das Kommando im Süden erhalten möchte, aber der glänzende Ruf, den General Gates sich in dem Nordfeldzug von 1777 erworben hatte, bestimmte den Congreß, Gates am 13. Juni mit dem Oberbefehl des Südheeres zu bekleiden. Mit vollem Vertrauen erwartete man, er werde sich in Carolina neue Lorbeeren erringen. Wie ganz anders aber der Ausgang seiner Kriegsoperationen dort war, wird der Leser nun erfahren.

Gates kam am 25. Juli an dem Deep River bei dem Heere an. Kalb hatte auf den Rath von Leuten, welche mit den Lokalitäten vollkommen bekannt waren, beschlossen, die direkte Straße nach Camden zu verlassen und seine Truppen durch eine besser mit Lebensmitteln versehene Gegend zu führen, um an gelegenen Orten Magazine und Spitäler zu errichten.

Gates aber bestand darauf, den geraden Weg nach dem englischen Lager einzuhalten, obgleich derselbe durch ein mageres Land führte, welches selbst den Bewohnern nur dürftigen Lebensunterhalt gewährte. Am 27. Juli setzte er sein Heer in Bewegung und bald machten sich die Schwierigkeiten

*) Von Marion wird die bekannte Anekdote erzählt, daß er einen jungen englischen Offizier, der in Dienstsachen zu ihm kam, von der Unbesieglichkeit Derjenigen, welche für die Sache der Freiheit fochten, dadurch überzeugte, daß er sich mit Kartoffeln und Wasser begnügte. Siehe die vollständige Erzählung in Simm's "Life of General Marion," pp. 176—80.

und Entbehrungen fühlbar, welche de Kalb zu vermeiden gewünscht hatte. Das Hauptnahrungsmittel des Heeres bestand in magerem Vieh, das man im Walde auffing, und selbst diese traurige Kost war nur sehr spärlich. Fleisch und Korn waren so selten, daß die Leute an der Stelle von Brot unreifes Getreide und unreife Pfirsiche essen mußten. Diese mangelhafte Nahrung, in Verbindung mit der ungeheuern Hitze und dem ungesunden Klima, brachte Krankheiten hervor, welche das Heer gänzlich aufzureiben drohten. Endlich kam General Gates aus dieser unwirthlichen Region von Fichtenwäldern, Sandhügeln und Sümpfen heraus, und kam am 13. August bei Clermont oder Rugely's Mills an. Seine Gesammtmacht bestand nun aus etwas weniger als viertausend Mann.

Als Gates an der Grenze von Carolina ankam, erließ er eine Proklamation, worin er die patriotisch gesinnten Bürger aufforderte, „sich muthig zu erheben, um sich selbst und das Vaterland von dem Joche einer Regierung zu befreien, welche ihnen nur die Gewaltthätigkeit ihrer Eroberer auferlegt habe.“ Er sicherte Allen, welche die Engländer gezwungen hatten, den Eid der Treue zu leisten, vollkommene Straflosigkeit zu, indem er nur für Diejenigen eine Ausnahme machte, welche sich Gewaltthaten gegen die Personen oder das Eigenthum ihrer Mitbürger schuldig gemacht hatten. Diese Proklamation brachte die erwartete Wirkung hervor. Zahlreich eilten die Bewohner zu seinem Heere, und sogar ganze Compagnien verließen die königlichen Fahnen und gingen zu Gates über.

Lord Rawdon, welcher die englischen Streitkräfte an der Grenze von Carolina befehligte, hatte dieselben bei Camden zusammengezogen. Sobald er von dem Anrücken der Amerikaner Kunde erhielt, benachrichtigte er Cornwallis davon, der bald darauf zu ihm stieß. Da ein allgemeiner Aufstand des Landes zu befürchten schien, und Camden unter solchen Umständen kein haltbarer Platz war, so hielt es Lord Rawdon für nöthig, sich zurückzuziehen oder ohne Verzug einen entscheidenden Schlag zu thun. Der Rückzug nach Charleston würde aber für Süd-Carolina und Georgia das Zeichen zum bewaffneten Aufstande geworden sein; die Engländer hätten ihre Kranken und Magazine zurücklassen, und mit Ausnahme der Städte Charleston und Savannah die zwei Provinzen ganz aufgeben müssen. Die Folgen eines solchen Rückzuges wären also fast eben so verderblich gewesen, als die einer Niederlage. Obgleich nun Cornwallis die amerikanische Armee für bedeutend stärker hielt, als sie wirklich war, so beschloß er um jeden Preis eine Schlacht zu liefern.

Am 15. August, um zehn Uhr des Abends, gerade als General Gates von Rugely's Mills, ungefähr dreizehn Meilen davon entfernt, aufbrach, setzte er sich gegen das amerikanische Lager in Bewegung.

Am Tage darauf, gegen zwei Uhr des Morgens, stießen die Avantgarden der beiden feindlichen Heere ganz unerwarteter Weise in dem Walde auf einander und begannen augenblicklich zu feuern. Einige Reiter der amerikanischen Vorhut wurden bei der ersten Salve verwundet, worauf das ganze Detachement in wilder Flucht zurückstürzte, das Regiment von Maryland, das an der Spitze der Colonne stand, in Unordnung brachte, und die ganze Schlachtlinie in Bestürzung setzte.

Von diesem ersten, durch das nächtliche

Dunkel noch verstärktem Eindrucke scheinen sich die ungeübten, schlecht disciplinirten Miliztruppen nicht wieder erholt zu haben. Bei diesem Zusammentreffen wurden auf beiden Seiten einige Gefangene gemacht, und durch sie erhielten die Generale der zwei feindlichen Heere genauere Kenntniß aller Verhältnisse, als sie bisher besessen hatten.

Cornwallis erkannte, daß er eine vortheilhaftere Stellung einnahm, als sein Gegner, und wartete daher mit Ungeduld auf den Anbruch des Tages, der seinen disciplinirten Truppen Gelegenheit zum Angriff geben würde. Beide Heere rüsteten sich zum Kampfe. Cornwallis stellte seine Streitkräfte in zwei Divisionen auf; den rechten Flügel kommandirte Obrist Webster, den linken Lord Rawdon. Die zweite Brigade von Maryland bildete unter General Gist den rechten Flügel der amerikanischen Linie; im Centrum stand die Miliz von Nord-Carolina und auf dem linken Flügel die von Virginia nebst der leichten Infanterie. Hier führte de Kalb den Befehl und Gates behielt sich vor, überall, wo er am nützlichsten werden konnte, persönlich nachzuhelfen.

Mit Tagesanbruch befahl Cornwallis dem Obristen Webster, mit dem linken Flügel der Engländer den rechten der Amerikaner anzugreifen. Als Webster vorrückte, wurde er von einer Anzahl Miliztruppen, welche sich vor ihren Landsleuten aufgestellt hatten, mit einem schwachen Gewehrfeuer empfangen. Die englischen Soldaten aber stürzten durch das schlecht genährte Feuer mit lautem Hurrahruf auf die Amerikaner los. Die Miliz warf augenblicklich ihre Waffen weg und floh, Viele sogar ohne nur einen Schuß gethan zu haben, und vergebens bemühten sich die Offiziere, die Fliehenden wieder zu sammeln. Ein großer Theil des Centrums, aus Miliztruppen von Nord-Carolina bestehend, folgte dem Beispiele ihrer Kameraden von Virginien; von beiden Divisionen fielen nur wenige Schüsse und die meisten Soldaten ließen ihre Waffen auf dem Schlachtfelde. Tarleton verfolgte an der Spitze seiner Legion die Flüchtigen und hieb die Widerstandlosen ohne Gnade zusammen. Vergebens bemühten sich Gates und einige der höhern Offiziere der Miliz die Leute wieder zu sammeln. Je weiter sie kamen, desto mehr zerstreuten sie sich, und Gates eilte in Verzweiflung mit einigen Freunden nach Charlotte, das achtzig Meilen von dem Schlachtfelde entfernt war.

1780.

Baron de Kalb sah sich an der Spitze der Continentaltruppen nicht allein von der Miliz, welche das Centrum und den linken Flügel des Heeres gebildet hatte, verlassen, sondern auch von dem General aufgegeben, und befand sich nun allein dem Angriff des ganzen englischen Heeres preisgegeben. Statt aber das Beispiel ihrer Waffengefährten nachzuahmen, gaben de Kalb und seine Truppen Beweis von unerschütterlicher Tapferkeit und vertheidigten sich männlich. Lord Rawdon griff sie im Centrum an, während Obrist Webster den linken Flügel der Amerikaner durchbrach; aber sie hielten den Angriff mit Festigkeit aus und schlugen ihn tapfer zurück. So schwankte der Kampf eine Zeit lang hin und her, während man von beiden Seiten mit größter Hartnäckigkeit focht. Da durch die Flucht der Milizen de Kalb's linker Flügel blosgestellt war, griff Obrist Webster, indem er nur wenig Cavallerie und leichte Infanterie zur Verfolgung der Flüchtigen detachirte, de Kalb zu gleicher Zeit auf der Fronte und der Flanke an. Dort entspann sich jetzt der Kampf am heftigsten. Die Amerikaner, im dichtesten Gedränge mit den Engländern handgemein, fochten lange mit dem Muthe der Verzweiflung. Als aber Cornwallis mit seiner ganzen Streitmacht über sie herfiel, wurden sie endlich zersprengt und machten sich in voller Unordnung auf den Rückzug. Der tapfere de Kalb fiel, von eilf Wunden durchbohrt, an der Spitze einer Abtheilung seiner Leute, welche er zu einem erneuerten Angriff auf die Feinde führte. Sein Adjutant, der Obristlieutenant du Buisson, nahm den gefallenen General in seine Arme und machte die ihn umringenden Feinde mit dem Range und dem Vaterlande desselben bekannt. Während er auf diese Weise zur Rettung seines blutenden Freundes sein eignes Leben der Gefahr aussetzte, erhielt er mehrere Wunden und wurde mit ihm gefangen genommen. Die Sieger behandelten de Kalb mit der größten Aufmerksamkeit und gewährten ihm alle mögliche Hülfe, aber nach wenigen Stunden starb dieser tapfere Offizier. In späteren Zeiten ließ ihm der Congreß ein Denkmal errichten. *)

Dieser vollständige Sieg kostete die Engländer nicht hundert Mann an Todten und nur ungefähr zweihundert und fünfzig an Verwundeten. Die Amerikaner hatten dagegen etwa acht- bis neunhundert Todte oder Verwundete, und ungefähr tausend von ihnen wurden gefangen genommen. Das Gepäck und die Artillerie fielen in die Hände der Feinde. Die Süd-Armee war fast gänzlich aufgelöst; nur das von Sumpter befehligte Detachement bestand noch. Dasselbe hatte an dem Wateren einen Zug von Proviantwagen abgeschnitten und hundert Gefangene gemacht, zog sich aber bei der Nachricht von der unglücklichen Schlacht in aller Eile zurück. Sobald Sumpter sich außer Gefahr glaubte, machte er Halt, um seine durch Ermüdung und Schlaflosigkeit erschöpften Truppen ausruhen zu lassen. Dort aber überfiel ihn plötzlich Tarleton, der seinen Verfolgungsmarsch mit so außerordentlicher Eile fortgesetzt hatte, daß die Hälfte seiner Leute unterwegs niedergefallen war. Er nahm nun den Amerikanern die erbeuteten Vorräthe und die gemachten Gefangenen wieder ab und etwa drei bis vierhundert Mann derselben blieben todt oder wurden gefangen genommen. Sumpter mit nur wenigen seiner Leute gelang es, sich in den Wald zu flüchten.

Gates zog sich in tiefster Betrübniß mit dem aufgelösten Reste seines Heeres nach Salisbury und von da nach Hillsborough zurück, indem er Alles aufbot, um sich von dem fürchterlichen Schlage wieder zu erholen, den er so eben erhalten hatte. Nachdem er ein kleines Corps zusammengebracht hatte, rückte er im November wieder nach Salisbury und von da bald darauf nach Charlotte vor. Der Congreß aber vergaß oder übersah bei dem gegenwärtigen Unglücke dieses Generals, wie hoch man dem Sieger von Saratoga verpflichtet war, und beschloß am 5. Oktober, daß über sein Benehmen eine Untersuchung angestellt werden sollte; doch wurde dieselbe nicht mit Eifer betrieben. Washington dagegen wurde aufgefordert, ihm einen Nachfolger zu geben, und ernannte den General Greene als solchen. Der Congreß bestätigte diese Wahl am 30. Oktober und Greene kam am 2. Dezember als Nachfolger von Gates im

---

*) Siehe Lossing's "Pictorial Field-Book of the Revolution," Vol. II. pp. 667—68.

BATTLE OF CAMDEN — DEATH OF DE KALB.

From the original Painting by Chappel, in the possession of the Publishers.

Johnson, Fry & Co. Publishers, New York.

Hauptquartier an. Beiläufig gesagt, trat der Letztere nach dem Verluste seiner Stellung nie mehr in aktiven Kriegsdienst. Zu dem empfindlichen Schmerz über die Unehre einer verlornen Schlacht kam noch der größere über den Tod seines einzigen, neunzehnjährigen Sohnes. Gates begab sich nach dem Norden.

Washington bezeugte ihm mit wahrer, großmüthiger Herzensgüte in einem Briefe seine Theilnahme an dem Tode seines Sohnes und seinem Unglück als General. Die gesetzgebende Versammlung von Virginien sprach in einem officiellen Beschlusse das Zeugniß aus: daß selbst das härteste Mißgeschick die großen Verdienste, die er der Sache geleistet, nicht zu verdunkeln im Stande sein könne."

Nach der Schlacht von Camden war Cornwallis nicht im Stande, seinen Sieg mit der von ihm gewohnten Thätigkeit zu verfolgen. Er hatte die zur unmittelbaren Verfolgung eines fliehenden Heeres nothwendigen Vorräthe nicht von Charleston mitgebracht; auch hielt er es nicht für angemessen, Süd-Carolina zu verlassen, bevor er den Geist des Widerstandes bemeistert, der sich überall in der Provinz gegen ihn geoffenbart hatte. Um die Unterjochung des Landes ganz zu bewerkstelligen, griff er nach äußerst strengen Mitteln. Er betrachtete eben die Provinz als ein erobertes Land, das zur unbedingten Unterwürfigkeit und zum vollen Gehorsam gegen seinen wahren Souverän zurückgeführt werden müsse; die Einwohner sah er als unter englischer Oberhoheit stehende Unterthanen an, die zur Ausübung aller ihrer Unterthanen-Pflichten gezwungen und im Falle sie solche verletzten, gehörig bestraft werden müßten. Er vergaß, oder schien zu vergessen, daß viele davon als Kriegsgefangene auf Parole anerkannt worden waren, und daß man sie, ohne ihre Zustimmung einzuholen, ihres Wortes entbunden, und mittelst einer einseitigen Proklamation ihren Charakter als Kriegsgefangene in den englischer Unterthanen verändert hatte.

Nur in dem Wahne, daß er den Fuß auf dem Nacken des ganzen Volkes habe, konnte er in seinem Schreiben an den englischen Commandanten von Ninety-six folgende Worte gebrauchen: „Ich habe Befehl gegeben, daß alle Einwohner dieser Provinz, die sich unterworfen hatten, und sich dennoch an der letzten Empörung betheiligten, mit der größten Strenge bestraft werden sollen. Man soll sie verhaften, und Alles, was sie besitzen, soll confiscirt oder zerstört werden. Ich habe ferner verfügt, daß das also confiscirte Vermögen zur Schadloshaltung Jener verwendet werden soll, welche von ihnen beschädigt oder unterdrückt worden sind. Auch habe ich
auf das Bestimmteste verordnet, daß 1788.
jeder Milize, welcher unter unserer Fahne gestanden hat, aber zum Feinde übergegangen ist, ohne Weiteres gehängt werden soll. Ich erwarte von Ihnen, daß Sie die wirksamsten Maßregeln ergreifen werden, die Rebellen in dem unter Ihrem Befehle stehenden Distrikte zu bestrafen, und daß Sie die von mir getroffenen Verfügungen bezüglich der Landes-Einwohner auf das Allerstrengste vollziehen."

An andere Commandanten wurden ganz ähnliche Befehle und Instruktionen erlassen.

Unter jeglichen Umständen hätten solche Instruktionen an Unter-Beamte von oft nur kleiner Unterscheidungsgabe und noch kleinerer Vernunft und Mäßigung, nur höchst beklagenswerthe Folgen nach sich ziehen können. In einer Lage aber, wie die damalige, wo die wildesten Leidenschaften der menschlichen Natur in heller Flamme loderten, waren die Folgen wirklich höchst bedauerlich. In dem Geiste, worin die Befehle gegeben waren, wurden sie vollzogen. Eine große Anzahl Menschen wurde hingerichtet; viele wurden in das Gefängniß geworfen, und ihre Habe wurde zerstört oder confiscirt. Ueberall floß Blut, überall herrschte Verzweiflung; der Durst nach Rache brannte in jeder Brust. Weiber und Kinder irrten hülflos umher, während ihre Tyrannen sich in ihrer geplünderten Wohnstätte gütlich thaten.

Auch ganz abgesehen von der Ungerechtigkeit solcher Maßregeln konnte Nichts unpolitischer als ein solches Verfahren sein, denn es reizte das Volk, und flößte ihm eine Ausdauer und Wuth ein, zu denen es sonst nicht fähig gewesen wäre. Dabei war das Auftreten Cornwallis' den ersten Familien Charleston's gegenüber wirklich äußerst grausam; ohne allen Vorwand ließ er sie, aus bloßen Staatsgründen, im Bette verhaften und unter Verhöhnung ihrer Vorstellungen und Bitten auf eins der Wacht-Schiffe schleppen von wo sie bald darauf nach St. Augustine gebracht wurden.

Am 8. September verließ Cornwallis Camden und kam gegen Ende des Monats zu Charlotte, in Nord-Carolina an. Nach kurzem Widerstand Seitens einiger freiwilligen Reiter unter Oberst Davie, nahm er Besitz von dem Platze. Bald drang er weiter nach Salisbury vor, wo er die Milizen über den Yadkin gehen ließ. Plötzlich aber wurde er durch ein höchst unerwartetes Ereigniß in seinem Siegeslaufe aufgehalten.

Er gab sich alle Mühe, die wohlgesinnten Einwohner des Landes in ein Corps zu vereinigen, um sie als englische Milizen verwenden zu können. Zu diesem Zwecke verwandte er namentlich den Major Ferguson vom 71. Regimente, einen sehr verdienstlichen Offizier, um im Bezirke von Ninety-six die Loyalisten einzuercerziren und sie für das Landheer zu gewinnen. Von der Wirksamkeit des genannten Offiziers erwartete er die wichtigsten Dienste.

Ferguson führte seinen Auftrag mit Leib und Seele aus; er organisirte ein beträchtliches Corps Loyalisten, und verübte vielfache Unbilden an den im Inneren wohnenden Freunden der Unabhängigkeit. In der Hoffnung, den Obristen Clark auf seinem Rückzuge von einem Einfalle in Georgien in seine Hände zu bekommen, weilte Ferguson länger als nöthig war, in der Nähe des westlich gelegenen Gebirges. Dies war sein Verderben. Die abgehärteten Bewohner des Gebirges in dem Westen von Virginien und Nord-Carolina beschlossen ihn abzuschneiden. Ohne alle Vorbereitung organisirten sie sich unter verschiedenen Führern. Alle waren beritten, Gepäck führten sie keins mit sich; Jeder hatte seine Decke, sein Gewehr und seine Proviantttasche; wie zur Jagd auf wilde Thiere gerüstet, zogen sie zur Vernichtung des Feindes aus. Nachts schliefen sie auf der Erde, das Gewölbe des Himmels zum Zelte; die Quelle löschte ihren Durst, das vor den Lauf kommende Thier diente zur Stillung ihres Hungers. Ihre Zahl war groß genug, um Furcht einzuflößen, die Schnelligkeit ihrer Bewegungen aber machte es schwer, ihnen zu entgehen. So kamen sie zu Anfange des Oktobers, beiläufig dreitausend an Zahl, nach Gilbertown.

Ferguson versuchte sich durch schleunigen Rückzug zu retten, allein die Amerikaner kamen ihm zuvor. Tausend der besten Schützen wurden ihm auf den flüchtigsten Pferden nachgeschickt. Die Leichtigkeit ihrer Bewegungen gewann ihnen den Vorsprung, und als Ferguson sah, daß er ihnen nicht entgehen konnte, wählte er auf dem Königs-Berge zwischen Nord- und Süd-Carolina ein günstiges Terrain und erwartete das Zusammentreffen. Dieses hatte am 7. Oktober statt. Obrist Campbell kommandirte die Amerikaner; jedoch eigentlich nur nominell, denn sie kümmerten sich wenig um militärische Ordnung oder Commando. Sie theilten sich in mehrere Haufen, um Ferguson von verschiedenen Seiten anzugreifen; an der Spitze derselben standen die Obristen Cleveland, Shelby, Sevier und Williams. Cleveland der den ersten Angriff zu machen hatte, ermunterte seine Leute mit folgenden Worten: „Wir haben die Tories geschlagen, und wir werden auch diese schlagen. Wartet nicht auf mein Commando; sobald ihr im Handgemenge seid, macht mir's nur nach. Ich will euch zeigen, wie man kämpft; mehr verstehe ich nicht! Jeder mag denken, er wäre der Offizier und mag handeln, wie es ihm am besten deucht. Lauft nur nicht weg! Immer von neuem darauf! Wer aber Furcht fühlt, soll sich nur gleich jetzt fortmachen.“

Der Angriff begann damit, daß die Amerikaner die steil ansteigenden Höhen erklommen und von dort aus, hinter Felsen und Bäumen postirt, ein lebhaftes Feuer auf die Engländer eröffneten. Sie wurden zwar wiederholt mit dem Bayonnete aus dem Hinterhalte getrieben, kehrten aber immer von neuem zum Angriffe zurück. Nachdem der ungleiche Kampf in dieser Weise über eine Stunde gewährt hatte, und Ferguson tödtlich verwundet worden war, streckte der Ueberrest die Waffen. Zehn der unruhigsten Tories wurden auf der Stelle gehangen, und die tapfere aber rohe Bande kehrte, zufrieden damit, ihren Zweck erreicht zu haben, in ihre Heimath zurück.

Die Aufhebung des Ferguson'schen Corps, von dem man sich so viel versprochen hatte, war ein empfindlicher Schlag für Cornwallis; es störte ihn in Ausführung seiner Pläne und verhinderte sein Vordringen in nördlicher Richtung. Sobald er sichere Kunde von Ferguson's Niederlage erhalten, machte er sich marschfertig, verließ Charlotte, wo er auf die Verbindung mit Ferguson gewartet hatte und begann sich gegen Süd-Carolina zurückzuziehen. Auf diesem Rückzuge litt seine Armee bedeutend; es regnete mehrere Tage lang unaufhörlich; die Straßen waren ganz unwegsam; die Soldaten hatten keine Zelte, und mußten Nachts im Walde kampiren, was in jenem Clima sehr schädlich ist. Die Loyalisten, die sich den Königlichen angeschlossen hatten, leisteten ihnen in dieser Bedrängniß sehr große Dienste; fanden sich aber bei allem dem sehr demüthigend behandelt, und Viele verließen, über die beleidigenden Reden, und selbst Stockschläge erzürnt, die sie von Seiten der Offiziere hinnehmen mußten, die Armee für immer. Endlich am 27. Oktober gelangten die Truppen über den Catawba-Fluß nach Wynnsborough.

Sumpter hatte abermals eine Bande Freischärler zusammengebracht, und fuhr fort, die Engländer in aller Weise zu necken. Er wechselte fortwährend seinen Aufenthalt, überfiel die Engländer im Lager, schnitt ihnen die Zufuhren ab, und hielt sie in beständigem Allarm. Major Wemys griff ihn am 12. November am Broad-Flusse an, wurde aber zurückgeworfen. Auch Tarleton, der am 20. November zu Blackstock-Hill ungestüm über ihn herfiel, mußte sich mit großem Verluste zurückziehen. Indeß wurde Sumpter in letzterer Affaire verwundet, und war mehrere Monate Kampfes unfähig.

Ehe wir den Bericht über den Feldzug des Jahres 1780 im Süden schließen, müssen wir noch die heroischen Mütter, Frauen und Töchter dieses Theiles des Landes ehrenvoll erwähnen. Die Frauen Carolina's waren stolz auf den ihnen beigelegten Namen der „Rebellen-Weiber." Sie nahmen nie eine Einladung zu Gesellschaften oder Unterhaltungen an. Sie fanden den höchsten Genuß darin, ihre patriotischen Landsleute zu ehren. Sie suchten die verwundeten Soldaten auf, und pflegten sie, gingen auf den Gefangenen-Schiffen und in den abscheuerregenden Gefängnissen zu gleichem Zwecke aus und ein. Die Mutter gab dem Sohne, die Frau dem Manne die Waffen in die Hand, die Schwestern ermuthigten ihre Brüder, für die Freiheit zu kämpfen. „Lieber Gefängniß als Schande, und eher Tod als Sklaverei!" war ihre Loosung.

Ueberhaupt aber legten die Frauen überall in den Colonien großen Eifer für die amerikanische Sache an den Tag, besonders sorgten sie für Kleidungsstücke für die Soldaten. In Philadelphia bestand unter dem Vorsitze der Frau des Generalissimus, Martha Washington, eine Gesellschaft zu jenem Zwecke. Diese Dame hatte so vielen Einfluß und so große Gewandtheit im bürgerlichen Leben, wie ihr Gatte in dem Lager. Sie führte das ganze Hauswesen und sorgte für Alles, so daß sich Washington im Bewußtsein der Energie und Uebersicht seiner Frau, dem Drange seines Patriotismus ganz und ohne Rückhalt hingeben konnte, den seine Frau übrigens theilte, und so weit es an ihr lag, ermunterte. Die Philadelphier Frauen, worunter auch Frau Reed und Dr. Franklin's Tochter, Frau Bache sich befanden, trugen beträchtliche Summen zum Zwecke des öffentlichen Wohles bei, und als ihre eignen Mittel erschöpft waren, gingen sie von Haus zu Haus, um zu sammeln.

Nachdem wir nun, um den Faden der Erzählung nicht abzubrechen, die Geschichte der Operationen im Süden bis zum Schlusse des Jahres 1780 zu Ende gebracht haben, müssen wir unsere Aufmerksamkeit auf die nördlichen Staaten zurückwenden, wo im Laufe des Jahres Ereignisse von großer Tragweite eingetreten waren.

Obgleich Washington aus Mangel an Proviant und anderen Bedürfnissen für die Armee außer Stand war, etwas Größeres zu unternehmen, war er doch keineswegs unthätig. Seiner Ansicht nach konnte die englische Truppen-Abtheilung auf Staten-Island mit ziemlicher Aussicht auf Erfolg angegriffen werden, und er beorderte daher am 14. Januar den Lord **1780.** Stirling mit fünfundzwanzighundert Mann den Versuch zu machen. Der den Posten kommandirende englische Offizier aber war wachsam; die sämmtlichen Posten wurden sogleich allarmirt, und es wurde augenblicklich ein Boot nach New York abgeschickt, um die Nachricht hinzubringen und Hülfe in Anspruch zu nehmen. Die Amerikaner sahen nach kurzem Plänkeln die Erfolglosigkeit des Unternehmens ein, und da sie in dem Falle, daß Verstärkungen von New York eintreffen würden, in Gefahr waren abgeschnitten zu werden, traten sie den Rückzug unverweilt an. Derselbe wurde zwar ohne großen Verlust bewerkstelligt, doch litten die schlecht bekleideten Soldaten viel von der strengen Kälte.

Das Papiergeld sank immer mehr im Werthe, und die daraus folgenden Nach-
1780. theile erreichten in diesem Jahre ihren höchsten Grad. Die Offiziere der Jersey-Regimenter führten bei der Legislatur ihres Staates bittere Beschwerde über die üble Lage, worin sie sich befänden, und erklärten, daß die gänzliche Auflösung ihrer Corps unvermeidlich sei, wenn nicht schleunige Abhülfe getroffen würde. Die Soldaten waren aus ähnlichen Ursachen sehr mißvergnügt. Vielfache stets wiederkehrende Entbehrungen brachten ihre nothwendige Wirkungen hervor, und es bedurfte des ganzen Einflusses Washington's, so groß er auch war, um die Offiziere zurückzuhalten, ihre Demission in Masse zu geben und Meuterei und Unordnungen unter den Soldaten zu verhindern.

Wahrscheinlich hatte Major Knyphausen diese Stimmung der amerikanischen Truppen benutzen wollen, um einen Abfall von ihrer Fahne herbeiführen zu können, als er Anfangs Juni 1780 mit fünftausend Mann von Staten Island nach Elisabethtown übersetzte. Nachdem sie aber zu Connecticut-Farms Halt gemacht, das Dorf zerstört, und mehrere brutale Mordthaten begangen hatten, hielten es die Engländer für gerathen, wieder zurückzugehen. General Maxwell rief die Miliz zusammen, und es fanden mehrere hitzige Gefechte, namentlich zu Springfield statt; der Feind kehrte indeß unangefochten nach Staten Island zurück. Was der eigentliche Zweck der Expedition war, ist nicht recht klar; vielleicht der, Washington's Aufmerksamkeit abzulenken und mit einer bedeutenden Macht die Hochlande zu besetzen, vielleicht auch die Magazine in Morristown wegzunehmen. Washington war aber für beide Möglichkeiten gerüstet und bewachte alle Bewegungen Clinton's mit großer Aufmerksamkeit.

Ueber diese Neben-Operationen gingen die ersten Monate des Jahres hin. Die im Süden erlittenen Niederlagen machten den Norden nicht geneigt, den Kampf aufzugeben, während auf der anderen Seite die Langsamkeit des Congresses und der Einzelstaaten, die Schwäche und Machtlosigkeit der Regierung und die Entwerthung des Papiergeldes Washington aller Mittel beraubte, mehr zu leisten, als die Defensive nicht aufzugeben.

Gegen Ende April kam Lafayette von Frankreich mit der freudigen Nachricht in Boston an, daß bald ein französisches Hülfs-Corps an den Küsten der Vereinigten Staaten erscheinen werde*). Dadurch wurden die Amerikaner für kurze Zeit aus der Lethargie geweckt, in die sie seit einiger Zeit gefallen waren. Die Staaten wurden auf's ernstlichste ermahnt, Truppen und Geld zu schaffen. Washington schrieb überall hin, und das wirkte anregend, daß Alles vorbereitet werde, bei Ankunft der

---

*) Lafayette's Enthusiasmus und Drängen seinem neuen Vaterlande nützlich zu sein, war so groß, daß Freiherr von Maurepas der französische Minister-Präsident einst sarkastisch bemerkte: „Es ist nur gut, daß Herr v. Lafayette es sich nicht in den Kopf gesetzt hat, die Einrichtung des Schlosses von Versailles seinen lieben Amerikanern hinzuschicken. Seine Majestät würde nicht im Stande sein, es ihm abzuschlagen.“ Mit den Resultaten seines officiellen Strebens nicht zufrieden, verwendete Lafayette auch bedeutende Privatmittel zur Ausrüstung von Offizieren in seinem Corps.

Alliirten zum gemeinschaftlichen Handeln gerüstet zu sein. Die Verfügungen des Congresses wurden denn auch, obgleich nur langsam, vollstreckt. Die Contingente wurden auf die Bezirke und Städte ausgeschlagen und es ließ sich hoffen, daß die Mannschaft bald vollzählig und dienstbereit sein werde.

Washington sah indeß mit dem ihn so sehr auszeichnenden Scharfblicke wohl ein, daß die überwiegende Macht der Einzelstaaten im Gegensatze zu der Machtlosigkeit der Central-Behörde, nur verderblich sein könne. In einem Schreiben an ein Mitglied des Congresses äußerte er sich darüber in folgenden Ausdrücken: „Wenn der Congreß keine entscheidendere Sprache führt, wenn er nicht von den Einzelstaaten mit einer zu der Größe des Kampfes in Verhältniß stehenden Macht ausgerüstet wird, oder sich nicht als sich von selbst verstehend, eine solche Gewalt aneignet, wenn der Congreß wie die Einzelstaaten künftig nicht mit größerer Energie handeln, als sie bis jetzt an den Tag legten, so ist unsere Sache verloren! Wir können nicht mehr in der seitherigen Weise herumtrödeln. Durch verspätetes Beschließen nothwendiger Maßregeln, durch unverzeihliches Verzögern der Ausführung des Beschlossenen, durch unverantwortliche Eifersüchtelei erleiden wir unermeßliche Nachtheile, ohne einen einzigen Vortheil zu ziehen. Ein Staat ist willig, die Beschlüsse des Congresses auszuführen, der andere vernachlässigt es, der dritte führt sie nur halb aus, Alle aber thun es zu unrechter Zeit, in unrechter Weise, und wir haben stets das Faß bergan zu rollen. Kurz so lange das jetzige System, oder vielmehr die jetzige Systemlosigkeit fortbesteht, werden wir nie im Stande sein, unsere Macht und unsere Mittel mit Erfolg zu verwenden. Das sind allerdings sehr rücksichtslose Worte, die ich hier zu einem Congreß-Mitgliede spreche, allein es sind Worte der Wahrheit und aufrichtiger Ueberzeugung. Es sind Worte, welche mir tiefes Nachdenken, eine genaue Beobachtung und ausgedehnte Erfahrung diktiren. Statt eines Hauptes bekommen wir allmälig dreizehn, statt einer Armee bilden sich dreizehn gesonderte Corps; und diese betrachten nicht den Congreß als die oberste Gewalt, sondern hängen von den Verfügungen ihrer respektiven Staaten ab. Kurz die Macht des Congresses geht abwärts, zu schnell abwärts für das Ansehen und die Wichtigkeit, die ihm gebührt, und ich sehe den Folgen davon mit großer Besorgniß entgegen."

Mitten in dieser bekümmerten Lage, erhielt man unverhofft eine Erleichterung durch den guten Willen von Privatleuten. Zur Zeit, wo der Congreß weder Geld noch Credit hatte, vereinigten sich die Bürger von Philadelphia zur Aufbringung eines Vorraths nothwendiger Artikel für unsere abgerissenen Soldaten. In wenigen Tagen waren 300,000 Pfund Sterling unterschrieben, und die damit verschaffte Erleichterung war höchst wohlthätig, und kam namentlich sehr zur rechten Zeit. Freilich war damit nicht jedem Mangel abgeholfen; namentlich fehlte es an Hemden, und Washington mußte wiederholt seinen Verdruß darüber aussprechen, und darauf dringen, daß man den Offizieren und Soldaten nicht die Demüthigung zufügen solle, ihre Alliirten, die Franzosen, in einem so abgerissenen Zustande zu begrüßen.

„Kann man es sich denken, sagt Botta sehr schön, daß in dem Augenblicke, als eine siegreiche feindliche Armee die Existenz der Republik bedrohte, unsere Väter sich nicht damit begnügten, ihr Blut und ihre Habe zu deren Vertheidigung hinzugeben? Ja! unter dem Geräusche der Waffen waren sie darauf bedacht, Wissenschaften und Künste zu unterstützen! Sie bedachten, daß ohne das Licht dieser geistigen Vorzüge, der Krieg zur Barbarei führt, und selbst dem Frieden seine schönsten Früchte verschlossen bleiben. Während sie durch ihre im Interesse dieser Ansichten ausgeführten Maßregeln einerseits die großen Vortheile im Auge hatten, welche daraus für ihr Vaterland erwachsen würden, zeigten sie auf der anderen Seite, wie gering sie die sie bedrohende Gefahr achteten, und wie sicher sie des Erfolges in ihrer Sache waren. Unter diesen Umständen gründete die Legislatur von Massachusetts die amerikanische „Akademie der Wissenschaften und Künste." Ihre Statuten waren dem großen Zwecke angepaßt. Sie sollte hauptsächlich dem Studium der Alterthümer und Geschichte Amerika's, der Benutzung seines Boden-Reichthums, der Entdeckung im Gebiete der Medicin, Mathematik, Physik, Astronomie, den Verbesserungen in Landwirthschaft, Manufaktur 2c. gewidmet sein. Kurz sie sollte alle Künste und Wissenschaften umfassen, welche, wie es in ihrem Programme heißt, die Interessen, die Ehre, Würde und das Glück eines freien, unabhängigen und tugendhaften Volkes zu fördern vermöchten."

Inzwischen war der Sommer bedeutend vorangeschritten, ohne daß Washington eine sichere Basis hatte, auf welche Mittel er zur Ergreifung der Offensive zählen könne. Er schrieb darum an den Congreß, und klagte über den rathlosen Zustand. „Die Zeit ist nahe, sagte er, wenn wir die Ankunft der Flotte erwarten können, und ich bin immer noch außer Stande, einen Plan zur gemeinschaftlichen Aktion zu entwerfen. Ich habe keine Operations-Basis, und wenn unsere Alliirten jetzt ankämen, wäre ich in der beschämendsten und drückendsten Verlegenheit. Der General, wie der Admiral werden sofort nach ihrer Ankunft einen strategischen Plan des Feldzuges von mir vorgelegt haben wollen, und derselbe müßte auch füglich vorbereitet sein, aber in der Lage, worin ich mich befinde, kann ich ihnen nicht einmal Andeutungen geben. Aus dieser Veranlassung habe ich gestern dem Committee *) die unabweisliche Nothwendigkeit entwickelt, abermals an die Staaten zu schreiben und darauf zu drängen, daß sofort ein genauer Bericht über Alles, was bei ihnen geschehen ist und das Resultat davon erstattet werde. Das Interesse der Staaten, die Ehre und der Charakter unserer oberen Behörden, die Rücksicht und Dankbarkeit, die wir unseren Alliirten schuldig sind — Alles gebietet, mich unverweilt in die Lage zu setzen, ihnen bestimmt angeben zu können, was wir zu leisten oder nicht zu leisten im Stande sind. Das muß jetzt entschieden werden; davon hängt unser künftiger Erfolg ab; ohne dieses kann ich mich zu nichts entscheiden. Ich darf die Flotte und die Armee unserer Alliirten in kein Unternehmen verwickeln, worin wir sie nicht sicher unterstützen können, da ich sie sonst Zufälligkeiten und wirklichen Gefahren aussetzen würde. Ich müßte daher ihre Mitwirkung vorerst ganz

*) Dies war ein vom Congresse ernanntes Committee, worunter auch General Schuyler war, das sich mehrere Monate lang zur Information im Lager aufgehalten hatte.

ablehnen; was für unsere Sache nur höchst verderblich sein könnte.

Am 10. Juli lief die französische Flotte im Hafen von Newport ein. Chevalier Ternay befehligte die Flotte und Graf Rochambeau die Armee. Es war eine weise Vorsicht, die ganze Hülfs-Armee unter den Oberbefehl Washington's zu stellen; die französischen Truppen sollten als bloße Hülfstruppen den Amerikanern im Range nachstehen; was der sonst unvermeidlichen Eifersucht und Unzufriedenheit vorbeugte. Washington's ernstliche Absicht war, New York mit vereinten Kräften anzugreifen, und Lafayette legte den von ihm entworfenen Plan dem französischen Ober-Befehlshaber vor. Die französischen Truppen sollten sich Anfangs August mit der amerikanischen Armee in Morrisania vereinigen. Das wäre auch geschehen, wenn nicht Admiral Graves die englische Besatzung in New York verstärkt, und die vereinigten Armeen ihres Uebergewichtes beraubt hätte, welches zur Ausführung des Planes durchaus nothwendig war.

Dagegen beschlossen jetzt die Engländer, die Franzosen in Newport anzugreifen. Clinton schiffte sich mit etwa achttausend seiner besten Truppen ein, um mit der Flotte zusammen gegen die Franzosen in Rhode Island zu agiren. Aus Furcht, daß Washington seine Abwesenheit benutzen könne, um New York anzugreifen, ging Clinton aber nicht weiter als Huntington Bay, von wo er eiligst nach der Stadt zurückkehrte. Die französische Flotte war die Zeit über blokirt, und konnte nichts zur Unterstützung der Amerikaner unternehmen. Man hoffte aber, daß durch die Ankunft einer zweiten Flotte, unter dem Grafen von Guichen, die in den westindischen Gewässern kreuzte, das Uebergewicht für die Alliirten wieder so weit gewonnen werde, daß der anfängliche Plan, New York anzugreifen, ausgeführt werden könne. Aber gerade als die Erwartungen der Amerikaner auf's Höchste gespannt waren, und sie alle Vorbereitungen getroffen hatten, gemeinschaftlich mit den Franzosen zu agiren, lief die Nachricht ein, daß Guichen nach Frankreich zurückgekehrt sei. Die Enttäuschung war im höchsten Grade verdrießlich und entmuthigend.

Bei alledem blieb Washington entschlossen, bei der ersten günstigen Gelegenheit New York anzugreifen. Er korrespondirte über diesen Plan mit dem französischen Feldherrn und hielt am 21. September eine Conferenz mit ihm. Als aber kurz darauf Admiral Rodney mit eilf Linienschiffen anlangte, mußten für jetzt alle solche Pläne Seitens der Alliirten aufgegeben werden, so daß Washington zu seinem großen Verdrusse die ganze Campagne von 1780 hindurch einen Plan nach dem anderen scheitern sah. Gerade in diesem Jahre hatte er gehofft, entscheidende Resultate zu erringen. In einem Briefe an einige seiner Freunde drückt er sich so darüber aus: „Wir stehen dem Ende eines thatenlosen Jahres nahe, bei dessen Beginne ich voller Hoffnung war, daß es glückliche Resultate für uns in seinem Schooße berge. Ich hatte gehofft, aber leider vergeblich, daß die Zeit näher heran rücke, wo ich meine militärische Laufbahn zu schließen und in das Privatleben zurückzukehren hoffen könne.“

Die günstige Stimmung Spaniens, die zugesagte Hülfe Frankreichs, die vereinigte Macht Beider in Westindien, die Erklärung Rußlands, so demüthigend für den englischen Stolz, das Uebergewicht der franzö-

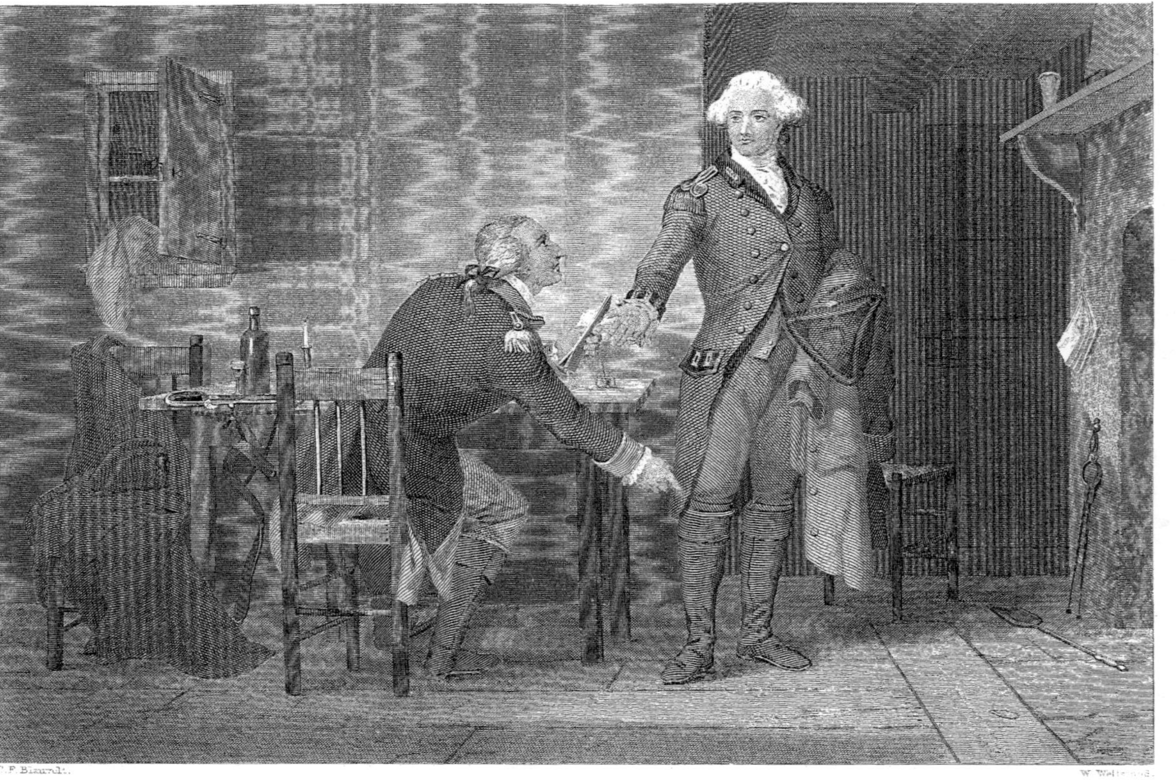

C. F. Blauvelt. W. Wellstood.

TREASON OF ARNOLD.

ARNOLD PERSUADES ANDRE TO CONCEAL THE PAPERS IN HIS BOOT.

From the original Picture in the possession of the Publishers.

Johnson, Fry & Co. Publishers, New York.

sischen und spanischen Flotten in Europa; der Streit mit den Irländern, die Unruhen im Innern, alles Das erzeugte den Glauben in mir, der sich sonst nicht leicht von Friedenshoffnungen einwiegen läßt, daß die Stunde der Erlösung nicht fern sei, weil England bald nicht mehr im Stande sein werde, den Kampf fortzuführen. Leider haben sich diese frohen Aussichten trügerisch erwiesen, und wo ich hinsehe, zeigt sich nichts, als trostloses Elend. Wir litten beinah ununterbrochen Mangel an Proviant, und werden nach wie vor Noth daran leiden. Wir haben weder Magazine, noch Geld, sie zu errichten. Wir haben so lang auf Versprechungen gelebt, daß dieses Auskunfts-Mittel jetzt erschöpft ist. Kurz der ganze Krieg ist eine Kette getäuschter Hoffnungen und nothdürftiger Auskunfts-Mittel, und weder System noch Sparsamkeit kann darin wahrgenommen werden. Inzwischen nützt es nichts, sich Sorgen wegen der Vergangenheit zu machen. Noch ist unsere Lage nicht verzweifelt, wenn nur das Volk energisch ist, und seine Rathgeber weise sind. Der Gedanke aber, eine so weit gehende Revolution ohne Armee zu Ende zu bringen, oder eine Armee lediglich mit den von den Staaten angeschafften Mitteln zu erhalten, und unsere Bedürfnisse mittelst Steuern decken zu wollen, ist geradezu absurd."

Während Washington und unsere patriotischen Väter in dieser Weise gegen so überwältigende Schwierigkeiten zu kämpfen hatten, kam das ganze Land durch die zufällige Entdeckung eines tief angelegten Plans von Verrath in Aufregung, welcher, wenn er geglückt wäre, sich leicht als höchst verderblich für die Sache der Freiheit hätte erweisen können. Benedict Arnold war es, der sich dem Feinde verkauft hatte, und der Name Benedict Arnold muß für alle Zeiten mit dem Stempel der Ehrlosigkeit gebrandmarkt werden!*)

Arnold stand hoch in der Achtung und in dem Vertrauen seines Vaterlandes. Er war unter seinen Cameraden als ein tapferer und unternehmender Offizier anerkannt. Sein romantischer Zug nach Canada, seine Wasser-Schlacht, auf dem Champlain-See und hauptsächlich sein unbeugsamer Muth auf Behmus' Höhen hatten ihn mit militärischem Ruhme bedeckt. Die in dem letzterwähnten Gefechte erhaltene Wunde hatte ihn vorerst unfähig gemacht, aktiven Felddienst zu leisten, er war darum zum Commandanten der Besatzung von Philadelphia ernannt worden. Dort spielte er natürlich eine hervorragende Rolle. Er bewohnte das Haus Penn's, das er auf das brillianteste eingerichtet hatte. Durch seinen Aufwand verlockt, und von dem Glanze seiner Stellung verblendet, gab Fräulein Shippen, ein junges Mädchen von kaum siebenzehn Jahren, seinen Bewerbungen Gehör, sie heiratheten sich nach kurzer Bekanntschaft. Der Aufwand, den Arnold in Spiel, Tafelfreuden, Bällen und Soireen trieb, würde selbst ein großes Vermögen bald erschöpft haben. Da ihn das seinige, und das Einkommen seiner Stelle nicht in den Stand setzten, solchen Aufwand zu bestreiten, hatte er in Kaperei und Handels-Unternehmungen die nöthige Aushülfe gesucht. Seine Spekulationen mißglückten, seine Schulden häuften sich, und seine Gläubiger wurden zudringlich. Sein übermäßiger Stolz litt unter so vielfachen Kränkun-

*) Wir haben zur Darstellung des Ereignisses Spark's Life and Treason of B. A. — Vol. III. der Bibliothek der Amerikanischen Biographien benutzt.

gen, und doch konnte er sich nicht zur Beschränkung des fürstlichen Aufwandes entschließen; er griff zu Mitteln, die ihn als Mensch und Offizier entehrten *). Der Präsident und Staatsrath von Pennsylvanien erhoben schwere Beschuldigungen gegen ihn; sie wurden einem Kriegsgerichte zur Untersuchung übertragen. Das Erkenntniß verhängte eine öffentliche Rüge durch den Ober-Befehlshaber, der sich der unangenehmen Pflicht mit eben so viel Festigkeit, wie Delikatesse unterzog. „Unser Dienst, sagte er, muß der reinste von allen sein! Selbst der bloße Schatten eines Fehlers verdunkelt unsere rühmlichsten Thaten. Das geringste Versehen kann uns des öffentlichen Vertrauens, das so schwer zu erwerben ist, verlustig gehen machen. Ich spreche eine Rüge gegen Sie aus, daß Sie vergessen haben, sich in demselben Maaße, als Sie sich bei unseren Feinden gefürchtet gemacht haben, bei unseren Mitbürgern geliebt und geachtet zu machen. Beweisen Sie künftig von neuem die edeln Eigenschaften, die Sie in der Reihe unserer Kameraden unter die Ersten gestellt haben. Ich selbst werde, so viel ich vermag, Ihnen Gelegenheit geben, die Achtung Ihres Vaterlandes zu erwerben.“ Welches brennende Schaamgefühl muß nicht Arnold damals niedergedrückt haben, wenn, wie sich voraussetzen läßt, schon zu jener Zeit der Gedanke in ihm reif war, an seinem unglücklichen Vaterlande zum Verräther zu werden!

Einem Menschen von großen Leidenschaften, wie Arnold es war, der sich durch wohl gegründeten Verdacht in den Augen seiner Landsleute entehrt fühlte, dazu über und über in Schulden steckte, und keinen Ausweg sah, seine Verhältnisse zu ordnen, und seinem Hange zu leidenschaftlichen Ausschweifungen ferner zu fröhnen, mußte in einem solchen Augenblicke der Versucher sehr willkommen sein. Die Rache war ihm in die Hand gegeben, und konnte die Wirkung ihrer Verführung ohne Rückhalt an ihm versuchen. Er wußte, daß sich ihm die Schätze Englands öffnen würden, und man gewiß einen hohen Preis für seinen Verrath bezahlen werde. Er ließ seine Absicht in einem an Obristen Robinson gerichteten Schreiben durchleuchten, der es unverzüglich an Sir Henry Clinton beförderte. Länger als ein Jahr vor Ausführung seiner verrätherischen Handlung unterhielt er eine geheime Correspondenz mit Major Andre, dem General-Adjutanten der englischen Armee, worin sie die Namen Gustav und Anderson annahmen.

Außer einer großen Geldsumme sollte Arnold in seinem damaligen Range in die englische Armee eintreten. Er seiner Seits verpflichtete sich, den Engländern mehrere höchst wesentliche Dienste zu leisten. Keiner konnte einen größeren Werth für sie haben, als in den Besitz von West Point zu gelangen: dies versprach Arnold zu bewerkstelligen; und wäre es geglückt, so würde es ein tödtlicher Schlag für die amerikanische Freiheit gewesen sein. Arnold gab an, daß ihm ein längerer Aufenthalt zu Philadelphia zuwider sei, und er wieder in den aktiven Dienst zurückzutreten wünsche. Er suchte um die Commandanten-Stelle zu West Point nach, die ihm auch übertragen wurde. In der ersten Woche des August

*) Ich habe Grund zu glauben, daß Arnold von seiner frühesten Jugend an ein vollendeter Schurke war, und glaube dagegen nicht, daß er jemals eine wahre und aufrichtige Anhänglichkeit für die Sache der Whigs hatte. Er focht als bloßer Abenteurer, aus Gewinnsucht und Hoffnung auf Beute und Avancement. S. Sabine, American Loyalist p. 131.

kam er dort an, und wartete nur auf eine günstige Gelegenheit, seine verrätherische Absicht auszuführen, die nicht allein in Ueberlieferung der Festung, sondern auch noch darin bestand, daß er die Garnison in der Umgegend zersplittert aufstellen wollte, so daß die Engländer die einzelnen Abtheilungen leicht hätten abschneiden und überwältigen können.

Die Abwesenheit des Ober-Befehlshabers während eines Besuches, den er den französischen Offizieren zu Hartford abstattete, schien eine günstige Gelegenheit zur Ausführung des Complottes darzubieten. Die Kriegs-Schaluppe, der Geyer, warf daher in der Bucht von Haverstraw, einige Meilen unterhalb King's Ferry Anker, und Major Andre begab sich an's Land, um mit Arnold zusammen zu treffen, und die Zeit und Art der Ausführung definitiv festzusetzen. Er brachte die

1780.

ganze Nacht in geheimer Unterredung mit Arnold zu. Nur ungern willigte er ein, Arnold bis zum Hause von Joshua H. Smith zu begleiten. Sie passirten die Amerikanischen Truppen bei Haverstraw, und brachten den Vormittag in Smith's Hause mit Anordnung aller Einzelheiten zu. Arnold unterrichtete ihn genau von der Besatzung West Point's und ihrer Stellung, gab ihm dann einen auf den Namen Anderson lautenden Paß, um durch die Linien der Amerikaner zurückzukehren, und begab sich in sein Hauptquartier, West Point gegenüber, zurück. Andre wurde über die bedenkliche Lage, worin er sich befand, unruhig, und suchte sobald als möglich wieder an Bord des „Geyers" zurück zu gelangen. Das Schiff aber war genöthigt gewesen, den Fluß weiter abwärts zu fahren, weil man von der Küste aus darauf gefeuert hatte. Die Fährleute weigerten sich, ihn überzusetzen, er mußte sich also entschließen, die Rückkehr zu Lande zu versuchen. Er hatte die Uniform mit bürgerlicher Kleidung vertauscht, und trug einen dunkelfarbigen Ueberrock. So setzte er gegen Abend in Begleitung von Smith *) zu King's Ferry über den Fluß, und schlug die Straße von Verplanck's Point nach New York ein. Bei den Außenposten wurde er angerufen; der Wacht habende Offizier, Capitän Boyd, untersuchte seinen Paß auf's genaueste und richtete viele verfängliche Fragen an ihn. Endlich ließ man ihn zu seiner großen Beruhigung gehen, rieth ihm aber, die Nacht über da zu bleiben, um nicht den Marodeurs in die Hände zu fallen, welche den „neutralen Grund" unsicher machten. Erst auf dringendes Zureden von Smith entschloß sich Andre, dem Rathe zu folgen, und wie Smith später aussagte, verbrachte er die Nacht in großer Unruhe und Besorgniß. Bei Tages-Anbruch bestiegen sie ihre Pferde, und da sich jetzt der junge Offizier außer Gefahr glaubte, erhielt sein Geist, den die Gefahr seither niedergedrückt hatte, seine natürliche Elasticität wieder. Nach einem unter Wegs eingenommenen Frühstück trennten sie sich, und Andre setzte seinen Weg nach New York allein fort.

Am 23. September, des Morgens gegen zehn Uhr ritt Andre über den s. g. „neutralen Grund", ein Strich von etwa 30 Meilen zwischen den Vorposten der beiden feindlichen Heere. Da sprangen plötzlich drei bewaffnete Milizen auf ihn zu, fielen ihm in den Zügel, und fragten, wohin er

*) Man weiß nicht recht, in wie weit dieser Mann an Arnolds verrätherischen Absichten mitbetheiligt gewesen ist, und es wird auch wohl nie aufgeklärt werden.

wolle? *) Andre glaubte sich unter Freunden, und sprach von „unserer Partei.“ Welche Partei ist das? fragte man. Die „untere Partei“ war seine Antwort. Als die Leute sich gleichfalls als zu ihr gehörend bekannten, gab er sich als einen englischen Offizier auf einer wichtigen Sendung begriffen zu erkennen, ward aber sogleich seinen Irrthum gewahr, und zeigte den von Arnold ausgestellten Paß mit dringender Bitte vor, ihn nicht aufzuhalten. Allein die Leute schlugen das ab, ließen ihn absteigen, und untersuchten seine Person. Zwischen Strumpf und Fußsohlen fand sich das Papier, worauf die Angaben Arnold's über die Befestigungen West Point's, die Stärke der Garnison ꝛc. aufgezeichnet waren. Nun bot Andre große Summen, wenn man ihn gehen lassen wolle, aber zum Glücke für unser Vaterland, widerstanden die wackeren Männer (Paulding, Williams und Van Wart waren ihre Namen), der glänzenden Bestechung, und wenige Stunden darauf ward er dem Obrist-Lieutenant Jameson, der den nächsten Militär-Posten zu Nord Castle kommandirte, überliefert. †).

*) Es ist ein sonderbares Zusammentreffen, wie Sparks erzählt, daß der letzte Gesang von Andre's satyrischem Heldengedichte „die Kuhjagd“, gerade am Tage seiner Gefangennehmung in Rivington's Gazette erschien. Die letzte Stanze kann man wahrhaft prophetisch nennen. Bezüglich dieses Gedichtes, das zur Erinnerung an den Angriff auf das Blockhaus der „Flüchtlinge“ bei Fort Lee am 21. Juli 1780 durch General Wayne geschrieben war, siehe den Anhang I. zu gegenwärtigem Kapitel.

†) Am 3. November beschloß der Congreß, daß das ehrenhafte und patriotische Benehmen von ꝛc. Paulding, Williams und Van Wart alle Anerkennung verdiene. „Es wurde ihnen eine lebenslängliche Jahres-Pension von 200 Pfd. Sterl. Jedem ausgeworfen, und der Kriegs-Sekretär wurde angewiesen, einem Jeden derselben eine silberne Medaille mit der Inschrift: „Treue“ auf der einen Seite, und dem Motto: „Vincit amor patriæ“ auf der anderen durch den Oberfeldherrn mit Abschrift des Beschlusses ꝛc. zustellen zu lassen.

Dieser Offizier gerieth bei Prüfung jener Papiere in solche Bestürzung, daß er seinen ganzen Verstand, den er sonst besessen haben mag, verlor. Mit dem augenscheinlichsten Beweise des schändlichen Verraths, den Arnold beabsichtigte, vor Augen, schrieb er einen kurzen Bericht an — Arnold, und beschloß, den Gefangenen sofort dem Verräther selbst zu überliefern. Glücklicher Weise gerieth er im Augenblicke, wo er dies ausführen wollte, auf den Gedanken, die Papiere lieber durch einen Expressen an den Oberfeldherrn, den man auf dem Heimwege von Hartford wußte, abzuschicken. Am Abende traf der unter ihm kommandirende Offizier, Major Tallmadge, von White Plains, bei dem Posten ein, und bot Alles auf, Jameson zu bewegen, den Gefangenen zurückzuhalten. Er willigte zwar nach langem Widerstreben ein, bestand aber darauf, das Schreiben an Arnold abgehen zu lassen, und ihm also zeitig Nachricht von der ihn bedrohenden Gefahr zu geben, welche dieser natürlich auch benutzte, um sich der Strafe seines niederträchtigen Verbrechens zu entziehen.

Als Andre erfuhr, daß die bei ihm gefundenen Papiere an Washington gesandt worden waren, sah er ein, daß ferneres Läugnen zu Nichts führen könne. Er schrieb daher an den Ober-Befehlshaber, gestand seinen Namen und Rang ein, und weniger um seine Sicherheit als darum besorgt, daß man ihn nicht für einen Spion und gemeinen Betrüger halten sollte, versuchte er eine Rechtfertigung, die der einfache Thatbestand widerlegte. Er wollte glauben machen, daß es seine Absicht gewesen sei, auf dem „neutralen Terrain“ mit Jemanden zusammenzutreffen und daß ihn nur Unkenntniß der Lokalitäten in das von den Amerikanern occupirte Terrain geführt habe.

Am Nachmittag des 24. September war Washington auf der Rückreise von Hartford in Fishkill, achtzehn Meilen von Arnold's Hauptquartier entfernt, angekommen. Er beabsichtigte noch an demselben Tage nach West Point zu gehen; auf Herrn v. Luzerne's dringende Bitte blieb er jedoch dort über Nacht, und brach erst am Morgen des 25. mit seiner Suite nach Robinson's Haus (Arnold's Hauptquartier) auf; bei dem Letzteren hatte er sich zum Frühstücke anmelden lassen, da er natürlich von der ganzen Sache noch nichts wußte. In der Nähe angekommen, schlug er einen Seitenweg ein. Lafayette bemerkte ihm, daß er auf dem unrechten Weg sei, und daß Madame Arnold sicher mit dem Frühstücke warte. „Ah! sagte Washington lächelnd, Ihr junge Herren seid alle in Madame Arnold verliebt und sucht so schnell wie möglich in ihre Nähe zu kommen. Gehen Sie immer hin, und sagen ihr, man solle nicht auf mich warten; ich muß hinunter, um die Schanzen an dieser Seite des Flusses zu inspiciren — ich komme bald nach!" Seine Offiziere aber wollten ihn nicht allein lassen, und man schickte einen Boten, um die Ursache der Verzögerung zu melden.

Als man erfuhr, daß Washington mit seiner Suite noch einige Zeit ausbleiben werde, setzte sich Arnold mit seiner Familie und seinen Adjutanten zu Tische. Gerade jetzt kam Lieutenant Allen und überreichte das Schreiben, worin ihm Jameson die Gefangennehmung Andre's anzeigte. Mit einer Selbstbeherrschung, die nur lange Uebung in der Verstellungs-Kunst erklärbar macht, las Arnold das Schreiben, erhob sich eiligst, und entfernte sich mit der Bemerkung, daß seine Anwesenheit in West Point höchst dringlich sei. Er ließ seine Frau in ein besonderes Zimmer rufen, theilte ihr in wenigen Worten seine Lage mit, und während sie ohnmächtig niedersank, warf er sich auf's Pferd, ritt an das Ufer, und ein sechsrudriges Boot, dessen Führer er mit einer Extra-Belohnung anspornte, brachte ihn an Verplanck's Point vorüber, wo er ein weißes Taschentuch schwang, an Bord des im Flusse liegenden „Geyer" in Sicherheit.

Kurz nach seiner Flucht langte Washington im Haupt-Quartiere, Robinson's Haus, an, und als er erfuhr, daß Arnold über den Fluß gegangen sei, beschloß er, ihm so bald wie möglich nachzufolgen. Auf der Ueberfahrt, wo die majestätische Scenerie der Hochlande seine Begleiter entzückte, bemerkte er leichthin, es sei eigentlich gut, daß Arnold ihnen vorausgeeilt, weil die Salutschüsse vom Fort eine herrliche Wirkung in den Bergen hervorbringen werde. Das Boot lief in die Bucht ein, ohne daß sich Kanonendonner vernehmen ließ, oder irgend eine Vorbereitung zum Empfange sichtbar ward. Washington war verwundert, und fragte einen herbeieilenden Offizier, der sich mit der Ueberraschung entschuldigte, daß keine Vorbereitungen gemacht worden seien, den hohen Besuch zu empfangen, ob denn General Arnold nicht anwesend sei — man habe ihm gesagt, er sei herübergefahren und sie würden ihn hier finden? Der Offizier versicherte, daß er seit zwei Tagen nicht dagewesen sei, und man auch nichts von ihm gehört habe. Obgleich die Sache höchst auffallend war, inspicirte der General die Werke, und kehrte dann nach dem Haupt-Quartier in Robinson's Haus zurück.

Dort kam ihm Hamilton mit den eben eingelaufenen Depeschen von Jameson entgegen, denen der Brief Andre's beigeschlossen war. Obgleich von der fluchwürdigen Handlung auf tiefste ergriffen, verlor er doch keinen Augenblick die Fassung. „Wem kann man denn noch trauen?" waren die einzigen an Lafayette gerichteten Worte. Mit seiner gewöhnlichen Vorsicht beschloß er die Sache vorerst geheim zu halten. Hamilton wurde sogleich nach Verplanck's Point beordert, kam aber viel zu spät, Arnold's Entrinnen zu verhindern. Die Frau des Verräthers war außer sich vor Schmerz und Aufregung und die Theilnahme der Anwesenden, die unglückliche Dame zu trösten, verfehlte ihre Wirkung. Kurze Zeit darauf lief ein Schreiben ein, das Arnold an Bord des „Geyer" geschrieben hatte, und worin er um Schutz für seine Familie bat; er versicherte, daß seine Frau keine Mitwissenschaft seiner Schuld gehabt habe*), bezüglich seiner eignen Handlung hatte er die Stirne, seine „Vaterlandsliebe" zu ihrer Rechtfertigung anzurufen.

Auch Beverley Robinson richtete vom Bord des „Geyer" ein Schreiben an Washington, worin darauf hingewiesen wurde, daß Andre die Eigenschaft eines Parlamentärs habe und daher sofort in Freiheit gesetzt werden müsse.

Washington rüstete sich auf der Stelle gegen alle etwaige Anschläge Clinton's vorbereitet zu sein. Obgleich man nicht sagen konnte, ob und welche von Arnold's Offizieren Mitschuldige des Komplottes waren, beargwohnte er keinen einzigen derselben, sondern behandelte sie, als ob ihre völlige Unschuld an einer so schwarzen Handlung unzweifelhaft sei. Zu Ehren des amerikanischen Namens muß erwähnt werden, daß es nicht erweislich ist, daß auch nur ein einziger Mann, welche Stellung er auch eingenommen haben möge, in die traurige „Auszeichnung" Arnold's mit verwickelt war.

Am 26. kam Andre unter der Eskorte des Major Tallmadge im Hause Robinson's an, von wo er am 28. unter Kavallerie-Eskorte zuerst nach Stony Point und von da nach Tappan dirigirt wurde. Natürlich war er höchst begierig, die Ansicht von Major Tallmadge über sein Schicksal zu erfahren. In einem sehr interessanten Briefe, den Sparks anführt, erzählt der Major, daß er nach langem dringlichem Fragen ihm erwiedert habe, er habe einen Schulfreund Namens Nathan Hall gehabt, der im Jahre 1775 in die Armee eingetreten sei. Zu jener Zeit habe Washington gewünscht, Jemanden in das feindliche Lager zu schicken, um die Stellung, Stärke und Bewegungen des Feindes zu erforschen. Hall habe sich dazu erboten, sei nach Long Island in's Lager der Engländer gegangen, und sei gerade als er sich durch die Vorposten schleichen wollte, gefangen genommen worden. „Ist Ihnen der fernere Verlauf dieser Begebenheit bekannt?" fragte er dann Andre. „Ja! sagte dieser; Hall wurde als Spion gefangen. Aber Sie wollen doch gewiß nicht meinen Fall dem seinigen an die Seite stellen?" — „Ohne Zweifel! antwortete Tallmadge, sie gleichen sich auf's Haar, und der Ausgang wird auch ganz der nämliche sein!" Andre

*) Dies glaubt Sparks. Auf der anderen Seite ist Davis in seinen Memoires of Aron Burr (Vol. I, p. 219) entschieden der Meinung, daß Frau Arnold nicht allein seine Mitschuldige, sondern was noch schlimmer ist, die Veranlassung für ihn gewesen sei, sich für Geld zu verkaufen.

Painted by A. Chappel. Engd by G. R. Hall.

THE DEATH WARRANT OF MAJOR ANDRE

"He placed his hat on the Table & cheerfully said, I am ready at any moment."

habe zwar diese Ansicht zu widerlegen versucht, sei aber niedergeschlagener gewesen, als je zuvor."

Am folgenden Tage berief der Ober-Befehlshaber ein Kriegs-Gericht zusammen, welches General Green präsidirte, und worin Steuben, Lafayette und Andere als Mitglieder saßen. Dasselbe hatte den Auftrag, den Andre'schen Fall zu untersuchen und darüber zu erkennen. Bei seinem Verhör gab er eine aufrichtige Darstellung aller Umstände, wie er es schon in seinem Schreiben an Washington gethan hatte. Er gestand Alles, was ihn selbst betraf, offen zu; vermied jedoch sorgfältig Alles, was Andre hätte verdächtig machen können. Alles, was wesentlich war, ein Todesurtheil darauf zu gründen, gab er freimüthig zu, worauf der Kriegsrath, ohne weitere Zeugen zu verhören, lediglich in Erwägung zog, daß es thatsächlich erwiesen sei, daß Andere innerhalb der Linien verkleidet betroffen worden sei: was ihrer Ansicht nach hinreiche, ihn als Spion zu qualificiren und das Todesurtheil gegen ihn auszusprechen.

Washington theilte den Urtheilsspruch Sir Henry Clinton mit; auch wurde Andre gestattet, ein Schreiben bezüglich seiner persönlichen Angelegenheiten an den englischen Generalissimus abzusenden. Mittelbar suchte man Washington zu einer Auswechslung Andre's geneigt zu machen. Man hoffte, Clinton werde einwilligen, den Verräther Arnold gegen ihn auszuliefern, wo man dann Diesen statt des Anderen hätte hängen können; allein so sehr Arnold von Clinton verachtet wurde, konnte er sich doch nicht entscheiden, ihn der Rache seiner Landsleute Preis zu geben *).

Dagegen ließ Clinton, der zu Andre die größte Zuneigung hatte, nichts unversucht, in mehreren an Washington gerichteten Schreiben, eine günstige Wendung seines Schicksales aus Rücksichten der Gerechtigkeit, Politik und Humanität herbeizuführen. Da er sah, daß seine Briefe keine Wirkung thaten, beorderte er den General Robinson sich in Begleitung zweier anderer Offiziere zu Washington in's Lager zu begeben, und mit ihm selbst, oder Denjenigen zu conferiren, die er dazu ernennen würde.

Robertson traf mit Greene an Dobb's Ferry zusammen und bot Alles auf, den amerikanischen Offizier zu überzeugen, daß Andre kein Spion sei, und nicht als solcher hingerichtet werden dürfe. Auch ein Schreiben von Arnold wurde vorgebracht, worin derselbe sich in Unverschämtheit überbot. Natürlich war dieses am wenigsten geeignet, der Sache des Verurtheilten zu nutzen; die Verhandlung hatte aber überhaupt keinen Erfolg, insofern sie eine Wendung des Schicksals von Andre bezweckt hatte.

Die Exekution war auf den Nachmittag des 1. Oktober um fünf Uhr angeordnet worden; der langen Dauer der Conferenz mit Robertson wegen aber wurde sie auf den folgenden Tag um zwölf Uhr verschoben. Andre hatte gebeten, ihm den Soldaten-Tod durch eine Kugel zu gewähren: allein die Bitte wurde abgeschlagen, und konnte auch nach dem Kriegs-Gebrauche in seinem Falle nicht bewilligt werden.

*) Die romantischen Abenteuer des Sergeanten Champe erzählt Lee in seinen Memoiren. Sparks bemerkt, daß es ein großer Irrthum sei, anzunehmen, daß Champe nach N. Y. geschickt worden sei, um Arnold in der Absicht wegzuführen, damit Andre gerettet werde. Champe sei erst achtzehn Tage nach der Exekution Andre's nach N. Y. gegangen. Indeß ist die Schilderung der Abenteuer des braven Sergeanten so interessant, daß wir sie unverkürzt im Anhange zu diesem Kapitel wieder gegeben haben.

Wir wollen den Ausgang dieses traurigen Ereignisses in den Worten Dr. Thacher's geben, welche ein lebendiges Gemälde von den letzten Stunden des unglücklicheu Mannes liefern.

Oktober 2. Major Andre ist nicht mehr unter den Lebenden! Ich komme von seiner Hinrichtung. Es war eine tragische tiefergreifende Scene. Während seiner Gefangenschaft und der Untersuchung legte er jenes Selbstgefühl und jenen Stolz an den Tag, welche der Ausdruck der Charakterstärke sind. Nie entschlüpfte ihm ein Seufzer, ein Klagelaut; mit kalter Höflichkeit nahm er die ihm erwiesene Aufmerksamkeit hin. Seine Mutter und Geschwister in England erwähnte er mit großer Zärtlichkeit, und in dem Briefe an Sir Clinton empfiehlt er sie dringend seiner Sorgfalt.

Der Wacht habende Offizier, der immer mit dem Gefangenen zusammen war, erzählte, daß als ihm des Morgens die Zeit der Execution angekündigt wurde, er keine Bewegung verrathen habe; von allen Anwesenden habe er allein die Ruhe und Fassung behalten. Als sein Diener in Thränen zerfließend, hereintrat, bat er ihn, wegzugehen, bis er sich gefaßt habe. Das Frühstück war ihm die ganze Zeit über von Washington's Tafel gesendet worden: auch jetzt aß er mit Appetit, und nachdem er angekleidet war, nahm er seinen Hut und sagte zu den anwesenden Offizieren: „nun meine Herrn! ich bin bereit, Ihnen zu folgen.“ Als die fatale Stunde herangekommen war, stellte sich ein zahlreiches Detachement Soldaten auf; eine Menge Volks war von allen Seiten herbeigeströmt. Beinah die ganze Generalität, Washington und sein Stab ausgenommen, waren zu Pferde anwesend. Alle schienen in tiefe Trauer versunken; die Scene war außerordentlich ergreifend. Ich stand so nahe, daß ich jede Bewegung sehen, jedes Leid mitfühlen konnte, welches das betrübende Schauspiel allgemein erweckte. Major Andre trat zwischen zwei Unteroffizieren, auf ihren Arm gestützt, aus dem Hause, das seither als Gefängniß diente; Aller Augen waren auf ihn gerichtet, als er erhaben über jede Todesfurcht und gleichsam mit dem Selbstgefühle seiner edlen muthvollen Handlung einherschritt. Keinen Augenblick verrieth er Schwäche; dasselbe Lächeln lag auf seinen Gesichtszügen; mit höflicher Verbeugung grüßte er mehrere Bekannte, die den Gruß wehmüthig erwiederten. Er hatte immer noch die Hoffnung nicht aufgegeben, daß seine Bitte, einen ehrlichen Soldatentod durch die Kugel zu leiden, erfüllt werde. Als er nun plötzlich des Galgens ansichtig wurde, fuhr er unwillkürlich zusammen, und blieb stehen. „Warum diese Bewegung, werther Herr?“ fragte ein Offizier an seiner Seite. Er wurde ihrer sogleich Herr, und antwortete: „Ich habe mich an den Gedanken des Todes gewöhnt: das Mittel dazu aber ist mir schrecklich!“ Während er unter dem Galgen stand, bemerkte ich ein leises Zittern; der Fuß rollte krampfhaft einen Stein hin und her, und aus der Kehle drangen Gurgeltöne, wie von ersticktem Schluchzen hervor. Als alles in Bereitschaft war, hatte er seine Fassung wiedergewonnen. „Es ist ja nur ein Augenblick!“ sagte er, und zog zwei weiße Taschentücher hervor. Mit dem einen verband er sich selbst mit fester Hand die Augen, dann band ihm der Oberprofoß mit dem anderen die Arme leicht zusammen. Alle waren auf's Tiefste bewegt, Alle weinten. Als der Strick um den Hals lag, bemerkte ihm

Obrist Scammel, daß er jetzt sprechen könne, wenn er gesonnen sei, es zu thun. Seine einzigen Worte waren: „Ich rufe Sie zum Zeugen an, daß ich mein Loos wie ein Mann trage!" Der Wagen, auf den er gestiegen war, fuhr nun unter ihm weg; einige krampfhafte Zuckungen, und er hatte ausgelebt. Es war wirklich nur ein Augenblick! Er war in Uniform; und in Uniform wurde er in einen schlecht gezimmerten Sarg gelegt, und unter dem Galgen eingescharrt. Tausende haben die Stelle mit ihren Thränen geweihet!*)

Bis zum Schlusse der Campagne trug sich wenig Bemerkenswerthes mehr zu. Am 21. November führte Major Tallmadge noch ein brillantes Stück von Parteigänger-Krieg aus. Die Engländer hatten ein starkes Fourage-Magazin zu Coram, auf Long Island, das von einer kleinen Garnison zu Fort St. Georg in South Haven gedeckt werden sollte. Tallmadge setzte mit etwa hundert Mann über den Sund, da wo er mehr als zwanzig Meilen breit war, überfiel die Garnison, schlug sie und zerstörte mehr als fünfzig Lasten Getraide in den errichteten Magazinen. Auf der andern Seite unternahm Major Carleton gegen Ende Oktobers, an der Spitze von etwa tausend Mann, europäischer Mieth-Soldaten, Indianer und Loyalisten einen Streifzug in den nördlichen Theil von New York, überrumpelte die Forts Anna und Georg, und nahm die Garnisonen gefangen. Zur nämlichen Zeit machte Sir John Johnson mit einem ähnlich zusammengesetzten Corps einen Einfall in das Uferland des Mohawk. Er hatte mehrere scharfe Scharmützel zu bestehen; nachdem übrigens der eine wie der andere dieser Züge seinen Zweck erreicht hatte, das Land wüst zu legen, zogen sich beide wieder zurück.

Bei Annäherung der kalten Jahreszeit bezogen beide Theile die Winter-Quartiere. Washington stationirte das Pennsylvanische Contingent nahe bei Morristown, das von Jersey um Pompton herum, zwischen New York und New Jersey; das von New England in West Point und der Nachbarschaft, zu beiden Seiten des Hudson; die New Yorker Truppen blieben zu Albany, wohin sie zur Verfolgung von Carleton und Johnson geschickt worden waren. Die französische Armee lag in Newport; ausgenommen die Legion Herzog von Lauzun, welche in Connecticut Quartier bezogen hatte.

*) Zu keiner Zeit, sagt Washington, hat die Vorsehung eine größere Gefahr von uns abgewendet, als indem sie Arnold's Anschlag, West Point in die Hände des Feindes zu liefern, scheitern machte. In wie weit Arnold beabsichtigte, auch meine Person in das Complott zu verwickeln, ist nicht ganz klar ersichtlich; mir scheint es, daß er das Wichtigere nicht an die Ausführung des Minder-Wichtigeren zu setzen dachte. Wie glücklich, daß ein so gewandter Mann wie Andre durch eine so merkwürdige Verkettung von Umständen, und dadurch, daß er die Fassung verloren hatte, uns in die Hände fiel— Dank der Unbestechkeit dreier Milizen! Hätte Jameson nicht so ganz alles Urtheil verloren, Arnold wäre uns sicher gewesen. Andre hat sein Schicksal mit Würde getragen, wie es von einem so gebildeten Manne und tapferen Offizier zu erwarten stand, daß aber Arnold Gewissensbisse darüber empfindet, bezweifle ich, er hat zu wenig Gefühl dazu. Nach dem, was ich jüngst erfahren, scheint er ein durchaus verhärteter Verbrecher zu sein; so lange ihm noch die Energie bleibt, seine schwarzen Thaten auszuführen, hatte er weder Zeit noch Anregung zu Gewissensbissen.

Anhang zum siebenten Kapitel.

I. Die Kuh-Jagd

von Major Andre

ist ein gereimtes Spottgedicht auf die Amerikanischen Generale und das Amerikanische Heer, das in den damaligen äußeren Zuständen, mangelhafter Organisation und Abgerissenheit der Soldaten seine Pointen sucht; für den Leser also, der sich solche Zustände nicht vergegenwärtigen kann, unverständlich, für den, der sie kennt, bei der veralteten Form und Sprache uninteressant ist. Der Uebersetzer glaubt daher, dem Charakter des Werkes besser zu dienen, wenn er dieses Reimwerk überschlägt.

II. Abenteuer des Sergeanten Champe

von Major Lee.

Washington hatte erfahren, es seien noch andere amerikanische Offiziere, gleich Arnold, Verräther an ihrem Vaterlande geworden und beschloß, wenn möglich, herauszubringen, ob diese Mittheilung gegründet sei. Er ließ daher Major Lee zu sich kommen und frug ihn nach einem Manne, der fähig und willig sein möchte, als angeblicher Ueberläufer nach New York zu gehen, um dort die Wahrheit über einen Gegenstand zu erforschen, der für die Interessen des Landes, wie für die Ehre des Heeres von so hoher Wichtigkeit war; ob es nämlich unter den Offizieren noch andere Verräther gäbe, oder ob Arnold der einzige Schuldige sei. Glücklicher Weise hatte Lee in seinem Corps einen ganz dazu geeigneten Mann in dem braven Sergeanten Champe, der auch einwilligte, das Wagestück zu unternehmen, nachdem der Major seine Bedenklichkeiten gegen einen so ungewöhnlichen Dienst beseitigt hatte. Wir lassen nun Lee's eigene Erzählung folgen.

„Nachdem man hierüber sich verständigt hatte, beriethen der Major und der Sergeant, auf welche Weise der Letztere die Rolle des Verräthers am besten durchführen könne. Beide wußten sehr gut, wie schwer es schon an und für sich sein würde, sich durch die zahlreichen Patrouillen zu Fuß und zu Pferd zu schleichen, welche ununterbrochen um den Wachtposten kreuzten. Noch gefährlicher aber ward das Unternehmen dadurch, daß außerdem öfters Streifparthien nach Liberty-pole zogen und viele irreguläre Truppen, in der Hoffnung Beute zu machen, dort herum schwärmten. Diese augenscheinlichen Schwierigkeiten konnte aber Major Lee nicht aus dem Wege räumen, weil er dadurch den Verdacht erregt haben würde, er wisse von Champe's Absicht, was dem Feinde bekannt werden und das Leben des Letzteren in Gefahr bringen konnte. Der Sergeant mußte daher das Wagniß auf eigene Faust unternehmen, doch wurde festgesetzt, daß, im Falle sein Weglaufen vor Tages-Anbruch bekannt werden sollte, Lee so lange als möglich das Nachsetzen zu verzögern suchen werde.

Der Major gab nun dem Sergeanten drei Guineen, wünschte ihm den besten Erfolg und rieth ihm, sich unverzüglich davon zu machen. Auch empfahl er ihm, seine Ankunft in New York so bald wie möglich wissen zu lassen. Champe stellte seine Uhr mit der des Major's, erinnerte denselben nochmals daran, wie wichtig es sei, das Nachsetzen zu verzögern, denn er war fest überzeugt, daß dies noch während der Nacht stattfinden würde, und ihm verderblich werden könnte, indem er, um den Patrouillen zu entgehen, im Zickzack laufen und dadurch viel Zeit verlieren müßte. Es war jetzt beinah eilf Uhr. Der Sergeant kehrte in's Lager zurück, nahm seinen Mantel, sein Felleisen und Dienstbuch, band sein Pferd los, schwang sich darauf und ritt auf gutes Glück davon. Lee, entzückt über die rasche Ausführung des ersten Theiles der Unternehmung, begab sich zur Ruhe. Vergeblicher Versuch. Die so eben stattgefundene Scene blieb zu lebendig in seinem Geiste, und hätte er auch Schlaf finden können, die rasch folgenden Ereignisse würden ihn unterbrochen haben.

Nach Verlauf einer halben Stunde erschien der Wacht habende Offizier des Tages und berichtete dem Major, daß eine Patrouille auf einen Dragoner gestoßen sei, der, angerufen, seinem Pferde die Sporen gegeben und davon gesprengt sei; doch sei man ihm augenblicklich nachgesetzt. Lee beklagte sich über die Unterbrechung seines Schlafes, sagte, er sei in Folge eines Rittes nach dem Haupt-Quartier und zurück äußerst ermüdet, antwortete, als hätte er das Gesagte nicht verstanden und nöthigte den Offizier seine Mittheilung zu wiederholen.

„Wer kann der Bursche sein, den man verfolgt?" frug der Major, indem er hinzufügte, „wahrscheinlich irgend ein Mann aus der Umgegend." — „Nein," erwiderte der Capitän, „die Patrouille hat ihn gut genug gesehen, um zu erkennen, daß es ein Dragoner war, wahrscheinlich aus dem Heere, wenn nicht gar einer der Unsrigen." Der Major verlachte diesen Gedanken als unwahrscheinlich, da im Laufe des Krieges kein einziger Dragoner dieses Regimentes desertirt sei. Capitän Carnes ließ sich dadurch nicht überzeugen, denn man war seit Arnold's Verrätherei um deren Einfluß auf das Heer äußerst besorgt. Er zog sich zurück, um die Schwadron zu inspiciren, welche er, wie es bei solchen Gelegenheiten üblich ist, zusammenzutreten beordert hatte, und kam bald wieder mit der Erklärung, daß man jetzt den Schurken kenne, es sei Niemand anders, als der Sergeant-Major, der mit seinem Pferde, Gepäck, Dienstbuch und seinen Waffen durchgegangen sei, denn man könne Nichts von Allem dem mehr finden. Tief ergriffen über die vermeintliche Niederträchtigkeit eines sonst so tüchtigen Soldaten fügte der Capitän hinzu, „er habe einem Detachement Befehl gegeben, sich bereit zu halten, dem Deserteur nachzusetzen und verlangte dafür den schriftlichen Befehl des Majors.

Lee unterbrach das Gespräch zum Oefteren, indem er Alles vorbrachte, was der vortreffliche Charakter des Sergeanten einflößen konnte, um die Muthmaßung zu rechtfertigen, daß er nicht desertirt sei, sondern daß er nur zu seinem Vergnügen einen Ausflug aus dem Lager gemacht habe. Die Offiziere selbst, sagte Lee, geben nur zu oft zum großen Nachtheil für den Dienst ein solches Beispiel der Verletzung der Disciplin.

Auf diese Art wurde das Nachsetzen wirklich etwas verzögert. Als aber endlich gemeldet wurde, daß die Mannschaft bereit sei, den Deserteur zu verfolgen, gab Lee den Befehl, einen andern Offizier mit dem Commando zu beauftragen, weil er den bereits angetretenen Lieutenant für einen Dienst bestimmt habe, der noch im Laufe des Morgens ausgeführt werden müsse. Er befahl demnach dem Capitän, den Cornet Middleton mit dem Nachsetzen zu beauftragen. Lee's Absicht dabei war, nicht nur längeren Aufschub zu gewinnen, sondern auch die Leitung der Verfolgung Champe's in die Hände eines Mannes zu legen, dessen bekannte Mäßigung hoffen ließ, daß er den Deserteur schonen werde, wenn er ihn wirklich einholte. Nach Verlauf von zehn Minuten erschien Middleton, um seine Befehle zu empfangen, welche ihm in der gewöhnlichen Form und mit der Unterschrift des Majors in folgender Weise ausgefertigt wurden: „Verfolgen Sie, so weit Sie es mit Sicherheit können, den Sergeanten Champe, der des Uebergehens zum Feinde verdächtig ist und die Straße nach Paulus Hook eingeschlagen hat. Bringen Sie ihn lebendig zurück, damit er im Angesicht des Heeres seine Strafe erhalte; und tödten Sie ihn nur dann, wenn er Widerstand leisten oder nachdem er gefangen ist, abermals durchzugehen versuchen sollte."

Der Major hielt den Cornet noch einige Minuten auf, indem er ihm Anweisung darüber gab, wie er zu verfahren habe; ihn aufforderte, Sorge für das Pferd und Gepäck zu tragen, wenn beide gefunden werden sollten und ihm anempfahl, auf seiner Hut zu sein, um nicht im Eifer des Nachsetzens unvorsichtig in die Hände der Feinde zu fallen. Darauf entließ er ihn mit dem Wunsche guten Erfolgs.

Kurz nach Champe's Entfernung aus dem Lager fiel ein starker Regen, der es den nachsetzenden Dragonern leicht machte, die Spuren seines Pferdes zu verfolgen, ohne sich dabei irren zu können, da sie, wie alle Offiziere und Soldaten der Kavallerie die besondere Form des Hufbeschlages ihrer Pferde genau kannten. *)

Middleton brach einige Minuten nach zwölf Uhr auf; Champe hatte demnach nur einen Vorsprung von etwas mehr als einer Stunde, keineswegs so viel, wie er gewünscht hatte. Lee war in der größten Besorgniß, so wohl über die Gefahr, welche der wackere Sergeant lief, als auch darüber, daß das ganze Unternehmen vereitelt werden könnte und brachte so eine schlaflose Nacht zu. Unterdessen wurden die Verfolger mehrmals durch die Nothwendigkeit aufgehalten, die Pferdespur wieder aufzusuchen, die allerdings untrüglich war, weil kein anderes Pferd diesen Weg gekommen war. Als sie nun einige Meilen nördlich von dem Dorfe Bergen auf dem Gipfel einer Anhöhe anlangten, erblickten sie nur eine halbe Meile vor sich den Verfolgten. Mit dem Scharfblicke eines Indianers entdeckte dieser sofort die Nähe seiner Verfolger, deren Absicht ihm kein Geheimniß sein konnte und gab seinem Pferde die Sporen, entschlossen, ihnen

*) Die Pferde wurden alle von unseren eigenen Schmieden beschlagen und hatten ganz gleiche Eisen; da nun dazu auch an dem Vordertheile derselben ein besonderes den Soldaten bekanntes Kennzeichen angebracht war, so konnten dieselben immer die Spur ihrer Kameraden wieder auffinden, was oft von großem Nutzen war.

durch einen raschen Ritt zu entgehen. Middleton folgte ihm in vollem Galopp und wohlbekannt mit der Gegend, erinnerte er sich, daß unmittelbar hinter den Three=Pigeons ein kürzerer Weg von der Haupt=straße ab durch ein Gehölz nach der Brücke unterhalb Bergen führt.

Als er an dem Punkte ankam, wo die Straße sich theilte, machte er Halt, theilte seine Leute in zwei Partien, und befahl einem Sergeanten mit einigen Dragonern den nächsten Weg einzuschlagen und in aller Eile die Brücke zu besetzen, während er mit dem Reste der Truppen Champe nachsetzen wolle. Auf diese Art hoffte er den Sergeanten zu umzingeln und ihn zu zwingen, sich zu ergeben. Champe seiner Seits hatte auch diesen nähern Weg nicht vergessen und würde denselben gewählt haben, hätte er nicht bedacht, daß derselbe gewöhnlich von unseren Streifpartien eingeschlagen wurde, wenn sie bei Tag aus der Nähe des Feindes zurückkehrten, indem sie ganz natürlich den Waldweg der Straße vorzogen. Er vermied ihn also, und überzeugt, daß Middleton ihn benutzen würde, beschloß er weislich, seine Absicht, nach Paulus Hook zu gelangen, aufzugeben und Zuflucht auf einer der englischen Galeeren zu suchen, die wie bekannt war, einige Meilen westlich von Bergen lagen.

Dort, wußte man, lagen stets eine oder zwei dieser Galeeren vor Anker. In Bergen wendete sich Champe, ohne daß es auffiel, rechts gegen Elisabethtown=Point. Inzwischen hatten sich Middleton's Helfers=Helfer an der Brücke versteckt, in der Absicht über Champe herzufallen, wie er heran komme; Middleton selbst aber war durch den Ort Bergen gleichfalls nach der Brücke zugeeilt, sie fanden aber zu ihrem unsäglichen Aerger, daß ihnen Champe eine Nase gedreht hatte. Alle Erkundigungen nach ihm in Bergen gaben keine Gewißheit. Es blieb also nur das schon so oft bewährte Mittel übrig, seine Leute auszusenden, um die Spur von Champe's Pferd von neuem aufzusuchen. Das gelang auch einigen der Dragoner, und Champe wurde abermals entdeckt. Er hatte sich auf die Möglichkeit gefaßt gemacht, sein Felleisen auf den Rücken gebunden und mit dem nackten Säbel in der Hand, dessen Scheide ihn im Schwimmen gehindert hätte, stürzte er an dem Orte, wo die Galeeren im Flusse lagen, angelangt, durch das sumpfige Ufer in's Wasser, die Galeeren anrufend, ihm zu Hülfe zu kommen. Die Verfolger waren dicht hinter ihm drein; allein das Feuer der Galeeren hielt sie in Respekt, während ein ausgesendetes Boot Champe aufnahm, und unverletzt an Bord brachte, von wo ihn der Capitän mit einem Briefe, der den ganzen Vorgang erzählte, nach New York bringen ließ.

Pferd, Mantel und Säbelscheide wurden aufgefunden, den Säbel selbst, den Champe erst im Flusse von sich warf, konnte Middleton nicht aufsuchen, wenn er sich dem Feuer von den Galeeren nicht aussetzen wollte.

Die Patrouille kehrte etwa drei Uhr Nachmittags zurück; als die Soldaten das ihnen wohlbekannte Pferd erblickten, brachen sie in lauten Jubel aus, daß der Spitzbube jetzt seinen Lohn finden werde.

Bei dem Lärm trat Major Lee aus dem Zelte, und machte sich beim Anblicke von Champe's Pferd Vorwürfe, daß er den treuen unerschrockenen Burschen geopfert habe. Er verbarg indeß dieses Gefühl und ging, Middleton's Bericht zu vernehmen; das lange Gesicht der Leute erleichterte ihn aber und verkündete ihm im Voraus, daß Champe glücklich entkommen war. Seine Freude war jetzt so groß, wie kurz vorher seine Betrübniß: er wußte jetzt, daß der Sergeant nicht allein unverletzt, sondern mit dem augenscheinlichen Beweise, daß er ein wirklicher Deserteur war, in der Mitte des feindlichen Lagers angekommen und aller Verdacht, daß er nur eine falsche Rolle spiele, beseitigt war.

Lee erstattete dem Ober=Befehlshaber Bericht über den ganzen Sachverhalt, und auch dieser freute sich über die gelungene List und hoffte das Beste davon.

Vier Tage nach dem oben erzählten Vorfalle erhielt Lee ein Schreiben in verstellter Hand, ohne Unterschrift, worin Champe berichtete, was sich nach seiner Ankunft auf den Galeeren zugetragen hatte.

Als er in New York angekommen war, wurde er augenblicklich zu dem Commandanten gebracht, dem er das Schreiben des Capitäns der Galeere überreichte. Nach einigen Fragen ließ ihn derselbe zu dem General=Adjutanten führen, der mißtrauisch, daß ein Sergeant=Major aus einem seiner Treue wegen berühmten Corps desertirt sei, ein äußerst strenges Examen mit ihm anstellte. Champe log ihm vor, daß Arnold's Beispiel die Amerikanischen Truppen so demoralisirt habe, daß wenn ihre dermalige Gesinnung benutzt werde, sich ihre Reihen bedeutend lichten, und die besten Soldaten abfallen würden. Er wisse das, sagte er, aus eigner Erfahrung, und er selbst sei ein Beleg dazu. Darauf wurde sein Signalement, dem Gebrauche im englischen Heere gemäß, auf's genaueste in ein Register eingetragen und er wurde mit einem Schreiben des General=Adjutanten an den Commandanten, zurückgeführt. Sir Henry Clinton behandelte ihn sehr wohlwollend und fragte ihn in einer langen Unterhaltung über alle Gegenstände aus, die ihm zu wissen wünschenswerth waren, namentlich darüber, wie weit sich die Desertions-Lust der amerikanischen Truppen schon verbreitet habe; wie man dieselbe benutzen könne; ob man Stabs- oder sonstige Offiziere im Verdachte habe, Mitschuldige Arnold's zu sein; ob die Truppen den Verdacht theilten; ob Washington's Popularität noch fest stehe oder im Abnehmen sei, wie es um Andre stehe, ob man ihn hart behandle; welches sein vermuthliches Schicksal sei? Auf Alles antwortete Champe mit großer Vorsicht, jedoch so, daß er alle Hoffnung gab, daß mit Anwendung geeigneter Mittel Hunderte mit Waffen und Pferden zur Desertion bewogen werden könnten. Bezüglich Andre's Lage erklärte er, nichts Bestimmtes zu wissen; doch sei die Stimmung unter den Soldaten günstig für ihn und man glaube, der Congreß und nicht Washington werde über sein Schicksal entscheiden.

Champe wurde reichlich beschenkt entlassen und an Arnold gewiesen, der mit Organisation einer amerikanischen Legion für Se. Majestät den König beauftragt war. Er trug einem seiner Adjutanten auf, an Arnold zu schreiben und namentlich ihm zu sagen, wer Champe sei und was er mitgetheilt habe; die Ordonnanz brachte dann den Brief und Champe selbst zu Arnold. Dieser fragte ihn gleichfalls hauptsächlich darüber aus, was man über seine Flucht denke; er fand sich durch Champe's Schilderungen ganz geschmeichelt und wies ihm Quartier bei seinen eigenen Werbe-Offizieren an. Auch schlug er ihm vor, der von ihm organisirt werdenden Truppe beizutreten, in der er seinen Rang behalten und auf Avancement rechnen könne. Champe schützte vor, daß er des Kriegshandwerkes leidig sei, sich vor dem Stricke fürchte, im Falle er gefangen würde, daß er jedoch, wenn er sich anders besönne, den Antrag annehmen werde.

Bald darauf hatte Champe Gelegenheit, die ihm besonders auf die Seele gebundenen Briefe zu bestellen. Einer der Empfänger, der namentlich über die weitere Betheiligung amerikanischer Offiziere an Arnold's Verrath Auskunft geben sollte, versprach das Möglichste zu thun; rieth die größte Vorsicht an und übernahm es Champe's Briefe an Lee zu besorgen.

Lee meldete dem Ober-Feldherrn Alles was Champe ihm schrieb und ward dagegen beauftragt, bei Champe auf die mögliche Beschleunigung seines Auftrages zu dringen, da sich Andre's Schicksal in kurzem entscheiden müsse.

Erst nach Empfang dieser neuen Instruktion gelang es Champe, als er schon fünf Tage in New York war, den zweiten mit der Sache Vertrauten zu sehen. Dieser sollte hauptsächlich auf Mittel bedacht sein, Arnold zurückzuliefern. Er ging mit Eifer auf die Sache ein. Am Morgen des nämlichen Tages war Champe als Werbe-Offizier in Arnold's Corps getreten, um zu jeder Zeit in dem Hause desselben aus- und eingehen zu können, was ihm zum Gelingen der Sache durchaus nothwendig schien. Das Gelingen selbst schien übrigens, wenn nicht unmöglich, doch verzweifelt schwer. Auf der anderen Seite war es tröstlich, daß kein anderer Offizier in Arnold's Verrätherei verwickelt war. Das Gerücht war nur vom Feinde ausgesprengt worden, und erwies sich als falsch. Was Andre betraf, so war die Untersuchung durch ihn selbst abgekürzt worden. Er hatte sich geweigert, sich zu vertheidigen, und gab die ganze Anklage zu. Da seine Rettung von der Rücklieferung Arnold's allein abhing, so war jetzt alle Hoffnung dazu verschwunden, so große Mühe sich auch Sir Henry Clinton gab, zu interveniren, um seinen sehr hoch bei ihm angeschriebenen General-Adjutanten zu retten. Am Tage nach dem Bekenntnisse des hochherzigen jungen Mannes, den 2. Oktober, trat das Kriegs-Gericht neuerdings in Sitzung, und da der volle Beweis vorlag, wurde er als Spion erklärt und zum Tode verurtheilt.

Der Ober-Befehlshaber hielt es für unpassend, den Vollzug des Urtheils zu verschieben und das Urtheil wurde am Tage nachher vollstreckt.

Die Gründe, warum Washington den Vollzug nicht verschieben wollte, waren, daß einer Seits immer noch die Furcht nicht beseitigt war, daß noch andere Offiziere in Arnold's Verrätherei verwickelt seien; daß die von Champe eröffneten Aussichten so wenig versprechend waren; daß die Rücksicht auf die öffentliche Mei- ihm den Aufschub abrieth und endlich, daß derselbe für Andre selbst eine schmerzliche Verlängerung seines hoffnungslosen Schicksales gewesen wäre.

Denn weder der Congreß noch das Publikum hätten füglich von dem Grunde des Aufschubes unterrichtet werden können, ohne die Mit-Kenntniß dieses Grundes aber hätten Mißtrauen und Verdacht entstehen müssen. Andre hätte ebensowenig mit dem Geheimniß vertraut gemacht werden dürfen; er hätte also den Aufschub anderen Ursachen, namentlich den Bemühungen Sir Henry Clinton's zuschreiben müssen, was ihm neue Hoffnung eingeflößt hätte, eine Hoffnung, die auf einer so kleinen Möglichkeit beruhete, daß es grausam gewesen wäre, sie zu wecken.

So ging durch Andre's Exekution eines der Motive für Champe's Wagstück verloren, was für den, der den Plan dazu entworfen, als sowohl für den, der ihn ausgeführt hatte, den Hauptreiz dazu hergegeben hatte.

Champe wurde von den Ereignissen unterrichtet und ihm anempfohlen, den noch zu erledigenden Theil des Wagstückes so schleunig, als es die Verhältnisse erlauben würden, in's Werk zu setzen, nämlich das Ergreifen der Person Arnold's, um ihn den Amerikanern zu überliefern.

Diesem Projekte widmete Champe jetzt seine ganze Aufmerksamkeit; am 19. Oktober theilte er General Lee seinen Operations-Plan und die Fortschritte mit, die er schon mit der Ausführung gemacht hatte.

Der General legte die Details dem Ober-Befehlshaber vor, der wiederholt einschärfte, daß Arnold nur lebendig eingeliefert werden dürfe, indem er mit einem Morde nichts zu thun haben wollte.

In jener Antwort ertheilte Lee die nöthigen Zusicherungen und Andeutungen an Champe, und setzte ihn in den Besitz der erforderlichen Geldmittel.

Zehn Tage nachher meldete Champe, daß Alles vorbereitet sei; Lee möge sich in der Nacht des dritten auf heute folgenden Tages mit einigen Dragonern in Hoboken in Hinterhalt legen; er hoffe dann Arnold in seine Hände liefern zu können. Durch sein nahes Verhältniß mit Arnold hatte Champe die Gelegenheit wahrzunehmen, daß derselbe, wenn er des Nachts um zwölf Uhr nach Hause zurückkehrte, immer erst noch in den Garten ging; dort wollte er mit einem seiner beiden Mitverschwornen, über ihn herfallen, ihn knebeln und über den Fluß schaffen.

Champe hatte mehrere Pfosten der Einfassung des Hauses, in welchem Arnold wohnte, heimlich gelockert, so daß sie ohne Schwierigkeit herausgenommen werden konnten. Dort befand sich ein enger Haus-Eingang, in welchem sich einer der zwei Vertrauten Champe's verborgen halten sollte, während der Andere mit einem Boote, am nahen Ufer hielt. Einmal gebunden und durch den Knebel am Schreien verhindert, wollten sie ihren Gefangenen dann durch abgelegene Straßen und Seitenwege nach dem Flusse hinuntertragen, etwaige Fragen aber mit der Erklärung abfertigen, daß es ein betrunkener Kamerad sei.

Einmal im Boote, war alle Gefahr vorüber — in wenig Minuten war man an der Küste von Jersey. Der Plan wurde von Washington und Lee vollständig gebilligt. Am bestimmten Tage machte sich Lee mit einigen Dragonern und mehreren Handpferden auf den Weg. Ohne im Geringsten am Erfolge der Unternehmung zu zweifeln kam man in Hoboken gegen Mitternacht an. Lee stellte sich mit drei Dragonern in der Nähe des Ufers auf, während seine übrigen Leute sich in dem benachbarten Wald verbargen. Stunde nach Stunde verging, doch es erschien kein Boot. Bei Tages-Anbruch kehrte Lee mit seinen Leuten in's Lager zurück und eilte nach dem Hauptquartier, um Washington die eben so unangenehme als überraschende Kunde des Fehlschlagens zu bringen. Alle Mittheilungen Champe's hatten Washington sicher glauben gemacht, dies Mal könne ihm das Resultat so eifriger Bemühungen nicht vereitelt werden und er hatte seine Freude darüber nicht verhehlt. Der unglückliche Ausgang machte ihm nun viel Kummer und flößte ihm zu gleicher Zeit Besorgniß über das Schicksal des braven Sergeanten ein.

Einige Tage darauf erhielt Lee einen anonymen Brief von dem Freunde und Beschützer Champe's mit der Nachricht, daß Arnold am Vorabende der Ausführung des Planes nach einem andern Theile der Stadt gezogen sei, um daselbst die Einschiffung der Truppen zu überwachen, welche er, wie es hieße, selbst zu einer Expedition führen werde und daß die amerikanische Legion, meistens aus Ueberläufern bestehend, aus ihrer Kaserne in eines der Transportschiffe gebracht worden sei, weil man befürchtete, bei längerem Aufenthalte zu Land würden Manche zum zweiten Male davonlaufen. So kam es, daß Champe statt in jener Nacht über den Hudson zu setzen, an Bord eines Transportschiffes beordert war und dies erst wieder verließ, als er mit Arnold's Truppen in Virginia landete. Erst nach der Vereinigung der beiden englischen Heere unter Lord Cornwallis bei Petersburg gelang es ihm davonzukommen und nach Nord-Carolina hinüber zu kommen, von wo er seinen Weg durch die gutgesinnten Bezirke des Landes nehmend, endlich das amerikanische Heer wieder erreichte.

Sein Wiedererscheinen erregte bei seinen früheren Kameraden das größte Erstaunen, das nicht wenig wuchs, als sie sahen, wie herzlich der frühere Major und jetzige Obrist-Lieutenant Lee ihn empfing. Bald aber wurde seine Geschichte bekannt und erwarb ihm bei dem ganzen Corps nicht nur die frühere Freundschaft und Achtung wieder, sondern auch noch allgemeine Bewunderung über dieses, sein so kühnes und gefahrvolles Unternehmen.

Champe wurde dem General Greene vorgestellt, der freudig die Versprechungen des Ober-Befehlshabers, so weit es in seiner Macht war, erfüllte. Er gab dem

Sergeanten ein gutes Pferd und Reisegeld und sandte ihn zu Washington. Dieser kam auf's freigebigste allen seinen Wünschen zuvor und gab ihm eine ehrenvolle Entlassung aus dem Kriegsdienste*), damit er nicht der Gefahr ausgesetzt werde, in die Hände der Feinde zu fallen, von denen er dann, so wie sie ihn erkannt hätten, dem Galgen überliefert worden wäre

*) Als General Washington von Präsident Adams mit dem Ober-Befehl des Heeres beauftragt wurde, welches das Land gegen die Feindseligkeiten der Franzosen vertheidigen sollte, ließ er bei Obrist-Lieutenant Lee nach Champe fragen, denn er beabsichtigte demselben in diesem Kriege das Commando einer Compagnie zu übergeben. Lee sandte nach Loudon County wo Champe nach seiner Entlassung aus dem Heere sich niedergelassen hatte und erhielt von da die Mittheilung, daß der wackere Sergeant nach Kentucky gezogen sei, wo er bald nachher starb.

Achtes Kapitel.

1781.

Das Entscheidungs-Jahr des Krieges.

Bewaffnete Neutralität—England erklärt Holland den Krieg—Der Kampf zwischen den europäischen Mächten—Trauriger Zustand der öffentlichen Angelegenheiten—Robert Morris—Fremde Anlehen—Aufstand der Linientruppen von Pennsylvanien—Die Linientruppen von New Jersey ahmen dieses Beispiel nach—Die Bestrafung—Arnold in Virginien—Plan, ihn gefangen zu nehmen—Phillips geht zu Arnold über—Lafayette erhält das Commando—Greene in Carolina—Seine Politik—Abgesonderte Streitmacht unter Morgan—Schlacht bei Cowpens—Glänzender Sieg—Morgan's Rückzug—Eine Anekdote—Greene erhält das Commando—Sein berühmter Rückzug—Schlacht bei Guildford-Court House—Greene verfolgt Cornwallis—Cornwallis zieht nach Virginien—Ueberläßt Rawdon das Commando—Schlacht bei Hobkirk's-Hill—Die Amerikaner erringen Vortheile gegen die englischen Posten—Rawdon zieht sich nach Monk's Corner zurück—Operationen in Georgia unter Pickens und Lee—Greene marschirt gegen Ninety-Six—Rawdon zwingt ihn zum Rückzug—Rawdon's Grausamkeit gegen Hayne—Sonnenhitze—Schlacht bei Eutaw Springs—Thatsächliches Ende des Krieges in Süd-Carolina—Cornwallis in Virginien—Lafayette führt das Commando über die amerikanischen Truppen—Operationen von Cornwallis—Lafayette's Thätigkeit—Cornwallis verschanzt sich bei Yorktown—Die französische Flotte—Washington beschäftigt sich mit dem Plane, New York anzugreifen—Große Fehler Clinton's—Washington's Brief—Cornwallis belagert—Arnold's Plünderungs-Zug nach Connecticut—Fortgang der Belagerung von Yorktown—Cornwallis ergiebt sich—Jubel der Amerikaner—Lafayette kehrt nach Frankreich zurück—Laurens aus dem Tower entlassen.

England hatte nicht erwartet, daß der Krieg mit den Vereinigten Staaten immer weitere und neue Uebel für es zur Folge haben würde. Doch war dies der Fall. Der Schauplatz des Krieges erweiterte sich so sehr, daß er von den Felsen-Höhen Gibraltars bis nach Westindien und selbst bis zu den Ufern des Ganges sich erstreckte. Der Besitz einer ungeheuern Seemacht hatte England übermüthig und anmaßend gemacht; es erhob nicht nur Anspruch auf das Recht in allen Theilen des Oceans, die Schiffe jeder Nation zu untersuchen und sich überall des Eigenthums eines von ihm bekriegten Feindes zu bemächtigen, wo es dasselbe betreffen konnte, sondern übte diese Gewaltsamkeit auch mit der äußersten Strenge aus. Die Schiffe der neutralen Mächte, welche solches Gut führten, wurden diesem angemaßten Rechte gemäß aufgegriffen, die Ladung confiscirt und nur die Fahrzeuge den Eigenthümern wieder zurückgegeben. Holland und andere neutrale Mächte wurden äußerst erbittert, ihren gewinnreichen Handel durch das Einschreiten der englischen Kriegsschiffe gestört zu sehen. Die holländische Handelsflotte brachte Schiffsbauholz und verschiedenes Kriegsmaterial nach den französischen Häfen. England erhob Einsprache, drohte und schritt zuletzt thatsächlich ein, indem es eine Anzahl Schiffe, welche nach dem Mittelmeere segelten, wegnahm. Holland fühlte den angethanen Schimpf auf's empfindlichste, und bald darauf brach zwischen ihm und England der Krieg aus.

Der Entschluß der Nordmächte, sich den unverschämten Ansprüchen Englands auf „das Recht der Durchsuchung" zu widersetzen, führte zur Bildung einer Conföderation, welche unter dem Namen „der bewaffneten Neutralität" bekannt ist. Catharina II. von Rußland stand an der Spitze, Schweden und Dänemark traten ihr bald bei. Die Conföderation verlangte, daß „frei Schiff, frei Gut machen sollte." Man hatte sich darüber geeinigt, darauf zu bestehen, daß die neutralen Schiffe freie Fahrt, selbst von Hafen zu Hafen und an den Küsten der kriegführenden Mächte haben müßten; daß mit Ausnahme solcher Gegenstände, welche als Contrebande anzusehen seien, alles Eigenthum von Unterthanen der kriegführenden Mächte an Bord neutraler Schiffe als „freies Gut" gelten müßte und daß keine Häfen als blockirt betrachtet werden dürften, wenn nicht vor denselben eine so starke Seemacht kreuze, daß dieselben faktisch in Blockadezustand versetzt seien. Die übrigen europäischen Mächte wurden eingeladen, diesem Bunde beizutreten. Frankreich und Spanien gaben unverzüglich ihre Zustimmung; Portugal verweigerte nach einigem Zögern die seinige und die Vereinigten Staaten ließen eine Weile auf ihre Antwort warten. Unterdessen war Henry Laurens auf seiner Reise nach Holland, wo er für die Vereinigten Staaten ein Anlehen aufbringen sollte, von den Engländern gefangen genommen worden. 1780.
Aus seinen Briefen erfuhr das britische Ministerium, daß zwischen Holland und Amerika Unterhandlungen wegen Abschlusses eines Vertrags stattfanden. England beschloß daher gegen Ende des Jahres 1780, Holland den Krieg zu erklären. So rüstete sich also Großbritannien, ohne einen Freund oder Bundesgenossen, allein den Kampf mit seinen Feinden in allen Welttheilen aufzunehmen.

Weder die Grenzen noch der Zweck unseres Werkes erlauben es uns, näher auf diesen gewaltigen Streit der großen Mächte einzugehen. Erstaunliche Kriegsunternehmungen, abwechselnde Siege und Niederlagen in gewaltigen Seeschlachten, Wegnahme von großen Handelsflotten, berichtet die Geschichte sowohl auf Seiten der Engländer als auf der der Alliirten Mächte: im Allgemeinen aber waren die Ersteren im Vortheil. Im Verlaufe des Krieges kamen mehrere der westindischen Inseln in die Hände anderer Besitzer. Pensacola wurde von den Spaniern genommen, welche von da aus die ganze Provinz Florida eroberten. Doch verloren unterdessen weder Frankreich noch England Amerika aus den Augen. Ersteres beschloß, außer der von Rochambeau befehligten Flotte noch eine zweite stärkere unter dem Grafen de Graß abzusenden, welche nach Ausführung gewisser Instruktionen in Westindien, nach den Küsten der Vereinigten Staaten segeln und in Uebereinstimmung mit Rochambeau und Washington operiren sollte.

Diese Maßregel erwies sich in der Folge für die amerikanische Sache höchst günstig. Die Engländer ihrer Seits blieben nicht unthätig; sie verstärkten rasch ihr Heer in solcher Weise, daß sie hoffen konnten, nicht nur die schon gemachten Eroberungen zu behaupten, sondern dieselben auch noch weiter auszudehnen.

In der That war die damalige Lage der Dinge ganz geeignet, den Feinden der Freiheit Hoffnung, deren Freunden ernste Besorgniß einzuflößen. Die Kraftäußerung, welcher man im vergangenen Jahre die Erfolge im Süden verdankte, hatte allerdings eine äußerst günstige Wirkung auf die öffentliche Stimmung gemacht, aber obgleich man die Noth des Heeres für eine Weile abgehalten hatte, so waren doch keine dauernden Maßregeln getroffen, die Wiederkehr eines solchen Zustandes in noch höherm Grade zu verhindern. Der Staat schien demnach am Rande eines Abgrundes zu stehen.

Der Congreß befand sich in der schwierigsten Lage. Man war in einem Kampfe auf Leben und Tod begriffen. Ein mächtiger Feind stand in voller Stärke mitten im Herzen des Landes; man hatte große Kriegs-Operationen auszuführen und war fast ohne Heer und gänzlich ohne Geld. Die Creditscheine hatten allen Werth verloren und der Congreß war in die traurige Nothwendigkeit versetzt, dies durch seine eigenen Beschlüsse zu bestätigen, indem er erklärte, daß diese Scheine kein gesetzliches Zahlungsmittel mehr seien, noch bei Entrichtung der Steuern angenommen werden würden *). Wie konnte man unter solchen Verhältnissen das Heer erhalten? Aber mit der drängenden Noth wuchs auch die Energie jener Versammlung entschlossener Patrioten. Die auswärtigen Agenten erhielten den Auftrag, wo möglich Anlehen in Frankreich, Spanien und Holland zu machen. Man schrieb Steuern aus, obgleich man die Unpopularität dieser Maßregel und die eigene Machtlosigkeit, sie durchzuführen kannte. Die ausgeschriebene Steuer wurde dann den verschiedenen Staaten verhältnißmäßig zur Erhebung überwiesen. Man hatte in Erfahrung gebracht, daß in der Finanz-Verwaltung große Unordnung, Verschwendung und Veruntreuung stattfand und beschloß daher, durch eine gründ-

*) Ungefähr um diese Zeit hörte in Folge allgemeiner Zustimmung das alte Continentalgeld auf, Cours zu haben. Geräuschlos, wie das Hinscheiden eines Menschen, der an Altersschwäche ohne einen lauten Seufzer stirbt, endete sein Dasein in den Händen der letzten Besitzer. Bei dessen stets fortschreitender Entwerthung hatte man während fünf Jahren mit etwas mehr als 1,000,000 Pfd. Sterl. alle Kriegskosten bestritten und zwei Hundert Millionen Papier-Dollar konnten mit fünf Millionen in Silber eingelöst werden. Solche Maßregeln würden in andern Ländern zu Revolutionen geführt haben, in den Vereinigten Staaten unterwarf man sich ihnen ohne Widerstand. Der Staat hielt sein Versprechen nicht, aber man war allgemein der Ansicht, daß dadurch das öffentliche Wohl gefördert worden war. Die Entwerthung hatte nun einmal ihre schlimmen Folgen gehabt; hätte man, wie es ursprünglich beabsichtigt war, das Papiergeld zu seinem Nominalwerth eingelöst, so würde man, statt das Elend zu mildern, es noch vermehrt haben, indem man die Bevölkerung für den kleinen Rest ihres Besitzthums hätte hoch besteuern müssen. Das Geld war ferner auch großentheils aus den Händen der ersten Empfänger an Andere übergegangen, welche es nicht höher angenommen hatten, als es in Folge der Entwerthung stand. Diese Zustände beweisen übrigens auf's deutlichste, wie tief der Gedanke des Widerstandes gegen England im Herzen der Amerikaner wurzelte. Das Volk begriff die Nothwendigkeit, welche die Beschlüsse des Congresses hervorgerufen hatte und überzeugt, daß dieselben das Wohl des Landes im Auge hatten, unterwarf es sich Maßregeln, welche in andern Verhältnissen deren Urhebern Leben und Vermögen gekostet haben würden, ohne daß man sie vielleicht für hinlänglich bestraft gehalten hätte.

liche Reform die strengste Sparsamkeit darin einzuführen.

Der Congreß ernannte daher Robert Morris, von Philadelphia, zum Schatzmeister. Hohe Moralität, glühender Patriotismus und große Kenntnisse im Finanzfache machten ihn ganz geeignet für diese so wichtige Stelle. Sein Eifer und seine Fähigkeiten brachten bald die besten Resultate hervor. Durch die Gründung der „Bank von Nord-Amerika," für welche er im Laufe des Jahres die Genehmigung des Congresses erwirkte, gelang es ihm die in den Händen der Reichen befindlichen Fonds in Umlauf zu bringen. Indem er im Namen der Regierung Geld bei dieser Bank aufnahm und für die Rückzahlung den Betrag der noch nicht eingegangenen Abgaben verpfändete, konnte er

1781. diese im Voraus erheben und verfügte demnach über stets bereite Geldmittel. Zu gleicher Zeit machte er Gebrauch von seinem Privatcredit, der gut war, obgleich die Regierung den ihrigen verloren hatte. Es waren einmal persönlich von ihm ausgestellte Scheine im Betrag von 581,000 Dollars im Umlauf.

Während auf diese Weise im Lande selbst einer seiner Bürger dem Vaterland durch seinen Eifer und seine Fähigkeiten einen großen Dienst leistete, thaten andere Patrioten nicht weniger im Auslande.

Franklin, der im September 1778 zum bevollmächtigten Gesandten bei dem französischen Hofe ernannt worden war, hatte außer dem Anlehen von vier Millionen, noch von Ludwig XVI. ein Geschenk von sechs Millionen erhalten. Auf seine Bitten hin übernahm ferner dieser Monarch die Garantie eines Anlehens, welches Holland den Vereinigten Staaten auf ihren eigenen Credit nicht gewähren wollte und auf diese Weise erhielt der Congreß eine andere Summe von zehn Millionen Livres *). In der Verwendung dieser aufgebrachten Gelder verfuhr man mit der größten Vorsicht. Alle Lieferanten wurden von dem Schatzmeister auf's Pünktlichste bezahlt. An die Stelle des allgemeinen Mißtrauens trat nach und nach wieder allgemeines Vertrauen; statt Confusion und Verschwendung begannen Ordnung und Sparsamkeit zu herrschen.

Ehe aber diese Maßregeln den Stand der öffentlichen Angelegenheiten wieder gekräftigt hatten, trat ein Ereigniß ein, welches die ernstlichsten Folgen zu haben drohte. Am 1. Januar 1781 erschienen ungefähr dreizehnhundert Mann der pennsylvanischen Infanterie unter Waffen, verweigerten ihren Offizieren den Gehorsam und verübten mehrfache Gewaltthätigkeiten. Sie hatten alle möglichen Entbehrungen erduldet. Ihr Engagement lautete auf drei Jahre oder für die Dauer des Krieges. Die Offiziere behaupteten, das bedeute bis zur Beendigung des Krieges, so fern dieselbe auch noch sein möchte; die Soldaten dagegen bestanden darauf, sie hätten sich nur auf drei Jahre oder für kürzere Zeit verpflichtet, wenn der Krieg vor Ablauf dieses Termins beendet sein sollte. Die revoltirten Truppen waren entschlossen, Abhülfe für ihre Beschwerden zu erzwingen, bemächtigten sich einer Anzahl Feld-Geschütze und zogen nach Princeton. General Wayne machte einen energischen Versuch, die Aufrührer zum Gehorsam zurückzubringen, aber als er einige der Vorlautesten mit gespannter Pistole bedrohte,

*) S. Sparks "Life of Franklin" p. 468.

hielten ihm mehrere Andere ihre Bajonette auf die Brust und riefen ihm zu: „General, wir achten und lieben Sie, aber Sie sind des Todes, wenn Sie feuern! Mißverstehen Sie uns nicht; wir gehen nicht zu dem Feinde über. Im Gegentheil, erschiene derselbe in diesem Augenblick, so würden wir unter Ihrem Befehle mit derselben Entschlossenheit und Bereitwilligkeit kämpfen, wie früher, aber wir verlangen Abhülfe unserer Beschwerden und wollen nicht, daß man länger sein Spiel mit uns treibe." Durch kluges Benehmen brachte es General Wayne dahin, daß die Aufrührer sich begnügten ihre Forderungen schriftlich einzugeben. Sie bestanden auf folgenden Punkten: Entlassung aller Derer, welche drei Jahre gedient hatten; unmittelbare Bezahlung des rückständigen Soldes; für die Zukunft Entrichtung desselben in baarem Gelde für alle Jene, welche im Dienste bleiben würden.

Der Congreß sandte einen Ausschuß, dem sich der Präsident von Pennsylvanien anschloß, an die aufrührerischen Truppen in Princeton; man machte ihnen Vorschläge, die ihnen entsprachen und sie gaben ihre Waffen ab. Der englische Befehlshaber in der Hoffnung diesen Aufstand benutzen zu können, sandte Agenten mit verlockenden Anerbietungen zu den Truppen, welche diese aber mit Entrüstung zurückwiesen, indem sie erklärten, sie verabscheuten den bloßen Gedanken für Arnolde gehalten zu werden. Die von Clinton ausgeschickten Agenten wurden von ihnen ausgeliefert und gehängt.

Mit großer Besorgniß hatte Washington dieses drohende Ereigniß beobachtet. Er wußte wohl, daß nur zu viel Grund zur Unzufriedenheit vorhanden war und war geneigt, gegen die Soldaten, welche sich zum Aeußersten hatten hinreißen lassen, mit möglichster Milde zu verfahren; aber Andere zu ermuthigen, ähnliche Aufstandsversuche zu machen, würde wirklicher Selbstmord gewesen sein. Dies zu verhindern war unmittelbar die ernste Sorge des Ober-Befehlshabers. Er suchte in den Hochlanden ein Truppen-Corps aus, auf das er sich verlassen konnte und hielt es in Bereitschaft, um zu jeder Zeit abmarschiren zu können. Diese Vorsichtsmaßregel kam trefflich zu Statten; denn am 20. Januar brach unter einem Theil der Brigade von New Jersey ein Aufstand aus. Die Soldaten machten dieselben Forderungen, welche der pennsylvanischen Infanterie gewährt worden waren und marschirten nach Chatham. Washington sandte ohne Verzug General Howe gegen die Aufrührer, mit dem Befehle, den Aufstand mit Gewalt zu unterdrücken, wenn die Truppen sich nicht auf Gnade und Ungnade ergäben und zu ihrer Pflicht zurückkehrten. Seine Befehle wurden pünktlich ausgeführt. Die Aufrührer wurden plötzlich überfallen und unterwarfen sich augenblicklich. Zwei der Rädelsführer wurden erschossen und der Geist des Aufruhrs erfolgreich unterdrückt.

Die Lage der Dinge im Norden gab dem englischen Befehlshaber keine Hoffnung, dort etwas Bedeutendes auszuführen; um so mehr wünschte er daher die Kriegs-Operationen im Süden zu beschleunigen, wo die englischen Waffen siegreich zu sein schienen.

Gegen Mitte Januar wurde die englische Flotte an der Ostspitze von Long Island von einem Sturme überfallen und so beschädigt, daß die französische Flotte für eine Zeit lang an jener Küste die

Oberhand hatte. Destouches, der nach dem Tode des Chevalier de Ternay Admiral geworden war, ließ sich dazu bestimmen, diese Gelegenheit zu benutzen, und ein kleines Geschwader nach der Chesapeake-Bay gegen Arnold zu senden, der kürzlich einen Plünderungszug nach Virginien unternommen hatte. Aber die französischen Schiffe kehrten wieder nach Newport zurück, ohne etwas Anderes gethan zu haben, als daß sie auf ihrer Fahrt von Charleston nach der Chesapeake Bay den Romulus, ein Schiff von fünfzig Kanonen genommen hatten. Washington wollte sein Unternehmen gegen Arnold nicht aufgeben und begab sich nach Newport, wo er am 6. März eine Unterredung mit dem französischen Befehlshaber hatte. Man kam in derselben überein, daß die ganze Flotte mit einem Detachement Landtruppen unverzüglich nach der Chesapeake Bay absegeln sollte. Unvorhergesehene Hindernisse verschoben aber die Abfahrt aus dem Hafen bis zum 8. Abends. Unterdessen hatte man den in Virginien kommandirenden amerikanischen Offizieren Nachricht von der Expedition gegeben und ihnen Instruktionen über ihr Zusammenwirken zugesandt. Washington hatte große Hoffnungen, daß ihn diese Unternehmung in Stand setzen werde, Arnold gefangen zu nehmen und gab Lafayette die Weisung, demselben keine Bedingungen zuzugestehen, welche ihn von den gerechten Folgen seiner Verbrechen retten könnten. Aber die verzögerte Abfahrt der Flotte vereitelte den Plan des Ober-Befehlshabers. Admiral Arbuthnot hatte unterdessen den erlittenen Schaden wieder ausgebessert, setzte der französischen Flotte nach und holte sie am 16. März bei den Vorgebirgen von Virginien ein. Es kam zu einem unentschiedenen Gefecht, in welchem beide Parteien gesiegt zu haben behaupteten; aber der Zweck der französischen Expedition war verfehlt und die Flotte kehrte nach Newport zurück.

Arnold wünschte nichts eifriger, den Feinden seines blutenden Vaterlandes seinen Eifer zu beweisen. Am 4. Januar 1781. landete er in dem James River, hundert und vierzig Meilen von den Vorgebirgen und fünf und zwanzig Meilen von Richmond, der Hauptstadt von Virginien. Damals führte Steuben das Commando in jener Gegend. Er konnte aber weiter Nichts thun, als in aller Eile einen Theil der Vorräthe von Petersburg nach einem besseren Platze bringen lassen. Unmittelbar nach seiner Landung marschirte Arnold nach Richmond. Einige dort stehende reguläre Truppen und ein kleines Corps aus der Miliz erhielten Befehl, sein Vorrücken aufzuhalten, aber deren schwacher Versuch hatte keinen Erfolg. Unterdessen bemühte sich Baron Steuben die Vorräthe von Richmond wegzubringen, indem er sie theilweise über den Fluß, theilweise nach Westham am Beginne der Fälle schaffen ließ.

Den Tag nach seiner Landung bei Westover zog Arnold nach unbedeutendem Widerstand in Richmond ein. Hier machte er mit fünfhundert Mann Halt und sandte den Obrist-Lieutenant Simcoe nach Westham, wo derselbe eine äußerst werthvolle Kanonengießerei, eine Bohrmaschine, ein Pulvermagazin und eine bedeutende Masse von Militärvorräthen niederbrannte und zerstörte. Simcoe kehrte nach Richmond zurück, wo sowohl alles öffentliche Eigenthum, wie eine große Quantität Rum und Salz, welche Privatpersonen gehörten, vernichtet wurde. Nach Vollendung dieses

Zerstörungswerkes in Richmond, zog Arnold am 7. Januar wieder nach Westtover und schiffte sich, nach einigen Scharmützeln am 10. wieder ein. Auf seiner Fahrt den Fluß hinunter zerstörte er die Magazine bei Smithfield und bei Mackay's Mühlen und kam am 20. nach Portsmouth, wo er Anstalten machte, für die Dauer Posten zu fassen. Arnold behauptete auf dieser gräulichen Plünderungs- und Verheerungs-Expedition nur sieben Todte und drei und zwanzig Verwundete gehabt zu haben.

Baron Steuben, der sich nicht im Stande sah, Arnold in Portsmouth anzugreifen, trug Sorge, seine Truppen zum möglichsten Schutze der Bevölkerung an den Pässen aufzustellen, welche am leichtesten von diesem Platze in das Land hineinführten.

Während dieses Aufenthaltes Arnold's in Portsmouth, hatte Washington jene große Hoffnung gefaßt, denselben aufzugreifen und ihn der verdienten Strafe für seine Verbrechen zu überliefern. Der Plan wurde aber, wie wir oben gezeigt haben, durch den Mangel der Mitwirkung von Seiten der Franzosen vereitelt.

Da aber Arnold's Streitkräfte nicht bedeutend genug waren, um für die Dauer tiefen Eindruck auf den mächtigen Staat von Virginien zu machen, so beschloß der englische Ober-Befehlshaber dieselben zu vermehren.

In dieser Absicht sandte er gegen Mitte März den General Phillips mit zwei Tausend Mann auserwählter Truppen von New York nach Chesapeake-Bay. General Phillips kam am 26. in Portsmouth an und übernahm als Offizier von höherem Range das Commando der englischen Truppen in Virginien.

Nachdem Phillips einige Zeit damit zugebracht hatte, die Festungswerke von Portsmouth zu vervollständigen, begann er die Offensive zu ergreifen. Am 18. April schiffte er zwei Tausend fünf hundert Mann auf kleineren Fahrzeugen ein und fuhr den James River hinauf in der Absicht, Alles zu zerstören, was dem Vernichtungswerke von Arnold entgangen war. Er landete bei Burrel's Ferry und zog nach Williamsburg, früher der Sitz der Regierung von Virginien. Dort hatte sich ein kleines Corps Miliztruppen versammelt, zog sich aber bei dem Herannahen des Feindes zurück; so daß der englische General, ohne Widerstand zu finden, Besitz von der Stadt nahm. Er sandte nun Streifpartien durch alle untern Distrikte jenes schmalen Landstriches, der zwischen den Flüssen James und York liegt. Alle öffentlichen und Privatvorräthe, die sich da vorfanden, wurden zerstört. Darauf schiffte er sich wieder ein und fuhr den Fluß hinauf bis City Point, wo er am 24. Nachmittags landete und am folgenden Tag nach Petersburg zog. Hier vernichtete er eine ungeheuere Menge Taback und viel sonstiges Eigenthum nebst einigen Fahrzeugen, welche in dem Flusse lagen.

Baron Steuben konnte sich diesem erbarmungslosen Vernichtungswerke nicht mit Erfolg widersetzen. Die regulären Truppen des Staates waren nämlich zur Verstärkung des General Greene abgesandt worden und es standen nicht viel mehr als zwei Tausend Mann Miliz im Felde. Hätten dieselben auch sämmtlich an einem Punkte zusammengebracht werden können, so konnte man doch mit solcher Mannschaft kein ernsteres Unternehmen wagen. Eine Schlacht liefern mit der Miliz gegen reguläre Truppen würde eine sichere Niederlage, Verlust der Waffen und dadurch Entmuthigung des Landes zur Folge gehabt haben. Baron Steuben erduldete also den Aerger, zusehen zu müssen, wie der Staat verwüstet wurde, ohne daß er Etwas dagegen thun konnte und zog sich nach einigen unbedeutenden Scharmützeln gegen Richmond zurück.

Arnold wurde nach Osborne, einem kleinen Dorfe auf dem südlichen Ufer von James River, fünfzehn Meilen unterhalb Richmond gesandt, während General Phillips nach Chesterfield Court House marschirte, das er zum Sammelplatz für die neu ausgehobenen Truppen von Virginien ausersehen hatte. Er zerstörte daselbst die Kasernen und die öffentlichen Vorräthe, welche man nicht entfernt hatte. Ungefähr halbwegs zwischen Osborne und Richmond wurden einige kleine Kriegsfahrzeuge, welche man zusammengebracht hatte, um mit den Franzosen gegen Portsmouth zu operiren, nach kurzem Widerstande von der eigenen Mannschaft versenkt oder in Brand gesteckt. Die Leute selbst flüchteten sich dann mit der Miliz. Am 30. April zogen Phillips und Arnold gegen Manchester, einer kleinen Stadt auf dem südlichen Ufer des James River, Richmond gegenüber. Wie gebräuchlich steckte man dort die Waarenlager in Brand und vernichtete den Taback und sonstiges Eigenthum.

In diesem kritischen und unheilvollen Augenblicke der Geschichte von Virginien kam Lafayette vom Norden an, um das Militär-Commando in diesem Staate zu übernehmen. Als man den Plan, Arnold in Portsmouth aufzugreifen, berieth, hatte man ihm das Commando der dazu bestimmten Truppen übergeben; aber als diese Expedition von der französischen Flotte aufgegeben wurde, kehrte er von Annapolis in Maryland, wo er bereits angekommen war, nach dem obern Elk-Fluß zurück, wo er von Washington den Befehl erhielt, das Commando der Truppen in Virginien zu übernehmen. Auf seinem Zuge nach Süden gegen Arnold hatte Lafayette meistens Truppen aus den nördlichen Staaten unter sich. Da man der Ansicht gewesen war, diese Expedition würde nur von kurzer Dauer sein, so hatte man die Truppen schlecht für einen Feldzug im Süden ausgerüstet; dabei hatten diese auch noch große Vorurtheile gegen das Klima. Da sie nun wahrnahmen, daß sie dort länger als sie erwartet hatten, würden dienen müssen, so desertirten Viele von ihnen. Doch gelang es endlich Lafayette, durch eine Ansprache an ihr Ehrgefühl, den Soldaten den Entschluß einzuflößen, für die Sache des Vaterlandes allen Gefahren zu trotzen und alle Entbehrungen zu ertragen. Um sie noch mehr zu ermuthigen machte dieser junge Edelmann, eben so gleichgültig in Bezug auf sein Vermögen, als ruhmsüchtig, auf seinen eigenen Credit Anlehen bei den Kaufleuten von Baltimore, um für sein Detachement Schuhe, Leinwand und was er sonst bedurfte zu kaufen. Die Damen dieser Stadt übernahmen es mit patriotischem Eifer, augenblicklich für die Truppen Sommerkleider zu machen.

Lafayette kam mit seinen Streitkräften in Richmond an, gerade am Vorabende des Einzugs von General Phillips in Manchester. Statt ohne Rücksicht auf Lafayette's Anwesenheit den Uebergang über den Fluß zu versuchen, zog der englische General nach Bermuda Hundreds zurück. Es ist dies eine Landzunge, gebildet durch den Zusammenfluß des James River und des Appomator. Auf diesem Marsche vernichtete der Feind wieder viel werthvolles Eigenthum. Dann schiffte Phillips sein Heer ein und fuhr den Fluß hinunter bis nach Hog's Insel, wo das Vorgeschwader seiner Flotte am 5. Mai ankam.

Lafayette sandte dem rückziehenden Feinde kleine Detachements nach, um dessen Bewegungen zu beobachten, während er sein Hauptquartier hinter dem Fluß Chickahominy, nicht weit von Richmond, aufschlug. Am 7. Mai erhielt General Phillips von Cornwallis einen Brief, worin derselbe ihm seinen Marsch nach Virginien mittheilte und Petersburg als den Ort bezeichnete, wo er erwartete, die in dieser Provinz stehenden englischen Truppen zu treffen. Unverzüglich fuhr General Phillips wieder den Fluß hinauf und setzte bei Brandon eine Divisiou an's Land, während eine andere nach City Point weiter zog. Am 9. trafen diese zwei Divisionen in Petersburg zusammen und zwar war ihre Ankunft so unerwartet, daß sie einige von Lafayette's Offizieren gefangen nahmen, welche nach diesem Platze gesandt worden waren, um Boote zum Uebersetzen der Truppen über den Fluß aufzubringen. Unterdessen war General Phillips am Fieber so erkrankt, daß er bei seiner Ankunft in Petersburg nicht im Stande war, den Befehl zu übernehmen. Seine Krankheit machte reißende Fortschritte und er starb am 13. Mai. Das Commando ging an Arnold über, doch nur für kurze Zeit, denn dieser begab sich bald nach New York, wo er den Sommer in gänzlicher Unthätigkeit zubrachte. Bemerkenswerth ist es, daß er sich eben zur rechten Zeit entfernte, um dem Schicksale zu entgehen, das seiner wartete, wenn er mit Cornwallis in Yorktown getroffen worden wäre.

Wie oben gesagt, hatte General Greene das Commando des Südheeres im December 1780 übernommen. Er hatte im Ganzen nur ungefähr zwei Tausend, drei hundert Mann unter sich. Trotz des wärmsten Eifers, ihr Land gegen die Verheerungen des Feindes zu vertheidigen, waren dieselben bei ihrer mangelhaften Ausrüstung nicht im Stande, dem stärkern und besser disciplinirten Heere von Cornwallis erfolgreichen Widerstand zu leisten. Greene erkannte zu gleicher Zeit das Schwierige seiner Lage und die großen Erwartungen, welche man von ihm hegte. Trotz der augenscheinlichen Gefahr einer solchen Maßregel, beschloß er nach reiflicher Ueberlegung seine Streitkräfte zu theilen, einen Theil derselben dem tapfern Morgan zu übergeben und den Rest unter seinem Commando zu behalten. Auf diese Art suchte er, alle Bewegungen des Feindes zu überwachen, denselben so viel als möglich zu ermüden und stets bereit zu sein, bei günstiger Gelegenheit einen Angriff auf ihn zu machen. *)

Morgan's Detachement bestand aus etwa hundert und zwanzig Mann Infanterie unter Obrist Howard; ungefähr zwei hundert Büchsenschützen unter Major Triplet und aus etwa achtzig leichten Dragonern unter Obrist Washington. Mit so kleinen Streitkräften war Morgan nach dem Süden von Catawba gesandt worden, um die Engländer zu beobachten und zu beunruhigen und zu gleicher Zeit für sich selbst und seine Truppen zu sorgen. Dabei hatte er die Weisung erhalten, so wenig als möglich zu riskiren. Am 25. December nahm

*) S. Greene's "Life of General Greene," p. p. 108—16; und Graham's "Life of General Morgan," p. p. 258—59.

er gegen die West-Gränze von Süd-Carolina hin eine Stellung ein, nicht weit von dem Zusammenfluß des Pacolet und Broad River und ungefähr fünfzig Meilen nordwestlich von Wynnsborough.

Mit der andern Division seines Heeres verließ General Greene am 2. desselben Monats Charlotte und kam am 29. bei Hick's Corner an, das auf dem östlichen Ufer des Peedee den Cheraw Hills gegenüber, ungefähr siebenzig Meilen nordöstlich von Wynnsborough liegt. Hier hielt er sich einige Zeit lang auf; denn er hatte gehofft, reicheren Vorrath an Lebensmitteln für seine Truppen in dieser Gegend zu finden, sah sich aber getäuscht, da das Land umher durch den heftigen und verderblichen Kampf der Whigs und Tories verwüstet worden war.

Morgan blieb nicht lange unthätig. Am 27. December sandte er Obrist Washington mit seiner Kavallerie und zweihundert Mann Miliztruppen ab, welche am folgenden Tag einen Marsch von vierzig Meilen machten und bei Ninety-Six ein Corps Tories überfielen. Wüthend durch die peinigende Erinnerung an die von den Tories verübten Gräuelthaten fielen die Truppen ohne Rückhalt über die Feinde her und metzelten sie fast alle nieder, ohne dabei einen einzigen Mann zu verlieren. Diese schreckliche That machte auf die Tories einen solchen Eindruck, daß Cornwallis in der Folge nie mehr dieselben dazu bestimmen konnte, sich an dem Kampfe zu betheiligen. Um diese Zeit kamen Obrist Pickens und Major McCall mit zwei hundert und sechszig Mann Kavallerie aus Carolina im amerikanischen Lager an.

Cornwallis hatte beschlossen, unmittelbar nach der Ankunft von Verstärkungstruppen unter General Leslie, die Offensive zu ergreifen. Beunruhigt jedoch durch die Nachricht von Morgan's Zug nach Ninety-Six sandte er am 1. Januar Tarleton mit ungefähr tausend Mann ab, um etwas gegen Morgan auszuführen und wo möglich ihn gänzlich zu schlagen. An dem unmittelbaren Erfolge zweifelte man nicht im Geringsten. 1781.

Bei seiner Ankunft vor Ninety-Six fand er Alles in voller Ruhe; die Amerikaner hatten sich nach einigen unbedeutenden Scharmützeln zurückgezogen. Nun beschloß er gegen Morgan zu marschiren, im festen Vertrauen, er werde ihn entweder überfallen oder wenigstens über den Fluß zurückwerfen können, wodurch die Wege für das königliche Heer frei werden würden. Er frug vorher Cornwallis in seinem Briefe um Rath; dieser billigte nicht nur den Plan, sondern beschloß auch, ihn seiner Seits dadurch zu unterstützen, daß er auf dem linken Ufer des Broad-Flusses hinaufzog, um Morgan in seinem Rücken zu bedrohen. Alles ging anfangs ganz nach Wunsch. Nachdem Tarleton eben so rasch als glücklich über die Flüsse Ennoree und Tiger gesetzt war, erschien er plötzlich an den Ufern des Pacolet. Ohne Verzug trat Morgan den Rückzug an; Tarleton setzte ihm mit unnachlässiger Hitze nach. Morgan wußte wohl, wie gefährlich der Uebergang über den Broad River in Gegenwart des so unternehmenden Feindes, der ihm so hart auf dem Rücken folgte, werden würde. Mit vollem Vertrauen auf seine Leute und die fähige Mitwirkung seiner braven Offiziere beschloß er daher, Halt zu machen. In der That konnte er sich nur durch eine Schlacht mit Tarleton retten.

Bei der Nachricht von Tarleton's Ankunft während der Nacht des 16. Januar faßte Morgan ungefähr sechs Meilen von Broad River Position *). Der Eifer seiner Truppen, obgleich dieselben nicht ganz tausend Mann stark waren, flößte ihm volle Zuversicht ein, daß den Kämpfern für Heerd und Haus der Sieg bleiben würde. Früh am Morgen des 17. stellte Morgan seine Mannschaft in zwei Divisionen auf. Die erste bestand aus der Miliz und besetzte unter Obrist Pickens dem Feinde gegenüber den Waldsaum: die zweite hielt sich unter dem Obristen Howard in dem Walde selbst verborgen und war aus seinen Scharfschützen und alten Continental-Truppen gebildet. Obrist Washington mit seiner Kavallerie stand als Reserve hinter der zweiten Division.

Tarleton marschirte in zwei Schlachtlinien auf; im Centrum einer jeden stand die Infanterie, auf den Flanken die Kavallerie. Alles schien ihn den Sieg zu versprechen. Er besaß mehr Kavallerie, und obgleich seine Leute durch das rasche Nachsetzen bereits ermüdet waren, zeigten sie nichts desto weniger die größte Kampflust.

Die Engländer stürzten mit Ungestüm auf die in der Fronte aufgestellten Scharfschützen, welche sich gleich nach der ersten Salve auf die von Pickens kommandirte Miliz zurückzogen. Die Feinde rückten rasch vor und stürzten sich muthig auf die Miliz; diese hielt wacker Stand, mußte aber doch weichen und bei der Reserve hinter dem Hügel Schutz suchen. Tarleton drang heftig vor, aber die Reserve, ohne entmuthigt zu sein durch den Rückzug der Miliz, empfing ihn mit Festigkeit und es entspann sich ein hartnäckiger Kampf. Tarleton ließ die Reserve seiner Infanterie und Kavallerie vorrücken und die Amerikaner geriethen durch die Heftigkeit des Angriffes in Schwanken. Um seine 1781. rechte Flanke zu decken, befahl Obrist Howard eine rückgängige Bewegung zu machen, welche für einen Augenblick einer Flucht ähnlich sah. Die Reihen der Engländer hatten sich bereits in dem hartnäckigen Kampfe gelichtet; die Mannschaft war erschöpft durch den vorhergehenden Marsch und die so eben gemachte Anstrengung; nun aber glaubten sie, der Sieg sei errungen und verfolgten in einiger Unordnung die Amerikaner. Howard aber, so wie er auf dem Gipfel des Hügels angekommen war, sammelte seine Leute, ließ sie Front machen und dem Feinde die Spitze bieten. Seine Befehle wurden mit Schnelligkeit ausgeführt und der Feind wurde mit einem wohlgerichteten, tödtlichen Feuer empfangen. Diese unerwartete mörderische Salve brachte die Engländer in Unordnung, und diesen Augenblick benutzte Howard, um seine Leute einen Bayonett-Angriff ausführen zu lassen. Wie vorher so wurde auch jetzt pünktlich gehorcht, und die englischen Reihen waren bald gänzlich gebrochen. Beinahe zu gleicher Zeit schlug Washington die Kavallerie des feindlichen rechten Flügels, welche die Miliz auf ihrem Rückzuge verfolgt hatte. Washington stürzte mit dem Säbel in der Hand auf den Feind; der Zusammenstoß war furchtbar, der Kampf aber schnell entschieden; die Engländer erlitten eine gänzliche Niederlage. Die amerikanischen Truppen gedachten des berüchtigten „Tarleton's Quartiers" und konnten nur mit Mühe davon zurückgehalten werden, sich in gleicher Weise an dem besiegten Feinde zu rächen. Tarle-

*) Eine vollständige Mittheilung über diese berühmte Schlacht siehe in Graham's "Life of General Morgan," p.p. 290—312.

ton*) und ein Theil seiner Leute entkamen, aber mehr als zwei Hundert Engländer wurden getödtet oder verwundet; ungefähr sechs hundert fielen in die Hände der Amerikaner. Diese zählten nur zwölf Todte und einundsechszig Verwundete.

Der Sieg bei Cowpens war unstreitig einer der glänzendsten, den die amerikanischen Waffen noch errungen hatten und selten hat eine Schlacht zwischen zwei so kleinen Heeren, so große Folgen gehabt; denn der Verlust der Feinde an leichter Infanterie minderte nicht nur bedeutend ihre Streitkräfte, sondern hemmte auch für den Rest des Feldzuges alle Operationen von Cornwallis.

Dieser befand sich bei Turkey Creek, fünf und zwanzig Meilen von Cowpens in vollem Vertrauen, daß Tarleton der Sieg nicht entgehen könne, oder doch wenigstens ohne alle Besorgniß einer Niederlage. Er stand zwischen Greene und Morgan und es war für ihn von höchster Wichtigkeit, deren Vereinigung zu verhindern und den Einen zu schlagen, ehe er von dem Andern unterstützt werden konnte. In dieser Absicht war er an dem Broad River hinaufgezogen und hatte den General Leslie beordert, an den Ufern des Catawba hinzumarschiren, um die Amerikaner in Ungewißheit über die wirklich beabsichtigte Richtung zu erhalten. Aber die unerwartete Niederlage seines Detachements war ein harter und störender Schlag. Es blieb ihm weiter Nichts übrig, als diese Scharte durch rasche kräftige Operationen auszuwetzen.

Cornwallis war der Fuhrt durch den Catawba näher, als Morgan und hoffte daher denselben in seinem Siegesrausche und mit Gepäck belastet noch einzuholen, ehe er über den Fluß setzen könnte. Nach einiger Unentschlossenheit und nicht ohne Zeitverlust vereinigte er sich demnach mit General Leslie und setzte Morgan nach. Er vernichtete alles überflüssige Gepäck, von seinen Wagen behielt er nur die mit Hospitalvorräthen und Munition beladenen, nebst vier leeren für die Kranken und Verwundeten. Aber da er trotz aller Bemühungen nichts über Morgan's Streitkräfte und dessen Bewegungen erfahren konnte, verfehlte er doch zuletzt seinen Zweck; denn Morgan hatte nach seinem Siege eben so viel Klugheit und Thätigkeit, als Tapferkeit bei Erringung desselben bewiesen. Mit voller Kenntniß der Gefahr, die ihn bedrohen konnte, ließ er unter Parlamentärfahne diejenigen Verwundeten unter der Pflege von Aerzten zurück, welche er nicht fortbringen konnte; er gestattete seinen Leuten keine Zeit zum Ausruhen, sandte die Gefangenen unter einer Eskorte von Milizen voraus und folgte mit seinen regulären Truppen und der Kavallerie, während er in Person den Nachtrab kommandirte. Er ging an der obern Fährte über den Broad River, eilte nach dem Catawba, wo er am 28. Januar Abends ankam, und glücklich am folgenden Tag mit seinen Leuten und seinen Gefangenen hinüberkam. Sein Nachtrab war kaum zwei Stunden übergesetzt, als die Engländer am jenseitigen Ufer erschienen. Die Nacht brach ein und Cornwallis sah sich genöthigt, den Uebergang bis zum folgenden Tage zu ver-

*) Diesem so gefürchteten Offiziere gab die geistreiche Frau Ashe von Nord-Carolina später die so beißende Antwort, als derselbe in ihrer Gegenwart, den lebhaften Wunsch aussprach, Obrist Washington zu seben: „Hätten Sie sich bei der Schlacht von Cowpens herumgesehen, so hätten Sie ihn ganz gewiß wahrgenommen.“ Gewiß fanden die englischen Offiziere die Zungen der patriotischen Töchter des Südens nicht weniger scharf als die Klingen Washington's und seiner braven Kavallerie.

FEMALE PATRIOTISM — MRS. STEELE & GENL. GREEN.

"Take it, you will need it, and I can do without the money."

From the original picture by Alonzo Chapple.

[illegible]RTIN, JOHNSON & CO. PUBLISHERS.

schieben. Es fiel ein heftiger Regen und der Fluß war nicht mehr zu durchwaten. Drei Tage mußte Cornwallis, von Ungeduld geplagt, warten, ehe das Wasser so weit fiel, daß er übersetzen konnte.

Unterdessen hatte General Greene, besorgt über das Schicksal Morgan's sein Heer unter das Commando von General Huger gestellt, mit dem Befehle die Flüsse weiter hinauf zu marschiren, wo man sie durchwaten konnte. Er selbst brach mit wenigen Begleitern auf, um sich mit Morgan zu vereinen. Unter solchen Umständen kam er am 31. Januar in Morgan's Lager an und übernahm das Commando.

Nachdem der Fluß wieder gefallen war, beschloß Cornwallis den Uebergang zu versuchen, der ihm aber von einem Corps Miliztruppen unter General Davidson streitig gemacht wurde. Bei dem dort entstandenen Gefecht wurde dieser tüchtige Offizier tödtlich verwundet und die Engländer konnten darauf den Uebergang über den Fluß bewerkstelligen.

Nun begann zwischen den auf dem Rückzuge befindlichen Amerikanern und den sie verfolgenden Engländern ein wahrer militärischer Wettlauf. General Greene marschirte in solcher Eile, daß er in der Nacht vom 2. auf den 3. Februar über den Yadkin ging, indem die Truppen theils durchwateten, theils in Kähnen und auf Flößen übergesetzt wurden. Die Feinde verfolgten ihn so hart auf dem Fuße, daß dieselben oft mit dem amerikanischen Nachtrab beinah zusammenstießen. Es kam sogar nicht weit von der Fährte zu einem heftigen Scharmützel zwischen einem Corps amerikanischer Schützen und der Vorhut der Engländer, in welchem sich diese einiger Wagen bemächtigten. General Greene griff alle Boote an dem südlichen Ufer des Flusses auf und hier ging es wieder wie an dem Catawba. In Folge eines eingetretenen Regens schwoll der Fluß plötzlich an und die Engländer waren nicht im Stande, überzusetzen und den Feind zu verfolgen, dem sie so nahe waren.

Die Engländer eröffneten von dem andern Ufer ein fürchterliches Kanonenfeuer auf das amerikanische Lager. „Nicht weit vom Flusse, hinter einer Felsenmasse, sagt ein Augenzeuge, stand eine kleine Hütte, darin hatte General Greene seinen Aufenthalt genommen. Während seine Familie und die Offiziere seines Stabes sich nach ihrer Weise unterhielten, war er mit der Ausfertigung seiner Depeschen beschäftigt. Unterdessen setzte die Artillerie ihr heftiges Feuer fort, was scheinbar Niemanden in seiner Beschäftigung störte. Zuletzt aber schien sich die ganze Wuth desselben gegen unsere Hütte zu kehren, sei es, daß die Feinde durch Kundschaft oder bloße Vermuthung deren Bewohner errathen hatten. Man hörte wie hinter der Hütte die Kugeln von den Felsen abprallten, über welche sich das Dach der Hütte erhob, das offenbar zur Zielscheibe diente. Bald wurde es auch getroffen und in wenigen Minuten

---

*) Es ist wohl hier am Platze eine Anekdote anzuführen, welche recht schön den Patriotismus der Frauen während der Revolution bezeichnet. General Greene, in tiefer Betrübniß über den Verlust von Davidson zog sich nach Salisbury zurück. Nach einem Ritt durch Sturm und Regen, erschöpft und mit beschmutzten Kleidern stieg er in dem ersten Gasthof der Stadt ab, dessen Wirthin eine Frau Steele war. Ein Dr. Reed erkundigte sich angelegentlich nach seiner Gesundheit und Greene konnte nicht umhin zu antworten, er sei müde, hungrig und ohne Geld. Die gute Wirthin hatte das gehört und brachte bald darauf ganz im Stillen zwei kleine Säcke mit Geld, und sagte zu dem General: „Nehmen Sie das; Sie haben es nöthig: ich kann es entbehren.“ Gewiß wußte ein Mann und Patriot wie Greene diesen Beweis der Volksbegeisterung für die Sache der Freiheit zu würdigen.

flogen die Bretter davon nach allen Richtungen hin. Der General aber fuhr fort zu schreiben; er schien auf Nichts zu achten als auf seine Depeschen und die zahllosen Anfragen, welche von verschiedenen Seiten an ihn ergingen. Seine Feder ruhte nur, wenn ein neuer Besucher eintrat; dann antwortete er kurz und gefaßt und fuhr wieder fort zu schreiben.

Daß sie zum zweiten Mal durch das Anschwellen des Flusses dem Feinde entgangen waren, galt in der Meinung der Amerikaner für einen Beweis, daß ihnen das Glück besonders günstig sei und ihr Enthusiasmus für die Sache wurde dadurch nur lebendiger. Der Fluß konnte also nicht durchwatet werden, das Wasser stieg noch immer, Boote waren nicht aufzutreiben und das Wetter schien schlecht bleiben zu wollen; Cornwallis beschloß daher, ungefähr fünf und zwanzig Meilen am südlichen Ufer des Flusses hinaufzuziehen bis zu den nahe an dessen Quelle liegenden seichten Stellen, wo man gewöhnlich zu Fuß übersetzen konnte. General Greene, befreit von der stets drohenden Gegenwart seiner Verfolger, setzte seinen Marsch gegen Norden fort und stieß am 7. Februar bei Guildford Court Haus zu seiner von Huger und Williams befehligten Division. So war es also Cornwallis trotz aller Anstrengungen nicht gelungen, die Gefangenen zu befreien, die Amerikaner für Morgan's Sieg bei Cowpens büßen zu lassen, die Vereinigung der zwei Divisionen zu verhindern oder eine derselben und noch weniger beide aufzureiben. Jedoch war keineswegs Mangel an Energie und Kriegslust von Seiten der Engländer daran schuld, sondern unvorhergesehene und von menschlichem Willen unabhängige Ereignisse.

Cornwallis konnte sich nicht entschließen, die Verfolgung der Amerikaner aufzugeben, sondern wollte Greene wenn möglich zwingen, eine Schlacht anzunehmen, ehe er noch die erwarteten Zuzüge erhalten hatte. Er machte sich also auf den Marsch nach dem Dan in der Absicht den Amerikanern den Weg nach Virginien abzuschneiden. Heftige rheumatische Leiden zwangen General Morgan den aktiven Dienst zu verlassen und Obrist Williams folgte ihm im Commando der Infanterie nach. *)

Am 10. Februar zog General Greene auf seinem Marsche nach dem Dan von Guildford Court Hause ab. Sein 1781.
Rückzug und die Verfolgung durch Cornwallis waren gleich rasch; aber die Kühnheit und Thätigkeit der amerikanischen leichten Truppen zwangen die Engländer, in compakten Massen und mit großer Vorsicht zu marschiren. Ein Mal machte Obrist Lee einen plötzlichen und heftigen Angriff auf die berittene Avantgarde des englischen Heeres, tödtete eine nicht unbedeutende Anzahl Feinde und machte einige Gefangene. General Greene bewerkstelligte mit großer Vorsicht und Klugheit seinen Uebergang über den Dan. Das Heer, das Gepäck und die Vorräthe kamen am 14. Februar bei Boyd's und Irwin's Fähren glücklich über den Fluß. Obgleich seine leichte Infanterie an diesem Tage vierzig Meilen zurückgelegt hatten, so war doch kaum die letzte Abtheilung auf

*) Es wird allgemein angenommen, daß vor dem Austreten Morgan's aus dem aktiven Dienste zwischen ihm und Greene ein ernstliches, persönliches Mißverhältniß bestand. Hr. Graham sucht in einer ausführlichen Darstellung die allgemeine Ansicht zu widerlegen. Siehe sein "Life of General Morgan" p. p. 363—68.

das nördliche Ufer übergesetzt, als schon die Vorhut des englischen Heeres auf der andern Seite des Flusses erschien.

Während dieses Rückzuges und Nachsetzens über ein Gebiet von mehr als zwei hundert Meilen, hatten beide Heere die äußerste Ermüdung und die größten Beschwerden zu erdulden gehabt.*) Mangel an Zelten, schlechte Wege, heftiger Regen, angeschwollene Flüsse und unzureichende Lebensmittel hatten für Alle gleiche Leiden zur Folge. Die Soldaten waren oft bis auf die Haut durchnäßt. Die ungünstige Jahreszeit vermehrte dazu nicht wenig alle die Beschwerden. Bei allem dem waren die englischen Soldaten besser daran, als die unsrigen, denn sie hatten Schuhe und gute Kleidung. Die Amerikaner dagegen waren abgerissen und fast baarfuß. Ihre nackten verwundeten Füße ließen überall die blutigen Spuren auf dem zurückgelegten Marsche zurück, dennoch ertrugen sie Alles mit der ausdauerndsten Standhaftigkeit und ohne Murren.

Cornwallis war über das Mißlingen seines Planes ärgerlich; er beschloß, in Nord-Carolina zu bleiben und die Königlich-Gesinnten unter seinen Fahnen zu sammeln. In dieser Absicht begab er sich nach Hillsborough und versuchte die Einwohner zu bewegen, der königlichen Sache beizutreten, aber er hatte nicht den erwarteten Erfolg. Bei weitem der größte Theil der Bevölkerung blieb zurückhaltend, obgleich es dem englischen General gelang, einzelne Personen zu bestimmen, die Waffen zu ergreifen. Er sandte dann Tarleton mit seinem Regiment nach der Gegend zwischen dem Haw-Flusse und dem Deep, um dort die Treu-Gesinnten zur Erhebung anzufeuern.

General Greene beorderte den Obristen Lee mit einem Corps Kavallerie über den Dan zu gehen, die Umgegend zu durchstreifen und Tarleton anzugreifen. Lee holte bald ein Corps Königlich Gesinnter ein, welches unter Obrist Pyle auf dem Wege zu Cornwallis war, und rüstete sich, über sie herzufallen. Die Tories glaubten, es sei Tarleton's Legion und man halte sie irrthümlich für Rebellen; um daher ihre Anhänglichkeit an die königliche Sache zu zeigen, erhoben sie den Ruf: „Es lebe der König!" Die Amerikaner fielen darauf wüthend über sie her — zwei- bis dreihundert von ihnen wurden auf dem Platze niedergemacht, die Uebrigen mußten sich ergeben. Durch ein sonderbares Zusammentreffen der Ereignisse stieß bald darauf Tarleton auf ein anderes kleines Corps Königlich Gesinnter und hieb sie ohne Barmherzigkeit nieder, indem er sie für Feinde hielt. Noch ehe Tarleton mit Lee zusammentraf, wurde er von Cornwallis nach Hillsborough zurückbeordert.

Greene erhielt zu dieser Zeit Verstärkung von Continental-Truppen und einigen Corps Milizen. Dieser Zuwachs brachte sein Heer auf ungefähr zwei tausend, fünf hundert Mann und er hatte jetzt keinen Grund mehr, ein Zusammentreffen mit den Engländern länger zu vermeiden, sondern ging über den Dan nach Nord-Carolina hinüber. Er traf alle seine Anstalten, um für eine so entscheidende Affaire vollständig gerüstet zu sein, und marschirte dann Cornwallis entgegen, der bei Guild-

*) In der Führung dieses berühmten Rückzuges zeigte sich das militärische Genie des Generals Greene auf's Glänzendste. Washington sagte ihm: „Seien Sie versichert, daß die ganze Armee Ihrem Rückzug vor General Cornwallis den höchsten Beifall zollt und daß derselbe Ihren militärischen Fähigkeiten zur größten Ehre gereicht."

ford Court House eine feste Stellung ein=genommen hatte. Die beiden Ar=
1781. meen trafen am 15. März aufein=ander. Gleich am Anfang der Schlacht wurde die Miliz aus Nord=Carolina von einem panischen Schrecken ergriffen und floh von dem Schlachtfelde. Trotzdem hielten die Virginier den heftigen Angriff der Engländer standhaft aus; hätte das zweite Regiment aus Maryland sie mit gleicher Tapferkeit unterstützt, so würde sich der Sieg höchst wahrscheinlich zu Gunsten der Amerikaner entschieden haben. Die zwei Sechspfünder, welche die Amerikaner in's Feld gebracht hatten, waren von den Engländern bei Saratoga verloren worden. Cornwallis hatte dieselben in der Schlacht bei Camden wieder genommen; sie fielen bei Cowpens in die Hände Morgan's zurück und nach der Schlacht von Guildford Court House geriethen sie abermals in den Besitz der Engländer, nachdem sie auch bei dieser Gelegenheit wiederholt genommen und verloren worden waren.

Beinah zwei Stunden lang währte die Schlacht und war eine der blutigsten im ganzen Kriege. Greene war allerdings genöthigt, das Schlachtfeld zu räumen, aber es geschah in voller Ordnung und er kam an demselben Tage bei den Speedwall=Eisenwerken, zehn Meilen von da, an.

Der Verlust der Amerikaner ist nicht genau bekannt, doch betrug er wahrscheinlich mehr als tausend Mann an Todten, Verwundeten und Vermißten. Die Engländer hatten noch mehr Leute verloren, viele ihrer besten Offiziere und wenigstens ein Drittel ihrer Soldaten blieben in der Schlacht.

Cornwallis rühmte sich des Sieges und suchte durch eine Proklamation so viel Nutzen als möglich daraus zu ziehen; dennoch hatte er keinen dauernden Vortheil errungen. Sein Heer, vorher schon schwach, war noch bedeutend gelichtet worden. Er suchte seine Verluste durch Zusammenziehen aller seiner Kräfte auszugleichen und benutzte seine Mittel wirklich mit großer Sachkenntniß. Er wußte, daß Greene's Heer bedeutend stärker war als das seinige, aber der Zustand der südlichen Provinzen nöthigte ihn dennoch, einer abermaligen Schlacht mit ihm nicht auszuweichen, denn ein Rückzug würde einer Niederlage gleich gekommen sein. Beim Zusammentreffen der beiden Corps entspann sich ein hartnäckiger Kampf. Cornwallis trieb zwar den Feind aus seiner vortheilhaften Stellung und behauptete das Schlachtfeld, aber seine schwierige Lage war dadurch nicht gebessert. Weit entfernt im Stande zu sein, seinen Sieg zu benutzen und den Feind auf seinem Rückzug zu verfolgen, sah er sich selbst genöthigt, eine rückgängige Bewegung zu machen. Sein Heer war so zusammengeschmolzen, und es war in dieser Gegend so schwer Lebensmittel für dasselbe aufzutreiben, daß er drei Tage nach der Schlacht seinen Rückzug antrat. Eine Anzahl von Verwundeten, deren Zustand nicht erlaubte transportirt zu werden, wurde in dem Quäker Meetinghouse unter dem Schutz einer Parlamentär=Fahne zurückgelassen. Die Schlacht von Guildford Court House macht der Tapferkeit von Cornwallis und seinen Truppen große Ehre, doch kann man in ihr den Anfang einer Reihe von Ereignissen erblicken, welche zuletzt den Umsturz der englischen Herrschaft in Amerika herbeiführten.

Die Rollen wechselten nun. Bisher

hatte sich Greene vor Cornwallis zurückgezogen, nun aber war Letzterer auf dem Rückzuge, und Greene verfolgte ihn. Trotz der verlornen Schlacht war er nach wenigen Tagen in der Lage, den Sieger und sein Heer zu verfolgen und er beunruhigte eine Zeit lang die englische Armee auf ihrem Marsche nach Wilmington. Am 5. April schlug er jedoch einen andern Weg ein und zog von Ramsays' Mills an dem Deep-Flusse nach Camden, wo Lord Rawdon kommandirte. Am 20. April Morgens kampirte er bei Logtown im Angesicht der englischen Festungswerke. Cornwallis kam am 7. April nach Wilmington und war unschlüssig, ob er Rawdon zu Hülfe eilen oder nach Virginien marschiren sollte. Er entschloß sich endlich das Letztere zu thun und nachdem sich seine Truppen ausgeruht hatten, brach er am 25. April auf und traf am 25. Mai in Petersburg ein, wo er das Commando über die englischen Streitkräfte in Virginien übernahm.

1781.

Lord Rawdon schlug sein Hauptquartier in Camden, einem wohlbefestigten Platze, auf. Die andern Hauptposten der Engländer in dem Süden waren die Städte Charleston, Ninety-Six und Augusta. Außerdem hatten sie noch Garnisonen in kleinern Plätzen, so daß ihre Streitkräfte sehr zersplittert waren. Der Haß der Bevölkerung gegen die königliche Sache zwang sie, ihre Truppen auf diese Weise zu vertheilen, um sich im Besitze jener Punkte zu erhalten, deren sie zur Verproviantirung des Heeres und zur Verbindung zwischen den einzelnen Detachements bedurften. Die Nachricht von Cornwallis Rückzug belebte die Amerikaner mit neuer Hoffnung und Energie. Sumpter und Marion errangen durch kühne aber kluge Bewegungen stets neue Vortheile über die Königlichen und genossen den Ruf bei der Bevölkerung, daß unter ihrem Befehle Ruhm und Sieg gewiß seien. Zahlreich strömte man daher zu ihren Fahnen und es bildeten sich mehrere reguläre Compagnien. Sumpter und Marion wurden auf diese Weise stark genug, den ganzen untern Theil von Carolina besetzt zu halten, während Greene mit seinem Heere Lord Rawdon in den Hochlanden die Spitze bot. Dieser Letztere sah ein, daß seine Lage immer gefährlicher wurde und verstärkte sein Haupt-Corps durch Zurückberufung der Garnisonen aus jenen Plätzen, welche einer Vertheidigung nicht fähig waren.

Während Rawdon auf die Ankunft der unter Obrist Watson heranziehenden Verstärkung wartete, verschanzte sich General Greene bei Hobkirk's Hill, ungefähr eine Meile nördlich von Camden. Dies geschah am 24. April. Am folgenden Tage erhielt Rawdon durch einen Ueberläufer eine Mittheilung, welche ihn bestimmte einen Angriff zu wagen. Er machte einen Bogenmarsch, um unerwartet über die linke unbedeckte Flanke des Feindes herzufallen. Die Amerikaner wurden in der That überrascht, aber General Greene ordnete seine Leute rasch und stellte sie in Schlachtordnung. Da er wahrnahm, daß die Engländer in einer dichten aber nicht ausgedehnten Colonne marschirten, befahl er sogleich sie auf beiden Flanken und in der Fronte zu gleicher Zeit anzugreifen. Nun entspann sich ein allgemeiner und hitziger Kampf. Rawdon dehnte seine Fronte aus, indem er seine irländischen Compagnien darin aufstellte. Die ausgezeichnete Disciplin der Engländer trug wieder den Sieg davon. Greene mußte sich zurückziehen, was er aber in voller Ordnung ausführte. Die Amerikaner führten ihr Gepäck, die Artillerie und einige Gefangene mit sich weg. An Todten, Verwundeten und Vermißten hatten sie zwei hundert und acht und sechszig verloren und die Engländer ihrer Seits beinah eben so viel.

Der Sieg von Hobkirk's Hill war aber für die Feinde von keinem dauernden Vortheil. Rawdon war schwächer an Kavallerie, als Greene und konnte demnach den Amerikanern nicht mit Erfolg nachsetzen. Sein Heer war geschwächt. Greene hatte sich nicht weiter, als bis Rugely's Mills, zwölf Meilen von dem Kampfplatze entfernt, zurückgezogen und seine Gegenwart trug viel dazu bei, das Volk zum Widerstand gegen die einfallenden Feinde anzufeuern. Von hier aus überwachte er sorgfältig seinen Gegner, sandte Truppen an Marion, um den Zuzug der feindlichen Verstärkungs-Truppen unter Watson zu erschweren und wartete ruhig den Gang der Ereignisse ab. Watson kam am
1781. 7. Mai in Camden an und Rawdon beschloß nun einen Angriff auf Greene, gab aber den Plan nach einer Recognoscirung der Stellung Greene's wieder auf.

Rawdon fand seine eigene Lage zu gefährlich und hielt es für nöthig Camden zu räumen. Er steckte daher am 10. Mai das Gefängniß, die Mühlen, einige Privathäuser und einen Theil der Vorräthe in Brand und zog sich gegen Charleston zurück. Durch die Thätigkeit der Amerikaner aller Zufuhr an Lebensmittel beraubt, war es von Rawdon ganz zweckmäßig, daß er den Rückzug antrat, so lange es ihm noch möglich war. Den Königlichen welche ihm folgen wollten, gewährte er alle mögliche Unterstützung; dennoch war es für dieselben eine schmerzliche Wahl, Haus und Hof zu verlassen oder sich der Rache ihrer erbitterten Landsleute auszusetzen. Aus Furcht vor der Wuth ihrer Gegner zogen mehrere Familien mit ihm weg, hatten aber nichts als Täuschung und bittere Vernachlässigung zu erfahren.

Nach der Räumung von Camden konnten sich natürlich die andern englischen Posten nicht lange mehr halten. So ergab sich am 11. Mai die Garnison von Orangeburg, aus siebenzig Miliz-Soldaten und zwölf Regulären bestehend, an Sumpter. Nachdem Marion und Lee Fort Watson genommen hatten, gingen sie am 23. April über den Santee und marschirten gegen Fort Motte, das auf dem südlichen Ufer des Congaree, ein wenig oberhalb seiner Mündung in den Wateree lag. Am 8. Mai begannen sie die Belagerung und betrieben sie so energisch, daß nach einem tapfern Widerstande, die aus hundert und fünf und sechszig Mann bestehende Garnison am 12. kapitulirte. Georgetown, ein Posten an dem Black River, wurde von einem Detachement der Truppen Marion's genommen und Lee bemächtigte sich bei Friday's Fähre eines Postens, der auf dem südlichen Ufer des Congaree, dreißig Meilen oberhalb Fort Motte lag und eine Garnison von hundertfünfzig Mann, meistens Miliz-Truppen, hatte. So groß war die damals herrschende Erbitterung, daß Lee's Milizen die Capitulation brechen und ihre in dem Platze gefundenen Landsleute tödten wollten. Um diese Rachlust zu bändigen, mußte General Greene erklären, er werde jeden mit dem Tode bestrafen, der sich einer solchen Verletzung des Völkerrechtes schuldig machen würde.

Die Gegenwart von Greene's Heer, die Thätigkeit und die Erfolge seiner Anhänger, so wie Rawdon's Rückzug machten, daß der blos gedämpfte Haß der Bevölkerung gegen die Engländer nun wieder in vollen Flammen aufloderte. Der größte Theil der Provinz erhob sich in offenem Aufstande gegen die englische Herrschaft. In dieser kritischen Lage zog sich Rawdon nach Monk's Corner zurück; diese Stellung setzte ihn einmal in den Stand, von einem sichern Punkte aus, jene Distrikte zu schützen, aus denen Charleston seine Zufuhren erhielt und zu gleicher Zeit konnte er hier für jede sich darbietende Gelegenheit zum Handeln bereit sein. Nachdem es General Greene gelungen war, so manche Posten der Engländer wegzunehmen und Lord Rawdon zum Rückzug nach Monk's Corner zu zwingen, hielt er es nicht für zweckmäßig, ihm weiter zu folgen, sondern richtete sein Augenmerk auf die westlichen Theile der Provinz und auf die Posten in Ober-Georgien. Er befahl Pickens, die Miliz von Ninety-Six zu versammeln und sandte, am Tage nach der Uebergabe von Fort Granby, Lee zu ihm.

Als im Jahre 1780 Georgia und Süd-Carolina unter die Gewalt der Engländer kamen, flüchteten sich viele entschiedene Anhänger des Congresses aus den obern Theilen dieser Staaten über die Berge nach Nord-Carolina; die Mehrheit aber, aus Verzweiflung an der Volkssache, unterwarf sich dem Sieger, indem sie sich mit der Hoffnung schmeichelte, man werde sie in Frieden und in ungestörtem Genuß ihres Vermögens leben lassen. Als sie aber sahen, daß man sie mit übermüthiger Unverschämtheit behandelte, mit rücksichtsloser Raublust ausplünderte und zwang, die Waffen gegen ihre Landsleute zu ergreifen, da erwachte in ihnen ein anderer Geist, und tiefer Haß entflammte in allen Gemüthern gegen die königliche Herrschaft.

Als nun die königliche Armee mit Zurücklassung von schwachen Garnisonen ihren Sieges- und Eroberungszug gegen Norden unternahm, brach diese Stimmung bald offen aus. An der Spitze einiger Gleich-Gesinnten zog Obrist Clarke gegen die englische Garnison in Augusta. Aber Obrist-Lieutenant Cruger, der in Ninety-Six kommandirte, eilte dem Befehlshaber von Augusta, dem Obristen Brown zu Hülfe. Clarke mußte die Flucht ergreifen und dieser frühzeitige Aufstand wurde unterdrückt. Mit äußerster Härte wurden Diejenigen behandelt, welche aus den Reihen Clarke's in die Hände von Obrist Brown fielen. Doch wurde der Geist des Aufruhrs dadurch nur gedämpft, aber nicht völlig unterdrückt. Stets vermehrten sich die bewaffneten Banden, welche ohne nach gemeinschaftlichem Plane zu handeln, die englischen Garnisonen beunruhigten. Mit einer Handvoll kühner Abenteurer machte Capitän McKoy die Ufer des Savannah unsicher und nahm einige Boote weg, welche mit Zufuhr für Augusta den Fluß hinaufgingen. Ein von Obrist Brown gegen ihn gesandtes Corps wurde geschlagen, aber obgleich Obrist Garden mit seinen Leuten zu ihm stieß, wurde er später von Brown besiegt, so daß sich für eine Weile seine Anhänger zerstreuten.

An die Stelle dieser planlosen Kämpfe traten bald regelmäßigere und dauernde Operationen. Der unermüdliche, eifrige Obrist Clarke war wieder in seine Heimathprovinz zurückgekehrt und eine Anzahl Miliz-Truppen hatte sich unter General Pickens in der Nähe von Augusta versammelt. Nach dem Falle des Fort Granby zog Obrist Lee unverzüglich nach Pickens' Lager, wo er nach vier Tagen zu ihm stieß. Ihr erster gemeinschaftlicher Versuch war gegen das Fort Golphin oder Dreadnought gerichtet; es lag bei Silver Bluff auf der Carolina-Seite des Savannah und hatte eine Garnison von siebenzig Mann. Am 1. Mai mußte es sich dem Capitän Rudolph ergeben, der mit einem Detachement von Lee's Legion herangekommen war.

Pickens und Lee wandten nun ihre vereinten Streitkräfte gegen Fort Cornwallis bei Augusta; sie brachten rasch und geschickt ihre Laufgräben dem Platze nahe, aber Obrist Brown leistete einen hartnäckigen Widerstand. Im Verlaufe der Belagerung errichteten die Amerikaner mehrere Batterien, welche das Fort beherrschten und von denen zwei nur dreißig Yard von dem Parapet entfernt waren; von da aus feuerten die Büchsenschützen mit todtbringender Sicherheit, so daß jeder, der sich in dem Fort nur zeigte, augenblicklich erschossen wurde. Die Garnison vergrub sich so zu sagen in die Erde. Aber trotz aller Tapferkeit mußte sie am 5. Juni drei hundert Mann stark, kapituliren. Die Amerikaner hatte die Belagerung an Todten und Verwundeten ungefähr vierzig Mann gekostet.

In Augusta hatten die englischen Offiziere sich durch ihr hartes Benehmen den Bewohnern der ganzen Umgegend äußerst verhaßt gemacht. Als Opfer dieses Hasses fiel Obrist Grierson, der nach der Uebergabe des Forts von einem Unbekannten erschossen wurde, während Obrist Brown nur dadurch der augenblicklichen Strafe seiner Gräuelthaten entging, daß er unter Sicherheits-Geleit nach Savannah gesandt wurde.

Während diese Operationen in Georgia stattfanden, marschirte General Greene mit seinen Truppen gegen Ninety-Six in Süd-Carolina. Der Platz war stark befestigt und hatte eine Garnison von fünf hundert und fünfzig Mann unter dem Commando des Obristen Cruger. Rawdon sandte Botschaft an Cruger, er solle den Posten verlassen und sich nach Augusta zurückziehen, aber sie kam ihm nicht zu und er vertheidigte den Platz. Gegen Ende Mai eröffnete Greene die Belagerung in aller Form. Die Besatzung wurde am 3. Juni aufgefordert, sich zu ergeben, weigerte sich aber entschieden. Die Belagerung wurde nun energisch fortgeführt und würde ohne Zweifel mit dem erwünschten Resultate geendet haben, wäre nicht Rawdon, verstärkt durch neue Truppen von England, von Charleston mit zwei tausend Mann dem Obristen Cruger zu Hülfe geeilt. Am 18. Juni versuchten die Amerikaner das Fort im Sturm zu nehmen, jedoch ohne Erfolg. Greene ging daher am 20. über den Saluda und zog sich vor Rawdon zurück, der ihn jedoch nicht lange verfolgte. *)

General Greene unterbrach seinen Rückzug, sobald der Feind aufhörte, ihm nachzusetzen. Lord Rawdon hielt die Räumung von Ninety-Six für nöthig, um seine Posten mehr zusammen zu ziehen. Da aber die Königlich-Gesinnten jener Gegend vor der Rache ihrer erbitterten Landsleute zitterten, ließ er mehr als die Hälfte seiner Truppen unter Obrist Cruger zurück, um

*) Während General Greene sich in dieser Lage befand, rieth man ihm, den Kampf aufzugeben und sich mit dem Reste seines Heeres nach Virginien zurückzuziehen. Seine Antwort darauf war: „Ich werde Süd-Carolina weder verlieren noch in diesem Unternehmen umkommen."

deren Abzug zu decken. Er selbst hatte sich nur zwei Tage in Ninety-Six aufgehalten und zog jetzt mit acht hundert Mann Infanterie und sechs hundert Mann Kavallerie nach dem Congaree, wo er auf die Ankunft eines starken Zuzuges rechnete, den er von Charleston verlangt hatte. Derselbe war aber nicht so zeitig von da abgegangen als es beabsichtigt war, der Brief aber, in welchem man Rawdon Nachricht davon gab, aufgefangen worden.

Wahrscheinlich glaubte der englische Befehlshaber, General Greene sei aus Süd-Carolina getrieben, aber dieser hatte sich nur hinter den Broad River gezogen und rückte bei der ersten Nachricht von der Zersplitterung der englischen Streitkräfte wieder gegen den Congaree vor. Kurz nach Rawdon's Ankunft an diesem Flusse wurde eines seiner Fouragirungs-Corps von Lee's Legion nur eine Meile weit vom englischen Lager überfallen und vierzig Reiter davon zu Gefangenen gemacht. Das Erscheinen der amerikanischen leichten Truppen in dieser Gegend, überzeugte Lord Rawdon, daß General Greene in der Nähe sei. Er zog sich daher nach Orangeburg zurück, wo er auch nach einigen Scharmützeln mit den leichten Truppen der Amerikaner glücklich ankam und den von Charleston erwarteten Zuzug, befehligt von Obrist Stuart, erhielt. Marion hatte versucht, denselben abzuschneiden; obgleich ihm der Hauptplan nicht gelang, so nahm er doch einige Wagen weg.

Am Congaree stießen Marion und Sumpter mit tausend Mann zu General Greene, der am 11. Juni nach Orangeburg in der Absicht aufbrach, das englische Heer in seinem Lager anzugreifen. Als er aber am folgenden Tage daselbst ankam, fand er es in so starker Stellung, daß er keinen Angriff wagte. Unterdessen erhielt er die Nachricht von der Räumung von Ninety-Six und dem Marsche des Obristen Cruger gegen Orangeburg, aber der Fluß, der auf eine Strecke von 30 Meilen hin, mit Ausnahme an dem von Rawdon besetzten Punkte nicht überschritten werden konnte, war ein unüberwindliches Hinderniß für irgend eine Unternehmung gegen Cruger. General Greene zog sich daher über den Congaree auf die Anhöhen von Santee zurück.

Um jedoch Rawdon für den Besitz seiner untern Posten besorgt zu machen, sandte er am 13. Juli bei seinem Abmarsche aus der Nähe von Orangeburg Sumpter, Marion und Lee gegen Monk's Corner und Dorchester. Lee bemächtigte sich einer Anzahl von Wagen, welche mit Lebensmitteln und Kriegsvorräthen beladen waren. Obrist Hampton seiner Seits machte im Angesicht von Charleston einen glänzenden Angriff auf ein englisches Dragoner-Corps und nahm ihm fünfzig Leute weg. Sumpter hatte bei Biggin's Kirche eine ähnliche Affaire mit den Engländern unter Obrist Coates, der sich während der Nacht zurückzog und von den Amerikanern kräftig verfolgt wurde; doch gelang es ihm nach einem hitzigen Gefechte zu entkommen. *). **1781.**

Das Wetter wurde nun außerordentlich warm; die ungeheuere Sonnenhitze macht aber in den südlich gelegenen Ländern den Kriegs-Operationen eben so vollkommen ein Ende, wie die Strenge des Winters es weiter oben im Norden thut. Während

*) S. Simms' "Eutaw; a Tale of the Revolution," p. 310 rc. Und auch Marshall's "Life of Washington," Vol. II. pp. 13, 15.

dieser Periode der Unthätigkeit benutzte Rawdon den Urlaub, welchen er seiner zerrütteten Gesundheit wegen, kurz vorher erhalten hatte, und schiffte sich nach Europa ein.*) Bei seiner Abreise kam das Commando über die Truppen in Orangeburg in die Hände des Obristen Stuart. General Greene kam am 16. Juli auf den Höhen von Santee an und blieb daselbst bis zum 22. August. Während sechs Monaten hatte sein Heer ohne Unterlaß Kämpfe bestanden und Märsche gemacht. Obgleich er keinen Sieg errang und vor Ninety-Six zurückgeschlagen wurde, so hatte er sich doch in dem Felde behauptet und die Engländer gezwungen, alle ihre Posten im Innern des Landes aufzugeben. Greene's Thätigkeit, Vorsicht, Muth und Ausdauer verdienen das höchste Lob und erhielten den gebührenden Dank Aller Freunde des Vaterlandes.

Da die Engländer ihre Stellung auf dem südlichen Ufer des Congaree wieder eingenommen hatten, traf General Greene die nöthigen Anordnungen, um dieselben zum zweiten Mal von diesem Posten zu vertreiben. Auf langem und schwierigem Umwege und mit einem Heere, das theilweise fast ganz nackt, theilweise nur elend gekleidet war, ging er über den Wateree und Congaree und fand sich bald vereint mit General Pickens, der ihm die Miliz von Ninety-Six zuführte, und mit General Marion an der Spitze seines Detachements. Auf diese Weise war nun das ganze amerikanische Heer zusammengekommen und Greene — wir folgen hier der Darstelluug von Gordon*), rückte zum Angriff der englischen Armee vor, welche unter Obrist Stuart sich ungefähr vierzig Meilen weit vom Congaree entfernt und bei Eutaw Springs, sechszig Meilen nördlich von Charleston, aufgestellt hatte. Die Amerikaner wie die Engländer hatten etwa zwei tausend Mann unter den Waffen, doch bestanden die Streitkräfte der Erstern meistens aus Rekruten und Miliz-Truppen. Greene formirte zwei Schlachtlinien. In der Fronte stand die Miliz von Nord- und Süd-Carolina unter Marion, Pickens und dem Obristen de Malmedy. Die zweite Linie war aus den Truppen von Nord-Carolina, Virginien und Maryland gebildet. General Summer, Obrist-Lieutenant Campbell und Obrist O. Williams theilten sich in das Commando über dieselbe. Lee deckte mit seiner Legion die rechte Flanke und Henderson mit den Staatstruppen die linke. Washington mit seiner Kavallerie und Capitän Kirkwood mit dem Contingent von Delawaren bildeten das Reserve-Corps. Um vier Uhr des Morgens setzte sich das Heer in Bewegung und stieß auf zwei vorgeschobene Corps des englischen Heeres, von dem sie etwa vier Meilen entfernt waren. Von der Legion und den Staatstruppen lebhaft angegriffen, zogen sich dieselben bald zurück. Die Frontlinie rückte unter beständigem Feuern gegen die Engländer an, bis der Kampf allgemein wurde, wo sie dann ihrer Seits zurückfallen mußten. General Summer's Nord-Carolina-Brigade, aus Continentaltruppen bestehend, hatte sie wacker unterstützt, obgleich diese

*) Kurz vor seiner Abreise hatte Lord Rawdon seinen Namen noch durch eine That grausamer Rache befleckt. Die Hinrichtung des Obristen Isaac Hayne bleibt unvergeßlich. Die Erbitteruug darüber hätte damals beinahe zu den strengsten Gegenmaßregeln geführt. Eine vollständige Mittheilung dieses Ereignisses findet sich in Gordon's "History of the American Revolution," Vol. III. pp. 202—5.

*) Gordon's "History of the American Revolution," Vol. III. p. 242.

erst seit wenigen Wochen in den Reihen der regulären Armee standen und meistens Milizleute waren, welche man zur Sühne übereilter Flucht in früheren Gefechten in den Continentaldienst versetzt hatte. In dem heißesten und mörderischsten Augenblicke des Kampfes erhielten Williams und Campbell den Befehl, an der Spitze der Continentaltruppen von Maryland und Virginien die Feinde mit blankem Säbel anzugreifen. Mit der größten Unerschrockenheit drangen Offiziere, wie Soldaten mitten durch den Kanonendonner und Kugelregen auf den Gegner an; Nichts konnte ihrem unerschütterlichen Muthe widerstehen; sie mähten den Feind vor sich nieder. Lee seiner Seits umging mit großer Geschicklichkeit die linke Flanke der Engländer und griff sie zu gleicher Zeit im Rücken an. Henderson wurde schon ganz im Anfange der Schlacht verwundet und mußte das Commando über die Staatstruppen von Süd-Carolina an den ihm im Rang nachstehenden Offizier, den Obrist-Lieutenant Hampton, abtreten. Dieser führte mit denselben einen kühnen und erfolgreichen Angriff aus und machte an hundert Gefangene. Die Engländer wurden auf allen Seiten in die Flucht geschlagen. Washington rückte auf dem linken Flügel mit dem Reserve-Corps heran und machte mit seiner Kavallerie und Kirkwood's Infanterie einen so heftigen Angriff, daß die Feinde nicht Zeit hatten, sich wieder zu sammeln oder in Schlachtordnung aufzustellen. Man setzte ihnen hart nach. Viele von ihnen warfen sich auf der Flucht in ein starkes Steinhaus; andere stellten sich zwischen der Einzäunung und dem undurchdringlichen Gesträuche eines Gartens auf. Die Amerikaner ließen sich von ihrem kriegerischen Eifer hinreißen, den Feind in diesen beiden Stellungen anzugreifen. Washington versuchte alles Mögliche denselben aus dem Dickicht heraus zu treiben; es gelang ihm nicht, sein Pferd fiel unter ihm, er wurde verwundet und gefangen genommen. Vier Sechs-Pfünder, von welchen zwei dem Feinde gehört hatten, wurden nun vor das Haus gebracht, aber so weit in das Bereich des feindlichen Feuers vorgeschoben, daß man sie nicht wieder abführen konnte. Greene glaubte daher, den Angriff nicht länger fortsetzen zu dürfen und befahl den Rückzug.

Die Amerikaner nahmen alle Verwundeten, denen sie nahe kommen konnten, ohne sich dem Feuer aus dem Hause auszusetzen, vom Schlachtfeld und begaben sich nach dem Orte, von wo aus sie des Morgens den Angriff gemacht hatten, denn es fand sich nur dort Wasser in der Nähe und die Truppen verschmachteten vor Hitze und Durst. Der Kampf hatte beinahe vier Stunden gedauert; er war der heißeste und im Verhältniß zu der Anzahl der Kämpfenden auch der blutigste gewesen, dem Greene je beigewohnt hatte. Auf dem Schlachtfelde wurde ein starker Posten zurückgelassen.

Am Abende des folgenden Tages vernichtete Obrist-Lieutenant Stuart eine große Masse von Vorräthen, verließ den Eutaw und zog gegen Charleston hin, indem er an siebenzig seiner Verwundeten und ein tausend Waffenstände zurückließ. Die Amerikaner verfolgten ihn, jedoch erfolglos, auf mehrere Meilen hin. Obgleich Major McArthur mit einem starken Corps, vierzig Meilen von dem Eutaw, zu ihm stieß, so erneuerte er doch den Kampf nicht. Allerdings hatten die Engländer großen Verlust erlitten: die zurückgelassenen Verwundeten mitgerechnet waren fünfhundert ihrer Leute in die Hände des Feindes gefallen, die Zahl der Todten und hinweggebrachten Verwundeten war kaum geringer. Mehrere ihrer Offiziere hatten sich während der Schlacht auf Ehrenwort ergeben, zwei blieben und sechszehn waren verwundet. Auf Seite der Amerikaner zählte man hundert und vierzehn Todte, drei hundert Verwundete und vierzig Vermißte, in Allem vier hundert und vier und fünfzig; zwei und zwanzig Offiziere blieben oder wurden tödtlich verwundet; neun und dreißig waren leicht verwundet, im Ganzen also ein und sechszig. Unter den Gebliebenen befand sich Obrist-Lieutenant Campbell aus den Virginischen Linientruppen. Sein Tod war der Gegenstand allgemeinen Schmerzes. Während er muthig seine Leute zum Angriffe führte, der das Schicksal der Schlacht entschied, fiel er tödtlich verwundet. Er fragte: „Wer flieht?" und als man ihm antwortete: die Engländer, fügte er hinzu: „Ich sterbe zufrieden!" — und verschied.

Der Erfolg, den die Amerikaner gleich im Beginne der Schlacht errangen, hatte eine solche Bestürzung rings umher verursacht, daß die Engländer ihre Vorräthe in Dorchester verbrannten und ihre Posten bei Monk's Corner aufgaben. In Charleston verschloß man die Thore und ließ durch eine Anzahl von Negern Bäume fällen und sie auf dem Neck über den Weg legen. Unter Greene's Fahnen standen damals ein tausend vier hundert Mann regulärer und fünf hundert Miliztruppen, im Ganzen tausend neun hundert Mann. Von diesen wurden fünf hundert und sieben und vierzig (zwei und siebenzig Offiziere niederen Ranges, und Sergeanten mitgerechnet), getödtet oder verwundet. Der Kampf wurde mit solcher Heftigkeit geführt, daß auf beiden Seiten die Offiziere mit dem Säbel in der Hand zusammentrafen. Die Engländer konnten die Continentaltruppen nicht zum Weichen bringen, obgleich die Miliz genöthigt worden war, sich zurückzuziehen. Am 29. Oktober beschloß der Congreß, Greene mit einer englischen Fahne und einer goldenen Denkmünze zu beehren und votirte den verschiedenen Corps und deren Führer den öffentlichen Dank.

Nach der Schlacht zogen sich die Amerikaner nach ihrer früheren Stellung auf den Anhöhen von Santee zurück; die Engländer aber blieben in der Nähe von Monk's Corner. Während sie hier verweilten, machte ein schwaches Corps Amerikaner im Angesicht der feindlichen Haupt-Armee ungefähr achtzig Gefangene. Die Engländer handelten nicht mehr mit der gewohnten Energie. Bei dem geringsten Anschein von Gefahr zeigten sie fast eben so sehr Lust zum Fliehen, wie ein Jahr vorher es die amerikanische Miliz gethan hatte.

Mit der Schlacht in Eutaw Springs war thatsächlich der Krieg in Süd-Carolina beendigt. Beim Beginne des Feldzugs hatten die Engländer die Oberhand in dem ganzen Staate; am Ende desselben wagten sie sich nicht mehr, ohne die größte Vorsicht zwanzig Meilen weit von Charleston weg. Noch fanden einige Streifzüge und Scharmützel statt, ohne jedoch irgend Folgen zu haben. Gegen Ende November erschien plötzlich General Greene mit einem Detachement seines Heeres vor dem englischen Posten zu Dorchester. Nach einigen Scharmützeln zog sich die feindliche Garnison in die Gegend von Charleston zurück.

Greene stellte seine Truppen auf beiden Ufern des Flusses Ashley auf, beherrschte das ganze Land von dem Cooper bis zum Edisto und beschränkte die Engländer auf Charleston-Neck und die benachbarten Inseln. In Georgia hatten sich die englischen Streitkräfte in Savannah concentrirt. Während des ganzen Feldzuges hatte ein kleines, aber unermüdlich thätiges Kavallerie-Corps dem General Greene die besten Dienste geleistet; auch fand während desselben unter General Pickens ein gelungener Zug gegen die Cherokesen statt, welche sich zum Krieg gegen die Amerikaner hatten verleiten lassen. Die Indianer wurden geschlagen und mußten um Frieden bitten.

Wie weiter oben bemerkt, war Lord Cornwallis der Ansicht gewesen, Lord Rawdon würde im Stande sein, Carolina gegen General Greene zu vertheidigen und war nach Petersburg in Virginia gegangen. Dort traf ihn die unangenehme Nachricht von General Phillips Tod; aber auf der andern Seite hatte er die Genugthuung, einen Zuzug von ungefähr tausend acht hundert Mann zu erhalten, welche ihm Sir Clinton zur energischen Fortsetzung des Krieges sandte. Beim Antritt seines Commandos fühlte sich Lord Cornwallis den Amerikanern so überlegen, daß er über die Aussicht auf Siege jubelte. Voll Verachtung für Lafayette's jugendliches Alter war er unklug genug gewesen, nach England zu schreiben: „Der Knabe kann mir nicht entkommen!“ Das kleine Heer des Marquis bestand aus tausend Continental-, zwei tausend Miliztruppen und sechszig Dragonern. Von Petersburg zog Cornwallis an den James River und setzte über um Lafayette aus seiner Stellung in Richmond zu vertreiben. Dieser räumte auch wirklich den Platz am 27. Cornwallis marschirte dann durch Hanover County und ging über den südlichen Annafluß, während Lafayette ihm in sicherer Entfernung auf dem ganzen Marsche folgte. Der Lord dachte einmal daran, Lafayette, der gerade mit ihm auf demselben Ufer des James war, zu überfallen, wurde aber von seinem Plane durch einen Spion abgebracht, den der Gegner in sein Lager gesandt hatte.

Lafayette wünschte dringend, volle Kenntniß über Cornwallis Position zu erhalten und beschloß, wo möglich, einen gewissen Charles Meryan (von seinen Kameraden Charley genannt), einen Soldaten von Jersey, zu bestimmen, als Ueberläufer in das englische Lager zu gehen, um daselbst mit Erfolg die Rolle eines Spions zu spielen. Man ließ Charley kommen. Er willigte ein, diesen gefährlichen Auftrag zu übernehmen, doch verlangte er im Voraus das Versprechen, daß Lafayette, im Falle er entdeckt und gehängt werden sollte, zur Rettung seines guten Namens in den Jerseyblättern veröffentlichen werde, er habe auf Befehl seines Commandanten so gehandelt. Charley desertirte; bei seiner Ankunft im königlichen Lager wurde er vor Cornwallis geführt, der ihn fragte, warum er desertirt sei. Die Antwort war: „Mein Lord, ich habe vom Anfang an in den amerikanischen Reihen gedient und so lange ich unter General Washington stand, war ich zufrieden; als ich aber unter den Franzosen kam, gefiel es mir nicht mehr, und ich habe den Dienst verlassen.“ Cornwallis lobte und belohnte seine Handlung. Charley that seinen Dienst mit großem Eifer, erregte nicht den geringsten Verdacht und beobachtete genau Alles was vorging. Während er eines Tages mit seinen Kameraden einen besondern Dienst zu verrichten hatte, rief ihn Cornwallis herbei, der in der Nähe mit einigen Offizieren in ernstem Gespräche war, und sagte zu ihm: „Wie viel Zeit braucht der Marquis um über den James River zu setzen?" Charley schwieg einen Augenblick und antwortete dann: „Drei Stunden, mein Lord." Dieser rief aus: „Drei Stunden! Was, er braucht drei Tage." — „Nein, mein Lord," erwiderte Charley, „der Marquis hat so und so viele Boote. Wollen sich Ihre Lordschaft die Mühe geben, nachzurechnen, so werden Sie finden, daß er in drei Stunden übersetzen kann." Cornwallis wandte sich darauf zu den Offfizieren und bemerkte laut genug, um von Charley gehört zu werden. „Der Plan taugt Nichts." Charley schloß daraus, es sei Zeit zu Lafayette zurückzukehren.

Er benutzte die erste günstige Gelegenheit, um seine Kameraden mit Grog zu traktiren und dann, sobald er sie gehörig angetrunken sah, mit seinem versteckten Plane hervorzutreten. Er begann über die Entbehrungen zu klagen, welche man in dem englischen Lager zu erdulden habe, rühmte den Ueberfluß, in welchem die Amerikaner lebten, und erklärte, er sei geneigt zu denselben zurückzukehren und frug dann: Was sagt ihr dazu? Wollt ihr mit mir gehen? Sie willigten ein und überließen es ihm, mit den Schildwachen fertig zu werden. Der ersten bot er in freundschaftlicher Weise einen Schluck Rum aus seiner Feldflasche an. Während der Soldat trank, bemächtigte sich Charley seiner Waffen und schlug ihm dann vor mit ihm davon zu gehen, worin derselbe nun auch nothgedrungen einwilligte. Mit der zweiten Schildwache verfuhr er auf dieselbe Weise. So gelang es Charley Maryan sieben Soldaten zu bestimmen mit ihm zu desertiren. Bei seiner Ankunft in dem amerikanischen Lager wurde er zu Lafayette geführt, der bei seinem Anblicke ausrief: „Ah! Charley, bist du wieder da?" — „Ja, Ihre Excellenz und ich habe noch sieben Andere mitgebracht," war die Antwort. Als Charley den Grund seiner Rückkehr und die gemachten Beobachtungen mitgetheilt hatte, schlug ihm Lafayette vor, ihn zum Korporal oder Sergeanten zu machen. Maryan aber erwiederte: „Ich will keinen höhern Grad haben. Ich besitze so viele Fähigkeiten als ein gemeiner Soldat braucht und habe als solcher einen guten Namen; meine Fähigkeiten möchten nicht hinreichend sein für einen höhern Grad und ich könnte meinen guten Ruf verlieren." Dagegen verlangte er edelmüthig im Interesse seiner Kameraden, welche nicht so gut wie er selbst, mit Schuhen, Strümpfen und Kleidern versehen waren, Lafayette möchte versprechen, sein Möglichstes für dieselben thun zu wollen, was ihm natürlich auch sogleich gewährt wurde. *)

Ungefähr zu derselben Zeit erhielt Lord Cornwallis die Nachricht, daß eine Anzahl der bedeutendsten Männer von Virginien in Charlotteville versammelt seien, um über die Angelegenheiten der Provinz zu berathen und daß Baron Steuben auf der Fortspitze an dem Zusammenflusse der Flüsse James und Rivana sich aufgestellt habe. Die Amerikaner hatten daselbst Magazine und Zeug-Häuser errichtet. Diese Mittheilung und die Erwägung, daß 1781.
jene Gegend, vom Kriege noch verschont,

*) Gordon's "History of the American Revolution," Vol. III. p. 207.

reich an Vorräthen aller Art sein möchte, bestimmten Lord Cornwallis vor Allem einen Zug nach Charlotteville und der Fortspitze zu unternehmen. Nach dem erstern Platze sandte er Tarleton, nach dem letztern Simcoe und beide erledigten sich ihrer Aufträge mit Erfolg. Tarleton gelangte in Eilmärschen so unerwartet nach der Stadt, daß er mehrere der Abgeordneten aufgriff und sich einer Masse von Kriegsvorräthen und Proviant bemächtigte. Aber unter denen, welche ihm entgingen befand sich gerade der Mann, dessen Gefangennehmung er ganz besonders gewünscht hatte. Thomas Jefferson war es, in der Folge einer der hervorragendsten Männer in den Vereinigten Staaten. Derselbe hatte glücklicher Weise das Anrücken der englischen Truppen noch zeitig genug erfahren, um sich vor denselben in Sicherheit zu bringen, doch erst nachdem er vorher noch eine kleine Anzahl von Waffen und Munition gerettet hatte.

Hatte sich Tarleton manchmal über die allzugroße Milde seiner Kameraden beklagt, so konnte ihm sicher Niemand denselben Vorwurf streitig machen. Seine Raublust und Grausamkeit gingen jetzt über alle Grenzen. Nichts war ihm heilig, Nichts entging seinen barbarischen Händen.

Simcoe, seiner Seits, war eben so rasch gegen Baron Steuben vorgerückt, der einen kräftigen Widerstand hätte leisten können, sich aber im Glauben, er habe es mit dem ganzen englischen Heere zu thun, in aller Eile zurückzog.

Nach Tarleton's und Simcoe's Rückkehr in das Lager marschirte Lord Cornwallis am 17. Juni durch eine reiche, fruchtbare Gegend, nach Richmond und kurz darauf nach Williamsburg, die Hauptstadt von Virginien. Seine leichten Truppen konnten jedoch keine entfernten Fouragirungszüge mehr machen, denn alle Bewegungen der britischen Armee waren jetzt von den Amerikanern genau überwacht und Streifpartien, die sich zu weit entfernten, wurden von denselben abgeschnitten. Lafayette war nämlich zu Baron Steuben gestoßen und hatte zu gleicher Zeit den Zuzug der Pennsylvanischen Regimenter unter General Wayne erhalten, so daß er mit vier tausend Mann den Engländern gegenüber stand. Zu derselben Zeit erhielt Cornwallis von General Clinton den Befehl, einen Theil seiner Truppen nach New York einzuschiffen. Clinton beabsichtigte dabei keineswegs, irgend ein Unternehmen auszuführen; er hatte Kunde von dem Heranrücken der Alliirten erhalten und glaubte der Sturm werde über ihn ausbrechen. Auch fürchtete er mit seinen unzureichenden Streitkräften, New York, Staten Island und Long Island nicht vertheidigen zu können. In Folge des erhaltenen Befehles marschirte Cornwallis im Anfang Juli mit seinen Truppen nach den Ufern des James Flusses. Seine Absicht war, überzusetzen und nach Portsmouth zu ziehen, von wo aus er dann Verstärkung für New York absenden wollte. Da ihm aber Lafayette auf dem Fuße folgte, so war er gezwungen auf dem linken Ufer Halt zu machen und eine feste Stellung einzunehmen, um den ungestümen Angriff seines Gegners zurückweisen zu können und seinen Truppen Zeit zu geben, die Artillerie, Munition und das Gepäck auf die andere Seite des Flusses zu bringen. Er lagerte sich daher längs des Flusses, stützte seine Rechte an einen Teich und das Centrum und den linken Flügel an Moräste.

Unterdessen war die amerikanische Vorhut unter General Wayne ganz nahe herangekommen. Die Engländer sandten Spione unter die Amerikaner, welche dieselben glauben machen sollten, das Haupt-Corps des königlichen Heeres sei bereits auf dem rechten Ufer und daß nur der Nachtrab, aus der britischen Legion und einigen Infanterie-Abtheilungen bestehend, noch auf dem linken Ufer sich befände. Die Amerikaner, sei es, daß sie in diese Falle gingen oder daß sie sich durch eine unkluge Tapferkeit hinreißen ließen, machten einen wüthenden Angriff auf den Feind. Rasch hatten die irregulären Regimenter unter General Wayne den Sumpf durchschritten und stürmten nun gewaltig auf den linken Flügel der Engländer an, ohne sich im Geringsten durch die feindliche Uebermacht einschüchtern zu lassen. Die Engländer aber gingen über den Teich und rückten gegen den linken Flügel vor, der nur aus Miliztruppen bestand. Sie zersprengten denselben ohne Schwierigkeit und erschienen dann auf Wayne's linker Flanke. Indem sie zu gleicher Zeit ihren eigenen linken Flügel über den Teich hinaus ausdehnten, umgingen sie dessen Rechte und verriethen die Absicht ihn auf allen Seiten zu umringen. Lafayette bemerkte dieses Manöver und gab Wayne sogleich den Befehl, sich zurückzuziehen, was demselben jedoch nur mit Zurücklassung von zwei Kanonen gelang. Lafayette blieb eine Zeit lang bei Green Springs, um die zerstreuten Soldaten wieder zu sammeln. Cornwallis zog sich zurück. Die einbrechende Nacht und die natürlichen Schwierigkeiten der Gegend, welche von Wäldern und Morästen durchschnitten war, machten es ihm unmöglich, die Amerikaner zu verfolgen.

Am folgenden Morgen noch vor Sonnenaufgang schickte er seine Reiterei ab, um Lafayette zu verfolgen und ihn so viel als möglich auf dem Rückzug zu beunruhigen; aber sie konnte ihm nicht viel anhaben, höchstens fielen ihm einige Nachzügler in in die Hände. Vielleicht wäre es Cornwallis gelungen, Lafayette gänzlich abzuschneiden, wenn er ihm am folgenden Tage mit seiner gesammten Streitmacht nachgesetzt wäre. Das ganze Augenmerk des englischen Generals war jedoch auf Portsmouth gerichtet, wo er die von Clinton in New York ihm zugesendeten Truppen einschiffen wollte. Sobald er daher mit seinem ganzen Heere über den James-Fluß gegangen war, eilte er wirklich nach Portsmouth. Eine genauere Besichtigung des Platzes aber bewies ihm, daß er daselbst keine feste und überhaupt keine für die ferneren Pläne Clinton's günstige Stellung finden konnte. Während er nun die Einschiffung der Truppen eifrigst betrieb, erhielt er von Clinton neue Befehle, welche ihn anwiesen, nach Williamsburg zurückzukehren, sein ganzes Heer zusammen zu halten und statt Portsmouth Point Comfort zum Waffenplatz zu machen, um in allen Fällen einen sichern Zufluchtsort zu haben.

Zwei Gründe hatten ganz besonders zur Fassung dieses neuen Entschlusses von General Clinton beigetragen. Einmal hatte er von England eine Verstärkung von drei tausend deutschen Soldaten erhalten und anderer Seits gab er dem Wunsche nach, sich über Hampton und auf dem James-Fluß hin einen Durchgang nach jenem fruchtbaren und bevölkerten Theile von Virginien zu eröffnen, welcher zwischen den Flüssen James und York liegt. Aber bei

genauerer Untersuchung fand man, daß Point Comfort eben so wenig als Portsmouth für ein befestigtes Lager geeignet war und den beabsichtigten Plänen auch nicht besser entsprach. Man gab demnach den Gedanken, es zu befestigen, auf. Dennoch machte der Plan der künftigen Operationen die Besetzung eines bestimmten Punktes der Gegend zwischen den beiden oben genannten Flüssen unbedingt nothwendig und Lord Cornwallis beschloß
1781. am 1. August mit seinem ganzen Heere über den James-Fluß zurückzugehen und in Yorktown sein Hauptquartier aufzuschlagen. Lafayette wünschte, diesen Uebergang zu verhindern, aber die in seinem Lager sich befindlichen Amerikaner wollten nicht weiter gegen Portsmouth zu marschiren.

Yorktown ist ein Dorf auf dem rechten Ufer des Yorkflusses und liegt dem Städtchen Gloucester gegenüber, welches auf einer Landspitze errichtet ist, die von dem rechten Ufer in den Fluß hineinzieht und dessen Breite bedeutend vermindert. Das Wasser ist an diesem Punkte tief genug, um den größten Kriegsschiffen die Einfahrt zu gestatten. Rechts von Yorktown befindet sich ein sumpfiges Gewässer; vor dem Platze selbst ist das Land bis zur Entfernung von einer Meile offen und eben. Am Ende dieser Ebene befindet sich ein Wald, der rechts an den Fluß stößt und links von einer Creek begrenzt ist. Jenseits des Waldes ist das Land wieder baumfrei und angebaut.

Gegen den 22. August hin war es Cornwallis gelungen, sich auf diesem Punkte ziemlich stark zu verschanzen. Lafayette seiner Seits nahm eine Stellung ein, welche es ihm möglich machen konnte, die Bewegungen des englischen Heeres zu überwachen und dasselbe so viel als möglich zu verhindern, Fouragirungs-Corps auszusenden. Die große Fähigkeit, welche er bei jener Gelegenheit, in dem ihm von Washington anvertrauten wichtigen Posten an den Tag legte, erwarben ihm die wärmsten Lobsprüche des Ober-Befehlshabers.

Der Hof von Frankreich, der aufmerksam die ganze Entwicklung der amerikanischen Verhältnisse beobachtet hatte, entschloß sich nun nach den Vereinigten Staaten eine hinreichend starke Flotte zu senden, so daß sie den Engländern überlegen sein würden und Washington in die Lage setze, einen entscheidenden Schlag thun zu können. Demgemäß segelte im Monat 1781.
März Graf de Grasse mit fünf und zwanzig Linienschiffen, einigen tausend Landtruppen und einer bedeutenden Anzahl von Transportschiffen, im Ganzen mehr als zwei hundert Segel, von Brest ab. Nur ein kleiner Theil davon war für Ostindien bestimmt; de Grasse selbst steuerte mit dem größern Theil nach Martinique.

Die in Westindien stationirte englische Flotte war einige Zeit vorher durch die Absendung eines Geschwaders geschwächt worden, welches dazu bestimmt war, den Schiffen, auf welchen die bei St. Eustasius gemachte Beute nach England gebracht werden sollte, als Bedeckung zu dienen. Die englischen Admiräle Hood und Drake wurden abgesandt, um die unter Graf de Grasse auslaufende Flotte zu versprengen. Es gelang letzteren aber, sich mit den acht Linienschiffen und einer Fregatte von fünfzig Kanonen, welche bereits in Martinique und Domingo lagen, zu vereinigen. Auf diese Art hatten nun die Franzosen entschieden die Uebermacht zur See. Nachdem de Grasse seinen Zweck in Westindien erreicht hatte, segelte er, begleitet von einer großen Zahl Handelsschiffe Anfangs August ab und steuerte, nachdem er diese in Sicherheit gebracht hatte, geraden Weges nach der Chesapeake Bay.

Gegen Ende Mai hatte Washington zu Weathersfield in Connecticut eine Zusammenkunft mit Graf de Rochambeau gehabt, in welcher man beschlossen hatte, New York zu belagern. Washington rechnete auf die Unterstützung von de Grasse, den man im Anfange des Sommers erwartete, und verlangte dringend Truppen von den Neu-England-Staaten. In den Ausgang des Unternehmens gegen New York hatte er volles Vertrauen. Im Monat Juni brachen die französischen Truppen von Rhode Island auf und stießen im Beginne des folgenden Monats zu den Amerikanern. Zu derselben Zeit verließ Washington mit seinem Heere sein Winterlager bei Peekskill in der Nähe von Kingsbridge. General Lincoln fuhr mit einer Abtheilung den Hudson hinunter und besetzte den Punkt, wo früher Fort Indepedence gestanden hatte. Der Feind griff ihn an, ließ aber sehr bald wieder ab. Die Engländer zogen um diese Zeit fast mit ihrer ganzen Streitmacht nach York Island zurück. Washington hoffte gegen Mitte oder spätestens gegen Ende Juli die Operationen gegen New York zu beginnen. Er ließ bei Albany flache Boote, welche fünf hundert Mann fassen konnten, bauen und sie den Hudson herab in die Nähe des vor New York liegenden amerikanischen Heeres bringen. Staten Island gegenüber baute man Oefen für die französischen Truppen, kurz man traf alle zur Eröffnung der Belagerung nöthigen Anstalten.

Washington sah sich unterdessen getäuscht in seiner Erwartung; statt zwölf tausend regulärer Truppen, auf welche er gerechnet hatte, zählte sein Heer Anfang's August kaum fünf tausend und war demnach bei weitem nicht stark genug, die projektirte Belagerung zu unternehmen. Auch erfuhr er, daß de Grasse, den man täglich erwartete, nur bis Oktober an der amerikanischen Küste bleiben könnte und ferner, daß dessen Bestimmungsort die Chesapeake Bay sei. 1781. In Berücksichtigung dieser Umstände änderte Washington plötzlich seinen Operationsplan und beschloß, wenn möglich, Cornwallis in die Falle zu bringen, welche dieser ihm gelegt hatte.

Während man noch ernstlich daran dachte, New York zu belagern, wurde ein Brief, in welchem Washington die beabsichtigten Operationen dieses Feldzuges besprach, aufgefangen und Sir Henry Clinton überbracht. Nachdem nun der Plan geändert war, blieb der königliche General nichts desto weniger unter dem Eindruck, welchen der Inhalt des Briefes auf ihn gemacht hatte und erblickte in jeder Bewegung des amerikanischen Heeres gegen Virginien nur eine List, welche darauf berechnet sei, seine Aufmerksamkeit von der Vertheidigung von New York abzulenken. Beherrscht von dieser Ansicht bemühte er sich aus allen Kräften diesen Platz zu verstärken und ließ die amerikanischen und französischen Truppen gegen Süden vordringen, ohne sie im Geringsten zu beunruhigen. Als endlich der geeignete Augenblick eines Angriffs auf dieselben vorüber war, kam er endlich zur Einsicht, daß die Allirten Virginien zum Schauplatz ihrer vereinten Kriegsoperationen ausersehen hatten. Die Wahrheit kann, wie Dr. Ramsay sagt, oft dieselben Dienste leisten wie Hinterlist, und es hätte kein blos simulirter Angriff auf New York besseren Erfolg haben können, als der wirklich beabsichtigte.

Wir können hier nicht umhin, einen Auszug aus einem Briefe zu geben, den Washington einige Jahre später in Bezug auf dieses Ereigniß schrieb. Es waren mehrfach Anfragen desfalls an ihn ergangen, auf welche er Folgendes erwiederte: „Für den Feldzug von 1781 war bereits im Jahr vorher ein gemeinschaftlicher Operationsplan für die französische Land- und Seemacht in Amerika festgestellt worden; über den Angriffspunkt war man nicht ganz bestimmt übereingekommen*), weil sich nicht vorher sagen ließ, wo dies mit dem größten Erfolge geschehen könne, und weil wir außerdem das Uebergewicht zur See hatten und uns mit größter Schnelligkeit nach jedem beliebigen Punkte hin begeben konnten. Schon lange zuvor war es mein Plan gewesen, allgemein wissen zu lassen, daß es auf New York abgesehen war und ich that Alles, um den Glauben an den Ernst der Sache unter den höchsten Militär- und Civil-Beamten zu verbreiten. Meine Absicht dabei war, von den östlichen und mittlern Staaten mehr Leute und Proviant zu erhalten, als dies sonst der Fall gewesen wäre, so wie den Feind irre zu führen, damit er sich an andern Punkten weniger rüste. Mittelst dieser Kriegslist gelang es Artillerie, Boote, Kriegsvorräthe und Provisionen zeitig genug in Bereitschaft zu haben, um sie mit der größten Schnelligkeit an irgend einen Punkt des Continents zu bringen; denn es war sicher viel schwieriger die Kriegsbedürfnisse aufzubringen, als wenn man sie einmal hatte, eine Verwendung dafür zu finden. Vor der Ankunft des Grafen de Grasse war es schon mein fester Entschluß, den Feind an der verwundbarsten Stelle anzugreifen, um mit moralischer Gewißheit auf einen Erfolg rechnen zu können, indem damals unsere Angelegenheiten äußerst schlecht standen. New York schien zu stark für unsere Kräfte und man schwankte nur in der Wahl zwischen einem Angriff auf das englische Heer in Virginien oder auf das in Charleston. Umstände, deren Entwicklung in einem Briefe zu weitläufig sein würde, machten endlich, daß Virginien, an das man bisher immer nur eventuell gedacht hatte, zum definitiven und bestimmten Schauplatz des nächsten Feldzuges ausersehen wurde.

„Ich habe nur noch hinzufügen, daß man nie daran dachte, New York anzugreifen, wenn nicht vorher die Besatzung durch Absendung von Detachements nach dem Süden so geschwächt sein würde, daß man auf einen günstigen Ausgang der Belagerung mit dem Grade von Gewißheit hätte rechnen können, der bei Beurtheilung bevorstehender Kriegsoperationen möglich ist. Denn, ich wiederhole es und muß besonders darauf aufmerksam machen, wir bedurften irgend eines glänzenden Erfolges, einerlei ob in kleinem oder großem Maßstabe, um die schwindenden Hoffnungen und die erschlaffte Energie des Landes wieder zu beleben. In den damaligen kritischen Tagen würde ich meine Einwilligung zu keinem Unternehmen gegeben haben, das nicht nach den vernünftigsten und sichersten

*) Denn es würde dem Grafen de Grasse ein leichtes sein, vor seiner Abfahrt von Westindien uns wissen zu lassen, an welchem Punkte er zuerst landen werde, um Mittheilungen zu empfangen.

Berechnungen einen glücklichen Erfolg mit voller Gewißheit versprochen hätte.

„Ein verfehlter Angriff auf die feindlichen Posten hätte in keinem andern Augenblicke des ganzen Krieges für unsere Sache so verderblich werden können, als gerade damals.“

„Thatsache ist allerdings, daß man alle Mittel und Listen anwandte, um Sir Henry Clinton in Bezug auf den wirklichen Operationsplan ganz im Unklaren zu lassen. Ausgesprengte Gerüchte, Errichtung von Oefen, Anschaffung von Proviant, Herbeibringung von Booten, sollten den Feind täuschen. Auch gab man sich nicht wenige Mühe, unsere eigene Armee in Ungewißheit zu erhalten, denn ich war immer der Ansicht, daß es nur dann gelingt, die Gegner vollkommen zu täuschen, wenn dies zuvor bei der eigenen Partei gelungen ist.“

Diesem wohl angelegten Plane gemäß hob Washington sein Lager bei New Windsor auf und zog am 21. Juli gegen Kingsbridge. Rochambeau hatte mit dem französischen Heere, das fünf tausend Mann stark war, Rhode Island verlassen und stieß nun zu ihm. Man machte verschiedene Bewegungen, aus welchen man auf einen bevorstehenden Angriff auf die britischen Linien schließen konnte. Am 19. August ging eine Abtheilung bei Dobb's Ferry über den Hudson, scheinbar in der Absicht für die Dauer einen Posten in der Nähe aufzustellen. Am 20. und 21. setzte die amerikanische Hauptarmee bei King's Ferry über den Fluß, während die Franzosen einen bedeutenden Umweg nahmen und ihren Uebergang erst am 25. vollendeten.

Washington wünschte seinen wirklichen Plan so lang als möglich geheim zu halten und marschirte daher eine Weile in einer solchen Richtung, daß es immer noch schien, als beabsichtige er einen Angriff auf New York. Als es aber nicht länger 1781. möglich war, damit zu täuschen, änderte er plötzlich seine Richtung und marschirte in größter Eile gegen Süden. Seine Bewegungen waren so zweifelhafter Art gewesen, daß Clinton deren wahre Bestimmung erst erkannte, als Washington bereits über den Delaware gegangen war.

Am 30. August zogen die vereinten Heere in Philadelphia unter dem Jubel der Bevölkerung ein. Gegen Ende August legte sich de Grasse innerhalb der Vorgebirge vor Anker, indem er seine Flotte von dem Vorgebirg Henry bis zum Mittelgrunde queer durch die Bucht stationirte. Lafayette sandte ihm durch einen Offizier Mittheilung über die Lage der Dinge in Virginien und Kunde von dem beabsichtigten Plane gegen das dort stehende britische Heer.

Cornwallis befestigte sich unterdessen auf's beste in York und Gloucester. Lafayette hatte an dem James Fluß eine Stellung eingenommen, welche es dem Feinde unmöglich machte, nach Nord-Carolina hin durchzubrechen und die vereinigte Armee zog in Eilmärschen gegen Süden, um Cornwallis anzugreifen. Um seiner Seits die Operationen gegen denselben zu unterstützen, sandte de Grasse vier Linienschiffe und einige Fregatten ab, welche den York-Fluß blockiren und Lafayette die Truppen zuführen sollten, die er unter dem Befehle des Marquis de St. Simon mitgebracht hatte. Der Rest seiner Flotte blieb am Eingange der Bay.

Washington traf alle Anstalten für die Transportation seines Heeres und begab sich in Begleitung des Grafen von Rochambeau nach Virginien, wo er am 14. September zu Williamsburg zu Lafayette stieß.

Die Alliirten bedurften Geschütz und andere Belagerungsmittel, denn Cornwallis hatte die Festungswerke verstärkt und konnte nur durch eine regelmäßige Belagerung zur Uebergabe gezwungen werden. Man erwartete, daß Graf de Barras, der drei Tage vor der Ankunft von de Grasse in der Chesapeake-Bay und mit dem französischen Geschwader von Rhode Island abgesegelt war, die nöthigen Belagerungsmittel herbeiführen werde. Um nicht auf die englische Flotte zu stoßen, hatte sich de Barras auf der hohen See gehalten. Während nun de Grasse seine Ankunft erwartete, erblickte er am 5. September in Sicht der Vorgebirge eine englische Flotte von neunzehn Segeln unter dem Commando von Admiral Graves. Der französische Befehlshaber, von Washington berathen, benahm sich mit großer Geschicklichkeit und Vorsicht. Er lieferte den Engländern ein Gefecht, um sie von ihrem Ankergrunde zu entfernen. Was er dabei beabsichtigte, gelang ihm; de Barras fand Gelegenheit an der englischen Flotte vorüberzusegeln und de Graves ließ sich nun nicht auf einen allgemeinen Kampf ein, der den nun sichern Erfolg wieder dem Zufall Preis gegeben hätte.

Als Sir Henry Clinton aus seiner langen Täuschung über Washington's wirkliche Absicht erwachte, versuchte er eine Diversion zu machen, indem er den Verräther Arnold mit einer Expedition gegen New London beauftragte. Dieser gewissenlose, verhärtete Verbrecher hatte durch seinen großen Eifer für die englische Sache dem britischen Ministerium eine hohe Meinung von seiner Thätigkeit und seiner Energie beigebracht. Namentlich betrachtete es als einen eklatanten Beweis seines Eifers und seiner treuen Gesinnung die „Addresse an die Bewohner von Amerika," welche er kurz nachdem er seinen Verrath ausgeführt, veröffentlicht hatte und welcher seine „Proklamation" an die Offiziere und Soldaten des amerikanischen Heeres folgte. Es scheint außer Zweifel, daß das englische Ministerium glaubte, einen vortrefflichen Handel gemacht zu haben, als es diesen vollendeten Schurken zu ungeheuerem Preise erkaufte. Sein Aufruf an die amerikanischen Soldaten wurde aber von diesen mit Unwillen und Verachtung aufgenommen. „Es ist nur zu verwundern, sagt Sparks ganz richtig, „daß eine so einfältige Niederträchtigkeit und thörichte Hoffnung die Billigung des englischen Ober-Befehlshabers erhalten und unter seiner Autorität täglich in dem officiellen Blatte veröffentlicht werden konnte. Wie war es möglich, daß er nicht einsah, daß solche gerade gegen seine Interessen und Wünsche wirken müsse? Wer würde sich mit einem Verräther offen einlassen? Wer könnte daran denken, solche Schmach und Schande auf sich zu laden? Und vor Allem wer würde sich durch so unverhüllte und freche Schlechtigkeit und Falschheit bethören lassen?"

1781.

Im Beginne des Monats September trat Arnold seinen Zug gegen New London an. Um so bereitwilliger übernahm er die Leitung dieses Unternehmens, als er dadurch nicht nur seine boshafte Racheluft befriedigen konnte, sondern auch Aussicht hatte, von der erwarteten Beute einen guten Theil sich selbst zuzueignen. Er setzte über den Sund und landete seine Truppen in zwei Divisionen an der Mündung der Thames. Eine derselben rückte gegen New

London, nahm das Fort Trumbull und drang in die Stadt. Die andere zog am östlichen Ufer des Flusses nach dem Hochlande hinauf, um Fort Griswold anzugreifen. In diesem Fort lag unter dem Commando des achtbaren Obristen Ledyard eine Abtheilung von Miliztruppen, von denen Viele Familien-Väter waren, welche man in aller Eile aus der Umgegend zusammengebracht hatte. Sie leisteten einen entschlossenen Widerstand und tödteten dem Feinde eine ziemliche Anzahl Leute, wurden aber endlich überwältigt und stellten den Kampf ein. Als die Engländer in das Fort drangen, rief Bromfield, ein Tory von New Jersey: „Wer ist der Commandant des Forts?" — „Ich war es," sagte Obrist Ledyard, „jetzt sind Sie es," indem er seinen Degen überreichte, den ihm Bromfield mit roher Wuth in die Brust stieß, und damit das Zeichen zu einem allgemeinen Gemetzel gab. Ungefähr hundert Mann fielen unter den Streichen der wüthenden Soldaten und in dem benachbarten Dorfe Groton befand sich kaum eine Familie, die nicht ihren Vater zu beweinen hatte; fast die ganze Bevölkerung bestand nur noch aus Wittwen und Waisen. New London wurde niedergebrannt und viele reichbeladene Schiffe fielen in Arnold's Hände. Dieser verruchte Mensch blickte, gleich Nero, mit Wohlgefallen auf das brennende New London und die Schmerzensqualen der Wittwen und Waisen. Als er bald darauf nach New York zurückkehrte, setzte er seiner frechen Schandthat dadurch die Krone auf, daß er in seinem Berichte sagte, die Gefangenen, welche nach der Uebergabe des Forts kaltblütig niedergemetzelt worden waren, seien **todt darin** gefunden worden*).

Da nun Clinton einsah, daß Washington sich durch solche Raubzüge nicht von seinem Vorhaben abwendig machen lasse und zu gleicher Zeit die gefährliche Lage von Cornwallis bedachte, so bemühte er sich aus allen Kräften, demselben zu Hülfe zu kommen. Er sandte ihm einen in Chiffern geschriebenen Brief mit der Nachricht, daß er augenblicklich zu ihm geeilt sein würde, wären nicht die Schiffe des Admirals Graves so sehr beschädigt worden; daß er aber jedenfalls hoffe, gegen den 5. Oktober mit einer Flotte und einem Heere zu ihm unter Wegs zu sein. Im Vertrauen auf Clinton's Versprechen zog Cornwallis die Besatzung aus den Außenwerken zurück und concentrirte dieselben in dem kleinen Umkreise von Yorktown.

Das verbündete Heer, ungefähr eilf tausend Mann stark, kam am 25. September in Williamsburg an und zog am 28. auf verschiedenen Wegen nach Yorktown. 1781. Den folgenden Tag widmete man der Feststellung des Angriffsplanes. Während das vereinigte Heer sich vor Yorktown lagerte, ging die französische Flotte an der Mündung des Flusses vor Anker und schnitt den Engländern nicht nur die Flucht zur See, sondern auch alle Zufuhr von da ab. Lauzun's Legion und eine Milizbrigade, etwa vier tausend Mann stark, von General de Choisy befehligt, wurden über den Fluß gesandt, um die „**Gloucester Spitze**" zu überwachen und die Engländer auch auf dieser Seite einzuschließen.

Am 30. September begann die Belage-

*) Arnold verließ im December 1781 New York und ging nach England. Von jedem rechtlich denkenden Manne gehaßt und verachtet, lebte er in tiefer Gesunkenheit in London bis Juni 1801, wo er seine elende und verbrecherische Laufbahn endete.

rung von Yorktown. Die französischen Truppen bildeten den linken Flügel des vereinigten Heeres und standen von dem Flusse oberhalb der Stadt bis zu einem ihre Fronte deckenden Moraste; die Amerikaner auf dem rechten Flügel, hatten das Terrain zwischen dem Moraste und dem Flusse unterhalb der Stadt besetzt. Bis zum 6. Oktober war das Belagerungsheer unausgesetzt damit beschäftigt, die Artillerie und Kriegsvorräthe auszuschiffen und sie von dem Landungsplatze am James-Fluß, nach dem sechs Meilen davon entfernten Lager zu schaffen.

In der Nacht vom 6. wurde sechshundert Yards von der Linie der englischen Verschanzungen die erste Parallele aufgeworfen. Es war kalt und regnerisch, die Nacht ganz geeignet für eine solche Arbeit; auch verloren die Belagerer nicht einen einzigen Mann dabei. Wahrscheinlich hatten die Belagerten von dem, was vorging, gar keine Ahnung, bis der anbrechende Morgen es verrieth, wo aber die Trancheen schon so weit vorgerückt waren, daß sie die Arbeiter ziemlich vor dem Feuer der Garnison schützten. Alles von den Belagerten geleisteten Widerstandes ungeachtet, waren die Batterien am neunten des Nachmittags vollendet, und eröffneten sogleich ihr Feuer auf die Stadt. Von dieser Zeit an währte die Kanonade ununterbrochen; das Feuer der Vier und zwanzig- und Achtzehn-Pfünder und der Bomben zerstörte die unvollständig gelassenen Befestigungswerke zur Linken der Stadt, und brachte die dort aufgestellten Geschütze mit großem Verluste an Mannschaft zum Schweigen. Mehrere Kugeln und Bomben schlugen in die im Hafen liegenden Fahrzeuge ein, und steckten den „Charon" von vier und zwanzig Kanonen, so wie drei große Transportschiffe in Brand, wobei solche gänzlich zerstört wurden.

Die zweite Parallele ward in der Entfernung von zwei hundert Yards von den englischen Verschanzungen errichtet. Zwei zur Linken der letzteren vorstehende Redouten standen dem Vorangehen der Belagerer sehr hindernd im Wege, und sie beschlossen deßhalb, sie mit Sturm zu nehmen. Um sich gegenseitig anzufeuern, wurden die Franzosen gegen die eine, und die Amerikaner gegen die andere kommandirt; diese führte Lafayette, jene Baron Viomenil an. Gegen Abend des 10. geschah der Angriff. Auf Seiten der Amerikaner führte Hamilton die erste Sturm-Colonne und Obrist Laurens umging die Redoute an der Spitze einer Compagnie von achtzig Mann. Ohne einen Schuß zu feuern, stürmten die Truppen über die Verhaue und Palisaden hinweg, erkletterten gleichzeitig die Schanzen von allen Seiten, und bemeisterten sich ihrer mit solcher Schnelligkeit, daß sie nur wenig Leute verloren. Major Campbell und siebenzehn Soldaten wurden zu Gefangenen gemacht. Acht Soldaten wurden beim Angriffe niedergemacht.

Die Besatzung bestand aus fünf und vierzig Soldaten und ihren Offizieren. Obgleich die Nachricht von dem Gemetzel auf Fort Griswold eben erst eingelaufen war, waren, wie Hamilton zu Ehren seines Detachements berichtete, die Leute unfähig, Gleiches mit Gleichem zu vergelten — sie vergaßen die vielfachen Provokationen, und schonten Jeden, der die Waffen streckte. Gordon erzählt, daß Lafayette mit Washington's Zustimmung befohlen habe, Alle über die Klinge springen zu lassen; eine Angabe, welche nach Marshall von Obrist

Hamilton wie von Lafayette kategorisch in Abrede gestellt wird.

Die von den Franzosen zu stürmende Redoute war von einer größeren Besatzung vertheidigt, und da der Widerstand größer war, kostete ihre Einnahme auch mehr Leute. Die Besatzung bestand aus hundert und zwanzig Soldaten unter dem Commando eines Obrist-Lieutenants. Davon wurden achtzehn getödtet, zwei und vierzig zu Gefangenen gemacht; darunter ein Hauptmann und zwei Subaltern-Offiziere. Die Franzosen büßten an Todten und Verwundeten ungefähr hundert Leute ein.

Der Oberfeldherr war mit der bei dem Angriffe erwiesenen Unerschrockenheit höchst zufrieden, und sprach in dem am folgenden Tage ausgegebenen Tagesbefehle seine Anerkennung über die von Viomenil und Lafayette bewiesene zweckmäßige Leitung und über das tapfere Verhalten der unter ihnen kämpfenden Offiziere und Soldaten in ehrender Weise aus. Noch in der nämlichen Nacht kamen die erstürmten Redouten in die Linie der zweiten Parallele zu liegen.

Die Lage von Cornwallis fing jetzt an verzweifelt zu werden. Clinton hatte ihm zu wissen gethan, daß es vor dem 12. Oktober nicht möglich sein würde, die erwartete Verstärkung abgehen zu lassen; bis zu ihrer Ankunft hatte er aber keine Aussicht sich halten zu können. Um die Werke der Belagerer soviel als möglich aufzuhalten, beschloß er einen starken Ausfall zu machen. Es glückte auch, am Morgen des 16. einen Theil der Werke der zweiten Parallele zu zerstören; allein da der Feind alsbald zurückgetrieben wurde, blieb der beabsichtigte Zweck unerreicht.

Die aufgeworfenen Batterien der Belagerer waren jetzt mit beinah hundert schweren Geschützen besetzt, und die Werke der Belagerten waren so übel zugerichtet, daß sie sich kaum noch einer einzigen Kanone bedienen konnten. So zum Aeußersten getrieben, faßte Cornwallis den kühnen Entschluß, sich nach New York durchzuschlagen. Sein Plan war, in der Nacht nach Gloucester Point über den Fluß zu setzen; dort befand sich eine kleine von Tarleton kommandirte englische Garnison, welche die Franzosen unter de Choisy eingeschlossen hielten. Durch diese wollte man sich schlagen, und durch forcirte Märsche es versuchen, die Verbindung mit Clinton herzustellen.

Alles Gepäck, so wie Kranke und Verwundete wurden unter Anrufung der Menschlichkeit des Feindes zu ihren Gunsten zurückgelassen, das ganze Heer aber sollte in drei Divisionen über den Fluß gesetzt werden. Eine erste Abtheilung war glücklich hinüber und in Gloucester Point angekommen; eine zweite befand sich auf dem Wasser; die dritte hielt noch am Einschiffungs-Platze; die Luft war still, und es schien Alles nach Wunsch zu gehen. Plötzlich aber verdunkelte sich der Horizont; es erhob sich ein Sturm, und wieder schienen die Elemente sich gegen Cornwallis, und zu Gunsten des Amerikanischen Volkes zu erklären, wie damals, als das Anschwellen des Wassers die Armee der Letzteren vor seinem vernichtenden Angriffe in Sicherheit gebracht hatte. Sturm und Regen gestatteten nicht zu landen, die Boote wurden den Fluß hinunter getrieben. Als der Tag anbrach, und den Belagerern die üble Lage ihrer Feinde verrieth, eröffneten sie ein zerstörendes Feuer auf die zerstreuten und entkräfteten Corps, die zuletzt froh waren, sich wieder in ihre beinah dem Boden gleichen Verschanzungen zurückziehen zu können.

Mit dem Fehlschlagen dieses Planes war die letzte Hoffnung der englischen Armee erloschen. Längerer Widerstand hatte keinen Zweck und die fernere Vertheidigung des Platzes konnte nur ein ganz nutzloses Opfern von Menschenleben genannt werden. Deshalb richtete Lord Cornwallis am 17. Oktober ein Schreiben an Washington, worin er um einen vier und zwanzig stündigen Waffenstillstand nachsuchte, während dessen Commissäre zum Aufstellen der Kapitulations-Bedingungen zusammentreten sollten. Washington antwortete, daß er zwar eifrigst wünsche, fernerem Blutvergießen Einhalt zu thun, und bereit sei, auf entsprechende Bedingungen einzugehen, daß er aber in der jetzigen Lage nicht einwilligen könne, auch nur einen Augenblick über nutzlose Unterhandlungen zu verlieren; Alles was er thun könne, sei eine zweistündige Frist zu gestatten, binnen welcher Lord Cornwallis seine Vorschläge machen möge. Diese waren der Art, daß sie zu einem Verständnisse Aussicht gaben, und der Waffenstillstand wurde daher auf die Nacht ausgedehnt. Washington benutzte die Zeit, um seiner Seits die Bedingungen aufzustellen, die er zu gewähren Willens war; diese wurden dann Cornwallis mitgetheilt, mit der Einladung, im Falle er ihnen beistimme, Commissäre zu ernennen, um sie sofort in vertragsmäßige Form zu bringen.

So wurden alle Weitläufigkeiten abgeschnitten, und am 19. Oktober wurden die
1781. Plätze York und Gloucester den verbündeten Heeren der Franzosen und Amerikaner überliefert. Die wesenlichen Punkte der Kapitulation waren: „die Armee solle als kriegsgefangen der Verfügung des Congresses, die Flotte aber der Verfügung Frankreichs unterliegen; die Offiziere sollten ihre Seitenwaffen tragen und all' ihr Privateigenthum behalten können, ausgenommen solches, was von den Landes-Einwohnern als ihnen angehörig in Anspruch genommen werde; die Soldaten sollten in Virginien, Maryland und Pennsylvanien untergebracht und so verpflegt werden, wie die im Heere der Amerikaner dienenden Soldaten; ein Theil der Offiziere solle mit den Soldaten internirt werden; den Uebrigen solle es auf Parole gestattet sein, nach Europa oder in jede von den Engländern besetzt gehaltene Stadt in Amerika zu gehen." Die Ehre mit fliegenden Fahnen abzumarschiren, welche dem General Lincoln bei der Räumung von Charleston verweigert worden war, wurde vergeltungsweise auch Cornwallis verweigert, und Lincoln selbst wurde aus zartfühlender Rücksicht des Oberfeldherrn ernannt, um die Unterwerfung der Königlichen Armee zu Yorktown ganz in derselben Weise vor sich gehen zu lassen, wie es mit ihm selbst achtzehn Monate vorher gehalten worden war *). Die Zahl der Kriegsgefangenen belief sich ausschließlich der Seeleute auf ungefähr sieben tausend. Die Armee der Alliirten betrug einschließlich der Milizen ungefähr sechszehn tausend. Der Verlust der Engländer während der Belagerung war zwischen fünf und sechs hundert, der der Amerikaner an Todten

*) Dr. Thacher gibt in seinem "Military Journal" p. 288 einen interessanten Bericht über die Ereignisse dieses merkwürdigen Tages. Lord Cornwallis schützte Unpäßlichkeit vor, und war nicht sichtbar. General O'Hara vertrat ihn. Thacher erzählt auch, daß die Engländer sich sehr im Plündern ausgezeichnet hatten; so sei Cornwallis' Tafelgeräthe geraubtes Silberzeug gewesen. Man schätzt den von den Engländern in York angerichteten Schaden auf mehr als drei Millionen Dollars.

und Verwundeten nahe an drei hundert. Gerade an dem Tage, als die Kapitulation unterschrieben wurde, segelte Clinton zur Verstärkung von Cornwallis von New York ab. Er erreichte die Virginischen Caps am 24. Oktober, als er aber die Ereignisse erfuhr, kehrte er sogleich nach dem Norden zurück.

Der Congreß votirte freigebige Danksagungen für den Ober-Befehlshaber, den Grafen de Rochambeau, den Grafen de Grasse so wie für die Offiziere der verschiedenen Grade und die braven Soldaten unter ihrem Commando. Der Tagesbefehl an dem auf die Uebergabe folgenden Tage ordnete einen Dankgottes-Dienst an und empfahl allen Soldaten, die nicht im Dienste waren, demselben beizuwohnen. Der Congreß aber erließ eine Proklamation, wonach der 13. December zum Dank- und Feiertage anberaumt wurde.

Der Triumph über diesen Sieg war im Lande allgemein, und wurde überall mit Jubel gefeiert. Washington wollte ihn benutzen, um den Grafen de Grasse zu bestimmen, noch ferner seinen Beistand gegen die Engländer im Süden zu leihen. Da er dies aber standhaft ablehnte, so schickte er zwei tausend Mann, um das Corps des General Greene zu verstärken, den größe-
1781. ren Theil der Armee aber ließ er in
der Nähe von York die Winterquartiere beziehen. Er selbst ging nach Philadelphia, wo er am 27. November ankam. Die Franzosen blieben in Virginien, de Grasse aber segelte nach Westindien.

Washington hatte während der nun verflossenen sechs Jahre, seit er das Commando übernommen, stets die Vorsicht bewiesen, sich auf alle mögliche Fälle gefaßt zu machen. Den Blick stets in die Zukunft gerichtet, und immer darauf hingewiesen, mit Schwierigkeiten aller Art zu kämpfen, war sein Muth beständig mit den ihn umringenden Gefahren gewachsen. Selbst in der hoffnungslosesten Lage war er nie verzweifelt. Aber jetzt ließ er sich dagegen eben so wenig vom Glücke blenden, und die günstigen Ereignisse der letzten Zeit machten ihn durchaus nicht wie so viele Andere, an das Ende der Revolution glauben — sie dienten nur dazu, seine Vorsicht und Energie noch höher zu spannen.

Obgleich die verbündeten Heere in Virginien überall triumphirt hatten, und im Jahre 1781 in den Carolina's Vortheile von höchster Wichtigkeit errungen worden waren, setzte Washington die Nothwendigkeit auseinander, sich zu einem weiteren Feldzuge zu rüsten. In einem Schreiben an General Greene bemerkt er: „Ich werde bemüht sein, den Congreß zu überzeugen, daß er unsere jüngsten Siege am besten verfolge, wenn er die energischsten und wirksamsten Maßregeln ergreift, uns zu einer entscheidenden Campagne für das nächste Jahr möglichst zeitig gerüstet zu machen. Meine größte Furcht ist, daß er unsere Erfolge in einem allzu günstigen Lichte ansieht, und deren Wichtigkeit so überschätzt, daß er unser Werk beinahe vollbracht glaubt, und in einen Zustand von Erschlaffung und Unthätigkeit verfällt. Um diesem Irrthume vorzubeugen, werde ich alle in meiner Gewalt befindlichen Mittel aufbieten, und wenn wir dennoch unter den Folgen einer solchen Täuschung leiden müßten, so will ich mir wenigstens nichts vorzuwerfen haben.

Lafayette forderte und erhielt Urlaub, nach Frankreich zurückzukehren, da er voraus sah, daß während des gegenwärtigen

Winters keine Gelegenheit mehr zu aktivem Dienste sein werde. *) Er nahm die Danksagungs-Beschlüsse des Congresses mit, welche nicht nur eine sehr schmeichelhafte Anerkennung seines Eifers und der von ihm geleisteten Dienste, sondern auch die Ueberzeugung aussprachen, daß er sich die Liebe und Achtung des ganzen amerikaschen Volkes erworben habe. Man gab sich allgemein der Hoffnung hin, daß seine Urlaubs-Reise der Sache der Freiheit von großem Nutzen sein werde, sowohl mittelst der Schilderungen, die er von der Lage der Dinge hier machen, als mittelst des Einflusses, den er üben werde, Frankreich zu noch fernerer Unterstützung der Vereinigten Staaten zu bestimmen.

Zur Zeit als Washington gegen Cornwallis zu Felde zog, bemächtigten sich die Loyalisten in Nord-Carolina unter McNeil und McDougal der Stadt Hillsborough und machten eine Anzahl Gefangene. McNeil und einige seiner Leute wurden in einem Rencontre mit den Amerikanern getödtet. McDougal wurde verfolgt, entkam aber mit den von ihm gemachten Gefangenen nach Wilmington.

Gegen Ende August machte Major Roß an der Spitze von sechshundert Mann, theils Rangers (amerikanische Grenz-Kosaken), theils Indianer einen Streifzug an den Mohawk. Bei Johnston stieß Obrist Willet mit einem Corps von etwa drei hundert fünfzig Mann auf ihn. Nach kurzem Gefechte nahmen die Amerikaner Reißaus — Willet sammelte sie aber wieder, und griff, von zweihundert Milizen verstärkt, die Engländer von neuem an, dies Mal mit besserem Erfolge. Sie zogen sich zurück, ohne daß ihnen Willet jedoch große Verluste beibrachte. Unter den Getödteten war auch der niederträchtige Walter Butler, der das Gemetzel zu Cherry Valley angestellt hatte *). Er bat um Quartier, wurde aber unter Hinweisung von Cherry Valley niedergemacht.

Am letzten Tage des Jahres 1781 erhielt endlich der achtbare Patriot, Henry Laurens seine Freiheit wieder. Er war, wie wir früher erzählten, im Oktober 1780 gefangen genommen und im Tower zu London festgehalten worden. Es wurden vielfache Mittel angewendet, ihn zur Nachgiebigkeit zu bestimmen, aber ungeachtet der Härte, womit er behandelt wurde, widerstand er. „So endete, sagt Ramsay, die lange und qualvolle Posse mit seiner unbedingten Freilassung."

---

*) „In den Rittergeschichten, sagt John Henry Adams gar ansprechend, lesen wir von Turnieren, wobei ein fremder unbekannter Ritter plötzlich ganz gewappnet und mit herabgelassenem Visire in die Schranken einreitet, um mit der Blüthe der anwesenden Ritterschaft um den Ehrenpreis von der Hand der Schönheit gereicht, zu kämpfen. Er bleibt Sieger, empfängt knieend den Kranz, und verschwindet spurlos unter der seiner Tapferkeit zujauchzenden Menge. Wo aber finden wir in den Tafeln der Geschichte, wo in den Schilderungen des Romanes, wo sonst noch als in dem Leben Lafayette's, einen edlen Fremdling, der mit dem Tribute seines Namens, Ranges, Vermögens, mit dem Opfer seines häuslichen Glückes, seines Blutes einem leidenden weit entfernt wohnenden Volke in der Stunde seiner größten Bedrängniß zu Hülfe eilt, die Brust dem Schwerte seiner Feinde entgegenhaltend? Und dies that er nicht für die kurze Zeit eines die Eitelkeit kitzelnden Gepränges, sondern ganze fünf Jahre lang durch alle Wechselfälle seines Schicksales; stets bereit auf dem Orte der Gefahr zu erscheinen, das jugendliche Ungestüm mit der Vorsicht eines erfahrnen Befehlshabers vereinigend, kühn und entschlossen in der Gefahr, rasch im Entschlusse, unermüdlich in der Ausführung, erfinderisch in Auskunftsmitteln, unangreifbar im Rückzuge; oft der Gefahr ausgesetzt, nie von ihr überrascht, nie außer Fassung; dem Feinde entschlüpfend, wenn er ihn fest in der Hand zu halten meinte, und mit unwiderstehlicher Gewalt über ihn hereinbrechend, wenn er nur hoffen konnte, es mit ihm aufnehmen zu können! Was ist Alles dieses Anderes, als das Tagebuch Lafayette's von seinem ersten Zusammentreffen mit den Flüchtlingen von Brandywine bis zum Sturme der Redoute von Yorktown?— G. G. Adams Festrede über das Leben ꝛc. von Lafayette p. 35.

*) Siehe Campbell's: Border Warfare of New York. pp. 203—13.

Neuntes Kapitel.

1782—1783.

Ende des Revolutions-Krieges.

Verhandlungen im Parlamente—Oswald nach Paris gesendet—General Charleston nach den Vereinigten Staaten gesendet—Versuche, eine Friedens-Basis festzustellen—Washington dringt auf fernere Rüstungen—Finanzlage—Capitän Huddy's Fall—Washington die Krone angeboten—Seine Antwort—Seine Militär-Operationen eingestellt—Die Armee soll reducirt werden—Mißvergnügen unter Offizieren und Soldaten—Die Dinge im Süden—Operationen des General Greene—Abzug der Franzosen—Ursache des Mißvergnügens in der Armee—Friedens-Unterhandlungen durch Franklin, Jay und Adams—Verlauf derselben—Beschwerde des Grafen Vergennes—Petition der Offiziere an den Congreß—Stimmung der Letzteren—Die Newburger Addresse—Washington's edelmüthiges Verhalten—Gefahren in jener Krisis—Washington befürwortet die Sache der Freiheit—Feindseligkeiten eingestellt—Die Armee gut gesinnt—Meuterei unter den Rekruten in Pennsylvanien—Die Gesellschaft der „Cincinnati"—Washington's Rundschreiben—Friedens-Vertrag—Die Armee aufgelöst—Washington's Abschieds-Ordre—New York geräumt—Washington's Abschied von den Offizieren—Er legt sein Patent nieder—Großartigkeit der Scene—Anhang zum 9. Kapitel. I. Auszug von Watson's „Männer und Zeiten der Revolution." II. Die Newburger Addresse. III. Washington's Ansprache an die Offiziere der Armee. IV. Washington's Rundschreiben an die Gouvernöre der Staaten. V. Washington's Abdankung.

Welches auch die Ansichten über den endlichen Ausgang des Kampfes in England gewesen sein mögen, so machte es die Niederlage und Gefangennehmung von Cornwallis und seiner Armee augenscheinlich, daß die Vereinigten Staaten nicht mit Gewalt unterjocht werden konnten. Das Ministerium wie das Volk war höchst überrascht und die Ueberzeugung, daß der Kampf eben so hoffnungslos als unheilbringend sei, ward immer allgemeiner.

Am 27. November 1781 trat das Parlament zusammen, und obgleich der König in seiner Thron-Rede mit charakteristischem Starrsinne eine energische Fortsetzung des Kampfes beantragte, und beide Häuser ihre Antworts-Addressen in ähnlichem Geiste abfaßten, so zeigte sich doch in der Debatte ein sehr entschiedener Oppositions-Geist und es war klar, daß die öffentliche Meinung gegen die Fortsetzung des Krieges war. Nach dem Wiederzusammentritte am 22. Februar beantragte General 1782. Conway eine Addresse an den König, zu dem Zwecke, die Beendigung des Krieges in Amerika zu veranlassen. Der Antrag wurde mit einer Majorität von einer einzigen Stimme abgelehnt, einige Tage darauf aber von neuem gestellt und angenommen. Die Addresse wurde überreicht und das Haus der Gemeinen faßte am 4. März den Beschluß, „daß das Haus alle Jene als Feinde Sr. Majestät und des Landes ansehe, welche die Fortsetzung des Angriffs-Krieges auf dem Continente von Nord-Amerika anrathen oder ausführen würden." Unter diesen Umständen mußte das Ministerium natürlich zurücktreten und am 19. traten daher Lord North und seine Collegen von ihrem Amte ab. Die neue Administration war bald gebildet; der Marquis von Rockingham wurde zum Lord-

Schatzmeister und der Earl von Shelburne mit Fox zu Staats-Sekretären ernannt.

Bald nach ihrem Amts-Antritte sandten die Minister den Herrn Oswald nach Frankreich, um das französische Kabinet sowohl wie Dr. Franklin über die etwaigen Friedensbedingungen zu sondiren. Er hatte eine Audienz mit dem Grafen Vergennes, der ihm eröffnete, daß die französische Regierung geneigt sei, sich in Unterhandlungen einzulassen, jedoch ohne Zustimmung ihrer Alliirten nichts thun könne. Es wurde ihm zugleich bemerkt, daß man Paris als den Ort zum Zusammentritte der Conferenzen über diesen wichtigen Gegenstand vorzugsweise wünsche. In der Hälfte April ging der englische Agent nach London und kehrte am 4. Mai mit der Erklärung zurück, daß das englische Kabinet einverstanden sei, Abgeordnete nach Paris zu senden, um über den Abschluß eines allgemeinen Friedens zu unterhandeln.

Eine der ersten Maßregeln des neuen Ministeriums war, den Sir Guy Carleton an der Stelle des Sir Henry Clinton zum Ober-Befehlshaber der Truppen in Amerika zu ernennen und ihm gemeinschaftlich mit dem Admiral Digby Vollmacht zur Unterhandlung der Friedensbedingungen zu ertheilen. Der Hauptzweck dabei war, den Congreß wo möglich zum Abschlusse eines Separat-Friedens zu vermögen. Carleton kam Anfangs Mai zu New York an und setzte Washington von der ihm und dem Admiral Digby ertheilten Vollmacht zur Unterhandlung der Friedensbedingungen in Kenntniß. Er ersuchte zugleich um einen Paß für seinen Sekretär, welcher dem Congresse Depeschen über den Gegenstand überbringen solle. Der Oberfeldherr beförderte die Mittheilung an den Congreß; da aber der Antrag, dem Könige die Befugniß zu ertheilen, den Frieden mit Amerika abzuschließen, damals noch nicht Gesetz geworden war; da ferner keine Gewißheit vorlag, daß die genannten Commissäre ermächtigt waren, irgend andere Bedingungen anzunehmen, als jene, welche schon verworfen worden waren; da endlich der Congreß argwohnte, daß das Anerbieten keine andere Absicht habe, als sie hinzuhalten und einzuschläfern, so daß man sie, wenn in Sicherheit eingewiegt, desto erfolgreicher angreifen könne; und da mit einem Worte der Congreß entschlossen war, sich in keine Separat-Unterhandlung einzulassen, so wurden die Pässe verweigert.

Washington fürchtete immer, daß man sich in Folge der glänzenden Erfolge der amerikanischen Waffen in Virginien täuschenden Hoffnungen hingebe und empfahl auf's dringendste energische Vorbereitung zu einem neuen Feldzuge. „Was auch immer die Politik der europäischen Höfe während des gegenwärtigen Krieges sein mag, entwickelte er, so sind ihre Unterhandlungen zu weit aussehend, um uns darauf verlassen zu können. Die Klugheit befiehlt uns eine ernstliche Vorbereitung zum Kriege und nur wenn vollkommen gerüstet, werden wir uns in einer Lage befinden, die uns gegen jedes Ereigniß sicher stellt." Der Congreß, durch Washington's Anwesenheit in Philadelphia und seinen persönlichen Einfluß bewogen, votirte sofort neue Geldauflagen und Lieferungen. Man beschloß den Armeebestand des letzten Jahres beizubehalten und forderte die Staaten auf, ihre Truppen-Contingente möglichst bald in Bereitschaft zu halten. Der Feldherr wurde endlich ermächtigt, zwei Cirkular-Schreiben an die Gouvernöre sämmtlicher

Staaten zu erlassen*). Diese Schreiben wurden am Schlusse des Januar ausgefertigt; sie enthielten in der nachdrücklichsten Sprache Erörterungen und Ermahnungen, die wohl geeignet waren, die Staaten von der Nothwendigkeit energischer Anstrengungen zu überzeugen.

Aber wie schon so oft bei früheren Gelegenheiten wurde Washington auch jetzt wieder in den Resultaten seiner Bemühungen bitter getäuscht. Die Assemblys der Staaten erklärten es für unmöglich, von ihren Mitbürgern Abgaben einzutreiben. Anstatt den Continental-Schatz zu füllen, gingen sie darauf aus, ihm Geld abzupressen; selbst die, welche eine tüchtige Steuer ausschrieben, verfügten, daß damit vor allem die eignen öffentlichen Bedürfnisse gedeckt werden müßten und nur der Rest an die Central-Kasse abgeliefert werden dürfe. Obgleich nun durch das umsichtige Verwaltungs-System von Morris die öffentlichen Bedürfnisse sehr vermindert waren, so waren sie doch nach der Natur der Sache immer noch sehr groß und hörten namentlich dann nicht auf, wenn die Mittel zu ihrer Bestreitung ausblieben. Am Anfange des Jahres 1782 war nicht ein einziger Dollar im Staatsschatze. „Und doch, sagt Marschall, waren Aller Augen auf den Zahlmeister gerichtet; die tausend Hände der Staats-Gläubiger waren nach ihm ausgestreckt, und gegen ihn, nicht gegen die Staats-Regierung, waren alle Beschwerden und Verwünschungen der unbefriedigt Gebliebenen gerichtet." Morris war zwar über die Undankbarkeit seines Landes höchst entrüstet, beschloß aber dennoch der Sache des Volkes treu zu bleiben. Als er Washington die unangenehme Nachricht mittheilte, daß die im Juli fällig werdenden Steuern nicht vor December erhoben werden könnten, fügte er hinzu: „Und bei den trüben Aussichten, wie sie dieses Schreiben enthält, bin ich des beständigen Ungestüms lärmender Gläubiger ausgesetzt; und während ich Alles eingebüßt habe, was das Leben reizend macht und gehofft hatte, mich der Anerkennung meiner Opfer erfreuen zu können, werde ich jetzt mit Schmähungen überhäuft. Es vergeht kaum ein Tag, an dem ich nicht versucht bin, das mir übertragene Amt in die Hand des Congresses zurückzugeben und eine Last abzuschütteln, die mich unter die Erde bringt. Nichts als die Ueberzeugung von der großen Verantwortlichkeit, die meine schwierige Stellung hat, hält mich von einem solchen Schritte zurück. Ob ich es glücklich durchführe, kann Gott allein wissen; ich weiß aber, daß mein dermaliges Zurücktreten die unglücklichsten Folgen haben würde. Ich lege diese mir abgepreßte Schilderung meiner Lage vertrauensvoll in Ihre Brust nieder — Sie, der schon so viel ertragen und gelitten, werden mir Ihre Theilnahme nicht versagen."

Ungefähr in der Mitte April verließ Washington Philadelphia und verfügte sich nach Newburg in das Hauptquartier. Dort erwartete ihn die Untersuchung eines schmachwürdigen Vergehens, dessen sich einige New Yorker Loyalisten schuldig 1782.
gemacht hatten und das er mit ganzer Strenge zu bestrafen entschlossen war. Capitän Huddy, der eine Abtheilung Soldaten in Monmouth County, New Jersey kommandirte, ward von einem Corps Loyalisten, die sich nach New York geflüchtet hatten, überfallen, gefangen genommen,

*) S. Sparks a. a. O. pp. 347 ff.

und zu New York in engem Gewahrsam gehalten. Wenige Tage darauf schleppten sie ihn aus dem Kerker heraus und hingen ihn mit einer auf die Brust gehefteten Inschrift auf, daß er den Tod zur Vergeltung einer ähnlichen Behandlung erleide, welche angeblich einige ihrer gefangen genommenen Kameraden zu erdulden gehabt. Washington nahm die Sache sogleich in die Hand, holte den Rath seiner Offiziere ein und legte sie dem Congresse vor. Er schrieb sodann an Clinton und verlangte die Auslieferung von Capitän Lippencot, dem Hauptschuldigen und Rädelsführer der abscheulichen Gewaltthat. Da der Aufforderung keine Folge gegeben wurde, beschloß Washington mit Zustimmung seiner Offiziere Gleiches mit Gleichem zu vergelten. Man ließ die englischen Gefangenen, die gleichen Rang mit Huddy hatten, Loose ziehen, und das Loos traf den Capitän Asgill, einen jungen Mann von kaum 19 Jahren, den einzigen Sohn seiner Eltern. Die Sache wurde während mehrerer Monate hingezogen. Sowohl Clinton als sein Nachfolger Carleton mißbilligten Lippencot's Handlung auf's Entschiedenste, allein er wurde nicht ausgeliefert, weil ein Kriegs-Gericht entschieden hatte, daß er nur dem Befehle des Ausschusses der in New York versammelten Loyalisten nachgekommen sei. Es wurde Alles aufgeboten, Asgill das Leben zu retten; seine Mutter richtete ein Gnadengesuch an den Grafen Vergennes, der auch im Interesse der trostlosen Mutter bei Washington ein Fürwort einlegte. Dieses wirkte und Washington hatte Anfangs November die Freude, den Capitän Asgill in Freiheit setzen zu können.

Die Truppen-Contingente der verschieschiedenen Staaten trafen weder pünklich noch vollzählig ein, wie Washington es so dringend anempfohlen hatte. Das Volk war so ausgezogen und so erschöpft, daß es jetzt, wo der Frieden beinah unzweifelhaft war, zu nichts mehr vermocht werden konnte. Washington versuchte es, die Staaten durch ein Rundschreiben an die Gouvernöre aus ihrer Apathie aufzustacheln, hatte aber nur geringen Erfolg. Dazu war die Mißstimmung unter Offizieren und Soldaten wegen des Rückstandes der Löhnung seit einiger Zeit gewachsen und die unter ihnen herrschende Noth brachte sie zu einem
Schritte, der Washington den größ- 1782.
ten Kummer erregte. Da sie sich überzeugt hatten, wie erbärmlich und unzuverlässig sich der Congreß als Regierungs-Behörde gezeigt hatte, und da man an der Möglichkeit einer republikanischen Staatsform vielfach zweifelte, gewann die Ansicht allgemein Bestand, daß der einzige Weg eine starke Regierung zu erhalten, der sei, die oberste Gewalt in die Hand eines einzigen Mannes zu legen. Das Heer berieth die Frage und beauftragte einen Obristen, seine Ansicht dem Feldherrn auszusprechen. Dieser verfaßte ein sehr geistreich gehaltenes Schreiben, worin er die damalige Lage der Dinge schilderte, die Mängel der gegenwärtigen Organisation entwickelte, und den edlen Vaterlandsfreund, der so lange an der Spitze der Armee gestanden, anredend, in folgenden Worten schloß: „Dieses muß Alle, besonders aber Militärpersonen eben so von der Schwäche einer republikanischen Regierung im Allgemeinen als insbesondere davon überzeugt haben, daß die Armee nur dadurch das zu leisten im Stande war, was sie geleistet hat, daß sie unter der ausschließlichen Leitung e i n e s Mannes gestanden. Es ist darum nicht

zu bezweifeln, daß wenn die Vorzüge einer constitutionellen Monarchie gehörig dargethan werden, solche angenommen wird. Alsdann aber wird es unbestreitbar sein, daß dasselbe Genie, welches uns durch anscheinend unüberwindliche Schwierigkeiten geführt hat, daß dieselben Eigenschaften, welche die allgemeine Achtung und Verehrung einer Armee verdient und gewonnen haben, auch am ersten berufen und geeignet sind, uns auf den Wegen des Friedens zu leiten und vorzustehen. Manche Leute haben die Begriffe Monarchie und Despotie so verwischt, daß sie sie nicht mehr von einander trennen können. Es dürfte daher vielleicht entsprechend sein, der Executiv-Gewalt der Verfassung, wie wir sie vorgeschlagen, einen anderen volksthümlicheren Namen zu geben: obgleich wenn sofort die Sache zu endlicher Entscheidung gebracht werden soll, uns vorwiegende Gründe bestimmen, die Benennung „König" vorzuschlagen, was sogar, wie der Schreiber zu glauben Grund hat, noch mancherlei sonstige sehr wesentliche Vortheile im Gefolge hätte."

Washington's Antwort auf diese Mittheilung lautete wie folgt.

Newburg 22. Mai 1782.

Mein Herr!

Mit größtem Erstaunen habe ich die Ansichten gelesen, die Sie meiner Prüfung unterlegt haben. Lassen Sie mich Ihnen sagen, daß mir kein einziges Ereigniß während des ganzen Krieges eine schmerzlichere Täuschung verursacht hat, als die aus Ihrem Schreiben gewonnene Erfahrung, daß Grundsätze in der Armee verbreitet sind, wie Sie mir solche entwickelt haben, denn sie scheinen mir eben so verwerflich als tadelnswerth. Für jetzt soll das Geheimniß ihres Bestehens in meiner Brust verschlossen bleiben; vorausgesetzt, daß nicht eine fernere Agitation in der Sache mein Einschreiten nöthig macht.

Ich bin wahrhaft in Verlegenheit zu errathen, zu welcher Zeit mein eigenes Benehmen jemals Anlaß zu einer Adresse gegeben haben kann, welche meiner Ansicht nach zum Keime großen Unheils für unser Vaterland werden kann. Wenn ich mich nicht selbst täusche, gibt es gewiß Niemand, dem solche Absichten mehr zuwider sein könnten, als mir. Auf der anderen Seite hat gewiß auch Niemand einen aufrichtigeren Wunsch, daß der Armee volle Gerechtigkeit widerfahren möge, als ich, und Alles, was meine Macht und mein Einfluß im verfassungsmäßigen Wege zu ihren Gunsten zu bewirken vermögen, soll nach meinen besten Kräften geschehen, wo und wie sich immer die Gelegenheit dazu darbietet. Ich beschwöre Sie daher bei der Liebe, die Sie für Ihr Vaterland, bei der Achtung, die Sie für das Urtheil der Nachwelt, und für mich selbst hegen, solche Gedanken zu unterdrücken, und nie mehr, gegen Wen es auch sei, zu äußern. Mit Achtung &c.

Georg Washington.

Allerdings eine ernste und scharfe Zurechtweisung! Mögen nun die Motive Derer, welche Washington solche Vorschläge unterbreiteten, gewesen sein, welche sie wollen, so steht fest, daß sein gerader Sinn unbestechlich war, und seine Vaterlandsliebe ihn über alle ehrgeizige Selbstberücksichtigung erhob. Der fragliche Versuch blieb übrigens der einzige, und es ist nichts weiter von ähnlichen Bestrebungen bekannt.

Mit einer nur zehntausend Mann starken Armee hätte Washington selbst, wenn er gewollt hätte, keinen Angriffs-Krieg führen können. Er blieb daher den Sommer über unthätig im Norden stehen.*). Sir Guy Carleton verhielt sich seiner Seits gleichfalls ruhig in New York, so daß die Feindseligkeiten der That nach aufgehört hatten. Anfangs August meldeten Carleton und Digby dem Ober-Befehlshaber, daß die Unterhandlungen für den Abschluß eines allgemeinen Friedens in Paris begonnen hätten, und die Unabhängigkeit der Vereinigten Staaten anerkannt werden würde; ferner, daß Laurens in Freiheit gesetzt sei, und die seither in England zurückgehaltenen Amerikaner Pässe erhalten würden. In einem anderen Schreiben bemerkte Carleton, daß er keine Ursache zu Feindseligkeiten sehe, und solche darum überall einstellen werde — sie könnten, fügte er hinzu, nur das Elend der Einzelnen vergrößern, ohne für einen der beiden Staaten einen erdenklichen Nutzen zu haben. Darum habe er den seitherigen Gebrauch eingestellt, die Indianer in das Gebiet der Vereinigten Staaten Streifzüge machen zu lassen; die auf solchen Expeditionen begriffenen habe er zurückgerufen." Diese amtlichen Mittheilungen schienen die Eifersucht des französischen Gesandten in Amerika rege zu machen, weßhalb es der Congreß für zweckmäßig hielt, den Beschluß zu erneuern, daß er sich nur in Gemeinschaft und mit Zustimmung seiner Allerchristlichsten Majestät in Friedens-Unterhandlungen einlassen werde.

Wir können hier füglich einschalten, daß nach der Gefangennehmung von Henry Laurens, John Adams als bevollmächtigter Minister nach Holland geschickt wurde, um wenn möglich ein Anleihen zu contrahiren. Nach langer Verzögerung wurde er officiell angenommen, und die Vereinigten Provinzen erkannten am 19. April die Unabhängigkeit der Vereinigten Staaten von Amerika an. Holland war die erste Macht in Europa, welche dem Beispiele Frankreichs folgte. In den ersten Tagen des Oktober schloß Adams einen Freundschafts- und Handels-Vertrag mit Holland ab, und es glückte ihm auch, das erwünschte Anlehen von ihm zu erhalten.

Durch den glänzenden Sieg Rodney's über den Grafen de Grasse am 12. April waren die britischen Besitzungen in Westindien außer Gefahr, und man war nicht ohne Befürchtung, daß dieser Umstand die Friedens-Unterhandlungen hinausziehen, und selbst zum Wiederbeginne der Feindseligkeiten führen könne. Man hatte die Absicht, die Armee zu vermindern; aber durch die sträfliche Nachlässigkeit der Staaten war kein Geld vorhanden, den Sold der Offiziere und Soldaten zu bezahlen. In einem vertraulichen Schreiben an den Kriegs-Sekretär sprach Washington seine Ueberzeugung aus, daß Viele im Heere gern den Abschied nehmen würden, wenn sie nur den rückständigen Sold bezahlt bekämen, fügte aber wörtlich hinzu: „Ich kann jedoch nicht umhin, große Befürchtungen zu hegen, wenn ich mir vorstelle, daß eine große Zahl Männer, die von tausend Erinnerungen an die Vergangenheit und Befürchtungen für die Zukunft aufgestachelt werden, dem bitteren Mangel Preis gegeben, und von einem Gefühle des Zorns über den von ihnen so genannten

*) Am 20. Juni 1782 nahm der Congreß die Form des großen Staatssiegels der Vereinigten Staaten an. Es sollte sein: Der Amerikanische Adler, in der rechten Kralle einen Olivenzweig und in der linken ein Gebund von dreizehn Pfeilen haltend, im Schnabel eine aufgerollte Flagge mit der Inschrift: E pluribus Unum.

Undank des Vaterlandes beherrscht, in die Welt gestoßen wird. Von Schulden gedrückt, ohne einen Pfennig in der Tasche, womit sie nach Hause zurückkehren könnten, haben die Meisten ihre beste Lebenszeit und Viele davon ihr eignes Vermögen dem Dienste ihres Vaterlandes und der Erringung seiner Unabhängigkeit geopfert, ganz abgesehen von dem, was sie gelitten haben und was oft die Gränze menschlicher Ausdauer überstiegen hat. Ich wiederhole, daß wenn ich an diese aufreizende Umstände denke, ohne daß das Geringste geschieht, ihre Gefühle zu besänftigen, oder die düstere Aussicht zu erhellen, ich sehr befürchte, daß eine Reihe übler Folgen von sehr ernstem und bedenklichem Charakter daraus entstehen könne.

„Ich will nicht den Schein haben, als ob ich zu grell male, so sehr mich auch die Wirklichkeit rechtfertigen würde, wenn ich es thäte, sonst könnte ich Thatsachen von heroischer Ausdauer und furchtbarem Elende erzählen, wie sie in der Geschichte der Menschheit gewiß noch selten vorgekommen sind. Aber Sie können sich darauf verlassen, daß die Geduld und das ruhige Ertragen des Elendes bei unseren Soldaten erschöpft ist, und noch nie ein solcher Geist des Mißvergnügens herrschte, wie in dem gegenwärtigen Augenblick. So lange wir im Felde stehen, mögen die Leute vom offenen Ausbruche zurückgehalten werden können, aber wenn wir die Winterquartiere beziehen, und der Sturm hat sich nicht vorher verzogen, ist es nicht leicht, für die Folgen einzustehen. Es ist wahrlich hohe Zeit, daß es Frieden gibt.“ Wie wir bald sehen werden, war nur zu viel Grund zu dieser Behauptung da und wir sind also schon vorbereitet, die Selbstaufopferung des Feldherrn in dem von ihm eingeschlagenen Benehmen zu beurtheilen. Obgleich die im Norden systematisch eingehaltene Unthätigkeit sich gewissermaßen auch auf die Armee im Süden erstreckte, hatten dort doch einige Neben-Operationen von feindseligem Charakter statt. General St. Clair, welcher die Verstärkungen von Yorktown nach dem Süden führte, kam Anfangs Januar in dem Hauptquartier des General Greene an. Es war ihm aufgetragen worden, die Verschanzungen von Wilmington auf seinem Wege zu nehmen: allein die britische Garnison räumte den Platz vor seiner Ankunft, und er wurde also dort nicht aufgehalten.

Er hatte überhaupt auf dem ganzen Marsche kein feindseliges Rencontre: allein die Zahl seines Corps hatte sich in Folge der auf einem langen Marsche unvermeidlichen Zufälligkeiten so gemindert, daß die dem General Greene zugeführten Verstärkungen kaum hinreichten, die Lücken derjenigen zu füllen, deren Dienst Ende Decembers abgelaufen war. So schwach übrigens auch die Süd-Armee war, nahm Greene dennoch keinen Anstand, nach St. Clair's Ankunft ein Corps unter dem Commando des Generals Wayne über den Santee zu beordern, um den Staat Georgien zu beschützen. Bei seiner Annäherung zog General Clarke, welcher die in jener Provinz stehenden Engländer, ungefähr tausend Mann regulärer Truppen, ohne die Miliz, kommandirte, seine ganze Macht zusammen. Während Wayne die Engländer aufmerksam beobachtete, wurde er in der Nacht vom 23. Juni plötzlich von einem starken Corps Creek-Indianer überfallen. Nur die vortreffliche Disciplin und Bravour seiner Leute konnte das Corps von gänzlicher Vernichtung retten. Dieses scharfe Zusammentreffen war die Schluß-Scene des Krieges in Georgia. Savannah wurde am 11. Juli geräumt, und Wayne kehrte zu General Greene zurück.

Es hatte sich große Mißstimmung in Folge der Schwierigkeit gezeigt, Lebensmittel zu erhalten, und das Contingent von Pennsylvanien, worunter viele Fremde dienten, ging in seiner Aufregung und Erbitterung soweit, daß sie sich mit dem Feinde in hochverrätherisches Einvernehmen setzten. Sie beabsichtigten nichts weniger, als sich des Generals Greene zu bemächtigen, und ihn einem Detachement britischer Truppen, die von Charleston ausrücken sollten, um ihre Absicht zu unterstützen, zu überliefern *). Gerade als das Complott ausgeführt werden sollte, wurde es entdeckt. Ein Sergeant wurde von dem Kriegs-Gerichte schuldig befunden und standrechtlich erschossen. Es trug sich dieses gegen Ende April zu, in der Nacht darauf desertirte eine große Zahl der Betheiligten.

In Charleston kommandirte General Leslie, der den Platz bis zum 14. December hielt, ungeachtet schon am 8. August die Absicht ausgesprochen worden war, ihn zu räumen. In der Zeit zwischen jenen
1782. Daten bot General Leslie dem General Greene einen Waffenstillstand an, den Greene auch gern eingegangen wäre; da aber die Befugniß darauf einzugehen der Civil-Behörde allein zustand, erachtete er sich nicht für ermächtigt, eine Unterhandlung dieser Art mit dem britischen General abzuschließen. Leslie verlangte ferner, daß ihm Reis und andere Lebensmittel geliefert würden, wofür er baare Zahlung zu leisten bereit sei; falls dies verweigert würde, drohte er solche mit Gewalt und ohne Zahlung wegzunehmen. General Greene muthmaßte indessen, daß die Engländer die Absicht hätten, eine große Quantität Reis in Charleston anzusammeln, um die Armee während ihrer Verwendung gegen die Franzosen in Westindien zu verproviantiren, und lehnte daher das Gesuch ab. Die Folge davon war, daß die Engländer mehrere Fouragirungszüge machten, wobei es mehrfach zu Gefechten kam. *) Diese waren an und für sich ohne Bedeutung und erhielten nur dadurch ein Interesse, daß Obrist-Lieutenant Laurens in einem derselben am 27. August zum großen Bedauern seiner Landsleute, deren volle Liebe und Achtung er genoß, blieb. Bald nachher machte Capitän Wilmot einen Angriff auf ein britisches Corps bei der James Insel, nahe am Fort Johnson; er selbst und einige Leute wurden getödtet, die Anderen zogen sich zurück. Dieses war das letzte Blut, welches in dem amerikanischen Kriege vergossen wurde.

Gegen die Mitte des September zogen die Franzosen von Virginien ab, und ver-

*) Siehe Greene's "Life of Nathanael Greene," p. 365. Auch Caldwell's "Life of General Greene," p. 363.

*) Man hat berechnet, daß in den verschiedenen Armeen der Vereinigten Staaten während des ganzen Krieges ungefähr siebenzigtausend gefallen sind. Die Zahl der auf den schrecklichen Gefangenen-Schiffen Verstorbenen kann nicht aufgestellt werden, obgleich man nachgerechnet hat, daß nur allein auf dem s. g. Jersey-Gefangenen-Schiff wenigstens eilftausend geendet haben. Diese schrecklich große Sterblichkeit wird allgemein der schlechten Behandlung und Anhäufung einer großen Menge Menschen in engen Räumen zugeschrieben. Englands Verlust bestand aus dem der zwei großen von den Amerikanern gefangen genommenen Armeen und den vielen Tausenden, die in den verschiedenen Schlachten und Gefechten getödtet wurden; sodann aus dem Abfalle von dreizehn seiner Colonien und endlich aus der Vermehrung seiner National-Schuld um zwölf Millionen Pfund Sterling während sieben Jahren. Die Vereinigten Staaten haben dagegen ihren Zweck, die Unabhängigkeit erreicht, und ihre National-Schuld ist nur 45 Millionen Dollars oder weniger als 10 Millionen Pfund. Thacher's Milit. Journal p. 350.

einten sich mit der amerikanischen Armee am Hudson. Im folgenden Monat marschirten sie nach Boston und schifften sich während des Monates December nach Westindien ein, nachdem sie im Ganzen zwei und ein halbes Jahr in Amerika gewesen waren. Washington begab sich nach Newburg, wo das Hauptquartier bis zur Auflösung der Armee blieb. Obgleich es beinahe gewiß war, daß während des Winters nichts unternommen werden würde, und daher auch die Anwesenheit des Feldherrn im Lager nicht nothwendig war, so war Washington doch zu besorgt, daß die Aufregung und Erbitterung der Offiziere und Soldaten bedenkliche Folgen haben könne, um nicht jede persönliche Rücksicht auf sich selbst in den Hintergrund zu stellen. Er blieb im Lager bei der Armee, entschlossen, die Mißvergnügten sorgfältig zu überwachen.

„Um ein richtiges Urtheil über die Ursachen des in der Armee herrschenden Mißvergnügens zu gewinnen, sagt Marschall, ist es nothwendig, sich in's Gedächtniß zurückzurufen, daß der Congreß-Beschluß vom Oktober 1780, wodurch den Offizieren lebenslänglicher Halbsold zugesichert wurde, einzig auf dem guten Willen einer Regierung beruhte, welche keine Mittel besaß, ihre Zusagen zu erfüllen. Solche Mittel konnten nur durch Ausschreiben auf die Staaten herbeigeschafft werden, und die Wirkung solcher Ausschreiben selbst in den Zeiten, wo die Gefahr vor der Thüre war, konnte wahrlich kein besonderes Vertrauen einflößen, daß jetzt wo der Frieden geschlossen war, mehr von ihnen erwartet werden könne. Auch die Ansichten des Congresses selbst über das Halb-Sold-System waren so ungünstig, daß man nur schwache Hoffnung haben konnte, daß, wären auch jene Mittel von den Staaten herbeigeschafft worden, der Congreß dieselben ihrer Bestimmung gemäß wirklich verwenden würde. Seit jenem Beschlusse waren die Conföderations-Artikel angenommen worden, welche die Zustimmung von neun Staaten zu jeder Geld-Bewilligung für nothwendig erklärt hatten, und neun Staaten hatten sich noch nie für die Halbsold-Bewilligung ausgesprochen. Auch wußte man, daß die allgemeine Stimmung nicht zu Gunsten dieser Belohnungs-Art der Offiziere war; es war daher ganz natürlich, daß, als ihnen jetzt die Einstellung des Felddienstes mehr Zeit zum Nachdenken gestattete, ihre Befürchtungen mit dem Herannahen des Friedensschlusses wachsen mußten.

Im Frühjahre 1782 vereinigten sich die streitenden Mächte in Europa über die Grundlage des Friedens. Im April ging Oswald nach Paris, bald darauf von Greenville gefolgt, um mit dem Grafen Vergennes über die Präliminarien eines allgemeinen Friedens zu unterhandeln. England fügte sich nur in mürrischer Zustimmung in Resultate, die unvermeidlich geworden waren, und machte eine Menge Schwierigkeiten, in der Absicht, die Unterhandlungen zu verwickeln, und den Vereinigten Staaten jeden möglichen Vortheil abzuringen, den es sich noch zu guter Letzt anzueignen vermochte. Der Marquis von Rockingham starb am 7. Juli und wurde durch Lord Shelburne ersetzt. Dieser war mit dem Könige übereingekommen, wenn es möglich sei, die offene und absolute Anerkennung der Unabhängigkeit der Vereinigten Staaten zu verweigern. Dr. Franklin machte sich eine Notiz, die im Original unter seinen Papieren

1782.

gefunden wurde. Sogleich nach Rockingham's Tod sagte der König zu Shelburne: „Lassen Sie mich offen mit Ihnen sprechen. Was mir am meisten am Herzen liegt, und worauf ich nur mit meinem Leben und mit meiner Krone verzichten möchte, ist, die gänzliche und unzweideutige Anerkennung der Unabhängigkeit Amerika's zu vermeiden, mögen die Folgen sein, welche sie wollen. Versprechen Sie mir, diesen Punkt im Auge zu behalten, so will ich Ihnen in allen anderen Beziehungen freie Hand geben." Die Festigkeit des Congresses und der Amerikanischen Commissäre in Paris vereitelte indeß das Gelingen des Manövers. Glücklicher Weise waren die Interessen unseres Vaterlandes Männern anvertraut, welche die Fähigkeit besaßen, sie zu begreifen und die Energie, sie zu vertheidigen. Der ehrwürdige Dr. Franklin, jetzt beinah achtzig Jahre alt, war Amerikanischer Bevollmächtigter in Paris; von Seiten Spaniens wurde ihm am 23. Juni Herr Jay beigegeben, und diese Beiden führten hauptsächlich die Unterhandlungen. Adams kam erst Ende Oktober nach Paris, Laurens aber nur wenige Tage früher, als man sich über die Friedens-Bedingungen vereinigt hatte. Die drei Hauptpunkte, nämlich: die Unabhängigkeit, die Gränzen und die Fischereien wurden zur wechselseitigen Befriedigung geschlichtet — beide letztere wurden sehr erschöpfend zwischen den Herren Jay und Oswald erörtert. Andere Fragen, betreffend die Entschädigung der Loyalisten für die erlittenen Verluste, die Abtretung Canada's an die Vereinigten Staaten rc. wurden zwar ebenfalls von den Commissaren verhandelt, ohne daß man sich aber darüber einigen konnte. Endlich wurde am am 30. November zu Paris der vorläufige Vertrag von allen Parteien in Form Rechtens unterschrieben, und Anfangs des folgenden Jahres von dem Congresse ratifizirt *).

Man wird sich erinnern, daß die amerikanischen Commissäre ausdrücklich angewiesen wurden, sich in den Verhandlungen mit England nach dem Rathe und dem Wunsche von Frankreich zu richten. Jay dagegen wünschte selbst den Schein einer Unterwürfigkeit gegen Frankreich zu vermeiden, wenn auch die von dieser Nation bereits geleisteten und künftig noch von ihr für die Sache der Amerikaner gehofften Dienste noch so schwer wögen; er nahm sich daher heraus, das hohe Pferd zu besteigen, und auf Punkten zu beharren, bezüglich derer sein College sich nicht berufen fühlte, eine gleiche Hartnäckigkeit an den Tag zu legen. Als z. B. Herr Oswald seine Vollmacht vorlegte, die dahin lautete: mit allen gehörig ermächtigten Personen aus den Colonien oder Plantagen zu unterhandeln" weigerte sich Jay positiv weiter zu gehen, so lange nicht die Vereinigten Staaten als eine unabhängige Nation darin angeführt seien, obgleich Dr. Franklin und Graf Vergennes das Bedenken für ungeeignet hielten, indem allen Verhältnissen nach die Unabhängigkeit der Vereinigten Staaten faktisch wenn nicht wörtlich anerkannt sei. In Folge des festen Entschlusses von Jay, in seinem Verfahren ganz unabhängig zu bleiben, kam es, daß die Unterhandlungen fortschritten, und die provisorischen Vertrags-Artikel

---

*) Watson in "Men and Times of the Revolution," p. 203—6 gibt eine interessante Schilderung von der Thronrede des Königs von England am 5. December 1782. S. Anhang am Ende des gegenwärtigen Kapitels.

angenommen wurden, ohne daß das Cabinet von Versailles darum befragt wurde. Adams*) ging dabei Hand in Hand mit Jay, und Dr. Franklin konnte sich nicht von seinen Collegen lossagen. Obgleich sie daher eigentlich ihre Instruktionen verletzten, und deshalb von Vielen in der Heimath scharf getadelt wurden, so muß man doch heute zugeben, daß die Grundsätze, von denen sie dabei geleitet wurden, ganz richtig waren, und ihr Verfahren im wohlverstandenen Interesse ihres Vaterlandes lag.

Natürlich beschwerte sich Graf Vergennes über das von den Amerikanischen Commissären eingehaltene Verfahren und Dr. Franklin wurde beauftragt, sie so gut als möglich zu entschuldigen. Sparks gibt den Brief des Grafen an Herrn von Luzerne, den französischen Gesandten in Amerika, worin der Gegenstand erwähnt und auch ersichtlich ist, was schon ein Blick in Franklin's Brief an den Grafen ahnen läßt, daß nämlich der Letztere sich des gewordenen Auftrags, den französischen Hof zu versöhnen, mit so vielem Erfolge entledigte, daß der französische Hof seinen Groll aufgegeben hatte †). Vielleicht war unter den damaligen Umständen der Verdacht über die wirklichen Absichten Frankreichs, welcher sich der Commissäre bemächtigt zu haben scheint, nicht so ganz ungerechtfertigt; namentlich da wir wissen, daß die englischen Bevollmächtigten fortwährend Zweifel und Argwohn über die künftigen Pläne und Zwecke Frankreichs auszustreuen suchten. Indessen fühlen wir uns bei alledem, daß wir Jay wegen des männlichen, würdigen und nationalen Standpunktes, den er einnahm und worauf ihm seine Mit-Commissäre, namentlich Adams folgten, unsere Anerkennung nicht versagen können, doch verpflichtet, Sparks Worte anzuführen, in denen er die Reinheit der Absichten der mächtigen Alliirten der Vereinigen Staaten vertheidigt. „Der Hof von Frankreich hat vom Ersten bis zum Letzten die Bedingungen der Allianz getreulich erfüllt. Es soll nicht behauptet werden, daß die Franzosen eine besondere Vorliebe für die Amerikaner gehabt hätten, oder durch kein Motiv des Interesses und lediglich durch Freundschaft und Anhänglichkeit bestimmt worden seien. Warum sollte man solches auch erwarten? Wann war vollständige Uneigennützigkeit jemals ein Charakterzug in dem Verkehr zwischen zwei Nationen? Aber es steht fest, und nichts im amerikanischen Unabhängigkeits-Kampfe kann klarer erwiesen sein, als daß die französische Regierung in allen ihren Beziehungen zu den Vereinigten Staaten, sowohl während des Krieges wie nach dem Frieden höchst ehrenvoll gehandelt und ihre Zusagen getreulich erfüllt hat, ja daß sie in mehreren Beziehungen sich als wahrhaft großmüthig erwiesen hat. *)

Kurze Zeit, nachdem die Winterquartiere bezogen waren, beschlossen die Offiziere eine Vorstellung an den Congreß bezüglich ihrer Sold-Rückstände einzureichen, und beauftragten den General McDougal und Ob-

*) Der Enkel Adam's hat in seinem Berichte über die von seinem Großvater geleisteten Dienste eine ganz andere Ansicht über die diplomatische Geschicklichkeit und Charakter-Stärke des Grafen Vergennes, als Sparks. S. Life and Works of John Adams. Vol. I. pp. 392—95.

†) S. Sparks Life of Franklin p. 490.

*) Sparks a. a. O. p. 495. Siehe darüber auch Pitkin's Political and civil History of the U. States. Vol. II, p. 123. Jay's Life of J. Jay, Vol. I, p. 133. Life of John Adams, Vol. I, p. 354 ff.

risten Ogden und Brooks sie persönlich bei der Versammlung zu vertreten, und ihre Interessen wahrzunehmen.

Die Vorstellung „Adresse und Bittschrift der Offiziere"
1782. überschrieben, war eine talentvoll gearbeitete Schrift, ganz geeignet, den Congreß zu einer entscheidenden Handlung aufzustacheln. Die in dem Beschlusse vom Oktober 1780 vorgesehene Umwandlung des Halbsoldes wurde nachdrücklich verlangt, nicht so wohl, weil man sie für gerecht oder billig hielt, als weil die Leute, die der Verzweiflung nahe waren und nach allen ihren Anstrengungen und Opfern für das Wohl ihres Vaterlandes sich der bittersten Armuth und dem kläglichsten Elende Preis gegeben sahen, darin den einzigen für sie offenen Ausweg zu finden hoffen konnten. Es wäre verbrecherisch von uns, so schließt die Adresse, die allgemeine Unzufriedenheit zu verschweigen, welche in der Armee herrscht und sich immer weiter verbreitet, und die eine Folge der Ungerechtigkeiten und des Druckes sind, welche sieben lange Jahre hindurch ihre Lage in manchen Beziehungen so erbärmlich gemacht haben. Wir flehen daher den Congreß an, um der Welt und der Armee zu zeigen, daß die Unabhängigkeit Amerika's nicht auf den Ruin einer ganzen Klasse seiner Bürger gegründet werden soll, irgend ein Mittel schleuniger Hülfe ausfindig zu machen."

Gewiß gab es Mitglieder im Congresse, welche Willens waren, der Armee vollständig gerecht zu sein; es gab Mitglieder, welche wahrhaften und redlichen Antheil an dem Schicksale jener hochherzigen Patrioten nahmen, die Alles für die Unabhängigkeit ihres Landes eingesetzt und jede Beschwerde, jedes denkbare Leiden, welche in das Loos eines Soldaten fallen können, ohne Murren ertragen hatten. Es gab Mitglieder in der National-Repräsentation, welche entschlossen waren, in wahrhaft nationalem Geiste zu handeln und die feierlich eingegangene Verbindlichkeit redlich zu erfüllen, so daß den Offizieren jeder Dollar bezahlt werden müsse, der ihnen geschuldet werde. Leider müssen wir aber zugeben, daß die Mehrheit in dem Congresse solche Gefühle und Ansichten nicht theilte. Die Rechte der Einzel-Staaten und deren Souveränität eifersüchtig vertheidigend, wirkten und stimmten sie gegen den Plan, die Rückstände und Pension der Offiziere durch eine Gesammt-Commission liquidiren und aus einem Gesammt-Fond zahlen zu lassen; sie verlangten, daß die Regulirung der Ansprüche den Einzel-Staaten überlassen werden solle *).

Der Congreß berieth die Denkschrift, gestand die Begründung des Anspruches zu und faßte einige Beschlüsse, ohne aber wirksame Maßregeln zu ergreifen, die nöthigen Fonds herbeizuschaffen, oder für die Forderungen Sicherheit zu geben. So ging der Winter herum, ohne daß eine Besserung in der quälenden und hoffnungslosen Lage der Offiziere eintrat, 1782. das ernannte Committee berichtete Anfangs Mai, daß nichts geschehen könne, was irgend einen Erfolg verspreche.

So war die Krisis jetzt eingetreten. Getäuscht und mit Recht erbittert, gewannen die Offiziere immer mehr die Ueberzeugung, daß es an der Zeit sei, energischere Maßregeln zu ergreifen. Es wurde eine geheime Zusammenkunft beschlossen und am

*) S. Note in Curtis' History of the Constitution. Vol. I, p. 194.

10. März wurde eine Aufforderung in Umlauf gesetzt, welche den Zweck derselben angab und zur Betheiligung aufforderte. Am nämlichen Tage erschien eine anonyme Adresse an die Armee, die erste der berühmten Newburger Adressen. Sie war mit großem Talente geschrieben und voll beredter und leidenschaftlicher Anregungen, die ihre Wirkung auf Männer nicht verfehlen konnten, welche sich durch den Undank und die Hintansetzung ihres Landes tief gekränkt fühlen mußten. *)

Washington sah auf der Stelle, welche Folgen eine Zusammenkunft haben müßte, die unter so aufregenden Umständen abgehalten würde, und trat mit großer Klugheit und Einsicht dagegen auf. Er verbot die Zusammenkunft auf jenes anonyme Berufungsschreiben hin, und lud die Offiziere ein, am Samstag dem 15. zusammen zu kommen, um den Bericht des Committee's zu vernehmen, und über die jetzt zu ergreifenden Maßregeln zu berathen. Am folgenden Tage circulirte eine zweite Adresse, von derselben Feder, worin mit vieler Gewandtheit darauf angespielt wurde, daß der Feldherr die beabsichtigten Schritte indirekt gebilligt habe. Washington sah jetzt, wie nothwendig es war, daß er allen seinen Einfluß aufbiete, um die Leidenschaften zu beschwichtigen und Aufregung und Mißvergnügen zu beruhigen. Er schreckte nicht davon zurück, diese Pflicht zu erfüllen.

Gewiß hatte er die wärmste Sympathie für die Armee; aber eben so wußte er, auf welche schlechten und schandvolle Abwege sie gerathen würden, wenn sie sich von unüberlegten und aufrührerischen Führern fortreißen ließe, wie sie die Abfassung der Adressen nur zu gewiß errathen ließ. Er bemühte sich auf's Ernstlichste, durch Zureden und überzeugende Gründe, mit denen er so viel auszurichten vermochte, die Offiziere zu beruhigen und zur Ergreifung gemäßigter Maßregeln geneigt zu machen. Die Zusammenkunft hatte unter dem Vorsitze von Gates statt, und Washington, der von Allen so hochverehrte Feldherr wollte eine Ansprache an sie beginnen, als Thränen seinen Augen entstürzten. „Meine Augen, sagte er, sind im Dienste meines Vaterlandes schwach geworden, doch hoffe ich, solches stets nur gerecht zu sehen!" Dann fing er an, die von ihm ausgearbeitete Adresse vorzulesen, eine Adresse voll der weisesten, gerechtesten und patriotischsten Gefühle. Er drang in sie, keine raschen, unüberlegten Schritte zu thun, den hohen Ruf, den sie mit so vielen Opfern und so großer Uneigennützigkeit im Kampfe für die Interessen ihres Landes sich erworben, nicht zu beflecken. Er verpfändete sein Wort, daß er sein Möglichstes thun werde, ihre Rechte und Ansprüche zu sichern, und beschwor sie, dem öffentlichen Glauben der Vereinigten Staaten zu vertrauen, wie er solchem selbst unbedingt vertraue. *)

Als er seine Adresse zu Ende gelesen hatte, waren Alle auf Tiefste gerührt. †) Unter tiefem Schweigen zog sich Washington zurück, ohne daß es Einer gewagt hätte, ein Wort gegen seine väterliche Ermah-

*) Die Adressen waren von Armstrong, damals Major, später General und Adjutant-Major von Gates geschrieben. Die wichtigste s. im Anhange.

*) S. Anhang zu gegenw. K. III.

†) Gordon a. a. O. sagt, es sei ein Glück gewesen, daß es Keinem eingefallen, die Bemerkung zu machen, daß Se. Excellenz gut reden habe — Sie besäße ein schönes Vermögen, und zöge sich mit Lorbeeren bedeckt vom Dienste zurück — in ihrem Fall aber laute es ganz anders. Wenn solche Gegengründe laut geworden wären, und wie zu erwarten gestanden, ihre Wirkung nicht verfehlt hätten, würde wahrscheinlich die Versammlung ganz anders ausgegangen sein. Vol. III. p. 361.

nung und Rathschläge vorzubringen, und man benutzte die glückliche Stimmung, Beschlüsse im Sinne des vom Feldherrn gegebenen Rathes zu fassen, worin die
1783. achtungsvollen Ausdrücke, die er selbst gebraucht, wiedergegeben und der feste Entschluß ausgesprochen war, den durch achtjährige treue Dienste so theuer erkauften Ruf nicht zu beflecken, vielmehr unbedingtes Vertrauen in die Gerechtigkeit des Congresses und ihres Vaterlandes zu setzen. Die in einer vor kurzem verbreiteten anonymen Adresse enthaltenen „niederträchtigen Anreizungen und Vorschläge, erklärten sie, mit Abscheu zu verwerfen."

In Wahrheit, sagt Curtis ganz richtig, kann selbst heute, nach so langer Zeit, die Gefahr der damaligen Krise nur mit Schaudern ermessen werden. Wäre der kommandirende General ein anderer Charakter gewesen, als Washington, wären die einflußreichsten Offiziere seiner Umgebung nicht die edelsten Patrioten gewesen, Nichts würde das Land vor dem schrecklichen Uebel des Bürgerkrieges geschützt haben. Aber Männer, die ertragen hatten, was jene wahrhaft hochherzigen Männer im Revolutions-Kampfe zu ertragen gehabt, hatten sich selbst zu beherrschen gelernt. Die harte Schule des Unglückes, welche sie so lange Jahre durch gemacht hatten, hatte sie für eine solche Adresse von einem solchen Chef empfänglich gemacht.

In Erfüllung seines Versprechens schrieb Washington sogleich einen energischen Brief an den Präsidenten des Congresses, worin er treffend bemerkt: „Das Resultat der von den Offizieren abgehaltenen allgemeinen Versammlung, welches ich die Ehre habe Ihnen beifolgend zu übermachen, um es dem Congresse zur Einsicht vorzulegen, wird wie ich mir schmeichle, als der letzte rühmliche Beweis von Patriotismus betrachtet werden, welcher von Männern erwartet werden konnte, die unserer Armee den Charakter patriotischer Uneigennützigkeit erworben haben, und wird, ich hoffe es, ihren Anspruch auf die Dankbarkeit ihres Vaterlandes noch erhöhen." Die Schlußworte waren höchst nachdrücklich. „Ich müßte mich sehr geirrt haben, wenn diese Männer nicht eine fernere Schadloshaltung für ihre Opfer und Leiden verdient hätten — noch außer ihrem rückständigen Solde! Die ganze Armee hat Anspruch auf Alles, was die Dankbarkeit der Nation ihr zu gewähren im Stande ist, oder ich müßte im großen Irrthum befangen sein, und meine Ansicht müßte auf ganz falschen Voraussetzungen beruhen. Wenn die Nation nicht Alles gewähren würde, was in der letzten Denkschrift an den Congreß gefordert wird, würde ich mein Vertrauen auf falsche Voraussetzungen gegründet haben, und bedauern müssen, daß ich mich in meinen Erwartungen getäuscht finde. Und wenn es wahr ist, wie dies zur Aufstachelung der Leidenschaften behauptet wird, daß die Offiziere der Armee die alleinigen Opfer dieser Revolution sein sollen: wenn sie aus dem Felde zurückgekehrt, sich in Armuth, Elend und Kummer verzehren sollen, wenn sie sich durch das traurige Loos abhängiger Armuth durcharbeiten und den Rest eines Lebens, das seitdem der Ehre gewidmet war, der Mildthätigkeit verdanken sollen, dann werde ich kennen gelernt haben, was Undankbarkeit heißt, dann werde ich das verwirklicht sehen, was mir mein ganzes zukünftiges Leben verbittern wird!

Doch ich fürchte es nicht — ein Land, das durch die Tapferkeit und patriotische

Hingebung solcher Männer von dem Verderben errettet worden ist, kann die ihnen geschuldete Dankbarkeit nicht vergessen!"

Am 23. März passirte der Congreß einen Beschluß, wodurch der früher zugesagte lebenslängliche Halb-Sold in eine Zahlung des fünfjährigen Soldes als Aversional-Summe umgewandelt wurde. Diese sollte nach der Wahl des Congresses entweder baar, oder in Pfandscheinen, wie sie die anderen Staats-Gläubiger erhielten, entrichtet werden. Anfangs Juli wurden endlich die Rückstände liquidirt und festgestellt. *)

1783. Die Friedens-Präliminarien zwischen Frankreich und Großbritannien und zwischen Spanien und Großbritannien wurden zu Versailles am 20. Januar unterzeichnet, zur gleichen Zeit wurde zwischen den amerikanischen und britischen Bevollmächtigten eine Uebereinkunft zur Einstellung der Feindseligkeiten getroffen.

Am 24. März gelangte die Nachricht von einem allgemeinen Frieden durch ein Schreiben des Marquis von Lafayette nach Amerika. Sogleich wurde der Befehl der Rückkehr an alle unter der Flagge der Vereinigten Staaten kreuzende bewaffnete Fahrzeuge erlassen. Kurze Zeit darauf erhielt der Congreß die officielle Benachrichtigung von dem zwischen den Ministern von Großbritannien und der Vereinigten Staaten abgeschlossenen Uebereinkunft und von der Ratifikation der Präliminar-Artikel zwischen Großbritannien und Frankreich, und darauf hin am 11. April erließ er eine Proklamation, wodurch die Einstellung der Feindseligkeiten zu Land wie zur See als von England und den Vereinigten Staaten vertragsmäßig übereingekommen, verkündigt, und strenge Beobachtung des Friedens eingeschärft wurde.

Der 19. April, der Tag, an welchem vor acht Jahren bei Lexington das erste Blut Amerikanischer Bürger geflossen war, wurde als der passendste Tag angesehen, der Armee die Einstellung der Feindseligkeiten officiell anzuzeigen. Der erlauchte Feldherr richtete eine Adresse an das Heer, und befahl, daß bei den einzelnen Brigaden ein feierlicher Gottesdienst zum Danke für die glücklich erfochtenen Resultate, und den Abschluß des Friedens gehalten werde.

Am 5. Februar erkannte Schweden die Unabhängigkeit der Vereinigten Staaten an; am 25. Februar Dänemark; am 24. März Spanien und im Juli Rußland. Mit diesen verschiedenen Staaten wurden im Laufe der nächsten auf die Anerkennung folgenden Zeit Freundschafts- und Handels-Verträge abgeschlossen. 1783.

Die Auflösung der Armee in Folge des abgeschlossenen Friedens mußte mit großer Sorgfalt geschehen, namentlich da des Geschehenen ungeachtet, die Offiziere und Soldaten immer noch nicht ihren rückständigen Sold erhalten hatten. Jedem, der es wünschte, wurde Urlaub gegeben, und war er einmal fort, so erhielt er die Ordre, nicht wieder zu kommen. So kam man über einen kritischen Zeitpunkt hinweg; ein großer Theil einer nicht bezahlten Armee wurde während des Sommers über das Land zerstreut, ohne daß Tumult und Störungen eingetreten wären.

Die wahrhaft bewundernswerthe Aufführung der Veteranen unter Washington's

*) S. eine interessante Note in Curtis „Geschichte der Constitution," Vol. I, p. 190 über den Halbsold der Offiziere.

unmittelbarem Befehl, verdient aber besonders anerkannt zu werden.

Einige neu ausgehobene Compagnien, die zu Lancaster in Pennsylvanien standen, befleckten durch ihr meuterisches Betragen den guten Namen der amerikanischen Soldaten. Ungefähr achtzig derselben marschirten nach Philadelphia, wo sich ihnen Andere anschlossen, so daß sich die Gesammtzahl auf drei hundert belief. Sie zogen mit aufgepflanztem Bayonete vor das Regierungs-Gebäude, worin der Congreß und Vollziehungs-Rath ihre Sitzungen hielten. Alle Thüren wurden mit Wachen besetzt, und der Congreß ward aufgefordert, binnen zwanzig Minuten ihre Forderungen zu erfüllen, wenn man nicht eine wüthende Soldateska gegen sich losgelassen sehen wollte. Sobald Washington Nachricht von dieser Gewaltthätigkeit erhielt, beorderte er General Howe, mit hinlänglicher Mannschaft vorzurücken, und die Meuterer zu Paaren zu treiben. Noch ehe er selbst an Ort und Stelle kam, war dies bereits mit gutem Erfolg und ohne Blutvergießen geschehen. Die Zahl der Meuterer war zu gering, um ernstliche Besorgnisse zu erwecken; aber ihr strafwürdiges Benehmen verursachte Washington großen Verdruß, und er sprach sich mit tiefer Entrüstung in einem Schreiben an den Präsidenten des Congresses über den Vorfall aus.

Während die Armee noch in ihren Cantonirungen am Hudson stand, stifteten die Offiziere, in der Absicht, ein Band der Einigung für die Zukunft zu knüpfen, den Orden der Cincinnati — nach dem berühmten römischen Patrioten Cincinnatus benannt. Der erlauchte Feldherr gab ihren Wünschen nach, und nahm den Vorsitz in der Gesellschaft an. Ihren Statuten gemäß sollte die Ehre der Mitgliedschaft in den Familien erblich sein, und ausgezeichnete Männer sollten als Ehren-Mitglieder aufgenommen werden können. Die ganze Sache wurde mit mißtrauischem Auge von der Bevölkerung aufgenommen. Das fortdauernde Band zwischen Offizieren und die Erblichkeit der Mitgliedschaft schien den Keim einer künftigen Adelsklasse in sich zu schließen. Washington hatte den Grundsatz, in gleichgültigen oder geringfügigen Dingen dem Vorurtheile des Volkes nachzugeben, wenn auch seine eigne Ansicht davon abwich. Als er daher den Charakter jener „Erblichkeits-Bestimmung" von der großen Masse des Volkes in einer so feindseligen Weise aufgefaßt sah, verwandte er seinen Einfluß dahin, daß die Statuten geändert, die Erblichkeit gestrichen und das Recht, Ehren-Mitglieder zu ernennen, aufgegeben wurde. Dieses geschah im Mai 1784. Der Erfolg rechtfertigte ganz seine Vorsicht; denn augenblicklich verschwand jedes Mißtrauen gegen die Gesellschaft, und die Mitglieder derselben wurden überall, selbst von ihren eifrigsten Opponenten auf's brüderlichste aufgenommen.

Während man die demnächstige Verabschiedung der Armee vorbereitete, erwog Washington die großen Fragen über die zukünftige Organisation seines Vaterlandes, die seine ganze Seele ausfüllten, mit den Mitgliedern des Congresses. Namentlich die Frage über die Bildung der Landwehr nahm seine ganze Aufmerksamkeit in Anspruch, und er empfahl sowohl dem Congresse, solche zum Gegenstande eines wohlgeordneten Systems zu machen, als auch den Gouvernörs der Einzelstaaten in einem an sie gerichteten Cirkular-Schreiben, die Sache reiflich zu überlegen. Das Schreiben war von Newburg, 8. Juni datirt, und ist, **1783.** wie Sparks sagt, „durch das darin bewiesene Talent und vorherrschende Interesse für die Offiziere und Soldaten, die unsere Schlachten gefochten, eben so ausgezeichnet, als wegen seiner klaren und weisen Rathschläge beachtenswerth.*) Die Schlußworte, welche von jedem Amerikaner beherzigt zu werden verdienen, lauten wie folgt: „Ich mache es nun zu meinem heißesten Gebete, daß Gott Sie und den Staat, dem Sie vorstehen, unter seinen heiligen Schutz nehmen möge; daß Er die Herzen der Bürger rühren möge, um sie an Unterordnung und Gehorsam unter Gesetz und Regierung zu gewöhnen, um sich einander zu lieben und zu helfen gleich Brüdern einer einzigen Familie und endlich, daß Er uns Alle geneigt mache, gerecht zu handeln, Barmherzigkeit zu üben und mit der Nächstenliebe aufzutreten, welche den Stifter unserer Religion besonders auszeichnete. Ohne daß wir sein erhabenes Beispiel nachahmen, können wir nicht hoffen, eine glückliche Nation zu werden!"

Am 3. Sept. 1783 wurde der definitive Friedens-Schluß zwischen Großbritannien und den Vereinigten Staaten zu Paris zwischen David Hartley von Seiten Ihrer Großbritannischen Majestät und von John Adams, Benjamin Franklin und John Jay, von Seiten der Vereinigten Staaten unterzeichnet †). Anfangs Januar 1784 wurde der Vertrag von dem Congresse ratifizirt. Die Wichtigkeit dieses Instrumentes rechtfertigt, daß wir es unseren Lesern hier wörtlich mittheilen.

Im Namen der heiligsten und ungetheilten Dreifaltigkeit!

Da es der göttlichen Vorsehung gefallen hat, die Herzen des durchlauchtigsten und allermächtigsten Fürsten, Georg III., von Gottes Gnaden König von Großbritannien, Frankreich und Irland, Beschützer des Glaubens, Herzogs von Braunschweig und Lüneburg, Erz-Schatzmeister und Kurfürst des heiligen Römischen Reiches 2c. 2c.

Und die Vereinigten Staaten von Amerika geneigt zu machen, alle frühere Mißverständnisse und Streitigkeiten zu vergessen, welche das gute Einvernehmen und die Freundschaft in bedauerlicher Weise gestört haben, die sie jetzt wieder herzustellen wünschen, um einen wohlthätigen und befriedigenden Verkehr zwischen den beiden Ländern auf die Grundlage gegenseitiger Vortheile und beiderseitigen Interessens herbeizuführen, so daß dadurch für beide Theile ewiger Frieden und ununterbrochene Eintracht befördert und gesichert werden möge.

*) S. Anhang IV. am Ende des gegenw. Kapitels.

†) In einem Briefe Dr. Franklin's an Charles Thompson wird bezüglich dieses merkwürdigen Ereignisses gesagt: So ist nun das große und gewagte Unternehmen, worin wir befangen waren, Gott Lob gelungen — ich habe kaum zu hoffen gewagt, daß ich das Ende davon sehen würde. Einige Jahre des Friedens gut benutzt, werden unsere Kräfte wieder stärken und vermehren — aber unser zukünftiges Wohlergehen hängt von unserer Einigkeit und Bürgertugend ab. England wird noch lange auf eine Gelegenheit lauern, das wieder zu gewinnen, was es verloren hat. Wenn wir die Welt nicht überzeugen, daß wir ein Volk sind, dem in allen völkerrechtlichen Angelegenheiten Glauben geschenkt werden darf; wenn wir uns saumselig zeigen, unsere Schulden zu bezahlen und undankbar gegen Diejenigen, die uns unterstützt haben, wird unser Ruf und all die Macht, welche wir daraus entwickeln können, verloren gehen und neue Angriffe auf uns können nicht ausbleiben und werden sich besserer Erfolge zu erfreuen haben. Hüten wir uns also, uns in Sicherheit einwiegen zu lassen und durch Luxus geschwächt und der Armuth zugeführt zu werden; hüten wir uns vor innerer Zerrissenheit und Uneinigkeit, vor extravaganten Privatspekulationen, während wir unsere öffentliche Verbindlichkeiten zu lösen versäumen, vor Vernachlässigung militärischer Disciplin und Waffenübung, damit wir im Falle drohender Feindseligkeiten stets gerüstet dastehen. Das sind Punkte, wovon das Vertrauen unserer Freunde, die Entmuthigung unserer Feinde abhängt. Man kann leichter und wohlfeiler einem Krieg vorbeugen, als ihn, wenn er ausgebrochen, führen.

Und da Sie zu diesem wünschenswerthen Zwecke bereits die Grundlage des Friedens und der Versöhnung durch die Präliminar-Artikel gelegt haben, welche am 30. November 1782 zu Paris von den beiderseitigen Bevollmächtigten unterzeichnet wurden, welche Artikel die Grundlage des zwischen der Krone von England und den Vereinigten Staaten abzuschließenden Friedens sein und in den Friedens-Vertrag aufgenommen werden sollten, der aber erst dann abgeschlossen werden sollte, wenn der Frieden zwischen Großbritannien und Frankreich vorher abgeschlossen sein würde.

Und da nun seitdem der Friede zwischen Großbritannien und Frankreich abgeschlossen worden ist, so haben Se. Großbritannische Majestät einer Seits und die Vereinigten Staaten anderer Seits, um die obenerwähnten Präliminar-Artikel in volle Wirksamkeit zu bringen, wie es darin vorgesehen ist, zu Bevollmächtigten ernannt und bestellt

von Seiten Sr. Großbritannischen Majestät den Herrn David Hartley, Mitglied des Parlamentes von Großbritannien

und von Seiten der Vereinigten Staaten den Herrn John Adams, zuletzt Commissär der Vereinigten Staaten bei dem Hofe von Versailles, auch Mitglied des Congresses von Seiten des Staates Massachusetts 2c., ferner den Herrn Benjamin Franklin, zuletzt Abgeordneter des Staates Pennsylvanien im Congresse 2c. und endlich Herrn John Jay, zuletzt Präsidenten des Congresses 2c.

Damit dieselben als Plenipotentiarien den gegenwärtigen definitiven Friedens-Vertrag abschließen und unterzeichnen.

Und nachdem dieselben ihre Vollmachten gegenseitig geprüft haben, sind sie über folgende Artikel übereingekommen, und haben solche genehmigt.

Art. 1. Se. Königlich Britannische Majestät erkennt an, daß die erwähnten Vereinigten Staaten, nämlich New Hampshire, Massachusetts Bay, Rhode Island und Providence Plantations, Connecticut, New York, New Jersey, Pennsylvanien, Delaware, Maryland, Virginien, Nord-Carolina, Süd-Carolina und Georgien alle freie, souveräne und unabhängige Staaten sind, daß er mit denselben in dieser Eigenschaft unterhandelt, und für sich, seine Erben und Nachkommen alle Ansprüche auf die Regierung, das Grund-Eigenthum und das Territorial-Hoheits-Recht über dieselben und auf jeden Theil derselben verzichtet.

Art. 2. Und damit jede Streitigkeit bezüglich der Gränzen der Vereinigten Staaten für die Zukunft vermieden werde, so ist hierdurch bestimmt und übereingekommen, daß die nachfolgenden Grenzen für dieselben gelten und bestehen sollen. Nämlich: Von dem nordwestlichen Winkel von Nova Scotia, das heißt dem Winkel, welcher gebildet wird, wenn eine gerade Linie gegen Norden von der Quelle des St. Croix-Flusses zu dem Höhenzug gezogen, welche die Wasserscheide der Flüsse machen, die sich in den St. Lawrence ergießen und die nach dem Atlantischen Ocean hin abfallen und von dort zu dem am nordwestlichsten gelegenen Ursprunge des Connecticut-Flusses gezogen wird; von da durch eine Linie, die von dem Punkte nach Westen in gleichem Breitegrade fortgeführt wird, bis sie auf den Iroquois oder Cataraquy-Fluß stößt; von da durch die Mitte dieses Flusses bis in den See Ontario; durch die Mitte dieses

Sees, bis die Linie auf die Wasserverbindung zwischen diesem Flusse und dem Erie-See steht; von da längs der erwähnten Verbindung in dem Erie-See durch die Mitte des Sees, bis sie auf die Wasserverbindung zwischen diesem See und dem Huron-See stößt; von da durch die Mitte des erwähnten Sees bis zur Wasser-Communication zwischen diesem See und dem Superior-See; von da durch den Superior-See nördlich zu den Inseln Royal und Philipeaux, an den langen See; von da durch die Mitte des langen Sees und die Wasserverbindung zwischen demselben und dem Wald-See an den genannten Wald-See; von da durch den genannten See an den nordwestlichsten Punkt davon, und von da in ganz westlicher Richtung an den Missisippi-Fluß; von da durch eine mitten durch den erwähnten Missisippi-Fluß so lange fortlaufende Linie bis sie den nördlichsten Theil des 31. Grades n. B. durchschneidet. Gegen Süden durch eine Linie, die von dem Auslaufe-Punkt der vorherbeschriebenen Linie in dem 31. Grade n. B. vom Aequator nach der Mitte des Apalachicola-Flusses, von da immer in der Mitte dieses Flusses bis zu seinem Zusammenflusse mit dem Flint-Flusse, von da in gerader Richtung nach dem St. Mary's-Flusse, und in der Mitte des letzteren bis zum atlantischen Ocean gezogen wird. Gegen Osten durch eine Linie, die durch die Mitte des St. Croix-Flusses von seiner Mündung in die Bay von Fundy bis zu seiner Quelle, und von seiner Quelle gerade nördlich an die vorher erwähnten Hochlande, der Wasserscheide zwischen dem atlantischen Meere und dem St. Lawrence gezogen wird. Darin begriffen sollen alle Inseln sein, die zwanzig Meilen oder näher an der Küste liegen, und in eine Linie fallen, welche östlich von den vorher bestimmten Gränzen zwischen Nova Scotia einerseits und Ost-Florida andererseits über die Bay von Fundy und dem atlantischen Ocean gezogen wird, ausgenommen solche Inseln, die bis jetzt zu Nova Scotia gehört haben und noch gehören.

Art. 3. Es wird festgesetzt, daß das Volk der Vereinigten Staaten sich auch fernerhin unbeeinträchtigt des Rechts erfreuen soll, alle Arten von Fischfang auf der großen Bank und auf allen anderen Bänken von Newfoundland zu betreiben; eben so im Golf von St. Lorenz und in allen anderen Gegenden des Meeres, wo die Einwohner beider Länder bisher den Fischfang betrieben haben; nicht minder, daß die Bewohner der Vereinigten Staaten die Befugniß haben sollen, Fischereien aller Art an solchen Theilen der Küste von Newfoundland zu betreiben, wie solche (Befugniß) den britischen Fischern zusteht. Jedoch soll ihnen nicht das Recht zustehen, ihre Fische auf der erwähnten Insel zu trocknen oder einzupöckeln. Ferner an den Küsten, Buchten und Flüssen aller anderen Besitzungen Seiner britischen Majestät in Amerika. Desgleichen (wird festgesetzt), daß die amerikanischen Fischer die Befugniß haben sollen, allenthalben in unbewohnten Buchten, Häfen und Flüssen von Neu-Schottland und von den Magdalena-Inseln und Labrador, so lange dieselben unbewohnt bleiben, Fische zu trocknen und einzusalzen; sobald diese Gegenden aber angesiedelt werden, soll es den genannten Fischern nicht erlaubt sein, ohne vorgängige zu diesem Behufe mit den Bewohnern, Eigenthümern oder Grundbesitzern getroffenen Uebereinkunft, in einer solchen Ansiedelung Fische zu trocknen oder einzupöckeln.

Art. 4. Es wird festgesetzt, daß den Gläubigern von beiden Seiten kein gesetzliches Hinderniß in den Weg gelegt werden darf, den vollen Werth aller bisher bona fide contrahirten Schulden geltend zu machen.

Art. 5. Es wird festgesetzt, daß der Congreß den gesetzgebenden Körpern der respectiven Staaten ernstlich anempfehlen soll, auf Zurückgabe oder Wieder-Erstattung aller Grundstücke, Rechte und Vermögensstücke, welche wirklichen britischen Unterthanen gehören und confiscirt wurden, hinzuwirken; desgleichen, daß Grundstücke, Rechte und Vermögensstücke von Personen, welche in Districten wohnen, die von Seiner Majestät Waffen in Besitz genommen wurden, und welche Leuten gehören, welche gegen die Vereinigten Staaten nicht die Waffen getragen haben, restituirt werden. Alle in die vorstehende Kategorie fallenden Personen sollen die freie Befugniß haben in jeden Theil oder in jede Theile der dreizehn Vereinigten Staaten zu gehen und sich dort zwölf Monate unbehelligt aufzuhalten, um die Zurückgabe solcher Grundstücke und Vermögensstücke zu betreiben, welche etwa confiscirt sind. Der Congreß soll den verschiedenen Staaten auch eine Wiedererwägung und Revision aller auf Grund und Boden bezüglichen Verhandlungen und Gesetze ernstlich anempfehlen, und zwar damit die erwähnten Gesetze oder Verhandlungen nicht allein auf Recht und Billigkeit, sondern auch im Geiste jener Versöhnlichkeit revidirt werden, welche bei der Rückkehr der Segnungen des Friedens unveränderlich vorherrschen sollte; ferner soll der Congreß den verschiedenen Staaten ernstlich anempfehlen, daß die Grundstücke, Rechte und Vermögensstücke den letzterwähnten Personen, falls sie veräußert wären, zurückgegeben werden, wobei sie deren bona fide Preis an irgend welche Personen zu erstatten haben, welche jetzt im Besitz derselben sein mögen, und die einen Preis beim Ankauf solcher genannten Ländereien, Rechte oder Vermögensstücke seit der Confiskation gezahlt haben mögen.*) Eben so wird festgesetzt, daß alle Personen, welche irgendwie ein Interesse an confiscirten Ländereien haben, sei es nun wegen Schulden, Heirathen oder sonst einer Art, auf kein gesetzliches Hinderniß in Verfolgung ihrer gerechten Ansprüche stoßen sollen.

Art. 6. Daß, da keine ferneren Confiscationen statt finden, noch irgend welche Verfolgungen eingeleitet werden sollen, gegen irgend welche Person oder Personen deshalb oder aus dem Grunde, weil sie auf der einen oder der anderen Seite in dem gegenwärtigen Kriege Partei genommen haben Verfolgungen eingeleitet werden dürfen; und daß Niemand aus dieser Veranlassung irgend einen Verlust oder Schaden erleiden soll, weder an seiner Person, noch an seiner Freiheit, noch an seinem Eigenthum; und daß diejenigen, welche zur Zeit der Ratification dieses Vertrages in Amerika etwa wegen dergleichen Anschuldigungen mögen verhaftet sein, sofort sollen in Freiheit gesetzt werden, sowie daß so

*) Ueber die den Anhängern der (englischen) Krone gewährte Erstattung und Entschädigung und die damit zusammenhängenden Schwierigkeiten, siehe Sabine's "American Loyalists" S. 94 u. f. Ungefähr vier oder fünf tausend derselben wurden durch die britische Regierung entschädigt, welche etwa sechszehn Millionen Dollars unter sie vertheilte und eine beträchtliche Anzahl solcher pensionirte, welche die Waffen für die Krone ergriffen hatten. Es ist klar, daß die Tories, im Ganzen, ungleich besser belohnt wurden, als diejenigen, welche gedient und gelitten hatten in der Sache ihres Landes.

eingeleitete Verfolgungen sollen eingestellt werden.

Art. 7. Es soll zwischen Seiner britischen Majestät und den genannten Vereinigten Staaten ein fester und immerwährender Friede bestehen, ebenso zwischen den Unterthanen der einen und den Bürgern der anderen, weshalb alle Feindseligkeiten zu Wasser und zu Lande fortan aufhören sollen; auf beiden Seiten sollen alle Gefangenen in Freiheit gesetzt werden; und Seine britische Majestät soll, mit aller angemessenen Beschleunigung und ohne Verursachung irgend welcher Zerstörung oder Wegführung irgend welcher Neger oder anderen Eigenthums der amerikanischen Einwohner, alles sein Militär, alle seine Garnisonen und Flotten von genannten Vereinigten Staaten zurückziehen, sowie von jedem Posten, Platz und Hafen innerhalb derselben, auch in allen Befestigungen die amerikanischen Geschütze, die sich etwa darin befinden mögen, zurücklassen; und soll nicht minder befehlen und veranlassen, daß alle Archive, Register, Besitztitel und Papiere, welche irgend einem der genannten Staaten oder deren Bürgern gehören, und welche im Verlaufe des Krieges etwa in die Hände seiner (der englischen) Offiziere mögen gefallen sein, sofort herausgegeben und den betreffenden Staaten oder Personen, denen sie angehören, überliefert werden.

Art. 8. Die Schifffahrt auf dem Missisippi, von dessen Quelle bis zum Ocean, soll für die Unterthanen von Großbritannien und die Bürger der Vereinigten Staaten für immer frei und offen bleiben.

Art. 9. Falls es sich zutragen sollte, daß irgend ein zu Großbritannien oder zu den Vereinigten Staaten gehöriger Platz oder Landstrich sollte durch die Waffen eines oder des anderen erobert worden sein, bevor die genannten vorläufigen Artikel in Amerika anlangen, wird festgesetzt, daß derselbe ohne Schwierigkeit und ohne irgend eine Entschädigung soll wieder herausgegeben werden.

Art. 10. Die förmlichen Ratificationen vorliegenden Vertrags sollen in guter und angemessener Form zwischen den contrahirenden Parteien in dem Zeitraume von sechs Monaten oder noch früher, wenn es möglich ist, ausgewechselt werden, welche Frist von dem Tage der Unterzeichnung des gegenwärtigen Vertrags an zu berechnen ist.

Am 18. Oktober erließ der Congreß eine Proklamation zur Auflösung der Armee. Blos eine kleine Militärmacht ward im Dienste der Vereinigten Staaten forterhalten, bis die erforderliche Organisation zur Herstellung des Friedens bewerkstelligt sein werde. 1783. Der Congreß stattete in einer Proklamation, in welcher er in den wärmsten Ausdrücken von der Tapferkeit, Hochherzigkeit und Tüchtigkeit der Armee sprach, den Offizieren und Soldaten den Dank des Landes für ihre langen, ausgezeichneten und treuen Dienste ab. Von nun ab, nach dem 3. Nov., ward die Armee gänzlich aus dem Dienste entlassen.

An dem der Entlassung der Armee vorausgehenden Tage erließ der Oberfeldherr seine Abschieds-Ordre an dieselbe. Sie enthielt ernste und wohlgemeinte Rathschläge, gesunde und männliche Grundsätze und feurige Wünsche für die Wohlfahrt seiner Waffenbrüder. „Der Ober-Befehlshaber,“ dies sind seine Schlußworte, „hält dafür, daß, um den Soldaten in den Stand zu setzen, den Militärstand mit dem eines

Bürgers zu vertauschen, nur weniges mehr erforderlich ist, als das standhafte und angemessene Benehmen, welches nicht allein die Armee unter seinen unmittelbaren Befehlen, sondern auch die verschiedenen Detachements und abgesonderten Corps im Laufe des Krieges ausgezeichnet hat. Von ihrer guten Gesinnung und Klugheit hofft er die glücklichsten Folgen; und während er ihnen bei der rühmlichen Veranlassung Glück wünscht, welche ihre Dienste im Felde nicht länger nothwendig macht, wünscht er ihnen die seinem Herzen sich aufdrängenden großen Gefühle des Dankes für den Beistand auszudrücken, welcher ihm von jeder Classe und bei jeder Gelegenheit zu Theil ward. Er stattete den Generalen seinen Dank auf's wärmste und aufrichtigste ab, sowohl für ihren Rath bei manchen denkwürdigen Gelegenheiten, als für ihre energische Mitwirkung in Ausführung der von ihm entworfenen Pläne; ferner den Regiments- und Corps-Befehlshabern, sowie den Offizieren für ihren Eifer und ihre Aufmerksamkeit in prompter Ausführung seiner Befehle; dem Stab für seine Thätigkeit und Pünktlichkeit in Erfüllung seiner Pflichten in allen Departements, und endlich den Unteroffizieren und Soldaten sowohl für ihre außerordentliche Geduld in Ertragung von Mühseligkeiten, als für ihre unüberwindliche Tapferkeit in der Schlacht. Rücksichtlich verschiedener Zweige der Armee ergreift der General diese letzte und feierliche Gelegenheit, um ihnen seine unabänderliche Zuneigung und Freundschaft auszudrücken. Er wünscht, daß mehr als dieses bloße Bekenntniß in seiner Macht stände, nämlich, daß er in der That im Stande wäre, ihnen im ganzen ferneren Leben nützlich zu sein. Gleichwohl schmeichelt er sich, sie werden ihm die Gerechtigkeit widerfahren lassen, zu glauben, daß von ihm Alles geschehen sei, was nur irgend mit Angemessenheit von ihm versucht werden konnte. Und im Begriff nun diese seine letzte öffentliche Ordre zu schließen, in kurzer Zeit seinen Abschied vom Militärstand zu nehmen und den Armeen, die er so lange die Ehre hatte zu kommandiren, sein endliches Lebewohl zu sagen, kann er zu ihrem Nutzen abermals lediglich seine Empfehlungen an das dankbare Vaterland anbieten und seine Gebete zu Gott. Möge ihnen hinwieder volle Gerechtigkeit widerfahren und möge die höchste Gnade des Himmels sowohl hier als jenseits denen zu Theil werden, welche unter Gottes Beistand Anderen unzählige Segnungen gesichert haben! Mit diesen Wünschen und diesem Segen ist der Commandeur-en-Chef im Begriff sich vom Dienst zurückziehen. Nahe steht ihm die Trennung bevor, und mit ihr wird der militärische Schauplatz für ihn auf immer geschlossen sein!"

1782.

Sir Guy Carleton, welcher Befehl erhalten hatte, New York zu verlassen, gab im Sommer seine Absicht zu erkennen, dem Befehle nachzukommen. Gleichwohl traten mancherlei Verzögerungen ein; besonders weil sich der britische Befehlshaber verbunden fühlte, für die Entfernung einer großen Anzahl von Flüchtlingen Sorge zu tragen, welche die Rückkehr ihrer Landsleute fürchteten; die betreffenden Anordnungen konnten also nicht vor dem November beendigt werden. Am 25., einem Dienstage, am Morgen rückte Washington mit den Truppen der Vereinigten Staaten unter General Knox und Gouvernör Clinton, begleitet von einem Corps

1782.

leichter Kavallerie von Westchester, in den oberen Theil der Stadt ein. Um ein Uhr, als sich die Engländer zurückzogen, marschirten die Amerikaner langsam vor und die Civil-Autoritäten nahmen Besitz von der Regierung. Der ganze Tag verstrich in bewundernswürdiger Ruhe und Ordnung. Den Montag darauf, am 10. December, gab der Gouvernör dem französischen Gesandten, dem Chevalier de la Luzerne, eine große Gesellschaft, bei welcher Washington und außerdem eine große Anzahl ausgezeichneter Gäste anwesend waren. Ein prachtvolles Feuerwerk ward am Abend des nächsten Tages auf dem Bowling Green in Broadway abgebrannt.

Eine fernere und eigenthümlich große Prüfung stand noch Washington bevor. Er mußte seinen geliebten Waffenbrüdern Lebewohl sagen, mit denen er einen langen und schwierigen Krieg hindurch gedient hatte, und denen er so warm und aufrichtig zugethan war. Diese letzte ergreifende Zusammenkunft fand am 4. December statt. „Zu Mittage," sagt Marschall, der hierin Gordon folgt, „versammelten sich die oberen Offiziere der Armee in Frances' Taverne und kurz darauf betrat ihr geliebter Commandeur den Saal. Er war zu tief bewegt, um es verbergen zu können. Er füllte ein Glas, wendete sich zu den
1783. Offizieren und sprach: „Mit einem von Liebe und Dankbarkeit erfüllten Herzen nehme ich jetzt von Ihnen Abschied. Ich wünsche innigst, daß ihre späteren Tage eben so gedeihlich und glücklich sein mögen, als ihre früheren glorreich und ruhmvoll waren." Als er getrunken hatte, fügte er noch bei: „Ich kann nicht zu jedem von Ihnen kommen, um Abschied zu nehmen, werde mich aber verbunden fühlen, wenn Jeder zu mir kommen und mir die Hand reichen will." General Knox, der am nächsten stand, wendete sich zu ihm. Washington, keines Ausdruckes mächtig, ergriff seine Hand und umarmte ihn. In derselben ergreifenden Weise nahm er von jedem der folgenden Offiziere Abschied. Die Thränen männlicher Rührung sah man in aller Augen, und nicht ein Wort ward ausgestoßen, welches das würdevolle Schweigen und die edlen Gefühle in dieser Scene hätte unterbrechen können. Als er den Saal verlassen hatte, ging er durch die Reihen des Corps der leichten Infanterie und begab sich nach Whitehall, wo eine Barke sein wartete, um ihn nach Paulus Hook zu fahren. Die ganze Compagnie folgte in stillem und feierlichem Zuge mit niedergeschlagener Haltung, die von jener erhabenen Schwermuth zeugte, welche keine Worte beschreiben können. Als er die Barke betreten hatte, wendete er sich zu der Compagnie, schwenkte seinen Hut und bot ihnen ein schweigendes Lebewohl. Sie erwiederten seinen Abschiedsgruß mit derselben Bewegung und kehrten, als die Barke abgestoßen war, in derselben feierlichen Weise auf den Platz zurück, wo sie sich versammelt hatten." *)

Der Congreß, der zu Princeton seit Ende Juni in Sitzung war, vertagte sich im November nach Annapolis, an welchen letzteren Ort sich nun Washington in der Absicht begab, seine öffentliche Laufbahn zu beschließen. Allenthalben ward er mit den unzweideutigsten Ausdrücken der Dankbarkeit und Zuneigung begrüßt und öffentliche Adressen wurden ihm von gesetzgebenden

*) Marschall's "Life of Washington," Vol. II, p. 57; Gordon's "History of the American Revolution," Vol. III, S. 377.

Körpern, Städten, Gesellschaften und dergleichen überreicht. Nachdem er in Philadelphia bei dem Comptrolleur eine genaue Berechnung seiner Ausgaben während des Krieges niedergelegt, alles von seiner eigenen Hand geschrieben, langte er zu Annapolis am 19. December an und benachrichtigte den Congreß, daß er bereit sei, seinen Auftrag in dessen Hände zurückzugeben. Um diesen erhabenen Vorgang durch alle äußere Ehren auszuzeichnen, ward bestimmt, daß die Resignation in einer öffentlichen Sitzung sollte entgegengenommen werden, und zwar in Gegenwart von Washington's Mitbürgern.

1783.

Demzufolge erschien zu diesem Zwecke der edle Patriot am 23. vor dem Congresse. Eine ungeheure Menge von Zuschauern hatte sich eingefunden und die Gallerie sowie ein Theil der Hausflur wurden durch die edlen Gestalten der Mütter und Töchter Amerika's geschmückt. Zahlreiche öffentliche Beamte des Staates Maryland sowie der General-Consul von Frankreich waren ebenfalls anwesend. Die Congreß-Mitglieder, als Repräsentanten der Souveränität der Union saßen, und zwar bedeckten Hauptes; die Zuschauer standen unbedeckt. Washington ward vom Sekretär zu einem Stuhle geleitet, worauf dieser Beamte nach einem Zwischenraum Schweigen gebot. Nach einer kurzen Pause wurde ihm bedeutet, daß „die im Congreß versammelten Vereinigten Staaten bereit seien, seine Mittheilungen in Empfang zu nehmen." Washington erhob sich sogleich mit großer Würde und verlas eine kräftige Adresse, von welcher er eine Abschrift zugleich mit seinem Ernennungs-Patente dem Präsidenten des Congresses einhändigte und auf seinem Platze stehend eine Antwort erwartete. *) General Mifflin war kurz vorher zum Präsidenten des Congresses erwählt worden, und es war eine eigenthümliche Schickung, daß die Obliegenheiten des damaligen Augenblickes ihm übertragen waren. Nicht weniger ergriffen, als die ganze Versammlung, erwiderte Mifflin in Ausdrücken ehrerbietiger Höflichkeit und hoher Achtung; worauf Georg Washington sich, in officieller Beziehung auf gleichem Fuße mit dem niedrigsten seiner Mitbürger, aus dem Saale des Congresses zurückzog, bedeckt mit unvergänglichem Ruhme. Am folgenden Tage erreichte er die ersehnte Zurückgezogenheit von Mount Vernon, von wo er beinahe neun Jahre abwesend gewesen war.

Mit dieser Scene, an Erhabenheit in den Blättern der Weltgeschichte ohne Gleichen, können wir füglich dieses dritte Buch unserer Geschichte schließen. Nur noch eine einzige Sentenz aus Washington's Adresse wollen wir beifügen: „Ich betrachte es als eine unerläßliche Pflicht, diesen letzten Akt meines öffentlichen Lebens damit zu schließen, daß ich die Wohlfahrt unseres theuersten Vaterlandes dem Schutze des allmächtigen Gottes empfehle und Diejenigen, welche ihm vorstehen, seiner sicheren Leitung."

*) Siehe Anhang V, am Ende des vorliegenden Kapitels.

Anhang zum neunten Kapitel.

I. **Auszug aus Watson's „Männer und Zeiten der Revolution"** (Men and Times of the Revolution).

In der Frühe des 5. December 1782 ward ich in Gemäßheit vorgängiger Anordnung von dem Earl von Ferres zu dem eigentlichen Eingange des Hauses der Lords geführt. An der Thür flüsterte er mir zu: „Suchen Sie dem Throne so nahe zu kommen als möglich; fürchten Sie nichts." Ich befolgte dies und stand auch ihm gerade gegenüber, Ellenbogen an Ellenbogen mit dem berühmten Admiral Lord Howe. Die Lords standen in Gruppen zusammen, als ich eintrat. Es war ein düsterer und neblicher Tag und da die Fenster hoch vom Fußboden und in der alten Weise mit kleinen in Blei gefaßten Scheiben versehen waren, so ward dadurch die Dunkelheit noch vermehrt. Die Wände waren mit dunklen Tapeten behangen, welche die Niederlage der spanischen Armada darstellten. Ich hatte das Vergnügen unter den Zuschauern Copley und den Maler West mit einigen amerikanischen Damen zu erkennen. Ebenso sah ich dort einige traurige amerikanische Royalisten.

Nach fast zweistündigem Warten ward die Annäherung des Königs durch einen fürchterlichen Lärm von Kanonenschüssen angekündigt. Er trat durch eine kleine Thüre an der linken Seite des Thrones ein und setzte sich sofort in einer anmuthigen Stellung auf den Prachtsessel, indem er seinen rechten Fuß auf einen Fußschemel ruhen ließ. Er war mit dem königlichen Ornate bekleidet. Augenscheinlich aufgeregt, zog er aus seiner Tasche die Rolle, welche seine Rede enthielt. Die Gemeinen wurden vorgeladen und als das durch ihren Eintritt verursachte Geräusch sich gelegt hatte, fing der König an, seine Rede zu lesen. Ich befand mich in der Nähe des Königs und verfolgte mit wärmstem Interesse jeden Ton seiner Stimme und jeden Ausdruck seiner Haltung. Es war für mich ein Moment inniger und erhebender Freude. Nach einigen allgemeinen und üblichen Bemerkungen fuhr er fort wie folgt:

„Ich habe keine Zeit verloren, die nöthigen Befehle zu geben, um die fernere Dauer des Offensiv-Krieges auf dem Festlande von Nord-Amerika zu verhindern. Indem ich mit Entschiedenheit und Nachdruck, sowie ich jederzeit geneigt bin zu thun, mir zur Richtschnur nehme, was ich als die Bestrebungen meines Parlamentes und meines Volkes erkennen kann, habe ich alle meine Absichten, in Europa sowohl als in Nord-Amerika auf eine gänzliche und herzliche Versöhnung mit den Colonien gerichtet. Indem ich es zur Erreichung dieses Zweckes unerläßlich fand, habe ich nicht angestanden, mich der ganzen Machtfülle zu bedienen, mit welcher ich bekleidet bin, und bin erbötig zu erklären, daß Ich sie als"—hier äußerte er in offenbarer Aufregung, entweder in Verlegenheit, wie er seine Rede in der Dunkelheit des Saales lesen sollte, oder ergriffen durch eine *sehr natürliche Bewegung*. Kurz darauf nahm er die Rede wieder auf und fuhr fort: „und bin erbötig, sie als *freie und unabhängige Staaten anzuerkennen*. Wenn ich dadurch deren Trennung von der Krone dieser Königreiche zulasse, habe ich jede eigene Rücksichtsnahme den Wünschen und Ansichten meines Volkes geopfert. Es ist der Gegenstand meines demüthigen und inbrünstigen Gebetes zu Gott dem Allmächtigen, daß Großbritannien niemals die Uebel fühlen möge, welche aus der Abtrennung eines so großen Theiles des Reichs entstehen können, und daß Amerika frei bleiben möge von den Unglücksfällen, welche vormals im Mutterlande dargethan haben, wie wesentlich die Monarchie zu dem Genusse verfassungsmäßiger Freiheit ist. Religion, Sprache, Interessen und Zuneigung mögen, wie Ich zu hoffen wage, sich als ein Unterpfand dauernder Einigkeit zwischen den beiden Ländern bewähren."

Man hat bemerkt, daß Georg III. dafür bekannt war, seine Reden in einer festen, freien und eindrucksvollen Weise zu lesen. Bei dieser Gelegenheit war er offenbar verlegen; er war unsicher, stockte und kam der schmerzlichen Pflicht des Tages mit einer Ungeschicklichkeit nach, welche ihm nicht eigen war. Ich bin nicht im Stande meine Gefühle bei dem Verlaufe dieser Anrede wahrheitsgetreu zu schildern. Alle meine Adern schlugen hoch und schwollen an mit meinem stolzen amerikanischen Blute. Es war unmöglich, mich in Gedanken nicht nach der entgegengesetzten Küste des atlantischen

Oceans zu wenden und mit dem geistigen Auge das Elend und den Jammer zu überblicken, deren Zeuge ich selbst in verschiedenen Abschnitten des Krieges gewesen war, sowie die weitverbreitete, aus der Hartnäckigkeit dieses ächten Königs entsprungene Verwüstung, der nun so gedemüthigt war, aber damals ein taubes Ohr für unsere bescheidenen und dringenden Bitten um Abhülfe hatte. Dennoch glaube ich, daß Georg III. im Gefühle hoher und feierlicher Forderungen verfassungsmäßiger Pflichten handelte.

Das große Drama war nun geschlossen. Die Schlacht von Lexington stellte dessen erste Scene vor. Die Unabhängigkeits-Erklärung war dessen Fortgang und ein erhabenes und ruhmreiches Ereigniß; und die Bestätigung unserer Unabhängigkeit durch den König vollendete das Schauspiel in Triumph und Freude. Dieser erfolgreiche Ausgang der amerikanischen Revolution wird mit aller Wahrscheinlichkeit in der That die Geschichte des ganzen menschlichen Geschlechts beeinflussen. Dies war die Meinung und Sprache von Männern des Scharfsinns und klarsten Blickes in die Zukunft während und vor dem Conflict in allen Berufungen auf das Volk. Als ich das Haus verließ, begegnete ich Copley und West, welche, dacht' ich, das reiche politische Gastmahl des Tages werden genossen, und die auf den langen Gesichtern unserer amerikanischen Tories sich abmalende Angst und Verzweiflung werden notirt haben.

II. Die Adresse von Newburg.

An die Offiziere der Armee.

Meine Herren! Ein Kamerad, dessen Interesse und Zuneigung ihn eng mit Ihnen verbinden — dessen ertragene Strapatzen so groß waren als die Ihrigen und dessen Zukunft eben so verzweifelt sein mag, als die Ihrige, bittet um die Erlaubniß einige Worte an Sie zu richten.

Alter hat seine Ansprüche und Rang ist nicht ohne die Prätension, Rath zu geben; obgleich aber ohne Unterstützung von beiden schmeichelt er sich doch, daß die gerade Sprache der Aufrichtigkeit und Erfahrung weder ungehört noch unberücksichtigt bleiben wird.

Gleich Manchen von Ihnen liebte er die Zurückgezogenheit des Privatlebens und gab sie mit Bedauern auf. Er verließ es, entschlossen sich vom Dienst erst wieder zurückzuziehen, wenn die Nothwendigkeit, welche ihn in denselben brachte, aufgehört habe, und nicht eher als bis die Feinde seines Vaterlandes, die Sklaven der Macht und die Söldlinge der Ungerechtigkeit genöthigt sein würden, ihre Pläne aufzugeben und anzuerkennen, daß Amerika eben so furchtbar in Waffen sei als es bescheiden in seinen Vorstellungen war. Erfüllt von diesem Gegenstande hat er lange an Ihren Mühseligkeiten Theil genommen und Ihre Gefahren nicht gescheut. Er hat die kalte Hand der Armuth ohne Murren gefühlt und die Unverschämtheit des Reichthums ohne Seufzer gesehen. Aber zu sehr unter dem Einfluß seiner Wünsche und zuweilen unklug genug guten Willen für festen Entschluß zu nehmen, hat er bis vor kurzer Zeit — vor sehr kurzer Zeit — an die Dankbarkeit seines Vaterlandes geglaubt. Er hoffte, daß sobald die Wolken der Widerwärtigkeiten zerstreut und der Sonnenschein des Friedens und bessere Geschicke über uns würden verbreitet sein, die Kälte und Strenge des Gouvernements nachlassen und daß mehr als Gerechtigkeit, daß Dankbarkeit künftighin den Männern werden würde, welche es aufrecht hielten in den gefährlichsten Krisen seines Ueberganges von drohender Knechtschaft zu anerkannter Unabhängigkeit. Aber das Vertrauen sowohl hat seine Gränzen, als die Mäßigung und es gibt Punkte, über die hinaus Niemand nachgeben kann, ohne in Feigheit zu versinken oder in Leichtgläubigkeit zu verfallen. Dies, meine Freunde, halte ich dafür, ist Ihre Lage; an die Gränze von beiden getrieben würde noch ein Schritt weiter Sie für immer ruiniren. Zahm und nicht reizbar zu sein, wenn sie von Ungerechtigkeiten hart gedrückt werden, ist mehr als Schwäche; aber bessere Behandlung zu erwarten, ohne eine einzige männliche Anstrengung von Ihrer Seite, würde Charakterschwäche verrathen und der Welt sehen lassen, wie wohl Sie die Ketten verdienen, welche Sie brachen. Um gegen dieses Uebel auf unserer Hut zu sein, lassen Sie uns einen Blick auf den Boden thun, auf dem wir jetzt stehen und dann unsere Gedanken einen Augenblick in die Zukunft und in das Feld der Wahrscheinlichkeit richten.

Nach siebenjähriger ungeheuerer Anstrengung ist der Gegenstand für den wir eingestanden, endlich gesichert — ja, meine Freunde, Ihrer Ausdauer, Ihrem Muthe ist dies zu danken; Sie haben die Vereinigten Staaten von Amerika durch einen zweifelhaften und blutigen Krieg geführt. Sie haben unser Vaterland in seiner Unabhängigkeit befestigt; der Friede kehrt zurück, aber seine Segnungen für wen sind sie? Etwa für ein Land, das bereit ist, die vielen von Ihnen erfahrenen Unbilden abzuhelfen, Ihren Werth zu schätzen und Ihre Dienste zu belohnen? Etwa für ein Land, das Ihre Rückkehr in's Privatleben feiert mit Thränen der Dankbarkeit und dem Lächeln der Bewunderung? Welches verlangt, mit Ihnen jene Unabhängigkeit zu theilen, die es Ihrer Tapferkeit dankt und jenen Reichthum, den ihm Ihre Wunden erkauften? Ist dem vielleicht so? oder ist es nicht vielmehr ein Land, das Ihre Rechte mit Füßen tritt, Ihre Bitten verachtet und Ihre Noth verhöhnt? Haben Sie nicht mehr als einmal Ihre Wünsche vorgebracht und den Congreß mit Ihren Bedürfnissen bekannt gemacht? — Bedürfnisse und Wünsche, denen Dankbarkeit und Klugheit eher hätten zuvorkommen als ausweichen sollen; und haben Sie nicht erst kürzlich in der gemäßigsten Sprache bittender Eingaben von seiner Gerechtigtigkeit erbeten, was Sie von seiner Gunst nicht mehr erwarten konnten? Wie hat man Ihnen geantwortet? Sie werden es aus dem Briefe sehen, welcher Ihnen morgen zur Berathung vorgelegt werden wird. Wird Ihnen aber eine solche Behandlung zu Theil, während Ihr Schwert noch nothwendig ist für die Vertheidigung Amerika's, was haben Sie zu erwarten, wenn nach beschlossenem Frieden Ihr Stand verfallen, und Ihre Kraft durch Theilung zersplittert sein wird? — wenn diese guten Schwerter, die Werkzeuge und Begleiter Ihres Ruhmes, von Ihrer Seite werden genommen sein und kein anderes Zeichen militärischer Auszeichnung übrig bleiben wird, als Ihr Mangel, Ihre Krankheiten und Ihre Narben? Können Sie dann sich dabei beruhigen, die einzigen Dulder in dieser Revolution zu sein und, wenn Sie sich vom Dienst zurückgezogen haben, in Armuth, Elend und Verachtung zu altern? Können Sie damit einverstanden sein, sich in dem traurigen Joch der Abhängigkeit herumzuschleppen und den elenden Rest eines Lebens der Wohlthätigkeit zu verdanken, das bisher in Ehren verstrich? Wenn Sie es können, gehen Sie und nehmen Sie mit sich den Spott der Tories und die Verachtung der Whigs; die Verlachung und, was noch schlimmer ist, das Mitleid der Welt. Geht — verhungert und seid vergessen! Aber wenn sich Ihr Herz dagegen empören sollte; wenn Sie genug Scharfsinn haben, die Tyrannei zu entdecken, und Energie genug, ihr entgegenzutreten, welche Verkleidung sie auch annehmen mag; sei es der schlichte Rock des Republikanismus, oder das glänzende Kleid des Royalismus; wenn Sie jetzt noch nicht den Unterschied zwischen einem Volke und einer Sache gelernt haben, zwischen Menschen und Grundsätzen, so erwachen Sie! Durchschauen Sie Ihre Lage und richten Sie sich selbst wieder auf! Wenn der jetzige Augenblick verloren wird, ist jede künftige Anstrengung vergebens; und Ihre Drohungen werden dann eben so leer sein, als jetzt Ihre Bitten.

Ich möchte Ihnen daher rathen, zu einer endlichen Ansicht darüber zu kommen, wie weit Sie im Ertragen gehen wollen, und was Sie zu leiden entschlossen sind. Wenn Ihr Entschluß in irgend einem Verhältniß zu dem Ihnen zugefügten Unrecht steht, so rechnen Sie von jetzt an nicht mehr auf die Gerechtigkeit, sondern auf die Furcht des Gouvernements! Wechseln Sie den Milch- und Wasserstyl Ihrer letzten Eingabe: nehmen Sie einen kühneren Ton an — anständig aber nachdrücklich, muthig und entschieden, und mißtrauen Sie dem Manne, der Ihnen noch fernere Mäßigung und längere Geduld anrathen würde. Veranlassen Sie die Anstellung von zwei oder drei Männern, die sowohl fühlen als schreiben können, um ihr Ultimatum aufzusetzen; ich würde ihm nämlich nicht länger die bittende, sanfte und erfolglose Bezeichnung einer Bittschrift geben. Lassen Sie dieselbe in einer Sprache reden, welche weder durch Rohheit entehren noch durch Furcht verrathen kann, (die deutlich darlegt was vom Congreß versprochen ward und was er gewährt hat — wie lang und geduldig Sie gelitten haben — wie wenig Sie forderten, und wie viel von diesem Wenigen man Ihnen versagt hat. Sagen Sie ihm (dem Congresse), daß obgleich Sie die Ersten waren und wünschen wollten, auch die Letzten zu sein, welche der Gefahr entgegengehen, obgleich die Verzweiflung Sie niemals zur Entehrung treiben werde, dieselbe Sie doch aus dem Dienste treiben könne; daß die immer wieder aufgerissene und niemals geheilte Wunde am Ende unheilbar werden müsse; sowie daß das leiseste Zeichen einer Beschimpfung Seitens des Congresses jetzt wie das Grab wirken und Sie für immer trennen müsse, und daß bei jeder politischen Wendung die Armee stets ihre Wahl hatte; daß Sie nichts als der Tod von Ihren Waffen trennen soll, gleichviel ob Friede oder Krieg, daß nach dem Einfluß und folgend der Leitung Ihres erlauchten Führers Sie in eine unbewohnte Gegend sich zurückziehen und lächeln werden zu diesem Streiche sowie spotten über seine (des Congresses) Furcht. Indeß stellen Sie nicht minder vor, daß wenn der Congreß die Forderung Ihrer letzten Eingabe erfüllen sollte, dies Sie glücklicher und ihn achtungswerther machen werde; daß während der Krieg fortdauern sollte, Sie Ihrer Fahne auf das Schlachtfeld folgen würden und wenn er zu Ende gehen sollte, Sie sich in das Dunkel des Privatlebens zurückziehen und der Welt einen neuen Gegenstand der Bewunderung und des Beifalls geben würden: eine Armee siegreich über ihre Feinde und — siegreich über sich selbst!"

III. Rede, welche der General Washington am 15. März vor den versammelten Offizieren hielt.

Meine Herren:

Durch eine anonyme Aufforderung ist der Versuch gemacht worden, Sie zu einer Versammlung zu berufen. Wie unverträglich mit den Regeln des Anstandes und wie unmilitärisch ein solches Verfahren ist, wie es alle nothwendige Ordnung und Kriegszucht vernichtet: das wird der richtige Sinn der Armee ohne mein Erinnern einsehen.

Dieser Aufforderung folgte ein zweites anonymes Schreiben auf dem Fuße, das in dem Lager circulirte und mehr auf die Empfindungen und Leidenschaften, als auf den Verstand und die Beurtheilungskraft der Krieger berechnet war. Der Verfasser verdient wegen der Schönheit seiner Sprache alles Lob, und es wäre zu wünschen, man könnte ihm dieses auch wegen der Rechtlichkeit der Gesinnung ertheilen; denn da wir Menschen die Dinge auf sehr verschiedene Weise betrachten und, durch die reflectirenden Eigenschaften unserer Seele veranlaßt, verschiedene Mittel wählen, um dasselbe Ziel zu erreichen, so hätte der Verfasser jener Adresse nicht so sehr der Menschenliebe ermangeln sollen, um Denjenigen als einen Verdächtigen zu bezeichnen, der zu Mäßigung und Langmuth rathen würde, oder mit andern Worten, der anders denkt als er, und nicht nach seinen Eingebungen handelt. Er verfolgt aber einen Weg, auf dem eine redliche und freimüthige Gesinnung, Ehrfurcht vor dem Recht und Liebe zum Vaterlande nicht seine Begleiter sein konnten; und deshalb mußte er, um seine lichtscheuen Absichten zu erreichen, diesen dunkeln Argwohn erregen.

Daß die Adresse mit großer Geschicklichkeit geschrieben und arglistig verfaßt ist, um die verderblichsten Zwecke zu erreichen; daß sie darauf berechnet ist, den Verdacht absichtlicher Ungerechtigkeit auf die höchste regierende Macht der Vereinigten Staaten zu werfen und das grimmigste Rachegefühl zu erregen, welches einem solchen Verdachte entspringen muß; daß der geheime Schöpfer dieses Planes, wer er auch sein mag, die Absicht hat, aus den Leidenschaften Vortheil zu ziehen, während diese noch, durch Erwägung der überstandenen Beschwerden, in Aufregung sind, und daß er der ruhigen, berathenden Ueberlegung keine Zeit einräumen und Ihnen nicht gestatten will, jene friedliche Stimmung der Seele wieder zu erringen, die uns stets unentbehrlich ist, um unsern Beschließungen Würde und Festigkeit zu geben: das geht, wie mich dünkt, aus der Art deutlich hervor, wie er die ganze Sache betreibt, und bedarf keines andern Beweises, als der Berufung auf sein Verfahren.

Diese Bemerkungen, meine Herren, hielt ich für nothwendig, um Ihnen dadurch zu zeigen, aus welchen Gründen ich mich der voreiligen Zusammenkunft widersetzte, welche am verflossenen Dienstag stattfinden sollte, und Ihnen darzuthun, wie ich durchaus nicht abgeneigt bin, Ihnen, insofern sich dies mit der Ehre und Würde der Armee verträgt, bei Vortragung Ihrer Klagen und Beschwerden behülflich zu sein. Wenn mein bisheriges Benehmen Sie nicht davon überzeugt hätte, daß ich stets ein getreuer Freund des Heeres gewesen bin, so würde in diesem Augenblicke meine Erklärung sehr unpassend und unersprießlich sein. Da ich aber zu den Ersten gehörte, die sich unter die Banner des Vaterlandes reihten; da ich nie von Eurer Seite wich, außer wenn meine Pflicht und die öffentlichen Angelegenheiten es forderten; da ich Euer beständiger Gefährte in allen Euren Bedrängnissen war, Eure Leiden mit Euch fühlte und Eure Verdienste anerkannte; da ich meine eigne kriegerische Ehre stets als eng verbunden mit der Ehre des Heeres betrachtete; da mein Herz sich in freudigen Schlägen erhob, wenn ich den Ruhm der Armee vernahm, und mein Zorn erwachte, so oft die Verläumdung es wagte, diesen wohlverdienten Ruhm zu schmälern oder anzutasten; so ist wohl, in diesem letzten Zeitraume des Krieges, nicht zu vermuthen, daß mir das Wohl der Armee gleichgültig sein sollte; auf welchem Wege dies aber zu erreichen ist, das ist eine andere Frage. Der anonyme Schriftsteller behauptet, dieser Weg sei nicht zu verfehlen: wenn der Krieg fortdauert, sollt Ihr Euch in eine unbewohnte Gegend zurückziehen, dort verweilen und es dem undankbaren Vaterlande überlassen, sich selbst zu schützen. Wen soll das Vaterland aber schützen? Unsere Weiber, unsere Kinder, unsere Grundstücke und Besitzungen, die wir zurückließen? Oder sollen wir, falls wir uns in Feindschaft trennen, Weiber und Kinder mit uns nehmen, um sie in der Wildniß in Hunger und Frost umkommen zu sehen, da wir unsere Besitzungen doch nicht mitführen können? Wird Friede geschlossen, so fährt jener Rathgeber fort, so steckt das Schwert nicht ein, bevor Euch vollständige Gerechtigkeit geworden ist. Dieser fürchterliche Vorschlag, entweder unser Vaterland in der Stunde der Bedrängniß zu verlassen, oder, denn dies ist die unverholene Meinung, unsere Waffen gegen dasselbe zu erheben, bis der Congreß gezwungen ist, die Forderungen der Armee unbeschränkt und augenblicklich zu erfüllen, klingt so verabscheuungswürdig, daß die menschliche Natur sich bei einem solchen Gedanken empört. Großer Gott! Was kann die Absicht eines Mannes sein, der zu einer solchen Maßregel räth? Kann er wohl ein Freund der Armee, kann er ein Freund dieses Landes sein? Oder ist er nicht vielmehr ein heimtückischer Feind? irgend ein Emissär, vielleicht aus New York, der sowohl das Vaterland wie die Armee in's Verderben zu stürzen sucht, indem er den Samen der Zwietracht ausstreut und die militärische von der bürgerlichen Macht des Staates trennen will? Und welch eine schlechte Meinung hat er von unserm Verstande, da er uns Maßregeln anbefiehlt, von denen die eine so unausführbar ist wie die andere.

Doch hier, meine Herren, laß ich den Vorhang fallen, denn es wäre nicht nur unvorsichtig, meine Gesinnungen hierüber noch ausführlicher zu erklären, sondern ich würde auch fürchten, Sie zu beleidigen, wenn ich eine so geringe Meinung von Ihrer Beurtheilungskraft verriethe, daß ich glaubte, Sie bedürften noch näherer Erläuterungen. Das Nachdenken eines Augenblicks wird jedes leidenschaftslose Gemüth von der physischen Unmöglichkeit überzeugen, einen dieser beiden Vorschläge zu befolgen.

Vielleicht dünkt es Ihnen ungeziemend, meine Herren, daß ich, indem ich mich an Sie wende, nur irgend Kenntniß von dieser anonymen Schrift nehme; aber die Art, in welcher diese Adresse bei der Armee eingeführt worden, die Wirkung, welche sie hervorbringen sollte, und noch einige andere Umstände, rechtfertigen, wie ich glaube, vollkommenm eine Bemerkungen über diese Schrift. Was den Rath jenes Autors betrifft, Demjenigen nicht zu trauen, der zu gemäßigtem Verfahren und fortgesetzter Langmuth ermahnen würde, so kann ich diese Andeutung nur verachten, wie ein Jeder ohne Zweifel thun wird, der die Freiheit ehrt und die Rechte achtet, für welche wir kämpfen. Denn sobald es verboten ist, sich frei über Angelegenheiten auszusprechen, welche nicht nur die gefährlichsten und verderblichsten Folgen haben können, sondern auch von den Entscheidungen Aller abhängig sind, so ist die Vernunft unter uns außer Thätigkeit gesetzt; das Recht der freien Sprache mag uns dann genommen und wir mögen stumm und schweigend, wie Schafe zur Schlachtbank geführt werden.

Ich kann diese Rede nicht beschließen, ohne meiner eignen Ueberzeugung und den Absichten des Congresses, die ich richtig beurtheile, wie ich nicht ohne Grund glaube, Gerechtigkeit widerfahren zu lassen. Ich erkläre also hiermit, daß ich den festen Glauben habe, jener ehrwürdige Verein widme den Thaten, welche die Armee vollbrachte, die Anerkennung, wisse ihre Verdienste und die ertragenen Leiden richtig zu schätzen und werde ihr vollkommene Gerechtigkeit angedeihen lassen. Ich zweifle nicht im mindesten, daß der Congreß unermüdlich darnach strebt und nicht ablassen wird, bis er ein Capital gegründet hat, um die Forderungen des Heeres zu befriedigen; die Berathungen haben aber einen langsamen Fortgang, wie dies bei allen zahlreichen Vereinen der Fall ist, wo mannichfache Ansprüche auszugleichen sind. Weshalb sollten wir also Mißtrauen gegen den Congreß hegen und, von diesem Mißtrauen verleitet, Maßregeln ergreifen, welche unsern, mit so großem Recht erworbenen Ruhm verdunkeln und die Ehre einer Armee beflecken könnten, die in ganz Europa wegen ihrer Tapferkeit und ihrer Liebe zum Vaterlande gepriesen wird? Und zu welchem Zweck sollten wir dies thun? Um dem, wonach wir streben, näher zu kommen? Im Gegentheil! Ich bin fest überzeugt, daß wir das ersehnte Ziel nur weiter hinausrücken würden.

Was mich selbst betrifft (und aus der Versicherung, die ich hier gebe, mache ich mir kein Verdienst, denn alle Empfindungen der Dankbarkeit, der Wahrhaftigkeit und des Rechtes fordern mich dazu auf), so verpflichtet mich meine Erkenntlichkeit für das Vertrauen, das Ihr mir stets geschenkt habt die Erinnerung an die bereitwillige Hülfe und den schnellen Gehorsam, welche ich in allem Wechsel des Glückes nie bei Euch vermißte, die aufrichtige Liebe, welche mich mit einer Armee verbindet, die ich so lange die Ehre hatte zu kommandiren, hier öffentlich und feierlich zu erklären, daß Ihr in Erlangung Eures Rechtes, nach allen überstandenen Beschwerden und Gefahren, und zur Erfüllung aller Eurer Wünsche, frei über meine Dienste gebieten könnt, und daß ich für Euch alle meine Kräfte und Fähigkeiten anwenden und auf's äußerste anstrengen will, insofern die großen Pflichten gegen mein Vaterland und gegen die Macht, welche wir alle verbunden sind hochzuachten, dies gestatten.

Indem ich diese Versicherung gebe und mich auf die unzweideutigste Weise als Bürgen stelle mit dem Versprechen, jede Kraft und Fähigkeit, die mir zu Gebote steht, bis auf's äußerste für euch anzustrengen, erlaubt mir, meine Freunde, Euch zu bitten, von Eurer Seite kein Mittel anzuwenden, das vor dem unbestochenen Urtheil der Vernunft die Ehre herabwürdigen und den Ruhm verdunkeln könnte, welchen Ihr bisher so glorreich behauptet habt. Laßt mich Euch ersuchen, der verpfändeten Treue Eures Vaterlandes zu vertrauen und dem ungeheuchelten guten Willen des Congresses einen festen Glauben zu schenken, der, bevor die Armee sich auflöst, gewiß alle Rechnungen berichtigen wird, sowie der Beschluß, der vor zwei Tagen bekannt gemacht wurde, es Euch verspricht. Zweifelt nicht daran, daß man die wirksamsten Maßregeln ergreifen wird, Euch für Eure edlen und getreuen Dienste volle Gerechtigkeit widerfahren zu lassen. Und nun beschwöre ich Euch, im Namen unseres gemeinschaftlichen Vaterlandes, wenn Euch Eure eigne geheiligte Ehre theuer ist, wenn Ihr die Rechte der Menschheit achtet und Amerika als Volk und als bewaffnete Macht ehrt, so verhehlt Euren Abscheu und Eure Verachtung vor dem Manne nicht, der, obwohl unter einem glänzenden, vielversprechenden Schein, danach strebt, die Freiheit unseres Vaterlandes zu untergraben, und der mit gottlosem Leichtsinn die Schleusen der bürgerlichen Zwietracht öffnet, um unsern emporwachsenden Staat in Blut zu ertränken.

Wollt Ihr nun so beschließen und handeln, wie ich Euch vorgeschlagen habe, so werdet Ihr das Ziel Eurer Wünsche auf dem kürzesten Wege erreichen; Ihr werdet die arglistigen Plane Eurer Feinde vereiteln, welche sich genöthigt sehen, statt offener Gewalt heimtückische Ränke zu gebrauchen; Ihr werdet noch einen Beweis mehr, und den schlagendsten Beweis geben, wie viel eine beispiellose Vaterlandsliebe und geduldige Tugend vermag, die stark genug ist, sich über den Druck der mannigfachsten Leiden und Beschwerden siegreich zu erheben; und im Angedenken an Eure edle Selbstbeherrschung wird die Nachwelt, indem sie Euch als Vorbilder kriegerischen Muthes preist, auch dieses Tages rühmend gedenken und hinzufügen: Wäre dieser Tag nicht erschienen, so hätte die Welt nie den höchsten Gipfel der Tugend angestaunt und nie erfahren, zu welcher Vollkommenheit die menschliche Natur sich erheben kann.

IV. Circularschreiben an die Gouvernöre aller Staaten bei Entlassung der Armee.

Newburg, aus dem Hauptquartier, den 8. Juni 1783.

Das große Werk, zu dessen Vollführung ich im Dienste des Vaterlandes mit dem Commando über sämmtliche Armeen bedacht wurde, ist nun beendigt, und ich stehe im Begriff, das mir anvertraute Amt wieder in die Hände zu legen, die mir dasselbe übergeben, und zu meiner stillen Häuslichkeit zurückzukehren, die ich, wie ein Jeder weiß, so ungern verließ. Mitten in der Geschäftigkeit und dem Geräusch der Welt habe ich mich stets nach jener lieblichen Verborgenheit gesehnt, in der ich nun in ungestörter Ruhe den Ueberrest meiner Tage zu verleben hoffe. Bevor ich aber diesen Entschluß in Ausführung bringe, liegt mir, wie mich dünkt, die Pflicht ob, noch diese letzte amtliche Mittheilung zu erlassen; Ihnen allen wegen des herrlichen Erfolges Glück zu wünschen, mit dem der Himmel in Seiner Gnade unsere Unternehmungen gekrönt hat; meine Ansichten über einige wichtige Gegenstände auszusprechen, die sich nach meiner Ueberzeugung unmittelbar auf die Erhaltung der Ruhe in den Vereinigten Staten beziehen; am Schluß meiner öffentlichen Laufbahn Abschied von Eurer Excellenz zu nehmen, und endlich den reichsten Segen dem Lande zu wünschen, in dessen Dienst ich meine Jugend verbrachte, für dessen Wohl ich alsdann so manchen mühevollen Tag arbeitete, so manche sorgenvolle Nacht durchwachte, und dessen Glückseligkeit mir so theuer ist, daß ohne dieselbe meine eigne nicht bestehen könnte.

Vom Gefühl des innigsten Dankes gegen Gott durchdrungen, bitte ich um die Erlaubniß, bei dieser freudigen Veranlassung über die wichtigen Ereignisse, welche uns auffordern, einander gegenseitig Glück zu wünschen, etwas ausführlicher sprechen zu dürfen. Wenn wir betrachten, um welch hohen Preis wir kämpften, wie zweifelhaft der Ausgang des Kampfes war, und wie glücklich für uns er endlich beendigt worden ist, so werden wir finden, daß wir die größte Ursache zur Freude und zur Dankbarkeit gegen Gott haben. Die Erwägung dieser empfangenen Gnade muß für ein jedes freisinnige und rechtschaffene Gemüth eine Quelle unendlichen Vergnügens sein, mögen wir unsern jetzigen Zustand oder die künftige Glückseligkeit unseres Vaterlandes nun als die Frucht unserer vollbrachten Thaten ansehen; auch haben wir gleichen Grund, über das Geschick, das die Vorsehung uns zutheilte, einander Glück zu wünschen, mögen wir dasselbe nun von dem natürlichen, politischen oder moralischen Standpunkt aus betrachten.

Die Bürger von Amerika befinden sich jetzt in einem sehr beneidenswerthen Zustand: sie sind die alleinigen Gebieter und Eigenthümer eines großen Landes, das alle Mannichfaltigkeiten des Bodens, alle unterschiedenen Klimate in sich faßt und ihnen im Ueberfluß Alles liefert, was sie zum Leben bedürfen, oder was das Leben angenehm machen kann; die letzten Ereignisse und der Friedensschluß erhöht ihren glücklichen Zustand noch bedeutend, denn Freiheit und Unabhängigkeit ward ihnen dadurch gesichert. Von diesem Augenblick an erhält ihre Existenz eine neue Bedeutung, denn ihr Vaterland scheint von der Vorsehung dazu bestimmt, zu zeigen, wie herrlich die menschliche Natur sich entfalten und welcher Glückseligkeit sie empfänglich sein kann. Nicht nur Alles, was das häusliche Leben schmückt und seine Genüsse vermehrt, hat der gütige Himmel ihnen gegeben; sondern er krönt nun alle Segnungen noch dadurch, daß er sie in ihren politischen Bedürfnissen mehr begünstigt, als alle übrigen Völker der Erde. Nichts bestärkt diese Behauptung gewiß mehr als eine Erwägung aller der vortheilhaften Verhältnisse der Zeit und andere Umstände, welche sich in dem Augenblick vereinigten, da unsere Republik unter den Staaten Europa's ihre Stelle einnimmt. Die Gründung unseres Reiches fällt nicht in die finstern Zeiten der Unwissenheit und des Aberglaubens, sondern in eine Epoche, wo die Rechte der Menschheit besser verstanden und deutlicher ausgesprochen werden, als in irgend einem früheren Zeitabschnitt. Diejenigen, welche die Bedürfnisse und Forderungen des Menschen im geselligen Zustand zum Zweck ihres Nachdenkens machen, sind in ihren Forschungen weiter vorgedrungen als früher; die durch eine lange Reihe von Jahren von Philosophen, Gelehrten und Staatsmännern aufgehäuften Schätze des Wissens sind uns zur Benutzung geöffnet und wir können uns der gesammelten Erfahrung und Weisheit bei der Begründung unserer neuen Regierungsform bedienen. Die freie Ausbildung aller Wissenschaften, die unbegrenzte Ausdehnung des Handels, die fortschreitende Verfeinerung der Sitten, die wachsende Veredlung der Gesinnungen und vor Allem das reine, segnende Licht der geoffenbarten Religion, haben den beglückendsten Einfluß auf das menschliche Geschlecht ausgeübt und alle Vorzüge des gesellschaftlichen Zustandes unendlich vermehrt. In diesem Glück weissagenden Zeitpunkt erheben die Vereinigten Staaten sich zu der Würde eines selbstständigen Volkes; und wenn die Bürger dieses Landes nicht vollkommen frei und glücklich werden, so tragen sie selbst einzig und allein die Schuld.

Dies ist unsere jetzige Lage, und dies sind unsere Aussichten für die Zukunft; aber, obgleich der überschäumende Becher des Segens uns dargereicht wird, obgleich wir das Glück unser nennen können, wofern wir nicht versäumen, die Gelegenheit beim Stirnhaar zu ergreifen: so ist nach meiner Meinung den Vereinigten Staaten von Amerika das Wahlrecht geblieben, und es steht bei ihnen, ob sie als Volk geehrt und glücklich, oder ob sie elend und verachtet werden wollen. Ihr politisches Probejahr geht jetzt an; die Aufmerksamkeit von ganz Europa wendet sich in diesem Augenblick auf sie; der Zeitpunkt ist erschienen, wo sie ihre Nationalehre auf immer begründen oder vernichten werden; jetzt ist der günstige Augenblick, wo wir unserer bundesmäßigen Regierung eine solche Spannkraft geben müssen, daß sie fähig werde, den Absichten der Verfassung zu entsprechen; thun wir dies nicht, so gehen wir einer unglücklichen Zukunft entgegen, denn die Kraft des Vereins versinkt in Schwäche, das Band der Verbrüderung muß sich lösen, und wir gerathen in die Gefahr, ein Spielwerk in den Händen europäischer Politiker zu werden, die alsdann einen Staat gegen den andern aufhetzen werden, um unsere wachsende Größe zu unterdrücken und uns zu Dienern ihrer eignen selbstsüchtigen Zwecke herabzuwürdigen. Denn in diesem Augenblicke hängt die Fortdauer oder der Untergang der Staaten von dem politischen System ab, das sie ergreifen, und ihre engere Verbindung, oder die Trennung von einander muß erst darüber entscheiden, ob die Losreißung von England ein Fluch oder ein Segen für das Land gewesen ist; ein Fluch oder ein Segen, und das nicht nur für das jetzt lebende Geschlecht, denn unser Geschick bestimmt auch das von vielen Millionen noch nicht geborener Menschen.

Da ich ganz davon durchdrungen bin, wie wichtig der gegenwärtige Augenblick ist, wäre es ein Verbrechen, wenn ich schwiege. Ich spreche deshalb zu Eurer Excellenz ohne Scheu im Tone der Freiheit und unverhüllten Offenheit. Ich bin darauf vorbereitet, daß Diejenigen, welche meine politischen Ansichten nicht theilten, mir schuld geben werden, daß ich die eigentliche Linie meiner Pflichten überschreite, daß sie vielleicht der Eitelkeit und der Anmaßung das zuschreiben, was bei mir aus der reinsten und lautersten Absicht hervorging. Aber die Aufrichtigkeit meines Herzens, dem dergleichen unwürdige Beweggründe gänzlich fremd sind; die Rolle, welche ich bisher im öffentlichen Leben spielte; der Entschluß, welchen ich gefaßt hatte, keinen Theil mehr an den politischen Ereignissen zu nehmen; der sehnliche Wunsch, den ich immer so unverholen aussprach, mich nach den Beschwerden des Krieges in meine stille Häuslichkeit zurückzuziehen und gleich allen Andern die Wohlthat einer weisen, freisinnigen Regierung zu genießen: alles dies wird, wie ich hoffe, früher oder später meine Mitbürger überzeugen, daß keine böse Absicht mich dazu verleiten konnte, meine Meinung mit so wenig Zurückhaltung in dieser Adresse auszusprechen.

Nach meiner, vielleicht unvollkommenen Einsicht

sind für die Wohlfahrt, ja, ich scheue mich nicht es zu sagen, für das Fortbestehen der Vereinigten Staaten als unabhängige Macht, vier Dinge durchaus nothwendig:

1) ein unauflösbarer Verein der Staaten unter einer föderativen Obergewalt;

2) eine strenge Beachtung der öffentlichen Gerechtigkeit;

3) passende Militäreinrichtungen für den Frieden;

4) eine friedliche und freundliche Gesinnung der Einwohner aller Vereinigten Staaten gegeneinander, welche so vorherrschend werden muß, daß sie die beschränkenden Vorurtheile ablegen und, des eignen Nutzens nicht gedenkend, sich gegenseitig das bewilligen und zugestehen, was zur Beförderung der allgemeinen Wohlfahrt erforderlich ist, und bereitwillig sind, den eignen Vortheil aufzuopfern, wo das Gedeihen des Ganzen es fordert.

Dies sind die Pfeiler, welche den herrlichen Bau unserer Unabhängigkeit und Nationalehre tragen müssen; die Freiheit ist die Grundlage dieses Gebäudes. Und wer es jemals wagen sollte, dies Fundament zu untergraben und die Mauern einzureißen, mag er diesen Frevel auch mit dem Anschein der edelsten Absicht übertünchen, den möge der schwerste Fluch und die härteste Züchtigung seines gekränkten Vaterlandes dafür bestrafen!

Ueber die drei ersten der oben angeführten Punkte will ich noch einige Bemerkungen beifügen; den letzten überlasse ich dem richtigen Sinn und dem reifen Nachdenken Derer, auf die er sich unmittelbar bezieht.

Was den ersten Punkt betrifft, so scheint es vielleicht unnöthig oder unpassend, wenn ich mich hier auf eine genauere Untersuchung über die Grundsätze unseres Vereins einlasse und die wichtige Frage, welche so häufig angeregt worden ist, von Neuem aufwerfe: ob es nämlich zweckmäßig und dienlich für die Staaten ist, dem Congreß eine ausgedehntere Macht zu übertragen, oder nicht; und dennoch fordert es die Pflicht, nicht nur von mir, sondern ebenso wohl von einem jeden wahren Freunde des Vaterlandes, nachfolgende Behauptungen ohne Rückhalt aufzustellen und durchzufechten: Wollen die Staaten es nicht dulden, daß der Congreß von den Vorrechten Gebrauch mache, welche ihm die Verfassung ohne alle Frage zuerkannt hat, so haben wir nichts als eine völlige Gesetzlosigkeit und baldige Auflösung zu erwarten. Für das Wohl der einzelnen Staaten ist es durchaus nothwendig, auf irgend eine Weise eine höchste Macht einzusetzen, welcher es obliegt, die gemeinschaftlichen Angelegenheiten der verbündeten Republik zu leiten und zu regieren; denn ohne diese oberste Leitung kann der Verein nicht lange bestehen. Alle Staaten müssen den letzten Vorschlägen des Congresses schnell und willig Folge leisten, weil wir sonst die verderblichsten Wirkungen zu fürchten haben. Eine jede vorgeschlagene Maßregel, welche die Absicht verräth, den Verein aufzulösen oder die höchste Gewalt zu vermindern und zu schwächen, muß als eine Kriegserklärung gegen die Freiheit und Unabhängigkeit Amerika's betrachtet, und mit dem Urheber derselben demzufolge verfahren werden. Und letztlich, wird es uns durch die übereinstimmende Beihülfe der Staaten nicht möglich gemacht, die bezweckten Wohlthaten der Revolution zu genießen, an den wesentlichen Vortheilen des bürgerlichen Vereins Theil zu nehmen unter einer freien, unverderbten Regierungsform, deren Schutz uns vor den Gefahren der Unterdrückung sichert und die auf den Grundgesetzen des Verbündnisses beruht und durch dieselben aufrecht erhalten wird: so müssen wir es bitter bereuen, daß zwecklos so viel Blut vergossen, so große Summen vergeudet, daß wir so viel Hartes erduldeten ohne allen Lohn, und daß so große Opfer umsonst gebracht worden sind.

Noch manche Bemerkungen könnte ich hier beifügen, um zu beweisen, daß wir ohne vollkommene und durchgehende Uebereinstimmung mit dem innern Geist unseres Vereins als selbstständige Macht nicht fortbestehen können. Um diese Behauptung zu erhärten, genügt es nur einige Beispiele anzuführen, die, wie es mir scheint, das Ganze völlig erklären: Einzig und allein in dem Betracht, daß wir ein vereintes Volk, ein begründetes Reich sind, ist unsere Unabhängigkeit anerkannt worden; und nur wenn wir dies bleiben, können wir andern Völkern gegenüber unsere Würde bewahren und unsern Platz behaupten. Die Verträge der europäischen Mächte mit den Vereinigten Staaten von Amerika können keine Gültigkeit haben, sobald der Verein sich löst. Wir verfallen entweder in einen Zustand der Verwilderung, oder wir machen an uns selbst die unglückliche Erfahrung, daß die natürliche und nothwendige Fortschreitung der menschlichen Verhältnisse von der völligen Gesetzlosigkeit zur schrecklichen Tyrannei übergeht, und daß willkürliche Gewalt sich ihren Thron am leichtesten auf den Ruinen der durch Zügellosigkeit ausgearteten Freiheit erbaut.

Was den zweiten Punkt anbetrifft, der sich auf die Vollziehung des Rechtes bezieht, so hat der Congreß in seiner letzten Zuschrift an die Vereinigten Staaten diesen Gegenstand fast schon erschöpft. Die Ansichten sind ausführlich erklärt, und die Verpflichtung der Staaten, allen öffentlichen Gläubigern genug zu thun, so unwiderleglich bewiesen, mit so viel Kraft und Würde, daß nach meiner Meinung kein wahrer Freund Amerika's, der die Ehre und Unabhängigkeit seines Vaterlandes hochschätzt, nur einen Augenblick anstehen kann, der gerechten, ehrenwerthen Maßregel beizustimmen, die der Congreß vorschlägt. Wen diese Gründe nicht überzeugen konnten, für den habe ich keine, die mir gewichtiger dünken; vorzüglich wenn wir bedenken, daß das System, welches dort in Vorschlag gebracht wird, aus der gesammelten Einsicht, welche alle besten Köpfe im ganzen Lande sich erworben haben, hervorgegangen ist, so müssen wir diese Einrichtung, wenn auch nicht für eine vollkommene, doch für die beste halten, welche jetzt zu treffen war; auch steht uns jedenfalls, wenn jener Vorschlag nicht sogleich angenommen wird, ein Nationalbankrott mit allen seinen beklagenswerthen Folgen bevor, ehe möglicherweise ein anderer Plan ausgearbeitet und genehmigt werden kann. Die Umstände drängen uns, und dem Staat bleibt, wie gesagt, nur die Wahl, die Maßregel zu bestätigen, oder den Bankrott losbrechen zu sehen.

Es ist gar nicht daran zu zweifeln, daß das Land im Stande ist, die Schulden abzutragen, die es zu seiner Vertheidigung genöthigt war einzugehen; und der gute Wille, dies zu thun, wird, wie ich hoffe, auch nicht fehlen. Der uns durch die Pflicht vorgeschriebene Pfad liegt klar vor uns, und bei einer jeden Gelegenheit wird die Rechtschaffenheit sich als die beste und einzig richtige Politik bewähren. Als Volk laßt uns alle Gerechtigkeit üben; laßt uns die öffentlichen Verträge halten., denn wir können nicht zweifeln, daß der Congreß das vollste Recht hatte, dieselben zur Fortsetzung des Krieges abzuschließen, und wir müssen alle diese Verpflichtungen ebenso treu und gewissenhaft erfüllen wie eine jede Verbindlichkeit, auf welche wir persönlich und aus eignem Willen eingegangen sind. Möchten alle Bürger von Amerika sich mittlerweile befleißigen, ihre eignen Angelegenheiten zu ordnen, und als selbstständige Wesen und Mitglieder des geselligen Vereins ihren Geschäften mit Fleiß und Eifer obliegen; denn dadurch arbeiten sie der Regierung in die Hände und können unter dem Schutze derselben gedeihen. Ein Jeder wird die Früchte seiner Arbeit ernten und frei von Bedrückung und Gefahr sich des redlich Erworbenen erfreuen.

Wer kann wohl im Gefühl vollkommener Freiheit und Sicherheit sich weigern, ein Weniges von seinem Eigenthum aufzuopfern, um dadurch die Wohlfahrt des Ganzen zu befestigen und sich den Schutz der Regierung zu sichern? Wer erinnert sich nicht noch der feierlichen Erklärungen beim Beginn des Krieges, daß wir willig bereit wären, die Hälfte unseres Vermögens aufzuopfern, um dadurch die andere Hälfte zu sichern? Wo wäre ein Mensch so gefühllos, daß er nicht wünschte, seine Schuld gegen Diejenigen abzutragen. welche durch die härtesten Leiden und ertragenen Beschwerden, ja mit Vergießung ihres Blutes, ihn und sein Eigenthum schützten? Und sollten nicht Alle in Großmuth wetteifern, um sich von einer solchen Schuld der Ehre und Dankbarkeit zu lösen? Kann es in unserm großen Lande ein Einziger, oder können es Mehrere wagen, ohne Erröthen aufzutreten und eine Maßregel in Vorschlag zu bringen, welche absichtlich darauf berechnet ist, dem Krieger seinen wohlverdienten Lohn und dem öffentlichen Gläubiger das zu rauben, was ihm von Rechtswegen gehört? Und müßte nicht, wenn es möglich wäre, daß eine so schreiende Ungerechtigkeit verübt würde, ein allgemeiner Zorn und Unwille erwachen und auf die Urheber einer solchen Maßregel die Rache des Himmels herabrufen? Wenn bei alle dem der Geist der Uneinigkeit, der Hang zur Selbstsucht und Widersetzlichkeit einen der Staaten beherrschen sollte; wenn eine so verworfene Sinnesart es wagen sollte, den beglückenden Einfluß zu vernichten, den wir von unserm Verein erwarten; wenn der vernünftigen Forderung, ein Capital zu gründen, um daraus die jährlichen Zinsen der Staatsschulden zu bezahlen, die Bestätigung versagt wird; und wenn diese Weigerung alsdann den alten Argwohn von Neuem weckt und alle die Uebel wieder herbeizieht, welche jetzt glücklicherweise beseitigt sind: so wird mindestens der Congreß, der in allen seinen Verhandlungen seinen Edelmuth und seine Gerechtigkeitsliebe kund gab, vor den Augen Gottes und der Menschen gerechtfertigt dastehen, und allein der Staat, welcher sich den Beschlüssen aller Weisen und Erfahrenen in unserm Lande widersetzt und sich durch böswillige und unwissende Rathgeber leiten läßt, wird für alles Unheil verantwortlich sein, das wir alsdann zu erwarten haben.

Was mich selbst betrifft, so bin ich mir bewußt, so lange ich im Dienste der Republik war, stets das gethan zu haben, was nach meiner Ueberzeugung am meisten geeignet war, die Wohlfahrt meines Vaterlandes zu befördern. Ich habe mich zufolge meines unerschütterlichen Glaubens gewissermaßen der Armee als Bürgen gestellt und den Soldaten meine Ehre verpfändet, daß das Vaterland ihnen endlich vollkommene Gerechtigkeit erzeigen werde. Da ich nicht Willens bin, den Augen der Welt irgend etwas von dem zu entziehen, was mit meiner Amtsführnng in Verbindung steht, so hielt ich es für angemessen, Euer Excellenz beikommende Papiere zu übersenden, welche die Bewilligung des Congresses enthalten, den Offizieren unserer Armee statt des halben Soldes eine Vergütung zu gewähren. Aus den beigefügten Mittheilungen ergibt sich deutlich, wie ich über diesen Gegenstand denke; auch sind alle Gründe darin enthalten, welche mich schon vor langer Zeit bewogen, diese Maßregel auf das ernstlichste und dringendste anzuempfehlen. Da das Verfahren des Congresses und der Armee, sowie mein eignes, aller Welt bekannt ist, und da die Verhandlungen deutlich genug sind, um alle Vorurtheile und Irrthümer, welche irgend Jemand hegen mag, zu beseitigen, so halte ich es für unnöthig, noch etwas darüber zu sagen, und füge nur noch die Bemerkung bei, daß alle angeführten Beschlüsse des Congresses ohne Zweifel ebenso bindend für die Ver. Staaten sind, als es die feierlichsten Gesetzgebungen aller verbundenen Regierungen nur immer sein können.

Was die Meinung betrifft, die sich, wie ich erfahre, Vieler bemeistert hat, daß der halbe Sold, oder statt dessen eine Vergütung, nichts weiter sei als eine Pension, so sollte dieser irrige Wahn wohl ein- für allemal verworfen werden. Diese Verordnung sollte für das angesehen werden, was sie in der That ist, nämlich für einen vom Congreß angebotenen Ersatz, welchen er den Offizieren der Armee zu einer Zeit versprach, da er ihrer Dienste bedurfte und ihnen doch nichts Anderes zu bieten hatte. Dies Versprechen war das einzige Mittel, sie von Verlassung des Dienstes abzuhalten; es war ein Theil ihrer Besoldung. Ja, ich kann nicht umhin zu sagen, es war der Preis ihres Blutes und unserer Unabhängigkeit; deshalb ist dies auch keine gewöhnliche, sondern eine Ehrenschuld. Nie kann diese Vergütung eine Pension oder ein Gnadengehalt genannt werden, und nie wird die Schuld getilgt sein, als bis sie redlich bezahlt ist.

In Rücksicht des Unterschiedes zwischen Offizieren und Soldaten haben wir uns nach dem allgemeinen Gebrauch aller Völker und nach unsern eignen Erfahrungen zu richten, und die Nothwendigkeit und Zweckmäßigkeit einer solchen Unterscheidung ist erwiesen. Nach dem Verhältniß der Dienste, die das Vaterland von seinen Dienern fordert, gebührt ohne alle Frage einem Jeden derselben seine Belohnung. In einigen Armeecorps haben vielleicht im Allgemeinen die Soldaten, durch die reichlichen Gaben, welche sie erhielten, einen ebenso vollständigen Lohn für ihre Dienste bekommen als die Offiziere durch die Vergütung bekommen werden. In anderen Corps sind den Soldaten Ländereien zugesagt, Kleidung und Sold erhalten sie noch nachträglich (denn was diese Artikel betrifft, so müssen alle Theile des verbundenen Heeres auf denselben Fuß gestellt werden); rechnen wir noch dazu, was Viele schon bekommen haben, und die volle Besoldung bis zum Ende des Jahres, die Allen versprochen ist, so können wir, alle diese Umstände richtig abgewogen, annehmen, daß die Lage der Soldaten ebenso gut ist als die der Offiziere. Sollte indessen Erstern noch eine Belohnung zuerkannt werden, so kann ich betheuern, daß Niemand eine aufrichtigere Freude darüber empfinden wird als ich; wenn ihnen zum Beispiel, was schon einigemal in Vorschlag gebracht ist, für eine bestimmte Zeit alle Abgaben erlassen würden, oder wenn man den tapfern Vertheidigern des Vaterlandes irgend eine andere angemessene Gerechtsame oder Vergütung bewilligte. Aber weder die Annahme noch die Verwerfung dieses Vorschlags kann den mindesten Einfluß auf die Akte des Congresses ausüben, durch welche den Offizieren der volle Sold auf fünf Jahre, statt des halben Soldes für Zeitlebens, der ihnen früher versprochen war, angeboten wird.

Ehe ich meine Betrachtungen über diesen Gegenstand schließe, kann ich nicht umhin, der Verpflichtungen noch zu gedenken, welche unser Vaterland gegen die verdienstvollen Offiziere und alten Soldaten zu erfüllen hat, welche nach dem Beschlusse des Congresses vom 29. April 1782, wegen Unfähigkeit zum Dienste entlassen wurden, mit dem Versprechen einer jährlichen Pension auf Zeitlebens. Man braucht nur zu wissen, wie viel vorzüglich diese Männer erduldet, welche großen Verdienste sie sich erworben haben, und wie gerecht ihre Ansprüche an diese Versorgung sind, um sich zur lebhaftesten Theilnahme zu ihrem Besten angeregt zu fühlen. Nur eine pünktliche Auszahlung dessen, was ihnen jährlich zugestanden ist, kann sie vor dem drückendsten Mangel schützen, und es wäre der traurigste Anblick, der schrecklichste Vorwurf für uns, sollten wir Diejenigen, welche ihr Blut für uns vergossen, ihre gesunden Glieder im Dienste des Vaterlandes eingebüßt haben, ohne Obdach sehen und ohne Beistand, aller Mittel beraubt, sich das zu verschaffen, was das Leben erhält und erheitert, ja vielleicht gezwungen, ihr tägliches Brot von Thür zu Thür zu betteln. Es möge mir gestattet sein, alle diese Männer, welche zu Ihrem Staate gehören, dem liebevollen Schutz Eurer Excellenz und der Versorgung Ihrer Regierung anzuempfehlen.

Ueber den dritten Punkt, welcher sich vorzüglich auf

die Vertheidigung unserer Republik bezieht, habe ich nur wenige Worte zu sagen, denn ich zweifle nicht daran, daß der Congreß für eine zweckmäßige Militäreinrichtung für den Frieden in den Vereinigten Staaten sorgen werde, und daß man die erforderliche Aufmerksamkeit darauf wenden wird, für die Miliz unsers Vereins passende Anstalten zu treffen und sie in eine anständige Lage zu versetzen. Obwohl dies auch ohne mich geschehen wird, möge man mir doch gestatten, diese Maßregel auf das dringendste anzuempfehlen. Die Miliz unseres Landes müssen wir als das Palladium unserer Sicherheit, als unsere erste Zuflucht im Fall eines ausbrechenden Krieges ansehen. Deshalb ist es durchaus nothwendig, daß überall dasselbe System eingeführt werde; daß alle Einrichtungen und die Kriegszucht bei der Miliz in allen unsern Staaten durchaus übereinstimmend sei, sowie nicht minder die Bewaffnung, die Kleidung und der kriegerische Schmuck. Keiner, der es nicht aus der Erfahrung gelernt hat, kann es einsehen, wie viel Beschwerde und Unordnung und wie große Unkosten aus einander widersprechenden Einrichtungen oder aus so unbestimmten Verfügungen, wie sie bis jetzt vorherrschend waren, entspringen.

Wenn ich mir in dieser Zuschrift bei der Behandlung politischer Gegenstände eine größere Weitschweifigkeit erlaubt habe, als dies sonst meine Art ist, so wird mich, wie ich hoffe, die Wichtigkeit dieses Augenblickes und der besprochenen Punkte hinlänglich entschuldigen. Indessen verlange oder erwarte ich keineswegs, daß man vorgehenden Betrachtungen eine größere Aufmerksamkeit widmet, als die gute Absicht, in welcher ich sie niederschrieb, verdient; denn diese stimmt mit den unwandelbaren Gesetzen der Gerechtigkeit überein, strebt nach nichts Anderm, als ein edles, politisches System zu entwickeln, und gründet sich auf die Erfahrung, welche ich mir durch ungetheilte Aufmerksamkeit auf die öffentlichen Angelegenheiten in einer langen Reihe von Jahren erworben habe. Meine thätige Mitwirkung gibt mir ein Recht, mich ohne Rückhalt auszusprechen; und wenn dies zu lange Schreiben die Gränzen, welche ich mir vorgezeichnet hatte, nicht schon überschritte, so wollte ich mich anheischig machen, einem Jeden, der sich nicht absichtlich gegen ein besseres Verständniß verschließt, zu beweisen, daß der Krieg in kürzerer Zeit und mit weit geringern Unkosten zu demselben erfreulichen Ausgange hätte gebracht werden können, wenn man die Hülfsquellen des Landes gehörig benutzt hätte; daß viele Beschwerden und fehlgeschlagene Unternehmungen, über die wir uns so oft zu beklagen hatten, in den meisten Fällen mehr aus der Schwäche der Regierungen als aus dem Mangel der Hülfsmittel in den verschiedenen Staaten entsprangen; daß die unzureichenden Maßregeln, welche von der Beschränkung einer angemessenen Gewalt der höchsten Behörde herrührten, aus einer nur theilweisen Erfüllung der Forderungen des Congresses in einzelnen Staaten und völliger Abweichung anderer von dem, was beschlossen und anbefohlen war, den Eifer Derjenigen schwächten, welche den besten Willen zeigten, alle ihre Kräfte im Dienste des Vaterlandes aufzubieten, die Summen, welche der Krieg kostete, unendlich vergrößerten und nur zu oft die gut erdachten Plane scheitern machten; und daß endlich bei den sich stets häufenden Beschwerden, bei der wachsenden Verwirrung, in welche unsere Angelegenheiten durch die angeführten Ursachen geriethen, ein jedes andere Heer den Muth verloren, und eine Armee, die minder geduldig, standhaft und edel gewesen wäre als die, welche ich die Ehre hatte zu kommandiren, sich schon vor langer Zeit gänzlich auflösen mußte. Indem ich diese Behauptungen aufstelle, welche sich alle auf unbestrittenen Thatsachen gründen, die während des Kriegs aus den Mängeln unserer Verfassung hervorgingen, wünsche ich indessen sehr, man möge mich nicht mißverstehen; denn immer war es meine größte Freude, dankbar anzuerkennen, wie viel Hülfe und Beistand mir von allen Klassen unserer Mitbürger zu Theil geworden ist; auch werde ich jederzeit bereit sein, den Staaten Gerechtigkeit widerfahren zu lassen, die mit beispiellosem Eifer Alles aufgeboten haben, um der gemeinschaftlichen Sache Opfer zu bringen.

So habe ich denn hiermit meine Ansichten freimüthig ausgesprochen, bevor ich das öffentliche Amt in die Hände Derjenigen zurücklege, welche mir dasselbe anvertrauten. Mein Werk ist nun vollbracht. Ich nehme Abschied von Eurer Excellenz als dem ersten Beamten Ihres Staates, und sage zugleich den Sorgen des Amtes und allen Beschäftigungen des öffentlichen Lebens ein letztes Lebewohl.

Mir bleibt nur noch die Bitte übrig, Euer Excellenz mögen geruhen, dies Schreiben bei der nächsten Sitzung Ihrer Regierung bekannt zu machen: es ist das Testament Desjenigen, der nie einen anderen Wunsch hatte, als seinem Vaterlande in allen Verhältnissen nützlich zu sein, und der auch im friedlichen Schatten stiller Häuslichkeit nie unterlassen wird, den höchsten Regierer der Welt um Seinen göttlichen Segen für dies Land anzuflehen.

Es ist mein inbrünstiges Gebet, Gott möge Sie

und den Staat, welchem Sie vorstehen, in seinen heiligen Schutz nehmen; Er möge die Herzen unserer Mitbürger mit dem Geiste des Gehorsams und der Unterwürfigkeit gegen die Regierung erfüllen; eine brüderliche Liebe und Zuneigung gegen einander sowohl als für alle ihre Mitbürger in sämmtlichen Vereinigten Staaten, vorzüglich aber für diejenigen ihrer Brüder, welche ihr Blut für sie vergossen haben, in ihnen erwecken, und Er möge endlich uns Allen Seine Gnade zukommen lassen, auf daß wir die Gerechtigkeit üben, uns der Milde befleißen und nach der Bruderliebe und Demuth, nach dem Frieden der Seele streben, die in dem Stifter unsers heiligen Glaubens uns als ein glänzendes Beispiel vorleuchten, welchem nachzufolgen wir uns mit demüthigem Sinne bemühen sollen; denn nur dadurch können wir hoffen ein beglücktes Volk zu werden.

Ich habe die Ehre, mit der größten Hochachtung mich zu nennen Eurer Excellenz gehorsamsten und ergebensten Diener

Georg Washington.

V. Washington's Adresse an den Congreß bei Niederlegung seiner Stelle.

Annapolis, den 23. December 1783.

Herr Präsident!

Da das große Ziel endlich erreicht und der Augenblick gekommen ist, wo ich aus dem öffentlichen Leben treten kann, so habe ich heute die Ehre dem Congreß meinen Glückwunsch abzustatten und mich vor demselben einzufinden, um die Stelle niederzulegen, welche er mir anvertraut hatte; ich bitte zugleich um die Vergünstigung, mich aus dem Dienste zurückzuziehen.

Beglückt durch die Bestätigung unserer Unabhängigkeit und Selbstherrschaft, erfreut durch die Gewißheit, daß es den Vereinigten Staaten gelingen wird, ein geachtetes Volk zu werden, lege ich im Gefühl inniger Befriedigung hier die Stelle nieder, welche ich mit zweifelnder Bangigkeit annahm; mein Mißtrauen in meine Fähigkeiten, ein so großes Werk zu vollbringen, ward indessen durch das Vertrauen auf die Gerechtigkeit unserer Sache, den Beistand der regierenden Macht unsers Vereins und den Schutz des Himmels überwunden.

Der glückliche Ausgang des Krieges hat unsere höchsten Erwartungen übertroffen, und meine Dankbarkeit für die augenscheinliche Einwirkung der Vorsehung, sowie für den Beistand, mit dem meine Mitbürger mich unterstützten, steigt immer höher, so oft ich auf den über unser Geschick entscheidenden, nun vollendeten Kampf zurückblicke.

Indem ich es noch einmal ausspreche, wie sehr ich mich der ganzen Armee im Allgemeinen verpflichtet fühle, würde ich gegen meine Empfindungen ungerecht sein, wenn ich die ausgezeichneten Verdienste der Männer nicht lobend anerkennen wollte, die während des Krieges mir die Nächsten waren. Nie hätte meine Wahl glücklicher sein können, indem ich meinen Generalstab aus den trefflichsten Offizieren bildete. Erlauben Sie mir, Ihnen vorzüglich Diejenigen anzuempfehlen, welche bis zu diesem Augenblick im Kriegsdienst ausgeharrt haben, da sie der Beachtung und des Schutzes des Congresses vor Allen würdig sind.

Ich halte es für meine heiligste Pflicht, diese letzte feierliche Thathandlung meines öffentlichen Lebens damit zu beschließen, daß ich das Gedeihen unseres theuren Vaterlandes dem Schutz des allmächtigen Gottes empfehle und Ihn anflehe, Er möge Alle Diejenigen, welche über die Wohlfahrt desselben wachen, beschirmen und mit Seiner Gnade erleuchten.

Da ich nun mein Werk vollendet habe, trete ich von der großen Schaubühne des öffentlichen Lebens ab; ich sage diesem ehrwürdigen Verein, nach dessen Befehlen ich so lange gehandelt habe, mein herzliches Lebewohl. Hier übergebe ich meine Vollmacht und nehme Abschied von allen Geschäften des öffentlichen Lebens.

Viertes Buch.

Von

dem Friedens-Vertrag

bis

zu dem Ende von Adams' Verwaltung.

1783—1801.

Geschichte

der

Vereinigten Staaten von Amerika.

Erstes Kapitel.

1783—1786.

Die drei Jahre nach dem Kriege.

Trauriger Zustand der Union als es Friede ward—Unwirksamkeit der Conföderations-Artikel—Eifersüchteleien der Staaten—Steuersystem von 1783—Der Congreß verlangt eine Vermehrung seiner Macht—Einige gute Erfolge des Planes—Die Vermehrung der Macht wird verweigert—New York in entschiedener Opposition—Die Requisitionen des Congresses bleiben gänzlich erfolglos—Die commerciellen Beziehungen zum Auslande—Man verlangt Verträge mit andern Nationen—Herrn Pitt's Gesetzesvorschlag—Günstig für die Amerikaner—Vom Parlament nicht angenommen—Der Congreß verlangt Machtvollkommenheit hinsichtlich des Handels—Nicht bewilligt—Streitigkeiten mit England über angebliche Verletzung des Friedensvertrages—Schwierigkeiten der Fragen—John Adams wird als Gesandter nach England geschickt—Jefferson wird nach Frankreich gesendet—Aufnahme von John Adams—Politik des britischen Hofes—Adams' Anstrengungen, die Fragen zu schlichten und zu einem Resultat zu bringen, bleiben erfolglos—Herrn Jay's Bericht über die ihm übergebenen Papiere—Adams kehrt in die Heimath zurück—Schwierigkeiten mit Spanien—Herrn Jay's Unterhandlungen mit dem spanischen Gesandten—Aufregung im Westen wegen der Schifffahrt auf dem Mississippi—Washington's inniger Antheil an den öffentlichen Angelegenheiten—Auszüge aus seinen Briefen—Uneinige Staatengesetzgebung—Abtretung der westlichen Landstriche an die Vereinigten Staaten—Die Ordonnanz von 1787 für die Regierung des nordwestlichen Territoriums—Abriß ihrer Bestimmungen—Ihre Wichtigkeit in der amerikanischen Geschichte—Marshall's Bericht über die beiden Parteien in den Staaten—Maßregeln, welche man in Virginien in Betreff des Handels nahm—Versammlung von Commissären zu Annapolis im September 1786—Ihre wichtigen Rathschläge. Anhang zu Kapitel I. Die Ordonnanz von 1787 für die Regierung des nordwestlichen Territoriums.

Der lange und mühselige Kampf für Freiheit und Unabhängigkeit war nach gerade beendigt. Trotz der harten und bitteren Prüfungen, der unbeschreiblichen Anstrengungen, der tödtlichen Mühseligkeiten des Kampfes, war er fortgesetzt worden, bis Sieg die Waffen unserer patriotischen Väter krönte. Washington hatte sich in das Privatleben zurückgezogen; die Armee war aufgelöst und die Vereinigten Staaten waren nun als frei und unabhängig anerkannt. Befreit von aller fremden Herrschaft, im Besitz einer ungeheuren Ländermacht, mit der Aussicht auf Fortschritt im

Reichthum, in Bevölkerung, in National-
1783. größe sowie dieses Alles die Einbildungskraft kaum zu fassen vermochte, lag nun die ganze Welt vor ihnen, um zu wählen, wie und wo, und ihre künftige Laufbahn in Gutem oder Bösem war nun vorgezeichnet.

Doch wie traurig war der damalige Zustand dieser Staaten, welche die Unabhängigkeit mit der Spitze des Schwertes errungen hatten! Ihre damaligen Hülfsquellen waren zu Ende, ihre Mittel in einem langen und zerstörenden Kriege erschöpft; ihre Handwerker waren ruinirt, ihre Landwirthschaft war zurückgekommen, und die Beziehungen des Menschen zum Menschen, kaum im Allgemeinen durch irgend welche Gesetze bestimmt, wurden nicht nach den Grundsätzen von Recht und Billigkeit anerkannt und aufrecht erhalten. Ein Berg von Schulden lastete auf ihnen, und, was schlimmer war als alles, sie waren am Rande der Anarchie und politischen Auflösung. Es war nicht genug, daß sie den Kampf für Unabhängigkeit und Menschenrechte gefochten und gewonnen hatten; es war nicht genug, daß sie ihr Werk bis dahin wohl vollbracht hatten; es war nun ein noch größeres Werk zu vollbringen; sie sollten nun durch einen noch härteren Kampf gehen. Man war damals an einer Krisis angelangt, welche an Wichtigkeit keiner andern in der Geschichte Amerika's nachstand.

Washington und seine patriotischen Genossen blickten mit Besorgniß vorwärts und versuchten mit Mühe hinter den Schleier zu dringen, welcher die unbekannte Zukunft verhüllte. Manche dunkle Ahnungen erfüllten ihre Gemüther. Sie betrachteten mit innigster Theilnahme den unglücklichen Zustand der öffentlichen Angelegenheiten. Der Congreß war gänzlich unvermögend. Es gab damals thatsächlich keine Regierung. Die getrennten, unabhängigen Souveränitäten der Staaten, wenn auch innerhalb ihrer respectiven Gränzen wirksam, waren doch gänzlich unfähig eine Regierung 1784.
für das Ganze herzustellen und aufrecht zu erhalten. Das Land hatte keine Nationalität. Kleine Eifersüchteleien und Streitigkeiten herrschten vor. Die kleineren Staaten blickten argwöhnisch auf die größeren, und diese waren hinwieder nicht abgeneigt, die Vortheile ihrer Stellung zu Vergrößerung ihrer Macht zu benutzen. Die weisen und gewichtigen Worte des Vaters seines Landes in jener letzten und edlen Adresse an die Staaten, bevor er seinen Auftrag niederlegte, blieben unbeachtet und es war sehr bald eine Frage von hauptsächlicher Größe und Wichtigkeit, ob es überhaupt einen allgemeinen Staat geben solle; ob das Volk der Vereinigten Staaten ein Volk oder verschiedene Völker sein solle; ob Einigkeit, Macht, Energie in der Heimath sein solle und Achtung und Vertrauen im Auslande und ob es eine National-Regierung, einen National-Charakter und eine Unantastbarkeit und Ehre der Nation geben solle?

Die Artikel der Conföderation, unter welcher in den letzten Jahren der Revolution der Krieg geführt worden, waren nicht im Stande, die Vereinigung zu bewirken und durchzuführen, obgleich sie sich als Artikel einer immerwährenden Vereinigung bezeichneten. Der Congreß hatte ausschließliche Macht für eine Anzahl von Zwecken, aber hatte nicht das Vermögen, irgend einen davon durchzusetzen. Er war befugt, Verträge abzufassen und abzuschließen, aber er war nur im Stande die

Beobachtung derselben zu empfehlen. Er war befugt, Gesandte anzustellen, aber er konnte deren Ausgaben nicht bezahlen. Er konnte Geld leihen in seinem eigenen Namen auf den Credit der Union, aber er konnte nicht einen Dollar zahlen. Er konnte Geld schlagen, aber er konnte nicht eine Unze Metall herbeischaffen. Er konnte Krieg erklären und die Anzahl der erforderlichen Truppen bestimmen, aber er konnte nicht einen einzigen Soldaten auf die Beine bringen. In der That konnte der Congreß alles Mögliche erklären, aber er konnte nichts ausführen. Der Richter Story hebt in seinem Commentar zu der Verfassung der Vereinigten Staaten (Commentaries on the Constitution of the United States) mit großer Klarheit und einer Fülle von Einzelnheiten die der Conföderation in allen denjenigen Theilen anklebenden Mängel hervor, welche sich darauf beziehen, dem Plane und den Bedürfnissen einer National-Regierung zu entsprechen. Ebenso setzt Curtis in seiner trefflichen Geschichte der Constitution die Vortheile und Mängel der Conföderation lichtvoll auseinander. Sie hatte unzweifelhaft einen Zweck erfüllt. Wenigstens hatte sie eine Anregung zur Nationalität gegeben und darin gute Dienste geleistet, daß sie eine Abtretung der öffentlichen Ländereien bewirkte und den Krieg zu seinem Ende förderte. Aber sie hatte keine Autorität, Gehorsam zu erzwingen. Sie war unfähig, die Mittel für Unterhalt, Kleidung und Bezahlung ihrer Truppen zu beschaffen. Sie war genöthigt zu zeitweisen Auskunftsmitteln zu greifen, die von Ordnung, Wirthschaftlichkeit, Energie und genauer Beachtung der Ehre und des öffentlichen Vertrauens gänzlich abwichen. Sie fand sich beim Schlusse des Krieges ohne Verfügung über Mittel, um ihren Verbindlichkeiten gegen jene edlen Männer nachzukommen, welche für ihr Vaterland gefochten, geblutet und unaussprechliche Mühseligkeiten ertragen hatten; sie war ohne Mittel, Mitbürger und Ausländer zu bezahlen, welche edelmüthig ihr Geld vorgestreckt hatten, und ohne Mittel, diejenigen zu entschädigen, welche zu der gemeinsamen Sache durch ihr Vermögen oder durch persönliche Dienste beigetragen hatten. Ihre einzige Hoffnung, sich in den Stand gesetzt zu sehen, gerecht zu werden, hing von der Möglichkeit ab, die Zustimmung von dreizehn verschiedenen gesetzgebenden Körpern zu erlangen, von denen jeder einzelne durch seinen Widerspruch jede Maßregel des Congresses vereiteln, und den ganzen Rechtszustand der Vereinigten Kolonien der Ehrlosigkeit und den verderblichen Folgen gebrochener Treue und des Nationalbankerotts Preis geben konnte.

Heutzutage ist es vielleicht unmöglich für uns, die auffallende Thatsache zu begreifen, daß obgleich diese und ähnliche Mängel den Leuten in's Angesicht starrten, sie doch dergestalt an der Vorstellung von der Staaten-Souveränität und Staatenmacht geklebt haben, um bis zum Aeußersten dem Versuche zu allem zu widerstreben, wodurch vermöge geeigneter Mittel die unserer nationalen Existenz drohenden Uebelstände gehoben werden konnten. Vor Jahren waren von den weisesten und besten Männern des Landes Anstrengungen gemacht worden, eine unerläßlich nothwendige Erweiterung der Machtvollkommenheit des Continental-Congresses herzustellen; aber Eifersüchteleien der Staaten herrschten vor, Interessen der Staaten geriethen in Widerspruch und alle Anstren-

gung schlug fehl. Ohne Hülfsquellen, ohne Macht, war die Conföderation im schnellen Verlöschen durch ihre eigene Schwäche.
1785. Sie verlor nicht allein ihre Kraft, sondern auch die Achtung, welche sie einst in Anspruch nahm. Sie war auf der letzten Stufe ihres Verfalls, und es blieb nun lediglich die Frage übrig, ob sie aufgelöst werden und selbst der Schein einer Regierung verloren gehen solle, oder ob von den Patrioten und Staatsmännern des Tages eine ernstere Anstrengung solle gemacht werden, eine wirksamere Regierung zu bilden, bevor die großen Interessen der Ver. Staaten unter ihren Trümmern begraben würden.

Der Congreß hatte früher erklärt, es sei „unerläßlich nothwendig," daß er die Macht haben müsse, Abgaben zu erheben und für die öffentlichen Ausgaben durch directe Besteuerung zu sorgen. Während der Geltung der Artikel der Conföderation hatte er keine solche Befugniß; er konnte nur Requisitionen an die Staaten erlassen, welche man erfüllte oder unberücksichtigt ließ oder abwies, je nach dem souveränen Willen oder Belieben der Staaten. Der Congreß gab Creditscheine aus, so lange als sie irgend welchen Credit hatten und so machten es auch die Staaten. Der Congreß lieh im Auslande Geld, als er nicht einen Dollar zu Hause erheben konnte und wenn die Staaten die Aufbringung von Zahlungsmitteln verweigerten oder vernachlässigten, so mußte er seine Zuflucht zu neuen Anleihen nehmen, um die Zinsen der vorhergegangenen zu zahlen. Im April 1783 empfahl der Congreß nach langen Debatten den Staaten als „unerläßlich nothwendig zur Herstellung des öffentlichen Credits und zur pünktlichen Abzahlung der öffentlichen Schulden," ihn mit der Macht zu Erhebung gewisser specificirter Abgaben von Spirituosen, Wein, Thee, Pfeffer, Zucker, Molasses, Cacao und Kaffee, sowie eine Abgabe
von fünf Procent auf alle anderen 1783.
importirten Waaren zu bekleiden. Diese Abgaben sollten lediglich auf Zahlung von Capital und Zinsen der öffentlichen Schuld verwendet werden und zu diesem Zwecke fünf und zwanzig Jahre fortbestehen. Die Einnehmer sollten von den Staaten gewählt aber vom Congreß abgesetzt werden können. Die Staaten wurden auch aufgefordert, für denselben Zeitraum und für denselben Zweck wesentliche und wirksame Steuern solcher Art festzusetzen, wie sie es für angemessen halten sollten, um ihren Antheil von jährlich $1,500,000 aufzubringen, ausschließlich der Abgaben auf die Einfuhr. Der Antheil jedes Staates sollte nach den Artikeln der Conföderation festgestellt werden *).

Die zur Erhaltung der Regierung nothwendigen Ausgaben waren bisher noch niemals nach den durch die Conföderation vorgeschriebenen Regeln vertheilt worden. Eine befriedigende Abschätzung von Häusern und Ländereien war damals noch nicht vollendet; die Schwierigkeiten, eine solche Abschätzung zu bewerkstelligen, schienen fast unüberwindlich zu sein. Die Antheile waren im Allgemeinen nach der angenommenen Einwohnerzahl regulirt worden. Der Congreß unterbreitete nur der Erwägung der Staaten eine Aenderung der Artikel,

*) Diese Summe von $1,500,000 war wie folgt unter die Staaten vertheilt: New Hampshire $52,708; Massachusetts $224,427; Rhode Island $32,318; Connecticut $132,091; New York $128,242; New Jersey $83,358; Pennsylvanien 205,189; Delaware $22,443; Maryland $141,517; Virginien $256,487; Nord-Carolina $109,006; Süd-Carolina $96,183; Georgia $16,030.

wodurch bestimmt werden sollte, daß der betreffende Antheil sich nach der Anzahl weißer und anderer freier Bürger richten sollte, einschließlich solcher, welche für einen gewissen Zeitraum zur Dienstbarkeit verpflichtet waren, sowie von drei Fünftheilen aller anderen Individuen. Um die Nothwendigkeit zur Annahme und Ausführung dieses Finanz-Systems einzuschärfen, legte der Congreß den Staaten eine Adresse vor. Sie war von einem Committee abgefaßt worden, das aus den Herren Elsworth, Madison und Hamilton bestand. Dieser letztgenannte ausgezeichnete Staatsmann trat 1782 in den Congreß; sein Einfluß war von der gewichtigsten Art. Er war den meisten seiner Amtgenossen weit voraus, und sein Scharfsinn sowie sein weiter Blick machten ihn bewundernswürdig für den ausgezeichneten Antheil geschickt, den er berufen war, an den gesetzgebenden Versammlungen seines Vaterlandes zu nehmen.

Der Plan des Steuer-Systems von 1783 zielte darauf hin, den Gläubigern der Vereinigten Staaten gerecht zu werden, sowie die Regierung für die Anstrengungen zu stärken und zu vereinigen, welche zur Ausführung nationaler Maßregeln von so großer Wichtigkeit nothwendig wurden. Es war unzweifelhaft ein weiser und einsichtsvoller Schritt, denn er hatte den sehr heilsamen Erfolg, das Publikum mit der wichtigen Vorstellung bekannt zu machen, daß die Gläubiger die Zahlung ihrer Forderungen von der Central-Regierung und nicht von den einzelnen Staaten erwarteten; er beugte somit den fast gewissen Resultaten vor, welches jedem Versuche, auf die einzelnen Staaten zurückzugehen, gefolgt sein würde, nämlich theilweiser Zahlung, dem Bankerott oder gänzlicher Nichtanerkennung. Es ist wahr, der Plan ward niemals angenommen; indeß war doch, wie Herr Curtis auseinandersetzt, der Einfluß dieses Steuer-Systems so groß, um die Union zur Zeit vor schneller Auflösung zu bewahren und die Aufmersamkeit der Staaten auf die Nothwendigkeit zu richten, ihr eine Vermehrung der Macht rücksichtlich des Handels und ähnlicher allgemeiner Gegenstände zu gewähren. Von der Anordnung, welche man hinsichtlich der fälligen Bezahlung der Armee getroffen hatte, haben wir auf einer früheren Seite gesprochen. Dies, sowie der Vorschlag des damaligen Planes, Steuern für die Central-Regierung zu erlangen, war während der vier folgenden Jahre in sehr hohem Grade dienlich, um die vorhandenen Bedürfnisse klar zu machen und die Gedanken der Leute auf die zur Befriedigung dieser Bedürfnisse geeignete Weise zu lenken, sowie unser Land vor innerer Zwietracht und vor Ruin zu bewahren.

Derjenige Theil des Finanz-Planes, der von den Staaten die Verpfändung innerer Steuern auf fünf und zwanzig Jahre forderte, stieß natürlich auf die größte Opposition. Der Congreß, endlich überzeugt, daß eine allgemeine Willfährigkeit für diesen Theil des Systems nicht zu erwarten war, beschränkte seine Forderungen auf diejenigen, welche sich auf die Abgaben und die Einfuhr bezogen. Unter dem Einfluß der dringenden und in bester Form angebrachten Vorstellungen des Congresses, des beklagenswerthen Zustandes der Vereinigten Staaten, sowie mit Rücksicht darauf, sie in den Stand zu setzen, das öffenliche Vertrauen zu Hause und im Auslande aufrecht zu erhalten, stimmten alle Staaten vor oder während des Jahres 1786 mit diesem Theile des Finanz-Systems überein; New York machte die einzige Ausnahme. *)

Gleichwohl hing die Wirkung der Schritte, welche einige Staaten thaten, von ähnlichen Schritten anderer Staaten ab. Der Staat New York, statt den Congreß mit der Befugniß zur Erhebung von Steuern zu bekleiden, behielt sich in Gemäßheit eines 1784 durchgegangenen Gesetzes dieses Recht selbst vor; auch verweigerte er die Einnehmer verantwortlich und vom Congreß absetzbar zu machen.

Es mag hier erwähnt werden, daß, als blos die Zustimmung von New York zu diesem Theile des Planes fehlte, der Congreß den Gouvernör Clinton ernstlich ersuchte, die Legislatur zusammenzuberufen, um das Gesetz des Staates mit dem der anderen Staaten in Uebereinstimmung zu bringen. Indeß weigerte sich die Executive dieses Staates jener Aufforderung nachzukommen unter der Anführung, daß der Gouvernör nach der Constitution die Legislatur nur bei außerordentlichen Gelegenheiten zusammenberufen könne; und da dieser Gegenstand neuerlich dieser Versammlung vorgelegen und solche darüber ihre Entscheidung abgegeben habe, so sei eine solche Gelegenheit nicht vorhanden. Auf ein zweites und noch ernstlicheres Gesuch im August 1786 ertheilte er dieselbe Antwort.

Während dieses Steuer-System von den Staaten berathen ward, konnte der Congreß nichts weiter thun, als Requisitionen erlassen, welche nicht befolgt wurden. Die Aufforderung zur Zahlung der Zinsen der einheimischen Schuld, von 1782 bis 1786, belief sich auf nicht mehr als $6,000,000; indeß war auf diese Summe nach dem Bericht des Schatzamtes (Board of Treasury) bis zum 31. März 1787 nur ungefähr eine Million gezahlt. Die Zinsen der einheimischen Schuld wurden also nicht gezahlt, und das in Europa geliehene Geld ward zur Zahlung der Zinsen der auswärtigen Anleihen verwendet. Bei dieser Lage der Dinge sank der Werth der einheimischen Schuld dergestalt herab, daß dieselbe oft für ungefähr ein Zehntel ihres nominellen Betrages verkauft ward.

Der Handelsverkehr mit andern Nationen zog schon bald nach der Ratification des definitiven Friedensvertrages die Aufmerksamkeit des Congresses auf sich. Abgesehen von den kleineren Staaten Europa's erklärte man es für wichtig, Verträge mit Spanien, Preußen, Rußland u. s. w. abzuschließen. Es wurden verschiedene Bestimmungen getroffen, um den Nothstand und die Unfälle des Krieges in Bezug auf Fischer, Ackerbauer und Handwerker zu mindern, damit dieselben von keinem der streitenden Theile belästigt würden.

In dem im Jahre 1785 zwischen den Vereinigten Staaten und Preußen abge-

*) In einem von Rufus King zum Gebrauch des Committee's für das öffentliche Einkommen abgefaßten Berichte wird im Februar 1786 angegeben: „Die Requisitionen des Congresses sind in den letzten acht Jahren in ihren Operationen so unregelmäßig, in der Beitreibung so ungewiß und so augenscheinlich unergiebig gewesen, daß in Zukunft ein Vertrauen darauf, als auf eine Quelle zur Beziehung von Geldern, um die nach Zeit und Betrag bestimmten Verbindlichkeiten der Conföderation zu erfüllen, der Einsicht derer, die eine derartige Zuversicht hegen, eben so wenig Ehre machen, als für die Wohlfahrt und den Frieden der Union gefährlich sein würde. Das Committee ist daber ernstlich von der unerläßlichen Pflicht des Congresses überzeugt, der unmittelbaren und ungetheilten Erwägung der verschiedenen Staaten die gänzliche Unmöglichkeit einer durch zeitweise Requisitionen an die Staaten zu bewerkstelligenden Aufrechthaltung und Bewahrung der Treue der Bundes-Regierung vorzustellen, sowie die hieraus folgende Nothwendigkeit eines schleunigen und vollständigen Beitritts aller Staaten zu dem Steuer-System von 18. April 1783 darzulegen.

schlossenen Vertrage wurden diese Grundsätze in Wirksamkeit gesetzt und ähnliche Privilegien und Ausnahmen wurden auf alle Weiber und Kinder sowie auf Schüler ausgedehnt *). Die Dauer aller Verträge war auf zehn Jahre beschränkt, mit Ausnahme besonderer Fälle, aber in keinem Falle sollten fünfzehn Jahre überschritten werden. Dies war eine für ein neues
1785. und zunehmendes Land sehr weise Bestimmung. Die amerikanischen Gesandten wurden auch, besonders in allen Unterhandlungen mit Spanien angewiesen, unter allen Umständen das Recht freier Schifffahrt auf dem Mississippi-Fluß von dessen Quelle bis zum Ocean nicht aufzugeben oder abzutreten. John Adams, Dr. Franklin und Thomas Jefferson wurden autorisirt, für den Zeitraum von zwei Jahren Vorschläge für dergleichen Verträge zu machen und entgegenzunehmen. Ihre Bemühungen waren indeß fast gänzlich ohne Erfolg.

Die amerikanischen Commissäre in Paris
1783. waren nicht im Stande, mit dem britischen Unterhändler über irgend ein commereielles Uebereinkommen zwischen den betreffenden Ländern sich zu verständigen. Jeder Nation blieb es daher überlassen, ihre eigenen Anordnungen zu treffen. Im März 1783 brachte William Pitt, der Kanzler der Schatzkammer, in das Haus der Gemeinen eine auf sehr freisinnige Grundsätze gegründete Bill zur zeitweisen Regulirung des Handels zwischen Großbritannien und den Vereinigten Staaten. Diese Bill erklärte nach Anführung der neuen Situation, in welche das Volk der Vereinigten Staaten gebracht worden: „Und weil es höchst dienlich ist, daß der Verkehr zwischen Großbritannien und den erwähnten Vereinigten Staaten nach den erweitertsten Grundsätzen zum gegenseitigen Vortheil beider Länder sollte angeknüpft werden, aber wegen der Entfernung zwischen Großbritannien und Amerika es beträchtliche Zeit erfordert, bevor irgend ein Uebereinkommen oder Vertrag zur Anknüpfung des Handels und Verkehrs zwischen Großbritannien und den erwähnten Vereinigten Staaten von Amerika auf einer dauernden Grundlage kann geschlossen werden:

„So sei nun behufs einer zeitweisen Regulirung des Handels und Verkehrs zwischen Großbritannien und genannten Vereinigten Staaten von Amerika, sowie um die Neigung Großbritanniens an den Tag zu legen, mit genannten Vereinigten Staaten von Amerika auf dem freundschaftlichsten Fuße zu stehen, und im Vertrauen auf eine gleich freundliche Stimmung von Seiten der Vereinigten Staaten gegen Großbritannien, fernerhin verordnet, daß von und nach dem — — — die Schiffe und Fahrzeuge der Unterthanen und Bürger der erwähnten Vereinigten Staaten von Amerika, mit den Waaren und Gütern an Bord derselben, unter denselben Bedingungen in allen Häfen Großbritanniens zugelassen werden, wie die Schiffe und Fahrzeuge der Unterthanen anderer unabhän-

*) Dieser Vortrag ist der merkwürdigste sowohl rücksichtlich seines Ursprungs als der darin enthaltenen Bestimmungen. Dr. Franklin war sehr erfreut über den Vertrag; auch Washington lobte ihn höchlich in einem 1786 an den Grafen Rochambeau gerichteten Schreiben. „Der Freundschafts-Vertrag, welcher kürzlich zwischen dem König von Preußen und den Vereinigten Staaten geschlossen worden, bezeichnet eine neue Aera in Unterhandlungen. Es ist der freisinnigste Vertrag, den jemals zwei unabhängige Mächte eingegangen haben. Er ist in manchen seiner Artikel vollkommen originell, und sollten seine Grundsätze fortan als die Grundlage der Verbindung zwischen Nationen betrachtet werden, so würde er mehr dazu beitragen, eine allgemeine Pacification herbeizuführen als irgend eine bisher versuchte Maßregel."

giger souveränen Staaten; aber die Waaren und Güter an Bord solcher Schiffe und Fahrzeuge der Unterthanen und Bürger der erwähnten Vereinigten Staaten, die aus den Früchten, Erzeugnissen oder Manufaktur-Waaren der erwähnten Vereinigten Staaten bestehen, sollen nur dieselben Zölle und Kosten zahlen, denen dieselben Waaren und Güter unterworfen sein würden, wenn sie das Eigenthum britischer Unterthanen wären und in Schiffen oder Fahrzeugen britischen Ursprungs und gefahren von geborenen britischen Unterthanen importirt würden."

Diese Bill setzte auch den Verkehr zwischen den Vereinigten Staaten und den britisch-amerikanischen Colonien auf einen gleichfalls liberalen Fuß.

„Und es sei fernerhin verordnet, daß während der vorerwähnten Zeit, die Schiffe und Fahrzeuge der Unterthanen und Bürger der erwähnten Vereinigten Staaten in die Häfen von Seiner Majestät Inseln, Colonien und Plantagen in Amerika mit jeden Waaren und Gütern von den Früchten, Erzeugnissen oder Manufaktur-Waaren von den Ländergebieten der vorgenannten Vereinigten Staaten mit der Freiheit zugelassen werden sollen, von Seiner genannten Majestät Inseln in Amerika nach den erwähnten Ländergebieten der genannten Vereinigten Staaten jedwede Waaren oder Güter auszuführen, welche solche auch immer sein mögen; und dergleichen Waaren oder Güter, welche man auf diese Weise in den erwähnten britischen Inseln Colonien oder Plantagen in Amerika einführen oder aus denselben ausführen wird, sollen nur dieselben Zölle und Kosten zahlen, denen dieselben Waaren und Güter unterworfen sein würden, wenn sie das Eigenthum britischer Unterthanen wären und in Schiffen oder Fahrzeugen britischen Ursprungs und gefahren von geborenen britischen Seeleuten eingeführt oder ausgeführt wurden."

„Und es sei fernerhin verordnet, daß während der ganzen vorher hier bestimmten Zeit die von Großbritannien in die Ländergebiete der genannten Vereinigten Staaten von Amerika ausgeführten Güter und Waaren von denselben Rückzöllen, Ausnahmen und Prämien sollen betroffen werden, welche in dem Falle der Ausfuhr nach den Inseln, Plantagen oder Colonien erlaubt sind, die jetzt der Krone von Großbritannien in Amerika verbleiben oder ihr dort gehören." *)

Es ist sehr zu bedauern, daß diese Bill nicht angenommen ward; denn wäre dies der Fall gewesen, so würde man dadurch von Anfang an die Grundlage zu Frieden und Harmonie zwischen beiden Ländern gelegt und sehr ernsten Streitigkeiten und Zwisten vorgebeugt haben, nicht zu gedenken der verwundeten Gefühle und des Mißtrauens, die später in Verbindung 1783.
mit diesem Gegenstande sich einstellten. Herrn Pitt's Bill fand in den Schifffahrtsinteressen heftige Opposition, vermöge der mißverstandenen Vorstellung, daß sie eine Ermuthigung der amerikanischen Schifffahrt auf Kosten der Englischen sei; und somit ward die Befugniß, den Handelsverkehr zwischen den Vereinigten Staaten und Großbritannien und den dazugehörigen Ländern zu reguliren, dem König und dem Ministerrathe übertragen †).

*) Siehe Pitkin's „Bürgerliche und politische Geschichte der Vereinigten Staaten (Pitkin's "Civil and Political History of the United States"), Vol. II. pp. 185—88.

†) Lord Sheffield's Bemerkungen über den Handel der ame-

Im Ministerrathe wurden im Juli 1783 in Uebereinstimmung mit der Parlaments-Acte Verordnungen erlassen; amerikanische Fahrzeuge wurden demzufolge gänzlich vom britischen Westindien ausgeschlossen, und es ward nicht erlaubt, gewisse Artikel, wie Fische, Rindfleisch, Schweinefleisch u. s. w. dahin einzuführen, selbst nicht in britischen Fahrzeugen. Dies Verbot ward, wie hier bemerkt werden mag, durch zeitweise Verordnungen bis 1788 ausgedehnt, wo es für die Dauer durch eine Parlaments-Akte festgesetzt ward.

Es ward durch diese und andere Anordnungen sowie durch die Thatsache, daß dem Handel der Vereinigten Staaten in vielen anderen Hinsichten Hindernisse in den Weg gelegt wurden, augenscheinlich, daß der Congreß die Macht haben mußte, Verordnungen über die Schifffahrt zu erlassen oder Verordnungen, welche den commerciellen Maßregeln auswärtiger Nationen entgegenwirken konnten. Am 30. April 1784 empfahl er daher den Staaten, die Central-Regierung auf den Zeitraum von 15 Jahren mit der Macht zu bekleiden, die Ein- und Ausfuhr von Waaren nach oder aus den Ver. Staaten in Fahrzeugen zu verbieten, welche geeignet oder gefahren würden von Unterthanen irgend einer Macht, mit der die Vereinigten Staaten keine Handelsverträge geschlossen hätten; desgleichen mit der Macht, für denselben Zeitraum den Unterthanen jeder fremden Nation, außer wenn sie durch Vertrag dazu befugt seien, zu verbieten, in die Vereinigten Staaten irgend welche Güter oder Waaren einzuführen, welche nicht die Erzeugnisse oder Manufaktur-Waaren von dem Lande des Souveräns wären, dessen Unterthanen sie seien. Obgleich der Congreß den Staaten erklärte, daß wenn er nicht mit der zum Schutze des Handels erforderlichen Macht bekleidet würde, er niemals für gegenseitige Vortheile stehen könne und daß der Handel der Vereinigten Staaten in die Hände der Ausländer kommen müsse; so verhinderten doch, so augenfällig diese Wahrheiten waren, das Mißtrauen und die Eifersüchteleien, welche in den Staaten vorherrschten, die Bewilligung der Seitens der Central-Regierung verlangten Macht. Einige von den Staaten erließen selbst Gesetze, um den Anordnungen hinsichtlich des westindischen Handels entgegenzuwirken, indem sie auf die Tonnenzahl britischer Fahrzeuge höhere Zölle als auf ihre eigenen oder die anderer Nationen legten, und desgleichen höhere Zölle auf Güter, die in britischen Fahrzeugen importirt wurden. Massachusetts verbot sogar die Beförderung irgend welcher Güter, Waaren oder Gegenstände des Handels der Früchte und Erzeugnisse der Vereinigten Staaten auf britischen Schiffen. Da aber alle diese Verordnungen weder gleichmäßig noch dauernd waren, so konnte wenig Vortheil daraus gezogen oder erwartet

rikanischen Staaten sind ausführlich bei Pitkin citirt und verdienen besondere Aufmerksamkeit, indem sie die Politik der britischen Staatsmänner und deren Ueberzeugung erläutern, daß die Union der Staaten niemals zu einer festen, kräftigen Regierung gelangen werde, die geeignet sei, im Ausland geachtet und zu Hause wirksam zu werden. Indem Se. Lordschaft prophezeit, daß wahrscheinlich Anarchie und Verwirrung vorherrschen werde, und mit dem Scharfsinn der Männer seiner Zeit und seines Gepräges dafür hält, daß im Falle einer Erneuerung von Feindseligkeiten, einige starke an der Küste kreuzende Fregatten vollkommen hinreichen würden, den Handel des Continents zu beherrschen, erklärt er, daß „vor der Hand die einzige Maßregel, welche Großbritannien ergreifen solle, sehr einfach und vollkommen sicher sei. Wenn die amerikanischen Staaten belieben Consuln zu senden, so nehmt sie an und sendet einen Consul nach jedem Staate. Jeder Staat wird sich bald mit dem Consul in alle nothwendigen Anordnungen einlassen, und dies ist Alles was nothwendig ist.“

werden. Die von Massachusetts erlassene Verordnung ward bald widerrufen.

Schwierigkeiten in Handels- und Steuer-Angelegenheiten waren es indessen nicht allein, wodurch die Regierung geplagt und abgemüht ward. Die Revolution war kaum beendigt, als die Vereinigten Staaten und Großbritannien sich gegenseitig der Verletzung des Friedensvertrages beschuldigten. Es waltete ein ernster Zwiespalt der Ansicht über die Fassung desjenigen Theiles des siebenten Artikels ob, der die Bestimmung gegen die „Vernichtung oder Wegführung irgend welcher Neger oder anderen Eigenthums der amerikanischen Bevölkerung" enthält. Auf Veranlassung dieses Umstandes blieben die Truppen Seiner britischen Majestät noch im Besitz der Posten auf der amerikanischen Seite der großen Seen. Dies gab ihnen einen entschiedenen Einfluß auf die kriegerischen Indianerstämme in ihrer Nachbarschaft, also auf einen Punkt, worin die Vereinigten Staaten ganz besonders empfindlich waren.

Von der anderen Seite wurden die Vereinigten Staaten des Bruches des vierten, fünften und sechsten Artikels beschuldigt, welche Bestimmungen rücksichtlich der Zahlung von Schulden, der Confiscation von Eigenthum und der Verfolgung von Individuen wegen der von ihnen während des Krieges ergriffenen Partei enthalten. Der Congreß erließ im Januar 1784 einen Beschluß über confiscirtes Eigenthum und übersandte ihn unmittelbar an die Staaten. Dies geschah blos im Wege der Empfehlung, aber die Einziehung von Schulden war ausdrücklich im Vertrage bestimmt; und eine Vernachlässigung oder ein Hinderniß in diesem Punkte verursachte viele Beschwerden und erzeugte nicht wenig Erbitterung auf beiden Seiten.

Beim Anfange des Krieges waren 3,000,000 Pfd. Sterl. von den Einwohnern der Colonien an britische Kaufleute fällig. Als es Friede ward, ergab sich, daß die Gesetze von fünf Staaten entweder die Erstattung des Kapitals verboten oder dessen Einziehung suspendirten, oder die Erstattung der Zinsen verboten, oder Land als gute Zahlung für Geld festsetzten. Diese Gesetze der Staaten verursachten nothwendig große Beunruhigung, denn da der Congreß keine Mittel hatte, die Verbindlichkeiten des Friedensvertrages zu erzwingen, so konnte er nur den Widerruf aller solcher Gesetze empfehlen, welche den Bestimmungen des Vertrages entgegenliefen. Dieser Vertrag „konnte sich nicht selbst ausführen," wie Herr Curtis richtig bemerkt. „Er war einestheils von einer Macht geschlossen, welche ihn durchführen konnte, aber auch im Stande war, die Leistung der Verbindlichkeiten des anderen contrahirenden Theiles abzuwarten. Auf der anderen Seite war er von einer Macht geschlossen, die sehr wenig Mittel zu dessen Durchführung besaß, gleichwohl aber beständig der Vortheile bedurfte, die eine volle Erfüllung ihrer Verbindlichkeiten sichern würde. Nach Verlauf von drei Jahren seit Zeichnung der Präliminarien und von mehr als zwei Jahren seit Abschluß des Definitiv-Vertrages waren die Militärposten im Westen noch von britischen Garnisonen, angeblich wegen des Bruches des Vertrages von unserer Seite besetzt *).

*) Curtis' "History of the Constitution" (Geschichte der Constitution). Vol. I, p. 253—56.

John Adams

From the original Portrait by Gilbert Stuart.

Johnson, Fry & Co. Publishers, New York.

In Folge dieser beunruhigenden Uneinigkeiten und Streitigkeiten, die an Bitterkeit und Schwierigkeit zur Beilegung zu steigen schienen, beschloß der Congreß frühzeitig im Jahre 1785 einen Gesandten nach Großbritannien zu senden. John Adams, der zu jener Zeit in Frankreich war, ward im Februar ernannt und langte im Mai in London an, um in seine Stellung einzutreten. Seine Instructionen waren: „Sie werden in einer rücksichtsvollen, aber festen Weise darauf bestehen, daß die Vereinigten Staaten ohne weiteren Verzug in den Besitz aller Posten und Ländergebiete innerhalb ihrer Gränzen gesetzt werden, welche jetzt von britischen Garnisonen besetzt sind; auch werden Sie die früheste Gelegenheit ergreifen, um die Antwort auf dieses Ansuchen zu übersenden."

1785.

„Sie werden gegen den Bruch des Friedensvertrages remonstriren, insofern derselbe durch Ausführung von Negern und anderem amerikanischen Eigenthum gegen die betreffende Bestimmungen des siebenten Artikels veranlaßt wird. Ueber diesen Punkt werden Sie mit verschiedenen autentischen Papieren und Documenten versehen, besonders mit der Correspondenz zwischen General Washington und Anderen auf der einen und Sir Guy Carleton auf der anderen Seite."

„Sie werden dem britischen Ministerium vorstellen, daß seine Beschränkung unseres Handels durchaus und nothwendig dahin führt unsere Kaufleute in einem gewissen Grad unfähig zu machen Rimessen zu senden."

„Sie werden mit energischen Worten vorstellen, welche Verluste manche von unseren und ebenso von ihren Kaufleuten erleiden werden, wenn die ersteren unvernünftig und ohne Mäßigung wegen der Zahlung von Schulden gedrückt werden, die vor dem Kriege contrahirt wurden. Ueber diesen Gegenstand werden Sie mit Papieren versehen werden, worin derselbe des Weiteren erörtert ist."

Herr Jefferson ward kurz darauf ernannt, die Vereinigten Staaten am Hofe zu Versailles an Stelle des Dr. Franklin zu vertreten, der nach einer Abwesenheit von neun Jahren nach Hause zurückkehren sollte. Da Livingston das Ministerium der auswärtigen Angelegenheiten niedergelegt hatte, so ward Herr Jay im März 1784 und vor seiner Rückkehr von Europa an seiner Stelle ernannt.

Die Erscheinung des Herrn Adams als Gesandten einer unabhängigen, aber kürzlich noch England unterworfenen Nation muß so interessant als neu gewesen sein. Der Bericht über seine Aufnahme, von ihm selbst geschrieben, verdient gelesen zu werden. *) „Der amerikanische Gesandte ward mit allen üblichen Höflichkeitsformen aufgenommen, obgleich es zu derselben Zeit wohl bekannt ist, wie ungern Georg III. der Nothwendigkeit nachgab, der sein hartnäckiger Wille eben nicht länger widerstehen konnte. Es ist schwer, die üblen Folgen zu ermessen, die durch die Kälte, Gleichgültigkeit und verächtliche Vernachlässigung hervorgebracht wurden, womit man die jugendliche Republik behandelte. Ebenso unwissend als unweise rücksichtlich der Stellung und der Aussichten von Amerika zogen es die Staatsmänner Englands vor, lieber mit aller Art von beleidigendem Stolze zu handeln als mit edlerem Streben die neue

*) Siehe "Life and Works of John Adams" (Leben und Werke von John Adams), Vol. I, p. 418—20; Vol. VII, p. 465 u. f.

Republik durch die Bande des herzlichen guten Willens und edelmüthiger Güte zu verbinden. „Durch die ganze Geschichte von Großbritannien kann man," wie der Enkel von John Adams treffend bemerkt, „diesen hervorragenden Fehler in den Beziehungen zu anderen Nationen verfolgen, aber er zeigte sich niemals in grelleren Farben, als während des ersten halben Jahrhunderts nach der Unabhängigkeit der Vereinigten Staaten. Die Folgen damals begangener Mißverständnisse sind seitdem immer fühlbar geblieben. Herr Jefferson, der sich kurz darauf in London an Herrn Adams zu dem Behufe anschloß, um den zur Unterhandlung von Handelsverträgen bei der britischen Regierung ihm ertheilten Auftrag auszuführen, hat sein Zeugniß über die ihm bei Hofe widerfahrene Behandlung hinterlassen. Der König kehrte den amerikanischen Commissären den Rücken zu, ein Wink, der natürlich nicht in dem Kreise seiner anwesenden Unterthanen verloren war. Wer kann den Einfluß ermessen, den eine so kleinliche Beleidigung in jenen Augenblicken darauf ausübte, die extremen Ansichten der beiden Männer zu entwickeln, die ihr unterworfen waren? Und wer kann nicht in ihrer späteren Laufbahn in den Vereinigten Staaten bemerken, wie viel diese Ansichten gethan haben, um Amerika die Eindrücke rücksichtlich Großbritanniens zu geben, welche bis auf diesen Tag vorgeherrscht haben? Es hat sich öfters zugetragen, daß die Launen von Männern in den höchsten Stellungen ernstere Folgen auf die Wohlfahrt von Millionen ausgeübt haben, als die berechnete Politik der weisesten Staatsmänner."

Im December 1785 überreichte Adams dem britischen Staatssekretäre eine Denkschrift, in welcher er nach Anführung der gegen den Friedensvertrag noch dauernden Zurückhaltung der westlichen Forts im Namen und in Stellvertretung der Vereinigten Staaten ersuchte: „daß alle Sr. Majestät Truppen und Garnisonen sofort aus den genannten Vereinigten Staaten, von allen und jeden vorher aufgezählten Posten und Forts und von jedem Hafen, Orte und Landungsplatze innerhalb des Gebietes der genannten Vereinigten Staaten in Gemäßheit des wahren Sinnes der Verträge zurückgezogen werden möchten."

Diese Denkschrift erwiderte der britische Secretär, Lord Carmarthen am 27. Februar 1786 mit einer Antwort, in welcher er die Zurückhaltung anerkennt, aber einen Seitens der Vereinigten Staaten erfolgten Bruch des vierten Artikels des Friedensvertrages anführt, indem sie der Einziehung britischer Schulden in Amerika Hindernisse in den Weg gelegt hätten. „Die geringe Aufmerksamkeit," sagt der Sekretär, „in Erfüllung dieser Verbindlichkeit Seitens der Bürger der Vereinigten Staaten im Allgemeinen und der direkte Bruch derselben hat schon in manchen besonderen Fällen einige von des Königs Unterthanen bis zum äußersten Grad von Verlegenheit und Noth gebracht; auch haben deren Gesuche um Abhülfe bei denen, deren Stellung in Amerika sie natürlich als Bewahrer des öffentlichen Vertrauens bezeichnete, bis jetzt keinen Erfolg zur Erlangung jener Gerechtigkeit gehabt, zu welchem sie sowohl nach jedem Rechtsgrundsatz als nach Humanität klar und unbestreitbar berechtigt wären." Se. Lordschaft schloß mit der Versicherung, „daß, sobald nur Amerika den ernsten Willen zur Erfüllung seines Theiles des Vertrages an den Tag lege, Großbritannien nicht anstehen würde, seine Aufrichtigkeit zur Mitwirkung Behufs der vollständigen Ausführung jedes Artikels, in welchen Punkten dies nur von ihm abhängen möge, kund zu geben.“ Diese Antwort war von einer Aufzählung verschiedener Einzelnheiten begleitet, in denen sich die Staaten der Verletzung verschiedener Artikel des Vertrages schuldig gemacht hätten.

Abschriften dieser Urkunden wurden unmittelbar dem Congreß übersendet, von welchem sie Herrn Jay, dem Minister der auswärtigen Angelegenheiten, übergeben wurden. Dieser fähige und redliche Minister konnte nicht umhin anzuerkennen, daß der Vertrag Seitens der Ver. Staaten in verschiedenen Einzelnheiten verletzt worden, und der Congreß war abermals nicht im Stande, auf der genauen Beobachtung des Vertrages Seitens Großbritanniens zu bestehen, da er den Vollzug seiner Bestimmungen von den Ver. Staaten nicht erzwingen konnte. „Welch ein Unglück ist es,“ schrieb Washington an John Jay, „daß die Engländer einen so wohl gegründeten Vorwand für ihre handgreiflichen Verletzungen des Vertrags haben, und was für eine unselige Rolle müssen wir den vor uns liegenden Schwierigkeiten nach noch übernehmen.

Der Congreß faßte den Beschluß, daß alle und jede von Einzel-Staaten erlassenen Gesetze, so weit sie in Widerspruch mit dem Vertrage ständen, außer Wirkung gesetzt seien, und drückte sich in einem Circular-Schreiben an die Staaten folgendermaßen aus: „Wir haben reiflich und unpartheiisch alle Thatsachen und Verhältnisse erwogen, welche von Seiten Großbritanniens als Verletzungen des Friedens-Schlusses von Seiten der Amerikaner angeführt und denuncirt worden sind, — und wir bedauern, erklären zu müssen, daß von mehreren Staaten der öffentlichen Ehre und öffentlichen Treue, womit ein Staatsvertrag zu vollziehen ist, allzu wenig Rechnung getragen worden ist.“ Dieser Aufforderung des Congresses, Gesetze und Beschlüsse zu widerrufen, welche den von den Vereinigten Staaten im Friedens-Vertrage übernommenen Verpflichtungen entgegen waren, ward in den meisten Staaten Folge geleistet. In Virginien dagegen sollte der Beschluß, welcher alle Verordnungen aufhob, durch die man das Abzahlen von Schulden an britische Gläubiger verhinderte, erst dann in Kraft treten, wenn der Gouvernör dieses Staates durch eine Proklamation bekannt machen würde, daß Großbritannien die westlichen Posten überliefert habe und die andere Erfüllung des Friedens-Vertrages thatsächlich entweder dadurch beweise, daß es die den Bürgern dieses Staates gehörigen Neger herausgebe, welche es dem siebenten Artikel des Vertrages zuwider weggeführt hatte, oder dadurch, daß es für dieselben eine Entschädigung zahle.

So war man also noch nicht zu einer Entscheidung gekommen; die Streitfragen blieben offen und die Engländer, stets im Besitz der westlichen Posten, fachten die feindliche Stimmung der Indianerstämme an, erbitterten und verletzten die Amerikaner und verhinderten thatsächlich die Einwanderung in die bevölkerungslosen, fruchtbaren Gegenden in der Nähe der großen Seen. *)

---

*) Wir können hier eines im November 1785 mit den Cherokesen abgeschlossenen Vertrages erwähnen, durch welchen diese sich unter den Schutz der Vereinigten Staaten stellten und jeder andern Oberhoheit entsagten. Dieselben Commissäre schlossen Anfangs Januar 1786 einen ähnlichen Vertrag mit den Choctaws.

Da Herr Adams die Unmöglichkeit, mit Großbritannien auf nur irgend günstiger Grundlage einen Handelsvertrag abzuschließen, erkannte und der englische Hof sich weigerte, einen Bevollmächtigten nach den Vereinigten Staaten zu senden, so verlangte und erhielt er im Jahre 1787 die Erlaubniß zurückzukehren. Zu gleicher Zeit sprach der Congreß Herrn Adams durch einen förmlichen Beschluß seine volle Anerkennung für die Dienste aus, welche derselbe den Vereinigten Staaten zu verschiedenen Zeiten und in verschiedenen wichtigen Missionen geleistet hatte, sowie den Dank für die Ausdauer, die Redlichkeit und den Eifer, welche er während seiner eben so fähigen als dem Vaterlande ergebenen Amtsthätigkeit an den Tag gelegt hatte.

Es stellte sich bald heraus, daß außer den Schwierigkeiten mit Großbritannien auch noch ernsthafte Streitpunkte zwischen den Vereinigten Staaten und Spanien vorhanden waren. Im November 1784 zeigte diese Macht dem Congresse an, daß sie unter keiner Bedingung die Schifffahrt auf dem Mississippi frei geben werde, so lange nicht die Gränzen zwischen Louisiana und den zwei Florida's geordnet und festgesetzt
1784. seien. Zur Schlichtung dieser Streitfrage beschloß der Congreß Herrn Jay, den Sekretär der auswärtigen Angelegenheiten, nach Spanien zu senden, aber da Don Diego Guardoqui im Sommer 1785 in den Vereinigten Staaten als spanischer Bevollmächtigter ankam, wurden die Unterhandlungen hier geführt.

Herr Jay hatte ganz besonders die Weisung, das Recht der Vereinigten Staaten auf ihre Naturgränzen geltend zu machen, so wie auf der freien Fahrt auf dem Mississippi von dessen Quelle bis zum Meere, wie es in dem Vertrage mit Großbritannien festgesetzt ward, zu verharren.
Es erfolgte nun eine lange Unter- 1785.
handlung. Guardoqui war entschlossen die freie Fahrt auf dem großen Strome des Westens nicht zuzugestehen; bot aber sehr günstige Bedingungen für einen Handelsvertrag mit Spanien an *). Im Congreß herrschten über diese Gegenstände sehr verschiedene Ansichten. Viele und mächtige Gründe sprachen für die Annahme einer Uebereinkunft, welche die spanischen Häfen der amerikanischen Schifffahrt öffnen würde; dabei fühlte man wohl, daß, wenn Spanien in Bezug auf den Mississippi in der eingenommenen Stellung verharren würde, die Angelegenheit nur durch Nachgeben oder durch einen neuen Krieg entschieden werden könnte. Washington und andere Patrioten glaubten nicht, daß dieser Punkt zur Zeit schon von höchster Wichtigkeit sei und waren geneigt, auf das angesprochene Recht für fünf und zwanzig bis dreißig Jahre zu verzichten und ohne Weiteres einen Handels-Vertrag zu schließen. Da man das Recht nicht förmlich aufgab, glaubte man, die ganze Frage könnte nach einer in dem Vertrage zu bestimmenden Zeit unter günstigen Bedingungen wieder aufgegriffen werden. Durch ein Votum von sieben Staaten gegen fünf widerrief man daher die Instruktionen Jay's, welche ihm untersagt hatten, Zugeständnisse in Bezug auf diesen Punkt zu machen und es kam mit dem spanischen Bevollmächtigten ein Uebereinkommen zu Stande, welches die freie Fahrt auf dem Mississippi suspendirte,
ohne daß jedoch die Ver. Staaten 1786.
ihr behauptetes Recht aufgaben.

*) Siehe Pitkin's "Political and Civil History of the United States," Vol. II, p. 202 2c.

Unterdessen war rasch eine bedeutende Einwanderung in das Thal des Westens geströmt, in jene unermeßliche Gegend, welche dafür bestimmt war, die Wiege neuer und mächtiger Staaten zu werden.*) Die Bevölkerung dieses fruchtbaren Landes gerieth in Aufregung und Bestürzung, denn sie fürchtete ihre Interessen sollten der Handelspolitik der atlantischen Staaten geopfert werden.

Im Juni 1786 nahmen die spanischen Behörden amerikanische Güter weg, welche zur Einschiffung oder zum Verkauf den Fluß hinunter nach New Orleans gingen. Die Nachricht von diesem Verfahren entflammte den ungestümen Geist der westlichen Bevölkerung, die wenig geneigt war, sich in einen Zustand der Botmäßigkeit unter Spanien versetzen zu lassen. Ehe sie dies erduldet hätten, würden sie sich bis auf den letzten Mann erhoben und die anmaßenden Gegner in die See getrieben haben. Würde der Osten ihr Verfahren nicht billigen und gemeinschaftliche Sache mit ihnen machen, so würden sie auch im Stande sein, allein und selbstständig zu handeln und, wenn nöthig, einen eigenen und unabhängigen Bundesstaat zu bilden." Natürlicher Weise kam es zu Repressalien und Gewaltthaten und von verschiedenen Seiten liefen ernste und dringende Proteste gegen die beabsichtigte Politik des Congresses ein. Die Abgeordneten von Nord-Carolina brachten einen Antrag ein, welcher den klaren, unbedingten und unveräußerlichen Anspruch der Vereinigten Staaten auf die freie Mississippifahrt aufstellte. Jay, an den dieser Antrag überwiesen wurde, berichtete darüber in dem Sinne, daß die zwischen ihm und dem spanischen Bevollmächtigten gepflogenen Unterhandlungen keine Veranlassung zu einer Erklärung gäben, wie die hier vorliegende, welche nur darauf berechnet sei, die Bevölkerung des Westens in Aufregung zu bringen und daß es den Mitgliedern des Congresses nicht zustehe, die abgeschlossenen Verträge in dieser Weise anzugreifen. Uebrigens rieth er, der neuen Regierung, welche in Kurzem ihre Amtsthätigkeit beginnen werde, alle Unterhandlungen über diesen Gegenstand zuzuweisen. Der Congreß handelte zwar im Sinne dieses Berichtes, erklärte jedoch in einem im September 1788 gefaßten Beschluß, „daß die freie Schifffahrt auf dem Mississippi ein klares und wesentliches Recht der Vereinigten Staaten sei und daß dieselbe so betrachtet und vertheidigt werden müsse."

Washington hatte sich auf seine Besitzung zurückgezogen und widmete seine Zeit dem Ackerbau, dem Empfange zahlreicher Freunde und ceremonieller Besuche, so wie einem ausgedehnten und wichtigen Briefwechsel, ohne jedoch dabei die öffentlichen Angelegenheiten aus dem Auge zu verlieren. Aus seinen Briefen geht hervor, welchen regen Antheil er an der unglücklichen Lage des Vaterlandes nahm und wie ernstlich er darüber nachdachte, auf welche Weise man am besten dem Lande Frieden und Wohlstand sichern könnte. Im Herbste 1784 machte er eine Reise durch den westlichen Theil des Landes und stellte auf's dringendste der gesetzgebenden Versammlung von Virginien die Wichtigkeit der Binnenfahrt und des innern Verkehrs mit den westlichen Staaten vor.

Gegen Ende desselben Jahres machte ihm Lafayette, stets voll Liebe und Verehrung

*) Eine übersichtliche Darstellung der von dem Congreß im Jahr 1784 erlassenen Verordnungen, über die einstweilige Verwaltung des großen Landgebietes, welches die Staaten von der westlichen Region der Verfügung des Congresses übergeben hatte — sieh' in Holmes' Annals, Vol. II, pp. 354—56.

für ihn, einen Besuch. Im Augenblick des Scheidens sprachen Beide die Hoffnung auf Wiedersehen und Wiederholung des freundschaftlichen, brüderlichen Verkehrs aus; das Schicksal gestattete jedoch die Erfüllung ihres Wunsches nicht. Lafayette kehrte in sein Vaterland zurück, um dort in das öffentliche Leben einzutreten und seinen Antheil an dessen damaligen Drangsalen hinzunehmen. Erst lange nach dem Tode Washington's konnte Lafayette die Vereinigten Staaten wieder besuchen und das Grab seines geliebten Vaters und Freundes mit seinen Thränen benetzen.

In Pennsylvanien und Virginien wurde von mehreren Seiten der Versuch gemacht, Washington von seinem Entschlusse abzubringen, für seine vieljährige, schwierige Dienstleistung keine Geldbelohnung anzunehmen, aber stets wies er entschieden, wenn auch mit aller Höflichkeit jeden Vorschlag dieser Art zurück.*)

Ein Auszug oder zwei aus seinen Briefen jener Zeit werden zeigen, welche tiefe Betrübniß ihm die Lage des Staates verursachte und wie sehr er die Nothwendigkeit einer raschen und erfolgreichen Abhülfe dieses
1785. drohenden Zustandes fühlte. „Die Conföderation," schreibt er an James Warren von Massachusetts im Oktober 1785, dünkt mir nicht viel mehr als ein Schatten ohne Körper, und der Congreß ein Leichnam zu sein, da man dessen Verordnungen beinah nie Folge leistet. Meiner Ansicht nach ist derselbe ein politisches Unding; in der That ist es eine der sonderbarsten Erscheinungen, daß wir als Nation einen Bundesstaat gründen und dennoch Furcht haben, den Lenkern desselben die zur Ordnung und Leitung der öffentlichen Angelegenheiten nöthigen Befugnisse einzuräumen, obgleich diese nichts Anderes sind, als bloße Diener der Nation, und von derselben nur auf eine bestimmte und zwar kurze Dauer angestellt werden; obgleich sie für jede ihrer Handlung zur Rechenschaft gezogen, jeden Augenblick abberufen werden können und selbst mit unter allen Uebeln leiden müssen, zu deren Ursprung sie beigetragen haben. Eine solche Politik legt den Hemmschuh an alle Räder der Regierung; unsere so glänzenden Aussichten und die hohe Erwartung, welche eine bewundernde Welt von uns hegte, verwandeln sich in bedenkliche Zweifel und Mißtrauen.

Von der Höhe, auf der wir standen, sinken wir herab, und werden Gegenstände der Beschämung und des Mitleids. Daß es in unserer Macht steht, eine der achtbarsten Nationen des Erdbodens zu werden unterliegt, meiner bescheidenen Ansicht nach, keinem Zweifel, wenn wir nur eine weise, gerechte und liberale Politik annehmen und mit der übrigen Welt Treue und Glauben bewahren wollen. Niemand kann den Reichthum unserer Hülfsquellen und deren Wachsthum in Abrede stellen, aber da man dieselben nur mit Widerwillen oder gar nicht verwendet, versetzt man der öffentlichen Treue und Redlichkeit den Todesstoß, und wir sinken vor den Augen Europa's in Verachtung herab."

---

*) Herr Sparks gibt eine interessante Note über die drei bedeutendsten Statüen von Washington, welche von Houdon, Canova und Chantrey, drei der ausgezeichnetsten Künstler der Neuzeit verfertigt wurden. Houdon kam von Frankreich mit Franklin in demselben Schiffe und fertigte im Oktober 1785 Washington's Büste zu Mount Vernon. Nach diesem Modelle wurde die Bildsäule bearbeitet, welche jetzt in dem Capitol zu Richmond steht. Herr Sparks ist der Ansicht, daß dieselbe ohne Zweifel die beste, uns überlieferte Abbildung des Originals ist. "Life of Washington" p. 390.

In einem Briefe an John Jay drückt sich Washington folgendermaßen aus:

„Ihre Ansicht, daß unsere Angelegenheiten einer Krisis entgegeneilen, stimmt ganz mit der meinigen überein. Zu welchen Ereignissen dies führen wird, liegt außer dem Bereiche meiner Voraussicht. Wir haben manche Irrthümer zu verbessern; bei der Gründung unserer Conföderation hatten wir wahrscheinlich eine zu gute Meinung von der menschlichen Natur. Die Erfahrung hat uns gelehrt, daß die Menschen ohne äußern Zwang die für ihr Wohl am besten berechneten Maßregeln weder annehmen noch ausführen wollen. Ich kann nicht begreifen, daß wir lange als Nation bestehen können, wenn wir nicht eine Gewalt organisiren, welche sich über die ganze Union ebenso kräftig erstreckt, wie die Macht der Staats-Regierungen über die einzelnen Staaten. Ich halte es für den Höhepunkt der Absurdität und Tollheit, aus Furcht vor Usurpationen, dem Congreß, wie er jetzt konstituirt ist, für National-Zwecke die nöthige Machtvollkommenheit zu versagen. Könnte denn der Congreß dieselbe zum Nachtheile des Volkes anwenden, ohne sich selbst in gleichem oder höherem Maße Schaden zuzufügen? Sind nicht die Interessen seiner Mitglieder selbst unzertrenntlich mit dem ihrer Constitution verknüpft? Nur für eine gewisse Zeit gewählt, müssen nicht dieselben oft in das bürgerliche Leben wieder zurückkehren? Ist es nicht im Gegentheil eher zu befürchten, daß, im Besitze solcher Machtvollkommenheit, die einzelnen Mitglieder in manchen Gelegenheiten verleitet werden könnten, dieselbe ängstlich und ohne Nachdruck zu benutzen, aus Furcht ihre Popularität zu verlieren und bei künftiger Wahl zu unterliegen? Wir müssen die menschliche Natur nehmen, wie sie ist; Vollkommenheit ist nicht das Loos der Sterblichen! Viele sind der Ansicht, daß der Congreß zu oft in den demüthig bittenden Ton gefallen sei, wenn er sich an die Staaten wandte, während er das Recht hatte, seine Oberhoheitswürde geltend zu machen und Gehorsam zu befehlen. Doch sei dem wie ihm wolle, Requisitionen bedeuten gar Nichts, wenn dreizehn souveräne, unabhängige, nicht verbundene Staaten sich anmaßen, dieselben zu discutiren, abzuweisen oder zuzugestehen, wie es ihnen gerade gefällig ist. Requisitionen gelten in der That in dem ganzen Land für wenig mehr als ein Spaß, als eine bloße Redensart. Sagt man den gesetzgebenden Versammlungen, sie hätten den Friedens-Vertrag verletzt und sich Eingriffe erlaubt in die Vorrechte des Congresses, so lachen sie uns geradezu in's Gesicht. Was ist nun aber zu thun? Auf diese Art kann es nicht länger fortgehen. Es ist, wie Sie sagen, sehr zu befürchten, daß die bessere Klasse des Volkes aus Ekel an diesen Zuständen in jeder Revolution etwas Besseres erwarten wird. Wir sind fähig aus einem Extrem in das andere zu fallen. Unheilvolle Ereignisse vorauszusehen und dieselben abzuwenden, ist heute die Aufgabe der Staatsweisheit und des Patriotismus, wenn sie es je war.

„Was für erstaunliche Veränderungen können wenige Jahre hervorbringen! Man hat uns gesagt, daß selbst achtbare Männer jetzt ohne Abscheu von einer monarchischen Staatsform sprechen! Vom Gedanken geht man zum Sprechen und von da zum Handeln führt oft nur ein einziger Schritt. Wie unverantwortlich und schrecklich wäre das! Welch' ein Triumph wäre es für un-

sere Feinde, deren Voraussagungen auf solche Weise zu verwirklichen! Welch' ein
1785. Triumph für die Vertheidiger des Despotismus, zu sehen, daß wir der Selbstregierung unfähig und Staatsformen, errichtet auf der Grundlage der Freiheit für Alle nur täuschende Schöpfungen des Idealismus sind. Wollte Gott, daß man noch zur rechten Zeit weise Maßregeln ergriffe zur Abwendung von Folgen, welche wir nur zu sehr zu befürchten Ursache haben.

„Trotz meiner Zurückgezogenheit muß ich offen gestehen, ist es mir unmöglich ein theilnahmloser Zuschauer zu sein. Da ich aber, nachdem ich mitgeholfen, das Staatsschiff glücklich in den Hafen zu bringen, von jedem öffentlichen Wirken zurückgetreten bin, so ist es nicht meine Sache, mich neuerdings auf die stürmende See zu wagen. Auch ist es nicht zu erwarten, daß meine Gesinnungen und Ansichten auf den Geist meiner Landsleute bedeutenden Einfluß üben würden. Man hat dieselben mit Gleichgültigkeit behandelt, obgleich ich sie auf's Feierlichste und als letztes Vermächtniß dargebracht habe. Früher hatte ich vielleicht einige Ansprüche an die Aufmerksamkeit der Nation, jetzt betrachte ich mich selbst als ohne jedes Recht darauf."

Die Versuche der amerikanischen Agenten in Paris, Handels-Verträge abzuschließen, waren mißlungen. Dazu gaben die gesetzgebenden Versammlungen der einzelnen Staaten, in den Jahren 1783 bis 1786 Veranlassung zu Zwistigkeiten und Besorgniß. Darauf bedacht, sich selbst gegen die strengen Verordnungen Englands zu schützen, handelte eine jede derselben nur für sich, ohne allgemeinen Plan, ohne Uebereinstimmung mit den andern Versammlungen, ja oft in offner Feindseligkeit gegen dieselben. Die Lage und Wichtigkeit der Staatsländereien und das 1783. genau bestimmte Verhältniß, in welchem der Congreß zu denselben stehen sollte, war ebenfalls nicht nur ein Gegenstand hohen Interessens, sondern auch die Ursache heftiger Meinungsverschiedenheit für die Nation.

Im Allgemeinen war die Bevölkerung der Vereinigten Staaten geneigt, das Land im Westen als ein Nationaleigenthum und als die Quelle der Mitttel anzusehen, mit denen man die Staatsschuld tilgen könnte. Im Jahre 1783 verlangte daher der Congreß von den Staaten, welche seinen früheren Anforderungen noch nicht Folge geleistet hatten, sie sollten ohne Verzug ihre Ansprüche auf jene Ländergebiete abtreten „zum Zwecke, sowohl die öffentliche Schuld abzutragen, als auch Eintracht zwischen den Vereinigten Staaten herzustellen."

Im März 1784 trat Virginien seine Ansprüche auf das nordwestliche Territorium vollständig ab und wie wir weiter oben gesagt haben, erließ der Congreß eine Verordnung *) für die zeitweilige Verwaltung dieser fruchtbaren Gegend und für die Zulassung zur Union von neuen Staaten, welche aus derselben gebildet werden möchten. In Folge der Gebietsabtretung von Seiten New York's wurden die westlichen

*) Am 16. März 1785 stellte Rufus King den Antrag folgenden Vorschlag in Berathung zu nehmen: In den durch den Congreßbeschluß vom 23. April 1784 angegebenen Staaten soll weder Sklaverei noch unfreiwillige Dienstbarkeit bestehen, wenn diese nicht als Strafe für ein Verbrechen ausgesprochen ist, dessen sich das betreffende Individuum schuldig gemacht hat. Diese Verordnung soll als Artikel eine Uebereinkunft zwischen den dreizehn Urstaaten und den durch den Congreßbeschluß vom 23. April 1784 angegebenen Staaten betrachtet werden und ein Grundprinzip der Constitution sein. — Der Antrag diesen Vorschlag in Berathung zu nehmen ging durch; acht Staaten stimmten dafür, drei dagegen.

Gränzen dieses Staates nun bestimmt „durch eine Linie von der Nordostecke des Staates Pennsylvanien an längs dessen Nordgränze hin bis zu der Nordwestecke und dann direkt westlich bis dahin, wo dieselbe durch eine Meridianlinie durchschnitten wird, welche von dem vierzigsten Grade nördlicher Breite durch einen Punkt zu ziehen ist, der direkt westlich zwanzig Meilen von der westlichsten Krümmung des Flusses Niagara entfernt ist; von da an bildet die obengenannte Meridianlinie bis zu dem fünf und vierzigsten Grade nördl. Br. und dann dieser letztere die Gränze.“

Durch eine im April 1785 ausgefertigte Cessions-Urkunde gab Massachusetts sein Recht auf alles westlich von der New Yor-
1785. ker Linie gelegene Land auf. Im September 1784 hatte Connecticut ein Gleiches gethan für alles Land hundert und zwanzig Meilen westlich von der Westgränze Pennsylvaniens. Süd-Carolina übertrug im August 1787 den Vereinigten Staaten alle seine Rechte auf das Gebiet westlich von der Gebirgskette, welche die Wasserscheide bildet zwischen den westlichen und östlichen Flüssen.

In Folge dieser Gebietsabtretungen kamen die Vereinigten Staaten in den Besitz alles westlich vom Ohio gelegenen Landes und es wurde jetzt nöthig, eine Regierung zu gründen für die bereits angesiedelte Bevölkerung so wie für die stets zuströmenden Einwanderer.

Am 13. Juli 1787 organisirte der Congreß die Regierung des nordwestlichen Territoriums durch die berühmte Ordonnanz, welche den Beschluß von 1784 aufhob. Da diese Ordonnanz die Basis aller Regierungen ist, welche der Congreß in den Territorien eingesetzt hat und da deren Principien der politischen Organisation eines bedeutenden Theiles des Landes zu Grunde liegen, so wollen wir die Bestimmun- 1787.
gen dieser Ordonnanz etwas ausführlicher mittheilen. *)

Man machte aus dem ganzen Territorium einen Distrikt, der jedoch nach dem Dafürhalten des Congresses später in zwei getheilt werden konnte.

In Bezug auf die Regierung für die Ansiedler dieses Territoriums bestimmte die Ordonnanz, daß so lange die freie, männliche, volljährige Bevölkerung dieses Distrikt's nicht fünf tausend Seelen betrüge, die gesetzgebende, executive und richterliche Gewalt einem Gouvernör und drei Richtern anvertraut werden sollte, welche nebst einem Sekretär, der Congreß zu ernennen habe. Die Amtsdauer des Gouvernörs war auf drei Jahre, die der Richter für die Zeit ihres guten Benehmens festgesetzt. Der Gouvernör in Gemeinschaft mit den Richtern hatte Vollmacht, mit Berichterstattung an den Congreß, von den Criminal- und Civilgesetzen der Urstaaten alle diejenigen anzunehmen und zu verkünden, welche für die Verhältnisse des Distrikts nothwendig und anwendbar sein würden. Diese Gesetze sollten in Kraft bleiben, bis sie von dem Congresse für erloschen erklärt würden. Der Gouvernör erhielt das Recht, den Distrikt in Unterdistrikte und Stadtgebiete zu theilen und alle Civilbeamten zu ernennen. Sobald die freie, männliche volljährige Bevölkerung fünf tausend Seelen betrage, sollte eine Volks-Repräsentation organisirt werden, welche aus dem Gouvernör, einem gesetz-

*) Wir theilen diesen Auszug aus der Ordonnanz nach Pitkin mit. Bd. II. S. 210—13. Vergleiche Curtis' "History of the Constitution," Vol. I, pp. 302—306.

gebenden Rath und einem Repräsentantenhause bestehen solle. Die Repräsentanten sollten von den Counties oder Stadtgebieten ernannt werden und zwar einer für je fünf hundert freie, männliche Bewohner, so lange die Zahl der Vertreter nicht fünf und zwanzig übersteige; sei dieser Fall eingetreten, so solle die gesetzgebende Versammlung die Zahl der Abgeordneten zu bestimmen haben. Jeder Repräsentant müsse während drei Jahren Bürger eines der Vereinigten Staaten gewesen sein und seinen Wohnort in dem Distrikt haben oder ihn früher während drei Jahren daselbst gehabt haben; in beiden Fällen aber müsse er in dem Distrikte zwei hundert Acres Land eigenthümlich besitzen. Die Wähler sollten ihren Wohnsitz in dem Distrikte haben und daselbst ein steuerpflichtiges Eigenthum von wenigstens fünfzig Acres besitzen, ferner sollten sie Bürger eines der Staaten sein oder ebensoviel Grundeigenthum dort besitzen und zwei Jahre darin gewohnt haben. Die Repräsentanten sollten für zwei Jahre gewählt werden.

Der gesetzgebende Rath sollte aus fünf Personen bestehen und für fünf Jahre im Amt bleiben, falls nicht alle oder ein Theil der Mitglieder vor Ablauf dieser Zeit von dem Congreß abgesetzt würden.

Die Wahl dieses Gesetzgebungs-Rathes sollte auf folgende Weise stattfinden: das Haus der Repräsentanten habe zehn Personen vorzuschlagen, deren jede ein steuerbares Eigenthum von fünf hundert Acres besitzen müßte; aus dieser Zahl habe der Congreß fünf zur Bildung des Rathes zu wählen. Die Assembly solle das Recht haben zur Verwaltung des Distriktes Gesetze zu erlassen, welche aber nicht im Widerspruche mit der Ordonnanz stehen dürften. Alle Gesetze müßten durch Stimmen-Mehrheit in beiden Häusern beschlossen werden und die Zustimmung des Gouvernörs erhalten. Die gesetzgebende Versammlung solle die Befugniß haben in gemeinsamer Wahl der beiden Häuser einen Vertreter zu ernennen, der an den Sitzungen und Berathungen des Congresses Theil nehmen sollte, ohne jedoch mitstimmen zu können.

Es war ebenfalls nöthig, gewisse Principien als Basis künftiger Gesetze, Verfassungen und Regierungen der Territorien festzustellen, und Vorkehrungen für die spätere staatliche Vereinigung der Territorien mit der amerikanischen Conföderation zu treffen. Der Congreß faßte demnach gewisse Beschlüsse, welche als feste Vertragsbestimmungen zwischen den ursprünglichen Staaten und der Bevölkerung der Territorien angesehen werden sollten und nur mit beiderseitiger Zustimmung abgeändert werden könnten. Nach Inhalt derselben sollte kein Bewohner der Territorien seiner religiösen Ansicht oder seines Cultus wegen verfolgt werden. Allen Bewohnern waren der Schutz der Habeas Corpus Akte, Urtheil von Geschwornen, und überhaupt alle jene Grundrechte gesichert, welche gewöhnlich in den amerikanischen Verfassungen aufgenommen sind. Schulen und Erziehungs-Anstalten sollten stets befördert werden. Die Verträge mit den Indianern sollten redlich ausgeführt werden und besonders sollte das ihnen zuständige Terrain nie ohne ihre Einstimmung weggenommen werden. Das Territorium und die Staaten, welche aus demselben gebildet werden würden, sollten stets einen Theil der amerikanischen Conföderation ausmachen, indessen sollten nicht weniger als drei und nicht mehr als fünf Staaten daraus gebildet werden.

Hinsichtlich der Gränzen dieser Staaten behielt sich der Congreß das Recht vor, dieselben zu ändern, um eintretenden Falls einen oder zwei neue Staaten in jenem Theile des Territoriums zu bilden, welches nördlich von einer Linie zu liegen komme, welche von Osten nach Westen durch die südliche Krümmung oder Endspitze des Sees Michigan zu ziehen sei. Ferner ward bestimmt, daß jeder dieser Staaten, sobald er eine Bevölkerung von sechszig tausend freien Einwohnern zähle, mit dem Genuß aller Rechte der ursprünglichen Staaten in die Union aufgenommen werden müsse; daß es ihm frei stehe, sich eine permanente Verfassung und Regierung zu geben, welche aber beide republikanisch und mit den oben erwähnten Vertrags-Bestimmungen übereinstimmen müßten. Uebrigens solle auch eine Bevölkerung von weniger als sechszig tausend freien Einwohnern einen Staat bilden und in die Union aufgenommen werden können, wenn dies unter Umständen als im Interesse der Conföderation von dem Congresse zugestanden werde.

Der sechste und letzte Artikel setzte fest, daß in den Territorien weder Sklaverei noch unfreiwillige Dienstbarkeit bestehen dürfe, wenn diese nicht als Strafe für Verbrechen verhängt sei, deren das betreffende Individuum nach Urtheil und Recht schuldig befunden worden sei. Personen aber, welche ihrer Dienstpflicht in anderen Staaten sich durch Flucht entzogen hätten, könnten zurückverlangt werden und sollten denen, welche Ansprüche auf ihre Arbeit oder ihre Dienste zu machen berechtigt seien, ausgeliefert werden.*)

Ueber diese Ordonnanz macht Curtis folgende Bemerkung: „In der Organisation der Regierung des Innern hat die amerikanische Gesetzgebung nie etwas Bewunderungswürdigeres geschaffen, als diesen weitumfassenden Plan. Dessen Bestimmungen in Bezug auf die Vertheilung des Landes, auf die Prinzipien der bürgerlichen und religiösen Freiheit, welche durch denselben zur Basis aller später gegründeten Staaten gemacht wurden, auf die einfache und doch wirksame Weise, in welcher der Mechanismus einer großen politischen Gemeinde organisirt wurde, verdienen das volle Lob, welches man von jeher diesem genialen Aktenstücke gezollt hat. Es war dies nicht ein Plan, erdacht in dem Studierzimmer eines Gelehrten und gegründet auf theoretische Principien von abstrakter Anwendbarkeit. Es war eine Regierungs-Verfassung, entworfen von Männern, welche aus Erfahrung die praktische Wirkung der Principien kannten, welche sie zur Anwendung zu bringen beabsichtigten.

Allerdings war die Staats-Gesellschaft, für welche jene Principien zur Ausführung kommen sollten, noch gar nicht vorhanden, aber die Bestimmungen waren bestehenden Staatsverhältnissen entnommen, in welchen sie sich thatsächlich als erfolgreich erwiesen hatten." *) Auch waren diese Principien

*) Präsident King veröffentlichte im Februar 1855 in der New York Daily Tribüne ein Kapitel seines jetzt erscheinenden wichtigen Beitrags zur amerikanischen Geschichte: "Life and Correspondence of Rufus King." — In diesem Kapitel (von dem uns Herr King selbst ein Exemplar freundlich zustellte), hat derselbe klar und ausführlich die Frage behandelt, wer der Urheber der berühmten Ordonnanz von 1787 und der darin enthaltenen weisen und trefflichen Ansichten sei. Ein Auszug aus diesem werthvollen, geschichtlichen Dokumente befindet sich in einem Anhange zu dem gegenwärtigen Kapitel.

*) Fernere Bemerkungen über die Schwierigkeiten, auf welche man in Bezug auf die Verwaltung jener Territorien, und deren Aufnahme als Staaten stieß, und über die Discussionen, welche darüber in der Föderal-Convention stattfanden rc. gibt

der Art, daß an ihrer Wirksamkeit für das Wohl der Ansiedler in dem weiten Westen kaum zu zweifeln war.

Unterdessen zog der Zustand der ältern Staaten fast ausschließlich die öffentliche Aufmerksamkeit auf sich. Wie Marschall bemerkt, wurden die Privatverhältnisse im Laufe dieser schwierigen Zeit immer drückender und alle Hoffnung auf Rettung vor dem drohenden Ruin schien zu schwinden. Dabei hatten sich, wie wir aus derselben zuverlässigen Quelle erfahren, in allen Staaten zwei Parteien gebildet, welche planmäßig zwei „ganz verschiedene Zwecke verfolgten." Die eine kämpfte für die strenge Beobachtung der öffentlichen und Privatverträge. Die Mitglieder dieser Partei waren die entschiedenen Freunde einer strengen Rechtspflege und eines geregelten Besteuerungssystems, welches den Staat in den Stand setzen sollte, seinen Verpflichtungen nachzukommen. Eine natürliche Folge dieser Ansichten war, daß dieselben Männer die Macht der Bundesregierung erhöhen und es derselben möglich machen wollten, die Würde und den Charakter der Nation gegen Außen und deren Interessen im Innern zu wahren. Die Gegner dieser Partei stellten ein ganz entgegengesetztes System auf, darauf berechnet, nur ihnen selbst freien Spielraum zu geben. Sie wünschten eine weniger strenge Justizverwaltung, Nachsicht für die Bezahlung der Schulden oder Suspension der Eintreibung derselben und Aufhebung der Steuern. Von solchen Ansichten ausgehend widersetzten sie sich natürlich auch jedem Versuch, den Einzel-Staaten einen Theil ihrer Befugnisse zu entziehen und solche als zur Erhaltung der Union nöthig, dem Congreß zu überweisen. Wo immer diese Partei die Oberhand hatte, waren die Emission von neuem Papiergeld, Aufschub in dem Gerichtsverfahren und Aufhebung der Steuern die Resultate ihrer Obermacht. Selbst wenn sie ihre Maßregeln nicht durchsetzen konnte, war sie doch stark genug, die Hoffnung aufrecht zu erhalten, daß sie bei dem nächsten Versuche glücklicher sein werde. Im ganzen Bereich der Union erneuerte sich jährlich der Kampf dieser zwei Parteien und die Bevölkerung lebte in steter Aufregung, in Hoffnung oder in Furcht über den wahrscheinlichen Ausgang eines Kampfes, welcher die Vermögensverhältnisse eines großen Theiles der Gesellschaft so nahe berührte. — Diese Unstätigkeit von Principien, welche unveränderlich festgesetzt sein sollten, rief eine lange Reihe von Uebeln hervor, und wird unter die Hauptursachen jener Geldverlegenheit gerechnet, die ihren nachtheiligen Einfluß auf die Gesetzgebung fast aller einzelnen Staaten übte. Der vernünftige und denkende Theil der Bevölkerung, der im Stande war, die Quelle des Uebels zu erkennen, bemühte sich ohne Unterlaß, die öffentliche Meinung dafür zu gewinnen, daß in der Staats-Organisation Principien aufgenommen werden müßten, durch welche die so augenscheinlichen Uebelstände beseitigt würden, ohne daß der freie Geist derselben gefährdet werde.

1785.

In dieser traurigen Lage der Dinge und in dem Augenblicke, wo Etwas gethan werden mußte, wenn nicht die Union ohne Rettung zu Grunde gehen sollte, geschah es, daß man in Virginien gewisse Maßregeln traf, welche allerdings nur die Regulirung von Handels-Verhältnissen be-

Curtis in seiner "History of the Constitution," Vol. I, p. 308—309.

zweckten, aber durch den Rath und den Einfluß Washington's dafür benutzt wurden, die große Bewegung anzuregen, welche zuletzt zur Ausarbeitung der Bundesverfassung führte. Die gesetzgebenden Versammlungen von Virginien und Maryland hatten Commissäre ernannt, um einen Vertrag für die Schifffahrt auf den Flüssen Potomac und Pocomoke und auf einem Theile der Chesapeake-Bay zu entwerfen. Dieselben traten im März 1785 in Alexandria zusammen. Während eines
1785. Besuches in Mount Vernon kamen die Commissäre überein, ihren bezüglichen Regierungen vorzuschlagen, andere Commissäre mit der erweiterten Vollmacht zu ernennen, vorbehältlich der Zustimmung des Congresses gemeinschaftliche Anstalten zu treffen, um eine Flotte in der Chesapeake-Bay zu halten und einen Tarif von Eingangszöllen festzustellen, an den die beiden Staaten gebunden sein sollten. Die gesetzgebende Versammlung von Virginien gab ihre Zustimmung und faßte den Beschluß, daß die Bestimmungen über die Eingangszölle allen Staaten mitgetheilt und diese eingeladen werden sollten, ihrer Seits Abgeordnete zu dieser Versammlung zu senden.

Im Januar 1786 ernannte die Assembly von Virginien Commissäre, um die Lage des Handels in den Vereinigten Staaten zu untersuchen und den einzelnen Staaten mitzutheilen, wie der Congreß in den Stand gesetzt werden könnte, diese ganze Materie vortheilhaft zu ordnen.

Die Versammlung fand zu Annapolis, im September statt; sie bestand aus zwei Commissären von New York, 1786.
drei von New Jersey, einem von Pennsylvanien, drei von Delaware und drei von Virginien. In Bezug auf den eigentlichen Gegenstand der Zusammenkunft geschah Nichts; doch schlossen die Berathungen mit einem Bericht an die verschiedenen Staaten, welcher eine zweite Versammlung von Abgeordneten vorschlug. Alle Staaten wurden darin eingeladen, Commissäre zu ernennen, welche sich im Mai nächsten Jahres zu Philadelphia versammeln sollten. Der Bericht drang ferner auf eine Revision der Bundesverfassung, um dieselbe den Bedürfnissen der Union mehr anzupassen. Eine Abschrift dieses Berichtes wurde nebst einem Begleitungsschreiben an den Congreß gesandt.

In dem nächsten Kapitel werden wir das Zusammentreten der Föderal-Convention und das große National-Werk behandeln, womit dieselbe beauftragt war.

Anhang zum ersten Kapitel.

Die Ordonnanz von 1787 für die Regierung des nordwestlichen Territoriums. *)

Am 15. April, einen Tag nachdem das große Comite, von dem Herr King ein Mitglied war, dem Congreß Bericht über die am 20. Mai zum Gesetz erhobene Ordonnanz erstattet hatte, welche die Staatsländereien in ein regelmäßiges System brachte, und die dafür nöthige Verfügungen traf, beantwortete Herr King einen Brief des Herrn Pickering in folgender Weise:

New York 15. April 1785.

„Ich kann Ihnen nicht besser für die ausgezeichneten Ideen danken, welche Sie mir in Bezug auf die geeignetste Organisation des westlichen Territoriums mitgetheilt haben, als indem ich Ihnen hierbei das Projekt einer Ordonnanz übersende, über welche dem Congreß der Bericht vorliegt .... Zugleicher Zeit lege ich Ihnen den Bericht über einen Antrag bei, der die Ausschließung der Sklaverei von den neuen Staaten verlangt. Ihre Ansichten über diesen Gegenstand sind so richtig, daß man ihnen nothwendig beipflichten muß."

Von dem hier erwähnten Bericht über das Verbot der Sklaverei ist keine Spur zu finden. Man könnte annehmen, daß hier die Rede ist von dem Antrag, welchen King selbst am 16. März vorlegte und der an demselben Tage zur Begutachtung überwiesen wurde; allein es findet sich außer in dem Briefe King's an Pickering weder in dem Protokoll noch sonst irgendwo eine weitere Erwähnung desselben.

Dagegen steht es fest, daß King in seinem Eifer für diese Angelegenheit nicht nachließ. Nachdem er im November 1785 in Nathan Dane einen gleichgesinnten Collegen gefunden hatte und, wie schon gesagt, im Jahre 1786 dem Congreß eine neue Ordonnanz für die Verwaltung des westlichen Territoriums vorgelegt worden war, beschäftigte sich King unausgesetzt den ganzen Rest des Jahres hindurch und einen Theil des folgenden ausschließlich und auf das eifrigste mit diesem Gegenstande. Das Protokoll der Sitzungen beweist, daß King sich fortwährend an den Verhandlungen über diesen Punkt betheiligte. Finden wir nun, daß man bei der Annahme der Ordonnanz in die Fassung derselben die ganz speciell von King und nur von ihm gestellten Anträge aufgenommen hat; zeigt es sich ferner, wie ich es darthun werde, daß Dane der Urheber der Ordonnanz war und nicht Jefferson, wie es so lange und noch vor Kurzem mit so großer Bestimmtheit und Zuversicht von dem Gouvernör Coles behauptet wurde, so dürfen wir wohl mit Recht den Schluß ziehen, daß Dane mit seinem Collegen einverstanden war und dessen Vorschläge angenommen und in der Wortfassung der Ordonnanz wiedergegeben hat.

Führen wir in wenig Worten die Hauptvorschläge an: Der erste und bedeutendste ist der des Verbotes der Sklaverei. Jefferson's Proviso stellte dasselbe blos in Aussicht; das von King sprach es unmittelbar aus. Das Proviso der Ordonnanz von 1787 war von mittelbarer Anwendung und ganz in denselben Worten abgefaßt, deren King sich am 16. März 1785 bediente, nur mit der Ausnahme, daß sein Proviso sich auf das ganze Territorium erstreckte, das auch Jefferson in seinen Anträgen vom April 1784 einbegriffen hatte, während sich das der Ordonnanz nur und vielleicht nothwendiger Weise gerade auf jenes Territorium beschränkte, welches nach den Bestimmungen dieser Ordonnanz verwaltet werden sollte. In beiden Proviso's ist der Wortlaut ganz derselbe, nur daß es in dem von King heißt „persönlich schuldig erklärt," während die Ordonnanz sagt „rechtsmäßig überführt."

Nirgends findet man in dem Sitzungsprotokoll, daß Dane selbst in Bezug auf die Sklaverei einen Antrag gestellt hat. Da er nun den von King in den Protokollen eingetragen fand und ohne Zweifel von ihm

*) Der Text dieser berühmten Ordonnanz befindet sich in Story's "Exposition of the Constitution," pp. 329—337.

selbst darauf aufmerksam gemacht wurde, machte er ihn zu dem seinigen.

Der Artikel III der Grundrechte lautet:

„Da Religion, Moral und Kenntnisse Bedingungen einer guten Regierung und des Glückes der menschlichen Gesellschaft sind, so sollen Schulen und die Beförderungsmittel einer guten Erziehung stets unterstützt werden.

Davon befindet sich Nichts in Jefferson's Anträgen vom April 1784; dagegen beweisen die Auszüge aus Pickering's Briefen und die Protokolle der Congreßsitzungen von 1785 zu 1786 (während der Debatten über die Landordonannzen) mit welcher Ausdauer und in mancher Hinsicht auch mit welchem Erfolge King stets dahin wirkte, für Unterrichts- und Religionszwecke in jedem Bezirke Ländereien zur Verwendung zu obigem Zwecke vorzubehalten.

Endlich und vielleicht kaum dem ersten Proviso, dem für die Freiheit — an Wichtigkeit nachstehend, und enge mit ihm verwandt, ist das für die Union so hochwichtige, für den Handel und die nachbarlichen Beziehungen der Staaten so werthvolle Proviso, welches festsetzt, daß die schiffbaren Gewässer, welche in den Mississippi und den Lorenz führen, so wie die Verbindungswege zwischen diesen beiden Flüssen gemeinschaftliche Straßen sein und allen Bewohnern der genannten Territorien sowie den Bürgern aller jetzigen und künftigen Vereinigten Staaten offen bleiben müßten, ohne daß Zölle oder Abgaben auf denselben erhoben werden dürfen."

Diesen Vorschlag verdankte man vor Allem dem fernsehenden, staatsmännischen Geiste von Timothy Pickering; vor den Congreß kam er durch die vereinigten Bemühungen von Virginien und Massachusetts, zwei Staaten die damals, wie während des Krieges in allen schwierigen Verhältnissen zusammenhandelten und Hand in Hand gingen. In einem Briefe an Rufus King vom 8. März 1785 bespricht Pickering die Ordonnanz für das westliche Territorium, über welche eben im Congresse verhandelt wurde und machte dabei folgende scharfsinnige Bemerkung:

„Wasserverbindungen werden in diesem Lande für die Bewohner stets von größter Wichtigkeit sein. Es erscheint demnach unbedingt nothwendig, der Bevölkerung aller Staaten die freie Fahrt auf den schiffbaren Gewässern zu sichern. Ich hoffe, wir werden in unserem Lande nie Veranlassung haben, Schulden zu machen.

Ein so weiser Rath ging bei seinen Correspondenten nicht verloren. Als am 12. März 1786 die Ordonnanz für die Verfügung über die Staatsländereien in dem westlichen Territorium zur Berathung kam, stellte Grayton von Virginien, der oft in Gemeinschaft mit King handelte und sich am 16. März desselben Jahres bei der Abstimmung über King's Antisklaverei-Proviso von seinen südlichen Collegen trennte und mit Ja votirte, folgenden Antrag, der von King unterstützt und von dem Congreß aufgenommen wurde:

„Beschlossen: „Daß die schiffbaren Gewässer, welche in den Mississippi und den St. Lorenz münden, sowie die Verbindungs-Straßen zwischen diesen Flüssen hiemit für öffentliche, den Staaten g e m e i n s c h a f t l i c h e S t r a ß e n erklärt werden und daß sie sowohl den Bewohnern besagter Territorien als den Bürgern der Vereinigten Staaten und denen aller später in die Union noch aufzunehmenden Staaten für alle Zeiten zum freien Verkehre geöffnet bleiben sollen, ohne daß irgend Taxen, Abgaben oder Zölle auf denselben erhoben werden können."

Dieser Vorschlag findet sich ohne Veränderung eines einzigen Wortes in der Ordonnanz von 1787. Wir sehen demnach, daß die zwei richtigen Proviso's, — das gegen die Sklaverei und das für die beständige, unbedingte Freiheit der Schifffahrt auf den Gewässern der Union — v o n K i n g a u s g i n g e n und von Dane aus den Protokollen des Congresses genommen und in seine unsterbliche Ordonnanz eingeführt wurden. Nun haben wir noch zu beweisen, daß King der Urheber dieser Ordonnanz war, daß er sie entwarf und abfaßte und daß sie fast ohne alle Aenderung einstimmig von dem Congreß angenommen wurde. Der Beweis dafür liegt in einem Briefe, von dem ich hier die vollständige wörtliche und genaue Abschrift des Originals gebe, das sich in meinen Händen befindet.

New York 16. Juli 1787.

An den Ehrenwerthen Rufus King Esq. in Philadelphia.

Werther Herr!

Ich habe Ihnen für Ihr Schreiben vom 16. dieses zu danken. Mit Vergnügen gebe ich Ihnen Kenntniß von dem, was wir in dem Congreß thun, nicht sowohl weil ich glaube, daß Alles, was wir thun, auch gut ist, sondern nur, um Sie mit den Gegenständen unserer Thätigkeit bekannt zu machen. Während der letzten 10 bis 12 Tage waren in unseren Berathungen öfters n u r a c h t S t a a t e n repräsentirt. Man scheint jedoch jetzt etwas geneigter zu sein, ernstlich zu Werk zu gehen und die Ankunft von R. H. Lee ist ein Ereigniß von nicht unbedeutender Wichtigkeit. Ich denke, dessen Charakter wird wenigstens Etwas dazu beitragen, die Folgen der eingerissenen Mißbräuche und der ungebundenen Denkungs-Art einiger seiner Landsleute zu mildern. Wir haben verschiedene Dinge vorbereitet; die wichtigsten sind: „die Schranken der Regierung*) und „der Ankauf des Ohio-Gebietes," die erstere Arbeit ist, wie Sie wissen, fertig; die andere wird es morgen werden. Wir dachten einmal daran N's „System einer Regierungs-Verfassung" neu aufzuputzen, brachten einige frische Gedanken hinein und gaben es Carrington, Dane ꝛc. zur Umarbeitung. Wir hatten mehrfache Berathungen mit ihnen, und kamen auch über einige Hauptgrundsätze überein. Wir waren aber zu sehr gedrängt. Die Ohio-Compagnie erbot sich, einen ausgedehnten Strich Vereinigten-Staaten-Landes, ungefähr 6 bis 7 Millionen Acker, zu kaufen, und wir hätten gern das alte System aufgegeben und ein für die Central-Regierung vortheilhafteres an seine Stelle gesetzt. Wir mußten endlich nach dem Besten greifen, was wir haben konnten. So traten wir sämmtlich, A. Gates ausgenommen, dem beiliegenden Plane bei. Gates scheint wie gewöhnlich nichts von der Sache verstanden zu haben. Meiner Ansicht nach ist die zur Bildung eines neuen Staates erforderliche Bevölkerung, sechszigtausend Seelen, zu klein; da wir aber aus dem ganzen Territorium nur drei Staaten gebildet haben, kommt es auf die Größe der Bevölkerung vorerst weniger an.

Der östliche Theil oder Staat wird wahrscheinlich der erste und wichtigste und größtentheils von östlichen Ansiedlern bewohnt werden; dort wird also auch die östliche Politik vorherrschen. Als ich die Ordonnanz entwarf (und sie ging mit Aenderung weniger Worte durch) hatte ich keine Idee, daß der sechste Artikel, welcher die Sklaverei ausschloß, durchgehen werde, da nur Massachusetts von den östlichen Staaten vertreten war. Ich ließ ihn daher im Entwurf ganz weg. Da ich aber das Haus günstig für den Vorschlag gestimmt fand, so brachte ich ihn nach Erledigung der anderen Punkte noch vor, und er ging ohne Opposition durch. Wir können günstige Bedingungen für den Verkauf des Ohio-Gebietes hoffen. Natürlich macht uns die Größe des Kaufobjekts vorsichtig, und wir halten darauf, Sicherheit zu bekommen.

Am 7. wurde die Legislatur von Massachusetts vertagt. Außer der Verfügung über die Anwerbung von Truppen und der Ermächtigung des Gouvernörs die Rebellen zu verfolgen, hat sie nichts Besonderes berathen ꝛc. ꝛc. Ihr ergebener N. Dane.

P.S. Folgende Staaten waren vertreten: Massachusetts, New York, New Jersey, Delaware, Virginien, Nord-Carolina, Süd-Carolina und Georgien. Bruder Holten ist etwas unwohl und nicht im Stande, thätigen Antheil an den Geschäften zu nehmen, doch denke ich, unterstützt er wacker die östliche Politik.

An Hon. R. King.

Dieser Brief, welcher jetzt zum ersten Mal veröffentlicht wird, wurde, wie man sieht, drei Tage nach der Annahme der berühmten Ordonnanz geschrieben, bevor sich noch der geringste Streit über deren Autorschaft erhoben und, wie die bescheidene Fassung des ganzen Briefes beweist, die große Bedeutung von dem unschätzbaren Werthe des gefaßten Beschlusses geltend gemacht hatte. Der ganze Verlauf der Entwerfung, Diskussion und der endlichen Annahme der Ordonnanz ist mit der größten Einfachheit dargestellt. Es kann demnach nicht mehr bezweifelt werden, daß Dane die ganze Ordonnanz abfaßte, die Einbringung in den Congreß und die Durchführung derselben leitete.

Aus dem Briefe geht ferner hervor, daß Carrington von Virginien, der als ersterwähltes Mitglied des Comite's Vorsitzender desselben war, nicht mit der Mehrheit übereinstimmte und demnach sich weigerte, Bericht über die Ordonnanz zu erstatten, so daß dieses Amt auf Dane überging, der ihm auf der Liste folgte und mit der Mehrheit stimmte. Dieser Umstand erklärt demnach, was bis jetzt unerklärlich schien, wie Dane, der zweite in dem Comite, Bericht erstatten wird. So wird auch als beinahe wörtlich richtig bewiesen, was Daniel Webster bei Gelegenheit der Foote-Beschlüsse im Jahre 1830 in dem Vereinigten-Staaten-Senat in seiner Rede gegen Hayne sagte, daß nämlich diese Ordonnanz „von Nathan Dane abgefaßt und von dem Congreß ohne die geringste Aenderung angenommen worden sei." — „Mit Ausnahme einiger Worte," sagt Dane, „ging die Ordonnanz so durch, wie ich sie ursprünglich abgefaßt hatte."

Wir haben also bewiesen, daß Nathan Dane mit Recht als Urheber der Ordonnanz von 1787 anzusehen ist, daß Rufus King und mittelbar Timothy Pickering den Gedanken der darin enthaltenen Proviso's **gegen** die Sklaverei, und **für** die Beförderung von Religion und Unterricht sowie **für** die freie, unbelastete Schifffahrt auf allen Gewässern der Union angegeben hat; indem wir ferner dem Leser sowohl

*) Die Ordonnanz von 1786, die am 13. Juli angenommen wurde.

den Antrag Jefferson's vom April 1784 als auch die Ordonnanz von 1788 vollständig vorlegten, haben wir denselben in Stand gesetzt, diese Aktenstücke zu vergleichen und zu erkennen, in wie weit der Inhalt des einen von dem andern entlehnt oder durch dasselbe angeregt ist. Schließlich noch die Bemerkung, daß wir, bei unserer Bemühung, jedem der hervorragenden Theilnehmer an dieser großen Handlung das gebührende Verdienst und die wichtige Verantwortlichkeit zuzuweisen, nicht im geringsten die Absicht hatten und auch nicht hoffen, eine solche an den Tag gelegt zu haben, den Einen auf Kosten des Andern, selbst unbewußt, höher zu stellen. Dane, Jefferson, Pickering und King, sie Alle und ein Jeder von ihnen, werden stets in ruhmvollem Andenken fortleben für den Antheil den Jeder von ihnen an diesem langen, mühevollen und folgereichen Kampfe nahm, der so glorreich beendet wurde durch jene Ordonnanz, welche für immer als eine unverjährbare und unveränderliche Urkunde das Herz unseres Landes für Freiheit, Bildung und die Union erhalten hat.

Wünscht der Leser die Gegenansicht und die Gründe kennen zu lernen, auf welche hin behauptet wird, „daß die Abfassung der Ordonnanz von 1787 und deren Durchführung in dem alten Congresse, sowohl in Bezug auf den ursprünglichen Gedanken, als auf den Erfolg, das unbezweifelbare Werk des Südens sei, so verweisen wir ihn auf Senator Benton's "Thirty Years' View," Vol. I, pp. 133—36.

Zweites Kapitel.

1787.

Die Föderal-Convention und ihr Werk.

Virginien's Verfahren in Bezug auf die Föderal-Convention—Der Beschluß des Congresses—Drohende Lage von Neu England—Shays Aufstand in Massachusetts—Thätigkeit des Congresses—Washington's Besorgnisse—Lincoln befehligt die Truppen von Massachusetts—Der Aufstand unterdrückt—Man fühlt die Nothwendigkeit in dieser Krisis eine Convention zu berufen—Weises Verfahren des Congresses—Washington in Virginien als Abgeordneter vorgeschlagen—Er ist unentschlossen, ob er annehmen soll—Die Convention tritt im Mai zusammen—Das Werk, das sie zu vollführen hat—Randolph's Vorschläge oder der „Virginische Plan"—Patterson's Antrag oder der Jersey-Plan"—Verhandlungen in der Convention—Schwierigkeiten bei der Organisation der gesetzgebenden Execution und richterlichen Gewalt—Franklin trägt darauf an, jede Sitzung der Convention mit Gebet zu eröffnen—Uebereinkunft in Bezug auf die Frage über die zwei Häuser der gesetzgebenden Versammlung—Brief Washington's an den Präsidenten der Convention—Die Verfassung der Vereinigten Staaten.—Anhang zu Kapitel II.—I. Hamilton's Regierungsplan.—II. Verzeichniß der Mitglieder der Föderal-Convention, welche die Verfassung der Vereinigten Staaten schuf.

Der von den Commissären in Annapolis gemachte Antrag fand nicht in dem ganzen Lande denselben Anklang. Virginien ging freiwillig darauf ein und wählte im Oktober 1786 sieben seiner hervorragendsten Männer, welche im Mai nächsten Jahres zu Philadelphia mit den Abgeordneten der andern Staaten zusammentreffen und sich vereinigen sollten: „zur Vorlage und Berathung von allen Abänderungen und neuen Verfügungen, durch welche die Bundes-Verfassung den Bedürfnissen der Union entsprechend gemacht werden könnte." Der Congreß beobachtete diese Bewegung mit einer gewissen Bedenklichkeit; die Frage ward aufgeworfen, ob es verfassungsmäßig sei, auf solche Abänderungen hinzuarbeiten, ohne daß dieselben den Artikeln des Bundesvertrags gemäß in dem Congresse selbst vorgeschlagen, den einzelnen Staatslegislaturen vorgelegt und von denselben gebilligt worden seien. Die Sache selbst aber wurde in ernste Erwägung gezogen, denn man fühlte das Herannahen einer Krisis, welche zu den traurigsten Ereignissen führen mußte, wenn die Central-Regierung nicht mit einer zur Beherrschung der Lage des Landes angemessenen Gewalt ausgerüstet sei.

Im Laufe des Winters wurde über den Vorschlag der Commissäre von Annapolis ein Bericht erstattet, gegen den sich aber bedeutende Opposition erhob, so daß man in Ungewißheit gerieth, was in der Sache am besten zu thun sei. Eine Reihe verschiedenartiger Ursachen, von denen wir sogleich sprechen werden, brachte jedoch eine Aenderung in den Ansichten des Congresses hervor und bestimmte ihn zum Handeln. Er faßte daher im Februar 1787 folgenden Beschluß: „In Anbetracht, daß die Artikel der Conföderation und der Akte „zur Herstellung einer ewigen Union“ eine Bestimmung enthalten, welche Veränderungen derselben mit Einwilligung des Congresses und der Legislaturen der einzelnen Staaten erlaubt. In Anbetracht, daß die Erfahrung Mängel jener Urkunden an den Tag gebracht hat und daß zu deren Abhülfe mehrere Staaten, und namentlich New York, durch besondere
1787. Instruktionen an ihre Abgeordnete im Congreß den Antrag gestellt haben, eine Convention zu dem in nachfolgendem Beschlusse ausgesprochenen Zwecke zu berufen. In Anbetracht ferner, daß diese Convention das beste Mittel zu sein scheint, in diesen Staaten eine feste National-Regierung zu gründen — ist beschlossen: der Congreß hält es für zweckmäßig, daß am zweiten Montag des Monats Mai nächsten Jahres eine Convention von Abgeordneten der verschiedenen Staaten in Philadelphia zusammentrete, deren besonderer und einziger Auftrag sein soll, die Bundes-Artikel zu revidiren und dem Congreß sowie den Staats-Legislaturen solche Aenderungen und neue Bestimmungen vorzuschlagen, welche nach erlangter Zustimmung des Congresses und Bestätigung der einzelnen Staaten die Bundes-Verfassung den Bedürfnissen der Regierung und dem Zweck der Erhaltung der Union entsprechend machen können.“

In Folge dieser Genehmigung schritten die verschiedenen Staaten, mit Ausnahme von Rhode Island, zur Ernennung von Abgeordneten für die Föderal-Convention.

Trotzdem würde es zweifelhaft geblieben sein, ob man wirklich das Werk unternommen haben würde, hätten nicht die drohenden Zustände in den Neu-England-Staaten gegen Ende von 1786 und im Beginne von 1787 den Congreß und die Nation auf die dem ganzen Lande drohende Gefahr der Anarchie und des vollständigen Ruins aufmerksam gemacht. Die ungeheuere Schuldenlast (ganz besonders in Massachusetts), das Verschwinden der strengen puritanischen Sitten und der schrankenlose Gebrauch fremder Luxus-Artikel; der Verfall des Handels und der Fabriken neben dem äußersten Geldmangel; und vor Allem die Ueberschuldung des größten Theils der Einwohner unter sich selbst waren die Hauptursachen eines gefährlichen und furchtbaren

Aufstandes in Massachusetts. Rohe und überspannte Begriffe von Freiheit und von 1786. dem Rechte des Volkes, der Wirksamkeit der Gesetze zu widerstehen, bewirkten, daß sich überall, namentlich in den Städten zahlreiche Haufen zusammenrotteten. Sie erklärten ihr Zusammentreten für verfassungsmäßig, konstituirten sich als das Volk und erhoben sich gegen die gesetzgebende Versammlung, indem sie in einer ausführlichen Erklärung ihre Beschwerden über den Druck, unter dem sie zu unterliegen behaupteten, angaben. Ihre Angriffe richteten sich besonders gegen die Steuern, die den Offizieren versprochene Entschädigung und die Justiz-Verwaltung in den Gerichtshöfen. Von aufwiegelnden Reden zur That übergehend, ergriffen die Unzufriedenen von Massachusetts die Waffen, umringten in verschiedenen Counties die Gerichts-Lokale und verhinderten die Sitzungen. Eine Bande von etwa hundert Aufrührern verfuhr auf diese Weise in Northampton. Anfangs September erließ der Gouvernör eine Proklamation, worin er die Beamten und Bürger der Republik aufforderte, diese hochverrätherischen Unternehmungen zu unterdrücken; bei der herrschenden Aufregung that aber diese Proklamation nur wenig Wirkung. Eine Woche nach der Veröffentlichung derselben besetzte ein Haufen von mehr als drei hundert Aufrührern den Gerichtshof von Worchester und zwang die Richter auseinanderzugehen. Aehnliches geschah in andern Counties. Nach und nach ging man noch weiter. Die Regierung war schwach genug gewesen, statt den Aufstand mit Gewalt zu unterdrücken, zu Vorstellungen und Versprechungen ihre Zuflucht zu nehmen. Dies ermuthigte eine große Zahl Unzufriedener, sich als bewaffnetes Corps zu organisiren, um den Staat zu zwingen, ihre Forderungen zu bewilligen. Minot, der Geschichtsschreiber dieses Aufstandes, erzählt, daß im Monat December sich ein Corps von etwa fünfzehn hundert Mann in den Counties Worchester und Hampshire gebildet hatte, an dessen Spitze ein gewisser Daniel Shays, ein früherer Capitän des Heeres stand.

Das Zeughaus in Springfield, welches Waffen und Munition, den Vereinigten Staaten gehörig, enthielt, wurde bedroht, und der Kriegs-Minister theilte dem Congreß seine Befürchtung in Bezug auf ein solches Ereigniß mit. Diese Mittheilung sowie ein Schreiben desselben Beamten über feindliche Bewegungen der Indianer in dem Westen des Landes wurden einem Comite überwiesen. 1787. Im Monate Oktober 1786 legte dasselbe dem Congreß *in geheimer Sitzung* einen Bericht vor, in welchem gesagt wurde, „daß in verschiedenen Theilen von Massachusetts ein gefährlicher Aufstand ausgebrochen sei und sich rasch verbreite; daß die Aufrührer bereits mit den Waffen in der Hand die Justiz-Verwaltung in mehreren Counties aufgehoben hätten; daß, obgleich die gesetzgebende Versammlung des genannten Staates gegenwärtig in Sitzung sei, unter den jetzigen Umständen ohne Zweifel der Zweck einer Intervention der Föderal-Gewalt vereitelt werden würde, wenn dieselbe förmlich von jener Landes-Behörde verlangt würde. Das Comite fügte noch hinzu: „Es bedarf der Hülfe der Bundes-Regierung, um den Versuchen der Aufrührer ein Ende zu machen; man hat ferner vollen Grund zu glauben, daß, wenn nicht rasch energische Maßregeln zur Vereitlung der Pläne der

Aufrührer ergriffen werden, dieselben sich des Zeughauses von Springfield bemächtigen, die Regierung stürzen und nicht nur diese Republik in Unordnung und Anarchie bringen, sondern wahrscheinlich auch das Elend des Bürgerkriegs über die Vereinigten Staaten verbreiten werden."

In dieser Lage der Dinge war das Comite der Ansicht, daß die Vereinigten Staaten sowohl durch die Bundes-Akte und moralische Verpflichtung als auch durch die Principien der Freundschaft und einer klugen Politik verpflichtet seien, zur Wiederherstellung der konstitutionellen Gewalt in Massachusetts und zum Schutz des dort lagernden Staats-Eigenthums, die nöthige Hülfe zu leisten. Zu diesem Zwecke schlug das Comite vor, unverzüglich eine gewisse Anzahl von Truppen auszuheben.

Dasselbe Comite stattete außerdem einen öffentlichen Bericht ab, in welchem es darauf antrug, dreizehn hundert und vierzig Mann als nothwendig, um die Gränzen gegen beabsichtigte Feindseligkeiten der Indianer zu schützen, unter Waffen zu rufen. Dies war jedoch nur ein Vorwand, die wirkliche Absicht war, dieses Corps zur Unterdrückung des Aufstandes in Massachusetts zu verwenden. Der Congreß gab diesen Anträgen seine Zustimmung und die Truppen wurden größtentheils in den vier Neu-England-Staaten ausgehoben. Um die Kosten des Unterhalts und der Besoldung derselben zu bestreiten, wurden die Staaten aufgefordert, bis zum 1. Juni 1787 in baarem Gelde ihre Quoten an der Summe von fünfmal hundert und dreißig tausend Dollars einzuzahlen; ferner bewilligte der Congreß das Ausschreiben eines Anlehens von einer halben Million Dollars. Wir wollen hier jedoch sogleich bemerken, daß es nicht der Truppen der Vereinigten Staaten in Neu-England bedurfte, indem Massachusetts selbst den Aufstand unterdrückte.

Der Geist der Empörung blieb aber nicht auf Massachusetts beschränkt, sondern verbreitete sich mächtig über New-Hampshire und Connecticut. Die Festigkeit und Entschlossenheit der Regierungen jener Staaten machten es aber den Aufrührern unmöglich, ihre Pläne auszuführen.

Niemand wird daran zweifeln, daß Washington zu Mount Vernon, kein theilnahmloser Zuschauer der drohenden Zustände in Massachusetts war. In einem Briefe vom 31. Oktober 1786 an Henry Lee, welcher den Gedanken ausgesprochen hatte, es möchte nothwendig sein, Washington's Einfluß zur Beruhigung der Aufrührer zu benützen, drückt sich derselbe folgendermaßen aus: „Das Auftreten und die Stimmung zahlreicher Haufen in dem Osten des Landes haben einen höchst beklagenswerthen Zustand herbeigeführt. Sie verwirklichen auf eine traurige Weise die Voraussagungen unserer transatlantischen Feinde und bestätigen die vielleicht noch beklagenswerthere und noch unerklärbarere Thatsache, daß namentlich die Menschen nicht fähig sind sich zu regieren, wenn sie sich selbst überlassen sind.

Mit unsäglicher Betrübniß erblicke ich die Wolken, welche den glänzendsten Morgen zu verdunkeln beginnen, der je über einem Lande anbrach. Kurz, ich kann mich kaum trösten, wenn ich bedenke, welches Elend die Intriguen und selbsüchtigen Pläne verzweifelter Charaktere, so wie Eifersucht und Unwissenheit einer kleinen Zahl über die Mehrheit unserer Mitbürger der Vereinigten Staaten zu bringen im Stande sind;

denn man kann kaum annehmen, daß die große Masse des Volkes, obgleich sie nicht handeln will, so kurzsichtig und so verfinstert sein kann, daß sie nicht selbst durch den Nebel dieses ganzen tollen Rausches
1787. die Strahlen der aufgehenden Sonne erblicken könnte.

„Sie sprechen, werther Herr, von der Benützung eines Einflusses zur Beilegung der gegenwärtigen Unruhen in Massachusetts. Ich weiß nicht, wo dieser Einfluß zu finden wäre, noch daß derselbe, wenn er bestünde, das geeignete Mittel gegen diese Unordnungen sein würde. Einfluß ist nicht Regierung. Wir müssen eine Regierung haben, welche unser Leben, unsere Freiheit und unser Eigenthum sicher stellt, oder wenn dies nicht möglich wäre, mag sogleich das Schlimmste über uns ergehen. Von solchen Eindrücken bestimmt, ist es meine unmaßgebliche Ansicht, daß die Verhältnisse eine ernstliche Entscheidung verlangen. Man muß genau wissen, was die Aufrührer beabsichtigen. Haben dieselben gegründete Beschwerden vorzubringen, so gewähre man, wenn möglich, Abhülfe oder erkenne die Gerechtigkeit derselben an, indem man die Unmöglichkeit darthut, augenblicklich etwas dagegen thun zu können. Haben dieselben aber keine begründete Beschwerden, so schreite man ohne Verzug mit der ganzen Macht der Regierung gegen sie ein. Reicht dieselbe nicht hin, so wird Jedermann zur Ueberzeugung kommen, daß die Spitze unseres Staatsgebäudes schlecht ist oder daß dasselbe besserer Stützen bedarf. Es ist kaum möglich vor den Augen der Welt mehr bloß gestellt oder verächtlicher zu sein, als wir es sind. Zögert man, die eine oder die andere dieser Maßregeln zu ergreifen, so wird sich nicht nur die Erbitterung der Unzufriedenen steigern, sondern sie werden auch größeres Vertrauen in ihre Sache gewinnen, ihre Zahl wird sich vermehren, denn gleich Schneeballen wachsen solche Haufen bei jeder voranschreitenden Bewegung, wenn sie nicht unterwegs auf ein Hinderniß stoßen, das sie zermalmt, ehe ihr Gewicht zu groß und unwiderstehlich ist.

„Dies sind meine Ansichten. Präjudize sind gefährliche Dinge. Man soll darum die Zügel der Regierung mit kräftiger Hand führen und jede Verletzung der Verfassung auf's strengste bestrafen. Hat dieselbe Mängel, so verbessere man sie, aber man lasse sie, so lange sie besteht, nicht mit Füßen treten."

Washington drückte seine tiefe Besorgniß über die traurigen und drohenden Aussichten auch noch in Briefen an andere Männer aus, namentlich an General Knox und Obrist Humphreys.

Wie Marschall *) berichtet, fand man bald, daß die milden Maßregeln, durch welche die gesetzgebende Versammlung die Aufrührer zu beschwichtigen versuchte, dieselben nur zu noch größeren Forderungen ermuthigten und daß sie sich förmlich als eine bewaffnete Macht zum Umsturz der Verfassung organisirten. Der Gouvernör Bowdoin beschloß mit Zustimmung seines Rathes, zum Schutz und zur Vertheidigung der Republik Gebrauch von der Gewalt zu machen, welche in seinen Händen lag. Er berief ungefähr vier tausend Mann von der Miliz zu den Waffen und stellte sie, Anfangs Januar, unter das Commando des alten General Lincoln. Der Patriotismus

*) Siehe Marschall's "Life of Washington," Vol. II, pp. 122, 123. Holmes gibt in seinen „Annals" einen trefflichen Auszug aus Minot's "History of the Insurrections in Massachusetts."

beseitigte die Schwierigkeiten, welche der leere Staatsschatz erzeugte. Eine gewisse Anzahl angesehener Bürger von Boston, der Gouvernör an ihrer Spitze, brachte durch ihre Unterschriften die für die Kosten der Expedition nöthige Summe zusammen.

1787.

Mitten im Winter versammelten sich die Truppen aus dem östlichen Theile des Staates in der Nähe von Boston und zogen nach dem Schauplatz des Aufstandes. Die aus den westlichen Theilen traten unter General Shepard zusammen und besetzten das Zeughaus von Springfield. Vor der Ankunft Lincoln's versuchte eine Aufrührerbande Shepard aus seinem Posten zu vertreiben, wurde aber mit Verlust zurückgeschlagen.

Lincoln kam in Eilmärschen heran, setzte den Aufrührern nach und suchte durch eine Reihe rascher Bewegungen, bei welchen der Eifer seiner Truppen über alle Nachtheile der kalten Jahreszeit triumphirte, dieselben zu versprengen oder zu einem Gefechte zu bringen. Aber die Befehlshaber derselben zogen sich von Posten zu Posten mit einer Schnelligkeit zurück, welche eine Zeit lang die Absichten des Generals vereitelte. Dabei wiesen sie jeden Vorschlag, die Waffen niederzulegen zurück und versuchten alles Mögliche, einen Waffenstillstand zu erlangen, um mit der gesetzgebenden Versammlung über eine Uebereinkunft zu unterhandeln. General Lincoln berichtete: „Verschiedene Comite's und Abgesandte mehrerer Städte der Counties Worchester und Hampshire stellten das Gesuch, es nicht zum Blutvergießen kommen zu lassen; aber der wirkliche Zweck dieser Gesuche war offenbar nur, unsere Operationen zu verzögern, bis eine andere Versammlung gewählt sein würde. Sie zweifelten nicht, daß, konnten sie ihren Einfluß bis zur nächsten Wahl der gesetzgebenden Versammlung und der Executiv-Behörde aufrecht erhalten, die ganze Angelegenheit sich in der General-Versammlung ihren Wünschen gemäß gestalten würde.“ Dies zu vermeiden war die Pflicht der Regierung. In Erwiederung auf diese Gesuche ermahnte Lincoln jene Städte, welche ernstlich wünschten, dem Aufruhr ohne Blutvergießen eine Ende zu machen, ihre jetzt unter den Waffen stehenden Bewohner zurückzurufen und der Regierung behülflich zu sein, alle Jene zur Strafe zu ziehen, welche den Aufstand begünstigten und den daran Betheiligten Unterstützung gewährten.“

Die Regierungs-Truppen fuhren fort trotz der strengen Jahreszeit die Aufrührer ohne Einhalt zu verfolgen. Endlich wurden dieselben Anfangs Februar mit einem kleinen Verlust an Todten und Gefangenen versprengt. Die Führer derselben wurden aus dem Staate vertrieben und der gefährliche Aufstand war gedämpft.

Um dem Congreß und den verschiedenen Staaten die Ueberzeugung beizubringen, daß eine Convention nicht nur das beste, sondern in der That das einzig anwendbare Mittel sei, dem öffentlichen Bedürfniß abzuhelfen, bedurfte es vielleicht nichts Geringeres, als eben der dringenden Nothwendigkeit, sich gegen die Gefahr neuer Ereignisse, wie die oben geschilderten, zu schützen, dem Verluste der Mississippifahrt und der westlichen Ansiedlungen vorzubeugen und den darniederliegenden, fast gänzlich vernichteten Handel des Landes wieder zu beleben.

Der Congreß nahm den ihm vorgelegten Antrag an und die Staaten Virginien,

Pennsylvanien, Delaware, Georgia, Nord-Carolina, New York, Massachusetts, Süd-Carolina, Connecticut, New Jersey, Maryland und New Hampshire erwählten in ebengenannter Reihenfolge Abgeordnete zu einer Föderal-Convention. Rhode Island allein hatte seine Zustimmung verweigert.

Curtis widmet in seinem Werke *) diesem Gegenstande mehrere Seiten einer wahrhaft glänzenden Darstellung und zeigt welch großen, entscheidenden Dienst der Congreß den Interessen der Union durch das von ihm angenommene Verfahren geleistet hat. Das Aufgeben seines Rechtes, die Veränderungen in der Regierungsform selbst zu bestimmen; die Uebertragung dieses Rechtes auf eine Convention; die Billigung einer vollständigen Revision der Bundes-Verfassung mit der ausdrücklichen Erklärung, daß dieselbe nicht ausreichend sei, waren die nothwendigen Präliminarien einer erfolgreichen Reform. Denn obgleich geschwächt und nicht vollständig, war der Congreß dennoch der einzige gesetzliche Körper, der die Machtvollkommenheit besaß, in einer solchen Angelegenheit die Initiative zu ergreifen. Hätte man ihn ganz übersehen und ihm alle Controlle abgesprochen, so würde man die ernstesten Gefahren hervorgerufen haben. Hamilton ganz besonders verdankt man den weisen Entschluß, die Gründung einer neuen Regierung durch die alte sanktioniren zu lassen.

„Aber den Grund, aus dem man die Revision des Regierungssystems nicht dem Congreß selbst anvertrauen wollte, konnte man nicht öffentlich angeben: daß nämlich die fähigsten Staatsmänner sich nicht in seiner Mitte befanden. Jene Männer, auf welche das amerikanische Volk bei allen großen Ereignissen zu blicken gewohnt war; jene Männer, welche zur Convention gesandt wurden und deren Gewicht und Weisheit in den Berathungen so bedeutend in die Wagschale fielen, hatten damals im öffentlichen Leben andere Stellungen eingenommen oder genossen in Zurückgezogenheit einer Ruhe, welche sie in dem langen Kampfe mit England so wohl verdient hatten. Hätte der Congreß versucht, selbst eine modificirte Verfassung zu entwerfen und sie der Billigung der Staaten vorzulegen, so würde Washington's leitender Einfluß und Weisheit; Franklin's große Erfahrung und tiefer Scharfsinn; Hamilton's unvergleichbare Talente; die glänzenden Fähigkeiten des Gouvernörs Morris; Pinkney's fruchtbarer Geist und Randolph's Beredtsamkeit nebst der ganzen Macht ihrer ausgezeichneten Collegen, jener principien- und charakterfesten Männer, dem Unternehmen gefehlt haben. Madison allerdings war in dem Congreß und seine Theilnahme an dem Verfassungswerk war höchst ausgezeichnet und werthvoll. Allein ohne die Vereinigung aller Talente, welche die Convention zusammenbrachte und die jedes Interesse und jeden Theil der Union vertraten, hätte der Congreß von 1787 den Staaten kein Werk vorlegen können, das deren Zustimmung sicher gewesen wäre. Die Verfassung verdankt ihren innern Werth eben so sehr dem moralischen Gewichte, als der Weisheit und Fähigkeit ihrer Urheber, denn erstere setzte die Erzeugnisse der letzteren durch." Der gelehrte Verfasser „der Geschichte der Constitution" hebt dann hervor, wie glücklich der Umstand gewesen sei, daß der Congreß die Befugnisse der Convention nicht beschränkt

1787.

*) "History of the Constitution," Vol. I, pp. 362—365.

habe. Er schildert ferner die damalige Krisis; zeigt die Gefahr, welche der Versuch, eine monarchische Staatsform einzuführen, hervorgerufen haben würde und die Schwierigkeiten, auf welche die Revision der Bundes-Verfassung stieß; weist nach, wie dieselben aus sectioneller Eifersucht und den Zweifeln der damaligen Patrioten und Staatsmänner an der Zweckmäßigkeit einer Convention hervorgingen, spricht von der Neuheit eines solchen Unternehmens und von andern gleich wichtigen Gegenständen.

Der Leser, welcher eine gründliche Kenntniß davon zu erlangen wünscht, muß mit Eifer und Sorgfalt das Werk von Curtis studiren.

Virginien hatte George Washington an die Spitze seiner Deputation für die Föderal-Convention gestellt. Von allen Seiten kamen zahlreiche Briefe an ihn mit der Aufforderung die Ernennung anzunehmen. In einem Antwortschreiben an Madison, dem Hauptvertheidiger dieser Maßregel in der gesetzgebenden Versammlung von Virginien, erklärte Washington, daß, obgleich er sich von dem öffentlichen Leben zurückgezogen habe, mit dem Entschlusse, nie wieder in dasselbe einzutreten, er dennoch bereit sein würde, das Seinige zum Wohle des Vaterlandes zu thun, wenn er sich nicht eben in einer sehr unangenehmen Lage befände. „Ich vermuthe," schrieb er, „daß es Ihnen nicht unbekannt ist, daß ich Präsident der Gesellschaft der Cincinnati bin und erst vor Kurzem wieder erwählt wurde. Es ist Ihnen vielleicht auch bekannt, daß die alle drei Jahre stattfindende General-Versammlung dieser Gesellschaft am ersten Montag des Monats Mai nächsthin in Philadelphia stattfinden wird. Verschiedene Gründe und namentlich meine Privatangelegenheiten, welche meine ganze Aufmerksamkeit in Anspruch nehmen, der Wunsch, in Zurückgezogenheit frei von Staatssorgen zu leben, und rheumatische Schmerzen unter denen ich zu leiden anfange, bewogen mich, am 31. letzten Monats in einem Rundschreiben die Gesellschaften der verschiedenen Staaten zu benachrichtigen, daß ich der nächsten General-Versammlung nicht beiwohnen könne und daß ich wünsche, nicht wieder zum Präsidenten erwählt zu werden. Damit die Geschäfte der Gesellschaft nicht durch meine Abwesenheit leiden, habe ich sie dem Vicepräsidenten übertragen. Unter diesen Umständen ist es leicht zu begreifen, daß ich nicht zu derselben Zeit und an demselben Orte für einen andern Zweck erscheinen kann, ohne einen so ehrenwerthen und verdienstvollen Theil der Bevölkerung wie die früheren Offiziere des amerikanischen Heeres, zu beleidigen."

Es war aber höchst wichtig, wenn nicht unbedingt nothwendig für den Erfolg der Convention, daß Washington darin erschien und seinen gewichtigen Einfluß zu Gunsten des unternommenen Werkes geltend machte. Man beseitigte daher seine Einwürfe dadurch, daß die Versammlung der Gesellschaft der Cincinnati eine Woche vor dem Zusammentritt der Convention stattfand. Auf diese Weise wurde es Washington möglich gemacht jener Versammlung, wenn er es für geeignet hielt, beizuwohnen, um seinen theuern Waffenbrüdern einen Beweis seiner Achtung und Hochschätzung zu geben und er konnte zu gleicher Zeit dem lebhaften Wunsche des Landes entsprechen, indem er an der Föderal-Convention Theil nahm.

Am Montag, 14. Mai 1787, erschien eine Anzahl von Deputirten für die Föderation in dem Staatenhaus zu Philadelphia. Da jedoch die Mehrheit der Staaten noch nicht vertreten war, vertagten sich die anwesenden Mitglieder von einem Tage auf den andern, bis endlich am Freitag dem 25. Mai die Vertreter von neun Staaten gegenwärtig waren und die Convention sich konstituirte. Washington wurde, wie es ihm gebührte, der Vorsitz übertragen und die erlauchte Versammlung begann nun bei geschlossenen Thüren, ihr großes Werk. Bald darauf erschienen noch Abgeordnete von zwei andern Staaten und gegen Ende Juli waren, mit Ausnahme von Rhode Island sämmtliche Staaten in der Convention vertreten.

1787.

Der Umfang unseres Werkes gestattet es nicht, eine ausführliche Darstellung der Convention und ihrer Arbeiten zu geben. Das Protokoll der Föderal-Convention, welches auf Befehl des Congresses im Jahre 1819 durch den Druck veröffentlicht wurde und die sorgfältig zusammengestellte Geschichte von Pitkin sind leicht zugängliche Quellen, aus denen der Leser die vollständigste und zuverlässigste Kenntniß schöpfen kann. Wir werden uns darauf beschränken, die Hauptvorgänge in der Convention hervorzuheben und besonders den Leser aufmerksam zu machen auf jene Anträge, welche als Gegenstände der sorgfältigsten und ernstesten Berathung von besonderer Wichtigkeit waren und aus welchen zuletzt die Verfassung der Vereinigten Staaten hervorging, so wie sie der Nation zur Annahme vorgelegt wurden.

Man schritt vor allen Dingen zur Feststellung einer Geschäftsordnung. Es wurde festgesetzt, „daß nur dann ein gültiger Beschluß gefaßt werden könne, wenn wenigstens die Abgeordneten von sieben Staaten gestimmt hatten, und daß alle Fragen durch Stimmenmehrheit der wirklich vertretenen Staaten entschieden werden sollten.“ Vom ersten Augenblicke an schien diese hohe Versammlung die Ueberzeugung zu theilen, daß eine bloße Revision der Bundes-Verfassung, worauf sich der Beschluß des Congresses, unter dessen Sanction sie zusammengetreten waren, beschränkte, ein vollkommen unzureichendes Mittel für die Abhülfe der augenscheinlichen Mängel der Regierungs-Form sein würde. Der Schwierigkeiten ihres Unternehmens wohl bewußt und leider nur zu bekannt mit der traurigen und gefährlichen Lage der Union gingen nun diese großen, weisen Staatsmänner und Patrioten mit kräftiger Entschlossenheit an's Werk. Ihre Aufgabe war, eine Verfassung auszuarbeiten, welche zu gleicher Zeit die Selbstständigkeit und Bedeutung der einzelnen Staaten erhalten und sie dabei in der Art zu einer großen Conföderation vereinigen sollte, daß es nur ein Volk der Vereinigten Staaten gebe.

Am 29. Mai legte Edmund Randolph dem Congreß die folgenden fünfzehn Sätze als Basis der neuen Verfassung vor *). 1787.

1) Beschlossen, daß die Bundes-Verfassung der Art verbessert und erweitert werden soll, daß sie dem Zwecke ihrer Einführung, nämlich der Vertheidigung des Landes, der Sicherung der Freiheit und der allgemeinen Wohlfahrt vollständig entspricht.

2) Beschlossen daher, daß die Stimmberechtigung in der National-Legislatur im

*) Siehe "Journal of the Federal-Convention," p. 60, 70.

Verhältniß zum Steuerbeitrag oder zu der Anzahl der freien Bevölkerung stehen soll, je nachdem in den einzelnen Fällen der eine oder der andere Modus für den zweckmäßigsten gehalten wird.

3) Beschlossen, daß die National-Legislatur aus zwei Häusern bestehen soll.

4) Beschlossen, daß die Mitglieder des ersten Zweiges der National-Legislatur (Abgeordneten-Haus) von dem Volke der verschiedenen Staaten gewählt werden sollen, jeder Abgeordnete für die Dauer von .... Jahren; daß der Gewählte wenigstens .... Jahr alt sein muß, und daß diese Abgeordneten hinreichende Diäten erhalten sollen, um ihre Zeit dem öffentlichen Dienste widmen zu können; daß sie während der Dauer ihres Mandats und noch .... nach dessen Ablauf weder in einem Einzelstaate noch von einer Behörde der Union zu einem Amte ernannt werden können (mit Ausnahme solcher Aemter, welche gerade dem Repräsentantenhaus ausschließlich vorbehalten sind); daß sie nach Ablauf ihres Mandats für die Dauer von .... nicht wiedergewählt werden sollen und zu jeder Zeit abberufen werden können.

5) Beschlossen, daß die Mitglieder des zweiten Zweiges der National-Legislatur (Senat) von denen des ersten Hauses aus einer entsprechenden Zahl von Männern ernannt werden sollen, welche die gesetzgebenden Versammlungen der Einzelstaaten vorzuschlagen haben; daß die Vorgeschlagenen wenigstens .... Jahre alt sein müssen, daß ihre Amtsdauer lange genug sein soll, um eine unabhängige Abstimmung erwarten zu können, daß sie während der Dauer ihres Mandats und während .... nach dessen Ablauf weder zu einem Staaten-Amte noch zu einem von den Bundesbehörden abhängigen Amte ernannt werden können (mit Ausnahme solcher Aemter, welche besonders zu den Funktionen des zweiten Zweiges vorbehalten sind.

6) Beschlossen, daß jedes Haus das Recht der Initiative haben soll; daß die National-Legislatur die volle gesetzgebende Gewalt erhalte, welche durch die Bundes-Akte dem Congreß ertheilt ist; daß sie außerdem Gesetze zu erlassen berechtigt sein soll in allen Fällen, für welche die Einzelstaaten nicht competent sind oder in welchen durch eine Separatgesetzgebung die Harmonie zwischen den Vereinigten Staaten gestört werden könnte; daß sie alle von den Einzelstaaten erlassenen Gesetze annulliren darf, welche im Widerspruch mit der Bundes-Verfassung oder einem von der Centralgewalt geschlossenen Vertrage stehen; daß sie berechtigt sein soll, die bewaffnete Macht der Union gegen jedes Staaten-Mitglied der Union aufzubieten, welches sich weigert die Bundespflichten zu erfüllen.

7) Beschlossen, daß eine National-Executivbehörde eingesetzt werden soll, wählbar durch die National-Legislatur für die Dauer von .... Jahren; dieselbe soll für die geleisteten Dienste einen festen Gehalt beziehen, der jedoch während der Amtsdauer der bestehenden Verwaltung weder erhöht noch vermindert werden darf; dieselbe soll nach Ablauf des Termins nicht wieder wählbar sein; außer der allgemeinen Befugniß, die Nationalgesetze in Ausführung zu bringen, soll dieselbe die Executivgewalt erhalten, welche die Bundesakte dem Congreß gegeben hat.

8) Beschlossen, daß die Executivgewalt und eine entsprechende Anzahl von Mitgliedern des Bundes-Gerichtshofes einen Revisionsrath bilden sollen, dem alle Beschlüsse der

National-Legislatur vor ihrer Ausführung so wie alle Beschlüsse der Separat-Legislaturen zur Untersuchung vorgelegt werden sollen, welche als der Bundes-Verfassung zuwiderlaufend annulirt werden müßten. Falls in dem besagten Revisionsrath keine Einstimmigkeit herrscht, so sollen jene Beschlüsse nicht zur Ausführung kommen, respective annulirt sein, es müßten denn solche Beschlüsse zum zweiten Mal von den betreffenden Legislaturen gefaßt werden 2c.

9) Beschlossen, daß Bundes-Gerichtshöfe errichtet werden sollen.... ; die Mitglieder derselben sollen für die Dauer guten Benehmens angestellt werden, sie sollen einen festen Gehalt beziehen, der während der Amtsdauer der betreffenden Mitglieder weder erhöht noch vermindert werden darf. Die untern Gerichtshöfe sollen in erster und der Obergerichtshof in letzter Instanz competent sein: in Fällen von Seeräuberei und Capitalverbrechen auf offener See, ferner über die vom Feinde gemachten Prisen, ferner in allen Fällen, wo Ausländer oder Bürger verschiedener Staaten klagend auftreten und ihre Klagen bei den Bundes-Gerichten anbringen; endlich in Fällen, in welchen es sich um die Erhebung von Bundes-Steuern oder um die Untersuchung gegen Bundes-Beamte wegen Dienstvergehen, oder um Verbrechen und Vergehen handelt, welche gegen den Frieden und die öffentliche Ordnung der Union gerichtet gewesen sind.

10) Beschlossen, daß Bestimmungen festgesetzt werden sollen für die Zulassung solcher Staaten, welche sich gesetzmäßig in einem Territorium der Vereinigten Staaten bilden werden; sei es durch eine freiwillige Vereinigung von Staaten und Territorien oder auf irgend eine andere Art, falls sie nicht vorher schon die Zustimmung der National-Legislatur erhalten haben.

11) Beschlossen. Jedem Staate soll von den Vereinigten Staaten eine republikanische Regierungsform und der Besitz seines Territoriums gewährleistet werden (unbeschadet des Rechts, welches den Staaten und Territorien zusteht, sich aus freien Stücken zu e i n e m Staate zu vereinigen).

12). Beschlossen. Es soll der verfassungsmäßige Congreß mit allen seinen Befugnissen und Rechten bis zu einem bestimmten Tage nach der Annahme der reformirten Unionsakte, rechtsmäßig fortbestehen und in Wirksamkeit bleiben, und alle von dem Congresse übernommenen Verpflichtungen gewährleistet sein.

13) Beschlossen. Die Bundes-Verfassung soll jedesmal der Amendation unterliegen, wenn eine solche für nöthig befunden wird, ohne daß die Zustimmung der National-Legislatur dazu erforderlich wäre.

14) Beschlossen. Die gesetzgebende, executive und richterliche Behörden der einzelnen Staaten sollen eidlich verpflichtet werden, die Unionsakte aufrecht zu erhalten.

15) Beschlossen. Die Verbesserungsanträge, welche die Convention genehmigen wird, sollen in gehöriger Zeit, nach erlangter Billigung des Congresses, einer Versammlung oder Versammlungen vorgelegt werden, welche von den verschiedenen Legisluturen angeordnet und von dem Volke ausdrücklich zur Berathung und Entscheidung über dieselben gewählt werden sollen.

Karl Pinkney, aus Süd-Carolina, brachte ebenfalls „den Entwurf zu einer Bundes-Regierung ein, über welche die freien und unabhängigen Staaten von Amerika übereinzukommen haben sollten."

Randolph's Antrag, der als „d e r V i rginische Entwurf" bekannt ist, wurde im Hause dem Comite des Ganzen überwiesen und im Laufe der zwei folgenden Wochen auf's Sorgfältigste debattirt. Am 17. Juni legte das Comite des Ganzen der Convention neunzehn verschiedene Anträge vor.

Herr Patterson, von New Jersey, brachte am 15. Juni mehrere Verbesserungsanträge für die Bundes-Verfassung ein. Diese Anträge, „der Jersey-Entwurf" genannt, sprachen wahrscheinlich die Ansichten jener Mitglieder aus, welche sich auf die Revision der Bundes-Verfassung beschränken wollten. Nach einer Discussion von mehreren Tagen wurden sie von sieben Staaten gegen drei verworfen; die Stimmen eines Staates waren getheilt.

Am 18. Juni entwickelte Hamilton in einer Rede über Patterson's Anträge seine Ideen in Bezug auf ein Regierungssystem für die Vereinigten Staaten. Dieser wichtige Vortrag nebst einem späteren Schreiben Hamilton's befindet sich am Ende dieses Kapitels in Anhang I.

Am 19. Juni griff die Convention die Berathung über die Anträge Randolph's, modificirt von dem Comite, wieder auf. Bis zum 4. Juli dauerte die Discussion, während welcher vielfache Verbesserungsanträge gestellt wurden; dann gingen die Anträge mit Ausnahme der auf die Executive bezüglichen, an ein „Redactionscomite, um ihr die geeignete Form zu geben. Dieses Comite bestand aus den Herren Rutledge, Randolph, Graham, Elsworth und Wilson. Am 26. Juli wurden drei und zwanzig von der Convention angenommene und ausgearbeitete Anträge nebst einem Projekte von Pinkney und den Anträgen von Patterson an dasselbe Comite überwiesen, um daraus einen Verfassungsentwurf auszuarbeiten und der Versammlung vorzulegen.

Das Haus hatte sich bis zum 6. August vertagt; als es wieder zusammentrat, legte ihm das Comite seine Arbeit vor. Die Discussion darüber dauerte bis zum 8. September, an welchem Tage durch geheime Abstimmung ein Comite ernannt wurde, „welches die Form der von dem Hause angenommenen Artikel revidiren und dieselben in gehöriger Ordnung redigiren sollte." Am 12. legte dasselbe den revidirten Verfassungsentwurf vor. *)

Darauf wurde eine offizielle Ausfertigung der Constitution gemacht †), die Mitglieder der Convention unterzeichneten solche und die Versammlung vertagte sich am 17. auf unbestimmte Zeit.

Allem Anscheine nach war man in der Convention so ziemlich derselben Ansicht in Bezug auf die Zweckmäßigkeit und Wichtigkeit der Gründung einer Nationalregierung in ihren drei großen Zweigen der höchsten gesetzgebenden, ausführenden und richterlichen Gewalt. Als es sich aber darum handelte, diese drei großen, gleich wichtigen Regierungszweige in feste Gränzen und in Einklang zu bringen, und die einzelnen Befugnisse zu bestimmen, welche jeder der drei Gewalten zuerkannt werden sollten, da machten sich bedeutende Meinungsverschiedenheiten geltend und die sich erhebenden Fragen gaben Veranlassung zu einer Discussion, in welcher mit großer

*) Der Text der Verfassung, so wie sie endlich angenommen wurde, ist das Werk der gewandten Feder des Gouvernörs Morris. Ihm verdankt sie auch die Ordnung und Klarheit ihrer Abfassung.

†) In dem Anhang II. am Ende dieses Kapitels befindet sich eine Liste der Mitglieder der Convention.

Beredtsamkeit alle Gründe für und gegen entwickelt wurden. Nachdem man beschlossen hatte, daß die Legislatur in zwei Zweige getheilt werden sollte — nämlich in ein Haus der Repräsentanten und einen Senat, warf man die Frage, über die Stimmberechtigung der einzelnen Staaten auf. Man glaubte, daß die Interessen der größeren Staaten verschieden seien von denen der kleineren, und diese fürchteten, von jenen in ihren Rechten mißachtet zu werden. Nach längerer Discussion gaben die kleinern Staaten in Bezug auf das Repräsentantenhaus nach, indem sie einwilligten, daß jeder Staat im Verhältniß zu seiner weißen und freien Bevölkerung mit Einschluß der nur für zehn Jahren Dienstpflichtigen und mit drei Fünftel aller Andern, die auf ihn fallende Anzahl von Vertretern haben solle. Dagegen weigerten sie sich unbedingt, anders, als mit Stimmengleichheit im Senate vertreten zu sein.

Die größeren Staaten waren Anfangs nicht geneigt, den kleineren Staaten die nämliche Anzahl Stimmen im Senate zuzugestehen, und die Frage blieb eine Zeit lang unentschieden. Am 29. Juni stellte Herr Elsworth von Neuem den Antrag, daß jeder Staat in dem Senate dieselbe Stimmenzahl haben sollte." Es erhob sich darüber eine lange nnd heftige Discussion, an der sich Elsworth, Baldwin, Wilson, Madison, Dr. Franklin und Andere betheiligten*). Am 2. Juli kam es zur Abstimmung über Elsworth's Antrag: fünf Staaten sprachen sich dafür und fünf dagegen aus; die Stimmen eines Staates theilten sich. Der Antrag fiel demnach durch. Connecticut, New York, New Jersey, Delaware und Maryland waren dafür; Massachusetts, Pennsylvanien, Virginien, Nord-Carolina und Süd-Carolina dagegen. Georgia war getheilt bei der Abstimmung.

Die Convention schien nun zu einem gänzlichen Stillstande gekommen zu sein und es war unbedingt nöthig einen Ausweg zu suchen. Herr Martin, von Maryland, erklärte, daß jeder Staat dieselbe Stimmenzahl im Senate erhalten müsse oder die Convention könne ihr Werk nicht weiter führen. Herr C. C. Pinkney stellte den Antrag, die Sache einem Comite zu überweisen und wurde von Shamon, Gerry und andern Mitgliedern unterstützt. Gerry bemerkte, „daß die ganze Nation etwas von ihnen erwarte, — thun wir Nichts, so werden wir unvermeidlich Krieg und Verwirrung haben, der alte Bund wird zu bestehen aufhören. Sehen wir, ob nicht Zugeständnisse gemacht werden können; eine Ausgleichung ist unbedingt nothwendig und etwaige Mängel können von einer künftigen Convention beseitigt werden." Während der Discussion über diesen so aufregenden Gegenstand stellte Dr. Franklin den Antrag (die darüber gehaltene Rede findet sich nicht in seinen Werken), worin er auf die Schicklichkeit hinweist, die Convention täglich mit einem Gebete zu eröffnen.

„Herr Präsident," sprach der weise Greis, „der unbedeutende Fortschritt, welchen wir trotz vier- bis fünfwöchiger ernster Discussion in unserem Werke gemacht haben, die herrschende Meinungsverschiedenheit über fast alle Fragen, welche bei unseren Abstimmungen eben so viele Ja, als Nein ergab, sind traurige Beweise der

*) Eine Uebersicht über diese Discussion findet sich in Pitkin's "Political and Civil History of the United States," Vol. II, pp. 233—245.

Unvollkommenheit des menschlichen Verstandes. In der That scheinen wir immer mehr zum Bewußtsein unseres Mangels an politischer Einsicht gekommen zu sein, seitdem wir auf allen Wegen dieselbe aufsuchen. Wir haben uns an die Geschichte des Alterthums gewandt, um in ihr Muster für eine passende Regierung zu finden; wir haben die Formen jener Republiken untersucht, welche schon bei ihrer Geburt den Keim ihres Unterganges in sich trugen und daher längst nicht mehr bestehen; wir haben die modernen Staatsregierungen von ganz Europa geprüft, aber die Verfassung keiner derselben entspricht unsern Verhältnissen. Woher kommt es, Herr Präsident, daß während auf diese Art die Versammlung gleichsam im Finstern umhertappt, um politische Weisheit zu finden und kaum im Stande ist, sie herauszufinden, wenn sie wirklich sich darbietet, wir bis jetzt noch nicht daran gedacht haben, von dem Vater alles Lichtes Erleuchtung und Erkenntniß zu erflehen? Im Beginne unseres Streites mit Großbritanien hatten wir, im Gefühle der Gefahr, täglich Gebete in diesem Saale! Sie wurden erhört und der Allmächtige bewies sich uns gnädig. Alle, die an diesem Streite betheiligt waren, müssen beobachtet haben, daß in so manchen Fällen die göttliche Vorsehung sichtbar für uns handelte. Ihr verdanken wir, daß wir jetzt in Frieden die Mittel berathen können, das öffentliche Wohl für die Zukunft zu sichern.

Haben wir aber jetzt unsern mächtigen Beschützer vergessen? Ich habe schon ein langes Leben hinter mir, je älter ich aber werde, desto mehr bin ich von der Wahrheit überzeugt, daß Gott die menschlichen Ereignisse leitet! Kann ohne seinen Willen, kein Sperling auf den Boden fallen, so kann wohl auch ohne seine Hülfe kein Reich gegründet werden! Die heilige Schrift sagt, daß der Bau eines Hauses erfolglos ist, wenn nicht Gott ihn leitet.

„Dies ist mein fester Glaube und so bin ich auch überzeugt, daß wir ohne Gottes Beistand mit unserem politischen Bau nicht glücklicher sein werden, als die Erbauer des Thurmes von Babel. Unsere kleinen Lokalinteressen werden uns stets trennen, unsere Pläne werden vereitelt und unsere Namen mit Hohn und Schmach bedeckt überliefert werden. Ja mehr noch, unser unglücklicher Versuch, eine Regierung zu gründen, wird die Nachwelt an der Möglichkeit verzweifeln lassen, daß durch menschliche Weisheit ein solches Werk gegründet werden könne und man wird es dem Zufall, dem Kriege und der Eroberung überlassen.

„Ich schlage demnach vor, daß künftig unsere Sitzungen stets mit einem Gebete eröffnet werden, um Gottes Beistand und Segen für unsere Berathungen anzuflehen *) und daß man zu diesem Zwecke einen oder mehrere der Geistlichen dieser Stadt ersuche, dieses Amt zu übernehmen."

Pinkney's Antrag ging durch und man ernannte ein Comite, in welches von jedem Staate ein Mitglied erwählt wurde: diese waren Gerry von Massachusetts; Elsworth von Connecticut; Yates von New York; Patterson von New Jersey; Dr. Franklin von Pennsylvanien; Bradford von Delaware; Martin von Maryland; Mason

*) In Bezug auf diesen Gegenstand haben wir folgende interessante und lehrreiche Note von Dr. Franklin: „Die Convention mit Ausnahme von drei oder vier Mitgliedern hielt Gebete für überflüssig!" Ueber Franklin's religiöse Ansichten siehe Sparks' "Life of Franklin," pp. 515—17. Ebenso Writings of Franklin, Vol. V, p. 153.

von Virginien; Davie von Nord-Carolina; Rutledge von Süd-Carolina; Baldwin von Georgia. Die Convention vertagte sich dann auf drei Tage.

Das Comite war glücklicher Weise von dem Geiste der Versöhnlichkeit beseelt und legte am 5. Juli der Convention zwei Vorschläge vor, welche jedoch beide in ihrer Gesammtheit angenommen werden mußten. Sie lauteten folgendermaßen:

1) In dem ersten Zweige der Legislatur soll jeder der gegenwärtigen Staaten der Union einen Abgeordneten für je vierzig tausend Einwohner haben, wobei die in dem siebenten Beschlusse des Comites des Ganzen vorgesehenen Bestimmungen maßgebend sein sollen. Jeder Staat, der nicht die hier angegebene Bevölkerungszahl hat, soll ein Mitglied senden; Alle Anträge, Gelder zu erheben oder zu verwenden und den Gehalt der Regierungsbeamten der Vereinigten Staa- zu bestimmen, sollen zuerst in der Abgeordneten-Kammer gestellt werden und der Senat soll daran weder Veränderungen vornehmen noch Zusätze hinzufügen können; Geld soll aus dem Staatsschatz nur den in dem Hause der Abgeordneten angenommenen Bestimmungen gemäß ausbezahlt werden dürfen.

2) In dem anderen Hause der Legislatur soll jeder Staat eine Stimme haben.

Das Recht, Geld zu erheben und zu verwenden, so wie den Gehalt der Beamten festzusetzen wurde dem Repräsentantenhause, in welchem die Staaten nach der Bevölkerungszahl vertreten waren, als ein Gegengewicht gegen die Befugnisse des Senats zuerkannt, wo dieselben gleichmäßig vertreten sein sollten. Ueber die Frage, ob man dem Repräsentantenhause dieses ausschließliche Recht ertheilen sollte, waren die Staaten in folgender Weise getheilt: Connecticut, New Jersey, Delaware, Maryland und Nord-Carolina waren dafür; Pennsylvanien, Virginien und Süd-Carolina dagegen; Massachusetts, New York und Georgia getheilter Ansicht. Neun Staaten gegen zwei entschieden endlich diese Frage bejahend. In Bezug auf die Stimmengleichheit der verschiedenen Staaten in dem Senate sprachen sich am 7. Juli Connecticut, New York, New Jersey, Delaware, Maryland und Nord-Carolina bejahend aus; Pennsylvanien, Virginien und Süd-Carolina waren dagegen; Massachusetts und Georgia waren getheilter Ansicht *).

Nachdem nun diese wichtige Frage principiell entschieden war, konnte die Convention zur Organisation im Einzelnen des Hauses der Repräsentanten und des Senates übergehen.

Wir haben aber nicht nöthig, hier die schwierigen und delikaten Punkte ausführlich zu behandeln, mit welchen sich die Convention noch zu beschäftigen hatte. Dahin gehörten: die Befugnisse des Congresses; die Beschränkung der Gewalt der einzelnen Staaten; die Organisation und die Rechte der Executivbehörde; die Errichtung eines Obergerichtshofes; die Einführung von Sklaverei; die Befugnisse des Congresses in Bezug auf Schifffahrtsgesetze 2c. Bei all diesen Fragen waltete derselbe Geist der Nachgiebigkeit vor. Die Mitglieder dieser erlauchten Versammlung gingen von dem

*) Lansing und Yates, Abgeordnete von New York, waren der Ansicht, die Convention habe ihre Befugnisse überschritten und kehrten gegen die Mitte Juli in ihre Heimath zurück. Hamilton, das andere Mitglied für New York, blieb bis zum Ende in der Convention und unterzeichnete die neue Verfassung.

Gedanken aus, daß gegenseitige Zugeständnisse unbedingt nothwendig seien und daß Niemand gerade eine solche Verfassung erhalten könnte, welche er speciell als die wünschenswertheste haben möchte*).

Die Convention beschloß, daß die Ratification von neun Staaten hinreichen sollte, um die neue Regierungsform für die ratificirenden Staaten einzuführen. Da die Erfahrung gezeigt hatte, wie nachtheilig die früher geltende Bestimmung war, daß jeder Vorschlag die Zustimmung aller Staaten erhalten müsse, so beschloß die Convention sehr weise, daß unter der neuen Verfassung der Congreß Vorschläge für Veränderungen in der Constitution machen könne, sobald zwei Drittel der beiden Häuser dafür waren; oder daß derselbe auf Antrag der Legislaturen von zwei Drittel der einzelnen Staaten eine Convention berufen solle, welche solche Verbesserungsvorschläge zu prüfen habe und daß dieselben in beiden Fällen verfassungsmäßige Gültigkeit erlangen sollten, wenn sie von den Legislaturen von drei Viertel der einzelnen Staaten ratificirt worden seien. Doch wurde die Beschränkung beigefügt, daß keine vor dem Jahre 1808 gemachte Verfassungsänderung die Staaten in ihrem Recht, Sklaven einzuführen beeinträchtigen sollte; und daß kein Staat ohne seine Zustimmung seiner vollen Vertretung in dem Senate beraubt werden dürfe**).

Einige Tage vor dem Schluß der Convention legte Washington ihr den Entwurf eines Schreibens an den Congreß vor, der auch angenommen wurde. Nachdem die Verfassung unterschrieben worden war, wurde sie nebst nachfolgendem Schreiben des Präsidenten der Convention dem Congreß übersandt. 1787.

In der Convention den 17. Sept. 1787.

Mein Herr!

„Wir haben die Ehre den Vereinigten Staaten, vertreten durch den Congreß, anbei die Verfassungs-Urkunde vorzulegen, welche wir als die geeignetste angenommen haben.

„Alle Freunde des Vaterlandes haben es seit Langem wünschenswerth gefunden, daß das Recht, Krieg zu erklären, Frieden und Verträge abzuschließen, Gelder aufzunehmen und die Handelsverhältnisse zu ordnen, der Central-Regierung der Union übertragen, und daß dieselbe mit der entsprechenden ausführenden und richterlichen Gewalt bekleidet werde; dabei war es auch Allen einleuchtend, daß eine so ausgedehnte

*) Als ein Beispiel von Franklin's Geist erzählt Madison folgende Anekdote: „Während am Schlusse der Convention die Mitglieder die Verfassung unterzeichneten, deutete der greise Philosoph auf eine hinter dem Präsidentensitze gemalte Sonne und sagte lächelnd: Im Allgemeinen finden es die Maler schwierig, den Sonnenaufgang anders als den Sonnenuntergang darzustellen. Auch ich habe im Laufe unserer Sitzungen von Hoffnung und Furcht über den Ausgang unseres Werkes bewegt, oft und oft auf dieses Gemälde geblickt, ohne sagen zu können, ob es ein Sonnenauf- oder Untergang ist. Jetzt bin ich so glücklich zu wissen, daß es ein Sonnenaufgang und kein Sonnenuntergang ist.

*) Bis zum letzten Tage der Sitzung wurden Verbesserungsanträge eingebracht und angenommen. Man hatte beschlossen, daß für je vierzig tausend Einwohner ein Abgeordneter erwählt werden sollte. Am letzten Tage, 17. September, erhob sich Washington und bemerkte, „obgleich er wohl fühle, daß die Theilnahme des Präsidenten der Versammlung an den Debatten ungeeignet sei, so könne er doch nicht umhin, zu bemerken, daß ihm die geringe Zahl der Repräsentanten ein Fehler in dem System zu sein scheine; daß es seinen Ideen mehr entsprechen und, wie er glaube, auch dem Volke angenehmer sein würde, wenn deren Zahl vermehrt würde. Er schlage daher vor für je dreißig tausend Einwohner einen Repräsentauten zu erwählen. Man stimmte unmittelbar über diesen Antrag ab und er wurde einstimmig angenommen. Es ist dies ein Beweis von dem Einfluß, welchen der große Mann auf die Versammlung ausübte, und ohne Zweifel machte sich derselbe oft, wenn auch nicht auf so unmittelbare Weise, im Laufe der langen Berathun der Verfassung geltend.

Macht nicht einer und der nämlichen Behörde anvertraut werden dürfe. Daher sah man es allgemein als nothwendig an, daß die Staatseinrichtung auf andere Weise organisirt werden müsse.

„Offenbar ist es unmöglich, bei der Errichtung der Bundes-Regierung jedem der einzelnen Staaten alle Rechte einer unabhängigen, souveränen Macht zu belassen und dabei das Interesse und die Wohlfahrt Aller zu wahren. Beim Eintritt in eine Staatsgesellschaft müssen die Individuen einen Theil ihrer Selbstständigkeit aufgeben, um den noch übrigen Theil desto sicherer zu genießen. Die Größe des zu bringenden Opfers hängt sowohl von Zuständen und Verhältnissen als von dem zu erreichenden Zwecke ab. Es ist immer schwer, genau die Gränze zu ziehen zwischen jenen Rechten, welche aufgegeben werden müssen und denen, welche fortbestehen können. Bei der gegenwärtigen Veranlassung wurde die Schwierigkeit noch durch die Verschiedenheit erhöht, welche zwischen den Staaten rücksichtlich ihrer Lage, Ausdehnung, Gewohnheiten und Sonderinteressen besteht.

„In allen unsern Berathungen über diesen Gegenstand haben wir stets unser Augenmerk auf das gerichtet, was jeder wahre Amerikaner für das Höchste hält, die Befestigung unserer Union, auf der unsere Wohlfahrt, unser Glück, unsere Sicherheit und vielleicht unser Fortbestand als Nation beruhen. Wir Alle fühlten ernstlich und tief die hohe Wichtigkeit dieses Gesichtspunktes und geleitet von ihm, zeigte sich in der Convention jeder Staat weniger hartnäckig bei untergeordneten Punkten, als sonst zu erwarten gewesen wäre. Auf diese Weise entstand die Verfassung, welche wir jetzt vorlegen, als ein Werk wohlwollenden Entgegenkommens und wechselseitiger Willfährigkeit und Nachgiebigkeit, welche die Eigenthümlichkeit unserer politischen Lage nothwendig machte.

„Es wäre zu viel erwartet, daß die Verfassung von jedem Staate ganz und unbedingt gebilligt werde; aber ohne Zweifel werden die Bürger eines jeden Staates bedenken, daß, wären ihre Interessen allein beachtet worden, die Folge davon gewesen wäre, daß die andern Staaten hintangesetzt und nie zu bewegen gewesen wären, ihre Zustimmung zu geben.

„Dabei hoffen wir, daß die Verfassung nur an jenen Mängeln leidet, welche nicht vermieden werden konnten. Unser sehnlichster Wunsch aber ist es, daß sie für ewige Dauer die Wohlfahrt unseres theueren Vaterlandes befördern möge.“

Mit der größten Hochachtung ꝛc.

George Washington.

Auf einstimmigen Befehl der Convention „Sr. Excellenz dem Präsidenten des Congresses.“ Wir wollen hier dieses wichtige Dokument, wie es in dem Anhang zum Journal der Föderal-Convention eingetragen ist, unverkürzt mittheilen.

Verfassung der Vereinigten Staaten von Amerika.

Wir, das Volk der Vereinigten Staaten, um einen vollkommenen Verein zu bilden, Gerechtigkeit zu gründen, innere Ruhe zu sichern, gemeinsame Wehr zu organisiren, allgemeine Wohlfahrt zu fördern, und den Segen der Freiheit uns und unsern Nachkommen zu sichern, verordnen und gründen diese Verfassung für die Vereinigten Staaten von Amerika.

Art. 1.

1) Alle hier verliehene gesetzgebende Gewalt soll einem Congreß der Vereinigten Staaten übertragen werden, welcher aus einem Senate und einem Repräsentanten- oder Volkshause bestehen soll.

2) Das Volkshaus soll aus Gliedern bestehen, die alle zwei Jahre vom Volk der verschiedenen Staaten gewählt werden, und die Wähler in jedem Staate sollen die für Wähler des Repräsentantenhauses in der Gesetzgebung erforderlichen Eigenschaften haben.

Niemand soll Congreß-Mitglied oder Volksrepräsentant werden, der nicht das fünfundzwanzigste Jahr erreicht hat und sieben Jahr Bürger der Vereinigten Staaten gewesen ist, und der bei seiner Erwählung nicht Bewohner des Staats ist, in welchem er gewählt werden soll.

Volksvertreter und directe Steuern sollen unter den verschiedenen Staaten, welche in diesem Staaten-Verein stehen, je nach ihrer Zahl ausgeglichen werden, welche durch Zusatz von drei Fünftheilen zu der Gesammtzahl freier Personen, die auf längere Zeit Dienstpflichtigen mit eingerechnet, die nicht besteuerten Indianer aber nicht mit eingerechnet, zu bestimmen ist. Die dermalige Zählung soll binnen drei Jahren nach der ersten Zusammenkunft des Congresses der Vereinigten Staaten, und dann nach Ablauf von zehn Jahren auf eine gesetzliche Weise vorgenommen werden, die Zahl der Volksvertreter soll für jedes dreißig tausend nicht Eins überschreiten, aber jeder Staat soll mindestens einen Vertreter haben; und bis diese Zählung vollzogen sein wird, soll der Staat New-Hampshire drei zu wählen berechtigt sein, Massachusetts acht, Rhode Island und Providence einen, Connecticut fünf, New York sechs, New Jersey vier, Pennsylvanien acht, Delaware einen, Maryland sechs, Virginien zehn, Nord-Carolina fünf, Süd-Carolina fünf und Georgia drei.

Wenn in der Vertretung irgend eines Staates Erledigungen entstehen, soll die vollstreckende Gewalt desselben Wahlbefehle zur Besetzung der Stellen ergehen lassen.

Das Volkshaus soll seinen Sprecher und andere Beamte wählen, und allein die Macht haben, sie vor Gericht zu stellen.

3) Der Senat der Vereinigten Staaten soll aus zwei Senatoren aus jedem Staate bestehen, die von der dortigen Gesetzgebung auf sechs Jahre zu wählen sind, und jeder Senator soll eine Stimme haben.

Unmittelbar nachdem sie sich, zu Folge der erstern Wahl versammelt, sollen sie so viel möglich gleich in drei Klassen getheilt werden. Die Sitze der Senatoren erster Klasse sollen mit Ablauf des zweiten Jahres, die der zweiten mit Ablauf des vierten, und die der dritten mit Ablauf des sechsten erledigt sein, so daß alle zwei Jahre ein Drittel neu wählbar ist, und wenn durch Abdankung, oder sonst wie, während des Gesetzgebungsabschieds in einem Staate Erledigungen vorfallen, so mag die vollstreckende Macht daselbst einstweilige Ernennungen bis zur nächsten Zusammenkunft der gesetzgebenden Macht machen, wo dann zwei Erledigungen wieder auszufüllen sind.

Niemand soll Senator sein können vor seinem dreißigsten Jahre, und ehe er neun Jahre Bürger der Vereinigten Staaten gewesen, und wenn er nicht, bei seiner Wahl, Bewohner des Staates ist, für welchen er gewählt werden soll.

Der Vicepräsident der Vereinigten Staaten soll Präsident oder Vorsitzender des

Senates sein, jedoch keine Stimme haben, falls die anderen Stimmen nicht gleich getheilt sind.

Der Senat soll seine übrigen Beamten, auch einen einstweiligen Vorsitzenden in Abwesenheit des Vicepräsidenten, oder wenn solcher das Amt des Präsidenten der Ver. Staaten versieht, wählen. Der Senat soll die Gewalt, alle Klagen gegen eines seiner Mitglieder zu prüfen, allein haben. Wenn er zu diesem Zwecke Sitzungen hat, so müssen die Entscheidungen auf Eid oder Bejahung geschehen. Wenn der Präsident der Vereinigten Staaten vor Gericht gezogen wird, soll der Oberrichter den Vorsitz führen, und Niemand soll für überführt erachtet werden, ohne Beistimmung von zwei Dritteln der anwesenden Mitglieder. Das Urtheil in Klagsachen soll sich nicht weiter, als auf Amtsentsetzung und Entziehung aller Ehrenstellen, alles Vertrauens und Gehaltes unter den Vereinigten Staaten erstrecken; nichts desto weniger soll der überführte Theil der Anklage, Untersuchung, Urtheil und Strafe nach Gesetz unterworfen und unterwerflich sein.

4) Zeit, Ort und Art der Senatoren und Repräsentanten-Wahlmänner sollen in jedem Staate von der seiner gesetzgebenden Macht bestimmt werden; aber der Congreß kann jeder Zeit dergleichen Einrichtungen treffen, oder abändern, außer soweit sie Orte zur Senatorenwahl betreffen.

Der Congreß soll mindestens einmal jährlich zusammenkommen und zwar am ersten Montage des Decembers, wenn er nicht gesetzlich einen andern Tag bestimmt.

5) Jedes Haus soll Richter der Wahlen, Wechsel und Befähigung seiner Mitglieder sein und eine Mehrheit in jedem soll gesetzlich befugt sein, Beschlüsse zu fassen (ein Quorum zu bilden); aber eine kleinere Zahl Mitglieder, als die absolute Majorität kann von Tag zu Tag vertagen und bevollmächtigt werden, fehlende Mitglieder zur Erscheinung zu zwingen, auf solche Weise, und unter solchen Strafen, wie sie jedes Haus verfügen wird.

Jedes Haus kann die Regel seines Verfahrens bestimmen, seine Mitglieder wegen Unordnung bestrafen und mit Beistimmung von zwei Dritteln ein Glied ausstoßen.

Jedes Haus soll ein Tagebuch seiner Beschlüsse halten, und dasselbe von Zeit zu Zeit bekannt machen, bis auf diejenigen Dinge, die nach ihrem Urtheil das Geheimniß erheischen; die namentliche Abstimmung der Mitglieder jedes Hauses soll bei jeder Gelegenheit auf Verlangen eines Fünftheils der Anwesenden, in das Tagebuch eingetragen werden.

Kein Haus soll während der Sitzung des Congresses ohne Zustimmung des andern länger als drei Tage vertagen, noch auch an einem andern Orte Sitzung halten, als wo beide Häuser Sitzung halten.

6) Die Senatoren und Repräsentanten sollen für ihre Dienste eine durch Gesetz gesicherte und aus der Schatzkammer der Vereinigten Staaten zu zahlende Entschädigung erhalten. Sie sollen in allen Fällen, Verrath, Felonie und Friedensbruch ausgenommen, so lange sie der Sitzung ihres Hauses beiwohnen, und wenn sie nach demselben reisen, oder daher kommen, vor Verhaftung sicher sein; auch sollen sie nirgend anderswo wegen ihres Verhaltens in einem von beiden Häusern zur Rede gestellt oder zur Verantwortung gezogen werden können.

Kein Senator oder Repräsentant soll

während der Zeit, auf welche er gewählt ward, in irgend einem bürgerlichen Amte in der Competenz der Vereinigten Staaten angestellt werden, und kein Beamter der Ver. Staaten soll Mitglied eines oder des andern Hauses werden, so lange er in einem Vereinigten-Staaten-Amte steht.

7) Alle Anträge auf Erhebung von Steuern oder Abgaben sollen ursprünglich im Volkshause geschehen; aber der Senat kann Abänderungen vorschlagen, oder ihnen beitreten, wie bei andern Anträgen. Jeder Antrag, welcher im Volkshause und dem Senate durchgegangen sein muß, soll, ehe er Gesetz wird, dem Präsidenten der Vereinigten Staaten vorgelegt werden; billigt dieser ihn, so unterzeichnet er; wo nicht, so sendet er ihn mit seinen Einwürfen an das Haus, woher er kam, zurück; dieses soll die Einwürfe in sein Tagbuch eintragen und die Sache nochmals in Erwägung ziehen. Wenn nach solcher abermaligen Erwägung zwei Drittel für den Antrag sind, so wird er nebst den Einwürfen an das andere Haus versendet, welches ihn auch nochmals zu erwägen hat, und wenn zwei Drittel dieses Hauses ihn billigen, so soll er Gesetz werden. In solchen Fällen aber sollen die Stimmen mit Ja und Nein gegeben und die Namen der für und wider den Antrag Stimmenden in das Tagebuch jedes Hauses eingetragen werden. Wenn ein Antrag binnen zehn Tagen, von der Uebersendung an gerechnet (die Sonntage ausgenommen), nicht vom Präsidenten zurückgesendet wird, so soll er Gesetz sein, so gut als ob er unterzeichnet wäre, wofern der Congreß nicht durch Vertagung eine Rücksendung unmöglich macht, in welchem Fall er nicht Gesetz sein soll.

Jede Abstimmung, Beschlußnahme oder Verfügung, wozu der Beitritt des Senates und Volkshauses erforderlich ist (die Frage über Vertagung ausgenommen), soll dem Präsidenten der Ver. Staaten vorgelegt werden; und ehe er in Wirksamkeit tritt, von ihm genehmigt werden, oder aber wenn Derselbe solche Verfügung rc. mit dem Veto zurücksendet, wieder durch zwei Drittel des Senates und Volkshauses durchgehen müssen, nach den oben vorgeschriebenen Verordnungen und Beschränkungen.

8) Der Congreß soll Macht haben: Auflagen, Zölle, Gefälle und Steuern aufzulegen und einzuziehen, die Zahlung von Schulden zu verfügen und für die gemeinsame Vertheidigung und Wohlfahrt der Vereinigten Staaten zu sorgen; aber alle Zölle, Auflagen und Steuern sollen in den Vereinigten Staaten gleichmäßig sein.

Geld für Rechnung der Vereinigten Staaten aufzunehmen; den Handel mit dem Auslande und unter den verschiedenen Staaten und mit den Indianer-Stämmen zu ordnen und festzusetzen.

Eine allgemeine Regel der Einbürgerung und gleichförmige Gesetze, hinsichtlich der Bankerutte in den Vereinigten Staaten zu geben und festzustellen.

Geld zu prägen, dessen Werth sowie den fremder Münzen zu bestimmen, eben so die Maaße und Gewichte.

Für Bestrafung der Fälschung von Cautions-Urkunden oder Obligationen und gangbarer Münzen der Vereinigten Staaten zu sorgen.

Postämter und Poststraßen anzulegen.

Den Fortschritt der Wissenschaften und nützlicher Künste durch Sicherung der ausschließlichen Rechte der Schriftsteller und

Erfinder auf ihre Schriften und Erfindungen auf eine bestimmte Zeit zu fördern.

Gerichte, die unter dem Obergerichte stehen, zu organisiren.

Seeraub und Felonien auf dem Meere und Verstoße gegen das Völkerrecht zu bestimmen und zu bestrafen.

Krieg zu erklären, Kaperbriefe zu verleihen und Verordnungen über weggenommene Beute zu Wasser und zu Land geben.

Heere zu errichten und zu halten; nur soll keine desfalsige Bewilligung auf länger, als zwei Jahre geschehen.

Eine Seemacht zu organisiren und zu erhalten.

Vorschriften zur Regierung und Einrichtung der Land- und Seemacht zu geben.

Für Aufruf der Miliz zum Vollzuge der Gesetze der Union, zur Unterdrückung von Aufständen und Abwehr von Ueberfällen zu sorgen.

Für Organisation, Bewaffnung und Disciplin der Miliz zu sorgen, so viel von ihr zum Dienst der Vereinigten Staaten nothwendig ist, mit Vorbehalt der Besetzung der Offizierstellen für die einzelnen Staaten, so wie für die Vollmacht, die Miliz nach dem vom Congreß vorgeschriebenen Reglement einzuüben.

Ausschließliche Gesetzgebung in allen möglichen Fällen zu üben über einen Distrikt (der nicht über zehn Geviertmeilen beträgt), welcher durch Abtretung einzelner Staaten und Genehmigung des Congresses, Sitz der Regierung der Vereinigten Staaten wird, und so auch Machtvollkommenheit zu üben an allen, mit Zustimmung der gesetzgebenden Gewalt des jedesmaligen Staates, angekauften Plätzen zum Zwecke der Errichtung von Festungen, Magazinen, Zeughäusern, Schiffs-Arsenalen und anderer nöthigen Gebäuden; — und

Alle Gesetze zu geben, welche nöthig und zweckmäßig sind, die vorbeschriebenen und alle, mittelst dieser Verfassung von der Regierung der Vereinigten Staaten, an eine Behörde, oder auch einen Beamten übertragene Gewalt zu vollstrecken.

9) Die Auswanderungen oder Einwanderungen, welche einer der jetzt vorhandenen Staaten zu erlauben für räthlich hält, sollen vor dem Jahr 1808 nicht vom Congreß verboten werden, wohl aber kann auf solche Einwanderung eine Steuer oder ein Zoll gelegt werden, der nicht über zehn Dollars auf die Person beträgt.

Das Vorrecht der Habeas corpus-Akte soll nicht aufgehoben werden, außer im Fall der Empörung oder eines Ueberfalls, wo die öffentliche Sicherheit es erfordert.

Kein Gesetz mit rückwirkender Kraft darf erlassen werden.

Kein Kopfgeld oder andere unmittelbare Steuer soll aufgelegt werden außer im Verhältniß zur Schätzung oder der oben angeordneten Zählung.

Kein Zoll soll auf die Ausfuhr aus einem Staat gelegt werden. Keinem Hafen irgend eines Staates soll durch Handelsverfügung oder Uebereinkommen ein Vorzug vor dem andern ertheilt werden; noch sollen Schiffe, die aus oder nach einem Staate kommen oder gehen, gehalten sein, Zölle in einem andern zu entrichten oder zu zahlen.

Kein Geld soll aus dem Schatze bezogen werden, außer zu gesetzlicher Verwendung; von Zeit zu Zeit soll eine regelmäßige Berechnung der Einnahme und Ausgabe aller Staatsgelder abgelegt werden.

Kein Adelsrecht soll von den Vereinigten Staaten bewilligt werden: und Niemand, der ein salarirtes Amt oder eine Vertrauens-Stelle hat, soll ohne Zustimmung des Congresses ein Geschenk, einen Vortheil, ein Geschäft oder irgend ein Recht von einem Könige; Fürsten oder auswärtigen Staate annehmen.

10) Kein Staat soll einen Vertrag, Bund oder Eidgenossenschaft eingehen, Kaperbriefe verwilligen, Geld prägen, Creditscheine ausstellen, etwas Anderes als Gold- und Silbermünze bei Schuldzahlungen bieten, ein Gesetz mit rückwirkender Kraft oder ein die Vertrags-Verbindlichkeit schwächendes Gesetz durchgehen lassen, oder ein Adelsrecht verleihen.

Keiner soll ohne Zustimmung des Congresses Abgaben oder Zölle auf Ein- und Ausfuhr legen, ausgenommen, soweit es durchaus nothwendig zur Vollziehung seiner Aufsichtsgesetze ist; und der reine Ertrag der auf Ein- und Ausfuhr gelegten Abgaben und Zölle soll in die Schatzkammer der Vereinigten Staaten fließen und alle diesfalsigen Gesetze sollen der Durch- und Oberaufsicht des Congresses unterworfen werden. Kein Staat soll ohne Zustimmung des Congresses Tonnengeld fordern, Truppen halten, noch Kriegs-Schiffe in Friedenszeiten; irgend eine Verbindlichkeit oder einen Vertrag mit einem andern Staate, oder einer auswärtigen Macht eingehen, oder sich auf Krieg einlassen, wofern er nicht eben angegriffen wird, oder in so drohender Gefahr ist, daß Aufschub nicht möglich ist.

Art. 2.

2) Die vollstreckende Gewalt soll einem Präsidenten der Vereinigten Staaten von Amerika übertragen werden. Er soll sein Amt vier Jahre führen und mit dem, auf eben so lange gewählten Vicepräsidenten folgendermaßen gewählt werden:

Jeder Staat soll, wie seine Gesetzgebung es befiehlt, eine Zahl von Wählern, gleich der Gesammtzahl der Senatoren und Volksvertreter, wozu der Staat im Congreß berechtigt wird, bestimmen; aber kein Senator oder Volksvertreter, oder wer ein Amt, eine anvertraute Stelle, oder Gehalt von den Vereinigten Staaten hat, soll Wähler sein können.

Die Wähler sollen in ihren Staaten zusammenkommen und mittelst Kugelung für zwei Personen stimmen, wovon Einer wenigstens nicht Bewohner desselben Staates mit ihnen sein soll. Dann sollen sie alle diejenigen, für welche gestimmt worden und wie viele Stimmen ein Jeder hat, aufzeichnen: dies Verzeichniß sollen sie unterschreiben, beglaubigen und versiegelt an den Regierungssitz der Vereinigten Staaten senden unter Aufschrift: An den Präsidenten des Senats. Der Präsident des Senats soll in Gegenwart des Senats und Volkshauses alle Legitimationen eröffnen und dann sollen die Stimmen gezählt werden. Wer die meisten Stimmen hat, soll Präsident sein, wenn die Stimmenmehrheit der Gesammtzahl der angestellten Wähler für ihn ist; und hat mehr als Einer diese Mehrheit und gleiche Stimmenzahl, dann soll das Volkshaus sofort durch Kugelung einen davon zum Präsidenten machen; hat Niemand eine Mehrheit, so soll besagtes Haus auf diese Weise den Präsidenten aus den fünf höchsten auf dem Verzeichniß wählen. Aber bei der Wahl des Präsidenten sollen die Stimmen staatenweis genommen werden, so daß der Volks-Vertreter eines jeden Staates eine Stimme hat; die hiezu gehörige Zahl soll aus einem Gliede oder aus Gliedern von zwei Dritteln der Staaten bestehen und zu einer Wahl soll die Mehrheit aller Staaten nothwendig sein. In jedem Fall soll nach der Wahl des Präsidenten, wer die meisten Wahlstimmen hat, Vicepräsident sein. Sollten aber zwei, oder mehrere übrig sein, die gleiche Stimmen haben, so soll der Senat den Vicepräsidenten aus ihnen mittelst Kugelung wählen.

Der Congreß mag die Zeit der Wahl und den Tag, wo die Wähler ihre Stimmen geben sollen, bestimmen; dieser Tag soll derselbe durch alle Vereinigten Staaten sein.

Niemand, außer ein eingeborner Bürger der Vereinigten Staaten, soll in der Zeit der Annahme dieser Verfassung zum Präsidenten-Amte wählbar sein; auch Niemand, der nicht fünf und dreißig Jahr alt und vierzehn Jahr in den Vereinigten Staaten ansäßig gewesen.

Auf den Fall der Amtsentsetzung des Präsidenten, oder, wenn er stirbt oder abdankt, oder der Pflicht und Macht, besagtes Amt zu vollziehen nicht gewachsen ist, soll dasselbe dem Vicepräsidenten heimfallen, und auf den Fall der Absetzung, des Todes, der Abdankung oder Unfähigkeit sowohl des Präsidenten, als des Vicepräsidenten soll der Congreß durch ein Gesetz erklären, welcher Beamter dann als Präsident handeln soll, und ein solcher Beamter soll sofort, bis die Unfähigkeit vorüber, oder ein neuer Präsident erwählt ist, handeln.

Der Präsident soll zu festgesetzten Zeiten für seine Dienste eine Entschädigung bekommen, welche so lange er im Amte bleibt, weder vergrößert noch verringert werden soll und in dieser Zeit soll er weder von den Vereinigten Staaten, noch einem unter ihnen irgend einen andern Vortheil erhalten.

Ehe er sein Amt antritt, soll er folgenden Eid oder Affirmation ablegen:

„Ich schwöre (oder verspreche) feierlich, daß ich das Amt eines Präsidenten der Vereinigten Staaten treu verwalten, und nach meinen besten Kräften die Verfassung der Vereinigten Staaten bewahren, schützen und vertheidigen will."

2) Der Präsident soll der Oberbefehlshaber des Heeres und der Seemacht der Vereinigten Staaten und der Landwehr der verschiedenen Staaten, wenn sie in wirkliche Dienste der Vereinigten Staaten treten, sein; er soll schriftlich die Meinung jedes der Hauptbeamten in jedem Departement über Alles, was die Pflichten ihrer Stellen betrifft, einziehen und soll Macht haben, Vergehen gegen die Vereinigten Staaten zu verzeihen und zu begnadigen, unbeschadet des Rechtes der Civilkläger.

Er soll Macht haben, auf und mit Rath und Zustimmung des Senats Verträge zu schließen, wofern zwei Drittel der gegenwärtigen Senatoren beitreten; und er soll ernennen, und auf und mit Rath und Zustimmung des Senats anstellen Gesandte, andere hohe Staatsbeamten und Consuln, die höchsten Justizbeamten und alle andern Beamten der Vereinigten Staaten, für deren Anstellung anderweitig nicht gesorgt ist, und welche dem Gesetz gemäß anzustellen sind; der Congreß übrigens kann gesetzlich die Anstellung von Unterbeamten, die er für räthlich hält, dem Präsidenten allein, den Gerichtshöfen, oder den Chefs der Behörden übertragen.

Der Präsident soll Macht haben, alle in der Zeit, wenn der Senat nicht in Sitzung ist vorfallende Amtserledigungen zu besetzen, indem er Commissionen ertheilt, welche zu Ende der nächsten Sitzung abgelaufen sein sollen.

3) Er soll von Zeit zu Zeit dem Congreß Kunde von der Lage der Union geben und seiner Erwägung nöthige und förderliche Maßregeln empfehlen; bei außerordentlichen Gelegenheiten kann er auch beide Häuser, oder eins versammeln, und falls sie nicht übereinstimmen, sie auf eine ihm schickliche Zeit vertagen; er soll Gesandte und andere Staatsbeamten empfangen; er soll Sorge tragen, daß die Gesetze vollzogen werden und alle Beamten der Vereinigten Staaten accreditiren.

4) Der Präsident, Vicepräsident und alle Civil-Beamte der Vereinigten Staaten sollen, als des Verraths, der Bestechlichkeit, oder anderer schwerer Verbrechen und Unbills belangt und überwiesen, ihres Amtes entsetzt werden.

Art. 3.

1) Die Richtermacht der Vereinigten Staaten soll einem Obergerichtshof und niedern Gerichthöfen, die der Congreß von Zeit zu Zeit anordnen und gründen mag, übertragen werden. Die Richter sowohl der obern, als der niedern Gerichtshöfe sollen sich in ihrer Amtsverwaltung untadelhaft verhalten und zu festgesetzten Zeiten für ihre Dienste eine Entschädigung bekommen, die, so lange sie im Amte stehen, nicht vermindert werden soll.

2) Die Richter-Gewalt soll sich auf alle gemäß dem Gesetz und der Billigkeit unter dieser Verfassung vorkommende Fälle, auf die Gesetze der Vereinigten Staaten, auf die unter ihrer Machtvollkommenheit eingegangenen oder einzugehenden Verträge erstrecken; auf alle Gesandte, andere Staatsbeamten und Consuln berührende Fälle, auf alle Fälle der Seerechts und der See-Gerichtsbarkeit; auf Streitigkeiten, worin die Vereinigten Staaten Partei sind; auf Streitigkeiten zwischen zwei oder mehreren Staaten, zwischen einem Staat und Bürgern eines andern, zwischen Bürgern verschiedener Staaten, und zwischen einem Staate, oder dessen Bürgern und auswärtigen Staaten, Bürgern oder Unterthanen.

In allen Fällen, welche Gesandte, andere Minister und Consuln betreffen, und in denen, wo ein Staat Partei ist, soll der Obergerichtshof ursprüngliche Gerichtsbarkeit haben. In allen übrigen vorerwähnten Fällen soll der Obergerichtshof Appellationsgewalt für Gesetz- und Thatsache, mit Ausnahmen und unter Einrichtungen, die der Congreß für gut findet, haben.

Alle Verbrechen sollen, außer in Klagfällen, durch ein Schwurgericht untersucht werden; diese Untersuchung soll in dem Staate, wo besagte Verbrechen begangen worden, vorgenommen werden; sind sie aber nicht in einem Staate begangen, so soll die Untersuchung an dem Orte, oder den Orten, die der Congreß durch Gesetz bestimmt, geschehen.

3) Verrath gegen die Vereinigten Staaten soll nur darin gefunden werden, daß Krieg gegen sie erregt wird, oder daß man, ihren Feinden anhängend, denselben Hülfe und Vorschub leistet. Niemand soll des Verraths anders, als auf das Zeugniß zweier Zeugen in offener Verhandlung, oder auf Bekenntniß vor offenem Gerichtshofe überwiesen werden.

Der Congreß soll Macht haben, die Strafe des Verraths zu bestimmen, aber keine Verrathsüberführung soll nachtheilige Folgen für die Blutsverwandtschaft oder Gütereinziehung zur Folge haben, außer so lange der Ueberwiesene lebt.

Art. 4.

1) In jedem Staat soll den öffentlichen Urkunden, Registraturen und gerichtlichen Verfahren jedes andern Staates volle Treu und Glauben beigemessen werden. Und der Congreß soll mittelst allgemeiner Gesetze die Art vorschreiben, wie solche Urkunden, Registraturen und Verfahren zu legalisiren sind, und welche Wirkung sie haben.

2) Die Bürger jedes Staates sollen zu allen Freiheiten und Privilegien der Bürger in den einzelnen Staaten berechtigt sein.

Wer in einem Staate des Verraths, der Felonie, oder eines andern Verbrechens angeklagt, der Gerechtigkeit entflieht und in einem andern Staate ergriffen wird, soll auf Verlangen der vollstreckenden Macht des Staates, aus welchem er entfloh, ausgeliefert und nach dem Staate gebracht werden, welcher über das Verbrechen zu richten hat.

Niemand, der in einem Staate, unter dasigen Gesetzen, zu einem Dienste oder einer Arbeit verpflichtet ist, und in einen andern entflieht, soll zu Folge irgend eines diesfalsigen Gesetzes oder einer Verfügung dieses Dienstes oder dieser Arbeit entbunden, sondern auf Anspruch jener Partei, welcher dieser Dienst oder Arbeit gebührt, ausgeliefert werden.

3) Durch den Congreß können neue Staaten zu diesem Verein zugelassen werden; aber kein neuer Staat soll innerhalb der Gerichtsbarkeit eines andern gebildet oder errichtet werden; noch soll ein Staat durch Verbindung zweier oder mehrerer Staaten oder Staatentheile ohne Zustimmung der gesetzgebenden Gewalten der dabei betheiligten Staaten sowohl, als des Congresses gebildet werden.

Der Congreß soll die Macht haben, alle nöthigen Einrichtungen und Verfügungen hinsichtlich des Gebiets, oder andern, den Vereinigten Staaten zuständigen, Eigenthums zu treffen, und Nichts in dieser Verfassung soll so gedeutet werden, daß es irgend wie Ansprüche der Vereinigten Staaten, oder auch eines einzelnen beeinträchtige.

4) Die Vereinigten Staaten sollen jedem in diesem Verein stehenden Staate eine republikanische Regierungsform gewährleisten, und jeden gegen Einfall, oder auf Ansuchen der gesetzgebenden, oder, falls diese nicht zusammenberufen werden könnte, der ausübenden Macht, gegen innere Gewaltthätigkeit schützen.

Art. 5.

Wenn zwei Drittel beider Häuser es nöthig finden, soll der Congreß Verbesserungen der Verfassung vorschlagen, oder auf Ansuchen der gesetzgebenden Gewalten von zwei Dritteln der einzelnen Staaten eine Zusammenkunft veranstalten, um Verbesserungen vorzuschlagen, welche in beiden Fällen für alle Absichten und Zwecke gültig sein sollen als Theil dieser Verfassung, wenn sie von den gesetzgebenden Gewalten von Dreivierteln der einzelnen Staaten, oder durch Uebereinkunft in Dreivierteln derselben genehmigt worden, je nachdem der Congreß eine oder die andere Genehmigungsart vorgeschlagen; jedoch soll keine vor dem Jahre tausend acht hundert und acht gemachte Verbesserung irgend wie die erste und vierte Clausel des neunten Abschnitts im ersten Artikel betreffen, und kein Staat soll ohne seine Zustimmung seiner gleichen Stimme im Senate beraubt werden.

Art. 6.

Alle vor Annahme dieser Verfassung gemachten Schulden und eingegangenen Verbindlichkeiten sollen gegen die Vereinigten Staaten unter dieser Verfassung gleich rechtsbeständig sein, wie unter der Conföderation.

Diese Verfassung und die Gesetze der Vereinigten Staaten, welche ihr zu Folge gemacht werden sollen, und alle unter Machtvollkommenheit der Ver. Staaten geschlossenen oder zu schließenden Verträge sollen das höchste Landesgesetz sein und die Richter in jedem Staate sollen daran gebunden sein, was auch in der Verfassung oder den Gesetzen eines Staates dagegen verfügt sein mag.

Die erwähnten Senatoren und Repräsentanten und die Mitglieder der verschiedenen Staatsgesetzgebungen und alle vollstreckenden und gerichtlichen Beamten der Vereinigten, wie der einzelnen Staaten, sollen eidlich oder durch Gelöbniß diese Verfassung aufrecht zu halten verbindlich gemacht werden, nie aber soll ein religiöses Glaubensbekenntniß als Befähigung zu einem Amte oder einer anvertrauten Stelle unter den Vereinigten Staaten erfordert werden.

Art. 7.

Die Genehmigung der Uebereinkunft von neun Staaten soll zur Rechtskraft dieser Verfassung zwischen den, dieselbe so genehmigenden Staaten hinreichend sein.

Gegeben im Convent durch einmüthige Zustimmung der gegenwärtigen Staaten, am 17. September im Jahr unsers Herrn ein Tausend sieben hundert und sieben und achtzig, dem zwölften der Unabhängigkeit der Vereinigten Staaten von Amerika. Zum Zeugniß dessen unterzeichnen wir hier unsere Namen.

G. Washington,
Präsident und Abgeordneter von Virginien.

New Hampshire.
John Langdon.
Nicholas Gilman.

Massachusetts.
Nathaniel Gorham.
Rufus King.

Connecticut.
William Samuel Johnson
Roger Sherman.

New York.
Alexander Hamilton.

New Jersey.
William Livingston.
David Brearly.
William Patterson.
Jonathan Dayton.

Pennsylvanien.
Benjamin Franklin.
Thomas Mifflin.
Robert Morris.
George Clymer.
Thomas Fitzsimons.
Jared Ingersoll.
James Wilson.
Gouvernör Morris.

Delaware.
George Read.
Gunning Bedford jr.
John Dickinson.
Richard Bassett.
Jacob Broom.

Maryland.
James M'Henry.
Daniel of St. Thomas Jenifer.
Daniel Carroll.

Virginien.
John Blair.
James Madison jr.

Nord-Carolina.
William Blount.
Richard Dobbs Spaight.
Hugh Williamson.

Süd-Carolina.
John Rutledge.
Charles Cotesworth Pinckney.
Charles Pinckney.
Pierce Butler.

Georgien.
William Few.
Abraham Baldwin.

Zur Beurkundung:
William Jackson, Sekr.

Obgleich wir der Zeit etwas vorgreifen, wollen wir der klareren Uebersicht wegen hier die späteren Verbesserungsvorschläge zu der Verfassungs-Urkunde mittheilen. Zum ersten Mal wurden deren zehn von dem im März 1789 in New York zusammengetretenen ersten Congresse den gesetzgebenden Versammlungen der Einzelstaaten zur Genehmigung überwiesen; der eilfte wurde bei der zweiten Sitzung des dritten Congresses beschlossen; und der zwölfte bei der ersten Sitzung des achten Congresses. Nachdem sie in Gemäßheit des 5. Artikels der Verfassung von den Einzel-Staaten genehmigt worden waren, bilden heute diese neuen Artikel einen integrirenden Theil der großen Stiftungs-Urkunde der amerikanischen Freiheit und Rechts-Sicherheit.

Jene Abänderungen und Zusätze sind:

Art. 1.

Der Congreß darf kein Gesetz erlassen, wodurch irgend ein religiöses oder kirchliches Verhältniß eingeführt, oder die freie Ausübung eines solchen beeinträchtigt würde; oder wodurch die Freiheit der Rede, oder die Freiheit der Presse beschränkt würde, oder das Recht des Volkes sich friedlich zu versammeln und sich mit Petitionen zur Abstellung seiner Beschwerden an die Regierung zu wenden.

Art. 2.

Da ein wohlgeordnetes Volksheer (Miliz) zur Sicherheit eines freien Staates nöthig ist, so soll das Recht des Volkes, Waffen zu haben und zu tragen, nicht beeinträchtigt werden.

Art. 3.

In Friedenszeiten sollen Soldaten nicht ohne Zustimmung der Bürger, in deren Häusern einquartiert werden, und auch in Kriegszeiten kann eine Einquartierung nur mit Beobachtung der darüber erlassenen Gesetze stattfinden.

Art. 4.

Das Recht des Volkes, seine persönliche Freiheit, seine Wohnung, Papiere und Gegenstände gegen unbegründetes polizeiliches Durchsuchen oder Säsiren gesichert zu wissen, darf nicht verletzt werden, und es darf kein Haft- oder Durchsuchungs-Befehl anders erlassen werden, als auf eine dem Anscheine nach gerechte Ursache, und auf eidliche Erhärtung derselben; und der Ort, welcher durchsucht werden soll, und die Personen, oder Dinge, welche säsirt werden sollen, müssen besonders darin angegeben und bezeichnet sein.

Art. 5.

Niemand soll gehalten sein, sich gegen eine peinliche oder sonst entehrende Anklage zu vertheidigen, wenn nicht eine Anklage-Erklärung einer Grand-Jury vorausgegangen ist; ausgenommen bei Verbrechen, die sich in der Land- oder Seemacht oder in der Miliz zutragen, wenn solche in Zeiten des Krieges oder öffentlicher Gefahr unter Waffen steht. Auch darf Niemand zum zweiten Mal wegen des nämlichen Verbrechens vor Gericht gestellt werden; und Niemand soll in einem Falle peinlicher Anklage gezwungen sein, Zeugniß gegen sich selbst abzulegen, oder an Leben, Freiheit oder Eigenthum ohne vorherige Untersuchung und richterlichen Spruch gestraft werden; und es soll Niemand sein Eigenthum ohne Entschädigung für öffentliche Zwecke abzutreten gezwungen sein.

Art. 6.

In allen peinlichen Anklagen soll der Angeklagte das Recht auf eine schleunige und öffentliche Aburtheilung durch eine unparteiische Jury von Geschwornen aus dem Distrikte, worin das Verbrechen begangen worden sein soll, wie solcher gesetzlich festgestellt ist haben. Der Angeklagte soll von der Natur und dem Grunde der Anklage in Kenntniß gesetzt werden; er soll mit den Zeugen confrontirt werden, soll das Recht haben, Zeugen zu seiner Entlassung durch Zwang vorführen zu lassen, und den Beistand eines Rechtsverständigen zu seiner Vertheidigung verlangen können.

Art. 7.

In bürgerlichen Rechtssachen, wo der Streitgegenstand mehr als zwanzig Dollars beträgt, soll das Recht die Sache durch Geschworne entscheiden zu lassen, gesichert sein, und eine von Geschwornen abgeurtheilte Thatsache darf nur dann vor ein anderes Gericht in den Vereinigten Staaten gebracht werden, wenn die Vorschriften des gemeinen Rechtes es gestatten.

Art. 8.

Es darf keine übermäßige Bürgschaft gefordert, noch eine übermäßige Geldstrafe verhängt, noch eine grausame oder ungewöhnliche Strafe ausgesprochen werden.

Art. 9.

Die Aufzählung gewisser Rechte in der Verfassungs-Urkunde soll nicht so ausgelegt werden, als ob dadurch vorgegriffen oder geläugnet würde, daß das Volk nicht berechtigt wäre, sich auch noch andere beizufügen.

Art. 10.

Die in der Verfassung der Vereinigten Staaten nicht ausdrücklich überwiesenen, oder den Einzel-Staaten darin entzogenen Rechte sollen den Letzteren oder dem Volke vorbehalten bleiben.

Art. 11.

Die den Vereinigten Staaten zugestandene, richterliche Competenz soll nicht so ausgelegt werden, als ob sie sich auf Klagen und Fälle beziehe, wo Bürger eines Staates gegen einen Einzelstaat, oder wenn Ausländer gegen einen Einzelstaat klagend aufgetreten sind.

Art. 12.

Die Wähler sollen sich in ihrem respectiven Staate versammeln, und mittelst Stimmzettel den Präsidenten und Vicepräsidenten erwählen, von denen wenigstens Einer nicht in dem Staate wohnen darf, der seine Stimme abgibt. Sie sollen in einem Stimmzettel den Namen desjenigen nennen, den sie zum Präsidenten und in einem zweiten Stimmzettel den Namen desjenigen, den sie zum Vicepräsidenten wählen; dann sollen sie verschiedene Listen aller Personen fertigen, welche Stimmen zum Amte des Präsidenten erhielten, und aller Personen, welche Stimmen zum Amte des Vicepräsidenten erhielten, mit Angabe der Anzahl der Wahlstimmen für jede solche Person; und sie sollen diese Listen unterzeichnen, als richtig bescheinigen und versiegelt an die Regierung der Vereinigten Staaten einsenden. Der Präsident des Senates soll in Gegenwart des Senates und Repräsentantenhauses alle jene Wahlprotokolle eröffnen, worauf sofort die Stimmen amtlich gezählt werden.

Die Person, welche die meisten Stimmen als Präsident hat, soll Präsident sein, sofern die Zahl der ihm zu Theil gewordenen Stimmen die Majorität sämmtlicher Wahlstimmen ausmacht; hat keiner der Gewählten diese Majorität, so soll das Repräsentantenhaus den Präsidenten durch Stimmzettel aus der Zahl der drei Personen wählen, welche die meisten Wahlstimmen gehabt haben. Bei der Wahl durch das Repräsentantenhaus soll die Abstimmung nach Staaten geschehen, so daß jeder e i n e Stimme abgibt. Dabei müssen aber wenigstens zwei Drittheile der Staaten durch ein oder mehrere Mitglieder vertreten sein, und zur Gültigkeit der Wahl ist eine Majorität sämmtlicher Staaten nothwendig. Wenn das Repräsentantenhaus in einem solchen Falle, wo ihm die Wahl des Präsidenten überwiesen ist, dieselbe vor dem 4. März des folgenden Jahres nicht ausüben würde, so soll der gewählte Vicepräsident das Amt des Präsidenten versehen, wie es im Falle des Todes oder anderer konstitutionellen Unfähigkeit des erwählten Präsidenten vorgesehen ist.

Derjenige, welcher die größte Anzahl Stimmen zum Vicepräsidenten hat, soll der Vicepräsident sein, sofern die Anzahl eine Majorität sämmtlicher Wahlstimmen ausmacht; und wenn keiner der Gewählten solche Majorität hat, so soll der Senat aus den zwei Höchstbestimmten den Vicepräsidenten wählen; der Senat ist wahlberechtigt, wenn zwei Drittheile sämmtlicher Senatoren mitwählt, und der Gewählte muß die Majorität der abgegebenen Stimmen haben.

Wer nach der Verfassung unfähig ist, als Präsident gewählt zu werden, ist auch unfähig, als Vicepräsident der Vereinigten Staaten gewählt zu werden.

Anhang zum zweiten Kapitel.

I. Hamilton's Entwurf einer Organisation der Regierung.

1. Die höchste gesetzliche Gewalt der Vereinigten Staaten von Amerika soll in zwei verschiedenen Körperschaften beruhen; die eine soll die Assembly heißen, und die andere der Senat. Beide vereint sollen die gesetzgebende Behörde der Vereinigten Staaten bilden, und die Macht haben, alle Gesetze ohne Ausnahme zu erlassen unter der Beschränkung des nachher erwähnten Verbots.

2. Die Assembly soll aus Repräsentanten bestehen, welche das Volk für einen Zeitraum von drei Jahren wählt.

Der Senat soll aus Personen gewählt werden, welche für die Zeit guten Verhaltens gewählt werden. Sie sollen von Wahlmännern gewählt werden, welche zu diesem Zwecke vom Volke gewählt worden sind. Die Staaten werden für diesen Zweck in Wahldistrikte eingetheilt. Im Falle des Todes, der Ausscheidung oder des Rücktrittes eines Senators wird von dem Distrikte, den er vertrat, ein neuer gewählt.

4. Die höchste Executiv-Gewalt der Vereinigten Staaten soll in einem Gouvernör beruhen, der für die Zeit guten Verhaltens erwählt wird. Er soll von Wahlmännern gewählt werden, welche von Wählern gewählt worden sind, die das Volk in den für Senats-Wahlen bestehenden Wahldistrikten wählt.

Seine Befugnisse und Amtspflichten sollen folgende sein.

Es soll ihm ein Veto gegen alle künftig zu erlassene Gesetze und gegen den Vollzug der bereits bestehenden, zustehen; er soll die oberste Leitung in jedem Kriege haben, er soll mit Rath und Genehmigung des Senats alle Staats-Verträge abschließen; er hat die vorgesetzten Beamten der Ministerien der Finanzen, des Krieges und der auswärtigen Angelegenheiten zu ernennen; er hat die Ernennung aller sonstigen Beamten (Gesandte nach fremden Ländern einschließlich), deren Ernennung an die Genehmigung oder

Ablehnung des Senates geknüpft ist; er hat in allen Fällen das Begnadigungsrecht, ausgenommen in Fällen von Hochverrath, wo er nicht ohne Zustimmung des Senates begnadigen kann.

5. Nach dem Tode, dem Ausscheiden oder dem Rücktritte des Gouvernörs sollen seine Funktionen bis zur Ernennung seines Nachfolgers von dem Präsidenten des Senates ausgeübt werden.

6. Dem Senate steht die Gewalt zu, Krieg zu erklären, Staats-Verträge zu berathen und zu genehmigen, alle Anstellungen von Beamten zu bestätigen oder abzulehnen, ausgenommen die an der Spitze der Finanzen, des Krieges und der auswärtigen Angelegenheiten stehenden Beamten.

7. Die höchste richterliche Gewalt der Vereinigten Staaten soll in .... Richtern beruhen, welche ihr Amt auf die Dauer guten Verhaltens üben, und einen entsprechenden Gehalt beziehen sollen. Dieser Gerichtshof soll in allen Prisen-Fragen Jurisdiction haben, ferner in der Appellations-Instanz über alle Fälle entscheiden, worin das Einkommen der General-Regierung oder die Bürger fremder Staaten betheiligt sind.

8. Die Gesetzgebung der Vereinigten Staaten soll die Gewalt haben, in allen Staaten Gerichtshöfe einzusetzen, um in Materien, worüber nach obiger Competenz Regulirung die Vereinigten Staaten Jurisdiction haben, zu entscheiden.

9. Die Gouvernöre, Senatoren und alle Beamten der Vereinigten Staaten sollen wegen schlechter Amtsführung oder Bestechlichkeit in Anklagestand versetzt werden können, und nach Schuldigbefinden ihres Amtes entsetzt und für unfähig erklärt werden können, irgend ein salarirtes oder Ehrenamt zu versehen. Solche Anklagen sollen vor einem Gerichte verhandelt werden, welches aus den Präsidenten der höchsten Gerichtsstellen aller Einzelnstaaten gebildet wird, vorausgesetzt, daß diese vorsitzenden Richter auf die Dauer guten Verhaltens angestellt sind und einen festen Gehalt beziehen.

10. Alle Gesetze der Einzelstaaten, welche den Gesetzen oder der Verfassung der Vereinigten Staaten widersprechen, sind gänzlich nichtig. Und um das Erlassen solcher Gesetze desto wirksamer zu verhindern, soll der Gouvernör oder Präsident eines jeden Staates von dem General-Gouvernement angestellt werden und ein Veto gegen alle Gesetze haben, welche in dem Staate erlassen werden, worin er Präsident ist.

11. Kein Staat soll für sich Truppen oder eine Seemacht halten, und die Miliz aller Staaten soll unter der ausschließlichen Verwendung der Vereinigten Staaten stehen, welche auch die Offiziere dabei anzustellen hat.

Das nachfolgende Schreiben Hamilton's an Pickering ist zwar einige Jahre später geschrieben, verdient jedoch in Verbindung mit Obigem gelesen zu werden.

New York 16. Sept. 1803.

Geehrter Herr!

Ich will mich wegen der Verzögerung meiner Antwort auf Ihre an mich gestellten Fragen nicht entschuldigen, weil ich es nicht kann. Nur bitte ich nicht zu glauben, daß Mangel an Achtung oder Rücksicht die Ursache war. Ich komme auf Ihre Anfrage.

Der hochstrebendste Vorschlag, den ich in der Convention machte, war, einen Präsidenten, Senat und obersten Gerichtshof für die Zeit guten Verhaltens und das Repräsentantenhaus für eine Zeit von drei Jahren ernannt zu wissen. Ich wünsche die Gewalt der General-Regierung verstärkt, jedoch die der Einzel-Staaten nicht aufgehoben — sie war im Gegentheil eine wesentliche Grundlage meines Planes.

Meine Idee war meiner Ansicht nach mit dem Grundsatze einer streng republikanischen Staatsverfassung durchaus vereinbar, deren wesentliche Basis ist, daß die Hauptträger der executiven und legislativen Gewalt von dem Volke gewählt werden, und ihr Amt, von der Verantwortlichkeit abgesehen, entweder zeitlich oder widerruflich sein sollte.

Ueber den Antrag bezüglich der Executiv-Gewalt wurde abgestimmt. Fünf Stimmen waren dafür, darunter Virginien; und obgleich wegen der Art der Abstimmung mittelst Delegaten man die einzelnen Namen nicht kannte, so ist es bei den bekannten Ansichten der Mitglieder von Virginien (es waren deren 6, wovon 2, Mason und Randolph demokratischen Ansichten huldigten) eine ausgemachte Sache, daß M a d i s o n mit jener Abstimmung der Virginier einverstanden war. Wenn ich also gegen den Republikanismus gesündigt habe, ist M a d i s o n des gleichen Verbrechens schuldig.

Ich versichere der Wahrheit gemäß, daß ich nie einen Präsidenten oder Senat auf Lebenszeit vorschlug und ebensowenig die Vernichtung der Regierungs-Gewalt der Einzelstaaten beabsichtigt habe.

Auch steht es richtig, daß im Anfange der Convention es die Absicht nicht war, wenn ein Antrag gestellt oder angenommen wurde, denselben auch in Wirksamkeit übergehen zu sehen; es war vielmehr oft nur der Wunsch des Antragstellers oder Abstimmenden, alles scheinbar Gute der reiflichsten Prüfung zugänglich zu machen; so daß solche Vorschläge eigentlich nur als zur weiteren Prüfung geeignet angesehen und zugelassen wurden.

So war es auch in der That mit meinem Vorschlag über die Executivgewalt. Zuletzt war ich selbst gegen deren Dauer während gutem Verhalten, wegen der bei der Neuwahl eines auf so unbestimmte Zeit erwählten Beamten die öffentliche Ruhe allzusehr bedrohenden Aufregung. In dem gegen das Ende der Convention von mir entworfenen Verfassungs-Entwurfe, den ich Herrn Madison mittheilte, war die Dauer der Amtszeit eines Präsidenten nur für drei Jahre angesetzt.

Der erwähnte Entwurf war auf drei Punkte basirt. 1. Daß der Charakter der Bevölkeruug keine andere als eine republikanische Regierung möglich lasse. 2. Daß in der wirklichen Lage des Landes es an und für sich recht und geeignet war, die Theorie einer republikanischen Verfassung einem offenen und ehrlichen Versuche zu unterwerfen und 3. daß zu solch einem Versuche es nöthig sei, der Regierungs-Gewalt alle Macht und Dauer zu gewähren, die sich mit dem Principe der fraglichen Theorie vereinigen lasse.

Ich hoffe, daß man nicht die Erfahrung machen werde, daß der letzte Punkt bei Annahme unserer Verfassung zu wenig berücksichtigt worden ist und sich daher das Experiment mit der Republik selbst hier zu Lande nicht so bewähre, wie es wünschenswerth gewesen wäre. A. Hamilton.

An Timothy Pickering.

II. Verzeichniß der Mitglieder der Bundes-Convention, welche die Verfassung der Ver. Staaten entworfen haben.

		anwesend
	New Hampshire.	
1.	John Langdon	Juli 23, 1787.
	John Pickering	
2.	Nicholas Gilman	Juli 23, "
	Benjamin West	
	Massachusetts.	
	Francis Dana	
	Elbridge Gerry	Mai 29, "
3.	Nathaniel Gorham	Mai 28, "
4.	Rufus King	Mai 25, "
	Caleb Strong	Mai 28, "
	Rhode Island.	
	Keine ernannt.	
	Connecticut.	
5.	William Samuel Johnson	Juni 2, 1787.
6.	Roger Sherman	Mai 30, "
	Oliver Elsworth	Mai 29, "
	New York.	
	Robert Yates	Mai 25, "
7.	Alexander Hamilton	" "
	John Lansing	Juni 2, "
	New Jersey.	
8.	William Livingston	Juni 5, "
9.	David Brearly	Mai 25, "
	William C. Houston	" "
10.	William Patterson	" "
	John Nelson	
	Abraham Clark	
11.	Jonathan Dayton	
	Pennsylvanien.	
12.	Benjamin Franklin	Mai 28, "
13.	Thomas Mifflin	" "
14.	Robert Morris	Mai 25, "
15.	George Clymer	Mai 28, "
16.	Thomas Fitzsimons	Mai 25, "
17.	Jared Ingersoll	Mai 28, "
18.	James Wilson	Mai 25, "
19.	Gouvernör Morris	" "
	Delaware.	
20.	George Read	Mai 25, "
21.	Gunning Bedford jr.	Mai 28, "
22.	John Dickinson	" "
23.	Richard Bassett	Mai 25, "
24.	Jacob Broom	" "
	Maryland.	
25.	James M'Henry	Mai 29, "
26.	Daniel of St. Thomas Jenifer	Juni 2, "
27.	Daniel Carroll	Juli 9, "
	John Francis Mercer	Aug. 6, "
	Luther Martin	Juni 9, "
	Virginien.	
28.	George Washington	Mai 25, "
	Patrick Henry (abgelehnt)	
	Edmund Randolph	Mai 25, "
29.	John Blair	" "
30.	James Madison jr.	" "
	George Mason	" "

		anwesend	
	George Wythe . .	Mai 25,	1787.
	James M'Clurg (an der Stelle von P. Henry) . .	"	"
	Nord Carolina.		
	Richard Caswell (resignirte)		
	Alexander Martin . . .	Mai 25,	"
	William R. Davie . .	"	"
31.	William Blount (an der Stelle von R. Caswell). .	Juni 20,	"
	Willie Jones (abgelehnt)		
32.	Richard D. Spaight . .	Mai 25,	"
33.	Hugh Williamson (an der Stelle von W. Jones) . .	"	"

		anwesend	
	Süd-Carolina.		
34.	John Rutledge . . .	Mai 25,	"
35.	Charles C. Pinckney . .	"	"
36.	Charles Pinckney . .	"	"
37.	Pierce Butler	"	"
	Georgia.		
38.	William Few	Mai 25,	"
39.	Abraham Baldwin . .	Juni 21,	"
	William Pierce . .	Mai 31,	"
	G e o r g e W a t s o n .		
	William Houston . .	Juni 1,	"
	N a t h a n i e l P e n d l e t o n		

* Diejenigen, bei denen sich Zahlen vor dem Namen befinden, haben die Verfassungsurkunde unterzeichnet. Im Ganzen 39
Diejenigen in gesperrter Schrift haben den Sitzungen nie beigewohnt. Im Ganzen 10
Diejeniaen, welche mitberiethen aber nicht unterzeichneten, beliefen sich auf 16
65

Drittes Kapitel.

1787—1788.

Die Annahme der Verfassung.

Beschluß des Congresses die Verfassung dem Volke zur Genehmigung vorzulegen—Man befürchtet Opposition—Aufregung—Was Marschall von den „Föderalisten" sagt—Die große Mehrzahl der Staaten rasch entschlossen—Stand der Parteien für und gegen die Annahme—Was in mehreren Staaten geschah—Convention von Massachusetts—Die Verfassung dort vertheidigt und bestritten—Verbesserungsvorschläge—Rede von Fisher Ames—Die Verfassung mit kleiner Majorität angenommen—Verbesserungsvorschläge zur Annahme empfohlen—Convention in New-Hampshire—Die Virginia Convention—Hervorragende Männer darin—Patrick Henry's Rede dagegen—Randolph's und Madison's Rede dafür—Abstimmung—Die New Yorker Convention—Die vorgeschlagene Verbesserungen—Maßregeln zur Sicherung ihrer Annahme—Die Convention von Nord-Carolina—Ansichten der Staatsmänner jener Zeit über das Dokument—Auszüge aus Franklin's und Washington's Briefen—Nach der Ratification durch New Hampshire, als neunten Staates, bereitet der Congreß die Installirung des neuen Gouvernements vor—Anhang zum III. Kapitel.—I. Debatten in der virginischen Convention—II. Richter Story über den Ursprung und Werth der Constitution.—III. Die Convention und Constitution.

Am 28. September 1789 wurde der Bericht der Föderal-Convention zugleich mit dem Entwurfe der Verfassung und dem Schreiben Washingtons bezüglich desselben dem Congresse vorgelegt. Hierauf wurde beschlossen: „daß der erwähnte Bericht mit
1787. dem Entwurfe und dem Schreiben den einzelnen gesetzgebenden Behörden mitgetheilt werden solle, damit sie ihn einer Versammlung besonders zu dem Zwecke gewählter Abgeordneten, die in jedem einzelnen Staate von dem Volke desselben gewählt werden sollten, vorlegen möchten, wie dies Alles bereits in dem Beschlusse vorgesehen sei."

Man durfte sich allerdings nicht der Hoffnung hingeben, und noch weniger ließ sich erwarten, daß die großen principiellen

Abänderungen, welche durch die neue Verfassung für die Central-Regierung beabsichtigt waren, ohne energische Opposition angenommen werden würden. Weder die in ihr liegenden Vorzüge, noch der Charakter und die Popularität Derjenigen, die sie unterstützten und befürworteten, konnten den Freunden derselben eine besondere Zuversicht einflößen, daß ihr Erfolg sicher sein würde, im Falle sie dem Volke zur Genehmigung vorgelegt würde. Man durfte nicht einen Augenblick erwarten, daß unter der großen Masse der Gesammtbevölkerung der nämliche Geist aufrichtiger und ruhiger Ueberlegung, derselbe Charakter der Nachgiebigkeit und wechselseitiger Zugeständnisse vorherrschen würden, welche bei den erleuchteten Repräsentanten in der Convention so wesentlich zum ruhigen Verständnisse der Lage der Dinge beigetragen hatte. Stolz, Particularismus, Sonder-Interessen, und eben so wieder Befürchtungen und Eifersucht, welche alle Staaten mehr oder weniger nach einer anderen Richtung drängten, mußten natürlich bei Entscheidung der wichtigen Frage großen Einfluß üben. Auch konnten die Intelligenzen in einem Staatswesen nicht so leicht zur Uebereinstimmung, sei es über die Frage der Organisation der National-Regierung, sei es über die Gewalten und Befugniß gebracht werden, welche Denjenigen eingeräumt werden sollten, denen man die höchste Gewalt anzuvertrauen genöthigt war. Ebenso mußten vorgefaßte Meinungen, lang genährte Vorurtheile ebensowohl, wie eigennützige Pläne voraussichtlich auf das beschränkte Urtheil Vieler wirken, welche es sonst ganz wohl mit dem Volke meinten.

Nothwendiger Weise wurde die Verfassung und die Frage ihrer Annahme sofort der ausschließliche Gegenstand allgemeiner Discussion in öffentlichen wie vertraulichen Kreisen. Auf der einen Seite wurde sie freudig und mit voller Zufriedenheit als die sichere Quelle der Sicherheit und der nationalen Wohlfahrt begrüßt, auf der anderen nahm man sie mit eifersüchtigem Mißtrauen und feindseliger Abneigung auf. Viele glaubten die Wiege des neuen Staates werde das Grab der amerikanischen Freiheit sein. „Die Freunde wie die Feinde dieses wichtigen Werkes, bemerkt Marschall, wurden von gleich mächtigen Beweggründen zur Entfaltung ihres ganzen Einflusses fortgerissen, und in der Zeit von ihrer Verkündigung bis zu ihrer Annahme war jeder Nerv der Seele angespannt, auf die Annahme oder Verwerfung des großen Werkes hinzuarbeiten. Die Presse verbreitete einen Strom von Ergüssen des Verstandes wie der Leidenschaft, und es war augenscheinlich, daß jede Partei von der Ueberzeugung durchdrungen war, daß Macht, Souveränität, Freiheit, Friede und öffentliche Sicherheit bei der dem Volke zur Entscheidung vorgelegten Frage auf dem Spiele stehe. Besonders verdient eine Reihe staatswissenschaftlicher Erörterungen, welche zuerst in den Blättern von New York erschienen, der Vergessenheit entzogen zu werden, welche das Loos flüchtiger Besprechungen bloßer Tages-Interessen ist. Die wirkliche Lage des Landes und die Gefahren, welche die Zukunft der jungen Republik bedrohten, zu beleuchten, die vielfachen Verdrehungen der Wahrheit und Entstellungen nachzuweisen, womit man gegen die Verfassung ankämpfte, die Ausstellungen ihrer Gegner zu widerlegen, ihre Freunde in ihrer guten Ansicht zu bestärken, indem man die Grundsätze derselben richtig erläuterte — in allem Diesem zeichneten sich hauptsächlich drei Männer aus, die durch ihre Erfahrung, ihre Talente und ihre Anhänglichkeit an die Union dem Volke längst vortheilhaft bekannt waren. Es waren dies Obrist Hamilton, Madison und Jay. Sie veröffentlichten in dem „Föderalisten“ eine Reihe von Artikel, welche sicher noch gelesen und bewundert werden, wenn der Streitgegenstand, welcher diese talentvollen Arbeiten über Staatsverhältnisse erzeugte, längst vergessen sein wird. *)

Die meisten Staaten folgten der Aufforderung des Congresses und versuchten die Frage einer baldigen Lösung entgegenzuführen. Im Jahre 1787 und 1788 wurden allenthalben Conventionen berufen, um über Annahme oder Verwerfung der Verfassung zu entscheiden. Die Wichtigkeit der Sache zog die talentvollsten Männer des Landes in die Discussion, und alle Seiten der Frage wurden mit einer Vollständigkeit, Kraft und Beredtsamkeit beleuchtet, wie sie in unserer Geschichte noch nie übertroffen worden waren. In mehreren Conventionen hielten sich die Stimmen für und gegen dermaßen die Wagschale, daß selbst nach der triftigsten Berathung man das Ergebniß der Abstimmung nicht voraussagen konnte. In vielen anderen war eine unbedeutende Stimmen-Mehrheit Alles, was man für die Annahme erreichen konnte, und man muß zugeben, daß in mehreren Staaten, deren Conventionen die Verfassung annahmen, die Majorität des Volkes dagegen war. Die vielen Verbesserungsanträge zeigen, wie ungern man sich dem neuen Regiment zu unterwerfen bequemte, und wir können wohl glauben, was der oberste Richter Marschall mit aufrichtigem Bedauern bemerkt: „daß das lebhafte Interesse, was sich an die Frage knüpfte, die beinahe gleiche Stärke der Parteien, die in Folge einer hitzigen Debatte an und für sich schon natürliche Aufregung, nothwendig eine Feindseligkeit und Erbitterung hervorriefen, welche die überstimmten Gegner in ihrem Vorurtheile und Hasse gegen jene Regierungs-Organisation, welche sie mit der höchsten Leidenschaft be- 1787.
stritten hatten, noch verstärken mußten.

*) Marschall a. a. O. Vol. II, pag. 127.

Die Conventionen in Delaware, New Jersey und Georgia nahmen die Verfassung einstimmig an; in Pennsylvanien, Connecticut, Maryland und Süd-Carolina erklärte sich überall eine entschiedene Majorität für die Annahme. Rhode Island weigerte sich eine Convention zu berufen; und in mehreren der wichtigsten Staaten war es längere Zeit zweifelhaft, ob sie der Verfassung ihre Zustimmung geben würden, ehe gewisse Verbesserungsvorschläge angenommen worden sein würden *). Die drohende

*) Es mag sein, sagt Hamilton am Schlusse der letzten Nummer des „Föderalisten,“ daß es mir an politischer Standhaftigkeit gebricht, allein ich gestehe offen, daß ich die gleichmüthige Ruhe Derjenigen nicht theilen kann, welche uns versichern, daß die Gefahren einer längeren Fortdauer unserer gegenwärtigen Lage nur imaginär seien. Eine Nation ohne eine nationale Regierung ist eine Schrecken einflößende Erscheinung. Die Organisation einer Staatsverfassung in Zeiten tiefen Friedens, durch die freiwillige Zustimmung eines ganzen Volkes ist etwas so Außerordentliches, daß ich mit bangem Zagen den Ausgang erwarte. In einem so verzweifelten Unternehmen kann ich es nicht mit der Klugheit vereinen, den Haltpunkt aufzugeben, den wir jetzt in der Zustimmung von sieben der dreizehn Staaten haben, und uns von neuem auf das stürmische Meer zu wagen, nachdem wir dem Hafen schon so nahe gekommen sind. Ich fürchte die Folgen neuer Versuche um so mehr, als ich weiß, daß sehr einflußreiche Personen in diesem wie in anderen Staaten einer allgemeinen National-Regierung in jeder Gestalt entschieden abhold sind. Der Föderalist p. 40.

Gefahr aber, worin sich das Land befand, ohne Regierung, ohne Staatsmittel, tief in Schulden, von außen mit Verachtung behandelt, im Innern mit Anarchie bedroht, das Alles machte eine schleunige Entscheidung so nothwendig, daß man zu einem Entschlusse hingedrängt wurde, der unter anderen Umständen gewiß schwer oder nie zu erlangen gewesen wäre.

Im Januar 1788 hielt die Convention von Massachusetts ihre Sitzungen und ließ sich in eine sorgfältige Prüfung und Erörterung der Verfassung, Satz für Satz ein. Der Rang, den dieser Staat von jeher in der Conföderation eingenommen hatte, bewirkte, daß man mit der höchsten Spannung auf seine Haltung hinblickte, und man betrachtete es als gewiß, daß das dort gegebene Beispiel für New Hampshire und andere Staaten, welche in der wichtigen Angelegenheit noch nicht gesprochen hatten, von entscheidendem Einflusse sein würde. Es waren in der Convention Männer von dem ausgezeichnetsten Talente; und ihre Anstrengungen waren ganz der großen Verantwortlichkeit angemessen, die auf ihnen ruhete. Männer wie Rufus King, James Bowdoin, Fisher Ames, John Hancock und andere nicht minder ausgezeichnete Männer beschäftigten sich mit dem ihnen aufgetragenen Werk mit unermüdlichem Eifer, Muthe und Talente. Alle Fragen wurden gründlich berathen, und nachdem ein ganzer Monat darüber hingegangen, war es immer noch ungewiß, welches Resultat die endliche Abstimmung haben werde.

Eines der Mitglieder äußerte sich, wie Pitkin erzählt, folgendermaßen über jene Partei in der Convention, welche gegen Annahme der Verfassung war. „Nie tagte eine Versammlung in diesem Staate, worin größeres Talent und höhere Bildung gefunden werden konnten, als in dieser Convention — aber dennoch bin ich im Zweifel, ob man die Verfassung annehmen wird. Unglücklicher Weise stehen ihr drei verschiedene Partheien entgegen. 1. Alle Diejenigen, welche zu Gunsten von Papiergeld und Zwangs-Werthen sind. Deren gibt es mehr oder weniger in jedem Theile des Staates. 2. Alle bei dem letzten Aufstande Betheiligten und ihre Zuhalter. Wir haben achtzehn oder zwanzig in der Convention, welche unter Shays Corps wirklich enrollirt waren. 3. Die große Mehrzahl der Mitglieder von Maine. Viele derselben und Derer, welche sie gewählt haben, sind nur „Squatters“ auf anderer Leute Eigenthum, und fürchten bei hergestellter Ordnung zur Rechenschaft gezogen zu werden. Auch fürchten Viele, obgleich mit Unrecht, daß ihr Lieblingsgedanke, einem engeren Staate anzugehören, Noth leiden könnte. Nun rechne man noch die ehrlichen aber unentschlossenen Leute hinzu, und man wird finden, daß alle zusammen einen mächtigen Haufen ausmachen.“

John Hancock, der erwählte Präsident, war einige Zeit durch Krankheit verhindert gewesen, und stellte, als er jetzt seinen Sitz einnahm, einige Verbesserungs-Anträge, welche demnächst in die Verfassung aufgenommen werden sollten.

Dieser Vorschlag gab der Sache eine neue Gestalt; die Anträge wurden an ein Comite verwiesen, und mit wenigen Veränderungen günstig berichtet.

Die Folge war, daß mehrere Mitglieder, welche wie Samuel Adams seither Gegner der Verfassung waren, jetzt deren warme Vertheidiger wurden, und die Wichtigkeit und Nothwendigkeit der Annahme derselben in der vorliegenden Form wurde mit großem Nachdruck und logischer Schärfe dargethan. Der große Redner Fisher Ames, entwickelte in einer Rede von großer Eloquenz die Gefahren jedes Verzugs und das Unglück, welches bei längerer Ungewißheit das ganze Land bedrohte. „Sollen wir, fragte er, Alles neu auf's Spiel setzen, indem wir die Verfassung verwerfen? Sie gewährt uns große Vortheile bezüglich der Schifffahrt, und es ist das Interesse aller Staaten, daß wir solcher theilhaftig werden; verwerfen wir sie aber, welche Sicherheit haben wir dann, daß sie zum zweiten Mal angeboten werden, da sich alle Lokalinteressen und Vorurtheile der anderen Staaten dem widersetzen werden? Wer, der die Freiheit liebt, wird nicht für sie zittern, wenn das Bundes-Gouvernement aufgelöst wird? Gibt es eine Freiheit ohne eine Regierung? Die Union ist zu unserer Existenz als eine Nation absolut nothwendig. Die Union ist der Lebenssaft, der die junge Pflanze allein nährt. Verwerfen wir die Verfassung, so gürteln wir, um mich eines hier üblichen Bildes zu bedienen, den Baum; seine Blätter werden welken, seine Zweige abfallen, und der verwesende Stamm wird beim ersten Sturme niedergerissen werden. Welche Sicherheit hat jeder einzelne Staat gegen auswärtige Feinde? Würden wir „das Land der Mastbäume," um welches uns die Engländer so sehr beneiden, vertheidigen können? Würden wir unsere Fischereien beschützen, Verträge abschließen können, die uns gestatteten, unsere Landesprodukte zum Verkaufe auf fremde Märkte zu bringen? Knüpfen sich nicht unersetzliche Verluste an jede Minute Aufschub? Werden wir unserer Nachlässigkeit und Verkehrtheit ungeachtet, uns des Privilegiums, uns eine Verfassung geben zu können, eines Privilegiums, dessen sich noch niemals eine Nation zu erfreuen gehabt, auch künftig zu erfreuen haben? Wir hängen an der Verfassung unseres eigenen Staates und scheinen uns unter ihrem Schutze in Sicherheit zu glauben. Wir sprechen, als ob keine Gefahr mit einer verkehrten Entscheidung verbunden wäre. Bedenken Sie aber nur, daß bei der zu befürchtenden Ueberschwemmung die Stelle, worauf wir stehen, nicht trocken bleibt. Unser Staatsgebäude ist ganz schön, es ist aber auf Sand gebaut. Die Union ist der Fels, worauf es ruhen muß 2c.

Die vorgeschlagenen Zusätze waren wesentlich diejenigen, welche später wirklich in die Verfassung aufgenommen wurden. Am 6. Februar hatte die Abstimmung statt, und die Verfassung wurde mit 197 gegen 168 Stimmen angenommen. In der Zuschrift, worin das Resultat dem Congresse mitgetheilt wurde, ist gesagt: „Die Convention empfiehlt im Namen und Interesse des Volkes dieses Staates ihren Repräsentanten im Congresse, allen ihren Einfluß aufzubieten, und jedes zweckmäßige und erlaubte Mittel anzuwenden, damit die zum fünften Artikel gegenwärtiger Verfassung beschlossenen Abänderungen und Zusätze, wie sie dort vorgeschlagen sind, angenommen und ratificirt werden."

Bald nach der erwähnten Entscheidung von Massachusetts trat die Convention von New Hampshire zusammen, vertagte sich aber sogleich wieder bis zum Sommer. Am 21. Juni wurde dann die Verfassung mit einer Mehrheit von nur eilf Stimmen und zwar mit den von Massachusetts vorgeschlagenen Abänderungen angenommen. Außerdem machte diese Convention noch selbstständig den Zusatz, daß man die Bestimmung wünsche, daß keine stehende Armee in Friedenszeiten gehalten werden dürfe, so fern nicht drei Viertheile der Mitglieder beider Häuser des Congresses zustimmten; ferner, daß in Friedenszeiten keine Einquartierung zu den Bürgern gelegt werden dürfe, es sei denn, daß sie einwilligten; und daß der Congreß keine Gesetze, welche die Religion berührten, oder die Gewissensfreiheit beschränken könnten, erlassen, und eben so wenig eine Entwaffnung der Bürger anordnen dürfe, sofern sich nicht solche in wirklichem Aufruhr befänden.

Virginien, New York und Nord-Carolina hielten ihre Conventionen während des Sommers 1788, und dort zeigte sich eine mächtige und in geschlossenen Reihen gegen die Annahme der Verfassung kämpfende Opposition.

Die Convention von Virginien trat am 2. Juni zusammen, und darin be-
1788. gegneten sich die hervorragenden Männer dieses wichtigen Staates, in zwei entgegengesetzten Lagern geschaart. Patrick Henry, Georg Mason, William Grayson, James Munroe und Andere kämpften in den Reihen der Opposition; ihnen gegenüber standen Pendleton, Edmund Randolph, Madison, John Marschall, Wythe, Georg Nicholas und Andere. Die Debatten, obgleich nur unvollständig veröffentlicht, geben Belege von Beredtsamkeit und Talent, wie sie gewiß in damaliger Zeit in Amerika nicht wieder gefunden worden. Patrick Henry nahm wiederholt das Wort gegen den Entwurf der Verfassung, und bot mit dem Feuer, das ihn immer belebte, wenn er für seine Ueberzeugung sprach, alle seine Kraft und Ueberredungsgabe auf, ihre Annahme zu vereiteln. Für uns, die wir unter den Segnungen und dem Glücke dieser Verfassung unseres gemeinsamen Vaterlandes leben, ist es eine historisch höchst interessante Untersuchung, in welchem Lichte die damaligen Gegner dieses Werkes die Sache betrachtet haben, weßhalb wir einige Auszüge aus Henry's Reden in der Convention mittheilen wollen. Sie können noch jetzt mit Vortheil von jedem Amerikaner gelesen werden, und es wäre wünschenswerth, daß sie unseren ungemessenen Eifer, in Parteifragen von höchster Wichtigkeit für die Vereinigten Staaten im Voraus diese oder jene Ansichten zu adoptiren, etwas mäßigen könnten. Es muß uns einigermaßen bedenklich machen, daß selbst ein Mann wie Patrick Henry sich in der Vorausſicht über das künftige Wirken der Verfassung so gänzlich täuschen konnte. *)

„Der Vorschlag, sagte der beredte Virginier, den föderalen Charakter unserer Regierung zu ändern, ist im höchsten Grade bedenklich. Nehmen Sie die Sache von der besten Seite, denken Sie, es liege keine geheime Absicht zum Grunde, immer haben Sie Ursache, außerordentlich vorsichtig, wachsam, eifersüchtig auf Ihre Freiheit zu sein, denn nur zu gewiß ist es, daß Sie statt Ihre Rechte zu sichern, in Gefahr sind, sie für immer zu verlieren. Wenn diese neue Regierungsform das nicht hält, was sich das Volk davon verspricht, und es findet sich in seinen Erwartungen getäuscht, so ist es zu spät — seine Freiheit ist verloren, und Tyrannei wird und muß statt ihrer vorherrschen. Ich wiederhole nochmals, und bitte die Herrn es wohl zu überlegen, daß ein falscher Schritt in der

*) Wirt gibt ein Resüme der Henry'schen Gründe gegen die Verfassung in seinem Leben Patrick Henry's, pp. 299—306.

jetzigen Zeit uns in's Elend stürzen, unsere Republik zu Grunde richten muß. Es ist nöthig, daß die Convention eine getreue historische Kenntniß der Thatsachen habe, welche der Föderal-Convention vorausgingen, und die Gründe kenne, welche deren Mitglieder veranlaßt haben, eine gänzliche Umgestaltung der Regierung unter Hinweisung auf die Gefahren vorzuschlagen, welche uns bedrohen sollten. Waren diese letzteren wirklich so bedenklich, um einen so höchst gefährlichen Vorschlag, wie diesen, zu rechtfertigen, so ist meiner Ansicht nach unsere heutige Convention vollkommen berechtigt, einen jeden Umstand, der Bezug auf diese Verhältnisse hat, durch und durch kennen zu wollen. Und ich nehme daher hier Veranlassung, die ehrenwerthen Herren, welche zuletzt die Föderal-Convention gebildet haben, um die Erklärung dieser Umstände und Verhältnisse zu ersuchen. Ich zweifle nicht daran, daß sie von der Nothwendigkeit eines fest-consoldirten Central-Gouvernements an der Stelle eines Staaten-Bundes durchdrungen waren — denn daß die uns vorgeschlagene Form eine Central-Regierung enthält, kann nicht geläugnet werden. Die Gefahr aber, die eine solche Regierungsform hat, ist wenigstens einleuchtend genug. O ich zweifle nicht an der ehrlichen Absicht jener Herren! Ich möchte aber denn doch von ihnen hören, wer ihnen das Recht gegeben hat, zu sagen: „Wir das Volk." Meine politische Neugierde, noch außer meiner Besorgniß für das öffentliche Wohl heißt mich sie fragen, was sie berechtigt hat zu sagen: „Wir das Volk anstatt wir die Staaten?" Staaten sind die Charakteristik, die Seele des Staaten-Bundes. Sollen die Staaten nicht das handelnde Element unserer politischen Verfassung sein, so muß es eine große National-Regierung vom ganzen Volke in allen Staaten gewählt, sein. Ich finde darum einen Widerspruch, etwas Unerklärliches in den Handlungen der Männer, welche in der letzten Föderal-Convention solche Grundwahrheiten übersehen konnten; und so groß auch mein Vertrauen zu ihnen ist, und so gerne ich es hier öffentlich ausspreche, daß ich mit Freuden meine Rechte ihrer Repräsentation anvertrauen würde, so möchte ich doch dringend wünschen, die Gründe von ihnen zu hören, die sie so zu handeln vermocht haben. Ich würde die Freiheit, die wir der Tapferkeit des von uns allen gesegneten Mannes verdanken, als meine Rechtfertigung anführen, um auch ihn um seine Gründe zu fragen, wenn er hier anwesend wäre: andere Herren aber sind hier anwesend, die uns hoffentlich die Auskunft geben werden. Denn das steht fest, die Föderal-Convention hat ihre Befugnisse überschritten. Ich sehe die Gefahr nicht, die man uns vormalt, die wirkliche bestehende Gefahr, welche uns rechtfertigen könnte, Maßregeln zu ergreifen, die meiner Ansicht nach viel gefährlicher sind, als jene Gefahr. Man hat sich auf Unruhen, versuchte Empörungen berufen. Diese waren aber stets nur lokal, nie allgemein — hier zum Beispiel war nie die kleinste Störung; hier war immer Alles ruhig und in bester Ordnung.

„Warum werden wir also auf den weiten Ocean politischer Neuerungen geworfen, wo wir ohne Steuer und Compaß umhertreiben? Warum wird die Brandfackel politischer Meinungsverschiedenheit zwischen uns geschleudert, die bereits eine Leidenschaft und einen Haß unter uns entzündet hat, die ohne diese gefährliche Neuerung nie in diesem Grade möglich gewesen wären? Wozu war die Föderal-Convention berufen? Was war ihre Vollmacht? Auf der alten Basis fortzubauen, das allein war ihre Mission, und darauf hatte sie sich zu beschränken! Es ist daher sehr natürlich und bedarf keiner Entschuldigung, daß ich in Voraussicht, in ängstlicher Befürchtung vor den Gefahren, welche diese Verfassung in ihrem Schooße verbirgt, tiefer in die Ursache einzugehen suche, welche den unerhörten Vorschlag, unser ganzes Regierungs-System zu ändern, veranlaßt hat!"

Am folgenden Tage machte Henry folgende Bemerkungen gegen die Verfassung.

„Man sagt, die Verfassung habe viel Gutes, ja Vorzügliches: wenn ich aber diesem Guten und diesen Vorzügen in's Gesicht sehe, grinsen sie mich Abscheu-erregend an! Ja, unter anderen Mißbildungen schielt das Machwerk! es schielt widerwärtig. Es schielt nach der Monarchie! Ist das nicht genug, Zorn und Widerwillen in der Brust jedes wahren Amerikaners zu erregen? O! Euer Präsident hat nur einen Schritt zu machen, und er ist ein König! Euer Senat ist so unsystematisch zusammengesetzt, daß euere theuersten Rechte leicht von einer kleinen Minorität geopfert werden können; eben so kann eine kleine Minorität *) die Regierung für alle Zeiten despotisch fortführen, so verworfen sie auch sein mag. Und sagt mir, wo sind denn die Schranken euerer Regierung? Alle Kraft und Macht gebt ihr eueren natürlichen Feinden ausschließlich in die Hand! Ja ihr meint und rechnet darauf, „daß amerikanische Gouvernöre oder Präsidenten nur Tugendspiegel sein könnten!" Täuscht euch nicht! Sie können Muster von Schlechtigkeit sein, und wenn sie es sind, so hat ihnen die Verfassung durch ihre Mangelhaftigkeit und Mißgriffe die vollste Gewalt gegeben, die größten Niederträchtigkeiten ungestraft zu vollbringen! Ja wird nicht die ganze gebildete Menschheit unsere kindische Thorheit belächeln, daß wir unsere Rechtsverfassung auf den Grund bauen, daß unsere Herrscher brav sein werden? Zeigt mir doch in der Geschichte aller Staaten und aller Zeiten ein Beispiel, wo ein also in die Persönlichkeit des Herrschers gesetztes Vertrauen nicht zur Despotie geführt hat? Ich sage ihnen, daß noch immer und überall der Verlust der Freiheit, des theuersten aller Menschenrechte sich an eine solche wahnsinnige Verirrung in der Logik und in der Erfahrung geknüpft hat und nothwendig knüpfen mußte! Laßt nur einmal eueren amerikanischen Chef einen Mann von Ehrgeiz und Talent sein — wie leicht wird es ihm werden, sich zum absoluten Meister aufzuwerfen! Er hat die Armee in seiner Hand, und wenn er es recht versteht, wird er sie seinen Zwecken dienstfertig zu machen wissen. Und es wird ihm nicht an Gelegenheiten fehlen, den rechten Moment zu ergreifen, seinen Verrath auszuführen! Was wollt ihr alsdann mit euerem „amerikanischen Geiste der Freiheit" anfangen? Wird er allein euch von der Ruthe befreien, die ihr euch so thöricht aufgebunden habt? Ja! ich gestehe es offen, und bin überzeugt, daß mir Viele in der Versammlung beistimmen werden; ich würde einen König, eine Pairskammer, ein Haus der Gemeinen bei weitem einem so nichtsnutzigen, mit

*) Nämlich Minoritäten des Volkes.

allen unerträglichen Mängeln und Fehlern behafteten Gouvernement vorziehen! Wählen wir einen König, so steht es bei uns, ihm feste Schranken zu setzen, ihm die Art vorzuschreiben, wie wir regiert sein wollen —wir können dafür sorgen, daß er Blößen hat, wo wir ihm beikommen, wenn er sich beigehen läßt, seine Pflichten zu vergessen! Aber euer Präsident mit der ganzen Executivgewalt, mit der ganzen bewaffneten Macht zu seiner Verfügung, der kann euch die Bedingungen vorschreiben, wie er als Herr und Meister euch zu tyrannisiren gemeint ist, und dann wird es „euerem amerikanischen Geiste" schweres Kopfzerbrechen kosten, wie er seinen Hals aus diesem drückenden Joche wieder herausbringen kann! Wahrlich die Galle läuft mir über, wenn ich daran denke! Wenn er erst einmal das Gesetz verletzt hat, was denkt ihr, wird er thun? Er stellt sich an die Spitze der Armee und lacht euch in's Gesicht! Oder er macht sich nichts daraus — „er gibt Bail!" — er ist ja sein eigner oberster Richter! Oder er läßt sich von dem „obersten Bundesgericht" das Urtheil sprechen, was sicher gerecht ausfällt—dafür ist bei der Ernennung gesorgt! Fragen Sie sich selbst, wird ihn das Bewußtsein seiner Schuld nicht dazu treiben, die Verfassung mit der nämlichen Hand auszulöschen, mit welcher er nach der unbedingten Herrschaft greift? Und wo ist die Macht, die ihn zur Rechenschaft ziehen, die ihn bestrafen kann? An der Spitze der Armee wird es ihm ein Leichtes sein, jede Anklage verstummen zu machen! Nein — nein! Täuschen Sie sich nicht mit ihrem „Präsidenten." Ein König wird er sein! Er wird die Armee für sich haben, die Miliz wird das Volk im Stiche lassen, und auf seine Seite treten. Was werden sie dann thun? Was wird aus ihnen und ihren Rechten werden? Ist etwas Anderes, als absoluter Despotismus möglich?

„Man sagt uns, die vorgeschlagene Regierungsgewalt sei in ihrem Complexe durchaus neu und lasse keine Schlußfolgerungen zu; sie konstituire in einem Theile die Centralgewalt, während sie in dem anderen die Rechte der Staaten anerkenne u. s. f. O wenn wir Lust haben, können wir ganze Vorlesungen in politischer Anatomie haben! Das Gehirn ist central, die Knochen sind föderal; einige Glieder sind bundesgewaltig, einige Muskeln staatsgewaltig. Die Senatoren sollen von den Staats-Legislaturen gewählt werden; darin ist die Einrichtung föderal. Dagegen werden die Abgeordneten zum Volkshause von dem Volke gewählt; das ist wieder national u. s. w. Was kann alles dieses Zerlegen aber bedeuten, da es sicher steht, daß die ganze gesetzgebende Gewalt centralisirt ist? Die Legislatur der Staaten ist auf Lokalsachen ohne jede Bedeutung beschränkt; sie können nicht einmal Privat-Verträge abschließen, können die Waffen nicht zu ihrer eignen Vertheidigung ergreifen, können kein Recht sprechen zwischen ihren eigenen Bürgern. Was bleibt denn den Staaten noch übrig? Armen- und Versorgungs-Häuser zu errichten, Landstraßen anzulegen und zu unterhalten, Brücken zu bauen und so weiter und so weiter! Schafft doch euere Staats-Legislaturen sogleich ganz ab! Was ist der Zweck davon, ihnen eine Scheinexistenz zu fristen? Sie werden ein lächerliches Possenspiel aufführen. Hundert und achtzig Männer setzen sich hin in feierlichem Ernste — um als lebendiger Beweis zu dienen, daß die Freiheit ihres Landes verloren ist, und sie nichts thun können, sie wieder zu gewinnen. Dagegen haben wir den vortrefflichen Trost, daß wir „ein gemischtes Gouvernement" haben! In der That ein großer Trost, zu wissen, daß das Joch, das uns den Nacken wund reibt, ein „föderales Joch" ist!"

Am 24. Juni, wo die Ratificationsfrage wieder auf der Tagesordnung war, machte Henry abermals eine beredte Ansprache an die Convention. Er wies auf Pennsylvanien und Massachusetts hin, welche sich eben so entschieden gegen die Regierungsform erklärt hatten, wie die virginische Opposition. In Massachusetts hätten nur neunzehn Stimmen Majorität dafür abgestimmt, während in Pennsylvanien zehntausend Wähler vertreten gewesen wären, und die Zahl der wirklich berechtigten Wähler siebenzig tausend sei. Das Alles sei doch gewiß Aufforderung genug, etwas tiefer auf den Grund der Sache einzugehen. Mit einem so zahlreichen Widerstande könne keine dauernde Union gegründet werden. Man müsse sich über die Verbesserungsvorschläge einigen. Nur wenn diese angenommen würden, verspreche die Union Dauer und Festigkeit zu erhalten. Was ihn persönlich angehe, so wolle er nichts mit der Sache zu thun haben, selbst wenn die Amendements angenommen würden. Die Unterdrückung sei immer gleich empfindlich, wenn sie auch von Majoritäten ausgingen; diese wüßten sich immer die Dinge zurecht zu machen, und „Compromisse abzuschließen." Sollte aber der Vorschlag ohne die Amendements durchgehen, so werde er sich sofort zurückziehen. Es werde alsdann bald gar keine Regierung mehr geben, und der Bürgerkrieg sei vor der Thüre. In der Leidenschaft und Anarchie sei der Weg zum Blutvergießen nicht weit. Nur wenn in dem Sinne freier Männer erklärt werde, daß gewisse Rechte unantastbar seien, werde er ihnen beitreten — sonst nicht." *)

Randolph widerlegte die Angriffe Henry's in einer Rede von großer Kraft und schloß also: „Ich habe für das Fortbestehen der Union gearbeitet — sie ist der Anker unseres Heils. Ich glaube fest, daß unsere Sicherheit, unsere politische Existenz und Wohlfahrt von der Vereinigung der Staaten abhängt, und daß ohne sie das Volk dieses und der anderen Staaten unsäglichem Elende entgegengehen wird, wie solches in anderen Ländern von Zwietracht, Parteigeist, Gewaltsamkeit und Anarchie erzeugt worden ist. Der amerikanische Geist muß jetzt mit dem Gefühle des politischen Stolzes Hand in Hand gehen, dem Stolze, Amerika durch die Union groß zu sehen! Laßt uns das Gefühl dieses Stolzes nähren, damit wir nicht nach so vielen Beweisen von Standhaftigkeit und Ausdauer in schwierigen und verzweifelten Lagen, nachdem wir die Bewunderung der Welt durch unsere Energie und Weisheit gewonnen haben, unsere nationale Bedeutung und Größe durch kleinliche Eifersucht einbüßen. Lassen wir künftig Geschicht-

*) Da Henry voraussah, daß er überstimmt werden würde, äußerte er am Schlusse der Debatte: Bleiben wir in der Minorität, so theile ich das bittere Loos derjenigen, die in dem ehrlichen Kampfe die Sache, in der sie mit Ueberzeugung gefochten haben, unterliegen sehen. Bei allem Dem aber werde ich mich als ein friedliebender Bürger unterwerfen. Mein Kopf und meine Hand werden unermüdlich thätig sein, die verlorne Freiheit wieder zu gewinnen, und eine Aenderung des mangelhaften Systems herbeizuführen — allein nur in verfassungsmäßigem Wege. Gewaltthätigkeit liegt mir fern, ich rechne darauf, daß der Geist, der die Revolution durchgeführt hat, noch nicht erloschen ist. Ich werde es geduldig abwarten, daß die Regierung so umgewandelt wird, daß sie mit der Sicherheit, Freiheit und Wohlfahrt des Volkes verträglich ist.

schreiber uns nicht nachsagen, daß es uns an Einsicht und Selbstbeherrschung gefehlt habe, um uns einer geordneten und starken Regierung zu unterwerfen. Es würde das gerechten Tadel und die strengste Beurtheilung verdienen. Lassen Sie uns den gegenwärtigen Augenblick ergreifen und festhalten; er möchte uns entschlüpfen und nie wiederkehren. Wenn jetzt die Union nicht zu Stande gebracht wird, fürchte ich, wird sie nie zu Stande kommen. Ich bin überzeugt, daß die Opposition aufrichtig und von den ehrlichsten Motiven bestimmt ist — wenn ich aber die Vortheile der Union reiflich abwäge und die fürchterlichen Folgen ihrer Auflösung betrachte, — wenn ich Sicherheit auf der einen, Verderben auf der anderen Seite sehe, wenn ich Achtbarkeit und Glück durch jene erworben, durch letztere vernichtet sehe, kann ich nicht bedenklich sein, mich zu Gunsten der ersteren zu erklären u. s. w.

James Madison war jedoch der mächtigste Fürsprecher zu Gunsten der Annahme der Verfassung. Als Wythe den Antrag
1788. gestellt hatte, die Convention solle die Verfassung annehmen, dem Congreß jedoch anempfehlen, die gewünschten Verbesserungen nachträglich zu genehmigen, sah Madison klar voraus, daß das Schicksal derselben an der Entscheidung dieser Frage hing. Er kannte die Schwierigkeiten, die sich in der General-Convention ergaben, zu gut, um nicht zu wissen, daß sich die darin vertretenen Staaten niemals über die verschiedenen Amendements, die vorgeschlagen werden sollten, würden einigen können.

„Nichts hat mehr Bewunderung in der Welt erregt, sagte Madison, als die Leichtigkeit, womit sich die Amerikaner freisinnige Staatsverfassungen dauernd zu geben verstanden. Es war dies das erste Beispiel in der Geschichte, wo freie Männer sich über eine Staats-Regierungsform berathen und Abgeordnete aus ihrer Mitte gewählt haben, denen sie das Vertrauen schenkten, solche auszuarbeiten und in Wirksamkeit zu setzen. Und warum hat dies so viel Bewunderung und Beifall gefunden? Weil es auf der einen Seite ein Werk von so hoher Wichtigkeit ist und auf der andern Seite so außerordentlich großen Schwierigkeiten unterliegt. Hat es nun solche Bewunderung verdient, daß die Vereinigten Staaten mitten im Kriege und in der Verwirrung sich freie Regierungs-Systeme ausbilden konnten, um wie viel größer würden das Erstaunen und die Bewunderung erst sein, wenn sie im Stande wären, friedlich, offen und mit glücklichem Erfolge eine allgemeine Central-Regierung zu konstituiren, während eine so große Verschiedenheit der Meinungen wie der Interessen uns trennt, und zu einer Zeit wo keine gemeinschaftliche Gefahr uns zusammenhält oder antreibt? Wie unendlich schwierig muß es sein, sämmtliche Interessen in **einem** Regierungssystem zu vereinigen, und sämmtliche abweichende Ansichten aller dieser so höchst verschiedenartigen Gemeinheiten in Einklang zu bringen? Wie sind die Staaten-Bündnisse in alten und neuen Zeiten gebildet worden? So weit uns die alte Geschichte bekannt ist, hatte sie die Weisheit hervorragender Männer zu Stande gebracht. Was ist das Band, welches die Schweizer-Cantone so unvollständig und lose zusammenhält? Ihre gemeinschaftliche Gefahr! Und dasjenige der niederländischen Provinzen? Derselbe Grund! Alle diese Gemeinheiten waren der nämlichen Gefahr ausgesetzt und der gemeinsame Charakter ihrer Lage hat sie zusammengebracht. Das deutsche Reich hat gleichfalls sein Entstehen der Gefahr, und vielleicht noch mehr auch dem allmächtigen Einflusse einzelner Individuen zu verdanken. Bei Beurtheilung, des hier vorliegenden Verfassungswerkes müssen wir große Zugeständnisse machen. Wir dürfen nicht aus dem Auge verlieren, daß es unmöglich ist, die Wünsche jedes einzelnen Staates zu erfüllen oder gar, jedes einzelne Individuum damit zu versöhnen oder dafür zu begeistern. Die Freunde des Projekts haben nie geläugnet, daß es Fehler habe, allein sie läugnen, daß es irgend eine wirkliche Gefahr in sich trage. Sie begreifen sehr gut, daß solche alsdann beseitigt werden müßte. Allein bedenken Sie, daß die Annahme von der Zustimmung von neun Staaten abhängig gemacht ist. Haben aber neun Staaten solche nach reiflicher Ueberlegung angenommen, können diese neun Staaten dann auf die Einwendungen eines einzigen Staates hin zugeben, daß sie leichtfertig gehandelt haben, daß sie die Mängel übersehen haben? Sollen sie etwa den gethanen Schritt zurückthun und es noch einmal darauf ankommen lassen, ob überhaupt nur eine Vereinigung möglich sein wird? Virginien hat bisher stets großes Ansehen bei allen Staaten gehabt, und ist mit Aufmerksamkeit von ihnen gehört worden. Wird das auch dann geschehen, wenn es den anderen Staaten begreiflich machen will, daß sie unklug gewesen seien und übereilt gehandelt hätten? Und wenn wir im Voraus überzeugt sind, daß sie unseren Verbesserungsvorschlägen, von welchen unserer Ueberzeugung nach die Erhaltung der gemeinsamen Rechte und Freiheit abhängt, nicht beitreten werden, beweist es dann Achtung und Vertrauen, wenn wir sie ihnen doch aufdringen wollen? Alles hängt von unserer Entscheidung ab, ob sich die dreizehn Staaten frei, friedlich und einstimmig zu ihrer wechselseitigen Sicherheit und Wohlfahrt einigen wollen, oder ob Alles von neuem in Verwirrung und Unordnung gerathen soll? Wollen wir den thörichten Versuch machen, die widersprechendsten Interessen und die verschiedensten Meinungen alle in denselben Weg zu lenken?

Bedenken Sie nur, daß diejenigen, welche das Werk beriethen und abfaßten, selbst erklärt haben, daß sie dabei auf ganz unbeschreibliche Schwierigkeiten gestoßen seien, und nur durch wechselseitige Nachgiebigkeit, Zugeständnisse der Einen gegen die Anderen zu Ende gekommen seien. Hätten sie zähe auf ihren Meinungen bestanden, so wäre natürlich nie eine Einigung möglich gewesen. Damals waren die Umstände günstig — es herrschte keine Aufregung, keine Parteileidenschaft, sondern ruhige Stimmung und Ueberlegung, und doch war es so unendlich schwierig, sich über ein allgemeines System zu einigen.

Nehmen wir an, acht Staaten würden die Verfassung unbedingt ratificiren, Virginien würde seinen Beitritt von der Annahme gewisser Modificationen abhängig machen.

Im günstigsten Falle würden dieselben geneigt sein darauf einzugehen, und dann würde die daraus erwachsende Schwierigkeit unübersteiglich sein. Alle Staaten, welche sich bereits entschieden hatten, müßten die Verhandlung von vorn anfangen. Sie wären nicht allein in der peinlichen Lage, offen eingestehen zu müssen, daß sie übereilt gehandelt haben, sondern es würde auch nothwendig werden, das Volk von neuem abstimmen zu lassen, wozu wieder Neuwahlen zu Conventionen nöthig wären, um darüber zu berathen. Es würde eine Unmasse Verbesserungs-Anträge, die Reflexe jeder politischen Meinungs-Schattirung, die Ausflüsse jedes örtlichen Vorurtheils gestellt werden, die sämmtlich in Betracht genommen werden müßten.

Die Herren, welche in diesem Hause präjudizielle Amendements gestellt haben, sind bis zur Zahl *von vierzig* gekommen; zu den Grundrechten sind *zwanzig* Amendements gestellt, und dazu wieder
1788. *zwanzig* Unteramendements, die oft ganz ungereimt und widersprechend lauten. Wird nicht jeder der Staaten sich das Recht beimessen, eine gleiche Zahl Verbesserungs-Anträge zu stellen? Nun lassen Sie uns einmal annehmen, daß sich dieselben widersprechen! Ist es möglich, auf eine abermalige Uebereinstimmung, eine andere Zustimmung als zu dem Entwurfe zu rechnen, welcher uns jetzt vorliegt? Die Schwierigkeiten würden weit größer sein, als diejenigen, welche überwunden wurden, um den gegenwärtigen Entwurf zu Stande zu bringen."

Whyte's Antrag ging mit einer Majorität von acht Stimmen durch; acht und achtzig gegen acht. Nach einigen nachdrücklichen Bemerkungen gab die Convention folgende Erklärung ab: Unter diesem Eindrucke, mit der feierlichen Versicherung, daß wir es aufrichtig meinen, und mit der Ueberzeugung, daß allenfalsige Unvollkommenheiten in der Verfassung besser in der darin vorgesehenen Weise beseitigt werden, als daß man durch eine die Ratification bedingende Annahme von Verbesserungsvorschlägen die ganze Union auf's Spiel setze — genehmigen *wir*, die Delegaten, den Verfassungsentwurf, und ertheilen unsere Zustimmung dazu."

Gleichzeitig entschied sich die Convention für eine Aufstellung der Grundrechte in zwanzig Artikeln, und für die gleiche Zahl Verbesserungs-Vorschläge zu dem Verfassungswerke selbst. Die wichtigsten davon waren: daß der Congreß nicht eher directe Auflagen ausschreiben dürfe, bis die Staaten solche verweigert hätten; daß Mitglieder des Hauses und des Senates kein Civilamt unter dem Ernennungs-Recht der Vereinigten Staaten bekleiden dürften; daß kein Handelsvertrag anders, als mit Zustimmung von zwei Drittheilen der Gesammtzahl der Senatoren ratificirt werden dürfe; daß kein Vertrag, welcher die Abtretung oder die Suspension von Territorial-Rechten der Vereinigten Staaten, oder das Recht in den amerikanischen Meeren Fischerei zu treiben, oder die Schifffahrt auf amerikanischen Gewässern zum Gegenstande habe, anders als im Falle der äußersten Noth und auch dann nur mit Zustimmung von wenigstens drei Viertheilen der Gesammtzahl der Senatoren genehmigt werden dürfe; daß jeder Schifffahrtsvertrag, jeder den Handel regulirende Vertrag nicht anders als mit der Zustimmung von drei Viertheil der anwesenden Senatoren genehmigt werden dürfe; daß kein Präsident länger als für zwei Termine (acht Jahre) hintereinander im Amte bleiben, und erst nach acht Jahren Zwischenzeit wieder gewählt werden dürfe; daß die Competenz der Vereinigten Staaten Gerichtshöfe nicht auf früher anhängige Rechtsfälle zurückwirken könne (Streitigkeiten über Bewilligung von Ländereien durch verschiedene Staaten und über Forderungen der Vereinigten Staaten ausgenommen); daß dem Congresse kein Recht zustehe, sich in die Wahlen von Repräsentanten oder Senatoren zu dem Congresse einzumischen, es wäre denn, daß die Legislatur eines Staates verhindert sei, oder vernachlässige, die Wahlangelegenheit selbst in die Hand zu nehmen; daß man aus der Klausel, welche dem Congresse untersagt, sich gewisse Rechte beizulegen, nicht folgern dürfe, daß ihm alle nicht ausdrücklich entzogene Rechte zustünden, vielmehr solche Klausel nur als eine Verwahrung und größere Vorsicht hinsichtlich der darunter begriffenen Fällen angesehen werden solle; daß die Frage über den Betrag der Diäten der Abgeordneten nicht in der ersten, sondern erst in der zweiten Sitzung des Congresses zur Entscheidung kommen dürfe; daß eine andere Behörde, als der Senat selbst bestimmt werde, um Anklagen gegen Senatoren abzuurtheilen." Die Convention empfahl ihren Abgeordneten in der ersten Congreß-Sitzung, Alles aufzubieten, um eine Ratification dieser Verbesserungs-Vorschläge in der durch die Verfassung vorgesehenen Weise durchzusetzen *), im übrigen aber sich in ihren Abstimmungen von dem Geiste der Verfassung leiten zu lassen.

Die Convention von New York begann ihre Sitzungen am 17. Juni und ging mit großem Eifer an's Werk. Jay, Hamilton und Kanzler Livingston waren die beredtesten Fürsprecher, wogegen die Opposition gegen die Annahme von Gouvernör Clinton, Yates, Lansing, Duane u. A. angeführt wurde. Kein Zweifel, daß die öffentliche Meinung im Allgemeinen sich zur Verwerfung hinneigte, allein das Resultat der virginischen Convention entmuthigte die Opposition. Es hatten sich jetzt zehn Staaten für die Verfassung entschieden; es war also gewiß, daß sie in's Leben trat. Es blieb daher für New York keine Wahl — der Staat müßte aus der Union ausscheiden, oder sich den übrigen Staaten anschließen. So erhielt sie denn unter Hamilton's geschickter Führung eine kleine Majorität — die Convention nahm den Entwurf an, indem sie dem Beispiele Virginiens folgend, Verbesserungs-Vorschläge zur künftigen Berücksichtigung empfahl. Diese letzteren zeichneten sich vor denen der übrigen Staaten sowohl durch größeren Umfang als radicaleren Charakter aus.

Die meisten der von Massachusetts vorgeschlagenen Amendements wurden auch von New York empfohlen; außerdem aber wurde beantragt, daß nur eingeborne, oder vor dem 4. Juli 1776 naturalisirte oder im Dienste der Vereinigten Staaten befindliche Bürger zu den Aemtern des Präsidenten, Vicepräsidenten oder eines Congreß-Mitgliedes wählbar sein sollten; daß in Friedenszeit kein stehendes Heer ohne Zustimmung von zwei Drittheilen der beiden Häuser gehalten werden dürfe; daß der Congreß ohne Zustimmung der gleichen Zahl keinen Krieg erklären dürfe; daß die Habeas corpus Akte auf nicht länger als sechs Monate suspendirt werden dürfe; daß kein Congreß-Mitglied zu einem Vereinigten Staaten Amte befördert werden dürfe; daß der Congreß nur für Kaufleute ein Bankerut-Gesetz erlassen könne; daß Niemand zum dritten Mal zum Präsidenten erwählt werden dürfe; daß der Präsident die Armee im Felde nur auf den Wunsch des Congresses kommandiren dürfe; daß das Recht des Congresses, Gerichtshöfe in

*) S. Pitkin a. a. O. Vol. III, p. 280. Ferner den Anhang I. zu gegenwärtigem Kapitel.

erster Instanz zu errichten, und zur Aburtheilung von Admiralitätssachen, von Fällen, die unter das Seerecht fielen, oder von Seeräubereien und Verbrechen auf hoher See begangen, ausgeübt werden dürfe; daß alle andere Fälle von den Staaten-Gerichten in erster Instanz entschieden werden sollten, und nur die Appellation an die Vereinigten Staaten Gerichte gehöre; daß Anklagen gegen den Präsidenten ꝛc. von dem Senate, den Richtern des höchsten Vereinigten Staaten Gerichts und dem ältesten Richter des höchsten Gerichtes aller Einzel-Staaten abgeurtheilt werden sollte; daß die Vereinigten Staaten Gerichte in keinen Civilprocessen über Eigenthum an Ländereien Competenz haben sollten, ausgenommen wenn es sich um Landbewilligungen durch verschiedene Staaten handle; daß die Miliz nur mit Zustimmung der Legislatur ihres Staates länger als sechs Wochen außerhalb des Territoriums ihres Staates verwendet werden dürfe; endlich, daß der Congreß keine Verbrauchsteuer auf einen in den Vereinigten Staaten gewachsenen, fabricirten oder erzeugten Gegenstand, Branntwein ausgenommen, legen dürfe.

In der Absicht, diesen Amendements die Annahme zu sichern, richtete die Convention von New York an die Gouvernöre sämmtlicher Staaten ein Einladungsschreiben, daß man sich zu dem Zusammentritt einer andern Föderal-Convention vorbereiten möge. In Bezug auf den vorliegenden Entwurf war darin bemerkt, daß mehrere Bestimmungen desselben der Mehrzahl der Versammlung so bedenklich schienen, daß nur die gewisse Ueberzeugung, daß deren Abänderung von einer neuen General-Convention beschlossen werden würde, und das natürliche Bedenken, sich von den Schwesterstaaten loszusagen, die Mehrheit bestimmt habe, den Entwurf ohne die Bedingung vorheriger Annahme der Verbesserungsvorschläge zu ratificiren."

Die Convention von Nord-Carolina war ungefähr gleichzeitig mit der von New York in Sitzung. Am ersten August erklärte die Mehrheit, ohne vorherige Annahme der Verfassungsvorschläge den Entwurf **nicht** ratificiren zu wollen. Am Schlusse des folgenden Jahres jedoch, nachdem Washington schon eine Zeit lang den Präsidenten-Stuhl eingenommen hatte, ratificirte die Convention (am 21. November 1789) die Verfassung. *)

Für Geschichtsschreiber ist es eben so interessant wie unterrichtend, die Meinungen und Ansichten der damaligen Zeit bezüglich der Verfassung und ihrer wahrscheinlichen Zukunft sorgfältig zu studiren. Pitkin gibt mehrere Auszüge aus dem Briefwechsel Jefferson's, Adams' und Sherman's, welche gelesen zu werden verdienen. Die Ansichten Hamilton's und Madison's sind allgemein bekannt. †) Curtis dagegen hat

*) Der leichteren Uebersicht wegen wollen wir die Daten zusammenstellen, unter welchen die Verfassung von allen dreizehn Staaten ratificirt worden ist.

1. Delaware . . .	am 7.	December	1787
2. Pennsylvanien . .	" 12.	"	"
3. New Jersey . .	" 18.	"	"
4. Georgien . .	" 2.	Januar	1787
5. Connecticut . .	" 4.	"	"
6. Massachusetts . .	" 6.	Februar	1788
7. Maryland . .	" 28.	April	"
8. Süd-Carolina . .	" 23.	Mai	"
9. New Hampshire . .	" 21.	Juni	"
10. Virginien . .	" 26.	"	"
11. New York . .	" 26.	Juli	"
12. Nord-Carolina . .	" 21.	November	1789
13. Rhode Island . .	" 29.	Mai	1790

†) Curtis veröffentlicht zum ersten Mal ein interessantes Schreiben Madison's datirt 10. December an Philipp Mazzei in Paris. Daraus geht evident hervor, daß Madison unbe-

uns eine Zusammenstellung der Ansichten anderer ausgezeichneter Männer jener Zeit, z. B. Franklin's, Rufus King, Pinckney's, Randolph's über das Werk hinterlassen. Kein Einziger von ihnen war mit allen Bestimmungen des Entwurfes einverstanden: allein Alle waren überzeugt, daß er gut genug sei, um ihm alle Zugeständnisse zu machen, und alle Bedingungen einzugehen, um nur die Verfassung endlich einmal in Wirksamkeit treten zu sehen. *)

Franklin hatte in einer kurzen Anrede beim Schlusse der Convention gesagt: „Ich stimme der Verfassung bei, weil ich keine bessere erwarten kann, und ungewiß bin, ob es selbst nicht die beste ist. Meine Ansicht über die darin eingelaufenen „Irrthümer" gebe ich im Interesse des allgemeinen Wohles auf. Uebrigens habe ich nie außerhalb diesen Wänden ein Wort darüber fallen lassen. Nur hier habe ich sie angedeutet, und in diesem Saale sollen sie verhallen." In einigen Briefen an seine Freunde in Frankreich ist indeß Franklin etwas mittheilsamer. Er sagt: „Sie mögen Recht haben, daß alle Artikel unserer neuen Verfassung gleich in der ersten Sitzung des Congresses abgeändert werden. Ich stimme darin mit Ihnen überein, daß das Zweikammer-System fehlerhaft ist; nicht minder sind mir einige andere darin aufgenommene Bestimmungen zuwider, während wieder andere darin fehlen, die ich für wünschenswerth halte; indeß wünsche ich von Herzen, daß der Entwurf angenommen werde." Ferner: „Unsere Lage gewinnt allmälig eine festere Gestaltung. Die Streitereien über die Mängel der Verfassung hören auf. Wahrscheinlich wird der erste Congreß den schreiendsten abhelfen, und spätere Congresse werden die Abrundung vollenden. Der von Ihnen angezogene Punkt war der Convention keineswegs entgangen. Viele Mitglieder waren, wenn ich mich recht erinnere, dafür, eine Neuwahl des Präsidenten nach Ablauf der vier Jahre zu verbieten; die Mehrheit indeß wollte die Sache den 1788. Wählern überlassen. Man wendete gegen die Beschränkung ein, daß die Hoffnung auf Wiedererwählung den Amtseifer des Präsidenten anspornen werde. Uebrigens ist das Alles ja nur bloßes „Experimentiren in der Politik" — die Kenntnisse, welche uns das Experiment verschafft, werden gewiß vollständiger sein — ob sie freilich den Versuch lohnen werden, kann erst die Zeit lehren." In einem Briefe an Carroll, Mitglied des ersten Congresses sagte er: Wenn es eine Regierungsform gibt, unter welcher ein Volk sich wirklich glücklich fühlen kann, so glaube ich, berechtigt die unsrige am meisten zu dieser Erwartung. Freilich hängt dabei immer das Meiste von dem Volke selbst ab. Gegen ein Uebel, welches gewöhnlich in den älteren Staaten gefunden wird, haben wir uns geschützt, nämlich gegen die allzugroße Macht der Regierung — ich fürchte nur, daß wir in ein anderes gefallen sind, die allzukleine Bereitwilligkeit des Volkes, der Autorität zu gehorchen. Doch läßt die Intelligenz des Landes und die Aufklärung der Zeit hoffen, daß wir auch über dieses Uebel hinauskommen werden. *)

---

dingt für eine starke Regierung war, stark genug um alle Gesetze prompt und wirksam auszuführen.

*) Ueber die Ansichten des Richter Story s. den Anhang II. zu gegenwärtigem Kapitel.

*) Jefferson schrieb in einem Briefe an Adams: Wie gefällt Ihnen unsere neue Verfassung? Ich gestehe, daß Dinge darin sind, welchen zuzustimmen mir im Innersten widerstrebt. Der

Washington's Ansichten, wie sie aus seiner Correspondenz erkannt werden, liefern einen neuen Beweis seiner gewöhnten Staatsklugheit. Er zeigte große Zuversicht, daß das Endresultat ein gutes sein werde. In einem Briefe an Patrick Henry sagte er: „Ihr Urtheil wird die gute wie die schwache Seite des (Verfassung) Werkes sofort erkennen; Sie kennen die Schwierigkeit, alle die Sonder-Interessen und Vorurtheile der Einzel-Staaten zu vereinigen, aus eigener Erfahrung, und es ist also überflüssig, in nähere Erklärungen einzugehen. Ich möchte allerdings wünschen, daß die Verfassung vollkommener wäre, ich glaube aber wirklich, daß es die beste ist, welche man in jetziger Zeit zu Stande bringen konnte. Da außerdem ein Ausweg gelassen ist, um sie später verbessern zu können, so ist es meiner Ansicht nach unter den gegenwärtigen Umständen der Union wünschenswerth, daß sie angenommen wird. Gegen den Marquis von Chastelleur äußerte er, daß wenn die Verfassung, wie nicht zu zweifeln sei, angenommen werde, Amerika sein Haupt wieder erheben und in wenig Jahren eine ach-
1788. tunggebietende Stelle unter den Nationen einnehmen werde. In einem anderen Briefe heißt es: „Es sind Bestimmungen darin, denen ich nie Beifall schenkte, noch je schenken werde, allein ich habe bei der Berathung eingesehen, und glaube es heute noch, daß es das Beste ist, was man in gegenwärtigem Augenblicke erreichen konnte; es blieb uns nur die Wahl zwischen der Annahme und einer vollständigen Auflösung." Gegen Lafayette, seinen ihm so lieben Waffengefährten, ließ er sich besonders offen und nachdrücklich aus: „Ich glaube, sagte er, man wird unserer neuen Verfassung manches Gute zuschreiben, was eigentlich aus der Einfachheit unserer Bedürfnisse und dem Fleiße, wozu unser Volk durch die Noth gezwungen worden ist, fließt. In der That glaube ich nicht, daß jemals zuvor so viel Industrie und Sparsamkeit in unserem Lande heimisch war, als gegenwärtig. Wenn das Volk so fortfährt, wird es sich der guten Folgen bald zu erfreuen haben. Wenn es sich einmal unter einer energischen Regierung sicher fühlt, wenn auswärtige Nationen aus gutem Willen oder Furcht uns die Handelsvortheile eingeräumt haben, welche sie Anderen bewilligen, wenn die Lasten, die uns der Krieg aufgewälzt, durch den Verkauf westlicher Ländereien vermindert sind, wenn der reichlich gestreute Saame des Glückes aufgehen und Jeder in dem Schatten seines eignen Daches die Segnungen der Freiheit genießen wird, dann wird man all dieses Gute dem Einflusse der Verfassung zuschreiben. Sie sehen, daß ich noch eben so enthusiastisch in der Ueberzeugung bin, daß unserem Lande eine wahrhaft glückliche Zukunft bevorsteht. *) Es war stets mein religiöser Glaube, daß wir nicht dazu bestimmt seien, ein Denkmal dafür zu werden, daß die Menschen unter günstigen Umständen unfähig seien, sich selbst zu regieren, und einen Herrn bedürften."

New Hampshire war der neunte Staat,

Congreß wird nicht im Stande sein, die innern und äußern Angelegenheiten zu bemeistern — ihr Präsident ist eine schlechte Nachahmung des polnischen Wahl-Königs. Man kann ihn immer wieder wählen, so lang er lebt. Nach Vernunft und Erfahrung ist das ein Amt auf Lebenszeit u. s. f. Becker a. a. O. Vol I, p. 252.

*) Einige interessante Bemerkungen John Q. Adams' über die Föderal-Convention 2c. s. den Auszug seiner in der New Yorker historischen Gesellschaft am 30. April 1839 gehaltenen Rede im Anhange zum gegenwärtigen Kapitel III.

welcher die Verfassung ratificirte — so kam sie am 2. Juli 1788 vor den Congreß zurück. Es wurde demnach der Antrag gestellt, und angenommen, daß die eingelaufenen Ratificationen einem Comite überwiesen werden sollten, um sie zu prüfen, und dem Congresse darüber zu berichten, wie nach den Beschlüssen der Föderal-Convention die Verfassung in Vollzug gesetzt werden solle. Am 14. Juli stattete das Comite seinen Bericht ab; der von ihm gestellte Antrag gab hauptsächlich deshalb Anlaß zu hitzigen Debatten, weil man uneins darüber war, an welchem Orte sich der erste Congreß versammeln sollte. Am 13. September endlich wurde der Beschluß gefaßt, daß am ersten Mittwoch des Januars die Staaten, welche alsdann ratificirt haben würden, Wahlmänner ernennen sollten, welche am ersten Mittwoch im Februar sich in dem Hauptorte der verschiedenen Staaten zu versammeln hätten, um ihre Stimmen für den Präsidenten abzugeben, und daß am ersten Mittwoch im März an dem dermaligen Sitzungsorte des Congresses *) die neue Regierung unter der Verfassungs-Urkunde in's Leben treten solle.

*) Im Anfange Januar 1785 war der Congreß nach New York übergezogen, wo er bis 1790 seine Sitzungen hielt.

Anhang zum dritten Kapitel.

I. Debatten im virginischen Congresse.

Die Entscheidung Virginiens erregte ein höheres Interesse, als die irgend eines anderen Staates; so wie auch in keinem der übrigen Staaten die Opposition gegen die Annahme so umfassend und mächtig war. Zwei Männer aus jenem Lande, deren Bedeutung, Charakter und Verdienste um die Revolution nur gegen jene Washington's zurückstanden, und deren Genie und Talente die allgemeine Aufmerksamkeit auf sich zogen, waren entschiedene Gegner des Entwurfes. Es waren Patrick Henry, der erste Herold der Revolution im Süden, wie es James Otis im Norden war, und Thomas Jefferson, der Verfasser der Unabhängigkeits-Erklärung, und der vertrauteste Freund Madison's. Jefferson war jedoch zu jener Zeit außer Landes; er befand sich als Bevollmächtigter der Vereinigten Staaten zu Paris. Seine Einwände gegen die Verfassung waren indeß weder so radical noch so ernstlich, wie jene von Henry. Dieser mißbilligte den ganzen Plan, den Staaten-Bund in eine Vereinigung umzuändern, welche in einzelnen Beziehungen die Staaten verschmolz, in anderen sie fortbestehen ließ. Er war Mitglied der Convention von Virginien, wo es sich Madison zur Aufgabe machte, ihm Stand zu halten, und seine siegreiche Beredtsamkeit und große Logik zu überwinden.

Die Debatten in der virginischen Convention gaben eine nicht weniger klare Beleuchtung der Grundsätze der Verfassung, als die Artikel im „Föderalisten." Patrik Henry griff sie bis in's kleinste Detail an, von dem Vorworte (preamble) und dem ersten Artikel an, bis zum Senate, zu dem Präsidenten, zu der richterlichen Gewalt, zu dem Rechte, Verträge und Frieden zu schließen, besonders aber zu dem darin befindlichen, Mangel; dem einer Aufzählung der Grundrechte nämlich. Auf seiner Seite kämpften Georg Mason, der Mitglied der Convention gewesen, welche die Verfassung entworfen hatte; ferner W. Grayson und James Munroe. So vielfach aber auch die Blößen waren, welche der Entwurf ihren feindlichen Angriffen bot, überall trat ihnen Madison gerüstet entgegen, widerlegte sie durch das Gewicht seiner Gründe, und entwaffnete sie durch die Wärme seiner Sprache und die Ruhe und Versöhnlichkeit seiner Polemik. Schritt für Schritt folgte er Henry in dem Kampfe, und beantwortete alle seine Ausstellungen. Seine Parteigenossen waren Gouvernör Randolph, Pendleton, der Präsident der Convention, John Marschall, Nicholas und H. Lee. Es war gewiß die ausgezeichnetste Versammlung von Staatsmännern, welche je in Virginien getagt hatte. Ihre Verhandlungen sollten ein Leitstern für Alle sein, welche sich vorbereiten, dem Vaterlande ihre Dienste zu widmen. Es ist erbaulich zu sehen, mit welcher Kraft Madison's ruhiger, praktischer Verstand den stürmischen in der Frage aber umnebelnden Genius Henry's in jedem neuen Ringen überwand.

Das Resultat war, daß Virginien mit acht Stimmen Majorität die Verfassung unbedingt genehmigte, und nur die spätere Annahme mehrerer Verbesserungs-Anträge, namentlich eine Erklärung der Grundrechte empfahl. Massachusetts hatte dafür das Beispiel gegeben; mehrere andere Staaten waren schon gefolgt, und dieser Umstand ist der Entstehungsgrund der ersten zehn Zusatz-Artikel zu der Verfassung, welche Zusatz-Artikel der erste Congreß genehmigte, und die auch die Zustimmung der erforderlichen Anzahl von Staats-Legislaturen erhielten. Diese zehn Zusatz-Artikel galten statt der Grundrechte.

II. Story über die Verfassung.

So wurde ein anderer noch größerer Triumph für die Sache der Freiheit errungen, als derjenige war, welchen wir damals feierten, als wir unsere Unabhängigkeit von dem Muterlande erkämpft hatten. Allein er kostete große Anstrengung und manches Opfer persönlicher Ueberzeugung. Es bedurfte das ganze Genie, die ganze Weisheit unserer ausgezeichneten Staatsmänner, um die mannichfachen Einwände zu widerlegen, welche dagegen erhoben wurden. Die Geschichte jener Zeit ist reich an mannichfachen Lehren von den Gefahren, welche wir überstanden haben, und welche jeden mit so großen Anstrengungen errungenen Vortheil immer wieder von neuem bedrohten. New Jersey, Delaware und Georgia hatten die Verfassung einstimmig, vier andere Staaten hatten sie mit großen Majoritäten angenommen. In den noch übrigen ging sie nur mit kleinen Majoritäten durch, in Massachusetts, New York und Virginien schwankte das Resultat der Abstimmung. Welche traurige Lehre nach so vielen Opfern und Leiden, und nach all' den traurigen Erfahrungen, die wir von der Uneinigkeit der Regierungsbehörden und dem verderblichen Einflusse der Eifersüchtelei der Staaten und der Lokal-Interessen gemacht hatten." Wir können daraus ermessen, wie langsam selbst das Unglück die Seele der besseren Ueberzeugung aufschließt; wie selbst die Freiheit auf's Spiel gesetzt wird, wenn die Menschen statt sich den nothwendigen Beschränkungen, welche ihren allgemeinen Genuß bedingen, zu unterwerfen, nur der Leidenschaft und den Vorurtheilen Gehör geben.

Den großen Männern, welche die Verfassung entworfen und ihre Annahme durchgesetzt haben, sind wir ewigen Dank schuldig. Denn damals betrachtete man die Sache nicht in dem heutigen Lichte, und es war keine leichte und dankbare Sache, als Vertheidiger derselben aufzutreten. Viele der damaligen Patrioten thaten es auf die Gefahr hin, ihr ganzes Ansehen, all' ihre Popularität einzubüßen. Allein sie waren sich ihrer Pflicht bewußt. Sie hatten eine höhere Aufgabe, als den Volksleidenschaften und sectionellen Vorurtheilen und Schwachheiten zu schmeicheln. Viele sind dahin gegangen, ohne sich des Trostes erfreuen zu können, daß ihre edlen Absichten gewürdigt würden. Sie verachteten alle Demagogen-Kniffe, um zu Ansehen und Ehren zu gelangen, das Selbstbewußtsein und die Sicherheit vor der Nachwelt gerechtfertigt dazustehen, war ihr einziger Lohn.

III. Die Convention und die Verfassung.

Aus dieser Convention ging die Verfassung der Vereinigten Staaten hervor. Bei ihrer Vorbereitung sah die Convention sogleich ein, daß sie weiter zurückzugreifen hatte; daß sie von einer Verbrüderung souveräner Staaten auf die souveräne Gewalt des Volkes zurückzugehen hatte. Die Macht mußte aufgegeben, das Recht an ihre Stelle gesetzt werden. Die in der Unabhängigkeits-Erklärung ausgesprochene Wahrheit mußte die Grundlage des Neubaues werden. Dort war dem Volke das Recht vorbehalten, Regierungen abzusetzen und zu ändern; der Zweck der Regierung war darin gefunden worden, daß sie die Rechte des Bürgers schützen. Wenn die Regierung diesen Zweck verfehlte, oder auf seine Vernichtung hinarbeite, so stehe dem Volke das Recht zu, eine so ausgeartete Regierung zu beseitigen, und eine andere an ihre Stelle zu setzen. Die Urheber der Unabhängigkeits-Erklärung hatten ferner erklärt, daß das Gesammtvolk der Vereinigten Colonien sich in gegenwärtigem Augenblicke in der Lage befinde, den obigen Grundsatz zur Anwendung zu bringen; die Regierung sei in eine Tyrannei ausgeartet und das Gesetz der Natur mache es dem Volke zur Pflicht, sie abzuschütteln, und eine neue einzusetzen. Auf diesen Grundsatz hin wurde die Verbindung des Volkes der Colonien mit dem Mutterlande aufgelöst, und die ewige Trennung davon ausgesprochen; folgerecht wurden die Colonien als unabhängige Staaten erklärt.

Weiter gingen sie nicht; namentlich fanden sie keine Bestätigung der Erklärung durch das Volk nothwendig, denn das Volk hatte ihnen Kraft ihrer Ernennung das Recht zu solchem Anspruche bereits eingeräumt, überall hatte sie das Volk in Folge der revolutionären Bewegung direct gewählt, ohne daß die Colonial-Regierungen dabei mitgewirkt, oder die Sache zu vertreten gehabt hätten.

Dennoch war die constituirende Gewalt des Volkes nie zur Anwendung gekommen; die Staaten hatten eine Vereinigung, eine Art Föderal-Regierung beschlossen, und sich die Rechte des Volkes angemaßt. Selbst die zu Philadelphia zusammengetretene Convention hatte ihre Gewalt nicht unmittelbar vom Volke überkommen; ihre ganze Autorität beruhte auf den Gesetzgebungen der Staaten. Allein sie hatten die Erfahrung vor sich, sie wußten, wohin die Conföderation das Land gebracht hatte. Sie sahen bald ein, daß nach den Grundsätzen der Unabhängigkeit eine weit breitere Grundlage nothwendig sei, als sie alle Autorität der Staaten zu gewähren im Stande war. Nur das Volk konnte sie gewähren. Ein ganz achtbarer Theil der Versammlung klebte an dem bestehenden Staaten-Bündnisse, und wollte es nur mit Hinzufügung einiger Rechtsbefugnisse für den Congreß neu aufputzen. Man berieth den Plan, allein er fiel glücklicher Weise durch, da man fand, daß darin einerseits keine Regierung vorgesehen war, andererseits das Volk keine Zustimmung zur Uebertragung von den darin überwiesenen Rechten gegeben hatte. Nun wurde eine Volks-Constitution, mit Trennung der executischen, richterlichen und gesetzgebenden Gewalten vorbereitet. Man betrachtete das Werk als ein vom Volke selbst ausgegangenes; und da dieses keine Befugniß zu dessen Aufstellung gegeben hatte, erklärte man es folgerecht für einen bloßen Vorschlag, bis es der Congreß, die Staatslegislaturen, und das Volk in frei zu dem Zwecke gewählten Conventionen geprüft und angenommen haben würden.

So wurde das mit der Unabhängigkeits-Erklärung begonnene Werk vollendet. Das Volk hatte jetzt seine ganze souveräne Gewalt praktisch ausgeübt; früher hatte es das bestehende Band mit einem anderen Lande zerrissen, die bestehende Regierung gestürzt; jetzt gab es sich eine neue Staatsform, eine neue Regierung."

Dieses (Letzere) geschah am 30. April 1789, dem Gedächtnißtage, dessen Feier uns heute vereinigt. Mit diesem Tage erst schloß sich die Revolution, nachdem sie dreizehn Jahre gedauert hatte, ab. Die Unabhängigkeits-Erklärung und die Verfassung der Vereinigten Staaten sind nur Theile eines logischen Ganzen, auf der nämlichen Theorie beruhend, welche keineswegs neu war, da sie sich schon viele Menschenalter lang, z. B. in Locke's Schriften verfochten findet — ohne indeß je zuvor von einer Nation praktisch angewendet worden zu sein.

Selbst heute hatte diese Theorie noch viele philosophische Gegner. Selbst unter uns gibt es noch Viele, welche die in der Unabhängigkeits-Erklärung als thatsächliche Wahrheiten ausgesprochene Sätze läugnen und als falsch hinstellten. Es ist hier weder Zeit noch Veranlassung, näher auf diese antirevolutionären Ansichten einzugehen, welche die Souveränität der Regierungen über die des Volkes setzen, und in unserer Verfassung nur einen Freundschafts-Vertrag zwischen Bundes-Staaten sehen. Ich spreche nur von unbestreitbaren Thatsachen, und diese liegen in der Unabhängigkeits-Erklärung und in der Verfassung vor. In beiden ist die unmoralische und unredliche Lehre von absoluter Souveränität jeder Staatsregierung, ohne höheren Richter über ihre Pflichten und Verbindlichkeiten, ohne Verantwortlichkeit gegen Himmel und Erde nicht sanktionirt. Die Conföderation souveräner Staaten ist aus den Früchten bekannt, die sie getragen hat — indeß lagen ihre Gebrechen in dem Institute, und nicht in den Männern, die an der Spitze der Regierung gestanden. Die Eifersucht charakterisirt jeden Artikel der Conföderation und jeden Artikel der Staaten-Verfassungen eben so. Man war stets bedacht, daß keine Macht lange in derselben Hand bleibe, wie z. B. kein Congreßmitglied länger als drei Jahre innerhalb eines Zeitraumes von sechs Jahren fungiren konnte, und doch gestattete man wieder der nämlichen Person, successive ohne Unterbrechung alle Aemter der vollziehenden, richterlichen oder gesetzgebenden Gewalt zu versehen.

Es ist Thatsache, daß die Grundlage, auf welcher die Revolution begonnen, fortgeführt und vollendet wurde, von wenigen besonders begabten Leitern unter einem stets festgehaltenen Gedanken errichtet war. Der Zweck der Revolution war: dreizehn abhängige und niedergedrückte englische Colonien in eine Nation von dreizehn konföderirten Staaten umzuwandeln, also wie Madison sagte, etwas stets für unmöglich Gehaltenes möglich zu machen. Der Ausführung stellten sich zahllose Hindernisse in den Weg. Daß bei einer so ganz neuen Bahn die Lenker selbst sich oft verirrten, ist nur ein Beweis, daß alle Menschen dem Irrthume unterworfen sind.

Die Unterzeichner der Unabhängigkeits-Erklärung selbst fielen zuerst in den Irrthum, daß eine Conföderation unabhängiger Staaten einen Ersatz der zertrümmerten Herrschaft Englands abgeben könne. Die Erfahrung hatte ihren Irrthum blosgestellt, und die schreckliche Lage des Landes war die bitterste Anklage gegen denselben. Darum that man jetzt den Schritt zu der Unabhängigkeits-Erklärung und dem Grundgedanken darin, zurück. Aber keineswegs, um die Conföderation gänzlich aufzugeben, sondern um die der Föderal-Regierung nothwendig zu übertragende Regierungsgewalt, abgesehen von den Staatssouveräniten, von dem Volke, der alleinigen Quelle derselben bewilligen und übertragen zu lassen. Darum sollten die Befugnisse von dem ganzen Volke in allen und jeden Staaten, den Vereinigten Staaten im Congresse repräsentirt, und sowohl das ganze Volk, wie alle Staaten der Union repräsentirend, übertragen und zugestanden werden.

Der Föderal-Charakter wurde wesentlich in der Bildung des Senates und der ihm übertragenen großen Amts-Gewalt beibehalten; darum hat dieser Körper eine Art Mitwirkung in allen wichtigen Zweigen der Regierungs-Gewalt. Das föderative Princip ist mit dem konstituirenden Rechte des Volkes in der Art der Präsidentenwahl verschmolzen, indem die Wahlkollegien oder Assemblies nach Staaten wählen. Selbst in der Verfassung des Hauses, der directen Repräsentanten des Volkes wurde das Princip beibehalten, indem das Volk jedes einzelnen Staates die Wahl seiner Delegirten vorzunehmen hat. Dagegen wurde die Verfassung und die verfassungsmäßig ausgeübte Gewalt der Vereinigten Staaten absolut über die Gesetze und über die Verfassungen der Einzelstaaten gesetzt, insofern sich solche als damit im Widerspruche erweisen sollten.

Ich habe in allgemeinen Zügen nachgewiesen, zuerst wie man von den Grundsätzen der Unabhängigkeits-Erklärung abgewichen war, als man die Conföderation der Staaten einging, sodann welche traurige Folgen diese Abweichung hatte, endlich mit welchem bewundernswerthen Geiste die Convention zu Philadelphia zu jenen Grundsätzen zurückkehrte, wie sie sich in den Charakter und in den Bestimmungen der Verfassung der Vereinigten Staaten finden. Daß dieses Werk noch unvollkommen ist, werden wir, wenn wir offen sein wollen, nicht in Abrede stellen können, obgleich in der näheren Bezeichnung seiner Unvollkommenheiten wieder die größte Meinungsverschiedenheit selbst unter Jenen herrscht, welche gewiß nur von den aufrichtigsten Gefühlen von Patriotismus beseelt sind. Zwar mißtraue ich, wie billig meinem eignen Urtheile, allein ich besitze doch die Erfahrungen eines halben Jahrhunderts, die ich mir in fortdauernder Theilnahme an der gesetzgebenden und vollziehenden Gewalt der Staats-Regierung erworben habe; ich darf ferner sagen, daß ich dem Grabe nahe, von keinen persönlichen Rücksichten oder ehrgeizigen Einflüssen geleitet werde; und so wird man mir gestatten, meine Ansicht über jene Maßregel offen auszusprechen. Ich glaube, daß der Abgang einer klaren verständlichen Aufstellung der „Grund-Rechte" in der von der Convention dem Volke vorgelegten Verfassung, als die bedeutendste Unvollkommenheit darin erkannt werden muß, und diesem Mangel ist durch die von dem ersten Congresse dazu angenommenen Zusatz-Artikel nur unvollständig abgeholfen worden. Eine „Erklärung der Grundrechte" hätte die Ueberweisung der konstituirenden Gewalt von den Staaten auf das Volk der Union weit besser ausgedrückt, als es die Worte: „Wir das Volk der Vereinigten Staaten" in der Einleitung der Verfassung zu thun vermögen. Auch würde eine solche Aufstellung der Grundrechte, systematisch geordnet, und dem Ganzen mit dem Talente angepaßt, welches sich bei der Ausarbeitung des Systems der Staatsgewalten so vortrefflich bewährt hat, dem Werke eine größere Einheit und Symmetrie gegeben haben, als es jetzt bietet. Es gleicht einem eleganten Gebäude, das aber durch Arbau verunstaltet ist, die nicht immer mit dem Charakter des Hauptgebäudes in Einklang stehen.

Eben so hätte eine von dem konstituirenden Körper

ausgehende Erklärung der Grundrechte den vielen Conflicten vorgebeugt, welche sich bereits zwischen den Staats-Regierungen und der Central-Regierung ergeben haben, und künftig in noch größerem Maße ergeben werden. Alle dem Volke darin gewährten Rechte würden „seine ausschließlichen Rechte, und gegen alle Angriffe sowohl der Central-Regierung als der Staaten geschützt gewesen sein."

So lassen Sie uns also das Gedächtnißfest der Richtung unserer Nationalität, gefußt auf die „Unabhängigkeits-Erklärung" begehen, welche uns Sitz und Stimme im Rathe der Völker gewährt hat 2c

Viertes Kapitel.

1789.

Organisation der Bundes-Regierung.

Washington von der Nation zum Präsidenten erwählt—Sein Bedenken und sein Widerstreben—Auszug von Briefen—Gute Wahlen zum Congresse—Einstimmige Wahl Washington's—John Adams Vicepräsident—Die „Bundes-Halle" in New York zur Inauguration zugerüstet—Brief Washington's an Knox—Aus seinem Tagebuche—Triumphzug nach New York—Ereignisse am Shuylkill und zu Trenton—Einzug in New York—Ceremonien der Inauguration—Rührende Scene—Eröffnungs-Rede—Schluß des Tages—Antworts-Adresse des Congresses—Washington's Anordnungen zum Empfange von Besuchen—Innere und äußere Angelegenheiten und Besorgnisse daraus—Congreß verhandelt die Einkommen-Frage—Debatte über den Plan Madison's—Drei Departemente der Executivgewalt angeordnet—Debatte über das Recht der Amts-Entsetzung—Gang der Argumente—Wie entschieden—Ansichten Hamilton's u. A.—Zusätze zur Constitution vorgeschlagen—Zwölf angenommen—Die national-richterliche Behörde festgestellt—Debatten über den Regierungs-Sitz—Gehalt des Präsidenten u. A.—Nord-Carolina und Rhode Island als fremde Staaten angesehen—Erstes Ministerium—Oberster Richter und seine Collegen—Befestigung des öffentlichen Credits—Hamilton mit dem Entwurfe eines Finanzplans beauftragt—Danksagungs-Tag anberaumt—Schluß der Sitzung.

Wie wir gezeigt haben, war die Verfassung erst nach langem und ernstlichem Kampfe angenommen worden, und in vielen Theilen des Landes sah man ihrer Wirkung nur mit großem Bedenken und Zweifel entgegen. Während demnach Viele überhaupt nicht an ihren Bestand glaubten, gab es wieder Andere, die ihrem Zwecke von Anfang herein abgeneigt, entschlossen waren, ihr in jeder ihnen möglichen Weise entgegenzuarbeiten. Bei allem dem war es einmal eine absolute Nothwendigkeit geworden, ungeachtet aller jener Zweifel und feindseligen Absichten, eine Probe damit anzustellen, weil elf Staaten sie definitiv angenommen hatten.

Wenn indeß auch über ihren Werth und Erfolg so große Meinungsverschiedenheit herrschte, so war man doch darüber ganz unbedingt einig, unter wessen Leitung eine Probe zu geschehen habe, die für das endliche Schicksal derselben maßgebend sein solle. Es konnte Niemand anders sein, als Georg Washington, das war die übereinstimmende Ueberzeugung aller amerikanischen Herzen. Man wußte überall recht wohl, wie ungern er sich seiner Häuslichkeit von neuem entrissen sehen werde, aber man wußte auch, daß seine Vaterlandsliebe groß genug war, alle persönlichen Rücksichten zu überwinden. Es war gleichsam ein die ganze Bevölkerung durchdringender Instinkt, daß Washington allein der gegenwärtigen Krisis gewachsen war; daß seine Fähigkeit, Weisheit, Vorsicht und Charakterfestigkeit allein im Stande waren mit einiger Aussicht auf Erfolg die Schwierigkeiten und Gefahren zu überwinden, welche mit der ganz neuen und unversuchten Stellung eines Präsidenten der Vereinigten Staaten von Amerika nothwendig verknüpft waren. Natürlich wurde er von dieser allgemein herrschenden Ansicht in vielfacher Weise überzeugt, und namentlich schrieben ihm seine näheren Freunde und politische Correspondenten in der dringendsten Weise, daß ohne seinen mächtigen Namen und Einfluß es beinah unmöglich sei, etwas Anderes aus dem anzustellenden Versuche hervorgehen zu sehen, als Rathlosigkeit und Schiffbruch.

Washington's Correspondenz legt ebenso die großen Besorgnisse an den Tag, welche ihm die Lage der Dinge einflößte, als den Widerwillen, noch einmal die Bahn des öffentlichen Lebens zu betreten. In einer Antwort auf ein höchst eindringliches Schreiben Hamilton's äußerte er sich gegen diesen ausgezeichneten Staatsmann und Patrioten in folgenden Worten: „Wenn ich mich nicht ganz in mir selbst täusche, würde es für mich die größte Befriedigung sein, wenn mir die Wähler durch die Wahl eines anderen Candidaten die leidige Alternative anzunehmen oder abzulehnen, ersparten. Wäre das aber nicht, so bin ich in wahrhaft peinlicher Verlegenheit, Gewißheit darüber zu gewinnen, ob nicht die Regierung auch ohne meine Hülfe und Mitwirkung gleich gut und glücklich zu fahren im Stande sein möge? Ich bin wirklich höchst interessirt, alle erforderliche Einsicht in die Lage der Dinge zu gewinnen, um eintretenden Falls, wo ich einen Entschluß fassen müßte, vorbereitet zu sein, ihn mit Rücksicht auf die Vernunft und gewissenhaft fassen zu können, ohne dabei zu sehr von Rücksichten auf mich selbst, und meinen Ruf geleitet zu werden. Bis dahin behalte ich mir meine Ueberzeugung offen, wenn ich gleich für Ihre Gründe nicht unempfindlich bin, und sie mit der größten Unbefangenheit, deren ich fähig bin, prüfen werde.

„Wenn ich mir nun die Sache von allen Seiten betrachte, so muß ich offen gestehen, werther Herr, daß mich eine wahre Schwermuth bei dem Gedanken befällt, daß die Wahl auf mich fallen könnte. Sie werden mir glauben, so unwahrscheinlich es Anderen, die mich nicht so genau kennen, auch scheinen mag, wenn ich versichere, daß eine auf mich fallende Wahl und die Nothwendigkeit, sie anzunehmen, mich in eine peinlichere und unglücklichere Lage bringen würden, als sie je zuvor mein Leben verdüstert hat. Ich könnte mich nur einerseits in der Ueberzeugung zur Annahme entschließen, daß ich alles was ich leisten kann, dem öffentlichen Wohle zu widmen verpflichtet bin, und daß auf der anderen Seite ich die Hoffnung hegen dürfte, sobald es die Verhältnisse gestatten, meiner Mitwirkung entbunden zu werden; so daß es mir alsdann gestattet wäre, nach einem so stürmischen Leben, den Abend desselben in ruhiger Häuslichkeit zubringen zu dürfen."

In einem Schreiben an Lafayette sagte er unter Anderem: „Ihre Ansichten treffen leider weit mehr mit denen meiner anderen

Freunde, als mit meinen eigenen zusammen. Die Schwierigkeit meiner Stellung wird immer größer, je näher die Zeit kommt, worin ich einen Entschluß zu fassen genöthigt sein werde. Sollten es die Umstände gewissermaßen unabweislich machen, die Frage zu bejahen, so trete ich wahrlich die Arbeit mit nicht erheuchelter Abneigung und mit einem Mißtrauen in mich selbst an, wie es mir die Welt wahrscheinlich wenig zu gut hält. So gewiß ich mein eignes Herz kenne, kann nichts Geringeres, als das Gefühl der Pflicht mich bewegen, noch einmal thätigen Antheil an den öffentlichen Angelegenheiten zu nehmen. Und in diesem Falle werde ich, wenn es überhaupt möglich ist, mir einen Weg vorzuzeichnen, unablässig bemüht sein, selbst auf die Gefahr hin, meinen früheren Ruf oder meine gegenwärtige Popularität einzubüßen, mein Vaterland den Verlegenheiten zu entreißen, in welche es durch den Mangel öffentlichen Vertrauens gerathen ist, und ein allgemeines System der Politik einzuführen, welches in seinem Erfolge allgemeine Sicherheit begründen wird. Ich meine einen Pfad vor mir zu sehen, hell wie ein Lichtstrahl, der zur Erreichung dieses Zweckes führt. Nur Eintracht, Rechtlichkeit, Fleiß und Mäßigkeit sind erforderlich, uns zu einem großen und glücklichen Volke zu machen. Zum Glücke lassen die gegenwärtige Lage des Landes und die vorherrschende Gesinnung unserer Bürger die Mitwirkung in Errichtung dieser vier Grundpfeiler nationaler Wohlfahrt hoffen.

Während des Winters von 1788—89 ging die Wahl der Abgeordneten zum ersten Bundes-Congreß geschäftig voran. Einige der fähigsten und besten Männer des Landes wurden erwählt; darunter Fisher Ames, James Madison *), Elias Boudinot, Roger Sherman, Friederich A. Mühlenberg, Egbert Benson, Abraham Baldwin und Andere zum Abgeordneten-Haus, und John Langdon, Oliver Elsworth, Rufus King, Charles Carroll, R. H. Lee und Robert Morris zum Senate.

Am ersten Mittwoch im Februar kamen die Wähler gemäß der Bestimmung des zweiten Artikels der Verfassung in den verschiedenen Staaten zusammen und gaben ihre Stimmzettel für den Präsidenten ab. Nachdem die Stimmzettel **1789.** am 6. April**) von dem Congresse geöffnet worden waren, ergab sich, daß Washington sämmtliche neun und sechszig Stimmen ohne eine einzige Ausnahme erhalten hatte; John Adams hatte vier und dreißig. Obgleich dies keine absolute Majorität war, so lautete die gesetzliche Bestimmung: „daß Derjenige, welcher nach der Wahl des Präsidenten die größte Zahl Stimmen der Wahlmänner haben werde" für ihn eintreten solle, und John Adams wurde demgemäß als der erste Vicepräsident proklamirt. John Jay, R. H. Harrison und John Rutledge hatten gleichfalls Stimmen. Washington und Adams wurden sogleich officiell von dem Resultate in Kenntniß gesetzt, und geeignete Vorkehrung zur feierlichen Inauguration des neuen Gouvernements getroffen. Mehrere liberal gesinnte Kaufleute von New York schossen über $30,000 zu dem Zwecke zusammen, und die „Bundeshalle," deren Stelle das

*) Ueber die Manövres, wodurch Patrick Henry, damals Gouvernör von Virginien, die Erwählung Madison's hintertrieb, siehe Wirt's Leben von Patrick Henry, p. 316.

**) Der 4. März, ein Mittwoch war für den Zusammentritt des Congresses bestimmt, allein schlechte Wege und Mangel an Pünktlichkeit verzögerte die Eröffnung der Sitzungen länger als einen Monat.

heutige Zoll-Gebäude einnimmt, wurde für die große Bestimmung in passenden Stand gesetzt.

Obgleich das Resultat der Wahl schon vorher bekannt war, erhielt Washington die offizielle Notification erst am 14. April, als Charles Thomson, der Sekretär des letzten Congresses, ihm die Mittheilung der einstimmig auf ihn gefallenen Wahl überbrachte, durch welche ihn seine Mitbürger an die Spitze der Regierung berufen hatten. Die Verzögerung war Washington sehr erwünscht, so sehr sie von dem Volke bedauert wurde. In einem Briefe an General Knox drückte er sich darüber folgendermaßen aus: „Den Mitgliedern des Congresses, welche seither Antheil an den öffentlichen Geschäften genommen haben, mag dies unangenehm sein; was mich aber betrifft, so ist mir die Verzögerung eine wahre Gnadenfrist, denn (Ihnen kann ich es ja sagen, die Welt würde es mir freilich nicht glauben) ich fühle mich bei meinem Antritte der Regierung etwa wie der Verbrecher auf dem Gange zum Hochgerichte, so ungern vertausche ich am Abende eines von Sorgen für das öffentliche Wohl beinahe erschöpften Lebens meine friedliche Häuslichkeit mit dem Meere von Schwierigkeiten, worin mir die Fähigkeit, in politischen Händeln das Steuer zu führen, eben so gebricht, wie mir der innere Beruf und die Lust dazu abgeht. Ich weiß recht gut, daß ich das öffentliche Vertrauen sowohl, wie meinen eignen Ruf bei dem Unternehmen riskire: was daraus werden wird, weiß Gott! Rechtschaffenheit und Festigkeit ist Alles, was ich versprechen kann. Diese sollen mich nie verlassen, mögen mich auch alle Menschen verlassen, mag die Fahrt kurz oder lang sein; den Trost, den sie mir unter allen Umständen gewähren werden, kann mir die Welt nicht rauben."

Entschlossen, wie immer, dem Rufe seines Landes sofort Folge zu leisten, machte sich Washington am zweiten Tage nach Empfang der Botschaft auf den Weg nach New-York. Der Eintrag in sein Tagebuch verdient mitgetheilt zu werden. „Um zehn Uhr sagte ich Mount Vernon, der Ruhe des Privatlebens und dem häuslichen Glücke Lebewohl, und in einer Stimmung, die von Sorgen und Befürchtungen schwerer niedergedrückt war, als ich es in 1789.
Worten beschreiben kann, trat ich in Begleitung der Herren Thomson und Humphrey die Reise an, entschlossen, meinem Vaterlande nach besten Kräften zu dienen, aber höchst zweifelhaft, wie ich seinen Erwartungen entsprechen könne."

Seine Reise glich einem fortgesetzten Triumphzuge. In allen Städten und Dörfern auf dem Wege hatte die Liebe und der Enthusiasmus seiner Mitbürger alle denkbaren Mittel ersonnen, ihm ihre Dankbarkeit für seine Aufopferung zu erweisen. Ueberall drängten sich die Massen herzu, ihn mit freudigen Glückwünschen und Jubel zu begrüßen. Adressen wurden ihm überreicht, die Milizen zogen in Parade vor ihm auf, Triumphbogen waren errichtet, kurz die Beweise von Hochachtung und Anhänglichkeit waren unzählbar. Gray's Brücke über den Schuylkill, die er zu passiren hatte, war mit Lorbeer und Epheu ganz behangen und an beiden Enden waren Triumphbogen angebracht mit Emblemen aus der römischen Geschichte. Mitten auf der Brücke schwebte ein schöner ideal geputzter Knabe, von Maschinerie getragen, plötzlich über ihn hin und setzte ihm eine Bürgerkrone auf das Haupt. Viele Tausende gaben ihm das Geleite in die Stadt und Philadelphia war am Abende illuminirt.

Als er über den Delaware gesetzt und an dem Ufer von Jersey gelandet war, empfing ihn die Bevölkerung mit nicht weniger Enthusiasmus. Auf der Spitze des Hügels bei Trenton hatten die Frauen einen Triumphbogen errichtet, an dessen Spitze eine mit Lorbeeren und Blumen verzierte Tafel mit der Inschrift prangte: „Der 26. Dezember.“ Dann folgte in großen goldenen Lettern das Motto: „Der Vertheidiger der Mütter wird der Beschützer der Töchter sein!“ Am anderen Ende standen dreizehn junge weißgekleidete Mädchen mit Blumenkränzen auf dem Kopfe und Blumenkörben im Arme: hinter ihnen eine lange Reihe junger Frauen und Matronen der Umgegend. In dem Augenblicke, als Washington durch den Bogen ritt, stimmten die Mädchen folgende Ode an:

„Sei willkommen! Du tapferer Held! Willkommen
Wo Dich die Dankbarkeit jubelnd begrüßt!
Jetzt, wo Dich kein gedungener Feind bedroht,
Jetzt, wo Dich nur Verehrung empfängt!
Blühende Mädchen und würdige Matronen
Hat Dein tapferer Arm vor Entweihung bewahrt!
Zum Danke haben sie Dir den Bogen errichtet!
Streuet seinen Weg mit Blumen, o Schwestern —
Streuet den Pfad des Helden mit Blumen!“

Beim letzten Verse streuten sie die Blumen vor ihm aus und er war höchst gerührt und wahrhaft ergriffen von der kindlich schönen Darlegung ihrer Anhänglichkeit.

Zu New-Brunswick empfing ihn der Gouverneur von New-Jersey und begleitete ihn nach Elisabethtown-Point, wo ihn eine Ehrendeputation des Congresses feierlich begrüßte. Am 23. April schiffte er sich vom Point in einer eleganten Barke, von dreizehn zierlich gekleideten Bootleuten gerudert, ein. Die Beweise von Liebe und die herzlichen Wünsche, die ihm ein großer Theil der Bewohner an den Tag legte, die ihm in den mannichfachsten schön verzierten Fahrzeugen in der prachtvollen Bucht von New York entgegengeeilt waren, während die ganze Bevölkerung sich herandrängte, als er sich der Stadt näherte, waren unbeschreiblich zahlreich und abwechselnd. Und bei allen diesen Beweisen von Liebe und Verehrung war der große Mann und wahrhafte Patriot nicht einen Augenblick des Ernstes seiner Lage uneingedenk, wie der Eintrag in sein Tagebuch beweist. „Die Wettfahrt der Boote und Fahrzeuge, die sich bei meinem Empfange zusammendrängten, der Schall der Gesänge und Musik, die Verzierungen, der Donner der Kanonen, der warme und laute Zuruf der Menge, als ich an dem Werfte anlangte, waren mir eben so peinlich, als wohlthuend, denn ich dachte an die Möglichkeit einer Demonstration im entgegengesetzten Sinne, wenn meine Bemühungen scheitern sollten, was doch gar nicht unmöglich ist *).“

Als er unter dem Donner der Kanonen zu Murray Hill gelandet war, begrüßten ihn der Gouvernör des Staates, die städtischen Behörden, die Geistlichkeit, die fremden Gesandten, die Bürgerschaft umringte ihn in unzählbaren Massen, und das Militär war in Parade aufgestellt. Ueberall herrschte Freude und Jubel, und Abends war die Stadt erleuchtet.

Da der Congreß beschlossen hatte, daß die Eidleistung des Präsidenten mit impo-

*) Boudinot in einem Briefe, den das "Republican Court," p. 130, anführt, beschreibt die Scene in der Bay von New York, bei jener Gelegenheit, umständlich.

nirender Feierlichkeit geschehen solle *), so wurde der 30. April dazu anberaumt und der Tag wurde mit feierlichem Gottesdienste in sämmtlichen Kirchen begonnen. Am Mittage warteten ihm die Comite's des Congresses und die Chefs der Büreaus auf; es bildete sich ein großer Zug; zuerst das Militär, darauf die Comite's, dann der Präsident allein in einem Wagen, gefolgt von Beamten und Bürgern. Bei der „Bundes-Halle" angelangt, betrat er den Sitzungssaal des Senates, und verfügte sich von da auf den Balkon an der Vorderseite, wo Kanzler Livingston ihm den Amts-Eid abnahm. Washington rief ehrerbietig Gott zum Zeugen an, indem er folgende Worte sprach: „Ich schwöre einen feierlichen Eid, daß ich das Amt eines Präsidenten der Vereinigten Staaten getreulich versehen will, und daß ich nach meinen besten Kräften die Verfassung der Vereinigten Staaten erhalten, beschützen und vertheidigen will! So wahr mir Gott helfe!" wobei er die heilige Schrift mit den Lippen berührte. Hierauf wendete sich Kanzler Livingston gegen das Volk, und rief: Hoch lebe Georg Washington, der Präsident der Vereinigten Staaten! Und nun stieg der Jubelruf von tausenden und abermals tausenden freier Männer zum Himmel empor, und übertönte den Donner der Kanonen. „Wahrlich, erzählt ein Zuschauer dieser ergreifenden Scene, es war ein feierliches Gelöbniß, von so vielen Tausenden als Zeugen hingenommen! Vielleicht bin ich in meiner Verehrung für diesen großen vortrefflichen Mann zu sehr Enthusiast, aber ich gestehe, daß ich unter dem Eindrucke eines tiefen religiösen Gefühles war, daß der gnädige Lenker des Universums mit wohlwollendem Auge auf diesen Akt herunterblicke, der für einen Theil seiner Geschöpfe von so ereignißvoller Bedeutung war. Als der Kanzler den Ruf erschallen ließ: Hoch lebe Georg Washington, war meine Gefühls-Erregung so gesteigert, daß mir die Stimme versagte, und ich nur durch das Schwenken meines Tuches meine Beistimmung an den Tag zu legen vermochte."

Washington verbeugte sich gegen die Menge, und kehrte in den Sitzungs-Saal zurück, um seine Antrittsrede zu halten. Ihre würdige Haltung, die darin niedergelegte Weisheit und Staatsklugheit machen sie in jedem Betrachte würdig, in ihrer ganzen Ausdehnung hier eingerückt zu werden: —

„Mitbürger des Senates und Repräsentantenhauses! Unter den Wechselfällen des Lebens hätte mich keines mit größerer Besorgniß erfüllen können, als das Ereigniß, von welchem mich Ihre Botschaft in Kenntniß setzte, die mich am 14. dieses Monats erreichte. Auf der einen Seite sah ich mich von meinem Vaterlande, dessen Stimme ich stets nur mit Liebe und Gehorsam vernommen habe, aus einer mir liebgeworde-

*) Im April 1789, sagt Dr. Francis in einem gut gehaltenen Vortrage zur Gedächtnißfeier des Kanzlers Livingston, war die Stadt New York der Schauplatz einer der feierlichsten Handlungen, die sich in den Annalen von Amerika eingetragen finden. Nachdem der große Washington den bedeutungsvollen Kampf für Unabhängigkeit zu einem glücklichen Ende geführt hatte, und nachdem die Weisen der Nation eine Verfassung für das Land ausgearbeitet hatten, waren Aller Augen auf den berühmten Helden gerichtet, dessen weise und vorsichtige Rathschläge nicht minder als seine Tapferkeit ihn als denjenigen empfohlen hatten, der am tüchtigsten sei, das Staatsschiff geschickt und glücklich zu steuern. Als nun dieser verehrungswürdige Patriot das höchste Ehrenamt, welches freie Männer zu gewähren vermögen, anzutreten im Begriffe stand, war Kanzler Livingston Zeuge seiner feierlichen Anrufung Gottes, daß er die Gesetze getreulich zu handhaben gelobe. Address before the Philolexian Society of Columbia College 1831, p. 32.

G° Washington

From the original portrait by Stuart, in the Boston Athenæum.

Johnson, Fry & Company Publishers, New York.

nen Zurückgezogenheit hinweggerufen, in welcher ich beschlossen und gehofft habe, den Rest meiner Tage ruhig zu verleben, und die mir um so werther geworden war, als noch neben der Neigung und der Gewohnheit die Rücksicht auf meine Gesundheit, welche die Beschwerden einer früheren Zeit geschwächt haben, mir die Ruhe jeden Tag nothwendig machte. Auf der anderen Seite sind die Größe und Schwierigkeit der Stellung, zu welcher mich die Stimme meines Landes berufen hat, so überschwänglich, daß sie selbst in der Brust des weisesten und erfahrensten seiner Bürger gerechtes Mißtrauen in seine Befähigung erzeugen müßten. Um wie viel mehr mußten sie mir überwältigend erscheinen, der von der Natur nur einfach begabt und in den Geschäften der Regierung ganz unerfahren ist, daher sich seiner mangelnden Befähigung noch besonders bewußt sein mußte? Bei diesem Conflicte widersprechender Bestimmungsgründe fühle ich mich zu der Versicherung aufgefordert, daß es mein ernster Vorsatz ist, mir durch gründliche Erwägung aller Umstände, die von Einfluß auf die mir auferlegten Pflichten sein können, einen klaren Begriff derselben zu verschaffen. Und Alles, was ich zu hoffen wage, ist, daß wenn ich bei Uebernahme dieser Pflichten von einer zu lebhaften Erinnerung freundlicher Nachsicht in früheren Verhältnissen meines Lebens oder von einer zu großen Empfänglichkeit für die hohen Beweise des Vertrauens meiner Mitbürger fortgerissen worden bin, und darum meine Unfähigkeit sowohl als mein eignes Zurückschrecken vor den gewichtigen und mir gänzlich fremden Berufs-Arbeiten vor mir, zu leicht übersehen habe, mein Versehen durch die Beweggründe entschuldigt werden möge, welche mich irre geleitet haben, und daß meine Fehlgriffe nicht ganz ohne jene Nachsicht und Freundlichkeit für mich beurtheilt werden mögen, welche die erste Veranlassung dazu geworden sind.

Unter solchen Empfindungen habe ich, dem öffentlichen Rufe folgend, diese Stelle angetreten. Ich würde es als besonders ungeeignet betrachten, wenn ich hier nicht den Beistand des höchsten Lenkers der Geschicke der Menschen wie der Nationen anrufen würde! Mit seiner mächtigen Hülfe ist es möglich, alle Mängel auszugleichen; möge er seinen Segen spenden zum Glücke und zu der Freiheit des Volkes der Vereinigten Staaten, in dem Werke, das es sich selbst zu diesem Zwecke errichtet — möge er jedes Werkzeug in dem Streben zur Verwirklichung dieser Güter mit der Fähigkeit ausrüsten, seine Aufgabe erfolgreich zu lösen. Ich glaube in diesem Anrufen des höchsten Wesens Ihre Gesinnungen eben so auszusprechen, wie die meinen, und die des ganzen Volkes nicht weniger, als die unsrigen. Kein Volk kann sich mehr hingewiesen fühlen, die unsichtbare Hand Gottes in dem Walten der Menschen dankbar zu verehren, als das Volk der Vereinigten Staaten. Jeder Schritt, der es zur Unabhängigkeit führte, scheint das Gepräge einer göttlichen Fügung an sich zu tragen. Und in der erfolgreichen Revolution, die sich eben jetzt in dem Systeme einer Bundes-Regierung entwickelt, können die friedlichen Berathungen und freiwilligen Zustimmungen so vieler Gemein-Wesen, mittelst welcher die Umgestaltung vor sich gegangen ist, nicht mit den Kämpfen und Drangsalen verglichen werden, welche beinah alle bestehenden Staaten durchmachen mußten, ehe sie ihre Verfassung feststellen konnten, ohne daß wir uns von frommer Dankbarkeit und dem Vorgefühle künftiger Wohlthaten durchdrungen fühlen, zu welchem uns die Erfahrung der Vergangenheit wohl berechtigen darf. Diese Betrachtungen haben sich mir mit zu großer Stärke aufgedrängt, um sie unterdrücken zu können, und ich bin überzeugt, daß Sie mit mir der Ansicht sind, daß es deren keine andere gibt, unter deren Eindruck die Amtshandlungen eines freien Gouvernements geeigneter begonnen werden können.

Der Artikel der Verfassung über die Executiv-Gewalt legt dem Präsidenten die Pflicht auf, Ihrer Berathung alle solche Gegenstände zu empfehlen, welche ihm nothwendig und zweckgemäß erscheinen. Die Umstände, unter welchen ich dermalen mit Ihnen zusammentrete, entbinden mich von dem näheren Eingehen auf diese Auflage; ich habe nur auf die große Verfassungs-Urkunde hinzuweisen, aus der Sie Ihre Befugnisse herleiten, und welche den Kreis ihrer amtlichen Wirksamkeit genau vorzeichnet. Es wird jenen Umständen weit mehr entsprechen, und dem Gefühle, das mich gegenwärtig bewegt, weit mehr zusagen, wenn ich, statt mich auf die Empfehlung einzelner Maßregeln einzulassen, mein Vertrauen auf die Talente, die Gewissenhaftigkeit und den Patriotismus Derjenigen ausspreche, welche berufen sind, alle solche Maßregeln zu berathen und zu beschließen. In diesen achtbaren Eigenschaften finde ich die sicherste Bürgschaft, daß meiner Seits keine lokale Vorurtheile oder Voreingenommenheiten, keine persönliche Ansichten oder Partei-Interessen die geistige und unparteiische Anschauung trüben können, welche über die große Verschmelzung von Gemeindewesen und Sonder-Interessen zu wachen berufen ist; und daß auf der anderen Seite die Grundlage unserer nationalen Politik auf die Basis reiner und unveränderlicher Menschen-Moral gelegt werden wird, so daß die Vorzüglichkeit eines freien Gouvernements durch all die Vorzüge erwiesen sein wird, welche die Zuneigung der Bürger wie die Achtung der Welt zu sichern geeignet sind. Ich verweile bei dieser Aussicht mit all' der Befriedigung, welche eine heiße Liebe für mein Vaterland einzuflößen vermag. Es gibt keine fester begründetere Wahrheit, als daß in dem Gange und Wesen der Natur ein inniger Zusammenhang zwischen Tugend und Glück besteht, ein Zusammenhang zwischen Pflicht und Nutzen, zwischen den ächten Grundsätzen einer redlichen und hochherzigen Politik und dem sicheren Lohne öffentlichen Glückes und Wohlstandes. Eben so sicher dürfen wir überzeugt sein, daß der Himmel niemals einer Nation zulächeln kann, welche die ewigen Gesetze von Ordnung und Recht, die Gott selbst erlassen hat, außer Acht läßt. Vergessen wir nie, daß das heilige Feuer der Freiheit und das Geschick der republikanischen Regierungsform mit Recht als w e s e n t l i c h, ja vielleicht als gänzlich von dem Versuche abhängig betrachtet werden kann, welchen jetzt das amerikanische Volk zu machen auserwählt ist!

Außer den gewöhnlichen Gegenständen, welche Ihrer Berathung überwiesen sind, wird es Ihrem Urtheile zu entscheiden zustehen, in wie fern die Ausübung der besonderen Befugnisse heute als zweckmäßig erscheint, welche der fünfte Artikel der Verfassung Ihnen überträgt, mag nun die Natur der gegen das System vorgebrachten Ausstellungen, oder der Grad der Beunruhigung, welcher dieselbe veranlaßt hat, eine solche Ausübung motiviren. Anstatt mir besondere Anempfehlungen über diesen Gegenstand zu erlauben, die ich in keiner Weise auf eine von officieller Information hergeleitete Kenntniß der Verhältnisse basiren könnte, will ich noch einmal mein unbedingtes Vertrauen in Ihr Urtheil und Ihren Eifer für das öffentliche Beste aussprechen, denn ich bin überzeugt, daß Sie einerseits jede Aenderung sorgfältig vermeiden werden, welche die Wirksamkeit einer Central-Regierung compromittiren könnte, oder wofür sich noch nicht eine bewährte Erfahrung ausgesprochen hat, während auf der anderen Seite die Achtung für die unveräußerlichen Rechte freier Männer und eine Rücksicht auf allgemeine Harmonie Ihre Berathungen gewiß hinlänglich durchdringen und beeinflussen wird, um eine klare Anschauung zu gewinnen, ob die erstere fester begründet, oder die letztere mit Sicherheit und gutem Erfolge weiter ausgedehnt werden könne?

Ich habe noch eine letzte Bemerkung zu machen, die ich namentlich an das Haus der Repräsentanten richte. Sie betrifft mich selbst, und wird daher möglichst kurz gefaßt sein. Als ich zum ersten Mal mit dem Rufe beehrt wurde, in den Dienst meines Vaterlandes zu treten, welches damals am Vorabende eines höchst gewagten Kampfes für seine Freiheit stand, hat mich das Licht, in welchem meine Pflicht mir erschienen ist, bestimmt, jede Geldentschädigung abzulehnen. Von diesem Vorsatze bin ich niemals abgewichen. Auch heute noch ist meine Ansicht über dieses Verhältniß dieselbe — ich muß daher, was mich betrifft, jeden Antheil an den Emolumenten ablehnen, welche es unvermeidlich sein wird, für das Executiv-Departement auszuwerfen; ich bitte darum, daß die Geldentschädigungen für den mit meiner Stellung verbundenen Aufwand auf denjenigen Betrag beschränkt werde, welcher zur Bestreitung der im öffentlichen Interesse damit verbundenen Ausgaben erforderlich sein wird.

Nachdem ich Ihnen also die Gefühle ausgesprochen haben, welche mich bei der gegenwärtigen Veranlassung bewegen, will ich mich zurückziehen, jedoch nicht, ohne noch einmal mein heißes Flehen zu der göttlichen Vorsehung aufsteigen zu lassen, daß sie, nachdem sie gnädigst gestattet hat, daß das amerikanische Volk in vollkommener Ruhe und mit bewundernswerther Uebereinstimmung eine Regierungsform zur Sicherheit der Union seiner Staaten gewählt hat, auch jetzt ihren Segen spende, daß die freisinnigsten Ansichten, und die weisesten Rathschläge mit leidenschaftsloser Ruhe berathen und gefaßt werden, um die neue Regierung zu gründen und zu befestigen!"

Hierauf begab sich der Präsident mit dem Vicepräsidenten, dem Congresse und anderen Begleitern zu Fuß in die St. Paul's Kapelle, wo Bischof Prevost, einer der neuerwählten Caplane des Congresses, in den Gebräuchen der protestantischen Episkopal-Kirche den Gottesdienst verrichtete. Damit schlossen sich die Inaugurations-Ceremonien. Das Volk jedoch feierte die Festlichkeit noch weit in die Nacht, und New York bot den Tausenden der herbeigeströmten Bevölkerung durch seine Beleuchtung ein glänzendes Schauspiel. 1789.

Nachdem der Streit, der sich zwischen den beiden Häusern erhoben hatte, ob Washington officiell als Sr. Hoheit oder Sr. Mächtigkeit, oder nur einfach so titulirt werden solle, wie er in der

Constitution genannt wird, beigelegt war, überreichten beide Häuser dem Präsidenten die Antwortsadressen auf seine Antrittsrede. Es bedarf keiner Erwähnung, daß sich in diesen Antworten die für ihn gefühlte Liebe und Verehrung, so wie das unbedingte Vertrauen in glühenden Worten ausgesprochen finden, und zu der Hoffnung berechtigten, daß die Sitzung des Congresses in Eintracht und ernstlicher Bemühung, die vorhandene Arbeit rasch zu erledigen, vorübergehen werde.*)

Wohl hatte der erste Präsident der Vereinigten Staaten Grund zu schwerer Besorgniß, als er sich sorgfältig und genau von dem wirklichen Stande der öffentlichen Angelegenheiten im Innern und nach Außen überzeugt hatte.

Die Aufregung, in Folge der Discussion über die neue Verfassung, hatte sich noch keineswegs gelegt; überall standen
1789. sich die politischen Parteien gerüstet gegenüber; der öffentliche Schatz war leer, von allen Seiten eine drückende Schuldenlast, und Mißstimmung und böse Absichten bei einem nur zu großen Theil des Volkes erkennbar. „Die Verfassung selbst war ja nur, wie John G. Adams mit so treffenden Worten sagt, von der drängendsten Noth dem Widerstreben der Nation abgerungen worden. Nur elf von den ursprünglich vereinigten Staaten hatten sie durch ihre Annahme gutgeheißen. Ein halsstarriger unbeugsamer Widerstand gegen die Annahme hatte sich in mehreren der mächtigsten Staaten der Union geltend gemacht, und als er mit kleiner Majorität in den Conventionen überwunden worden war, hatte er in mehreren Fällen mit Erfolg den verlorenen Boden dadurch wieder zu gewinnen gesucht, daß er die Wahl von Männern in beide Häuser des Congresses durchgesetzt hatte, welche als die entschiedensten Gegner der Verfassung bekannt waren. Ein mürrischer, bitterer, leidenschaftlicher Zorn kochte in den Herzen der Ueberwundenen, der damals sogenannten Antiföderalisten, deren Losungs-Worte waren: Staats-Rechte, Staats-Souveränität, Staats-Unabhängigkeit. Unter diese Fahne hatte sich selbst eine nicht unbedeutende Anzahl der wahrhaften und ausgezeichneten Patrioten der Revolution gereiht, und zwar aus innerer Ueberzeugung. Die Souveränität der Staaten, ganz und unbeschränkt, durch keine Union controllirt, und in dem Volke der Einzelstaaten selbst beruhend, hatte von jener Afterweisheit, die bei fanatischen Parteimännern so charakteristisch ist, getragen, die Maske der Freiheit angenommen, drängte sich als patriotische Gesinnung hervor, und er schmeichelte sich die Volksgunst in den einzelnen Staaten durch die Hindeutung auf ihre eigne besondere Unabhängigkeit. Sie prunkten dazu mit dem starken Namen: Republikaner, während sie die Föderalisten und Washington, das Haupt derselben nicht ausgenommen, als Monarchisten oder Tories verschrien. Auf der anderen Seite war wieder ein nicht kleiner Theil der Föderalisten von keinem besonderen Vertrauen zu der Ver-

*) Als Washington das Amt angetreten hatte, fand er es absolut nothwendig, gewisse Anordnungen zu treffen, z. B. in der Zeit, die Besuche zu empfangen. Jeder Vernünftige hätte einsehen müssen, daß dies ganz natürlich und geeignet war; dem ungeachtet machten es argwöhnische und streitsüchtige Politiker jener Zeit zum Gegenstande ihrer albernen Ausstellungen. Wie sie Washington mit aller Würde zurechtwies, darüber siehe Marschall Vol. II. p. 244—46 und Sparks pp. 412—13. S. auch Tucker's Life of Jefferson, Vol. I, p. 312. Jefferson erzählt als „Thatsache," daß der Präsident die imponirenden Förmlichkeiten der Hof- und Adels-Etiquette nachgeahmt hatte.

fassungs-Urkunde erfüllt. Daß die Conföderations-Artikel ihren Zweck, die Verheißungen der Revolution zu erfüllen, so elend verfehlt hatten, hatte Viele mit Widerwillen und Mißtrauen erfüllt; die Heftigkeit und boshafte Verbissenheit der Opposition gegen ihre angestrengte und aufopfernde Bemühung, ihr Vaterland aus seiner traurigen Lage zu erretten, hatte sie theils entmuthigt, theils in Zorn gebracht; die Entstellung ihrer Motive und die Vorwürfe ihrer Gegner hatten sie auf's Aeußerste gereizt, und sie hatten denselben Gleiches mit Gleichem vergolten, indem sie dieselben monarchischer Bestrebungen bezüchtigten, um sich in Raub und Plünderung für ihre Verluste zu entschädigen. Durch alles dieses war ihr Vertrauen auf die Wirkung der Verfassung und auf den Charakter des Volkes sehr erschüttert worden und sie neigten sich zu der Ansicht hin, daß eine stärkere mit größerer Gewalt und Energie ausgerüstete Regierung, als die in der Verfassung vorgesehene, Noth thue. Unter diesen zählte die britische Verfassung viele warme und aufrichtige Verehrer. Sie waren eben mehr geneigt, die Stärke der Regierung als den Wahrheiten in der Unabhängigkeits-Erklärung zu vertrauen, und glaubten, von ersterer einen sicherern Schutz für Eigenthum und vielleicht auch für die Personen erwarten zu dürfen. Dazu fehlten in diesem Zwiespalte der Meinungen und der Empfindungen natürlich auch nicht die persönlichen Interessen und ehrgeizigen Absichten auf der einen wie auf der anderen Seite, die einen lebhaften Sporn zur Selbstförderung und Vereitelung der Absichten und Pläne der Anderen abgaben, wie dieses immer im menschlichen Leben ist — von all den Nebenrücksichten und häuslichen, gesellschaftlichen und lokalen Einflüssen und Anreizungen, welche außer dem Kreise der Gesetzgebung liegen, und deren mächtige Wirkung doch so unverkennbar ist, gar nicht zu sprechen *).

Unter den Mitgliedern des ersten Congresses, welche Gegner der Verfassung waren, befanden sich Viele, die lärmend und ungestüm auf eine neue Convention drangen, während selbst die Gemäßigsten nachdrücklichst auf Amendirung des Angenommenen bestanden. Nord-Carolina und Rhode Island weigerten sich dazu, die Verfassung anzunehmen, was gleichfalls Störung und Unmuth verursachte. Die ganze Militär-Macht der Vereinigten Staaten betrug keine sechs hundert Mann, während nicht allein über eine Reihe von Verhältnisse Streitigkeiten mit England und Spanien existirten, sondern die Vereinigten Staaten sich mit einer Anzahl Indianer-Stämmen zwischen den Seen, dem Mississippi und dem Ohio, welche im Ganzen fünftausend Krieger zählten, und von denen wenigstens ein Drittheil erklärte Feinde der Amerikaner waren, im offnen Kriege befanden. Endlich war Georgien mit den Creeks im Süd-Westen im Kriege, welche sechstausend Männer in das Feld stellen konnten.

Der Handel des Landes hatte sehr gelitten, er war nicht mehr, was er zur Zeit der Verbindung mit dem britischen Reiche gewesen war. Mit dem Kaiser von Marocco war ein Frieden geschlossen worden, allein Algier, Tunis und Tripolis plünderten die schutzlosen Fahrzeuge der Amerikaner und führten Alle in Gefangenschaft, die ihnen in die Hände fielen. Während weder Geld

*) Jubiläum der Constitution, pp. 55—57.

bereit war, Freizügigkeit zu erkaufen, noch eine Marine, um uns Achtung zu verschaffen, erheischte unser Handel im mittelländischen Meere augenblickliche Sicherheits-Maßregeln. Die Eifersucht Spaniens, von welcher wir früher gesprochen haben, und seine Versuche, Einschränkungen der freien Schifffahrt auf dem Mississippi einzuführen, regte den ganzen Westen auf. Die in Folge der Beziehungen mit Spanien, die aus jenem Anspruche und aus Gränzstreitigkeiten entstanden waren, allgemein herrschende Besorgniß nahm die ganze Staatsklugheit und Wachsamkeit von Seiten der Executiv-Gewalt in Anspruch.

Die mit Großbritannien herrschenden Schwierigkeiten waren verschiedener Natur. Der alte Groll, von dem langen Kriege genährt, war natürlich nicht erloschen; auf der einen Seite war das Auftreten des Mutterlandes nichts weniger als geeignet, die Vereinigten Staaten zu versöhnen, und auf der anderen waren unsere Bürger nur zu geneigt, die Engländer als ihre natürlichen, wenn nicht als ihre nothwendigen Feinde zu betrachten, und daher stets bereit, Feuer zu fangen und eifrig bemüht, sich an ihnen zu reiben. Die englische Regierung weigerte sich standhaft, einen Handelsvertrag auf einer nur einigermaßen annehmbaren Grundlage abzuschließen, und jede denkbare Chikane wurde in dieser Beziehung gemacht, während gerade dieser Gegenstand, wie man sich leicht vorstellen kann, für die Interessen und das Glück des ganzen Landes von so hoher Wichtigkeit war. Es wurde ein Versuch gemacht, mit Portugal einen Handelsvertrag abzuschließen, allein er scheiterte, wie man allgemein glaubte, in Folge der von Großbritanien dagegen gerichteten Intriguen und selbst die seeräuberischen Beeinträchtigungen der Barbaresken und die blutigen Raubzüge der Indianer wurden zum größten Theile den Anstellungen jener Macht zugeschrieben. Mit Frankreich bestanden die freundschaftlichsten Beziehungen und es herrschte durchgängig der Wunsch, mit dieser Nation und mit Hintansetzung Englands den Handelsverkehr auszudehnen. Die anderen Mächte Europa's zeigten sich im Allgemeinen geneigt, mit den Vereinigten Staaten in gutes Einvernehmen zu treten, und in ihrem Verkehre und Handel jene Vortheile zu benutzen, die sich von selbst an die Errichtung eines neuen und blühenden Reiches in dem westlichen Theile der Erde knüpften.

Bis zur Organisation der neuen Verwaltungs-Behörden fuhr der Präsident fort, sich der Dienstleistungen von John Jay als Sekretär des Auswärtigen, und von General Knox als Sekretär des Krieges zu erfreuen; die Finanzen waren besonderen Commissären anvertraut. Washington, der ihn stets auszeichnenden Gewissenhaftigkeit treu bleibend, studirte auf das fleißigste die mannichfachen und verwickelten Fragen, welche aus seinen neuen und noch ganz unversuchten Beziehungen erwuchsen. Er ließ sich vollständige Berichte von den Angestellten abstatten, welche seither die verschiedenen Zweige der Verwaltung versehen hatten; er machte sich Auszüge aus denselben mit eigner Hand, und las mit gewissenhafter Aufmerksamkeit die weitläuftigen Correspondenzen über die auswärtigen Angelegenheiten, vom Anfange des Friedens an. Er machte sich von Allem Auszüge und Notizen, so daß er den ganzen Verlauf und jeden einzelnen Punkt von Interesse und Bedeutung in einem klaren Bilde vor der Seele hatte. *)

Die Bildung eines festen Systems, wie ein den nationalen Bedürfnissen entsprechendes Einkommen geschaffen werden könne, drängte sich als ein so unabweisbares Bedürfniß hervor, daß Madison gleich im Anfange der Sitzungen den Antrag stellte, dasjenige Besteuerungs=System zu adoptiren, womit man schon zur Zeit der Conföderation, wiewohl erfolglos den Versuch gemacht hatte, hinlängliche Mittel zur Bezahlung der Staats=Gläubiger im Innern, wie im Auslande aufzutreiben. Der
1789. Plan Madison's ging dahin, besondere Zölle, oder proportionirte Abgaben auf gewisse Artikel zu legen, z. B. auf Thee und Kaffee, Zucker, Molasses und Pfeffer; dagegen alle übrigen importirten Waaren nach ihrem Werthe, das heißt mit einem bestimmten Procentensatze ihres wirklichen Preises oder Werthes zu besteuern. Ebenso war ein Tonnen=Geld beabsichtigt, von geringerem Ansatze für amerikanische Schiffe, als für ausländische, und mit einer Begünstigung für die Schiffe der Nationen, welche einen Handelsvertrag mit den Vereinigten Staaten abgeschlossen hatten. Die Debatten über den Gegenstand waren sehr lebhaft und es herrschte eine große Meinungsverschiedenheit darüber. Hauptsächlich aber erregte die Bestimmung, daß den Nationen, die in einem Handelsvertrag mit den Vereinigten Staaten stünden, eine Erleichterung gewährt werden solle, großen Anstand. Schon in jener Debatte, sagt Marschall, wurden Ansichten und Gefühle bezüglich auswärtiger Nationen laut, welche später von den Umständen bestärkt, den ganzen amerikanischen Continent in Aufregung brachten.

Indeß ging der Vorschlag einer solchen Vergünstigung mit einer kleinen Mehrheit im Hause durch, im Senate jedoch wurde er verworfen, so daß das Tonnengeld und die Abgaben auf Spirituosen für alle hier landenden Schiffe fremder Nationen gleich gestellt wurden, einerlei ob ein Handelsvertrag mit letzteren bestand oder nicht. Obgleich nur ungern trat das Haus der Ansicht des Senats bei, und der Antrag auf solche Unterscheidung fiel. Da der Senat zu jener Zeit nur bei verschlossenen Thüren berieth, so kennen wir die Gründe nicht, die ihn bei jenem Beschlusse leiteten.

Um die Executiv=Gewalt des Landes zu organisiren, wurden drei Departemente (Ministerien) eingerichtet — nämlich das der auswärtigen Angelegenheiten (jetzt (Department of State), das der Finanzen und das des Krieges, mit welchem letzteren die die Marine betreffenden Angelegenheiten vereinigt wurden.

Bei dieser Gelegenheit entstand eine Debatte, die große Aufregung erzeugte, indem die hierbei zur Sprache gekommenen Fragen in der damaligen Zeit als eine Sache von äußerster Wichtigkeit für die Dauer, das Gedeihen und die ungestörte Wirkung der Constitution angesehen wurden, wie sie auch heute noch dafür angesehen werden. Es heißt nämlich in der Verfassung, dem Präsidenten solle „mit Beirath und Zustimmung des Senates" die Befugniß zustehen, die erforderlichen Beamten

*) Marschall (Vol. II, p. 156) berichtet über einen Versuch, den der französische Gesandte, Graf Moustiers machte, diplomatische Verhandlungen mit dem Präsidenten in Person, und nicht, wie es die Regel ist, durch den Staats=Sekretär zu eröffnen. Es ist belehrend, wie Washington mit eben so vieler Feinheit als Festigkeit die Frage des Ranges, welchen der Präsident den bei den Vereinigten Staaten accreditirten Ministern gegenüber einnimmt, zu schlichten wüßte.

in den verschiedenen im zweiten Artikel aufgeführten Departementen anzustellen. Dagegen fand sich keine Andeutung, wem das oben so wichtige Recht zustehen solle, solche Beamten wieder abzusetzen. Es scheint, daß die Föderal-Convention ganz übersehen hatte, diesen Punkt zu erörtern. Bei jener Gelegenheit nun traten die Congreßmitglieder sogleich mit dieser Frage hervor. Einerseits wurde behauptet, wenn der „Beirath und die Zustimmung des Senates" zur Ernennung erforderlich seien, so müßten sie consequent auch zur Absetzung eingeholt werden; wogegen anderer Seits mit großem Gewichte geltend gemacht wurde, daß der Präsident die eidliche Verpflichtung habe, die Gesetze getreulich vollziehen zu lassen; es sei daher unabweisbar nothwendig, daß er in der Absetzung ganz freie Hand, und allein zu beurtheilen habe, ob hinlänglicher Grund dazu gegen einen jener Beamten vorliege.

Auf der einen Seite machte man geltend, diese Befugniß stehe mit monarchischen Prärogativen auf einer Linie, und sei besonders in der Hand eines ehrgeizigen Präsidenten äußerst gefährlich. Er führe dahin, den Angestellten zum gefügigen Werkzeuge der Laune oder Willkür des Präsidenten zu machen, und da die Verfassung darüber schweige, so sei es principwidrig und verstoße gegen den Grundsatz der Volkssouveränität, einem Manne auf bloße Argumentation hin ein so ausgedehntes Recht einzuräumen.

Die Vertheidiger der entgegengesetzten Ansicht machten aber dagegen geltend, daß wenn man das Recht zwischen dem Senate und Präsidenten theilen wolle, keine Verantwortlichkeit mehr möglich sei, und die daraus folgenden wichtigen Resultate ganz verloren gingen. In vielen Fällen sei das Geheimniß und rasches Einschreiten absolut nothwendig, um den Erfolg zu sichern. Es könnten Thatsachen zur Kenntniß des Präsidenten kommen, welche die Zurückberufung eines Beamten auf der Stelle nöthig machten, so daß die Verzögerung mittelst Zusammenberufung und Berathung des Senates von großer Gefahr für das öffentliche Wohl sein könnte. Dem Einwande der Gefährlichkeit, ein solches Recht in die Hand eines einzelnen Mannes zu legen, begegnete man mit dem Zugeständnisse, daß wohl eine solche Gefährlichkeit unter manchen Umständen denkbar sei, daß aber die Art, wie der Präsident gewählt werde, Bürgschaft genug sei, daß nur ein Mann von Charakter und Talent gewählt werde, und daß die treue Verrichtung der Amts-Pflichten eben so zuverlässig, und die Rechte des Volkes eben so gewahrt seien, wenn sie in der Hand eines also erwählten Präsidenten unbedingt lägen, als wenn er an die Mitwirkung des Senates gebunden wäre. Was die Befürchtung anlange, daß er solche Amtsentsetzungen aus Caprice, Eigenmächtigkeit oder sonst unwürdigen Motiven vornehmen könne, so gäbe es Garantien genug gegen einen derartigen Mißbrauch seiner Befugniß, denn wenn er auch z. B. in der Absicht einen Günstling oder eine Creatur einzuschieben, einen tüchtigen Beamten abgesetzt habe, könne er ja die Stelle nicht ohne Rath und Zustimmung des Senates wiederbesetzen. Ja Madison u. A. gingen noch weiter, und behaupteten geradezu, daß ein Präsident, der solches zu thun fähig sei, sich der Gefahr aussetze, in Anklagezustand versetzt und seines hohen Vertrauens-Amtes unwürdig erklärt zu

werden. Baldwin, Benson, Lawrence und Andere stimmten Madison bei, wogegen andere ausgezeichnete Staatsmänner als Sherman und Gerry der gegentheiligen Ansicht huldigten. Zuletzt wurde die
1789. Sache im Hause mit zwölf Stimmen Majorität durch einen Zusatzantrag entschieden, der dem Präsidenten das ausschließliche Recht zuerkannte, Amtsentsetzungen (removals, Zurückberufungen) allein vorzunehmen, und zwar der Art, daß dieses Recht als ein dem Präsidenten verfassungsmäßig eingeräumtes anerkannt wurde.

Als die Sache im Juli zum ersten Mal vor den Senat kam, wurde die Einrichtung des Departements der auswärtigen Angelegenheiten im Grundsatze mit dem Hause übereinstimmend entschieden, jedoch nur mittelst der ausschlaggebenden Stimme des Vicepräsidenten John Adams, da der Senat nicht vollzählig war, und die Stimmen neun gegen neun standen. Eine spätere dahin einschlagende Bill hatte sich einer Majorität von zwei Stimmen für die gleiche Ansicht zu erfreuen. Um nicht den Anschein zu haben, als räume hier der Congreß dem Präsidenten eine neue Befugniß ein, wurde das Gesetz als die Anerkennung eines ihm schon nach der Verfassung zustehenden Rechtes hingestellt. Die Fassung lautete z. B. „Jedes Mal, daß der Präsident den &c. Sekretär von seinem Amte absetzen (remove) wird, so &c.

Es ist keine Frage, daß diese ganze Sache von großer Bedeutung und nichts weniger als einfach zu lösen ist. Es ist darüber von Männern von eminenten Talenten und patriotischen Gesinnungen schon unendlich viel gesagt worden, und es immer noch nicht entschieden, ob der erste Congreß sehr weise und recht gehandelt hat, daß er die Frage so erledigte, wie oben erzählt ist.

Die Nummer 77 des Föderalisten enthält die Ansicht Hamilton's in folgenden Worten: „Man hat behauptet, daß einer der von der Mitwirkung des Senats bei den Anstellungen erwarteten Vortheile darin liege, daß sie zur Stabilität der Administration beitragen werden. Und sowie die Zustimmung dieser Körperschaft erforderlich sei, anzustellen, so müsse sie auch nöthig sein, abzusetzen. Darnach würde auch ein Präsidentenwechsel keinen so unbedingten und gewaltsamen Personenwechsel der Beamten nach sich ziehen. Hätte sich ein Beamter tüchtig erwiesen, so werde der neue Präsident von der Entfernung desselben in der Absicht einer ihm mehr zusagenden Person Platz zu machen, durch die Furcht zurückgehalten werden, daß die Verweigerung des Senats seinen Zweck vereiteln, und ihn einer Beschämung aussetzen werde. Diejenigen, welche im Stande sind, den Werth einer gleichförmigen Verwaltung zu würdigen, werden am geneigtesten sein, dem Vorschlage Beifall zu schenken, jeden Beamten-Wechsel von der Zustimmung des Senates abhängig zu machen. Denn eine jede Verknüpfung der politischen Existenz öffentlicher Beamten mit einer Körperschaft, die selbst aus festeren Elementen besteht, und daher auch jedem Einflusse der Unbeständigkeit und des Wechsels aller Wahrscheinlichkeit noch besser widerstehen wird, kann für sie nur wohlthätig sein."

Richter Story sagt in seiner Erklärung der Verfassung, nachdem er Nachdruck auf die Sache gelegt, daß der erste Congreß in obiger Weise entschieden hat, obgleich er so eifersüchtig auf die Executiv-Gewalt war, daß der damals festgestellte Grundsatz seither beständig angewendet worden sei, und fährt fort: „Demnach hat der Präsident heute das Recht, die Amtsentsetzung ohne irgend eine Rücksicht auf den Senat vorzunehmen, obgleich die Verfassung in Aufzählung seiner Befugnisse von diesem Rechte nichts erwähnt. Wenn wir diese Befugniß mit einer anderen zusammenstellen, die ihm in der folgenden Klausel dahin gegeben wird, Lücken, die während des Recesses (Zeit, in welcher der Senat nicht in Sitzung ist), in den Aemtern entstehen, auszufüllen, so kann man sagen, daß die Hauptgarantien, an welchen die Verfassung das Recht, alle Aemter zu besetzen, binden wollte, völlig unwirksam geworden sind. Ein Präsident von ehrgeizigen Absichten und grundsätzlicher Charakterlosigkeit kann sämmtliche Beamten absetzen und während des Recesses des Senates, andere ernennen; sollte seine Wahl vom Senate nicht bestätigt werden, so kann er während des folgenden Recesses stets die nämlichen Personen wieder ernennen, und also die wohlthätige Schranke, die in der Mitwirkung des Senats zu errichten beabsichtigt war, gerade zu umgehen."

Hale bezeichnet diese Frage ebenfalls als „eine äußerst" wichtige, und bemerkt: „In keinem anderen Verhältnisse wird unsere Verfassung mit der der Monarchien Europa's so nahe zusammenkommen, als in dieser gewiß höchst zweifelhaften dem Präsidenten eingeräumten Befugniß." Pitkin widmet der Untersuchung dieser Frage ebenfalls mehrere Seiten, und spricht mit vieler Besorgniß von den gefährlichen Tendenzen der Executiv-Gewalt und ihres Einflusses. Seine Bemerkungen verdienen beherzigt zu werden.

Der Enkel John Adam's weist auf den besonderen höchst wichtigen Charakter der Frage hin, welche unter dem Vorsitze seines Großvaters in dem Senate zur Entscheidung kam. Nachdem er die Ansicht entwickelt, daß es eine Anomalie sei, den Präsidenten in letzter Instanz vor dem Senate in Anklagestand setzen zu können, wenn diesem das Recht zustehen solle, die von Jenem gewählten Beamten zurückzuweisen, fährt er fort: „Wenn man noch weiter gegangen wäre und hätte die Befugniß des Präsidenten, Beamten abzusetzen, die er seines Vertrauens unwerth hält, unter die nämliche Controlle gestellt, so kann es keinem Zweifel unterliegen, daß im Laufe der Zeit die Regierung in eine Oligarchie umgeschlagen wäre, worin der Präsident zum bloßen Werkzeug der im Senate herrschenden Partei heruntergesunken wäre. Er wäre alsdann einer Behörde für Mißgriffe in der Verwaltung verantwortlich gewesen, ohne daß ihm eine Controlle dieser Verwaltung zugestanden hätte; ja gerade die untersuchende Behörde hätte ihm die Abstellung solcher Mißbräuche unmöglich machen können. Entweder wäre er alsdann ein Mitschuldiger dieser Partei geworden, wäre also wohl vor jeder verdienten Strafe sicher gewesen, da gewiß Jene nie gegen ihn auftreten würden, welche entweder seine Mitschuldigen oder gar die Urheber der von ihm begangenen Frevel gewesen waren; oder, wenn er dieses zu thun verweigert hätte, wäre er in seiner Vertheidigung von vorn herein unterlegen, da ihn der böse Wille seiner Ankläger überall gelähmt hätte. *) Wir könnten noch andere An-

*) Life and Writings of John Adams, Vol. I, p. 448. S. auch J. G. Adams Jubilee of the Constitution.

sichten darüber anführen; wenn uns der Raum nicht geböte, die Discussion hier abzubrechen.

In dem Organisations-Dekrete des Schatzkammer-Amtes legte eine besondere Klausel dem Sekretäre die Pflicht auf, Pläne zur Verbesserung und guten Verwaltung des Staats-Einkommens und zur Befestigung des Staats-Credits vorzubereiten und dem Congresse darüber zu berichten. Dagegen erhob sich Opposition. Man behauptete es sei eine Beeinträchtigung der Rechte des Hauses, daß der Sekretär befugt sein solle, ohne besondere Aufforderung mehr als die Voranschläge einzubringen; das könne zur Herstellung monarchischer Gebräuche und Einrichtungen führen. Auf der anderen Seite spottete man der Empfindlichkeit, mit welcher der Congreß sich allein die Initiative jeder verständigen Maßregel zuschreiben zu wollen schien. Nach einer sehr gereizten Debatte wurde der Antrag auf Streichung verworfen.

Die Aufmerksamkeit der Mitglieder wurde die ganze Sitzung über durch die zahlreichen Verbesserungsvorschläge in Anspruch genommen, welche mehrere Staaten bei Ratification der Verfassung gestellt, und bezüglich deren sie ihren Abgeordneten anempfohlen hatten, bei erster Gelegenheit die Annahme zu beantragen. Als man sie zusammengestellt hatte, beliefen sich diese Verbesserungsvorschläge auf nicht weniger als zweihundert und ein, die sich jedoch, wenn man die Wiederholungen ausmerzte, auf etwa fünfzig bis sechszig reducirten, welche wirklich als Gegenstände der Betrachtnahme erscheinen konnten. „Die von den verschiedenen Staats-Conventionen ausgesprochenen Ideen faßlich darzustellen, sagt Marschall, von der Masse vorgeschlagener Aenderungen diejenigen auszuwählen, welche sich zur Annahme empfahlen, ohne die kaum gegründete Regierungsgewalt von Neuem zu erschüttern; sie in Form und Raum zu zwängen, daß sie auch Anderen, als denen, die sie vorgeschlagen, annehmbar erschienen, das Alles war gewiß keine leichte Aufgabe."

Madison stellte den Antrag, sie anzunehmen; es wurde ein Comite gebildet, in welches aus jedem Staate ein Mitglied gewählt wurde und der Antrag wurde mit allgemeinen Instruktionen an solches verwiesen. Nach langen Debatten und mannigfachen Abänderungen nahm die Verhandlung mit der erforderlichen Mehrheit von zwei Drittheilen siebenzehn von den fünfzig bis sechszig jener Verbesserungsvorschläge an. Der Senat verkleinerte die Zahl noch mehr: am Ende waren es nur zwölf, welche den Staatslegislaturen zur Genehmigung überwiesen wurden. Von diesen wurden zehn durch eine verfassungsmäßige Mehrheit in sämmtlichen Staatslegislaturen wirklich gutgeheißen, zwei derselben, nämlich jene, welche auf die Zahl der Repräsentanten und auf die Geldentschädigung für die Dienstleistungen derselben Bezug hatten, wurden verworfen.

Während sich das Haus mit den vielfachen seiner Prüfung unterworfenen Verhältnissen beschäftigte, nahm der Senat die wichtige und ausgedehnte Organisation der nationalen Gerichtsbarkeit vor. Ellsworth war Vorsitzender des Komites, welches die Einrichtung eines höchsten Gerichtshofes und verschiedener Kreis- wie Distrikts-Gerichte ausarbeitete. Die Distrikts-Gerichte sollten aus einem Richter in jedem Staate bestehen. Die Staaten selbst waren in Kreise (Circuits) eingetheilt, und für jeden Kreis bildete ein Mitglied des höchsten Gerichtshofes, zusammen mit dem Distriktrichter des Staates, worin die Sitzung des Kreisgerichts (Circuit-Court) gehalten wurde, das Richterpersonal. In manchen Fällen hatten die Kreisgerichte selbstständige Competenz, in anderen waren sie die Appel-Instanz für die Entscheidungen der Distrikt-Gerichte. Der höchste Gerichtshof sollte aus einem Oberst-Richter (Chief-Justice) und fünf Collegial-Räthen bestehen und jährlich zweimal Sitzungen am Regierungssitze der Ver. Staaten halten. Diesem Gerichtshofe sollte in manchen Fällen ausschließliche Gerichtsbarkeit zustehen; in anderen war er die Appelinstanz der Kreisgerichte und auch der obersten Staatengerichtshöfe in Fällen, wo die Gültigkeit von Verträgen und von Ver. Staaten-Gesetzen zur Entscheidung gekommen war.

Diese ganze Organisation ist ihrem Wesen nach bis zum heutigen Tage dieselbe geblieben.

1789. In der Sitzung dieses Jahres kamen noch manche andere Fragen zur Verhandlung, worüber der Congreß sich nur schwer verständigen konnte, z. B. die Wahl eines Ortes zum bleibenden Sitze der Regierung. Viele Mitglieder waren für das Ufer des Susquehannah — andere erklärten sich für den Potomac. Die Frage konnte nicht zur Entscheidung kommen und wurde daher auf die nächste Sitzung vertagt.

Die Gehaltsbestimmung des Präsidenten und Vizepräsidenten, der Mitglieder des Congresses und anderer Ver. Staaten-Beamten begegnete ebenfalls vielfachen Anständen. Endlich einigte man sich, den Gehalt des Präsidenten auf $25,000, den des Vizepräsidenten auf $4000 zu fixiren. Den Chefs der Departemente bewilligte man $3400, dem Oberst-Richter $4000 und den Collegial-Richtern $3400 Jedem. Die Mitglieder des Hauses sollten $6 Diäten und $6 für je zwanzig Meilen Entfernung Reiseentschädigung (mileage) erhalten; die Senatoren $7 Diäten und ebenso viel Reisegeld für je zwanzig Meilen. *)

Nord-Carolina und Rhode-Island hatten sich geweigert, die Verfassung anzunehmen, gehörten daher nicht zur Union und waren deren Gesetzen nicht unterworfen. Man betrachtete sie in dem Verkehre mit der Union gewissermaßen als auswärtige Staaten. Nach dem Zollgesetze unterlagen alle aus diesen Staaten importirte Waaren, insofern nicht nachgewiesen war, daß solche Landesprodukte oder Landesfabrikate waren, der Verzollung. Gegen das Ende der Sitzung beschloß jedoch der Congreß, auf ein von Bürgern jener Staaten eingereichtes Gesuch, ihren Schiffen bis zum 15. Januar 1790 mit denen der Ver. Staaten gleiche Berechtigung zu ertheilen.

Nachdem nun die Regierung vollständig organisirt war, lag gegen Ende September Washington die schwierige und delikate Pflicht ob, die Ernennungen für die verschiedenen hohen Aemter vorzunehmen. 1789.
Wir brauchen dem Leser nicht zu versichern, daß der Präsident auch hierin, wie in jedem anderen Verhältnisse, mit der größten Gewissenhaftigkeit und Unpartheilichkeit verfuhr und dahin trachtete, dem Dienste des Landes die talentvollsten Männer von anerkanntem Patriotismus und festem Charakter zu gewinnen. †)

*) Die Debatte über diesen Punkt findet man in Benton's Abridgement of the Debates of Congress V. I. pp. 118—288.

†) In Betreff der Regel, welche Washington bei Besetzung der Stellen beobachtete, s Spark's p. 418. Der dort angeführte Brief erweckt manche nicht gerade angenehme Gedanken.

Thomas Jefferson, ein Mann von großem politischen Scharfsinne und seinen Landsleuten von vortheilhafter Seite bekannt, stand im Begriffe, von Frankreich zurückzukehren; er langte am Schlusse des Jahres in den Ver. Staaten an. Ihm wurde das Amt des Staatssekretärs angeboten. Wie er selbst versichert, nahm er die Stelle nur mit Widerwillen an. Er wäre lieber nach Paris zurückgekehrt, wo er sich bleibend eingerichtet hatte, um die Entwicklung der französischen Revolution zu beobachten, von deren nahem Ende er überzeugt war. Nachher wollte er sich ganz vom politischen Leben zurückziehen und in der Mitte seiner Familie und Freunde seinen wissenschaftlichen Studien leben. Er sagt, daß er in seinem Antwortschreiben dem Präsidenten diese seine Vorliebe, nach Paris zurückzukehren, ausgesprochen, jedoch ihn versichert habe, daß wenn seine Dienste der Regierung wünschenswerth erschienen, er bereit sei, seine Neigung der Pflicht zu opfern. Washington antwortete ihm, daß er immer noch wünsche, daß Jefferson das Amt übernehme; doch stelle er es ihm anheim, nach Paris zurückzukehren, wenn er hierzu größere Neigung habe. Darauf fand Jefferson „sein Widerstreben beschwichtigt" und nahm die Ernennung an. Indeß kam er erst zu Ende März des nächsten Jahres in New-York an, um sein Amt anzutreten.

Alexander Hamilton wurde zum Secretär des Schatzes ernannt. Wir haben schon früher sein eminentes Talent erwähnt; die warme persönliche Hochachtung, welche Washington in Rücksicht auf seine viele und edle Eigenschaften des Geistes und des Herzens für ihn empfand, und die feste Ueberzeugung des Präsidenten, daß, so jung auch Hamilton noch war, er einer der gereiftesten Staatsmänner des Landes sei, ließen es ihm in jeder Hinsicht wünschenswerth erscheinen, daß er eine Stelle in dem Cabinete einnehme. Ferner wurde im Finanzwesen Eveleigh als Controlleur, Wolcott als Auditeur und Nourse als Buchführer angestellt.

General Knox hatte seither dem Kriegswesen vorgestanden und wurde auch zum Secretäre des Krieges ernannt. Seine vielfachen Verdienste um die öffentliche Sache und seine unzweifelhafte Befähigung und Redlichkeit machten ihn vorzüglich zu dem ihm übertragenen Amte geeignet.

E. Randolph wurde zum General-Advocaten ausersehen. Sein Ruf als guter Jurist und der Rang, den er als Gouvernör von Virginien bekleidet hatte, machten es um so rathsamer, ihn zu der Stelle zu berufen, als er sich als Mitglied der Convention um die Annahme der Verfassung wirkliche Verdienste erworben hatte.

Damit war das Cabinet des Präsidenten gebildet — er war bei seiner Wahl sowohl von der öffentlichen Meinung bezüglich der von ihm berufenen Männer, als von seinem eigenen Urtheile über deren Werth und Fähigkeiten geleitet worden. Aus demselben Grund, der ihn bei den schon erwähnten Ernennungen bestimmt hatte, ernannte Washington zum obersten Richter den John Jay. Das hervorragende Talent, die bewährte Vaterlandsliebe und hohe Uneigennützigkeit dieses ausgezeichneten Juristen, machten ihn in jeder Hinsicht zu dem geeignetsten Manne, dieses hohe und wichtige Amt zu versehen. Washington schrieb ihm: „Ich habe das volle Vertrauen, daß Ihre Liebe zu unserem Lande und Ihr Wunsch, zu dem allgemeinen Wohle mitzuwirken, kein Bedenken in Ihnen aufkommen läßt,

Ihre Talente, Kenntnisse und Charakterfestigkeit, welche für das in Frage stehende Amt so nothwendige Eigenschaften sind, dem Vaterlande zu widmen." W. Cushing von Massachusetts, J. Wilson von Pennsylvanien, R. H. Harrison von Maryland, John Blair von Virginien und J. Rutledge von Süd-Carolina wurden zu Collegialrichtern ernannt, lauter Männer von Auszeichnung, deren Wahl, wie Sparks sagt, eine höchst glückliche war, so daß das Gericht wirklich das Ansehen und den Rang einzunehmen versprach, den ihm die Constitution zu verleihen beabsichtigte. *)

Kurz vor dem Schlusse der Sitzung gingen noch zwei Beschlüsse durch; der eine: „Daß das Haus einen verhältnißmäßigen Einnahme-Etat zur Förderung des öffentlichen Credits für eine Sache von höchster Wichtigkeit für die nationale Ehre und Wohlfahrt erachte", und der andere: „Daß der Secretär des Schatzes einen Plan zu diesem Zwecke ausarbeiten und in nächster Sitzung vorlegen solle. Von jener Zeit datirt auch das sogenannte Danksagungsfest. Das Haus beschloß in einem Augenblick religiöser Stimmung: „Daß der Präsident ersucht sein solle, dem Volke die Feier eines Tages anzuempfehlen, um Gott für die Segnungen und Wohlthaten zu danken, wodurch es ihnen gestattet worden, sich friedlich eine ihr Glück und ihre Sicherheit begründende Verfassung zu geben."

Nach einer langen und geschäftsreichen Sitzung, worin ununterbrochene Eintracht zwischen der vollziehenden und gesetzgebenden Gewalt geherrscht hatte, ohne daß ihr zu irgend einer Zeit eine ernstliche Störung gedroht hätte, vertagte sich der Congreß am 29. September auf den ersten Montag im Januar 1790.

Wir schließen das gegenwärtige Kapitel mit einem Auszuge aus einem Briefe Washingtons, den er wenige Monate nach jener Zeit schrieb: „Daß die Verfassung, wenn gleich noch unvollkommen, eine der besten in der Welt ist, wird mir immer klarer. Es war immer meine Ansicht, daß eine wahrhaft freie und gleichheitliche Repräsentation des Volkes in der gesetzgebenden Behörde, neben einer verantwortlichen mit hinlänglicher Macht ausgerüsteten Executive der festeste Pfeiler sei, an den sich die Freiheit unseres Volkes anlehnen müsse. Es streift wahrhaft ans Wunderbare, daß sich in Punkten von solcher unendlichen Bedeutung so große Einstimmigkeit zeigte, wenn man den Charakter und die so sehr abweichenden Ansichten und Gewohnheiten eines Volkes, wie das unsrige ist, betrachtet. Und dabei erscheint die immer noch steigende gute Gesinnung weniger merkwürdig, als das Zusammentreffen so vieler glücklichen Umstände. Kurz wir können sagen, daß, so weit wir bis jetzt gekommen sind, wir mehr Grund haben, zufrieden zu sein, als selbst die Sanguinistischen hoffen konnten."

*) Marschall nimmt bei Gelegenheit, daß er von den Männern spricht, die bei Errichtung der Regierung dem Lande ihre Dienste gewidmet, Veranlassung, mit Anerkennung von dem Vicepräsidenten zu sprechen. Er sagt, als Staatsmann habe derselbe immer hoch in Ansehen gestanden. Er habe sein gesundes Urtheil durch sorgfältige Studien sehr ausgebildet und vielleicht habe kein Amerikaner damaliger Zeit so viel über Regierungskunst und Staatswissenschaft gedacht, wie er. Dabei habe er eine wahrhaft enthusiastische Meinung von seinem Vaterlande gehegt und seine hohe Redlichkeit, die Reinheit seiner Denk- und Handelsweise hätten ihm das allgemeine Vertrauen erworben.

Fünftes Kapitel.

1789—1791.

Die Verhandlungen während des ersten Congresses.

Washington bereist Neu-England—Nord-Carolina tritt der Union bei—Wiederzusammentritt des Congresses—Eröffnungs-Rede—Die National-Schuld—Hamilton's Bericht—Vorgeschlagener Plan—Debatte darüber—Auszug der Debatte über die Consolidation der Staatsschuld—Entscheidung bezüglich des Regierungssitzes—Maßregeln zur Zahlung der Nationalschulden—Wirkung davon—Sonstige Entscheidungen—Tod Franklin's—Rhode Island tritt in die Union—Fremder Einfluß bei den Indianern—Friedensvertrag mit den Creeks—Feindseligkeiten im Nord-Westen—Gouvernör Morris und das englische Ministerium—Resultat von Morris Bemühungen—Verhandlungen der dritten Sitzung des Congresses—Eröffnungs-Rede—Abgabe auf gebrannte Wasser—Scharfe Debatte— Bill, die Vereinigten-Staaten-Bank zu incorporiren—Debatten über die Verfassungsmäßigkeit—Die Bill wird angenommen—Zweck, Dauer rc. der Bank—Debatte im Cabinet—Vermont in die Union aufgenommen—Der Census von 1790—Schluß der Sitzungen—Marschall's Bemerkungen. Anhang—War die Creirung der Vereinigten-Staaten-Bank verfassungswidrig oder nicht?

Während der Vertagung des Congresses beschloß Washington, der im Sommer ernstlich krank gewesen war *), eine Tour durch die östlichen Staaten zu machen, sowohl um sich von dem zunehmenden Wohlstande des Landes zu überzeugen, als um seine geschwächte Gesundheit gänzlich wiederherzustellen. Er trat seine Reise am 15. Oktober in Begleitung seiner Secretäre Lee und Jackson an, und ging zu Wagen über New-Haven, Hartford, Boston bis Portsmouth in New-Hampshire; sodann auf einem anderen Wege zurück nach New York, wo er am 13. November wieder eintraf.

Er hatte allen Grund, mit dem Ausfluge zufrieden zu sein. Abgesehen von der aufregenden Erinnerung an die Ereignisse früherer Zeit in jenen Gefilden, that ihm der allgemeine Enthusiasmus des Volkes wohl. Wo er sich zeigte, umringten ihn Tausende, und legten in jeder denkbaren Weise ihre Liebe und Verehrung gegen ihn an den Tag. Sie wetteiferten miteinander, ihn gastlich zu bewirthen, Eltern brachten ihre Kinder, um den Mann zu sehen, dessen Andenken nie in den Herzen seiner Landsleute erlöschen kann.

Bald nach seiner Rückkehr nach New York erfuhr man, daß General Lincoln, H. Griffin, und Obrist Humphreys, welche als Deputation an die Creek-Indianer geschickt worden waren, keinen besonderen Erfolg ihrer Sendung gehabt hatten. Sie waren mit McGillivray und anderen Häuptlingen mit einem Gefolge von etwa zweitausend Mann zu Rocklanding an der Gränze von Georgien zusammengetroffen. McGillivray, der wahrscheinlich ganz unter spanischem Einflusse handelte, hatte aber die Unterhandlungen plötzlich abgebrochen. Zum Ersatze dieser unangenehmen Nach-

*) Er litt an einer Magenentzündung, die so bösartig war, daß man sein Ende fürchtete. Den Doktor Bard bat er, ihm ernstlich zu sagen, was er zu hoffen habe, da er den Tod nicht fürchte und darauf vorbereitet sei? Auf die Erklärung des Arztes erwiederte Washington ruhig und gefaßt, daß es ihm gleichviel sei, ob jetzt oder in zwanzig Jahren; er wisse, daß er Gnade vor Gott finden werde. S. Vicar's Life of Dr. S. Bard p 136.

richt erhielt der Präsident die erfreuliche Mittheilung, daß Nord-Carolina am 21. November die Verfassung angenommen hatte, also von jetzt an in der Zahl der Vereinigten Staaten mitgezählt werden konnte *).

Am 8. Februar trat der Congreß wieder zusammen. Washington nahm den Sitz des Vicepräsidenten des Senates ein, und sprach von dem zunehmenden Wohlstande des Landes, empfahl auch eine Reihe Gegenstände zur Berathung. Insbesondere drang er darauf, daß die Mittel zur Vertheidigung des Landes vorbereitet würden." Es gibt kein sichereres Mittel, den Frieden zu erhalten, als zum Kriege gerüstet zu sein; ein freies Volk muß nicht blos bewaffnet, sondern auch eingeübt sein und das kann nur nach einem festen wohlüberlegten Systeme geschehen. Unsere Sicherheit und unser Interesse erheischen gleich dringend, daß wir die Fertigung aller Gegenstände unterstützen, welche uns unentbehrlich sind, damit wir nicht darin von anderen abhängig seien, und dahin gehören besonders alle zum Kriege nothwendigen Artikel." Ferner wies er auf die Zweckmäßigkeit hin, Bewilligungen zur Herstellung eines geregelten Verkehrs mit fremden Nationen zu machen, eine allgemeine Regel für die Naturalisation eingewanderter Bürger aufzustellen, und für die Verbesserungen im Innern Vorkehrung zu treffen; endlich empfahl er nachdrücklich die Beförderung von Literatur und Wissenschaften. „Kenntnisse, sagte er, sind in jedem Lande die sicherste Basis allgemeiner Wohlfahrt, und in einem Lande, wo die Richtung der Regierung so unmittelbar den Anstoß von dem Gemeingeiste des Volkes empfängt, sollte deren Aufmunterung nicht fehlen. Ob dieser so wünschenswerthe Aufschwung am besten durch Unterstützung bereits bestehender Unterrichts-Anstalten, oder durch Errichtung einer National-Universität, oder durch andere Mittel erzielt wird, ist ein der Berathung der Legislatur würdiger Gegenstand." Er beschloß seine Rede mit dem dringenden Gesuche, ein wirksames System zum Schutze des Staats-Credits anzunehmen. Die Antworts-Adressen beider Häuser waren der Ausdruck der zwischen der Executive und dem Congresse herrschenden Uebereinstimmung.

1790.

Man erinnert sich, daß Hamilton von dem Hause den Auftrag erhalten hatte, einen Plan zur Sicherung des Staats-Credits auszuarbeiten. Am 15. Januar legte er dem Congresse seinen Bericht, mit dem Plane und den Motiven dazu, vor.

Man muß im Auge behalten, daß die National-Schuld ihren Ursprung hauptsächlich in der Revolution hatte, und theils innere Schuld war, theils in Anlehen von auswärtigen Staaten bestand. Den ganzen Betrag der National-Schuld gab der Sekretär des Schatzes auf vier und fünfzig Millionen Dollars an. Davon betrug die im Auslande, hauptsächlich in Frankreich und Holland contrahirte Schuld beinah zwölf Millionen Dollars, einschließlich der Interessen; die innere

*) Als Sache von allgemeinem Interesse können wir hier angeben, daß die Haupt-Ausfuhr-Artikel der Neuengland-Staaten Fleischwaaren, Bauholz, Potasche und Perlasche waren. Waizen war das Haupterzeugniß der mittleren Staaten und Welschkorn, Taback, Reis und Baumwolle das der südlichen. Im Jahre 1789 belief sich der Gesammtwerth der ausgeführten Artikel auf 16 Millionen Doll. Die Hauptmanufakturwaaren waren Eisen, Leder, Häute und Papier: in allen Theilen des Landes befanden sich davon Fabriken. In einigen Staaten wurden wollene Tücher gemacht; der Handel mit Europa, mit Ost- und West-Indien war schon sehr ausgedehnt.

Schuld, mit Einbegriff des beträchtlichen Zinsenrückstandes belief sich also auf ungefähr zwei und vierzig Millionen Dollars.

1790. Es gab aber noch außerdem eine andere Klasse von Schulden; die nämlich, welche die einzelnen Staaten während des Krieges und zum Zwecke des Krieges contrahirt hatten — dahin gehörten Forderungen für den Bau von Festungswerken, für gelieferten Proviant, Montirung, Kriegsmunition und dergleichen; eben so für vorgeschossenen Sold und bezahlte Extra-Vergütungen (Bounties). Diese Staatsschulden wurden auf fünf und zwanzig Millionen Dollars angeschlagen.

Der Bericht des Schatz-Sekretärs war vollständig, klar und verständlich. Er erschöpfte die hier vorliegende Frage nach allen Seiten. Hamilton war kein gewöhnlicher Staatsmann; mochte man von seinem Plane halten, was man wollte, so mußte Jeder zugeben, daß er mit großer Logik und mit einer Consequenz und einem Muthe durchgeführt war, welchem selbst seine entschiedensten Gegner ihren Beifall nicht versagen konnten. Niemand konnte in Abrede stellen, daß die im Auslande contrahirten Anlehen pünktlich nach den Verträgen abgetragen werden müßten: allein hinsichtlich der innern Schuld herrschte die größte Meinungsverschiedenheit. Hamilton stellte es als Grundsatz hin, daß die Ehre der Nation für die Zahlung der Forderungen der Bürger oder ihrer Rechtsinhaber verunterpfändet sei, und daß es eine ungerechte und unpolitische Unterscheidung sei, gleich nachtheilig für die ursprünglichen Gläubiger, wie schimpflich für den öffentlichen Credit, einen Unterschied zwischen Denen machen zu wollen, welchen die Obligationen ursprünglich ausgestellt und Jenen, auf welche sie durch Cession oder in anderer Art übertragen worden waren. Eben so erklärte sich Hamilton offen und furchtlos dafür, daß die Union die erwähnten Staatsschulden zu übernehmen verpflichtet sei. Er bestritt jeden Unterschied zwischen den Gläubigern der von den früheren Congressen und der von den Staaten-Regierungen contrahirten Schulden. Beide, behauptete er, hätten denselben Grund und Ursprung und seien in der Hauptsache ganz gleich. Die Billigkeit erfordere die Zahlung der einen, wie der anderen. Er schlug daher vor, ein Anlehen zum vollen Betrage beider Kategorien von Schulden zu contrahiren, und sie beide einzulösen. Da man daran zweifeln konnte, ob neben den laufenden Ausgaben, die Vereinigten Staaten die erforderlichen Mittel besäßen, die Zinsen für ein so bedeutendes Kapital aufzubringen, so legte Hamilton für diesen Fall dem Hause verschiedene Pläne vor, wie man die innere Schuld sichern und allmälig amortisiren könne, ohne jedoch von denen in seinem Berichte dafür aufgestellten Grundsätzen abzuweichen; die Mittel dazu, schlug er vor, sollten mittelst erhöhter Eingangs-Zölle auf Wein, Thee u. dergl. und einer Auflage auf einheimischen Branntwein aufgebracht werden.

Die Sache wurde zum ersten Mal am 28. Januar vertagt. Fitzsimmons unterstützte den Bericht und stellte Anträge im Sinne derselben. Das Haus be- 1790.
schloß auch einstimmig, die Mittel zur Ablösung der im Auslande contrahirten Anlehen zu bewilligen; bezüglich der Zahlung der Zinsen und Amortisation des Handels der inneren Schuld aber entstand eine lei-

denschaftliche Debatte. Jackson erklärte sich gegen das System, einen Ablösungs-Fonds zu creiren. Scott vertheidigte den Grundsatz, daß die Vereinigten Staaten darum die Gläubiger im Inlande nicht mit dem vollen Betrage zu befriedigen schuldig wären, weil die Meisten ihre Obligationen für 12 Procent weggegeben hätten. Er stellte deßhalb den Antrag, daß ein Abkommen bezüglich dieser Schulden getroffen werden sollte. Diesen Antrag bestritten Sherman, Ames u. A. und er wurde von dem Hause verworfen.

Am 11. Februar schlug Madison vor, man solle den jetzigen Inhabern der Obligationen den höchsten Preis bezahlen, den sie zu irgend einer Zeit im Verkehre gehabt hätten; die Differenz aber solle man den ursprünglichen Gläubigern zu Gut kommen lassen. Nach einer erschöpfenden Debatte wurde der Antrag mit 36 Nein gegen 13 Ja verworfen.*) Die Debatte über die Uebernahme der Schulden der Einzel-Staaten durch die Vereinigten Staaten berührt die politischen Interessen und Eifersüchteleien so nahe, daß alle die Leidenschaften, welche bis jetzt die hohe Achtung für die Regierung und deren Beamten zurückgehalten hatte, mit verdoppelter Wuth losbrachen.

Die Beträge, welche die verschiedenen Staaten schuldig waren, differirten um große Summen. **1790.** Die Schulden von Massachusetts und Süd-Carolina beliefen sich auf mehr als zehn und eine halbe Million Dollars, während Alles was sämmtliche übrigen Staaten schuldeten, kaum vierzehn Millionen überstieg. Natürlich führten diese Differenzen zu gehässigen Vergleichen und erregten eine Animosität, welche besser nie in den Hallen der Gesetzgebung zum Ausbruch gekommen wäre.

Der erste Vorschlag über diesen Gegenstand wurde im Hause dahin gemacht, daß die Ver. Staaten die ganze Masse aller dieser Schulden übernehmen sollten. Im Comite des Ganzen wurde dieser Vorschlag mit kleiner Stimmenmehrheit angenommen. Später, als die Abgeordneten von Nord-Carolina eingetreten waren, wurde der Gegenstand von neuem zur Berathung gebracht, und der Antrag mit ein und dreißig Stimmen gegen neun und zwanzig abgelehnt. Darauf wurde der Antrag gestellt, genau specificirte Summen von jedem einzelnen Staate zu übernehmen; auch dieser wurde verworfen. Die darüber stattgehabten Debatten gaben zu den bittersten Persönlichkeiten zwischen den Mitgliedern der verschiedenen Staaten Anlaß; man untersuchte die Entstehung der Schulden und verglich die Anstrengungen und Opfer, welche die Staaten in ihrem Eifer, der

*) Benton sagt in seinem Abridgement (Vol. I, p. 228) hierüber Folgendes: „Daß der Madison'sche Antrag verworfen wurde, öffnete der Beraubung der ursprünglichen Gläubiger, der Plünderung des Staatsschatzes und der Bestechung im Congresse, Thür und Thor so weit, daß etwas Aehnliches noch in keinem Staate vorgekommen sein kann. Die sich augenblicklich daraus ergebende Beute betrug etliche dreißig Millionen: das war aber nur der Anfang. Seit jener Zeit belagern die Käufer solcher Ansprüche den Congreß — fast immer haben sie solche für eine Kleinigkeit auf Spekulation an sich gebracht, und suchen jetzt die Anerkennung auf Schleichwegen durchzusetzen. Sie lassen sich durch keine Schwierigkeiten abschrecken, und gewöhnlich setzen sie durch, wenn man sie auch im Anfange mit Hohn abwies. Es ist dadurch ein ganz neues Gewerbe geschaffen worden, ein Gewerbe, welches das Tageslicht scheut und im Dunkeln thätig ist; nämlich das Gewerbe, Ansprüche an die Vereinigten Staaten aufzuspüren, und sie im Congresse durchzusetzen; es besteht eine vollständige Organisation dieser „Geschäftsleute," denen es durch Geschicklichkeit, Ausdauer, Bestechung und Zudringlichkeit meistens gelingt, selbst die faulsten Anforderungen giebig zu machen." Eine solche Schilderung von einem Manne, wie Benton, verdient die ernsteste Beachtung. Solche Klagen sollten schon zu Ehren unserer National-Vertretung die allerstrengste Untersuchung hervorrufen.

gemeinschaftlichen Sache zu dienen, gemacht hatten.

Die Vertheidiger der Maßregel behaupteten, daß sie eben so politisch wie gerecht sei. Gerecht sowohl gegen die Gläubiger, wie gegen die Staaten. Die Schulden hatten ihren Ursprung in geleisteten Diensten, gelieferten Bedürfnissen und sonstigen Verhältnissen, welche solche Geldanlehen nicht im Interesse des einzelnen Staates, sondern der ganzen Union, und der gemeinschaftlichen Sache veranlaßt hätten. Es sei also nur billig, daß die Personen, welche Forderungen aus solchen Verhältnissen hätten, mit Jenen auf gleiche Linie gestellt würden, welche mit den Vereinigten Staaten direct contrahirt hätten, und daß sie wie die Letzteren aus dem nämlichen Fonds bezahlt würden. Wenn auch einige Staaten Mittel genug hätten, ihre Schulden zu bezahlen, so wären dagegen andere, die vielleicht von einer größeren Staatsschuld gedrückt würden, die sie sich aufgeladen, weil sie größere Anstrengungen in dem Kampfe für die gemeinsame Unabhängigkeit gemacht hätten, nicht in der Lage, für die Abtragung ihrer Verbindlichkeiten die Mittel aufzutreiben. So würde auch wieder eine Zahl Gläubiger, diejenigen, welche in einem reichen Staate wohnten, der vielleicht nur wenige Schulden habe, ganz bezahlt, während andere, die noch mehr Opfer gebracht hätten, deren einheimischer Staat aber arm und überschuldet sein möge, leer ausgingen, oder nur eine kleine Rate ihrer Forderungen empfangen würden. Die Maßregel sei für alle Staaten gleich gerecht, da sie in dieser Weise ihren verhältnißmäßigen Antheil an dem im Interesse aller gemachten Aufwande beizusteuern hätten. Man müsse auch berücksichtigen, daß sehr viele jener Staatsschulden zu einer Zeit contrahirt worden seien, in welcher die Ver. Staaten nur einen geringen, ja gar keinen Credit gehabt hätten. Und überdieß hätte die Verfassung den Ver. Staaten die hauptsächliche Einkommensquelle, aus welcher die Staaten die Mittel zur Zahlung ihrer Schulden schöpfen konnten, überwiesen, es sei also auch nicht mehr als billig, daß die Schulden von dem bezahlt würden, dem man das Vermögen übertragen habe.

Die politische Klugheit der Maßregel wurde durch folgende Gründe zu rechtfertigen versucht.

Wenn die Staaten selbst Mittel auftreiben müßten, ihre Schulden zu bezahlen, sei ein Conflict zwischen der Generalregierung und den Staatenregierungen im Punkte des zu erhebenden Einkommens nicht zu vermeiden, und dieses sei beiden nachtheilig, ja verderblich. Da die Ver. Staaten das ausschließliche Recht hätten, Zölle zu erheben, so müßten die meisten Staaten ihre Zuflucht zu directer Besteuerung und Verbrauchssteuer nehmen. Da die Schuldenlast der einzelnen Staaten so verschieden sei, müßten nothwendig auch die Quoten der Besteuerung verschieden sein. Diejenigen Staaten würden also die größten Lasten zu tragen haben, welche für die gemeinsame Sache die meisten Opfer gebracht hätten. Könne etwas Anderes als Mißstimmung und Eifersucht hieraus erwachsen? Wenn man den größeren Betrag durch directe Steuern aufbringen wolle, so würde der Grundbesitz zu stark belastet werden und die Folge würde sein, daß die Bevölkerung nach anderen weniger hoch besteuerten Staaten übersiedelte. Würde dagegen die Verbrauchssteuer als die ergiebigere Quelle benützt, so würde sie die einheimischen Erzeugnisse wie die importirten Güter treffen und das würde den Schleichhandel reizen und das Einkommen der Ver. Staaten schmälern. Dabei würde es vorkommen, daß in einem Staate die durch den Handel gebotenen Vortheile größer wären als in anderen, und dieses würde dazu ermuntern, letzteren Capitalien zu Gunsten des ersteren zu entziehen. Auch der Kostenpunkt müsse in Betracht kommen: eine Regierung ziehe die Steuern billiger ein, als mehrere; und wenn die Centralregierung das ganze Steuerwesen des Landes in der Hand habe, sei sie desto besser im Stande, die Landesindustrie und innere Verbesserungen in jedem Theile der Ver. Staaten zu befördern.

Noch ein ganz specieller Grund wurde darin gefunden, daß manche Staaten ihre Schulden theilweise mit confiscirtem Vermögen der Anhänger Englands abgetragen hatten. Das Verbrechen nun, behauptete man, was solche Confiscation nach sich gezogen, sei nicht gegen den speciellen Staat, sondern gegen die Union gerichtet gewesen. Hier habe also der eine oder der andere der Staaten sich mit Mitteln Erleichterung verschafft, die streng genommen den Ver. Staaten gehört hätten; dadurch seien die übrigen aber beeinträchtigt.

Die Widersacher der Maßregel waren ihrerseits eben so fest davon überzeugt, daß eine Uebernahme der Staatsschulden durch die Ver. Staaten ungerecht und unpolitisch sei.

Es wurde förmlich in Abrede gestellt, daß die Staatsschulden als Schulden der Ver. Staaten betrachtet werden könnten, oder daß irgend eine Verbindlichkeit für die Letzteren existire, sie zu übernehmen. Der eine Staat habe Schulden gemacht, der andere habe baar bezahlt; wenn die Ver. Staaten die Gläubiger des Ersteren bezahlen wollten, müsse es auch den Letzteren ihr vorgelegtes Geld wieder geben. Die Verfassung erkläre die Staatsschulden nicht als Schulden der Union und der Congreß habe also auch keine Befugniß, sie zu übernehmen.

Politisch betrachtet, sei die Maßregel verwerflich, weil sie die Schuldenlast der Ver. Staaten ungeheuer erhöhe, während solche zwischen diesen und den Einzelstaaten getheilt, weit leichter abgetragen werden könne. Es sei unrichtig, daß die Ver. Staaten alles Einkommen monopolisirt hätten; die Einzelstaaten hätten noch Hülfsquellen genug. Sie hätten zeither ihre Bedürfnisse aufgebracht und würden es auch künftig zu thun im Stande sein. Mehrere Staaten hätten sich schon mit großen Anstrengungen von ihrer Schuldenlast wenigstens theilweise befreit und nun sollten sie von Neuem für ihre saumseligen Bruderstaaten zahlen? Das Mißvergnügen, das man befürchte, wenn die Maßregel verworfen werde, würde weit kleiner sein, als jenes, wenn sie angenommen werde.

Die Majorität des Volkes sei dagegen und Eifersucht und Neid zwischen den Einzelnstaaten würden sicher viel größer werden, wenn die Maßregel angenommen werde, als sie jetzt seien.

Ebenso fürchtete man, das Ver. Staaten-Gouvernement werde ein allzugroßes Uebergewicht über die einzelnen Staaten erhalten, wenn alle Gläubiger der letzteren von ersterem abhängig gemacht würden.

Wie wir oben bemerkt haben, betrugen die Staatsschulden von Massachusetts und Süd-Carolina für sich allein zwei Drittheile der Gesammt-Schuldenlast aller übrigen Staaten. Für diese zwei Staaten war daher die Entscheidung von äußerster Wichtigkeit. Die Legislatur von Süd-Carolina instruirte ihre Abgeordneten, auf die Uebernahme ihrer Schulden Seitens der Ver. Staaten zu bestehen, da solche „in Folge des Krieges der Ver. Staaten mit Großbritannien" entstanden seien. Für Massachusetts weiß Ames noch, daß das zu Lexington und auf Bunker Hill verschossene Pulver, das erste in dem Unabhängigkeitskampfe gebrauchte, mit dem Gelde angeschafft worden, das man heute noch von dem Staat fordere. Virginien, Nord-Carolina und Georgien zeichneten sich als besonders gereizte Gegner der Maßregel aus.

Nachdem, wie wir oben bemerkt, die Trennung der Staatsschulden abgelehnt worden war, ging die Bill dahin durch, daß nur jene Schulden von den Ver. Staaten abgelöst werden sollten, wobei sie gleich anfänglich den Gläubigern zahlpflichtig geworden seien. In dieser Lage kam die Sache an den Senat.

In dem Augenblicke nun, wo Alles die Verwerfung der Uebernahme der Staatsschulden voraussehen ließ, wurde eine andere Maßregel vor den Congreß gebracht, welche als eine Art Compromiß, wie man solche in gesetzgebenden Körpern so gern eintreten läßt, so wohl vorbereitet war, daß die Vertheidiger der Uebernahme der Schulden ziemlich gewiß sein konnten, die Majorität dafür zu gewinnen. Wir meinen die Frage, wo die Regierungshauptstadt der Ver. Staaten errichtet werden sollte? Der Gegenstand war schon öfters im Congresse zur Sprache gekommen, und man hielt es für gebieterisch nothwendig, daß endlich über die Stelle entschieden würde, wo die nationale Legislatur ihre Sitzungen unter ihrer eignen höchsten Autorität halten könnte, ohne Beleidigungen und Angriffen ausgesetzt zu sein, wie sie sich die Aufrührer im Jahre 1780 in Pennsylvanien erlaubt hatten. Im September 1784, erzählt John Marschall, waren schon Commissäre ernannt worden, um eine Landstrecke am Delaware, in der Nähe der Fälle, zu erwerben und die nöthigen Gebäude zu errichten; allein der Einfluß der südlichen Staaten war groß genug, den Vollzug jenes Beschlusses zu hemmen, indem sie die Bewilligung der Fonds verhinderten, wozu n e u n Staaten zustimmen mußten. Unter der jetzigen Regierung waren mehrere Orte vom Delaware bis zum Potomac in Vorschlag gebracht worden, ohne daß sich die Majorität beider Häuser für einen derselben entscheiden konnte. Es waren auch, wie wohl vergeblich, Versuche gemacht worden, den zeitweiligen Aufenthaltsort des Congresses zu verlegen. Zuletzt kam es zwischen Denen, welche für Philadelphia arbeiteten und Jenen, welche für den Potomac agitirten, zu einem Uebereinkommen, wonach der Congreß die nächsten zehn Jahre zu Philadelphia tagen sollte; in der Zwischenzeit aber sollte eine passende Localität am Potomac gewählt und mit den erforderlichen Gebäuden versehen werden, so daß nach Ablauf obiger Frist die Regierung definitiv dorthin übersiedeln sollte. Dieses Uebereinkommen hatte sich der Zustimmung einer kleinen Majorität in beiden Häusern zu erfreuen. *)

Nachdem dies durchgesetzt und die Localität zur Anlage des künftigen Regierungs-

---

*) Ueber Jefferson's ärgerliche Aeußerungen, daß ihn Hamilton bei seinen „Finanz-Manövers" mißbraucht habe rc. siehe: "*The Anas*," Jefferson's Works, Vol. IX. p. 92 u. Tucker, Life of Jefferson, Vol. I. pp. 329—31.

sitzes gewählt worden war, änderten zwei Mitglieder, White und Lee, beide Grundbesitzer am Potomac, ihre frühere Parteistellung in der Frage über die Uebernahme der Staatsschulden. Sie erklärten sich jetzt für die Uebernahme und änderten dadurch die Majorität, so daß der Vorschlag durchging, und ein und zwanzig Millionen Schulden der Einzelstaaten nach einem bestimmten Vertheilungs-Verhältnisse von den Vereinigten Staaten übernommen wurden. Die Majorität im Senate bestand aus zwei und im Hause aus sechs Stimmen.

Man muß zugestehen, daß, mag man von der Zweckmäßigkeit beider Maßregeln halten, was man will, es keine besonders hohe Meinung von der Würde und der Rechtlichkeit einer legislativen Versammlung geben kann, daß sie Fragen von solcher Tragweite nicht nach gewissenhafter Ueberzeugung entschied, sondern sie zum Gegenstande des Schachers und habsüchtiger Speculationen herabwürdigte.

Die also voraus abgemachte Sache kam gegen das Ende der Sitzung zur formellen Erledigung. *)

Es wurde sodann ein Anlehen von zwölf Millionen eröffnet, um die Zinsrückstände und fälligen Termine der im Auslande contrahirten Anlehen zu bezahlen — wenn möglich sollte das Anlehen zu einem Betrage erhöht werden, daß binnen fünfzehn Jahren die ganze Summe abgetragen werden könnte. Für Abzahlung der inneren Schuld sollten neue Obligationen verzinslich zu sechs Procent, und in jährlichen Zahlungen von nicht mehr als acht Procenten an Kapital und Interessen zusammengenommen rückzahlbar, ausgegeben werden. Die Zinsrückstände der Schuld sollten zu drei Procent verzinslich consolidirt und zu jeder Zeit eingelöst werden können. Die ein und zwanzig Millionen Schulden der Staaten wurden unter ihnen nach Maßgabe ihrer respectiven Gesammt-Schuldenlast ausgeschlagen *). Auch diese also übernommenen Schulden sollten von den Inhabern der Forderungen gegen Obligationen ausgetauscht werden, die jedoch anderen Zahlungsbedingungen unterlagen, wie die ersteren. Vier Neuntheile sollten vom 1. Januar 1792 an sechs Procente tragen, zwei Neuntheile vom 1. Januar 1800 an, und die anderen drei Neuntheile vom 1. Januar 1792 an nur drei Procent.

Derjenige Schuldenbetrag eines jeden der einzelnen Staaten, welchen die Vereinigten Staaten übernahmen, und der einen Theil des gemachten Anlehens bildete, wurde jedem derselben im Conto-Currente mit den Vereinigten Staaten zur Last geschrieben. Um alle die in Folge dieser laufenden Rechnungen entstehenden Verhältnisse zu ordnen, wurde noch in der nämlichen Sitzung ein Collegium von drei Commissären ernannt, welche endgültig nach Stimmenmehrheit zu entscheiden hatten.

*) Es verdient hier angeführt zu werden, daß das Delegaten-Haus in Virginien im November 1790 den gefaßten Beschluß des Congresses als verfassungswidrig, dem Interesse des Volkes nachtheilig und die Rechte mehrerer Staaten höchlich beeinträchtigend charakterisirte. Diese Kritik führte die später üblich gewordene Sitte ein, daß die Legislaturen der Staaten mißliebige Beschlüsse des Congresses durch die Hechel ziehen.

*) Der verhältnißmäßige Ausschlag der übernommenen Schulden unter den Staaten war folgender: New-Hampshire $300,000, Massachusetts $4,000,000, Rhode-Island $200,000, Connecticut $1,600,000, New York $1,200,000, New Jersey $800,000, Pennsylvanien $2,200,000, Delaware $200,000, Maryland $800,000, Virginien $3,200,000, Nord-Carolina $2,200,000, Süd-Carolina $4,000,000, Georgia $300,000.

Sie hatten die Instruction, sich in ihren Entscheidungen nach der Billigkeit zu richten. Sie hatten jeden Staat mit allen Vorschüssen zu belasten, welche ihm die Vereinigten Staaten gemacht hatten, oder noch machen wollten, und zwar mit Zinsen bis zum letzten December 1799, und dagegen einem jeden derselben seine Ausgaben und Zahlungen gleichfalls mit Interessen für dieselbe Zeit gut zu schreiben. Nachdem nun der Saldo eines jeden Staates in dieser Weise ermittelt war, wurden sämmtliche Saldi zusammen addirt, und dieser Totalsaldo wurde in der gleichen Weise unter die Staaten ausgeschlagen, wie dies in der Verfassung für das Verhältniß der Repräsentanten-Betheiligung und der directen Besteuerung auf den Grund der ersten Volkszählung vorgeschrieben war. Die den Staaten geschuldeten Saldi sollten eben so fundirt werden, wie der andere Theil der inneren Schuld, ohne daß sie indeß übertragbar sein sollten.

Nachdem die Nationalschuld in dieser Weise in einen bestimmten Rahmen gefaßt war, traf man sobald als möglich Vorkehrung, sie abzulösen. Da dieses eine ihrer Natur nach dem Wechsel unterworfene Sache war, so gingen auch einige Jahre darüber hin, bis das System vollständig arbeitete. Außer den im ersten Congresse auf importirte Waaren gelegten Zöllen verfügte der zweite Congreß, daß ein Tonnengeld von allen Fahrzeugen erhoben werde, und legte gleichzeitig den Grund zu einem Schulden-Tilgungs-Fonds, indem er die Einkünfte des laufenden Jahres, nach Abzug etlicher bereits darauf ertheilten Anweisungen zum Ankaufe von Staatsschulden, zu verwenden beschloß, weil sie damals sehr niedrig standen. Der Präsident wurde ferner ermächtigt, zwei Millionen Dollars zu dem nämlichen Zwecke aufzunehmen; die Interessen der eingehandelten Schuldbeträge sollten dazu verwendet werden, das Anlehen zurückzuzahlen. Schon früher war der Verkaufspreis der öffentlichen Ländereien als Ablösungsfonds für die Staatsschuld überwiesen worden.

Die Wirkungen, welche diese Maßregeln zur Hebung des öffentlichen Credits überall hervorbrachten, waren höchst merkwürdig. Die Zunahme der Kapitalien im Verkehre belebte den Handel, weckte die Thätigkeit und Energie des Volkes und hatte den günstigsten Einfluß auf Ackerbau und alle sonstige Gewerbe. Es wurde bald Jedem klar, daß der fleißige und unternehmende Bürger es hier in der Hand hatte, sein Glück zu machen. „Politisch jedoch, bemerkt Sparks, hatte das Amortisations-System einen beklagenswerthen Einfluß. Es erweiterte die Kluft der Parteizwiste und erregte die gehässigsten Leidenschaften. Auch ließ sich nicht erwarten, daß die Gegner des Systemes, und es gab deren eine große Zahl, nach der heftigen Opposition, die sie gemacht hatten, sofort die Feindseligkeiten einstellen, oder ihre Meinung ändern würden. Während die Sache im Congresse debattirt wurde, hatte der Präsident keinerlei Meinung darüber geäußert, als sie jedoch entschieden war, sprach er sich unbedingt billigend über das Amortisations-System aus. Noch andere Fragen verschiedener Art beschäftigten den Congreß in dieser bewegten Sitzung. Die Sklavenfrage war durch eine von den Quäkern in Pennsylvanien und anderen Staaten eingereichte Bittschrift angeregt worden; auch hatte der ehrwürdige Dr. Franklin als Präsident der pennsylvanischen Gesellschaft zur Abschaffung der Sklaverei bereits im Februar eine Denkschrift eingereicht, worin der Congreß dringend aufgefordert war, die Pflicht und die Wichtigkeit der Befreiung der Neger nicht aus den Augen zu verlieren. Die Frage wurde weitläuftig und mit vieler Leidenschaft von beiden Seiten verhandelt, bis im März der Congreß den Beschluß faßte, daß ihm das Recht nicht zustehe, wegen der Emancipation der Sklaven, oder bezüglich der Behandlung derselben in einzelnen Staaten selbstständig aufzutreten. *)

Ueber die Naturalisation von Ausländer nach zweijährigem Aufenthalte, für die Patentirung nützlicher Erfindungen, für das Verlagsrecht der Autoren, für Regulirung der Handelsmarine bezüglich der darin verwendeten Matrosen, ferner für die Grundlage eines Criminalgesetzbuches, für den aktiven Bestand der Armee (zwölf hundert sechszehn Mann — Alles in Allem), für den Handel und Verkehr mit den Indianern und die mit ihnen geschlossenen Käufe, für die Anstellung diplomatischer Agenten in den größeren Handelsplätzen in Europa, wurden Gesetzentwürfe berathen und in zweckmäßiger Form angenommen. Als financielle Maßregeln wurden erledigt: das Budget für den öffentlichen Dienst, für die Civilliste, für Pensionen, für Dienste im Revolutions-Krieg, für die Armee, für Leuchtthürme, für Gesandtschaften — für alle diese Posten zusammen wurden 725,000 Dollars genehmigt.

1790.

Nachdem beide Häuser der städtischen Behörde von New York für die bequeme und elegante Einrichtung, welche sie für die Sitzungen des Congresses getroffen hatte, ihren Dank abgestattet hatten, vertagte sich der Congreß am 12. August, um sich im December zu Philadelphia wieder zu versammeln.

Es ist nicht mehr, als gerecht, hier noch zu erwähnen, daß Benjamin Franklin, der Patriot und Philosoph nach längeren schweren Leiden im Alter von 84 Jahren am 17. April 1790 verschied. Er wurde in dem Kirchhofe der Christus-Kirche zu Philadelphia beerdigt. Seiner Leiche folgten mehr als zwanzig tausend Menschen. Der Congreß legte zum Zeichen der Verehrung für den Geschiedenen, dessen angebornes Genie eine ebenso große Zierde der Menschheit war, als seine Studien und Bestrebungen ersprießlich für die Wissenschaft wie für die Freiheit waren, Trauer an. In der französischen Nationalversammlung sprach Mirabeau beredte Worte der Anerkennung über den berühmten Mann, und Lafayette unterstützte den Antrag, daß die Nationalversammlung drei Tage lang Trauer anlegen solle. Es gab wohl kein civilisirtes Land auf der Erde, das seinen Tod nicht beklagte, und seinem Kummer über den Verlust, den Amerika und die ganze Welt erlitt, nicht Ausdruck verlieh.

Eine Akte des Congresses billigte die von dem Staate Nord-Carolina geschehene Ueberweisung eines Länder-Complexes im Westen, und am 20. Mai wurde derselbe

*) Dr. Franklin's letzte Arbeit war eine Abhandlung über die Sklaverei. Jackson, ein Repräsentant aus Georgien hatte eine Rede zur Vertheidigung der Negersklaverei gehalten. Diese Rede parodirte Dr. Franklin in geistreicher Weise. Im Divan von Algier wird eine Bittschrift berathen, welche eine Erika genannte Sekte wegen Abschaffung der Seeräuberei und Sklaverei, als Ungerechtigkeiten, eingereicht hatte. Dagegen erhob sich und sprach Sid Mehemed Ali. In seiner Rede sind die von Jackson zu Gunsten der Negersklaverei vorgebrachten Gründe, zur Rechtfertigung der Seeräuberei und Christensklaverei wörtlich aufgenommen. Der Aufsatz wurde nur 24 Tage vor des Verfassers Tod geschrieben. S. Sparks Franklin. Vol. II, p. 527.

als „Territorium der Vereinigten Staaten" südlich am Ohio-Fluß organisirt.

Am 29. Mai 1790 nahm Rhode Island, nachdem es zur Einsicht über sein wahres Interesse und seine falsche Stellung gekommen war, die Verfassung an und verband sich mit den Schwesterstaaten für die große Zukunft, welche sich vor ihnen allen öffnete.

Washington, welcher auf seiner früheren Reise Rhode Island vermieden hatte, benutzte die Vertagung des Congresses, in diesem Staate eine Woche zuzubringen. Ein Anfall schwerer Unpäßlichkeit, von der fortwährenden Anstrengung in den Geschäften veranlaßt, legte ihm nach seiner Rückkehr auf, wenigstens für einige Zeit Ruhe und Erholung zu suchen. So eilte er denn im September mit erhöhterem Vergnügen nach seinem gemüthlichen Mount-Vernon und genoß die Freude, seiner ländlichen Beschäftigung für einige Zeit nachzugehen.

Während der Congreß eifrig mit den zahlreichen und wichtigen Vorlagen beschäftigt war, befanden sich die Beziehungen der Ver. Staaten zu den auswärtigen Mächten keineswegs in erwünschter Lage. Wir haben diesen Gegenstand früher erwähnt und bedauern hier sagen zu müssen, daß die Befürchtungen des Präsidenten durch die auf seinen Amtsantritt folgenden Ereignisse keineswegs vermindert wurden. Die Indianer an den Grenzen waren beinahe ohne Ausnahme feindlich gegen die Ver. Staaten gesinnt und das Bestreben, sie zu beschwichtigen und zu versöhnen, unter jeden Umständen schwierig, wurde durch fremden Einfluß, der sie zu neuen Ausbrüchen von Feindschaft aufstachelte, noch weit schwieriger. Britische Agenten waren an den nördlichen Grenzen und an den südlichen die Spanier fortwährend bemüht, die Creeks und andere Stämme durch ihre Intriguen in einem Zustande der Aufregung und Erbitterung zu erhalten, welcher den friedlichen Absichten Washington's sehr ungünstig war. Er meinte es wahrhaft aufrichtig mit den Indianern und versuchte stets, sie gerecht und menschlich zu behandeln, ihre Lage allmälig zu verbessern und sie zuletzt zu nützlichen Staatsbürgern heranzubilden. Entschlossen, einen ferneren Versuch gütlicher Ausgleichung zu machen, schickte der Präsident den Obrist Willett, einen tüchtigen Officier, in das Gebiet der Creeks, angeblich mit Privataufträgen, in der That aber mit einem officiellen Einführungsschreiben au Alexander McGillivray, der an der Spitze jener Nation stand, und mit dem Auftrage, wo möglich die Häuptlinge der Creeks zu bestimmen, nach New York zu kommen, um einen dauernden Frieden zu unterhandeln. Willet kam dem Auftrag mit so viel Gewandtheit nach, daß McGillivray und die anderen Häuptlinge wirklich nach New York kamen, wo in Folge der angeknüpften Unterhandlungen am 7. August 1790 neuerdings ein Friedensvertrag abgeschlossen wurde. Washington's Bemühungen, auch mit den feindlichen Indianerstämmen nordwestlich am Ohio Frieden zu schließen, mißglückten jedoch und es blieb keine Wahl, als in ihre Ansiedelungen einzufallen und sie zu Paaren zu treiben.

Am 30. September brach General Harmar mit ungefähr vierzehnhundert Mann auf, um die Indianer am Scioto und Wabash anzugreifen. Es glückte ihm, ihre Dörfer und Ernten zu zerstören; in einem Gefechte bei Chilicothe jedoch unterlag er mit einem Verluste von zweihundert Mann und einer Anzahl braver Officiere.

Der rücksichtslosen Handlungsweise des britischen Cabinets ungeachtet, welches sich geweigert hatte, einen Abgeordneten für die Ver. Staaten zu ernennen, hielt Washington es für höchst wesentlich, mit England zu einer vollständigen Ausgleichung aller bestehenden Zwistigkeiten zu gelangen. Die der Erörterung unterliegenden Gegenstände waren höchst delicater Natur und durften nicht länger ungeordnet bleiben, ohne daß die ernstlichsten Folgen daraus entstehen konnten. Im October 1789 beschloß der Präsident in nicht officieller Weise, das britische Cabinet zu sondiren und seine Ansichten über die zwischen beiden Nationen schwebenden Streitpunkte zu erfahren. Der Auftrag wurde dem Gouvernör Morris zu Theil, der sich zu jener Zeit in Privatangelegenheiten in Europa aufhielt. In seinen Conferenzen mit dem Herzog von Leeds und dem Herrn Pitt sprachen diese Minister den Wunsch aus, mit den Ver. St. in gutem Einvernehmen zu stehen, wiederholten aber die früher von Lord Carmathen erhobenen Beschwerden, daß die Ver. Staaten die Stipulationen des Friedensvertrages unerfüllt gelassen hätten. In einer späteren Note erklärte der Herzog v. Leeds, daß wenn die von den Ver. Staaten bei dem Vollzug der Vertragsbestimmungen bewiesene Verzögerung die gänzliche Ausführung des Vertrags heute unmöglich gemacht habe, England seiner Seits die ihm obliegenden Verbindlichkeiten nicht eher erfüllen werde, bis der englischen Nation entweder der durch den Vertragsbruch zugefügte Nachtheil ersetzt oder sonst eine entsprechende Schadloshaltung dafür bewilligt worden sei.

Da zwischen England und Spanien eine Spannung eingetreten war, welche den Ausbruch eines Krieges für die nächste Zukunft befürchten ließ, so erschien der Zeitpunkt günstig, die Rechte der Ver. Staaten auf die freie Schiffahrt auf dem Mississippi zur Geltung zu bringen. Der Chargé d'Affairs an dem Hofe von Spanien, Hr. Carmichael, wurde angewiesen, nicht allein diesen Gegenstand ernstlich zur Entscheidung zu drängen, sondern auch Alles aufzubieten, die freie Fahrt auf jenem Flusse für die Zukunft dadurch sicher zu stellen, daß Spanien in eine Abtretung der Insel New-Orleans und der Floridas willige.

Die amerikanische Regierung war der Ansicht, daß im Falle des Ausbruches eines Krieges zwischen England und Spanien Louisiana von Canada aus überfallen werden sollte, und der Präsident dachte darum ernstlich an geeignete Vertheidigungsmaßregeln, im Falle ein solcher Versuch gemacht würde. Marschall gibt einen Bericht über die außeramtlichen Verhandlungen mit dem Gouvernör von Canada, Lord Dorchester, worin die bestehenden Verhältnisse und die Schritte besprochen wurden, welche die Ver. Staaten im Falle eines Krieges mit Spanien wahrscheinlich thun würden. Nachdem Morris dem Präsidenten den Stand der Dinge in England berichtet hatte, hielt es Washington für nutzlos und selbst für unanständig, in gegenwärtiger Sachlage auf den Abschluß eines Handelsvertrags zu bringen. Der an Morris ertheilte Auftrag wurde demnach zurückgenommen. Gerade in dieser Zeit aber wurden die zwischen England und Spanien entstandenen Irrungen ausgeglichen, indem letztere Macht, wohl einsehend, daß sie es nicht mit ihrem mächtigen Gegner aufnehmen könne, alle streitigen Punkte nachgab.

Der Congreß eröffnete seine dritte Sitzung am 6. Dezember 1790 und erledigte mit ununterbrochener Thätigkeit alle Vorlagen bis zu dem am 3. März 1791 erfolgten Schlusse. Zwei wichtige Maßregeln kamen in dieser Sitzung zur Entscheidung, nämlich die Belastung des einheimischen Branntweins mit einer Steuer und die Errichtung einer Nationalbank durch die Ver. Staaten. Washington eröffnete die Sitzung mit einer interessanten und talentvollen Rede, in welcher er eine übersichtliche Darstellung der äußeren und inneren Interessen der Nation gab und die mit folgenden eindringlichen Worten schloß: „Ich habe die volle Ueberzeugung, daß Sie bei Erledigung der verschiedenen und mannigfachen Vorlagen der gegenwärtigen Sitzung in ihren Berathungen von Staatsweisheit gelenkt und von der Liebe zum Vaterlande angefeuert sein werden. In allem, was mir zu thun die Pflicht gebietet, werden Sie mich von unvermindertem Eifer zu seiner Wohlfahrt beizutragen beseelt finden. Es soll Ihr und mein Glück und unser gemeinsamer Lohn sein, wenn wir durch erfolgreiche Erledigung unseres Auftrages die von uns festgesetzte Regierungsform immer mehr zum Werkzeuge machen, das Wohl unserer Mitbürger zu befördern und uns ihres Vertrauens und ihrer Anhänglichkeit würdig zu erweisen." Die Antworts-Adressen beider Häuser wurden ganz im Sinne der Rede des Präsidenten angenommen; jedoch müssen wir erwähnen, daß James Jackson von Georgia im Repräsentanten-Hause Veranlassung nahm, bei der Debatte über die Antwort einen Tadel gegen Washington auszusprechen, weil er gewisse Ländereien, welche Georgia als ihm gehörig ansprach, durch den Vertrag mit den Creek-Indianern den Letzteren überlassen hatte.

Der Finanz-Sekretär wies in einer dem Hause gemachten Vorlage nach, daß eine größere Staats-Revenüe zur Deckung der National-Schulden erforderlich sei. Darauf stützte er den Vorschlag, auf alle importirte Spirituosen einen erhöhten Eingangs-Zoll zu erheben, und auf allen Branntwein, der innerhalb der Vereinigten Staaten distillirt werde, eine Abgabe zu legen. Darüber entspann sich eine heftige und sogar gereizte Debatte, worin sich namentlich die Mitglieder aus den südlichen und westlichen Staaten in heftiger Opposition hervorthaten. Man forderte sie auf, einen anderen Vorschlag statt des ihnen so gehässigen Abgabe-Systems zu machen und so kamen dann Anträge auf Erhöhung der Eingangs-Zölle auf alle importirte Waaren, auf eine besondere Abgabe auf Molasses, auf eine directe Steuer, auf einen Abzug von Gehalten, Pensionen und Advokaten-Kosten, ferner auf eine Besteuerung der Journale und endlich ein Antrag auf Erhebung einer Stempel-Gebühr zum Vorschein. Es wurde indeß von allen diesen Vorschlägen nachgewiesen, daß keiner derselben den erforderlichen Betrag aufbringen könne; demnach wurde am 27. Januar der von dem Finanz-Sekretär empfohlene Vorschlag mit einer Mehrheit von fünf und dreißig gegen neun und zwanzig Stimmen angenommen.

Wenige Tage darnach kam die Bill, die Vereinigten Staaten-Bank zu incorporiren, vom Senate zurück, wurde zum dritten Mal gelesen und stand nun an der Abstimmung, als sich ganz unerwartet eine starke und entschiedene Opposition dagegen erhob. Die in der Woche darauf

1790. stattfindende Debatte nahm einen äußerst leidenschaftlichen Charakter an und veranlaßte Männer wie Madison, Giles, Stone und Andere ihr ganzes Talent gegen die Bill aufzubieten, wogegen wieder Boudinot, Gerry, Vining und Andere für dieselbe auftraten. *)

Das Argument drehte sich hauptsächlich um die verfassungsmäßige Befugniß des Congresses, eine National-Bank zu incorporiren. Auf der einen Seite behauptete man, daß die Verfassung dem Congreß keine Befugniß einräume, eine solche oder irgend eine andere Corporation zu bestätigen; ferner, daß eine so ausgedehnte Finanz-Gesellschaft in ihren Wirkungen für das Gemeinwesen äußerst nachtheilig werden könne. Auf der anderen Seite wurde ausgeführt, daß die Incorporation einer Bank nach der Verfassung allerdings zu den Befugnissen des Congresses gehöre, wenn sie auch nicht als solche namentlich aufgeführt worden sei. Es heiße in der Constitution, „der Congreß soll die Befugniß haben, alle Gesetze zu erlassen, die nöthig und geeignet sind, diejenigen Gewalten auszuüben und zu vollziehen, welche ihm ausdrücklich eingeräumt worden sind. Die Vertheidiger der Bank behaupteten nun, daß solche eben so nothwendig wie geeignet sei, und daß in allen wohlgeordneten Staaten ähnliche Institutionen zur Controlle finanzieller Operationen und zur Erreichung der großen Staatszwecke bestünden. Die Gegner der Bank dagegen bestritten sowohl ihre Nothwendigkeit als ihre Angemessenheit, und behaupteten, daß die von den Anhängern des Vorschlages der Verfassung gegebene Auslegung viel zu allgemein und ausgedehnt sei, um zulässig zu erscheinen; sie stellten den Grundsatz auf, daß nur dasjenige als nothwendig erscheinen könne, die dem Congresse gegebenen ausdrücklichen Befugnisse auszuführen und zu vollziehen, ohne welches diese besonders bezeichneten Befugnisse keine Basis haben oder gar nicht ausführbar sein würden*).

Die Bill ging am 8. Februar 1791 mit 39 Stimmen gegen 20 durch. Im Eingange findet sich als Hauptgrund für ihre Annahme gesagt, „daß sie zur 1790. erfolgreichen Entwickelung der öffentlichen Finanzen, der Regierung die Möglichkeit geben würde, in eintretenden dringenden Fällen über Gelder verfügen zu können, und daß sie sich außerdem für Handel und Industrie im Allgemeinen als vortheilhaft erweisen werde."

Das Kapital der Bank war zehn Millionen Dollars, von welchen zwei Millionen für die Vereinigten Staaten und der Rest von Privaten gezeichnet war. Ein Viertheil der von Letzteren gezeichneten Summen sollte in Gold und Silber und drei Viertel in Staatsschuldscheinen einbezahlt werden. Nach der Incorporations-Akte sollte sie sowohl Disconto- als Depositen-Bank sein, und ihre Noten, welche auf Verlangen in Gold oder Silber zahlbar waren, sollten in allen Zahlungen an die Vereinigten Staaten für voll angenommen werden. Die Bank hatte ihren Sitz zu Philadelphia, die Directoren hatten

*) Der Leser wird wohl thun, diese interessante Debatten in Benton's Abridgement of Debates etc., p. 27 nachzusehen.

*) Marschall gibt eine vollständige Uebersicht der von beiden Seiten aufgestellten Grundsätze. Wir glaubten diese Frage sei wichtig genug, um im Anfange die ganze Ausführung der pro und contra mitzutheilen. Tucker in seinem "Life of Jefferson," Vol I, p. 34 gibt die Argumente im Auszuge.

jedoch die Befugniß, Zweig-Büreaus für Disconto und Depositionen zu errichten. Es muß bemerkt werden, daß damals die Frage, ob der Bank das Recht zustehe, auch an anderen Orten, als dem Regierungssitze Zweiggeschäfte (für alle Bankoperationen) zu errichten, nicht bestritten war. Dieser Punkt wurde erst später Gegenstand der Erörterung.

Der Charter sollte mit dem 4. März 1811 erlöschen, und der öffentliche Credit der Vereinigten Staaten ward dafür verpfändet, daß bis dahin keine andere Bank unter Autorität des Congresses errichtet werden dürfe. Einer der Grundartikel war, daß den Vereinigten Staaten nicht über $100,000, keinem anderen Staate der Ver. Staaten nicht mehr als $50,000 und keinem fremden Staate oder Souveräne irgend eine Summe dargeliehen werden sollte, ohne daß vorher die Genehmigung zu solchen Anlehen durch ein besonderes vom Congresse erlassenes Gesetz ertheilt worden sei. Im Juli 1791 wurden die Listen zur Einzeichnung aufgelegt, und in Zeit von zwei Stunden war das ganze Kapital gezeichnet.

Aber nicht allein im Hause, sondern auch im Kabinete erzeugte diese Frage über die Verfassungsmäßigkeit der Bank eine ernste Discussion. Jefferson und Randolph waren dagegen;
1791. Hamilton und Knox vertheidigten ihre Verfassungsmäßigkeit. Washington verlangte mit der ihm eigenthümlichen Vorsicht von jedem Mitgliede seines Kabinetes eine schriftliche Ausführung seiner Ansicht, und nachdem er sie sämmtlich mit größter Sorgfalt geprüft hatte, genehmigte er die Beschlüsse des Congresses mittelst seiner Unterschrift.

Der Justiz-Präsident Marschall macht bei dieser Veranlassung darauf aufmerksam, daß das Urtheil der Menschen viel öfter, als sie selbst glauben, von ihren Wünschen, Neigungen und politischen Richtungen geleitet wird, und knüpfte die folgende Bemerkung daran: „Diese Maßregel machte einen tiefen Eindruck auf viele Mitglieder der Legislatur, und trug nicht unwesentlich zu der vollständig ausgebildeten Organisation jener scharf geschiedenen Parteien bei, welche in ihrem langen Kampfe um die Oberherrschaft seit jener Zeit die Vereinigten Staaten oft bis auf den Grund erschüttert haben.“ *)

Im Anfange Januars 1791 wurde zu Bennington in Vermont eine Convention gehalten, welche die Föderal-Constitution annahm und bei dem Congresse einkam, in die Union aufgenommen zu werden. New Hampshire und New York hatten beide Ansprüche auf das Territorium dieses Staates erhoben, und beide hatten Verfügungen über Ländereien innerhalb des Gebietes desselben getroffen. Im Jahre 1777 weigerten sich die Einwohner, irgend einem von diesen beiden Staaten angehören zu wollen, sondern erklärten sich unabhängig.

---

*) Life of Washington, Vol. II, p. 206. Pitkin, der 1827 schrieb, verdient ebenfalls angeführt zu werden. „Die Erfahrung hat die Zweckmäßigkeit, wenn nicht die absolute Nothwendigkeit einer derartigen Institution gezeigt, um die Regierung in Stand zu setzen, sich ihrer zur Regulirung ihrer Finanz-Angelegenheiten zu bedienen. So hat sich auch hier das nie irrende Urtheil des ausgezeichneten Mannes bewährt, welcher jener Maßregel als oberster Magistrat seine Sanction ertheilte. Denn obgleich die Frage lange Jahre hindurch die öffentliche Meinung beschäftigte, und den Rath der Nation in zwei Parteien spaltete, so muß doch die seitdem geschehene Etablirung einer National-Bank (im J. 1816) mit einem Kapitale von 35 Millionen Dollars, wozu Alle diejenigen ihre Zustimmung gaben, welche vorher auf Grund der Verfassung dagegen waren, die Namen jener Männer, welche die erste derartige Bank gründeten, von dem Vorwurfe befreien, als hätten sie die Verfassung verletzt. Man sollte denken, daß diese Wiederholung die Frage ein für alle Mal entschieden hätte.

Nach langem ärgerlichen Streite wurde endlich der Zwiespalt geschlichtet, und am 19. Februar wurde Vermont durch Congreßbeschluß in die Union aufgenommen. *)

In dem im Jahre 1790 angeordneten Census wurde die ganze Bevölkerung unter fünf Hauptabtheilungen gebracht, welche wir mit der Gesammtzahl einer jeden hier wiedergeben wollen. 1) Freie Weiße männlichen Geschlechts unter sechszehn Jahren 802,127. 2) Freie Weiße männlichen Geschlechts über sechszehn Jahren 813,498. 3) Freie Weiße weiblichen Geschlechts, 1,556,839. 4) Alle andere nicht steuerpflichtige Personen, Indianer ausgenommen, 59,466. 5) Fünftens Sklaven 697,897. Im Ganzen drei Millionen, 929,827 Seelen.

Außer der Gründung der Vereinigten-Staaten-Bank und des s. g. Accise-Gesetzes (s. Besteuerung der Spirituosen) beschloß der Congreß noch die Gründung einer National-Münze, die Vermehrung des Heeres und die Ausrüstung eines bewaffneten Corps zum Widerstande gegen die Indianer. Er bewilligte die erforderlichen Geldmittel für alle diese Verhältnisse, und genehmigte überdieß einen Ansatz von $1,200,000 für verschiedene Zweige des Staatshaushaltes. Das Gesammtausgabe-Budget für das Jahr war vier Millionen Dollars, von dem ein Theil entliehen werden mußte, da der Ueberschuß des vorigen Jahres einem früheren Congreß-Beschlusse gemäß zur theilweisen Abtragung der Nationalschuld verwendet worden war. Wir können hier einschalten, daß der Export des Jahres auf 19 Millionen, und der Import auf etwas mehr als 20 Millionen veranschlagt war.

Am 3. März 1791 wurde der erste unter der Constitution erwählte Congreß nach einer höchst geschäftsreichen und wichtigen Thätigkeit geschlossen. Da die sogenannte föderalistische Partei, wie Marshall sagt, bei den Wahlen das Uebergewicht gehabt hatte, so bestand die Majorität der Mitglieder aus aufrichtigen Freunden der Verfassung. Die Regierung zu organisiren, dem National-Charakter Vertrauen zu erwerben, ein Einnahme-Budget zu errichten, und den öffentlichen Credit zu begründen, waren einige der an jene Versammlung gestellten Anforderungen, wie sie die Lage des Landes damals gebieterisch vorschrieb. Mittelst angestrengter Arbeit und dem Aufwand von großer Uneigennützigkeit und vielem Talente wurde 1791.
der vorgesetzte Zweck zum größten Theile erreicht. Selbst wenn es das glückliche und gewiß ganz besondere Loos Amerika's gewesen wäre, alle Leidenschaft und Parteivorurtheile, welche die frühere Zersplitterung des Landes nothwendig noch hervorbrachte und nährte, ganz aus seinem Congresse ausgeschlossen zu sehen, so hätte bei der Masse wichtiger und schwieriger Verhältnisse, welche die Versammlung zu schlichten und zu ordnen berufen war, eine allgemeine Uebereinstimmung und Harmonie dennoch keinen Bestand halten können, Parteigeist würde immer unter ihnen eingerissen sein. Betrachtete man aber in Wirklichkeit die allgemeine Volksstimmung und räumte man dem Umstand sein Gewicht ein, daß damals die Zeit schon nahe bevorstand, wo das erste Oberhaupt der Nation einem Nachfolger den Platz räumen

*) Kentucky, damals ein Theil von Virginien, kam beim Congresse um Aufnahme in die Union ein, wie Washington selbst dem Congresse meldete. Bei dieser Veranlassung sprach er sich in anerkennenden Worten über die Uneigennützigkeit und das gute Einvernehmen beider Theile aus, und lobte besonders die warme Anhänglichkeit der Kentuckier an die Union.

mußte, so konnte man noch viel weniger hoffen, daß der erste Congreß vorübergehen könnte, ohne Parteien in's Leben gerufen zu haben, die gerüstet einander gegenüber standen und wovon jede geneigt war, der andern den Vorwurf zu machen, daß sie, um das öffentliche Wohl unbesorgt, nur ihr eigenes Interesse im Auge habe. — Der Präsident indessen blieb von jeder Beschuldigung, von jeder Verdächtigung frei! Sein Charakter wurde von Allen heilig gehalten und die Reinheit seiner Motive auch nicht von einem Einzigen verkannt.

Anhang zum fünften Kapitel.

War die Errichtung einer Nationalbank verfassungsgemäß oder nicht?

Diese Frage wurde mit großer Gründlichkeit erörtert, und da sie auf Grundsätzen von höchster Wichtigkeit für die Ver. Staaten beruhte und die Parteien darüber getheilt waren, wurde der Gegenstand von allen Seiten beleuchtet, deren er fähig war. Das Studium der bei jener Veranlassung aufgestellten Gründe würde dem Wißbegierigen große Befriedigung gewähren und deren volle Entwicklung von denen gewiß entschuldigt werden, welche das Interesse kennen, das die Sache damals erregte und die Waffen, welche sie den Gegnern der damaligen Administration bot. — Der Raum dieses Werkes gestattet zwar nicht, eine so umfangreiche Debatte hier einzuschalten; immerhin aber mag eine Skizze der beiderseitigen Ansichten, worauf doch wohl das Urtheil des Präsidenten basirt war, hier am Platze sein.

Um zu beweisen, daß die Verfassung das Institut nicht zulasse, wurde behauptet, daß das Fundament dieser Urkunde darauf beruhe, „daß alle Gewalten, die einerseits durch die Verfassung den Ver. Staaten nicht zugestanden, oder darin den einzelnen Staaten ausdrücklich vorbehalten seien, den letzteren oder dem Volke allein zuständig wären." Auch nur einen Schritt über diese der Macht des Congresses bestimmt gezogene Grenze hinaus zu thun, heiße sich eine unbegrenzte Gewalt anmaßen, für die es künftig keine Controlle mehr gebe.

Die fragliche Befugniß, behauptete man, sei dem Congresse weder ausdrücklich zugestanden worden, noch könne sie aus der allgemeinen Wortfassung der Constitution in der speciellen Beziehung gefolgert werden.

Der Artikel, welcher jene Befugnisse aufzählt, wurde beleuchtet; jede einzelne dieser Befugnisse zergliedert und behauptet, daß die Errichtung einer inkorporirten Gesellschaft aus keiner derselben gefolgert werden könne.

Der allgemeine Wortlaut ist:

1) Abgaben aufzulegen, um das allgemeine Wohl der Ver. Staaten zu bezwecken. Diese Befugniß, bemerkte man, beschränke sich auf Auflagen von Abgaben und ihr Zweck sei das allgemeine Wohl. Der Congreß könne daher keine Abgaben nach Willkür auflegen, sondern lediglich solche zum allgemeinen Wohl; noch könne er für das allgemeine Wohl durch andere Maßregeln sorgen als gerade nur durch Erhebung von Abgaben.

2) Alle Gesetze zu erlassen, welche nöthig oder geeignet sein werden, die aufgezählten Befugnisse in Vollzug zu setzen.

Diese Befugnisse können sämmtlich ohne eine Bank in Vollzug gesetzt werden. Eine Bank ist daher nicht nothwendig und also auch in jenen Worten dem Congresse nicht zuständig gemacht.

Man hat vielfach behauptet, daß eine Bank große Erleichterung und Bequemlichkeit in Erhebung der Steuern gewähre. Angenommen, dieß sei wahr, so gestattet die Verfassung nur solche Maßregeln, die nothwendig sind, und nicht auch solche, die bloße Erleichterung oder Bequemlichkeit bezwecken. Will man obiger Bestimmung eine so weite Auslegung geben, so wird sie zur Rechtfertigung von Allem dienen können; denn es gibt wohl nichts in der Welt, von dem sich nicht sagen ließe, daß es in der einen oder anderen Weise zur Erleichterung oder Bequemlichkeit einer der dem Congresse eingeräumten Befugnisse dienen könnte. Man könnte dann die ganze Liste derselben streichen und Alles zusammen in einen einzigen Satz fassen. Gerade darum hat die Verfassung solche Gesetze auf die Nothwendigkeit beschränkt, demnach auf jene Fälle, wo sonst die eingeräumte Befugniß ganz unausführbar wäre.

Man ging übrigens auch auf die Prüfung der Bequemlichkeit ein. Diese sollte nach dem Berichte des Finanzsekretärs darin bestehen, daß die Circulation der Zahlmittel vermehrt und das Versenden von Geldsummen zwischen den Staaten erspart würde.

Ersteres wurde als unerweislich geleugnet, Letzteres, sagte man, könne auch in anderer Weise durch Wechsel und Schatzbonds geschehen. Vielleicht würden Banknoten allerdings besser als solche Bonds den Zweck erreichen: allein ein etwas höherer Grad von Zweckmäßigkeit könne das in der Verfassung vorgesehene Requisit nicht herstellen.

Ueberdieß würden ohne Zweifel die bestehenden Staatsbanken ihre Vermittlung zu obigem Zwecke willig herleihen und damit falle schon jede Nothwendigkeit hinweg. Wenn man sagt, daß die Noten der beantragten Bank größeres Vertrauen haben würden, als die der Staatsbanken, so könne man ebensogut sagen, daß es noch zweckmäßiger sein würde, eine Bank zu creiren, deren Aktien in der ganzen Welt Vertrauen besäßen. Mit solchen Abstufungen von Zweckmäßigkeit könne man also doch gewiß nicht eine ausdrücklich vorgeschriebene Bedingung erfüllen wollen.

Zur Rechtfertigung der Verfassungsmäßigkeit des Antrags wurde als allgemeines Princip aufgestellt, daß jede Regierungsgewalt ihrer Natur nach souverän ist und Kraft ihrer selbst das Recht nach sich zieht, alle erforderlichen und geziemenden Mittel zur Erreichung ihres Zweckes anzuwenden, sofern letztere nicht ausdrücklich in der Verfassung ausgenommen oder beschränkt, nicht unmoralisch und nicht dem Staatszwecke zuwiderlaufend sind.

Dieser Grundsatz muß überall als ein Axiom betrachtet werden und diejenigen, welche ihn als für Amerika unanwendbar bestreiten wollen, müssen diese Abweichung beweisen, also darthun, daß, was in der allgemeinen Ordnung der Dinge wahr ist, für die Ver. Staaten nicht wahr sei.

Dieser Beweis wird dadurch nicht erbracht, daß die Souveränetät zwischen der Centralregierung und den Regierungen der Einzelstaaten getheilt ist. Daraus folgt nicht, daß die der einen und den anderen eingeräumten Befugnisse in Bezug auf ihren speciellen Gegenstand nicht souverän sind. Es folgt daraus nur, daß jene wie diese eine ausschließliche Souveränetät in gewissen Dingen und in keinen anderen besitzen. Wenn die Centralgewalt bezüglich der ihr auferlegten und anvertrauten Zwecke darum nicht souverän sein soll, weil sie nicht auch für andere Zwecke Regierungsgewalt hat, so müssen die Einzelstaaten eben so wenig für irgend einen Gegenstand souverän sein, weil ihnen die Regierungsgewalt für andere Gegenstände entzogen ist. Den von den Gegnern aufgestellten Grundsätzen nach würden die Ver. Staaten das sonderbare Schauspiel einer Staatsgesellschaft ohne souveräne Gewalt darbieten, oder eines ohne Regierung regierten Volkes.

Wenn es nöthig wäre, die Souveränität der Centralregierung in den ihr zuständigen Materien noch näher zu beweisen, so kann eine Stelle der Verfassung den Ausschlag geben. Es ist diejenige, welche erklärt, daß die Constitution und die in Folge derselben erlassenen Gesetze und abgeschlossenen Verträge das höchste Gesetz für das ganze Land sein sollen. Die Gewalt, welche ein höchstes Gesetz zu decretiren vermag, ist doch gewiß souverän.

Diese allgemeine und unstreitbare Regel entscheidet grundsätzlich die Frage, ob die Ver. Staaten die Macht haben, eine Corporation zu errichten; denn es liegt sicherlich in der souveränen Gewalt und demnach auch in dem Rechte der Ver. Staaten, hinsichtlich der ihnen zugewiesenen Gegenstände Corporationen zu errichten.

Daß die Regierung der Ver. Staaten nur diejenigen Gewalten ausüben kann, welche ihr förmlich zugestanden sind, ist ein nicht zu bestreitender Satz; auch kann andererseits nicht geleugnet werden, daß diese Gewalten sowohl ausdrückliche als gefolgerte sind und daß die letzten nicht weniger wirksam und strenge ausgeübt werden müssen, wie die ersteren.

Muß dieses zugegeben werden, so folgt daraus, daß da die Befugniß — eine Corporation zu errichten, eben so wohl gefolgert werden kann, wie irgend etwas Anderes, so kann sie auch als ein Mittel oder Werkzeug zum Vollzuge einer der speciell übertragenen Gewalten gerade so gut angewendet und zur Ausführung gebracht werden, wie jedes andere Werkzeug oder Mittel. Die Frage muß in diesem wie in jedem andern Falle sein, ob das anzuwendende Mittel in natürlicher Beziehung zu dem anerkannten oder gesetzlichen Zwecke des Gouvernements steht. So dürfte z. B. der Congreß keine Corporation zur Controlle der Polizei in der Stadt Philadelphia errichten, weil er nicht befugt ist, die Polizei dieser Stadt zu controlliren: dagegen kann er eine solche behufs Erhebung der Abgaben, oder im Interesse des Handels mit auswärtigen Staaten, oder der Staaten unter sich, oder des Verkehrs mit den Indianern errichten, weil alle diese Verhältnisse der Verfügung des Congresses unterliegen und weil es einer allgemeinen souveränen oder gesetzgebenden Gewalt, eine gewisse Sache zu reguliren, auch von Rechtswegen zusteht, alle Mittel anzuwenden, welche auf diese Regulirung und die vortheilhafteste Art und Weise derselben Bezug haben.

Es scheint, als ob sich in das Urtheil über diesen Gegenstand ein sonderbarer Irrthum eingeschlichen habe. Die Einbildung hat in einer Corporation etwas Großes, Unabhängiges, Substantives zu erblicken geglaubt, während sie in der Wirklichkeit nichts als etwas Objectives, eine Eigenschaft oder das Mittel zu einem Zwecke ist. Zum Beispiel, es wird eine Handelsgesellschaft mit bestimmtem Capital gebildet, um irgend ein besonderes Geschäft zu betreiben. In diesem Falle ist dieses Geschäft der Zweck, die Gesellschaft zum Einschusse des Capitals das ursprüngliche Mittel: Wird diese Gesellschaft incorporirt, so erhält sie nur eine zusätzliche Eigenschaft zu besserem Schutze des beabsichtigten Geschäftsbetriebes, der aber immer ihr alleiniger Zweck bleibt, so wie die Gesellschaft selbst immer nur das Mittel bleibt, ohne jemals selbst zum Zwecke zu werden.

Man sagt, der Congreß dürfe nur nothwendige Mittel, das heißt solche anwenden, ohne welche die Ausführung der ihm übertragenen Gewalten unmöglich sein würde. Man hat die hier als absolut vorausgesetzte Nothwendigkeit sogar darum als nicht vorhanden bestritten, weil gerade jetzt zufällig die Ausübung jener Gewalt auch in anderer Weise möglich wäre. Weil z. B. in den gegenwärtig existirenden Staatsbanken der Zweck der Nationalbank theilweise erreicht werden kann, soll diese letztere als nicht nothwendig betrachtet werden müssen. Diese Staatsbanken können jedoch morgen zu existiren aufhören und diese zufällige Existenz nun soll eine Beschränkung der souveränen Gewalt in dem ihr ausdrücklich vorgezeichneten Wege rechtfertigen.

Es ist also gewiß wesentlich, die gänzlich falsche Bedeutung darzuthun, welche hier dem Worte nothwendig beigelegt werden soll.

Es steht fest, daß weder der grammatikalische noch der populäre Begriff des Ausdruckes nothwendig eine solche enge Schranke rechtfertigt. In beiden Gesichtspunkten bedeutet nothwendig nichts anders als erforderlich, dazu gehörig, nützlich. Es ist ganz gewöhnlich, zu sagen, daß es für eine Behörde oder Person nothwendig ist, dieses oder jenes zu thun und es wird darunter weiter nichts verstanden, als daß das Interesse der Behörde oder Person es erheische, oder daß es dadurch gefördert werde, daß Dieses oder Jenes geschehe.

In diesem Sinne gebraucht es auch die Verfassungs-Urkunde. Die ganze Fassung der betreffenden Verfügung beweist die Absicht, dem Worte eine liberale Auslegung zu sichern. Ihnen die beschränkende Bedeutung beizulegen, welche die Gegner daran knüpfen, hieße ihm ebenso viel Gewalt beimessen, als wenn das Wort absolut oder unabänderlich bestimmungsweise noch vor dem Worte nothwendig stände.

Eine solche Auslegung würde unendliche Ungewißheit und Schwierigkeit nach sich ziehen. In welchen Fällen ließ es sich behaupten, daß eine Maßregel absolut nothwendig, daß ohne sie die Ausübung einer gewissen Befugniß unmöglich sei? Die Urheber der Verfassung hätten in diesem Falle den Congreß nur dann zu handeln ermächtigt, wenn eine äußerste Nothwendigkeit vorliegt; was doch gewiß nichts als ein gewöhnlicher Fall der Ausübung einer gesetzlichen Befugniß im Auge gehalten war u. s. w.

Es ist richtig, daß die Befugniß, Corporationen zu errichten, dem Congresse nicht ausdrücklich eingeräumt ist. Eben so wenig aber finden wir die Befugniß, überhaupt irgend ein Gesetz zu erlassen, oder ein Mittel zur Erreichung des Regierungszweckes zu ergreifen, ausdrücklich erwähnt. Und dennoch wird in so vielen Fällen das Recht, es zu thun, jenes Mangels ausdrücklicher Einräumung ungeachtet, nicht bestritten. So z. B. bezüglich des Rechtes, in den Territorien ausschließlich Gesetze zu erlassen. An diese Befugniß wird das inhärente Recht geknüpft, eine Regierung für die Territorien einzusetzen. Was ist aber eine Regierung anders, als eine Corporation von höchster politischer Bedeutung? Eine Corporation, der wieder das Recht eingeräumt ist, Corporationen in beliebiger Anzahl zur Erfüllung ihres Zweckes zu errichten? Hier sehen wir das Argument, „daß die Verfassung bei der Wichtigkeit, welche die Errichtung von Corporationen habe, gewiß deutlicher gesprochen haben würde, wenn sie dieses Recht einzuräumen beabsichtigt hätte,“ geradezu widerlegt.

Steht einmal die Befugniß der Regierungsgewalt fest, in gewissen Fällen Corporationen zu errichten, so handelt es sich jetzt nur noch um Untersuchung der Frage, ob sie eine Bankgesellschaft incorporiren könne, um ihre Zwecke, deren Gesetzlichkeit vorausgesetzt, sicherer und einfacher zu erreichen?

In dieser Beziehung wurden die Verhältnisse, Beziehungen und Vortheile entwickelt, welche ein solches Bankinstitut der Regierung gewähren würde, um ihre Zwecke sicherer und vollständiger zu erreichen.

Der Finanzsecretär zählte namentlich in einer Menge Beispiele und erläuternder Verhältnisse die Vortheile auf, welche die fragliche Maßregel für die Ausübung der dem Congresse und resp. der Executivgewalt übertragenen Befugnisse und Pflichten haben werde. Diese Erläuterungen ꝛc. hier einzeln aufzuführen, würde zu weitlaufig sein und ist auch weniger nothwendig, da doch Alles wesentlich von der Richtigkeit der Grundsätze abhängt, welche wir oben, wie sie für und gegen vorgebracht wurden, entwickelt haben.

Sechstes Kapitel

1791—1793.

Schluß von Washington's erstem Amts-Termin.

Washington's Besuch der südlichen Staaten—Eröffnungs-Rede—General St. Clair zum Ober-Commandanten der gegen die Indianer im Nordwesten bestimmten Streitmacht ernannt—Seine Niederlage—Diäten der Repräsentanten—Washington's Hülfstruppen nöthig—Hamilton's Empfehlung—Andere Akten der Session—Abgeordnete an fremde Höfe—Partei-Organisation—Verschiedenheit der Ansichten von Jefferson und Hamilton—Marshall's Darstellung—Weitere Ursache des Zwiespaltes—Beide benutzen die Presse—Heftigkeit der Partei-Presse—Washington's Dazwischentreten—Opposition gegen die Branntwein-Steuer—Hammond Gesandter England's—Bemühung, Frieden mit den Indianern zu schließen—Zweite Congreß-Sitzung—Eröffnungs-Rede—Hamilton aufgefordert einen Schuldentilgungsplan vorzulegen—Anträge von Giles—Erwiederung Hamilton's—Anträge verworfen—Sonstige Arbeiten—Washington gedrängt, eine zweite Wahl anzunehmen—Briefe Jefferson's u. A. an ihn—Washington einstimmig wieder gewählt—John Adams gleichfalls—Stand der Parteien im Congresse—Wirkungen der französischen Revolution auf die politische Lage und die Entwickelung der Vereinigten Staaten.

Washington hatte seit längerer Zeit den Wunsch gehegt, den Süden der Vereinigten Staaten zu besuchen, aus der nämlichen Ursache, aus welcher er im Jahre 1789 in Neu-England war. Nachdem er daher seine Einrichtungen getroffen hatte, brach er etwa in der Mitte des Monates März
1791. auf und brachte an drei Monate auf der Tour zu. Er begab sich über Richmond, Wilmington und Charleston nach Savannah, von wo er über Augusta, Columbia in das Innere von Nord-Carolina und Virginien zurückkehrte. Man erzählt als eine Merkwürdigkeit, daß er diese ganze über achtzehnhundert Meilen umfassende Tour mit denselben Pferden zurückgelegt habe. Noch ein weiterer damit verknüpfter Umstand dient als charakteristi-

scher Beleg seiner methodischen Handlungsweise. Bei seiner Vorbereitung für eine so lange Abwesenheit und auf eine so große Entfernung hatte er die ganze Reiseroute im Voraus entworfen, indem er jeden Tag der Ankunft und des Aufenthalts an den einzelnen Orten festsetzte. Da ihn nun auf der ganzen Reise kein Unfall betraf, so wurde der entworfene Plan wirklich mit großer Pünktlichkeit eingehalten. Höchstens daß er einen längeren Aufenthalt an einem Orte durch einen kürzeren an einem anderen ausglich. Dadurch ward es ihm möglich, die ganze Zeit über in ununterbrochener Communication mit den Chefs der Ministerien bleiben zu können.

Es wurden ihm allerwärts die nämlichen Beweise von Anhänglichkeit zu Theil, deren er sich in den mittleren und östlicheren Staaten zu erfreuen gehabt. Mit besonderem Wohlgefallen nahm er überall das wachsende Gedeihen des Landes wahr. Er benutzte den Aufenthalt an dem Potomac, um dem Auftrage des Congresses gemäß eine geeignete Lage zur Anlegung der Hauptstadt der Vereinigten Staaten auszusuchen. Der Plan und die Anlage dieser Stadt so wie die nothwendige Sorgfalt bei Errichtung der öffentlichen Gebäude beschäftigten dann später während drei bis vier Jahren beinah ununterbrochen seine ganze Aufmerksamkeit.

Im Sommer fand die Neuwahl des Abgeordneten-Hauses und der durch den Austritt des dritten Theils der Mitglieder des Senates entstandenen Vacaturen statt *). Jonathan Trumbull von Connecticut wurde zum Sprecher des Hauses erwählt und es zeigte sich deutlich, daß die Opponenten der Föderalisten immer größere Stärke im Congresse gewannen.

Bei Eröffnung der Sitzungen des zweiten Congresses am 25. Oktober 1791 verweilte Washington in seiner Rede mit Wohlgefallen auf dem Gedeihen und dem wachsenden Wohlstande des Landes unter der neuen Regierung. „Ihre eigene Beobachtungen in ihren heimathlichen Distrikten, sagte er, werden Sie von dem Fortschreiten unseres Ackerbaues, Fabrikwesens, Handels und der Schifffahrt überzeugt haben. Wenn Sie auf die Ursachen zurückgehen, werden Sie gewiß mit besonderem Vergnügen die Wirkung der Wiederbelebung des Vertrauens, des öffentlichen sowohl wie des privaten, zu welchem die Verfassung und Gesetzgebung der Vereinigten Staaten so glücklich beigetragen haben, wahrgenommen haben. Ebenso werden Sie gewiß mit gleichem Interesse neue und entscheidende Beweise des zunehmenden Ansehens und Credites der Nation gefunden haben." 1791.

Der Präsident sprach dann ausführlich über den Gränzkrieg mit den Indianern, indem er alles einzeln mittheilte, was zur Beendigung desselben geschehen, und in wie weit er von irgend einem Erfolge begleitet war. Er erwähnte des Systems, das er immer besonders begünstigt hatte, durch menschenfreundliches und schonendes Verfahren gegen diese Menschenrace, deren Glück so wesentlich von dem gegen sie eingehaltenen Verfahren der Vereinigten Staaten abhänge, ebensowohl im Interesse der Ehre der Nation als einer gesunden Politik zu handeln.

Ein weiterer Theil seiner Rede berührte die Anlage der künftigen Hauptstadt an

*) Aaron Burr, der sich später einen so großen Ruf der Niederträchtigkeit erworben hat, wurde zu jener Zeit an der Stelle Schuyler's in New York zum Senator erwählt.

den Ufern des Potomac, die Vollendung der ersten Volkszählung, und die Unterhandlung zweier neuen Anlehen, welche die gegenwärtige Lage der öffentlichen Angelegenheiten dringend nothwendig mache. Dem Senate legte er zwei mit den Indianern abgeschlossene Verträge zur Genehmigung vor. Noch erwähnte er im Repräsentantenhause mit Worten hoher Anerkennung der Thätigkeit des ersten Congresses, und nachdem er den Bericht über die allgemeine finanzielle Lage des Landes geschlossen hatte, empfahl er zur Erledigung: die Organisation der Miliz, die Posteinrichtung, Herstellung der Poststraßen, Festsetzung von Maß und Gewicht, Einrichtung einer Münze und Vorkehrungen zum Verkaufe der den Vereinigten Staaten gehörigen öffentlichen Ländereien. Die Antwort-Adressen beider Häuser, wiewohl sie weniger enthusiastisch waren als bei früheren Gelegenheiten, sprachen doch die Verehrung und Zuneigung des Congresses gegen den Präsidenten in hohem Grade aus.

Dem Präsidenten war die Ermächtigung ertheilt worden, die berittene Miliz aufzubieten, und er hatte daher zwei Expeditionen gegen die Indianer ausrüsten lassen; die eine im März unter General Scott, und die andere im September unter General Wilkinson. Letzterer hatte sein Corps gegen die Indianerdörfer am Wabash geführt; der Zug hatte aber wenig bewirkt, um zu einer erfolgreichen Erledigung der obschwebenden Mißstände zu führen. Auf den Vorschlag des Präsidenten wurde jetzt General St. Clair, der Gouvernör des Territoriums nordwestlich vom Ohio, zum Ober-Commandanten der gegen die Indianer ausgerüsteten Macht ernannt. Er eilte den hülflosen Einwohnern, welche jetzt allen Gräueln jener wilden Barbaren ausgesetzt waren, Beistand zu 1791. leisten, und drang im Oktober mit einem Corps von nahe an zwei tausend Mann in die Wildniß vor. Am 3. November schlug er wenige Meilen von den Miamisdörfern sein Lager auf; sein Heer war jedoch durch Desertion und Ablösung einiger Detachements bereits auf vierzehn hundert Mann zusammengeschmolzen. Dort beabsichtigte er zu verweilen, bis er Verstärkung erhalten habe. Der vielen beklagenswerthen Warnungen ungeachtet, welche ihm die Erfahrung früherer Unfälle in den Kriegen mit den Indianern hätten geben sollen, ließ sich St. Clair plötzlich überfallen. Die Miliz, die in der Fronte aufgestellt war, wurde in großer Unordnung auf die Linie der Regulären zurückgeworfen. Umsonst versuchte St. Clair die Miliz aufzuhalten und die Wilden zurückzutreiben. Sie hatten die amerikanische Armee von allen Seiten umringt und eröffneten aus dem Dickicht des Waldes ein so schreckliches Feuer, daß in kurzem der Platz mit Todten und Verwundeten ganz bedeckt war. Nach einem dreistündigen Kampfe befahl General St. Clair den Rückzug, mittelst dessen allein die Aufreibung seines ganzen Corps vermieden würde. Die siegreichen Indianer verfolgten ihn noch dicht auf der Ferse vier oder fünf Meilen weit, dann kehrten sie zur Theilung der Beute zurück. St. Clair bewerkstelligte seinen Rückzug zuerst nach Jefferson und dann nach Fort Washington. Bei dieser unglücklichen Affaire waren beide Theile an Zahl ungefähr gleich; der Verlust der Amerikaner aber beinah unerhört. Sechs hundert und dreißig waren gefallen oder verwundet, eine Zahl die sowohl die Tapferkeit der Angreifenden als die Ausdauer der Vertheidigung beweist. Der Verlust der Indianer konnte natürlich nicht ermittelt werden. General St. Clair wurde auf Befehl des Congresses vor ein Kriegs-Gericht gestellt, aber als tadellos freigesprochen.

Im verflossenen Jahre war ein neuer Census aufgenommen worden, dessen Resultate dem Congresse jetzt zur Beurtheilung vorlagen und woran sich eine sehr warme Debatte hinsichtlich der Wahlbezirke für die Congreß-Abgeordneten knüpfte. Der Streit dauerte bis zum folgenden April und erst bei dem dritten Entwurf des bezüglichen Gesetzvorschlags einigten sich die beiden Häuser. Der erste Vorschlag im Repräsentantenhaus war: die geringste Anzahl, welche die Constitution erlaubte, nämlich einen Abgeordneten auf dreißig tausend Wahlberechtigte festzusetzen. Dieses würde die Zahl der Abgeordneten auf hundert und dreizehn gebracht haben, allein es würden viele Bruchtheile der Bevölkerung in den nördlichen Staaten alsdann unvertreten geblieben sein. Um diese ihr Wahlrecht verlierenden Bruchtheile zu vermindern, wollte der Senat Wahldistrikte von drei und dreißig tausend Seelen festgesetzt haben. Diesem stellte man entgegen, daß alsdann Bruchtheile in den südlichen Staaten ohne Vertreter blieben, wenn auch weniger. Das Haus ging nicht auf den Vorschlag ein, erneuerte vielmehr in einer anderen Bill seinen früheren Vorschlag mit der Modification jedoch, daß vor Ablauf der nächsten zehn Jahre ein neuer Census angeordnet werden sollte. Der Senat weigerte sich abermals, beizutreten und beschloß den Bruchtheilen die Ernennung eines Abgeordneten zu gestatten, wonach die Gesammtzahl auf hundert und zwanzig gestiegen wäre. Dieses, als eine Verletzung des Buchstabens der Verfassung, vermehrte die Aufregung, und die alte Drohung, die Union aufzulösen, wurde wieder gehört. Man beantragte nunmehr ein zusammengesetztes Berathungs-Comite, in welchem der Vorschlag des Senates mit zwei Stimmen Mehrheit bei sechzig Stimmen durchging. Man hat bemerkt, daß diese Abstimmung eine sonderbare Stellung in dem alten politischen Partei-Kampfe einnehme, weil die Abgeordneten der südlichen Staaten gegen das Amendement des Senates stimmten, welches doch ihrem eignen Grundsatze von Staats-Souveränität huldigte, während die nördlichen Abgeordneten dem Vorschlage beitraten, obschon sie zu Gunsten des entgegenstehenden Grundsatzes gesinnt waren.

Washington betrachtete mit Recht diese Festsetzung der Wahlbezirke als eine Verletzung der Verfassung *) und schickte am 5. April die Bill an den Congreß mit seinem motivirten Veto zurück. Der 1792.
erste, der von ihm angezogenen Gründe war, daß die Verfassung vorschriebe, die Repräsentanten sollten in den verschiedenen Staaten nach Verhältniß ihrer respectiven Bevölkerungen gewählt werden, und daß keinerlei Verhältniß, respective Theil der Bevölkerung in den Staaten, die hier in der Bill erscheinende Anzahl von Repräsentanten auswerfen würde. Der zweite Grund war, daß nach der Verfassung die Zahl der Repräsentanten nicht einen für dreißig tausend Seelen überschreiten dürfe. Diese Beschränkung müsse

*) Man sagt, das Cabinet sei über die Frage uneinig gewesen; der Staats-Sekretär und der General-Advokat hätten den Beschluß für verfassungswidrig gehalten. Der Kriegs-Sekretär sei zweifelhaft gewesen und nur der Finanz-Sekretär sei der Auslegung des Hauses beigetreten.

nach einer billigen und richtigen Auslegung für jeden einzelnen Staat besonders regulirend sein. Nun aber gestatte die Bill im Widerspruche damit, acht verschiedenen Staaten mehr als einen Repräsentanten für je dreißig tausend Seelen zu wählen.

Dieses war das erste Mal, daß der Präsident sein Veto ausgeübt hatte. Bei der Wiederabstimmung wurde die Bill verworfen, da keine zwei Drittel dafür stimmten. Später am neunten April wurde denn endlich mit vier und dreißig gegen dreißig Stimmen festgesetzt, daß auf je drei und dreißig tausend Einwohner ein Abgeordneter erwählt werden solle. Dieser Bill ertheilte der Präsident seine Genehmigung und damit wurde dieses interessante Kapitel unserer Verfassung definitiv geschlichtet. *)

Auf die erhaltene Nachricht von der Niederlage St. Clair's forderte der Präsident den Congreß auf, die Ausrüstung eines hinreichend starken Corps, wofür der Voranschlag gleichzeitig mitgetheilt ward, zu genehmigen. In Uebereinstimmung mit dem Berichte des Kriegs-Sekretärs wurde ein Gesetzvorschlag eingebracht, drei weitere Regimenter Linien-Truppen und ein Regiment Kavallerie auszurüsten. Die ganze Militär-Macht würde sich in diesem Falle auf fünf tausend Mann belaufen haben.

Sonderbar genug stieß selbst diese so nothwendige Maßregel auf heftigen Wider-
1792. spruch und die Partei-Leidenschaft äußerte sich mit wenig Rückhalt in der Debatte. Die Bill ging schließlich durch und als die durch den Indianerkrieg vermehrten Ausgaben ein vergrößertes Einkommen nothwendig machten, ging der Beschluß durch, daß der Finanzsecretär ein Gutachten über die beste Art, die zum öffentlichen Dienste erforderlichen Geldmittel zu erheben, vorlegen solle. Trotz heftiger Opposition war bei der Abstimmung eine Majorität von einunddreißig gegen siebenundzwanzig dafür.

Hamilton empfahl in seinem Berichte eine Erhöhung der Zölle auf importirte Waaren, welcher er den Vorzug vor den anderen Mitteln, nämlich einem neuen Anlehen oder Verkauf von Actien auf die Ver. Staaten-Bank, gab. Marshall zeigt, daß der erwähnte Secretär es für den öffentlichen Credit nothwendig hielt, bleibende Anordnung zu treffen, um einen Fond zur Bezahlung der Zinsen und zur allmäligen Einlösung des Capitals zu bilden. Der dazu eingebrachte Verbesserungsvorschlag, diese Bill auf eine bestimmte Zeit zu
beschränken, hatte das merkwürdige 1792.
Schicksal, daß einunddreißig zu Gunsten der beschränkten Dauer und dreißig dagegen stimmten. Nach den Regeln des Hauses hatte der Sprecher das Recht, mitzustimmen und bei Stimmengleichheit entschied seine Stimme. Da derselbe gegen die Beschränkung auf bestimmte Zeit war, ging die Motion durch sein Votum verloren.

Unter den weiteren in dieser Session vorgekommenen Gegenständen wollen wir noch die Feststellung der Wahl des Präsidenten und Vicepräsidenten und der Art, wie in Fällen, daß beide Aemter zu gleicher Zeit vacant würden, verfahren werde solle, erwähnen. Ueber $4,600,000 wurden während der Sitzung für öffentliche Zwecke angewiesen, davon gingen mehr als die Hälfte für die Zinsen der Staats-Schuld ab. $675,000 betrug das Budget der Armee außer $120,000 für sonstige Ausgaben in diesem Departement. Für die übrigen

*) See Abridgement, Vol. I, p. 320

Regierungs-Bedürfnisse waren $612,000 vorgesehen. Die Sitzung schloß am 8. Mai 1792.

Wir haben hier noch zu erwähnen, daß während dieser Sitzung Thomas Pinckney zum bevollmächtigten Botschafter nach England und Gouvernör Morris in gleicher Eigenschaft nach Frankreich ernannt wurden. William Short wurde zum Minister-Residenten im Haag ernannt und gleichzeitig beauftragt, zusammen mit Hr. Carmichael einen Handelsvertrag mit Spanien zu unterhandeln. Paul Jones erhielt im folgenden Sommer den Auftrag, mit dem Dey von Algier über einen Friedensschluß und die Auslösung der amerikanischen Gefangenen zu unterhandeln. *)

Seine Ernennung kam ihm jedoch nicht mehr zu, da er am 18. April 1792 in höchster Armuth zu Paris gestorben war.

Die Gestaltung und Organisation der Parteien wurde von Tag zu Tag immer schärfer hervortretend. Es standen Fragen von höchster Wichtigkeit der Entscheidung nahe. Oertliche Interessen erregten überall die Leidenschaften; Vorurtheile und Eifersucht auf die Rechte und Gewalten der Staaten zeigten sich in voller Stärke. Dazu kamen persönliche Zwiespalte und Feindschaften und Alles deutete an, daß sich die Anhänger der Regierung, sowie die Gegner der von den Föderalisten im Congresse durchgesetzten Maßregeln der einen oder andern Seite anschlossen, wohin sie gerade ihre Ueberzeugung, ihr Vorurtheil oder ihr Interesse hingetrieben hatte. Daß sich Parteien in der einen oder anderen Gestalt unter einer freisinnigen Verfassung bilden, scheint unabweislich in der Nothwendigkeit zu liegen und man hat keinen Grund dazu, an der Redlichkeit und Vaterlandsliebe jener Männer, die sich den Grundsätzen der Föderalisten anschlossen, mehr zu zweifeln, oder fester an sie zu glauben, als man berechtigt ist, solche Zweifel oder Glauben von ihren Gegnern zu hegen. Aus dem Umstande a l l e i n, daß Jemand ein Föderalist oder ein Republikaner war, ließ sich damals so wenig wie jetzt auf seine redliche Absicht und politische Ehrenhaftigkeit schließen. Wir haben keinen Zweifel, daß es achtbare und würdige Männer in allen Parteien gegeben hat und wir werden im ferneren Verlauf der Geschichte unseres Vaterlandes unser Urtheil über die Motive und die Richtigkeit der Ansichten unserer öffentlichen Männer immer nur auf ihren Charakter und ihre Handlungen und nicht auf die Partei, zu welcher sie gehört haben, zu begründen suchen.

Washington, dessen ganzes Leben nachweist, daß er immer nur e i n e n Zweck im Auge hatte, denjenigen, das größte Wohl und Interesse seines Vaterlandes zu befördern, war höchst betroffen und gekränkt durch die Bitterkeit und Feindseligkeit der Parteien gegen einander; Gefühle, welche nicht allein im Leben und namentlich im Congresse, sondern sogar in seinem Kabinete zum Ausbruch kamen. *)

*) Es wird heut zu Tage kaum glaublich erscheinen, daß diese frechen Piraten damals einen Tribut von jährlich $25,000 als Preis der Friedenszusage und Entschädigung von unserem Staate zugesichert erhielten.

*) Marshall erzählt in der Skizze über die Klagen der Anti-Föderalisten, daß Washington selbst keineswegs geschont wurde. Als er die Tage und bestimmte Stunden festgesetzt hatte, wo er Besuche empfing (was doch im Interesse seiner Zeit absolut nothwendig war), so wurde dies als ein Nachäffen höfischer Gebräuche unter dem Namen L e v e e s verspottet. Ganz ähnlicherweise legte man ihm einige von ihm festgesetzte Etiketten-Verhältnisse bei seinem Besuche in New York zur Last. Der Vicepräsident wurde als noch monarchischer in seinen Grundsätzen und seiner Lebensweise verschrieen. In der That hatte er sich durch ein während

Der Staatssecretär und der Secretär der Finanzen hatten von Anfang herein nicht harmonirt und als der Letztere seine Finanzpläne immer weiter entwickelte und durch sein außerordentliches Talent die Annahme derselben durchzusetzen verstand, so wurde der Erstere immer feindlicher gegen ihn gestimmt und trat ihm in den Weg, wo er konnte. Meinungsstreitigkeiten dieser Art können nicht bestehen, ohne die Kluft zu erweitern und die Bitterkeit zu vergrößern, so daß es nicht zu verwundern ist, daß nach Ablauf weniger Jahre die beiden Secretäre sich in allen wichtigen Fragen der Staatspolitik immer unversöhnlicher gegenüberstanden. Der Präsident konnte daher nie auf erschöpfende Gründe seiner nächsten Rathgeber, sondern nur auf ein leidenschaftliches Gezänk derselben entscheiden. *)

Der Oberrichter Marshall schreibt dieses Zerwürfniß zwischen den beiden Secretären theils ihrer Gemüthsart und theils der Stellung zu, in welcher sie sich gegenseitig befanden. Seine Worte verdienen hier angeführt zu werden. „Beinahe bis zum Schlusse des Krieges hatte Hamilton seinem Vaterlande mit den Waffen in der Hand gedient, und war kurz vor dessen Beendigung vom Lager in den Congreß getreten, dessen Mitglied er nach abgeschlossenem Frieden noch längere Zeit verblieb. In seiner früheren Laufbahn schwebte ihm stets die Gefahr vor Augen, in welche die totale Machtlosigkeit der Föderal-Regierung (des Congresses) die Unabhängigkeit seines Landes versetzte — in seiner späteren Stellung wurde seine Aufmerksamkeit stets auf die Untergrabung alles öffentlichen Ansehens und auf die Aufopferung der wichtigsten Interessen seines Landes hingelenkt und beide Erscheinungen mußte er mit Grund derselben traurigen Ursache zuschreiben. Hamilton's Ideal von einer guten Regierung war daher, daß sie in sich selbst hinlänglich Kraft und Mittel besitzen müsse, um ihren Charakter, ihre Reinheit und die Ehre der Nation zu bewahren. Er hatte lange genug das Unheil gesehen und geduldet, welches die absolute Souveränität der Einzel-Staaten angerichtet hatte und die Schwierigkeiten und Hindernisse, welche eine denselben zustehende Controlle und Thätigkeit in Sachen des allgemeinen Interesses stets hervorrief, ließ ihn die größte Gefahr von dieser Seite sehen. Er wurde darin noch besonders durch die Richtung des amerikanischen Volksgeistes bestärkt, der sich viel mehr für seinen besonderen Staat, als für die allgemeine Nationalität interessirte und begeisterte. Er sprach seine

---

seines Aufenthaltes in England erschienenes Buch, „Gedanken über Republiken" betitelt, viel Spott und Tadel zugezogen. Seit seiner Rückkehr erwarb ihm ein Supplement zu seinem großen Werk neuerdings diesen Ruf; übrigens hat Adams nie verleugnet, daß er der föderalistischen Richtung vor der demokratischen den Vorzug gab. Siehe auch Tucker's Life of Jefferson, Vol. I, p. 406.

*) Gibbs sagt bei Gelegenheit, als er die Schwere des Schlages schildert, welchen die Anti-Föderalisten durch die Consolidation der Staatsschulden erlitten, in deren Folge das Heer von Gläubigern künftig auf die Union und nicht mehr auf die Einzelstaaten angewiesen war, Folgendes: „Dieser Schlag blieb nicht vereinzelt. Es wurden Zölle auf importirte Waaren gelegt, so daß von nun an der Kaufmann sein Geld an die Ver. Staaten schuldig wurde und nur an deren Bank zu zahlen hatte. Die Steuern im Innern mußten an einen Erheber des General-Gouvernements abgeliefert werden. Die errichtete Bank gab Papiergeld aus, welches von Vermont bis Georgia absolute Geltung hatte. Auf den geprägten Münzen verschwand das Wappen der Staaten, um dem der Union Platz zu machen. Nur die Union vermochte der jungen Industrie des Landes Schutz zu gewähren. Die Ermuthigung des Handels, die Errichtung der Marine gingen forthin nur von der Centralgewalt aus So bezweckten diese und viele spätere Beschlüsse über die mächtigsten Interessen immer nur die Machtvergrößernng Derjenigen, von denen die Beschlüsse ausgingen. Die Bürger der Staaten hatten nichts mehr von ihrer eigenen Regierungsgewalt zu erwarten und so mußte deren Ansehen schwinden. Gibbs' Administration etc., Vol. I, p. 77, 78.

Ueberzeugung ganz unverholen aus, daß die größte Gefahr für die Vereinigten Staaten und ihre Verfassung in der Schwäche der Regierung liege, und daß die amerikanische Freiheit und das Aufblühen der Union weit mehr von dem Widerstande und Separatismus der Staaten, als von einer Centralisation der Macht im Gesammt-Staate zu befürchten habe!

„Jefferson war aus dem Congresse geschieden, bevor die Entwerthung des Papier-Geldes die Central-Regierung so vollständig von den Lokal-Regierungen abhängig gemacht hatte. Nach dieser Epoche bekleidete er die höchsten Aemter in seinem Geburts-Staate. Gegen Ende des Krieges wurde er zwar wieder in den Congreß gewählt, bald darauf aber mit einer Mission nach Frankreich geschickt, wo er in der Zeit weilte als das französische Volk die ersten Schritte seiner ungeheuren Revolution that, welche später den halben Erdkreis erschütterte. Man darf mit Grund annehmen, daß er während seines dortigen Aufenthaltes durch den Umgang mit Jenen, welche die großen Ereignisse der Zeit vorbereiteten oder beförderten, eine tiefe Abneigung gegen die Monarchie und ihre seinen Augen sich aufdrängende Mißbräuche einsog und zur Ueberzeugung kam, daß die größten Gefahren für die Freiheit von mächtigen Regierungen zu befürchten sind. Die Schwäche eines Gouvernements hatte daher für Jefferson nichts Abschreckendes. Er empfand keinerlei Eifersucht gegen die Souveränität der Staaten und fürchtete nichts von ihren Uebergriffen. Seine Bedenklichkeit lag vielmehr in einer ganz anderen Richtung und seine Besorgniß ging nur dahin, die Ausübung der dem Gouvernement der Vereinigten Staaten übertragenen Gewalt zu lähmen und zu beschränken. Nur in dieser sah er eine Gefahr für die Freiheit. Er theilte die Ansicht von der Annahme der Verfassung keineswegs mit Jenen, die immer in dem Lande gewesen waren, ja zu einer gewissen Zeit sprach er sogar den Wunsch aus, daß sie von einer Anzahl Staaten verworfen werden möge, um gewisse Aenderungen darin durchzusetzen, welche seiner Ansicht nach wesentlich waren. Von diesem Wunsche soll er jedoch zurückgekommen sein.“ *)

Zu diesen und anderen gleichartigen Ursachen von Meinungsverschiedenheit zwischen zwei so hochgestellten Beamten, wie der Staats- und Finanz-Secretär kam noch eine andere, welche einen sehr ausgedehnten Einfluß auf die polische Lage und Richtung der Vereinigten Staaten übte. Frankreich betrachtete man in den Vereinigten Staaten mit Vorliebe, England dagegen mit Haß. Bei Vielen äußerte sich ein besonderer Drang nicht allein, sich dem ersteren Volke dankbar zu erweisen, sondern ihm alle mögliche Vergünstigungen durch Handelsvortheile und sonstige Zugeständnisse zu Theil werden zu lassen, während man auf der anderen Seite entschlossen war, England alle möglichen Hindernisse in den Weg zu legen, und dessen Interessen zu verkürzen, wo es nur anging. Die Republikaner und Föderalisten schaarten sich, jene zu der einen, diese zu der anderen dieser Parteien. Jefferson und Hamilton machten die Sache im Kabinete zum Gegenstande ihrer Zänkereien, während der Präsident, wie immer lediglich auf den Grund seiner Ueberzeugung entschied und handelte †).

*) Life of Washington, Vol. II, p. 231. S. auch Correspondence, Vol. II, p. 266 ꝛc.

†) Jefferson selbst erzählt: „Hamilton und ich waren im Ka-

Es war aber immerhin höchst peinlich für ihn, daß er diese beiden Männer nicht wenigstens soweit zu einigen im Stande war, daß sie sich über eine allgemeine Politik verständigten. Er hatte ununterbrochen von ihren Persönlichkeiten und leidenschaftlichen Zänkereien zu leiden.

Dazu waren sich Beide wohl bewußt, welche große Macht die öffentliche Presse ausübte, und Beide bedienten sich ihrer zur Vertheidigung der eignen Ansicht und Bekämpfung derer des Gegners.

Die "Gazette of the United States" vertrat die Grundsätze der Föderalisten, wie sie sich in den großartigen Plänen und politischen Systemen des Finanz-Kabinetes praktisch darstellten. Die "National Gazette," im Jahre 1791 gegründet und von Philipp Freneau, dem Poeten und einem als Uebersetzer im Staats-Departemente angestellten Gehülfen redigirt, war ein eifriges und unermüdliches Organ der von Jefferson und der republikanischen Partei aufgestellten Grundsätze. In jener Zeit wurde die europäische Politik von der ersteren mit der Brille der englischen Presse betrachtet, welche die Extravaganzen der Franzosen unendlich übertrieb und Anarchie und Blutvergießen als nothwendige Resultate der Demokratie hinstellte. — Die Artikel der anderen waren nach dem Muster der französischen und ihnen gleichgesinnter Zeitungen zugeschnitten, welche den Republikanismus als gleich segensreich für Frankreich, wie für die Vereinigten Staaten hinstellten. Sehr bald ging die Polemik in Persönlichkeiten über, und das Freneau'sche Blatt wurde, wie Marshall sagt, ein wahres Verläumdungsorgan gegen das Bank- und Finanz-System, gegen die Zölle und Abgaben auf Spirituosen — Erzise genannt — und gegen die Urheber und Anhänger dieser Maßregeln. Umgekehrt griffen die diesen Maßregeln günstigen öffentlichen Blätter die Führer der Opposition und ihre Motive mit den gehässigsten Beschuldigungen an. *)

Washington befand sich durch diese beständigen Kämpfe zwischen Jefferson und Hamilton in einer wahrhaft peinlichen Lage, und bot Alles auf, ein Verständniß zwischen ihnen zu Stande zu bringen. Unter dem 22. August schrieb er an **1790.** Jefferson einen langen eindringlichen Brief, worin er ihn angelegentlich bat, seine argwöhnischen und zur Bitterkeit reizenden Angriffe gegen Hamilton einzustellen, und demselben in offener Weise entgegenzukommen. In gleichem Sinne schrieb er einige Tage darauf an Hamilton, ihn dringend bittend, rücksichtsvoll gegen seinen Gegner zu sein, und in dessen Rechtlichkeit und Aufrichtigkeit größeres Vertrauen zu haben. In einem weiteren am 18. Oktober datirten Schreiben an Jefferson ermahnte er abermals zur Eintracht und

binete stets gestiefelt und gespornt, wie zwei hitzige Kampfhähne. Wir waren damals nur vier Mitglieder, und der Präsident entschied nach der Majorität — also wenn drei gegen einen waren. Nur Hamilton und ich hatten also den Aerger von der Sache, das Publikum hatte nicht darunter zu leiden.

*) Gibbs (Vol I, p. 79) sagt bezüglich der National Gazette, „daß sie während der kurzen Zeit ihres Bestehens sich durch ihre niederträchtige Lügen und Entstellungen, durch ihre wahnsinnige Vergötterung Jefferson's, und maßlosen Verläumdungen der an der Spitze stehenden Föderalisten eine traurige Berühmtheit erworben habe. Namentlich war sie gegen Adams, dessen unzurechnungsfähige Stellung als Vicepräsident ihn billig gegen solche Angriffe hätte schützen sollen, unsäglich bosbaft, da sie in ihm den künftigen Präsidenten erblickte." In Tucker's Life of Jefferson, Vol. I, p. 392 findet sich eine Vertheidigung Jefferson's gegen den Vorwurf, daß er durch einen in seinem Departement angestellten Gehülfen ein Zeitungsblatt habe redigiren lassen, worin er die Handlungen des Gouvernements, in dem er selbst ein angesehenes Amt bekleidete, angegriffen und herabgewürdigt habe.

MONTICELLO
Th. Jefferson

Unbefangenheit während der Kabinets-Sitzungen; es heißt darin wörtlich: „Ich habe große und aufrichtige Achtung für Sie beide und wünsche sehnlich, daß wir einen Weg einschlügen, auf dem Sie beide ungestört neben einander wandeln können.“ Alle Bemühungen des Präsidenten aber schlugen fehl. Die politische Richtung sowohl als die persönlichen Gesinnungen der beiden Männer gingen immer weiter auseinander, und Jefferson und Hamilton wurden von politischen Gegnern auch entschiedene persönliche Feinde.

Die Administration der Central-Regierung stieß in diesem Jahre sowohl durch die Fortdauer der Feindseligkeiten mit den Indianern, als durch den Widerstandsgeist, der sich in mehreren Gegenden der Union gegen die Abgabe auf Spirituosen zeigte, auf bedeutende Schwierigkeiten. Der Letztere hatte einen solchen Grad erreicht und die Nichtachtung gegen das Gesetz war so frech geworden, daß sich der Präsident zu einer Proklamation genöthigt sah, in welcher er vor gesetzwidrigen Plänen und aufrührerischen Zusammenrottungen warnte, welche die Wirksamkeit der Gesetze zu vereiteln trachteten. Es thut uns leid, sagen zu müssen, daß dieser Schritt keine gute Wirkungen hatte.

Das Gouvernement wollte Gewaltmaßregeln nur im äußersten Nothfalle ergreifen, und schlug darum einen anderen Weg ein. Die einzelnen Widerspenstigen wurden gerichtlich verfolgt. Die in den Distrikten, worin man dem Gesetze den Vollzug verweigerte, gebrannten Spirituosen wurden auf dem Transporte nach den Märkten von den Steuerbeamten in Beschlag genommen, und die Proviant-Commissäre der Armee wurden angewiesen, nur solchen Branntwein zu kaufen, wovon die Abgabe entrichtet worden war. Hätten die Branntweinbrenner, wie sie es wünschten, der Absicht der Regierung entgegenarbeiten können, so würde sich jene Maßregel als wirksam erwiesen haben; sie fürchteten aber die aufgeregte Menge und fanden es sicherer, das Gesetz zu umgehen, als es zu befolgen.

Mit England war der diplomatische Verkehr endlich wieder hergestellt worden; Herr Georg Hammond war als bevollmächtigter Minister jenes Landes bei den Vereinigten Staaten im Herbste 1791 zu Philadelphia angekommen. Er setzte sich unverweilt mit dem Staats-Secretäre in amtliche Correspondenz über die nicht vollzogenen Klauseln des Friedensschlusses. Allein das britische Ministerium hatte ihn nur mit Vollmachten ausgerüstet, zu negociren, und Beschwerden zu erheben; nicht auch, sie auszugleichen und definitive Feststellungen abzuschließen. Es zeigte sich daher aus den beiderseits aufgestellten Grundsätzen sehr bald, daß nur geringe Aussicht vorhanden war, auf diesem Wege zum Abschlusse eines Handels-Vertrags zu gelangen. *)

Im Nordwesten ließen die Indianer in ihren Feindseligkeiten nicht nach, und es wurden daher ernstliche Rüstungen gemacht, den Krieg gegen sie energisch fortzuführen. General Wayne wurde an St. Clair's Stelle zum Commandeur der Expedition

*) Tucker in Bd. I, p. 369 erzählt, daß Jefferson der Auftrag gegeben worden war, die Rechte und Würde der Vereinigten Staaten gegen die von England erhobenen Ansprüche zu vertheidigen. Er habe darüber lange Zeit eine sehr anstrengende Correspondenz mit dem englischen und später auch mit dem französischen Gesandten geführt. Sie dauerte fort, so lange er im Amte blieb. Diese Correspondenz gilt als die beste diplomatische Arbeit dieses Landes, welches in diesem Fache mit Recht einen so großen Ruf genießt. Sowohl der Styl als die Ausführung sind meisterhaft.

ernannt; allein die bei der Anwerbung der
1792 Soldaten gewährten Bedingungen waren so wenig günstig, daß die Ausrüstung nur langsam voranschritt, und die Zeit des Jahres, in welcher allein die Expedition gemacht werden konnte, unbenutzt verstrich. Inzwischen wurde das Geschrei gegen den also beabsichtigten Krieg immer ärger, und um der öffentlichen Meinung Rechnung zu tragen, beschloß die Administration, einen neuen Versuch zu machen, den Frieden durch Unterhandlungen zu sichern. Obrist Harden und Major Truman, zwei brave Officiere und sehr achtbare Männer, wurden jeder für sich vom Präsidenten mit Friedensvorschlägen abgeschickt. Allein das Schicksal derselben war noch mehr zu beklagen, als das Mißlingen ihrer Sendung. Beide wurden von den Wilden ermordet.

Die zweite Sitzung des zweiten Congresses wurde am 5. November 1792 eröffnet. Washington leitete seine Eröffnungsrede mit der Bemerkung ein, daß er dieses Mal das Zusammenkommen mit den Abgeordneten nicht wie früher als ein erfreuliches bezeichnen könne, da die Fortdauer des Krieges mit den Indianern noch immer als eine allgemeine Calamität erscheine. Er gab eine Uebersicht der von ihm ergriffenen Maßregeln, die Einfälle der außerhalb des Grenzgebietes und die Empörungen der innerhalb desselben wohnenden Stämme zu verhüten, und wies darauf hin, wie wünschenswerth es sei, mit den Indianern in einen festen Rechtszustand zu treten. Das Ergebniß der Abgaben, sagte er, lasse hoffen, daß für das nächste Jahr keine neuen Bewilligungen nöthig sein würden. Bezüglich der in mehreren Gegenden stattgehabenden Verweigerung der Branntweinsteuer bemerkte er, daß man das Vertrauen in ihn setzen möge, daß er kein gesetzlich erlaubtes Mittel vernachlässigen werde, den Gesetzen Gehorsam zu verschaffen. Nach flüchtiger Berührung mehrerer anderer Gegenstände, z. B. der Gerichtsorganisation, Münze, Postwesen u. s. w., wendete sich der Präsident speciell an das Haus der Abgeordneten und sagte: „Ich habe die volle Hoffnung, daß der Stand unserer Finanzen nunmehr so weit geregelt ist, daß Sie an einen Plan zur Anweisung und Tilgung der Staatsschulden, wie dieses früher vorgesehen worden ist, denken können. Keine andere Maßregel ist so dringlich und kann hinsichtlich ihrer allgemeinen Wichtigkeit sowohl, als in Betracht des allgemeinen Verlangens der Nation einen Vorzug vor diesem Gegenstande ansprechen."

Die Adresse der beiden Häuser auf die Eröffnungsrede war in höchst achtungsvollen und selbst huldigenden Worten abgefaßt; allein die nun beginnenden Verhandlungen lehrten nur zu bald, daß die Parteileidenschaft und Rücksichtslosigkeit sich nicht gemindert hatten, vielmehr im steten Zunehmen waren.

Im Hause wurde der Antrag gestellt, den Staatssecretär und Finanzsecretär aufzufordern, in der Sitzung zu erscheinen und Auskunft über die auf der Tagesordnung befindlichen Gegenstände zu ertheilen. Bei dieser Gelegenheit wurden ernstliche Beschwerden über die Verletzung der parlamentarischen Regel erhoben, daß das Haus gleichsam von dem guten Willen der Ministerialchefs abhängig sei. Ein von Fitzsimmons gestellter Antrag, Hamilton zur Vorlage eines Planes zur Ablösung der Staatsschuld und einer Schuld an die Bank aufzufordern, gab neuen Anlaß zu obiger Klage, ging indeß durch, obgleich Madison und Andere die Verweisung an den Finanzsecretär unterstützten.

Der von Hamilton erstattete Bericht umfaßte einen Plan zur Abtragung der Staatsschuld. Da indeß die durch den Indianerkrieg verursachten Störungen es seiner Meinung nach unsicher machten, auf das regelmäßige Einkommen zu rechnen, schlug er gleichzeitig vor, eine Abgabe auf Luxuspferde oder Luxuswagen, wie man es gerathener finde, zu beschließen. Um die Vorschüsse der Bank zu tilgen, schlug er die Ermächtigung vor, ein Anlehen von zwei Millionen Dollars abzuschließen, für dessen Zinsen die von der Regierung geeigneten Aktien verunterpfändet sein sollten: da die Regierung der Bank sechs Procente zahlen mußte, rechnete er auf die Ersparniß, die bei einem zu geringerem Zinsfuße abgeschlossenen Anlehen gemacht werden würde. Die Berathung über diesen Vorschlag verzögerte sich aus mancherlei Gründen; mittlerweile wurde ein Antrag eingebracht, das Militärbudget zu vermindern. Die Debatte darüber war lang und heiß; der Antrag wurde jedoch endlich am 4. Januar 1793 verworfen. *)

Einige Wochen später wurde ein anderer Gegenstand zur Berathung des Hauses gebracht, der dessen Aufmerksamkeit in hohem Grade in Anspruch nahm und für diese Sitzung jedes Zurückkommen auf die Finanzfrage abschnitt.

1793. Am 23. Januar brachte Giles mehrere Anträge ein, darunter auch den, das Ministerium solle aufgefordert werden, über mehrere Verhältnisse bezüglich des im August 1790 von dem Congresse genehmigten Anlehens Auskunft zu geben. Der wahre Zweck des Antrages war, den Finanzsecretär, hinsichtlich der Behandlung und Verwendung jenes Anlehens speciell, und der Einkünfte im Allgemeinen, grober Vergehen anzuklagen. Giles erging sich bei seiner Entwicklung des Antrages in Bemerkungen, welche die Absicht desselben klar erkennen ließen; so sagte er, er wolle dem Hause beweisen, daß ein großer Ueberschuß im Budget nicht verrechnet worden sei. Die Anträge wurden, wie man dies Hamilton schuldig war, ohne alle Debatte angenommen, und bald darauf wurden nacheinander drei gründliche und erschöpfende Berichte erstattet, welche alle von Giles berührten Punkte lichtvoll erörterten. *)

Die Berichte enthielten eine vollständige Darlegung der Ansichten und Motive, nach welchen der Sekretär das Finanzwesen verwaltet hatte. Es war unverkennbar, daß Hamilton von dem Angriffe auf seinen Charakter tief verletzt war. Die von ihm gebrauchten Worte waren zuweilen sehr scharf und er schloß mit den Worten: „Ich glaube hiermit eine genaue und belegte Aufstellung der Finanzlage gegeben und bewiesen zu haben, wie falsch die Behauptungen sind, auf welche der Antragsteller einen Ueberschuß herausrechnet, der nur in einer Reihe unwahrer Angaben beruht."

Damit aber war die Sache nicht abgethan. Am 28. Februar brachte Giles nicht weniger als neun Anträge ein, die bestimmte Anklagspunkte gegen den Secretär specificirten. Sie bestanden ihrem Wesen nach

---

*) S. Abridgement etc., Vol. I, p. 398—415.

*) Siehe Tucker's Life of Jefferson, Vol. I, p. 401 ff. Tucker meint, daß, nachdem sich Hamilton bezüglich der Hauptpunkte gerechtfertigt gehabt, man in dem gewöhnlichen Mitgefühle für einen mit Unrecht angeklagten Menschen übersehen habe, ins Einzelne einzugehen, und so sei Hamilton gänzlich über die Sache weggekommen.

1793. darin, daß derselbe unterlassen habe, dem Congresse zur gehörigen Zeit Mittheilung über den Bezug von Geldsummen aus Europa zu machen; daß er das Gesetz vom 4. August 1796 durch unbefugte Verwendung des in Gemäßheit desselben gemachten Anlehens verletzt habe; daß er ohne Vorwissen des Präsidenten Gelder aus der Schatzkammer der Ver. Staaten bezogen habe; daß er die ihm ertheilten Befugnisse beim Abschlusse von Anlehen überschritten habe; daß er ohne Ermächtigung des Präsidenten eine größere Summe des in Holland abgeschlossenen Anlehens bezogen habe, als er zu thun ermächtigt gewesen; und endlich, daß er sich eine Verletzung der dem Hause schuldigen Rücksicht zu Schulden habe kommen lassen, indem er den Beschluß desselben, gewisse Aufklärungen von ihm zu verlangen, einer Kritik unterworfen habe. Die Debatte darüber zog sich bis spät in die Nacht vom 1. März hinein und artete beiderseits in bittere Heftigkeit aus. Das Resultat war, daß alle Anträge verworfen wurden und Hamilton also von jedem Vorwurfe freigesprochen wurde. Keiner der Anträge hatte bei der Abstimmung mehr als sechszehn Stimmen für sich. *)

Ueber die ferneren in dieser Sitzung erledigten Geschäfte können wir kurz sein. Die Eingabe der Officiere der früheren Continental-Truppen, ihnen den Verlust zu ersetzen, den sie durch die Entwerthung der Scheine erlitten, welche man ihnen für ihren rückständigen Sold gegeben hatte, wurde zurückgewiesen. Eine Akte, „betreffend flüchtige Verbrecher und Personen, welche sich dem Dienste ihrer Herren durch die Flucht entzogen", ging mit 48 Stimmen gegen sieben durch. Der Verkehr mit den Indianern wurde regulirt und ein Versuch gemacht, einen Zusatz-Artikel in die Verfassung der Ver. Staaten zu bringen, die um Erfüllung von Verbindlichkeiten gegen die Staaten erzwingen zu können. Veranlassung dazu war, daß der Staat Georgien von dem Bürger eines anderen Staates vor dem Ver. Staaten-Gerichte verklagt worden war und dem Urtheile keine Folge gegeben hatte. Die Ausgaben von beinahe drei Millionen Dollars Zinsen für die Staatsschuld und von zwei Millionen für den gewöhnlichen Staatshaushalt wurden genehmigt.

So schloß der zweite Congreß am 2. März seine Sitzungen. In der nämlichen Zeit war der erste Termin der 1793.
Administration Washington's abgelaufen. So sehr er sich nach Ruhe und Zurückgezogenheit sehnte, war es ihm jedoch noch nicht gestattet, den öffentlichen Dienst verlassen zu können; er sah sich genöthigt, dem allgemeinen Wunsche nachzugeben und zu einer gefährlichen Zeit, wo es aller seiner Weisheit, Festigkeit und Klugheit bedurfte, um das Staatsschiff durch die Brandung zu führen, am Steuer zu bleiben.

Anfänglich war es Washington's fester Entschluß, nach Ablauf seiner Administration sich vom öffentlichen Leben zurückzuziehen. Allein ungeachtet der Erbitterung der Parteien gegen einander, bei aller Heftigkeit, womit sich die Föderalisten und Re-

---

*) Die ganze Sitzung ging in solchen Untersuchungen über die Amtsführung des Secretärs hin...... Uebrigens erreichte damit die Opposition wenigstens d e n Zweck, daß kein Beschluß über den Bericht gefaßt wurde. Es klingt allerdings sonderbar, daß eine Partei, welche die Administration beschuldigte, sie wolle die Staatsschuld verewigen, gerade die Maßregeln zu deren Ablösung scheitern machte. Man kann sich dies nur aus dem festen Entschlusse, den Sekretär zu stürzen, erklären. S. Gibbs a. a. O., Vol. I, p. 82.

publikaner um das Uebergewicht stritten, und obgleich es keinem Zweifel unterlag, daß die der Administration feindliche Partei eine sehr starke war, herrschte die einmüthige Ansicht, daß trotz alledem Washington allein der Mann sei, welcher der Krisis gewachsen war; der einzige Mann, dessen geschickte Hand in der Aufregung der Zeit die Entwickelung des neuen Staates durch die zahllosen Stürme und Erschütterungen glücklich zum Ziele zu führen vermöge.

Jefferson, das Haupt der republikanischen Partei, und eifrigst bemüht, einen Umschwung in den Principien und in der Haltung der Regierung herbeizuführen, sah dessen ungeachtet wohl ein, von welch entscheidender Wichtigkeit es sei, daß Washington an der Spitze der Regierung bleibe.

1792. In einem vom 23. Mai datirten Schreiben drang er auf's ernstlichste in den Präsidenten, dem Vaterlande seine Dienste nicht zu entziehen, indem er ihm die außerordentliche Gefahr nachwies, welche eintreten müsse, wenn er jetzt seinen Platz verlasse, und ihn bei seinem Patriotismus beschwor, dem öffentlichen Besten ein weiteres Opfer zu bringen.

Auch Hamilton richtete ein am 30. Juli datirtes Schreiben zu gleichem Zwecke an Washington, worin er sagte: „Aus patriotischen wie staatsklugen Rücksichten, aus öffentlichen wie persönlichen Gründen dürfen Sie jetzt kein Bedenken tragen, den Wünschen des Landes noch einmal nachzugeben. Ich hoffe und bitte Gott darum, daß Sie sich entschließen, dem Staatswohle ein abermaliges Opfer Ihrer Ruhe und ihres häuslichen Glückes zu bringen."

Auch Randolph, ebenfalls Mitglied des Kabinets, theilte diese Ansicht, und lenkte die Aufmerksamkeit des Präsidenten auf die Nothwendigkeit, daß er das Amt noch länger bekleide, wenn die Verfassung gesichert sein solle. Er allein könne den Hang zur Anarchie und Empörung, welche das Land augenscheinlich bedrohten, wirksam im Zaume halten. *)

Durch diese und viele noch außerdem in gleichem Sinne an ihn einlaufenden Schreiben kam Washington zu der Ueberzeugung, daß seine Pflicht erfordere, nachzugeben und mit jenem Geiste der Selbstaufopferung, den er noch nie verläugnet hatte, willigte er ein, zum zweiten Mal die höchste Würde, welche das Volk übertragen konnte, anzunehmen. Zum Vicepräsidenten erhielt von den hundert zwei und dreißig Wahl-Stimmen John Adams sieben und siebzig, Georg Clinton fünfzig, Thomas Jefferson vier und Aaron Burr eine. Demnach war Adams als Vicepräsident wieder erwählt.

Wir können gegenwärtiges Kapitel mit einigen gewichtigen und inhaltreichen Bemerkungen schließen, welche wir hauptsächlich von dem Oberrichter Marshall über den Stand der öffentlichen Angelegenheiten zur Zeit des Schlusses des zweiten Congresses — 20. März 1793 — entnehmen.

Die gewaltigen Ereignisse jener Zeit in Europa mußten natürlich einen Rückschlag auf den neuen Bundesstaat und seine Politik äußern. Namentlich war die französische Revolution von ihrem Beginne an mit außerordentlicher Spannung verfolgt worden. Man setzte Anfangs die größten Hoffnungen auf das Entstehen einer neuen Republik, welche dem großen Beispiele folgend,

*) Diese verschiedenen Schreiben finden sich in Sparks: Writings of Washington, Vol. II, p. 504 abgedruckt. Namentlich verdient Hamilton's Schreiben eine aufmerksame Lektüre.

das die Vereinigten Staaten der Welt darboten, es sich zur Aufgabe zu machen schien, die Freiheit und das dem Menschen inwohnende Recht zur Anerkennung zu bringen. Allein die in Frankreich eintretenden Ereignisse hatten die Eitelkeit jener Hoffnungen nur zu bald erwiesen, und eine Reaction in dem Enthusiasmus der Bürger dieser Republik bewirkt. Anarchie, Gewalthätigkeit, Uebertreibung bis zum Excesse schreckten die Gemüther zurück. Die Monarchie wurde abgeschafft, der König hingerichtet, die Republik proklamirt, der Krieg gegen England, Holland und Spanien erklärt. Die Schrecken der Revolution setzten die ganze civilisirte Welt in Furcht.

Die Gesammtmasse des Volkes der Vereinigten Staaten als ein Ganzes jedoch konnte die Ueberzeugung lange nicht aufgeben, daß Frankreich zuletzt nicht doch noch die großen und glücklichen Resultate sich aneignen werde, welche die Anstrengungen der Vereinigten Staaten für Freiheit und Recht gekrönt hatten. Als die Monarchie abgeschafft war, schien das ganze Land wie von einem elektrischen Feuer durchzuckt." Obgleich der gegen die verschiedenen Mächte begonnene Krieg in beinah allen Fällen von Frankreich begonnen worden war, betrachtete man diesen Krieg doch als einen Vernichtungs-Kampf gegen den Fortbestand der menschlichen Freiheit gerichtet und die Ausrottung jeder freien Regierung vom Erdboden bezweckend. Man war fest überzeugt, daß die Unabhängigkeit der Vereinigten Staaten auf dem Erfolge der französischen Waffen beruhe, und die Coalition gegen Frankreich wurde als eine Maßregel angesehen, welche den Fortbestand unserer Republik in ganz gleicher Weise bedrohe. Der aufrichtigste Wunsch, daß der Krieg siegreich für Frankreich ausfallen und das Volk dort in dem freien Rechte geschützt bleibe, sich seine Regierungsform selbst zu wählen, war wohl ganz allgemein; weniger übereinstimmend aber war das Urtheil, was wohl der mögliche Ausgang der inneren Zuckungen jenes Landes sein werde? Viele zweifelten, ob eine so große und kriegerische Nation unter der republikanischen Regierungsform eine glückliche Entwickelung haben könne, da ihre Institutionen, Gewohnheiten und Instincte rein monarchisch seien, und sie von monarchischen zum Kriege gerüsteten Staaten umringt sei? Die Umstände, unter welchen die Monarchie abgeschafft wurde, die Blutscenen, die ihr vorausgingen, die Schreckensepoche und ihre Gewaltthätigkeiten, welche ihr folgten und alle Verhältnisse des Landes untergraben hatten, schienen Vielen einen Beweis morscher und unheilvoller Zustände zu liefern, deren Ausgang sich nicht berechnen lasse. Schon der Gedanke, daß eine republikanische Regierungsform mit den Waffen in der Hand vertheidigt und aufrecht erhalten werden müsse, schien Manchen ein Widerspruch. Unter dem Einflusse dieser Verhältnisse sahen Viele die Wiederherstellung der gestürzten Monarchie oder einen Soldaten-Despotismus voraus. Allerdings betrachtete die große Mehrzahl solche Zweifel als unverzeihliche Ketzereien, und die Wenigen, welche sie auszusprechen wagten, als Apostaten der Freiheit. Der Verdacht, daß die Unsicherheit des Bestehens der französischen Regierung Mitveranlassung gewesen sei, die Zahlung der fälligen Termine unserer Staatsschuld an jenes Land zu verzögern, erhöhte die Erbitterung der Parteien, welche sich bei der Discussion der deßfalsigen Anträge Luft machte. Im Ganzen genommen steht die Thatsache fest, daß die französische Revolution einen unermeßlichen Einfluß auf die Parteigestaltung sowie auf die politische Richtung der Vereinigten Staaten geübt hat. *)

*) Marshalls's Life of Washington, Vol. II, p. 251 ff.

Siebentes Kapitel.

1793—1794.

Schwierige Lage der Administration.

Schwierige Verhältnisse beim Anfang des zweiten Präsidentschafts-Termins—Neutralität die wahre Politik der Vereinigten Staaten—Dem Kabinete vorliegende Fragen—Antworten—Proklamirung der Neutralität—Deren Bedeutung—Partei-Angriffe gegen Washington—Genet als französischer Bevollmächtigter—Seine Instruction—Sein Aufenthalt in Charleston—Uebermüthiges Auftreten—Empfang bei Washington—Beschwerden des englischen Abgeordneten—Washington verharrt in der Neutralität—Le petit Democrat—Gewaltsames Verfahren Genet's—Jefferson's Erwiederung—Zurückberufen Genet's verlangt—Bezugnahme auf Marshall's und Jefferson's Ana s—Die Verhältnisse zu England—Ursachen zur Beschwerde—Seeräuberei der Barbaresken—Beziehungen zu Spanien—Krieg bevorstehend—Eröffnung des dritten Congresses—Washington's Eröffnungs-Rede—Auszug derselben—Botschaft über die auswärtigen Angelegenheiten—Antworts-Adresse—Botschaft wegen der Verhältnisse in Spanien—Jefferson's Bericht über den Handel—Seine Angaben—Madison's Anträge—Debatten—Schwierigkeiten mit England—Rüstungen anempfohlen—England abgeneigt, die Sache auf's Aeußerste zu treiben—Washington für Frieden, so lange er möglich—John Jay nach England abgesendet—Nicht Interventionsbill im Hause durchgegangen—Im Senate verworfen—Das Land in Vertheidigungszustand gesetzt—Verhalten der Opposition—Vertagung des Congresses—James Monroe zum bevollmächtigten Minister in Frankreich ernannt—Anhang zum siebenten Kapitel—I. Dem Kabinete von Washington gestellte Fragen—II. J. G. Adams über die Neutralitäts-Erklärung—Fisher Ames Rede über die Madison'schen Anträge.

Am 4. März 1793 waren in dem Sitzungssaale des Senates außer dessen Mitgliedern die Kabinets-Räthe, auswärtigen Gesandten, Congreß-Mitglieder und andere Männer von Ansehen versammelt. Washington nahm das Wort, um die Anwesenden zu Zeugen der feierlichen Handlung anzurufen, welche die Verfassung vorschreibe und womit für ihn ein neuer vierjähriger Zeitraum voll der beschwerlichsten Anstrengungen und Opfer zum Wohle seines Vaterlandes anfing.

Dieser neue Amts-Antritt fiel in eine Zeit, in der das Land seiner unparteiischen kräftigen Leitung wahrlich höchst bedürftig war. Die französische Revolution hatte gerade den Gipfel des Fanatismus und der Anarchie erreicht, und der allgemeine Krieg, welcher in Europa auszubrechen auf dem Punkte stand, machte es dem Präsidenten der Vereinigten Staaten geradezu unmöglich, ein gleichgültiger Zuschauer zu bleiben, oder sich den Einwirkungen der Zeitereignisse gänzlich zu entziehen. Er wußte sehr wohl, daß die große Masse des Volkes für die französische Revolution ihrer Schrecken ungeachtet, enthusiastische Begeisterung fühlte und sich in der Ueberzeugung nicht irre machen ließ, daß Frankreich alle wünschenswerthe Segnungen davon ernten werde. Eine große Zahl Amerikaner hegte den warmen Wunsch, daß sich die Nation an den Kämpfen ihrer ehemaligen Alliirten betheiligen möchte, namentlich da sich ihre Waffen gegen England richten würden. Der Wunsch, Kaperei gegen den Handel der alliirten Mächte zu treiben, möge daraus entstehen was wolle, war ein ziemlich allgemeiner.

In der hohen Verantwortlichkeit seines Berufes mußte aber Washington den unheilschwangeren Zustand Europa's in seiner Rückwirkung auf die Vereinigten Staaten, deren Schicksal seiner Leitung anvertraut war, nach dem Gesetze der Vernunft und nicht nach der Sympathie des Volkes beurtheilen. Er sah voraus, daß das sich über Europa zusammenziehende Gewitter die Verhältnisse der Vereinigten Staaten nicht unberührt lassen würde, und er mußte pflichtgemäß bedacht sein, seinen zerstörenden Wirkungen so gut als möglich vorzubeugen. In dem ungeheueren Zusammenstoße, der so nahe bevorstand, und welcher alle großen europäischen Staaten nothwendig berühren mußte, war seiner Ansicht nach die Neutralitätspolitik der einzige Weg, den die Interessen der Vereinigten Staaten zu wandeln gestatteten, und den einzuschlagen auch weder die Treue in bestehenden Vertragsverhältnissen noch die Ehre der Nation untersagten.

Neutralität aber mußte, das sah er klar ein, wenn sie redlich sein sollte, streng und unparteiisch gehandhabt werden. Er wußte aber eben so wohl, daß bei dem gegenwärtigen im Volke herrschenden Gefühle es außerordentlich schwer sein werde, eine strenge Neutralität aufrecht zu erhalten, oder Collisionen mit einer der streitenden Mächte, namentlich mit Frankreich oder England zu vermeiden. In Erkenntniß der Wichtigkeit und Schwierigkeit der Lage berief er im April einen Kabinetsrath, um die Frage gründlich zu prüfen. Die demselben vorgelegten Fragen, namentlich
in Betreff der mit Frankreich beste- 1793.
henden Vertragsverhältnisse sind von hohem Interesse *). Die Mittheilungen geschahen natürlich im Vertrauen, fanden aber doch mittelst einer Indiscretion ihren Weg in's Publikum.

Die Mitglieder des Kabinets waren aufgefordert worden, ihre Antworten auf die ihnen vorgelegten Fragen schriftlich abzugeben. Ueber einige der Fragen lauteten die Antworten übereinstimmend: über andere aber verschieden. Alle sprachen sich für die Erlassung einer Neutralitäts-Proklamation, für den Empfang eines Abgeordneten der französischen Regierung und gegen die Zusammenberufung einer Extra-Sitzung des Congresses aus. Einige Mitglieder wollten den französischen Abgeordneten nur unter gewissen Vorbehalten zulassen, weil es ungewiß sei, ob die französische Regierung wie sie gegenwärtig bestehe, als definitiver Ausdruck des Volkswillens angesehen werden könne. Der Präsident beschloß jedoch, ihn unbedingt zu empfangen. Bezüglich der in dem Vertrage von 1778 enthaltenen Gewährleistungsstipulation herrschte ebenfalls eine Verschiedenheit der Ansichten. Hamilton und Knox glaubten die Klausel nur für den Fall anwendbar, daß Frankreich in einen Vertheidigungs-Krieg begrif-

*) S. darüber Anhang zu gegenwärtigem Kapitel Anhang I

fen, nicht aber wenn solches der angreifende Theil sei. Jefferson und Randolph behaupteten, es sei gegenwärtig keine Veranlassung die Frage zu entscheiden.

Die Proklamation, vom General-Prokurator entworfen und vom Präsidenten gutgeheißen, wurde veröffentlicht.

Das Volk der Vereinigten Staaten wurde darin verwarnt, in irgend einer Weise für oder gegen die kriegführenden Mächte Feindseligkeiten auf hoher See zu verüben, noch denselben Gegenstände zuzuführen, welche nach dem modernen Sprachgebrauch als „Contrebande" erklärt seien, auch sich aller Handlungen und Unternehmungen zu enthalten, welche als unvereinbar von Seiten einer im Frieden mit den streitenden Mächten stehenden Nation zu betrachten seien.

Diese von Washington nach reiflicher Prüfung beschlossene staatskluge Maßregel ist unstreitig eine der wichtigsten von ihm ausgehenden politischen Handlungen. Man muß in ihr die feste Grundlage jenes Systems erblicken, welches unsere Nation bisher immer in ihrem Verkehre mit auswärtigen Staaten befolgt hat, und dem ein großer Theil ihrer Blüthe und ihres großartigen Aufschwungs zu verdanken ist*). Es war dieselbe in Wirklichkeit eine zur Erhaltung der Unabhängigkeit und des National-Charakters der Ver. Staaten höchst wesentliche Maßregel, und es gereicht dem Präsidenten zur größten Ehre, daß er dem Volksgeschrei in's Gesicht und auf die Gefahr persönlicher Verdächtigung und Unpopularität den Muth hatte, zu thun, was er für Recht und gut hielt.

Wenn wir heute auf jene Zeit und ihre Verhältnisse zurücksehen, kommt es uns ganz unglaublich vor, daß Washington so niederträchtigen Angriffen ausgesetzt sein konnte, wie sie in Folge des Geschehenen von der gehässigen Leidenschaftlichkeit der Parteien gegen ihn geschleudert wurden. Bis dahin war sein Charakter so unbedingt und von Allen verehrt worden, er besaß die Liebe und Anhänglichkeit des Volkes in so hohem Grade, daß die Opponenten seiner Politik wohl einsahen, daß wenn sie seinen unbedingten Einfluß auf das Volk nicht schwächten, sie nie hoffen konnten, etwas gegen die Föderalisten-Partei durchzusetzen. Die Neutralitäts-Proklamation war gegen die Vorurtheile, das herrschende Gefühl und die Leidenschaften der großen Masse der Amerikaner geradezu verstoßend; die Republikaner hielten es daher für eine passende Gelegenheit, offene Angriffe auf den Charakter und die Motive des Präsidenten zu richten. Es ist bemerkenswerth, daß als dieses System einmal begonnen hatte, es mit einer Gehässigkeit und Ausdauer fortgesetzt wurde, die man heute für ganz unmöglich halten würde, wenn nicht die aus jener sturmbewegten Zeit herrührenden Druckschriften einen Beleg dafür abgäben.

Die französische Republik hatte an der Stelle des Herrn Ternant den Bürger Genet*), einen Mann von großem Talente

*) Man findet eine sehr unterrichtende Ausführung dieses Gegenstandes und namentlich eine Erörterung, ob Washington verfassungsmäßig befugt war, eine solche Proklamation zu erlassen in John Q. Adams "Life of Madison," p. 53—60 und im Anhange II. zu gegenwärtigem Kapitel.

*) Bei Gelegenheit unserer Darstellung der zwischen dem Congresse und dem französischen Ministerium unter dem Grafen von Vergennes stattfindenden Beziehungen, haben wir dem Letztern und Frankreich überhaupt das Verdienst aufrichtiger und redlicher Gesinnungen gegen die Vereinigten Staaten zugestanden, ohne jedoch zu behaupten, daß diese Gesinnungen nothwendig einen höheren Grad von Uneigennützigkeit bewiesen, als sie in den politischen Beziehungen einer Nation zu einer anderen billig erwartet werden dürfen. Wir vertheidigen diese Ansicht, weil wir sie

und allem Feuer des Temperaments, das der celtischen Race eigen ist, zum Bevollmächtigten bei den Vereinigten Staaten ernannt. Außer seiner öffentlichen Instruction, die für das Volk schmeichelhaft, und gegen die Regierung ganz achtungsvoll waren, hatte er geheime Instructionen von ganz anderem Inhalte empfangen. In Folge später eingetretener Ereignisse fand er sich veranlaßt, diese letzteren zu veröffentlichen, und wir bedauern sagen zu müssen, daß sie die französische Regierung der damaligen Zeit nicht eben, was Offenheit und Rechtlichkeit betrifft, in ein glänzendes Licht setzen. In der öffentlichen Instruction war bestimmt ausgesprochen, daß es nicht in der Absicht Frankreichs liege, die Vereinigten Staaten in einen Krieg mit England zu verwickeln, und doch war, wie es sich später herausstellte, der ganze Zweck der Sendung Genet's, alles Mögliche anzuwenden, um die Amerikaner zu verleiten, mit Frankreich gemeinschaftliche Sache gegen ganz Europa zu machen. *)

Genet langte am 8. April in Charleston an. Dieser Hafen war seiner geringen Entfernung von Westindien wegen vorzüglich zum Sammelplatze von Kaperschiffen geeignet. Er wurde vom Gouvernör und dem Volke von Süd-Carolina mit lebendigem Enthusiasmus empfangen, ein Umstand, der ihm von vorn herein die Ueberzeugung gab, die Amerikaner seien ganz bereit, sich unbedingt in die Arme Frankreichs zu werfen. Er war mit unausgefüllten Kaperbriefen versehen, und benutzte seinen sechswöchentlichen Aufenthalt in Charleston dazu, die Ausrüstung und Bewaffnung von Kaperschiffen zu betreiben, Mannschaft anzuwerben, und Patente auszufertigen, um durch sie gegen Nationen, die mit den Vereinigten Staaten in Frieden lebten, offene Feindseligkeiten zu verüben. Die von diesen Kreuzern aufgebrachten Prisen wurden in den Hafen gebracht, und unter Autorität eines von den französischen Consuln eingesetzten Admiralitätsgerichtes verurtheilt und verkauft.

Auf seiner Reise empfing Genet überall die schmeichelhaftesten Beweise von volksthümlicher Theilnahme und langte am 16. Mai am Sitze der Regierung an, wohin ihm das Gerücht seiner in Süd-Carolina verrichteten Heldenthaten vorher geeilt war. Es waren Anstalten getroffen worden, ihm einen feierlichen Empfang zu bereiten. Die Oppositionsblätter verkündeten mit großem Triumphe, daß ihm das Volk in Schaaren von allen Seiten entgegengeeilt sei, um den republikanischen Gesandten einer alliirten Nation zu bewillkommnen. Am Tage nach seiner Ankunft erhielt er Glückwunsch-Adressen von Vereinen und von den Bürgern der Stadt, welche ihm in Masse ihre Aufwartung machten. Es fehlte nicht an Versicherungen der wärmsten Dankbarkeit für die thatsächliche und uneigennützige Unterstützung, welche das französische Volk Amerika gewährt hatte; dazu die unbändigsten Freudenbezeugungen über die von den französischen Waffen erfochtenen Siege, und die Versicherung, daß man positiv überzeugt sei, daß das Heil von Amerika von dem Festwurzeln der französischen Republik abhänge. Natürlich athmeten alle Antworten auf diese Adressen und Uebertreibungen den Geist

---

für richtig halten, müssen jedoch der Unpartheilichkeit halber den Leser auf eine am Schlusse des Marshall'schen Buches "Life of Washington" befindliche Note aufmerksam machen, worin er die Gründe entwickelt, warum die Politik Frankreichs in damaliger Zeit weit mehr als man glaubte, von machiavellistischer Zweideutigkeit dictirt worden sein soll.

*) S. Pitkin a. a. O. Vol. II, p. 360.

der unbedingtesten Brüderlichkeit und Vereinigung der beiden Nationen.

So unverantwortlich Genet's Verfahren war und so frech er die Proklamation des Präsidenten verletzt hatte, empfing ihn derselbe dennoch mit offener Zuvorkommenheit, wie sie dem Repräsentanten einer großen Nation gebührte. Auch jetzt wieder gab Genet officiell die festeste Versicherung, daß Frankreich keine Absicht hege, die Ver. Staaten in einen Krieg mit England oder einer anderen europäischen Macht zu verwickeln. Noch ehe Genet zu Philadelphia eingetroffen war, hatte der bevollmächtigte Minister Englands dem Präsidenten eine Note mit einer ganzen Reihe Beschwerden überreicht; ein Theil davon gründete sich namentlich auf die jüngsten Vorgänge zu Charleston. Diese Beschwerden erhielten noch neuerdings Nachdruck und Zuwachs durch das Begehren wirklicher Feindseligkeiten gegen Großbritanien im Gebiete der Ver. Staaten. Ein britisches Schiff, Grange, welches von Philadelphia ausgelaufen war, wurde von der französischen Fregatte L'Ambuscade innerhalb der Bai von Delaware weggenommen. Die also gemachte Prise befand sich in der Gewalt der Amerikaner, und der Minister, Herr Hammond, bestand daher auf Freigebung derselben.

„Man sollte es für unmöglich halten, sagt Marshall, daß über so manche Verhältnisse, wie sie ebensowohl das Verfahren Genet's als die Noten des britischen Ministers in's Licht gestellt hatten, unter Männern von Geist und Bildung noch eine Verschiedenheit der Beurtheilung stattfinden konnte, so fern man nicht annehmen will, daß dieselben aus Parteileidenschaft völlig blind waren. Im Kabinete selbst war man auch einstimmig darüber, daß das Recht der Jurisdiction jedem unabhängigen Staate innerhalb seines Territoriums so unantastbar sei, daß keinerlei Eingriff einer fremden Macht in dieses wichtige Souveränitätsrecht gestattet werden dürfe. Daher betrachtete man die Vorgänge im Hafen zu Charleston als wahre Anmaßungen der Nationalsouveränität, sowie als Verletzungen der Neutralität und die Beschwerde darüber für vollständig gerechtfertigt. Man war deßhalb darüber einig, daß einer Wiederholung dieses Unfugs nachdrücklichst vorgebeugt werden müsse. Die Restitutions-Frage dagegen war minder einfach — mit Ausnahme des Falles mit dem Schiffe Grange. Der Staatssecretär und General-Procurator waren der Ansicht, daß Schiffe, die von Kaperschiffen auf hoher See genommen und in einen Hafen der Ver. Staaten gebracht worden seien, wenn jene Kaperschiffe in einem Hafen der Ver. Staaten ausgerüstet worden seien, und dort Kaperbriefe erhalten hätten, n i ch t zurückgegeben werden müßten. Die Secretäre der Finanzen und des Krieges waren anderer Ansicht. Der Präsident behielt sich die nähere Prüfung und Entscheidung der letzteren Frage vor: da man aber über die erstere einig war, so wurde der Staatssecretär beauftragt, die Entscheidung den Bevollmächtigten von Frankreich und von England mitzutheilen. Gleichzeitig erging ein Rundschreiben an die Executivbehörden der Staaten mit dem Ersuchen, zur Aufrechthaltung des in der Antwort aufgestellten Grundsatzes mitzuwirken und den Vollzug der Gesetze nöthigenfalls mit Gewalt zu unterstützen.

Der „Bürger" Genet war über diese Entscheidungen höchlich erstaunt. Er hielt sie „für Verletzungen des Naturrechts" und jedenfalls als dem bestehenden Staatsvertrage zwischen den beiden Nationen geradezu widersprechend.

Durch die ihm von einer großen Masse des Volkes immer noch bewiesene
1793. Sympathie berauscht, und der Charakterfestigkeit der Executiv-Gewalt wenig zutrauend, scheint er sicher darauf gerechnet zu haben, daß die Popularität seiner Nation es ihm leicht machen werde, dieses Hinderniß entweder schnell aus dem Wege zu räumen, oder es so zu beherrschen, daß es seinen Zwecken diene. Es ließe sich sonst kaum erklären, daß er fortfuhr, auf die ergangene Entscheidung nicht die mindeste Rücksicht zu nehmen und sich in seinen Berichten in einer Weise auszudrücken, wovon der folgende Auszug eine Probe gibt:

„Jedes Hinderniß von Seiten der Regierung der Ver. Staaten gegen die Ausrüstung französischer Schiffe ist eine Verletzung des allgemeinen Menschenrechts, worauf die Unabhängigkeit und Verfassung der Ver. Staaten beruhen. Sie ist eine Verletzung der Bande, welche das Volk Frankreichs mit dem Amerika's vereinigen, ja sie ist ein ganz offenbarer Widerspruch mit dem von dem Präsidenten aufgestellten Neutralitäts-System. Denn wenn die französischen Kauffahrer oder andere französische Fahrzeuge das Recht nicht haben sollen, sich zu bewaffnen, während die Franzosen allein der Verbindung aller Tyrannen Europa's gegen die Freiheit des Volkes widerstehen, so sind sie unrettbar verloren, so wie sie aus einem Hafen der Ver. Staaten in See gehen. Das kann jedoch gewiß die Absicht der Ver. Staaten nicht sein. Deren Bruderstimme hat mich begrüßt, wohin ich mich gewendet habe, und deren Sympathie ist nicht zweideutig! O, diese ist rein; rein wie die Herzen Derjerigen, welche sie äußern. Und dankbar schlägt dagegen das Herz meines Volkes ihnen entgegen und nimmt den lebhaftesten Antheil an ihrem Glücke. Aber desto strenger ist auch das Erforderniß, daß das Bundes-Gouvernement, so weit es immer vermag, die Verpflichtungen erfüllt, welche ihm der zwischen den beiden Nationen bestehende Vertrag auflegt. Nur so geben sie der Welt das Beispiel einer wahren Neutralität. Diese besteht nicht in der feigen Aufopferung seiner Freunde in der Stunde der Gefahr, sondern in strenger Erfüllung der eingegangenen Verbindlichkeiten — wenn sie ein Mehreres zu thun nicht vermögen! Nur so können sie sich die Achtung der sämmtlichen Mächte sichern — nur so können sie ihre Freunde behalten und die Zahl derselben vergrößern!"

Einige Tage vor dem Empfange des Schreibens, woraus obige Stellen entnommen sind, wurden zwei Bürger der Ver. Staaten, welche Genet in Charleston angeworben hatte, im Dienste Frankreichs Kaperei zu treiben, von den Gerichten auf Grund der von der Executive erlassenen Instruktion, alle in dieser Weise kompromittirte Personen strenge zu verfolgen, verhaftet. Genet verlangte in folgenden merkwürdigen Ausdrücken, daß sie freigelassen werden sollten:

„Ich habe so eben vernommen, daß zwei Officiere im Dienste der französischen Republik, die Bürger Henfield und Singletary, an Bord des französischen Kaperschiffes „Bürger Genet" verhaftet und in's Gefängniß geführt worden sind. Das ihnen zu Last gelegte Verbrechen, ein Verbrechen, das mein Verstand nicht zu begreifen, meine Feder kaum auszudrücken vermag — das darin besteht, daß sie Frankreich dienen und sammt ihren Kindern die glorreiche Sache der Republik verfechten! Da mir kein positives Gesetz und kein Vertrag bekannt ist, welche die Amerikaner dieses Rechtes beraubt haben und Polizei-Agenten befugt erklären, willkürlich Marine-Officiere im Dienste Frankreichs an Bord ihrer Schiffe zu verhaften, so fordere ich von Ihnen, m. H., und von dem Präsidenten der Ver. Staaten, Ihre Vermittlung, damit die genannten Männer sofort in Freiheit gesetzt werden. Dieselben haben durch den Geist, der sie beseelt und durch den Eintritt in den Dienst Frankreichs das französische Bürgerrecht erworben, wenn sie das amerikanische verloren haben sollten.“ *)

Die Unziemlichkeit und Verwegenheit Genet's vermochte indeß die Administration nicht so weit zu reizen, daß ihr ein hartes Wort oder eine derbe Zurechtweisung entschlüpft wäre. Die kalte Ruhe und würdevolle Haltung Washington's im Sturme der von gemeiner Leidenschaft und rücksichtslosem Parteigeist gegen ihn geschleuderten Verläumdungen nnd Angriffe verdienen als wahrhaft musterhaft bewundert zu werden. †)

Genet war so leidenschaftlich und so erbost über den festen Entschluß des Präsidenten, in seiner einmal eingenommenen Stellung zu verharren, daß er vor keinem Mittel zurückschreckte, seinen Zweck dennoch zu erreichen. Die Huldigungen der Parteipresse, die ihm gegebenen Festlichkeiten, wobei die Freiheitsmütze prangte und Toaste voll des übertriebensten Lobes gegen Frankreich und der niederträchtigsten Verdächtigungen der Administration mit einander wetteiferten, feuerten ihn zu immer größerer Kühnheit an. Jene Feste waren übrigens nicht bloße Banquete, sondern es hatten sich nach dem Muster der Pariser Clubs Gesellschaften gebildet, oft zu dem positiv ausgesprochenen Zwecke, auf die Legislatur und das Kabinet Einfluß zu gewinnen und zu üben.

Bei einer besonderen Gelegenheit legte Genet seine Verachtung der Landesbehörden und seiner eigenen Zusicherungen ganz offen an den Tag. Im Hafen von Philadelphia wurde ein gekapertes englisches Schiff zum Kaper gegen die Engländer ausgerüstet. Es war zum Auslaufen bereit, als der Staats-Secretär Kunde davon erhielt. Washington war damals zu Mount Vernon, und Genet gab nach langem übermüthigem Gezänke und vielen frechen Drohungen sein Versprechen, daß das Schiff, le petit Democrat genannt, nicht vor der Rückkunft des Präsidenten auslaufen solle. Sein feierliches Wort aber galt ihm

---

*) S. Marshall a. a. O. Vol. II, p. 262 ff.

†) Ein oder zwei Paragraphen aus den damaligen Oppositionsjournalen verdienen hier angeführt zu werden, um als eine Probe der von Genet's Anhängern gegen Washington gebrauchten Sprache zu dienen: „Wir hoffen, sagte Freneau in der Nationalzeitung, daß der französische Bevollmächtigte mit Festigkeit und Energie handeln wird. Das Volk steht ihm zur Seite, das Volk ist mit Frankreich! Er hat nichts zu befürchten, denn noch ist das Volk in den Ver. Staaten souverän. Zu große Nachsicht von seiner Seite muß seiner Sache schaden, denn da man schon alle Rücksichten gegen Frankreich verletzt hat (nicht von Seiten des Volkes!) so ziemt sich längeres Zuwarten nicht; es führt nur zu weiterer Beleidigung. Wenn unseres Gouvernements Haupteigenschaft darin besteht, ins Mausloch zu kriechen, wenn der britische Löwe die Zähne weist, so muß Frankreich und sein Bevollmächtigter handeln, wie es der Würde und Gerechtigkeit ihrer Sache geziemt rc.“ „Man kann es nicht länger bezweifeln, heißt es im General-Advertiser, einem gleichfalls zu Philadelphia erscheinenden Blatte, daß unsere Executive entschlossen ist, den zwischen Frankreich und Amerika bestehenden Freundschaftsvertrag als nicht vorhanden zu betrachten, und daß sie sich rüstet, der Verschwörung der Tyrannen gegen Frankreich beizutreten.

nichts, denn der petit Democrat lief des strengen Befehls ungeachtet, daß alle Kaperschiffe im Hafen zurückgehalten werden sollten, in der Mitte Juli zu einem Kreuzzuge aus. *)

Während die Administration über die geeigneten Mittel berieth, wie man mit Genet und seinen Anmaßungen am besten fertig werden könne, brachte dieser letztere eine Beschwerde vor, welche einen sehr verwickelten Verlauf zu nehmen drohte. Der Grundsatz, daß freie Schiffe freies Gut machen sollten, war in dem Handels-Vertrage mit Frankreich ausdrücklich anerkannt, mit England dagegen war man nie über etwas ähnliches übereingekommen. Daraus folgte, daß die Verhältnisse mit England als kriegführende Nation nach dem Völker-Rechte entschieden werden müßten. Die Engländer legten dieses Recht so aus als ob es dem Gute einer befreundeten Nation in den Fahrzeugen eines Feindes Schutz gewähre und dagegen das Gut eines Feindes selbst in den Fahrzeugen einer befreundeten Nation der Hinwegnahme unterwerfe. So nahmen die britischen Kreuzer die französischen Waaren aus amerikanischen Schiffen hinweg, und ihre Gerichte erklärten das Verfahren für rechtmäßig, und sprachen das weggenommene Eigenthum als gute Prisen zu. Genet hatte dagegen protestirt, daß die Executive dieser Auslegung des Völkerrechts beistimme. Auch jetzt war wieder die von ihm gebrauchte Sprache anmaßend und übermüthig. Am neunten Juli, zur Zeit, wo noch der Streit wegen des petit Democrat obschwebte, hatte er ein Schreiben an das Kabinet gerichtet, worin er sofort eine entscheidende Antwort auf die Frage verlangte, welche Maßregeln der Präsident ergriffen habe oder zu ergreifen gesonnen sei, um die amerikanische Flagge gegen solche Angriffe zu schützen.

Gegen Ende Juli richtete er ein abermaliges Schreiben über diesen Gegenstand an das Kabinet. Nach heftiger Beschwerde über die der amerikanischen Flagge zugefügte Beschimpfung, in Folge welcher französisches Eigenthum von den Schiffen geraubt worden sei, deren Schutz es anvertraut gewesen; fuhr er fort wie folgt: „Ihre politischen Rechte werden gänzlich mißachtet. Vergebens hat der Wunsch zur Aufrechthaltung des Friedens Sie verführt, die Interessen Frankreichs denen des Augenblickes zu opfern, vergebens überwiegt der Durst nach Gewinn die Ehre Amerika's in der politischen Wagschale. Alles dieses Hin- und Herschwanken, alle diese Nachgiebigkeit, alle diese Selbsterniedrigung haben ihren Zweck verfehlt. Unsere Feinde lachen darüber und die Franzosen sind für ihr allzugroßes Vertrauen bestraft. Ihr Glaube, daß die amerikanische Nation eine Flagge besitze und zu schützen wisse, daß sie einige Selbstachtung, einiges Gefühl ihrer eigenen Stärke, einigen Sinn für ihre nationale Würde besäße, hat sich als eitel erwiesen. Wenn Ihre Verbündeten hintergangen worden sind, wenn Sie sich nicht stark genug fühlen, die Souveränität Ihres Volkes zu behaupten, sprechen Sie es aus; wir haben es erlöst, wie es in Sklaverei war und wir werden im Stande sein, ihm Ansehen zu verschaffen, nachdem es frei geworden ist." In Antwort auf dieses Schreiben Genet's schrieb Jefferson: „Meiner Ansicht nach ist es nicht zweifelhaft, daß

*) S. über diesen Fall Marshall a. a. O. Vol., II p. 270 ff. Ebenso die Note in Tucker's Life of Jefferson, Vol I, p. 432, worin sich Marshall's Angriffe auf Jefferson widerlegt finden.

nach dem Völkerrechte das Gut eines Feindes in den Fahrzeugen eines Freundes mit Recht als Prise erklärt wird. Auf diesen Grund vermuthe ich, daß die britischen Kreuzer das Eigenthum französischer Bürger in unseren Fahrzeugen hinweggenommen haben und ich gestehe, daß ich darüber in Verlegenheit bin, aus welchem Grunde ich gegen ein solches Verfahren Einsprache erheben könnte." Genet bestritt diese Ansicht mit größter Heftigkeit und drohte in wahrhaft unverschämter Weise nach einem Schwalle von Vorwürfen und Beschuldigungen gegen den Präsidenten, daß er an das Volk appelliren werde.

Solche wiederholte Beleidigungen überzeugten Washington, daß längere Nachsicht und Mäßigung gegen die Würde und das Ansehen der Regierung verstoßen müßten; er beschloß daher, die Zurückberufung Genet's zu verlangen*). Am 16. August ging ein Schreiben an Herrn Maurice, den bevollmächtigten Minister der Vereinigten Staaten zu Paris, ab, begleitet von
1793. einer vollständigen Darstellung des ganzen Sachverhaltes und der officiellen Correspondenz, damit das Ganze der französischen Regierung vorgelegt werde. Der leidenschaftliche Zorn Genet's, als er im September Kenntniß von diesem Schritte des Präsidenten erhielt, kann am besten aus dem Schreiben beurtheilt werden, welches er auf diese Veranlassung an den Staats-Secretär richtete. Die Schroffheit der von ihm gebrauchten Sprache beschränkte sich nicht auf Angriffe gegen den Präsidenten, den er „fortwährend herausforderte, noch gegen jene Herren, die er von Anfang an als Aristokraten und Parteigänger Englands erkannt habe." Seine Bitterkeit richtete sich auch gegen den Staats-Secretär selbst, welcher, wie er sagte, ihn einen Blick in Mysterien habe thun lassen, die ihn mit unsäglichem Hasse gegen solche ehrgeizige Männer erfüllten, deren ganzes Streben nur auf absolute Gewalt gerichtet sei.

Während dieser Berathungen wurde Herr Genet in New York mit den nämlichen Beweisen großer Anhänglichkeit empfangen, die ihm in den südlichen Staaten zu Theil geworden waren. Auch dort zeigte er dasselbe Bestreben, Mißvergnügen gegen das Gouvernement zu erregen und Amerika in den Völkerkampf zu verwickeln, indem er dem Volke die Ueberzeugung beizubringen suchte, daß das Fortbestehen der Freiheit von dem Erfolge der französischen Republik abhängig sei.

Es ist unnöthig, lange bei diesem Gegenstande zu verweilen. Marshall hat einen vollständigen und genauen Bericht sowohl über die Mittel und Wege, welche Genet einschlug, als über die Maßregeln der Executive abgestattet. Er schildert darin die wiederholten Versuche des Ersteren, dem Gouvernement Trotz zu bieten; die vielfache Ermuthigung, die ihm von Anhängern der französischen Sache und Gegnern der Regierung zu Theil wurde; das gereizte und anmaßende Schreiben, das er an den Präsidenten richtete und durch die Presse veröffentlichte, den offenbaren Bruch der Neutralität der Ver. Staaten, den sich der französische Consul zu Boston erlaubte; die Pläne, die Genet gegen Florida und Louisiana im Schilde führte; die Heftigkeit und

*) Die Geschichte der Diplomatie kennt wohl kaum einen merkwürdigeren Fall, als diese Mission von Genet. Sie dient als ein trauriger Beleg der Verblendung, zu welcher ein Mann von achtungsvollem Charakter und ausgezeichneten Talenten durch politische Leidenschaft fortgerissen werden kann. Siehe Sparks am angeführten Orte 452, ferner die Note in Tucker's Life of Jefferson, Seite 312.

Excesse des Partei-Kampfes, und alles dahin Gehörige mehr. Unser Raum gestattet uns nicht, länger bei diesem Gegenstande zu verweilen — wir müssen den Leser auf Marshall verweisen, wo er die Einzelnheiten nachlesen kann. *)

In mehrfachen Beziehungen waren die mit England bestehenden Verhältnisse verwickelt und ärgerlich. Es war natürlich, daß England nicht mit besonderer Zufriedenheit die zunehmende Macht und Blüthe der Ver. Staaten sehen konnte, vielmehr ganz geneigt war, jeden Vorwand zu benutzen, um der Entwicklung seiner
1793. früheren Colonien Schwierigkeiten in den Weg zu legen. Die mit Hrn. Hammond gepflogenen Unterhandlungen schritten nur langsam voran, und waren weit entfernt, ein befriedigendes Resultat zu versprechen. Die Grenzforts waren ganz gegen den Friedensvertrag immer noch von den Engländern besetzt, und es war nicht zweifelhaft, daß sich bei den Indianern im Nord-Westen abermals der englische Einfluß geltend machte. Englische Kriegsschiffe hielten mit dem Uebermuth, den die überlegene Macht einflößt, die amerikanischen Kauffahrer an, untersuchten sie, preßten innerhalb des amerikanischen Gebietes Matrosen und machten seeräuberische Einfälle von den Bermuden aus in die amerikanischen Besitzungen, unter den Augen und mit stillschweigender Billigung der Admiralitäts-Gerichte in jenen Inseln. Da das französische Gouvernement im Mai dieses Jahres mit offenbarer Verletzung des Vertrags die Beschlagnahme neutraler Schiffe gestattet hatte, wenn sie Waaren und Güter der mit ihm im Krieg befindlichen Nationen oder Lebensmittel führten, die nach einem feindlichen Hafen bestimmt waren, so übte England, in der offenbaren Absicht, Hungersnoth in Frankreich zu erzeugen, Repressalien, indem es zwei Verfügungen traf, die eine im Juni, die andere im November, welche beide den amerikanischen Handel ganz besonders schwer trafen.

Durch die erste wurden die britischen Kreuzer angewiesen, alle Schiffe aufzuhalten, welche mit Korn oder Mehl beladen nach einem französischen Hafen bestimmt waren, und solche nach einem nahegelegenen englischen Hafen zu bringen, wo die Cargos für Rechnung des englischen Gouvernements übernommen werden sollten. *) Durch die zweite wurden sämmtliche Kriegs- und Kaperschiffe beordert, alle Fahrzeuge anzuhalten, die mit Produkten irgend einer französischen Colonie oder mit Lebensmittel für eine solche Colonie bestimmt befrachtet seien, und solche den Admiralitäts-Gerichten zur Aburtheilung zu überweisen.

*) S. Marshall's Life of Washington, Vol. II, p. 260 ff. Als eine Probe der merkwürdigen, kaum glaublichen Erzeugnisse jener Periode, die Jefferson unter dem Titel: "Anas" gesammelt hat, wollen wir eine Stelle mittheilen, worin Washington's Selbstbeherrschung nicht im vortheilhaftesten Lichte geschildert wird. Es heißt: „ er Präsident war offenbar geneigt, an das Volk zu appelliren. Knox wies in einer unzusammenhängenden verrückten Rede auf die kürzlich erschienene Posse hin: „George W–n und James W–n's Begräbniß" betitelt, in welcher der Präsident auf einer Guillotine erscheint. Der Präsident zeigte sich furchtbar erbost und gerieth in einen jener leidenschaftlichen Ausbrüche, in denen er die Selbstbeherrschung verlor. Er schwadronirte viel über die persönlichen Angriffe, die er zu leiden habe, forderte Jeden auf, ihm auch nur eine Handlung nachzuweisen, der nicht das reinste Motiv zum Grunde liege; bedauerte, die Gelegenheit, sein Amt niederzulegen, versäumt zu haben; wünschte sich lieber im Grabe, als noch länger in seiner jetzigen Stellung und war besonders darüber indignirt, daß man ihm nachrede, er wolle „König" werden. Der Schurke Freneau, sagte er, schicke ihm jeden Tag drei Exemplare seines Journals, als ob er als Colporteur dazu engagirt wäre! Daß er darin nur die unverschämte Absicht, ihn zu beleidigen, sehen könne; und so fort. Er schloß in gleichem Tone und Style." Jefferson's Writings, Vol. IX, p. 164.

*) Pitkin, Vol. IV, p. 396. Dort siehe Einzelnheiten, Belege ꝛc.

Solche offenbare Verletzungen der Rechte neutraler Seemächte gaben Veranlassung zu den ernstesten und nachdrücklichsten Vorstellungen von Seiten der Ver. Staaten, und die im Kabinetsrathe besprochenen oben erwähnten Verfügungen wurden officiell als ungerecht im Principe und im höchsten Grade nachtheilig in ihrer Ausführung bezeichnet.

Noch ein anderes Ereigniß hatte im Laufe dieses Jahres statt, welches dem Handel und der Schiffahrt Amerika's große Nachtheile brachte und nicht wenig dazu beitrug, die öffentliche Stimmung gegen Großbritanien aufzureizen. Seit längeren Jahren wüthete der Krieg zwischen Portugal und Algier. In Folge davon waren die algierischen Kreuzer durch eine portugiesische Flotte in dem mittelländischen Meer zurückgehalten worden, und der Handel der Ver. Staaten hatte auf dem atlantischen Ocean von den algierischen Seeräubern nichts zu leiden gehabt. Im September 1793 wurde aber ganz unerwartet ein Waffenstillstand zwischen Portugal und Algier abgeschlossen. In Folge davon liefen ohne alle vorherige Warnung die Seeräuber in das atlantische Meer ein, und die auf der Fahrt nach Portugal und überhaupt nach europäischen Häfen begriffenen amerikanischen Fahrzeuge wurden, ohne Ahnung einer Gefahr, plötzlich von diesen Räubern überfallen, genommen und die Seeleute in die Sklaverei geschleppt. Es war nicht im Geringsten zweifelhaft, daß auch hier England die Hand im Spiele gehabt hatte und ganz zufrieden damit war, während es Frankreich in aller Weise Schaden zufügte, zugleich auch die Ver. Staaten etwas von dem Mißstande fühlen zu lassen, daß es keine Marine besaß, um seinen Handel zu beschützen.

Die Ursachen zu Mißvergnügen, sagt Marshall, welche von Spanien ausgingen, waren zwar weniger allgemein bekannt, aber doch nicht minder groß. Namentlich war diejenige, die sich auf den Mississippi bezog, besonders ärgerlicher Natur. Man hatte allgemein die Meinung zu verbreiten gesucht, daß die Interessen des östlich vom Strome wohnenden Volkes denen der Bevölkerung im westlichen Thale entgegenstünden und daß die Versuche der Executive, die große Wasserstraße zu eröffnen, nicht aufrichtig und darum so erfolglos seien. In einer Versammlung des demokratischen Vereins zu Lexington in Kentucky wurde diese Ansicht in höchst unehrerbietigen Ausdrücken gegen die Regierung ausgesprochen.

Es wurde ein Comite ernannt, um sich mit der ganzen Bevölkerung des Westens zu dem Zwecke in Verbindung zu setzen, diese Sache gemeinschaftlich zu betreiben und eine Eingabe an den Präsidenten und Congreß zu entwerfen, „die in jener kühnen und entschlossenen Sprache, welche sich für freie Männer in ihren Ansprachen an die Diener des Volkes geziemt, abgefaßt werden sollte.“ Man that sich darin viel darauf zu gut, „daß man so lange gezögert habe, sich der ihnen zustehenden Mittel zur „Wahrung eines natürlichen und unveräußerlichen Rechtes“ zu bedienen; jetzt aber dürfe eine solche Nachsicht nicht länger fortdauern.“ Die Wahrscheinlichkeit, daß ein öffentliches Aussprechen so gefährlicher Gesinnungen das Uebel nur schlimmer machen würde, wurde von diesen leidenschaftlichen Menschen nicht begriffen. Ein so aufrührerischer Geist gab natürlich der von Genet gegen Louisiana projectirten Expedition nur neue Nahrung und Wichtigkeit.

Privat-Mittheilungen verstärkten die von

dem Präsidenten gehegte Befürchtung, daß Feindseligkeiten mit Spanien nahe bevorstünden. Die Regierung hatte von ihren Gesandten in Europa Bericht erhalten, daß das Kabinet von Madrid dem englischen Vorschläge gemacht habe, bei denen die Ver. Staaten wesentlich interessirt seien. Der wahre Charakter dieser Vorschläge war nicht genau bekannt, allein die allgemeine Ansicht war, daß sie feindseliger Natur seien. Washington deutete daher in einem Schreiben an den Kriegs-Secretär, vom Juni datirt, auf die Nothwendigkeit hin, sich über die Stärke der spanischen Macht in den Floridas und überhaupt über alle Verhältnisse zu versichern, welche bei dem Ausbruche eines Krieges mit Spanien zu wissen von Wichtigkeit sein könnte.

1793. Am 2. Dezember trat der dritte Congreß seine Sitzungen an, und die Mitglieder hatten sich pünktlich eingefunden, obgleich die Stadt Philadelphia von dem tödtlichen Typhus noch nicht frei war, welcher dort den ganzen Sommer gewüthet hatte.*) Am 3. eröffnete Washington die Sitzung im Senate mit einer talentvollen und interessanten Rede. Der Eingang lautete wie folgt:

„Seit dem Beginnen der Verwaltungs-Epoche, für welche ich abermals zu meinem dermaligen Amte berufen ward, fand sich keine passende Gelegenheit, meinen Mitbürgern im Allgemeinen das Gefühl der Achtung und Dankbarkeit für diesen abermaligen Beweis des öffentlichen Vertrauens auszusprechen. Wenn dieser Ausdruck auf der einen Seite meine tiefgefühlte Erkenntlichkeit für alle die vielfachen Ausflüsse einer gewiß parteiischen Anerkennung, womit mich mein Vaterland beehrt hat, erneuern mußte, so konnte er doch auf der anderen den ernstlichsten Wunsch nach der Rückkehr in das Privatleben nicht unterdrücken, welchem noch länger zu entsagen, keine persönliche Rücksicht mich hätte bestimmen können. In der Ueberzeugung, daß man meinen Entschluß nach seinen wirklichen Motiven würdigen wird, und daß das Volk und die aus ihm hervorgehenden Behörden meine Bestrebungen, die nie auf einen persönlichen Zweck hinarbeiteten, zu unterstützen geneigt sein werden, habe ich der Stimme gehorcht, die mich berief, die Zügel der Executivgewalt von Neuem zu ergreifen. Ich rufe Gott an, daß er unsere allseitigen Bemühungen für das allgemeine Wohl mit Erfolg krönen wolle."

In Bezug auf die neue und schwierige Lage, in welche die Ver. Staaten in Folge des Krieges gerathen waren, der im Laufe des letzten Jahres zwischen den europäischen Mächten, namentlich denjenigen, mit welchen die Ver. Staaten die ausgedehntesten und engsten Beziehungen hatten, ausgebrochen war, erklärte Washington, er habe es für seine Pflicht gehalten, seine Mitbürger über die Folgen jeder Feindseligkeit gegen einen der streitenden Theile, und insbesondere über die des Schleichhandels aufzuklären. Er erwähnte die zur Erhaltung des Friedens von ihm erlassenen Vorschriften, welche einerseits den bestehenden Staats-Verträgen entsprächen, und andererseits die Vorrechte der Ver. Staaten sicherten. Es sei nun an dem Congresse, die vorläufig von ihm ergriffenen Maßregeln zu bestätigen oder zu ändern. Es würde vielleicht ange-

*) Das gelbe Fieber brach zu Anfange Augusts aus und wüthete bis November. Damals zählte Philadelphia etwa 50,000 Einwohner; von diesen, nimmt man an, hatte etwa ein Drittheil die Stadt verlassen, und dennoch starben in jenem kurzen Zeitraum über 4000 Menschen.

messen sein, legislative Vorkehrungen für mögliche Fälle zu treffen, namentlich für denjenigen, daß sich Individuen in dem Gebiete der Ver. Staaten Rüstungen feindseliger Natur gegen einen der kriegsführenden Staaten zu Schulden kommen lassen würden; daß man militärische Expeditionen oder Rüstungen darin vorbereite oder sich irgend eine amtliche Gewalt anmaße, indem der sträfliche Charakter von Verletzungen des Völkerrechts vielleicht zu unbestimmt oder nicht ausreichend sei. Eben so empfahl er, Alles zu thun, was Verträge und allgemeine Beziehungen gegen Andere vorschrieben, dagegen auch nicht zu versäumen, das Land in guten Vertheidigungszustand zu setzen; wie man überhaupt strenge darauf wachen müsse, daß von den anderen Staaten volle Gegenseitigkeit beobachtet werde. „Denn, sagte er, die Ver. Staaten dürfen sich nicht der Selbsttäuschung hingeben, daß sie im Widerspruche mit allen menschlichen Erfahrungen für alle Zeiten von der leidigen Nothwendigkeit verschont bleiben werden, zu den Waffen zu greifen. Das wäre eine Ausnahme von der Geschichte aller Nationen. Unser Rang in den Staaten-Gesellschaften darf nicht durch eine an den Tag gelegte Schwäche beeinträchtigt oder compromittirt werden. Wenn wir wünschen, Angriff und Beleidigung fern zu halten, müssen wir gerüstet sein, sie mit Nachdruck zurückzuweisen. Wollen wir uns den Frieden, allerdings das mächtigste Hülfsmittel unserer nationalen Blüthe, sichern, so müssen wir zu jeder Zeit zum Kriege gerüstet dastehen."

Nachdem er die Fortdauer von feindseligen Einfällen Seitens der Indianer erwähnt und anempfohlen hatte, die nöthigen Vorkehrungen zur Einlösung der Staatsschuld und zur Anlage von Zeughäusern und Anschaffung von Kriegsmaterial zu machen, schloß er seine Rede mit folgenden eindringlichen Worten:

„Die von mir angedeuteten Gegenstände öffnen Ihrer Berathung ein weites Feld, und berühren einige der wichtigsten Interessen unseres Vaterlandes. Lassen Sie mich Sie noch einmal auf die **1793.** Wichtigkeit Ihrer Aufgabe aufmerksam machen. Vorurtheilsfreie ruhige Ueberlegung ist nöthig, um uns nicht in gefährliche Verwicklungen zu bringen; Einigkeit ist nöthig, so weit sie sich mit freier Meinungsäußerung verträgt, sonst ist es um die Würde unserer Berathung geschehen! Und so wie die legislativen Berathungen der Ver. Staaten, davon bin ich überzeugt, gewiß nie der Offenheit und des Talentes ermangeln werden, so soll, dessen seien Sie überzeugt, das öffentliche Wohl auch gewiß nie durch Mangel energischer Mitwirkung von meiner Seite leiden!"

Am 5. Dezember gelangte eine Botschaft über die Beziehungen der Vereinigten Staaten zu den auswärtigen Mächten, namentlich zu England und Frankreich, an beide Häuser. Der Präsident schilderte darin die außerordentlichen Vorschriften und Decrete der kriegführenden Mächte, und die Folgen, welche sie für den Handel der Ver. Staaten nach sich zögen, und bemerkte dann in Bezug auf die Verfahrungsweise des von den französischen Behörden hierher geschickten Abgeordneten Folgendes: „Ich muß es mit großem Leidwesen sagen, daß das Betragen des Mannes, den sie unglücklicherweise zu ihrem bevollmächtigten Minister hier ernannt haben, nichts von dem Geiste jener freundschaftlichen Gesinnungen verräth, welche die Nation, die er vertritt, fortwährend gegen uns äußert; alle seine Bestrebungen zielen im Gegentheil dahin ab, uns in auswärtige Kriege zu verwickeln, und Anarchie und Zwietracht im Innern unseres Landes zu verbreiten. Soweit seine Handlungen oder die seiner Agenten uns unmittelbar in Krieg zu verwickeln drohten, oder der Autorität der Gesetze offen Hohn sprachen, wurden sie durch Anwendung der letzteren und der mir verliehenen Gewalt entkräftet. Wo sie nicht unmittelbare Gefahr oder Nachtheil nach sich zogen, ließ man sie aus Achtung für die von ihm vertretene Nation und in der Hoffnung ungeahndet hingehen, daß man uns bald von einem Menschen befreien werde, der so geringe Achtung für die zwischen uns und seiner Regierung bestehenden Verhältnisse zeigt, wobei ich wesentlich von dem Vertrauen geleitet wurde, daß Grundsätze des Friedens und der Ordnung unter uns zu fest wurzeln, als daß sie durch solche Machinationen erschüttert werden könnten."

Der Botschaft waren Abschriften der zwischen Jefferson und Genet geführten Correspondenz und des von dem Staatssecretär Morris geschriebenen Briefes beigeheftet, „welche, wie Marshall bemerkt, das Verhalten der Ver. Staaten mit zu klaren Gründen rechtfertigte, um mißverstanden oder bestritten zu werden."

Das vom Hause ernannte Comite, an dessen Spitze Madison stand, entwarf die Antwortsadresse, welche einstimmig angenommen wurde. *) „Da die Vereinigten Staaten, so hieß es darin, keinen Antheil an dem Krieg genommen haben, der zwischen den Mächten Europa's geführt wird, so ist die ernstliche Aufrechthaltung des Friedens mit vollem Rechte von 1793.
dem höchsten Magistrate der Nation als eine seiner wichtigsten Pflichten betrachtet worden. Wir billigen daher mit großer Befriedigung die Sorgfalt, womit Sie einer Unterbrechung dieses segenbringenden Zustandes durch Ihre Proklamation vorgebaut haben, in welcher Sie unsere Mitbürger auf die Folgen unerlaubter oder feindseliger Handlungen gegen die kriegführenden Mächte aufmerksam gemacht und den Rechtszustand verkündet haben, dessen Anerkennung uns einen desto sicherern Genuß der daraus fließenden Vortheile hoffen läßt."

Der Senat drückte noch überdies seine Freude über die einstimmige Wiedererwählung des Präsidenten aus, und bezeichnete seine Proklamation als eine zeitgemäße wachsame Sorgfalt für die Wohlfahrt der Nation; ganz darauf berechnet, diese zu befördern. *)

Wenige Tage darauf gelangte eine vertrauliche Botschaft über die bedenkliche Lage der Verhältnisse mit Spanien an den Congreß. Wir haben schon früher davon Erwähnung gethan, und die Schwierigkeiten geschildert, die sich einer gütlichen Verständigung entgegenstellten. Spanien, jetzt des englischen Bündnisses gewiß, nahm einen hohen Ton an und behandelte den Vorschlag Washington's, daß jede Nation, in gutem Glauben dahin arbeiten solle, die Indianer zum Frieden gegen die Andere

*) Die Republikaner oder demokratische Partei hatten in der letzten Wahl an Stärke zugenommen und ihren Candidaten, Friedrich Mühlenberg, gegen den der Föderalisten, Theod. Sedgwick als Sprecher durchgesetzt.

*) Gleich Anfangs der Sitzung ward über eine Petition gegen die Wahl des Senators A. Gallatin von Pensylvanien bei offenen Thüren debattirt. Seit diesem Präjudiz ist die Oeffentlichkeit der Verhandlungen im Senate zur Regel geworden.

anzuhalten, etwas wegwerfend. Gerade zu dieser Zeit gab die spanische Regierung vor, die Vereinigten Staaten im Verdachte zu haben, oder hatte sie auch möglicher Weise im Verdachte, daß dieselben durch ihre Agenten die Indianer zu Feindseligkeiten gegen Spanien aufreizten. Die deshalb an den Präsidenten gelangenden Vorstellungen oder Beschwerden waren in einen Ton eingekleidet und von Anforderungen begleitet, deren Unangemessenheit nicht unbeachtet gelassen werden durfte. Es war darin der Satz aufgestellt, daß der König von Spanien *Beschützer jener Indianerstämme* sei. Auf Grund dieser Behauptung sprach er das Recht an, als Vermittler zwischen ihnen und den Ver.
1793. Staaten aufzutreten und in der Schlichtung der zwischen beiden bestehenden Streitigkeiten mit darein zu reden. Endlich erklärte sein Gesandter, sich über die Uebergriffe der Amerikaner gegen die Indianer beschwerend: „daß die Fortdauer des Friedens, der Freundschaft und Eintracht zwischen beiden Nationen für die Zukunft als ernstlich gefährdet betrachtet werden müßte, sofern nicht die Vereinigten Staaten forthin energischere und zweckmäßigere Maßregeln ergreifen würden, als dieses seither geschehen sei."

Die anmaßenden Bestrebungen der französischen Republik hatten zwar noch manche Anhänger unter dem Volke; im Repräsentantenhause aber so wenig wie im Senat erhob sich eine Stimme zu ihrer Unterstützung. Die Würde und Festigkeit des Präsidenten hatten wie gewöhnlich ihre Wirkung gethan und die Oppositionspartei fühlte, daß kein Terrain, die Verwaltung anzugreifen, ungünstiger gewählt sein würde, als der Streit mit Herrn Genet. Das Benehmen und die Sprache dieses Mannes mußten jeden denkenden Menschen, welcher Partei er auch angehörte, abstoßen. Außerdem kam noch eine neue Betrachtung zu allen jenen, die sich aus der Sache selbst ergaben, und die den Ausschlag geben mußte. Die Partei, welcher Genet seine Ernennung verdankte, war in Frankreich gestürzt worden und damit war auch der Fall seiner Gönner unvermeidlich verbunden. Man sah daher seiner Rückberufung entgegen und glaubte allgemein, daß sein Benehmen gemißbilligt worden sei. Die zukünftige Stellung der französischen Republik ließ sich nicht voraussehen, und es wäre allzu gewagt gewesen, etwas zu unternehmen, ehe man in dieser Beziehung Gewißheit hatte.

Schon drei Jahre vorher war 1793.
durch einen Beschluß des Hauses der Staatssecretär angewiesen worden, einen Bericht über die Natur und Ausdehnung der Privilegien und Beschränkungen zu fertigen, welche dem amerikanischen Handel von auswärtigen Mächten zugestanden oder auferlegt worden waren; auch sich gutachtlich über die Maßregeln zu äußern, wie dem Handel und der Schifffahrt der Vereinigten Staaten aufgeholfen werden könne. Mancherlei Ursachen hatten den Bericht verzögert und erst gegen den Schluß seiner Amtsführung fand Jefferson Zeit, denselben zur Vorlage fertig zu machen. In der That war es seine letzte officielle Arbeit und er legte, wie er es geraume Zeit vorher angekündigt hatte, am letzten December 1793 seine Stelle nieder.*)

*) Marshall (2. Bd., p. 298) deutet auf den günstigen Zeitpunkt hin, den Jefferson zu seinem Rücktritte gewählt. Die Föderalisten mußten ihm zugestehen, daß er die Correspondenz mit Genet sehr talentvoll geführt habe und die Republikaner

Aus dem Berichte ergibt sich, daß die Exportation aus den Vereinigten Staaten an selbst producirten oder fabricirten Artikeln sich auf $19,587,000 und die Importation auf $19,823,000 belief. Von den exportirten Gegenständen ging beinahe die Hälfte nach Großbritanien und seinen Colonien; von den importirten kamen ungefähr vier Fünftheile von dorther. Die amerikanische Handelsmarine hatte einen Gehalt von 277,519 Tonnen, von denen ungefähr ein Sechstheil in dem Verkehre mit Großbritanien und seinen Colonien verwendet war. Alle dem amerikanischen Handel zugestandenen Vortheile sowohl, wie die ihm aufgelegten Beschränkungen, waren einzeln aufgezählt und bezüglich der letzteren waren zwei Wege vorgeschlagen, wie man ihnen ausweichen und sie beseitigen könne: 1) der der gütlichen Unterhandlung, wenn thunlich und 2) der durch Repressalien, wo die ersteren zu nichts führen würden.

Am 3. Januar 1794 bildete sich das Haus zum Comite, um den Bericht des gewesenen Staatssecretärs zu berathen, wobei Madison nach einigen einleitenden Bemerkungen eine Reihe von Anträgen stellte, welche ihrer Bedeutung wegen mit Recht berühmt geworden sind.

Der erste ging wesentlich dahin, daß das Interesse der amerikanischen Industrie durch höhere Zölle und größere Einschränkung mehrerer Artikel ausländischer Manufactur und Schifffahrt gefördert werden solle. Namentlich sollten jene Zölle und Belastungen auf die Manufacturen aller fremden Länder gelegt werden, welche mit den Ver. Staaten keinen Handelsvertrag abgeschlossen hatten. Dahin gehörten alle Fabrikate aus Leder, Wolle, Baumwolle, Seide, Hanf, Flachs, Eisen, Stahl, Zinn, Kupfer und Messing. Ferner solle man auf Gegenseitigkeit für die amerikanischen Schiffe bestehen, ausgenommen die in dem westindischen Handel begriffenen. Diese sollten nach Maßgabe ihres Tonnengehaltes einer größeren Hafengebühr und ihre Cargos höheren Eingangszöllen unterliegen.

Der letzte der erwähnten Anträge ging dahin, daß man genau ermitteln solle, welchen Nachtheil die amerikanischen Kaufleute durch besondere dem Völkerrechte zuwiderlaufende Beschränkungen in anderen Ländern erlitten hätten, und daß diese Verluste aus dem Mehrbetrage vergütet werden sollten, welcher durch eine höhere Besteuerung der Schiffe und Cargos jener Länder, welche solche ungerechte Verfügungen erlassen hätten, an Gebühren und Zöllen gewonnen würde.

Die Debatte über diesen Gegenstand war, wie Benton sagt, eine der interessantesten und vollständigsten in Bezug auf Handelsgrundsätze und statistische Uebersichten, womit unser Congreß sich jemals zu befassen hatte. In demselben standen sich eben so, wie in jener über die Ver.-Staaten-Bank, das Genie von Hamilton und Jefferson gegenüber, da beide über jede der obschwebenden Fragen entgegengesetzte Berichte abgestattet hatten, welche jedoch wahre Fundgruben von Kenntnissen und Deductionen waren, aus denen alle übrigen Redner für

---

waren stolz darauf, daß er so große Vorliebe für Frankreich und so entschiedene Antipathie gegen England an den Tag gelegt hatte. Er hätte kaum länger im Cabinette bleiben können, ohne von seinen überall ausgesprochenen und vertheidigten Grundsätzen abzuweichen. Tucker (Bd. 1, p. 469) sagt, Monticello sei das Hauptquartier aller Antiföderalisten gewesen, und die Republikaner hätten nie eine Maßregel beschlossen, ohne vorher Jefferson's Zustimmung eingeholt zu haben. Er habe sogar die Oppositionspresse durch besondere Agenten dirigiren lassen.

und wider die Anträge ihre Hauptargumente schöpften. Als Hauptredner für die Ansicht Jefferson's trat Madison, und für die Hamilton's William Smith von Süd-Carolina auf. *)

Am 3. Februar wurde der erste Antrag Madison's, der, wie oben erwähnt, den Hauptgrundsatz seiner Handelspolitik enthielt, nämlich einen Unterschied zwischen dem Betrage der Abgaben und Zölle zu Gunsten derjenigen Nationen zu statuiren, welche mit den Ver. Staaten Handelsverträge abgeschlossen hätten, mit einer Mehrheit von fünf Stimmen unter sieben und neunzig Abstimmenden angenommen. Die Ausdehnung des Handelsverkehrs mit England und besonders der von dort bezogenen Gegenstände, der von den englischen Kaufleuten gestattete höhere Credit, der Umstand, daß die von England auf den amerikanischen Handel gelegten Beschränkungen keineswegs ausschließlich gegen den letzteren gerichtet waren, sondern überhaupt Beschränkungen des Gesammthandels waren, den England trieb, ja daß sogar dem Handel mit Amerika ausnahmsweise besondere Vorrechte eingeräumt waren, die Gewißheit, daß unter jenen Anträgen der Handel der Ver. St. am meisten leiden würde, die merkwürdige Thatsache, daß die Abgeordneten von Neu-England, denen man doch das beste Urtheil in der Sache zutrauen durfte, da sie unter Allen am meisten in Manufacturen und Handel betheiligt waren, sämmtlich Gegner der Madison'schen Anträge waren, während die südlichen Staaten meistens dafür waren: alle diese Umstände und andere mehr wurden gegen die Madison'schen Anträge mit statistischen Nachweisungen zu Gunsten der entgegengesetzten Ansicht vorgebracht.

Madison schöpfte hauptsächlich die Gründe für die Rechtfertigung seiner Ansicht aus der „englischen Schifffahrts-Acte," welche diesem Lande die Herrschaft über das Meer gewährt hatte, und auf dieser Basis bekämpfte er alle von seinen Gegnern vorgebrachten Gründe. Seiner Behauptung nach würde Amerika mehr von dem Systeme des Abschlusses und der Protection gewinnen, als von seiner Nachgiebigkeit gegen eine Macht, welche mit offenbarer Geringschätzung gegen es auftrete. Jetzt, sagte er, oder nie sei der Augenblick, England zur Vernunft zu bringen, wo es in tödtlichem Kampf mit Frankreich verwickelt sei.

Als der zweite Antrag berathen wurde, machte Fitzsimmons, ein pennsylvanischer Abgeordneter, einen Verbesserungsvorschlag, dahin gehend, die Bestimmungen des Antrags, gegen alle Nationen ohne Ausnahme eintreten zu lassen. Dieser Antrag fiel gegen einen andern, den Nicholas von Virginien dahin stellte, daß man jene Bestimmungen gegen gar keine Nation, mit alleiniger Ausnahme Englands, eintreten lassen solle. Während der Berathung über letzteren Vorschlag ging ein dritter mit einer Majorität von fünf Stimmen durch, nämlich der, die ganze Sache auf den ersten Montag im März zu vertagen. Es scheint, daß man über die Theilung der Meinungen nicht ganz sicher war, denn die Freunde des Nicholas'schen Amendements stimmten sämmtlich für die Vertagung.

Dagegen war im Januar des nämlichen Jahres eine andere wichtige Maßregel durchgegangen. Es war die Ausrüstung einer

*) S. Abridgment of the Debates of Congress. Vol. I, p. 458. Eine klare Uebersicht der gelegentlich dieser Anträge entwickelten Grundsätze gibt Marshall a. a. O. Bd. 5, p. 299 ff. S. auch einen Auszug der Rede Fisher Ame's im Comite für's Ganze gegen Madison's Anträge in dem Anhange Nr. 3 des gegenwärtigen Kapitels.

dem Bedürfnisse des Schutzes des amerikanischen Handels gegen die afrikanischen Seeräuber entsprechenden Kriegsmarine beschlossen worden. Vorläufig sollte das Geschwader aus sechs Fregatten bestehen. Der Hauptgrund, daß dieser Beschluß so rasch gefaßt wurde, war die von dem Präsidenten an das Haus gemachte Mittheilung, daß der Abschluß eines Friedensvertrags mit dem Dey von Algier nicht wahrscheinlich sei, während man sich verläßigt hatte, daß allein bei dem ersten Raubzug in das atlantische Meer die Seeräuber elf amerikanische Kauffahrteischiffe weggenommen und über hundert Gefangene in die Sklaverei geschleppt hatten. Gerade jetzt rüsteten sie sich, wie man wußte, zu neuen Angriffen gegen die schutzlosen amerikanischen Handelsschiffe.

Die Bill selbst ging nur nach hartem Kampfe in jedem ihrer Stadien durch. Die ganze Parteileidenschaft erschöpfte sich in der Discussion. Sogar der Vorschlag, den Schutz auswärtiger Seemächte für die amerikanischen Schiffe gegen Geldentschädigung zu miethen, da dieses wohlfeiler komme, als die Errichtung einer eigenen Marine, fand Vertheidiger, so erniedrigend er auch war. Anfangs hatte der Antrag nur zwei Stimmen Majorität, als aber die Bill dem Schlusse näher kam, hatte sie eine Majorität von elf. Der Senat trat dem Beschlusse bei und der Präsident genehmigte ihn mit großer Befriedigung. *)

Noch ehe die Madison'schen Handelsanträge neuerdings zur Berathung des Hauses kamen, gelangte die Nachricht von der im englischen Kabinetsrath beschlossenen Ordonnanz hinsichtlich des französischen Handels in Westindien, von welcher der amerikanische Minister zu London erst Ende Dezember 1793 Kunde erhalten hatte, in die Ver. Staaten und flammte die feindselige Stimmung gegen England von Neuem an. Die Lage war jetzt so drohend, daß gleich zu Anfang der Sitzung ein Comite ernannt wurde, um einen Kostenanschlag zu fertigen, mittelst dessen die Hauptseehäfen des Landes in Vertheidigungszustand gesetzt werden könnten. *)

1794.

Man war darüber einverstanden, daß etwas geschehen müsse, um etwaigen Angriffen Englands zu widerstehen: allein bezüglich des Charakters und der Ausdehnung dieser Vertheidigungsmaßregeln gingen die Mitglieder sehr weit auseinander. Die Opponenten der Administration wollten sich mit Handels-Beschränkungen begnügen, während ihre Anhänger und der Präsident selbst einen ganz verschiedenen Plan hatten. So war es natürlich, daß die Mitglieder, je nach ihrer Parteistellung und persönlichen Ueberzeugung, mancherlei verschiedene Auskunftsmittel und Vorschläge beantragten und unterstützten.

Am 12. März stellte Sedgwick unter anderem einen Antrag, der wesentlich darauf hinausging, daß man fünfzehn Regimenter Hülfstruppen auf zwei Jahre anwerben, dabei jedoch zur Bedingung machen solle, daß, wenn im Laufe dieser Zeit ein Krieg zwischen den Ver. Staaten und ir-

*) S. Marshall a. u. O., Vol. II, p. 314—318.

*) Gerade zu der Zeit, wo die Discussion im Congresse einen so kriegerischen Charakter annahm, lief noch dazu die Nachricht von der Rede ein, welche Lord Dorchester am 20. Februar an die in großer Anzahl zu Quebec versammelten Indianer-Stämme gerichtet hatte. Es war darin ganz unverholen ausgesprochen, daß der Krieg wahrscheinlich sei, und Lord Dorchester drückte seine Meinung ganz offen aus, daß in einem solchen Falle die Frage über die Grenze zwischen beiden Ländern durch das Schwert zur Entscheidung gelangen werde.

gend einer fremden Macht ausbreche, das Engagement drei Jahre vom Ausbruche des Krieges an, oder bis zum Ende desselben, falls dieses früher eintrete, fortdauern, und daß erst mit dem Ausbruche eines Krieges die Zahlung eines regelmäßigen Soldes beginnen solle; vor Ausbruch eines solchen sollte sich der Sold auf einen halben Dollar für jeden unter den Waffen zugebrachten Tag beschränken. *)

Durch einen weiteren Antrag Sedgwick's sollte der Präsident ermächtigt sein, ein provisorisches Embargo für einen Zeitraum von vierzig Tagen auf ausländische Schiffe zu legen, falls er es für die Sicherheit und Wohlfahrt des Landes nöthig halte.

Der Antrag wurde angefochten, namentlich weil er in unserer dermaligen gereizten Stellung zu England eine noch feindseligere Aufregung herbeiführen werde. Als eine friedliche Maßregel, behauptete man, sei der Antrag unpolitisch, als eine kriegerische unwirksam. Die Unbilden, welche die britischen Eingriffe den Ver. Staaten schon zugefügt hätten und noch zufügten, erheischten eine viel ernstere Zurückweisung. Die Zeit sei eingetreten, wo man an eine energische Kriegsrüstung denken müsse, denn wenn nicht unverzügliche Abstellung solcher Beeinträchtigungen erfolge, sei der Krieg unvermeidlich.

Die Freunde des Vorschlages erklärten dagegen, daß er für den Fall seiner Voraussetzung ganz zweckmäßig sei, und die Ergreifung aller weiteren geeigneten Maßregeln nicht ausschließe.

„Um zu verhindern, daß der amerikanische Handel noch länger von den seitherigen Beeinträchtigungen zu leiden habe," ermächtigte also der Congreß am 26. März den Präsidenten, auf alle in den Häfen der Ver. Staaten befindlichen Schiffe auswärtiger Nationen, die nach einem ausländischen Hafen oder Platze zu segeln bestimmt waren, ein Embargo für die Zeit von dreißig Tagen zu legen. *)

Der Sedgwick'sche Antrag, Truppen anzuwerben, fiel und Sedgwick stellte darauf sogleich den allgemeiner gehaltenen ferneren Antrag, „es sollten sofort geeignete Maßregeln ergriffen werden, die Militärmacht der Ver. Staaten in besseren Stand zu setzen." Der Antrag ging durch und das Comite, an welches er zum Berichte verwiesen wurde, schlug vor, die reguläre Militärmacht zu verstärken und insbesondere ein Artillerie- und Ingenieur-Corps zu errichten; ferner den Präsidenten zu ermächtigen, an die Executiv-Gewalt der Einzelnstaaten die Aufforderung zu richten, achtzigtausend Mann Milizen zu organisiren und in Bereitschaft zu halten, daß sie auf erste Ordre

*) Die Aussichten zum Ausbruche eines Krieges mit England mehrten sich während des Winters, sowohl in Folge der leidenschaftlich feindseligen Stimmung der Opposition im Congresse, als in Folge des von England selbst eingehaltenen Verfahrens, und es wurde immer klarer, daß die von dem Präsidenten anempfohlenen Vertheidigungs-Vorkehrungen unumgänglich nöthig waren. Es wurden darum auch Anträge in diesem Sinne gestellt, und zwar wohl bemerkt, von der sogenannten „englischen Partei" selbst. Die Föderalisten sind es, welche das Embargo, die Kriegsmarine, die Vermehrung des Heeres und die Provinzial-Armee zuerst beantragten und durchsetzten, während die Opposition stets compact dagegen stimmte. Die Politik der Anti-Föderalisten jener Zeit ist wahrhaft unbegreiflich. Sie bestritten die Ausrüstung eines kleinen Geschwaders gegen die algierischen Seeräuber und wollten lieber den Frieden von ihnen erkaufen; und auf der anderen Seite boten sie Alles auf, die Ver. Staaten in einen Krieg mit der mächtigsten Seemacht der Welt zu stürzen! Und dabei waren die Waffen, womit sie diese furchtbaren Gegner bekämpfen wollten: Handelsbeschränkungen, Abbrechen des Verkehrs und die Sequestration der englischen Kaufleuten gehörigen Capitalien und Forderungen! Gibbs a. a. O., Vol. I, p. 122.

*) Das Embargo fing am 26. März 1794 an und hörte am 25. Mai auf.

marschfertig seien. Madison kündigte an, daß er seinen Antrag in Betreff der Regulirung der Handelsverhältnisse zur Berathung bringen werde, falls nicht dringendere Gegenstände auf der Tagesordnung wären. Darauf machte Smith von Süd-Carolina die Dringlichkeit seines Antrages geltend, daß den Eigenthümern von Schiffen und Ladungen, welche von einer der kriegführenden Mächte weggenommen worden, eine Entschädigung ausgesetzt werden solle. Dieser Gegenstand kam daher auf die Tagesordnung. Dayton wandte ein, daß der Congreß nicht weiter gehen könne, als die Fonds anzuweisen, aus welchen eventuell solche Entschädigungen bestritten werden sollten. In dieser Hinsicht stellte er am 27. März die zwei folgenden Anträge an das Haus, *erstens* sämmtliche Forderungen britischer Unterthanen an Bürger der Ver. Staaten in öffentlichen Beschlag zu legen und *sodann* Anordnungen zu treffen, die Zahlung solcher Schulden in das Aerar der Ver. Staaten zu bewirken. Die Debatte über diese Anträge entsprach ganz der Gereiztheit der öffentlichen Stimmung. So stellte Clarke, noch ehe irgend eine Abstimmung statt hatte, den weiteren Antrag, allen Verkehr mit Großbritanien gänzlich abzubrechen, bis die Regierung dieses Landes alle Beeinträchtigungen von Bürgern der Ver. Staaten, sei es durch englische Kriegsfahrzeuge, oder durch irgend Jemand, der unter der Autorität des Königs gehandelt habe, vollständig vergütet und überdies die Forts auf der Westgrenze geräumt habe. *)

*) Bezüglich der Debatte über die Sequestration der englischen Forderungen und den Abbruch des Verkehrs mit Großbritanien s. Benton's Abridgement of the Debates of Congress, Vol. II, p. 482 ff.

Am 4. April legte der Präsident dem Congresse ein eben von dem Londoner Bevollmächtigten, Pinckney, erhaltenes Schreiben vor, worin Meldung der von Seiten des englischen Ministeriums neuerdings an die Commandanten der Kriegsfahrzeuge erlassenen Instruktionen gethan wurde. Hiernach war unterm 8. Januar, im Gegensatze der am 6. November des 1794. vorhergehenden Jahres erlassenen Befehle, den britischen Kreuzern eingeschärft worden, künftig nur solche neutrale Schiffe aufzubringen, deren Ladungen aus Erzeugnissen der französischen Kolonien beständen und welche direkt von diesen Inseln aus nach Europa verladen wären. In dem Berichte des amerikanischen Ministers war ferner eine Unterhaltung erwähnt, welche er mit Lord Grenville bezüglich des Kabinetsbeschlusses vom 6. November 1793 gehabt hatte. Daraus ging klar genug hervor, daß das englische Ministerium nicht gesonnen war, wenigstens in diesem Augenblicke das gute Einvernehmen mit den Vereinigten Staaten auf die Spitze zu stellen.

Die Mittheilungen Pinckney's übten bedeutenden Einfluß auf die Föderalisten. In der Ueberzeugung, daß die streitigen Verhältnisse zwischen den beiden Ländern immer noch eine gütliche Ausgleichung zuließen, widersetzten sie sich allen Maßregeln, welche eine Aufreizung herbeiführen oder als ein Aufgeben der neutralen Politik ausgelegt werden könnten, die man zu befolgen unablässig bemüht war. Dagegen unterstützten sie wieder mit all' ihrer Macht jede Maßregel, die dahin zielte, das Volk zum Kriege vollständig vorzubereiten, im Falle gütliche Vermittlung fehlschlagen würde. Die Republikaner ihrerseits ließen in ihrer Opposition nicht nach, und die mächtige

Einwirkung der Presse und der demokratischen Vereine thaten das Ihrige, um die feindselige Stimmung gegen England lebendig zu erhalten und zu vergrößern. „Die Sprache, wie Marshall sagt, hat kaum Worte für die Schimpfreden und Herabwürdigungen, welche man auf diejenigen häufte, welche der herrschenden Leidenschaft jener Zeit entgegenzutreten wagten. Die geringste Beschuldigung war: „daß sie englische Verräther seien, welche ihre Landsleute in Ketten zu legen suchten.“ Ja selbst die Majorität im Hause wurde der Halbheit und Schläfrigkeit beschuldigt, außer Stande, sich auf die Höhe der Zeit zu stellen, und jene Energie und Entschiedenheit zu zeigen, wie sie der Augenblick erheische. *)

In der schwierigen Lage, worin sich damals die öffentlichen Angelegenheiten befanden, erwies sich Washington consequent in Befolgung der Grundsätze, zu denen er sich stets bekannt hatte und ließ sich weder durch Volksbeifall noch durch Volks-Leidenschaft verlocken oder bethören, den Pfad des Rechtes unbekümmert zu verfolgen. Eben so tapfer wie menschenfreundlich fürchtete er den Krieg nicht, betrachtete ihn aber als das äußerste Mittel; er wußte sehr wohl, daß der Frieden über Alles wünschenswerth sei, nicht allein des Glücks und Wohlstandes des Landes halber, sondern hauptsächlich um einer Verwicklung in Schwierigkeiten der ernstesten Art vorzubeugen, welche eine Allianz mit Frankreich für die Vereinigten Staaten unausbleiblich zur Folge gehabt haben würde. Er hatte die Ueberzeugung, daß die Zerwürfnisse zwischen England und den Ver. Staaten noch nicht so weit gediehen seien, daß sie keine andere Lösung mehr zuließen, als die des Schwertes. Er griff daher zu dem Auskunftsmittel, welches allein noch einige Aussicht bot, die Streitigkeiten und Verschiedenheiten zwischen den beiden Nationen in friedlicher Weise befriedigend lösen zu können.

Am 16. April ernannte er den Justiz-Präsidenten Jay *) als außerordentlichen Gesandten der Ver. Staaten bei seiner britanischen Majestät. „Die Mittheilungen,“ hieß es in seiner Botschaft an den 1794.
Senat worin er die Ernennung anzeigte, „welche ich Ihnen während der gegenwärtigen Sitzung von den Berichten unseres Bevollmächtigten zu London gemacht habe, enthalten ernste Befürchtungen bezüglich unserer Verhältnisse zu Großbritanien. Da es aber unser Interesse ist, den Frieden so lange irgend möglich aufrecht zu erhalten, so habe ich es geeignet gehalten, den 2c. als außerordentlichen Botschafter zu ernennen, um wenn möglich das äußerste Mittel, das so oft die Geißel der Nationen geworden ist und auch jetzt nicht fehlen kann, den Fortschritt der Ver. Staaten in Blüthe und Wohlstand zu hemmen, zu vermeiden. Mein Vertrauen in unseren Londoner Bevollmächtigten ist ungeschwächt, allein in der gegenwärtigen drohenden Lage ist eine so außerordentliche Sendung nicht nur angemessen, sondern es wird auch damit unsere

*) Marshall's Life of Washington, Vol. II, p. 322 ff. Der gelehrte Verfasser entwickelt ausführlich, warum ein Krieg zu jener Zeit höchst sorgfältig vermieden werden mußte.

*) Tucker sagt bei Gelegenheit, als er die Einwände der Republikaner gegen John Jay erwähnt: Ein Hauptgrund ihrer Anstände war, daß ein Richter sich nicht in andere Zweige der öffentlichen Geschäfte eindrängen solle und namentlich von politischen Parteiunterhandlungen fern bleiben müsse, damit er keine dort aufgefaßte Ansichten in die Rechtsprechung übertrage. Wenn man die Richter zu höheren Stellen zulasse, würde es ihre Unabhängigkeit beeinträchtigen, die ihnen die Verfassung in der Unabsetzbarkeit und Garantie des Gehaltes sichere u. s. w. Life of Jefferson, Vol. I, p. 481.

aufrichtigere Besorgniß, den Frieden erhalten zu sehen, und unsere Abneigung gegen das Ergreifen feindseliger Maßregeln offen vor der Welt ausgesprochen. Da der außerordentliche Bevollmächtigte unmittelbar aus unserer Mitte kommt, besitzt er eine volle und genaue Kenntniß der Stimmung und Anschauungsweise unseres Volkes; er wird daher besser im Stande sein, für unsere Rechte mit Festigkeit aufzutreten und den Frieden auf der Basis derselben dauerhaft zu unterhandeln."

Die Ansichten des Präsidenten in jener bedenklichen Krisis finden sich in einem Schreiben an den Staats-Secretär *), von dem Tage vor jener Ernennung datirt, vollständiger entwickelt. „Meine Absicht ist, sagte er, einen Krieg zu verhüten, wenn es möglich ist; Gerechtigkeit durch offene und ernstliche Vorstellungen über die Unbilden, welche unserem Lande in so mannigfacher Weise von Großbritanien zugefügt worden sind zu erlangen, und zwar müssen solche Vorstellungen durch einen eigends dafür bestimmten Abgeordneten gemacht werden. Gleichzeitig gehe ich darauf aus, uns in einen vollkommenen guten Vertheidigungsstand zu setzen, und endlich den Vollzug aller jener Maßregeln eventuell vorzubereiten, die dermalen im Congresse schweben, um im Falle sich gütliche Unterhandlungen in einem entsprechenden Zeitraum erfolglos erwiesen, sofort zur Anwendung gebracht werden zu können." Die Ernennung des Herrn Jay wurde vom Senate mit achtzehn Stimmen gegen acht bestätigt, obgleich sich Männer wie Aaron Burr unter den Opponenten befanden.

*) Dies war Randolph, der schon im Januar 1794 ernannt worden war. Sein Nachfolger als General-Staatsanwalt war Wilhelm Bradford.

Des vom Präsidenten eingeschlagenen Weges zum Trotze, durch einen außerordentlichen Bevollmächtigten Ersatz für die unserem Handel zugefügten Beeinträchtigungen zu erwirken und einen Handelsvertrag abzuschließen, drängten die Opponenten der Administration im Hause 1794.
mit ihren Grundsätzen voran, und es gelang ihnen am 21. April mit achtundfünfzig Stimmen gegen achtunddreißig einen Antrag durchzubringen, daß aller Handelsverkehr mit Großbritanien suspendirt werden solle. Wäre dieser Beschluß von beiden Häusern angenommen worden, so würde freilich die Mission des Herrn Jay ganz verfehlt gewesen sein. Die Wirkung wäre dann gewesen, daß die Ver. Staaten als Theilnehmer mit in den furchtbaren Kampf verwickelt worden wären, der eben im Begriffe war, zwischen den europäischen Mächten auszubrechen. Der Frieden hing ganz allein von dem Beschlusse des Senates ab, und dieser war beinahe gleichheitlich in der Frage getheilt. Als die Frage am 28. April zur Entscheidung kam, schien sich die Opposition bei den ersten Vorfragen nicht vollkommen verständigt zu haben; als aber die Bill zur dritten Lesung kam, stellten sich die Stimmen dreizehn gegen dreizehn, und die Stimme des Vicepräsidenten hatte daher zu entscheiden. Nur durch diese wurde der Vorschlag verworfen. *) In Folge davon hielt die Opposition in dem Hause auf eine Zeit lang von weiteren Versuchen, mit ihren Ansichten durchzudringen, zurück.

Um sich für den Fall, daß die Unterhand-

*) Life and Works of John Adams, Vol. I, p. 457. Der Herausgeber, ein Enkel Adams ist mit Recht stolz darauf, daß noch in einigen anderen Fällen die Stimme seines Großvaters Washington in den Maßregeln unterstützt habe, welche zur Rettung des Staatswohles unerläßlich waren.

1794. lungen fehlschlügen, auf das Unvermeidliche zu rüsten, bewilligte der Congreß nach Genehmigung der Sendung Jay's die Mittel, das Land in Vertheidigungszustand zu setzen. Die wichtigsten Häfen und Rheden sollten befestigt werden. Den Staaten wurde auferlegt, ihre Contingente, die sich auf achtzigtausend Mann Volkswehr beliefen, auf erste Aufforderung marschfertig zu halten; die Ausführung von Waffen wurde auf ein Jahr verboten, und die Einführung von Kanonen, Musketen, Säbeln, Kugeln, Pulver und Blei dagegen dadurch ermuntert, daß der Eingang dieser Gegenstände zollfrei gestattet wurde; endlich wurde ein Artillerie- und Ingenieur-Corps errichtet. Außerdem wurde der Präsident ermächtigt, eine Anzahl Galeeren anzukaufen, und während der Senat nicht in Sitzung war, ein Embargo auf alle Schiffe zu legen, sobald sich nach seiner Ansicht eine solche Maßregel als nothwendig erweise.

Um die nöthigen Geldmittel aufzutreiben, wurden die indirecten Abgaben erhöht; so wurden Gebühren auf Luxus-Wägen, Schnupftaback, Zucker gelegt; bei Versteigerungen mußte eine Abgabe entrichtet werden, und für den Verkauf von Wein und geistigen Getränken mußte eine Licenz (Patent) gelöst werden. Diese Gebühren waren der Gegenstand der heftigsten Angriffe; die auf Wägen behauptete man sogar verfassungswidrig und in Virginien widersetzte man sich so lange ihrer Erhebung, bis der höchste Ver. Staaten Gerichtshof dafür entschieden hatte.

Dem Anrathen des Präsidenten entsprechend, erließ der Congreß gleich Anfangs der Sitzung Verfügungen, wodurch einer abermaligen Verletzung oder Verhöhnung der Gesetze und Souveränität des Landes von Seiten Fremder vorgebeugt und die Neutralität der Ver. Staaten gegen die Gefahr, von ihren eigenen Bürgern verletzt zu werden, sicher gestellt wurde. Die Anwerbung sei es von Soldaten oder Matrosen, innerhalb des Territoriums oder der Gerichtsbarkeit der Ver. Staaten zum Dienste irgend eines fremden Fürsten oder Staates wurde bei $1000 Geldstrafe und Einsperrung bis zu drei Jahren verboten. Eben so wurde die Ausrüstung jedes Fahrzeuges in amerikanischen Häfen zu dem Zwecke, Feindseligkeiten gegen die Unterthanen oder Bürger eines auswärtigen Staates, mit welchem die Ver. Staaten in Frieden lebten, zu verüben, bei strenger Strafe untersagt, und nicht minder wurde verboten, für ein zu den obigen Zwecken bestimmtes Fahrzeug in den Ver. Staaten Schiffspapiere herauszunehmen; endlich sollte kein fremdes Kriegsfahrzeug seine Ausrüstung in einem amerikanischen Hafen verstärken dürfen. Personen, welche irgend eine militärische Expedition oder eine feindselige Unternehmung ausrüsten oder organisiren würden, um von dem Gebiete der Ver. Staaten aus in das Gebiet irgend eines fremden Staates, mit welchem wir im Frieden standen, einzufallen, sollten ebenfalls strengen Strafen unterliegen; endlich wurde der Präsident ermächtigt, die Land- und Seemacht zu verwenden, um diese gesetzlichen Bestimmungen in Vollzug zu setzen.

So nothwendig es war, Maßregeln von dieser Entschiedenheit und diesem bestimmten Charakter zu ergreifen, waren sie dennoch Gegenstand der heftigsten Angriffe der Opposition.*) Bei jedem 1794.

*) Ueber Tucker's Darstellung, wie die föderale und republi-

Paragraphen wurden die Anträge auf Ausstreichung erneuert und jeder dieser Anträge wurde nur durch die entscheidende Stimme des Vicepräsidenten *) verworfen. Und nur durch diese nämliche Stimme ging schließlich das ganze Gesetz durch. In dem Hause begegnete die Bill nicht geringerem Widerstande und ein Paragraph, nämlich derjenige, welcher den Verkauf gekaperter Schiffen in amerikanischen Häfen verbot, wurde wirklich gestrichen.

Bei den immer größer werdenden Ansprüchen auf den Staatsschatz brachte das Finanz-Comite Anträge zur Erhebung einer Steuer von mancherlei Gegenständen, ferner zur Erhöhung der Zölle und zur Auflage einer directen Steuer ein, wie wir dies oben erwähnt haben. Für letztere stimmten nur dreizehn Mitglieder. Die Vermehrung der Eingangszölle fand keinen Widerspruch. Bei der Berathung über die Belastung einzelner Gegenstände mit einer Steuer wurde jeder Gegenstand besonders vorgenommen, damit die Anstände erhoben werden konnten, welche den speciell zur Sprache kommenden Gegenstand betrafen. So wurde der Vorschlag eine Stempelgebühr zu erheben, verworfen; die übrigen Belastungen gingen nach langem und schwerem Kampfe durch.

Am 9. Juni wurde diese verhängnißvolle und stürmische Sitzung, wie Marshall sie charakterisirt, geschlossen, indem sich das Haus auf den ersten Montag im November vertagte.

Es ist hier die Thatsache zu erwähnen, daß James Monroe am 28. Mai zum bevollmächtigten Minister nach Frankreich ernannt wurde; da diese Sendung mit der von John Jay nach England in naher Beziehung stand. Gouverneur Morris hatte während seiner vierjährigen Vertretung der Ver. Staaten an dem französischen Hofe wegen der geringen Sympathie, die er für die revolutionären Ausschweifungen in jenem Lande an den Tag legte, sich bei den herrschenden Parteien so mißliebig gemacht, daß seine Abberufung gewünscht, oder vielmehr categorisch verlangt und er selbst mit der größten Zurücksetzung behandelt wurde. Washington befolgte immer den Grundsatz, zwischen den zwei Parteien die Mitte zu halten, und nachdem er John Jay, einen entschiedenen Föderalisten, an den englischen Hof ernannt hatte, hielt er es geeignet, ein hervorragendes Mitglied der republikanischen Partei an die Stelle von Morris zum bevollmächtigten Minister in Frankreich zu ernennen. Monroe's vorherrschende Parteirichtung war dem Präsidenten wohl bekannt und seine Wahl erhielt die einstimmige Genehmigung des Senats. Man hegte allgemein das Vertrauen, daß es ihm gelingen werde, die neuerdings entstandenen und schwere Verwicklungen drohenden Schwierigkeiten mit der französischen Nation auszugleichen. Und in der That war der Zweck dieser außerordentlichen Mission jetzt zur wahren Lebensfrage geworden. „Die verstohlenen Bemühungen Frankreichs, die Ver. Staaten in einen Krieg zu verwickeln, waren nur ein kleiner Theil der von diesem Staate gegen letztere begangenen Ungerechtigkeiten. Das lange und

---

kanische Partei zusammengesetzt waren, s. Life of Jefferson, Vol. I, p. 483 ff.

*) Auf Hamilton's Antrag wurde eine Untersuchung seiner Amtsführung beschlossen. Giles und andere politische Gegner desselben wurden in das Comite gewählt; allein die allergrößte Strenge, womit man sein Auftr ten und Handeln beurtheilte, vermochte keine Beschwerde von Belang gegen die Unparteilichkeit und Tüchtigkeit aufzubringen, womit er die wichtigen Pflichten seines Amtes erfüllt hatte.

James Monroe

äußerst nachtheilige Embargo auf deren Schiffe im Hafen von Bordeaux, widerrechtliche Wegnahme von Fahrzeugen durch französische Kaper- und Kriegsschiffe, die Beschlagnahme und völkerrechtswidrige Veräußerungen ihrer Ladungen, die Verwendung derselben zu öffentlichen Zwecken ohne Entschädigung, die Verletzung der von den Agenten der französischen Regierung abgeschlossenen Lieferungs-Verträge, die von ihren Admiralitäts-Gerichten ausgehenden Willkürlichkeiten, die Monopolisirung des Handels in der Hand der Regierung, die Verletzungen der bestehenden Handels-Verträge durch entgegenstehende Decrete und willkürliche Verfügungen, schwellten das Verzeichniß der Beschwerden gegen unsere sich so nennenden Alliirten zu einer Größe an, daß es zuletzt die Liste der Beschwerden, welche die öffentliche Erbitterung in so hohem Grade gegen England hervorgerufen hatten, wahrhaft unbedeutend erscheinen ließ. Wenn hier keine Abhülfe zu erwirken stand, blieb nur Krieg oder unbedingte Unterwerfung unter den Willen Frankreichs, oder aber nationale Herabwürdigung noch neben dem gänzlichen Ruine des Landes als letztes Resultat übrig. *)

In einem späteren Kapitel werden wir die Resultate dieser Missionen nach Frankreich und England erzählen.

*) Gibbs' Administration of Washington and Adams, Vol. I, p. 139.

Anhang zum siebenten Kapitel.

I. Fragen, welche Präsident Washington im April 1793 seinem Kabinette zur Prüfung vorlegte, nebst dem sie begleitenden Schreiben.

Philadelphia, 8. April 1793.

Mein Herr!

Die Verwicklung der europäischen Angelegenheiten, namentlich derjenigen zwischen Frankreich und England, bringt die Ver. Staaten in eine höchst delikate Lage und erheischt große Vorsicht in der Wahl der von denselben in dem zwischen jenen Mächten ausgebrochenen Kriege zu ergreifenden Maßregeln. In der Absicht, einen bestimmten Leitfaden für das von der Executiv-Behörde einzuhaltende Verfahren zu haben, habe ich mehrere Fragen aufgesetzt, die ich Ihnen mit dem Gesuche vorlege, solche sofort in reifliche Ueberlegung zu ziehen, um für Morgen, wo ich Sie um neun Uhr in meinem Kabinette erwarte, vorbereitet zu sein und mir das Resultat Ihrer Berathungen mittheilen zu wollen.

Erste Frage: Soll eine Proklamation erlassen werden, um die Bürger der Ver. Staaten gegen jede Betheiligung an dem Kriege zwischen England und Frankreich zu warnen? Soll darin der Grundsatz der Neutralität ausgesprochen werden oder nicht? Was soll darin wesentlich gesagt werden?

Zweitens: Soll ein Abgeordneter der französischen Republik empfangen werden?

Drittens: Wenn ja, soll seine Accreditirung unbedingt oder unter Modifikationen geschehen, und unter welchen?

Viertens: Sind die Ver. Staaten in gutem Glauben gebunden, die früher mit dem französischen Monarchen abgeschlossenen Verträge in der gegenwärtigen Parteigestaltung fortwährend zu befolgen und können sie entweder davon abstehen, oder sie bis zur Einsetzung einer festen Regierung suspendiren?

Fünftens: Wenn sie das Recht zu dem Einen oder Anderen haben, ist es zweckmäßig, von diesem Gebrauch zu machen und welchen?

Sechstens: Wenn sie die Wahl haben, würde es eine Neutralitäts-Verletzung sein, wenn man die Verträge als fortwirkend ansähe?

Siebentens: Wenn die Verträge als bestehend und fortwirkend betrachtet werden, ist die in dem Allianzvertrag stipulirte Wechselseitigkeit ausschließlich für einen Defensivkrieg wirksam, oder für jeden Krieg, gleichviel ob defensiv oder offensiv?

Achtens: Erscheint der von Frankreich geführte Krieg als ein defensiver oder offensiver? Oder ist er zweifelhaft oder beides zugleich?

Neuntens: Wenn zweifelhaft oder beides zugleich, tritt die stipulirte Wechselseitigkeit unbedingt in diesem Kriege ein?

Zehntens: Welches ist die Wirkung der Gegenseitigkeit, wie sie in dem Allianzvertrag zwischen den Ver. Staaten und Frankreich vorgesehen ist?

Elftens: Verhindert ein Artikel in diesem Vertrage, daß Kriegsfahrzeuge oder Kaperschiffe solcher Nationen, welche mit Frankreich im Kriege liegen, in einen Hafen der Ver. Staaten einlaufen, wenn sie als Convoy (zur Bedeckung) ihrer eigenen Handelsschiffe gedient haben? Oder legt der Vertrag bezüglich solcher bewaffneten Fahrzeuge überhaupt größere Beschränkungen auf, als diejenigen, denen die französischen Kriegsschiffe unterliegen?

Zwölftens: Wenn die künftige Regierung Frankreichs einen Abgeordneten an die Ver. Staaten schickt, soll er empfangen werden?

Dreizehntens: Ist es nöthig oder rathsam, den Congreß in Rücksicht der gegenwärtigen Lage der Dinge in Europa zusammenzurufen? Und wenn ja, was soll zunächst Gegenstand der Berathung des Congresses sein?

II. John Quincy Adam's über Washington's Neutralitäts-Erklärung.

Am 18. April 1793 unterbreitete Präsident Washington seinem Kabinette dreizehn Fragen über die von ihm zu ergreifenden Maßregeln bezüglich des Sturzes des französischen Thrones, der Errichtung einer Republik in jenem Lande, des Empfanges des von der Republik an die Ver. Staaten geschickten Botschafters und des zwischen der Republik und England ausgebrochenen Krieges. Die erste der gestellten Fragen umfaßte wesentlich die Stellung der Ver. Staaten in jenem Kriege und ihre Neutralität, und daran knüpfte sich die Frage, ob der französische Botschafter empfangen werden solle? Beide Fragen wurden von dem Kabinette einstimmig bejaht; es sollte die Neutralität proklamirt und der Gesandte sollte empfangen werden. Ueber alle andere Fragen waren die Mitglieder des Kabinets absolut getheilt. Allerdings waren die Fragen eben so verwickelt und schwierig als in ihrer Bedeutung wichtig. Der Allianz- und Handelsvertrag war mit einer Regierung abgeschlossen worden, welche jetzt gestürzt war und es fragte sich, ob dieser Vertrag als zwischen den Nationen geschlossen fortbestehe und hauptsächlich kam der Umstand zur Sprache, ob die von den Ver. Staaten eingegangene Gewährleistung der französischen Besitzungen in Westindien ihnen jetzt die Verbindlichkeit auflege, sich an dem von Frankreich geführten Kriege zu betheiligen? Da sich die Mitglieder des Kabinets über die Fragen nicht einigen konnten und ihre Lösung nicht dringend war, so wurde die Berathung darüber vertagt und später nicht mehr aufgenommen. In der Zeit, worin jene Fragen das Kabinet beschäftigten, langte der französische Botschafter hier an. Sein Absender war eben jener Convent, welcher Ludwig XVI. den Prozeß gemacht, ihn zum Tode verurtheilt, die Monarchie abgeschafft und die eine untheilbare Republik unter den Auspicien der Freiheit, Gleichheit und Brüderlichkeit als die legitime Regierungsform in Frankreich proklamirt hatte. Von allen anderen Nationen aber waren die Franzosen jener Zeit als Rebellen gegen ihren rechtmäßigen König betrachtet und die von ihnen eingesetzte Regierung wurde nicht anerkannt.

General Hamilton und General Knox waren der Ansicht, man solle den französischen Minister zulassen, sich jedoch die Entscheidung vorbehalten, ob die Ver. Staaten noch durch die früheren Verträge gebunden seien: sie neigten sich zu der Meinung hin, daß diese Verträge durch die Revolution aufgehoben worden seien, eine Ansicht, zu der das revolutionäre Gouvernement selbst Anlaß gegeben hatte, da es mehrere von der gestürzten Monarchie eingegangenen Staatsverträge als nicht mehr bindend umgestoßen hatte. Hamilton ging noch weiter: er sprach der vertragsmäßigen Verpflichtung der Ver. Staaten, den Franzosen den Besitz ihrer westindischen Colonien zu gewährleisten, deßhalb jede rechtliche Begründung ab, weil diese Verpflichtung nur für den Fall eines „Defensiv-Krieges" eingegangen worden sei; der von Frankreich mit England geführte Krieg aber sei ein offensiver, weil die Kriegs-Erklärung von Frankreich ausgegangen sei. Auch vertheidigte er den Satz, daß diese Vertrags-Garantie darum die Ver. Staaten nicht binden könne, weil sie sich nicht in der Lage befänden, sie erfüllen zu können. Das Recht der Auslegung der bestehenden Verträge vindicirte Hamilton noch neben der Legislatur der Executiv-Gewalt.

Es erhellt nicht, daß diese Ansichten im Kabinette zur Discussion oder Entscheidung kamen.

In Gemäßheit des gefaßten Beschlusses wurde die Proklamation der Neutralität erlassen und der französische Abgeordnete Ed. Charles Genet als Vertreter der französischen Republik officiell empfangen. Die Executiv-Gewalt übernahm also hier die Verantwortlichkeit, ein revolutionäres auswärtiges Gouvernement anzuerkennen und in diplomatische Verbindung mit ihm zu treten. In der Proklamation war natürlich jede Erwähnung des Verhältnisses zwischen Frankreich und den Ver. Staaten vermieden und die Frage der Vertrags-Garantie ganz unberührt gelassen.

Möglich, daß Viele gewichtige Zweifel über die Befugniß der Executive hegten, eine revolutionäre Regierung, welche damit angefangen hatte, den rechtmäßigen Landes-Souverän hinrichten zu lassen und nunmehr mit beinahe sämmtlichen Mächten Europa's in Krieg gerathen war, anzuerkennen, ohne auch nur den Congreß zu Rathe zu ziehen — allein gewiß ist es, daß keine solche Zweifel laut wurden. Die allgemeine Volksstimmung war damals so unbedingt für die französische Revolution, daß nichts ihr Widerstand leisten konnte und weit entfernt, daß das Volk die willkürlich erscheinende Handlung des Präsidenten mißbilligt hätte, würde es auch keinen Augenblick einen Zweifel an der Rechtmäßigkeit des Gouvernements in Frankreich und seiner Befugniß, Accreditive auszustellen, welche nach dem seitherigen Völkerrechte nur Souveräne ertheilen konnten, geduldet haben. Gegen die allzugroße Tragweite dieser Stimmung war die Neutralitäts-Erklärung nun eine höchst bedeutsame Barriere und gerade darum wurde sie auch der Gegenstand der leidenschaftlichsten Angriffe in der von der Volksstimmung fortgerissenen Tagespresse. Das Recht der Executive zum Erlasse einer solchen Neutralitäts-Proklamation wurde mit zügellosem Ungestüme als eine Anmaßung legislativer Befugniß hingestellt und man wollte die Rechtswidrigkeit derselben gerade aus dem Umstande beweisen, daß die Ver. Staaten vertragsmäßig gebunden seien, Frankreich seine westindischen Besitzungen zu gewährleisten, daß daher eine Neutralität gar nicht bestehen könne, vielmehr eine Theilnahme an dem ausgebrochenen Kriege von selbst geboten sei. So beantwortete und entschied man die ganze Frage im Voraus, um ein Argument gegen die Politik der Administration daraus zu ziehen.

Jefferson war für die Proklamation, war jedoch der Ansicht, daß damit die Frage über die Gewährleistungspflicht nicht entschieden sei. Uebrigens hatte bis dahin das französische Gouvernement jene Gewährleistung noch nicht geltend gemacht und machte sie auch später nie geltend. Da die Beanstandung des Rechtes des Präsidenten, die fragliche Proklamation zu erlassen, einen immer heftigeren Charakter annahm, glaubte sich Hamilton, der sie am dringlichsten unterstützt hatte, gemüßigt, sie in einer Reihe von Aufsätzen, die er „Pacificus" unterzeichnete, zu vertheidigen. Darin nahm er den Standpunkt ein, daß die Proklamation auch gleichzeitig die Gewährleistungsfrage verneinend entschieden habe; er vertheidigte demnach auch mittelbar das Recht des Präsidenten, eine solche Entscheidung zu erlassen. Das konnte Madison nicht verschmerzen, welcher dabei wahrscheinlich von seinem über Alles geehrten und geliebten Freunde Jefferson influencirt war. Er glaubte in den Entwicklungen von „Pacificus" herauszulesen, daß Hamilton und die Föderalisten überhaupt die geheime Absicht hegten, die Republik in eine Monarchie nach englischem Muster umzugestalten und daß sich daher der Präsident hier eine Prärogative zu dem Zwecke angemaßt habe, die Nation in Krieg zu verwickeln. Er trat darum unter dem Namen Helvetius gegen Hamilton in die Schranken und widerlegte mit außerordentlichem Scharfsinne und einer seinem wohlwollenden Naturell sonst gar nicht eigenen Bitterkeit die von „Pacificus" aufgestellten Grundsätze. Hamilton ging jedoch weder auf die Polemik noch auf die Ausfälle weiter ein. Von jener Zeit datirt das seither stets und ausschließlich von den Präsidenten der Ver. Staaten geübte Recht, eine in Folge revolutionärer Erzeugnisse eingesetzte Regierung anzuerkennen; eine Neutralitäts-Erklärung ist jedoch von keinem Präsidenten mehr erlassen worden.

Die Grenze der Rechtsbefugniß des Präsidenten und jener des Congresses im Falle eines Krieges zwischen auswärtigen Mächten sind heute noch nicht gezogen und werden vielleicht nie genau ermittelt werden. Die

Verfassung gibt dem Congresse allein das Recht, den Krieg zu erklären — darüber kann natürlich kein Zweifel sein; der Präsident allein kann ihn nicht erklären. Allein der Krieg wird auch oft geführt, ohne daß er erklärt wird. Nicht blos die eigenen Handlungen verwickeln eine Nation in Krieg; gar oft wird sie auch durch die Handlungen Anderer hinein verwickelt. Die Kriegs-Erklärung ist wesentlich ein Act der Gesetzgebung, die Kriegsführung muß dagegen nothwendig der Executiv-Gewalt allein zustehen. Es scheint zwar exorbitant, daß der Executiv-Gewalt die Macht zustehen soll, die Nation in Krieg zu verwickeln, allein eine fünfzigjährige Erfahrung in unzähligen Fällen hat gelehrt, daß sie eine solche Macht übt und üben muß. In dem obigen Falle, welcher die Controverse veranlaßte, konnte die Anerkennung der französischen Republik und die Zulassung ihres Botschafters von den gegen sie verbündeten Mächten als ein Act der Feindseligkeit gegen sie angesehen werden, wie sie auch in der That sogleich allen Verkehr neutraler Mächte mit Frankreich zu unterdrücken beschlossen, allein dem ungeachtet muß man einräumen, daß ein Defensiv-Krieg der Executiv-Behörde allein obliegt.

Ueber die staatsrechtlichen Beziehungen und die verfassungsmäßigen Befugnisse der beiden Gewalten im Falle eines Krieges sind die von Pacificus und Helvetius gewechselten Schriften neben dem „Föderalisten" wahre Autoritäten und gewähren dem amerikanischen Staatsmanne die gründlichste Belehrung. In dem letzteren, dem „Föderalisten," sehen wir zwei geniale Männer auf ein gemeinschaftliches Ziel hinarbeiten: in der Polemik von Pacificus und Helvetius stehen sich beide einander gegenüber und bekämpfen sich auf dem Boden, den sie vorher gemeinschaftlich errungen, dem der Verfassung, und es ist merkwürdig, daß jeder von ihnen seine Argumente theilweise auf die Ausführungen stützte, welche der Andere in dem Föderalisten veröffentlicht hatte.

Man muß es als ein wahres Glück für die Vereinigten Staaten anerkennen, daß bisher stets die politischen Spaltungen und Conflikte durch die Vernunft und die Parteileidenschaften durch Argumente entschieden wurden. In anderen Zeiten und in anderen Staaten hätte ein Conflikt der Gewalten, wie er oben zwischen der gesetzgebenden und Executiv-Gewalt entstanden war, wahrscheinlich zu den größten Excessen, vielleicht selbst zu einem blutigen Principien-Kampfe oder doch zu hundertfältigen inneren Gewaltthätigkeiten geführt. So z. B. geschah es in der Entwicklung der französischen Revolution, so bei unseren südamerikanischen Nachbarn. Seien wir also bemüht, daß wir in unseren Parteikämpfen und Leidenschaften stets das Staatswohl als höchstes Interesse vor Augen haben zc.

III. Fisher Ames' Rede über Madison's „Commercielle Anträge".

Wenn wir den Zustand unseres Handels übersichtlich prüfen, finden wir, daß wir Grund haben zufrieden zu sein und nicht die geringste Veranlassung, zu verzweifeln. Damit will ich nicht sagen, daß uns nicht Vieles zu wünschen übrig bliebe. Vollständige Befriedigung liegt nicht in der Natur der Verhältnisse, und wir können nicht erwarten, daß uns die Politik gewähren werde, was uns die Bedingungen unserer Lage und unsere Mittel versagen. Alle Nationen haben ihre Handelsverhältnisse nach ihren wirklichen oder eingebildeten Bedürfnissen gewissen Beschränkungen unterworfen — England wie Frankreich am meisten — und wir können das Projekt, ihnen auf dem Wege vollständiger Gegenseitigkeit zu begegnen, nur phantastisch nennen, da die Interessen und Verhältnisse jeder Nation in hohen Graden verschieden sind und wir die unserigen denen der anderen nicht anpassen können. Wir haben unsere eigenen Handelsregulirungen und müssen sie haben. Wir dürfen nicht nach Gegenseitigkeit, sondern müssen nach Herstellung eines Zustandes wechselseitiger Beförderung unserer Interessen streben.

Man hat nicht einmal behauptet, daß uns jene Gegenseitigkeit viel nützen würde; daß wir in Folge derselben wohlfeiler kaufen und theurer verkaufen könnten; im Gegentheil, wir sollen uns allen Resultaten der Concurrenz mit unseren Handelsfreunden unterwerfen, ja wir sollen uns in vielen Fällen selbst opfern. Und zu welchem Zwecke? Vielleicht um bessere Märkte zu erhalten? Im Gegentheil! Das Resultat würde sein, uns den besten Markt für unsere Erzeugnisse zu verschließen und uns auf den engsten und theuersten Markt für unsere Bedürfnisse einzuschränkrn.

Das, sagt man, müsse zur Beförderung unseres Verkehrs geschehen — man würde besser sagen, zur Beförderung des Verkehrs der Franzosen! Wie sonderbar aber klingen solche Rathschläge gar im Munde Derjenigen, welche uns das Nichtimportations-Princip anpreisen, uns anrathen, den Seehandel ganz aufzugeben und uns auf Ackerbau zu beschränken Um den Verkehr zu erleichtern, will man ihn in Fesseln schlagen, will ihn gewaltsam von einer Richtung in die andere lenken und das nicht im Interesse der Verkehrtreibenden sondern der phantastischen Theorien einiger Visionäre oder der unüberlegten Laune einiger sogenannten Legislatoren die, um den Handel zu heben, ihn geradezu vernichten wollen.

Soweit Handel- und Schiffahrt dabei in Frage kommen, besteht die Schwierigkeit in zwei Punkten. Einmal gestattet man uns nicht, Manufakturen und selbst nicht einmal Rohprodukte ohne daß sie im Lande gewonnen wurden nach England zu bringen; sodann dürfen wir mit unseren eigenen Schiffen nicht nach Westindien fahren. Die erstere Beschränkung ist für uns von wenig Bedeutung, da unser Handel beinah ausschließlich nur unsere eigenen Erzeugnisse zum Gegenstande hat und unsere Schiffahrt nicht ausgedehnt genug ist, Frachten anderer Nationen zu führen; da ferner unsere Manufakturen sich nicht zur Ausführung eigenen und selbst wenn es anders wäre, England kein Abnehmer derselben sein würde. Die erste Beschränkung ist daher nur eine nominelle, sie hat keine praktische Wirkung auf uns.

Die Ausschließung unserer Schiffe aus den Westindischen Häfen ist von größerer Bedeutung. Wenn wir aber beabsichtigen, einen Vortheil von Großbritanien zu erzwingen, den es uns ungern einräumt, so müssen wir den Werth dieses Vortheiles sorgfältig gegen die Opfer abwägen, die es uns kosten wird, ihn zu erringen und vor Allem müssen wir wohl erwägen, ob wir Aussicht auf Erfolg haben? Etwas Geringes ist großer Anstrengungen nicht werth und wir dürfen etwas Werthvolles, das wir besitzen, nicht an eine entfernte Chance wagen, etwas Anderes von vielleicht geringerem Werth zu erhalten. Wir hoffen die halbe Fracht, wie sie die Schiffahrt zwischen den Westindischen Inseln und England abwirft, für uns zu sichern und wollen unsere ganze Ausfuhr nach England daran wagen. Es ist unbestreitbar und erwiesen, daß wir auf einer Basis wirklicher Bevorzugung jährlich für sieben Millionen unserer Produkte nach England ausführen. Diese Bevorzugung und günstigere Stellung wollen wir wagen — für was? Für die Hälfte der Fracht des britischen Westindien-Handels. Es ist die Sache der Kaufleute, den Nutzen zu berechnen, den dieser Frachtzuwachs abwerfen kann. Er wird aber gewiß weit hinter sieben Millionen zurückbleiben! Demnach zugegeben, daß es sehr vortheilhaft für uns wäre, unsere Produkte nach den Westindischen Inseln zu verschiffen und dort Waaren einzunehmen und nach England zu verbringen, so muß man auch wieder zugeben, daß dieses nicht *eine* sondern *zwei* Vergünstigungen ausmachen würde; daß nur kleine Hoffnung für uns vorliegt, dies erreichen zu können; daß wir um diese Privilegien zu erwerben, eine große und sichere Vergünstigung wagen müßten, und daß es eine höchst zweifelhafte Sache ist, wegen Handelsvortheile, die jeder Zufall oder jede Aenderung der politischen Lage wieder auf das Spiel setzen kann, einen Krieg anzufangen. Jedenfalls dürfen wir das was wir besitzen, nicht für das einsetzen was wir wünschen, ohne daß die Wahrscheinlichkeit des Erfolgs im höchsten Grade *für uns* ist, nie aber dann wenn diese Wahrscheinlichkeit wie hier unbedingt *gegen uns* ist. Würden diese Betrachtungen nicht hinreichen, so will ich das von anderer Seite zur Entscheidung gedrängte System beleuchten, eine gänzliche Abstellung alles uns zugefügten Unrechts und eine gänzliche Erfüllung aller unserer Hoffnungen herbeizuführen.

Man sagt uns, wir müßten unsere Augen nach Frankreich und nicht nach England wenden, wenn wir großartige Handelsvortheile erzielen wollten; wir müßten denen, die wir für unsere Feinde hielten, die Zähne weisen und denen, die wir als unsere Freunde erklärten, etwas mehr als guten Willen zeigen. Mit einem Worte, wir müßten die Kanäle deren sich der Handel bedient, ändern und ihn von England ab- und nach Frankreich leiten. Vielleicht wäre es besser, wir überließen dem Konvente die Sorgfalt für die französischen Handelsinteressen, statt sie selbst in die Hand zu nehmen. Es scheint wenigstens sehr unklug, unserem Eifer den Zügel schießen, und darüber die Sorgfalt für das Wohl unseres eigenen Handels außer Acht zu lassen. Sich freiwillig dazu zu verstehen, einer anderen Nation den Weg zu öffnen um über eine andere den Preis davon zu tragen, ist gelinde bezeichnet ein thörichtes Unternehmen. Wenn aber gar das Interesse unseres eigenen Volkes darunter leidet, so verdient es eine viel schärfere Mißbilligung. Es hätte keinen anderen Zweck, als uns für lange, für sehr lange Zeit die schwersten Opfer aufzulegen, damit die Franzosen so wohlfeil verkaufen können als die Engländer — denn *noch wohlfeiler*, ist unmöglich und das behauptet auch Niemand. Daß *wir* dabei verlieren ist eben so gewiß, als daß Niemand dabei gewinnen kann, als die Franzosen. Wir sind also großmüthig gegen die Franzosen und ungerecht gegen uns selbst. Man hat uns von der Pflicht der Dankbarkeit gegen diese Nation gesprochen, man hat uns gesagt wir dürften gewiß sein, daß sie ihre eigenen Interessen den unserigen bereitwillig opfern würde. Ich nenne dieses gerade heraus rednerischen Schmuck oder Täuschung. Es ist hier keine

Gelegenheit, unsere Verbindlichkeiten gegen irgend eine auswärtige Nation abzutragen — es handelt sich hier nicht von Sympathien, sondern von Staats-Interessen und alle solche Betrachtungen verlieren den praktischen Standpunkt und versteigen sich in die Wolken. Es ist lächerlich, über den Markt und den Absatz für Taback, Theer und Terpentin in ideale Schwärmereien zu gerathen und ihn zum Auslassen unserer Dankgefühle und ritterlichen Gesinnungen zu benutzen.

Wenn wir das Epos bei Seite lassen und unsere Beziehungen zu den auswärtigen Mächten auf dem Boden der Thatsachen prüfen, werden wir finden, daß wir vertragsmäßig nicht gebunden sind, zum Vortheile des französischen Handels aufzutreten. Der bestehende Vertrag beruht lediglich auf Gegenseitigkeit — wir räumen ein, was uns eingeräumt wird. Warum hält man sich denn so strenge an dem Grundsatze vertragsmäßiger Rechte und Vergünstigungen, wenn man zugeben muß, daß hier kein vertragsmäßiges Zugeständniß, sondern ein freiwillig auferlegter Liebesdienst beabsichtigt wird? Keine Nation, die einen Handelsvertrag mit uns hat, erwartet denselben oder macht Anspruch darauf; die Holländer haben sogar erklärt, daß solche Bevorzugungen nur die Veranlassung zur Leidenschaftlichkeit, Verlegenheit und Krieg seien. Die Franzosen haben noch nie etwas Aehnliches gethan. Sie haben in ihrer letzten Schifffahrts-Acte keinen Unterschied zwischen Nationen gemacht, mit denen sie einen Vertrag haben oder keinen, sondern nur zwischen Nationen, mit denen sie im Krieg sind oder nicht — sowie also der Frieden geschlossen ist, steht England ganz eben so da, wie wir heute. Wenn wir einer auswärtigen Macht Vorzüge in der Hoffnung einräumen, daß man uns wieder ähnliche einräumt, dürfen wir kein Gesetz deßfalls machen. Dann gehört die Sache in den Bereich der Executiv-Gewalt, in deren Hand die Beziehungen mit fremden Mächten gelegt sind. Wie sonderbar ist es, durch ein Gesetz aussprechen zu wollen, daß wir den Franzosen eine Bewilligung machen wollen, in der Hoffnung, daß sie uns wieder eine machen. Ja, der Antragsteller selbst verläßt den Boden, worauf er sich gestellt. Er hat behauptet, es sei grundsätzlich, Begünstigung gegen Begünstigung einzuräumen; Nationen, mit denen man keinen Vertrag habe, gestünden Begünstigungen zu, während solche, mit denen man Verträge habe, uns Beschränkungen auflegten. Ueberhaupt ist die Unterscheidung zwischen Nationen, mit denen wir einen Vertrag haben und denen, mit welchen wir keinen haben und die Anwendung der Grundsätze, worauf die Anträge beruhen, in offenem Widerspruche. Nationen, mit denen wir keinen Vertrag haben, haben entweder keinen Handel oder keinen nennenswerthen Verkehr mit uns; während die übrigen durch die Natur ihrer Interessen geleitet werden u. s. w.

Das vorgeschlagene System ist ein Unheil, das uns ruinirt. Eine gänzliche Umgestaltung der bestehenden Handelsverhältnisse ruinirt immer den Handelsstand. Wir haben das im Jahr 1775 gesehen und wir sollten jene Classe unserer Bürger nicht abermals in Gefahr bringen. Es ist überhaupt unrecht, unseren Handel für unsere Politik eintreten zu lassen; denn in der That ist das Verlangte nicht der Zweck, sondern nur die Waffe. So auch mit dem Vorgeben, daß das neue System nur allmälig wirken werde. Wäre dieses keine bloße Ausrede, so müßte jeder einsehen, daß alsdann die Wirkung ganz verfehlt wäre u. s. w.

Wir sollten es endlich überdrüssig werden, uns für Frankreich in Verluste und Verlegenheit zu stürzen. Der für uns so beschwerliche und gegen England so vergebliche Kampf würde wieder aufgegeben werden müssen und wir hätten nur Schaden und Verluste daran gehabt. Vielleicht würde irgend eine europäische Macht sich in ihrem Interesse zu einem Kriege gegen England geneigt finden und uns gestatten, durch einen strengen Allianzvertrag alle Opfer und alles Elend des Krieges zu tragen, um darin eine untergeordnete Rolle zu spielen. Diese glückliche Aussicht liegt vor uns, wenn der Antrag durchgeht. Man legt so viel Furcht vor auswärtigen Einflüssen an den Tag und doch will man uns in europäische Eifersucht und Nebenbuhlereien verwickeln!

Die Freundschaft einer Macht gewinnen und den Haß der anderen auf uns laden, kann unsere Unabhängigkeit nur untergraben, weil Amerika alsdann sich der Einen preisgeben müßte, um Schutz gegen die Andere zu finden.

Alsdann würde fremder Einfluß erst recht vorwiegen u. s. w.

Bis jetzt haben wir alle dem Frieden drohende Gefahren glücklich vermieden; ein falscher Schritt würde uns um alle die Früchte bringen, die wir der Staats-Klugheit des Präsidenten verdanken. Was kann uns vor dem Kriege bewahren? Nicht unsere Stärke: diese fürchtet Niemand; nicht die freundlichen Rücksichten der europäischen Mächte in der gegenwärtigen Krisis; eben so wenig die Schwäche Englands. Es ist ganz allein das Interesse Englands, Amerika nicht zum Feinde, sondern zum Abnehmer zu haben und gerade dieses Interesse wollen die Gegner vernichten und auf

Frankreich übertragen. Es ist sonderbar, wenn behauptet wird, daß darin das Mittel liege, uns den Frieden mit den Indianern und Barbaresken zu sichern. Wir sollen hoffen, daß unsere Feindschaft England nöthigen werde, unsere Freundschaft nachzusuchen und sie durch Züchtigung unserer Feinde zu verdienen. Wie kann man sich so naturwidrige und alle Erwartungen übersteigende Wirkungen versprechen? u. s. w. Die Leichtgläubigkeit selbst muß über solche Täuschungen lachen.

Man hofft weniger durch die Wirkung der beantragten Beschränkungen als durch das bloße Darlegen unserer Absicht die Schranken niederzureißen, welche seit Jahrhunderten den englischen Colonial-Handel beschützt haben. Die Schifffahrts-Acte, welche Großbritanien als das Palladium seiner Sicherheit betrachtet und die sich als solches bewährt hat, soll durch die Furcht vor einer viel schwächeren Macht fallen. Man scheint zu glauben, daß es keiner Anstrengung bedürfe, sie niederzureißen. Ist es nicht zu abgeschmackt, den Gedanken an ein freiwilliges Eingeben in solche Zumutbungen ernstlich zu hegen? Man behauptet, England werde keinen Widerstand leisten, während es gerade für seine Schifffahrts-Acte einem Seekriege mit Holland nicht auswich, in dem in einem einzigen Jahr vier große Seeschlachten gefochten wurden.

Ob die Begünstigung einer Nation und die Belästigung und Verkürzung einer andern zu einer Zeit, wo selbe im Krieg verwickelt sind, eine Verletzung der Neutralität bilden, mag bestritten werden. Es kann aber nicht bezweifelt werden, daß solche Handlungen große Feindseligkeit gegen uns heraufbeschwören müssen. Die Sprache der französischen Regierung ist auch nicht geeignet, solche Gefühle zu beschwichtigen. Sie will uns einen Theil ihres Westindien-Handels überlassen unter der Bedingung eines politischen Bündnisses. Dieß ist ein verdächtiges Zusammentreffen mit den gegnerischer Seits beantragten Maßregeln — und es gehört ein starker Glaube dazu, darin keine feindselige Absicht gegen England zu erblicken.

Daß wir in offenem Kriege der schwächere Theil und großer Gefahr ausgesetzt sind, muß zugegeben werden. Wie kann man also annehmen, daß Großbritanien sich herabwürdigen und schwächen werde, anstatt uns den Krieg zu erklären, der die Erniedrigung und den Ruin seiner Angreifer zur Folge haben muß?

So könnte ich noch eine Menge Angriffspunkte anführen, wenn es nicht genügte, auf die Erfahrung hinzuweisen, daß commercielle Nebenbuhlereien und die Sucht für Handels-Monopole mehr Kriege veranlaßt und größeres Elend über die Erde verbreitet haben, als der maßloseste Eroberungs-Geist. Ich hoffe, daß wir durch unsere Abstimmung beweisen werden, daß wir es für eine bessere Politik halten, andere Länder mit Lebensbedürfnissen zu versehen, als sie ihnen abzuschneiden und daß wir nicht solche Thoren sind, unsere Abnehmer mit Gewalt dahin zu bringen, daß sie uns nicht mehr bedürfen. Lassen Sie uns den Frieden cultiviren und wir werden darin die Stärke und die Hülfsmittel zum Kriege erwerben. Anstatt Verträge nachzusuchen, sollten wir sie vermeiden. Wir haben bis jetzt den Rang und das Ansehen unter den Nationen noch nicht gewonnen, welche uns nicht entgehen können, wenn wir klug und friedlich zu handeln fortfahren. Obgleich Amerika sich zu einem Riesen entwickelt, sind seine Knochen doch erst noch schwach: Verschieben wir den Anfang eines jeden Confliktes und wir sichern uns den späteren Sieg.

Wenn wir die Anträge verwerfen, werden wir unsere eigenen Bürger und die auswärtigen Nationen überzeugen, daß unsere Klugheit unsere Vorurtheile im Zaume zu halten vermag; daß wir unsere Interessen höher halten als unsere Leidenschaften. Lassen Sie uns die Unabhängigkeit des Geistes bewahren; wir würden verrätherisch gegen unsere Pflichten und Gesinnungen als Amerikaner handeln, wenn wir uns zu einer sklavischen Abhängigkeit, sei es gegen Frankreich oder gegen England, erniedrigten.

Achtes Kapitel.

1794—1796.

Fernere Drangsale der Administration.

Intriguen der Franzosen im Westen—Was in Kentucky vorgeht—Feldzug des Generals Wayne gegen die Indianer—Opposition gegen das Exzise-Gesetz—Beleidigung der Beamten—Washington ruft die Miliz zusammen—Vorgänge unter den Insurgenten—Die Armee besetzt die aufrührerischen Distrikte—Der Aufstand unterdrückt—Washington's Eröffnungsrede im Congreß—Sein Tadel gegen demokratische Vereine—Andere Punkte darin—Antworten des Senates und des Hauses—Vorgänge im Congreß—Hamilton's Bericht über die Erhaltung des öffentlichen Credits und die Vergrößerung des Einkommens—Seine Vorschläge—Das Resultat—Sein Rücktritt—Beendigung des dritten Congresses—Frieden mit England durch John Jay unterhandelt—Hauptpunkte des Vertrages—Der Senat ist Willens, ihn zu ratificiren—Ein Senator publicirt ihn in einem öffentlichen Blatte—Ungeheuere Aufregung—Oeffentliche Versammlungen—Washington's Schreiben an die Notabeln von Boston—Angriffe des Präsidenten immer heftiger—Sparks' Bemerkungen über den Vertrag—Randolph's Rücktritt—Zweifel bezüglich seiner—Wayne schließt mit den Indianern Frieden—Hauptpunkte des Vertrags mit Spanien—Friedensschluß mit dem Dey von Algier—Einige Besonderheiten—Washington's Eröffnungsrede—Empfohlene Maßregeln—Die Antwort des Senats—Die des Hauses—Monroe's Sendung nach Frankreich—Vorgänge daselbst—Adet an der Stelle Fauchet's zum Abgeordneten ernannt—Ueberreicht die französische Flagge—Klagen und Antworten—Washington erklärt den Vertrag mit England vollständig—Weg, den das Haus einschlägt—Debatte über die Befugniß, Verträge abzuschließen—Washington weist die Aufforderung zurück, die Papiere vorzulegen—Opposition gegen den Vollzug des Vertrags—Berühmte Debatte darüber—Fischer Ames' große Rede—Wie die Frage geordnet wird—Andere Maßregeln im Congresse—Schluß der Sitzung—Anhang zum achten Kapitel: Fischer Ames' Rede über den Vertrag mit England.

Genet, dessen schrankenloses und übermüthiges Benehmen der amerikanischen Regierung so großes Aergerniß gegeben hatte, war zurückberufen worden und Fauchet, sein Nachfolger, kam im Februar 1794 in den Ver. Staaten an. Er war der Träger officieller Versicherungen seiner Regierung, daß man Genet's Auftreten mißbillige. Er selbst gab die Versicherung, daß er seine eigenen Amtsbeziehungen den Wünschen des Präsidenten und dessen Ansichten über die Stellung Amerika's zu den kriegführenden Mächten anzupassen wünsche. Eine Zeit lang handelte Fauchet auch wirklich im Geiste der Versicherung: allein im Westen wußte der französische Einfluß fortwährend Mißvergnügen zu erregen und die Dinge nahmen dort eine bedenkliche Wendung. Die übermüthigen Einwohner von Kentucky richteten eine Adresse an den Präsidenten und den Congreß bezüglich der Beschiffung des Mississippi. In einer maßlosen und sehr frechen Sprache verlangten sie die freie Schiffahrt auf diesem Flusse als ein natürliches Recht und machten der Regierung den Vorwurf, sie lasse sich von sectionellen Einflüssen bestimmen und suche dem Westen in seiner Entwicklung hinderlich entgegen zu treten. Durchaus unbegründete Beschuldigungen wurden gegen den Congreß und die Executiv-Gewalt vorgebracht und auf die Gefahr, welche der Union drohen solle, falls man ihren gerechten Wünschen in dieser Lebensfrage nicht Rechnung tragen werde, wurde in deutlichen Anspielungen von Losreißen u. dgl. hingewiesen.

Beide Häuser des Congresses erklärten hierauf, daß ihrer Ueberzeugung nach Washington die Ansprüche der Ver. Staaten bezüglich der Mississippi Schiffahrt auf dem Wege verfolge, welcher allein die Hoffnung gebe zum Ziele zu kommen. Der Präsident wurde angewiesen, den Kentukiern so viel von dem gegenwärtigen Stand der Angelegenheit mitzutheilen, als er ohne Bedenken thun zu können glaube. Damit nicht zufrieden, indem dieses gar nicht der eigentliche Zweck war den sie zu erreichen beabsichtigten, versammelte sich eine Anzahl der angesehensten Bürger in Lexington und faßten Beschlüsse, die einen eben so ungezügelten als gefährlichen Geist athmeten. Darin wurden weitere Maßregeln beschlossen, um, wie sie sagten, zu ihrem wohlgegründeten und unveräußerlichen Rechte zu gelangen. Marshall hat mit unzweifelhafter Richtigkeit den Zusammenhang dieser Vorgänge im Westen mit dem gesetzwidrigen Treiben Genet's und seiner Emissäre nachgewiesen. Es bedurfte der ganzen Festigkeit und Charakter-Stärke Washington's, um bei diesen kränkenden Ausbrüchen der Leidenschaft und kurzsichtiger Vorurtheile, denen er bei Erörterung jener Punkte ausgesetzt war, seinen Gleichmuth zu behaupten.

General Wayne, welcher an die Spitze des gegen die Indianer bestimmten Detachements gestellt worden war, machte viele und ernstliche Versuche, einen Friedensvertrag mit ihnen abzuschließen. Da sie gänzlich mißglückten, wurde der Feldzug im Herbste 1793 mit allem Nachdrucke, den die Umstände erlaubten, eröffnet. Die Jahrszeit war zu weit vorgerückt, um noch solche Rüstungen zu gestatten, daß Wayne in das feindliche Gebiet hätte einfallen und es besetzten können. Er begnügte sich daher, seine Mannschaft ungefähr sechs Meilen jenseits Fort Jefferson zu stationiren und Besitz von dem nämlichen Terrain zu nehmen, auf welchem die Amerikaner im Jahre 1791 eine Niederlage erlitten hatten. Dort errichtete er Fort Recovery, und die von ihm eingenommene Stellung wirkte jedenfalls günstig zum Schutze der Grenze gegen feindliche Einfälle.

Im folgenden Jahre verzögerten die mit dem Transporte von Lebensmitteln und Material durch ein unbewohntes, unwegsames, von einem ganz zum Parteigänger-Kriege eingeschulten Feind unsicher gemachtes Land verbundenen Schwierigkeiten die Eröffnung des Feldzuges bis zur
Mitte des Sommers. Inzwischen 1794.
hatten mehrfache scharfe Gefechte statt, deren Verlauf es augenscheinlich machte, daß sich Weiße unter den indianischen Kriegern befanden. Am achten August erreichte Wayne den Zusammenfluß des Auglaize und Maumee-Flußes, in dessen Nähe die blühendste Ansiedelung der Indianer westlichen Stammes lag. Die Mündung des Auglaize ist ungefähr dreißig Meilen von einem Posten an dem Maumee Flusse entfernt, den damals die Engländer besetzt hatten. Dort hatte sich, wie Wayne in Erfahrung brachte, die ganze Stärke des Feindes, an zweitausend Mann, zusammengefunden. Sein Corps war nicht viel geringer an Zahl als die Indianer, da eine Verstärkung von elfhundert berittener Milizen von General Scott geführt, aus Kentucky zu ihm gestoßen war.

Am 15. August marschirte die amerikanische Armee den Maumee hinunter und kam am 18. an den Fällen an, wo sie am 19. Halt machte, um zur Sicherheit des Gepäckes einige Werke aufzuwerfen und die Stellung des Feindes auszuspähen. Es stellte sich heraus, daß derselbe hinter einem dichten Gehölze und dem englischen Forts eine höchst vortheilhafte Position eingenommen hatte.

Am 20. um acht des Morgens rückte die amerikanische Armee in Colonnen vor, den rechten Flügel durch den Maumee gedeckt. Auf dem linken Flügel befand sich eine Brigade berittener Freiwilliger von General Todd befehligt; eine zweite unter General Barbee deckte die Nachhut. Im Vordertreffen stand ein Bataillon auserwählter Truppen von Major Price commandirt. Nachdem man in dieser Ordnung fünf Meilen vorgerückt war, eröffnete der Feind plötzlich aus einem Hinterhalte ein heftiges Feuer auf die Avantgarde, vor dem sich Price zurückzog.

Die Indianer hatten ihre Stellung mit großer Umsicht genommen. Sie hatten ein dichtes Gehölz in der Fronte der britischen Werke besetzt und die Annäherung mit Reiterei durch gefällte Bäume beinahe unmöglich gemacht. Ihre Schlachtordnung war eine dreifache Linie, die sich in rechten Winkeln an den Fluß anlehnten und ihr erstes Manöver war, den linken Flügel der Amerikaner zu umgehen.

Als der erste Büchsenschuß fiel, formirte sich die Legion in zwei Linien und die Fronte ward zum Angriffe mit gefälltem Bajonnet commandirt, um die Indianer aus ihrem Verstecke zu treiben. Alsdann und erst wenn dieses geschehen sei, sollten die Truppen Feuer geben und die Flüchtigen so nahe verfolgen, daß sie nicht wieder zu laden im Stande seien. Als der General das Manöver bemerkte, seinen linken Flügel zu umgehen, ließ er die zweite Linie dort aufstellen und befahl dem Hauptmann Campbell, der die Reiterei commandirte, sich zwischen die Indianer und den Fluß zu werfen, um ihre linke Flanke zu bedrohen; während General Scott an der Spitze der berittenen Freiwilligen beordert wurde, einen Bogenmarsch zu machen, um den Feind von der rechten Seite zu umgehen.

Alle diese Befehle wurden mit Präcision und Lebhaftigkeit ausgeführt; vorzüglich aber gelang der Angriff der ersten Linie Infanterie. Sie warf sich mit solchem Ungestüm auf den Feind, schlug ihn so vollständig und verfolgte ihn mit solcher Hitze, daß nur ein kleiner Theil der zweiten Linie und der berittenen Freiwilligen an der Affaire Theil nehmen konnten. In Zeit von einer Stunde waren die Indianer über zwei Meilen weit durch das Dickicht zurückgeworfen und die Verfolgung hörte erst in Schußweite von dem britischen Forts auf.

General Wayne verweilte drei Tage an den Ufern des Maumee auf dem Schlachtfelde und benutzte diese Zeit, alle Hütten und Ernten, oberhalb und unterhalb des Forts, mehrere davon dicht unter den Geschützen desselben, niederzubrennen. Es wurde darüber zwischen ihm und Major Campbell, dem Commandanten des Forts, ein Briefwechsel geführt, woraus hervorgeht, daß nur dadurch der Ausbruch von Feindseligkeiten zwischen den Amerikanern und der Besatzung verhindert wurde, daß man von Seite letzterer die erwähnte Verheerung kluger Weise geschehen ließ. Am 28. kehrte die Armee in kurzen Märschen an den Auglaize zurück, wobei alle Dorfschaften und ausstehende Saaten innerhalb fünfzig Meilen von dem Flusse zerstört wurden.

Der Verlust der Amerikaner an Getödteten und Verwundeten in jener entscheidenden Schlacht belief sich auf hundert und sieben. Unter den Gefallenen waren Capitän Campbell von der Cavallerie und Lieutenant Towles von der Infanterie. General Wayne zollte der ganzen Mannschaft verdientes Lob. Da dem ungeachtet die Feindseligkeit der Indianer fortdauerte, so wurde das ganze von ihnen bewohnte Gebiet verwüstet und Forts im Herzen desselben angelegt, um allen weiteren Einfällen derselben zu steuern. Jener Sieg und die letztere Maßregel ersparten den Ver. Staaten einen allgemeinen Kriegszug gegen die Indianer. *)

Die entschlossene Opposition in dem westlichen Pensylvanien gegen die Accise brach in diesem Jahre in offene Rebellion aus und die Angestellten wurden bei dem Versuche, die Abgaben einzutreiben, mißhandelt und mit dem Tode bedroht. Im Juli 1794 wurde der Distrikts-Marschall, als er die Aufrührer verhaften wollte, von einer bewaffneten Rotte überfallen und entging nur durch ein glückliches Ungefähr der drohenden Gefahr. Bald darauf aber wurde er von einem bewaffneten Pübelhaufen gefangen genommen und mußte bei Gefahr seines Lebens versprechen, auf der westlichen Seite der Alleghany keine Amts-Verrichtungen mehr vorzunehmen. Auch auf das Haus des Inspectors General Neville bei Pittsburg machte der Pöbel einen Angriff, wurde aber so warm empfangen, daß er sich zurückzog. In der Furcht vor einem wiederholten stärkeren Angriffe wendete sich Neville an die Gerichte und an die Civil- und Militär-Behörden um Schutz. Er wurde aber bedeutet, daß der Widerwille gegen jene Abgabe in der Gegend so allgemein sei, daß man ihm keinen Schutz gewähren könne. In der That wurde auch kurze Zeit darauf sein Haus von einer gewiß fünfhundert Mann starken Rotte neuerdings umringt und da er einsah, daß er nichts gegen eine solche Uebermacht auszurichten vermöge, verbarg er sich auf den Rath seiner Freunde, um sein Leben nicht nutzlos zu opfern. Etwa ein Dutzend Männer von der Pittsburger Garnison blieben zur Vertheidigung in dem Hause zurück, in der Hoffnung, solches retten zu können.

1794.

Die Belagerer verlangten, der Inspector solle herauskommen und von seinem Amte zurücktreten. Auf die Erklärung, daß sich derselbe geflüchtet habe, wurde ein Angriff auf das Haus gemacht und in dem gegenseitigen Feuer blieben mehrere todt oder verwundet auf dem Platze. Zuletzt wurde das Haus genommen und niedergebrannt. Der Marschall und Inspector entkamen jedoch glücklich. Das Abgabe-Gesetz indessen wurde nicht blos dort, sondern auch in anderen Staaten immer unpopulärer und die Anzeichen eines weit verzweigten und entschiedenen Widerstandes wurden immer stärker.

Die Aufrührer wurden unzweifelhaft, wie Pitkin erzählt, nicht blos von einzelnen böswillig gesinnten Personen, sondern auch an vielen Orten besonders von den demokratischen Vereinen aufgehetzt.

Der Präsident gerieth über diese Verfälle in große Unruhe, namentlich da er Grund hatte zu zweifeln, ob die Miliz, wenn sie gegen die Aufrührer aufgeboten würde, dem Befehle Folge leisten werde.

---

*) S. Marshall's Life of Washington, Vol. II, p. 336 ff.

Es blieb ihm übrigens keine Wahl, als den Gesetzen durch die Militär-Gewalt Achtung zu verschaffen. Auch in diesem bedenklichen Falle zeigte er sich wieder des in ihn gesetzten Vertrauens vollkommen würdig.

Die Congreß-Acte über die Verwendung der Miliz schrieb vor, daß, ehe dazu geschritten werde, ein Richter amtlich bescheinigen müsse, daß den Gesetzen der Vereinigten Staaten Widerstand geleistet werde, oder ihrem Vollzuge Hindernisse entgegengestellt würden und daß der erstere oder die letzteren zu stark seien, um durch die den Gerichten zustehende Gewalt oder die dem Marschall verliehene Autorität beseitigt zu werden. Eine weitere Bestimmung des Gesetzes ertheilte dem Präsidenten die Befugniß, falls die Miliz des Staates, worin die Anarchie herrsche, ihren Dienst verweigere, die Miliz eines anderen Staates zu verwenden.

Das von Richter Wilson ausgestellte Zeugniß lag nun vor und der Präsident berieth die Sache auf's Reiflichste im Kabinette; ebenso holte er das Gutachten des Gouverneurs von Pennsylvanien ein. Man einigte sich darüber, daß Commissäre bestellt werden sollten, welche für alle seitherigen Vergehen Amnestie anbieten, aber auf unbedingter Unterwerfung für die Zukunft bestehen sollten. Was aber geschehen solle, wenn dieser Ausweg nicht zum Ziele führe, war nicht so leicht entschieden.

Nach der Congreß-Acte sollte der Präsident, ehe er die Militär-Gewalt verwende, verpflichtet sein, eine Proklamation zu erlassen und darin die Aufrührer zu sommiren, in bestimmter Zeit von jeder Ungesetzlichkeit abzustehen.

1794.

Der Staatssecretär und mit ihm der Gouverneur von Pennsylvanien waren der Ansicht, diese versöhnliche Maßregel vorerst von keiner Handlung begleiten zu lassen, welche auf eine Androhung von Gewalt hinweise. Der Finanz- und Kriegssecretär dagegen und der General-Attorney waren anderer Ansicht. Sie meinten, die Veranlassung erheische eine entscheidende Probe, ob die Regierung stark genug sei, dem Gesetze Unterwerfung zu erzwingen und daß die Entfaltung einer hinlänglichen Macht, um den Gedanken an Widerstand von vorn herein zu unterdrücken, eben sowohl im Interesse der Menschlichkeit als einer gesunden Politik erfordert werde. Die insurgirten Bezirke hatten sechszehntausend waffenfähige Männer und man konnte annehmen, daß sie siebentausend in das Feld stellen könnten. Eine Armee von zwölftausend Mann konnte man demnach als eine achtunggebietende Macht ansehen, mit welcher die Insurgenten es nicht wagen durften, anzubinden.

Washington war über den von ihm einzuschlagenden Weg nicht zweifelhaft. Er erließ am 7. August eine Proklamation, in welcher er den Insurgenten einschärfte, noch vor dem ersten September zur Ordnung zurückzukehren und worin Jedermann verwarnt wurde, den Urhebern solcher verrätherischen Handlungen Hülfe und Beistand zu leisten. Alle Beamten und Bürger überhaupt forderte er auf, pflichtgemäß zur Aufrechthaltung der Gesetze des Landes mitzuwirken und so viel in ihren Kräften stehe, zur Unterdrückung solcher staatsgefährlichen Unordnungen beizutragen. Am nämlichen Tage erging die Aufforderung an die Gouverneure von New-Jersey, Pennsylvanien, Maryland und Virginien, ihre Militär-Contingente bereit zu halten, um eine Armee von zwölftausend Mann in's

Feld zu stellen. Diese Macht wurde später auf fünfzehntausend erhöht.

Nicht Willens zum militärischen Zwange zu schreiten, so lange noch irgend ein Ausweg offen blieb, machte jedoch der Präsident mit wahrhaft väterlicher Besorgniß einen weiteren friedlichen Versuch, die Aufständigen zur Besinnung zurückzubringen. Er ernannte die Herren Roß, Yates und Bradford, Männer von Talent und gutem Rufe, zu Commissären, um sich an Ort und Stelle zu begeben, sich mit den Insurgenten in Benehmen zu setzen; ihnen vorzustellen, wie schmerzlich es für den Präsidenten sei, Gewalt anwenden zu müssen, wie ernstlich er wünsche, nicht dazu gezwun- 1794. gen zu sein und statt derselben nur Maßregeln zu ergreifen, wie sie die Menschlichkeit, die Liebe zum Frieden und das Glück seiner Mitbürger vorschrieben.

Die Commissäre wurden ermächtigt, Amnestie und Vergessenheit alles Geschehenen unter dem Versprechen, daß künftig unbedingte Unterwerfung unter das Gesetz stattfinde, zuzusichern. Der Staat Pennsylvanien ernannte noch zwei weitere Commissäre, um sich denen der Ver. Staaten anzuschließen.

Noch vor diesen Anordnungen nahmen auf Befehl Bradford's, eines der Haupt-Anführer, die Insurgenten die Post in Beschlag und eröffneten die darin befindlichen Briefe, worin mehrere Einwohner von Pittsburg Berichte von dem Thun und Treiben der Aufrührer abgestattet hatten. Auf Antrag Bradford's wurden die Schreiber dieser Briefe aus Pittsburg verjagt und das Volk beschloß am nächsten Tage eine Versammlung auf Braddocks Feld abzuhalten, um Delegirte zu einer Convention zu erwählen, welche am 14. August zu Parkinson's Ferry zusammentreten sollten. Der offenbare Zweck aller dieser Frevel war, die Amtsniederlegung aller zur Erhebung der Abgaben ernannten Angestellten zu erzwingen, bewaffneten Widerstand gegen die Ver. Staaten zu organisiren, die Aufhebung der Abgabe-Gesetze durchzusetzen und eine Aenderung in der Politik der Regierung herbeizuführen.

Die Convention der Insurgenten wurde an dem bezeichneten Tage und Orte wirklich abgehalten. Es hatten sich ungefähr zweihundert Delegirte eingefunden: Bradford machte den Versuch, die Assem- 1794. bly zu terrorisiren, um hochverrätherische Beschlüsse durchzusetzen, hatte jedoch geringen Erfolg. Eduard Cook und Albert Gallatin wurden als Vorsitzer erwählt. Marshall, der hauptsächlich zu der Versammlung auf Braddocks Feld hingewirkt hatte, stellte verschiedene höchst gemäßigte Anträge, welche mit einigen Abänderungen durchgingen. Hiernach wurde ein Sicherheits-Comite ernannt, welches fünfzehn Personen aus seiner Mitte erwählte, um mit den ernannten Commissären zu unterhandeln und über deren Vorschläge zu berichten.

Nach einer zu Pittsburg abgehaltenen Conferenz entschied sich jenes Comite der Fünfzehn einstimmig, die vom Gouvernement angebotenen Bedingungen anzunehmen. Das Sicherheits-Comite hatte Bedenken, die Sache selbst zu entscheiden und beschloß, sie dem Volke zur Abstimmung vorzulegen. Das Resultat dieses Schrittes zeigte, daß die Mehrzahl entschlossen war, der Wiederherstellung der Regierungs-Gewalt Widerstand zu leisten. Die Commissäre sprachen in dem Berichte an den Präsidenten ihre pflichtgemäße Ueberzeugung aus, daß ihrer Ansicht nach in der gegenwärtigen Sachlage keine Möglichkeit vorliege, die gesetzlich eingeführte Abgabe auf Branntwein und Brennereien mittelst Anwendung der gewöhnlichen gesetzlichen Autorität durchzuführen und daß es daher einer ausgedehnteren Macht bedürfe, um jene Gesetze in Vollzug zu setzen und den angestellten und gut gesinnten Bürgern jenen Schutz zu verleihen, welchen sie von der Regierung anzusprechen befugt seien.

Beim Einlaufen dieses Berichtes sah sich der Präsident in der schmerzlichen Nothwendigkeit, die Militär-Gewalt zur Anwendung zu bringen. Seine zweite Proklamation vom 25. September sprach dieses aus. **1794.** Er erklärte darin, daß er jetzt in dem Falle sei, jener heiligen Pflicht zu gehorchen, welche ihm die Verfassung auflege, nämlich darüber zu wachen, daß die Gesetze getreulich vollzogen würden. Er beklagte, daß der amerikanische Namen durch die Pflichtvergessenheit von Bürgern und ihre Empörung gegen die selbsteingesetzte Regierung befleckt würde, sprach mit Bedauern von Jenen, die irre geführt und getäuscht in dem Widerstande verharrten und versicherte dagegen seine feste Absicht, die Widerspenstigen zur Unterwerfung unter das Gesetz zu zwingen.

Vielfachen Bemühungen, das Zusammentreten der Miliz zu vereiteln, ungeachtet versammelte sich dieselbe in den verschiedenen Staaten nach der vom Präsidenten erlassenen Aufforderung und zeigte alle Bereitwilligkeit, dem Rufe der Pflicht nachzukommen. Washington inspicirte alle Abtheilungen des Heeres, während er das Commando Herrn Hamilton übertrug, welcher seiner Aufgabe mit Einsicht und Geschicklichkeit nachkam. Im October marschirte die Armee in zwei Abtheilungen in das insurgirte Land ein. Die Widerspenstigen wagten keinen offenen Widerstand und es erfolgte die allgemeine Unterwerfung. Einige der Hauptaufrührer wurden verhaftet und zur Untersuchung gebracht. Zwei derselben, Vigol und Mitchell, wurden des Hochverraths schuldig erklärt, später jedoch von dem Präsidenten begnadigt. Bradford hatte sich glücklich in die spanischen Kolonien geflüchtet. Als eine Maßregel der Vorsicht ließ man den General Morgan mit einem Theile des Heeres den Winter hindurch in dem Herzen der unterworfenen Provinzen zurück.

In dieser Weise war es der klugen Energie der Executiv-Gewalt gelungen, ohne einen Tropfen Blut zu vergießen, eine Empörung zu unterdrücken, welche die Regierung bis in ihre Grundpfeiler zu erschüttern drohte. *)

Daß sich ein so verkehrter Sinn zu einer Zeit wahrhaften Glückes und ohne eine eigentliche drückende Veranlassung in solcher Weise entwickeln und geltend machen konnte, gehört zu jenen unerklärlichen politischen Erscheinungen, wie sie häufig im Staatenleben vorkommen und wie sie von vorsichtigen Staatsmännern stets rechtzeitig wahrgenommen und abgewendet werden sollten. In der ungemessen heftigen Sprache, worin

*) Das Verbrechen, den Staat in Bürgerkrieg zu verwickeln ist, wie der beredte Fisher Ames sagt, in unserem Lande mit besonderen Gefahren verknüpft: Wir haben keine stehende Armee; unsere Regierung stützt sich wesentlich auf die vorausgesetzte Zustimmung des Volkes. Das erste aufrührerische Geschrei erregt Zweifel an dem Fortbestande dieser Zustimmung und wird von den Furchtsamen und Leichtgläubigen wie von den Mißvergnügten und Ehrgeizigen sogleich entstellt und vergrößert; denn in einem volksthümlichen Gouvernement ist die Furcht vor Gefahr in ihrer Wirkung der Gefahr gleich. Sobald irgendwo die Aufruhrfahne aufgepflanzt ist, schaaren sich eine Menge gesetzloser, desperater Menschen darunter, die nichts zu verlieren haben. So werden die Stützen der Regierung erschüttert u. s. w.

man die Maßregeln des Gouvernements und Alle, welche sie vertheidigten, angriff, in der Gewaltthätigkeit, in welcher sich die Abneigung gegen dieselben kundgab und hauptsächlich in den Denunciationen, welche von den demokratischen Gesellschaften gegen sie geschleudert wurden, glaubten die Freunde der Administration die Hauptanlässe zu dem verbrecherischen Entschlusse zu finden, dem Willen der Nation gewaltsamen Widerstand zu leisten. Hätten die irregeleiteten Menschen geahnt, daß der Widerstand auf ihr enges Gebiet beschränkt bleiben werde und Denen kein Gehör gegeben, die eine allgemeine Ausdehnung desselben vorhersagten, so würden sie nie so unvorsichtig gewesen sein, sich darin einzulassen. *)

Washington sprach sich über die Sache unverhohlen gegen seine vertrauten Freunde aus. „Das eigentliche Volk, sagte er, welches sich bei entsprechenden Veranlassungen versammelt, um seine Ansichten und Wünsche auszusprechen, darf nicht mit organisirten politischen Parteien und Klubs verwechselt werden, die sich das Recht anmaßen, die Behörden zu controliren und die öffentliche Meinung nach ihrer einseitigen und beschränkten Auffassung lenken zu wollen. Jene Versammlungen verdienen Anerkennung und Beachtung, letztere sind mit der Regierung völlig unverträglich und müssen entweder in Folge der sie treffenden allgemeinen Verachtung ganz unwirksam sein, oder sie arbeiten nur dahin, alle Ordnung und alles Bestehende umzustürzen. Der Congreß hatte sich auf den 4. November vertagt, der Senat war aber erst am 19. in beschlußfähiger Anzahl beisammen. Washington's Eröffnungsrede war diesmal länger als gewöhnlich; er erörterte die Unruhen in Pennsylvanien und die zu ihrer Unterdrückung ergriffenen Maßregeln. Die Bereitwilligkeit, sagte er, womit man seinem an die Bürger erlassenen Aufruf, dem Gesetze hülfreiche Hand zu leisten, entgegen gekommen sei, beweise, daß sie die wahren Grundsätze von Freiheit und Regierung begriffen, und daß „aller Machinationen ungeachtet, welche angewendet worden seien, um sie über ihr Interesse und ihre Pflicht irre zu führen, sie jetzt eben so zuverläßig in der Vertheidigung der Autorität der Gesetze gegen anarchische Bestrebungen seien, als sie es bei der Vertheidigung ihrer Rechte und Freiheit gegen fremde Unterdrückung waren!" Während er in dieser Weise der Miliz rühmend gedachte, fuhr er fort: Wenn wir daher allen Klassen unserer Bürger Anerkennung zollen müssen, haben wir vor allem zu wachen, daß das uns anvertraute geheiligte Depositum, die Verfassung der Ver. Staaten, unverletzt erhalten wird. Nicht allein für uns, sondern auch zum Glücke Jener wollen wir sie bewahren, welche jetzt so zahlreich von allen Theilen der Erde zu uns strömen, um in unserer Mitte eine neue Heimath zu finden. Was aber den Aufstand betrifft, so mögen die Betheiligten in einem Augenblicke ruhiger Ueberlegung der Entstehung und Entwickelung desselben nachforschen, und sie werden entscheiden, ob er nicht durch eine Bande von Menschen angefacht wurde, welche unbekümmert um alle Folgen und ohne Beachtung der Wahrheit, daß sich eine Auf-

*) Tucker's Bemerkungen über den Ausgang dieser „Schnapps-Rebellion" besagen, daß die Freunde der Administration aus der leichten Unterdrückung des Widerstandes Veranlassung genommen hätten, ihr zu dem Triumphe und zu der bewiesenen Klugheit und Schonung Glück zu wünschen, während die Opposition die nämlichen Resultate zum Gegenstande ihrer Ausfälle über „eitles Paradiren großer militärischer Maßregeln bei unbedeutenden Anlässen" machte. Life of Jefferson, Vol. I, p. 478.

regung leichter anzetteln als beschwichtigen läßt, sei es aus Unwissenheit oder aus bösem Willen Verdrehungen, Verdächtigungen, Eifersucht und Angriffe gegen die ganze Regierung als Mittel zu ihren schlechten Zwecken benutzen.*)

„Bei jener Gelegenheit waren die Mängel der Miliz-Organisation klar an den Tag gekommen und Washington drang deßhalb auf eine Revision derselben, gestützt auf die Berichte über das Heer unter General Wayne und auf die Verhältnisse zu den Indianern. Auch lenkte er von neuem die Aufmerksamkeit des Congresses auf die Nothwendigkeit, einen Plan für Abzahlung der National-Schuld zu fassen. „Die Zeit, sagte er, die seit der Organisation unseres Finanz-Systemes verstrichen ist, hat unsere Mittel so weit entwickelt, daß wir jetzt daran denken können, unsere Schulden abzuzahlen. Man glaubt die gewonnenen Resultate so befriedigend, daß der Congreß die Sache sofort in Ordnung bringen sollte, denn nichts kann die fortdauernde Blüthe der Nation mehr befestigen und nichts könnte unsere Institutionen mehr heben.“ Mit Bezug
1794. auf die Andeutung, daß er demnächst Vorlagen über die Verhältnisse zu den auswärtigen Mächten machen werde, äußerte er: „Ich darf jedoch hier schon erwähnen, daß es meine Politik nach Außen hin gewesen ist, den Frieden mit aller Welt zu kultiviren, Verträge mit offener aufrichtiger Treue zu beobachten, nie von der strengsten Unparteilichkeit abzuweichen, alle Mißverständnisse aufzuklären und alles Verletzende und Nachtheilige zu beseitigen; und nachdem ich in dieser Weise das Recht erworben, ein Gleiches gegen uns zu verlangen, auch darauf mit Nachdruck zu bestehen.“ Seine Rede schloß mit folgenden eindringlichen Worten: Vereinigen wir uns also, den obersten Lenker aller Völker anzuflehen, daß er seinen heiligen Schutz unserem Vaterlande angedeihen lasse, daß er die Machinationen unserer Feinde dahin wende, daß sie zur Befestigung unserer Verfassung beitragen, und daß er uns in Stand setze, zu jeder Zeit Herren über innere Empörung und äußere Feindseligkeiten zu werden, die über uns bereits ausgegossenen Segnungen zu verewigen und diese unsere Institutionen zur wirklichen Schutzwehr der Rechte des Menschen zu machen.“

Das Repräsentanten-Haus hatte mittlerweile seine Geschäfts-Organisation dadurch verbessert, daß es zu dem schon bestehenden Wahlausschuß einen weiteren Ausschuß zur Prüfung aller Privatforderungen einsetzte. Die Debatte über die Eröffnungsrede des Präsidenten füllte eine ganze Woche aus und dabei ergab sich ganz klar, daß die republikanische Partei in beiden Häusern gegen das letzte Jahr an Stärke verloren hatte. Einen wesentlichen Punkt der Debatte macht Washington's Rüge gegen die demokratischen Vereine. 1794.
Die Antwort-Addresse des Senates stimmte der Politik des Präsidenten in allen Theilen, sowohl in den auswärtigen Angelegenheiten als in der Unterdrückung des Aufstandes vollkommen bei. Unsere Besorgniß, hieß es darin, bezüglich der Gesetzlosigkeit und der offenen Empörung der Bevölkerung in einzelnen Bezirken von

*) Jefferson geißelt diesen Ausfall gegen die demokratischen Vereine als einen Akt unerhörter Kühnheit und sagt: Es ist wahrhaft zum Erstaunen, daß sich der Präsident in dieser Weise zum Ankläger der Diskussions-Freiheit, der Freiheit der Rede, der Presse ꝛc. hergeben konnte. Tucker nennt diese Kritik Jefferson's eine höchst unberufene und sogar abgeschmackte. Life of Jefferson Vol. I, p. 88 ff.

Pennsylvanien, wurde noch durch das Auftreten mehrerer sich selbst organisirenden Vereine gegen die Gesetze und Verwaltung erhöht; ein Auftreten, das in unziemlicher Anmaßung beruhend, wenn nicht absichtlich doch thatsächlich auf den Umsturz der Regierung hin arbeitete, und welches durch seine thörichte Versprechungen allseitiger Hülfe, hauptsächlich Schuld an der Irreleitung und Verführung unserer Mitbürger „in jenen beklagenswerthen Scenen beitrug." Nur gegen letztere Klausel war in der Debatte heftig opponirt worden; allein sie ging durch, wie sie vom Komite vorgeschlagen worden war.

Im Hause bestand das zum Berichte über die Antwort-Addresse ernannte Komite aus Madison, Sedgwick, und Scott. Die Stelle in der Rede bezüglich der demokratischen Gesellschaften, so wie die Eröffnungen über die auswärtige Politik und die Erfolge des Generals Wayne waren in dem Entwurfe ganz mit Stillschweigen übergangen. Des Präsidenten Dazwischentreten in ihrem Lieblings-System „kommerzieller Einschränkungen" und die Mission von John Jay waren von den Republikanern noch nicht verschmerzt. Alle Anträge auf einen Tadel der demokratischen Gesellschaften oder auf Billigung der auswärtigen Politik des Präsidenten fielen, und nach einer heftigen Debatte blieb die Opposition triumphirend.*)

Dieser Sieg belebte die schon ziemlich gesunkenen aufrührerischen Klubs zwar neuerdings, jedoch nur auf kurze Zeit. Die ihnen zugeschriebene Schuld, eine allgemein verabscheute Empörung veranlaßt zu haben, eine Schuld, die nicht allein von dem Präsidenten, sondern von dem Publikum im Allgemeinen ihnen beigemessen wurde, hatte ihnen wesentlich geschadet, und während sie unter diesem Stigma litten, empfingen sie den Todesstreich von einer Seite, von welcher er am wenigsten erwartet wurde. Der Rest des französischen Konvents, in Verzweiflung über den wilden Terrorismus der Jakobiner und der blutgierigen Tyrannen an seiner Spitze, hatte zuletzt seine Rettung darin gesucht, daß er der Gefahr offen entgegentrat; es war ihm geglückt Robespierre auf die Guillotine zu bringen und der Schreckensherrschaft ein Ende zu machen. Die ungeheuere Gewalt des Klub-Wesens war mit ihrem Chef gebrochen, und sie fielen dem längstverdienten Abscheu anheim. So wie der mächtigste Fluß versiegt, wenn seine Quellen aufhören zu fließen, so zerstoben die demokratischen Vereine in Amerika, als die Jakobiner-Klubs in Frankreich gestürzt waren. Als ob ihr Geschick an demselben Haken gehangen hätte, ward der politische Tod der ersteren zum Signal für das Untergehen der letzteren.

Ungeachtet der Kälte, womit das Haus die Rede des Präsidenten aufgenommen hatte, ging man mit Eifer an die Erledigung der von ihm angedeuteten Punkte. Die Ablösung der Staatsschulden betreffend, so war die Ausführung der Sache, so eifrig sie auch von der Whig Partei gewünscht worden, doch bis jetzt stets an den Schwierigkeiten gescheitert, die sich ihr entgegenstellten. Die Eingangszölle und das Tonnengeld konnten nicht plötzlich so hoch gesteigert werden, daß sie die Staatshaushalts-Bedürfnisse deckten und einen Ueberschuß zur Bildung eines Tilgungsfonds der Kapitalschuld abwerfen konnten. Es muß-

*) Die Debatte über die Antworts-Addresse findet sich in Benton's Abridgement of the Debates of Congress. Vol. I, p. 582. ff.

ten daher weitere Quellen des Einkommens aufgefunden werden. Da aber neue Steuern die nie versiegende Quelle unzufriedenen Murrens in jedem Staate sind, so gehört in einem Gouvernement, dessen Stärke lediglich auf seiner Popularität beruht, kein kleiner Grad von Muth und Aufopferungsfähigkeit für das wahre Interesse des Landes dazu, das Gehässige auf sich zu laden, was eine neue Steuerauflage, mag sie noch so nothwendig sein, stets auf die Administration werfen wird.

Hamilton, den man niemals eines Mangels an Muth in Verfolgung seiner Ueberzeugung von Wahrheit und Pflicht rücksichtlich der Finanzen des Landes zeihen konnte, richtete, während der Congreß mit Erörterung des Berichtes eines Comite's über eine von Smith aus Süd-Carolina vorgeschlagene Maßregel zur Verminderung der Staatsschuld beschäftigt war, ein Schreiben an den Sprecher des Hauses. Er erklärte darin, daß er auf Grundlage der vorhandenen Einnahmen einen Plan zur ferneren Unterstützung des öffentlichen Credits ausgearbeitet habe und bereit sei, ihn vorzulegen. Am 21. Januar 1795 ward der umfassende und vortrefflich ausgearbeitete Plan
1795. des Schatzsecretärs zur **Hebung des öffentlichen Credits** dem Congreß vorgelegt und am 2. Februar ein Anhang dazu mit Vorschlägen zur **Erhöhung des Einnahme-Budgets** eingereicht.

Hamilton wollte eine Vermehrung des Tilgungsfonds durch Erhöhung der Zölle auf importirte Waaren und des Tonnengeldes, durch eine Accise auf die innerhalb der Ver. Staaten angefertigten Spirituosen und Besteuerung der Brennereien, durch den Preis der verkauften Staats-Ländereien, durch die Accumulation der Zinsen der von den Ver. Staaten besessenen Bank-Actien und durch die Zinsen von abgetragenen Capitalien, endlich durch Admassirung aller Ueberschüsse der Einkünfte, die am Ende jedes Kalenderjahres sich über den Betrag der im Budget vorgesehenen Ausgaben ergeben würden, erzielen, — unbeschadet des Rechtes des Congresses, jenen Ueberschüssen eine besondere Verwendung zu geben. Dieser Fonds sollte zur Einlösung der sechsprocentigen und consolidirten Obligationen verwendet werden, indem von dem den Ver. Staaten vorbehaltenen Rechte, Beträge von acht Procent jährlich auf Capital und Zinsen bis zur Tilgung des Ganzen abzuzahlen, Gebrauch gemacht würde. Nach Tilgung dieser Schuld sollte derselbe Fonds in der nämlichen Weise verwendet werden, bis der Rest der einheimischen und auswärtigen, fundirten oder nicht fundirten, Schuld der Ver. Staaten getilgt sein werde. Der Staats-Credit der Ver. Staaten sollte den Gläubigern für die ausschließliche Verwendung dieses Fonds zur Abtragung jener Schulden verpfändet sein und zu diesem Ende sollte der ganze Fonds den Commissären des Tilgungsfonds in Depositum übergeben werden.

Die Wichtigkeit dieser Maßregel zur Vorbeugung der aus einer großen Anhäufung von Schulden entsteigenden Uebelstände ward der Aufmerksamkeit des Congresses mit aller Gründlichkeit und Klarheit der Beweise und Erläuterungen empfohlen, in welchen sich der Schatzsecretär so sehr auszeichnete. „Es gibt keinen Gegenstand, bemerkte er, welcher die ernste Aufmerksamkeit der Gesetzgebung des Landes mehr verdienen kann, als der in der Rede des Präsidenten hervorgehobene, daß eine steigende Anhäufung von Schulden jede Regierung mit den ernstlichsten Gefahren bedrohe. Es mag dieser Zustand eine krankhafte Erscheinung bei alten Regierungen sein und darin läßt sich die Ursache der großen und erschütternden Revolutionen finden, welche viele europäische Staaten so oft schon heimgesucht haben. Wenn einmal der Aufwand einer Nation, sei es aus eigener Thorheit, Eifersucht, Eroberungsgier oder Ungerechtigkeit, oder weil sie von anderen Staaten gewaltsam dazu genöthigt wird, das Maß überschritten hat, so geht dies in reißender Folge und geometrischer Progression. Dazu findet man eine allgemeine in der menschlichen Natur gegründete Neigung Derer, welche die Angelegenheiten einer Regierung verwalten, die Bürde der Gegenwart der Zukunft aufzulasten; eine Neigung, welche namentlich bei populären Verwaltungen ganz besonders stark hervortritt." Sowohl die aus Neigung in einer republikanischen Regierung entspringenden Schwierigkeiten als die Inconsequenz von Männern, welche in der Sucht nach Popularität im Principe stets laut gegen die Anhäufung von Schulden und für deren Verminderung declamiren und gleichwohl aus derselben Ursache eben so laut gegen die wahren Mittel schreien, welche allein die erstere verhüten und die letztere bewirken kann, hat damals Hamilton mit großer Klarheit und Wahrheit auseinandergesetzt. „Vorhandene Schulden zu tilgen, bemerkte er, und neue zu vermeiden, sind Dinge, womit sich jederzeit die öffentliche Meinung einverstanden erklärt, aber Abgaben zu dem einen oder dem anderen Zwecke zu zahlen, was doch das einzige Mittel zur Verminderung des Uebels ist, wird immer mehr oder weniger unpopulär sein. Dieser Widerspruch liegt in der menschlichen Natur. Das Geschick jenes Landes würde in der That beneidenswerth sein, in welchem es keine Leute gäbe, welche jenes Mittel nicht für ihre Popularität oder zu anderen noch schlechteren Zwecken zu verdächtigen ausgingen. Es ist das eine ganz gewöhnliche Erscheinung, denselben Mann Partei für eine Classe von Ausgaben nehmen zu sehen, wenn sie nur im Einklange mit der Laune des Publikums stehen, mögen sie im Grunde noch so übel angewendet sein, während er gleichzeitig gegen Contrahirung von Schulden und für die Verminderung derselben declamirt und doch wieder gegen jeden Vorschlag, wie dieselben verhütet oder abgetragen werden können, ein unsinniges Geschrei erhebt."

Endlich ging während dieser Sitzung ein wesentlich mit dem vom Secretär unterbreiteten Plane übereinstimmender Beschluß durch, obgleich der Congreß über die bestimmte Verwendung der inneren Zölle getheilt war. Die für Zahlung und Ablösung der Schuld bewilligten Fonds wurden zu diesem Zwecke gesetzlich den Commissären des Tilgungsfonds überwiesen und der öffentliche Credit der Ver. Staaten verpfändet, daß jene Fonds unabänderlich für die Zahlung der ganzen Schuld reservirt bleiben sollten. Sie sollten zur Zahlung von jährlich acht Procent auf Rechnung **1795.** von Capital und Zinsen und der sechs Procent Zinsen der consolidirten Schuld verwendet werden. *)

Der Ueberschuß aber sollte zur Amortisation der anderen auswärtigen und einheimischen Schulden dienen. Der ganze

*) Es mag hier die Bemerkung nicht am unrechten Orte sein, daß in Folge dieses Uebereinkommens mit den Staatsgläubigern die sechsprocentigen Papiere im Jahre 1818, die consolidirten Stocks aber im Jahre 1824 völlig bezahlt wurden.

Betrag der damals ungezahlten Schulden der Ver. Staaten (einschließlich der übernommenen) belief sich im Jahre 1795 auf $76,096,468. 17 Cts.

Der Bericht des ernannten Comite's empfahl noch andere Gegenstände im Inlande mit Steuer zu belasten, auch die nur zeitweilig angeordneten Zölle permanent zu erklären. Die Opposition dagegen war so heftig, daß die Bill erst spät im Februar zur Abstimmung kam, wo sie durch die ausdauernden Bemühungen der föderalistischen Partei durchgesetzt wurde. Außer den für die Zinsen der Staatsschuld und für den Staatsdienst erforderlichen Summen sollten in dieser Session nahezu $1,500,000 für die Kosten der Unterdrückung der „Whisky-Rebellion" angewiesen werden, was man nur durch eine zeitweise Anleihe bewerkstelligen konnte. Das ganze Ausgabebudget betrug $6,500,000. Es ist der Bemerkung werth, daß während dieser Sitzung des Congresses nicht so viele stürmische Debatten vorkamen, wie sie früher den Gang der Geschäfte so sehr hinderten und eine so feindselige Stimmung im Lande erregten. Das Hauptergebniß, die Organisation eines Tilgungsfonds, war von höchster Wichtigkeit für die Union.

Hamilton, der schon einige Zeit vorher die Absicht gehabt hatte, sich von den Geschäften zurückzuziehen, namentlich wegen des schlechten und kärglichen Gehaltes der Regierungsbeamten, legte sein Amt als Schatzsecretär am letzten Tage des Januars nieder. Oliver Wolcott ward am 2. Februar zu seinem Nachfolger ernannt.

General Knox hatte sich schon im Monat vorher zurückgezogen und war durch Oberst Pickering ersetzt worden. In der Zeit, als General Hamilton das Amt eines Schatzsecretärs bekleidete, waren die Principien, welche die beiden Parteien trennten, enger mit den finanziellen als irgend anderen Maßregeln der Regierung verbunden. Staatssouveränität oder Volkssouveränität war bisher immer der Maßstab gewesen, welcher an die Maßregeln der Verwaltung angelegt wurde. Die Aufnahme einer Anleihe, die Errichtung einer Bank, die Auflegung einer Steuer wurden seither als Fragen von unendlicher politischer Wichtigkeit behandelt, aber nachdem man diesen Standpunkt allmälig zu verlassen begann, fing man an, die Finanzen des Landes mit jener Aufmerksamkeit zu behandeln, wie es ihre Wichtigkeit verdiente. Die Einrichtung eines Finanz-Systems Angesichts einer so heftigen und mächtigen Opposition, so widerstreitender Interessen und eingewurzelter Vorurtheile und ungeachtet der Hindernisse, die aus unvollkommener Kenntniß unserer Hülfsquellen und aus irrigen Ansichten über finanzielle Gegenstände entsprangen, erforderte ein Talent und eine Vereinigung von Kenntnissen, wie sie sich selten beisammen finden. Hamilton's Talente und Fähigkeiten leuchteten nicht blos in dem ihm speciell überwiesenen Departement hervor: bei jeder Veranlassung, bei jeder wichtigen Frage mußte er mit dem ganzen Umfang seines Geistes und seines politischen Einflusses aushelfen und jedes Grundprincip der Regierung festbegründen helfen. Sowohl bei dem Präsidenten als bei dem Volke galt er als der zuverlässigste Rathgeber und seine Ansicht hatte immer das größte Gewicht bei der Entscheidung. So war er eigentlich der wahre Ausdruck der föderalistischen Partei. *)

*) Gibbs' "Administration of Washington and Adams" (Verwaltung von Washington und Adams), Bd. I., S. 172

Am 3. März endigte die Session und mit ihr erreichte der dritte Congreß
1795. sein Ende. Obgleich die republikanische Partei eine kleine Majorität in einem Theile der Gesetzgebung erlangt hatte, so wirkten doch verschiedene Umstände zusammen, die Pläne und Absichten des Präsidenten nachdrücklich zu unterstützen. Darunter waren der Sieg des Generals Wayne und die Unterdrückung der westlichen Insurrection. Gleichwohl drangen seine Ansichten in einigen Punkten, die er dringend empfohlen hatte, nicht durch. Hierzu gehörte sein Plan, ein friedliches Verhältniß mit den Indianern durch einen kräftigen Schutz gegen die Beeinträchtigungen der Weißen herzustellen. Er hatte kaum einen Congreß vorübergehen lassen, ohne dessen Aufmerksamkeit auf diesen Gegenstand zu lenken. Er hatte denselben in seiner Eröffnungsrede beim Anfang dieser Sitzung abermals erwähnt und durch besondere Botschaft dringend empfohlen, welcher ein Bericht des Kriegssecretärs über die Frage beilag. Der in diesem Bericht angegebene Plan war, außer den zum Schutze des Handels unerläßlichen militärischen Vorkehrungen, eine Kette von Forts mit Besatzungen innerhalb des Territoriums der Indianer zu errichten, vorausgesetzt, daß sie ihre Zustimmung dazu gäben. Diese Forts sollten eben so gut die Indianer gegen die Weißen beschützen, wie umgekehrt, indem die Commandanten alle Weiße, welche ohne Erlaubniß das Gebiet der Indianer überschritten, vor ein Kriegsgericht stellen sollten. Eine Bill, welche auf diesen Bericht gegründet war, ging im Senate durch, ward aber im Hause zurückgewiesen.*)

Unmittelbar nach der Vertagung des Congresses erhielt Washington die Nachricht, daß der Freundschafts-, Handels- und Schifffahrts-Vertrag zwischen den Vereinigten Staaten und Großbritanien am vorhergegangenen 19. November unterzeichnet worden war. Eine Abschrift dieses berühmten Vertrags erreichte das Staatsdepartement am 7. März und der Präsident unterzog dieselbe unverweilt der ernstesten Prüfung, um die ihm rücksichtlich der Ratification obliegende Pflicht getreulich erfüllen zu können.

Auf einer vorhergehenden Seite haben wir von Herrn Jay's Ernennung zu einer außerordentlichen Mission nach England, sowie von den kritischen Umständen gesprochen, unter denen er seine Aufgabe begann. Nachdem er New York am 12. Mai 1794 verlassen hatte, langte er ungefähr um die Mitte des Juni in London an und
setzte sich unmittelbar mit Lord Gren- 1794.
ville in Verbindung, welcher vom König beauftragt war, die Verhandlungen mit dem amerikanischen Gesandten zu leiten. Die

und 173. Um den Talenten, dem Patriotismus und der Redlichkeit Hamilton's Gerechtigkeit widerfahren zu lassen, mag der Leser nachsehen: Marshall's "Life of Washington" (Marschall's Leben Washington's), Bd. II., S. 356—358. Die andere Seite der Medaille mag man sich in Jefferson's "Anas" besehen. Letzterer beschuldigt Hamilton entschieden, „er sei nicht allein ein Monarchist, sondern Anhänger einer auf Corruption basirten Monarchie gewesen.“ Zum Beweise dessen berichtet er eine Anekdote mit der seltsamen und unverschämten Versicherung: „für die Wahrheit des Gesagten berufe ich mich auf das Zeugniß des Gottes, welcher mich geschaffen hat.“ Hamilton verlangte, sagt er, einen „erblichen König mit einem nach seinem Willen bestechlichen, zwischen ihm und dem Volke stehenden Ober- und Unterhause.“ Siehe Jefferson's Werke, Band IX., S. 95—97. Wir führen solche Aeußerungen als geschichtliche Thatsachen an, während wir zugleich die Ueberzeugung aussprechen, daß Beschuldigungen dieser Art gegen Hamilton alles Grundes entbehren und unter dem Einflusse eingewurzelter politischer Animosität geschrieben worden sind.

*) Wir wollen hier als einen Gegenstand von allgemeinem Interesse erwähnen, daß der 19 Februar nach Washington's Proklamation als ein Danksagungstag (a day of thanksgiving) überall in den Ver. Staaten betrachtet ward.

Instructionen Jay's waren allgemeiner Natur, die einzige ihm auferlegte Beschränkung war, daß er sich in keine Verpflichtung einlassen solle, welche mit den gegen Frankreich eingegangenen Verbindlichkeiten unvereinbar seien und daß uns ein directer Handelsverkehr mit den britisch-westindischen Inseln solle zugesichert werden. Herr Jay und Lord Grenville waren beide aufrichtig bestrebt, eine freundschaftliche Vereinbarung zu Stande zu bringen, welche für beide Länder so wünschenswerth war. Da Offenheit und männliches Entgegenkommen ihrem diplomatischen Verkehr zu Grunde lag, schritt die Unterhandlung so schnell als es bei den mannigfaltigen und verwickelten Fragen möglich war, voran. Indem wir uns rücksichtlich der mit der Unterhandlung zusammenhängenden Einzelnheiten auf den in der Lebensbeschreibung des Herrn Jay*) enthaltenen Bericht beziehen, wollen wir die Hauptzüge des Vertrags nach Pitkin's Werke wiedergeben.

Im Eingange ward bemerkt, daß die beiden Regierungen das ernstliche Verlangen hegten, durch einen Freundschafts-, Handels- und Schifffahrts-Vertrag ihre Streitigkeiten ohne Rücksicht auf ihre seitherigen Beschwerden und Entschädigungs-Ansprüche zu beendigen, so daß das gegenseitige gute Einverständniß wiederhergestellt werde u. s. w. Die westlichen Grenzforts sollten den Ver. Staaten bis zum 1. Juni 1796 übergeben werden; eine Entschädigung für den seither zugefügten Schaden, namentlich für die von den Engländern nach dem Frieden von 1783 weggeführten Sklaven wurde nicht gewährt. Die Vereinigten Staaten sollten britische Gläubiger für die Verluste entschädigen, welche sie durch das gesetzliche Verbot der Einforderung ihrer Activen in den Ver. Staaten erlitten haben könnten, vorausgesetzt, daß jene Forderungen von der Zeit vor dem Revolutionskriege datirten.

Zu diesem Zwecke wurden Liquidations-Commissäre ernannt. Großbritanien solle an amerikanische Kaufleute für ungesetzliche Wegnahme ihres Eigenthums Entschädigung leisten, die Liquidation sollte in derselben Weise geschehen. In beiden Fällen sollte die Liquidations-Commission aus fünf Personen bestehen, von denen jede Regierung zwei zu ernennen habe, welche dann den fünften mit Einstimmigkeit ernennen sollten. Sollten sich dieselben aber nicht einigen können, so sollten die von beiden Regierungen ernannten Commissäre einen Fünften vorschlagen und das Loos unter den beiden Vorgeschlagenen entscheiden.

Es wurden ferner Vorkehrungen zur genaueren Regulirung der Grenzen zwischen den Ver. Staaten und den britisch-nordamerikanischen Besitzungen getroffen.

Das Grundeigenthum, was die Bürger eines Landes in dem Territorium des anderen eigenthümlich besitzen könnten, sollte garantirt und dieselben sollten befugt sein, solches Grundeigenthum nach den Rechten und Verhältnissen ihrer Erwerbs-Urkunden zu verkaufen, zu übertragen oder zu theilen. Durch den zehnten Artikel wurde bestimmt, daß weder die von Individuen der einen Nation an Individuen der anderen fälligen Schulden noch Ansprüche oder Gelder in

*) Siehe "Life of John Jay" von seinem Sohne, Bd. I., S. 322–340. In einem Privatbriefe an Washington von demselben Datum mit der Unterzeichnung des Vertrags sprach Jay seine vollkommene Ueberzeugung aus, daß „man nicht Mehreres habe erreichen können." „Es braucht nicht vor Ihnen verhehlt zu werden, fügte er bei, daß das Vertrauen in Ihren persönlichen Charakter während der Unterhandlung augenscheinlich und für den Erfolg von großem Einflusse war."

öffentlichen Fonds oder in den öffentlichen oder Privatbanken im Falle eines Krieges oder internationalen Streitigkeiten sequestrirt oder confiscirt werden dürften: „Es sei ungerecht und unpolitisch, war in diesem Artikel bemerkt, daß Schulden oder Verpflichtungen, die Individuen im Vertrauen zu einander und zu ihren respectiven Regierungen eingegangen, unter dem Einflusse internationaler Streitigkeiten oder eines Bruches zwischen ihren Regierungen leiden oder beeinträchtigt werden sollten." Beiden Theilen sollte die Befugniß zustehen, mit den Indianern in ihrem respectiven Territorium in Amerika Verkehr zu treiben (mit Ausnahme des Landes innerhalb der Grenzen der Hudsons-Bai-Compagnie) und die Beschiffung des Mississippi-Flusses sollte ebenfalls beiden Nationen garantirt sein.

Die ersten zehn Artikel, welche hauptsächlich die oben berührten wichtigen Punkte umfaßten, sollten für ewige Zeiten gelten.

Die übrigen achtzehn Artikel bezogen sich auf den künftigen Verkehr zwischen den beiden Ländern und waren in ihrer Dauer auf zwölf Jahre oder auf zwei Jahre nach Beendigung des Krieges beschränkt, in welchen die britische Nation damals verwickelt war. Mittelst des zwölften Artikels war ein directer Handel zwischen den Ver. Staaten und den britisch-westindischen Inseln auf amerikanischen Schiffen bis zu siebenzig Tonnen Last zugestanden, sofern dieser Verkehr den Austausch der Producte und Manufacturen-Erzeugnisse der Ver. Staaten und der westindischen Inseln zum Gegenstand habe; dagegen sollte den Ver. Staaten untersagt sein, Molassen, Zucker, Kaffee, Cacao oder Baumwolle sowohl von den Inseln als aus den Ver. Staaten nach irgend einem Theil der Welt zu transportiren.

Da Baumwolle zu jener Zeit in einiger Ausdehnung in den südlichen Staaten erzeugt ward und man auch den Anfang mit deren Ausfuhr gemacht hatte, so muß uns heute der zwölfte Artikel merkwürdig erscheinen. Man muß aber bedenken, daß Jay, wenigstens wie behauptet wird, keine Ahnung davon hatte, daß in den Vereinigten Staaten Baumwolle zu einem so bedeutenden Ausfuhr-Artikel werden könne, ja nicht einmal wußte, daß damals schon hier gewonnene Baumwolle ausgeführt wurde.

Im Uebrigen wurde gegenseitige und vollkommene Freiheit des Handels und der Schifffahrt zwischen den Ver. Staaten und den britischen Besitzungen in Europa festgesetzt; keine von beiden sollte höheren Zöllen unterworfen sein, als die anderer Nationen, weshalb sich die britische Regierung das Recht vorbehielt, wegen der in Amerika auf ihre Erzeugnisse erhobenen Zölle eine Ausgleichungsabgabe zu erheben. Amerikanische Fahrzeuge sollten in den Häfen der britischen Territorien in Ostindien frei zugelassen werden, jedoch keinen Küstenhandel betreiben dürfen.

Schiffsbauholz, Theer, Harz, Kupfer in Platten, Segel, Hanf und Tauwerk und was überhaupt unmittelbar zur Ausrüstung von Schiffen dienen kann (blos ungeschmiedetes Eisen und Fichtenplanken ausgenommen), ward in das Verzeichniß der Contrebande eingeschlossen. Rücksichtlich der Lebensmittel und anderer im Allgemeinen nicht als Contrebande angenommener Artikel ward in „Anbetracht der Schwierigkeit einer Bestimmung der besonderen Fälle, in denen sie als solche betrachtet werden könnten" und um daraus etwa entspringenden Unannehmlichkeiten und Mißverständnissen vorzubeugen, erklärt, daß, wenn irgendwie dergleichen Artikel nach dem bestehenden Gesetze einer der beiden Nationen als Contrebande erklärt wären, dieselben nicht confiscirt, sondern ihren Eigenthümern von denen, welche sie weggenommen, zurückgegeben oder von der Regierung vollständig vergütet werden sollten.

Prisen, welche von Kriegsfahrzeugen oder Kaperschiffen einer der contrahirenden Parteien genommen worden, sollten in den Häfen der einen oder der anderen Nation ohne Untersuchung ein- und auslaufen dürfen und es solle keiner auswärtigen Nation gestattet sein, im Falle eines Krieges mit einem der contrahirenden Theile, mit einem demselben genommenen Fahrzeug in einen Hafen des nicht kriegführenden Theiles einzulaufen. Gleichwohl solle der gegenwärtige Vertrag keinen früheren oder schon bestehenden Verträgen mit anderen Nationen zuwider laufen.

Herr Jay war nicht im Stande, die Anerkennung des Satzes durchzusetzen, „daß freies Schiff freies Gut mache." In der That konnte man nach der Erklärung des Ministeriums des Handels und der Plantagen über diesen Gegenstand schwerlich erwarten, daß Großbritanien zur Zeit eines Krieges irgend ein Zugeständniß gegen seine Politik in dieser Materie machen würde. Es war schon genug, daß gegen die Ansicht jenes Ministeriums, daß die britischen Colonial-Häfen den Amerikanern nicht geöffnet werden sollten und daß dies auch hier kein Gegenstand der Unterhandlung sei, dennoch directer Handel zwischen den Ver. Staaten und den britisch-westindischen Inseln, wenn gleich nur in Fahrzeugen von geringem Tonnengehalte, eingeräumt wurde. Unglücklicherweise ließ der Vertrag die wichtige Frage, ob Lebensmittel Contrebande seien, auf demselben Punkte, wo sie nach den seitherigen Gesetzen und Gebräuchen schon gestanden hatte. Indeß Alles in Allem betrachtet, war Jay völlig überzeugt, daß ihm alle Zugeständnisse gemacht worden, welche zu erlangen möglich gewesen und daß es seiner Ansicht nach im Interesse der Ver. Staaten gelegen sei, darauf einzugehen.*)

Da die Verfassung vorschrieb, daß alle Verträge vom Senat ratificirt werden mußten, berief Washington denselben auf den 6. Juni zusammen und legte den Vertrag der Berathung dieser Behörde vor. 1795.
Washington selbst war durchaus nicht mit dem Vertrage zufrieden und hatte etwas Günstigeres gehofft; nichtsdestoweniger beschloß er, da der Friede für die Ver. Staaten alles werth war, den Vertrag durch seine Unterschrift zu sanktioniren im Falle der Senat ihn ratificiren würde. Nachdem derselbe über der Berathung dieses wichtigen Aktenstückes beinah zwei Wochen zugebracht hatte, beschloß eine knappe verfassungsmäßige Majorität von zwanzig gegen zehn Stimmen, den Vertrag mit Ausnahme Eines Artikels (nämlich den in Beziehung auf den westindischen Handel) zu ratificiren.

Washington war in großem Zweifel, was er bei dieser bedingt ausgesprochenen Ratification des Vertrags zu thun habe,

*) Der ursprüngliche von Jay angefertigte und an Lord Grenville übermachte Entwurf enthielt folgenden Artikel: „Es wird festgesetzt, daß wenn es sich unglücklicherweise ereignen sollte, daß Großbritanien und die Vereinigten Staaten in einen Krieg verwickelt würden, keine Kaperbriefe von denselben gegen einander ausgestellt werden sollen." Es ist gewiß sehr zu bedauern, daß dieser Artikel nicht aufgenommen ward, denn das Beispiel zweier großer Nationen wie England und die Vereinigten Staaten würde viel vermocht haben, um einer Art von Kriegführung ein Ende zu machen, die in der Beutesucht verwegener Menschen begründet und die Ursache unendlicher Widerrechtlichkeiten und Verletzungen der Humanität ist.

und während er noch in dem Entschlusse rücksichtlich dieses neuen Zwischenfalls schwankte, lief die Nachricht ein, daß die britische Regierung die provisionellen Maßregeln vom Juni 1793 erneuert habe. Dies machte ihn höchst zweifelhaft, ob er den Vertrag ratificiren solle, ehe eine befriedigende Erklärung über den Einfluß jener Maßregeln auf die Stipulationen des Vertrags gegeben worden sei. Er befahl dem Staatssecretär, eine energische Denkschrift an die engl. Regierung zu entwerfen und behielt sich seine Entscheidung über diese verwickelten Punkte bis nach seiner Rückkehr von Mount Vernon vor, wo er im Juli in seinen Privatgeschäften anwesend sein mußte.

Inzwischen sendete einer der Virginischen Senatoren, S. T. Mason, mit Verletzung des Amtsgeheimnisses und aller Pflichten der Ehrenhaftigkeit eine Abschrift des Vertrags an die „Aurora," ein leidenschaftliches Parteiblatt in Philadelphia. Am 2. Juli veröffentlichte dieses Blatt den Vertrag ohne Ermächtigung der Executive und ohne irgend eine der zu dessen Verständniß absolut nothwendigen amtlichen Urkunden und Correspondenzen.

Wenn bei dem damaligen Stande der Parteien und der allgemein vorherrschenden Erbitterung die Mission Jay's auf's leidenschaftlichste angegriffen und das Resultat seiner Bemühungen bereits im voraus verurtheilt war, ehe man noch wußte, was der Vertrag überhaupt enthielt, so kann sich der Leser vorstellen, was für ein Eindruck durch diese hinterlistige Veröffentlichung des Vertrags hervorgebracht werden mußte. Großbritanien war gehaßt und geschmähet und Frankreich war fast angebetet von einer großen und mächtigen Partei in den Ver. Staaten, und es gab eine Anzahl Menschen, welche in ihrer blinden politischen Wuth und Aufregung lieber Alles aufzuopfern bereit waren, als die Eintracht mit dem Mutterlande wieder hergestellt zu sehen oder sich in ihrer leidenschaftlichen Verehrung Frankreichs zu mäßigen. „Die ganze demokratische Partei rief," wie Tucker sagt, von einem Ende der Union zum anderen mit einer Stimme aus, daß der Vertrag die Ehre, die Rechte und Interessen der Ver. Staaten in feiger niedriger Weise ihrem tödtlichsten Feinde aufgeopfert habe.*)

Volksversammlungen wurden in Boston, New-York, Philadelphia, Baltimore, Charleston und anderen Städten gehalten, in denen der Vertrag in den heftigsten Ausfällen angegriffen ward. Ueberall wurden aufreizende Beschlüsse und Aufrüfe erlassen, welche sich in den ungemessensten Ausdrücken dagegen erklärten. Ganze Ströme von Schimpfworten wurden über ihn ausgegossen, Cato's und andere große Namen alter Zeiten erschienen wieder auf der Erde, beklagten die Entartung des Volkes und zeigten in statistischen Tabellen das Facit aller Opfer und Erniedrigung, die es erduldet; Patrioten redeten in allen Theilen des Landes die leidenschaftlich erregte Masse an; in Boston und anderen Städten

---

*) Es war im Sommer 1795, als Hamilton seine energischen Artikel (Essay's) unter der Unterschrift „Camillus" schrieb, in denen er den Vertrag von Herrn Jay mit meisterlicher Fertigkeit erörtete und sehr geschickt vertheidigte. (Siehe Hamilton's Works — Hamiltons Werke—Bd. VII, 172 ff.) Es war mit Rücksicht auf diese ausgezeichnete Arbeit, daß Jefferson seinen Gegner Hamilton „einen Koloß der antirepublikanischen Partei und in seiner Person allein eine ganze Schaar darstellend," nannte. Er fordert Madison in ernsten Ausdrücken auf diese Schriften gegen die Förderalisten zu beantworten. „Um Gottes willen nehmen Sie Ihre Feder und geben Sie dem Curtius und Camillus eine derbe Zurechtweisung. Tuckers "Life of Jefferson" (Leben Jefferson's) Bd. I, S. 500.

gaben die Stadtbehörden mißbilligende Beschlüsse ab, welche höchst geschäftig zur Kenntniß des Cabinets gebracht wurden. Indeß blieb die Opposition nicht beim Reden stehen. Manche gewaltsame Scenen wurden während der Aufregung in den erwähnten Städten aufgeführt; Pöbelhaufen drohten denen, die den Vertrag vertheidigten, mit Gewaltthätigkeiten; Herr Jay ward in Effigie verbrannt, der britische Gesandte ward insultirt. In New-York ward Hamilton bei einer öffentlichen Versammlung beinah gesteinigt; hochgestellte und einflußreiche Mitglieder der Gegenpartei standen dabei, ohne sich in's Mittel zu legen."

Abermals gab sich die unbesiegliche Festigkeit Washingtons zur Rettung seines Vaterlandes kund. Er war nicht der Mann, der sich von dem Gebote der Pflicht durch Geschrei oder Anklagen abwendig machen ließ, und wenn er einmal seinen Entschluß gefaßt hatte, so war es unmöglich ihn zu erschüttern.

Die Notabeln der Stadt Boston erließen in den ersten Tagen des Juli eine Anzahl von Beschlüssen gegen den Vertrag, sendeten dieselben dem Präsidenten durch einen Expressen und drangen in ihn, dem Vertrage seine Unterschrift zu verweigern. Seine Antwort, die ihm so ganz gleich sieht und seine Ansichten und die Grundsätze von denen er geleitet ward, so klar bezeichnet, ist werth, in ihrer ganzen Ausdehnung wiedergegeben zu werden:

An die Notabeln der Stadt Boston.

28. Juli 1795.

„Meine Herren! In jedem Schritte meiner Verwaltung habe ich das Glück meiner Mitbürger erstrebt. Mein System zur Erreichung dieses Zweckes bestand stets darin, von allen persönlichen, örtlichen und parteilichen Rücksichten abzusehen, die Ver. Staaten als ein großes Ganze zu betrachten, darauf Bedacht zu nehmen, daß leidenschaftliche Eindrücke wichtiger Ueberlegung Raum geben möchten und ausschließlich die wesentlichen und dauernden Interessen unseres Landes 1795.
zu Rathe zu ziehen. Auch bei der Gelegenheit, welche die in ihrem Schreiben vom 13. dieses Monats enthaltenen Beschlüsse berühren, bin ich nicht von der obigen Richtschnur meines amtlichen Verfahrens abgewichen.

„Ohne meinem eigenen Urtheile einen Vorzug einzuräumen habe ich mit Aufmerksamkeit alle jene Gründe erwogen, die mir in dieser verhängnißvollen Frage vorgeführt worden sind. In Allem ist die Verfassung die Richtschnur, von der ich nicht abweichen darf. Sie hat dem Präsidenten die Macht ertheilt, Verträge zu schließen mit Beirath und Zustimmung des Senats. Es ist dabei ohne Zweifel vorausgesetzt, daß diese beiden Zweige der Regierung ohne Leidenschaft und mit den besten Mitteln der Erkundigung diejenigen Thatsachen und Grundsätze erkannt haben würden, von denen der Erfolg unserer auswärtigen Beziehungen abhängen kann, so daß sie nicht an die Stelle ihrer eigenen Ueberzeugung die Ansichten Anderer zu setzen, oder Wahrheit auf einem anderen Wege zu suchen brauchen, als auf dem einer unbefangenen Prüfung der aus den besten Quellen erkannten Thatsachen und Verhältnisse.

„Auf den Grund dieser Ueberzeugung habe ich meine Ansicht über die mir hier obliegende Pflicht festgestellt. Der hohen damit verbundenen Verantwortlichkeit gehe ich nicht aus dem Wege und überlasse es Ihnen, diesem meinem Beschlusse jede beliebige Veröffentlichung zu geben. Ich fühle immer die lebhafteste Dankbarkeit für jeden Beweis der Billigung meines Verfahrens von Seiten meiner Mitbürger, allein ich lasse mich darin nicht anders bestimmen, als durch Gehorsam gegen das Gebot meiner Pflicht.

Mit gebührender Hochachtung" rc.

Georg Washington.

Es würde eine peinliche Aufgabe sein, uns über die ungemessene Verläumdung und die schmutzigen Schimpfreden zu verbreiten, welche auf den Präsidenten gehäuft wurden, als man sich überzeugte, daß der von ihm eingenommene Standpunkt unerschütterlich war.*) Ohne Rücksicht auf Wahrheit und Anstand ward er mit der wildesten schmutzigsten Fluth von Schmähungen angegriffen, wie sie kaum der lasterhafteste und verdorbenste Politiker und Demagog verdient haben konnte. So weit sie gegen ihn persönlich gerichtet waren, bemitleidete und verachtete er alle solche Versuche, ihn zur Nachgiebigkeit gegen das Volksgeschrei und dessen unvernünftige Forderungen zu zwingen. Wegen der vorherrschenden Aufregung indeß war er nicht ohne ernste Besorgnisse vor den Folgen, welche dieselbe auf die Beziehungen der Ver. Staaten zu Frankreich herbeiführen konnte. Dies veranlaßte ihn zu einer schnellen und bestimmten Entscheidung über die Vollziehung des Vertrages. Er kehrte am 11. August nach Philadelphia zurück, berieth sich sofort mit dem Kabinet und da alle Mitglieder, mit Ausnahme des Staatssecretärs, zuriethen, unterzeichnete er den Vertrag.

Die Auswechslung der Ratification ward von einer energischen Denkschrift gegen die „provisorischen Maßregeln" begleitet, die, wie hier bemerkt werden kann, auch bald darauf zurückgenommen wurden. Der Vertrag wurde von dem britischen Gouvernement gleichfalls ratificirt.

In Betreff dieses berühmten Vertrages bemerkt Sparks mit Recht: „Die Zeit entlarvte seine Feinde und rechtfertigte die Erwartungen seiner Freunde über jedes Erwarten. Er rettete das Land von einem Kriege, verbesserte seinen Handel und trug nicht wenig dazu bei, die Grundlage zu seiner dauernden Blüthe zu legen.

Die wichtigen Punkte, die, wie man anführte, vernachlässigt sein sollten, das Matrosen pressen, das Recht der Neutralität, der freie Colonialhandel sind doch niemals ausgeglichen worden und werden auch wahrscheinlich niemals befriedigend geschlichtet werden, so lange England die Ueberlegenheit behauptet, welche es jetzt auf dem Meere besitzt."

Jefferson dagegen, den man füglich für

*) Die Ratification des Jay'schen Vertrages führte, wie J. Q. Adams richtig bemerkt, „die härteste Prüfung herbei, welche Washingtons Charakter und das Geschick unserer Nation zu bestehen hatten. Keine Periode des Unabhängigkeits-Krieges, kein anderes Ereigniß unserer Geschichte seit dessen Schluß, nicht einmal die inhaltsschwere Einführung der Verfassung der Vereinigten Staaten, hat die politische Gesammtheit des nordamerikanischen Volkes mit so peinlichen Krämpfen bis auf seine Grundpfeiler erschüttert, als die Vollziehung und Erfüllung dieses großen internationalen Compromisses über widerstreitende Rechte, Interessen und Ansprüche unseres Landes und Großbritaniens. Der Parteikampf, in dem sie entstanden und welchem sie den Ursprung gaben, ist jetzt noch nicht ausgeglichen. Aus dieser Prüfung ist Washington selbst, sein Ruhm, der Friede, die Einheit und das Gedeihen seines Vaterlandes siegreich und sicher hervorgegangen. Indeß ebneten sie den Weg zum Umsturze einiger Grundsätze seiner Verwaltung sowie zu dem sechs Jahre später in der Person von Thomas Jefferson eingetretenen so verschiedenen Regierungs-Systems. "Jubilee of the Constitution," S. 97.

den Wortführer der Opponenten gegen den Vertrag und die Regierung, welche ihn vollzogen, betrachten kann, bezeichnete ihn als „ein abscheuliches Ding“. „Ich hege das Vertrauen, schrieb er in einem Briefe an Gouverneur Rutledge von Süd-Carolina, daß der volksthümliche Zweig unserer Gesetzgebung ihn mißbilligen und uns von diesem schimpflichen Bande befreien werde, das in der That nichts weiter ist, als ein Bündniß zwischen England und den hiesigen Englischgesinnten (Anglomen) gegen unsere Institutionen und die Volksfreiheit. *)

Am Tag nach Unterzeichnung des Vertrages legte Randolph sein Amt als Staatssecretär unter sehr verdächtigen Umständen nieder. In die Einzelnheiten einzugehen, haben wir keinen Raum und in wie weit Randolph einer Intrigue mit Mr. Fauchet, dem französischen Gesandten und einer Verletzung seiner Pflicht schuldig war, ist nicht leicht zu ermitteln. Seine Vertheidigung ward am Schlusse des Jahres
1795. veröffentlicht und scheint nicht sehr gelungen, um den Verdacht eines von ihm gespielten Verrathes zu beseitigen, der in Folge seiner Privatzusammenkünfte und Gespräche mit Fauchet entstanden war.†) Washington bot das erledigte Amt Patrick Henry an, welcher aus persönlichen Motiven verhindert war, es zu übernehmen. Herr King, General Pinckney und zwei oder drei andere wurden ersucht, als Staatssecretär in das Kabinet zu treten, lehnten aber ab. Endlich ward Oberst Pickering, welcher zeitweise die Geschäfte des Amtes versah, im December des laufenden Jahres förmlich dazu ernannt. Bradford's Tod machte das Amt eines General-Staatsanwaltes vacant, welches ebenfalls im December durch Ernennung von Charles Lee von Virginien wieder besetzt wurde. *)

Im August desselben Jahres schloß General Wayne zu Greenville einen Friedens-Vertrag mit den Häuptlingen der Wyandots, Delaware, Chippe- 1795.
was und anderer Indianerstämme. Durch diesen Vertrag traten die Indianer den Posten von Detroit mit einem beträchtlichen Strich angrenzenden Landes an die Ver. Staaten ab. Ebenso wurde ein Strich festen Landes nördlich an die Seen anstoßend abgetreten.

Die ganze Ausdehnung dieses neu erworbenen Gebiets betrug sechs Meilen am Huron- und Michigansee und drei Meilen südlich vom Wasser oder der Landenge. Die Du Bois Blanc- oder White Wood- (Weißholz) Insel ward ebenfalls abgetreten, ein freiwilliges Geschenk der Chippewas. Waaren im Werthe von $20,000 wurden dafür unter die Indianer vertheilt, auch sollten sie jährlich $8,000 Subsidien erhalten.

Die auswärtigen Angelegenheiten der Ver. Staaten hatten nun angefangen, ein günstigeres Ansehen zu gewinnen. Am 27. October ward ein Vertrag mit Spanien abgeschlossen. Er war vorzüglich auf die

*) "Life of Jefferson" (Leben Jefferson's), Bd. I, S. 501.

†) Siehe Sparks' "Life of Washington," S. 468—469. Für eine mehr ins Einzelne gehende Schilderung des ganzen Gegenstandes (die vielleicht mit ungebührlicher Strenge geschrieben ist), siehe Gibbs' "Adminstrations of Washington and Adams." Bd. I., S. 232—280.

*) Der niedrige Versuch, den guten Namen des Präsidenten zu verleumden und auf ihn die Beschuldigung des Betrugs am Staatsschatz zu wälzen, ist in Marshall's "Life of Washington" in den Einzelnheiten mitgetheilt, Bd. I., S. 370—371. Die große Ungereimtheit dieses Angriffs verursachte einen auf dessen Urheber zurückfallenden Rückschlag und das Publikum betrachtete diese Bemühung, einen Charakter zu verleumden, welcher der Stolz der Nation war, mit gerechter Entrüstung. Die Amerikaner fühlten sich selbst in dieser abscheulichen Schmähung gegen ihren so erleuchteten Bürger mit inbegriffen und deren Verbreiter wurden mit Unwillen zum Schweigen gebracht.

zwei streitigen Hauptpunkte beschränkt und als ein Freundschafts-, Grenz- und Schifffahrts-Vertrag bezeichnet. Durch denselben ward die Grenzlinie zwischen den Ver. Staaten und Ost- und West-Florida wiederhergestellt, wie sie durch den Friedens-Vertrag mit Großbritanien festgesetzt
1795. war und die Truppen und Besatzungen jeden Theiles sollten sechs Monate nach Vollziehung des Vertrages zurückgezogen werden. Die Grenzlinie sollte durch einen von jedem der contrahirenden Theile zu ernennenden Commissär und Feldmesser festgestellt werden, welche Beauftragten zu diesem Zwecke innerhalb sechs Monaten von der Zeit der Ratification des Vertrages zu Natchez zusammentreffen sollten.

Die westliche Grenze der Ver. Staaten, welche dieselben von der Kolonie Louisiana trennte, ward auf die Mitte des Strombettes des Mississippiflusses bis zum einunddreißigsten Grade nördlicher Breite festgesetzt. Ebenso wurde auch bestimmt, daß die Schifffahrt auf diesem Flusse von dessen Quelle bis zum Ocean nur allein für die Unterthanen und Bürger beider Länder offen sein sollte. Um die Bürger der Ver. Staaten in den Stand zu setzen, der Vortheile der Beschiffung dieses Flusses unterhalb des einunddreißigsten Breitegrades theilhaftig zu werden, wurde ihnen für den Zeitraum von drei Jahren die Befugniß zugestanden, ihre Waaren und Effecten im Hafen von New-Orleans niederzulegen und dieselben ohne irgend einen anderen Zoll als ein mäßiges Lagergeld wieder auszuführen; nach Verlauf von drei Jahren solle es in der Wahl des Königs liegen, entweder diese Erlaubniß zu verlängern, oder einen ähnlich gelegenen Platz an irgend einem anderen Theile der Ufer des Mississippi anzuweisen.

Es wurde ferner festgesetzt, daß beide Theile alle in ihrer Macht stehenden Mittel anwenden sollten, Friede und Eintracht unter den indianischen Stämmen an ihren Grenzen aufrecht zu halten und beide Theile machten sich verbindlich, die Indianer innerhalb ihrer Grenzen allenfalls mit Gewalt von Feindseligkeiten gegen den anderen Theil abzuhalten, sowie auch versprochen wurde, daß keiner von beiden Theilen hinfort Verträge mit solchen Stämmen abschließen wolle, die nicht in dessen respectiven Territorien lebten. Es ward auch die Bestimmung getroffen, daß „freies Schiff freies Gut machen solle“ und daß kein Bürger oder Unterthan Kaperbriefe von einer Nation annehmen dürfe, welche mit dem anderen contrahirenden Theile in Krieg liege, bei Strafe als der Seeräuberei schuldig angesehen und bestraft zu werden.

So wurden nach einer langwierigen und unangenehmen Verhandlung von ungefähr fünfzehn Jahren die Grenzen zwischen den Ver. Staaten und zu Spanien gehörigen Ländern festgestellt, auch ward das Recht freier Schifffahrt auf jedem Theile des Mississippi, ein für die Interessen unserer ungeheuren westlichen Länderstrecken so wesentliches Recht, den Ver. Staaten zugesichert.

Ebenso war der Präsident im Stande, im November die langen Unterhandlungen mit dem Dey von Algier zum Schluß zu bringen, wodurch Friede mit diesem seeräuberischen Gesindel hergestellt und die 1795.
Befreiung gefangener Amerikaner erreicht ward. Dies ward durch die Thätigkeit von Oberst Humphreys, Herrn Barlow und Herrn Donaldson bewirkt und zwanzig Gefangene wurden aus einer grausamen Sclaverei erlöst, von denen einige

länger als zehn Jahre in diesem schmählichen Zustande gewesen waren. Pitkin (Bd. I., S. 438—439) gibt einige Einzelnheiten von den verschiedenen zwischen 1785 und 1795 angewandten Bemühungen zur Abschließung von Verträgen mit mehreren Mächten des mittelländischen Meeres, welche durch Raub an dem wehrlosen Handel christlicher Völker ihr Bestehen hatten. Der Congreß bewilligte ungefähr $1,000,000, die unter der Leitung des Präsidenten zur Besorgung der Auslösung der leidenden Gefangenen in Algier bestimmt waren. Das Geld ward von der Bank der Vereinigten Staaten geliehen und sollte in London vorzüglich durch Verkauf von Staatspapieren aufgebracht werden. Oberst Humphreys ward ermächtigt, einen Friedens-Vertrag mit dem Dey von Algier zu schließen und verließ zu diesem Zwecke die Ver. Staaten im April 1795. Er ward von Joseph Donaldson, Consul in Tunis und Tripolis, begleitet, welche den Vertrag zu unterhandeln hatte, während Oberst Humphreys selbst nach Frankreich ging, um die Hülfe der französischen Regierung zu erlangen.

Inzwischen begab sich Herr Donaldson nach Algier und schloß am 5. September einen Vertrag mit dem Dey. Er ging die Verbindlichkeit ein, daß das Geld zur Auslösung in drei oder vier Monaten sollte gezahlt werden, indem er voraussetzte, es werde in London vor dieser Zeit bereit sein. Joel Barlow ward von Oberst Humphreys beauftragt, von Frankreich abzugehen, um bei der Unterhandlung Beistand zu leisten.

Das Unterbleiben der Zahlung zur festgesetzten Zeit erbitterte den Dey in hohem Grade; er drohte vom Vertrage abzugehen und nur mit großer Schwierigkeit bewirkten Herr Barlow und Herr Donaldson einen Aufschub bis zum 8. April 1796. Der Dey erklärte dann, daß wenn das Geld nicht innerhalb dreißig Tagen gezahlt werde, er niemals mit Amerika Frieden halten würde. In dieser Lage wurden die amerikanischen Gefangenen in einen Zustand von Verzweiflung gestürzt und die Unterhändler waren nur durch das Versprechen, dem Dey eine Fregatte von sechsunddreißig Kanonen zu schenken, im Stande, den Vertrag zu retten und die Befreiung der Gefangenen zu bewirken. Hierdurch erhielten sie einen Aufschub von drei Monaten; in der Zwischenzeit wurden die Geldangelegenheiten geordnet und die armen Gefangenen endlich befreit. Gleichwohl ward dies nur durch die Ausgabe und das Opfer von ungefähr $1,000,000 bewirkt.*)

Am 4. December begann der vierte Congreß seine erste Sitzung. In seiner Eröffnungsrede sprach Washington die Ueberzeugung aus, daß er noch nie 1795.
in die gesetzgebende Versammlung der Nation getreten sei, wo die öffentlichen Angelegenheiten der Ver. Staaten gerechtere Ursache gegenseitiger Glückwünsche gegeben oder zu „tieferer Dankbarkeit gegen den Urheber alles Guten für die zahlreichen und außerordentlichen Segnungen, deren sie sich erfreuten, aufgefordert hätten. Der Krieg mit den Indianern war zur Zufriedenheit beendigt. Verträge wurden geschlossen oder unterhandelt mit Marocco, Algier und Spanien. Und mit Großbritanien ist „ein

*) Es ist werth angeführt zu werden, wie Herr Cooper bemerkt, daß dieser vom Dey von Algier erlangte Friede der Regierung $1,000,000 kostete, „eine Summe, die völlig hingereicht hätte, um den Hafen des Barbaren hermetisch blockirt zu halten, bis er um die Erlaubniß, auch nur ein einziges Fahrzeug in See gehen zu lassen, demüthig gebeten haben würde.“ "Naval History," Bd. I., S. 151.

Freundschafts-, Handels- und Schifffahrts-Vertrag" unterhandelt worden, zu welchem „der Senat Uns seine Zustimmung zur Vollziehung unter einer Bedingung gegeben, welche einen Theil eines Artikels ausnahm." Die entsprechende Entscheidung der britischen Regierung war damals noch nicht bekannt. „Diese interessante Uebersicht unserer Angelegenheiten," fuhr Washington mit gerechtem und dankbarem Stolze fort, „eröffnet ein weites Feld für tröstliche und befriedigende Betrachtungen. Wenn durch Klugheit und Mäßigung auf jeder Seite und unter Bedingungen, welche mit den Rechten und der Ehre unserer Nation verträglich sind, alle Ursachen der bisher unsere Ruhe bedrohenden Zwietracht beseitigt sind und wir nach außen ein glückliches Resultat erreicht haben werden, eine wie feste und kostbare Grundlage wird dann gelegt sein zur Beschleunigung, Reife und Förderung des Gedeihens unseres Landes!" Die „innere Lage" der Staaten gewähre, sagte er, „gleiche Veranlassung zur Zufriedenheit und Genugthuung." Die allgemeine Ruhe des Landes gegenüber den „erschöpfenden und unseligen" Kriegen, in welche die Völker Europa's verwickelt sind, der gedeihliche Zustand des Ackerbaues, des Handels und der Fabriken, die reißende Zunahme der Bevölkerung, der Fortschritt der Verbesserungen, die „milden und heil-
1795. samen Gesetze," sowie „auf echte Grundsätze vernünftiger Freiheit gegründete Regierungen" — Alles dies vereinigt bietet „ein Schauspiel der Glückseligkeit der Nation dar, das niemals übertroffen ward, wenn es jemals seines Gleichen hatte."

Washington empfahl der Aufmerksamkeit der Gesetzgeber vorzüglich eine Revision der Militär-Einrichtungen, etwas bessere Regulirung der Miliz und den Schutz der Indianerstämme „vor den Gewaltthätigkeiten des gesetzlosen Theils unserer Grenzbewohner." Die Repräsentanten wurden daran erinnert, daß jetzt rücksichtlich der Schuld viel gethan werden könnte. Die Münze, die Flotte, die Befestigungen der Häfen, Arsenale, Magazine u. s. w. wurden alsdann berührt und er schloß mit folgenden weisen Worten: „Gemäßigte Erörterung der wichtigen Gegenstände, welche im Laufe dieser Sitzung vorkommen mögen, und gegenseitige Schonung bei Verschiedenheit der Ansichten sind zu augenfällig und nothwendig für den Frieden, die Glückseligkeit und Wohlfahrt unseres Landes, um irgend einer Empfehlung von meiner Seite zu bedürfen."

Im Senate, wo die Förderalisten bei der letzten Wahl gewonnen hatten, ward der Rede des Präsidenten eine sehr herzliche Antwort zu Theil. Allein in dem Repräsentanenhause, wo die Republikaner an Macht zugenommen hatten, zeigte die Antwort auf die Rede, daß die Maßregeln Washingtons scharfen Bemerkungen würden unterworfen werden.

In den ersten Tagen des Januar 1796 übersandte der Präsident an beide Häuser des Congresses eine Botschaft als Begleitung gewisser Mittheilungen von 1796.
der französischen Regierung, welche wohl berechnet waren, jene heftige Stimmung zu besänftigen, die in der republikanischen Partei vorherrschte.

Es war ein glückliches Zusammentreffen für Herrn Monroe, daß er Paris in der ersten Hälfte des August 1794, kurz nach dem Tode Robespierres erreichte. Bei seinem Empfange, der im Convent statt fand, überreichte er dem Präsidenten desselben mit seinen Begleitungsschreiben zwei vom Staatssecretär an den Wohlfahrtsausschuß gerichtete Schreiben.

Die bei dieser Gelegenheit ausgedrückten Gesinnungen waren der Art, daß der Convent beschloß, die Fahnen beider Republiken sollten vereinigt und in seinem Saale aufgehängt werden. Um die durch diesen Vorgang hervorgebrachten Eindrücke an den Tag zu legen, bat Herr Monroe den Convent die Fahne der Vereinigten Staaten, welche er demselben gleichzeitig überreichte, als einen Beweis der Empfänglichkeit anzunehmen, womit sein Vaterland jedes Freundschaftszeichen von seinem Verbündeten zu ehren bestrebt sei.

Im October 1794 richtete der Wohlfahrtsausschuß abermals ein Schreiben an den Congreß in einem Style hochfliegender Höflichkeiten und feuriger Betheurungen ewiger Freundschaft und Einigkeit. Herr Adet, welcher zu Fauchets Nachfolger ernannt war, überbrachte dieses Schreiben und war besonders instruirt, „die Bande der Brüderlichkeit und des gegenseitigen Wohlwollens" zwischen beiden Ländern zu befestigen. Er langte in den Vereinigten Staaten erst im Juni 1795 an und war angewiesen, der Regierung die Fahne der Republik zu überreichen. Dies geschah indeß nicht eher als am 1. Januar 1796, an welchem Tage sie in einer formellen Weise zugleich mit den an den Congreß gerichteten Schreiben des Wohlfahrtsausschusses überreicht ward. In seiner bei Ueberreichung der Fahne verlesenen Ansprache fuhr Herr Adet, nachdem er erklärt hatte, daß Frankreich in den Amerikanern nur „Freunde und Brüder" sehe, weiter fort: „Lange gewöhnt, das amerikanische Volk als seinen treuesten Verbündeten zu betrachten, hat Frankreich gesucht, jene unter den Auspicien des Sieges und über den Trümmern der Tyrannei schon auf den Schlachtfeldern Amerika's geknüpften Bande enger zu verknüpfen. Der National-Convent, das Organ des Willens der französischen Nation, hat mehr als einmal seine Gesinnungen gegen das amerikanische Volk ausgedrückt; aber mehr als jemals sind dieselben an dem erhabenen Tage kund gegeben worden, an dem der Gesandte der Ver. Staaten der National-Repräsentation die Fahne seines Vaterlandes überreichte. In dem Verlangen, niemals Erinnerungen zu verlieren, so theuer den Franzosen, als sie den Amerikanern sein müssen, verordnete der Convent, daß diese Fahne in seinem Sitzungssaale einen Platz finden solle. Der Convent war von zu edlen Empfindungen beseelt, um sie nicht seinen Verbündeten mitzutheilen, und beschloß, daß auch ihnen die National-Fahne Frankreich's überreicht werden sollte.

Die Antwort auf eine Rede dieser Art war keine leichte Aufgabe. Es war nothwendig, eine der Gelegenheit angemessene Stimmung auszudrücken, ohne Gesinnungen hinsichtlich der Krieg führenden Mächte einzuflechten, welche der erste Beamte eines neutralen Landes nicht füglich äußern konnte. Der Präsident behielt in seiner bewundernswürdigen Antwort diese beiden Gesichtspunkte im Auge.

„Geboren, mein Herr, in einem Lande der Freiheit," waren seine Eingangsworte, „habe ich frühzeitig deren Werth schätzen gelernt, habe ich einen gefahrvollen Kampf zu ihrer Vertheidigung bestanden, habe ich mit kurzen Worten, die besten Jahre meines Lebens zu ihrer Sicherung und dauernden Feststellung in meinem eigenen

1796. Vaterlande gewidmet; es werden daher meine innigsten Gesinnungen, meine theilnehmendsten Gefühle und meine besten Wünsche von jenem Lande unwiderstehlich angezogen, wo ich eine unterdrückte Nation das Banner der Freiheit entfalten sehe." Nachdem er seinen innigen Wunsch ausgedrückt, daß die französische Republik ihre Freiheit durch die Herrschaft von Gesetz und Ordnung sicher und dauernd feststellen möge, schloß er mit folgenden Worten: „Ich empfange mit lebhafter Empfindung das Symbol des Triumphs und der Befreiung Ihrer Nation, die Fahne von Frankreich, welche Sie eben den Ver. Staaten überreicht haben. Der Congreß wird von diesem Ereignisse Kenntniß erhalten und die Fahne in dem Arsenale der Ver. Staaten aufbewahrt werden, wo sie dereinst Zeugniß von der Freiheit und Unabhängigkeit Ihres Landes ablegen und das Andenken an den dafür gewagten Kampf lebhaft erhalten wird. Mögen beide immerwährend fortbestehen und möge die Freundschaft zwischen beiden Republiken so lange als sie selbst währen!"

Adets Ansprache, die Antwort des Präsidenten, die Fahne von Frankreich und das Schreiben des Sicherheitsausschusses wurden dem Congreß am 4. Januar übersendet.

In dem Hause ging einmüthig der Beschluß durch, der Präsident wolle die Repräsentanten der französischen Republik mit den aufrichtigen und lebhaften Gefühlen bekannt machen, welche durch dieses ehrenvolle Zeugniß der obwaltenden Sympathie und Zuneigung zwischen den beiden Republiken erregt worden seien. Im Senate ging der Beschluß dahin, diese Gesinnungen in einer Adresse an den Präsidenten auszudrücken, ohne ihn jedoch zu ersuchen, dieselben der Regierung von Frankreich mitzutheilen.

Adet war nicht wenig darüber erzürnt, daß die französische Fahne nicht an einer in die Augen fallenden Stelle im Hause war angebracht worden und er hatte die Vermessenheit, den Präsidenten durch eine Note in Kenntniß zu setzen, daß er nicht über einen Umstand schweigen könne, der als eine Beleidigung des französischen Volkes erscheine, indem die amerikanische Fahne im Saale des gesetzgebenden Körpers von Frankreich angebracht worden, also die französische Fahne derselben Ehre theilhaft werden müsse. Der Staatssecretär schrieb ihm zur Antwort, daß der Präsident
das verfassungsmäßige Organ des 1796.
Verkehrs mit auswärtigen Nationen und für diesen Zweck der einzige Repräsentant des amerikanischen Volkes sei; daß derselbe befohlen habe, die französische Fahne neben den Zeugnissen und Andenken des Freiheitskampfes des eigenen Vaterlandes aufzubewahren und daß das Volk der Ver. Staaten „den Gebrauch nicht habe, öffentliches Schaugepränge oder Zeichen seiner Siege als Symbole seiner Triumphe oder Denkmale seiner Freiheit" in seinen berathschlagenden Versammlungen aufzustellen.

Im Februar ward der Vertrag mit Großbritanien von Seiner britischen Majestät ratificirt zurückgesendet. In Gemäßheit seines verfassungsmäßigen Rechtes erließ der Präsident eine Proklamation, worin er dem Volke die genaue Beobachtung der Bestimmungen des Vertrags anbefahl; eine Abschrift davon ward beiden Häusern am 1. März übersendet.

Die mit Mißbilligung auf dieses Verfahren des Präsidenten sehende Opposition im Repräsentantenhause war entschlossen, einen

Angriff auf die Regierung und den Vertrag zu wagen, obgleich derselbe eine gesetzliche Verbindlichkeit gewonnen hatte. Am 7. März stellte Herr Livingston von New York einen Antrag, *) den Präsidenten zu ersuchen, dem Hause eine Abschrift der Instructionen des Gesandten der Ver. Staaten vorzulegen, welcher den Vertrag mit dem Könige von Großbritanien unterhan-
1796. delt habe, ebenso die Correspondenz und alle anderen auf besagten Vertrag bezüglichen Urkunden. Dies regte unmittelbar die Frage an, wo die Befugniß zum Abschluß der Verträge liege und welche Autorität das Haus unter den obwaltenden Umständen habe? Es war diese Frage nicht ohne Schwierigkeit und keineswegs so leicht zu lösen, als es auf den ersten Anblick scheinen mag. Die fähigsten Männer im Hause betheiligten sich an der Erörterung und drei Wochen hindurch machten Madison, Gallatin, Giles und Andere von der einen Seite und Smith von Süd-Carolina, Hillhouse, Harper und Andere auf der anderen Seite alle Anstrengungen, Livingston's Antrag durchzusetzen oder ihn verwerfen zu machen, wobei der rechtliche Standpunkt des Hauses und seiner Befugnisse rücksichtlich der Abschließung von Verträgen, gründlich erörtert wurde.

Die Opposition behauptete, daß die ausschließliche Befugniß des Präsidenten zum Abschlusse von Verträgen, wenn sie unbedingt zur Anwendung kommen sollte, mit Befugnissen in Widerspruch stehe, welche ausschließlich dem Congreß beigelegt seien, daher das Recht des Präsidenten so beschränkt werden müsse, daß die Rechte des Congresses nicht verkürzt würden. Dies geschehe, wenn die Zustimmung und Mitwirkung des Repräsentantenhauses zur Gültigkeit jedes Vertrages erfordert werde, insofern er gewisse demselben vorbehaltene Verhältnisse berühren könne. Daher habe ein Vertrag, insofern ein Beschluß des Congresses zu seiner Wirksamkeit erforderlich sei, nicht eher verbindliche Kraft, bis das Repräsentantenhaus darüber beschlossen habe. In der Ausübung dieses Rechtes könne eintretenden Falls, wenn der Congreß einen Vertrag **nicht** genehmige, keineswegs die Beschuldigung einer Verletzung obwaltender Verbindlichkeiten der nationalen Ehre und des öffentlichen Glaubens erkannt werden.

Die Freunde der Administration hielten auf der anderen Seite daran fest, daß die Verfassung unzweideutig erkläre, daß der Präsident mit Rath und Beistimmung des Senates die Befugniß habe, Verträge abzuschließen und daß ein Vertrag vollständig und bindend sei, wenn er in dieser Weise abgeschlossen worden; seine Verbindlichkeit für die Ver. Staaten sei dann unbedingt und eine Weigerung der Erfüllung seiner Bestimmungen sei ein Bruch des Vertrags und eine Verletzung von Treue und Glauben der Nation.

Nach einer hitzigen und scharf durchgestrittenen Debatte ward der Antrag mit zweiundsechszig gegen siebenunddreißig Stimmen angenommen.

Als der Beschluß dem Präsidenten überreicht ward, erklärte er, „daß er Gelegenheit nehmen werde, ihn in Erwägung zu ziehen." Seine Lage war 1796.
ganz besonders mißlich; die Leidenschaften des Volkes waren gegen den Vertrag stark aufgeregt; der gestellte Antrag, welcher an-

*) Zu vollständiger und genauer Auskunft über diesen Gegenstand in seinen verschiedenen Verzweigungen mag der Leser die gedruckten "Debates on the British Treaty" nachsehen. Senator Benton hat einen Auszug gegeben in seinem "Abridgement of the Debates of Congress," Bd. I., S. 639—754.

geblich nur eine Auskunft beabsichtigte, hatte allgemeinen Beifall gefunden und bei der Abstimmung eine große Majorität erhalten; die Zurückweisung des Gesuches konnte den Verdacht erregen, daß vielleicht Umstände im Verlaufe der Unterhandlung vorgekommen seien, welche der Präsident zu veröffentlichen fürchte. Diese nebst anderen gewichtigen Rücksichten hätten ihn wohl bewegen können, der Forderung des Hauses nachzugeben. Aber **Pflicht** ging in Washington's Augen über alles Andere. Er hatte geschworen, „die Verfassung zu erhalten, zu beschützen und zu vertheidigen" und da nach seiner wohlerwogenen Ueberzeugung die Befugniß, Verträge zu schließen, ausschließlich dem Präsidenten mit Rath und Beistimmung des Senats zustand, so richtete er am 30. März eine Botschaft an das Haus, worin er in gemäßigten Ausdrücken, aber entschieden ablehnte, die geforderten Acten vorzulegen.

Wie sich erwarten ließ, beutete die Oppositionspartei diese Weigerung des Präsidenten für sich aus und wenn auch bis jetzt noch persönliche Rücksichten für den Präsidenten die meisten Führer der republikanischen Partei zurückgehalten hatten, so schienen sie jetzt bereit, dieselben aufzugeben und ihrem sehnlichen Wunsche, den Sturz der föderalistischen Administration herbeizuführen, den vollen Zügel schießen zu lassen. *)

Washingtons Botschaft ward einem Comite des ganzen Hauses überwiesen; sie ward frei und scharf kritisirt und am
7. April wurden mit siebenundfünfzig **1796.**
gegen siebenunddreißig Stimmen Beschlüsse angenommen, worin das Haus seine Ansicht über den Gegenstand niederlegte und eine Verwahrung seines Rechtes aussprach, über die Bestimmungen zu berathschlagen, welche ein Staats-Vertrag enthalten könnte, im Falle die Verfassung dem Congreß solche Bestimmungen vorbehalten habe.

Im Laufe des Monats März wurden die Verträge mit dem König von Spanien und mit dem Dey von Algier vom Präsidenten vollzogen und dem Congreß vorgelegt. Am 13. April beantragte Sedgwick, „daß ein Gesetz erlassen werden solle, um in gutem Glauben die kürzlich mit dem Dey und der Regierung von Algier, dem König von Großbritanien, dem König von Spanien und gewissen Indianerstämmen nordwestlich vom Ohio abgeschlossenen Verträge in Kraft zu setzen und auszuführen. Nach vielem Hin- und Herstreiten, ob es zweckmäßig sei, alle diese Verträge vereinigt zu erwägen, wurden sie getrennt und die Frage über jeden besonders gestellt. Der Beschluß ward durch eine Majorität von achtzehn amendirt, so daß er dahin lautete: „daß es dienlich sei, die Gesetze zu erlassen, welche nothwendig sind, um den zc. Vertrag in Kraft zu setzen" u. s. w.

Der britische Vertrag kam am 15. April

*) Gibbs (Bd. I., S. 328—329) ergeht sich in einigen sehr scharfen Bemerkungen über Madison's Standpunkt und Benehmen, bei denen der Leser wohl thun wird, die hohen Ausdrücke des Lobes gegenüberzustellen, deren sich John Quincy Adams in seinem Leben des vierten Präsidenten der Ver. Staaten bedient. Gibbs sagt, daß die föderalistischen Zeitgenossen von Madison „in ihm einen doppelt Schuldigen erblickten, weil er gegen sein besseres Wissen sündigte; doppelt strafbar, weil er seiner wirklichen Ueberzeugung untreu war. Sie sahen in ihm den Renegaten seiner Partei und seines politischen Glaubens, den Mann, der, nachdem er in ihren Reihen die Reife erlangt und seine ersten Lorbeeren gewonnen hatte, seine Grundsätze aufgab, seine Unabhängigkeit dem Willen eines Anderen überlieferte und seine Fähigkeiten und seinen Einfluß verwandte, ein System zu stürzen, das er selbst hatte gründen helfen.......... Sein Benehmen in Betreff des britischen Vertrages drückte seiner Schande das Siegel noch auf, entzog ihm das noch übrige Vertrauen Washington's und die Freundschaft Aller, welche Besseres von ihm erwartet hatten. Fortan hatten die Anti-Föderalisten keinen eifrigeren und gewissenloseren Kämpen."

zur Verhandlung. Die Vertheidiger desselben drangen auf unmittelbare Entscheidung der Frage, da jedes Mitglied sich bereits eine Ansicht darüber gebildet habe und weil die Notification dringend nothwendig sei, im Falle der Vertrag in Kraft treten solle. Die Forts sollten am 1. Juni überliefert werden und dies erfordere vorgängige Anordnungen Seitens der amerikanischen Regierung. Es scheint, man hatte die Ansicht, daß die Majorität es nicht wagen werde, die große Verantwortlichkeit eines Bruches des Vertrages auf sich zu nehmen, ohne sich vorher versichert zu haben, daß die große Masse des Volkes die Folgen einer solchen Maßregel zu tragen Willens sei. Die Opposition aber, obgleich sie der Majorität gegen den Beschluß sicher war, bestand auf der Discussion.

Die Minorität stand jetzt davon ab, auf unmittelbare Entscheidung der Frage zu bringen und das weite Feld, welches sich durch die dem Hause vorliegenden Anträge öffnete, war von beiden Parteien mit gleicher Hitze und gleichem Eifer betreten. Gallatin, Madison, Giles, Nicholas, Preston und andere hervorragende Mitglieder der republikanischen Partei opponirten in heftigen Ausdrücken der Ausführung des Vertrages und gingen in umständliche Prüfung seiner Verdienste wie seiner Mängel ein. Fisher Ames, Dwight, Foster, Harper, Lyman, Dayton und andere Männer von Auszeichnung unter den Föderalisten suchten alle möglichen Gründe zur Aufrechthaltung desselben geltend zu machen. „Die Debatte nahm, wie man richtig bemerkt hat, den weitesten Umfang an. Europa—die Kriegführenden — der Charakter des Krieges — unsere Lage — unvermeidliche Consequenzen — Theilung der Gewalt unter den verschiedenen Zweigen der Regierung —Enthusiasmus des Volkes—Interesse—Pflicht — Ehre — erhitzter Parteigeist — Krieg—das Mißverhältniß der Macht beider Länder—Verwirrung und Anarchie—bildeten den Gegenstand dieser denkwürdigen Debatte und zwar mit aller Gluth der Parteileidenschaft, welche sich seit der ersten Gründung der Regierung angehäuft zu haben schien, um bei dieser Gelegenheit zum Ausbruche zu kommen."

Die Einwürfe derer, welche der Ausführung des Vertrages opponirten, waren im Allgemeinen, daß er der Gegenseitigkeit ermangele; daß im Widerspruche mit dem Friedensvertrag alle Ansprüche auf Entschädigung für weggeführte Neger und für Zurückhaltung der westlichen Grenzforts darin aufgegeben wären; daß er dem französischen Vertrage entgegen sei und das Interesse eines Verbündeten dem von Großbritanien opfere; daß er in verschiedenen Punkten das Völkerrecht außer Acht lasse, besonders in Beziehung darauf, daß freie Schiffe freies Gut machen sollten; ferner in Beziehung auf Blockaden und Kriegscontrebande; daß er in ungeeigneter Weise die gesetzgebende Macht des Congresses usurpire, namentlich in dem vorgesehenen Verbote der Sequestration von Schulden und daß der commercielle Theil wenig oder gar keine Vortheile für die Ver. Staaten gewähre.

Von der anderen Seite ward hervorgehoben, daß der Vertrag auf verfassungsmäßige Weise geschlossen und veröffentlicht sei; daß eine Rücksicht auf öffentliches Vertrauen und die wichtigsten Interessen des Landes unter allen Umständen erfordere, denselben in Kraft treten zu lassen, selbst wenn er nicht in jeder Hinsicht befriedigend sei; daß der Vertrag langwährige Streitigkeiten von sehr tiefgreifender Natur zwischen zwei Regierungen schlichte, deren Beseitigung für die Ver. Staaten von besonderer Wichtigkeit sei; daß darin auch die Beilegung von Streitigkeiten neueren Datums vorgesehen sei, welche empfindlich für die Nation gewesen und die Ehre des Landes berührt hätten und wobei der Handel treibende Theil der Bürger sehr interessirt wäre; daß es unwahr sei, daß in irgend einem Punkte das Völkerrecht unbeachtet gelassen worden; daß die Frage, inwiefern Lebensmittel Contrebande seien, zwar nicht geschlichtet, aber in derselben Lage gelassen worden wie vor dem Vertrage und daß die vertragsmäßigen Rechte Frankreichs durch eine ausdrückliche Clausel gewahrt seien. In Betreff der Sequestration von Privatschulden sagte man, daß dieselbe allen Grundsätzen der Moral zuwider laufe und niemals stattfinden solle; der commercielle Theil werde wahrscheinlich beiden Theilen die wohlthätigsten Wirkungen sichern; dieser Punkt sei übrigens nur ein Versuch und solle nur bis zwei Jahre nach dem Schlusse des Krieges in Europa dauern; daß endlich auch den Ver. Staaten keine andere Wahl geblieben sei, als Abschluß dieses Vertrages oder der Krieg."

Ein bloßer Auszug gleich dem obigen kann keine genügende Vorstellung von der Kraft und Beredsamkeit der Reden geben, welche bei dieser Gelegenheit gehalten wurden. Madison und Gallatin auf der einen Seite bewährten ihren wohlverdienten Ruf als fähige Redner und Anwälte der republikanischen Ansichten; aber keine der auf dieser Seite des Hauses gehaltenen Reden konnte sich an überwiegender Kraft und Beredsamkeit mit der von Fisher Ames messen, die er am 28. April kurz vor dem Schlusse der Debatte hielt. Die Wirkung derselben war außerordentlich und das Haus vertagte sich vor Abstimmung über die Frage aus Besorgniß, daß die Wirkung seiner ergreifenden Rede einen zu großen Einfluß auf die Entscheidung haben könne. Wir geben im Anhange des vorliegenden Kapitels einige Auszüge von dieser berühmten Rede.

Der durch diese Debatten veranlaßte Verzug war ohne Zweifel der endlichen Schlichtung der Frage günstig. Er gab den Opponenten Zeit zum Nachdenken und gewährte auch solchen, die bis dahin geschwiegen hatten und Willens waren, die Entscheidung den eingesetzten Behörden zu überlassen, Gelegenheit, ihre Ansichten auszusprechen. Die große Masse des Volkes begann ernsthaft über die Folgen einer Verwerfung des Vertrages nachzudenken und konnte nicht zu dem Glauben verleitet werden, daß der Präsident, der einst das Land von der Tyrannei Großbritanniens gerettet hatte, nun seine höchsten Interessen derselben Macht verrätherisch opfere. **1796.** Schon während der Debatten wurden von verschiedenen Theilen der Union dem Hause zahlreiche Petitionen überreicht, daß der Vertrag in Ausführung möge gebracht werden. Dies influencirte auf die Stimmen, wenn nicht auf die Ueberzeugung Jener, die sie abgaben.

Am 29. April ward die Frage in dem Comite des Ganzen vorgenommen und durch Beitritt des Vorsitzenden zu Gunsten des vorgeschlagenen Gesetzes für die Ausführung des Vertrages entschieden. Der Beschluß ging im Hause bei der Abstimmung mit vierundfünfzig gegen achtundvierzig Stimmen durch.

Außer den auf die Verträge bezüglichen Gesetzen gingen im Congreß andere zur

Regulirung des Grenzverkehrs mit den Indianern durch, ferner wurde die Vermessung gewisser öffentlicher Ländereien zum Zwecke ihres Verkaufs angeordnet; es wurden Maßregeln zum Schutz und Beistand für amerikanische Seeleute getroffen; endlich wurden die Diäten der Mitglieder beider Häuser auf gleichen Fuß gesetzt. Das Ausgabebudget wurde auf $6,000,000 (nicht ganz der volle Betrag des Einkommens) für den Staatsdienst und die Zinsen der Staatsschuld angenommen. Es waren aber noch so viele andere Forderungen an den Schatz geltend gemacht worden, daß nach dem vergeblichen Versuche, eine neue Anleihe zu machen, ein Theil der Bank-Actien veräußert werden mußte; eine Maßregel, die von Hamilton als eine Verletzung des Systems getadelt ward. Die Oppositionspartei wollte nicht zugeben, das Einkommen durch indirecte innere Besteuerung zu erhöhen und nur eine Vermehrung der Steuer auf Luxuswägen ging als Gesetz durch. Gleich hartnäckig war ihre Opposition gegen Bildung einer Marine. Selbst unter dem Drucke der algierischen See-Räubereien konnte die Bill, wodurch eine verhältnißmäßige Seemacht im mittelländischen Meere stationirt werden sollte, nicht durch das Haus gebracht werden, ohne daß der Zusatz beigefügt wurde, daß die bewilligten Vorkehrungen in dem Falle wieder aufhören sollten, wenn der Krieg mit Algier zu Ende sei. Nach diesem Zeitpunkte konnte nicht eine einzige Fregatte ohne neue Genehmigung der Gesetzgebung vollendet werden. Und obgleich weder mit Tunis noch mit Tripolis der Frieden in Aussicht stand, konnte man nur mit knapper Noth eine Bill zur Vollendung von drei statt von sechs Fregatten durchsetzen. Am 1. Juni ward diese lange und wichtige Sitzung des Congresses zum Schluß gebracht.

Anhang zum achten Kapitel.

Fisher Ames's Rede über den britischen Vertrag.

Wenn das Haus nicht mit der Maßregel zur Ausführung des Vertrages übereinstimmen will, was für einen anderen Weg sollen wir dann einschlagen? Welche andere Wege stehen uns dann offen?

Nach der Natur der Sache gibt es deren nur drei: entweder den Vertrag zu schließen, ihn zu halten oder ihn zu brechen. Es würde abgeschmackt sein, zu sagen, wir wollten keines davon thun. Wenn ich eine schon so oft gebrauchte Phrase wiederholen darf, so sind wir **gezwungen**, einen jener drei Wege einzuschlagen und all unser Widerstreben kann uns nicht vor den Folgen unserer Wahl schützen.

Wenn wir eines der drei zu thun ablehnen, thun wir es ja doch. Der Vertrag wird dann zurückgewiesen und vernichtet. Was nützt es aber, Jenen, welche dem Hause so viel von Pflicht und Politik vorsprechen und es dennoch zu der Vernichtung des Vertrages hindrängen, beweisen zu wollen, daß sie dieser Versammlung zumuthen, sie solle ihre Besonnenheit aufgeben und sich zu einem blinden und passiven Werkzeuge in den Händen kurzsichtiger Parteien hergeben? Falls wir die Genehmigung verwerfen, sichern wir uns keine größere Freiheit der Handlung, gewinnen wir keinen sicheren Schutz vor den Folgen unserer Entscheidung. In der That, die Entscheidung steht nicht zu vermeiden. Es ist weder gerecht noch männlich, zu behaupten, daß die Vertrag schließende Macht diese Nothwendigkeit, zu handeln, hervorgerufen hat. Es lag nicht in der Macht oder in der Laune der Executive, diese Umstände hervorzurufen: es ist die Natur der Dinge, welche sie dahin gebracht hat. Sollen wir aus Furcht, die blinden Werkzeuge eines eingebildeten Despotismus zu werden, uns zu noch armseligeren Opfern eines leeren Wortschalls machen lassen? Und doch hat das Wort, das leere Wort Zwang herhalten müssen, um einer Beredsamkeit Stoff zu leihen, die ganz unerschöpflich zu sein schien und sich gar nicht beruhigen lassen wollte.

Lassen Sie uns zur Untersuchung der vor uns liegenden Alternativen etwas mehr in's Einzelne gehen und wir werden schwerlich verfehlen, das Lächerliche unserer Besorgnisse um die Macht und Freiheit des Hauses, in klarem Lichte zu sehen.

Wenn, wie einige Redner behauptet haben, das Ding, was man einen Vertrag nennt, unvollständig ist, wenn es bis jetzt keine bindende Kraft oder Verbindlichkeit hat so entsteht die Frage, ob dieses Haus die Urkunde vervollständigen und durch seine Beistimmung ihr die Kraft ertheilen kann, welche ihr mangeln soll?

Man hat die Lehre aufgestellt, daß ein Vertrag, obgleich durch die executive Gewalt beider Nationen förmlich vollzogen, obgleich durch des Präsidenten Proklamation für unsere Nation als Gesetz publicirt, lediglich als ein dieser Versammlung anheim gestellter Vorschlag betrachtet werden könne und sich in Betreff der Gesetzeskraft oder Verbindlichkeit in keiner Weise von einem bloßen Antrage auf Erlaß einer Bill oder von irgend einem einleitenden Akte gewöhnlicher Gesetzgebung unterscheide. Diese Lehre, so neu in unserm Lande und gleichwohl bei Manchen darum so beliebt, weil in dem Kampfe um die Macht der Sieg immer beliebt ist, widerstreitet geradezu sowohl dem Wortlaute als der richtigen Auslegung unserer eigenen Beschlüsse — (Herrn Blount's). Wir erklärten: „daß die Macht, Verträge zu schließen, ausschließlich dem Präsidenten und dem Senate zustehen soll und nicht diesem Hause. Brauche ich zu sagen, daß wir diesem Beschluß in's Angesicht schlagen, wenn wir behaupten, daß die Handlungen jener beiden Branchen der Regierungsgewalt nicht gültig sind, bevor wir ihnen beigestimmt haben? Es würde Unsinn sein, ja noch Schlimmeres, uns mit dem offenbarsten Widerspruche gegen die Verfassung einen Antheil an einer Befugniß anzumaßen, welche wir in den bestimmtesten Worten den anderen Zweigen der Regierungsgewalt ausschließlich eingeräumt haben.

Gibt es etwas Inconsequenteres, als die Behauptung, daß die vom Präsidenten mit Genehmigung des Senats geschlossenen Verträge mit auswärtigen Mächten ohne unser Zuthun wirkliche Verträge seien, aber daß sie gleichwohl aller Kraft und Verbindlichkeit ermangeln, bis sie durch unsere Beistimmung sanctionirt sind? Es ist nicht mein Plan an diesem Orte, wenn überhaupt, in die Erörterung dieses Theiles der Sache einzugehen. Ich will, wenigstens vorläufig, es für zugestanden annehmen, daß diese absurde Ansicht keiner ausführlichen Widerlegung bedarf, ja als unlogisch außer dem Bereiche der Widerlegung liegt.

Aber, sagen Jene, welche die Abgeschmacktheit unter der Decke zweideutiger Phrasen verbergen, haben wir nicht freie Wahl, zuzustimmen? und wenn wir sie haben, werden wir nicht Gebrauch davon machen bei Beurtheilung der Räthlichkeit oder Unräthlichkeit eines uns vorgelegten Vertrages? Unser früherer Beschluß nimmt dies Vorrecht in Anspruch und wir können es nicht ohne Inconsequenz und zugleich ohne Pflichtverletzung aufgeben.

Wenn es hier eine Inconsequenz gibt, so liegt sie nicht in der absoluten Verbindlichkeit der Verträge für Sie, sondern in der Fassung der constitutionellen Bestimmung. — Lassen Sie uns das genauer untersuchen. Ein Vertrag ist ein zwischen Nationen in gutem Glauben abgeschlossenes Rechtsgeschäft. Und was macht ein Rechtsgeschäft? Die Zustimmung der contrahirenden Theile! Wir geben zu, daß die Befugniß, Verträge zu schließen, nicht diesem Hause zusteht; dieses Haus hat keinen Antheil am Abschluß derselben und ist kein contrahirender Theil; folglich vermag allein der Präsident und der Senat einen Vertrag zu schließen, der in gutem Glauben verbindlich ist. Wir beanspruchen gleichwohl, sagen jene Herren, ein Recht, über die Ausführung der Verträge zu urtheilen: das ist der verfassungsmäßige Boden unserer Fürsorge. Angenommen, es sei dem so, was soll daraus folgen? Daß Verträge, wenn wir für gut befinden, daß sie nicht ausgeführt werden, beseitigt sind, ohne daß Treue und Glaube der Nation dadurch verletzt wären. Dies, so unglaublich und übertrieben es scheinen mag, hat man behauptet. Der Sinn davon in unverblümter Sprache ist dieser: Der Präsident und der Senat haben die Geschäfte der Nation abzuschließen und dies Haus hat nichts darein zu reden, wenn aber dieses Haus findet oder zu finden glaubt, daß ein von Jenen abgeschlossenes Geschäft schlecht ist, so kann es dasselbe rückwirkend wieder aufheben. Die unvermeidliche Folge davon müßte sein, daß auch solche Verträge die Nation nicht binden. Wenn ein Rechts-Geschäft der Nation, Vertrag genannt, abgeschlossen ist, so soll seine verbindliche Kraft nicht von den Abschließenden, sondern von unserer Ansicht abhängen, ob es gut ist oder nicht. Da unsere Ansicht über den Gegenstand nur erkannt und erklärt werden kann, wenn wir in unserer gesetzgebenden Eigenschaft in Sitzung sind, so bleibt der Vertrag, obgleich vollzogen, oder, wie wir es zu nennen belieben, abgeschlossen, doch in der Schwebe, bis man sich von unserer Ansicht vergewissert hat. Wir verdammen das Geschäft und es fällt weg: obgleich, wie wir sagen, Treue und Glaube besteht. Wir billigen ein Geschäft als zur Ausführung geeignet: und es steht fest und verbindet die Nation. Indeß, eben in diesem letzteren Falle ist dessen Kraft augenscheinlich nicht von der Vollziehung durch die den Vertrag schließende Macht, sondern von unserer Genehmigung abgeleitet. Wer will diesen Folgerungen nachgehen und behaupten, daß wir obiger Beweise ungeachtet keinen Theil an der den Vertrag schließenden Macht haben? Und doch Ansichten sind nichts destoweniger mit Eifer und Beharrlichkeit vertheidigt worden. Ist es möglich, daß irgend Jemand dreist genug sein kann, sie sammt den lächerlichen daraus fließenden Folgerungen auszusprechen?

Lassen Sie mich schnell zu der Annahme übergehen, der Vertrag werde als schon abgeschlossen angesehen und es werde nun offen die Alternative vorgelegt, ob wir ihn beobachten oder brechen wollen. Dies, in der That, ist die unverhüllte Frage.

Wenn wir die Wahl treffen, ihn treulich zu befolgen, so ist der einzuschlagende Weg deutlich. Was irgend nach der Beistimmung von der Nation gethan werden soll, muß erfüllt werden. Unsere Mitwirkung kann, wenn sie erfordert werden sollte, nicht füglich verweigert werden und ich sehe nicht ein, warum der Vertrag nicht eine eben so verbindliche Richtschnur für die Legislative als für die Gerichtshöfe sein sollte.

Ich kann die Gelegenheit nicht vorüber gehen lassen ohne zu bemerken, daß der so sehr gefürchtete und mit Deklamationen bekämpfte Zwang am Ende nichts weiter zu sein scheint, als die Macht der Grundsätze, der Despotismus der Pflicht. Die Herren beklagen sich, wir seien g e z w u n g e n, in dieser Weise zu handeln, wir seien g e z w u n g e n, den Vertrag zu verschlucken. Das ist ganz richtig und m u ß so sein, außer wenn wir die Freiheit des Mißbrauchs, wenn wir das Recht beanspruchen, so zu handeln, wie wir nicht sollen. Es ist nur e i n rechter Weg für uns geöffnet, die Gesetze der Moralität und der Treue haben jeden anderen verschlossen. Was für eine Art von Freiheit ist das, wenn wir uns anmaßen, gegen die Autorität der Gesetze zu handeln? Es ist Sache der Tyrannen, sich zu beklagen, daß Grundsätze Beschränkungen sind und daß sie keine Freiheit haben, so lange ihr Despotismus Grenzen hat.

Diese Grundsätze sollen dargelegt werden, durch Untersuchung der Frage:

S o l l e n w i r d e n V e r t r a g b r e c h e n?

Der Vertrag ist schlecht, verderblich schlecht, geht das Geschrei. Er opfert das Interesse, die Ehre, die Unabhängigkeit der Vereinigten Staaten und die Treue für unsere Verpflichtungen gegen Frankreich. Wenn wir auf das Geschrei der Partei-Uebertreibungen hören, so sind die Uebelstände in zahlloser Menge und von solcher Art vorhanden, daß sie selbst in der Verstellung unerträglich werden. Die Sprache der Leidenschaft und Uebertreibung mag die der besonnenen Vernunft anderwärts zum Schweigen bringen, sie hat es hier nicht vermocht. Die Frage ist hier, ob der Vertrag in der That so sehr verhängnißvoll ist, um die Nation zu einem Treubruch zu verleiten. Ich gebe zu, daß ein solcher Vertrag nicht ausgeführt werden müßte; ich gebe zu, daß Selbsterhaltung das erste Gesetz sowohl der Gesellschaft als der Individuen ist. Es würde vielleicht ein schlechter Ausdruck sein, das einen Vertrag zu nennen, was einen solchen Grundsatz verletzt. Ich übergehe auch vorläufig jede Untersuchung darüber, welche verfassungsmäßige Behörde die Nation repräsentiren und die Bestimmungen eines Vertrages nichtig zu erklären das Recht hat. Ich begnüge mich mit Verfolgung der Untersuchung, ob die Natur dieses Uebereinkommens so beschaffen ist, um unsere Weigerung zu rechtfertigen, dasselbe in Kraft zu setzen. Ein Vertrag ist das Versprechen einer Nation. Wohl! Versprechen binden nicht jeder Zeit Denjenigen, der sie macht.

Indeß lege ich zwei Regeln vor, welche uns in diesem Falle leiten müssen. Der Vertrag muß schlecht erscheinen, nicht allein in den kleinen Einzelnheiten, sondern in seinem Charakter, in seinem Grundsatz und in seinem Ganzen. Sodann muß dieses durch eine entschiedene und allgemeine Uebereinstimmung des erleuchteten Publikums festgestellt werden. Ich bekenne, es scheint mir Einiges, was einen sehr lächerlichen Anstrich hat, in der Erörterung der einzelnen Artikel über die Debatten vorgekommen zu sein.

Der entscheidende Punkt ist, sollen wir einen Treubruch begehen? Und während unser Land und das erleuchtete Europa den Ausgang mit größerem Interesse als bloßer Neugierde erwartet, sind wir beschäftigt, die Urkunden stückweis und Artikel für Artikel vorzunehmen, um eine Rechtfertigung für diese Handlung durch kleinliche Berechnungen von commerciellem Vortheil und Verlust aufzufinden. Dies ist weder des Gegenstandes noch dieser Versammlung oder der Nation würdig. Wenn der Vertrag schlecht ist, so wird er auch so im Ganzen erscheinen. Wenn seine Tendenz durch und durch schlimm ist, so bedarf dies keines Beweises, es ergiebt sich von selbst. Extreme sprechen für sich selbst und machen ihre eigenen Gesetze. Was bedeutet es wenn die direkte Fahrt amerikanischer Schiffe nach Jamaica ein oder zwei Prozent mehr als der jetzige Handel nach Surinam bringen kann, würde der Beweis dieser Thatsache irgend etwas in einer so gewichtigen Frage nützen wie die Verletzung öffentlicher Verbindlichkeiten?

Es ist unnütz anzuführen, daß unsere Frankreich verpfändete Treue durch diesen neuen Vertrag verletzt wird. Unsere früheren Verträge sind ausdrücklich vor der Einwirkung des brittischen Vertrages bewahrt. Und was meinen nun diejenigen, welche sagen, unsere Ehre sei durch Abschluß eines Vertrages verwirkt und besonders eines solchen Vertrages? Gerechtigkeit, die Gesetze und Praxis der Völker, eine gerechte Rücksicht für den Frieden als Pflicht für die Menschheit und sowohl der bekannte Wunsch unserer Bürger als jene Selbstachtung, welche von der Nation fordert, daß sie mit Würde und Mäßigung handele, alles dieses mahnte von einer Berufung auf die Waffen ab, bevor wir den Erfolg der Unterhandlung versucht hatten. Die Ehre der Vereinigten Staaten ward durch Abschluß eines Vertrages gerettet, nicht verwirkt. Der Vertrag selbst hat durch seine Bestimmungen über die Posten, über die Entschädigung und über eine gebührende Beobachtung der Rechte unserer Neutralität ganz gewiß den Charakter der Nation erhoben. Niemals erschien der Name Amerika in Europa mit mehr Glanz als in Folge der Vollziehung dieser Urkunde. Diese Thatsache ist geeignet, jeden Widerspruch zu überbieten.

* * *

Man wird mich fragen, warum ein in einigen Artikeln so guter und in anderen so harmloser Vertrag auf eine so unbeugsame Opposition stieß, und wofür man das von New-Hampshire bis Georgia dagegen erhobene Geschrei halten soll? Die bei seiner ersten Veröffentlichung so weit verbreiteten Besorgnisse müßten zum Beweise dienen, daß der Vertrag schlecht ist und daß das Volk ihn verabscheut.

Ich bin nicht in Verlegenheit, die Antwort auf diesen Vorwurf zu finden. Gewiß eine Voraussicht seiner verderblichen Wirkungen konnte nicht alle die Befürchtungen erzeugt haben, welche man fühlte oder zu fühlen vorgab. Die Aufregung verbreitete sich schneller als die Veröffentlichung des Vertrages. Es gab mehr Kritiker als Leser. Uebrigens haben diese Befürchtungen nachgelassen, als der Gegenstand untersucht ward.

Die Bewegungen der Leidenschaft sind schneller, als die des Verständnisses. Wir haben die Ursachen der ersten Eindrücke nicht in den Artikeln dieser anstößigen und geschmähten Urkunde, sondern in dem Zustande der öffentlichen Stimmung zu suchen.

Die Hitze des Revolutionskrieges hatte sich noch nicht völlig abgekühlt, noch hatten dessen Streitigkeiten nicht aufgehört, als die Gefühle unserer Bürger durch einen neuen und außerordentlichen Gegenstand der Aufregung zu zehnfacher Lebhaftigkeit gesteigert wurden. Eine der beiden großen Nationen Europa's erfuhr eine Veränderung, welche alle unsere Bewunderung auf sich zog und alle unsere Theilnahme erregte. Die Sympathie vieler folgte ihr, was sie auch begehen mochte und folgte ihr bis zum Uebermaß. Die Eindrücke fanden vieles, was sie erhitzen, nichts was sie mäßigen konnte. In unseren Zeitungen, bei unseren Festlichkeiten und bei einigen unserer Wahlen ward Enthusiasmus als ein Verdienst, als ein Prüfstein des Patriotismus aufgenommen, und das machte ihn ansteckend. Nach der Parteiansicht konnten wir weder genug lieben noch zu stark hassen. Ich wage zu sagen, trotz aller Verleumdung, die es hervorrufen mag, wir waren in beiden ausschweifend. Es steht mir zu, zu erklären, daß so heftige Leidenschaften, so wilder Enthusiasmus nicht bestehen konnte ohne die besonnene Anwendung der Vernunft zu beeinträchtigen, ohne den Frieden und kostbare Interessen des Landes auf's Spiel zu setzen. Sie wurden gefährdet. Ich will den wenigen Athem, den ich noch übrig habe, nicht erschöpfen, um zu sagen, wie sehr, von wem und durch welche Mittel sie vor der Aufopferung bewahrt wurden. Wird man mich auffordern meine Beweise vorzulegen? Sie sind hier, sie sind überall. Niemand hat die Vorgänge von 1794 verschmerzt; Niemand hat die Wegnahme unserer Fahrzeuge und die drohende Gefahr des Krieges vergessen. Die Nation trachtet nicht blos nach Ersatz, sondern nach Rache. Stand es nach Erleidung solcher Unbilden, nach der Aufregung durch so empfindliche Eindrücke in der Macht irgend welcher Worte eines Vergleichs, oder war irgend ein Pergament mit seinen Siegeln im Stande das Volk zu beruhigen? Es war unmöglich. Verträge in England sind selten populär, am wenigsten wenn die Besiegelung der Freundschaft der Bitterkeit des Hasses folgt. Selbst der beste Vertrag und, wenn auch nichts darin verweigert ist, wird die Empfindlichkeit zurückdrängen, aber sie nicht befriedigen. Jeder Vertrag täuscht eben so sicher übertriebene Erwartungen als er ausschweifende Leidenschaften entwaffnet. Von den letzteren ist Haß eine solche, welche sich nicht bestechen läßt. Diejenigen, welche von dem Geiste der Rache beseelt sind, werden nicht durch die Möglichkeit des Vortheils beruhigt werden.

Warum beschweren Sie sich darüber, daß Westindien nicht geöffnet ist? Warum beklagen Sie, daß einige Beschränkung im Handel mit Ostindien festgesetzt ist? Warum behaupten Sie, daß wenn Sie dies verwerfen und auf Mehrerem bestehen, mehr werde erreicht werden? Laßt uns offen sein — auch ein Mehreres würde nicht befriedigen. Wenn Alles wäre gewährt worden, würde nicht ein Vertrag mit Großbritannien doch anstößig sein? Haben wir nicht in diesem Augenblicke gegen unseren Gesandten geltend machen hören, daß er nicht heftig genug in seinem Hasse gegen England gewesen? Ein Freundschaftsvertrag wird verdammt, weil er nicht von einem Erzfeinde gemacht worden und im Geiste eines solchen. Derselbe Herr wiederholt in demselben Augenblicke einen sehr vorherrschenden Vorwurf, daß kein Vertrag mit dem Feinde Frankreichs sollte geschlossen werden. „Kein Vertrag, rufen Andere aus, sollte mit einem Monarchen oder Despoten geschlossen werden; es wird keine Sicherheit für die Schifffahrt geben, so lange diese Seeräuber den Ocean beherrschen. Ihre Räuberhöhle muß zerstört, dieses Volk muß ausgerottet werden.“

Ich liebe das, mein Herr, weil es Aufrichtigkeit ist. Mit Gefühlen wie diese streben wir nicht nach Verträgen. Solche Leidenschaften suchen nichts und werden mit nichts zufrieden sein, als mit Zerstörung ihres Gegenstandes. Wenn ein Vertrag dem König Georg seine Insel ließe, würde er nicht genügen, selbst wenn er bestimmte, Miethe dafür zu zahlen. Man hat gesagt, die Welt müsse sich freuen, wenn Britannien in's Meer versenkt würde; wenn es jetzt dort Menschen, Reichthum, Gesetze und Freiheit gebe, so sei dies nicht mehr als eine Sandbank für die Seeungeheuer, um sich darauf zu mästen. Ich wende nichts gegen den gesunden Verstand oder die Menschlichkeit von alledem ein. Ich gestehe dies als einen Beweis zu, daß das Zeitalter der Vernunft im Fortschritt begriffen ist. Lassen Sie es Philanthropismus, lassen Sie es Patriotismus sein, wenn Sie wollen, aber es ist kein Anzeichen, daß irgend ein Vertrag würde gebilligt werden. Die Schwierigkeit besteht nicht in Widerlegung der Vorwürfe gegen die Bedingungen, sondern in Beschränkung des Widerstandes der Partei gegen irgend welchen Freundschaftsvertrag.

Da ich auf den Nebenbuhler Großbritannien's angespielt habe, bin ich nicht abgeneigt mich zu erklären: Ich gebe nicht vor, etwas zu verhehlen und ich habe dies nie in der Gewohnheit gehabt. Während diese beiden großen Nationen mit ihren Streitigkeiten Europa in Aufregung versetzen, werden sie beide mit gleichem Bestreben und mit einiger Aussicht auf Erfolg gleicherweise versuchen, einen Einfluß in Amerika zu gewinnen. Jede wird alle ihre Künste anwenden, unsere Macht auf ihre Seite zu ziehen. Wie kann dies bewirkt werden? Unsere Regierung ist eine demokratische Republik. Sie wird nicht geneigt sein, ein politisches System, sei es nun zum Beistande Englands oder Frankreichs, in Opposition gegen die allgemeinen Wünsche der Bürger zu befolgen, und wenn der Congreß solche Maßregeln genehmigen sollte, so würden sie weder lange noch mit vielem Glück verfolgt werden. Nach der Natur unserer Regierung ist Popularität das Werkzeug auswärtigen Einflusses. Ohne dieselbe ist alles vergebliche Mühe und Täuschung. Mit diesem mächtigen Hülfsmittel finden auswärtige Intriguen Agenten und zwar nicht bloß Freiwillige, sondern Leute, welche sich um Aufträge und Verwendung reißen, und alles, was einem Widerstreben ähnlich sieht, wird für ein Verbrechen angesehen. Hat Großbritannien diese Mittel des Einflusses? Gewiß nicht. Wenn sein Geld ihm Anhänger kaufen könnte, so würden sie dadurch, daß sie es kauft, alles politischen Ansehens und Einflusses verlustig gehen. Sie würden die Popularität nicht als eine Waffe handhaben, sondern unter ihr fallen. Großbritannien hat keinen solchen Einfluß und aus den eben angegebenen Gründen kann es keinen haben. Es hat andere Macht genug, und Gott verhindere, daß es jemals mehr haben soll. Frankreich, im Besitz von Volksenthusiasmus und Partei-Zuneigung hatte und hat noch zu viel Einfluß in unserer Politik — jeder auswärtige Einfluß ist zu viel und sollte vernichtet werden. Ich verabscheue den Mann und verachte die Gesinnung, die sich zu gemeinen Handlanger-Diensten für die Zwecke irgend einer Nation hergeben können. Es muß uns genügen, daß wir Amerikaner sind. Dieser Name bezeichnet unsere Pflichten und sollte alle unsere Liebe und Gesinnung in sich begreifen.

Aber ich möchte nicht mißverstanden sein; ich möchte das Bündniß mit Frankreich nicht zerreißen; ich wünsche nicht, daß die Verbindung zwischen beiden Ländern gerade eine kalte sei. Sie sollte herzlich und aufrichtig sein, aber ich möchte jenen Einfluß verbannen, welcher durch Einwirkung auf die Leidenschaften der Bürger eine Macht über die Regierung gewinnen könnte.

Es ist kein schlechter Beweis für das Verdienst des Vertrages, daß er sich unter allen diesen ungünstigen Umständen so wohl bewähren konnte. Trotz der ersten Eindrücke, trotz der Verleumdung und des Parteigeschrei's, hat doch eine sorgfältige Prüfung die Zahl seiner Vertheidiger verdoppelt, und zuletzt scheint mir das Uebergewicht der öffentlichen Meinung sich deutlich auf dessen Seite zu neigen.

Nach der sorgfältigsten Untersuchung der verschiedenen Theile des Vertrages, derjenigen, welche sich auf politische Anordnungen beziehen, auf die Störungen unseres Handels und auf die Regulirung des Verkehrs, finde ich wenig Grund zur Besorgniß. Die Uebelstände, so wie sie nach den Uebertreibungen der Opposition darin liegen sollen, sind dem Wesen nach gering, und kurz in der Dauer, zwei Jahre nach dem Ende des europäischen Krieges. Ich frage, und ich glaube die Frage bezeichnend: was sind nun die Beweggründe, den Vertrag zu verwerfen? Was für ein großer Gegenstand würde dadurch gewonnen, und mit Ehren gewonnen? Wenn man gleich die wahren Verdienste des Vertrages noch aufrichtig bezweifeln könnte, so kann doch die Vaterlandsliebe keinen Augenblick zweifelhaft sein, daß die Verletzung desselben unsere Wohlfahrt ernstlich stören müßte! Solche Thatsache würde nichts als Verwirrung und Unehre über uns bringen.

* * *

Ich mag mich nicht darauf einlassen, mich mit manchen Leuten in Deklamationen über öffentliche Treue zu ergehen — solchen Leuten habe ich nichts zu sagen. Anderen will ich an's Herz legen — kann irgend etwas einem Volke mehr Schande und Erniedrigung aufdrücken, als die Verletzung der öffentlichen Treue?

Giebt es ein sicheres Mittel, uns in der Achtung der Welt herabzuwürdigen und die übelste Meinung über den Maßstab zu verbreiten, womit wir Redlichkeit und Tugend bei uns selbst zu messen pflegen? Eine solche Handlung demoralisirt nicht blos die Menschheit, sondern sie führt dazu, alle Bande der Gesellschaft zu zerreißen, jenen geheimnißvollen Reiz zu vernichten, welcher die Individuen zu einer Nation hinzieht, und an ihrer Stelle ein widriges Gefühl von Scham und Ekel zu erregen.

Was ist Patriotismus? Ist es eine engherzige Anhänglichkeit an den Boden, wo Jemand geboren ist? Ist die bloße Erdscholle, worauf wir stehen, zu dieser innigen Bevorzugung berechtigt, weil sie in unseren Augen schöner ist? Nein, meine Herren, dies ist nicht der Charakter dieser Tugend, und sie nimmt einen höhern Flug nach ihrem Gegenstande. Es ist eine erweiterte Selbstliebe, welche sich mit allen Genüssen des Lebens vermischt und sich um die zartesten Fäden des Herzens schlingt. Wir gehorchen also den Gesetzen der Gesellschaft, weil sie die Gesetze der Tugend sind. In ihrer Autorität sehen wir nicht die Ordnung der Macht und des Schreckens, sondern das verehrungswürdige Bild von unseres Landes Ehre. Jeder gute Bürger macht diese Ehre zu der seinigen und hegt sie nicht allein als kostbar, sondern als geheiligt. Er ist bereit, sein Leben für deren Vertheidigung zu wagen und ist sich bewußt, daß er Schutz gewinnt, während er es hingiebt. Welche Rechte eines Bürgers werden für unverletzlich gehalten werden, wenn ein Staat auf die Grundsätze verzichtet, welche deren Sicherheit ausmachen? Oder, wenn sein Leben nicht bedroht werden sollte, was würden seine Genüsse in einem Lande sein, das in den Augen der Ausländer gehaßt und in seinem eigenen entehrt wäre? Würde er mit Liebe und Verehrung auf ein solches Land als auf sein Vaterland blicken können? Das Gefühl ein solches zu haben, würde in ihm ersterben. Er würde wegen seines Patriotismus erröthen, wenn er das Gefühl davon behalten sollte, und mit Recht, denn derselbe würde ein Laster sein. Er würde ein Verbannter in seinem Vaterlande sein.

Ich bin für keine Ausnahme von der Achtung, welche man unter den Völkern den Gesetzen der Bewahrung der Treue zollt. Wenn es in diesem erleuchteten Zeitalter Fälle giebt, wo sie verletzt ward, so giebt es doch keine, wo sie getadelt worden wäre. Sie ist die Philosophie der Politik, die Religion der Regierungen. Sie wird von Barbaren beobachtet — ein Zug Tabacksrauch oder eine Schnur mit Knöpfen giebt den Verträgen nicht allein bindende Kraft, sondern Heiligkeit. Selbst in Algier mag man zwar einen Waffenstillstand mit Geld kaufen, aber wenn er ratificirt ist, so ist Algier zu weise oder zu gerecht, seine Verbindlichkeit zu verleugnen, oder für nichtig zu erklären. Wir sehen also, weder die Unwissenheit der Wilden, noch die Grundsätze eines Seeräuberstaates erlauben einer Nation, ihre Verbindlichkeiten hintenan zu setzen. Wenn eine Auferstehung vom Galgen statt finden könnte, wenn die Opfer der Gerechtigkeit noch einmal leben und eine Gesellschaft bilden könnten, sie würden sich, wenn auch gegen ihren Willen, bald genöthigt sehen, die Gerechtigkeit, dieselbe Gerechtigkeit, unter welcher sie fielen, zum Grundgesetz ihres Staates zu machen. Sie würden begreifen, daß es ihr Interesse ist, Anderen Achtung einzuflößen und deßhalb den Verbindlichkeiten von Treu und Glauben Achtung zollen.

Es ist peinlich und ich hoffe auch überflüssig, die Vermuthung aufzustellen, daß Amerika zu dem Falle einer solchen Schändlichkeit Veranlassung geben würde. Nein, lassen Sie mich nicht einmal zu der Unterstellung kommen, daß eine republikanische Regierung wie die unserige, entsprungen aus einem erleuchteten und unverdorbenen Volke, eine Regierung, deren Ursprung das Recht und dessen Entwickelung unsere Pflicht ist, auf Grund einer feierlichen Debatte eine treulose Wahl treffen — das zu thun sich erdreisten könnte, was Despoten nicht zu thun wagen; dessen, wie unser eigenes Beispiel beweist, die Staaten der Barbarei nicht verdächtig sind. Nein, lassen Sie mich lieber den Fall setzen, daß Großbritannien die Ausführung des Vertrages verweigere, nachdem wir Alles gethan hätten, ihn in Kraft treten zu lassen. Gäbe es irgend eine Sprache des Tadels, die scharf genug wäre, Ihre Beurtheilung einer solchen Thatsache auszudrücken? Was würden Sie sagen, oder vielmehr was würden Sie nicht sagen? Würden Sie ihnen (den Engländern) nicht sagen: wo nur immer ein Engländer reisen mag, die Scham muß ihn ersticken — er muß sein Vaterland verleugnen? Sie würden ausrufen: Du England, stolz auf Deinen Reichthum und anmaßend im Besitze der Macht — erröthe über diese Vorzüge, welche zu Deiner Entehrung führten! Eine solche Nation möchte aufrichtig zu der Corruption sagen: „Du Kunstgriff bist mein Vater" und zu der Schlange: „Du List bist meine Mutter und meine Schwester." Wir würden von einer solchen Menschenart sagen: „ihr Name ist eine schwerere Bürde, als ihre Schuld."

* * *

Die Idee des Krieges hat man als einen Popanz behandelt. Dieser Leichtsinn ist wenigstens unzeitig und am unpassendsten für die Wenigen, welche dazu ihre Zuflucht nehmen.

Wer hat die Philippiken von 1794 vergessen? Damals war das Geschrei: Ersatz — kein Gesandter — kein Vertrag — keine widerwärtige Verzögerung. Jetzt, scheint es, läßt die Leidenschaft nach, oder wenigstens die Hast, sie zu befriedigen. Großbritanien, sagen Sie, wird nicht Krieg mit uns führen.

Im Jahre 1794 ward von denen, welche jetzt keinen Krieg wollen, hervorgehoben, daß, wenn wir Fregatten baueten oder den Seeräubereien Algiers widerständen, wir keinen Frieden erwarten könnten. Jetzt geben sie sicherlich einen vortrefflichen Trost. Großbritanien hat unsere Fahrzeuge und Ladungen im Betrage von Millionen weggenommen; es hat die Militär-Posten inne; es unterbricht unseren Handel, sagen sie, als den einer neutralen Nation; und diese Herren, vormals so grimmig gegen Abhülfe, versichern uns in den Ausdrücken der süßesten Tröstung, Großbritaunien würde alles dies geduldig ertragen. Aber lassen Sie mich die ehemaligen Vorkämpfer für unsere Rechte fragen: wird unsere Nation es ertragen? Laßt Andere darüber frohlocken, daß der angreifende Theil unser Unrecht für immer schlafen lassen werde. Wird, es ist meine Pflicht danach zu fragen, die Geduld und die Ruhe unserer Bürger zunehmen, wenn sie ihre Rechte verlassen sehen? Wird nicht die Enttäuschung ihrer so lange von der Regierung begünstigten Hoffnungen jetzt auf dem Wendepunkte, wo sie verwirklicht werden sollten, alle ihre Leidenschaften in Muth und Verzweiflung verwandeln?

Sollen die Posten für immer im Besitz von Großbritanien bleiben? Lassen Sie diejenigen, welche sie von der Hand weisen, wenn der Vertrag sie unserem Besitz anbietet, sagen, sie seien von keiner Wichtigkeit. Wenn sie aber wichtig sind, können wir dieselben mit Gewalt nehmen? Der Beweis den ich hervorheben will, würde dann zum Vorschein kommen. Sich der Gewalt bedienen, ist Krieg. Hierauf wieder vom Vertrage zu sprechen ist abgeschmackt. Posten und Ersatz müssen vom freien guten Willen erlangt werden; Vertrag oder Krieg.

Der Schluß ist deutlich; wenn der Friedenszustand fortdauern soll, so wird es auch der britische Besitz der Posten.

Betrachten Sie nochmals diesen Stand der Dinge. An der Seeküste ungeheuere Verluste ohne Ersatz; an der Grenze Indianerkrieg, in der That Schmälerung unseres Gebietes; überall unzufriedene Gereiztheit, zehnfach erbitterter, weil sie ohnmächtig und erniedrigt sein wird; Verachtung und Erniedrigung der Nation. Die Streitigkeiten über den alten Vertrag von 1783, welche im Begriff waren, sich zu legen, werden die fast erloschenen Feindseligkeiten jener Zeit erwecken. In allen Ländern und besonders in solchen, die frei sind, entstehen die Kriege aus der Heftigkeit der öffentlichen Stimmung. Der Despotismus der Türkei wird sogar oft durch Geschrei genöthigt, das Schwert zu ziehen. Der Krieg möchte vielleicht verschoben werden, aber er würde nicht verhindert werden können. Seine Ursachen würden zurück bleiben, würden verstärkt, vervielfältigt und bald unerträglich werden. Wiederholte Wegnahme von Schiffen, mehr Bedrückungen würden das Verzeichniß unserer Unbilden und den Strom unserer Wuth anschwellen lassen. Ich bringe die Kunstgriffe derer nicht in Rechnung, welche bei früheren Gelegenheiten bemüht waren, das Feuer zu schüren. Ich sage nichts von auswärtigem Gelde und von Emissären, welche den Geist der Feindseligkeit entzünden würden, indem der Stand der Dinge auf natürliche Weise in Gewaltthätigkeit auslaufen würde. Mit einer geringeren als der früheren Anstrengung würden sie Erfolg haben.

Wird unsere Regierung im Stande sein, die Aufregung einer solchen Krisis zu mäßigen und zurück zu halten? Die Regierung wird nicht fähig sein, zu regieren. Ein gespaltenes Volk — und gespaltene Berathungen! Sollen wir den Geist des Friedens pflegen oder die Spannkraft des Krieges an den Tag legen? Sollen wir unseren Gegner durch unsere Macht in Furcht setzen, oder ihn durch die Maßregeln der Gereiztheit und des Treubruchs geneigt machen, unsere Rechte zu achten? Vertrauen die Herren deshalb auf den Bestand des Friedens, weil beide Nationen weniger geneigt sein werden, ihn zu halten; weil man noch schwerer zu ertragende Ungerechtigkeiten und Beleidigungen gegenseitig anbieten wird? Solch ein Zustand wird sich hinschleppen, wenn wir den Krieg lange vermeiden sollten, was schlimmer als Krieg sein wird. Friede ohne Sicherheit, Anhäufung von Verletzungen ohne Abhülfe, oder Hoffnung darauf, Gereiztheit gegen den angreifenden Theil, Verachtung unserer selbst, innere Zwietracht und Anarchie. Noch schlimmeres als dies muß man besorgen, denn wenn das Schlimmere eintreten könnte, so würde es die Anarchie mit sich bringen. Ist dies der Friede, den die Herren sich unterfangen mit so furchtlosem Vertrauen aufrecht zu halten? Ist dies die Stelle für amerikanische Würde welche die hochherzigen Kämpfer für unseres Volkes Unabhängigkeit und Ehre dulden könnten — nein, die sie ängstlich und fast gewaltsam für das Land zu gewinnen trachten? Was giebt es im Vertrage, was uns so weit erniedrigen könnte? Sind dies die Leute, um ihren Aerger zu verschlucken, während sie erst kürzlich an demselben ersticken wollten? Wenn der Fall, den sie im Auge haben, Friede sein sollte, so stehe ich nicht an, zu erklären: Ich will diesen Frieden nicht!

Giebt es bei Betrachtung der inneren Lage des Landes irgend etwas, was uns ermuthigen könnte, die Gefahren des Krieges zu steigern? Würde nicht der Stoß dieses Uebels einen anderen herbei führen und den schwachen und dann aufgelösten Bau unserer Regierung niederwerfen? Ist dies eine Chimäre? Man geht auf den Grund des thatsächlichen Gegenstandes, wenn man sagt, die Verwerfung der Bewilligungen läuft auf die Lehre eines Bürgerkrieges der Departements hinaus. Zwei Zweige haben einen Vertrag vollzogen und wir sind auf dem Wege, ihn bei Seite zu legen. Wie kann man diese Unordnung in der Maschine in's Gleiche bringen? Während die erste besteht, müssen die Bewegungen der letzteren einhalten, und ist das Mittel, worüber wir discutiren, etwas Anderes als das furchtbare einer revolutionären Einmischung des Volkes? Und ist dieses selbst nach dem Urtheil meiner Gegner angethan, um die Constitution und die öffentliche Ordnung auszuführen und zu erhalten? Ist es wirklich die Gefahr und nicht die Verzerrung, welche sie den Muth haben, in's Auge zu fassen und herauszufordern, oder jenseits deren ihr Scharfsinn das Ende erreichen und absehen kann? Sie scheinen zu glauben, und sie handeln als wenn sie glaubten, daß unsere Einigkeit, unser Friede, unsere Freiheit unverwundbar und unsterblich seien — als wenn unsere glückliche Lage nicht durch unsere Streitigkeiten gestört werden könnte, und wir nicht im Stande wären, durch unsere Unterwürfigkeit derselben verlustig zu gehen. Einige von ihnen haben ohne Zweifel bessere Nerven und mehr Scharfsinn als ich. Sie können helle Aussichten und glückliche Folgen in dieser ganzen Reihe von Schrecknissen sehen. Sie sehen in dem ruhigen „Lichte einer sanften Philosophie" innere Zwietracht, unsere Regierung desorganisirt, unsere Unbilden gesteigert und vervielfältigt, ja ohne Abhülfe, Frieden mit Unehre, oder Krieg ohne Gerechtigkeit, Einigkeit oder Hülfsquellen.

Indessen, was sie auch als die nächste Maßregel der Klugheit und Sicherheit erwarten mögen, dem Hause haben sie nichts bewiesen. Was ist nun der nächste Schritt nach Verwerfung des Vertrages? Sie müssen vorgesehen haben, was geschehen muß, ohne Zweifel haben sie beschlossen, was vorzuschlagen ist. Warum schweigen sie? Wagen sie den Plan ihres

Verfahrens nicht einzugestehen oder warten sie bis unser Fortschritt zur Verwirrung sie veranlassen wird ihn zu entwerfen?

Lassen Sie mich das ohne Zweifel bedrängte und durch diese Aussicht zum Verzweifeln geneigte Gemüth durch Darstellung einer anderen Aussicht erheitern, deren Verwirklichung doch in unserer Macht steht. Ist es einem wahren Amerikaner möglich, auf das Gedeihen dieses Landes ohne einiges Verlangen nach dessen Fortdauer zu blicken, ohne einige Achtung für die Maßregeln, die, wie Manche sagen werden, dasselbe erzeugt, und, wie Alle bekennen werden, es erhalten haben? Wird er nicht einige Besorgniß fühlen, daß ein Wechsel des Systems den Schauplatz verändern könne? Die sehr gegründeten Befürchtungen unserer Bürger vom Jahre 1794 wurden durch den Vertrag beseitigt, sind aber nicht vergessen. Damals hielt man Krieg fast für unvermeidlich und würde man nicht diese Beilegung zu jener Zeit als ein glückliches Entkommen aus der unglücklichen Lage betrachtet haben? Das große Interesse und das allgemeine Verlangen unseres Volkes war, sich der Vortheile der Neutralität zu erfreuen. Diese Urkunde, wenn auch verrufen, gewährt Amerika diese unschätzbare Sicherheit. Die Ursachen unserer Streitigkeiten sind entweder in der Wurzel abgeschnitten oder an neue Unterhandlung nach dem Ende des europäischen Krieges verwiesen. Dies hieß Alles gewinnen, weil es unsere Neutralität bestätigte, wodurch unsere Bürger Alles gewinnen. Dies allein würde die Verbindlichkeiten gegen die Regierung rechtfertigen. Denn, als die wilden Dünste des Krieges unsern Horizont verdunkelten, vereinigten sich alle unsere Wünsche in dem einen, daß wir der Verwüstung des Sturmes entgehen möchten. Dieser Vertrag, gleich einem Regenbogen am Rande der Wolken, bezeichnete unseren Augen den Raum, wo der Sturm wüthete und gewährte zu gleicher Zeit das sichere Vorzeichen von schönem Wetter. Wenn wir ihn verwerfen, werden die lebhaften Farben erblassen, er wird ein trauriges Meteor werden, der Sturm und Krieg anzeigt.

Laßt uns nicht zaudern, die Bewilligung zu beschließen, um ihn in treue Ausführung zu bringen. Also werden wir Treue und Glauben unserer Nation bewahren, deren Frieden sichern und den Geist des Vertrauens und der Unternehmungen verbreiten, welcher ihr Gedeihen vermehren wird. Der Fortschritt von Wohlstand und Verbesserung ist wunderbar und einige werden denken, zu reißend. Das Feld zum Streben ist fruchtbar und ungeheuer, und wenn Friede und eine gute Regierung sollte erhalten werden, sind die Erwartungen unserer Bürger noch nicht so schmeichelhaft als die Erfolge ihres Fleißes verheißend für die Zukunft. Der Lohn der Anstrengung dient dazu, Macht zu vermehren. Jede Stunde ist Gewinn und wird Kapital. Die ungeheuere Frucht unserer Neutralität ist durchweg Saatkorn und wird wieder gesäet, um fast über alle Berechnung die künftige Ernte des Gedeihens anzuhäufen. Und was in diesem Fortschritt Erdichtung zu sein scheint, dazu, findet man, reicht die Erfahrung nicht aus.

Ich erhob mich unter Eindrücken zu sprechen, denen ich würde widerstanden haben, wenn ich es hätte können. Diejenigen, welche mich sehen, werden glauben, daß der schlechte Zustand meiner Gesundheit mich für große Anstrengung des Geistes wie des Körpers beinahe unfähig gemacht. Unvorbereitet für die Debatten dachte ich nach sorgfältiger Ueberlegung in meiner Zurückgezogenheit oder nach langer Aufmerksamkeit hier, der von mir gefaßte Entschluß, still zu sitzen, sei mir durch die Nothwendigkeit auferlegt, und dessen Durchführung würde mich wenig Anstrengung kosten. Mit einem sonach an Ideen leeren Geiste, und gebeugt, wie ich in der That bin, unter dem Gefühl der Schwäche, glaubte ich, wahres Verlangen zu sprechen sei durch die Ueberzeugung erloschen, daß ich nichts zu sagen habe. Indeß, als ich zum Augenblicke der entscheidenden Abstimmung komme, weiche ich mit Schrecken vom Rande des Abgrundes zurück, in welchen wir im Begriff stehen, zu stürzen. In meinen Augen haben selbst die Minuten, die ich im Streite verwendet habe, ihren Werth, weil sie die Krisis und den kurzen Zeitraum verlängern, in welchem allein wir beschließen können, ihr zu entgehen.

Ich bin so durch meine Gefühle verleitet worden, länger zu sprechen, als ich beabsichtigt hatte. Indeß habe ich vielleicht so wenig persönliches Interesse an dem Ausgang als irgend Jemand hier. Es giebt, glaube ich, kein Mitglied, welches nicht denken wird, seine Aussichten, ein Zeuge der Folgen zu sein, seien größer als die meinigen. Wenn gleichwohl in der Abstimmung die Verwerfung durchgehen und, wie es kommen wird, sich ein Geist öffentlicher Unordnungen erheben sollte, um die Verwirrung noch mehr zu vergrößern, so mag selbst ich, wenn auch mein Lebensfaden dünn und fast zerrissen ist, die Regierung und Verfassung meines Vaterlandes überleben.

Neuntes Kapitel.

1796—1797.

Schluß von Washington's öffentlichem Leben.

Verfahren der französischen Regierung gegen die Ver. Staaten—Beschwerden des Direktoriums—Wiedervergeltung demzufolge von ihm beschlossen—Adet in den Ver. Staaten und Monroe in Frankreich—Intriguen Spaniens im Westen—Monroe's Ansichten und Verfahren—Washington unzufrieden—Pinckney an Monroe's Stelle ernannt—Benehmen des Direktoriums gegen Pinckney—Monroe's Abschied—Washington's Entschluß, nicht ein drittes Mal als Präsident zu dienen—Seine edle Abschieds-Adresse—Wie sie allenthalben im Lande aufgenommen ward—Die Candidaten für die Präsidentschaft—Heftiger Kampf zwischen den Parteien—Adet's unverschämte Einmischung—Auszug aus seinem Briefe—Wirkung davon—Washington's Rede an den Congreß—Deren Inhalt—Rührender Schluß der Rede—Plünderungen der Franzosen im amerikanischen Handel—Botschaft des Präsidenten über die Beziehungen zu Frankreich—Wenig Geschäfte im Congreß abgemacht—Ergebniß der Wahl—John Adams zum Präsidenten—Thomas Jefferson zum Vicepräsidenten erwählt—Washington's Benehmen in Beziehung auf Verleumdung seines Charakters—Der Band falscher Briefe—Sein ernstliches Verlangen nach Ruhe und Zurückgezogenheit—Tiefes und wahres Gefühl des Volkes gegen ihn—Dessen vielfältiger Erfolg—Anhang zum neunten Kapitel:—I. Der Brief Mazzin's—II. Herr Gibbs über Washington's Abtreten in's Privatleben.

Die französische Regierung hatte genau den Gang der Begebenheit überwacht, die mit Herrn Jay's Vertrag zusammenhingen. Ungeachtet aller ihrer Verwahrungen über diesen Gegenstand war es doch ihrerseits fester Entschluß, die Ver. Staaten in den Krieg gegen England zu verwickeln; der amerikanische Gesandte in Frankreich ward daher benachrichtigt, daß diese Republik sich selbst dem Verfahren gemäß regieren würde, das von den Vereinigten Staaten hinsichtlich des Vertrages mit Seiner britischen Majestät eingeschlagen worden. Sobald nur die Nachricht vom Abschluß von Jay's Vertrag in Paris eingetroffen war, drang man in Herrn Monroe, dessen Inhalt mitzutheilen, selbst bevor er der amerikanischen Regierung zugefertigt worden war und als diesem unverständigen Gesuche nicht nachgegeben ward, fand man andere Wege, die Eifersucht und den Verdacht der französischen Behörden gegen die Ver. Staaten an den Tag zu legen.

Am 12. September 1795 benachrichtigte der Staatssecretär Herrn Monroe, daß der Präsident den Vertrag ratificirt habe und theilte ihm auch die Gründe dieses Verfahrens in der Absicht mit, daß sie der französischen Regierung möchten vorgelegt werden. Dem wahnsinnigen Wohlfahrts-Ausschusse war gegen Ende 1795 das ruchlose Direktorium gefolgt, welches ohne Bedenken den Plan faßte, aus der in den Ver. Staaten über den Vertrag mit England herrschenden Uneinigkeit Nutzen zu ziehen.

Im Februar 1796 benachrichtigte Herr De la Croix, der Minister der auswärtigen Angelegenheiten, Herrn Monroe, daß das Direktorium beschlossen habe, wie es in Beziehung auf den amerikanischen Vertrag mit Großbritanien verfahren wolle. Es habe, sagte er, das Bündniß zwischen Frankreich und den Ver. Staaten **1796.**
von dem Augenblick an als zerrissen betrachtet, wo der Vertrag vollzogen worden, auch gab er zu verstehen, daß ein besonderer Bot-

schafter abgehen werde, um dies der amerikanischen Regierung anzukündigen. Kurz darauf übermachte er dem amerikanischen Gesandten eine kurze Auseinandersetzung der Beschwerden der französischen Regierung gegen die Ver. Staaten. Der britische Vertrag war natürlich der hervorragendste Gegenstand der Beschwerden und man sprach die Beschuldigung aus, daß die Ver. Staaten durch Eingehung irgend welcher Bedingungen mit England über Handel und Schifffahrt wissentlich und augenscheinlich ihre Verbindung mit Frankreich geopfert hätten. Herr Monroe bestritt in seiner Erwiderung diese Behauptungen und widerlegte die Beschwerden des Direktoriums vollständig.

In der zuversichtlichen Voraussetzung, daß im Repräsentantenhause die zur Ausführung des britischen Vertrages nothwendigen Gesetze nicht durchgehen würden, war Frankreich nicht unmittelbar dringend in der Sache; als aber die Nachricht von dem Resultat im Hause in Paris eintraf, wurden auf einmal Maßregeln der Wiedervergeltung beschlossen. Am 25. Juni erkundigte sich der französische Minister bei Hrn. Monroe, ob die in den amerikanischen Zei-
1796. tungen enthaltene Nachricht wahr sei, daß das Haus darein gewilligt habe, den Vertrag in Kraft treten zu lassen. „Nachdem die Repräsentantenkammer, fügte er bei, ihre Einwilligung zu diesem Vertrage gegeben hat, können wir nicht ferner Anstand nehmen, ihn als in voller Kraft bestehend zu betrachten und da der jetzt eintretende Stand der Dinge unsere volle Aufmerksamkeit verdient, wünsche ich von Ihnen zu ersehen, in welchem Lichte wir das von den öffentlichen Blättern berichtete Ereigniß betrachten sollen, bevor ich die Aufmerksamkeit des Directoriums auf die Folgen lenke, welche die französische Republik speciell betreffen." Obgleich der amerikanische Gesandte nicht im Stande war, irgend eine officielle Auskunft über die Sache zu geben, so ergriff doch das Directorium, ohne Zweifel durch seinen eigenen Gesandten in den Ver. Staaten von der vollzogenen Thatsache in Kenntniß gesetzt, sofort diejenigen Maßregeln der Wiedervergeltung, welche es unter den Umständen geeignet hielt und am 2. Juli erließ es das bekannte Decret, daß „alle neutrale oder verbündete Mächte ohne Verzug sollen benachrichtigt werden, daß die Flagge der französischen Republik neutrale Fahrzeuge, sowohl in Beziehung auf Confiscation, als Durchsuchung oder Wegnahme in derselben Weise behandeln werde, wie solche von den englischen Fahrzeugen behandelt würden."

Es waren nun schon vorher Gerüchte nach den Ver. Staaten gelangt, daß von der französischen Regierung dem Handel der Vereinigten Staaten feindselige Maßregeln bevorstünden. Um sich über diese Gerüchte Gewißheit zu verschaffen, richtete Oberst Pickering, der Staatssecretär, so bald als möglich, nämlich am 1. Juli 1796, eine Note an Herrn Adet, worin er anfragte, ob das Gouvernement von Frankreich irgend neue Anordnungen oder Befehle in Beziehung auf den Handel und Verkehr der Ver. Staaten beschlossen habe und wenn dies der Fall sei, welche es seien. Adet erklärte in seiner Antwort vom 14. desselben Monats, daß er keine Kenntniß von der Natur der Befehle habe, welche von der Regierung den französischen Kriegsschiffen möchten gegeben worden sein, oder welches Verfahren man ihnen in Hinsicht auf neutrale, mit ihren Feinden Handel treibende Schiffe vorgeschrieben habe. Wahrscheinlich waren schon vorher nach Westindien geheime Befehle gesendet worden, amerikanische Schiffe wegzunehmen, da im vorhergehenden Juni ein werthvolles Schiff, der Mount Vernon, durch einen französischen Kaper von St. Domingo an den Vorgebirgen des Delaware weggenommen worden.

Spanien schloß im August 1796 einen Vertrag mit Frankreich ab und brachte kurz
1796. darauf Beschwerden gegen den britischen Vertrag vor, den es als eine Hintansetzung ebensowohl der spanischen wie der französischen Interessen bezeichnete. Auf Grund dessen ward die Uebergabe der westlichen Militärposten verzögert und auf Antrieb Frankreichs wurden Versuche gemacht, die westliche Bevölkerung zur Bildung eines unabhängigen Reiches zu verleiten, welcher Plan indeß, wie Pitkin zeigt (Bd. II., S. 485—488), gänzlich fehlschlug. Frankreich drang auch in Holland, zur Vernichtung des Vertrages mit England behülflich zu sein und Holland wagte nicht, wie John Quincy Adams, der amerikanische Gesandte, nachwies, die Befehle Frankreichs zurückzuweisen.

Washington war zu jeder Zeit aufrichtig bemüht gewesen, mit dem französischen Directorium zu einem befriedigenden Verständniß zu kommen und er hatte Herrn Monroe mit ausführlichen Materialien zur Rechtfertigung seiner Regierung in Beziehung auf den Vertrag mit England versehen lassen. Allein unglücklicherweise war Herr Monroe mit der Politik des Präsidenten in Beziehung auf Frankreich thatsächlich nicht einverstanden. Er dachte, daß Frankreich gerechte Beschwerdegründe habe und dem zufolge war seine officielle Handlungsweise wahrscheinlich dem Präsidenten nicht genehm. Washington war nicht erbaut darüber, daß Monroe, statt die Ansichten und Gesinnungen der amerikanischen Regierung dem Directorium von vorn herein zu erklären, gewartet hatte, bis förmliche Beschwerden erhoben wurden. Er hätte nicht unterlassen dürfen, die Sache in das gehörige Licht zu stellen, während noch das Directorium über das zu verfolgende Verfahren unentschlossen war.

In dem Bewußtsein, daß die Bestrebungen der Executive jederzeit freundschaftlich gegen die französische Republik gewesen waren, hatte der Präsident sich mit Zuversicht auf frühzeitige und aufrichtige Mittheilungen zur Beseitigung etwaiger Vorurtheile und Mißverständinsse verlassen. Daß das Directorium durch Beilegung jener Streitigkeiten unangenehm berührt werden würde, welche die Ver. Staaten mit Großbritanien in Verwicklung zu bringen drohten, konnte nicht bezweifelt werden, da aber weder diese Beilegung noch die damit
zusammenhängenden Anordnungen zu 1796.
irgend einer wirklichen Beschwerde Veranlassung gaben, hatte er die Hoffnung gehegt, daß sie nicht von ernsten Folgen sein würde, wenn die geeigneten Vorbeugungsmittel in Zeiten angewendet würden. Er war daher mit Verzögerungen unzufrieden, die er nicht erwartet hatte und scheint sie einem Mangel an Eifer zur Rechtfertigung von Maßregeln, mit denen der Gesandte persönlich und die politische Partei, wozu er gehörte, nicht einverstanden waren, zugeschrieben zu haben. Um sich also einer ernstlichen und thätigen Vertretung der wahren Ansichten der Executive zu versichern, war der Präsident geneigt, für diesen besonderen Zweck einen außerordentlichen Bot-

schafter abzusenden, welcher mit dem derzeitigen Gesandten vereinigt handeln sollte; da er jedoch zweifelte, ob er eine solche Ernennung während der Vertagung des Senats vornehmen könne, beschloß er, den Herrn Monroe zurückzurufen und einen neuen Gesandten an seiner Stelle zu ernennen. Nach langer Ueberlegung ward General Charles Cotesworth Pinckney gewählt *) und am 22. August ward Herr Monroe von seiner Zurückberufung benachrichtigt. General Pinckney schiffte sich im Anfange des Septembers nach Frankreich ein.

Ungefähr am 1. December langte er in Paris an und machte kurz darauf in Begleitung des Herrn Monroe dem Minister der auswärtigen Angelegenheiten seine Aufwartung und überreichte seine Beglaubigungsschreiben. Diese wurden dem Directorium vorgelegt und am 11. December benachrichtigte Herr De la Croix Herrn Monroe in hämischem Tone, daß das Directorium „keinen Gesandten mehr von den Ver. Staaten anerkennen würde, bis die verlangte Abstellung der Beschwerden gegen die amerikanische Regierung, welche die französische Republik zu verlangen das Recht habe, erfolgt sein werde." Jedoch erklärte der französische Minister weiter, „daß dieser auf der Nothwendigkeit beruhende Entschluß der Zuneigung zwischen der französischen Republik und dem amerikanischen Volke keinen Abbruch thun solle, da dieselbe auf frühere gute Dienste und gegenseitiges Interesse gegründet sei; die Republik habe vielmehr den guten Willen, dieses gute Einvernehmen durch alle ihr zu Gebote stehenden Mittel zu fördern." General Pinckney's Lage war dadurch in hohem Grade schwierig und lästig, indem das Directorium sich weigerte, in Verbindung mit ihm zu treten und er zu befürchten hatte, von der Polizei aus Frankreich ausgewiesen zu werden.

Am Schlusse Decembers nahm Monroe mit großer Feierlichkeit vom Directorium Abschied und schloß seine Ansprache mit den Worten: „Ich bitte um die Erlaubniß, Ihnen, Bürger Directoren, meine besondere Anerkennung für das Vertrauen und die Aufmerksamkeit an den Tag zu legen, womit Sie meinen amtlichen Charakter zu allen Zeiten beehrt haben, sowie zugleich Sie zu versichern, daß ich an Allem, was das Glück und die Wohlfahrt der französischen Republik betrifft, immer ein tiefes und aufrichtiges Interesse nehmen und in meiner Zurückgezogenheit niemals aufhören werde, in der Erwiederung der von Ihnen mir erwiesenen Achtung, den einzigen freier Männer würdigen Lohn, den Tribut einer dankbaren Erinnerung, Ihnen zu zollen!" 1796.

Die Antwort des Präsidenten des Directoriums war in jenem hochtrabenden und protegirenden Tone und Geiste, der zu jener Zeit das Benehmen der französischen Regierung gegen die Ver. Staaten bezeichnete. „Indem Sie," sagte der Präsident, „an diesem Tage dem vollziehenden Directorium die Papiere ihrer Zurückberufung überreichen, bieten Sie Europa ein sehr seltsames Schauspiel dar. Frankreich, reich in seiner Freiheit, mitten in dem Glanze seiner Siege und stark in der Achtung seiner Verbündeten, wird sich nicht so weit vergessen, die Folgen der Willfährigkeit der amerikanischen Regierung gegen die

*) Herr Gibbs (Bd. I., S. 368) gibt mit der Erklärung, daß „es hohe Zeit war, Herrn Monroe abzurufen," einen Auszug aus Thiers's Geschichte der französischen Revolution, worin Monroe's Benehmen nicht eben zu dessen Vortheil erscheint.

Wünsche ihres alten Tyrannen ihr in Anrechnung zu bringen. Die französische Republik erwartet indeß, daß die Nachfolger des Columbus, Raleigh und Penn, immer stolz auf ihre Freiheit, niemals vergessen werden, daß sie dieselbe Frankreich verdanken. Sie werden in ihrer Weisheit die hochherzige Freundschaft des französischen Volkes gegen die falsche Herzlosigkeit einer treulosen Nation abwägen, welche nur darauf ausgeht,— sie unter ihr vormaliges Joch zu bringen. Versichern Sie, Herr Gesandter, das brave Volk von Amerika, daß wir gleich ihm die Freiheit anbeten; daß es immer unsere Achtung besitzen und im französischen Volke jenen republikanischen Edelmuth finden wird, der sowohl Frieden zu gewähren als seinen Rechten die gebührende Achtung zu verschaffen weiß.

Was Sie betrifft, Herr Gesandter, so haben Sie als Mann von Grundsätzen gehandelt. Sie haben das wahre Interesse Ihres Landes erkannt — nehmen Sie unser Bedauern mit; Amerika verliert in Ihnen seinen wahren Vertreter und wir bewahren das Andenken des Bürgers, dessen persönliche Eigenschaften diesem Titel Ehre machten." *)

Herr Monroe hielt nach seiner Rückkehr in die Ver. Staaten für nothwendig, zur Rechtfertigung seines Charakters an das Publikum zu appelliren und er veröffentlichte dem zufolge sein "View of the Conduct of the Executive in the Foreign Affairs of the United States, connected with the Mission to the French Republic, during the years 1794, 1795 and 1796." (Beleuchtung des Verfahrens der Executive in den auswärtigen Angelegenheiten der Ver. Staaten im Zusammenhange mit der Gesandtschaft an die französische Republik während der Jahre 1794, 1795 und 1796.) Der Geschichtsforscher wird wohl daran thun, ein Werk zu Rathe zu ziehen, rücksichtlich dessen die Ansichten sowohl damals als später sehr verschieden und widersprechend waren.

Jefferson hatte sich veranlaßt gefunden, an Washington zu schreiben, um sich von dem Verdachte zu reinigen, als habe er als Mitglied des Kabinetes das Amtsgeheimniß gebrochen. In seiner Antwort nahm Washington Veranlassung, sich in starken Worten gegen die niederträchtigen Verunglimpfungen auszusprechen, welche sich die Parteipresse gegen ihn erlaubte. „Ich möchte noch beifügen, sagte er, und zwar ganz unverholen, daß ich bis zu dem letzten Jahre keine Vorstellung davon hatte, daß Parteien so weit in der Niederträchtigkeit gehen könnten, wie es mich die letzte Zeit gelehrt hat. Ich glaubte nie, bis vor Kurzem, daß es auch nur möglich, viel weniger wahrscheinlich sei, daß, während ich Alles aufbot, unsere Nationalität zu behaupten und uns, soweit es unsere Verbindlichkeiten und die Gerechtigkeit gestatteten, unabhängig von jeder anderen Nation zu machen, während ich mit fester Consequenz unser Vaterland vor den Uebeln eines verheerenden Krieges zu bewahren trachtete, man mich beschuldigen könne, daß ich gegen die eine Nation Feindseligkeiten beabsichtige und unter dem Einfluß einer anderen stehe. Um diesen Wahnsinn glaubhaft zu machen, muß ich sehen, wie man jede Handlung meiner

*) Wir wollen hier erwähnen, daß man General Pinckney ungefähr bis zum 1. Februar 1797 ungestört in Paris ließ. In dieser Zeit ertheilte ihm das Directorium, durch seine Siege in Italien übermüthig gemacht, den schriftlichen Befehl, das Gebiet der Republik zu verlassen. Er zog sich unmittelbar nach Amsterdam zurück, wo er verblieb, bis Marshall und Gerry mit ihm zusammentrafen, welche unter der Verwaltung des Herrn Adams mit ihm als außerordentliche Gesandte bei der französischen Republik ernannt worden waren.

Verwaltung auseinander zerrt und die schmählichsten und boshaftesten Verläumdungen gegen mich vorbringt, indem man immer nur die eine Seite eines Gegenstandes herauskehrt und meinen Charakter in so übertriebenen und unschicklichen Ausdrücken schildert, daß sie kaum auf einen Nero, auf einen gemeinen Betrüger, ja auf den verworfensten Gauner passen würden."

Schon drei Jahre nachher, wollen wir hier erwähnen, sagte Washington in Hinweisung auf einige niederträchtige Kerle, ("diabolical" characters) welche ihn zur Zielscheibe ihrer Angriffe machten, in einem Privatbriefe: „Die Veröffentlichungen in Freneau's und Bache's Blättern sind Beleidigungen des gewöhnlichen Anstandes; aber sie nehmen in dem Verhältniß zu, als ihre Artikel von denen, gegen die sie gerichtet sind, mit Verachtung behandelt und mit Stillschweigen übergangen werden."

Die Zeit rückte jetzt heran, wo sich die Aufmerksamkeit des Volkes der bevorstehenden Wahl eines neuen Präsidenten für den nächsten Termin von vier Jahren zukehren mußte.

Hamilton und andere vertraute Freunde kannten den unabänderlichen Entschluß Washington's, nicht länger an der Spitze
1796. der Geschäfte zu bleiben; da aber die Verhältnisse mit Frankreich so höchst verwickelt waren, bestürmten sie ihn mit Bitten, wenigstens mit der Erklärung seines Entschlusses noch zurückzuhalten. Er verharrte indeß bei seinem Vorsatz. Er hatte seinem Vaterlande Opfer genug gebracht, um sich endlich vom öffentlichen Leben ehrenvoll zurückziehen zu können und gewiß hat nie ein müder sorgenbewegter Pilger sehnsüchtiger nach Ruhe und Einsamkeit geschmachtet, als er, der sich sein Vaterland so unendlich verpflichtet hatte. Da die Gelegenheit so höchst günstig war, beschloß er, in einer Abschieds-Adresse an seine Mitbürger den letzten weisen und väterlichen Rath niederzulegen.

Dem zufolge veröffentlichte er im September, beinahe sechs Monate ehe sein Amts-Termin zu Ende ging, seine „Abschieds-Adresse," in welcher er seine Ansicht über die öffentlichen Angelegenheiten aussprach und auf die Grundsätze hindeutete, die ihm stets im Dienste seines Vaterlandes zur Richtschnur gedient hatten. Dieses hochherzige und männlich-edle Dokument, das unschätzbare Vermächtniß des Vaters seines Landes, für dessen Wohl er sein ganzes Leben hindurch thätig gewesen war, ist zu wichtig, um nicht immerfort den Mitbürgern Washington's vor Augen gehalten zu werden, ihnen, welche die vielfachen Segnungen bürgerlicher Freiheit und gesetzlicher Ordnung geerbt haben, welchen Washington seine besten Kräfte widmete, um sie allen Generationen der Zukunft zu sichern. Wir geben darum das ganze Aktenstück ohne Abkürzung und ersuchen unsere Leser angelegentlichst, den Inhalt desselben wohl zu beherzigen.

An das Volk der Vereinigten Staaten.

Freunde und Mitbürger!

Da der Augenblick nicht mehr fern ist, wo ein Mitbürger als oberster Beamter für die Regierung der Ver. Staaten erwählt werden muß und da die Zeit bereits erschienen ist, in der Ihr Eure Gedanken darauf richten müßt, den Mann zu bestimmen, dem Ihr vertrauen könnet und dem Ihr dies wichtige Amt übertragen möchtet, so scheint es mir geziemend, vorzüglich da es dazu beitragen kann, der öffentlichen Meinung eine bestimmtere Richtung zu geben, daß ich Euch jetzt schon den Entschluß mittheile, welchen ich gefaßt und daß ich es deshalb ablehnen muß, unter Denen, welche zur Wahl vorgeschlagen sind, mit genannt zu werden.

Ich bitte Euch zugleich, Ihr möget mir die Gerechtigkeit erzeigen und davon überzeugt sein, daß ich diesen Entschluß nicht gefaßt habe, ohne alle Verpflichtungen genau zu prüfen, welche den getreuen Bürger mit seinem Vaterlande verbinden und daß, indem ich mich vom Dienst zurückziehe, was ich jetzt erklären muß, damit man aus meinem Stillschweigen nicht das Gegentheil schließen möge, dies keineswegs ein Beweis ist, daß mein Eifer, Eure Wohlfahrt zu befördern, sich vermindert hat; ebenso wenig verkenne ich die Liebe und das Vertrauen, welches Ihr mir geschenkt, sondern bin von der innigsten Dankbarkeit durchdrungen; dennoch habe ich mich überzeugt, daß ich diesen Schritt thun kann, ohne eine Pflicht gegen mein Vaterland oder die Pflicht der Dankbarkeit gegen Euch zu verletzen.

Indem ich die Würde annahm und sie nach Verlauf der vorgeschriebenen Zeit nicht niederlegte, mit der Eure Wahlstimmen mich zweimal bekleideten, opferte ich meine liebsten Neigungen dem Gefühl der Pflicht und Euren Wünschen. Unausgesetzt hegte ich die Hoffnung, es würde früher in meiner Macht stehen und die Verhältnisse, denen ich nicht gebieten konnte, würden es mir eher gestatten, in meine Einsamkeit zurückzukehren, die ich so ungern verließ. Die unüberwindliche Sehnsucht nach Ruhe und Stille bewog mich schon vor meiner letzten Erwählung, eine Adresse vorzubereiten, in welcher ich Euch diesen Entschluß erklären wollte; aber die reifliche Erwägung des verwickelten Zustandes unserer Angelegenheiten in Bezug auf fremde Völker und der einstimmige Rath der Männer, welche mein Vertrauen besaßen, nöthigten mich, meinem Wunsch zu entsagen.

Es beglückt mich, daß der Zustand der inneren Verhältnisse sowohl als die auswärtigen Angelegenheiten es nicht länger von mir fordern, meine Neigung der Pflicht oder Nothwendigkeit opfern zu müssen; und ich bin fest überzeugt, wenn Ihr meine geleisteten Dienste auch mit parteiischer Vorliebe für mich überschätzt, werdet Ihr es doch unter den jetzigen Umständen nicht mißbilligen, daß ich entschlossen bin, mich von den Geschäften zurückzuziehen.

Ueber die Empfindungen, mit welchen ich zuerst dies wichtige und schwere Amt übernahm, habe ich mich gehörigen Orts ausgesprochen. Indem ich dies Amt niederlege, will ich nur noch sagen, daß ich allezeit den besten Willen hatte, Alles was in meinen Kräften stand, für die Verwaltung der Regierung zu thun, obwohl mein Verstand geirrt haben mag. Als ich meine Laufbahn betrat, wußte ich sehr wohl, daß ich keine ausgezeichneten Fähigkeiten besitze und die Erfahrung hat mich in diesem Mißtrauen gegen mich selbst bestärkt und vielleicht Andern noch mehr die Augen darüber geöffnet; mit jedem Tage mahnt mich die wachsende Last der Jahre dringender, daß stille Häuslichkeit mir ebenso nothwendig wird, als sie mir stets wünschenswerth war. In dem Gefühl, daß, da nur die Verhältnisse meinen Dienstleistungen einen hervorstechenden Werth gaben, auch dieser nur vorübergehend sein konnte, scheide ich mit dem beruhigenden Gedanken, daß, während mein Wunsch und die Klugheit mir rathen, den politischen Schauplatz zu verlassen, die Vaterlandsliebe mir seine Ausführung verbietet.

Indem ich des bald erscheinenden Tages gedenke, der meine öffentliche Laufbahn für immer beschließen wird, drängt mich mein eigenes Gefühl, nicht länger mit der Erklärung zu zögern, daß ich tief davon durchdrungen bin, welchen unendlichen Dank ich meinem geliebten Vaterlande schuldig bin für die mannigfachen Ehren, mit denen es mich überhäuft hat und mehr noch für das unerschütterliche Vertrauen, mit dem es mich unterstützte; für die Veranlassungen, welche es mir darbot, durch getreue und unermüdete Dienste, deren Werth zwar weit hinter meinem Eifer zurückblieb, ihm meine unveränderliche Liebe zu beweisen. Haben meine Dienste die Wohlfahrt unseres Vaterlandes befördert, so möge dies allezeit Euch zur Ehre gereichen, es möge als ein lehrreiches Beispiel in den Jahrbüchern unserer Geschichte aufgezeichnet werden, daß zu einer Zeit, wo alle Leidenschaften in der höchsten Aufregung und die Menschen deshalb so leicht irre zu leiten waren, wo der Blick in die Zukunft die größten Besorgnisse erregte, der Wechsel des Glückes den Muth selbst niederbeugte, wo manche mißlungene Unternehmung scharfen Tadel erweckte: daß in einer solchen Zeit Eure unermüdete Anstrengung allein es war, wodurch unser großes Werk gelingen, wodurch meine Plane ausgeführt werden konnten. Tief durchdrungen von diesem Gefühl, wird die Ueberzeugung von dieser Wahrheit bis zum Grabe nicht von mir weichen und unablässig will ich den Himmel anflehen, er möge Euch auch ferner mit Seiner Gnade segnen und beschirmen, damit Euer Verein unauflöslich bestehe in brüderlicher Liebe, die freie Verfassung, welche Ihr selbst gebildet, heilig bewahrt werde, die Vewaltung in allen Fächern auf Weisheit und Gerechtigkeit beruhe und damit endlich die Wohlfahrt des Volkes in diesen Vereinigten Staaten unter dem Panier der Freiheit wachse und gedeihe, durch sorgsame Bewahrung und kluge Benutzung der Wohlthaten, welche Gott uns gespendet, auf daß der Ruhm uns werden möge, daß unser Vaterland und unsere Verfassung allen Nationen der Erde, die noch nicht so glücklich sind wie wir, als Muster vorleuchten kann.

Hier sollte ich vielleicht schließen; aber die Sorge für Euer Wohl, die nur mit meinem Leben enden kann und die Ahnung drohender Gefahren, welche diese Sorge erweckt, drängen mich dazu, Euch bei dieser Veranlassung zu ernstem Nachdenken aufzufordern und Euch zu bitten, einige Gedanken, die ich Euch vortragen werde und die das Ergebniß tiefen Forschens und langer Erfahrung sind, einer öfteren und ernsten Erwägung zu würdigen; denn sie scheinen mir die Grundlage zu sein, auf welcher Euer Wohl und Eure Fortdauer als Volk beruht. Diese Gedanken spreche ich Euch mit um so größerer Freimüthigkeit aus, da Ihr in ihnen nur die uneigennützigen Rathschläge eines scheidenden Freundes erkennen werdet, den keine persönlichen Beweggründe auffordern können, seine Meinungen Andern aufzudrängen. Auch ermuthigt mich die dankbare Erinnerung, wie nachsichtig Ihr früher oft bei ähnlichen Veranlassungen, meinem Rathe Gehör gegeben habt.

Da die Liebe zur Freiheit mit jeder Faser unsers Herzens eng verwachsen ist, so bedarf es meiner Ermahnungen nicht, dies Gefühl zu befestigen und zu bewahren.

Auch die föderative Regierung, welche Euch zu e i n e m Volke verbindet, ist Euch theuer geworden. Stets möge sie es bleiben; denn sie ist der Pfeiler, welcher den edlen Bau Eurer Unabhängigkeit stützt und trägt; sie ist für Euch die Bürgschaft der Ruhe im Innern und des Friedens von Außen; sie ist die Pflegerin Eures Wohlstandes, Eurer Sicherheit und Eurer Freiheit selbst, die Ihr so hoch achtet und so innig liebt. Da es indessen vorauszusehen ist, daß man aus mannigfachen Ursachen und von verschiedenen Seiten her sich alle erdenkliche Mühe geben und die arglistigsten Ränke schmieden wird, um in Eurem Gemüth die Ueberzeugung von dieser Wahrheit zu schwächen — denn sie ist Eure politische Schutzmauer, gegen welche das Geschütz Eurer einheimischen und auswärtigen Feinde unablässig, wiewohl oft auf verdeckte Weise, gerichtet sein wird —: so ist es von der äußersten Wichtigkeit, daß Ihr einen richtigen Begriff habt von der hohen Bedeutung Eures Nationalvereins und erkennt, daß in ihm allein das Glück des Ganzen sowie das jedes Einzelnen fortbestehen kann; für diesen Verein sollt Ihr also eine aufrichtige, unerschütterliche und unwandelbare Liebe und Treue bewahren; Ihr sollt Euch daran gewöhnen, von ihm zu denken und zu sprechen wie von dem Palladium Eurer politischen Sicherheit und Wohlfahrt; Ihr sollt über seine Erhaltung und Bewahrung mit liebender Sorge wachen, Alles vermeiden, was auch nur den leisesten Argwohn erwecken könnte, als ob Ihr je davon ablassen würdet und den leisesten Versuch, einen Theil unseres Landes von dem großen Ganzen zu trennen, oder das heilige Band, welches die verschiedenen Theile umschließt, zu lösen, sollt Ihr auf das strengste bestrafen.

Ein jeder Beweggrund des Gefühls und des Nutzens muß Euch antreiben, diesen Vorschriften zu folgen. Mitbürger, sei es nun durch die Geburt oder aus Wahl, von einem gemeinschaftlichen Vaterlande, hat dies Vaterland auch ein Recht, alle Eure Liebe in Anspruch zu nehmen. Der Name Amerikaner, der in Eurer volksthümlichen Beziehung Euch Allen angehört, muß stets den gerechten Stolz des Patriotismus aufrecht erhalten, weit mehr als irgend eine andere Benennung, durch die Ihr Euch in den verschiedenen Staaten von einander unterscheidet. Mit geringen Abweichungen habt Ihr Alle dieselbe Religion, dieselben Sitten, dieselbe Lebensweise und dieselben politischen Grundsätze. Für dieselbe Sache habt Ihr gemeinschaftlich gekämpft, gemeinschaftlich den Sieg errungen. Die Freiheit und Unabhängigkeit, welche Euch jetzt beglücken, sind das Werk gemeinsamer Berathungen und Anstrengungen, die Frucht vereint getragener Beschwerden und Leiden, vereint bestandener Gefahren.

Obwohl diese Betrachtungen mächtig auf Euer Gefühl wirken mögen, so werden sie doch noch bei weitem von denen überwogen, welche die Beachtung Eures Vortheils in Euch erwecken soll. Hier findet ein jeder Bezirk unseres Landes die gewichtigsten Antriebe, den Verein des Ganzen sorgsam zu bewachen und zu beschützen.

Der Norden findet, bei uneingeschränktem Verkehr mit dem Süden, da die gerechten Gesetze einer gemeinsamen Regierung diesen Verkehr schützen, in den Erzeugnissen des letzteren Hülfsmittel zu seiner Schifffahrt und bei seinen Handelsunternehmungen, sowie auch werthvolles Material für seinen Fleiß und seine Fabriken. Auch der Süden findet in dieser Verbindung seinen Vortheil, denn er sieht, wie durch die Vermittelung des Nordens sein Ackerbau sich verbessert und sein Handel sich erweitert. Der Seefahrer des Nordens beschifft seine

Canäle und belebt seine Schifffahrt; und indem der Süden auf verschiedenen Wegen dazu beisteuert, die Seemacht des ganzen Volkes zu begründen und zu vergrößern, blickt er vertrauensvoll auf die mächtige Flotte und erwartet Schutz und Hülfe von ihr, da er nicht selbst damit ausgerüstet ist. Auf gleiche Weise eröffnen sich für den Osten, im ununterbrochenen Verkehr mit dem Westen, bequeme Straßen zu Lande und zu Wasser, die, sich immer mehr und mehr ausdehnend, ihm den vortheilhaften Absatz fremder Kaufmannsgüter, oder eigener Manufacturwaaren erleichtern. Der Westen empfängt dagegen von dem Osten die nöthige Beisteuer für die Bedürfnisse und Bequemlichkeiten des Lebens; und was noch von weit größerer Wichtigkeit ist, er muß sich für den eigenen sicheren Genuß und die ihm so nothwendige Ausfuhr seiner Erzeugnisse auf das Ansehen und den Einfluß, sowie auf die wachsende Seemacht jener Staaten verlassen, welche am Meere liegen und die, da der ganze Verein nur e i n Volk ausmacht, allen übrigen ihre Vortheile zufließen lassen. Wollte sich der Westen auf irgend eine andere Weise zu halten suchen, entweder dadurch, daß er, sich absondernd, der eigenen Kraft vertraute, oder daß er sich auf unnatürliche Weise mit einer fremden Macht verbände, so würde er in sich selbst verfallen und untergehen.

Indem also einem jeden Theil unseres Landes aus dem Verein mit dem Ganzen unmittelbare und eigenthümliche Vortheile erwachsen, kann es nicht fehlen, daß diesem Verein der verschiedenen Theile ein Reichthum an Hülfsmitteln und Kräften entblühe, der das Vaterland vor äußeren Anfällen schützt und gegen die Gefahr sichert, daß sein Friede durch fremde Völker angefochten werde. Was aber diesem Verein eine noch weit höhere Bedeutung gibt, ist, daß er unser Vaterland vor inneren Unruhen und Bürgerkriegen bewahrt, vor allen Streitigkeiten, vor jener Eifersucht, die benachbarte Länder, welche nicht durch eine gemeinsame Regierung verbunden sind, so oft gegeneinander in die Waffen ruft; die das Mißtrauen ihnen darreicht und Anreizungen von außen und die Verbindung mit fremden Mächten schärft und unterstützt. Deshalb müssen wir es ebenfalls zu verhüten suchen, daß wir nicht in die Nothwendigkeit gesetzt werden, große Armeen zu bilden und zu unterhalten, denn unter einer jeden Regierungsform sind dieselben der Freiheit gefährlich und feindlich sind sie vorzüglich der freien Republik. In diesem Sinne sollt Ihr also Euren Verein als die Stütze Eurer Freiheit betrachten und die angeborene Liebe zur Freiheit möge Euch auch anspornen, fest an dem Verein zu halten.

Diese Betrachtungen reden eine überzeugende Sprache für jedes tugendhafte, empfängliche Herz und beweisen es, daß die Fortdauer des Vereins das Erste und Wichtigste sein muß für Den, der sein Vaterland liebt. Dürfen wir daran zweifeln, daß eine gemeinsame Regierung einen so weiten Umkreis überschauen kann? Möge die Erfahrung diese Frage beantworten. Es wäre ein Verbrechen, wollte man sich bei einer so hochwichtigen Sache durch leere Voraussetzungen leiten lassen. Wir sind berechtigt zu hoffen, eine zweckmäßige Organisation des Ganzen und die hülfreiche Vermittelung der Regierungen in den verschiedenen Staaten werde den Versuch mit einem glücklichen Erfolge krönen. Und die Aufgabe ist wohl einer redlichen und angestrengten Bemühung werth. Da wir so einleuchtende und mächtige Beweggründe haben, den Verein auf alle Weise zu unterstützen, da alle Theile unseres Landes dadurch gewinnen und da die Erfahrung uns die Unausführbarkeit keineswegs bewiesen hat, so wird es allezeit rathsam sein, dem Patriotismus Derjenigen zu mißtrauen, welche auf irgend eine Weise es versuchen, das Band zu lösen, das uns verbindet.

Indem wir den Ursachen nachforschen, welche eine Störung unserer Einigkeit veranlassen können, muß es uns als ein Beweggrund ernstlicher Besorgniß auffallen, daß man die Verschiedenheit unserer geographischen Lage ein Hinderniß der Uebereinstimmung nennen und behaupten wollte, der Norden und der Süden, der Westen und das Küstenland könnten nie ein Ganzes bilden; und arglistige Menschen suchen häufig den Wahn zu verbreiten, zwischen diesen Theilen unseres Landes walte eine wesentliche Verschiedenheit ob, gleichwie in ihren Vortheilen und Zwecken. Ihr könnt Euch nie genug vor dem Groll und der Eifersucht hüten, welche aus diesen verkehrten Vorstellungen entspringen; sie sind darauf berechnet, Euch einander fremd zu machen, da Ihr doch durch brüderliche Liebe untereinander verbunden sein sollt. Die Bewohner unserer westlichen Bezirke haben vor Kurzem über diese Wahrheit eine nützliche Lehre erhalten. Die Unterhandlungen der Executiv-Gewalt, die einstimmige Bestätigung, wodurch der Senat den Tractat mit Spanien bestätigte und die allgemeine Zufriedenheit, welche sich bei diesem Ereigniß in allen Vereinigten Staaten äußerte: alles dies hat es ihnen zur Genüge bewiesen, wie unbegründet der Argwohn war, den man unter ihnen zu verbreiten suchte, als hege die Central-Regierung, sammt den Küstenstaaten, in Betreff des Mississippi, eine unfreundliche Gesinnung gegen sie; nun sind sie Zeugen davon gewesen, daß wir zwei Verträge schlossen, den einen mit England und den andern mit Spanien, die ihnen jeden Vortheil, den sie sich nur wünschen konnten, gesichert und ihre Verhältnisse zu fremden Völkern geordnet haben. Wird es nicht weise von ihnen sein, wenn sie dem Verein vertrauen und glauben, er werde ihnen die Wohlthaten auch bewahren, welche er ihnen verschaffte? Ist es nicht ihre Pflicht, ihr Ohr den Rathgebern zu verschließen, welche sie von ihren Brüdern losreißen und mit Fremden verbinden möchten?

Um unserem Verein Fortdauer und Kraft zu geben, bedurften wir einer Regierung, welche dem Ganzen vorstand. Bündnisse zwischen den einzelnen Theilen, wie fest sie auch sein mögen, können doch dem Zweck nie entsprechen; denn diese sind stets den Verletzungen und Entzweiungen ausgesetzt, die endlich ein jedes Bündniß trennen, wie uns die Erfahrung lehrt. Im Gefühl dieser unbestrittenen Wahrheit, welche Euch schon im Beginn Eurer Verbindung einleuchtete, habt Ihr eine Verfassung gebildet und eine Regierung eingesetzt, welche besser, als die frühere es war, dazu ausgerüstet ist, die Vereinigung zu erhalten und mit kräftigem Arm Eure gemeinschaftlichen Rechte zu schützen. Diese Regierung, geschaffen durch Eure eigene, unter keinem fremden Einfluß stehende Wahl, angenommen nach gründlicher Untersuchung und reiflicher Ueberlegung, vollkommen freisinnig in ihren Grundsätzen, gleichmäßig in Vertheilung ihrer Macht, Sicherheit mit Kraft verbindend und selbst die Mittel zu ihrer Verbesserung darreichend, hat den gerechtesten Anspruch auf Euer Vertrauen und Eure Unterstützung. Achtung vor ihrer Gewalt, Folgsamkeit gegen ihre Gesetze, Genehmigung ihrer Maßregeln, dies sind Pflichten, welche die Grundbegriffe einer wahren Freiheit Euch vorschreiben. Der Boden, auf welchem wir unser Staatsgebäude errichteten, ist das Recht des Volkes, seine Verfassung und Regierungsform zu gestalten und zu verändern. Aber die Verfassung, welche zur Zeit besteht, soll, bis sie durch einen ausdrücklichen und rechtmäßigen Beschluß des ganzen Volkes verändert worden ist, Allen heilig und für einen Jeden verpflichtend sein. In der Idee selbst, daß das Volk ein Recht habe, die Regierung zu gründen, ist die Pflicht mit einbegriffen, daß jeder Einzelne der bestehenden Regierung gehorchen muß.

Alle Hinderungen gegen die Ausübung der Gesetze, alle Verbindungen und Gesellschaften, auch unter dem unschuldigsten Anschein, wirken, sobald sie den Zweck haben, die gesetzmäßigen Berathungen und Thathandlungen der bevollmächtigten Stellvertreter zu lenken, zu beaufsichtigen, zu verhindern oder zu unterdrücken, zerstörend auf die Grundbegriffe ein und haben deshalb einen schädlichen Einfluß; sie dienen nur dazu, Parteien zu begründen und diese auf eine unnatürliche und außerordentliche Weise zu stärken; an die Stelle Derjenigen, welche die Stimme der Nation sein sollen, die Stimmführer der Parteien zu setzen und die Beschlüsse, welche von dem Volke ausgehen sollten, dem Willen einer kleinen Anzahl tollkühner und ränkesüchtiger Menschen zu unterwerfen; alsdann feiern die verschiedenen Parteien abwechselnd ihre Siege übereinander und die öffentliche Verwaltung wird ein Spiegel ungeziemender gegeneinander kämpfender Anschläge der feindlichen Rotten, da sie doch das Organ vernünftiger und heilsamer Verfügungen sein sollte, die durch gemeinschaftliche Berathungen ihre Reife erlangen und durch gegenseitige Berücksichtigung gemäßigt worden sind.

Obwohl Verbindungen und Gesellschaften, deren ich so eben erwähnte, hin und wieder auch volksthümliche Zwecke befördern mögen, so steht doch immer zu fürchten, daß sie im Laufe der Zeit und unter veränderten Umständen ein gefährliches Werkzeug werden, dessen hinterlistige, ehrgeizige und nichtswürdige Menschen sich bedienen, um die Macht des Volkes zu untergraben und die Zügel der Regierung an sich zu reißen; hernach vernichten sie dann das Werkzeug selbst, das sie in die unrechtmäßige Herrschaft eingesetzt hat.

Um Eure Regierung zu erhalten und Euch Euren gegenwärtigen glücklichen Zustand zu sichern, ist es durchaus nothwendig, daß Ihr nicht nur jede gesetzlose Auflehnung gegen die rechtmäßige Gewalt strenge bestraft, sondern Ihr müßt Euch ebenfalls bestreben, an Euren Grundsätzen fest zu halten und dem Geist der Neuerung widerstehen, wenn er Euch auch in der schönsten Gestalt erscheinen sollte. Eine scheinbar schuldlose Art, sich der Regierung zu widersetzen, wird die sein, daß man in der durch die Verfassung vorgeschriebenen Form Veränderungen zu bewirken sucht, welche die Kraft der Verwaltung schwächen und untergraben, was sie nicht einreißen konnten. Bei allen Neuerungen, zu denen man Euch verlocken will, bedenkt, daß alle menschlichen Einrichtungen erst durch Zeit und Gewohnheit Festigkeit gewinnen und ihre wahre Beschaffenheit entfalten können, daß dies aber bei einer Regierung vorzüglich der Fall ist. Seid überzeugt, daß die Erfahrung der sicherste Prüfstein ist, welcher den wahren Werth der bestehenden Verfassung Eures Vaterlandes erproben wird; daß die Neigung zu Veränderungen, blos auf den Rath der Voraussetzung und schwankender Begriffe, immer neue Veränderungen nach sich zieht, die aus der unendlichen Mannigfaltigkeit der Voraussetzungen und Begriffe entspringen; und vor Allem erwägt, daß in einem so ausgedehnten Lande wie das unsrige, wir zur kräftigen Leitung des allgemeinen Wohles einer Regierung bedürfen, die so viel Gewalt haben muß, wie sich nur irgend mit der Sicherstellung unserer Freiheit vereinigen läßt. Die Freiheit selbst wird in dieser Regierung, die mit einer geziemenden, gleichvertheilten Macht ausgerüstet ist, ihre kräftigste Beschützerin finden. Wenn die Regierung zu schwach ist, um die Anschläge der Parteien zu vernichten, ein jedes Mitglied der Gesellschaft in die Schranken zurückzuweisen, welche ihm durch das Gesetz vorgeschrieben sind und einem jeden Mitbürger den Genuß seiner Vorrechte und seines Eigenthums zu sichern und zu bewahren, so führt sie nur den Namen ohne die That und ist ein leerer Schatten ohne Wesenheit.

Da ich Euch nun gezeigt habe, wie gefährlich für den Staat die Parteien sind, welche sich auf die Verschiedenheit der geographischen Lage berufen, will ich jetzt zu einer umfassenderen Betrachtung übergehen und Euch auf das dringendste vor den verderblichen Wirkungen des Parteigeistes im Allgemeinen warnen.

Unglücklicherweise ist dieser Geist eng verwachsen mit unserer Natur, denn er wurzelt in den mächtigsten Leidenschaften der menschlichen Seele. In verschiedenen Gestalten offenbart er sich überall, sowie in den verschiedensten Regierungsformen, mehr oder weniger gedämpft, beherrscht und unterdrückt; aber in einem demokratischen Staate zeigt er sich in seiner gefährlichsten Gestalt und ist der ärgste Feind des öffentlichen Wohles.

Die wechselnde Herrschaft einer Partei über die andere, durch die Begier der Rache, welche sich in den streitenden Parteien entzündet, geschärft, hat in verschiedenen Ländern, in manchem Zeitraum, die fürchterlichsten Greuel hervorgebracht, sie ist der schlimmste und drückendste Despotismus und erzeugt zuletzt die regelmäßige und fest begründete Tyrannei. Die Verwirrung und das Elend, worin die Menschen versinken, erweckt in ihnen allmälig den Wunsch, Sicherheit und Ruhe unter der unumschränkten Gewalt eines Einzelnen zu suchen; und früher oder später benutzt der Anführer der einen herrschenden Partei, weil er entweder geschickter oder mehr vom Glück begünstigt ist als seine Mitbewerber, diese Stimmung zu seinem Vortheil und baut seinen Thron auf den Ruinen der vernichteten Freiheit.

Wenn wir auch voraussetzen, daß es bei uns nicht bis dahin kommen wird, obwohl wir die Möglichkeit nicht ganz und gar ableugnen können, so ist doch das allgemeine und unabwendbare Unheil, das aus der Parteisucht entspringt, so groß, daß ein jedes verständige Volk erkennen muß, wie sein Vortheil erheischt und die Pflicht gebietet, diesen Geist zu dämpfen und zu verbannen.

Denn er strebt beständig, die öffentlichen Verhandlungen zu verwirren und die Verwaltung zu schwächen. In dem Volke erregt er ungegründeten Argwohn und eitle

Besorgnisse, entzündet Feindseligkeiten zwischen einem Stande und dem andern, treibt gelegentlich zu Aufruhr und Empörung. Er öffnet dem auswärtigen Einfluß und der Bestechlichkeit die Thür, welche zuletzt sogar einen Weg finden bis zur Regierung selbst, den die Leidenschaft der Parteien ihnen bahnte. So dient der Wille und die Politik des einen Landes dem Willen und der Politik eines andern Landes in schmählicher Unterwürfigkeit.

Die Meinung ist schon oft geäußert worden, in einem freien Lande seien die verschiedenen Parteien ein nothwendiges Gegengewicht, um die regierende Macht in Schranken zu halten und den Geist der Freiheit zu kräftigen und zu beleben. In gewissem Sinne liegt auch in dieser Behauptung einige Wahrheit und wo eine monarchische Regierungsform besteht, mag der Patriotismus mit Nachsicht, wo nicht mit Vorliebe den Hang zur Parteisucht betrachten. In einer Demokratie hingegen, wo die Regierung durch die Wahl des Volkes eingesetzt wird, darf dieser Hang durchaus nicht aufgemuntert werden. Aus der Regierungsform selbst ergibt es sich, daß dieser Hang, auch ohne ihn zu befördern, allezeit Herrschaft genug gewinnen wird, um seinen Einfluß auf zweckmäßige Weise zu offenbaren; im Gegentheil liegt die Gefahr nur darin, daß diese Herrschaft sich leicht zu sehr verbreitet; deshalb ist die Aufgabe, sie zu mäßigen und mit dem Beistand der öffentlichen Meinung zu zügeln. Die Parteisucht ist ein Feuer, das nie gelöscht werden kann; deshalb möge man unablässig darüber wachen, auf daß es nicht in helle Flammen ausbricht und zerstört, anstatt zu erwärmen.

Ferner macht die Denkungsart des Volkes in einem freien Lande es durchaus nothwendig, daß Diejenigen, welchen die Verwaltung anvertraut ist, sich nur in ihrem von der Verfassung vorgeschriebenen Kreise bewegen, ihre Macht nur in ihrem Verwaltungsfach ausüben und sich keine Eingriffe in ein anderes erlauben. Durch diese Vermischung unterschiedlicher Behörden verkörpern und verbinden die getrennten Verwaltungsfächer sich zu einer Macht und so bildet sich eine Despotie, mag auch die Regierungsform sein, welche sie will. Eine richtige Beobachtung des menschlichen Gemüths, das stets eine Begierde hat zu herrschen und nur allzu sehr geneigt ist, die Gewalt zu mißbrauchen, wird uns von der Wahrheit dieser Bemerkung überzeugen. Daß gegenseitige Hemmungen bei Ausübung der regierenden Gewalt nothwendig sind und daß diese deshalb getrennt und unter mehrere Bevollmächtigte vertheilt werden muß, von denen ein Jeder bestellt sein soll, das öffentliche Wohl gegen die Eingriffe des Andern zu schützen, das hat die alte und neuere Geschichte uns durch die mannigfachsten Beispiele gelehrt; selbst in unserem Vaterlande haben wir Beweise dafür mit eigenen Augen gesehen. Es ist nöthig, diese Erfahrung zu machen, um sich in Zukunft davor zu hüten. Wenn nach der Meinung des Volkes die Vertheilung oder gegenseitige Begrenzung der Macht in irgend einem Zweige der Verwaltung mangelhaft sein sollte, so möge man auf dem Wege, den die Verfassung vorgezeichnet hat, zur Verbesserung dieser Mängel schreiten. Hingegen soll nie eine Veränderung eingeführt werden durch anmaßliche Gewalt; denn obwohl diese vielleicht in einem Falle das Werkzeug sein kann, um etwas Gutes zu befördern, so ist sie dafür bei tausend Veranlassungen die Waffe, mit welcher eine freie Verfassung zerstört wird. Das dauernde Unheil, das, wie die Erfahrung uns lehrt, aus Gewaltthaten entspringt, überwiegt bei weitem die beschränkten und vorübergehenden Vortheile, die daraus erwachsen können.

Religion und Moral sind die unentbehrlichen Stützen, auf denen eine jede sittliche Richtung und geistige Entwickelung beruht, welche die politische Wohlfahrt eines Landes befördern. Wer diese mächtigen Pfeiler menschlicher Glückseligkeit, diese unerschütterlichen Haltpunkte, auf denen alle Pflichten des Menschen und des Bürgers beruhen, erschüttert, wird den Tribut der Vaterlandsliebe umsonst einfordern. Nicht nur der fromme Gläubige, sondern auch der kluge Politiker soll diese Führer der Menschheit verehren und hochhalten. Bände müßte man schreiben, um den mannigfachen Einfluß zu schildern, den sie auf die Glückseligkeit des Einzelnen wie auf die des Volkes unablässig ausüben. Nur die eine Frage werfe ich auf: Wo ist noch Sicherheit für Eigenthum, Ehre und Leben, wenn das Gefühl der religiösen Verpflichtung, zu der wir uns durch einen Eid verbinden, erstirbt, der im Gerichtshof das einzige Mittel ist, die Wahrheit zu erforschen? Die Voraussetzung, daß Moral ohne Religion fortbestehen kann, sollten wir aber sorgsam prüfen, bevor wir sie aufstellen. Mag man auch bei Gemüthern von einer besonderen Beschaffenheit dem Einfluß einer geläuterten Erziehung noch so viel Gewalt einräumen, so gestatten uns doch Vernunft und Erfahrung nicht, vorauszusetzen, daß bei dem Volke Moral erhalten werden könne ohne Religion.

Als unbestrittene Wahrheit steht es fest, daß Moral und Tugend unentbehrliche Triebfedern sind in einer demokratischen Regierung; und diese Regel läßt sich auch in der That mehr oder minder auf eine jede freie Regierungsform anwenden. Wer, wenn er ein aufrichtiger Freund des Vaterlandes ist, kann es nun wohl gleichgültig mit ansehen, wenn die Grundpfeiler erschüttert werden, auf denen die Wohlfahrt desselben einzig und allein beruht?

Als eine Angelegenheit von der höchsten Wichtigkeit befördert demzufolge alle Anstalten, welche Kenntnisse und Wissenschaften verbreiten. In dem Maße, wie unsere Regierungsform der öffentlichen Meinung eine große Gewalt einräumt, soll man auch daran arbeiten, die öffentliche Meinung zu erleuchten.

Sorgt für den öffentlichen Credit, als für die Hauptquelle der Kraft und Sicherheit. Das beste Mittel, ihn zu bewahren, ist, ihn so selten als möglich zu gebrauchen; durch Erhaltung des Friedens sucht Unkosten zu vermeiden, vergeßt aber nicht, daß eine Ausgabe zur rechten Zeit, um sich auf die nahende Gefahr vorzubereiten, oft weit größeren Ausgaben vorbeugt, wenn die Gefahr bereits da ist; auch soll man das Anhäufen der Schulden verhüten, nicht nur indem man alle Veranlassungen zu Ausgaben vermeidet, sondern auch dadurch, daß man sich in Zeiten des Friedens bemüht, die Schulden abzutragen, welche man genöthigt war, während des Krieges zu machen; wir sollen nicht auf unedle Weise unseren Nachkommen die Lasten aufwälzen, welche wir selbst tragen können. Die Anwendung dieser Grundsätze ist die Sache der Stellvertreter; aber auch die öffentliche Meinung muß dazu mitwirken. Um ihnen die Ausführung ihrer Pflicht zu erleichtern, müßt Ihr durch Eure Handlungen zeigen, daß Ihr es wißt, wie zur Abtragung der Schulden Staatseinkünfte gehören nnd daß man, um Staatseinkünfte zu haben, Abgaben zahlen muß; daß nie Abgaben aufgelegt werden können, die nicht mehr oder weniger unbequem und drückend sind; daß die unvermeidliche Schwierigkeit, welche in der Aufgabe liegt, die Gegenstände zu wählen, von denen die Abgaben erhoben werden sollen, für das Volk eine Ursache sein muß, die Beschlüsse der Regierung, in welchen sie die zu entrichtende Abgabe bestimmt, nicht gehässig zu beurtheilen, sondern die Maßregeln mit Fügsamkeit zu unterstützen, welche man ergreifen mußte, um die Staatseinkünfte zu erhöhen, weil das Wohl des Landes größere Ausgaben forderte.

Uebt Gerechtigkeit und Treue gegen alle Nationen und sucht den Frieden zu erhalten mit allen. Dies ist eine Lehre, welche Religion und Moral Euch geben; und lehrt nicht auch die Politik dasselbe? Es ist einer freien und erleuchteten Nation, die auch bald eine mächtige sein wird, würdig, der Menschheit das herrliche und noch nie gesehene Beispiel zu geben, daß ein Volk sich allezeit leiten läßt durch die erhabensten Grundsätze der Gerechtigkeit und Menschenliebe! Wer kann daran zweifeln, daß im Verlauf der Zeit und mit dem Wechsel der Begebenheiten die Früchte, welche aus der Erfüllung dieser Vorsätze erwachsen müssen, eine reichliche Vergütung sein werden für die Opfer, welche wir vielleicht bringen, um unseren Grundsätzen treu zu bleiben? Sollte die Vorsehung nicht das dauernde Glück eines Volkes an seine Tugend knüpfen? Dies zu versuchen, ist mindestens ein Rath, welchen die Gesinnungen selbst uns geben müssen, die die menschliche Natur veredeln. Ach! sollte die Verderbniß, welche dieser Natur anhängt, es uns unmöglich machen, diesen Rath zu befolgen?

Um diesen Grundsätzen treu bleiben zu können, ist nichts nothwendiger, als daß wir den eingewurzelten, fortwachsenden Widerwillen, den wir gegen einige Völker und die leidenschaftliche Vorliebe, welche wir für andere haben, auszurotten suchen und statt dessen gerechte und liebevolle Empfindungen für alle Nationen der Erde unseren Herzen einpflanzen. Wer sich daran gewöhnt, ein Volk stets grundlos zu hassen und das andere zu lieben, ist in gewissem Sinne ein Sclave. Er ist ein Sclave seiner Feindschaft und seiner Zuneigung; denn beide können ihn verleiten, seine Pflicht zu vergessen und seinen Vortheil zu verkennen. Wenn ein Volk gegen das andere einen Widerwillen nährt, so geschieht es leicht, daß beide einander beleidigen und kränken, daß sie die geringste Veranlassung zur Unzufriedenheit begierig ergreifen und sich stolz und unversöhnlich gegeneinander erheben, wenn zufällig eine unbedeutende Zwistigkeit ihnen Gelegenheit dazu gibt. Daher die häufigen Reibungen, die erbitterten, mörderischen und blutigen Kriege. Die durch Rachsucht und bösen Willen aufgereizten Völker zwingen oft die Regierung zum Kriege, trotz der besseren Ueberzeugung und der wahren Politik zum Trotz. Zuweilen theilt aber auch die Regierung die Vorurtheile des Volkes und folgt der Leidenschaft, statt sich von der Vernunft leiten zu lassen; und bei andern Gelegenheiten bedient sie sich sogar der Erbitterung des Volkes zu feindseligen Angriffen, um ihre ehrgeizigen, herrschsüchtigen Plane auszuführen und nichtswürdige Absichten zu erreichen. Oft wurde der Frieden, ja selbst das Glück eines ganzen Volkes das Opfer dieser Plane.

Die leidenschaftliche Vorliebe eines Volkes zu einem andern erzeugt ebenfalls mannigfache Uebel. Es ist ein Irrthum, annehmen zu wollen, beide Völker müßten gemeinschaftlich denselben Zweck verfolgen, obgleich nicht dasselbe für beide vortheilhaft sein kann; eines müßte die Feindseligkeiten des andern theilen, wodurch es sich dann in Streitigkeiten und Kämpfe verwickelt sieht, ohne unmittelbare Veranlassung oder triftige Ursachen. Man läßt sich ferner verleiten, der begünstigten Nation Vorrechte einzuräumen, die man andern verweigert, wodurch das Volk, welches diese Vorrechte bewilligt, sich einer doppelten Gefahr aussetzt; denn erstlich opfert es unnützerweise Vortheile auf, die es sich bewahren sollte und zweitens erregt es Eifersucht, Haß und die Begier der Wiedervergeltung bei allen, denen es die gleichen Bewilligungen nicht gestattet. Auch wird den ehrgeizigen, bestechlichen und irregeleiteten Mitbürgern, welche sich der begünstigten Nation anschließen, ein weites Feld geöffnet, um das Wohl ihres eigenen Vaterlandes zu verrathen und aufzuopfern, ohne daß ein Vorwurf sie deshalb trifft; ja oft ist dies sogar der Weg, die Volksgunst zu erringen, da sie mit einem scheinbar tugendhaften Gefühl ihrer Verpflichtungen, mit einer lobenswerthen Rücksicht für die öffentliche Meinung und mit einem edlen Eifer für das öffentliche Wohl, eine nichtswürdige oder thörichte Nachgiebigkeit gegen Ehrgeiz, Bestechung oder Unvernunft vergolden.

Da eine solche Vorliebe dem fremden Einfluß unzählige Wege eröffnet, beunruhigt sie vor Allen den unabhängigen und wahrhaft erleuchteten Patrioten. Denn wie viele Gelegenheiten bieten sich nicht immer der auswärtigen Macht dar, einheimische Parteien zu unterstützen, die Künste der Verführung zu üben, die öffentliche Meinung irre zu leiten und die öffentlichen Berathungen zu lenken oder einzuschüchtern! Eine solche Vorliebe der schwächeren oder geringeren für eine größere und mächtigere Nation würdigt erstere immer zum Knecht der letzteren herab.

Ich beschwöre Euch, meine Mitbürger, meinen Rath nicht zu verachten, wenn ich Euch, als ein freies Volk, ermahne, stets auf Eurer Hut zu sein gegen den heimtückischen Trug fremder Einwirkung; denn Erfahrung und Geschichte lehrt uns, daß auswärtiger Einfluß stets der verderblichste Feind aller republikanischen Regierungsformen war. Auf daß Eure Wachsamkeit Euch nütze, muß sie aber auch zugleich unparteiisch sein; sonst wird sie ein Werkzeug des Einflusses, den sie abwenden wollte, nicht aber eine Schutzwehr dagegen. Uebertriebene Vorliebe für ein Volk und übertriebene Abneigung gegen das andere, verleiten Den, welcher sich nicht vor dieser Leidenschaft hütet, die Gefahr nur auf einer Seite zu sehen und auf der andern Seite blind zu sein gegen die versteckte Einmischung von Außen, ja diese sogar zu begünstigen. Der wahre Patriot wird alsdann, wenn er es versucht, den Ränken des begünstigten Volkes zu widerstreben, verdächtig und verhaßt; während Der, welcher sich zum Werkzeug einer fremden Macht herabwürdigt, den Beifall und das Vertrauen des Volkes genießt, dessen Wohlfahrt er verrathen hat.

Die Hauptregel, welche wir in dem Verhältniß zu auswärtigen Mächten befolgen müssen, ist die, daß wir unsere Handelsverbindungen so sehr als möglich erweitern und alle politischen Beziehungen so viel wie möglich vermeiden. Die Verpflichtungen, welche wir bereits eingegangen sind, laßt uns mit gewissenhafter Treue erfüllen; aber laßt uns keine neue schließen. Europa hat manche ursprüngliche Interessen, die mit uns in gar keiner, oder nur sehr entfernter Beziehung stehen; deshalb wird es oft in Streitigkeiten verwickelt, deren Ursachen unsern Verhältnissen durchaus fremd sind. Folglich wäre es höchst unverständig, wenn wir uns, durch widernatürliche Bündnisse gefesselt, in seine stets wechselnden politischen Unternehmungen verstricken ließen, oder Theil nehmen wollten an den Verbindungen und Feindschaften jenseits des Weltmeeres.

Unsere entfernte und abgesonderte Lage macht es uns möglich und nöthigt uns, einen völlig entgegengesetzten Weg zu gehen. Wenn wir ein vereintes Volk bleiben und die Kraft unserer Regierung aufrecht erhalten, so ist die Zeit nicht mehr fern, wo wir im Stande sein werden, einer jeden wirklichen Beleidigung und einem jeden Angriff Trotz zu bieten; wo wir eine Stellung annehmen können, durch die wir Andere zwingen, die Neutralität, welche wir wo möglich stets beobachten sollen, ehrfurchtsvoll zu achten; wo kriegführende Mächte, in der Ueberzeugung, daß sie uns nichts abgewinnen können, es nicht so leicht wagen werden, uns zu reizen; und wo wir die Freiheit haben werden, zwischen Krieg und Frieden zu wählen, je nachdem unser Vortheil uns antreibt, oder die Gerechtigkeit uns leitet.

Weshalb sollten wir also den Vorzug einer so ausgezeichneten Lage verkennen? Weshalb unsern eigenen Boden verlassen, um den fremden zu betreten? Weshalb unsern Frieden und unsere Wohlfahrt aufs Spiel setzen, indem wir unser Geschick mit dem eines europäischen Staates verknüpfen und uns von den Netzen umstricken lassen, welche in Europa Ehrgeiz, Streitsucht, Eigennutz, Starrsinn nnd Laune flechten?

Für uns ist es die wahre Politik, selbst unser Schiff zu lenken und kein dauerndes Bündniß mit irgend einer Macht der fremden Welt zu knüpfen, insofern wir nämlich die Freiheit haben, diesen Weg zu verfolgen; denn Ihr werdet mich nicht so sehr mißverstehen, daß Ihr glauben könnt, ich wäre fähig, Euch Nichterfüllung eingegangener Verpflichtungen anzurathen. Ich halte an dem Grundsatz fest, der nicht nur allen Privatangelegenheiten, sondern auch allen öffentlichen Verhältnissen zur Richtschnur dienen soll, daß Ehrlichkeit jederzeit die beste Politik ist. Ich wiederhole es deshalb noch einmal: Erfüllt alle Verpflichtungen im wahren Sinne des Wortes. Nach meiner Meinung wäre es aber unnöthig und unverständig, dieselben noch mehr auszudehnen.

Laßt uns allezeit Sorge tragen, eine angemessene Kriegsmacht zu unterhalten, um im Vertheidigungsstand zu sein; alsdann kann es uns nicht fehlen, bei ungewöhnlichen Ereignissen Bündnisse auf eine gewisse Zeit zu schließen.

Eintracht und freier Verkehr mit allen Nationen ist das, was Politik, Menschlichkeit und unser eigener Vortheil uns anempfehlen. Aber selbst unsere Handelspolitik muß sich eines gleichmäßigen und unparteiischen Auftretens befleißigen; sie muß ausschließende Begünstigungen weder suchen noch gestatten, nur dem natürlichen Gange der Dinge folgen, die Handelswege durch gelinde Mittel vervielfältigen und erweitern, aber nichts mit Gewalt zu erzwingen suchen. Um dem Handel eine sichere Stellung zu geben, die Rechte der Kaufleute zu bestimmen und die Regierung in den Stand zu setzen, dieselben zu unterstützen, sollen wir, mit wohlangewendeten Hülfsmitteln, zweckmäßige Vorschriften für den Verkehr mit fremden Völkern entwerfen, so gut wie die gegenwärtigen Umstände und die verschiedenen Ansichten es gestatten; wir sollen uns aber immer nur für einige Zeit binden, um hin und wieder die Verträge auflösen oder verändern zu können, wie die Erfahrung und die wechselnden Verhältnisse es uns rathen. Nie sollen wir vergessen, daß es thöricht ist, wenn ein Volk uneigennützige Begünstigungen von einem andern Volk erwartet und daß es einen jeden Vortheil, den es unter diesem großmüthigen Anschein erhält, mit einem Theil seiner Unabhängigkeit bezahlen muß; daß es durch Annahme dieser Geschenke stillschweigend die Verpflichtung übernimmt, Gleiches mit Gleichem zu vergelten und dennoch stets den Vorwurf der Undankbarkeit ertragen muß, weil es noch nicht genug geopfert hat. Es kann keinen größeren Irrthum geben, als zu glauben, Nationen könnten großmüthig und uneigennützig gegeneinander handeln. Dies ist eine Täuschung, von welcher die Erfahrung uns heilen muß, die ein gerechter Stolz aber bei Zeiten von sich werfen sollte.

Indem ich Euch hier, meine Mitbürger, die Rathschläge eines alten, Euch väterlich lieben den Freundes an's Herz lege, kann ich nicht erwarten, daß dieselben einen so starken und bleibenden Eindruck auf Euch machen, als ich wohl wünsche; ich kann nicht fordern, daß sie den gewöhnlichen Gang der Leidenschaften hemmen, oder unser Vaterland vor den schmerzlichen Erfahrungen schützen sollen, welche die Geschicke aller Nationen der Erde bezeichnen. Wenn ich mir aber nur mit der Hoffnung schmeicheln darf, daß sie Euch von einigem Nutzen sein und hin und wieder etwas Gutes stiften können, daß sie von Zeit zu Zeit dazu mitwirken werden, die Wuth des Parteigeistes zu zügeln, vor dem Unheil fremder Ränke zu schützen und die Betrügereien vorgeblicher Vaterlandsfreunde zu enthüllen, so ist diese Hoffnung ein überreicher Lohn für meine Sorge und Treue, mit der ich bisher für Eure Wohlfahrt wachte.

Inwiefern ich bei Verwaltung meines Amtes den hier ausgesprochenen Grundsätzen gefolgt bin, dafür mögen die öffentlichen Urkunden und andere Beweise meiner Wirksamkeit ein Zeugniß ablegen vor Euch und vor der Welt. Mir selbst gibt mein eigenes Gewissen die Versicherung, daß ich mindestens gestrebt habe, nach diesen Vorschriften zu handeln.

In Beziehung auf den Europa entzweienden Krieg enthält die Proklamation vom 22. April 1793 den Plan, welchen ich mir vorgezeichnet hatte. Die durch Eure gutheißende Stimme und durch die Bestätigung Eurer Stellvertreter in beiden Häusern des Congresses geheiligten Maßregeln waren beständig meine Richtschnur und kein fremder Einfluß vermochte je, mich von diesem Wege abzuleiten.

Nach gründlicher Erforschung und unterstützt von dem Rath der erleuchtetsten Männer, überzeugte ich mich davon, bei der jetzigen Lage der Dinge habe unser Vaterland nicht nur das Recht, sondern sei auch aus Fürsorge für seine eigene Wohlfahrt dazu verpflichtet, eine neutrale Stellung einzunehmen. Ich beschloß darauf, insofern dies von mir abhing, ihm diese Stellung durch Festigkeit, Standhaftigkeit und Mäßigung zu bewahren.

Es ist bei dieser Veranlassung nicht nöthig, die Ursachen zu erläutern, welche uns ein Recht auf diese Neutralität geben. Ich will nur noch bemerken, daß, so viel ich von der Sache unterrichtet bin, keine der kriegführenden Mächte uns dies Recht streitig macht, sondern alle es eingeräumt haben.

Die Pflicht, die Neutralität zu bewahren, beruht, ohne anderer Beweggründe zu bedürfen, schon allein auf den Obliegenheiten, welche Menschlichkeit und Gerechtigkeit einem jeden Volke auflegen, in einem jeden Verhältniß, wo es frei handeln kann und ihm die Möglichkeit gelassen ist, Friede und Einigkeit mit allen Nationen zu bewahren.

Daß außerdem unser Vortheil uns räth, dieser Regel zu folgen, wird eigene Ueberlegung und Erfahrung Euch lehren. Mein vorherrschender Beweggrund war der Wunsch, unserem Vaterlande Zeit zu gewinnen, damit seine neuen Einrichtungen sich befestigen und zur Reife kommen könnten und damit es ohne Unterbrechung den Grad der Kraft und Selbstständigkeit erlangen möchte, der ihm die Mündigkeit und das Recht ertheilte, sein eigenes Gut selbst zu verwalten.

Indem ich im Geiste auf die Jahre meiner Verwaltung zurückschaue, gibt mein Gewissen mir das Zeugniß, daß ich nie vorsätzlich fehlte; doch bin ich mir meiner Mängel zu wohl bewußt, um nicht zu glauben, daß ich manche Fehler begangen haben mag. Worin diese auch bestehen mögen, ich flehe den Allmächtigen inbrünstig an, er möge die üblen Folgen, welche daraus hervorgehen können, mäßigen und abwenden. Ich scheide auch in der Hoffnung, daß mein Vaterland meine Unvollkommenheiten nachsichtig beurtheilen wird und daß man, nachdem ich mit dem aufrichtigsten Eifer fünfundvierzig Jahre meines Lebens seinem Dienste gewidmet habe, die Fehler, welche ich beging, meiner Unfähigkeit zuschreiben und der Vergessenheit übergeben wird, da ich selbst bald in die Wohnungen des Friedens eingehen werde.

Indem ich hierin wie in allen andern Dingen auf die Liebe meines Vaterlandes vertraue, dem ich mit glühender Anhänglichkeit diente, wie es dem Manne geziemt, der in ihm den Boden verehrt, auf welchem er und seine Vorfahren seit mehreren Geschlechtern das Dasein empfingen, kehre ich mit freudigem Vorgefühl zu der stillen Häuslichkeit zurück, die ich ungestört zu genießen hoffe, indem ich mich unter meinen Mitbürgern des Glückes erfreue, daß gute Gesetze unter einer freien Verfassung uns milde regieren und daß wir das glänzende Ziel erreichten und den schönen Lohn empfingen, den wir uns durch gemeinschaftliche Anstrengungen, Leiden und Gefahren erwarben.

Georg Washington.

Diese Abschieds-Adresse wurde in allen Theilen der Ver. Staaten mit tiefster Rührung und wahrhafter Verehrung für den „Vater seines Landes" aufgenommen. Die Staats-Legislaturen und andere öffentliche Behörden votirten dem Präsidenten Dank-Adressen und drückten ihre Verehrung für seine Person, ihre Anerkennung der von ihm geleisteten großen Dienste und die Wehmuth aus, womit sie ihn aus dem öffentlichen Leben scheiden sahen. In mehreren Staaten wurde die Abschieds-Adresse **1796.** als Anhang zu erlassenen Gesetzen gedruckt und veröffentlicht, um als ein Beweis zu dienen, welchen hohen Werth man auf die darin niedergelegten Lehren lege und wie hoch man den Urheber derselben verehre.*)

Nachdem Washington, der allein bei ei-

*) Einige interessante Einzelnheiten bezüglich der Abschieds-Adresse erzählt Sparks a. a. O., S. 525—530.

ner neuen Wahl die Stimmen für sich hätte vereinigen können, positiv eine Wiedererwählung abgelehnt hatte, rüsteten sich die beiden Parteien zu dem heftigsten Kampfe um die Nachfolge. Die Föderalisten beschlossen nach einigem Schwanken, ihre Stimmen auf John Adams als Präsidenten und Thomas Pinckney als Vicepräsidenten zu vereinigen. Die Republikaner dagegen waren keinen Augenblick zweifelhaft, daß Thomas Jefferson der einzige Candidat sei, der sich einigen Erfolg versprechen könne.

Der Kampf war von der höchsten Wichtigkeit und erregte die gespannteste Theilnahme durch das ganze Land. Mit dem größten Interesse verfolgte man sowohl im Inlande wie im Auslande die Chancen und je nachdem die Schale der einen oder der anderen Partei sank oder stieg, wurden Freund und Feind von Furcht und Hoffnung gehoben oder niedergedrückt. Noch außer den gewöhnlichen und oft niederträchtigen Partei-Manövers und der boshaftesten Leidenschaftlichkeit trug sich ein Ereigniß zu, das besondere Erwähnung verdient. Man erinnert sich, daß Genet, der Abgeordnete des französischen Convents, Washington persönlich dadurch beleidigt hatte, daß er mit Appellation an das Volk gegen ihn drohte: dem berüchtigten Adet nun war es vorbehalten, sich eine noch größere Be-
1796. leidigung gegen das ganze amerikanische Volk zu Schulden kommen zu lassen. Derselbe maßte sich nämlich an, persönlich zu Gunsten der Erwählung des republikanischen Candidaten in der Wahlhandlung zu interveniren.*)

Am 15. November, kurz vor der Wahl, wo die Wagschale der Parteien so gleich stand, daß es nicht möglich war, mit Gewißheit auf ein Uebergewicht zu rechnen, richtete Adet eine officielle Note an den Staatssecretär, in welcher er die zahlreichen Beschwerden wieder aufzählte, die er zu verschiedenen Zeiten gegen die Regierung vorgebracht hatte und in sehr ungemessenen Ausdrücken die Beschuldigung erhob, daß die Ver. Staaten mit großer Undankbarkeit gegen Frankreich und eben so großer Parteilichkeit für England alle die Verträge verletzt hätten, denen sie ihre Unabhängigkeit zu danken gehabt. Diese Verletzungen, sagte er, die mit der „hinterlistigen" Neutralitäts-Erklärung begonnen hätten, seien jetzt durch den Vertrag mit Großbritanien so gesteigert worden, daß ihm das Directorium den Befehl gegeben habe, seine diplomatische Verbindungen mit der Föderal-Regierung abzubrechen. Die Ursache aber, fügte er hinzu, welche den gerechten Zorn des Directoriums so lange zurückgehalten habe, mildere auch noch jetzt die Wirkung dieses Zornes: die französische Nation habe noch immer die entschiedenste Vorliebe für die amerikanische Nation, so gerecht auch ihre Klage gegen deren Regierung sei und das Directorium wünsche keineswegs mit einem Volke, welches es so gerne als Freund der Franzosen begrüßen möge, in Feindseligkeiten zu gerathen.

Darum möge man das Abbrechen seiner Funktionen nicht als einen Bruch zwischen Frankreich und den Ver. Staaten betrach-

*) Zu jener Zeit war es, wie Tucker erzählt, als Jefferson den Brief an Mazzei schrieb, der später so viel Lärm in den Ver. Staaten machte. Mazzei veröffentlichte den Theil des Schreibens, der über Politik handelte, zu Florenz, von wo er in den französischen Moniteur überging, aus welchem er ins Englische zurück übersetzt in den Ver. Staaten die allgemeine Aufmerksamkeit auf sich lenkte. Bezüglich der von Tucker angeführten Stellen des Briefes s. d. Anhang Nr. I. zu gegenwärtigem Kapitel.

ten, sondern als den Ausdruck wohlbegründeten Mißvergnügens, welches so lange fortdauern werde, bis die Regierung der Ver. Staaten zu Gesinnungen und Handlungen zurückkehre, welche dem Interesse ihres Alliirten und der zwischen den beiden Nationen bestehenden beschworenen Freundschaft mehr angemessen seien.

„O Amerikaner, Helden mit ehrenvollen Narben bedeckt, rief er am Schlusse mit unverschämter Dreistigkeit aus, o Ihr, die Ihr so oft Seite an Seite mit französischen Kriegern zum Tode wie zum Siege geeilt seid! Ihr, denen die großmüthigen Gefühle des wahren Kriegers so bekannt sind, die Ihr immer mit Euren französischen Waffengefährten auf's Brüderlichste vereinigt waret! Fragt Euch heute, was Ihr empfindet — erinnert Euch daran, daß wenn hochherzige Menschen jeden Schimpf tief empfinden, sie auch wissen, wann sie ihn zu vergessen haben! Laßt Eure Regierung zu sich selbst zurückkehren und Ihr werdet in den Franzosen immer noch die treuesten Freunde und die großmüthigsten Alliirten finden!—"

Um jeden noch denkbaren Zweifel über den wahren Zweck dieses Schreibens zu beseitigen, erschien es am Tage selbst, von welchem es datirt war, im Druck. Aber Adet verrechnete sich, indem er über das Ziel hinausschoß. Er scheint so wenig wie seine Vorgänger den wahren Charakter des amerikanischen Volkes begriffen und eingesehen zu haben, daß derselbe keinerlei Einmischung von Außen verträgt und jedes Vorschreiben, was sie in ihren inneren Angelegenheiten zu thun oder zu lassen haben, mit Verachtung zurückweißt. Die ungeschminkte Absicht, der Regierung eine Beleidigung in's Gesicht zu werfen, empörte viele seither eifrige Franzosenfreunde und hatte gerade die entgegengesetzte Wirkung auf die Wahlen; die Föderalisten erhielten dadurch neuen Muth und verdoppelten ihre Anstrengungen, über den republikanischen Candidaten die Oberhand zu gewinnen.

Während der Kampf noch unentschieden war, trat im Anfang Dezembers der Congreß zusammen. *)

Am 7. eröffnete Washington zum letztenmal die Sitzung beider Häuser in dem Saale des Senates mit einer besonders interessanten Rede. Nachdem er ein klares Bild der gegenwärtigen Lage der Vereinigten Staaten aufgestellt und die Maßregeln erwähnt hatte, welche bezüglich der Förderung ihrer Handelsinteressen getroffen worden waren, fuhr er fort: „Um einen lebhaften Handel mit fremden Ländern führen zu können, ist eine Marine absolut nothwendig. Für den Fall eines Krieges, in welchen der Staat verwickelt werden könnte, bedarf obiger Satz keines Beweises: allein wir haben das Beispiel an uns selbst erlebt, daß auch die strengste Neutralität keinen Schutz gegen Beeinträchtigungen von Seiten der kriegführenden Mächte gewährt. Auch die neutrale Flagge bedarf einer Kriegsmarine zu ihrem Schutze; sie muß stets bereit sein, die der Flagge zugefügten Unbilden und gegen sie gewagten Angriffe zu rächen. Damit ist nicht gesagt, daß da-

*) Bei Eröffnung der Sitzung, erzählt Gibbs, wurde der erste Abgeordnete des neu gebildeten Staates Tennessee eingeschworen. Damals war er jung und unbekannt, allein sein hoher Körperwuchs, seine entschiedenen Gesichtszüge ließen bereits ahnen, daß er von einem energischen Geiste geleitet werde. Wer hätte aber gedacht, daß dieses jüngste Mitglied des großen Rathes der Nation berufen sei, an die Stelle Desjenigen zu treten, der eben von dem Lenkerstuhle herabzusteigen im Begriffe war, und mit eiserner Hand, ein zweiter Cäsar, die Geschicke der Nation durch Gut und Uebel hindurchzuführen? Gibbs a. a. O., Vol. I., p. 405.

raus nothwendig Krieg entstehen müsse: im Gegentheil, der Krieg wird vermieden, sobald die kriegführenden Mächte sich abgeschreckt fühlen, Verletzungen gegen eine neutrale Flagge zu begehen, von denen sie wissen, daß immer eine Sühne derselben gefordert werden wird. Ich habe mich auf die bestimmteste Art verlässigt, daß unser Handel in dem mittelländischen Meere stets unsicher bleiben wird und daß unsere Mitbürger immer demselben traurigen Loose ausgesetzt sein werden, von dem wir eben jetzt erst eine große Anzahl befreit haben, so lange wir keine Kriegsmarine haben." Auf diese Bemerkungen basirte er die Zweckmäßigkeit, nach und nach eine Marine zu gründen, indem zuerst das Material zum Bau und zur Ausrüstung von Kriegsfahrzeugen geschafft und sodann je nach den vorhandenen Mitteln mit beidem ernstlich vorangegangen werde.

Daran knüpfte er ferner die Bedeutung, wie nothwendig es sei, daß die National-Vertretung die Errichtung von Fabriken und den Ackerbau zu heben trachte, daß eine Militär-Academie und eine Staats-Universität errichtet werde. Auf die kürzlich von Seiten Frankreichs eingenommene drohende Stellung anspielend sagte er, daß, während in unseren Beziehungen zum Auslande Schwierigkeiten und Schroffheiten verschwunden seien, er zu seinem Bedauern und Verdrusse einen kürzlich eingetretenen unangenehmen Umstand erwähnen müsse. „Unserem Handel ist in Westindien von den französischen Kaperschiffen und den Agenten Frankreichs schon bedeutender Schaden zugefügt worden und derselbe hat darunter noch täglich mehr zu leiden; und zu dem hat der französische Abgeordnete hier uns Mittheilungen gemacht, welche uns noch fernere Störungen unseres Handels Seitens seiner Regierung befürchten lassen und die weit entfernt sind, angenehm genannt werden zu können."

Indeß behielt sich der Präsident vor, diesen Gegenstand in einer besonderen Botschaft zu behandeln. Er ging dann zu den Staats-Einkünften über, deren blühenden Zustand er rühmte, er hoffte, die Nationalschuld in Kurzem liquidirt zu sehen, drang in die Annahme einer guten Miliz-Organisation und schloß mit folgenden Worten:

„Wenn ich heute zum letztenmale im Kreise der Abgeordneten des Volkes der Ver. Staaten stehe, werde ich von selbst an die Zeit erinnert, in welcher die Regierungsform, wie sie heute fest begründet ist, eben in's Leben getreten war. Ich bin glücklich, daß wir uns des guten Erfolges des neuen Werkes erfreuen können. Ich richte meine heiße Bitte zu dem höchsten Herrscher der Nationen, daß er fortfahren möge, die Ver. Staaten unter seine Fürsorge zu nehmen: daß die Tugend und das Glück unseres Volkes ebenso wie das Werk, welches er gegründet hat, bewahrt und verewigt werden mögten!" *)

Die Antworts-Adresse des Senats war herzlich und in Ausdrücken abgefaßt, welche mit der Wärme und des darin ausgesprochenen Gefühls im Einklang standen. In dem Abgeordneten-Hause hätte man denken sollen, würde sich Einstimmigkeit in der Erklärung warmer persönlicher Anhänglichkeit und dankbarer Anerkennung der Verdienste

*) Jefferson (Works Vol. IX., p. 99) behauptet, Washington sei damals augenscheinlich in seiner früheren Energie, Fähigkeit und Entschlossenheit znrückgegangen. Auch sei sein Gedächtniß vor Alter schwach geworden u. s. w. Das sind aber alles unerwiesene Insinuationen, welche sich durch Washington's späteres Leben vollständig widerlegt finden.

seiner Administration gezeigt haben. Aber Giles, Andreas Jackson und mehrere Andere suchten eine Auszeichnung darin, den Antrag auf Wegstreichung aller Paragraphen zu stellen, welche in dem Entwurfe der Antwort-Adresse ein wohlwollendes Gefühl für den Präsidenten persönlich, eine Anerkennung Dessen, was er gethan, oder ein Bedauern über sein Zurücktreten, aussprachen. Nach einer lebhaften Debatte wurde indeß der Antrag verworfen und der Entwurf ging mit großer Majorität durch.

Die Plünderung der amerikanischen Schiffe durch die Franzosen ging mittlerweile mit wahrer Unverschämtheit fort. Wenn amerikanische Fahrzeuge nur nach einem britischen Hafen bestimmt waren, wurden sie als Prisen aufgebracht und zugesprochen: andere eben so neue und frivole Vorwände zu solchen Gewaltthätigkeiten wurden je nach Bedarf stets in Bereitschaft gehalten. Jedes Versehen in dem Manifeste, der Mangel einer genauen Liste der Passagiere oder Schiffsmannschaft, der Umstand, daß der Supercargo kein eingeborner, sondern nur naturalisirter Bürger der Ver. Staaten war, das Nichtvorhandensein überflüssiger Papiere, das Vorhandensein von Extra-Legitimationen und Alles mußte zur Rechtfertigung der Wegnahme und Verurtheilung dienen.

Am 19. Januar 1797 legte der Präsident zufolge der in der Eröffnungsrede gemachten Andeutung dem Congresse einen Bericht über die zwischen den Ver. Staaten und der französischen Republik bestehende Verwicklung vor. In dieser Urkunde war eine sorgfältig bearbeitete Denkschrift über das von Frankreich und seinen bevollmächtigten Ministern gegen die Ver. Staaten eingehaltene Verfahren, sowie über die von Anfang des europäischen Krieges an datirenden Beschwerden der letzteren wesentlich wiedergegeben. Diese Denkschrift war in Form eines Briefes von dem Staatssecretär an den amerikanischen Abgeordneten Pinckney in Paris abgefaßt. Darin finden sich die von Frankreich erhobenen Klagen eben so vollständig widerlegt, als die vom Präsidenten Washington rücksichtlich der französischen Interessen in der für beide Nationen so verhängnißvollen Zeit befolgten Grundsätze gerechtfertigt. Das Actenstück hatte den doppelten Zweck, erstens den General Pinckney vollkommen in Stand zu setzen, dem französischen Gouvernement geeignete Vorstellungen zu machen und sodann dem amerikanischen Volke zu veranschaulichen, von welchen Ansichten der Präsident in seinem Verhalten zu Frankreich ausgegangen war. Wir bedauern übrigens, sagen zu müssen, daß das Actenstück, so talentvoll es auch abgefaßt war, weder in Paris noch in den Ver. Staaten die davon erwartete Wirkung hervorbrachte.

So mannigfache Anregungen der Präsident in seiner Eröffnungsrede für die Thätigkeit des Congresses gegeben hatte, so führte derselbe in jener Sitzung doch nur sehr Weniges aus. Der politische Kampf absorbirte alle andere Betrachtungen und es herrschte geringe Lust, in einer so aufgeregten Zeit irgend einen sonstigen Gegenstand zu verhandeln. Der Versuch, eine Organisation der Miliz durchzubringen, fiel durch; ja man dachte sogar daran, die Armee zu reduciren, so unbedeutend sie auch war und die Ausführung des früher schon genehmigten Baues mehrerer Fregatten zu verhindern. Der Finanzsecretär legte in Erledigung des Beschlusses der vorhergehenden Congreß-Sitzung seinen Finanz-Etat vor und beantragte, das jährliche Deficit von einer und einer Viertel Million durch eine Steuer auf Grund-Eigenthum und Sclaven zu decken. Dieser Antrag wurde vom Hause verworfen und dagegen ein zusätzlicher Eingangszoll auf gewisse Artikel genehmigt so daß im Grunde genommen, ein neuer Tarif angenommen wurde. Außer der für die Interessen der Staatsschuld nöthigen Summe betrug das Ausgabebudget beiläufig zwei und eine halbe Million Dollars.

Am 8. Februar wurden die Electoral-Stimmen in vereinigter Sitzung beider Häuser geöffnet und gezählt; *) John Adams verkündigte von seinem Sitze (als Präsident des Senats), daß er selbst einundsiebenzig Stimmen, Thomas Jefferson achtundsechszig, Thomas Pinckney neunundfünfzig, Aron Burr dreißig erhalten habe — der Rest habe sich auf Samuel Adams, Oliver Ellsworth, John Jay und Andere versplittert. Die Gesammtzahl der Wähler betrug hundert achtunddreißig; John Adams hatte also die absolute Majorität und war zum zweiten Präsidenten der Ver. Staaten gewählt. Durch ein unglückliches Versehen der Föderalisten war die Wahl Pinckney's zum Vicepräsidenten fehlgeschlagen und gerade der von den Föderalisten am meisten gefürchtete Mann kam in die vorderste Reihe der Republikaner zu stehen und hatte die beinahe zuversichtliche Aussicht, bei dem nächsten Wahlkampfe Sieger zu bleiben. Um uns der von Adams gebrauchten Worte zu bedienen, „so ereignete es sich, daß nach den Worten der Verfassung Jefferson, der Mitcandidat für die Präsidentschaft, Vicepräsident wurde, weil er der zweit-höchst Bestimmte für die Stelle des Präsidenten war. So wurde der Hauptopponent der Föderalisten gerade durch die verkehrte Handlung Jener, welche die Furcht, daß er zum Gipfel der Macht gelangen könne, beinahe wahnsinnig machte, recht an den Platz gedrängt, der ihm diese Macht in der nächsten Zukunft beinahe sicher in die Hand lieferte. Und dies ist nicht das einzige Beispiel in den Annalen volksthümlicher Regierungen, wo die feinsten politischen Berechnungen in das gerade Gegentheil des davon erwarteten Resultates umschlagen." *)

Washington hatte sich stets grundsätzlich über die Verläumdungen seiner Feinde mit verdienter Verachtung hinweggesetzt. Nur in einem Falle hielt er es für nöthig, von dieser Regel abzuweichen. Im Jahr 1777 erschien in England ein Band Briefe von General Washington an John Parke Custis und Lund Washington, welche angeblich in einem Felleisen gefunden worden sein sollten, das man seinem Neger Billy abgenommen habe, als derselbe im Jahre 1776 zu Fort Lee gefangen genommen worden sei. Diese Briefe waren sämmtlich untergeschoben. Sie waren darauf berechnet, die Reinheit seiner Motive zu verdächtigen und seine wahre Gesinnung, als im Widerspruche mit seiner amtlichen Stellung stehend, zu charakterisiren. Diese in London

*) Ehe das Wahlresultat bekannt war, schrieb Jefferson an Madison u. A., er werde sich sehr gern mit der zweiten Stelle statt der ersteren begnügen und wenn nur Herr Adams bewogen werden könne, die Administration nach ihren wahren Grundsätzen zu leiten und sein Steckenpferd, die englische Verfassung, aufgeben wolle, so sei es wahrhaft eine Sache des öffentlichen Wohls, sich über seine künftige Wahl zu einigen. „Er ist die einzige sichere Schranke zum Ausschlusse Hamilton's" u. s. w.

*) Life and Works of John Adams, Vol. I., p. 493. Der Enkel des Präsidenten Adams mißt Hamilton u. A. die Schuld bei, indem man durch einen hinterlistigen Streich beabsichtigt hätte, Pinckney auf den Präsidentenstuhl zu bringen.

erschienenen gefälschten Briefe wurden bald vergessen, allein in dem letzten Jahre der Administration Washington's holte sie irgend ein verworfener Demagoge wieder aus der Vergessenheit hervor und ließ sie von Neuem drucken. Am Morgen des Tages, an welchem Washington von seinem Amte zurücktrat, schrieb er an den Staatssecretär bezüglich dieser Verläumdung, entwickelte alle Daten und Thatsachen, um die Briefe unwiderleglich als eine Fälschung hinzustellen und indem er bemerkte, daß er es bis jetzt für überflüssig gehalten habe, förmlich Notiz von diesem gemeinen Betruge zu nehmen, schloß er wörtlich: „Da ich aber nicht weiß, wie bald ein noch ernsterer Abschluß, als ihn der heutige Tag in meinem Leben macht, für mich eintreten kann, so habe ich es für eine Pflicht gegen mich selbst, gegen mein Vaterland und gegen die Wahrheit gehalten, die obigen Erklärungen öffentlich abzugeben und die feierliche Versicherung beizufügen, daß die Briefe eine niederträchtige Fälschung sind und daß ich nie etwas davon wußte oder gehört habe, bis ich sie gedruckt sah. Ich wünsche, Sie betrachteten das gegenwärtige Schreiben als officiell und hinterlegten es in das Staatsarchiv, um der jetzigen und künftigen Generation als ein Zeugniß der Wahrheit zu dienen." *)

Nachdem Washington die Pflichten des Anstandes gegen seinen Nachfolger erfüllt hatte, machte er mit leichtem Herzen seine Vorbereitungen, sich nach seinem gemüthlichen Asyle zu Mount Vernon zurückzuziehen. „Ich vergleiche mich, sagte er in einem am Tage vor dem Ablaufe seiner Amtszeit geschriebenen Briefe an General Knox, einem müden Wanderer, welcher den Rastplatz vor sich sieht und alle seine Kräfte zusammenrafft, um ihn zu erreichen. Man sollte glauben, es gäbe Menschen, denen es nicht möglich ist, einen in Ruhe sterben zu lassen. Meine Motive zu entstellen, meine Politik zu schmähen und das Vertrauen zu schwächen, welches sich meine Administration gewonnen hat, ist das fortwährende Trachten Jener, welche nur durch eine gänzliche Umgestaltung unseres politischen Systemes Befriedigung finden zu können scheinen. Der Trost aber, welcher aus dem ehrenden Bewußtsein und aus der unzweideutig von den Repräsentanten unseres Volkes ausgesprochenen Zustimmung und Anerkennung des Letzteren fließt, entzieht dem Stachel der Verläumdung sein Gift und stellt die Schwäche wie die Bosheit der Verläumder blos. Obgleich mir die Hoffnung auf Ruhe unendlich wohl thut und ich nicht mehr daran denke, an dem Treiben der Welt Theil zu nehmen, bin ich nicht unempfindlich gegen den Schmerz der Trennung von den wenigen vertrauten Freunden, die ich wahrhaft liebe und zu denen Sie vor Allem gehören."

Hier verdient eine von Bischof White erzählte Anekdote füglich ihre Stelle: „Am Tage vor dem Amtsrücktritt des Generals Washington war eine große Gesellschaft bei ihm zu Tische. Darunter waren die auswärtigen Gesandten mit ihren Damen, Herr und Frau Adams, Jefferson und andere hervorragende Personen beiden Geschlechts. Während des Essens herrschte

*) In einem Werke: „Geschichte der Ver. Staaten für das Jahr 1796," erschienen im Jahr 1797, wird Hamilton der Unterschlagung und des Betruges bezüchtigt. Dies veranlaßte ihn, eine augenblickliche Erklärung darüber zu veröffentlichen, in der er die Beschuldigung, wie er es leicht konnte, widerlegte, zugleich aber auch auf eine Intrigue mit einer gewissen Frau Reynolds, derer er einige Jahre zuvor bezüchtigt worden war, zurückkam. Wir wollen aus leicht zu errathenden Gründen nicht in die Einzelnheiten eingehen: es wäre für einen Mann wie Hamilton ehrenvoller gewesen, solchen Beschuldigungen nicht ausgesetzt gewesen zu sein.

große Heiterkeit — als aber der Tisch abgedeckt war, machte ihr der Präsident, jedoch gewiß unabsichtlich, ein plötzliches Ende. Mit dem Glase in der Hand sprach er folgenden einfachen Toast: Meine Herren und Damen! Es ist jetzt zum letzten Male, daß ich die Ehre habe, als ein Mann im Amte auf Ihr Wohl zu trinken. Ich thue es mit Aufrichtigkeit, indem ich Ihnen allen das möglichste Glück wünsche. Plötzlich verstummte die allgemeine Lust und Wehmuth sprach sich auf jedem Gesichte aus. Der Erzähler dieser Anekdote richtete zufällig sein Auge auf die Frau des englischen Gesandten, Madame Liston, und sah, wie ihr die Thränen über die Wangen floßen."

Die Bürger von Philadelphia veranstalteten ein glänzendes Banquet zu Ehren Washington's. Die ausgezeichnetsten Männer des ganzen Landes wohnten ihm bei. Als er auf der Reise in seine Heimath begriffen war, wurde er überall mit der nämlichen enthusiastischen Verehrung empfangen, welche das Volk noch nie gegen ihn verläugnet hatte. Er hatte gewünscht, unerkannt zu bleiben; das war aber vergebliche Mühe. Wo er durchkam betrachtete es die Bevölkerung als eine Ehrensache, dem Manne, der von dem ersten Aufschwunge des Landes an der Erste im Kriege, der Erste im Frieden, der Erste in den Herzen seiner Mitbürger gewesen war, ihre Gefühle an den Tag zu legen. Noch lange nachher, als er auf seinem Landsitze angekommen war, strömten ihm Adressen der Assemblys und aller Klassen der Bürger zu, welche die hohe Anerkennung aussprachen, die Alle ihm für seine hochherzigen Dienste zollten.

Wenn man die Geschichte jener acht Jahre des öffentlichen Lebens dieses erlauchten Präsidenten der Republik unbefangen studirt, so kann kaum ein Zweifel in dem Urtheile eines Amerikaners aufsteigen, daß derselbe seine Aufgabe von so unendlicher Verantwortlichkeit mit Talent, Weisheit und Energie auf's Würdigste gelöst hat. Der Gewaltsamkeit und Schlechtigkeit des Parteigeistes damaliger Zeit ungeachtet hatte er die praktische Wirksamkeit der Verfassungs-Urkunde dauernd befestigt. „Mitten unter den entmuthigendsten Umständen, während der heftigsten Parteikämpfe im Innern und den bedenklichsten Hindernissen, welche ihm Cabale und politische Antipathie von Außen entgegenstellten, hatte er jeden Widerstand gegen die Verfassung selbst niederzubeugen gewußt; hatte er die Gefahr eines Krieges mit einer der europäischen Mächte vermieden; hatte er die in der Gefangenschaft der Seeräuber schmachtenden Landeskinder befreit; hatte er die feindlichsten Indianerstämme zu versöhnen gewußt, oder zu Paaren getrieben; hatte er den Credit der Nation wiederhergestellt und das Vertrauen, daß sie die Heiligkeit der Verträge achte, wiedererweckt; hatte er für die Amortisirung der Staatsschuld Sorge getragen; hatte er sich einen solchen Strahlenkranz des Ruhmes und vorleuchtenden Beispieles für die Nachwelt erworben, wie noch nie einer die Stirne eines Helden oder Staatsmannes, eines Patroten oder Weisen geziert hat." —

Die Resultate der angestrengten Arbeiten Washington's sind in den Worten seines Freundes und Geschichtschreibers so schön und klar zusammengestellt, daß wir das gegenwärtige Kapitel mit seiner eben so warmen wie wahrhaften Schilderung von dem Unterschiede zwischen der Zeit von 1797, verglichen mit der des Jahres 1788, hier wiedergeben wollen.

„Im Innern war ein wohl fundirter Credit geschaffen worden, eine schwebende Staatsschuld von ungeheurem Betrage war in einer für die Gläubiger höchst befriedigenden Weise liquidirt und ihre Amortisation vorbereitet worden; es bestand ein wohlgeordnetes Budget; die Schwierigkeit einer direkten Steuerbelastung, die überall, wo sie neu eingeführt wird, auf so große Hindernisse stößt, war beseitigt worden und das Ansehen der Regierung stand unerschütterlich fest. Die zur Ablösung der Staatsschuld bestimmte Fonds gingen ein und waren theilweise schon ihrer Bestimmung gemäß verwendet worden. Alles ließ ihre baldige völlige Tilgung hoffen. Die Ackerbau- und Handels-Resourcen der Nation hatten sich beispiellos entwickelt. Die zahlreichen Indianerstämme, Bewohner der ungeheuren Landstrecken zwischen den Grenzen der Ansiedelungen und dem Mississippi, waren mit Gewalt der Waffen oder mittelst Verträge dahin gebracht worden, sich ruhig zu verhalten und das Ansehen der Ver. Staaten anzuerkennen. Und nachdem einmal dieses wünschenswerthe Ziel erreicht war, wurde auch dem Gebote der Menschlichkeit gegen sie Rechnung getragen, indem Alles geschah, sie zu civilisiren und mit dem Nöthigen zur Besserung ihrer Lage und Sicherung ihrer friedlichen Stimmung zu versorgen.

Nach Außen waren die mit Spanien schwebenden Zwistigkeiten beigelegt worden, die freie Schifffahrt auf dem Mississippi mit Benutzung von New-Orleans oder einer nach drei Jahren anzuweisenden sonstigen Stadt als Stapelplatz war errungen worden. Die vorhandenen Ursachen wechselseitigen Mißtrauens und Anfeindens, die uns mit der größten See- und Handels-Macht in Krieg hätten verwickeln können, waren gehoben worden und die Militärposten, welche seit Anerkennung ihrer Unabhängigkeit fortwährend innerhalb unseres Territoriums besetzt gehalten worden, waren jetzt geräumt. Mit Algier und Tripolis waren Verträge abgeschlossen worden und da Tunis nicht feindselig gegen uns aufgetreten war, stand jetzt das mittelländische Meer der amerikanischen Schifffahrt ohne Gefahr offen.

Nur die Mißstimmung Frankreichs warf einen Schatten auf dieses glänzende Bild. Wer die Ursachen und Veranlassungen aufmerksam geprüft hat, welche das zwischen den beiden Nationen bestehende Zerwürfniß herbeigeführt haben, wird wissen, ob es in der Gewalt des Präsidenten gelegen hat, ihnen zuvorzukommen oder sie zu beseitigen, ohne die wahre Unabhängigkeit der Nation und ihr unschätzbarstes Recht, nach ihrer eigenen Wahl zu handeln, aufzuopfern."

Dies war die Lage der Ver. Staaten beim Schlusse der Administration Washington's. Man wird sich leicht erinnern, welches ihre Lage war, als diese Administration anfing und der Unterschied wird Jedermann einleuchten. Wir wollen nicht behaupten, daß eine so wohlthätige Verbesserung unserer Lage ausschließlich der Weisheit jenes Mannes zugeschrieben werden müßte, dem die Lenkung der Staatsgeschäfte anvertraut war. Man kann nicht leugnen, daß der Grund zu vielen der obigen Erscheinungen in der Staatsverfassung selbst lag und deren Entwickelung in dem Systeme, das wir angenommen hatten, schon bedingt war. Aber dieses System richtig durchzuführen und seine Vorzüge unter den tobenden Leidenschaften und starren Vorurtheilen, die es bestürmten, zur Blüthe zu bringen, das war das große Verdienst Washington's."

Anhang zum neunten Kapitel.

I. Der Brief an Mazzei.

Der Zustand unserer Politik hat sich, seitdem Sie uns im April 1796 verlassen, merkwürdig verändert. An die Stelle jener edlen Freiheitsliebe und einer republikanischen Regierung, welche uns glücklich durch den Krieg geholfen haben, ist eine anglikanische, monarchische und aristokratische Partei getreten, deren ausgesprochene Absicht es ist, uns mit dem Wesen der englischen Verfassung heimzusuchen, nachdem sie uns bereits mit der Form derselben belastet hat. Der Hauptkern des Volkes bleibt indeß dem republikanischen Princip getreu; der ganze Grund-Eigenthümer Stand ist republikanisch und ebenso die größere Mehrzahl der Männer der Intelligenz. Gegen uns sind die Executive, der Richterstand, zwei der drei Bestandtheile der gesetzgebenden Gewalt; ferner alle Angestellten des Gouvernements; Alle, welche angestellt werden wollen; Alle Furchtsamen, welche die Ruhe der Despotie dem brausenden Meere der Freiheit vorziehen; britische Kaufleute und Amerikaner, die mit britischem Capital Geschäfte machen, Speculanten und Spieler in Bankactien, bereits hier einheimische Erfindungen der Corruption, welche dahin führen, daß wir in allen Stücken, den gesunden wie den faulen, dem britischen Modelle so ähnlich wie möglich werden mögen. Es würde Sie schaudern machen, wollte ich Ihnen die Namen aller der Apostaten nennen, die zu diesen Ketzereien übergetreten sind. Es sind Männer darunter, die Samsone im Felde, Salomone im Rathe waren und denen jetzt die Hure England den Kopf geschoren hat. Kurz, wir können die so mühsam gewonnene Freiheit nur mit großer Anstrengung und Gefahr erhalten. Aber wir werden sie erhalten; dabei stehen wir so fest in unserer Zahl und Stärke, daß man es nie wagen wird, uns mit Gewalt anzugreifen. Wir müssen nur wachsam sein und die Lilliput-Stricke zerreißen, mit welchen sie uns während des ersten Schlafes nach unserer Herkules-Arbeit gebunden haben.

Tucker hat in Bd. I., S. 519—528, den Versuch gemacht, das obige Schreiben Jefferson's an Mazzei zu rechtfertigen. Mit welchem Erfolge, mag Jeder selbst prüfen. Auf der anderen Seite geißelt Marshall in einer Note am Ende seines Buches das Schreiben auf's Schärfste. Soviel scheint uns klar zu sein, daß Jefferson mit diesem Schreiben keine große Ehre eingelegt hat

---

II. Gibbs über Washington's Zurücktreten in's Privatleben.

Kurz vor seiner Amts-Niederlegung gab Washington eine letzte feierliche Audienz. Gewiß hat selten eine einfachere und doch dabei würdige Feier im Kreise von Männern von Macht und Einfluß stattgehabt. Es waren dort anwesend alle hervorragende Männer der Republik, welcher Partei sie auch angehört haben mochten; die Veteranen des Unabhängigkeitskrieges, wettergebräunt und mit Narben bedeckt; grauköpfige Staatsmänner, die sich in ruhiger Zurückgezogenheit von früheren Anstrengungen erholten; die Mitglieder des Kabinetes und Washington's persönliche Freunde; die Gesandten der auswärtigen Mächte, von gleicher Hochachtung für ihn durchdrungen, wie die ersteren; eine Menge Bürger, die herbeigeeilt waren, ihm den Tribut der Hochachtung bei dieser Gelegenheit zu zollen. Dort war kein glänzender Prunk, kein Glanz, wie er die Hoffeste auszeichnet und doch schwebte in dem einfachen Saale eine Majestät über die Versammlung, wie sie nicht immer bei jenen zu finden ist. Die ausgezeichneten Männer einer ganzen Nation waren zusammengekommen, um Abschied von einem Manne zu nehmen, der auf ihren Ruf, auf das ihm freiwillig angebotene Vertrauen, nicht als eine ehrgeizig erstrebte Auszeichnung, sondern als eine ihm obliegende Pflicht, ihre Armeen zum Siege geführt hatte und der Wächter ihrer Rechte und Gesetze geworden war; der seine Aufgabe würdig erfüllt hatte und jetzt, ein schlichter Privatmann, zu ihnen zurückkehrte, freudiger von der Macht zurückkehrend, als er sie angenommen hatte. Hier war ein Krieger ohne Fleck auf seiner Rüstung; ein Gesetzgeber ohne persönlichen Ehrgeiz; ein weiser und kluger Staatsmann; ein Bürger, den der Patriotismus zu allen Opfern willig gefunden hatte; ein reiner, fleckenloser, wahrhafter Mann in aller Beziehung und in allen Verhältnissen, die er je eingenommen; ein Mann endlich, auf den alle künftige Generationen als einen Beweis hindeuten werden, daß Größe und Tugend nicht unvereinbar sind.

Und er, um den sich die huldigende Menge drängte — welche Gedanken wogten an seiner Seele vorüber, welche Erinnerungen füllten die reiche Zeit seines Lebens aus, welche Wechsel von Menschen, Meinungen und Grundsätze hatte er erfahren! Wechsel von unendlicher Bedeutung in der Welt und in ihren Ansichten! Das Mißvergnügen englischer Auswanderer gegen seine früheren Tyrannen hatte Form und Gestalt angenommen, sich in feste Grundsätze ausgebildet, sich realisirt; es hatte eine Feuersbrunst angezündet, welche die ganze Welt erleuchtete und in Staunen setzte. Das Princip erfocht Siege, erklärte sich unabhängig und behauptete sich so auf Kosten von Strömen von Blut. Dann prägte es sich gegen die Vorurtheile der Zeit in einer neuen Staatsform aus und diese steckte wieder andere Völker an, deren Versuche von den schrecklichsten Excessen begleitet waren. Aber aus aller dieser Zerstörung, aus dem Kampfe und dem Blute war eine Nation erstiegen, der er vorgestanden hatte — eine Nation, die schon groß und rührig geworden war, edelgeboren, voller Tugenden, Energie und Intelligenz — aber auch mit großen Fehlern und Leidenschaften, welche, wenn sie nicht zurückgedrängt werden, die Nation ersticken und zu Grunde zu richten drohen, wie sie das Individuum zu Grunde richten und tödten.

Was konnte die Zukunft dieser Nation sein? Dunkle Wolken hingen über ihr; Gefahren und Feinde bedrohten sie; unter allen Feinden der schlimmste aber wüthete in ihrem Innern. Anarchie konnte in wenig Stunden das Wachsthum von Jahren vernichten, Parteigeist das sorgsam gepflegte Werk zerstören. Dagegen hatte er eine letzte feierliche Warnung gegeben gleich dem sterbenden Vater seinen Kindern.

Die Männer, die ihn jetzt umgaben, waren die Nachfolger früherer Genossen, deren Andenken sich ihm in dieser Stunde aufdringen mußte: — Franklin, Morris, die zwei Adams, Hancock, Greene, Jay und das Heer von anderen, alle gleich geehrt im Andenken der Zeitgenossen!

Er selbst, der ungebildete Sohn eines Bauern aus einer entlegenen Provinz, herumziehender Feldmesser in den Wäldern der Allegbany's, Officier in einem Freicorps, Abgeordneter einiger aufrührerischen Kolonisten in einem Congreß von Rebellen, wie er es selbst war; Anführer einer Rotte halbbewaffneter Bauern; General und Sieger über die bestdisciplinirten Soldaten Europas; Staatsmann, der die tiefsinnigsten Regierungs-Problemen zu lösen im Stande war; durch Acclamation erwählter Beherrscher einer eben erst constituirten Nation und als solcher mit Königen und Souveränen auf gleichem Fuße unterhandelnd und jetzt zurücktretend unter seine drei Millionen Mitbürger, um vor dem Gesetze nicht mehr zu sein als der geringste unter ihnen!

Welche Kämpfe hatte er nicht durchgemacht, unter welchen die leichtesten wahrlich nicht die waren, die er gegen sich selbst focht! Wie oft hatte er die Leidenschaft dem Grundsatze unterzuordnen gewußt; wie hatte er Mißverständniß, Verläumdung, Abfall zu ertragen, Versuchungen zu widerstehen gewußt; wie hatte er die Nachsucht beherrscht und wie fest war er jenen Weg gewandelt, getragen von Muth, Religion und Selbst-Vertrauen, den er sich selbst, oder den das Schicksal ihm vorgezeichnet hatte!

Kann es hiernach befremden, daß an dem letzten Empfangstage Washington's Trauer auf allen Gesichtern lag und manchem Auge eine Thräne entquoll, das ungewohnt war, der Empfindung diesen Tribut zu zollen?"

Zehntes Kapitel.

1797—1798.

Das erste Jahr unter Adams Präsidentschaft.

Inauguration von Adams—Seine Antrittsrede—Sein Kabinet—Personalbeschreibung—Französische Angriffe gegen den amerikanischen Handel—Special-Sitzung des Congresses—Rede des Präsidenten—Pinckney, Marshall und Gerry nach Frankreich gesendet—Antwort-Adressen—Beschlüsse des Congresses—Die französische Mission—Beleidigendes Benehmen Talleyrand's und des Directoriums—Verhalten der amerikanischen Abgeordneten—Gänzliches Fehlschlagen der Mission—Congreß-Sitzung im November 1797—Eröffnungsrede—Die X. Y. Z. Artikel—Aufregung—Energische Maßregeln des Congresses—Vergrößerung der Armee—Außerordentliche Anwerbung genehmigt—Washington's Interesse an den öffentlichen Angelegenheiten—Er wird zum Oberfeldherrn ernannt—Auszug aus seinen Briefen—Marine-Ministerium errichtet—Schiffe gebaut—Zusätzliches Budget—Vertrag mit Frankreich aufgehoben—Die Fremden-Acte und Aufruhr-Acte—Auszug aus Jefferson's Brief über die republikanische Partei—Verfügungen jener zwei Acten—Veranlassung ihres Erlassens—Gute Wirkungen der ersteren—Anstände gegen die letztere—John Adams Bemerkungen darüber—Sonstige Congreß-Beschlüsse—Thätigkeit des Congresses—Anhang zum zehnten Kapitel: I. Harper's Rede bezüglich der französischen Rechtsverletzungen und über die Ernennung fremder Minister. II. Livingston's Rede über die Fremden-Acte.

Am 4. März 1797 hatte in dem Sitzungs-Saale des Congresses eine Scene von großem Interesse statt. Der große Patriot, welcher acht Jahre lang über die Geschicke unseres Landes zu wachen berufen gewesen war und ohne dessen persönlichen Einfluß und Charakter es sehr zweifelhaft gewesen wäre, ob die Föderal-Regierung jemals in Gang gekommen wäre und sich bewährt hätte, dieser edle und hochherzige Wohlthäter seines Landes war endlich von der Last des öffentlichen Dienstes befreit worden und durfte sich ruhig des Bewußtseins erfreuen, daß die Zügel der Regierung den Händen eines würdigen Nachfolgers übergeben würden. Dieser Nachfolger war John Adams,
1797. ein Mann von unzweifelhafter Befähigung und tüchtigem Charakter, voller Eifer, die Staatsgeschäfte nach dem von Washington gegebenen Muster fortzuführen; nur fehlte ihm leider jener unbedingte Einfluß, den Washington stets über das ganze Volk der Ver. Staaten besessen hatte. Washington war einstimmig zu der Stellung berufen worden und war hoch über alle Partei-Unterschiede erhaben gewesen. Adams aber kam als der Candidat einer der großen Parteien in's Amt und er mußte vom ersten Antritte desselben das Bewußtsein haben, daß er als der von einer Partei durchgesetzte Präsident eine mächtige und gut organisirte Opposition gegen sich hatte. Leider auch machte ihn sein persönlicher Charakter, von welchem wir sogleich reden werden, für hinterlistige Annäherungen und Einflüsterungen politischer Feinde und Nebenbuhler zugängig und dadurch war er wieder der Gefahr ausgesetzt, das Vertrauen und die Achtung seiner eigenen Partei zu schwächen oder gar zu verlieren. Es ist nothwendig, dieser Vorbemerkungen eingedenk zu sein, um die Ereignisse unter Adams Administration richtig beurtheilen zu können.

Jefferson, der als Vicepräsident den Senat präsidirte, hatte seine Glückwunsch-Rede voll schmeichelhafter Phrasen über „den eminenten Charakter seines Vorgängers, dessen Talente und Uneigennützigkeit eine lange Reihe von Jahren hindurch von ihm auf's Tiefste verehrt worden seien und welche die Grundlage einer herzlichen und ununterbrochenen Freundschaft zwischen ihnen gelegt habe," beendet. *) In dem Sitzungs-Saale waren die Departements-Chefs, die obersten Magistrats-Personen und andere Würdenträger, endlich der erlauchte Washington anwesend. Adams erhob sich und hielt seine Antritts-Rede, wie folgt:

„Als man schon frühzeitig zur Ueberzeugung gekommen war, daß für Amerika kein Mittelweg zwischen gänzlicher Unterwerfung unter eine dem Lande fremde Regierung und der gänzlichen Unabhängigkeit offen war, gab es eine große Zahl weiser Männer, welche weniger von der Macht der Armeen und Flotten fürchten zu müssen glaubten, die wir zu bekämpfen haben würden, als von den inneren Zwistigkeiten und Spaltungen, die unausbleiblich über die Frage entstehen müßten, welche Regierungsform die geeignetste für die Centralgewalt wie für die einzelnen Staaten dieses großen Reiches sein möge? Im Vertrauen jedoch auf die Reinheit ihrer Absichten, die Gerechtigkeit ihrer Sache und die Tüchtigkeit und Einsicht des Volkes haben die Repräsentanten dieser Nation unter dem Schutze Gottes, der sich ihrem Lande stets so günstig erwiesen hatte, nicht blos die Kette in Stücke zerschlagen, womit man uns fesseln wollte, sondern auch die Bande kühn auseinander gerissen, die uns an ein lang bestehendes Reich knüpften und sich auf das Meer des Ungewissen hinaus gewagt.

„Während des Revolutionskrieges ersetzte der Eifer und gute Wille des Volkes die Stelle einer Regierung, weil die Verhältnisse, worin sich das Land befand, einen gewissen Grad von Ordnung selbstredend geboten, ohne welchen die Gesellschaft faktisch nicht hätte fortbestehen können.

„Die Conföderation, von deren Nothwendigkeit man sich überzeugt hatte, wurde nach dem Muster der batavischen und helvetischen Conföderationen gebildet — in der That die einzigen Beispiele von einiger Consequenz und Bestimmtheit, die in der Geschichte gefunden werden — jedenfalls die einzigen, welche den Völkern im Allgemeinen jemals näher bekannt worden sind. Berücksichtigte man aber den Unterschied in so manchen Einzelnheiten und wesentlich in dem Punkte, daß jene Staaten, die uns das Muster her-

*) Sullivan erzählt uns, daß John Adams von mittlerer Größe, ziemlich corpulent war und eine Glatze hatte. Bei seiner Installation trug er Hosen und Rock von feinem perlgrauen Tuche und Puder im Haare. In einem nach der Feier an seine Frau geschriebenen Briefe sagte er, es scheine ihm, als ob Washington schadenfroh über ihn triumphire. Er glaube die Worte von ihm gehört zu haben: „Wohlan, ich bin glücklich heraus und er ist glücklich drinnen, nun wollen wir sehen, wer der Glücklichere ist!"

Von demselben amüsanten Erzähler Sullivan lernen wir, daß Jefferson sehr groß von Gestalt, mehr als sechs Fuß hoch und von regelmäßigem Körperbau war. Seine Glieder waren lang und etwas schlotterig. Sein Haar röthlich; über die Stirne hinauf, an den Seiten glatt gekämmt und hinten in einen Zopf gebunden. Von Gesicht war er gewöhnlich blaß, im Affekte hochroth. Seine Stirne ziemlich hoch und breit. Seine Augenbraunen lang und hervorstehend; die Augen blond, Backenknochen hoch. Unterhalb der Augen wurde das Gesicht sehr breit, der Mund war aber groß und das Kinn lang. Gewöhnlich trug er einen schwarzen Rock und helle Hosen. Seine Manieren waren nicht gerade fein, sein Benehmen jedoch einfach und anspruchslos. Im Umgange war er ruhig und wenig imponirend; man fühlte indeß bald, daß man es mit einem ungewöhnlichen Manne zu thun hatte. In der Unterhaltung sprach er ruhig und überlegt, frei von jeder Gestikulation, aber man bemerkte wohl, daß er auf Beachtung Anspruch machte und gewissermaßen mit Selbstgefälligkeit zu imponiren suchte. Der Ausdruck seines Gesichtes war nachdenklich und beobachtend; natürlich also weder offen noch zutraulich. Beim Sprechen wendete er die Augen stets von dem Angeredeten hinweg.

geliehen haben, in der Größe und Ausdehnung ihres Territoriums von dem unserigen so himmelweit verschieden waren, so konnte es einsichtsvollen Männern, welche für die Annahme einer Conföderation nach jenen Mustern in dem Congresse stimmten, gewiß nicht zweifelhaft sein, daß ein solches Machwerk keine Aussicht auf Dauer hatte.

„Bald zeigten sich mit allen sich daran knüpfenden leidigen Folgen: Gleichgültigkeit gegen die Bestimmungen, Ungehorsam gegen die Verpflichtungen jener Conföderations-Acte nicht blos von Seiten einzelner Individuen, sondern auch von Seiten ganzer Staaten. Allgemeine Abspannung, Eifersucht, Nebenbuhlerei der Staaten entstanden; Handel und Schifffahrt nahmen ab; in dem Fabrikwesen trat Entmuthigung, in der Produktion wie in dem Preise des Landes Entwerthung ein.

„Daran knüpfte sich Vertragsbrüchigkeit in öffentlichen wie in Privatbeziehungen und am Ende gab es nichts als Zwiste, Feindseligkeiten, Zusammenrottungen, aufrührerische Versammlungen, ja selbst Empörungen, durch welche sich das Land mit einer Reihe der beklagenswerthesten Unfälle und Störungen bedroht sah.

„In jener gefährlichen Krisis aber bewährte sich die gewöhnliche Klugheit, Geistesgegenwart, Entschlossenheit und Redlichkeit des amerikanischen Volkes. Man ergriff Maßregeln, um einen Plan zur Bildung einer vollkommeneren Union zur Ausführung zu bringen, der Gerechtigkeit ihre Wirkung zu sichern, die innere Ruhe herzustellen, für die Vertheidigung nach Außen Vorkehrungen zu treffen, das allgemeine Wohl zu fördern und die Segnungen der Freiheit zu gewährleisten. Die allerwärts stattfindenden Untersuchungen, Prüfungen und Berathungen hatten die heutige glückliche Constituirung der Regierung zur erwünschten Folge.

„Während der Zeit, als diese Neubildung vor sich ging, war ich selbst im Dienste meines Vaterlandes im Auslande — dort lernte ich die Verfassung der Ver. Staaten kennen. Die Tages-Literatur hatte mich nicht mit vorgefaßten Meinungen, die öffentliche Discussion nicht mit Leidenschaft, der Parteigeist nicht mit Vorurtheilen erfüllt und so erschien mir jene Verfassung als ein wahrhaft lobenswerthes Werk, als das Resultat großer Gedanken, verschönert von menschlichen Gefühlen; als ein Experiment, das dem Genie, dem Charakter, der Lage und den Verhältnissen unserer Nation und unseres Vaterlandes weit mehr Rechnung zu tragen schien, als alle andere, die bis jetzt aufgetaucht oder befürwortet worden waren. In ihren allgemeinen Umrissen und Grundsätzen fand ich sie ganz dem Ideale entsprechend, welches ich mir immer von einer freien Verfassung gemacht hatte und welches bereits mehrere Staaten, darunter mein eigenes Geburtsland, zu verwirklichen versucht hatten. Ich übte das mir gleich meinen Mitbürgern zustehende Recht, mich über die Annahme oder Verwerfung dieser Verfassung auszusprechen, da sie mich und die Meinen so gut verpflichtete wie alle Uebrigen und ich nahm keinen Anstand, bei jeder Gelegenheit, öffentlich wie vertraulich, meine offene Zustimmung auszusprechen. Weder damals noch später war es meiner Ansicht nach ein Mangel derselben, daß der Executiv-Gewalt und dem Senat keine festere Basis darin eingeräumt war. Ich habe nie die Absicht gehabt, irgend eine Aenderung darin zu unterstützen, sofern nicht die Erfahrung dem Volke selbst die Ueberzeugung gewährt haben werde, daß solche Abänderungen nothwendig oder zweckmäßig seien, so daß sie von dessen Abgeordneten im Congresse nach Vorschrift der Verfassung selbst vorgeschlagen und angenommen werden würden.

„Als ich nach einer zehnjährigen schmerzlichen Trennung in den Schoß meines Vaterlandes zurückgekehrt war, wurde mir die Ehre zu Theil, in dem neu entstandenen Staatswesen eine ehrenvolle Stellung einzunehmen und ich habe sie wiederholt benutzt, um nach meinen besten Kräften die Verfassung zu vertheidigen. Hat doch ihre Wirkung die kühnsten Erwartungen ihrer Freunde übertroffen. Darum konnte die ihr gezollte Aufmerksamkeit, die Zufriedenheit mit ihrem Gange, die Freude über den Einfluß derselben auf die Blüthe, den Frieden und das Glück der Nation in mir nur ein Gefühl von wahrer Anhänglichkeit, von aufrichtigster Verehrung für sie hervorrufen.

„Welche andere Regierungsform vermöchte denn auch unsere Hochschätzung und Liebe in gleichem Grade in Anspruch zu nehmen?

„Es ist vielleicht etwas Flaches in einer vor Alters hingeworfenen Bemerkung, daß die Vereinigung von Menschen in Städte und Nationen für eine höhere Intelligenz etwas außerordentlich Ansprechendes habe: aber das ist gewiß, daß es für einen Mann von Gefühl und Menschenfreundlichkeit nichts Erhebenderes, Edleres, Majestätischeres geben kann, als eine Versammlung, wie sie so oft in diesem Saale und in dem anderen des Congresses gesehen wurde, als eine Regierung, in welcher die höchste Executiv-Gewalt eben so wie alle Zweige der Legislatur von Bürgern ausgeübt werden, die in regelmäßigen Perioden von dem Volke gewählt werden, um Gesetze für das Gesammt-Beste zu erlassen und auszuführen. Könnten Purpur, Kronen und Diamanten etwas zu dem Imponirenden dieses Schauspieles beitragen? Kann die Obergewalt ehrwürdiger, kann sie vertrauenswerther sein, wenn sie von Zufälligkeiten oder aus Verhältnissen, die in fernster Vergangenheit wurzeln, herstammt, als wenn sie frisch aus den Herzen und der Ueberzeugung eines braven, aufgeklärten Volkes fließt? Denn immer ist es ja das Volk, das hier repräsentirt wird; es ist seine Gewalt und Majestät, die hier zurückstrahlt und nur sein Wohl sollte der Zweck einer jeden gesetzlich eingesetzten Regierung sein, mag ihre Form sein, welche sie wolle. Das Fortbestehen einer Regierung, wie die unserige, ist für sich allein schon ein voller Beweis der allgemeinen Verbreitung von Kenntniß und Tugend durch alle Schichten des Volkes.

„Was aber vermöchte dem menschlichen Gemüthe eine größere Befriedigung zu gewähren, als gerade diese Ueberzeugung? Wenn Nationalstolz je erlaubt oder entschuldigbar ist, kann es nur dann sein, wenn er nicht aus Macht und Reichthum, aus Größe und Ruhm, sondern aus dem Bewußtsein nationaler Reinheit, Bildung und Gesinnung des Wohlwollens fließt!

„Unter so anregenden Gedanken würde es ein Vergehen gegen uns selbst sein, wenn wir jemals die unserer Freiheit drohende Gefahr außer Acht ließen, wenn wir je einem verderbten oder fremden Einflusse gestatten würden, die Reinheit unserer freien, offenen, überzeugungstreuen Wahlen zu trüben. Wenn eine Wahl von einer einzigen Stimme abhängt und diese kann von einer Partei durch Trug oder Bestechung gewonnen werden, so kann die Regierung das erwählte Werkzeug einer Partei sein— nicht um für das Gesammtwohl des Volkes zu streben, sondern um ihre eigenen parteisüchtigen Zwecke zu erreichen. Und könnten auswärtige Nationen durch Schmeichelei oder Drohungen, durch List oder Gewalt, durch Einschüchterung, Intrigue oder Verkäuflichkeit jene eine Stimme für sich gewinnen, so würde die Regierung nicht nach der Wahl des Volkes, sondern nach der der auswärtigen Macht zu Stande gebracht worden sein. Dann könnte es kommen, daß wir, statt uns selbst zu regieren, von jener auswärtigen Macht regiert würden und verständige Männer werden zugestehen, daß in einem solchen Falle die Wahl wenig vor der Geburt oder dem Zufall voraus hätte.

„Die Vorzüglichkeit unserer Institutionen und nebenbei auch die Mißbräuche, denen sie ausgesetzt sind, sind in den eben verflossenen acht Jahren der Gegenstand ängstlicher Beobachtung wie enthusiastischer Bewunderung der Weisen und Tugendhaften aller Nationen gewesen. In dieser langen Zeit stand unserer Nation ein Bürger vor, der durch eine Reihe glänzender Thaten, stets von Klugheit, Gerechtigkeit, Mäßigung und Charakterstärke geleitet, ein Volk, das die Freiheitsliebe und den Patriotismus mit ihm theilte, zur Unabhängigkeit, zum Frieden, zu beispiellosem Aufschwung geführt und dadurch sich den festesten Anspruch auf den ewigen Dank seiner Mitbürger ebenso, wie die Bewunderung aller auswärtigen Nationen und unsterblichen Ruhm für alle künftige Zeiten erworben hat!

„Möge er in der Zurückgezogenheit, welche er freiwillig gewählt, noch lange leben, um sich der Erinnerung seiner dem Vaterlande geleisteten Dienste, der Dankbarkeit seiner Mitbürger, der glücklichen Resultate seiner Anstrengungen zu erfreuen, welche von Tag zu Tag ersprießlicher hervortreten und ihm und uns eine Zukunft der großartigsten Entwicklung unseres gemeinsamen Vaterlandes im Geiste voraussehen lassen. Sein Name soll uns stets eine Schranke und das Bewußtsein, daß sein Geist noch unter uns weilt, eine Schutzwehr gegen alle offene oder geheime Feinde des Friedens und des Glückes unseres Volkes sein! Das von ihm gegebene Beispiel zu befolgen, soll das Bestreben aller seiner Nachfolger sein: so haben es beide Häuser des Congresses anempfehlend ausgesprochen und so verlangt es die ganze Nation in einstimmiger Verehrung und Liebe für ihn.

„Vielleicht wäre es angemessener für mich, hierüber ganz zu schweigen, oder doch nur mit großer Zurückhaltung zu sprechen. Da Sie aber vielleicht erwarten, daß ich darauf eingehe, so möge mir die Veranlassung zur Entschuldigung dienen, wenn ich hier folgendes feierliche Gelöbniß mache. Wenn eine feste Ueberzeugung, gegründet auf lange und sorgfältige Prüfung, von den Vorzügen einer freien republikanischen Staatsverfassung; wenn eine aufrichtige Anhänglichkeit an unsere Verfassung und der feste Entschluß, sie aufrecht zu erhalten, bis sie durch das Urtheil und die Wünsche des Volkes auf dem von ihm vorgeschriebenen Wege abgeändert sein wird; wenn eine gerechte Berücksichtigung der Verfassungen und Rechte der Einzelstaaten und eine sorgfältige und discrete Behandlung der mit ihren Regierungen zu erledigenden Verhältnisse; wenn eine unparteiische Abwägung der Rechte und Interessen, der Ehre und des Glückes sämmtlicher Staaten der Union, ohne Rücksicht und Bevorzugung des Nordens oder Südens, des Ostens oder Westens; wenn eine sich auf die Ehrenmänner aller Parteien ausdehnende Hochachtung und Freundschaft; wenn ein aufrichtiges Interesse für Künste und Wissenschaft und der Wunsch, jede den Verhältnissen gemäße Ermunterung von Schulanstalten, Collegien, Universitäten, Academien, kurz jeder Anstalt, wodurch Kenntnisse, Gesinnung und Religion unter dem Volke verbreitet und nicht allein das Glück aller Klassen der Gesellschaft gefördert, sondern auch ganz allein die natürlichen Feinde unserer Verfassung, nämlich der Geist der Intrigue, die Parteileidenschaft, Bestechlichkeit und fremder Einfluß, dieser Keim der Vernichtung jeder auf Wahl beruhenden Regierungsform, fern gehalten werden,— nach Kräften zu fördern und zu unterstützen; wenn der Sinn für Unparteilichkeit, Gerechtigkeit und Menschlichkeit in der inneren Verwaltung; wenn die Vorliebe, unseren Ackerbau und Handel, unsere Industrie und Fabriken zu befördern, damit sie allen Bedürfnissen und höheren Ansprüchen gewachsen seien; wenn der Geist der Billigkeit und Menschlichkeit gegen die Eingeborenen und der Entschluß, ihre Lage zu verbessern, damit sie freundschaftlicher gegen uns und wir wohlwollender gegen sie gesinnt werden; wenn der unbeugsame Entschluß, den Frieden und die Treue mit allen auswärtigen Mächten zu bewahren und jenes System der Neutralität aufrecht zu erhalten, welches die Regierung in Uebereinstimmung mit beiden Häusern des Congresses und mit Beistimmung des Volkes und der Legislaturen der Einzelstaaten adoptirt hat, so lange der Congreß nicht davon abzugehen beschließen wird; wenn eine persönliche Hochachtung für die französische Nation, die ich während meines siebenjährigen Aufenthaltes in ihrem Lande für sie gewonnen habe und der Wunsch, mit ihr in ununterbrochener Freundschaft zu verbleiben, weil diese den Interessen und nationalen Gefühlen beider Nationen so vollkommen zusagt; wenn bei aller Beachtung der Empfindlichkeit unseres Volkes im Punkte der Ehre und unbeschadet seiner Macht und Energie die Absicht, jede Ursache zu gerechter Beschwerde von Seiten auswärtiger Staaten zu entfernen; wenn die Absicht, im diplomatischen Wege auf Entschädigung für die Verletzungen und Beschädigungen zu bestehen, welche von irgend anderen Nationen unserem Handel und unseren Mitbürgern zugefügt worden sind, oder wenn dieses mißlingen sollte, der Entschluß, bei dem Congresse auf Ergreifen geeigneter Mittel anzutragen, daß dieser gerechte Anspruch anerkannt werde; wenn die feste Absicht, mich stets gerecht zu erweisen und Frieden und Freundschaft allerwärts aufrecht zu erhalten; wenn ein unerschütterliches Vertrauen in die Ehre, die Energie und die Zuverlässigkeit der Mittel unseres Volkes, welches Vertrauen mich nie getäuscht hat; wenn die Ueberzeugung von dem großartigen Berufe dieses Landes und von der Größe meiner Verantwortlichkeit gegen dasselbe, gegründet auf eine in frühem Lebensalter erworbene Erkenntniß seines moralischen Werthes und seiner geistigen Vorzüge; wenn, glaube ich hinzufügen zu müssen, die Verehrung für Religion und die religiöse Gesinnung unseres Volkes, welche ich als die beste Vorbereitung zur Ausübung der Bürgertugend und Bürgerpflicht achte — wenn dieses Alles mich in irgend einer Weise befähigen kann, den von Ihnen ausgesprochenen Wünschen nachzukommen, so soll es gewiß mein ernstlichstes Bestreben sein, daß die von den beiden Häusern mir ertheilte weise Hindeutung nicht ohne Wirkung bleibe!

„Mit diesem erhabenen Muster vor mir — mit der Gesinnung und dem Geiste, der Treue und der Ehre, der Pflicht und dem Interesse des amerikanischen Volkes, sämmtlich dahin gerichtet und arbeitend, die Verfassung der Ver. Staaten aufrecht zu erhalten, zweifle ich nicht daran, daß sie in ihrer ganzen Würde und mit allen ihren Resultaten aufrecht erhalten bleibt — mir ist es daher eine willkommene Pflicht, mich auf's Feierlichste zu verbinden, Alles was ich vermag zu dieser Aufrechthaltung beizutragen!

„Möge das höchste Wesen, der Beschützer der Tugend und der Freiheit, seinen Segen über unser Werk ausgießen und uns Glück und Gedeihen schenken!" —

Hierauf leistete Adams den Eid in die Hände des Justizpräsidenten und trat seinen vierjährigen Amtstermin mit höchst sanguinischen Hoffnungen auf einen glücklichen Erfolg an. Er glaubte, keine Veränderung in dem Kabinete machen zu müssen, sondern mit den nämlichen Mitgliedern, welche unter Washington im Amte waren, fortarbeiten zu können, allein es entstanden sehr bald Meinungs-Verschiedenheiten zwischen dem Präsidenten und seinen Räthen. Pickering, der Staatssecretär, war ein Mann von unbestechlichem Charakter, aber etwas halsstarrig, schroff im Benehmen und aufbrausend. Er so wohl wie Walcott, der Finanzsecretär, neigten sich so ziemlich in ihren Ansichten von der inneren und äußeren Politik auf die Seite Hamilton's, welchen der Präsident mit Eifersucht und sogar mit Mißtrauen betrachtete. In der That behauptete auch der Enkel und Biograph des zweiten Präsidenten, daß Hamilton der geheime Anzettler beinahe aller Störungen und Schwierigkeit gewesen sei, auf die Adams in seiner neuen Würde stieß. Die beiden anderen Mitglieder des Kabinets, McHenry und Lee waren Föderalisten und ganz achtbare Männer, geriethen aber auch sehr bald mit dem Präsidenten in Streit und Meinungsverschiedenheiten.

Adams war unstreitig ein Mann von Talent und Reinheit des Charakters; allein er war dabei vorschnell, reizbar und allzu selbstvertrauend. Jeder Widerspruch machte ihn ungeduldig und er legte zu großen Werth auf den Beifall der großen Masse. Gibbs charakterisirt in noch viel schärferen Worten seine Unbeständigkeit und Gereiztheit, seine Halsstarrigkeit und Inconsequenz, seine übertriebene Eitelkeit und Manches mehr; er behauptet, seine Verwaltung habe weder feste Tendenz noch Regel gehabt. C. F. Adams in der Biographie seines Großvaters stellt dagegen John Adams in einem weit vortheilhafteren Lichte dar. Er behauptet, er sei „ein weiser, energischer, unabhängiger und redlicher Präsident" gewesen. Er meint, daß der Präsident von den Föderalisten im Stiche gelassen worden sei, hauptsächlich in Folge des überwiegenden Einflusses von Alexander Hamilton. Mit der Versicherung, durchaus unbefangen, sorgfältig und getreu zusammengestellt zu haben, hat er eine Darstellung der Amts-Verwaltung von John Adams veröffentlicht, welche aufmerksam gelesen und geprüft zu werden verdient. *)

*) Sowohl Gibbs wie C. F. Adams erklären, daß die Materialien zur Bildung eines richtigen Urtheils über jene Zeit unvollständig, mangelhaft und schwer aufzufinden seien. Der Geschichtsforscher wird wohl daran thun, die erwähnten Werke sorgfältig zu vergleichen, um sich eine richtige Ansicht von der damaligen Zeit zu verschaffen.

Die politische Lage der Ver. Staaten Frankreich gegenüber war beim Anfange der Adams'schen Verwaltung keineswegs frei von Schwierigkeiten und Gefahr. Wir haben oben die Ernennung des Generals Pinckney zum bevollmächtigten Minister in Frankreich und die hochmüthige und beleidigende Behandlung erwähnt, welche sich das Directorium gegen diesen Herrn zu Schulden kommen ließ. Er war thatsächlich aus Frankreich weggeschickt worden und wartete zu Amsterdam auf fernere Instruction. Diese Beschimpfung des Abgeordneten der Ver. Staaten und die systematische Plünderung unserer Handelsschiffe durch die französischen Kriegsfahrzeuge machten es dringend nothwendig, ohne jeden Verzug einen geeigneten Schritt zur Abstellung dieses Zustandes zu thun. Dem gemäß berief der Präsident durch Proklamation
1797. vom 25. März den Congreß auf den 15. Mai zu einer Extra-Sitzung.

Der Präsident eröffnete die Sitzung mit einer würdigen und männlich gehaltenen Rede, in welcher er in sehr entschiedener Sprache den Gefühlen Luft machte, welche eine so unprovocirte und unverantwortliche Kränkung von Seiten einer auswärtigen Macht gewiß in der Brust eines jeden Amerikaners hervorrufen mußte. Er sprach den ernstlichen Wunsch aus, den Frieden erhalten zu sehen, weshalb er auch entschlossen sei, die Unterhandlungen neuerdings wieder anzuknüpfen; nichtsdestoweniger aber glaubte er dem Congresse dringend anempfehlen zu müssen, sich ernstlich mit den Vertheidigungs-Anstalten zu beschäftigen, um für den Fall gerüstet zu sein, daß ein Recurs zu den Waffen der letzte Ausweg wäre.

Darauf ernannte der Präsident drei außerordentliche Botschafter, den General Pinckney, John Marshall und Eldridge Gerry. *) Ihre Instruction ging dahin, den Frieden und die gütliche Ausgleichung in jeder mit der Ehre der Ver. Staaten verträglichen Weise zu vermitteln, dagegen kein nationales Verhältniß zu opfern und keine Aenderung an dem internationalen System zur Sicherung des Friedens, wie es nach reiflicher Ueberlegung und als festes Princip adoptirt worden war (Neutralitäts-Princip), zu machen, auch dem Ansehen der Regierung in keiner Weise etwas zu vergeben.

Der Senat beantwortete die Botschaft herzlich und entgegenkommend; im Hause aber erregte die Antwort-Adresse eine stürmische Debatte. Jedoch wurde am
3. Juni der Entwurf der Adresse mit 1797.
zweiundsechszig gegen sechsunddreißig Stimmen durchgebracht und Adams wurde demzufolge „versichert, daß die Ansichten des Hauses in allen Beziehungen von Wichtigkeit, auf welche er die Aufmerksamkeit des Hauses gelenkt habe, ganz mit den seinigen übereinstimmten.“ †)

---

*) Gibbs macht hier die Bemerkung — Bd. I, S. 519 — daß bis zu diesem Zeitpunkte noch keine Spaltungen zwischen dem Präsidenten und seinen Räthen im Kabinete entstanden gewesen seien. „Damals bestanden die Zerwürfnisse noch nicht, welche später alle Harmonie aufhoben. Die Secretäre waren alle von gutem Willen für den Präsidenten beseelt und hatten den ernstlichen Wunsch, seine Verwaltung zu glücklichen Erfolgen zu führen. Man erzählt sich nun, daß gerade bei dieser Gelegenheit die Absicht der Secretäre, den Präsidenten zurückzuhalten, Veranlassung zu der später herrschenden Differenz gewesen sei.“ Diese Angabe ist aber irrig. Allerdings machte sie die Wahl Gerrits zu obigem Amte bedenklich und erschütterte ihr Vertrauen in das gesunde Urtheil des Präsidenten; allein sie hatte weder einen Bruch zur Folge, noch war ihr irgend eine Anmaßung, die Maßregeln des Präsidenten zu controlliren, vorausgegangen.

†) Benton's Abridgment of the Debates of Congress, Vol. II., p. 123 ff. Einige Stellen aus der gelungenen Rede R. G. Harper's, die er am 29. Mai 1797 im Hause gehalten, um die Nothwendigkeit bewaffneter Zurückweisung der

Nach Erledigung dieses Punktes ging das Haus zur geheimen Berathung der gegenwärtigen Lage der Union über und die von dem Präsidenten vorgeschlagenen Maßregeln wurden von allen Seiten beleuchtet, geprüft und amendirt. Es ging jedoch bei der Schlußberathung nur ein Theil derselben durch. Es wurde namentlich den Bürgern der Ver. Staaten untersagt, Kaper-Unternehmungen gegen Nationen, mit welchen die Ver. Staaten im Frieden seien, auszurüsten; die Ausfuhr von Waffen und Kriegsartikel wurde verboten und die Einfuhr derselben für eine gewisse Zeit ermuntert; die Häfen des Landes sollten in besseren Vertheidigungsstand gesetzt werden; eine Marine sollte ausgerüstet, ein Detachement der Miliz einberufen werden; amerikanische Schiffe sollten besonders verbrieft werden. Die übrigen Bills, welche sich auf die Verstärkung der Armee, die Vermehrung der Artillerie, die Organisation der Miliz, die Verhinderung der Bewaffnung von Privatfahrzeugen, das Verbot, daß sich amerikanische Bürger gewöhnlich nicht in fremde Kriegsdienste anwerben lassen sollten, sowie einige Finanzbills wegen Deckung der Unkosten, gewöhnliche wie außergewöhnliche, wurden entweder zur nächsten Sitzung verwiesen oder wurden in dem einen oder anderen Hause verworfen. Eine durchgegangene Acte führte eine Stempel-Abgabe auf Pergamente und Urkunden ein — schon der Erinnerung wegen eine sehr unpopuläre Maßregel — und eine Zusatz-Abgabe wurde auf alles in die Ver. Staaten importirte Salz gelegt. Ferner wurde ein Anlehen von $800,000 autorisirt und das Ausgabe-Budget für das Jahr 1797 außergewöhnlich erweitert. Am 10. Juli vertagte sich der Congreß auf den 2. Montag im November.

Die beiden dem General Pinckney beigegebenen Gesandten hatten sich mit ihm vereinigt und alle drei trafen am 4. October zu Paris ein und beschlossen, sich sogleich an die Erledigung ihrer Aufgabe zu begeben. Sie selbst waren Männer von ehrenhafter Gesinnung und hofften mit Leuten von gleichem Schlage zu thun zu haben und ihre Pflichten bündig und mit gutem Resultate erfüllen zu können. Es ist schmerzlich, anführen zu müssen, was John Marshall in folgenden Worten ausdrückt: „Die Geschichte wird kaum ein zweites Beispiel aufzuweisen haben, wo eine nicht gänzlich versunkene Nation von einer auswärtigen Macht solche offene Beschimpfung und unverkleidete Beleidigung zu ertragen hatte, wie sie hier den Ver. Staaten in der Person ihrer Abgeordneten widerfahren ist.“ Am 8. October hatten die Gesandten eine Audienz bei dem Minister des Auswärtigen, Talleyrand, dem sie ihre Beglaubigungsschreiben einhändigten. Dieser verschlagene und gewissenlose Diplomat, der wie die meisten seiner Collegen in jener Zeit in den Verhandlungen mit amerikanischen Bürgern gerade so viel Unwissenheit wie Uebermuth an Tag legte, erklärte ihnen ganz einfach, daß er auf Befehl des Directoriums eben einen Bericht über die bestehenden Verhältnisse zwischen den Ver. Staaten und Frankreich abfasse und wenn derselbe fertig sei, wolle er ihnen wissen lassen, was weiter erfolgen werde.

Einige Tage darauf erklärte Talleyrand's Secretär den Abgeordneten, daß das Directorium wegen mehrerer Stellen in der

französischen Eingriffe zc. nachzuweisen, haben wir im Anhange I. zu gegenwärtigem Kapitel angeführt.

Rede des Präsidenten an den Congreß höchlich erzürnt sei und daß auf genügender Erklärung bezüglich dieser Stellen bestanden werde; bis dahin würden sie nicht in öffentlicher Audienz empfangen werden. Jedoch wolle der Minister des Auswärtigen in einem sonst zum Ziele führenden Wege in Unterhandlungen mit ihnen treten. Darauf meldeten sich drei Geschäftsträger, Hottinguer, Bellamy und Hauteval, unter den Anfangsbuchstaben X. Y. Z. eingeführt, bei den amerikanischen Ministern und theilten ihnen die Forderungen und Erwartungen Talleyrand's mit. Wir brauchen in keine Details einzugehen — der Kern der Vorschläge läßt sich mit einem einzigen Worte bezeichnen: „Geld!" Talleyrand's Habsucht, die Habsucht des Directoriums, die Habsucht der Nation

1797. mußten befriedigt werden. Gebt Geld! Gebt viel Geld! hieß es und wir werden bald in Ordnung sein. Aber wagt es, solches abzuschlagen und ihr sollt die Hand des Siegers schwer fühlen! Talleyrand verlangte nicht mehr als $250,000 für seine Privatkasse — das Directorium würde sich mit einem Darlehen von etlichen dreizehn Millionen befriedigt finden (wobei natürlich an eine Rückzahlung nicht gedacht wurde) und es schien ihre ernstliche Ueberzeugung gewesen zu sein, daß sich die Amerikaner wie getretene Hunde solchen infamirenden Forderungen geduldig unterwerfen würden.

Die drei Abgeordneten hörten die Eröffnungen ruhig an, um Gewißheit zu erlangen, welches die wahren Absichten Frankreichs seien — am Ende Octobers aber erklärten sie in unwilligen Worten ihre Weigerung, derartigen Vorschlägen irgend Gehör zu geben. Talleyrand's Agenten gaben jedoch die Hoffnung, ihre Absichten zu erreichen, noch nicht auf.

Die damals von den französischen Heeren erfochtenen Siege gaben ihnen ein ferneres Mittel an die Hand, wovon sie sich Erfolg versprachen: nämlich die Amerikaner mit Drohungen einzuschüchtern. Die Macht Frankreichs wurde in den glänzendsten Farben geschildert, auf die Demüthigung Oesterreichs prahlerisch hingewiesen und die Eroberung Großbritaniens zuversichtlich in Aussicht gestellt. Frankreich allein, hieß es, vermöge Amerika Schutz und Beistand zu verleihen und — so wurde mit höchster Arroganz bemerkt — die Ver. Staaten sollten sich das Schicksal Venedigs zur Warnung dienen lassen. Es sei auch vergeblich, auf ihre eigenen inneren Mittel zu rechnen, denn die französische Regierung besitze in dem Gebiete der Union einen weit größeren Anhang als man glaube und wenn es gelte, werde sie ihre Macht ohne Bedenken in voller Ausdehnung benutzen.

Am 1. November beschlossen die Abgeordneten, diese nicht officiellen Unterhandlungen abzubrechen und machten einen letzten erfolglosen Versuch, eine officielle Anerkennung von der französischen Regierung zu erwirken. Talleyrand kam mit merkwürdiger Hartnäckigkeit, so oft er mit den Amerikanern zusammentraf, auf die Geldforderungen zurück, welche seine Agenten früher schon mit so wenig Erfolg gemacht hatten.

Als sie die ihrer Anerkennung entgegengesetzten Schwierigkeiten für unübersteiglich halten mußten, entschlossen sich die Abgeordneten, nach der Erzählung Marshall's, ein Schreiben an den Minister des Auswärtigen zu richten, in welchem sie in eine umständliche Erörterung des ihnen von der amerikanischen Regierung gewordenen Auftrages eingingen und durch eine Reihe von aufgezählten Thatsachen zu beweisen suchten, daß Frankreich immer nur das freundschaftlichste Entgegenkommen von Seiten der amerikanischen Staatsregierung gefunden habe.*) Das Directorium aber hatte von seinem Einflusse in Amerika eine zu hohe Meinung, um seine Absichten aufzugeben.

Des Fehlschlagens dieses Schrittes ungeachtet und obgleich sie von der Nutzlosigkeit seiner Wiederholung überzeugt waren, fuhren die Abgeordneten dennoch mit einer Ausdauer, welche nur der Wunsch erklärlich macht, die wirklichen Absichten Frankreichs endlich dennoch durchschauen zu können, auf dem einzigen Wege zu wandeln fort, der ihnen noch offen war — das heißt, sie suchten den beinahe unvermeidlichen offenen Bruch hinauszuschieben. In der Zwischenzeit fehlte es nicht an wiederholten Belei-
1798. digungen der amerikanischen Regierung. Die französischen Kreuzer betrachteten die amerikanische Flagge geradezu als eine feindliche, deren Führung unbedingt hinreichte, die unter derselben segelnden Fahrzeuge wegzunehmen und als gute Prisen verurtheilen zu lassen.

Als es endlich unumstößliche Thatsache geworden war, daß der Entschluß der amerikanischen Abgeordneten eben so fest stand, wie ihr seitheriges Benehmen vorsichtig und gemäßigt gewesen war, wurden verschiedene Versuche gemacht, Pinckney und Marshall zum Zurücktreten zu verleiten. Vorbedachte Kränkungen wurden gegen sie verübt und endlich ward ihnen der Befehl zugefertigt, Frankreich zu verlassen. Gleichsam um diese völkerrechtswidrige Beschimpfung noch zu erhöhen, bediente sich Talleyrand in einem merkwürdigen Schreiben vom 18. März folgender Worte: „Das Vollziehungs-Directorium ist geneigt, mit Jenem der drei in Unterhandlung zu treten, dessen Ansichten man Grund hat für unbefangene zu halten und welcher daher bei den gegenseitigen Erklärungen mehr Garantie eines richtigen Verständnisses zu gewähren verspricht.“ Mit Gerry glaubte der ränkevolle Minister machen zu können, was er Lust hatte. Er ließ ihn darum zum Bleiben einladen, was er auch that, „aus Furcht, wie er später erklärte, daß eine augenblickliche Kriegs-Erklärung erfolgen würde, wenn er es nicht thäte.“ Seine Collegen kehrten im April zurück, um der Regierung Bericht von dem gänzlichen Fehlschlagen ihrer Mission abzustatten. Gerry aber verweilte zwar noch einige Monate länger in Paris, ohne jedoch irgend ein Resultat zu erzielen und so kehrte auch er unverrichteter Sache nach Amerika zurück.*)

Der Congreß hatte sich auf den 2. Montag im November vertagt; allein erst am 23. jenes Monats war die erforderliche

---

*) Das Actenstück soll von Marshall abgefaßt worden sein und Gibbs erklärt, es sei ein Denkmal amerikanischen Talentes in der Diplomatie. Es wurde am Schlusse des Januar 1798 an Talleyrand eingereicht.

*) Während seines verlängerten Aufenthaltes, erzählt Gibbs, weigerte sich Gerry zwar, sich mit der französischen Regierung in positive Unterhandlungen einzulassen, wurde aber dennoch in einer mit Talleyrand geführten Controverse in jeder denkbaren Weise von demselben persönlich in seinem Vaterlande beschimpft, lächerlich gemacht, zum Besten gehalten und selbst zum Lügner gestempelt. Bei dem ganzen Streite schien es lediglich seine Absicht gewesen zu sein, das letzte Wort zu behalten und sich in übertriebenen Versicherungen von der unendlichen Zuneigung seiner Regierung gegen das französische Volk zu überbieten. Er kam am 9. October 1798 in den Ver. Staaten an. Adams Enkel beurtheilt jedoch die Sache und sein Benehmen günstiger.

Anzahl Senatoren und Abgeordneter eingetroffen, um die Sitzung zu eröffnen. Eine ansteckende Krankheit, erklärte der Präsident in seiner Eröffnungsrede, herrsche leider in so hohem Grade in der Stadt, daß er fürchte, der Congreß werde sich nach einer anderen Stadt vertagen müssen." *)

Natürlich nahm vor Allem der Zustand der auswärtigen Angelegenheiten besonders mit Frankreich die Aufmerksamkeit des Präsidenten in Anspruch. Er konnte nur erwähnen, daß die außerordentlichen Bevollmächtigten zu Paris eingetroffen waren; mußte aber zugestehen, daß unsere Handels-Interessen immer ärger verletzt würden, deren Wichtigkeit er übrigens in richtiger Weise würdigte.

„Der Handel der Ver. Staaten, sagte er, ist die wesentliche Grundlage wenn nicht ihrer Existenz, doch ihrer Entwickelung, ihres Gedeihens und ihrer Blüthe. Neigung, Charakter und Sitten der Bevölkerung sind ganz die eines Handel treibenden Volkes. Ihre Städte sind auf bestehende Handels-Verhältnisse hin gegründet und leben nur von ihnen. Unsere Manufakturen, Künste, Fischereien und unser Ackerbau hängen alle mit dem Handel zusammen und von ihm ab. Kurz was das Land ist, verdankt es dem Handel und wenn er zu Grunde gerichtet oder vernachlässigt wird, ist die nothwendige Folge davon, daß das ganze Volk in Armuth und Elend versinkt. Welche Anzahl Menschen leben nur ausschließlich von der Schifffahrt? Das ganze Wohl der Staatsgesellschaft steht bei der Erhaltung unserer Handels- und Schifffahrts-Rechte auf dem Spiele. Mit dieser Ueberzeugung würde ich pflichtvergessen handeln, wenn ich Ihnen nicht anempfehlen würde, vor keiner Anstrengung zurückzuschrecken, wenn es gilt, unseren Handel zu beschützen und unser Land in einen guten Vertheidigungszustand, die sicherste Gewähr des oben erwähnten Schutzes, zu setzen."

Der Fortschritt der spanischen Negociationen, die Anzeichen bevorstehender Indianer-Feindseligkeiten, die Verhandlungen der Commissäre unter dem englischen Vertrage und die Wegnahme einer großen Zahl amerikanischer Fahrzeuge von Seiten der französischen Kreuzer wurden der Reihe nach besprochen; auch eine Verbesserung der „Consular-Acte" empfohlen, da es sich herausgestellt habe, daß fremde Fahrzeuge mit gefälschten Papieren unter amerikanischer Flagge segelten. Die Genehmigung des Budgets für die Regierungszwecke wurden dringend in Erinnerung gebracht; im Uebrigen versicherte der Präsident den Congreß des eifrigen und herzlichen Mitwirkens der Executiv-Gewalt in allen weisen und energischen Maßregeln zur Sicherung der Ehre, der Sicherheit und des Glückes des Landes.

Die Antwort-Adressen lieferten den Maßstab der Stärke der Opposition im Hause und der Föderalisten im Senate; übrigens kamen sie den vom Präsidenten empfohlenen Maßregeln mit gutem Willen entgegen. Im Anfange März 1798, während gerade sich der Congreß mit der Frage beschäftigte, ob es Kauffahrteischiffen gestattet sei, sich zum Zwecke eigener Vertheidigung zu bewaffnen, liefen Depeschen von unseren Abgeordneten zu Paris bei der Regierung ein. Der Präsident theilte den Inhalt sogleich in besonderer Botschaft mit. Noch außer den bedenklichen Nachrichten erhielt

*) Damals war Andreas Jackson als Senator von Tenessee eingetreten.

man Kenntniß von dem französischen Decrete, welches alle neutrale Fahrzeuge als Prisen erklärte, welche englische Waaren oder Gegenstände englischen Ursprungs an Bord hatten.

Die Aufregung in der Handelswelt war groß. Der Präsident benutzte sie, um den Congreß auf die Wichtigkeit wirksamer und energischer Maßregeln zur Vertheidigung der Ehre und Rechte der Nation aufmerksam zu machen.

In einer im Hause über die Beziehungen zu Frankreich stattfindenden Debatte ging das Bestreben der Opposition dahin, die Furcht, daß ein Krieg nahe bevorstehe, als eine Chimäre darzustellen. Ehe noch über die Zweckmäßigkeit, die Feindseligkeiten Frankreichs in gleicher Weise zu erwidern, ein Beschluß gefaßt ward, waren die Depeschen mit den berüchtigten X. Y. Z. Papieren eingelaufen und auf Verlangen dem Congresse vorgelegt worden. Die beiden Häuser beschlossen, ihnen die größte Oeffentlichkeit zu geben, was seinen Zweck vollständig erreichte, indem sie das Volk in den heftigsten Zorn brachten. *) Die schmählichsten Bedingungen, unter welchen Frankreich sich seine Geneigtheit abkaufen lassen wollte, wurden allgemein zurückgewiesen. Pinckney's berühmter Kernspruch: „Millionen zur Vertheidigung, nicht einen Heller als Tribut," wurde die Parole in der ganzen Union. Die alte schwarze Kokarde der Revolutions-Soldaten kam wieder überall zum Vorschein und Hopkinson's und Paine's Nationallieder: „Heil Columbia!" und „Adams, der Freiheits-Kämpfer!" gaben dem Volks-Enthusiasmus frische Nahrung. Loyale und patriotische Adressen liefen in Menge bei der Regierung ein und es ließ sich nicht bezweifeln: daß das Volk bis zum letzten Manne entschlossen sei, jedem Angriffe auf seinem Boden energisch zu begegnen.

Allerdings trat unter den Führern der republikanischen Partei immer noch das Streben zu Tag, Frankreichs Verfahren gutzuheißen, indem man der Regierungs-Partei allein die Ursache der Feindseligkeit zur Last legte, die Handlungsweise Frankreichs in ein günstiges Licht stellte, sie entschuldigte, erwähnte, daß das französische Volk von uns zu erwarten berechtigt sei, was es zu einer gefährlichen Zeit auch für uns gethan; daß das wahre Interesse der Ver. Staaten erheische, daß man den Forderungen der französischen Regierung nachgebe, der Widerstand würde uns zu Grunde richten u. s. w. Aber alle solche Argumente scheiterten an dem gerechten Volks-Unwillen und wie Marshall sagt, gehörten andere Ereignisse dazu, um den geschwächten Einfluß der Männer, welche derartige Ansichten hegten, wieder anzufachen. *)

---

*) Es verdient erwähnt zu werden, daß Talleyrand's Antwortschreiben auf die Eingabe der amerikanischen Botschafter, eine Schrift, welche das amerikanische Gouvernement in den heftigsten und beleidigendsten Ausdrücken verdächtigte, in den Händen des Herausgebers der „Aurora" war, ehe solche an den Präsidenten der Ver. Staaten gelangte. Dieser verächtliche Versuch einer Partei, durch die Presse die Anklage Talleyrand's ohne die talentvolle und wohlbegründete Widerlegung derselben zur Oeffentlichkeit zu bringen, machte es nothwendig, daß der Congreß die ganze Verhandlung der Oeffentlichkeit übergab, was er auch that.

*) Tucker, der ein eifriger Freund und Vertheidiger des dritten Präsidenten (Jefferson) ist, kann doch nicht umhin, Jefferson's bittere Parteileidenschaft in Hinsicht der Behandlung zu tadeln, welche unsere Abgeordneten von Frankreich erlitten hatten. „Man muß gestehen, sagt er in Bd. II., S. 43, daß wenn einerseits Jefferson die empörendste Verläumdung und den glühendsten Haß der Gegenpartei oft zu ertragen hatte, er auf der anderen Seite eben so oft in Leichtgläubigkeit und Ungerechtigkeit nicht hinter derselben zurückblieb und daß er kein Bedenken

Der Congreß beschloß, energische Maßregeln zur Wiedervergeltung erlittener Unbilden und Abwendung derer, worauf man sich bedroht sah, zu ergreifen. Als die wichtigste derselben erscheint die Bildung eines regelmäßigen Heeres. Ein Regiment Artilleristen und ein Ingenieur-Corps sollte gebildet und bleibend unterhalten werden; außerdem wurde der Präsident ermächtigt, zwölf weitere Infanterie-Regimenter und ein Regiment Cavallerie für die Zeit der Dauer des drohenden Zustandes mit Frankreich anzuwerben, vorbehaltlich ihrer früheren Entlassung. Eben so wurde er ermächtigt, Officiere für die neu anzuwerbenden Truppen zu ernennen und Compagnien Freiwilliger zu incorporiren, welche von dem Dienst in der Miliz entbunden sein sollten. Jedoch sollten weder die Officiere noch die Milizen neu angeworbener Truppen Sold erhalten, so lange sie nicht zum activen Felddienste berufen waren.

Die Acte, welche diese Vermehrung des Heeres genehmigte, ward am Schlusse des Monats März erlassen. Mitten in der durch alle diese Vorbereitungen erzeugten Aufregung kam John Marshall im Monat Juni in den Ver. Staaten an und berichtete die schmähliche Behandlung, welche ihm und seinen Collegen widerfahren war. Der Präsident schickte am 21. Juni eine kurze Botschaft, von einigen Dokumenten bezüglich der Unterhandlung mit Frankreich begleitet, an das Haus, deren Schlußworte später vielfach gegen ihn ausgebeutet wurden. Es hieß nämlich: „Ich werde nie mehr einen anderen Bevollmächtigten nach Frankreich schicken, so 1798.
lange ich nicht gewiß bin, daß er als der Repräsentant einer großen, freien, mächtigen und unabhängigen Nation aufgenommen, empfangen und geachtet werden wird."

Es läßt sich denken, daß Washington kein theilnahmloser Zuschauer der Ereignisse des Tages war. Obgleich mit landwirthschaftlichen Arbeiten beschäftigt und von dem öffentlichen Leben zurückgezogen, konnten Verhältnisse, welche die Wohlfahrt seines geliebten Vaterlandes so nahe berührten, ihren tiefen Eindruck auf ihn nicht verfehlen. Er hörte mit großem Unwillen und Verdruß, wie unwürdig das Directorium gehandelt und wie schwer der amerikanische Handel zu leiden hatte; es ließ sich also erwarten, daß die energischen Maßregeln zum Schutze des Landes seine volle Zustimmung hatten. Natürlich waren aller Augen auf ihn, als den einzigen Mann, welchem man die Führung der Armeen anvertrauen konnte, gerichtet. Von allen Seiten wurde er bestürmt, das Commando anzunehmen. Auf ein Schreiben des Präsidenten vom 22. Juni, worin es hieß: „Wir müssen Ihren Namen haben, er wird mehr wirken als eine ganze Armee," antwortete Washington: „Als ich mich vom öffentlichen Leben zurückzog, lag jeder Gedanke an einen Angriff unseres Landes durch eine europäische Macht so fern, daß es mir nicht einfiel, einen solchen Fall als möglich und als Veranlassung zu denken, abermals den Schatten von Mount Vernon mit dem Getümmel des Schlachtfeldes zu vertauschen. Wir leben aber in der Zeit der Wunder und es scheint die Bestimmung des bluttrunkenen, anarchischen Frankreichs zu sein,

---

trug, ihnen Absichten und Anschläge zuzutrauen, welche kein achtbarer Mensch hegen und kein vernünftiger ausführen zu wollen die Absicht haben konnte." Das ist ein sehr zweideutiges Compliment für seinen Schützling. Ueberhaupt möchte man wünschen, weniger Grund zum Tadel der Parteileidenschaft jener Tage zu haben.

nachdem es seine eigenen Bürger hingemordet, die Ruhe der ganzen Welt zu stören."

„Sehe ich auf die Vergangenheit zurück und schließe auf das, was uns bevorstehen kann, so wird es mir schwer, mich für das, was mir zu thun obliegt, zu entscheiden. Im Falle des wirklichen Einfallens einer starken Macht könnte natürlich keine Rede davon sein, mein Alter und meine Zurückgezogenheit vorzuschützen, um dem Vaterlande meine Dienste zu entziehen. Ist ein solcher Fall wirklich zu befürchten, was das Gouvernement besser wissen wird, als ein einfacher Bürger, so scheint mir jeder Verzug in unserer Vorbereitung und Ausrüstung gefährlich, ungeeignet und der gewöhnlichen Klugheit zuwiderlaufend. Meine Unentschlossenheit ist aber die Folge meiner Zweifel, ob wirklich eine solche Gefahr zu befürchten sei; denn wiewohl ich weiß, wie rücksichtslos die Franzosen sind und wie wenig sie das Völkerrecht achten, so kann ich doch nicht glauben, daß sie es jetzt, wo das Volk so einstimmig seinen Entschluß gezeigt hat, ihnen den energischsten Widerstand zu leisten, noch wagen werden, in unser Land einzufallen. Sie mögen ihren Agenten und ränkesüchtigen Parteigängern unter uns Glauben geschenkt und gehofft haben, daß sie hier großen Anhang hätten, daß eine große Partei der Regierung abhold sei und daß eine kleine hierhergeworfene Truppenmacht eine Empörung zur Folge haben werde — das Alles halte ich für sehr möglich: eben so ist nicht abzusehen, wie weit diese verzweifelten Menschen den Betrug noch fortspielen, oder gar ihre Zusicherung zu verwirklichen suchen werden. Ohne diese Verlockungen müßte der Plan des Directoriums, einen Angriff gegen uns zu wagen, noch thörichter als schlecht erscheinen."

„Nachdem ich Ihnen meine Bedenken offen ausgesprochen, bleibt mir nur übrig hinzuzufügen, daß wenn die Gelegenheit sich böte, dem Vaterlande meine Dienste neuerdings zu widmen, dies in meinem Alter, wo sich der Mensch nach Ruhe sehnt, mit Aufopferungen und Empfindungen geschehen würde, von denen sich nur Jene einen Begriff machen können, die mich kennen."

Auch an den Kriegs-Secretär schrieb Washington und theilte ihm mit, was seiner Ansicht nach der beste Weg in der gegenwärtigen Krise sein möge.

Noch ehe aber diese Schreiben am Regierungssitze eingelaufen waren, hatte Adams bereits Washington zum General-Commandanten der sämmtlichen Heere der Vereinigten Staaten ernannt und der Senat hatte am 3. Juli 1798 die Ernennung einstimmig bestätigt. McHenry, der Kriegssecretär, eilte in Person nach Mount Vernon, um ihm das Patent zuzustellen. Washington nahm, wie Sparks erzählt, die Ernennung unter dem Vorbehalte an, daß er erstens bei der Wahl der Stabs-Officiere eine entscheidende Stimme habe und daß er zweitens nicht eher zu der Armee zu gehen verbunden sein solle, bis sie entweder vollständig organisirt sei, oder bis die Dringlichkeit der Lage seine Gegenwart nöthig mache. Er fügte indeß ausdrücklich hinzu, daß es seine Absicht durchaus nicht sei, seinen Rath und seine Mitwirkung bei Bildung und Organisation derselben zurückzuhalten. Auch lehnte er, wie es sein unverbrüchliches Gesetz war, jede mit seinem Range verbundenen Emolumente bis zum Augenblicke ab, wo er wirkliche Ausgaben haben werde. „Glauben Sie denn, schrieb er in dem Annahmeschreiben der ihm übertragenen Würde an den Präsidenten, daß

Niemand die weisen und richtigen Maßregeln Ihrer Administration mehr billigen kann, als ich. Sie sollten mit Recht allgemeines Vertrauen einflößen und ich zweifle nicht, daß der Congreß Gesetze erlassen und Mittel ergreifen wird, welche Sie in den Stand setzen werden, der Gefahr vollständig gerüstet entgegen zu treten. Ueberzeugt, daß Sie Alles gethan haben, was in Ihren Kräften stand, den Krieg ehrenvoll zu vermeiden und daß Sie die Schale der Versöhnlichkeit bis zur Neige geleert haben, so können wir von der Gerechtigkeit ruhigen Herzens den Ausgang erwarten und dürfen hoffen, daß auch diesmal, wie schon oft, die Vorsehung uns günstig sein wird."

Mittlerweile beschäftigte sich der Congreß eifrigst mit den durch die Lage der Dinge gebotenen Verhältnissen. Alle dringenden Maßregeln wurden vorgeschlagen, berathen und angenommen. Wir haben schon der Beschlüsse bezüglich der Bildung einer hinreichenden Land-Armee für den Fall eines Ueberfalls durch die Franzosen erwähnt. Schon vorher war eine andere unter die Administration von Adams fallende höchst wichtige Maßregel dem Congresse auf's Dringendste anempfohlen worden: die Bildung eines Marine-Ministeriums. Alles, was hierauf Bezug hatte, war seither hauptsächlich dem Kriegsministerium überwiesen worden; manches gelangte auch an die mit den Finanzen betraute Beamte; da aber jetzt in der drohenden Stellung, welche die Union gegen Frankreich einnahm, die Marine wesentlich vermehrt ward, schien es höchst nothwendig, daß Alles, was auf See-Angelegenheiten Bezug hatte, vor ein specielles Ministerium gelange. Am Schlusse des Monats April wurde mit einer Majorität von siebenundvierzig gegen einundvierzig Stimmen, welche die republikanische Partei dagegen abgegeben hatte, die Errichtung des Marine-Ministeriums gutgeheißen. Das Amt des Secretärs wurde zuerst Herrn Georg Cabot von Massachusetts, der sich vortrefflich dazu eignete, angetragen und da er es ablehnte, wurde Benjamin Stoddert von Maryland am 21. Mai zum ersten Secretär der Marine ernannt. Indem wir bezüglich der Einzelnheiten auf Cooper's „Geschichte des Seewesens" verweisen, wollen wir nur noch erwähnen, daß die Fregatte „Die Ver. Staaten" von 44 Kanonen das erste unter der Administration Adams' am 10. Juli zu Philadelphia vom Stapel gelassene Kriegsschiff war. Ihr folgte am 7. September „Die Constellation" von 38 Kanonen. Die ganze durch das Gesetz genehmigte Flotte bestand aus zwölf Fregatten, zwölf kleineren Fahrzeugen von zwanzig bis einundzwanzig Kanonen, sechs kleineren Schaluppen und mehreren Galeeren und Zoll-Kutters; im Ganzen dreißig die See haltenden Kriegsfahrzeuge. *)

Zur Bestreitung des zur Herstellung eines tüchtigen Vertheidigungs-Zustandes des Landes und der Beschaffung einer Marine erforderlichen Kostenaufwandes waren nachträgliche Finanzmittel nöthig. Der mit Herbeischaffung solcher Mittel beauftragte Ausschuß (Comittee of ways and means) befaßte sich mit der Sache, forderte von dem Finanz-Secretär den Etat der muthmaßlich dafür aufzuwendenden Kosten und schlug am 1. Mai die Erhebung von zwei Millionen Dollars durch eine direkte Steuer auf Grund-Eigenthum, Häuser und Sclaven vor. Daran knüpften sich andere Gesetz-

*) Siehe Cooper's Naval History, Vol. I., p. 152 ff.

Vorschläge rücksichtlich der Werthabschätzung dieses steuerpflichtigen Eigenthums. Erst im Juli aber ermächtigte der Con-
1798. greß den Präsidenten, zwei Millionen Dollars im Voraus auf die Erträgnisse dieser Steuer lehnweise aufzunehmen. Eben so wurde er durch eine andere Acte ermächtigt, zur Bestreitung sonstiger Staatsbedürfnisse eine Summe von fünf Millionen Dollars unter den bestmöglichen Bedingungen aufzunehmen. Die dafür auszugebenden Obligationen sollten nach Ablauf von fünfzehn Jahren rückzahlbar sein und das Geld sollte zur Deckung des Deficits und Bestreitung des für die Herstellung eines guten Vertheidigungszustandes erforderlichen Aufwandes verwendet werden. Als Amortisationsfonds und zur Deckung der Zinsen sollte der Ueberschuß der Importations-Zölle und des Tonnen-Geldes amassirt werden und die Ver. Staaten sollten mit ihrer National-Ehre verpflichtet sein, für jeden etwaigen Ausfall anderweitig Mittel zu schaffen. *)

Am 7. Juli wurde der Beschluß gefaßt, die bisher mit Frankreich bestehenden Staats-Verträge als thatsächlich außer Kraft gesetzt zu betrachten. Die in der Einleitung des Beschlusses dafür aufgestellten Gründe waren: „Daß diese Verträge wiederholt von der französischen Regierung verletzt worden seien; daß Frankreich die von den Ver. Staaten erhobenen Ansprüche auf Schadloshaltung für jene Verletzungen verweigert habe und die von ihnen gemachten Versuche einer gütlichen Ausgleichung der zwischen den beiden Nationen bestehenden Differenzen auf eine unwürdige Weise zurückgewiesen habe; daß endlich auch jetzt noch mit Wissen und Willen der französischen Regierung gegen die Ver. Staaten ein gewaltthätiges Raub-System in offenbarer Verhöhnung der bestehenden Verträge und mit gänzlichem Verkennen der Rechte einer freien und unabhängigen Nation eingehalten werde."

In der nämlichen Sitzung wurden auch jene Acte vom Congresse passirt, welche die Veranlassung wurden, die Administration John Adams mit den strengsten Ausdrücken zu brandmarken und welche ohne Zweifel den Sturz der Föderalisten-Partei beschleunigten — wir meinen die Acte vom 18. Juni, welche die seitherigen Naturalisationsgesetze änderte, indem sie zur Erwerbung des Bürgerrechtes einen Aufenthalt von vierzehn Jahren festsetzte; die Acte vom 25. Juni, als die Alien-Bill (das Fremden-Gesetz) bekannt und endlich die vom 14. Juli, welche eine Strafschärfung im Falle von „Verbrechen gegen die Ver. Staaten" anordnet. Die drei letzten Acte sind allgemein unter der Bezeichnung der „Fremden- und Aufruhr-Acte" bekannt. Es scheint zweckmäßig, hier etwas näher auf diese verschiedene Gesetze einzugehen, um die Administration Adams' in's rechte Licht zu stellen und nachzuweisen, was mit denselben eigentlich bezweckt wurde.

Wie wir bereits bemerkt haben, hatte die republikanische Partei in Folge des Fehlschlagens der Mission nach Frankreich von ihrer Stärke eingebüßt. Mehrere hervorragende Mitglieder hatten sich ganz zurückgezogen, um eine bessere Gelegenheit abzu-

*) S. Gibbs' Administration of Washington and Adams, Vol. II., p. 67. Dort wird erwähnt, daß die Obligationen für dieses Anleben erst im Jahr 1799 ausgegeben wurden. Sie sind als die: „Marine-Sechsprocentige Anleihe" bekannt.

warten, mit ihren Ansichten über die Grenzen und Beschränkung der Regierungs-Gewalt durchzudringen. Am 26. April äußerte sich Jefferson in einem Schreiben an Madison bezüglich der gegenwärtigen Lage der Partei, „deren Führer dem ihnen gegebenen Winke (des Vicepräsidenten) folgend in ihre Wahlbezirke gereist seien, um die Wähler zu bearbeiten," in folgenden Worten: „So können sie (die Föderalisten) jetzt durchsetzen, was ihnen beliebt. Einer der „Kriegspartei" hat vor Kurzem in einem unbewachten Augenblicke der Leidenschaft fallen lassen, daß sie ein „Naturalisations-Gesetz, ein Fremden-Gesetz und ein Aufruhr-Gesetz" zu erlassen beabsichtigen. Und wirklich hat vor einigen Tagen Coit einen Antrag im Repräsentanten-Haus gestellt, die „Bürger-Gesetze" (Naturalisations-Acte) zu ändern. Sie beabsichtigen damit hauptsächlich Gallatin todt zu machen und man glaubt, sie werden es so einrichten, daß er unter die Kategorie ihrer Beschränkungen fällt. Gestern stellte Hillhouse im Senate den Antrag, dem Präsidenten das Recht, der Ausweisung verdächtiger Ausländer zu gestatten. Dies ist gegen Volney und Callot gerichtet; aber damit hört's nicht auf, wenn es einmal im Gange ist. Um die obige Drohung vollständig zu machen, bedarf's jetzt nur noch der „Aufruhr-Acte" und ich glaube, wir stehen am Vorabende ihres Erlasses. Diese ist zum Stranguliren der Whig-Presse ausersehen; so nennt man Bache als eines der ersten Opfer. Jetzt schon stehet sein Blatt sowie das von Carey wegen mangelnder Unterstützung am Eingehen und es sollte wirklich etwas für sie geschehen, denn wenn diese beiden Partei-Blätter aufhören, kann man sagen, daß die Republikaner ganz ohne Organ sind."

Wir sehen daraus, daß Jefferson die beabsichtigten Maßregeln richtig vorhersah und auch erkannte, was damit bezweckt werden sollte. Nun ersuchen wir den Leser, aufmerksam zu prüfen, was zu jener Zeit vorging und in wieweit es nach der besonderen Lage der Ver. Staaten nothwendig war, daß etwas dagegen geschah.

Durch die auf Ausländer Bezug habende Acte wurde verordnet, daß Register der in den Staaten angesiedelten Ausländer gefertigt werden sollten und es wurde denselben unter besonderen Strafnachtheilen eingeschärft, sich in festgesetzten Zeiten bei den dazu bezeichneten Beamten zum Eintrage in jene Register zu melden. Der Präsident wurde ferner ermächtigt, allen Ausländern, deren Verweilen er für gefährlich hielt, den Befehl zugehen zu lassen, das Gebiet der Ver. Staaten in bestimmter Zeit zu räumen. Würde sich ein Ausländer nach Ablauf der ihm gesetzten Frist innerhalb des Gebietes der Ver. Staaten betreten lassen, so solle er mit Gefängniß bis zu drei Jahren bestraft werden können und des Rechts verlustig sein, durch Naturalisation das Bürgerrecht erwerben zu können. Im Falle eines Krieges oder eines feindlichen Einfalls sollten die der feindlichen Nation angehörigen Bürger nach einer vom Präsidenten erlassenen Proklamation gefangen gesetzt oder des Landes verwiesen werden können. „Da dieses (letztere) Gesetz, sagt Sullivan, auf Anrathen des Präsidenten*) erlassen worden war, so lieferte es reichen Stoff zu persönlichen Angriffen gegen ihn.

*) C. F. Adams a. a. O., S. 560, versichert, daß dem nicht so sei. Sein Großvater habe keine Hand bei allen diesen Gesetzen im Spiele gehabt und nicht dazu gerathen.

Die Opposition nannte es „eine britische Maßregel," eine servile Nachäffung königlichen Despotismus, ein unverkennbares Bestreben, unsere Regierung der englischen nachzubilden und sich allmälig der Monarchie zu nähern." Die Virginier verharrten dabei, daß die dem Präsidenten durch die fraglichen Acten verliehene Gewalt zum Nachtheil der eingeborenen Bürger ausgeübt werden würde, obgleich die Beschränkung auf Fremde darin ausdrücklich enthalten war. Ebenso wurde vielfach behauptet, daß „das Geschrei gegen dieses Gesetz dahin abziele, die Popularität des Präsidenten zu schwächen," obgleich man nicht weiß, daß dasselbe auch nur ein einziges Mal wirklich angewendet wurde.

Das sogenannte „Aufruhr-Gesetz" bestimmte, daß gesetzwidriger Widerstand oder aufrührerisches Zusammenrotten gegen rechtmäßige Verfügungen der Regierung oder gegen die Gesetze der Ver. Staaten, oder Einschüchterung irgend eines Beamten der Regierung als Verrath angesehen und mit einer Geldstrafe bis zu $4000 und Gefängniß von sechs Monaten bis fünf Jahren bestraft werden sollten; daß ferner die Veröffentlichung von Schmähschriften gegen die Regierung, den Congreß oder den Präsidenten zu dem Zwecke, um sie der Verachtung preiszugeben und den Vollzug der Gesetze zu hindern, oder um die Absichten der Feinde des Landes zu fördern, mit einer Gefängnißstrafe bis zu zwei Jahren und Geldbuße bis $2000 gestraft werden sollten. *)

*) Damals bestanden in den Ver. Staaten zweihundert Zeitungen. Ungefähr zwanzig derselben vertraten die Ansichten und Bestrebungen der Republikaner und diese waren beinahe alle von Ausländern redigirt. Die übrigen hundertundachtzig standen auf Seiten der Regierung.

Die ursprüngliche Form war etwas verschieden gewesen. Es ließ sich nämlich nicht erwarten, daß der Senat oder das Repräsentantenhaus ihre Zustimmung zu einer allzubestimmten Definition von „Verrath" mittelst ausdrücklichen Gesetzes ertheilen, oder die Nichtanzeige eines verrätherischen Planes für ein Kriminalverbrechen erklären, oder die Gutheißung der von den Franzosen ausgeübten Feindseligkeiten als ein gesetzlich strafbares Vergehen anerkennen würden. Das Gesetz ging zuletzt im Senate mit zwölf Stimmen gegen sechs durch; im Hause hatte es nur vierundvierzig Stimmen gegen einundvierzig. Ueberdies wurde seine Dauer auf die Zeit von zwei Jahren beschränkt.

Dieses waren im Wesentlichen die „Fremden-Bill" und das „Aufruhr-Gesetz." Im Ganzen kann man sich bei der damaligen Lage der Dinge nicht wundern, daß sich die herrschende Majorität im Congresse zum Erlasse solcher Gesetze und Verfügungen veranlaßt fand. Das Land war mit Spionen und geheimen Agenten überschwemmt. Fremde Emissäre und flüchtige Verbrecher wühlten im Innern, um Zwistigkeiten anzuzetteln. Es waren wenigstens dreißigtausend Franzosen im Lande, ein großer Theil davon im Solde des Directoriums und alle eifrigst bemüht, dessen Pläne auszuführen. Die Zahl englischer Unterthanen war noch größer und diese angeschwellt von Tausenden irländischer und deutscher Emigranten waren in förmlichen Vereinen organisirt, um Feindseligkeit gegen die Regierung zu stiften. Sowohl wegen ihrer großen Zahl als ihrer Frechheit und parteisüchtiger Hintansetzung der Gesetze halber waren diese Ausländer natürlich eine Quelle fortwährender

Befürchtungen für alle Amerikaner, welche aufrichtige Theilnahme für das Wohl ihres Landes empfanden. Sie mißbrauchten die Preßfreiheit, indem sie den Charakter der Administration und ihrer Anhänger hämisch angriffen und in der boshaftesten Weise das Volk zum Widerstande gegen seine höchsten Behörden und Gesetze aufstachelten.

Die gute Wirkung der Fremden-Bill zeigte sich noch ehe sie durchgegangen war, indem mehrere der berüchtigten Friedensstörer sich fortmachten. „Die Furcht vor der Fremden-Bill, sagte Jefferson, hat die unter uns lebenden Franzosen so eingeschüchtert, daß sie fortgehen. Es ist ein besonderes Schiff zu dem Zwecke gemiethet worden und in vierzehn Tagen wird es so Viele, als Raum darauf finden, nach Frankreich zurückführen. Darunter wird auch Volney sein, der in der That derjenige ist, auf den es in der Bill hauptsächlich abgesehen war.“ Darunter gehörte übrigens auch Callot, der sich im Frühjahr 1796 besonders hervorgethan hatte. Gibbs sagt übrigens mit Recht, „daß das Erlassen dieser Gesetze auch ihr einziger Vollzug gewesen sei.“

Die Abneigung gegen das „Aufruhr-Gesetz“ war indeß ungleich größer. Man fand darin eine Beschränkung der Preßfreiheit und es wurde mit dem größten Mißtrauen aufgenommen. Die Fremden-Bill war nur deshalb so gehässig, erzählt Tucker, weil sie, wie der Storch in der Fabel, in so schlechter Gesellschaft erschien und weil man die große Menge Ausländer beschwichtigen wollte, namentlich die Irländer und Franzosen, welche meistens zu der
1798. Partei der Republikaner hielten. Uebrigens bot auch das Gesetz in der That schwache Seiten genug, es anzugreifen und es hätte kaum eine übel gewähltere Maßregel von irgend einer politischen Partei ergriffen werden können, als diejenige, welche auch nur dem Anscheine nach die Ausübung der vollsten Preßfreiheit zu beschränken bezweckte. Die Republikaner benutzten dies auch und ihre Angriffe auf die Administration wurden seit jener Zeit immer kräftiger und wirksamer.

Wir glauben, daß Alles, was sich für oder wider diese Gesetze sagen läßt, in dem Urtheile enthalten ist, was John Quincy Adams darüber gefällt hat. „Wenn Jefferson uud Madison die Fremden-Bill und Aufruhr-Acte als offenbare und augenscheinliche Verletzungen der Verfassung erklärten, so hielten sie dagegen Washington und Patrick Henry für gute und wohlthätige Gesetze. Beide Ansichten haben wohl ihren Grund in der Aufregung und Voreingenommenheit, welche der Unbefangenheit des Urtheils immer schaden. Die Fremden-Bill war das Resultat des vollkommen begründeten Unwillens über die Frechheit, mit welcher fremde Emissäre im Innern des Landes die Leidenschaften des Volkes gegen seine Regierung aufstachelten. Die Aufruhr-Acte sollte eine Schranke gegen boshafte und aufrührerische Verläumdung des Präsidenten und des Congresses abgeben. Beide Gesetze aber bedrohten nur die persönliche Frechheit fremder Emissäre und die politische Zügellosigkeit der Presse. Die Fremden-Bill bewirkte, was sie sollte, durch ihr bloßes Bestehen, indem die anstößigen fremden Wühler sofort das Land verließen; die dem Präsidenten dadurch eingeräumte Gewalt wurde niemals ausgeübt. Die auf Grund der Aufruhr-Acte eingeleiteten Verfolgungen verschlimmerten dagegen das Uebel, gegen das sie gerichtet waren. Ohne zuzugeben, daß das eine oder andere dieser Gesetze eine Verletzung der Verfassung war, muß man doch, ohne der Autorität Washington's oder Henry's zu nahe treten zu wollen, annehmen, daß diese Erlasse darum weder gut noch heilsam waren, weil sie dem Nationalgefühle des Volkes widerstrebten. *)

Zur Ergänzung der von uns berührten Gegenstände, welche in der Sitzung des fünften Congresses erledigt wurden, müssen wir noch die von den Quäkern im November 1797 eingereichte Denkschrift gegen die Sclaverei erwähnen, ferner die Acte über Verjährung von Forderungen an das Gouvernement vom December 1797, die den Töchtern des Grafen de Grasse im Januar 1798 bewilligte lebenslängliche Pension, die Bill über den diplomatischen Verkehr mit auswärtigen Nationen vom Januar 1798, †) die Debatte über das Mississippi-Territorium und das Verbot der Sclaverei in Uebereinstimmung mit der berühmten Ordonanz vom März 1787, die Wegnahme französischer Kriegsfahrzeuge und die Suspendirung des Handelsverkehrs mit Frankreich im Juli 1798 nebst mehreren anderen, worüber der Leser Benton's Werk zu Rathe ziehen mag, falls er ausführliche Kenntniß der Debatten wünscht.

Man kann sich einen Begriff von der Thätigkeit des Congresses in dieser Sitzung machen, wenn man die Gesammtzahl der darin erlassenen Gesetze kennt. Es waren deren fünfundachtzig und außer den weitläufigen Verhandlungen, welche der mit Frankreich obschwebende Streit nothwendig veranlaßte, kam noch dazu die auf eine nächste Sitzung vertagte Verhandlung über Einführung einer Stempel-Gebühr, wogegen sich eine unerwartete Opposition erhoben hatte; die Debatte über Errichtung von Marine-Hospitälern in verschiedenen Häfen mittelst Abzugs eines kleinen Theils von dem Lohne der Matrosen und über die Maßregel zum Schutz der persönlichen Freiheit, in Folge derer beschlossen wurde, daß alle wegen einer Schuld an die Ver. Staaten verhafteten Personen auf ihr Nachsuchen und auf die Nachweise hin, daß sie unzahlfähig seien, von dem Secretär des Schatzes in Freiheit gesetzt werden sollten.

Am 19. Juli schloß der Congreß diese geschäftsreiche Sitzung, indem er sich auf den ersten Montag im folgenden Monat Dezember vertagte.

*) Leben Madison's, S. 73. Einen Auszug von Livingston's Rede über die Alien-Bill s. im Anhange zu gegenwärtigem Kapitel Nr. II.

†) Einen Auszug der vortrefflichen Rede Harper's über diesen Gegenstand s. Anhang Nr. I.

Anhang zum zehnten Kapitel.

R. G. Harper's Rede.

I. Ueber die Nothwendigkeit, den französischen Anmaßungen bewaffneten Widerstand entgegenzusetzen.

Einige Redner vor mir haben das Amendement darum zu unterstützen erklärt, weil dadurch das Vertrauen des Volkes in die Executiv-Gewalt gestärkt werde, ja man ist soweit gegangen, zu behaupten, daß das Volk die Executiv-Gewalt nicht länger unterstützen werde, wenn sie nicht den rechten Weg gehe. Zugegeben, daß diese Ansicht richtig sei, so wird es sich immer erst fragen, nach welchem Maßstabe das Volk die Richtigkeit und Weisheit der von seiner Regierung ergriffenen Maßregel denn beurtheile? Doch gewiß nicht nach der Ansicht, welche die erwähnten Redner oder deren Gesinnungsgenossen davon haben, denn seit das Gouvernement besteht, ist noch keine einzige Maßregel von demselben ausgegangen oder befolgt worden, die sie nicht in dem Hause oder außerhalb desselben bekämpft und getadelt haben und dennoch sahen wir das Volk denselben seine volle Zustimmung ertheilen. Wir wissen, daß der frühere Präsident, der noch dazu in den meisten Fällen der Urheber solcher Maßregeln war, von ihnen in der gehässigsten und empörendsten Weise angegriffen worden ist und dennoch haben wir gesehen, daß er von allen Theilen der Union mit Beifall, mit Zeichen der Verehrung und der Dankbarkeit überhäuft wurde. Ja, gerade die Festigkeit und Stärke, die unter seiner Verwaltung die Regierung gewonnen hat und welche diesen Herren so beständigen Grund zu Angriffen gab, ist in den Demonstrationen des Volkes als ein Grund seiner Anerkennung hervorgetreten, und als in einer früheren Congreß-Sitzung die nämlichen Herren, welche heute die Ausleger der Volksstimmung zu sein behaupten, die Oberhand hatten und in einer Antwort-Adresse an jenen großen Mann eine Stelle zu streichen beantragten, welche die Billigung der Grundsätze seiner Administration aussprach, wurde ihr Antrag mit großer Majorität verworfen und die ganze Antwort-Adresse ging mit einer Opposition von nur zwölf Stimmen durch. Und diese Herren thun, als ob sie die Grademesser der öffentlichen Meinung und des Urtheils wären, welches das Volk von der Weisheit der hier beschlossenen Maßregeln fällt! Meine Herren! Diese Menschen verstehen das Volk nicht zu würdigen! Es ist keineswegs die unwissende blinde Masse, für welche es diese Herren halten! Es wird künftig handeln, wie es früher gehandelt hat, nämlich sein Urtheil über die Maßregeln selbst fällen und sein Vertrauen denen schenken, welche es seit ihrer Wahl zur Ausübung desselben verdient haben, aber es wird sich nimmermehr von den Ansichten und Schmähungen jener Klique von Menschen, sei es hier oder außerhalb dieses Hauses, leiten lassen, welche doch längst von dem eitlen Wahne hätten zurückkommen sollen, daß *sie* die öffentliche Meinung leiten könnten — *sie*, die so lange von ihr verspottet und heimgeschickt worden sind! . . .

Einer der Herren [Gallatin] hat den von seinen Gesinnungsgenossen in dem Hause so heftig vertheidigten Punkt nachgegeben. Er hat zugestanden, daß wir durch unseren Vertrag mit England diesem Lande keineswegs das Recht eingeräumt haben, neutrale Fahrzeuge zu belästigen; aber er behauptet, wir hätten keinen Handelsvertrag mit jener Macht schließen dürfen, bis sie auf jenes Recht ausdrücklich verzichtet hätte. Nun frage ich aber, ob es nicht weiser ist, die Modificirung eines uns nachtheiligen Rechtes durchzusetzen, wenn wir den Verzicht darauf nicht durchzusetzen vermögen? Ist es nicht klug und politisch, die Ausübung dieses Rechtes, die wir nicht verhindern können, so wenig wie möglich störend für uns zu machen, die Unbequemlichkeit zu vermindern, wenn wir sie nicht ganz abstellen können? Das aber ist die Wirkung unseres Vertrags mit England, und dazu bedurften wir der Zustimmung von Frankreich nicht, und Frankreich kann sich dadurch nicht beleidigt fühlen.

Aus allem dem folgt, daß wir England dieses Recht keineswegs eingeräumt haben, da es im Besitze desselben nach dem Völkerrechte war und daß wir also auch Frankreich nicht zu nahe getreten sind. Daher verlangt auch die Gerechtigkeit nicht, Frankreich das nämliche Recht einzuräumen und das ganze Argument von der Gerechtigkeit fällt damit zusammen.

Sehen wir, wie weit die Herren mit dem Argumente der Nützlichkeit kommen. Sie sagen, wenn wir es nicht thun müssen, so ist es doch gut, wenn wir es thun — wenn die Gerechtigkeit nicht fordert, daß wir Frankreich das Zugeständniß machen, so fordert es die Politik. Wäre dem so, dann hätte der Präsident das Recht, es ohne unseren Beschluß und Beistand zu thun: es würde dies die guten Wirkungen nicht vermindern. Aber warum wird uns denn so nachdrücklich angerathen, dies zu thun? Was kann Frankreich für ein Vortheil daraus erwachsen — ja verlangt denn nur Frankreich dieses Recht? Wird sich die französische Regierung damit zufrieden gestellt finden? Welches Gute ersprießt daraus für uns? Alle diese Fragen erheischen eine gründliche und ernste Prüfung.

Ich frage vor Allem, welchen Werth kann dieses Recht für Frankreich haben? Wir vermitteln keinen Seetransport in unseren Schiffen für England — wir thun es für viele andere Nationen, aber nicht für England — im Gegentheil, England transportirt sehr oft unsere Erzeugnisse in seinen Schiffen, wir niemals die seinen in den unserigen. Daher ist das Recht, englische Waaren in unseren Schiffen zu transportiren, für Frankreich gleichgültig. Es hat kein Interesse daran, ein solches Recht selbst zu üben, sondern nur England dieses von ihm geübten Rechtes verlustig zu machen. Es denkt nicht daran, englische Waaren in unseren Schiffen zu säsiren, es möchte nur verhindern, daß die seinigen von den Engländern genommen werden. Könnte Frankreich das durchsetzen, so würde sein Handel in unseren Schiffen ungestört betrieben werden und es hätte von England unendlich weniger zu fürchten. Ja die ganze englische Marine wäre dann im Falle eines Krieges von geringem Nutzen für die Nation. Frankreich würde seinen Handel mit neutralen Schiffen führen und seine ganze Seemacht zum Kampfe gegen England und zur Vernichtung seines Handels verwenden können. Das so sehr gefürchtete Uebergewicht Englands würde seine Macht und seinen Einfluß bald verloren haben. Darum ist nicht zu verwundern, daß Frankreich so sehr bemüht ist, England dieses Rechtes verlustig zu machen — für Frankreich selbst hat das Recht keinen, für England hat es den höchsten Werth.

Daher kommt es, daß Frankreich uns stets zumuthete, wir sollten England dieses Recht bestreiten; daß es selbst mit uns grollte, als wir diesem Begehren nicht nachkamen, ohne jemals den Wunsch durchblicken zu lassen, daß ihm das Recht für sich selbst zugestanden werden solle. Jedermann weiß, daß Frankreich von jeher weder sehr blöde noch sehr bescheiden war, Alles zu verlangen, was ihm irgend von Nutzen sein konnte und man kann daraus schließen, daß solches mit diesem Rechte nichts zu machen weiß, weil es dasselbe nicht verlangt hat. Ja, um recht zu zeigen, wie wenig es sich daraus macht, es von anderen Mächten eingeräumt zu erhalten, hat es sich solches vor Kurzem durch ein förmliches Dekret selbst beigelegt; es besitzt solches also und fährt dennoch fort, mit uns zu zanken und uns zu plündern.

Was haben also die Herren für einen Grund, zu glauben, Frankreich würde sich mit einem solchen Zugeständnisse begnügen? Hat es etwa weiter nichts verlangt? Einige Redner haben es gesagt, aber Frankreich selbst sagt leider ganz anders. Was berechtigt sie denn, solche Behauptungen gegen die offenen Thatsachen aufzustellen? Sind sie in die Geheimnisse der französischen Regierung eingeweiht, so sollen sie ihre Creditive vorlegen. Können sie aber ihre leeren Behauptungen nicht rechtfertigen, so muß das Haus seine Ansicht nicht aus ihren leeren Deklamationen, sondern aus den officiellen Actenstücken bilden. Wenn jene Redner solche erst gelesen haben, werden sie eine Menge Ansprüche darin finden, welche sie nie zugestehen werden wollen — der hier berührte Punkt ist aber nicht darunter. Die Herren sagen, das Dekret vom 2. März, worin sich Frankreich jenes Recht selbst zuspricht, sei eine Zusammenfassung, eine Quintessenz aller früher von Frankreich aufgestellten Forderungen.

Wenn dieses wahr ist, so hat ja Frankreich das Recht — faktisch und rechtlich; warum fährt es denn jetzt noch fort, uns zu mißhandeln, auszupfänden, zu beleidigen? Warum weigert es sich, unsere Beschwerden entgegenzunehmen, ehe „seine eigenen Klagen und die Ansprüche, wozu es sich befugt glaubt," erledigt seien? Welchen Werth haben doch die Herren in die Phrase gelegt: „wozu es sich befugt glaubt." Darin soll ihrer Ansicht nach eine unendliche Garantie liegen! Aber wer ist denn der Richter darüber, ob es befugt ist oder nicht? Nur es selbst! Und wo finden wir die Erklärung seines Willens und seiner Ansprüche? Nicht in einem isolirten Dekrete, nicht in der grundlosen Auffassung der Redner vor mir, sondern in den officiellen Acten und Mittheilungen, welche jene Regierung der unserigen zugestellt hat.

Das erste dieser Actenstücke ist H. de la Croix's Summarium vom 9. März 1796, worin alle Beschwerden gegen den ganzen britischen Vertrag, gegen unsere den Neutralitätsgesetzen gegebene Auslegung und gegen einige Artikel des Vertrages mit Frankreich aufgezählt sind. Dann kommt das Dekret vom 4. Juli 1796, das die Abstellung dieser Beschwerden verfügt. Daran schließt sich die Adet'sche Note vom 27. October 1796, wodurch uns dieses Dekret mitgetheilt ward, und zuletzt kommt das Manifest vom 25. November 1796, worin alle früher aufgestellten Beschwerden weiter ausgeführt und drohend in Erinnerung gebracht werden. Am 12. December darauf verweigerte das Directorium, unsere Bevollmächtigte zu empfangen und erklärte, daß es keine solche mehr von uns annehmen werde, so lange nicht alle bereits geltend gemachten Beschwerden abgestellt seien. Welche Beschwerden sind dies? Es können keine andere sein, als die in der Adet'schen Note aufgestellten! Das Dekret vom 2. März, welches die Herren als etwas Neues, als ein Ultimatum betrachten wollen, datirt von zwei Monaten später, und die Behauptung, daß das Directorium unsere Abgeordneten zurückgewiesen habe, weil wir uns mit einem zwei Monate später erfolgten Dekret nicht einverstanden erklärt hätten, heißt es einer großen Absurdität anklagen.

Ich glaube jedoch keine weitere Rechtfertigung zu bedürfen, daß das beantragte Zugeständniß, wovon sich die Herren so viel versprechen, Frankreich keineswegs befriedigen wird, wie ich oben entwickelt 2c. . . .

Es ist für uns wesentlich, daß wir wissen, was Frankreich wirklich will und bezweckt und was nicht? Um uns dies klar zu machen, müssen wir untersuchen, was die Aufgabe seiner Politik in unserem Lande gewesen ist? Ferner, worin der Grund seines Zornes gegen unseren Vertrag mit Großbritanien zu finden ist? Was mich betrifft, so bin ich sicher, daß seine Politik von Anfang herein keine andere war, als uns mit England in Krieg zu verwickeln und daß sein Zorn über den Vertrag nur darin liegt, daß jene Politik durch denselben vereitelt wird. Es ist eine leere Täuschung, zu glauben, daß Frankreich diesen bitteren Groll darum gefaßt und uns diese unerhörte Beleidigungen deshalb zugefügt habe, weil ihm dieser oder jener Artikel eines Vertrages nicht gefällt, oder weil dieser oder jener Vortheil einer anderen Nation zugestanden oder ihm vorenthalten worden ist.

Der Abschluß des Vertrages an und für sich ist der Grund seines Zornes und unser Wunsch, den Frieden mit England aufrecht zu erhalten, ist ihm so anstößig. Fragt man nach dem Beweise dieser Behauptung, so finde ich solchen vor allem in den Genet gegebenen Instructionen. Genet hat sie selbst veröffentlicht, um sein Auftreten in unserem Lande zu rechtfertigen — es ist vielleicht nicht überflüssig, einige Stellen derselben in Ihrer Erinnerung aufzufrischen. So heißt es 2c. 2c. . . . . . . Hiernach steht fest, daß Frankreich nicht blos einen Handelsvertrag, sondern eine politische Union mit uns wollte; wir sollten dazu dienen, französische Grundsätze und französischen Einfluß unter dem Vorwande auszubreiten, „die Volkssouveränität zu gewährleisten und das Reich der Freiheit zu begründen" (Worte in der Instruction Genet's) und wir sollten zur Erreichung dieses Zweckes unsere Häfen allen Nationen verschließen, welche ein exclusives Handels- und Kolonial-System festhielten. Also den Engländern, Spaniern, Dänen und Holländern! Was ist dieses dem Wesen und selbst dem Namen nach anderes, als ein Schutz- und Trutzbündniß zwischen uns und Frankreich?

Steht es nach all diesen Betrachtungen fest, daß es die Absicht Frankreichs war, uns in den von ihm geführten Krieg zu verwickeln, so hat das Haus das Paßwort, sich seinen Verdruß über den britischen Vertrag und alle seine jetzigen Gewaltthätigkeiten zu erklären. Ersterer entspringt aus dem Mißlingen seiner Absicht, uns in den Krieg zu verwickeln und letztere sollen uns zwingen, den Vertrag mit Englaud aufzugeben, uns nachträglich in seinen Streit mit dieser Macht ziehen. Entweder will Frankreich dieses oder es will uns selbst angreifen, will uns selbst den Krieg erklären. Was seine wahrhafte Absicht, das wirkliche Motiv seiner Handlungen sei, ist uns zu wissen von dem größten Interesse, denn ehe dies geschehen, können wir nicht entscheiden, wie wir am sichersten seine gegen uns ergriffenen Maßregeln wirkungslos machen können, was heute allein Gegenstand unserer Berathung ist.

Ich werde niemals glauben, daß Frankreich ernstlich daran denkt, uns anzugreifen oder selbst Krieg mit uns zu beginnen. Es hätte dabei wenig zu gewinnen und zu viel zu verlieren, um nur an einen solchen Plan zu denken. Seine Regierung besitzt einen hohen Grad von Schlechtigkeit, aber sie ist nicht thöricht; es wäre jedoch der Gipfel der Thorheit, sich namentlich jetzt in einen Krieg mit uns zu verwickeln, wo wir so schwer in der Wagschale seiner Feinde wiegen würden. Frankreich kennt unsere Macht und wird sie nicht gegen sich herausfordern. Frankreich weiß, daß wir mehr Schiffe und Seeleute besitzen als irgend ein anderes Reich der Welt, England ausgenommen. Frankreich weiß, daß unsere Matrosen brav, geschickt und unternehmend sind; daß wenn wir unsere Schiffe bewaffnen, unser Handel ganz sicher vor Kapereien sein würde, während seine Kriegsschiffe von England im Schach gehalten sind. Es weiß, daß Massachusetts allein im letzten Kriege ein ganzes Drittel der englischen Kauffahrer nahm und daß wenn es darauf ankäme, wir in Kurzem eine gefürchtete Marine besitzen würden, stark genug, uns zu vertheidigen und seine Besitzungen zu bedrohen. Es weiß, daß unsere jetzt sechs Millionen zählende Bevölkerung ihren kriegerischen Geist nicht verloren hat, wenn er gleich schläft; daß unser Zusammenwirken mit England, was die natürliche Folge eines Krieges wäre, unsere Häfen dieser Nation öffnen würde, um ihre Schiffe auszurüsten, zu verproviantiren, zu bemannen; daß jene Macht unsere Schiffe als Transportschiffe gebrauchen würde und daß wir England ein solches Uebergewicht in den amerikanischen Gewässern geben würden, daß die französischen Kolonien, sowie jene seiner Verbündeten — Holland und Spanien — sehr bald abfallen würden; daß Holland und Spanien, seine Verbündeten, uns preisgegeben wären; daß wir die Hand auf New-Orleans und die Floridas legen und den Weg nach Mexiko leicht finden würden. Kurz, Frankreich weiß, daß ein Krieg mit uns unter der gegenwärtigen Conjunktur gerade das hervorbringen würde, was seine Politik so sorgfältig zu verhindern sucht — ein Zusammenwirken und engeres Bündniß mit England.

Wenn also Frankreichs wirkliche Absicht nur ist und sein kann, uns dahin zu bringen, daß wir dem Vertrage mit England entsagen und uns gegen diese Macht so aufzureizen, daß ein Bruch daraus entstehen könne, so fragt es sich, wie ist Frankreich dazu gekommen, einen solchen Plan zu entwerfen und was hat es berechtigt, sich einen Erfolg zu versprechen?

Meiner Ansicht nach hat Frankreich den Plan in der Idee entworfen, daß wir ein schwaches, kleinmüthiges Volk seien, zu gewinnsüchtig, um auf Ehre zu halten, zu besorgt um unser Vermögen, um es in einem Kampfe zu wagen, zu getheilt, um stark zu sein, zu mißtrauisch gegen unsere eigene Regierung, um sie zu vertheidigen, zu wohl gesinnt gegen Frankreich, um mit ihm zu brechen, zu feindselig gestimmt gegen England, um mit ihm Hand in Hand zu gehen. Diese Idee von uns ist allerdings unrichtig, aber sie wird doch von manchen äußeren Erscheinungen gerechtfertigt. Mancherlei Umstände haben dieselbe noch verstärkt; die Nachsicht unserer Regierung gegen die seitherigen Beleidigungen und Verletzungen hat nicht wenig zu der Ueberzeugung beigetragen, daß diese Idee richtig sei. Haben wir uns doch den Hohn und den Uebermuth von drei seiner Abgeordneten nach einander gefallen lassen, deren hundertster Theil gegen *seine* Regierung verübt, die Ausweisung, wenn nicht die Guillotine für die Thäter zur Folge gehabt hätte.

Laßt uns nur Frankreich zeigen, daß wir unser Recht zu behaupten wissen und wir haben nichts zu fürchten. Der Entschluß allein ersetzt uns Flotten und Armeen. Sobald wir uns entschlossen zeigen, wird jeder Angriff aufhören; dann wird seine Regierung auf unsere Vorschläge hören und unsere Anerbieten annehmen. Jede Schwachheit aber, die wir verrathen, hat die sichere Wirkung, uns dem Hohn und der Verachtung preiszugeben; eine solche Schwachheit aber liegt in dem heute diskutirten Antrag und darum werde ich dagegen stimmen. Nicht weil ich den Krieg will, stimme ich dagegen, sondern weil ich den Frieden will u. s. w.

II. Ueber die Ernennung von Gesandten an fremden Höfen.

„Der eigentliche Zweck war, wie früher: *Krieg mit England, Bündniß mit Frankreich* — nur sprach man die Worte *Krieg* und *Bündniß* nicht aus, damit sie nicht Unruhe erzeugen und Bedenken erregen möchten. Die vorgeschlagenen Maßregeln aber gingen offen darauf aus, den Bruch mit England zu erweitern und die Stimmung zwischen beiden Ländern immer feindlicher zu machen. Diese Maßregeln wurden in mancherlei Formen eingekleidet, um sich in die Leidenschaften einzuschmeicheln und gewisse Klassen von Leuten zu bestechen, aber stets wurden sie mit unermüdlichem Eifer gefördert und betrieben. Zuweilen sagte man, es sollten dem Handel mit England Schranken gesetzt werden; zuweilen sollte der Verkehr zwischen beiden Ländern aufgehoben werden; dann wollte man wieder zur Confiscation und Sequestration greifen. Viele unserer besten Bürger, die aufrichtigsten Freunde des Friedens und der Neutralität, wurden von der Stimmung des Augenblickes fortgerissen, solchen Partei-Maßregeln beizupflichten und es wurde Alles aufgeboten, den Zorn und die Verfolgung der Menge gegen Jene aufzustacheln, welche die Festigkeit hatten, solchem Treiben Widerstand entgegenzusetzen. Von Unterhandlungen zu sprechen, galt als Kleinmuth; an eine gütliche Ausgleichung zu denken, beinahe für Verrath. Wer sich solchem ungezügelten Treiben widersetzte, wurde in diesem Hause als englischer Spion gebrandmarkt; Pöbelhaufen wurden gedungen, ihn im Bilde zu verbrennen; die Parteipresse wurde nicht müde, ihn mit Verläumdungen zu überhäufen; in den Clubs, in den Beschlüssen der Vereine wurde sein Name mit allen Eigenschaftsworten, mit allen Beschuldigungen herabgewürdigt, welche man ersinnen konnte, und da die fortwährenden Anmaßungen England's beständig Oel in's Feuer gossen, so kam es endlich wirklich dahin, daß das ganze Land in Aufregung gerieth und daß man den Zeitpunkt herannahen sah, wo die Kriegspartei über die der Ordnung und Neutralität den Sieg davon tragen werde.

In jenem Augenblicke, wo das Land am Rande des Abgrunds stand, streckte der Präsident der Ver. Staaten, den das Geschick so oft schon auserseheu, sein Retter zu werden, seine Hand aus und verhinderte seinen Sturz. Er trat mit dem Ansehen, das ihm sein Amt und seine Popularität gab, dazwischen und das Land gewann Zeit, sich von dem Wahnsinne zu erholen, der sich seiner bemächtigt hatte. Er schickte einen außerordentlichen Bevollmächtigten nach England, um einen ferneren Versuch zu machen, die bestehenden Zwistigkeiten beizulegen und mit diesem Schritte brach er abermals die Macht der Kriegspartei.

Ihre Wuth glich ihrem Verdrusse. Welche Schmähungen hörte man nicht gegen den Präsidenten, den Bevollmächtigten und Alle, welche die Maßregel billigten! Wer erinnert sich nicht, wie sie den Bevollmächtigten ein Werkzeug des britischen Ministeriums, einen Feind der Freiheit, einen Verräther an unserer Unabhängigkeit schimpften? Wer erinnert sich nicht ihres Geheul's über die Verfassungswidrigkeit der Maßregel, der Wuth-Ausbrüche der Presse, der Clubs, der gegen den Präsidenten geschleuderten Anschuldigung, daß er nur das Haupt einer verrätherischen Partei sei? Selbst hier im Hause wurden diese Anklagen und Beschuldigungen gehört. Vergebens rief man ihnen zu: Laßt uns das Resultat erwarten! Weigert sich England, uns Gerechtigkeit widerfahren zu lassen, so sind auch wir für den Krieg und für jede Maßregel gewaltsamer Vertheidigung unserer Rechte. Es soll der letzte friedliche Versuch sein, wie es der Präsident ja schon in seiner Botschaft ausgesprochen hat!

Aber nein! Die nämlichen Herren, die heute, wo Frankreich unsere wiederholte Bemühung, es von seiner gewaltsamen Politik zurückzubringen, mit Hohn zurückgewiesen hat und allen unseren versöhnlichen Anerbietungen nur neue Beleidigungen entgegensetzt, sich so friedfertig zeigen, wollten sich damals durch nichts Geringeres beruhigen lassen, als durch augenblickliche Anwendung von Gewalt und Herausforderung gegen England. Jeder Gedanke an einen Versuch der Güte galt ihnen als Kleinmuth und eine wirkliche Ausgleichung als eine Herabwürdigung der Ehre und des Rechtes des Landes.

Die Herren, welche damals die feste, aber diplomatische höfliche Sprache unseres Bevollmächtigten als entwürdigend verschrieen, sind heute die enthusiastischen Verehrer des französischen Abgeordneten, der in seinem ersten Berichte an seine Regierung von uns sagte, daß wir jeden Augenblick bereit seien, unsere Verträge zu brechen und alles Unrecht und alle Gewalt zu begehen, welches Frankreich für gut fände, von uns zu verlangen! Woher diese Inconsequenz, als von dem blinden Hasse gegen England und der servilen Huldigung gegen Frankreich?

Unseren Bevollmächtigten gelang es, einen Vertrag mit England zu schließen, welcher alte Zwiste ausglich und ein freundschaftliches Verhältniß für die Zukunft anbahnte. Als der Vertrag hier verkündigt war, wurde wieder jeder Kunstgriff aufgeboten, das Volk dagegen einzunehmen und aufzureizen. Man gab sich alle Mühe, ihn durch den Senat verwerfen zu lassen und als derselbe ihn dennoch genehmigt hatte, hörte man jeden Kneipenpolitiker der Partei und jedes Winkelblatt ihn angreifen und schmähen, noch ehe sie ihn kannten. Nach der Publikation dieselben Manöver, den Präsidenten abzuschrecken, ihm seine Genehmigung zu ertheilen. In allen Städten wurden unter dem Namen „G e m e i n d e v e r s a m m l u n g e n“ feile Pöbelhaufen gedungen, die keine andere Meinung auch nur laut werden ließen und Beschlüsse dagegen faßten, ohne das Geringste davon zu verstehen.

So gewann es den Anschein, als ob in vielen Theilen des Landes das Volk in hellem Aufruhr stehe, und der Glaube steckte an, und genährt von anderen Leidenschaften verbreitete sich die Flamme weiter und weiter und viele unserer besten Bürger wurden in den Strudel gezogen. Das Land stand abermals am Abgrunde, doch glücklicherweise hatte sein Schutzengel noch die Macht, es zu retten. Der Präsident stellte sich in die Bresche — er fing alle Streiche, die gegen das Glück seines geliebten Landes gerichtet waren, auf und wandte sie glücklich ab. Er sprach zu dem Volke, und es hörte wie immer auf die Stimme seines Vaters und wurde ruhig. Als er den Vertrag genehmigt hatte, sagte es sich: E r h a t e s g e t h a n — w i r m ü s s e n i h n u n t e r s t ü t z e n! Dann lasen sie und sie erkannten ihre Irrthümer und kamen davon zurück.

Das entsprach aber der Absicht der Partei nicht, die den Krieg mit England unter allen Umständen wollte.

Der Vertrag zerstörte alle ihre Hoffnungen, und gegen ihn beschlossen sie ihre Angriffe zu richten, mit aller ihrer Macht hier in diesem Hause; — war er beseitigt, so hofften sie ihrem Ziele so nahe zu sein, daß sie keine neue Störung mehr zu fürchten hätten. Als der Vertrag im Hause zur Sprache kam, des Vollzuges wegen, stellten sie die ganz neue aberwitzige Behauptung auf, die Befugniß, Verträge einzugehen, unterliege der Controlle des Hauses! Gerade so wie sie heute behaupten, sie hätten bei der Ernennung von bevollmächtigten Ministern für das Ausland mitzusprechen! Die Regierung, schrieen sie, hat die Verfassung verletzt; stürzen wir die Regierung! Aber schon hatte sich ein fester Widerstand gegen dieses Treiben organisirt. Das Volk war aufgeklärt und erschreckt über die ihm von Seiten dieser Demagogen drohende Gefahr, erhob es sich gegen sie in seiner Macht. Der konnten sie nicht Stand halten und sie sanken in den Staub nieder.

Das Weitere ist bekannt. Die Franzosen haben unter den frivolsten Vorwänden mit uns über den Abschluß des Vertrags gehadert — aus dem Grunde, weil damit ihre letzte Hoffnung zu nichte wird, uns in den Krieg hineinzuziehen. Ich habe schon gesagt, von welchen Voraussetzungen Frankreich dabei ausging. In dieser mißlichen Lage kommen nun die nämlichen Herren, die uns so gern in Krieg mit England verwickelt hätten und die so große Freunde Frankreichs sind und legen es darauf an, Zwiespalt zwischen die Executiv-Gewalt und das Haus zu bringen, zu einer Zeit, wo Eintracht so sehr Noth thut; sie suchen der Regierung das Vertrauen des Volkes zu entziehen, jetzt, wo dieses Vertrauen am wenigsten geschwächt werden darf.

Was ist dies anders, als eine Fortsetzung des seitherigen Systemes und sind wir zu tadeln, daß wir darin nur die Absicht erkennen, uns willenlos in die Arme Frankreich's zu werfen, unsere Verträge mit England zu brechen und an ihrer Stelle ein Schutz- und Trutzbündniß mit Frankreich einzugehen?

Oder, wenn dem nicht so ist, wie sollen wir uns denn heute die Nachgiebigkeit, die friedliche Gesinnung der nämlichen Partei erklären, die früher so kriegerisch auftrat und von keiner Verständigung hören wollte? Wenn der Grund, den ich angeführt habe, hier nicht abermals wirkt, so kann ich nur mit einem Redner vor mir die heutige Erscheinung als den Beweis erkennen, daß die Partei jeder Consequenz entsagt hat und selbst nicht weiß, was sie will!

Die uns vorliegende Frage ist die, ob wir die Niederlande in unserer engeren Verbrüderung mit Frankreich, unsere Selbstständigkeit aufgeben, seinen Befehlen gehorchen, alle seine Feinde als die unsrigen bekriegen sollen? Ob das so standhaft verfolgte System jener Partei, das wir so oft überwunden haben, heute dennoch triumphiren soll? Der heutige Beschluß wird entscheiden, ob wir uns aus Furcht und Schwäche an Händen und Füßen gebunden dem übermüthigen Frankreich überliefern wollen? Darum widersetze ich mich dem Vorschlage" u. s. w.

Livingston's Rede über die Fremden-Bill.

Wenn es mir zu beweisen gelungen ist, daß die Bill im Widerspruche mit dem Grundprincip unserer Verfassung ist, habe ich genug gethan und ich darf mich der Hoffnung hingeben, daß sie verworfen werden wird. Ich kann aber weiter gehen und zeigen, daß die Verfassung den Fall vorgesehen und wiederholt Maßregeln der Art, wie sie heute beantragt werden, verboten hat. Ein solches Verbot findet sich in dem neunten Paragraphen des ersten Abschnittes, welcher bezüglich der Macht des Congresses, die Einwanderung zu beschränken, sagt: „Die Einwanderung und das Herüberbringen von Personen, welche ein Staat zulassen will, darf vor dem Jahre 1808 nicht verboten werden." Was ist aber der Unterschied zwischen dem Rechte, die Einwanderung zu verbieten und dem, die Eingewanderten zu vertreiben? Meiner Ansicht nach ist das ganz das Nämliche und dennoch will heute der Congreß dem Präsidenten das Recht einräumen, nach seinem Gutbefinden die Eingewanderten zu verbannen?

Die richterliche Gewalt wird den verfassungsmäßigen Behörden entzogen und der Executivgewalt überwiesen, alle schützenden Formen werden aufgehoben; die Aburtheilung vor Geschworenen wird vernichtet; die Oeffentlichkeit weicht der Kabinetsjustiz. Ohne Kenntniß des ihm schuldgegebenen Vergehens wird der heimlich Verurtheilte erst gewahr, daß er verurtheilt ist, wenn das Urtheil vollstreckt wird u. s. w. Alle Schranken, welche Weisheit und Erfahrung in unserem Lande zum Schutze der Unschuld errichtet, werden eingerissen; der Verdächtigung, der Willkür wird Thür und Thor geöffnet.

Es heißt zwar in dem Vorschlage, die Betroffenen sollten bei dem Präsidenten reclamiren können. Aber auf welche Gründe, wenn sie nicht wissen, was gegen sie vorgebracht wurde? Offenbare Aefferei! Gebt einer polizeilichen Behörde Fug und Macht, den ersten Besten ungehört zu verurtheilen und gestattet ihm dann, gegen das Urtheil bei der nämlichen Behörde zu appelliren!

Die Verfügungen der Constitution sind so klar, daß man sie auf elenden Schleichwegen zu umgehen suchen mußte. Es handelt sich, sagt man, in der Bill nicht um Bestrafung von Verbrechen, daher passen alle die Argumente von der Verwaltung der Criminal-Justiz nicht. Der Einwand ist aber im Widerspruch mit der Bill, denn sie trifft nicht allein Jene, gegen welche der Verdacht besteht, dem Frieden und der Sicherheit der Ver. Staaten gefährlich zu sein, sondern auch Alle, die in verrätherische oder geheime Machinationen gegen das Gouvernement verflochten sind. Ist letzteres vielleicht kein dem richterlichen Erkenntniß unterworfenes Verbrechen? So weit kommt es, wenn man sich in dem Eifer, einen unerlaubten Zweck zu erreichen, überstürzt. So gerathen wir aus einem Widerspruch in den andern; nennen eine S t r a f e eine bloße polizeiliche Sicherungsmaßregel; werden an den Zusagen, die wir den Einwanderern feierlich gegeben, zu Lügnern u. s. w. Ein Ausländer kommt, unseren Verheißungen vertrauend, hier an, wird verläumdet 2c. und verurtheilt, nach einem Lande zurückgebracht zu werden, wo ihn vielleicht nur Verfolgungen erwarten — und Alles dieses ist, sagen wir, keine Strafe, es ist nur polizeiliche Sicherung gegen seine etwaige Gefährlichkeit —!

Die Sache scheint mir so gefährlich und so offenbar gegen den Geist unserer Verfassung streitend, daß ich mich nicht zu stark dagegen aussprechen kann — noch nie zuvor hat dem Hause eine Maßregel vorgelegen, welche so offen, unverkleidet, frech gegen Recht und Gesetz verstieß!

Ich will jetzt von der Bill absehen und zu ihren Folgen übergehen.

Die gefährlichste Seite derselben habe ich schon angedeutet, es ist der Schlag, den sie gegen unsere Verfassung führt. Hüten wir uns vor dem ersten Fehltritte auf der Bahn der Willkür; der erste Schritt auf der falschen Bahn führt uns weiter und weiter, bis wir zuletzt die Schranken ganz einreißen und einem reinen Willkür-Regimente verfallen!

Wenn wir aber auch von unserer Bürgerpflicht, von unserer Pflicht als Abgeordnete absehen, die Rechte unserer Wähler unbeachtet lassen und jede Rücksicht des göttlichen und menschlichen Gesetzes mißachten, das wir doch zu vertheidigen geschworen haben, wird sich das Volk der von uns angemaßten Gewalt unterwerfen? Werden die Staaten dieselbe billigen? Sie werden es nicht und können es nicht — sie würden sonst die Ketten verdienen, welche wir für sie geschmiedet hätten! Denn man glaube nur nicht, daß es dabei bleiben würde, daß einige schutzlose Ausländer allein unter dieser Inquisitionsgewalt zu leiden haben würden. Ganz dieselben Gründe der Unterdrückung können auch gegen wirkliche Bürger angerufen werden. Auch der Bürger hat gegen solche Gesetze keinen anderen Schutz, als die Verfassung. Die Verfassung aber schützt die Fremden so gut wie die Bürger; sie gewährt Allen das Recht, durch Geschworene abgeurtheilt, nicht verfolgt zu werden, ohne in Anklagezustand versetzt zu sein. Auch der Fremde muß wissen, wessen er angeklagt ist, er hat das Recht auf öffentliche Verhandlung, auf Confrontation mit den Zeugen. Da dieses aber den Fremden abgeschnitten wird, unter dem Vorwande, daß sein verrätherisches Treiben eine solche Verletzung dieser Rechte sanctionire, so muß dieselbe Voraussetzung auch dieselbe Wirkung auf wirkliche Bürger äußern. Die Noth soll hier die Mittel heiligen; dann muß aber die Noth sie in allen Fällen heiligen.

Wie viel hat man Ihnen nicht von Complotten und Verschwörungen gesprochen — natürlich nur um Sie in die gehörige Stimmung zu versetzen, ein solches Schreckenssystem gutzuheißen, wie man es einführen möchte. Auf wen gehen denn aber diese geheimnißvollen Hindeutungen? Auf Fremde? Nein auf unsere Bürger! Gegen diese ist das Gesetz gerichtet und gegen diese wird es vollzogen werden in einer oder der anderen Weise.

Werden sie dieses aber ruhig hinnehmen? Ich spreche wiederholt die Hoffnung aus, daß sie es nicht werden und ich bitte zu Gott, daß sie diesem Systeme der Tyrannei so Widerstand leisten werden, wie es freien Männern geziemt.

Meine Absicht ist und ich wünsche, daß jeder sie kenne, daß jedes Mal, wenn unsere Beschlüsse die Verfassung offenbar verletzen, das Volk berechtigt ist, den Gehorsam zu verweigern. Wenn wir unsere Befugnisse überschreiten, sind wir Tyrannen und unsere Beschlüsse sind wirkungslos. Die Folge der Annahme dieser Gesetze wird sein, daß die Staaten uns abwendig werden, daß das Volk sich unserer Regierung widersetzt, daß man die Revolution von Neuem verkündigen wird. Und wohl uns, wenn dieses geschieht; denn eine ruhige Unterwerfung wäre weit schlimmer! Was bleibt auch übrig, wenn man den Geist unserer Verfassung tödtet, als eine leere Form und wie lange wird diese halten? Der Despotismus wird sie in Kurzem gleichfalls in den Staub getreten haben!

Angenommen aber auch, das Gesetz werde keine weitere Folgen haben, so werden diese allein unser Vaterland in einen Abgrund des Elendes stürzen. Ist das System der Angeberei erst eingeführt, so werden sich die Spione allerwärts einnisten; an falschen Denunciationen und an all dem Gewürme, das sich in der Atmosphäre des Despotismus bewegt, wird es nicht fehlen, um das Blut der Unschuld auszusaugen und unter erheuchelten Masken den Verrath an den edelsten Gefühlen zu verüben.

Und damit sind die schlimmen Wirkungen nicht zu Ende. Auch das Eigenthum und Vermögen der Bevölkerung, unser ganzer Handel stehen auf dem Spiele! Deshalb wurde von den Vertheidigern der Bill der Zusatz-Vorschlag gemacht, daß man das Vermögen der Verbannten sichern möge. Aber dazu ist es jetzt zu spät — wenn das Gesetz vollzogen wird, werden dem Lande große Kapitalien entzogen werden. Es ist wahrlich lächerlich, wie ängstlich die Herren bemüht sind, das Vermögen zu behalten und der Eigenthümer los zu werden! Das kann nur geschehen, wenn man den Letzteren Sicherheit gegen jede Willkür gibt. Doch die Sache ist zu kleinlich und ich darf das Haus nicht lange damit ermüden u. s. w.

Schließlich beschwöre ich das Haus noch einmal, vorsichtig zu sein und reiflich zu überlegen, ehe es die wahren Grundsätze persönlicher Freiheit, die wir kaum erst mit unserem Blute befestigt, neuerdings erschüttert.

Wohin das führt und führen muß, lehrt uns die Geschichte aller Staaten. Nicht im Namen liegt die Freiheit, nicht darum sind wir ein freies Volk, weil wir Triumphlieder singen, uns mit unserer Freiheit brüsten, freie Institutionen haben; das sind alles leere Phrasen, wenn uns der Geist der Freiheit nicht durchdringt, wenn das Wesen jener Institutionen nicht in unser Gefühl, in unser Leben übergegangen ist! Können wir uns aber dessen rühmen, wenn wir auch nur einen Schritt von dem engen Pfade des Rechtes und der Wahrheit abweichen, wenn wir die wahre Gerechtigkeit auch nur einem der Geringsten unter uns versagen, wenn wir das in unserer Verfassung und in unseren Gesetzen dem Reichsten wie dem Aermsten garantirte persönliche Recht auf Freiheit und Sicherheit verletzen?

Dann wird uns unser Schlachtgesang, unser Heil Columbia nicht mehr adeln, dann werden wir in jenes Zeitalter der Barbarei zurückfallen, in welchem es für Gottes-Urtheil galt, seine Gegner im Zweikampfe zu tödten!

Eilftes Kapitel.

1798—1799.

Begebenheiten während der Jahre 1798 und 1799.

Parteitreiben—Pläne Jefferson's und Madison's—Die Kentuckier und Virginier Beschlüsse—Die Nullifications-Doctrine erörtert—Die Beschlüsse vollständig— John Quincy Adams' Ansichten—Jefferson geht weiter als Madison—Congreß in Sitzung—Eröffnungsrede—Antworts-Adressen—Washington's Verlegenheit über die anzustellenden Offiziere—Washington's Thätigkeit und Eifer—Congreß-Acten—Pickering's Uebersicht der mit Frankreich gepflogenen Unterhandlungen—Geschicklichkeit und Tapferkeit unserer Land- und Seesoldaten—Truxtun's Sieg—Finanz-Angelegenheiten—Stand der öffentlichen Angelegenheiten—Verhalten des Präsidenten—Ursachen desselben—Ernennung einer dritten Ambassade nach Frankreich—Vans Murray ernannt—Partei-Urtheil bezüglich seiner—Bemerkungen Jefferson's—Zwei Andere Murray beigegeben—Abreise nach Frankreich verzögert—Adams' Schreiben—Verderbliche Folgen für die Föderalisten-Partei—Friers' Empörung—Der Fall von Robbins und Nash—Debatte im Congreß—Verkehr mit St. Domingo—Vertrag mit Preußen—Die Kentucky-Legislatur—Einstimmiger Beschluß—Madison's Bericht in der Virginischen Legislatur—Schlußanträge—Der sechste Congreß—Die Eröffnungsrede—Anfang der Sitzung—Unterbrochen durch Washington's plötzlichen Tod—Anhang zum eilften Kapitel—Madison's Schreiben an Everett in Betreff der sogenannten Nullification.

Während der langen Vertagung des Congresses rüsteten sich beide Parteien mit gleichem Eifer, die Republikaner zum Angriff, die Föderalisten zur Unterstützung der Administration. Namentlich bereiteten sich die ersteren unter der Anführung Jefferson's vor, angriffsweise gegen jene unpopulären Gesetze, die Fremden-Acte und Aufruhr-Acte, zu verfahren. Ueberall circulirten Bittschriften um Widerruf derselben (repeal) und die wenigen Personen, gegen welche die Aufruhr-Acte zur Anwendung gebracht worden war, wurden als wahre Märtyrer hingestellt.

Die Trankfsteuer- (Accise) und Stempel-Acte, stehende Heere und Seemacht, die Gehaltsverminderung der öffentlichen
1798. Beamten und dergleichen mußten stehende Anklagepunkte abgeben und wurden auch wirklich mit vieler Gewandtheit ausgebeutet.

Auf der andern Seite beobachteten die Föderalisten mit Aengstlichkeit die Anzeichen am politischen Horizonte und fühlten sich durchaus nicht entmuthigt, obgleich sie in ihren Reihen getheilt waren.

Wir haben schon früher auf die Politik hingewiesen, welche der schlaue Demagog Thomas Jefferson sich vorgezeichnet hatte. Es ist von Interesse, etwas näher darauf einzugehen, weil sie Fragen umfaßt, welche niemals so vollständig erörtert wurden und vielleicht auch künftig nie so entschieden werden, daß sie nicht neuen Anlaß zu Streitigkeiten gäben. Diese Fragen betreffen namentlich den Umfang der Souveränitäts-Rechte der Einzelstaaten. Es war stets ein sehr bestrittener Punkt zwischen unseren ausgezeichnetsten Staatsmännern, wie weit und in welchem Sinne jeder einzelne Staat der Union souverän sei? Es ist dies heute noch eine offene Frage. Noch immer glauben Einige, ein Staat könne ohne Anstand Maßregeln der Central-Regierung, mit welchen er nicht einverstanden ist, unbefolgt lassen oder in seinem Gebiete wirkungslos machen (nullify), so daß er sich von der Centralgewalt für unabhängig erklären könne, ganz wie er es vor Annahme der Central-Constitution zu thun das Recht gehabt hatte. Sowohl Jefferson wie Madison waren, wie wir oben erzählt haben, der Ansicht, daß die Fremden und Aufruhr-Acte Verletzungen der Verfassung seien, und sie beschlossen, die Macht und den Einfluß der Staats-Legislaturen gegen die Wirksamkeit dieser Gesetze in's Feld zu bringen. Durch diese Veranlassung entstanden die bekannten Beschlüsse von Virginien und Kentucky, welche die aufmerksamste Prüfung des Geschichtsforschers verdienen, sowohl wegen der Männer, die sie vorbereitet, als wegen der Umstände, die ihre Entstehung hervorgerufen haben, und endlich der Lehren und Grundsätze halber, welche darin vertheidigt werden.

Obgleich die Sache damals und gewiß in Jefferson's eigenem Interesse absolutes Geheimniß war, wissen wir jetzt, daß Jefferson selbst die Vorschläge entworfen und ausgearbeitet hat, welche Breckenridge am 10. November 1798 in der Legislatur von Kentucky beantragte und die auch einstimmig angenommen wurden. Da diese Beschlüsse die Nichtwirksamkeitslehre oder die Nullifications-Theorie ausdrücklich aufstellen und begründen, verdienen sie in ihrer ganzen Ausdehnung gekannt zu werden; wir wollen sie daher hier wörtlich einrücken.

I. Beschlossen: daß die verschiedenen, als Vereinigte Staaten zum Bunde zusammengetretenen Staaten von Amerika keineswegs beabsichtigen, sich einer Centralgewalt unbedingt zu unterwerfen, sondern daß sie lediglich auf die Basis eines ausdrücklichen Vertrages, die Verfassung der Ver. St. genannt, eine allgemeine Regierungsgewalt für besondere darin namhaft gemachte Zwecke eingesetzt und derselben eine Reihe genau begränzter Befugnisse eingeräumt haben. Alle nicht ausdrücklich abgetretenen Rechte haben sich die einzelnen Staaten zur Selbstausübung vorbehalten. So oft daher die General-Regierung sich die Ausübung von Rechten anmaßt, welche ihr nicht delegirt sind, handelt sie unbefugt; ihre Verfügungen sind nichtig und wirkungslos. Jener Vertrag ist so abgeschlossen, daß dabei jeder einzelne Staat als selbst betheiligte Partei mit allen übrigen Staaten als Gegenpartei contrahirt hat, ohne daß man die also constituirte Gewalt zum souveränen Richter über den Umfang der ihr eingeräumten Befugnisse eingesetzt hätte; denn dieses würde ihr alleiniges Ermessen und nicht die Verfassungsurkunde zum Maßstabe ihrer Gewalt gemacht haben. Wo also der Wortlaut nicht ausdrücklich klar ist, da hat nicht die Centralgewalt das Urtheil zu fällen, sondern jeder einzelne contrahirende Theil. Demnach ist jeder einzelne Staat berechtigt, nach seinem Ermessen über das, was der Gegenpartei zusteht und was sie sich angemaßt hat, abzuurtheilen.

II. Beschlossen: daß, wenn die Verfassung der Ver. Staaten dem Congresse die Befugniß eingeräumt hat, Landesverrath, Fälschung der Ver. Staaten-Münzen und Schuldurkunden, Seeräuberei und Bruch des Völkerrechtes, aber nur diese allein und keine anderen Verbrechen zu bestrafen; wenn ferner es in den Artikeln ꝛc. ꝛc. ausdrücklich bestimmt ist, daß die den Ver. St. durch die Verfassung weder gewährten, noch von den einzelnen Staaten aufgegebenen Rechte und Gewalten den letzteren zur allein berechtigten Ausübung vorbehalten seien: so sind die drei Acte 2c. (Fremden- und Aufruhr-Gesetze), so wie alle sonstigen eine Strafe auf Verbrechen setzenden Gesetze, worüber zu erkennen den Ver. Staaten das Recht nicht zugestanden worden ist, nichtig und wirkungslos; indem nur den Einzelstaaten das Recht, solche Verbrechen zu bestrafen, zusteht.

III. Beschlossen: daß, wenn es feststeht, daß nur den Einzelstaaten die Ausübung aller Rechte zusteht, die sie der Bundesgewalt weder eingeräumt noch sonst aufgegeben haben: so steht es auch fest, daß, da die Einzelstaaten der Bundesgewalt keine Rechte über die Freiheit der Religion, die Freiheit der Rede und die Freiheit der Presse übertragen und eben so wenig auf diese Rechte selbst verzichtet haben, ihnen allein die Gewalt vorbehalten blieb und zusteht, über diese drei Materien Gesetze zu erlassen. Sie allein haben zu urtheilen, ob die Ausartung der Rede- und Preßfreiheit eine Einschränkung erheischt, oder die Einschränkung dem Rechte selbst zu gefährlich werden kann. Sie haben sich nicht veranlaßt gefunden, den Ver. Staaten das Recht einzuräumen, die Religionsfreiheit zu überwachen; es steht also nur den einzelnen Staaten das Recht zu, dieselbe zu beschützen, wie dieses auch schon unser Staat factisch gethan hat. Ja, es ist sogar in einem der Zusatzartikel zu der Verfassungsurkunde dem Congresse ausdrücklich das Recht, in Materien religiöser Freiheit oder zur Beschränkung der Preß- und Redefreiheit Verfügungen zu erlassen, entzogen. Hiernach ist die Acte 2c., welche die Freiheit der Presse aufhebt, kein gültiges Gesetz und sie ist nichtig und wirkungslos.

IV. Beschlossen: daß die Eingewanderten unter der Jurisdiction und unter dem Schutze des Staates stehen, in welchem sie sich aufhalten; daß den Ver. Staaten keine Gewalt über sie eingeräumt worden ist und daß die Einzelstaaten das Recht, diesen Gegenstand allein zu ordnen, nicht aufgegeben haben; daß es als allgemeines Princip fest steht, und durch einen Zusatzartikel der Verein. Staaten-Verfassung ausdrücklich sanctionirt ist, daß die nicht delegirten und aufgegebenen Rechte den Einzelstaaten zuständig bleiben, weshalb die Acte des Congresses 2c., welche sich eine nicht zuständige Gewalt über Eingewanderte anmaßt, nichtig und wirkungslos ist.

V. Beschlossen: daß, nachdem außerdem und zusätzlich zu dem allgemein und ausdrücklich anerkannten Grundsatze, daß alle den Ver. Staaten nicht namentlich delegirten Rechte den Einzelstaaten vorbehalten sind, noch eine andere speciellere Bestimmung aus besonderer Sorgfalt in die Verfassung aufgenommen worden ist, worin erklärt wird, daß der Congreß kein Recht haben soll, die dermalen von den Einzelstaaten in ihrem Interesse zugelassene Einwanderung oder Importation von Personen vor dem Jahre 1808 zu verbieten. Dieser Staat aber hat die Zulassung von auswärtigen Einwanderern, welche die beregte Congreß-Acte zum Gegenstand der Unterdrückung macht, für gut befunden; wenn sich der Congreß also demungeachtet erlaubt, in irgend einer Weise dieses Recht zu beschränken, so überschreitet er die ihm ausdrücklich gezogene Grenze; denn es ist ganz dasselbe, ob er die Einwanderung verbietet, oder die Landesverweisung gegen die Eingewanderten ausspricht.

VI. Beschlossen: daß die Verhaftung einer Person, die sich dem Schutze der Gesetze dieses Staates zu erfreuen hat, auf Befehl des Präsidenten der Ver. St. und auf den alleinigen Grund hin, daß sie sich weigert, dem Ausweisungsbefehle zu gehorchen, wie dieses die fragliche Acte des Congresses vorschreibt, der Verfassung zuwiderläuft, welche in einer Bestimmung ausdrücklich verfügt, „daß Niemand seiner Freiheit ohne vorheriges gesetzliches Verfahren beraubt werden dürfe;" während in einer andern verfügt ist, daß in allen Criminaluntersuchungen der Angeklagte das Recht auf eine Mittheilung der Anklagepunkte, Aburtheilung durch eine Jury, Confrontation mit den Zeugen und Vertheidigung durch einen Rechtsbeistand haben solle. Wenn daher die bezügliche Acte den Präsidenten ermächtigt, eine des Schutzes unserer Staatsgesetze theilhaftige Person ohne Anklage, ohne Mittheilung, wessen sie beschuldigt ist, ohne Jury-Urtheil, auf bloßen Verdacht hin und ohne den Zeugen gegenübergestellt zu werden, oder das Recht zu haben, sich vertheidigen zu können, aus den Ver. Staaten auszuweisen: so ist dieses eine willkürliche, gesetzwidrige Verletzung nicht nur der Verfassung der Ver. St., sondern auch unserer besonderen Staatsrechte und unbedingt nichtig und wirkungslos. Auch in der Uebertragung der richterlichen Gewalt in das arbiträre Ermessen des Präsidenten liegt eine Verletzung des durch die Verfassung dem Richterstande garantirten Rechtes; eine um so wichtigere Thatsache, als hier der Inhaber der Gesammt-Executivgewalt mit einem so weit gehenden Rechte bekleidet wird.

VII. Beschlossen: daß die Interpretation, welche die Central-Regierung gewissen Verfügungen der Verfassungsurkunde giebt, welche lediglich von Steuern und Abgaben, von der Landesvertheidigung und Sicherung der allgemeinen Wohlfahrt sprechen und in diesen Beziehungen dem Congresse einen etwas erweiterten Wirkungskreis gestatten, die völlige Vernichtung der in der Verfassungsurkunde dem Congresse gesetzten Schranken zur Folge haben müßte. Während jene Worte nur von dem Vollzuge einer beschränkten Rechtsübertragung sprechen, will man daraus eine unbeschränkte willkürliche Gewalt argumentiren—man will sich eines Theils der Urkunde bedienen, um die ganze Urkunde zu vernichten und aufzuheben. Jedenfalls aber muß dieses als eine Warnung dienen, daß sofort auf Abänderung dieser also mißbrauchten Verfügungen hingearbeitet werde.

VIII. Beschlossen: daß die vorstehenden Beschlüsse den Senatoren und Repräsentanten unseres Staates im Congresse mitgetheilt werden sollen, damit sie dieselben den betreffenden Corporationen vorlegen und daß dieselben andurch beauftragt werden, ihr Möglichstes zu thun, damit in der nächsten Sitzung des Congresses eine Zurücknahme dieser verfassungswidrigen und gemeinschädlichen Gesetze erfolge.

IX. Beschlossen endlich: daß der Gouvernör dieses Staates ermächtigt sein soll, die vorstehenden Beschlüsse allen Legislaturen der verschiedenen Staaten mitzutheilen und denselben zu erklären, wie Wir, die Repräsentanten von Kentucky, die Union zu den in der Verfassungsurkunde näher bestimmten Zwecken als ein für den

Frieden und das Gedeihen sämmtlicher Staaten durchaus wohlthätiges Institut betrachten; wie Wir aufrichtig bemüht sind, unsere Vereinigung in dem Sinne zu erhalten, wie Wir solche eingegangen sind; daß eine Entäußerung der Einzelnstaaten von allen souveränen Rechten und die Consolidation derselben in der Centralgewalt für den Frieden und das Gedeihen der die Union bildenden Staaten nicht wünschenswerth ist und wie Wir daher entschlossen sind (und nicht daran zweifeln, daß diese Ansicht von unseren Schwester-Staaten getheilt wird), allen Gewaltsanmaßungen der Regierungsbehörde männlich entgegenzutreten; wie Wir überzeugt sind, daß wenn jene Acten in Kraft blieben, nachstehende Folgerungen daraus fließen würden:

1. Könnte die Centralgewalt jede beliebige Handlung als ein Verbrechen definiren und bestrafen, gleichviel ob sie die Verfassungsurkunde als solches aufstellt oder nicht.
2. Könnte das Erkenntniß darüber dem Präsidenten oder einer anderen Person übertragen werden, welcher Ankläger und Richter in einer Person sein, auf bloßen Verdacht hin schuldig befinden und sein eigenes Urtheil auch ohne Appel und ohne Verantwortlichkeit vollstrecken könnte.
3. Würde eine zahlreiche und achtbare Klasse von Bürgern dieses Staates in dieser Weise als Verbrecher angesehen und der unbedingten Verfügungsgewalt eines einzigen Mannes preisgegeben. Damit wären die Schranken der Verfassung für uns alle zusammengebrochen, so daß wir selbst nicht sicher wären, als Opfer der Parteileidenschaft einer zufälligen Majorität zu fallen. Daß die Bill dem Wortlaut nach nur gegen Ausländer gerichtet ist, bedeutet nichts; man hat dieses nur gethan, um unter einem täuschenden Scheine das Princip einzuführen und in Kurzem wird man gegen Bürger mit gleicher Willkür verfahren; oder man verfährt bereits wirklich so gegen sie, wie dies die Aufruhr-Acte beweist.
4. Wenn wir nicht solche Eingriffe in unsere Staats- und persönlichen Rechte von Anfang herein zurückweisen, so wird es dahin kommen, daß Revolution und Blutvergießen unvermeidlich werden; die Anklage gegen das Princip des Republikanismus wird neue Nahrung, das Gouvernement mit eisernem Scepter dagegen neue Lobredner erhalten.

Wir ersuchen unsere Repräsentanten ferner hervorzuheben, daß unsere Befürchtung durch kein persönliches Vertrauen in die Männer unserer Wahl beschwichtigt werden kann. Vertrauen ist überall der Vorbote des Despotismus und die Freiheit hat ihre Garantie in Mißtrauen und nicht in Vertrauen. Die so scharf gezogenen Grenzen der Befugnisse in allen freisinnigen Staatsverfassungen beweisen, daß man es nöthig hielt, genau zu bestimmen, wie weit unser Vertrauen geht. Ein aufrichtiger Vertrauensmann soll nur die Fremden- und Aufruhr-Gesetze lesen und sich fragen, wohin das Vertrauen führen kann? Er wird nicht leugnen, daß mit solchen willkürlichen Befugnissen unsere Staats-Verfassung in der Wirklichkeit nichts ist, als eine tyrannische Gewalt, mit welcher die Männer unseres Vertrauens den Präsidenten ausgerüstet haben und welche dieser Präsident, gleichfalls der Mann unseres Vertrauens, angenommen hat und jetzt über Jene auszuüben gedenkt, welche die Milde und Menschenfreundlichkeit unserer Gesetze zu uns herlockte und die jetzt, aller Gastfreundschaft und Heiligkeit gegebener Versprechen ungeachtet, auf bloßen Verdacht hin gefangen gesetzt oder verbannt werden können. Unsere Vertrauensmänner haben also mehr auf den bloßen Verdacht des Präsidenten gegeben, als auf das wohlbegründete Recht tadelfreier Menschen, auf die Heiligkeit des Vertheidigungsrechtes, das heilige Recht der Wahrheit und die Garantieen, welche in den Gesetzen und Förmlichkeiten des Gerichtsverfahrens liegen. Lassen Sie uns deshalb, Mitbürger, wo es sich von Gewalt handelt, nichts mehr von Vertrauen hören, sondern Jeden an die Kette der Verfassung legen, dem wir die Ausübung einer Gewalt übertragen.

Darum richtet dieser Staat an seine Bruderstaaten das Gesuch, sich über ihre Ansichten bezüglich unserer Stellung gegen Eingewanderte äußern zu wollen und offen auszusprechen, ob sie die deshalb erlassene Bill für unconstitutionell halten oder nicht? Wir zweifeln nicht daran, daß ihre Aeußerung zu Gunsten der unbedingten Fortdauer der der Centralgewalt gesetzten Schranken ausfallen wird und daß unser Staatsschiff keine Gefahr laufen kann, wenn es nach den von unseren Mit-Staaten anerkannten politischen Grundsätzen gesteuert wird.

Wir hoffen, daß sie die von uns denuncirten Bills als eine Beeinträchtigung der von den einzelnen Staaten reservirten Rechte, als einen Versuch der Centralgewalt, sich ein Willkür-Regiment über alle Staaten anzumaßen, betrachten werden; daß sie mit uns einverstanden sein werden, daß die praktische Geltung einer solchen Gewaltsausübung einer absoluten Aenderung des Grundprincips unseres politischen Systems gleichkommt; indem alsdann nicht mehr der Gesammtwille des Volkes, von seinen Repräsentanten ausgesprochen, herrscht, sondern der Einzelwille des Mannes, dem diese Repräsentanten unbefugt eine Alleinherrschaft übertragen haben. Wir wünschen und erwarten darum, daß sich unsere Schwester-Republiken mit uns vereinigen werden, damit alle jene Acte als nichtig und wirkungslos in der nächsten Sitzung der Bundeslegislatur widerrufen werden.

John Quincy Adams, selbst ein Staatsmann von nicht geringer Begabung, macht auf die scharfsinnige und consequente Auffassung Jefferson's in allen Materien aufmerksam, wo die Regierungsgewalt und Volksstimmung auf einander wirkten oder mit einander in Conflikt geriethen. Er zeigt, wie Jefferson in seinem Bestreben, der obigen Theorie Eingang zu verschaffen, wesentlich sein eigenes Interesse im Auge hatte; übrigens darin viel weiter ging als Madison. „Jefferson, sagt er, stellte als Grundsatz hin, daß nach der Verfassungsurkunde der Ver. Staaten der Congreß keine Autorität habe, in irgend einer Weise die Freiheit der Presse, nicht einmal zu seinem eigenen Schutze gegen die schrankenloseste Verläumdung zu beschränken und daß die Grundsätze des gemeinen englischen Rechtes in den Ver. Staaten keine Anwendbarkeit hätten. Darauf hin arbeitet er mit eigener Hand Beschlüsse aus und weiß sie in den Legislaturen von Kentucky durchzubringen, in welchen jener Grundsatz seine praktische Anwendbarkeit findet. Nach diesen

Beschlüssen soll jeder Staat das Recht haben, selbstständig zu urtheilen, ob die Centralregierung sich einen Eingriff in seine Rechte erlaubt habe und dieses Urtheil wird zugleich ausgeübt, indem die Fremden- und Aufruhr-Acte als nichtig und wirkunglos erklärt und die Staaten angespornt werden, die Nullification solcher aufrührerischen Beschlüsse durchzuführen.

„Diese Grundsätze und insbesondere der der Nullification als Heilmittel gegen einzelne mißliebige Beschlüsse der Centralregierung waren schon früher von den mit solchen Beschlüssen unzufriedenen Parteien verfochten worden. Ja der Versuch, sich dieses Mittels zu separatistischen Zwecken zu bedienen, hat die Union schon zweimal der Auflösung nahe gebracht. Dahin muß es aber kommen, wenn jemals das amerikanische Volk das Mißgeschick haben sollte, solche Ansichten zur Herrschaft kommen zu lassen. Bis jetzt war das noch nicht der Fall. Die Fremden- und Aufruhr-Acte waren nur vorübergehende Gesetze, welche die Dauer ihrer Wirkung selbst beschränkten. Es wurde nie der Versuch gemacht, sie über diesen Zeitpunkt hinaus zu vollziehen, wogegen in den neuesten Zeiten Einschränkungen der Preß- und Redefreiheit, sowie der persönlichen Freiheit, welche viel weiter gingen, als die Fremden- und Aufruhr-Acten, nicht allein ganz unbeanstandet, als dem Congresse verfassungsmäßig zustehend, ausgeübt, sondern sogar von dem obersten Magistrate der Republik als nothwendig zur Unterdrückung der aus politischen Brandschriften fließenden Gefahr dringend anempfohlen wurden."

Nachdem Adams den Einfluß besprochen, den Jefferson stets über Madison ausgeübt habe, während im Allgemeinen ihre Ansichten über die Politik der Föderal-Administration übereingestimmt hätten, fährt er fort: „Auf Jefferson's ernstlichste Vorstellungen entschloß sich Madison, der Legislatur von Virginien ebenfalls Anträge im Sinne der Kentuckyer Beschlüsse vorzulegen, welche auch am 21. Dezember 1798 angenommen wurden. Allein darin finden sich nur die folgenden Sätze aufgestellt:

I. Daß die Verfassung der Ver. Staaten ein Vertrag sei, den die Staaten als Parteien abgeschlossen hätten, um einzelne bestimmte Rechte durch eine Centralgewalt ausüben zu lassen.

II. Daß in Fällen einer absichtlichen, offenen und gefahrdrohenden Anmaßung von Gewalten, welche durch diesen Vertrag der Centralgewalt nicht übertragen worden seien, die Staaten das Recht wie die Pflicht hätten, dem Uebel Einhalt zu thun und ihre eigenen Rechte und Freiheiten gegen solche Eingriffe zu wahren.

III. Daß die Fremden- und Aufruhr-Acte als solche offene und gefahrdrohende Uebergriffe der Centralgewalt zu betrachten seien.

IV. Daß der Staat Virginien durch die Convention, welche die Ver. Staaten-Verfassung ratificirte, ausdrücklich erklärt habe, daß unter anderen Grundrechten das Recht der Gewissensfreiheit und der Freiheit der Presse durch die Ver. Staaten nicht beeinträchtigt, verkürzt, modificirt oder gar vernichtet werden dürfe; es würde daher um so mehr als eine sträfliche Inconsequenz und verbrecherische Ausartung erscheinen, wenn man heute eine ganz offenbare Verletzung eines der obigen Rechte gleichgültig hinnehmen und ein für alle übrigen verderbliches Präjudiz wollte aufkommen lassen, als gerade dieser Staat aus ängstlicher Sorgfältigkeit, daß ja die von der erwähnten Convention empfohlene Unverletzlichkeit jener Rechte heilig gehalten werde, einen desfallsigen Zusatz-Artikel zu der Verfassungsurkunde empfohlen habe, welcher auch wirklich als solcher angenommen worden sei.

V. Daß demnach der Staat Virginien die Fremden- und Aufruhr-Acte für verfassungswidrig erklärt und die übrigen Staaten feierlichst auffordert, sich dieser Erklärung anzuschließen und selbstständig alle Mittel zu ergreifen, um die Befugnisse, Rechte und Freiheiten ungeschmälert zu erhalten, welche den Einzelnstaaten und resp. dem Volke allein zustehen und ihnen ausdrücklich vorbehalten sind.

Endlich VI. soll der Gouverneur ersucht sein, eine Ausfertigung dieser Beschlüsse an die Executiv-Behörden sämmtlicher übrigen Staaten mit dem Ersuchen einzusenden, solche ihren Legislaturen vorzulegen. Auch soll eine Abschrift derselben an jeden der Senatoren und Repräsentanten dieses Staates im Congresse gesendet werden.

Der Leser bemerkt, daß es in Jefferson's Absicht lag, die Staaten viel weiter gehen zu lassen, als in diesen letzteren Beschlüssen der Staat Virginien zu gehen entschlossen war. Jefferson hat darauf hingearbeitet, daß die Staaten jene anstößigen Gesetze nicht allein nichtig und wirkungslos erklären, sondern daß sie solche auch wirkungslos machen sollten, indem sie sich ihrer Ausführung mit Gewalt widersetzten und eintretenden Falls aus der Union ausschieden. Madison aber war nicht gesonnen, ein solches System zu unterstützen; ja, er hat sogar in einer späteren Zeit seines Lebens die Theorie, daß die einzelnen Staaten die Befugniß hätten, Beschlüsse der Generalregierung unausgeführt zu lassen, ausdrücklich widersprochen.*) Wir werden später noch einmal auf dieses System zurückkommen.

Die dritte Sitzung des fünften Congresses konnte wegen verspäteter Ankunft der erforderlichen Anzahl der Senatoren erst am 8. Dezember eröffnet werden. In der Eröffnungsrede war 1798. auf die Epidemie hingewiesen, welche kürzlich zu Philadelphia und in anderen großen Städten der Union so schreckliche Verheerungen angerichtet hatte. Der Präsident machte auf die Nothwendigkeit aufmerksam, eine Quarantäne einzuführen. Er sprach dann mit gefühlten Dankesworten von der Unterstützung, welche die Administration in der Zurückweisung des übermüthigen Auftretens Frankreichs gefunden habe und von dem kräftigen Nationalgefühle, welches sich in dieser Angelegenheit ausspreche.

Der größte Theil der Rede war natürlich einer Darlegung der bestehenden Verhältnisse zwischen den Ver. Staaten und Frankreich gewidmet. Die Behandlung dieses Gegenstandes war den von dem Kabinet darüber gehegten Ansichten bis auf einen Punkt entsprechend, der hier berührt werden muß. Die Mitglieder des Kabinets und überhaupt die ganze föderalistische Partei war der Ansicht, daß nach der beschimpfenden Behandlung, welche Frankreich sich gegen unsere Bevollmächtigten erlaubt habe, die Absendung eines neuen Botschafters eine Erniedrigung für Uns sein würde; wenn fernere Schritte zur Herstellung des guten Einvernehmens geschehen sollten, so müßten sie von Frankreich aus geschehen.

---

*) Madison's Schreiben an Everett bezüglich der s. g. Nullificationstheorie 2c. s. im Anhange zu diesem Kapitel.

Dieses wünschten die Räthe des Präsidenten, in seiner Rede officiell ausgesprochen; Adams aber war nicht Willens, sich durch solche bestimmte Worte den Rückweg zu verschließen: er begnügte sich mit der Andeutung, „daß kein neuer Gesandter hingeschickt werden solle, ehe man gewiß sei, daß er angenommen werden würde,“ wodurch er sich eine Hinterthüre offen hielt, um im rechten Augenblicke die diplomatischen Verhandlungen wieder anknüpfen zu können. Was diese Achselträgerei für Folgen hatte, wird sich bald zeigen.

Der Präsident berührte ferner den Stand unserer Angelegenheiten mit Großbritanien und Spanien; die Grenzberichtigung und andere noch schwebende Fragen. Die Langsamkeit, womit die Organisation des Heeres voranschritt, fand eine kurze Rüge; die eingelaufenen Uebersichten und Vermögens-Abschätzungen, als Grundlage des von dem Congresse in seiner letzten Sitzung gutgeheißenen Systemes directer Besteuerung erhielten eine kurze Erwähnung und die Revision der Zoll-Erhebungsgesetze wurde ernstlich empfohlen. Am Schlusse der Rede fand die dringende Bitte an den Congreß Platz, jetzt, wo es gelte, für ihre theuersten Interessen einzustehen, einträchtig zu sein und durch die Würde und Weisheit ihrer Berathungen dem Vaterlande das Ansehen und den Einfluß zu sichern, wozu es berechtigt sei.

Die Antwort-Adressen des Hauses wie des Senates waren in dem Tone der Rede des Präsidenten gehalten und wurden ohne Discussion angenommen. Namentlich sprach sich der Senat streng über das ungeeignete Verfahren des französischen Directoriums aus, welches zu diplomatischen Negociationen Personen verwendet, die ohne jeden amtlichen Charakter gewesen, statt die verfassungsmäßig dazu bestimmten Beamten der Regierung damit zu beauftragen. *)

Wie wir bereits erwähnt haben, hatte Washington die Ernennung als oberster Befehlshaber sämmtlicher amerikanischen Heere, obgleich mit Widerstreben, angenommen. Sogleich stieß er auch auf Unannehmlichkeiten. Es war eine Sache von höchster Wichtigkeit, wer die Officiere höheren Grades anzustellen habe. Mehrere, die im Revolutionskriege einen hohen Rang bekleidet hatten, meldeten sich mit dem Gesuche, in ihren früheren Rang wieder eintreten zu können. Hätte man dies zugegeben, so wären alle jüngeren und weit vorzüglicheren Kräfte für den Dienst so gut wie verloren gewesen, da sie nicht in subordinirtem Charakter gedient hätten. Washington war darum unbedingt dafür, daß es sich hier nicht um die Reorganisation der früheren längst aufgelösten Armee handele, sondern da ein ganz neues Heer auf ganz anderer Basis, zu anderem Zwecke und mit verschiedenen Anforderungen auf die Beine gestellt werden solle, so könne kein früher besessener militärischer Rang bei Vertheilung der Officiersstellen in Betracht kommen; das Talent und das Bedürfniß allein müsse bei der Ernennung entscheiden. Diese Ansicht drang auch wirklich durch. †)

*) Hier verdient die sonderbare Dienstaufdringlichkeit eines Dr. Logan erwähnt zu werden. Dieses Individuum ließ sich einfallen, auf seine eigene Autorität nach Frankreich zu reisen, um die bestehenden Verwicklungen auszugleichen. Mit einem von Jefferson unterzeichneten Zeugniß, daß er amerikanischer Bürger sei, ausgerüstet, ging er nach Paris, stellte sich Talleyrand vor und bot seine Dienste an, die Sache mit der amerikanischen Regierung in die Reihe zu bringen. Was Talleyrand antwortete, ist nicht bekannt. Washington wies ihm jedoch bei seiner Rückkehr die Thüre. Adams dagegen soll ihn sehr gnädig empfangen haben.

†) S. Sparks a. a. O. S. 485.

Washington hatte sich ausdrücklich vorbehalten, daß der Generalstab und die Generale nicht ohne seine Zustimmung ernannt werden dürften. Demzufolge ernannte er Alexander Hamilton zum General-Inspector und stellvertretenden Commandeur, Ch. C. Pinckney und H. Knox als General-Majore. Adams, der eine nicht zu überwindende Abneigung gegen Hamilton hatte, namentlich wo er demselben eine Stellung von Macht und Einfluß übertragen sah, war mit diesem Arrangement sehr wenig zufrieden, mußte sich aber hinein finden. General Knox war die ihm zugedachte Stellung nicht ausgezeichnet genug und er lehnte die Ernennung ab. General Pinckney jedoch nahm sie an. *)

Während der Monate November und December hielt sich Washington zu Philadelphia auf und war eifrigst mit Hamilton und Pinckney in der Feststellung reglementärer Bestimmungen zur Anwerbung und Organisation des Heeres beschäftigt.
1798. Von jetzt an bis zu seinem Tode war ein großer Theil seiner Zeit den Militär-Angelegenheiten gewidmet. „Seine Correspondenz, sagt Sparks, mit dem Secretär des Kriegs, mit dem Stabe und anderen Officieren ist sehr vollständig und lehrreich. Sie umfaßte alle Details und gab Anweisungen, welche seine lange Erfahrung und erschöpfende Kenntniß der Materie sehr werthvoll machten. Seine Briefe aus jener Zeit mögen zwar für viele Leser gerade kein besonderes Interesse haben, allein sie sind Muster in ihrer Art und geben den Beweis, daß die Energie und Schärfe seines Verstandes durch das Alter nicht gelitten hatten. Er glaubte nie ernstlich daran, daß die Franzosen so weit gehen würden, mit den Ver. Staaten offen zu brechen. Es war aber immer sein Grundsatz, daß eine zeitige Rüstung zum Kriege das sicherste Mittel sei, den Frieden zu erhalten und darum handelte er eben so entschieden und energisch, als ob der Feind schon an der Küste stehe. Und seine Ansicht erwies sich als richtig; was er vorhergesagt, traf wirklich ein. Die französische Regierung zeigte, sobald sie gewahr wurde, daß das Volk mit der Executive einverstanden war, alsbald eine friedlichere Gesinnung, denn ein Krieg mit den Ver. Staaten war das Letzte, was sie ernstlich beabsichtigt hatte.

In dieser Sitzung traf der Congreß noch Maßregeln zur besseren Organisation des Ver. Staaten-Heeres, ermächtigte die Erbauung von Docks, zum Ankaufe von Schiffsbauholz und zur Vervollständigung der Marine. Es wurde der Versuch gemacht, den Mathias Lyon nach Ablauf seiner Haft zu verbannen; doch mißlang derselbe. Auf der anderen Seite scheuten sich zwar die Abgeordneten von Virginien und Kentucky, die von ihren Landesregierungen angenommenen Entkräftungs- oder Nullifications-Beschlüsse in dem Hause zu überreichen, allein man trachtete die Fremden-Bill und Aufruhr-Acte mittelbar außer Kraft zu setzen. Der Versuch aber scheiterte, wie Jefferson die Sache darstellt, weil die Föderalisten sich in einer geheimen Vorversammlung verständigt hatten, die Sache zu hintertreiben. Nicholas und Gallatin konnten in Folge dessen nicht zum Worte kommen und Livingston wurde vom Präsidenten zur Ruhe verwiesen. Der Vicepräsident schätzte die Stärke der Föderalisten

*) Gibbs (II. Bd. S. 86) geht in dieser Frage über die Ernennung der Officiere sehr in's Detail. Der junge Adams aber müht sich ab, die Ränke Hamilton's nachzuweisen. Der Leser möge beide vergleichen.

in dieser Sitzung auf sechsundfünfzig und die der Opposition auf fünfzig, von denen jedoch zwei abwesend waren. Außerhalb des Congresses hielt man die Agitation gegen diese verhaßten Gesetze durch Versammlungen und Petitionen wach; in Philadelphia führte dies mehrmals zu Aufläufen und Friedensstörungen.

In der letzten Hälfte Februars wurde der ausführliche Bericht des Staatssecretärs bezüglich der Correspondenz und den officiellen Verhandlungen der für Frankreich accreditirten Bevollmächtigten dem Congresse vorgelegt. Der Bericht sprach sich sehr strenge gegen Herrn Gerry aus und legte in unverschleierten Worten die Doppelzüngigkeit und Anmaßungen Frankreich's an Tag. Eine Stelle darin ist werth, angeführt zu werden. „Das Gefühl, welches diese Einzelnheiten nothwendig erwecken müssen, ist das des Erstaunens über die beispiellose Unverschämtheit Talleyrand's, der von Hrn. Gerry wissen wollte, wer X., Y. und Z. wären, während Y. mit Gerry dem Minister einen Besuch gemacht hatte, worin die in den gedruckten Depeschen angeführte Unterhaltung gepflogen ward; nachdem ferner Z. den Hrn. Gerry bei dem Minister eingeführt und als Dollmetscher gedient hatte, und nachdem endlich alle drei, X., Y. und Z. mit Gerry bei Hrn. v. Talleyrand dinirt hatten, bei welcher Gelegenheit X. und Y. in Gegenwart Talleyrand's wiederholt auf Zahlung „des bewußten Geldes“ drangen. Der Umstand, daß Talleyrand nach Veröffentlichung dieser Intrigue im Amte blieb, ist ein entscheidender Beweis, daß dieselbe mit Wissen und auf geheimen Befehl des Directoriums angesponnen war. Nur um sie erfolgreich durchzuführen, hielt man die amerikanischen Botschafter ohne officielle Anerkennung sechs Monate in Paris zurück und erst nachdem man sich überzeugt hatte, daß zwei derselben sich weder durch Schmeicheleien noch Drohungen verleiten ließen, auf die Absichten des französischen Gouvernements einzugehen, verwies man sie mit Hohn und Verachtung des Landes.“ *)

Der Krieg war nicht förmlich gegen Frankreich erklärt, allein man hatte die Ausrüstung bewaffneter Fahrzeuge gegen die französischen Kreuzer, die Wettschlagung der französischen Gewaltthätigkeiten und die Verfolgung aller ausgeführten oder versuchten Seeräubereien derselben gutgeheißen. Eben so wurden Kaperbriefe gegen französische Handelsschiffe ausgestellt und man befahl der Kriegs-Marine, die jetzt außer dem anfänglichen Bestande um drei neue Fregatten verstärkt worden war, zum Schutze der amerikanischen Küsten- und Handels-Fahrzeuge in See zu gehen.

Das letzterwähnte Geschwader wurde meistens in den westindischen Gewässern und als Convois für Handelsfahrzeuge nach den Ver. Staaten verwendet. Acht Zoll-Kutter von zehn bis vierzehn Kanonen bewachten unausgesetzt die Küste. Das plötzliche Erscheinen so vieler Kreuzer in den westindischen Gewässern erregte nicht blos die Verwunderung der Engländer und Franzosen, sondern die ersteren geriethen auch aus beiderseits fortdauernder Spannung und feindlicher Stimmung mit der jungen Marine zuweilen in Conflikt, obgleich im Allgemeinen die Commandanten der britischen Fahrzeuge ihren „neuen Alliirten“ mit Herzlichkeit entgegenkamen. Einer der

*) Näheres darüber in der Note bei Benton, Vol. II, p. 389 ff.

ersten und schwersten Fälle ereignete sich im Herbste dieses Jahres vor dem Hafen
1798. von Havanna. Ein britisches Linienschiff von vierundsiebenzig Kanonen nämlich, der Carnatick, verfuhr höchst verletzend gegen die amerikanische Kriegsschaluppe Baltimore von zwanzig Kanonen. Cooper gibt einen umständlichen Bericht von dem Vorfalle und bedauert schmerzlich: „Daß nach der Erfahrung im Revolutionskampfe der Charakter der Amerikaner so tief gesunken war, daß es ein Officier, gleichviel von welcher Macht, wagen durfte, sie auf eine so empfindliche Art zu beleidigen, wie dies der Commandant des Carnatick gethan hatte.“ *)

Während des Jahres 1799 waren nicht weniger als achtundzwanzig Kriegs-
1799. fahrzeuge, von der Fregatte mit achtundvierzig Kanonen herunter zur Schaluppe von zwölf, in Thätigkeit, um unseren Handel und unsere Küste zu vertheidigen; in den westindischen Gewässern allein waren vier verschiedene Geschader verwendet.

Der Raum gestattet uns nicht, in Einzelnheiten einzugehen; wir müssen uns begnügen, einige wenige Beispiele der Geschicklichkeit und Tapferkeit der Officiere und Soldaten in der Marine aus jener Zeit aus Cooper's interessantem Werke anzuführen. Anfangs Juni 1798 wurde der französische Kaper-Schooner „Le Croyable“ von dem „Delaware“ genommen. Dieses war die erste Prise, welche unsere Marine seit Organisation der Föderal-Regierung gemacht hatte. Sie erhielt den neuen Namen „Die Vergeltung,“ wurde unter das Commando des Lieutenants Bainbridge gestellt und gegen Ende des Jahres von einer französischen Fregatte wieder genommen. Bainbridge rettete durch seine Gewandtheit und klugen Manövers einigemal amerikanische Schiffe von ihren weit mächtigeren Verfolgern und wurde von der Regierung in Anerkennung seiner Verdienste zum „commandirenden Kapitän“ (master commandant) des Norfolk, den er selbst durch Geistesgegenwart in einem Gefechte mit einer französischen Fregatte gerettet hatte, ernannt.

Die französische Insel Guadaloupe war von den amerikanischen Geschwadern besonders bedroht und der Gouverneur derselben suchte durch Mittel aller Art die Regierung der Ver. Staaten dahin zu bestimmen, sie als neutralen Boden zu erklären. So ließ er zu diesem Zwecke die amerikanischen Gefangenen mit großer Härte behandeln. Der Präsident verfügte daher, daß künftig gegen französische Gefangene ganz eben so verfahren werden solle: eine Maßregel, die der bittersten Kritik unterlag und die heftigsten Zänkereien hervorief.

Im Jahre darauf wurden viele französische Schiffe genommen; so nahm Commodore Truxton mit der „Constellation“ am 9. Februar eine französische Fregatte, die zuerst die amerikanische Flagge als eine Kriegslist aufgehißt hatte. Truxton aber merkte die List, machte Jagd auf sie und nach dem ersten Kanonenschuß erschien die Tricolore (französische Flagge) am Maste. Er gewann dem feindlichen Schiffe den Wind ab und gab ihm eine volle Breitseite, welche besonders dem Segel- und Tauwerke großen Schaden zufügte. Die Fregatte erwiederte das Feuer kräftig und zersplitterte den Vor-Topmast der „Constellation.“ Durch die Entschlossenheit eines Seecadetten, David Porter, wurden die schlimmen Folgen dieses Unfalls glücklich abgewendet, während das Schiff unter Truxton's ge-

*) S. Cooper a. a. O., Vol. I, p. 157—163.

schickten Manövers allmälig die Oberhand über den Franzosen gewann und ihn nach mehreren wirksamen Lagen nöthigte, die Segel zu streichen und sich zu ergeben. Die Fregatte war der „Insurgente,“ Kapitän Barreault, dieselbe, welche die „Retaliation“ genommen hatte. Sie gehörte zu den besten Schnellseglern. Der Verlust an Bord des genommenen und mitgeführten Fahrzeuges war: Neunundzwanzig Tode und zweiundvierzig Verwundete. Auch die Constellation war stark beschädigt, hatte aber nur drei Tode!

Cooper schreibt einen großen Antheil dieses Sieges der Constellation über einen mächtigeren Gegner dem Umstande zu, daß ihre Geschütze von weit schwererem Kaliber gewesen, wie die des genommenen Schiffes. Dagegen hatten die Franzosen den Ruf für sich, Meister im Einzelgefechte zur See zu sein, während die Amerikaner mit Ausnahme weniger gelungenen Thaten, z. B. jener, welche Paul Jones im Revolutionskriege gegen die Engländer vollbrachte, wenig große Resultate auf der See aufzuweisen hatten, ja nicht einmal eine Flotte besaßen.

Die Prise wurde also genommen. Die Mannschaft, hundert und siebenzig an der Zahl, machte zwar den Versuch, die dreizehn amerikanischen Seeleute, welche die ganze Bemannung machten, die von den Siegern abgelassen werden konnte, zu überwältigen; allein es gelang, sie sicher und glücklich in den Hafen zu bringen. Sie wurde dann als Ver. Staaten-Kriegsschiff unter den Befehl des Kapitän Murray gestellt und zum Kreuzen verwendet.

Es ließ sich zwar voraussehen, daß Frankreich von ferneren Angriffen gegen die Ver. Staaten abstehen werde; dessenungeachtet aber ließ es sich der Congreß angelegen sein, den Seedienst zu verbessern und neue passendere Reglements an die Stelle der alten unzeitgemäßen zu setzen.

Der Petitions-Ausschuß über die Zurücknahme der Fremden- und Aufruhr-Acte berichtete im Februar in einem sehr talentvoll ausgearbeiteten Vortrage gegen den Wunsch der Petenten. Benton hat die desfallsigen Verhandlungen sehr einleuchtend zusammengestellt und der Geschichtsforscher wird wohl thun, sie dort nachzulesen. Bei der Abstimmung waren zweiundfünfzig Stimmen gegen achtundvierzig g e g e n den Widerruf.

Das Ausgabe-Budget umfaßte jetzt außer den Zinsen der Staatsschuld eine Summe von zwei Millionen Dollars, die durch die Vermehrung der Armee nothwendig geworden, und die Summe von neun Millionen für die Ausgaben des laufenden Jahres. Zur Deckung dieses Betrags wurde außer dem bereits bestehenden Einkommen das Ergebniß einer direkten Steuer angewiesen und eine Summe von fünf Millionen leihweise aufgenommen. Das Ausgabe-Budget des laufenden Jahres war darum höher, weil der Gehalt beinahe sämmtlicher Beamten der Central-Regierung, vom Staats-Secretäre an abwärts, erhöht worden war — eine Maßregel, die einer heftigen Opposition ungeachtet durchgegangen war. Es verdient hier bemerkt zu werden, daß die Republikaner, als sie später die Macht in Händen hatten, die Gehalte keineswegs herabsetzten! Am 3. März schloß der fünfte Congreß seine letzte Sitzung.

Wenn man sich ein gerechtes und wahres Urtheil über die Politik des Präsidenten und ihren Einfluß auf das Schicksal der damals am Ruder befindlichen Partei der Föderalisten machen will, so muß man Folgendes im Auge behalten.

Frankreich, das mit England in Krieg und sich seiner Schwäche wohl bewußt war und die größte Finanznoth litt, hatte nie den ernstlichen Gedanken, die Ver. Staaten mit Krieg zu überziehen. Es hoffte nur durch das von ihm eingehaltene Verfahren Alles zu erhalten, was es wünschte. So ließ es eine Rotte Piraten gegen unseren Handel los, versuchte unsere Abgeordneten mit ungestümen Geldforderungen einzuschüchtern und stachelte alle Parteien in unserem Lande auf, von welchen es Unterstützung erwarten zu können glaubte. Die Verwerflichkeit und Niederträchtigkeit seiner Handlungsweise kümmerte die französische Regierung nicht im Geringsten; ihr Minister des Auswärtigen, derselbe, welcher der Sprache das Geschäft zuwies, die Gedanken des Menschen zu verheimlichen, nicht sie zu enthüllen, spielte die politische Rolle treuloser Doppelzüngigkeit mit gewöhnter Unverschämtheit.

Weiter muß man bedenken, daß unser Volk und seine Regierung durchaus nicht gesonnen waren, sich aus Dankbarkeit für empfangene Dienste zu einer Art Vasallenschaft unter seinen einstigen Alliirten zu erniedrigen und daß sie daher jenen Räubereien und beschimpfenden Beleidigungen auf geradem Wege zu begegnen entschlossen waren. Die unter dem Einflusse der von Adams beschlossenen Maßregeln vor sich gehenden energischen Rüstungen zum Widerstande, die Weigerung, auf die Geldforderungen des Directoriums einzugehen, das Abbrechen diplomatischer Beziehungen mit Frankreich und die Veröffentlichung der Depeschen unserer Abgeordneten kreuzten Talleyrand's Pläne in ganz unerwarteter Weise. Wäre die von Hamilton und Anderen angerathene, allein richtige Politik streng befolgt worden, so hätte der an der Spitze des Directoriums stehende gewissenlose Politiker einen ganz anderen Weg einschlagen müssen, als den, welchen Adams ihm offen ließ, er hätte nämlich selbst die Unterhandlungen wieder anknüpfen müssen.

Der Leser wird sich erinnern, daß der Präsident im Juni 1798 erklärt hatte, er werde keinen Gesandten mehr nach Frankreich schicken, ehe er die Gewißheit habe, daß derselbe als der Repräsentant eines großen, freien und mächtigen Volkes empfangen werden würde. Eben so hatte derselbe, obgleich abweichend von der ihm durch seine Räthe anempfohlenen Sprache, noch am 12. December erklärt, daß er noch keinen Beweis von einem wirklichen Wechsel des Systems oder der Gesinnung Frankreichs gegen die Ver. Staaten erhalten habe. Damals nun, wo die Volksstimmung über die fortgesetzten Beschimpfungen und Beleidigungen empört war, welche sich die französische Regierung gegen die Ver. Staaten erlaubte und wo sich überall der Entschluß kund gab, jenen Anmaßungen kräftigen und vereinten Widerstand entgegenzusetzen, war die Partei der Föderalisten entschlossen, in der würdevollen Stellung zu verharren, welche die Regierung eingenommen hatte und zu erwarten, ob Frankreich mit dem Anerbieten gütlicher Ausgleichung uns entgegen kommen werde. Die Männer jener Partei sahen es als eine nationale Pflicht des Präsidenten an, diese würdevolle Politik einzuhalten und das Land nicht der Schande und dem Verderben preiszugeben, die nothwendig aus der Abweichung von der einmal festgestellten richtigen und klugen Regel erwachsen müßten.

Herr Adams scheint in der Parteidressur

eine Art Stetigkeit behauptet zu haben und namentlich dann sehr afficirt gewesen zu sein, wenn Hamilton in einem Gegenstande von hohem Interesse sich entschieden für eine Maßregel erklärt hatte. So beschloß er auch jetzt, sich den von ihm einzuhaltenden Gang selbst vorzuzeichnen. Hauptsächlich von Gerry influencirt, vielleicht aber auch aus dem geheimen Motive, sich die Republikaner zu versöhnen und seine Wiedererwählung möglich zu machen, ergriff der Präsident plötzlich eine Maßregel,
1799. welche die größte Bestürzung im Lager der Föderalisten hervorrief und den demnächstigen Triumph der Partei der Republikaner über sie klar vorhersehen ließ. Wir bezweifeln weder die Reinheit seiner Motive, noch seinen aufrichtigen Wunsch, zum Wohle seines Vaterlandes zu handeln; allein ob er klug und consequent handelte, als er in dieser verhängnißvollen Epoche so hastige und bedenkliche Maßregeln ergriff, dürfen wir mit vollem Rechte beanstanden.

Der Enkel des Präsidenten Adams gibt sich in seinem Buche große Mühe, die Gründe, welche Letzteren damals so zu handeln vermochten, in das glänzendste Licht zu stellen. Gibbs ist dagegen sehr strenge in der Nachweise, wie wetterwendisch und verächtlich der Präsident sich in der ganzen Sache erwiesen hat. Ohne auf die Gründe näher eingehen zu wollen, steht so viel fest, daß nicht die kleinste Wahrscheinlichkeit für Adams vorlag, daß die neuerdings von ihm nach Frankreich gesendeten Botschafter dort besser empfangen werden würden, als die früheren. Die eigenmächtig angemaßte Mission des Dr. Logan haben wir früher schon erwähnt; Joel Barlow schrieb ebenfalls an Washington, um zu beweisen, daß die Franzosen den Frieden ernstlich wünschen. Eine Abschrift des Schreibens schickte Washington an Adams. Vans Murray, der amerikanische Botschafter im Haag, erhielt im October 1798 durch Vermittlung des dortigen Chargé d'Affaires eine nichtofficielle Note von Talleyrand, dem Erz-Diplomaten, worin es hieß: „Sie (d. h. der Chargé d'Affaires in Holland) hatten ganz recht, als Sie erklärten, daß jeder Botschafter, den die Ver. Staaten nach Frankreich schicken würden, um die anhängigen Streitpunkte zu schlichten, empfangen werden würde, wie es dem Repräsentanten einer großen, freien und unabhängigen Nation geziemt.“

Man konnte zwar aus solchen Aeußerungen wohl schließen, wie wenig Frankreich daran dachte, mit den Ver. Staaten in Feindseligkeiten verwickelt zu werden, allein von ihr bis zu der offenen, directen und vollständigen Erklärung, welche der Präsident das Recht hatte, vor allen ferneren Schritten von seiner Seite zu verlangen, lag doch noch ein unendlich weiter Raum. Inzwischen fand sie der Präsident genügend, um seiner ferneren Politik die Richtung zu geben, die er jetzt einschlug. Sein Biograph sagt, er habe nie klarer den Weg vor sich gesehen, den ihm die Pflicht zu wandeln gebot, als damals. „Der Krieg hing drohend über dem Lande und es war die einzige Chance, ihn zu vermeiden, heißt es in der Biographie. War dieselbe noch so klein, er mußte sie versuchen. Er ging mit sich selbst zu Rath und sah nur einen Weg vor sich, nämlich dem Senate die Ernennung eines Botschafters an die französische Regierung anzuzeigen. Und zwar konnte der Botschafter kein Anderer sein, als der, welcher die Mittheilungen hierher gelangen ließ — Vans Murray, der damalige Botschafter im Haag." *)

Am 18. Februar schickte Adams, ohne alle Berathung im Kabinete und ohne mit den einflußreichsten Mitgliedern der Partei darüber verkehrt zu haben, die Ernennung Murray's als bevollmächtigten Minister bei der französischen Republik dem Senate ein. „Wenn ein Blitz aus heiterem Himmel gefahren wäre, hätte er nicht mehr Erstaunen hervorbringen können, als diese Nachricht. Man hatte, der Botschaft entsprechend, sich zum Kriege gerüstet; bis zur Stunde hatte man immer nur die Möglichkeit des Krieges im Auge und gerade im Augenblick, wo man die Entscheidung in keiner anderen, als der eingeschlagenen Richtung erwartete, veränderte sich plötzlich die Scene und zeigte das gerade Gegentheil dessen, was man erwartete." †)

Jefferson gibt in einem Berichte an Madison vom 19. Februar eine Schilderung des Eindruckes. „Gestern wurde das merkwürdige Ereigniß dem Senate angezeigt.... Der Präsident communicirte dem Senat die Ernennung Vans Murray's als bevollmächtigten Minister bei der französischen Republik. Es heißt dabei, daß Murray die Weisung erhalten solle, nicht eher nach Frankreich zu gehen, bis er die Versicherung vom französischen Gouvernement erhalten habe, daß man ihn mit aller Rücksicht und mit allen Rechten, die seinem Range zukommen, empfangen werde. Das war offenbar ein unerwarteter Schlag für die Föderalisten in beiden Häusern, wie es sich aus ihrer Verblüffung klar erwies. Der Senat nahm die Sache heute nicht vor. Man sagt, er sei sehr getheilt; Viele wollten opponiren, Viele wüßten nicht, was sie thun sollten u. s. w." Jefferson sah ganz richtig voraus, daß diese Maßregel des Präsidenten alle Zweifel an der Aufrichtigkeit Frankreich's beilege und alle weitere Bemühungen, die feindselige Stimmung fort zu erhalten, scheitern mache. Nach Ablauf einiger Tage verwies der Senat die Ernennung an ein Comite, welches sich zu dem Präsidenten verfügte, um ihm Vorstellungen zu machen. Adams zeigte sich jedoch entschlossen und Alles was er zugestand, war, dem ernannten Botschafter zwei Attaché's zuzugesellen, sobald man die Zusicherung erhalten habe, daß sie mit gebührender Rücksicht aufgenommen werden würden. —

Am 25. Februar zeigte eine fernere Botschaft dem Senate die Ernennung von Patrick Henry und Oliver Ellsworth (damaligem Oberrichter) als Mitbevollmächtigte an und der Senat bestätigte die also modificirten Ernennungen. Henry lehnte die Ernennung seines hohen Alters wegen ab. „Nur die absolute Unmöglichkeit, sagte er, kann mich abhalten, meine schwache Unterstützung einer Administration zu widmen, deren Talent, Patriotismus und Tugend die Dankbarkeit und Verehrung aller ihrer Bürger verdient!" An seiner Stelle wurde der kurz zuvor ernannte Gouverneur von Nord-Karolina, W. Davie, ernannt. Die Abreise der beiden zuletzt Ernannten, Ellsworth und Davie, unterblieb indeß, so lange nicht vollständige Gewißheit vorlag, daß unsere Gesandtschaft angenommen werden würde; so kam es, daß sie erst am 5. des folgenden Novembers von hier abreisten.

Dem in Holland verweilenden Botschafter Murray wurde seine Ernennung am

*) Life etc. of John Adams, Vol. I, p. 543.

†) Gibbs a. a. O., Vol. II, p. 189.

6. März vom Staatssecretäre mit der Instruction zugeschickt, von der französischen Regierung vor Allem eine bündige Zusicherung über die ehrenvolle Aufnahme der Gesandtschaft zu verlangen. Am 10. des nämlichen Monats einigte sich das Kabinet des Präsidenten über die Voraussetzungen, unter welchen die Unterhandlungen gepflogen werden dürften.*) Aber am Tage nachher, also mitten im Drange der wichtigsten Geschäfte, reiste Adams plötzlich nach seinem Landsitz ab — selbst sein lobrednerischer Biograph erklärt dies als einen „großen Mißgriff."

Murray empfing die Instructionen Anfangs Mai und reichte Talleyrand eine Note über den Gegestand ein. Dieser antwortete am 12. Mai, ertheilte die verlangte Zusicherung und beklagte sich unverschämter Weise über die vom Präsidenten veranlaßte Verzögerung. Die Depesche Murray's kam erst am 30. Juli in Amerika an, worauf Adams die Mitgesandten aufforderte, sofort abzureisen und den Staatssecretär beauftragte, ihre Instructionen zu entwerfen. Da der Ausbruch des gelben Fiebers in Philadelphia die Verlegung der Regierung nach Trenton nöthig machte, dauerte es bis September, ehe die Instructionen bereit waren. Dieselben finden sich ausführlich in dem Werke von Gibbs, und Walcott zergliedert sie ebenfalls; dort kann sie der Leser finden. Inzwischen lief die Nachricht von der Revolution vom 30. Prairial ein, wodurch das Directorium gestürzt wurde. In Folge davon hielt das Kabinet für geeignet, die Abreise der Gesandten abermals verschieben zu lassen. Im October traf der Präsident mit beiden in Trenton zusammen, wo sich auch Hamilton eingefunden hatte. Da die Nachrichten aus Europa eine Restauration der Bourbonen in Aussicht stellten, fand sich der Präsident veranlaßt, den Befehl zur Abreise nochmals zu suspendiren. Am 15. hatte man sich endlich über die Instructionen geeinigt und obgleich das Kabinet es räthlich fand, weitere Nachrichten abzuwarten, befahl der Präsident am Tage darauf, den Gesandten die Instructionen zuzustellen und sie reisten Anfangs November auf der für sie in Bereitschaft gehaltenen Fregatte „Die Ver. Staaten" an den Ort ihrer Bestimmung ab.*)

Zur Vervollständigung der eben erzählten Einzelnheiten wollen wir eine oder zwei Stellen aus mehreren von Adams geschriebenen Briefen, die unter dem Namen „die Cunningham'schen Briefe" bekannt sind, anführen, da sie das Interesse der Leser wohl verdienen. „Ehe ich Philadelphia verließ, versammelte sich das ganze Kabinet, um die Instructionen festzustellen, welche die drei Gesandten in ihren Unterhandlungen mit Frankreich zu befolgen haben sollten. Wir beriethen während mehrerer Tage jeden einzelnen Artikel und einigten uns über das Ganze nach reiflicher Erwägung. Darauf wurde Alles schriftlich aufgesetzt und ich ersuchte den Staatssecretär, es in die gehörige Form zu bringen, die nöthigen Styl-Aenderungen vorzunehmen und es mir

*) Der jüngere Adams (S. 550) behauptet, daß die mehr conservativen Föderalisten Marshall, Lincoln u. A. die friedlichen Maßregeln des Präsidenten gebilligt hätten.

*) S. Gibbs a. a. O., Vol. II, p. 267 ff., und die von Adams, Vol. I, p. 551 ff., gegebene Darstellung. Dieser meint, der Präsident habe den Vorwurf, daß es ihm an Entschlossenheit und Consequenz gemangelt, am wenigsten verdient; denn gerade diese Eigenschaften hätten ihn vortheilhaft ausgezeichnet und sein Talent als Staatsmann außer Zweifel gesetzt.

sobald als möglich zur Revision und Unterschrift nach Quincy zu senden. Dort angekommen, wartete ich vergeblich auf das Eintreffen der Papiere. Wochen vergingen und die Instructionen kamen nicht. Die Abreise der Gesandten drängte — man mag sich die Unruhe vorstellen, worin ich mich befand. Endlich nach langem Warten lief ein Schreiben, von allen fünf Räthen des Kabinets unterzeichnet, an mich ein, worin sie mich dringend ersuchten, die Abreise der Gesandten noch aufzuschieben. Diese Inconsequenz, diese Pflichtvergessenheit und offenbare Nichtachtung meiner Befehle kränkten mich tief. Ich allein war dem Lande verantwortlich; ich wußte, daß die beschlossenen Maßregeln durchaus nothwendig waren, einen Krieg mit Frankreich und den Bürgerkrieg im Lande zu vermeiden. Dazu die ernsten Schwierigkeiten, in welche wir mit England verwickelt waren! Und trotzdem konnte ich nichts fertig bringen! Ich verlor indeß meine Fassung nicht und brach sogleich nach Trenton auf, um die Herren persönlich zur Verantwortung zu ziehen. Dort fand ich sie in einem wahren Paroxismus von falschem Eifer und Selbsttäuschung." Die Mitglieder des Kabinets hatten, wie oben erzählt, eine baldige Restauration der Bourbonen durch Hülfe Oesterreich's und Rußland's und mit dem Gelde Großbritaniens vorherzusehen gemeint. Dann fährt Adams fort: „Ich hörte ihre Gründe mit ruhiger Fassung und gutem Willen an, entwickelte ihnen meine eigene Ansichten und entschied zuletzt, daß die Instructionen ausgefertigt werden und die Gesandten sich auf der Stelle einschiffen sollten. Dies geschah denn auch und das Resultat war, daß der Krieg nach Außen und Innen vermieden wurde. *) Hamilton war auch zu Trenton und besuchte mich; ich vermied aber, von Politik zu sprechen. Er jedoch gab seinen Rath unaufgefordert, den ich mit größter Ruhe anhörte. Ich muß indeß sagen, daß ich selten einen Menschen unsinnigeres Zeug schwatzen gehört habe."

Die zwischen dem Präsidenten und seinem Kabinete eingetretene Meinungs-Verschiedenheit, gefolgt von den Resultaten der Botschafter in Frankreich, bereitete die Niederlage der Föderalisten vor und die Partei schien auch das Ende ihrer Macht vorauszusehen. Der Weg zu der im Jahr 1801 erfolgten „republikanischen Revolution," wie Jefferson den Triumph seiner Partei bezeichnete, war dadurch gebahnt!

Im Anfang Februar 1799 zeigten sich Symptome von Unzufriedenheit und ein Geist des Widerstandes gegen die Gesetze im westlichen Pennsylvanien, welches schon einmal der Schauplatz einer drohenden Empörung war. Die Erhebung einer directen Steuer verursachte so großes Mißvergnügen und fand einen so gewaltthätigen

*) Diese Briefe heißen die: Cunningham'sche Briefe, weil sie Adams an Cunningham schrieb. In einem zehn Jahre später geschriebenen Briefe kommt Adams mit seinem Selbstlobe auf die Ereignisse jener Zeit abermals zurück. „Gewiß war dies der rühmlichste Krieg, den wir führen konnten. Man hörte nichts mehr von genommenen Schiffen, überfallenen Städten und solchen Dingen, die leider so lang an der Tagesordnung waren — kein feindliches Fahrzeug näherte sich unserer Küste. Anstatt daß unsere Schiffe in Masse genommen und Millionen unseres Eigenthums in Westindien geraubt wurden, befahren wir alle Meere, ohne einem Feinde zu begegnen oder ein Kriegsschiff zu sehen. Der stolze „Pavillon" Frankreich's mußte sich gewissermaßen vor dem amerikanischen Adler beugen! Und der größte Triumph war der, daß das übermüthige Directorium, welches unsere Gesandten so schnöde behandelt, Tribut von uns gefordert hatte 2c. 2c. alle seine Insolenzen zurücknehmen, sich demüthigen und mich, dem man eine Abbitte für seine Reden vorgeschrieben hatte, seiner Bereitwilligkeit versichern mußte, die Friedensbedingungen ganz wie ich sie vorschreiben würde, eingehen zu wollen."

Widerstand, daß man es nöthig fand, einige der Haupträdelsführer einzuziehen. Es wurden daher Verhaftbefehle gegen etliche dreißig Personen erlassen. Ein gewisser Fries von Northhampton hatte sich schon früher durch seine Drohungen gegen die Steuer-Ertheiler hervorgethan und stand jetzt an der Spitze mehrerer hundert
1799. zum Theil berittener Aufrührer, mit denen er vor das Haus des Marschalls zog, wo sich die Gefangenen befanden, und deren Freilassung in einer Weise verlangte, daß es der Marschall zur Vermeidung von Gewaltthätigkeiten geeignet fand, dem Verlangen zu entsprechen. Dies hatte im Anfange März 1799 statt. Nachdem der Präsident in einer Proklamation zum Gehorsam aufgefordert hatte, rief der Gouverneur Mifflin die Miliz zusammen und General McPherson erhielt den Befehl, den Aufruhr zu dämpfen. Fries wurde sammt mehreren seiner Spießgesellen mit den Waffen in der Hand ergriffen. Er wurde das erstemal schuldig befunden, das Urtheil jedoch wegen Unfähigkeit eines der Geschwornen kassirt. Die neue Untersuchung hatte im April 1800 statt und da seine meuterische Absicht klar erwiesen war, wurde er abermals schuldig erklärt und zum Tode verurtheilt, von dem Präsidenten aber aus einem sehr zur üblen Zeit angewendeten Gefühle von Menschlichkeit begnadigt. Hamilton und Andere nannten dieses ein seinen Feinden gemachtes Zugeständniß, womit er sich Popularität für eine Wiederwählung in Pennsylvanien habe verschaffen wollen.

Noch ein anderes Ereigniß, was zur Ausbeute im politischen Kampf benutzt wurde, mag hier erwähnt werden. Im Sommer dieses Jahres ließ der britische Consul zu Charleston einen gewissen Robbins vor den Kreisrichter Bee bringen, mit dem Antrage, ihn nach dem siebenten Artikel des bestehenden Vertrages, als der Meuterei auf einem englischen Kriegsschiffe beschuldigt, zur Untersuchung nach Jamaica verbringen zu lassen. Jener Artikel verfügte die Auslieferung von Personen, die des Mordes und der Fälschung angeklagt waren. Da der Richter sich bedenklich zeigte, wendete sich der englische Gesandte an den Staatssecretär um eine Auslieferungs-Ordre gegen den Angeklagten, worauf dem Richter die Weisung zuging, daß es des Präsidenten Wunsch und Wille sei, daß der Gefangene ausgeliefert werde. N a t h a n Robbins producirte nun ein notarielles Certificat, daß es zu New York einen „J o n a t h a n R o b b i n s" gebe, der Ver. Staaten-Bürger sei; auch beschwor er, daß er zu Danbury im Staate Connecticut geboren und zwei Jahre vorher an Bord der „Betsy" in New York zum englischen Matrosen gepreßt worden sei. So sei es gekommen, daß er sich auf dem englischen Schiffe befunden, auf dem die Meuterei ausgebrochen war, an der er jedoch nicht Theil genommen habe.

Dem ungeachtet wurde er ausgeliefert, nach Jamaica gebracht und zum Tode verurtheilt. Ehe er hingerichtet wurde, gestand er und gab zu, daß er ein I r l ä n d e r war.

Die Oppositionspartei konnte natürlich eine so gute Gelegenheit, ihren Gegnern etwas anzuhaben, nicht vorüber gehen lassen. Im Congresse wurde der Antrag gestellt, von dem Präsidenten die Vorlage der auf den Robbins'schen Fall Bezug habenden Papiere zu verlangen. Jefferson steckte wie gewöhnlich dahinter und hetzte. Die Papiere wurden dem Hause ohne Schwierigkeit vorgelegt und es ergab sich zur großen

Beschämung der Schreier, daß nach amtlichen Zeugnissen weder ein J o n a t h a n noch ein N a t h a n Robbins in Danbury geboren oder bekannt war und daß nach officiellen Mittheilungen von Jamaica der Verurtheilte Robbins eingestanden hatte, ein Irländer zu sein, dessen Lebensverhältnisse bis zu seiner Geburt genau nachgewiesen waren. Dennoch wurde der Antrag gestellt, gegen die Regierung einen Tadel auszusprechen, ein Antrag, an dessen Discussion sich beinahe sämmtliche Führer beider Parteien mit größter Heftigkeit betheiligten.

Am 6. März hielt John Marshall seine berühmte, den Gegenstand so erschöpfende Rede, daß, wie Richter Story sagt, die Opposition zum Schweigen gebracht war und die völkerrechtliche Frage, um die sich der Streit drehte, für alle Zeiten entschieden ward. Der Antrag wurde mit zweiundsechszig gegen fünfunddreißig Stimmen verworfen. *)

Der Fall, sagt Sullivan, lehrt uns die damalige Zeit richtig beurtheilen. Man erinnert sich, daß man den Eindruck auf das Volk zu machen suchte, der Präsident habe e i n e n h i e r g e b o r e n e n B ü r g e r den Engländern zu Gefallen dem Strange überliefert, während derselbe nicht mehr gethan hätte, als was er zu thun berechtigt gewesen sei, nämlich sich den Gewaltthätigkeiten der „Seebeherrscherin" (dem Matrosenpressen England's) entzogen zu haben. Daß eine Verwaltung nicht bestehen konnte, gegen welche solche niederträchtige Lügen systematisch verbreitet wurden, ist nicht zu verwundern.

Im Juni dieses Jahres wurde der Handelsverkehr mit St. Domingo, wo die Neger das französische Joch abgeschüttelt hatten und unter Toussaint L'Ouverture eine unabhängige Republik zu organisiren suchten, wieder hergestellt. Im Juli wurde zu Berlin ein Freundschafts- und Handels-Vertrag mit Preußen abgeschlossen. Bei dessen Unterhandlung rechtfertigte der Sohn des Präsidenten, John Quincy Adams, zum ersten Mal die hohen Erwartungen, die schon Washington von ihm gehegt hatte, noch ehe derselbe in das öffentliche Leben eingetreten war. „Ich habe keinen Zweifel, sagte Washington von ihm, daß er der talentvollste unserer diplomatischen Agenten werden wird."

Die von den Legislaturen Virginiens und Kentucky's erlassenen Beschlüsse wurden den Gouverneuren aller Staaten mitgetheilt, riefen aber in den gesetzgebenden Versammlungen derselben nur Aeußerungen der Mißbilligung hervor, die klar genug zeigten, daß dieselben die Ansichten jener zwei Staaten keineswegs theilten. Am 14. November 1799 machte die Legislatur von Kentucky die von den anderen Staaten erhaltenen Erwiederungen zum Gegenstande einer abermaligen Berathung. Der ernannte Ausschuß berichtete, daß man die von allen Staaten, mit Ausnahme von Virginien, in ihren Erörterungen über die anstößigen Congreß-Acten (die Fremden-Bill und Aufruhr-Acte) aufgestellten Grundsätze nur beklagen könne, ohne hier von Neuem den Versuch machen zu wollen, diese Staaten von der Verfassungswidrigkeit dieser Acten zu überzeugen. Die Erörterungen unserer Bruder-

*) S. Benton a. a. O., Vol. II, p. 444 ff. Die Opposition, sagt Tucker, war nahe daran, zu triumphiren, als Marshall einen so nachhaltigen Eindruck durch seine meisterhafte Rede machte, daß die Stimmung gänzlich umschlug. Ja, er überzeugte sogar mehrere der Aufrichtigen in der Opposition. — Diejenigen, die für keine Ueberzeugung offen waren, brachte er wenigstens zum Schweigen.

Staaten, heißt es weiter, ergehen sich in falschen Prämissen und unlauteren Insinuationen, die zu widerlegen Wir unter der Würde dieser gesetzgebenden Versammlung halten. Gesunde Logik und vernünftige Gründe sucht man vergebens darin. Wir haben unsere Anstände und Zweifel gegen jene bedenklichen Uebergriffe der Centralgewalt mit Anstand und Ruhe vorgebracht und können es dem Urtheile des Volkes überlassen, ob unsere Widersacher in ihrer Bemühung, die Wahrheit und das Recht abzuleugnen, dieselben Regeln befolgt haben. Wir sind den wahren Grundprincipien, worauf unsere Union beruht, immer treu geblieben, sind uns keiner Absicht bewußt, böswillig auf Störung der Eintracht ausgegangen zu sein; Wir haben immer nur die Verfassung und das Recht im Auge gehabt und nur zu verhindern gesucht, daß wir in die Klauen des Despotismus fallen: Wir haben deshalb die Verläumdung und den Tadel nicht zu scheuen. Um jedoch nicht aus unserem Stillschweigen folgern zu lassen, daß Wir den Antwortschreiben der übrigen Bruder-Staaten irgend eine überzeugende Kraft zugeständen und um unsere Mitbürger in diesen Staaten, mögen ihre Ansichten auch noch so weit von den unserigen abweichen, nicht glauben zu machen, als ob Wir in der Erfüllung unserer Pflicht nachgelassen, oder die in unseren früheren Beschlüssen niedergelegten Grundsätze aufgegeben hätten, haben Wir folgende Beschlüsse gefaßt und zu veröffentlichen beschlossen:

Beschlossen, daß Wir, die Repräsentanten dieses Staates, die Union, wie sie auf Grund des bestehenden Verfassungs-Vertrages abgeschlossen worden ist, als eine Gewährleistung der gemeinsamen Freiheit und Blüthe der ihr beigetretenen Staaten betrachten; daß Wir vor Allem unsere aufrichtige Anhänglichkeit an die Union auf Grund der Verfassungsurkunde aussprechen und gewiß nicht daran denken, ihre Auflösung herbeiführen zu wollen oder zu wünschen; daß aber, wenn der Central-Gewalt das Recht eingeräumt wird, die durch die Verfassung gezogenen Grenzen zu überschreiten und den Umfang der ihr ausnahmsweise übertragenen Gewalten unbedingt auszudehnen, eine solche Willkür zur Vernichtung der Selbstständigkeit der Einzel-Staaten und zur Errichtung einer consolidirten Central-Gewalt auf den Ruinen der Staats-Verfassungen führen muß; daß die von manchen Staaten aufgestellte Behauptung, daß der Central-Regierung allein das Urtheil über den Umfang ihrer Befugnisse zustehe, hart an den Despotismus streift; indem alsdann kein Gesetz, sondern nur der gute Wille der Inhaber der Central-Gewalt das Maß ihrer Rechte bestimmen würde; daß die der Union beigetretenen Staaten souveräne und unabhängige Staaten waren und bleiben und das unbestrittene Recht haben, ein Urtheil über jeden gegen sie gerichteten Angriff zu fällen und daß das einfachste Schutz- und Rechtsmittel dieser souveränen Einzel-Staaten darin besteht, daß sie alle Gewalt, Acte außer Kraft zu setzen, welche im Namen und angeblich im Geiste der Verfassung erlassen sind; daß dieser Staat nach reiflicher Ueberlegung hiermit die Erklärung abgibt, daß die besagten Congreß-Acten, die Fremden- und Aufruhr-Gesetze genannt, ihrer Ueberzeugung nach offenbare Verletzungen der Bundes-Verfassung sind; und daß, so gern sich die Repräsentanten dieses Staates in gewöhnlichen Angelegenheiten den

Ansichten ihrer Brüderstaaten zu unterwerfen geneigt sind, sie in einer so weit reichenden Frage, wie die gegenwärtige, welche die heiligsten Rechte aller Bürger berührt, es als eine Pflichtverletzung und verbrecherische Betheiligung betrachten würden, wenn sie ein solches Attentat schweigend hingehen ließen; daß sich dieser Staat, als ein Glied der Union zwar den Gesetzen derselben unterwirft, dagegen aber weder jetzt noch künftig sich des Rechtes begeben wird, auf verfassungsmäßigem Wege jeder Verletzung seiner Rechte, woher sie auch kommen mag, Trotz zu bieten; daß endlich dieser Staat, um zu verhindern, daß aus seinem Stillschweigen eine Zustimmung gefolgert, und daß ein Präjudiz aus diesem Grunde gezogen werde, hiermit *einen feierlichen Protest gegen jene Akte einlegt.*"

In der Virginischen Legislatur kam der Gegenstand gleichfalls zur Sprache, und Madison erstattete einen weitläufigen, sorgfältig gearbeiteten Bericht darüber. Der darin gestellte Antrag wurde im Februar 1800 angenommen, und lautete wörtlich:*)

„*Beschlossen:* Daß die gesetzgebende Gewalt dieses Staates nach sorgfältiger und rücksichtsvoller Prüfung der von mehreren Staaten hierher mitgetheilten Verhandlungen über die ihnen zugefertigten Beschlüsse dieser Behörde vom 21. December 1798 und nach abermaliger gewissenhafter Prüfung der Motive und des Inhalts der letzterwähnten Beschlüsse es für seine heilige Pflicht hält, zu erklären, daß sie bei diesen Beschlüssen, als in der Wahrheit begründet, durch die Verfassung gerechtfertigt, und durch die Anhänglichkeit an dieselbe geboten stehen bleiben. Sie hält es deßhalb für ihre Pflicht, ihren Protest gegen die Fremden- und Aufruhr-Akte zu erneuern, wie sie dies hiermit wirklich thut, indem sie diese Akte als offenbare und bedenkliche Eingriffe in die Verfassung bezeichnet."

Der sechste Congreß hielt seine erste Sitzung am 2. December. Die Föderalisten hatten noch immer die Majorität, so große Anstrengungen die Gegnerpartei auch machte, neue Stimmen zu gewinnen. Sedgwick wurde wieder zum Sprecher erwählt; da der Vicepräsident abwesend war, wurde Samuel Livermore zum Präsidenten des Senates ernannt. **1799.**

Die Rede des Präsidenten, kurz wie alle officiellen Dokumente seiner Administration, aber höchst würdig, beleuchtete die Lage des Landes mit kurzen Worten, sprach von dem Fries'schen Aufruhr, empfahl auf's Ernstlichste eine Revision und Verbesserung des Gerichtswesens, deutete auf die Beziehungen der Union zu Frankreich, Großbritannien und St. Domingo hin, verweilte bei der demnächstigen Uebersiedelung nach der Bundeshauptstadt, und unterstützte die auf das Budget bezüglichen Andeutungen mit dem auf die Nothwendigkeit gelegten Nachdruck, daß das System nationaler Vertheidigung als das einzige Mittel unsere Rechte zur Anerkennung zu bringen, eifrigst durchgeführt werden müßte. „Denn, sagte er ganz richtig, „so entfernt wir auch von dem Kriegsschauplatze sind, und so ernstlich wir auch wünschen, gegen jede der kriegführen-

*) Sonderbar genug finden wir hier Madison unter einer Fahne kämpfend, der er früher feindlich gegenüberstand, während Patrick Henry, welcher zu den heftigsten Gegnern der Verfassung gehörte, ehe sie angenommen war, jetzt zu den Vertheidigern der Föderalpartei gehörte. Er war als Mitglied der Legislatur gewählt worden, starb aber vor ihrem Zusammentritt. So weit seine Ansicht bekannt ist, würde er die früheren Beschlüsse der Virginischen Legislatur ernstlich bekämpft haben.

den Mächte gerecht zu sein, und keiner derselben zu nahe zu treten, so kann uns doch nur die Macht, jeden Angriff zurück zu weisen, eine achtunggebietende Stellung gewinnen, und uns vor der Alternative bewahren, an dem Kriege Antheil zu nehmen, oder unsere nationale Ehre opfern zu müssen."

Die Sitzung war kaum begonnen, als plötzlich der härteste Schlag die Union betraf, ein Unglück, das alle Bürger in Trauer versetzte. Georg Washington, der große, edle, hochherzige Patriot starb, und aus aller Herzen, aus der Hütte, wie aus dem Palaste tönten wehmuthsvolle Klagen über den unersetzlichen Verlust und gaben Zeugniß von der Liebe und Verehrung, welche die ganze Union ihrem großen Mitbürger gezollt hatte.

Wir brechen unsere Erzählung hier ab, und werden der Schilderung von Washington's letzten Tagen, seines Charakters und seines Lebens ein besonderes Kapitel widmen.

Anhang zum eilften Kapitel.

Madisons Schreiben an Edward Everett, die sogenannte Nullification (Entkräftung der Congreß-Akte) betreffend, datirt Montpellier im August 1830 lautet:

Auf Ihr Schreiben, worin Sie von der „Entkräftungs-Doktrin" als eines verfassungsmäßigen Mittels, mit besonderer Hinweisung auf die Beschlüsse der Virginischen Legislatur von 1798 und 1799 sprechen und meine Ansicht darüber wünschen, habe ich die Ehre, Ihnen zu erwiedern.

Ich verkenne die Schwierigkeit nicht, welche der Gegenstand hat, und noch weniger, wie wenig man gewöhnlich geneigt ist, dem hier besprochenen Rechte volle Gerechtigkeit wiederfahren zu lassen, will ihnen indeß meine Ansichten über die Lehre und die damit zusammenhängenden Grundsätze mittheilen. Sie werden daraus die Gründe entnehmen, warum ich glaube, daß die von Ihnen erwähnten Beschlüsse der Virginischen Legislatur von denen, die sich darauf berufen, mißverstanden worden sind. Um den wahren Charakter der Verfassung der Ver. Staaten zu verstehen, muß man den gewöhnlichen Irrthum vermeiden, dieselbe entweder als eine centralisirte Regierungsgewalt, oder als die Bundesgewalt mehrerer confederirten Staaten zu betrachten, da sie weder das Eine noch das Andere ist. Sie ist nach keinem anderen Modelle oder System geformt, kann daher nicht nach Analogien und Aehnlichkeiten, sondern muß als einzig in ihrer Art aus ihrem eigenen Inhalte und aus der Natur der Sache beurtheilt werden.

Man wird dann finden, daß die charakteristischen Besonderheiten der Verfassung sind: 1) Die Art und Weise ihrer Errichtung. 2) Die Theilung der höchsten Regierungsgewalten zwischen den Staaten in ihrer Vereinigung und den Staaten in ihrer Trennung.

Zu 1. Die Verfassung wurde nicht von den Regierungen der einzelnen Staaten, die sich zu einem Bunde einigen wollten, errichtet, um als die Basis der Bundesgewalt zu gelten. Eben so wenig wurde sie von einer Majorität des Volkes der Ver. Staaten als eine Einheit genommen, errichtet, um eine consolidirte Regierungsgewalt für dieses ganze Volk abzugeben.

Sie wurden von den S t a a t e n, das heißt von den Bürgern der einzelnen Staaten, als Inhabern der souveränen Gewalt errichtet — sie wurde also in derselben Weise errichtet, wie die Verfassungen der Staaten selbst. Indem sie also aus derselben Quelle geflossen ist, woraus auch das Ansehen der Verfassungen der Staaten floß, so hat sie auch innerhalb eines jeden Staates dieselbe Kraft und Geltung wie die eigene Verfassung; sie ist eben so in dem strengsten Sinne des Wortes „eine Verfassung für jeden einzelnen Staat“ in ihrer allgemeinen Sphäre, wie es die besonderen Verfassungen der einzelnen Staaten in ihrer besonderen Sphäre sind, jedoch mit dem wesentlichen und augenscheinlichen Unterschiede, daß sie als ein Vertrag zwischen den Staaten, in Ausübung ihrer souveränen Gewalt, der die Bürger derselben für gewisse Verhältnisse zu einem einzigen Gesammtvolke constituirt hat, nicht willkürlich von einem einzelnen der Staaten geändert oder aufgehoben werden kann; wie etwa die besondere Verfassung des einzelnen Staates durch die Majorität seiner Bewohner geändert oder aufgehoben werden kann.

Zu 2. Der Grundsatz, daß die höchsten Regierungsgewalten zwischen dem Gouvernement der Ver. Staaten und den Regierungen der Einzel-Staaten getheilt werden soll, ist mit klaren Worten in der Urkunde ausgesprochen: das Recht über Krieg und Frieden, über Verträge und Handel, das Besteuerungsrecht und andere der Centralregierung ausschließlich zugestandenen Regierungsrechte sind eben so souveränen Charakters, als diejenigen, welche den Regierungen der einzelnen Staaten vorbehalten worden sind.

Dabei ist die durch die Verfassung eingesetzte Regierung der Ver. Staaten im strengen Sinne des Wortes nicht weniger eine wirkliche Regierung in dem Kreise ihrer Befugnisse, als die auf Grund der Verfassungen der Staaten eingesetzten Regierungen für diese Staaten in dem Kreise ihrer Befugnisse, wirkliche Regierungen sind. Ihre Bestandtheile sind die nämlichen, sie zerfällt in eine executive, eine gesetzgebende und eine richterliche Gewalt. Sie umfaßt dieselben Verhältnisse, Personen und Sachen. Wie die Regierungen der Staaten hat sie Executionsmittel für ihre Beschlüsse zur Verfügung. Die Zusammenwirkung in gewissen Fällen ist nur ein Zug der besonderen Eigenthümlichkeit des Systems. Bei dieser ungewöhnlichen Theilung der höchsten Staatsgewalt und der Ausdehnung ihrer Wirkungen, hier über das Gesammtgebiet der Union, dort über das oft so beschränkte Gebiet des einzelnen Staates, konnte es der Aufmerksamkeit nicht entgehen, daß sich Streitigkeiten über die Ausdehnung der richterlichen Gewalt ergeben könnten. Wenn eine politische Organisation keinen Weg andeutet, wie eintretende Conflikte in friedlichem Wege ausgeglichen werden können, besitzt sie nur den Schatten einer *gesetzlichen* Regierungsgewalt; denn der Zweck einer jeden Staatsorganisation muß sein: Gesetz und Ordnung an die Stelle der Unsicherheit, Verwirrung und Gewalt zu setzen.

Hätte man diese endgültige Entscheidung eines Conflikts jedem der einzelnen Staaten, deren ursprüngliche Zahl von dreizehn heute schon auf vier und zwanzig gestiegen ist, überlassen wollen, so hätte sich augenscheinlich der Mißstand daraus ergeben, daß die Verfassung und Gesetze der Ver. Staaten in den verschiedenen Staaten verschiedene Auslegung und Aufnahme gefunden hätten, und daß die Verschiedenheit solcher unabhängigen Aufnahmen die Centralgewalt auf jedem Schritte gehemmt und die Union in gänzlichen Verfall gebracht hätte. Das Gesetz muß eine höchste, allseitig bindende Auslegung haben: das ist ein wahres Lebensprinzip für jeden geordneten Staatshaushalt. Uebrigens können auch die meisten Beschlüsse der Centralregierung gar nicht theilweise ausgeführt werden: sie müssen in allen Staaten vollzogen werden, oder in keinem. Würde z. B. eine indirekte Steuer in einem Staate nicht erhoben, würden sich die anderen die Erhebung gefallen lassen? Es ist bekannt, daß gerade dieser Grundsatz, dessen Wichtigkeit man aus der Erfahrung kannte, bei Entwerfung der Verfassung, besonders im Auge gehalten wurde. Man denke nur an die Conflikte, welche nothwendig zwischen den Staaten, welche Häfen besitzen, die den Handel beherrschen, und denen die keine besitzen, entstehen müßten, wenn jene absolute Wirksamkeit der Beschlüsse der Centralgewalt für alle Staaten nicht bestände. Der Verfügung der Regierung des besonderen Staates eine gleiche Kraft mit jener der Centralregierung einzuräumen, hieße Gewaltthätigkeit und Friedensbruch auf jedem Schritte heraufbeschwören. Man denke nur an den Fall, daß der Ver. Staaten-Beamte ein Dekret vollziehen wollte, während der Staats-Beamte den Befehl hätte, dasselbe nicht vollziehen zu lassen! Die endgültige Entscheidung gäbe dann die physische Gewalt, worüber dieser oder jener Beamte zu verfügen hätte: die principielle aber die politische Gesinnung und Parteistärke in den verschiedenen Staaten, und das Resultat wäre: der Bürgerkrieg!

Welche Verzögerungen, Unzweckmäßigkeiten und Unkosten würden sich auch an das System knüpfen, jede mißliebige Verfügung des Congresses der Billigung der Staaten zu unterwerfen — ganz abgesehen von der Nichtachtung, welche sich durch die beständige Wiederholung solcher Untersuchungen allmälig gegen die höchste Staatsgewalt einnisten würde.

Die Entscheidung über alle entstehenden Meinungsverschiedenheiten zwischen der Föderalregierung und den Staatsregierungen erst in dem diplomatischen Wege ausgleichen zu wollen, wie zwischen unabhängigen souveränen Staaten, würde dahin geführt haben, daß die Verfassung der Ver. Staaten ganz ihr Ansehen verloren hätte. Hätten sich solche Unterhandlungen zerschlagen, so wäre nur der Ausweg geblieben, den unabhängige souveräne Staaten einschlagen, wenn ihre Unterhandlungen scheitern, nämlich: **Krieg**: Die Behauptung, daß hier nach der Analogie verfahren werden müßte, als wenn verschiedene Zweige der höchsten Staatsgewalt über eine Frage uneinig wären, ist durchaus irrig. In solchem Falle **muß** immer ein Uebereinkommen getroffen werden, um die Maschine nicht still stehen zu machen, allein bei einem Streite zwischen der Centralgewalt und den Regierungen der Staaten wäre es ganz anders, da beide eine vollständig geordnete Vertheilung der Staatsgewalt in die gesetzgebende, vollziehende und richterliche Gewalt haben, und beide Theile eine physische Macht zur Vollziehung ihrer Beschlüsse besitzen. Nimmt man auch im günstigsten Falle an, daß die Ausgleichung bei den meisten Veranlassungen eine gütliche sein werde, muß man nicht zugeben, daß sich in gar manchen anderen, einer der Staaten hartnäckig weigern, und nöthig machen würde, zu dem letzten Mittel zu greifen? Wer das leugnen will, versteht die menschliche Natur nicht, ja der kennt nicht einmal die Lehren, welche unsere eigene Geschichte gibt. — Darum hat die Verfassung im gerechten Mißtrauen auf alle andere Auskunftsmittel selbst ausdrücklich erklärt: 1) daß die Verfassung und die Beschlüsse der Ver. Staaten, so wie alle unter Autorität der Ver. Staaten abgeschlossenen Verträge das höchste Gesetz für das ganze Land sein sollen. 2) Daß die Gerichte in allen Staaten dadurch gebunden sein sollen, ungeachtet aller entgegenstehenden Bestimmungen in der Verfassung oder in den Gesetzen der einzelnen Staaten. 3) Daß die richterliche Gewalt der Ver. Staaten sich auf alle Verfassungsfragen der Ver. Staaten rc. in der ganzen Union erstrecken sollen.

Zur Gewährleistung der den Einzelstaaten als solchen vorbehaltenen Rechte, und zum Schutze gegen Uebergriffe der Centralgewalt hat dagegen die Verfassung ein Gegengewicht herzustellen gesucht; 1) in der Verantwortlichkeit, welche die Ver. Staaten-Senatoren gegen die gesetzgebende Gewalt und das Volk ihrer besonderen Staaten haben; — 2) in der Verantwortlichkeit des Präsidenten gegen das ganze Volk der Ver. Staaten; — in dem Rechte, das die Repräsentanten der einzelnen Staaten haben, executive und richterliche Beamte der Ver. Staaten in Anklagezustand zu versetzen.

In wie weit diese Garantien ihren Zweck erreichen, kann nur die Zeit lehren. Bis jetzt aber scheint die Erfahrung dafür zu sprechen, daß die in derselben liegende Controlle über die Beamten der vollziehenden und gesetzgebenden Gewalt stark genug ist. So machte die auf die anstößigen Fremden- und Aufruhr-Akte folgende Wahl denselben bereits ein Ende. Alle andern bis jetzt erlassenen Akte aber können wir mit Gewißheit annehmen, wurden von der Mehrheit des Volkes gutgeheißen, mag auch die Erbitterung Einzelner gegen dieselben noch so stark gewesen sein. Wir können daher auch für die Zukunft annehmen, daß der Probierstein sich in gleichen Voraussetzungen als zuverlässig erweisen werde.

Hinsichtlich der richterlichen Gewalt der Ver. Staaten und der Befugniß des höchsten (Ver. Staaten) Gerichtshofes, die Competenz der Gerichte der Ver. Staaten und der einzelnen Staaten endgültig festzusetzen, kann ich mich auf das beziehen, was darüber in der 39. Nummer des Föderalisten gesagt ist*), um nachzuweisen, in welchem Lichte die Sache zur Zeit der Annahme jener Bestimmung betrachtet wurde, und ich glaube, daß dieselbe Ansicht auch heute noch vorherrschend ist. Dagegen steht es allerdings fest, daß die Entscheidungen des höchsten Gerichtshofes der Ver. Staaten in den seiner Competenz also vorbehaltenen Fällen sich nicht alle rechtfertigen lassen. Die Zeit liegt nicht fern, wo sich Richter von dem leidenschaftlichen Parteitreiben fortreißen ließen, und ihre Würde durch Entscheidungen kompromittirten, welche allgemein und mit Recht getadelt wurden. Mit Ausnahme solcher, glücklicher Weise nicht häufigen Fällen läßt sich übrigens auch hier wieder behaupten, daß im Allgemeinen die Entscheidungen dem vorherrschenden Volksgeiste entsprechend ausfielen. Diejenigen, welche die höchste richterliche Gewalt der Ver. Staaten beanstandet oder bezweifelt, und doch wieder das Entkräftungsrecht der Staaten bestritten haben, überlegen nicht, daß eine

*) Dort heißt es: Es ist wahr, daß in Competenzkonflikten zwischen Staats-Gerichtshöfen u. Ver. St.-Gerichtshöfen es den letzteren zusteht, den Conflikt zu entscheiden. Allein dadurch wird an dem Grundsatze nichts geändert. Nach den Bestimmungen der Constitution muß die Entscheidung eine **unparteiische** sein, und es sind die besten und wirksamsten Vorkehrungen getroffen, diese Unparteilichkeit zu gewährleisten. Irgend ein Gericht muß doch in der Sache kompetent sein, wenn man solche Conflikte nicht mit dem Schwerte will entscheiden lassen, und es war doch unter allen Umständen geeigneter, die Entscheidung der Föderaljurisdiction, als den Staats-Gerichten zuzuerkennen.

höchste richterliche Gewalt in dem ganzen Reich, ein Widerspruch ist, und daß ohne sie gar kein Gegengewicht vorhanden sein würde, indem die Ver. Staaten-Beamten von den Staaten gewählt werden, und ihnen verantwortlich sind, während die Staats-Beamten ganz ohne Zuthun und Controlle der Ver. Staaten gewählt werden, und diesen nicht verantwortlich sind, und auch den Ver. Staaten keinerlei verfassungsmäßige Controlle über die Staaten zusteht. Würde man ein Recht, wie es am Eingange dieses Abschnittes geschildert ist, den Staaten einräumen, so würden sie ganz ohne Zweifel unbefugte Gesetze erlassen und sie ausführen, ohne sich im geringsten um entgegenstehende Verfügungen in der Verfassung und in den Gesetzen der Ver. Staaten zu kümmern. Dieses würde zur faktischen Entkräftung führen, gleichviel durch welchen Zweig der Regierungsgewalt, und die Wirkung wäre immer gleich schädlich und das Rechtsverhältniß zwischen der Föderal-Gewalt und den Staaten-Regierungen untergrabend.

Sollten wirklich die Gewährleistungsbestimmungen in der Constitution unzureichend sein, die Rechte und die Regierungen der Staaten gegen Uebergriffe und Mißbräuche Seitens der Centralgewalt zu sichern, so kann eine Abstellung nur in einer auf verfassungsmäßiger Weise zu bewirkenden Aenderung der Verfassung erreicht werden.

Wenn aber alle constitutionellen Mittel fruchtlos blieben und die Uebergriffe und Mißbräuche so weit gingen, daß ein passiver Gehorsam schlimmer wäre, als aktiver Widerstand und Revolution, so bleibt nur das letzte Mittel übrig: den Bundesvertrag zu vernichten, und nach den unveräußerlichen Rechten und zu dem Selbstschutze zurück zu greifen. Dieses ist am Ende immer das letzte Mittel, mag die Staatsregierung consolidirt, conföderirt oder sonst constituirt sein, wie sie wolle.

Man hat als Auskunftsmittel vorgeschlagen, daß jedem einzelnen Staate das Recht zustehen solle, falls er sich gegen eine Entscheidung der Ver. Staaten verletzt hält, an das Urtheil aller übrigen Staaten, als die Faktoren der Bundesgewalt zu appelliren. Wenn dann drei Viertheile der Staaten gegen seine Beschwerde seien, so solle sie fallen, wenn nicht, so solle die Entscheidung der Centralgewalt für ihn nicht bindend (nullified) sein.

Nur die Namen und das Ansehen Derjenigen, welcher dieser Theorie das Wort geredet haben, veranlaßt mich, sie zu widerlegen.

Wäre die verlangte Majorität der Ver. Staaten umgekehrt, so daß also drei Viertheile der Staaten die Beschwerde begründet finden müßten, um die Entscheidung zu entkräften, und sollte die Appellation den Vollzug der Entscheidung suspendiren, so wäre wenigstens eine Analogie mit der Bestimmung der Verfassung zu finden, wo noch die Zustimmung von drei Viertheilen der Staaten nothwendig ist, um einen Abänderungs-Antrag der Verfassung durchzusetzen. So aber ist die vorgeschlagene Art der Ausgleichung doch auch nichts, als ein absolut willkürlich aufgestelltes Verhältniß.

Die Entkräftungsgewalt des Staates soll also die Entscheidung der Centralgewalt suspendiren, und ganz aufheben, wenn sie nicht von drei Viertheilen aller Staaten aufrecht erhalten wird!

Bedarf es mehr als eine bloße Erwähnung des Vorschlags selbst, um seine ganze Unzulässigkeit darzuthun? Ein sehr kleiner Bruchtheil, wie ein Viertheil der Gesammtzahl der Staaten, also dermalen sieben Staaten von vier und zwanzig soll vernichten können, was drei Viertheile, heute also siebenzehn als höchstes Gesetz anerkennen und gutheißen? Möglich, daß die sieben einmal Recht und die siebenzehn Unrecht haben mögen, aber ein solches Mißverhältniß müßte ja die ersten Grundsätze der Regierung zusammen werfen, ja praktisch die ganze Regierung über den Haufen stürzen.

Außerdem ist die Verfassung als ein Ganzes dem Volke vorgelegt, und als ein Ganzes einstimmig angenommen worden. Darin ist bestimmt, daß nicht weniger als drei Viertheile der Staaten dazu gehören eine Aenderung Dessen zu bewirken, was einstimmig angenommen worden ist. Ja, die Vorsicht geht noch weiter, und fordert in zwei Fällen von ganz besonderem Interesse Einstimmigkeit aller Staaten.

Als die Verfassung als ein Ganzes angenommen ward, waren gewiß viele Bestimmungen darin, welche, wären sie einzeln zur Abstimmung gekommen, verworfen worden wären. Es liegt das auf auf flacher Hand, daß man einzelnes Mißliebiges, wenn es mit vielem Guten unabänderlich zusammen hängt, mit drein nimmt. Die Annahme einer freien Verfassung wird immer nur durch wechselseitige Zugeständnisse zu Stande kommen; es werden immer Bestimmungen darin sein, die sich gegenseitig bedingen und das Gegengewicht halten. Gibt es eine Staatsverfassung von all den vier und zwanzig Staaten, welche die Probe bestände, jede einzelne Bestimmung von dem Volke angenommen zu sehen, wenn sie ihm zur Abstimmung vorgelegt würde?

Ueber das Schicksal der Verfassung kann kein Zweifel bestehen, wenn es einer kleinen Minorität freistünde zu vernichten, was eine große Majorität angenommen hat!

Die Schwierigkeit wird dadurch nicht beseitigt, daß die obige Appellation nur bei Entscheidungen auf Analogie zulässig sein soll. Wie unendlich groß ist die Zahl solcher Entscheidungen, und wie unendlich groß kann sie erst noch werden. Ja, wie viele würde man erst absichtlich schaffen, nur um sie in obiger Weise angreifen zu können?

Allen diesen und ähnlichen Vorschlägen läßt sich einfach mit dem Satze begegnen, daß die Verfassung ein Vertrag ist, dessen Inhalt nach den von ihr selbst festgestellten Regeln ausgelegt werden muß. Diese Regeln sind ein Theil des Vertrages selbst, und keiner der contrahirenden Theile hat ein Recht, diese Regeln zu beanstanden; so wenig wie den ganzen Vertrag. Nur ein so überwältigender Mißbrauch dieser Regeln, nur eine so offenbare Verletzung dieses Vertrages kann eine Kündigung rechtfertigen, welche, wenn sie einträten, die ganze Natur und Bedingung des Vertrags aufgehoben hätten.

Man hat sich, wie Sie sagen, zur Unterstützung der Entkräftungstheorie auf die Beschlüsse der Legislatur von Virginien in den Jahren 1798 und 1799 berufen.

Die Erfahrung lehrt, wie vorsichtig man in der Auffassung einer außer unserer Zeit liegenden Erscheinung sein muß, um nicht über ihren Charakter irre geführt zu werden. So haben auch gewiß Diejenigen, welche fragliche Beschlüsse als Beleg ihrer Ansicht aufführen, vielleicht unabsichtlich deren Bedeutung verkannt.

Ganz abgesehen von allgemeinen philosophischen und praktischen Unterscheidungen, die man bezüglich jener Virginischen Beschlüsse aufstellen kann, so geht aus den Debatten im Abgeordneten-Hause und der Adresse, welche die beiden Häuser zur Rechtfertigung ihrer Beschlüsse an das Volk richteten, klar hervor, daß die Beschlüsse das durchaus nicht bezweckten, was man daraus folgern will. Die Reden sind gewiß von Jedem, der sie gehalten, sorgfältig für den Druck revidirt worden, und die Debatte ist sehr klar zusammen gestellt: darin findet sich aber auch nicht die entfernteste Andeutung, daß einem einzelnen Staate das Recht vindicirt werden sollte, einen Beschluß oder ein Gesetz der Ver. Staaten gewaltsam außer Kraft zu setzen. Der vorherrschende Zweck war ein Zusammenwirken der Staaten zur Abstellung der in dem Fremden- und Aufruhr-Gesetze erkannten Rechtswidrigkeit hervorzurufen. Die ganze Maßregel war, die anderen Staaten einzuladen, mit ihr (der Virginischen Assembly) gemeinsame Sache zu machen in Ergreifung nöthiger und gemeinschaftlicher Maßregeln zur Sicherung der den Staaten und dem Volke vorbehaltenen Rechte. Welche Maßregeln hier gemeint sind, kann gar nicht zweifelhaft sein. Es sind die von der Verfassung selbst gebotenen; eine dem Volke und den Legislaturen der Staaten zustehende Controlle über die Handlungen der Föderal-Regierung kann man nicht in Abrede stellen, und es war gerade diese Controlle, welche bei der ersten Gelegenheit die Abhülfe im Gefolge hatte. Ja in dem Entwurfe der Beschlüsse finden sich hinter dem Worte: verfassungwidrig die Worte: kein Gesetz, sondern total nichtig, wirkungslos und unverbindlich. Diese Worte sind in der offiziellen Fassung der Beschlüsse auf einstimmigen Beschluß ausgestrichen worden. Allerdings ist das Wort „verfassungswidrig" gleichbedeutend, um aber jedes Mißverständniß zu vermeiden, gebrauchte man dieses allein, weil daraus keine Folgerung gezogen werden konnte, wie aus den anderen.

Die mit den Beschlüssen veröffentlichte Adresse an das Volk ist ein fernerer Beleg für meine hier geäußerte Ansicht. Diese Adresse warnt das Volk vor dem um sich greifenden Geiste der Centralregierung, entwickelt die Verfassungswidrigkeit der Fremden- und Aufruhr-Akte, weißt auf andere Verhältnisse hin, wo die von der Verfassung gezogene Grenze überschritten worden sei, denuncirt die gefährliche Tendenz, durch Schlußfolgerungen sich neue Befugnisse beizulegen, kurz stachelt das Volk auf, gegen das gefährliche Streben der Föderal-Gewalt sich zu consolidiren und auszudehnen, auf der Hut zu sein. Aber es findet sich kein Wort darin, das auf das Ergreifen anderer Mittel zur Abwehr dieser Uebergriffe und Verletzungen hindeutete, als solcher, wie sie die Verfassung an Hand gibt.

Bedürfte es noch eines weiteren Beweises, so findet er sich in den Antworten der Staaten, welche sich gegen jene Beschlüsse erklärten. Abgesehen von einigen Seitenhieben auf die aufreizende Absicht der Beschlüsse, gehen alle diese Antworten von dem Gesichtspunkte aus, daß einem einzelnen Staat das Recht nicht zustehe, ein von den Ver. Staaten erlassenes Gesetz verfassungswidrig zu erklären. Sie nannten ein solches Verfahren einen unverantwortlichen Eingriff in die ausschließliche Gerichtsbarkeit des höchsten Ver. Staaten-Gerichtshofes. Hätte man darin gar eine Absicht erkannt, einem von den Ver. Staaten erlassenen Gesetz von Seiten eines einzelnen Staates Widerstand zu leisten, so würden die fraglichen Antworten gewiß nicht unterlassen haben, diese Absicht ihrer Kritik zu unterwerfen.

Mit herzlichem Gruße

James Madison.

Zwölftes Kapitel.

1799.

Washington's Eigenschaften und sein Tod.

Washington zu Mount Vernon—Sein Interesse an den öffentlichen Angelegenheiten—Erlebte den Frieden mit Frankreich nicht—Erkältet sich am 12. December—Durchnäßt und fieberhaft—Erkältung wirft sich auf den Hals—Heftig krank in der Nacht vom 13.—Vergebliche Bemühungen der Aerzte—Stirbt zwischen 10 und 11 Uhr in der Nacht vom 14.—Marshall's rührende Ansprache an das Haus—Congreß nimmt Beschlüsse an—Leichenbestattung—General Lee's Rede—Allgemeine Trauer—Dem Andenken Washington's schuldiger Tribut—Wie er von den berühmtesten Männern beurtheilt wurde—Tuckermann's vorzügliche Schilderung seines Lebens und Charakters—Anhang zum zwölften Kapitel: I. Marshall über Washington's Charakter—II. Nekrolog aus einem Londoner Journal—III. Auszug aus Mason's Gedächtnißrede über Washington.

Nachdem Washington in seiner Eigenschaft als commandirender General Alles für den Fall eines Krieges mit Frankreich vorbereitet hatte, ging er auf seinen Landsitz Mount Vernon zurück, wo er seine Zeit mit ländlichen Beschäftigungen zubrachte, so weit es ihm die zahlreichen und nicht abzulehnenden Besuche gestatteten. Gleich jedem patriotischen Bürger damaliger Zeit wachte er über die Ereignisse und betrieb die Rüstungen zum Widerstande gegen die französischen Anmaßungen mit Eifer und Thätigkeit. Seine Ansicht war, daß nach dem frechen Hohn, den das französische Gouvernement sich gegen Uns erlaubt hatte, die Ehre unseres Landes gebiete, auf entschuldigenden Erklärungen Seitens des Directoriums zu bestehen, ehe Wir auf eine Ausgleichung eingehen dürften. Es läßt sich mit Recht bezweifeln, daß er die oben geschilderten Schritte des Entgegenkommens von Seiten des Präsidenten billigte; er betheiligte sich indessen nicht an der Discussion darüber und schien ruhig abwarten zu wollen, ob dieser Schritt das erwartete Resultat haben werde. Wir haben schon erwähnt, was er von einem Einfalle der Franzosen in unser Land hielt und seine Ansicht bewährte sich auch wieder als die richtige. Die Franzosen hatten nie ernstlich daran gedacht, sich mit uns zu überwerfen. Es war ihnen gelungen, durch mittelbare Andeutungen und Versicherungen den Präsidenten zu bestimmen, eine neue Gesandtschaft zu ernennen, um mit den gewissenlosen Intriguanten an der Spitze der Regierung von Neuem zu unterhandeln; das genügte ihnen vorerst, da sie nicht daran zweifelten, ihre Absichten am Ende dennoch durchsetzen zu können. Im November 1799 schifften sich die amerikanischen Gesandten nach ihrer Mission ein und Washington wartete mit großer Spannung ab, was das Resultat derselben sein werde.

Aber er sollte den Ausgang nicht erleben! Der Abschluß eines rühmlichen Friedens, der seinem Herzen so wohl gethan hätte, sollte ihn nicht erfreuen. Gerüstet und bewaffnet, ungewiß, ob er nicht in der nächsten Stunde berufen sein werde, einen mächtigeren und gefährlicheren Feind zu bekämpfen, als der gewesen, den er im Revolutions-Kampfe überwunden hatte, wurde er plötzlich abgerufen. Das Schwert entsank seiner Hand und er schied dahin, wo ihn der Lohn seiner Großthaten erwartete.

Am 12. December war er mehrere Stunden lang zu Pferde, um verschiedene Arbeiten und Anlagen, die er in seiner Besitzung ausführen ließ, nachzusehen. Das Wetter war ungünstig: es regnete und schneite; Washington wurde auf dem Heimwege durchnäßt und fühlte sich vom Froste geschüttelt. Er legte indeß kein Gewicht darauf, sondern ritt am folgenden Tage abermals im Schneegestöber aus. Eine Hals-Entzündung war im Anzuge und er fühlte sich in der Nacht darauf ernstlich krank. Der ganze Schlund war geschwollen, er konnte vor Heiserkeit nicht sprechen, litt an Anfällen starken Fieberfrostes und Luftbeklemmung. Das Schlucken und Athemholen wurden immer schwerer und das Fieber wurde stärker. Auf seinen Wunsch ließ man ihm am Arme zur Ader; das Abzapfen von zwölf bis vierzehn Unzen Blut erleichterte ihn soweit, daß er verbot, noch in der Nacht nach dem Arzte zu senden.

Gegen eilf Uhr des nächsten Morgens (14. December) kam sein Hausarzt, Dr. Craik, und sah mit Bestürzung die raschen Fortschritte, welche die gefährliche Krankheit schon gemacht hatte. Auf seinen Wunsch wurden zwei in der Nähe wohnende Aerzte, Dr. Brown und Dr. Dick zugezogen. Man wandte verschiedene Mittel an, bot Alles auf, was die Kunst an Hand gab, allein es war Alles vergeblich. Er litt den ganzen Tag über große Schmerzen und es war augenscheinlich, daß er der Heftigkeit des Anfalls unterliegen würde.

Washington war seit dem Abende vorher überzeugt, daß er nicht wieder aufkommen werde. Er befolgte die Vorschriften der Aerzte mehr aus Pflichtgefühl, als daß er Hülfe davon erwartete. Als er sich Abends zu Bett legte, sagte er zu Dr. Craik: „Ich sterbe schwer, Doctor: allein ich fürchte den Tod nicht. Der Athem wird mir bald ausgehen!“ Dann sprach er mit großer Anstrengung den Aerzten seinen Dank aus und bat, ihn ruhig sterben zu lassen. So unterließ man die Anwendung fernerer Mittel und seine bewegten Freunde standen in banger Erwartung seines Hinscheidens um das Bett. Zwischen zehn und eilf Uhr in der Nacht athmete er seinen Geist aus; er hatte bis zum letzten Augenblick seine volle Besinnung behalten. Er war damals achtundsechszig Jahre alt.

Während seiner kurzen aber schmerzlichen Krankheit zeigte er eine musterhafte Fassung. Machte er auch in der Zeit keine Aeußerung, welche andeutete, daß seine Gedanken auf die Ewigkeit gerichtet waren, so läßt doch sein ganzes Leben nicht bezweifeln, daß er den Tod eines Christen starb. *)

*) Lear hat eine höchst interessante Schilderung der letzten Krankheit und des Todes von Washington, sowie der Leichenfeier, ge-

Mittwochs, 18. December, wurden seine sterblichen Ueberreste unter Begleitung einer großen Zahl seiner herbeigeeilten Verehrer und aller benachbarten Militärcompagnien, mit den üblichen kirchlichen Ceremonien, in der Familiengruft zu Mount Washington beigesetzt.

So starb Georg Washington, in reifem Alter, ruhig und gefaßt, wie es einem Christen geziemt. Seine Mission war vollendet; seine Arbeit gethan — für ihn gab es keine höhere Ehre und Auszeichnung, der er noch nicht theilhaftig gewesen wäre. Es blieb ihm nur noch übrig, zu sterben, wie er gelebt hatte, einer der größten Helden, der edelsten Patrioten, der hochherzigsten Staatsmänner, welche je die Erde geziert haben. Nur ein solcher Tod fehlte noch, um seinen Ruhm unvergänglich zu machen, so weit das Licht der Civilisation die Erde beleuchtete.

Der Congreß hatte gerade seine Sitzungen begonnen, als diese Unglücksbotschaft in Philadelphia eintraf. Washington's Krankheit war so kurz, daß die Nachricht seines Todes dem Bekanntwerden seiner Krankheit vorauseilte. Als das Haus Kenntniß davon erhielt, wurde sofort ein Antrag auf Vertagung gestellt. Am andern Morgen, dem 19. December, erhob sich
1799. John Marshall, der intime Freund des berühmten Todten, von seinem Platze und richtete folgende beredte und ergreifende Ansprache an den Präsidenten:

„Das traurige Ereigniß, das gestern noch bezweifelt wurde, hat sich jetzt leider nur zu sehr bestätigt. Unser Washington ist nicht mehr! Der Held, der Patriot und Weise von Amerika, der Mann, auf den in Zeiten der Gefahr Aller Augen gerichtet waren, auf dem Aller Hoffnungen ruhten, lebt jetzt nur noch in seinen großen Handlungen und in den dankbaren Herzen seines tiefbetrübten Volkes!

„Selbst wenn es nie Gebrauch gewesen wäre, seine Ehrfurcht laut für die Männer zu bezeugen, die der Himmel als seine Werkzeuge auserwählte, den Menschen Gutes zu erweisen, so war der Werth des Mannes, den wir jetzt beweinen, doch so ungewöhnlich und sein Leben so außerordentlich, daß das ganze amerikanische Volk, von denselben Gefühlen getrieben, einstimmig eine öffentliche Kundgebung seines tiefen und allgemeinen Schmerzes verlangen würde.

„Mehr als irgend ein anderer Mensch, ja so weit es überhaupt einem Individuum nur möglich war, hat er dazu beigetragen, unsere täglich mächtiger werdende Republik zu gründen und der westlichen Welt Freiheit und Unabhängigkeit zu erobern. Nachdem er die große Aufgabe, zu deren Erreichung Wir ihn an die Spitze unserer Armeen gestellt hatten, erkämpft hatte, sahen wir ihn sein Schwert in eine Pflugschar verwandeln und den Soldaten im Bürger aufgehen.

„Als sich die Schwäche unseres föderalen Systems zeigte und als die unseren großen Continent verknüpfenden Bande sich auflösten, sahen wir ihn an der Spitze jener Vaterlandsfreunde, welche eine Constitution für uns entwarfen, die, wie ich zuversichtlich hoffe, die Union erhalten und alle die Segnungen verewigen wird, welche unsere Revolution Uns versprochen hat.

---

schrieben, welche sich in Sparks' Life of Washington findet. S. 531.— Was Washington's religiöse Gesinnung betrifft, so kann man nach seinem ganzen Leben nicht bezweifeln, daß er ein aufrichtiger, wahrer Christ war. Es ist bekannt, daß Jefferson in seinem Anas (Works of Jefferson, Vol. IX., p. 198) den Versuch machte, Washington als einen Atheisten hinzustellen, wie er es selbst war. Er stützt sich dabei auf eine Aeußerung des Gouverneurs Morris. Allein die ganze Sache ist eine Erfindung. S. darüber Sparks' Life of Washington, p. 518—525.

„Gehorsam dem einstimmigen Wunsche seines Landes, das ihn zur Präsidentschaft berief, sahen wir ihn noch einmal aus der seinen Neigungen so entsprechenden Zurückgezogenheit hervorgehen und zu einer Zeit, die stürmischer und unruhiger als der Krieg selbst war, mit weiser Ruhe und Entschiedenheit die wahren Interessen der Nation verfolgen und mehr als irgend ein Anderer zur Gründung desjenigen Systemes beitragen, welches unseren Frieden, unsere Ehre und unsere Unabhängigkeit erhalten wird. Zweimal einstimmig zum ersten Magistraten eines freien Volkes erwählt, haben wir gesehen, wie Er der Welt ein seltenes Beispiel von Mäßigung gab, als er, seiner Wiedererwählung vollkommen gewiß, darauf bestand, in das Privatleben zurückzutreten!

„So wechselhaft auch Popularität, Volksgunst und öffentliches Vertrauen sind, für Ihn haben sie nie gewechselt, weder im Frieden noch im Kriege, weder im öffentlichen noch im Privatleben — sie waren fest und unerschütterlich, wie seine eigene Charaktergröße, wie seine eigene Tugend!

„Lassen Sie uns also unserem verstorbenen Freunde den letzten Tribut der Achtung und Verehrung entrichten! Lassen Sie die Gefühle der ganzen Nation auch die Gefühle ihrer höchsten Behörde sein! Ich schlage dem Hause die folgenden Anträge zur Annahme vor:

„Beschlossen, daß das Haus sich zu dem Präsidenten verfügt, um ihm sein Leid über das schmerzliche Ereigniß, welches das Vaterland in Trauer versetzt hat, auszudrücken —

— daß dieser Sitzungssaal schwarz verhängt werde und daß die Mitglieder des Hauses für die gegenwärtige Sitzung Trauer anlegen —

— daß ein Comite ernannt werde, um gemeinschaftlich mit einem Comite des Senats über die geeignetste Art zu berathen, wie dem Andenken des Mannes die gebührende Ehrenbezeugung abgestattet werden kann, welcher als der Erste im Kriege, der Erste im Frieden und der Erste in den Herzen seiner Mitbürger dasteht. —"

Am 23. December richtete der Senat folgendes Schreiben an den Präsidenten:

„Der Senat der Ver. Staaten nimmt sich die Freiheit, Ihnen seine tiefe Trauer über den Verlust auszudrücken, welchen das Vaterland durch den Tod des Generals Georg Washington erlitten hat! Dieses für alle unsere Mitbürger so schmerzliche Ereigniß muß Ihnen besonders nahe gehen, der Sie so lange sein Gefährte in den patriotischen Kämpfen für die Unabhängigkeit unseres Landes waren. Erlauben Sie uns, Herr Präsident, daß Wir unsere Thränen mit den Ihrigen vermischen! Bei einem solchen Anlasse ist das Weinen männlich! Einen solchen Mann in einer solchen Zeit zu verlieren, ist keine gewöhnliche Calamität für die Welt.

„Unser Vaterland betrauert das Hinscheiden eines Vaters! Der Lenker der Geschicke hat Uns unseres größten Wohlthäters, unserer schönsten Zierde beraubt. Wir müssen uns in Demuth unterwerfen, wenn Seine Hand uns Wunden schlägt!

„Mit gerechtem Stolze überblicken wir das Leben unseres Washington und vergleichen Ihn mit Jenen, welchen der Ruhm in anderen Ländern den Ehrenplatz eingeräumt hat. Wie traten die neuen wie die alten Zeiten vor Ihm in Schatten!

Größe und Schuld sind leider zu oft Zwillingsschwestern; aber der Charakter unseres Helden ist rein, wie die Sonne! Wie tief sinken die Helden, deren Großthaten im Zerstören bestanden, wenn wir seine Handlungen wägen! Sie beleuchten die Unlauterkeit des Ehrgeizes und verdüstern den Glanz des gewöhnlichen Schlachtenruhmes! Jetzt ist seine Laufbahn abgeschlossen, die Reinheit seines Ruhmes ist gesichert vor dem Schmutz, den das Leben darauf werfen könnte! Je näher er dem Grabe rückte, je tiefer sank die Schale seiner Ehre — er hat sie jetzt niedergelegt, wo kein Unglück sie ihm rauben, wo keine Bosheit sie ihm streitig machen kann. Vom Himmel begünstigt durfte er sterben, ohne der Schwäche der menschlichen Natur den Tribut abzustatten. Groß war er selbst im Tode und das Grab hat seinen Glanz noch blendender gemacht!

„Das ist der Mann, um den wir trauern! Gott sei gepriesen, daß sein Ruhm über alles Irdische erhaben ist. Er wird fortleben, rein und groß auf der Erde, wenn auch sein Geist unter den Seligen weilt ......

„Lassen Sie Uns, seine Landsleute, das Andenken des heldenmüthigen Generals, des patriotischen Staatsmannes, des tugendhaften Weisen verehren! Lassen Sie uns unsern Kindern lehren, daß sie Ihm ihre Freiheit und ihr Glück verdanken, daß die Früchte, welche sie erndten, seine Aussaat waren! — —"

Auf diese Adresse gab der Präsident am nämlichen Tage folgende Antwort:

„Mit dem tiefsten und innigsten Gefühle der Verehrung empfange ich Ihre eindrucksvolle Adresse, den Schmerzensausdruck Ihres Leides über den Verlust unseres würdigsten, verehrtesten und berühmtesten Mitbürgers!

„In der Fülle meiner Empfindungen über dieses traurige Ereigniß erlauben Sie mir Ihnen zu sagen, daß ich Ihn in den düstersten Epochen, in den schwierigsten Lagen seines reichen Lebens, eben so wie in der Zeit seiner größten Triumphe, des strahlendsten Glückes gesehen und stets seine Weisheit, Mäßigung und Seelengröße zu bewundern Ursache hatte.

„Von allen Jenen, die im Jahre 1774 zu dem denkwürdigen Bunde zusammentraten, welcher zuerst den souveränen Willen einer freien Nation als Grundsatz der Verfassung in diesem Welttheile proklamirte, war er der einzige mir noch zur Seite stehende Gefährte und sein Verlust würde Mich, der älter und dessen Gesundheit mehr erschüttert ist, als die seinige es war, gänzlich niederbeugen, wenn mich nicht die allgemeine Sympathie, womit alle unsere Mitbürger, ohne Rücksicht auf Alter oder Klasse, die Trauer über den erlittenen Verlust theilen, aufrichtete!

„Das Leben unseres Washington kann durch Vergleichung mit den Berühmtheiten anderer Länder nicht verlieren. Purpur und Krone hätten die Erhabenheit jener Tugenden nur verdunkeln können, welche ihn, den einfachen Bürger, zum strahlenden Gestirne gemacht haben! Selbst wenn ihn vor dem Abschlusse seines Lebens noch das Unglück verfolgt hätte, könnte sein Ruhm nur in den Augen jener oberflächlichen Menschen verdunkelt werden, welche die Größe nur nach dem Erfolge messen. Nie wäre es der Bosheit gelungen, seine Ehre zu trüben; eine glückliche Ausnahme von der allgemeinen Regel, konnte ihn selbst der Stachel des Neides nicht verwunden! Sein

Tod kam nicht zu zeitig für seinen Ruhm; für seine Mitbürger kam er zu früh, wenn er auch das höchste Lebensalter erreicht hätte — für Mich fiel er in den unglücklichsten Zeitpunkt. Ich muß mich in Demuth der höheren Fügung unterwerfen!

„Das Muster, als welches er uns vorschwebt, ist vollkommen. Er wird unseren Magistraten und Bürgern nicht blos jetzt, sondern zu allen Zeiten, so lange die Welt stehen wird, als ein Beispiel der Weisheit und Tugend vorleuchten! Möge die Geschichte ihm so gerecht sein, als er es verdient! —"

Es wurde ein gemeinschaftliches Comite beider Häuser ernannt, um über die von der Nation zu begehende Trauer zu berathen. Dasselbe berichtete am 23. und folgender von ihm gestellte Antrag wurde einstimmig angenommen:

„Beschlossen durch den Senat und das Haus der Repräsentanten des Congresses der Ver. Staaten:

„Daß ein Denkmal von Marmor im Kapitol zu Washington errichtet und die Familie des Generals Washington um ihre Zustimmung ersucht werden soll, die irdischen Ueberreste des Dahingeschiedenen unter jenem Denkmale bestatten zu lassen. Auf dem Monumente sollen die denkwürdigsten Ereignisse seiner militärischen und politischen Laufbahn passend vorgemerkt werden.

„Ferner Beschlossen, daß am Donnerstag den 26. dieses ein feierlicher Leichenzug von der Congreßhalle nach der deutsch-lutherischen Kirche zu Ehren des Generals Georg Washington stattfinden soll; daß darauf eine Leichenrede vor beiden Häusern des Congresses gehalten werden soll und daß der Präsident des Senates und der Sprecher des Hauses die Vorbereitung dieser Rede einem Congreßmitgliede aufzutragen ersucht sind.

— „Daß das Volk der Ver. Staaten aufgefordert werden soll, während dreißig Tagen einen Trauerflor am linken Arme zu tragen, weßhalb der Präsident der Ver. Staaten eine Proklamation zu erlassen ersucht ist.

— „Daß der Präsident der Ver. Staaten ersucht sein soll, eine Abschrift dieser Beschlüsse an Madame Washington gelangen zu lassen, worin er sie der Hochachtung des Congresses versichern, ihr das Beileid desselben für den sie betroffen habenden Verlust aussprechen und sie um ihre Zustimmung bitten wolle, daß die Ueberreste des Generals Georg Washington in der oben angedeuteten Weise beigesetzt werden."—

Auf den von Adams an Frau Washington gerichteten Brief, welchem die Abschrift obiger Beschlüsse beilag und worin sie um ihre Zustimmung gebeten wurde, die irdischen Ueberreste ihres Gemahles unter dem zu errichtenden Monumente beisetzen zu lassen, antwortete sie, ganz im Sinne des Verstorbenen, „daß sie durch dessen Beispiel gelehrt worden sei, ihre eigenen Wünsche dem Allgemeinen unterzuordnen und daher in die Anordnung des Congresses willige, so sehr auch ihre Gefühl darunter litten." *)

---

*) Das Monument wurde jedoch nicht errichtet. Eine solche Anerkennung der militärischen und staatsmännischen Verdienste Washington's war Jenen ein Dorn im Auge, welche sich von Anfang herein zur Aufgabe gemacht hatten, seine Administration anzufeinden. Der Beschluß war zwar einstimmig angenommen worden, hatte aber dennoch in's Geheime viele Gegner. Die alte Oppositionspartei, welche zwar jetzt in der Minderheit war, aber immer noch beinahe die Hälfte des Repräsentantenhauses

Die Leichenfeierlichkeit zu Ehren Washington's war imposant und eindrucksvoll. Die Procession von der Congreßhalle bis zur Kirche war außerordentlich zahlreich. General Lee hielt eine der Feierlichkeit angemessene Gedächtnißrede, von welcher wir hier nur einige Stellen anführen wollen:

„Wie wird es mir gelingen, meine gerührten Mitbürger, Ihnen seinen hohen Werth klar zu machen? Mit welchem seiner Vorzüge soll ich beginnen, da er in allen seinen Beziehungen so edel, so aufopfernd für sein Vaterland war, als Mensch, als Soldat, wie als Staatsmann?

„Wollen Sie mir an die Ufer des Monongahela folgen, wo unser Washington in jugendlichem Alter die Stütze des unglücklichen Braddock war und die Trümmer einer von wilden siegsberauschten Barbaren geschlagenen Armee durch Klugheit und Muth von gänzlicher Vernichtung rettete? Oder soll ich Sie an die Zeit erinnern, wo er vom Congreß zum Befehlshaber jenes Heeres ernannt wurde, welches unser Vaterland zum Widerstand gegen die Unterdrükkung für seine Freiheit in's Feld zu stellen beschloß? Denken Sie an die Belagerung von Boston, wo er einen undisciplinirten Bauernhaufen zum Siege und zu der größten Ausdauer und Freiheitsliebe begeisterte? Denken Sie an die traurigen Scenen auf Long Island, auf der Insel von New York, in New Jersey, wo er mit Rekruten und kampfscheuen Milizen den auserlesensten Kerntruppen in dreifacher Zahl gegenüber gestanden hat wie ein Bollwerk der Freiheit? Wollen Sie ihn in der verzweifelten Lage zu Trenton sehen, wo die Muthlosigkeit in den Reihen unserer kleinen, abgerissenen stets überwundenen Schaar allgemein war, während er allein den Muth und die Ausdauer nicht verloren hatte? Wo er in tiefer Winternacht den mit Eis bedeckten Strom unter Schnee und Hagel kreuzte und furchtlos auf dem von Feinden dicht besetzten Ufer landete, den Feind angriff und ihn besiegte? Mit der aufgehenden Sonne brach ein neuer Tag für das Vaterland an; das Ereigniß flößte dem Lande neuen Muth ein, die Straßen von Princeton sahen vollendet, was sein Genie unter den schwierigsten Umständen ausgesonnen! Wie wußte er mit seiner kleinen aber tapferen Schaar den Winter zu benützen, wie gelang es ihm, seine zahlreichen Feinde so wohlgerüstet und unter so guten Führern, im Zaum zu halten, wie reich, wie fruchtbar zeigte sich sein Genie in der Erfindung immer neuer Mittel, in der Entkräftung aller Anschläge, in der Lösung aller Zweifel? Neue Begeisterung wußte er unseren Vätern, uns selbst einzuflößen; mit fester Zuversicht schaarte sich das Volk um den verehrten Heerführer und folgte ihm durch alle die Irrgänge und rauhen Wege, durch welche uns das Schicksal zur Freiheit führte.

Wer hat die Thäler des Brandywine, die Felder von Germantown, die Ebenen von Monmouth vergessen? Ueberall sehen wir Ihn, alle Mängel überkommend, alle Hindernisse besiegend, aufrichtend, er-

ausmachte, affectirte der am Schlusse des Krieges beschlossenen Reiterstatue den Vorzug vor dem neu beschlossenen Marmor-Monumente zu geben. So stritt man sich hin und her und am Ende der Sitzung hatte man weder für das Eine noch das Andere Fonds bewilligt. Der Enthusiasmus verrauchte dann, die Gegner der Sache bespöttelten und tadelten die „Monumentensucht," als einen Deckmantel, die öffentlichen Gelder zu verschwenden; das Volk, sagten sie, würde seinem Liebling schon selbst ein Monument errichten. In Kurzem galt es für gleichbedeutend mit „Antirepublikanismus," wenn man für das Monument sprach.

munternd, die Stütze unseres schwankenden Gebäudes, eine ganze Armee durch sein Genie, seine Popularität ersetzend. Und welche Großherzigkeit dabei, welche Achtung für fremdes Verdienst! Wie jubelte er dem Sieger von Saratoga, seinem geliebten Kameraden aus den Carolina's entgegen? O! Washington hatte nichts von fremdem Ruhme zu fürchten, er konnte Greene und Gates das Lob spenden, das ihnen gebührte, ohne Ursache zu haben, auf sie eifersüchtig zu sein! Hatte Er sie doch inspirirt, hatten sie doch den Impuls von Ihm empfangen! Selbst den entferntest Stehenden theilte er Begeisterung und Energie mit, er selbst aber wandelte unbeirrt, wie das Sonnengestirn seine Bahn u. s. w.

Mit Recht kann man von ihm sagen, daß Er der Erste im Krieg, der Erste im Frieden, der Erste im Herzen seiner Mitbürger von keinem übertroffen war in den Eigenschaften des Menschen und Bürgers. Gott verehrend, gerecht, menschenfreundlich, mäßig und aufrichtig; sich stets gleich bleibend, würdevoll und imponirend wirkte sein Beispiel auf Alle um ihn her, und diese Wirkung blieb immer frisch und ungeschwächt!

Gegen Männer von gleicher Stellung war er zuvorkommend, gegen Niedere gütig, gegen die Gefährtin seines Lebens stets treu und zärtlich. Vor Ihm hatte das Laster nicht den Muth, sich zu zeigen — wo Er war, gewann die Tugend stets Zuversicht; die Reinheit seines persönlichen Charakters war die schönste Folie seiner öffentlichen Tugenden.

Sein Ende schloß sich würdig an sein ganzes Leben an. Von Schmerzen gefoltert, stieß er keinen Seufzer, keinen Jammerlaut aus; mit der Ruhe und Geistesheiterkeit, die man immer an ihm bewunderte, schloß er sein thatenreiches Leben ab. Und das war der Mann, den Amerika verloren hat! Das war der Mann, um welchen unsere Nation Trauer angelegt hat!"

Ueberall zeigte das Volk die aufrichtigste Betrübniß über den Tod seines großen Vaters und Wohlthäters. Redner, Geistliche, die Tagespresse — Alles, was lesen und schreiben konnte, gab sich dem Ausdrucke der in alle Herzen eingezogenen Betrübniß hin. — Alle wollten beitragen, das Andenken des großen, des guten Washington zu ehren! Das Ende des Jahrhunderts sah den größten Mann, den es hervorgebracht, dahin scheiden, während ein Anderer, nicht minder ausgezeichnet und hochberühmt als Feldherr, Politiker und Gesetzgeber in der nämlichen Zeit anfing, die Aufmerksamkeit der Welt auf sich zu lenken!

Bei dem Versuche, auch nur annähernd den Charakter Washingtons zu beschreiben, fühlen wir die Armuth der Sprache. Es giebt keine Worte, die Liebe auszudrücken, mit welcher Millionen Amerikaner den Vater ihres Landes verehren. Die reinsten Patrioten, die größten Redner, die begabtesten Staatsmänner, die besten Beurtheiler der menschlichen Natur haben es unternommen, den Charakter Washingtons zu schildern. John Marshall, Fisher Ames, D. Ramsey, Sparks, Daniel Webster, J. Mason, Paulding, Everett, W. Irving und Andere mehr haben den Tribut der Liebe dem Andenken Washington's gezollt. Der Charakter und das Leben dieses Mannes wurde in einer Fülle, mit einer Genauigkeit, man möchte sagen, mit einer anatomischen Kunst geschildert, wie sie vielleicht niemals auf einen andern Mann verwendet wurden. *)

Es würde daher eitel sein, zu glauben, daß Wir ein neues Licht auf einen Gegenstand zu werfen vermöchten, welcher von so vielen ausgezeichneten Männern gewiß besser behandelt worden ist, als wir es zu thun im Stande sind. Wir wollen daher den Versuch gar nicht machen, sondern zum Nutzen sowohl als zur Befriedigung des Lesers aus Henry F. Tuckerman's **Charakter-Studien** einige Stellen anführen.

Herr Tuckerman hat uns ermächtigt, aus seiner talentvollen Analyse von der Schönheit, der Größe und tiefen Bedeutsamkeit des Lebens und der Laufbahn Washington's beliebig zu schöpfen:

„Das Andenken Washington's ist das höchste und kostbarste National-Glück und muß von dem Künstler wie von dem Schriftsteller mit wahrer Ehrfurcht behandelt werden. Die Züge eines solchen Charakters zu verzerren oder seine Einheit zu zerreißen, ist nicht allein eine Versündigung gegen sein geheiligtes Andenken, sondern auch eine Nicht-Achtung der theuersten Rechte seiner Landsleute.

„Ihr habt Georg den Feldmesser," sagte Carlyle in seiner charakteristischen Manier zu einem Amerikaner, als von Helden die Rede war. In der That ist diese vielleicht spöttisch gemeinte Bezeichnung sehr treffend. Denn gerade die Ausübung dieses Berufes in jugendlichem Alter hatte den jungen Virginier unstreitig in einem Lande, wie das unsrige, ganz besonders zu der Rolle vorbereitet, die er später gespielt hat. Er übte sich im Ueberblicken der Oertlichkeit, gewöhnte sich, die Eigenthümlichkeiten eines jeden Terrains genau zu beachten, härtete sich zu einem Leben voll Beschwerden und Entbehrungen ab, gewöhnte sich an angestrengtes Reisen zu Pferde und zu Fuß, durch Dick und Dünn, durch Ströme und Wälder. Hunger und Durst, der freie Himmel als Obdach, der harte Boden zum Lager, die Abhärtung gegen Hitze und Kälte, Regen und Schnee, das Selbstvertrauen, die Körperkraft, die Energie, das Alles waren Folgen seiner Jugendbeschäftigung. Daher datirt auch sein scharfer Blick für Bodenbeschaffenheit und sein richtiges Urtheil von allen davon zu ziehenden Vortheilen. Seine spätere Lebensweise, der Ackerbau, die Jagd trugen zur Ausbildung dieser Anlagen und Eigenschaften bei. Das Leben im Freien, zu Pferde, mit der Büchse in der Hand, stärkte die Glieder und bildete den Charakter des Mannes. Wir möchten behaupten, daß namentlich die körperliche Ausbildung unseres Helden zum großen Theile solch rüstigem Leben in seiner Jugend zugeschrieben werden muß. Wie innig verwebt damit die Eigenschaft des Muthes ist, weiß Jedermann. Die Erfahrung lehrt, daß das Landleben, Jagd, Fischerei, körperliche Uebung den Nerv in der Structur des Menschen ausbilden und stählen, welchen das Leben in Städten, die Gewerbssorgen, die Handelsspeculationen abstumpfen. Man kann es daher ein Glück nennen, daß unserem Helden die Familien- und häuslichen Verhältnisse ein Jugendleben anwiesen, in dem sich die vorherrschenden Anlagen ausbilden konnten und sein hoher moralischer Sinn sich rein erhielt. Noch viele andere große Staatsmänner und Weltweise kennen wir, die eine gleiche Vorliebe für ländliche Beschäftigung hatten. Man könnte sagen, daß sie sich am Busen der Natur von den

*) In dem Anhange haben wir einige der besten Abhandlungen über Washington's Leben auszüglich mitgetheilt.

Sorgen und Täuschungen ihres öffentlichen Lebens und ihrer Studien erholten.

„Auch die socialen Verhältnisse der Umgebung, worin Washington seine Jugend verlebte, wirkten günstig auf die Entwicklung seiner körperlichen und geistigen Anlagen. Der Umgang mit Lord Fairfax, der in die Wildnisse Virginiens das Leben adeliger Grundbesitzer in England zu verpflanzen strebte, die Botschaften, welche ihm mehrmals von der Regierung aufgetragen wurden, halb militärischen, halb diplomatischen Charakters; die Erfahrungen, die er in dem unglücklichen Zuge Braddock's von den Vortheilen und Schwächen europäischer Disciplin und Taktik in unseren so dünn bevölkerten Wildnissen machte — das Alles bereitete ihn zu seinem späteren Feldherrn-Berufe vor. So hatte er sich in frühem Mannesalter die robuste Gesundheit des Jägers und Feldmessers, die scharfen Sinne des Grenzsoldaten, der gegen die Hinterlist des Indianers, das Verirren im pfadlosen Walde, die Witterungswechsel und die Fieberluft gleich abgehärtet ist; den würdevollen Anstand des Mannes von Welt, das feste Auftreten des Soldaten sowie endlich Geschäftskenntniß und Gleichgültigkeit gegen Strapazen und Entbehrungen angeeignet.

„Wenn nun allerdings sein feines Ehrgefühl, seine festen Grundsätze, die Selbstachtung, als geistige Eigenschaften, eben so wie die oben erwähnten durch sein früheres Leben erworbenen Erfahrungen und körperliche Vorbereitung den Menschenkenner wohl berechtigen konnten, seine künftige Auszeichnung zu ahnen, so bleibt es doch zu verwundern, daß in seiner früheren Lebenszeit keine eigentliche glänzende That verrathen hat, was in ihm lag. Braddock legte keinen Werth auf seinen Rath. Gouverneur Dinwiddie verkannte sein besseres Urtheil und kam darum erst nach Fort Duquesne, als es vom Feinde bereits aufgegeben war. Einen Sumpf trocken zu legen, eine Straße durch die Wildniß zu führen, eine Bande flüchtiger Soldaten in Sicherheit zu bringen, eine große Strecke Landes geschickt zu vermessen, Verträge mit den Indianern abzuschließen, sind allerdings ganz nützliche Dienste, allein sie trugen doch nur wenig bei, ihn berühmt zu machen, oder seine vorzügliche Begabung durchleuchten zu lassen. Man mag es immerhin für eine Gunst des Glückes halten, daß er weder durch eine Kugel noch Krankheit einen frühzeitigen Tod gefunden hatte, allein die Bevorzugung der englischen Officiere vor denen aus den Provinzen, die mangelhafte Disciplin im Heere, die schlechte Vorkehrung zur Verproviantirung der Armee mit dem Nothdürftigen, erlittene Unfälle und Niederlagen stellten die Geduld Washington's auf eine so harte Probe, daß er nach langem und gegeduldigem Ertragen von Sorgen, Täuschungen und Widerwärtigkeiten, wofür er nicht einmal die Aussicht hatte, Anerkennung und Ruhm gewinnen zu können, es vorzog, freiwillig zurückzutreten, und nur die seine Nachbarn bedrohende Gefahr und das strenge Gebot der Pflicht vermochten es, ihn neuerdings zu bestimmen, wieder Dienste zu nehmen. Der Rückblick auf jene frühere Zeit seines Lebens gewinnt erst von den künftigen Ereignissen Interesse und Bedeutung. Wir sehen ihn in häuslicher Behaglichkeit und in den Strapazen und Entbehrungen des Grenzerkrieges, in einer achtbaren Unabhängigkeit des Privatlebens und in der verantwortlichen Stellung eines Regierungsbotschafters, in dem Lager wie im Rathe, in feiner Gesellschaft und im Walde den Wilden nachsetzend; aber stets sehen wir ihn sich gleichbleibend, voll Selbstbeherrschung, pflichtgetreu, ohne sich durch Entbehrungen oder trübe Aussichten niederbeugen zu lassen. Was er that, er that es mit Charakter und in Allem sehen wir nicht blos Aufopferungsfähigkeit, Pflichtgefühl, Entschlossenheit, Muth und Talent, sondern auch das Methodische, Positive, was ihn in allen Geschäftsbeziehungen charakterisirte. Es ist leicht, die ausgebildeten, so zu sagen potencirten Eigenschaften, welche ihn in seinem späteren hohen Berufe so auszeichnen und zugleich so scharf charakterisiren, auch in den minder wichtigen Vorgängen seines früheren Lebens wahrzunehmen.

„Die Laufbahn unseres Helden ist mit Verdienst und Ruhm so innig verwebt, daß es schwer hält, sich ihn in einer Epoche vorzustellen, wo er beide noch nicht besaß. Wir haben ganz vergessen, daß er zu der Zeit, wo er das Commando übernahm, weder populär noch als befähigter Officier allgemein anerkannt war. Einige Kameraden aus den früheren Zügen gegen die Franzosen, einige seiner Nachbarn von Mount Vernon, einige leitende Männer aus seinem Staate mögen seine Uneigennützigkeit, seine Tüchtigkeit und sein Selbstbewußtsein zu schätzen gewußt haben, allein die große Menge, welche Leben und Vermögen in dem großen Kampfe einzusetzen entschlossen war, kannte ihn nicht und er besaß auch keineswegs jene gewinnende Manier, welche einen neuen Führer oft in kurzer Zeit zum Abgott seines Heeres macht. Ebensowenig hatte er die diplomatische Gewandtheit, welche politische Parteigenossen fesselt. Unserer Ansicht nach ist keine Epoche seines Lebens interessanter, als die erste Zeit, nachdem er das Commando übernommen hatte. Damals ward er noch von den Ehrgeizigen verhöhnt; seine militärische Befähigung wurde selbst von seinen nächsten Freunden bezweifelt. Seine musterhafte Unthätigkeit wurde von Jenen verkannt, welche voll Ungestüm und Thatenlust auf das Signal zu handeln warteten. Die ruhige Ueberlegung, die innere Erregung, die exaltirte Hochherzigkeit, welche sich in seinen Briefen aussprechen, geben Beweis von einer Seelengröße, welcher keine seiner späteren Thaten gleichgestellt werden kann. Nie hat noch ein Mann in besserer Weise die tiefe Wahrheit der Milton'schen Sentenz bewährt, „daß auch Diejenigen ein wahres Verdienst haben, welche den richtigen Zeitpunkt ruhig abzuwarten verstehen." Wie peinlich muß es für ihn gewesen sein, in anscheinender Unthätigkeit zuzuwarten, seinen Thatendrang zu bezähmen, alle die Möglichkeiten, sich Ruhm und Ehre zu erwerben, vorübergehen zu lassen! Wie groß ist es wieder, ihn in den schwierigsten Verhältnissen allen Stürmen ungebeugt Trotz bieten, alle Ungeduld beschwichtigen, jede Muthlosigkeit aufrichten zu sehen, stets überzeugt, daß ihm seine Pflicht gebiete, unthätig zu bleiben, ohne sich um üble Nachreden, falsche Auslegungen und hämische Bosheiten zu kümmern, gegen welche ihm sein reines Bewußtsein und sein festes Vertrauen auf Gott zum sicheren Schild diente . . . . .

„Wie sorgfältig vermied Washington, in den officiellen Schreiben sein verletztes Selbstgefühl zu verrathen; mit welcher Zurückhaltung spricht sich dasselbe in seinen Privatbriefen aus, wie unverwandt war sein Auge auf den großen Zweck gerichtet, ohne daß er der Selbstliebe den kleinsten

Spielraum gestattete, die unter einer Bevölkerung so oft gekränkt werden mußte, welche noch nicht erkannte, wie nöthig er ihr war und wie uneigennützig er ihrem Wohle all sein Glück, alle seine Kräfte, sein ganzes Leben zu opfern bereit war!..

— — — — — — — —

„Wenn wir Alles, was wir von seinem Leben wissen, zusammenstellen und erwägen, muß uns die darin vorherrschende Methode, die vorwaltende strenge systematische Ordnung von Neuem überzeugen, wie merkwürdig dieser Mann für das Bedürfniß seiner Zeit ausgestattet war und es ist eines der großen Verdienste dieses Werkes, daß jener interessante Gesichtspunkt darin mehr hervorgehoben ist, als je zuvor. Jeder Zug seines Charakters tritt in irgend einem der geschilderten Ereignisse scharf hervor; selbst *seine Fehler*, wie sie einige strenge Sittenrichter bezeichnen, tragen dazu bei, seinen Einfluß zu erhöhen und zu seinem Erfolge mitzuwirken. Ein Mann von rücksichtsloserem Ehrgeize würde Alles auf einen verzweifelten Wurf gesetzt haben; ein Mann von kleinerem Selbstgefühle würde in Verhältnissen, wo die militärische Disciplin so unvollständig war, durch seine versöhnlichen Bemühungen alle äußere Achtung verloren haben; ein Mann von weniger solidem und mehr speculativem Sinne würde alle seine Aussichten durch unvorsichtige Maßregeln compromittirt haben; ein weniger uneigennütziger Mann würde aus verletzter Selbstliebe und ein weniger fester aus Ungeduld und Aerger von der Sache zurückgetreten sein; ein Mann, dessen Leben und Beweggründe nicht die strengste Prüfung zu bestehen vermochten, würde bald das allgemeine Vertrauen verloren gehabt haben. Nur moralische Consequenz und edles Selbstbewußtsein konnten die auseinandergehenden Bestandtheile zusammenhalten und die verschiedenen Ideenrichtungen des Volkes nach einem bestimmten Ziele zu lenken. Ueber alles Andere aber war es das glückliche Gleichgewicht seiner geistigen mit seinen erworbenen Eigenschaften und die darauf basirte beispiellose Selbstbeherrschung, ohne welche gerade hier ein Erfolg ganz unmöglich war, welche ihn für die Lage so vorzüglich geeignet machten. Moses war nicht besser zum Gesetzgeber, Dante nicht besser zur Vermittlung der mittelalterlichen Poesie mit der Civilisation der Neuzeit berufen, als der Geist, die Manier, die Gemüthsart, die physische und geistige Ausstattung und die Grundsätze Washington gleichsam als den vom Himmel erkorenen Führer, Staatsmann, kurz als den Gründer eines neuen Reiches bezeichneten. Selbst die Ruhe, der praktische Sinn, welche ihn vor anderen Helden der Geschichte auszeichnen, sind ein Beleg zu dieser Behauptung. Was mußte seiner Ansicht nach der Lohn des Sieges sein? Die Entstehung einer achtungswerthen Nation! Worauf gründete er seine Hoffnung auf Erfolg? „Ich glaube oder hoffe wenigstens, sagte er selbst, daß wir Charakterfestigkeit genug besitzen, uns Alles, selbst das Nothwendigste zu versagen, um jenes Ziel zu erreichen." Welches sind seine persönlichen Hülfsmittel? „Da ich bis jetzt keine bessere Stützen gefunden habe, als redliche Absicht und gewissenhafte Prüfung, so will ich denselben treu bleiben, so lange mir dies Amt des Wächters anvertraut bleibt." Seine Mäßigung ist mit Recht *überzeugend* genannt worden und sein festgeregelter Geist war wirklich „zum Herrschen geboren." Auch seine Zurückhaltung war in einem so anomalen

Stande der bürgerlichen Verhältnisse ganz angemessen. Selbstachtung ist der Grundstein der Charakterfestigkeit, und gerade diese Eigenschaft stellte ihn so hoch in den Augen seiner Soldaten und des Volkes, seiner Officiere wie seiner Feinde, seines eigenen Landes wie des feindlichen. Seine größte Auszeichnung bestand nach dem Urtheile eines unserer vorzüglichsten Schriftsteller darin, daß er „das Vertrauen eines selbstbewußten Volkes" so vollkommen und unbedingt genoß.

„In der Welt ist die stille Geistesenergie die wirksamste. Wäre Washington wirklich der kalte theilnahmlose Mann gewesen, für welchen ihn Diejenigen verschrieen, die er von sich fern hielt, so hätte er nie den persönlichen Einfluß üben können, wie ihn noch nie vor ihm ein Mensch in so hohem Grade besessen hat. Für einen tadellosen, treuen aber gefühllosen Helden hätten seine Zeitgenossen nie solche Verehrung fühlen können. Sein Herz war so groß und liebevoll, wie sein Geist stark und sein Wille fest waren.

„Es war die Aufgabe seines Lebens, Herr über seine Empfindungen zu sein — Zurückhaltung war bei ihm die Frucht der höchsten Weisheit. Sein Leben war eine stete Uebung der Thatkraft, geleitet von einem tiefen Gefühl der Verantwortlichkeit gegen Gott und die Welt, gegen sein Vaterland und sich selbst. Der Lorbeer, den er errungen, gleicht dem Lichtscheine eines Propheten. Derselbe Mann, welcher am Sterbebette seines Stiefkindes weinte, welcher über das zwecklose Hinopfern seiner Leute die Hände rang, welcher aus Zorn über ihr feiges Davonlaufen den Hut zu Boden schleuderte, welcher erröthete, wenn er eine Dank-Adresse beantwortete, dessen Lippen zuckten, als er Abschied von seinen Gefährten nahm, welcher einen Waffengefährten in der Freude über einen erfochtenen Sieg umarmte und vor Wuth bebte, wenn er einem pflichtvergessenen Untergebenen entgegentrat, beherrschte sich vollkommen, wenn sein Inneres von Zweifel und Sorge gequält war und unterdrückte mit der Gewalt des Willens den Sturm tobender Leidenschaften. Wenn die Sorge um das öffentliche Wohl ruhte, wenn der Würde seines Amtes Genüge geschehen war, dann trat Washington's Leutseligkeit, seine gesellige Tugend und seine wohlwollende Gesinnung so leuchtend hervor, wie sonst seine Selbstachtung, seine Bescheidenheit und sein Heldenmuth. Unter der großen Zahl Jener, welche ihn zu Mount Vernon besuchten, haben Viele den auf sie hervorgebrachten Eindruck beschrieben: aber so mannigfach auch ihr Stand und ihre Auffassung waren, Alle, der Höfling aus Versailles, wie der Bauer aus Neu-England, der englische Officier wie der italienische Künstler, haben, wenn auch in der mannigfachsten Darstellungsweise, doch immer eine in den Hauptzügen völlig übereinstimmende Schilderung von ihm gemacht.

„Dem Denker erscheint der Ernst, den man so oft Washington als einen Fehler angerechnet hat, als etwas Pathetisches. Er ließ in seiner Jugend das Große ahnen, wozu er berufen war und er läßt in seinem Mannesalter den Eindruck erkennen, den das Gefühl seiner Verpflichtungen auf ihn machte. Er drückt die Festigkeit des Willens aus, der allein zum Ziele führen konnte. Jener Ernst war der Wiederschein des Gedankens und des Bewußtseins; er überzeugte das Volk, daß er, wohl bewußt wie er der Mittelpunkt seines Vertrauens, der

Dollmetscher seiner edelsten und reinsten Wünsche, der Träger der National-Ehre war, das in ihn gesetzte Vertrauen nicht mit der Selbstgefälligkeit des Stolzes, der Bethörung der Eitelkeit, sondern als wahrhaft edler und weiser Mann mit dem Bewußtsein aufnahm, daß diese Auszeichnung voll von Gefahren und mit unendlicher Verantwortlichkeit verbunden war. Man darf nie vergessen, daß es sein Beruf war, ein großes — — — noch nie versuchtes, noch nie dagewesenes Beispiel aufzustellen. Eine solche Aufgabe bringt in jeder Sphäre der Arbeit oder des Studiums selbst den lebhaftesten Menschen zum Nachdenken. In Wissenschaft, Künsten und in der Philosophie erzeugt sie ernstes absorbirendes Reflektiren. Ein solches Loos bändigte den Feuergeist Luther's, furchte die Stirn Michael Angelo's und legte den Himmelsforscher Gallileo auf's Siechbett. Es sind daher nur Anzeichen der Wirklichkeit, der Selbstaufopferung, des eisernen Willens, daß der Feldherr und der Staatsmann, so lange in dem schweren Kampf für Freiheit und Nationalität begriffen, selbst das Lächeln verlernte und der großen Aufgabe seines Lebens gegenüber, unter dem Gewichte so maßloser Verantwortlichkeit, nachdenkend und düster ward.

Die Welt hat noch das Verständniß der geistigen Wirksamkeit, welche moralische Eigenschaften hervorbringen, begreifen zu lernen; wie die Offenheit eines redlichen Charakters und die Klarheit eines reinen Bewußtseins oft Resultate erzeugt, welche dem bloßen Verstand und der Gewandheit nie gelungen wären — wie selbstbewußte Lauterkeit dem Schaffen des Geistes Erkenntniß und Richtung gewährt, und wie die Erhabenheit über jedes selbstsüchtige Motiv ein anschaulicheres und daher zuverlässigeres Urtheil über die wahre Sachlage geben kann, als die sorgfältigste Prüfung einer, wenn noch so ausgezeichneten Persönlichkeit es vermag. Das Leben und die Geschichte lehren, daß die Verschlagenheit eines Talleyrand, das Kriegsgenie eines Napoleon, die bezaubernden Eigenschaften eines For, und ähnliche brillante Erscheinungen wesentlich beschränkt und vorübergehend in ihrem Einflusse sind, während eine gute Dosis gesunden Menschenverstandes durch aufopfernde Unerschrockenheit gehoben, sich für alle Zeiten mit den höchsten und ewigen Interessen der Menschheit vereinigt. Der Verstand Washington's war äußerst praktisch; seine Vorsehungs-Gabe außerordentlich entwickelt. Schönheitsgefühl und Reichthum des Ausdrucks, diese glücklichen Gaben, welche sorgfältige Bildung entwickeln, und die der Poet als natürliche Anlagen besitzt, waren bei ihm am wenigsten ausgebildet; die Beobachtungsgabe aber und die Sicherheit des Auges, überhaupt alle physischen Eigenschaften besaß er in desto höherem Grade. Mit seinem hohen Ordnungssinne wußte er die widerstrebendsten, oft wahrhaft chaotischen Elemente in ein harmonisches Ganze zu vereinen. Für alle Eindrücke, welche die Wirklichkeit, entkleidet von jeder Täuschung der Einbildungskraft durch den Verstand auf die Seele macht, war er höchst empfänglich, und das Resultat solcher Eindrücke ist stets d i e Wahrheit. Gerade diese so ehrenwerthe Eigenschaft aber zeichnete von frühester Jugend bis zum höchsten Alter seine geistige Organisation aus. Dieser Empfänglichkeit für das Praktische ist z. B. die landwirthschaftliche Auffassung der Nützlichkeit wilder Ländereien, ihrer vortheilhaften Lage zu Niederlassungen, die Verbesserung der Landwirthschaft, Erleichterung der Communikation, Benutzung der Bodeneigenschaften für gewisse Erzeugnisse zuzuschreiben.

Durch seine Charakter- und Verstands-Eigenschaften hatte er in alle seine Arbeiten und Bestrebungen Methode und Plan gebracht: auf Thatsachen gegründet, mit Urtheil und Verstand ausgeführt. So hatte er sich auch in Folge davon angewöhnt, in der Unterhaltung stets den treffenden Ausdruck zu gebrauchen, in den Rechnungen höchst präcis zu sein, überall Belehrung und Erfahrungen zu sammeln; seine Worte und Bemerkungen dem Verständniß Jener anzupassen, an die sie gerichtet waren, alle seine inneren Bewegungen und Gefühle im Zaume zu halten, selbst wenn sie stark genug waren, daß das kühnste Herz und der entschlossenste Charakter davon hätten überwältigt werden können.

Die Züge seines Charakters sprechen sich in jedem seiner Briefe aus. Wir sagen dieses trotz der in manchen vorherrschenden Kälte und Förmlichkeit, denn die Redlichkeit seiner Absicht, die Schärfe seines Verstandes, die Wahrheit seines Gefühls ist selbst in dem Unbedeutendsten erkennbar, was er geschrieben hat, gleichviel, ob Geschäftssachen oder bloße Höflichkeitsformen Gegenstand derselben sind. Man kann sagen, daß die einfachen ungeschmückten Sätze eine moralische Würde athmen, welche den Leser rührt und seine Sympathie oft in Thränen ausbrechen läßt. Die Selbstverleugnung, die Rücksicht auf Andere, die Mäßigung im Glück und die Ruhe im Unglück, die Genialität seiner Pläne, die heldenmüthige Ausdauer, der sich nie verleugnende Patriotismus, die Frömmigkeit und Menschenfreundlichkeit, seine reine furchtlose Seele zeigen sich in energischer Selbstbeherrschung mitten in der schwersten Verantwortlichkeit, die jemals auf einer Menschenbrust lastete, im Kampfe mit den ungeheuersten Schwierigkeiten, ohne je die Geistesruhe, die Selbstachtung zu verlieren, oder die Pflichten des Amtes oder des Menschen zu verleugnen. Man empfindet das Alles beim Lesen seiner Briefe, das wohlwollende Antlitz, die würdevolle Gestalt des Schreibers tritt uns unwillkürlich vor die Seele. Man vergleiche nur die erst vor Kurzem zu Paris veröffentlichte Correspondenz Napoleon's mit seinem Bruder Joseph, deren Authenticität keinem Zweifel unterliegt mit der von Washington. All der Glanz ausgeschmückter Memoiren, all das Blendwerk militärischen Genies kann den Eindruck nicht verwischen, daß in den Briefen des Kaisers, ihres freundschaftlichen Charakters ungeachtet, nur verwerflicher Egoismus, anmaßende Herrschsucht und herzloser Ehrgeiz sprechen, während in Washington's Briefen, mag er mit Gates die Ansprüche der Gefangenen auf Menschlichkeit discutiren, Schuyler's gekränkten Stolz zu beschwichtigen suchen, Reed seine Leiden und Prüfungen erzählen, mit dem Congreß wegen frischer Zufuhren rechten, die Bewirthung seiner Felder aus dem düsteren Lagerzelte besprechen, ja auch nur auf ein aus der Ferne an ihn gerichtetes Huldigungsschreiben antworten, immer und überall begegnen Wir derselben Klarheit, demselben Anstandsgefühle, derselben Weisheit und Freundlichkeit, derselben Selbstachtung und demselben Bewußtsein der ihm obliegenden Pflichten.

— — — — — — — —

Seine Geistesfreiheit, welche ihm das Verständniß der Gegenwart und die klare Erkenntniß des in der Zukunft Liegenden gestattete, ist erkennbar in der festen Haltung, die er aus tiefster Ueberzeugung bei dem Entstehen des Zerwürfnisses der Kolonien mit dem Mutterlande annahm. Keiner der patriotischen Führer der Bewegung stellte sich mit so vielem Selbstbewußtsein, und aus so rationellen Gründen unter das Banner der Revolution, wie er. Die nämliche Eigenschaft motivirte sein Bedenken, ein Kommando anzunehmen. Er mißtraute sich selbst; ein Zweifel, den alle großen und darum bescheidenen Charaktere hegen. Sie zeigt sich später in der Ruhe im Unglück, in der Mäßigung im Glücke, in der richtigen Erkenntniß der Mittel, in seiner uneigennützigen Beurtheilung des wahren Ziels und Endes des Kampfes, in seiner Herabstimmung, als er gezwungen war, die Zügel der Regierung zu ergreifen, in seiner steten Achtung der von den Repräsentativ-Behörden ausgegangenen Beschlüsse, in den prophetischen Warnungen seiner Abschieds-Adresse und in dem religiösen Vertrauen, was seiner letzten Stunde eine solche Weihe verlieh. Diese normale Charakter-Eigenthümlichkeit seiner Natur, daß er immer edler fühlte, als er sich zeigte, macht ihn zu einem so glänzenden Gestirn in der Milchstraße der Patrioten, Staatsmänner und Krieger seiner Zeit. Die phrasenreiche Beredtsamkeit moderner Freiheitshelden, der hochfahrende und doch so oft gedemüthigte Stolz Paoli's, die selbstsüchtigen Triebe Marlborough's, der herzlose Ehrgeiz Napoleon's, blieben nie lange verborgen, selbst nicht vor den Augen ihrer Bewunderer. Washington aber gab sich nie für mehr aus, als er war. Er vergaß keinen Augenblick, was er Gott und seinen Mitmenschen schuldig war; dieses hehre Gefühl durchdrang so zu sagen sein ganzes Leben, und stählte ihn gegen jede Aufregung, Täuschung und augenblickliche Eindrücke. Einst hörte er einen kleinen Jungen, dem er gezeigt ward, ausrufen: „Aber Vater Washington ist ja nur ein Mensch!" Und gerührt blieb er stehen, klopfte dem kleinen Burschen auf den Kopf und sagte: „Ja wohl, mein Junge, nichts wie ein Mensch! So ist es!" Er war in der That einer der wenigen Helden, welche ihre Menschheit, ihre Beziehungen und Verpflichtungen, ihre Anhänglichkeit und ihre Bestimmung nie vergaßen und gerade dieses begründete zugleich seine Sicherheit und seinen Ruhm!

Man kann sagen, daß der Mangel glänzender Geisteseigenschaften Männer von Washington's Schlage zu Wohlthätern des Menschengeschlechts stempelt. Er giebt ein augenscheinliches Beispiel von der Wahrheit in der Philosophie des Lebens, wie sie in den gesellschaftlichen Kreisen oft gefunden wird, in der Geschichte freilich desto weniger — er war genial in Charakter, in Festigkeit des Willens und der Gefühle, ohne mit außerordentlichen Geistesgaben ausgerüstet zu sein. Nicht daß er nicht ausgezeichnet begabt gewesen wäre: allein nicht durch seine Geistesgaben, sondern nur durch ihre Verbindung mit der moralischen Energie wurde er zu dem, was er war. Es bedarf keiner besonders scharfsinnigen Vergleichung, um die Eigenschaften herauszufinden, welche Washington's Größe und Ruhm begründet haben, im Gegensatze zu jenen, welchen ein Alexander, Cäsar, Napoleon ihre Triumphe verdanken. Aus demselben Grunde, aus welchem das amerikanische Volk in seinen Helden das Gepräge der Wahrheit, die Kraft moralischer Ueberzeugung, die Schönheit und Großartigkeit der Uneigennützigkeit und Hochherzigkeit so religiös verehrt, ist sein Name und sein Ruhm der ganzen Menschheit so theuer. Noch nie vorher, und noch nie später ist in so merkwürdiger Weise gelehrt worden, daß uneigennützige Aufopferung und ausharrendes Selbstgefühl die zusammenwirkenden Faktoren des öffentlichen wie des Privat-Lebens waren; daß sie den Kern bildeten, um den sich alle Elemente nationaler Tugenden ansetzten, daß Männer so begabt, nicht leuchtende Meteore im Siegesfluge zahlreicher Armeen geworden und in ihrem Triumphe ihre Mitmenschen in eigennützige Fesseln geschlagen haben, sondern verehrte Orakel der Wahrheit, Symbole des öffentlichen Vertrauens, Repräsentanten von Allem, was edel in unserer Natur ist. Die gleichsam instinktartige und so herzliche Bezeichnung, in der ein ganzes Volk seinen Retter verehrt, giebt davon den besten Beweis, und giebt dem rührenden Gedanken eine tiefe Bedeutung, daß die Natur ihm Kinder versagte, damit er seinem Lande *ein Vater* werden konnte!*)

*) Essays etc. by H. Tuckerman p. 5—28.

Anhang zum zwölften Kapitel.

I. Marshall's Schilderung Washington's.

General Washington war von mehr als gewöhnlicher Größe; seine Gestalt war robust und seine Constitution kräftig — ganz geeignet, Strapatzen zu ertragen, bedurfte er starker Bewegung um seine Gesundheit zu erhalten. Seine äußere Erscheinung machte den Eindruck großer Körperkraft, vereinigt mit männlicher Anmuth.

Seine Manieren waren mehr zurückhaltend, als entgegen kommend, ohne jedoch in den Ernst und die Trockenheit zu verfallen, welche bei einer zu weit getriebenen Zurückhaltung gewöhnlich sind. Bei allen passenden Gelegenheiten öffnete sich sein Gemüth und zeigte, wie hoch er den Reiz einer gebildeten Gesellschaft und geistreichen Unterhaltung zu schätzen wußte. Seine Person und seine ganze Haltung zeigten eine natürliche in Worten nicht zu beschreibende Würde ohne jede Selbstüberschätzung, von der Alle, die sich ihm näherten, unmittelbar ergriffen wurden. Die Anhänglichkeit Derer, welche sich seiner Freundschaft rühmen konnten und sein Vertrauen besaßen, war warm, ohne je in Vertraulichkeit auszuarten.

Sein Gemüth war menschenfreundlich, wohlwollend, versöhnlich; doch war er von Natur empfindlich und bei jeder, auch nur kleinen Beleidigung leicht aufbrausend. Da er diese Reizbarkeit kannte, war er stets vorsichtig, sie zurück zu drängen und zu überwachen.

In der Verwaltung seines persönlichen Vermögens zeigte er sich berechnend und wirthschaftlich, dabei aber liberal. Er vergeudete seine Mittel nicht in launischen, schlecht überdachten Projekten, während er wirklich vortheilhaften, wenn gleich kostspieligen Unternehmungen nicht abgeneigt war. So war er dem Aufwande immer gewachsen, den sein Ruf wie sein gastfreier Charakter in seinem ziemlich großartigen Hauswesen veranlaßte, während er zu gleicher Zeit überall, wo wirkliche Noth herrschte, Unterstützungen mit freigebiger Hand bewilligen konnte.

Auf Munterkeit, die besticht und auf Witz, der glänzt und oft für Genie gehalten wird, konnte er keinen Anspruch machen. Seine Bildung war weniger glänzend als solid, und die Basis seines Wesens war weniger das Genie als der Verstand.

Ohne mit seiner religiösen Gesinnung groß zu thun, war er ein aufrichtiger gläubiger Christ und ein wahrhaft frommer Mann.

Als Militär war er brav, unternehmend und vorsichtig. Selbst die Bosheit, welche ihm alle höheren Eigenschaften eines Generals abzustreiten versuchte, mußte ihm persönlichen Muth und eine Festigkeit des Entschlusses zugestehen, welche weder Gefahren noch Hindernisse erschüttern konnten. Gerechtigkeit aber muß ihm andere große und ausgezeichnete Eigenschaften einräumen. Wenn auch seine militärische Laufbahn keine glänzenden Waffenthaten aufzuzählen hat, ist sie doch reich an höchst zweckmäßigen den Umständen entsprechenden Maßregeln, denen höchst wahrscheinlich die Rettung seines Vaterlandes zugeschrieben werden muß.

Als er ohne die Kriegskunst theoretisch studirt, oder in der Schule der Erfahrung die Kriegführung praktisch geübt zu haben, an die Spitze eines undisciplinirten schlecht organisirten Haufens gestellt wurde, der jedes Zwanges ungewöhnt, selbst die gewöhnlichsten Pflichten des Lagers nicht kannte, ohne daß auch nur ein einziger Offizier da gewesen wäre, von dem der Feldherr hätte lernen können, was er selbst nicht wußte, hätte es an ein Wunder grenzen müssen, wenn seine Führung ganz fehlerlos gewesen wäre. Sein energischer und praktischer Geist aber, für den die Lehren der Erfahrung nie verloren gingen, ließ ihn seine Fehler, falls er deren wirklich begangen hätte, schnell erkennen und verbessern, und in keinem Falle wurden solche Maßregeln, wie sie die Lage der Dinge gerade als die räthlichsten eingab, je vernachlässigt. Seine Gegner waren ihm in Zahl, Ausrüstung und Disciplin ihrer Truppen weit überlegen: beweißt es nun nicht ein wirkliches Verdienst, daß sie dennoch keinen großen entscheidenden Vortheil je über ihn davon tragen konnten, und daß er keine Gelegenheit versäumte, ihnen einen tüchtigen Streich zu spielen? Man hat ihn den „amerikanischen Fabius" genannt; wer aber seine Thaten mit seinen Mitteln vergleicht, wird wenigstens eben so vieles von einem Marcellus als von einem Fabius in seinem Charakter finden. Er durfte nicht unternehmender sein, wenn er die Sache nicht auf die Spitze stellen wollte, deren Rettung ihm anvertraut war — er durfte nicht mehr wagen, wenn er sich nicht den Vorwurf unüberlegter Verwegenheit zuziehen wollte. Er verließ sich nicht auf den Zufall, der oft den verzweifeltsten Mißgriffen einen glücklichen Ausgang gewährt; er berechnete bei seinen Unternehmungen stets die Kräfte seines Heeres und berücksichtigte die wirkliche Lage des Landes. Als er zum zweiten Mal an die Spitze der Armee der Ver. Staaten gestellt wurde, waren die Umstände wesentlich verschieden, und wir sehen, daß auch die von ihm für den eintretenden Fall entworfenen Pläne verschieden waren. Bei Organisation der Armee im Jahre 1798 sah er nicht allein darauf, kühne und unternehmende Männer zu gewinnen, um seine Pläne auszuführen, sondern er suchte eben so nach Leuten, die sich durch strategische Kenntniß und Erfahrung auszeichneten; seine Pläne aber waren jetzt sämmtlich auf den Angriff berechnet. „Der Feind," sagte er in einem seiner Briefe, „darf keinen Augenblick festen Fuß auf unserem Gebiete fassen."

In seiner bürgerlichen Administration gab er eben so, wie in seiner militairischen Carriere, vielfache Beweise jenes praktischen Verstandes, jenes sicheren Vernunft-Urtheils, welche vielleicht die seltensten, jedenfalls aber die werthvollsten Gaben des menschlichen Geistes sind. Er widmete sich ganz den Pflichten seines Berufes und indem er keinerlei Zwecke verfolgte, die nicht zur Förderung des Staatswohles dienten, bemühte er sich, die kritischen Verhältnisse, welche die Ver. Staaten möglicherweise bedrohen konnten, vorherzusehen und sich nicht unvorbereitet von ihnen überraschen zu lassen. Eingedenk, wie wenig man dem ersten Eindruck trauen dürfe, suchte er sich erst sicheren Aufschluß über Alles zu verschaffen und prüfte alle Gründe für und wider, ehe er einen bestimmten Entschluß faßte. Er suspendirte gleichsam sein eigenes Urtheil, bis die Umstände die Fassung des Entschlusses erheischten, dann aber war derselbe auch so fest und so wohl auf die Thatsachen berechnet, daß er nicht leicht erschüttert werden konnte. Sein ganzes Benehmen war daher systematisch und er vergaß keinen Augenblick den großen Zweck seiner Administration standhaft zu verfolgen.

Der wahren auf Anschauung beruhenden Gesinnung des Volkes trug er Rechnung, wie es der erste Magistrat in einem freien Lande thun muß: die leidenschaftlichen Ausbrüche der Masse aber gingen an ihm vorüber, ohne auch nur den geringsten Eindruck auf seinen ruhigen Geist hervor bringen zu können. Er vertraute darauf, daß der gesunde Sinn der Bevölkerung ihm Gerechtigkeit widerfahren lassen und seine Billigung nicht versagen werde und hatte darum den Muth, ihre wahren Interessen ohne Rücksicht auf herrschende Vorurtheile zu verfolgen. Er war durchaus nicht gleichgültig für Popularität, aber er setzte sich nie der Gefahr aus, sie mit Recht einzubüßen, indem er ihretwegen seine Ueberzeugung verleugnete. Wir finden ihn mehr als einmal seine ganze Popularität daran setzen, das was er für seine Pflicht erkannte, unbeirrt zu verfolgen, wenn gleich die Strömung der öffentlichen Meinung so stark gegen ihn war, daß sie einen Mann von weniger fester Gesinnung mit sich fort gerissen hätte.

In seiner politischen Richtung war er ein aufrichtiger Republikaner, der Verfassung seines Landes ergeben und ein Anhänger des Systems allgemeiner politischer Berechtigung, worauf sie gegründet ist. Allein zwischen einer wohlgeordneten Republik und einer Demokratie ist der nämliche Unterschied wie zwischen Ordnung und Chaos. Seiner Ansicht nach konnte die wahre Freiheit nur dadurch erhalten werden, daß die Achtung vor dem Gesetz und die Macht der Regierung erhalten wird. Kaum können sich in der Gesellschaft zwei Charaktere finden, die einen stärkeren Contrast bilden, als der Patriot und der Demagog; das war seine feste Ueberzeugung.

Nie ist Jemand auf dem Schauplatze des öffentlichen Lebens aufgetreten, dessen Rechtschaffenheit unbestechlicher, oder dessen Grundsätze von dem Pesthauche selbstsüchtiger und unwürdiger Leidenschaften, wie sie das gewöhnliche Parteitreiben nährt und erzeugt, weniger berührt waren. Da er keine geheimen Absichten hatte, konnte man darauf bauen, daß die von ihm ausgesprochene Ueberzeugung wahr und aufrichtig sei; seine ganze Correspondenz wird selbst dem Uebelwollen keinen Anhaltpunkt geben, ihn der Doppelzüngigkeit zu bezüchtigen. Es giebt keine größere Wahrheit unter der Sonne, als daß seine Absichten stets redlich und seine Motive stets rein waren. Er giebt das seltene Beispiel eines Politikers, der sich nie einer List bediente und dessen Versicherungen stets aufrichtig waren, gleichviel, ob er sie fremden Regierungen oder dem eigenen Lande gab. Bei ihm zeigte sich der große Unterschied zwischen Weisheit und Verschlagenheit und wie richtig der Satz ist; „daß Rechtlichkeit die beste Politik ist."

Wenn Washington ehrgeizig war, so war sein Ehrgeiz so von seinen Grundsätzen beherrscht und den Umständen so angemessen, daß er weder als ein Laster, noch als eine Beeinträchtigung Anderer betrachtet werden kann. Er bediente sich nie der Intrigue zur Erreichung amtlicher oder persönlicher Zwecke. Er hat sich nie in die hohen Stellungen, zu welchen ihn das allgemeine Vertrauen berief, eingedrängt, schien vielmehr bei Annahme derselben nie von der Ueberzeugung geleitet zu werden, daß das Wohl des Landes die Annahme fordere; die Sucht nach Macht hatte dabei keinen Einfluß.

Weder die außerordentliche Vorliebe des amerikanischen Volkes, die maßlosen Huldigungen, die ihm zu Theil wurden, noch die verbissene Opposition und schamlose Verläumdungen, mit der ihm seine Feinde bekämpften, machten einen wahrnehmbaren Eindruck auf sein Benehmen. Der Grund dazu muß in seinem Charakter gefunden werden.

In demselben war die angeborene Bescheidenheit, welcher die Schmeichelei widerwärtig ist und die sich keinen Augenblick in dem Zujauchzen von Millionen verläugnet hat, mit einem hohen und richtigen Gefühle persönlicher Würde und einem strengen Begriffe von der dem amtlichen Charakter schuldigen Achtung auf's glücklichste vereint. Es gelang ihm ganz von selbst, die richtige Mitte zwischen verletzendem Stolze und herabwürdigender Leutseligkeit einzuhalten.

Es ist unmöglich, die Ereignisse und Resultate, welche unter Washington's Einfluß für die Ver. Staaten eintraten, nicht theilweise ihm zuzuschreiben. Wenn wir nach der Ursache fragen, welche bewirkte, daß ein so höchst zweifelhafter Kampf glücklich beendigt ward, daß eine Verwaltung, welche an den widerwärtigsten Verhältnissen zu scheitern drohte, alle Gefahren überwand, daß ihm das allgemeine Vertrauen trotz des Hasses und der Angriffe der Parteien wie seiner Feinde bis in das Grab folgte, kann die Antwort nur in seinem Charakter, in seinen hervorragenden persönlichen Eigenschaften gefunden werden!

II. Washington's Nekrolog aus einer Londoner Zeitung vom Januar 1800.

Die Trauerbotschaft von dem Tode des Generals Washington ist durch ein von Baltimore in Dover eingelaufenes Schiff herüber gebracht worden.

General Washington war etwa 68 Jahre alt. Von Natur maß er ungefähr sechs Fuß, sein Oberkörper war voll und kräftig, die Beine zwar etwas mager, aber muskulös und wohlgeformt. Sein Kopf war etwas klein, wie es meistens bei seinen Landsleuten der Fall ist. Die Farbe seiner Augen war hellgrau; im Verhältniß zu der Länge des Gesichts war die Nase groß. Der große Portraitmaler Stuart hat öfters behauptet, daß er Züge in seinem Gesichte wahrgenommen habe, welche von denen aller menschlichen Wesen abwichen; die Augenhöhlen z. B. lägen tiefer, als er sie je vorher gesehen; eben so sei der obere Theil der Nase ungewöhnlich breit. Alle seine Züge, behauptete er, deuteten die stärksten Leidenschaften an, während ihn sein Urtheil und seine große Selbstbeherrschung in den Augen der Welt so ganz anders erscheinen ließen. Washington sprach stets mit höchster Vorsicht; oft zögerte er in der Wahl des Wortes, denn er bemühte sich immer, das richtige zur Bezeichnung seines Gedankens zu finden. Seine Stimme war klangreich und männlich. In der Audienz sprach er gern mit Fremden über Amerika, und seine Unterhaltung war frei und sehr interessant. Bei solchen Gelegenheiten war er viel offener und mittheilender, als im Privatumgange; eben so war er in Gesellschaft von Damen lebhafter, als wenn ausschließlich mit Männern zusammen.

Nur wenige Personen empfanden nicht, wenn sie sich zum erstenmal in Gegenwart Washington's befanden, ein Gefühl von Verehrung und Scheu. Selbst bei näherer Bekanntschaft verlor sich diese Empfindung nicht; ja sein Aeußeres und seine Haltung trugen zur Verstärkung derselben bei. Die großen Strapatzen, die er durchgemacht, die hohen und beschwerlichen Aemter, die er eingenommen hatte, gaben seinem Gesichte einen Ausdruck von Strenge und seinen Manieren den Charakter ernster Zurückhaltung; dennoch war er der zärtlichste Ehemann, der menschlichste Dienstherr, der beständigste Freund. Die ganze Geschichte zeigt uns keinen Charakter, bei dem wir mit solcher ungetheilten Hochachtung und Bewunderung verweilen können. Auf seinem langen Leben haftet kein einziger Fleck. Er war in der That ein Mann von so seltenen Eigenschaften und so glücklichem Temperamente, daß keine seiner Handlungen einen Anstrich von Laster oder Schwäche an sich trägt. Alles, was er sagte, that oder schrieb, trägt das Gepräge einer markirten Wohlanständigkeit. Seine Eigenschaften waren so glücklich in einander greifend und wirkten so harmonisch zusammen, daß ihre Resultate immer ein großes vollkommenes Ganze bildeten. Verstand und Gefühl gingen bei ihm wunderbar zusammen: es war gleichsam die Vereinigung der ausgezeichnetsten Klugheit und der vollkommensten Mäßigung. Seine Gesinnungen waren zwar immer freisinnig aber nie überspannt; seine Tugenden praktisch und wirksam, obgleich vorsichtig und berechnend. Oft findet man Leute dieses Schlages engherzig: bei Washington war dies nicht der Fall. Seine Eigenschaften bildeten gleichsam eine majestätische Pyramide, bei welcher Ordnung und Symmetrie nur zur Erhöhung der Schönheit beitrugen. In ihm war nichts Excentrisches, Wildes, das blenden oder in Erstaunen setzen konnte; kein falscher Prunk, keine unächte Zierrath; Alles war groß, edel, ethisch-schön. Er war kein Modell der Mode oder der Umstände, seine Vorzüge waren die der Wahrheit, der reinen Vernunft und Charakterstärke, ewig schön und groß, unabhängig von Zeiten, Meinungen und Gebräuchen. Washington war nicht das Ideal eines Tages: er war der Held aller Zeiten!

Im Anfange der amerikanischen Bewegung, wo die Verhältnisse so gefährlich, so ungewiß waren, nahm er eine Stelle an, welche eine unendliche Verantwortlichkeit und Arbeit auf seine Schultern häufte. Seine Ausdauer aber überwand alle Hindernisse; seine Mäßigung beschwichtigte jede Opposition; sein Genie wußte für Alles Rath; sein weitsehender Blick verstand jeden Zweig militärischer und bürgerlicher Organisation zu entwerfen, zu verbessern oder umzugestalten. Er besaß den höheren Muth zu handeln oder zu warten, wie die richtige Politik es gebot, ohne sich um Vorwürfe oder falsche Urtheile zu kümmern. Er wußte allem Drängen Widerstand leistend, den rechten Zeitpunkt zum Siege abzuwarten, unverdienten Tadel ließ er ganz unbeachtet. So erwies sich in der allermißlichsten Lage seine kluge Festigkeit als der Rettungsanker der Sache, für die er focht.

Dabei verleugnete er in keiner seiner Handlungen die reinste Uneigennützigkeit. Ueber alle niedere und schmutzige Motive unendlich erhaben, schien er nicht einmal vom Ehrgeize, diesem Instinkte großer Seelen geleitet zu werden. Er handelte, als ob einzig und allein die Wohlfahrt seines Landes der Beweggrund seiner Handlungen sei. Seine große Seele bedurfte keinen Reiz, keine Aussicht auf Ruhm. Er erfüllte seine Pflicht, vollbrachte unendlich Großes ohne eine Auszeichnung zu suchen, oder von ihr geschmeichelt zu werden; er fand seinen Lohn in dem Selbstbewußtsein und in dem Erfolge seiner patriotischen Anstrengungen.

Die Art, wie er die ihm durch einstimmige Vertrauens-Wahl des ganzen Volkes verliehene Gewalt ausübte, war seiner und ihrer Quelle würdig. Seine Regierung war sanft, wohlwollend und liberal, gerecht und weise. Seiner einsichtsvollen Verwaltung muß man die Kräftigung und Erweiterung der jungen Republik zuschreiben. Als er freiwillig von dem Ruder zurück trat, hatte er die hohe Befriedigung zu sehen, wie die Saat seiner Weisheit und politischen Tugend in dem Staate, den er gegründet, allmälig zur Reife gelangte.

Wie wohlthätig ist es unter den Beispielen verbrecherischen Ehrgeizes, niederträchtigen Durstes nach Macht, die uns die Tagesgeschichte in so großer Zahl vorführt, einen Charakter zu finden, den man mit Recht verehren, bewundern, zur Nachahmung empfehlen kann! Ein Eroberer, der dem eroberten Lande die Freiheit giebt! Ein Gesetzgeber, der nur an das Volk denkt! Ein Magistrat, der nur für das Land sorgt! Er war ein Mann, dessen Größe nie von den Exceßen verdunkelt wurde, in die große Eigenschaften so leicht verfallen. Seinen außerordentlichen Tugenden standen keine ihnen die Wage haltende Laster gegenüber. Die Bestandtheile seines Charakters waren so glücklich gemischt, daß ihn „die Natur vor der ganzen Welt als ihr Meisterwerk erklären durfte!" So ist sein Nachruhm an keine Zeit, an kein Land geknüpft — er ist überall und ewig.

III. Auszug aus Dr. Mason's Leichenrede auf Washington.

Der Name Washington's an den sich Alles knüpft was sich in der Geschichte unseres Vaterlandes und der Menschheit Großes ereignet hat, erweckt Gefühle, welche die Jugend begeistern und das Alter erwärmen. Wenn wir uns in die Zeit zurück denken, wo Amerika seine Fesseln brach und den Grund seiner Zukunft legte, bietet sich uns eine Scene unendlicher Größe dar. Nachdem seine kindliche Zuneigung zu dem Mutterlande vergebens versucht hatte, das gelockerte Band zu demselben wieder zu befestigen, nachdem seine demüthige Bitte mit Verachtung zurück gewiesen war, folgte der Angriff. Der Angriff aber erzeugte den Widerstand, und das Schwert mußte die Entscheidung geben. Wem aber die Leitung in dem Kampfe gegen einen so übermächtigen Gegner anvertrauen? Wer wagte mit unseren geringen Mitteln einem so mächtigen Reiche entgegen zu treten? Da hatte Gott aber den Mann geboren werden lassen, welcher in sich vereinigte, was allein in jener Zeit der Noth uns retten konnte. Man sagt zwar, daß jedes Bedürfniß seine Befriedigung, jede Zeit ihre Helden hervorbringe, aber gewöhnliche Gaben und Eigenschaften konnten dem großen Bedürfnisse nicht genügen. Es bedurfte eines Mannes, der im Lande geboren war, dessen Talente und Charakter gleich erhaben dastanden, der mit seinen physischen und moralischen Eigenschaften Kenntnisse des Kriegswesens vereinigte und Strapatzen ertragen konnte, der durch äußere und innere Anlagen im Stande war, die allgemeine Liebe, das Vertrauen der ganzen Nation in sich zu vereinigen, der größere Energie besaß, als irgend einer seiner Untergebenen, so daß er selbst aus dem Unglücke eine Quelle von Nutzen zu ziehen verstand. Ein solcher Mann, eine Persönlichkeit, wie sie nur ausnahmsweise geboren wird, war Washington!

Schon war sein Name gekannt als der eines ausgezeichneten würdigen Mannes — sein Ruf bewirkte, daß ihm das höchste aber auch schwierigste Amt angetragen wird. Die Genüsse des Reichthums halten ihn nicht zurück, das Wagstück eines rebellischen Kriegs schreckt ihn nicht, die Gewißheit, daß im Falle des Mißlingens sein Haupt zuerst fallen werde, macht auf ihn keinen Eindruck, er kennt seine Pflicht und zögert keinen Augenblick. Wie fest muß sein Entschluß gewesen sein, denn wie groß war das Wagstück vor seiner klaren Erkenntniß! Aber wie groß war auch das Resultat, das er zu erkämpfen beschloß! Das Schicksal eines Welttheiles, das Glück einer Nation, die Wohlfahrt von Millionen lagen in seiner Hand! Und welches waren seine Mittel! Außer seinem schöpferischen Genie ein Haufen roher Rekruten, die ungewisse Zusage entfernter, vom Feinde besetzter Kolonien! Wie hat er gekämpft! Was hat er ertragen! Aber im Rathe der Vorsehung war es beschlossen, daß Amerika frei werden solle, allein es sollte die Segnungen der Freiheit schätzen lernen durch die Opfer, welche sie ihm kostete! So mancher tapfere Führer, so viele tausende seiner braven Söhne haben mit ihrem Blut den der Sklaverei entrissenen Boden getränkt. Unter Scenen des Jammers, im tiefsten Unglücke, auf verwüsteten Schlachtfeldern mußte Washington seine Lorbeeren gewinnen und seinen Namen in das Buch der Unsterblichkeit eintragen!

Soll ich auch auf den Delaware und Princeton, auf Monmouth und York hinweisen? Seine Thaten leben in Aller Mund, der Dichter hat sie besungen, die Geschichte hat sie aufgezeichnet! Selbst die Niederlage ward für ihn zum Triumph! Dort rettete seine Vorsicht, hier seine Kühnheit das Vaterland! Das Losungswort war überall: Gott und Washington!

Wie er ungebeugt im Unglück war, wie er über den mächtigen wohlgerüsteten Feind triumphirte, wie er über Verrath und Meuterei Herr wurde, so sehen wir Ihn auch wieder groß, anspruchslos, gleichmüthig, als der Erfolg die kühnsten Erwartungen überstiegen hatte! Wir sehen Ihn mit ruhiger sicherer Hand das Staatsschiff durch die gefährlichsten Klippen, die wildeste Brandung steuern — mochte der Sturm um ihn toben, seine Hand blieb fest, sein Auge ruhig, sein Wille unerschüttert. Hätte ihn Ehrgeiz beherrscht, welche Gefahr hätte nicht der jungen Freiheit gedroht? Aber Amerika's größtes Glück war, daß es von seinem größten Sohne nichts zu fürchten, Alles zu gewinnen hatte!

— — — — — — — — — —

Es ist schwer, zu entscheiden, welche Eigenschaften in Washington's Charakter die rühmlichsten sind — er erscheint immer am größten in derjenigen, worin wir ihn zuletzt gesehen haben! Doch kann man sagen, daß wenn einer der Vorzug vor einer anderen eingeräumt werden soll, dem Generale die größere Ehre gebührt. Nicht weil die Pflichten dieser Stellung so unendlich schwierig und gefahrvoll waren, sondern weil seine Hochherzigkeit sich in ihr mehr entfaltete. Wenn andere groß werden, indem sie die Stufen hinansteigen, wird Washington größer, als er sie herabstieg. Großer unvergleichlicher Patriot! Kaum zurück getreten von dem höchsten Amte, das die Nation gewähren kann, sehen wir ihn aus Gründen des öffentlichen Wohles seine Kräfte, sein Leben dem Vaterlande von neuem in einem untergeordneteren Amte widmen. Wir jauchzen seinem Edelmuthe entgegen, wir sind stolz darauf, Amerikaner zu sein, weil wir ihm dadurch näher getreten zu sein glauben. Das Vaterland ist voller Hoffnung, voller Zuversicht! Kann unsere Zukunft anders als glücklich sein, so lange wir ihn besitzen?

Aber wehe! Ein Geschrei des Schmerzes, des tödtlichsten Jammers durchdringt die Lüfte! O schöner Wahn! wie schnell bist du entflohen? Wehe uns!

Washington — ist nicht mehr!

„Wie sind die Mächtigen gefallen, und die Waffen des Krieges vernichtet."

Töchter Amerika's, die Ihr vor Kurzem noch den Triumphbogen mit frischem Lorbeer geschmückt habt, pflanzt die Cypresse und begießt sie mit Eueren Thränen!

O! Amerikaner! Der Tod erst hat uns gelehrt, was wir verloren haben! Sein Abschiedswort hat uns gezeigt, daß wir uns nie in ihm geirrt hatten. Leset die ergreifenden Worte seines Testaments und die Geheimnisse seiner Seele liegen offen vor Euch! Welche heiße Liebe für Freiheit und Bildung, welche Begeisterung für republikanische Grundsätze! welche Sympathie für die Ehre seines Vaterlandes! O Ihr Krieger! Welche Lehre liegt in dem Vermächtnisse seiner Waffen!

„Nie sollen Jene, Denen ich sie zum Andenken vermache, sie anders gebrauchen, als zur Vertheidigung ihres Vaterlandes, und dann sollen sie eher den Tod auf dem Schlachtfelde leiden, als sich solche entwinden lassen!

— — — — — — — — — —

Amerikaner! Der Gott, der Washington zu Euerer Rettung sandte und Euch die Freiheit gab, verlangt von Euch, daß ihr sie liebt und vertheidigt, wie sie es verdient! Zum Schlusse die Ermahnung, Mitbürger, daß es jetzt an uns ist, den Vorwurf zu widerlegen, daß Republiken nicht dankbar sein könnten. Beweist in Euerer Achtung für lebende Patrioten Euere Liebe für den Dahingeschiedenen! Möge sein Andenken thatsächlich auf uns fortwirken, damit die Nachwelt den heute von uns geäußerten Schmerz nicht als Heuchelei bezeichne! Glücklich wird unser Vaterland sein, wenn es ein Beispiel gibt, wie aufrichtig und wahr sein Schmerz um den Verlust des Mannes ist, welcher der Erste im Krieg, der Erste im Frieden, der Erste in dem liebevollen Andenken seines Vaterlandes war!

Dreizehntes Kapitel.

1800—1801.

Schluß der Adams'schen Administration.

Stand der politischen Parteien—Parteipläne—Eine Militär-Akademie empfohlen—Finanz-Angelegenheiten—Kongreßverhandlungen—Die öffentlichen Ländereien—Jefferson's Brief an Madison—McHenry und Pickering vom Amte entfernt—Affaire des Schiffes Constellation—Bainbridge zu Algier—Sein Besuch zu Constantinopel—Die amerikanischen Gesandten in Frankreich—Der Convent—Gibbs und Adams über die Mission in Frankreich—New Yorker Parteien—Hamilton und Burr—Gages achtbares Auftreten—Schwierige Lage der Föderalisten—Verhalten gegen John Adams—Die demokratische Partei—Regierungssitz nach Washington verlegt—Adams Brief deshalb—Der neue Census—Hamilton's Opposition gegen Adams—Sein Schreiben—Von Burr veröffentlicht—Wirkung desselben—Eröffnung des Congresses in Washington—Rede des Präsidenten—Akte über die richterliche Behörde—Ernennungen—Burr's politische Thätigkeit—Hamiltons Urtheil über Burr—Verhältniß der Wahlstimmen—Jefferson und Burr haben gleiche Anzahl Stimmen—Davis Angabe—Fünf und dreißig Ballotirungen—Verhalten der Föderalisten—Von zwei Uebeln das Kleinste—Jefferson erwählt—Schluß der Administration von Adams—Gibbs über das Ende der Macht der Föderalisten—Anhang zum 13ten Kapitel: John Adams und der Sturz der Föderalisten.

Auf einer früheren Seite haben wir von dem Zusammentritte des sechsten Congresses im letzten Monat des Jahres 1799 und von der an beide Häuser gerichteten Rede des Präsidenten gesprochen. Die Antwort-Adressen waren sehr ausführlich und ziemlich entgegenkommend, wenn auch nicht gerade sehr warm. Die immer näher rückende Präsidentenwahl hatte die politischen Leidenschaften schon dermaßen aufgeregt, daß sie in den Verhandlungen des bevorstehenden Congresses, wenn auch absichtslos, durchleuchteten.

Die Wahlen waren zum Vortheile der Föderalisten ausgefallen. Dies war namentlich im Süden der Fall, wo die Stimmung zu Gunsten der Administration weit günstiger geworden war. John Marshall und Henry Lee waren in Virginien zu Abgeordneten gewählt worden. William Henry Harrison trat als Delegirter des „Territoriums nordwestlich vom Ohio" ein, in welcher Eigenschaft er einen Sitz aber keine Stimme hatte. Indessen hielt sich die Minorität unter guter Führung in Bereitschaft, um sich die Uneinigkeit zu Nutz zu machen, welche allerdings in den Reihen der Föderalisten herrschte. „Die Opposition," sagt Gibbs, „wurde jeden Tag compacter und fester; sie sah die Entmuthigung ihrer Gegner; sie kannte ihre Vortheile und die Stärke ihrer Stellung und versäumte nichts, um durch gute Organisation, Disciplin und unermüdliche Thätigkeit ihren Zweck zu erreichen." Washington's Tod brach wohl für eine kurze Zeit die stürmischen Wogen des politischen Kampfes, allein sein Verlust war für die Föderalisten ein tödtlicher Schlag und die Republikaner konnten jetzt ihren ungestümen Angriffen auf ihre Gegner den Zügel schießen lassen. So ging unter dem Deckmantel legislativer und gouvernementaler Debatten ein großer Theil der Sitzung in Intriguen und Parteikämpfen für die herannahende Präsidentenwahl hin. Geheime Zusammenkünfte, Vorberathungen (Caucuses), Correspondenzen, die aus Furcht vor Verrath größtentheils durch besondere Boten befördert wurden, Zusagen und Gegenversprechungen, Beargwöhnungen und Bestechungen: man kann sich das schmutzige Treiben leicht vorstellen, und wird uns die peinliche Aufgabe erlassen, solches näher zu schildern.

Im Januar des Jahres 1800 legte der Präsident dem Congresse den Bericht des Kriegssekretärs vor, worin die Bildung einer Militär-Akademie nachdrücklich empfohlen ward. Es war dieses immer ein Lieblingsplan Washington's gewesen und in der That schien er in jeder Hinsicht von einer gesunden Politik unterstützt zu werden. Es kam übrigens zu keinem endlichen Beschlusse darüber.

1800. Das Finanz-Comite (of ways and means) berieth die finanzielle Lage des Landes und stattete dem Hause seinen Bericht ab. Da ziemlich begründete Aussicht vorhanden war, die obschwebenden Streitigkeiten mit Frankreich gütlich geschlichtet zu sehen, hielt man es für zweckmäßig, die für die nationale Vertheidigung vorgesehenen Rüstungen theilweise einzustellen. Das Militär- und Marine-Budget wurde um $1,600,000 reducirt. So waren nur noch ein Deficit von drei und einer halben Millionen Dollars zu decken, wofür die Aufnahme eines Anlehens genehmigt wurde.

Wir haben früher bei Gelegenheit, wo wir den Fall von Nash und Robbins erwähnt haben, Einiges von den Verhandlungen in dem gegenwärtigen Congresse mitgetheilt. Es wird jetzt zweckmäßig sein, die weiteren Akten und Vorlagen der Sitzung summarisch zusammen zu stellen.

Ungeachtet der Wahrscheinlichkeit, daß der neue diplomatische Verkehr mit Frankreich günstige Resultate haben werde, wurden abermals Verfügungen getroffen, den Verkehr mit jenem Lande und seinen Kolonien gänzlich einzustellen und die Vorkehrungen zum Schutze der amerikanischen Handelsmarine gegen französische Gewaltthätigkeiten wurden neuerdings verstärkt.

Das Verbot, feindselige Handlungen von hier aus gegen neutrale Nationen vorzubereiten oder auszuführen wurde erneuert.

In der Verwaltung der Marine und dem Reglement für die öffentlichen Zeughäuser und Vorrathshäuser wurden Verbesserungen eingeführt.

Auf Zucker, Molassen und Wein wurde ein Zusatzzoll gelegt.

Zur Aufnahme des zweiten Census, der in der ersten Woche des Augusts vor sich gehen sollte, wurden Vorkehrungen getroffen.

Zur Erleichterung der wegen Schulden verhafteten Personen (in Folge Urtheile der Ver. Staaten Gerichte) und zur Annahme eines allgemeinen Bankerott-Systems wurden Verfügungen erlassen.

Man traf Maßregeln, den Frieden mit den Indianern dauernd zu befestigen und eine lang obschwebende Streitigkeit über den Besitztitel von Ländereien, die unter dem Namen „der westliche Vorbehalt von Connecticut" bekannt waren, wurde geschlichtet.

Der Präsident wurde ermächtigt, den Regierungssitz nach seinem Gefallen nach der neuen Hauptstadt Washington zu verlegen.

Das nordwestlich am Ohio gelegene Territorium wurde in zwei getrennte Gouvernements getheilt, wovon das westlichste das Territorium von „Indiana" bildete, und die Akte in Betreff des Verkaufs der öffentlichen Ländereien erlitt wesentliche Zusätze und Verbesserungen. Eben so wurde eine alte Grenzstreitigkeit des Staates Georgia geschlichtet, und eine Regierung für das „Mississippi-Territorium errichtet.

Wichtig sind die Bestimmungen, welche der Congreß bezüglich des Verkaufes öffentlicher Ländereien gegen Ende der Sitzung traf. Im Jahre 1798 wurden mehr als $88,000 von verkauften Regierungsländereien eingenommen, und die finanzielle Wichtigkeit der Sache nahm die Aufmerksamkeit des Congresses wie des Volkes lebhafter in Anspruch. W. H. Harrison zeigte sich besonders thätig in der Sache und so wurde am 10. Mai ein Beschluß gefaßt, welcher die Grundlage des seither in der Sache befolgten Systemes ist. Die wesentliche Bestimmung desselben war, „daß alle die zum Verkauf bestimmten Ländereien vorher auf Kosten der Regierung nach einem festen unabänderlichen Plane vermessen werden müssen. Die Vermessungen sollen sich auf eine Reihe richtiger Meridiane basiren, der erste im heutigen Staate Ohio, der zweite in Indiana, der dritte in Illinois u. s. w. Jeder dieser Meridiane giebt die Basis eines Complexes von Vermessungen ab, deren Grenzen auf einander stoßen, so daß das ganze Land dereinst in Quadrate von einer Meile jedes, und Gemeindebezirke (Townships) von sechs Meilen jede eingetheilt sein wird. Diese Untervertheilungen sind dann mit mathematischer Genauigkeit unter parallele Abschnitte (ranges) gebracht, indem sie von Linien gebildet werden, die sich einander rechtwinkelig durchschneiden, und direkt nach Norden und Süden, Osten und Westen fortlaufen, ausgenommen wo sie durch den Lauf eines Stromes oder die Grenzlinie eines Indianer-Gebietes gebildet werden.

Der Senat amendirte die Akte der Art, daß eine Hälfte in ganzen Sektionen (von einer Quadratmeile oder sechshundert und vierzig Acker) und die andere in halben Sektionen jede von dreihundert und vierzig Acker verkauft werden sollte. Das seitherige System der Verlustigung wegen nicht geleisteter Zahlung wurde aufgehoben und die Zahlung in ein Viertheil baar und der Rest in zwei, drei und vier Jahren gestattet. Der säumige Käufer erhielt nach dem vierten Jahre noch eine Gnadenfrist von einem Jahr, um sich mit den Zahlungen in Ordnung zu setzen: war auch dieses ohne Zahlung verstrichen, so sollte das Land versteigert werden, das Aerar seine Forderung vorweg abziehen und den Ueberschuß des Erlöses an den Käufer abliefern. Im Nordwest-Territorium wurden vier Land-Aemter errichtet, wo man Käufe abschließen konnte: der Archivar (Register) war mit dem Verkaufe, der Steuererheber (Receiver) mit Erhebung des Kaufpreises beauftragt. Wenn ein Verkauf abgeschlossen und der Preis bezahlt war, erhielt der Käufer von der Ver. Staaten-Regierung eine Original-Zufertigung (Patent), welche als der sicherste Eigenthumstitel für das Land angesehen werden konnte. Die späteren Modificationen dieses Systems werden wir am geeigneten Orte erwähnen.

Am 14. Mai schloß die Sitzung dieses zum letzten Mal in Philadelphia gehaltenen Congresses. Jefferson's Bemerkungen in einem Briefe an Madison vom 12. Mai verdienen angeführt zu werden, da sie lehren, wie er die Resultate dieses

Congresses auf die Parteistellung ansah. „Die Föderalisten waren während der ganzen Sitzung nicht im Stande, auch nur einen einzigen Beschluß von Bedeutung im Repräsentantenhause durchzusetzen. Im Anfange glaubte man, sie hätten eine Majorität von zwanzig: allein viele Mitglieder waren neu und von gemäßigter Gesinnung; diese sahen bald die Partei, zu der sie sich aus der Entfernung hingezogen gefühlt hatten, in ihrem wahren Lichte. Dazu ging die Strömung der öffentlichen Meinung so stark gegen die Politik dieser Partei, daß die Majorität bald zusammengeschmolzen war, was natürlich die Führer entmuthigte. Nur der Senat blieb sich bis zum Ende treu. Alle blieben fest bei der Fahne, verachteten die öffentliche Meinung und schienen mehr geneigter, ihr zu trotzen, als sich ihr zu unterwerfen. Nicht ein Mann von der Majorität hat auch nur geschwankt."

Anfangs Mai trat eine Spannung zwischen dem Präsidenten und McHenry ein, in deren Folge er ihn aufforderte, seine Resignation als Sekretär des Krieges einzureichen. Am 12. Mai erhielt Obrist Pickering seine Entlassung als Staatssekretär. Die Stimmung zwischen dem Präsidenten und seinem Kabinette war so gereizt, daß diese beiden Herren unmöglich länger im Amte bleiben konnten. Gibbs (2. Band p. 348 folg.) tadelt den Präsidenten wegen dieser Maßregel in scharfen Bemerkungen, indem er sie bei der anerkannten Tüchtigkeit und Unbescholtenheit der beiden Secretäre als durchaus unrechtfertigbar erklärt. Der Enkel des Präsidenten dagegen (1. Bd. p. 566) vertheidigt das Verfahren seines Großvaters, indem er dem Kriegssekretär Unfähigkeit nachweisen will und behauptet, daß Pickering seine amtliche Stellung treulos benutzt habe, um die Pläne des Präsidenten zu kreuzen und zu vereiteln. Wir müssen den Leser warnen, allzurasch in seinem Urtheile über solche verwickelte Zeitfragen zu sein. Unsere eigene Ueberzeugung ist, daß die Secretäre Anstandshalber lange vorher, ehe sie genöthigt worden, ihre Entlassungen einzureichen, von dem Amte hätten zurück treten sollen: was Herrn Adams jr. aber von ihrer Unfähigkeit, Treulosigkeit, blinden Anhänglichkeit an Hamilton u. dgl. mehr vorbringt, scheint nur eine leere Erfindung.*)

Wir haben oben bei Gelegenheit, als wir die Beweise von Tapferkeit erwähnten, welche unsere damals kaum in's Leben getretene Marine gab, von Commodore Truxtun und seinem Siege erzählt. Wir haben jetzt abermals eine glänzende Waffenthat dieses tapferen See-Offiziers zu berichten. Am 1. Februar befand sich Truxtun mit der „Constellation," einer Fregatte von 38 Kanonen auf der Höhe von Guadaloupe, als er ein Segel in Südost ausmachte. Seiner Vermuthung nach war es ein großes englisches Kauffartheischiff.

*) Wir fügen in einer Note des jüngeren Adams Bemerkungen über Oliver Wolcott bei, welche seiner Versicherung nach in den über dessen amtliches Leben und Wirken angestellten Nachforschungen vollständig begründet seien. Er spricht davon, „daß Hamilton Jemand bedurft habe," der schlecht genug war, alle Maßregeln des Kabinetts bis zum letzten Augenblicke zn verrathen. Einen solchen Mann fand er in Oliver Wolcott, dem Secretäre der Finanzen, dessen Treue Adams nie zuvor bezweifelt hatte, dessen äußeres Benehmen immer anständig war, daß ihn Niemand für fähig halten konnte, daß er sich dazu hergeben würde, durch die unwürdigste Verletzung des Amtsgeheimnisses auf die Untergrabung der Administration, zu welcher er selbst gehörte, hinzuarbeiten. Allein die Thatsache liegt jetzt offen zu Tage, und die Geschichte muß sie unparteiisch einregistriren. Statt zu mißtrauisch zu sein, wie es ihm seine Feinde oft nachgeredet hatten, hatte der Präsident in dem Uebermaße seines Vertrauens die giftigste aller Schlangen in seinem eigenen Busen genährt. Life of John Adams vol. 1 p. 570. S. auch Gibbs vol. II. p. 212.

Truxtun hißte die englische Flagge auf zum Signal, daß das Schiff beilegen solle, da er den Capitän sprechen wolle. Da die Aufforderung unbeachtet blieb, wurden alle Segel aufgespannt und die „Constellation" kam dem fremden Schiffe immer näher. Da zeigte es sich, daß es ein französisches Kriegsschiff war; Truxtun hißte daher die Nationalflagge auf und bereitete sich zum Angriffe, wiewohl er es mit einer großen Fregatte von 52 Kanonen zu thun hatte. Das Kaliber ihres Geschützes war voraussichtlich ihrer Größe angemessen; Truxtun sah daher wohl ein, daß der einzige Vortheil für ihn darin bestand, daß das feindliche Schiff einen beträchtlichen Tiefgang hatte; ein Umstand, der dadurch erklärlich ist, daß die Franzosen damals die Gewohnheit hatten, ihre werthvollsten Artikel der größeren Sicherheit halber in Kriegsschiffen nach Frankreich zu senden.

Truxtun steckte jedes Endchen Segel auf und obgleich ihm der leichte und veränderliche Wind ungünstig war, kam er dem Feinde doch am Abend des 2. auf Schußweite nahe. Es war bereits acht Uhr Abends, als Truxtun das Schiff anrief; aber statt der Antwort wurde er mit einer vollen Lage vom Hinter- und Viertel-Deck begrüßt. Diese erwiederte er mit einer Breitseite und nun entspann sich der Kampf in ernstlichster Weise. Das Feuer dauerte bis ein Uhr Morgens, als das feindliche Schiff die Flagge strich und sich zu entfernen suchte. Truxtun gab sogleich Ordre, zu entern; allein gerade in dem Augenblicke wurde berichtet, daß der Hauptmast zu stürzen drohe, da beinahe sämmtliches Tackelwerk weggeschossen war. So groß auch die Anstrengungen waren, das Uebel abzuwenden, konnte der Sturz nicht verhütet werden und ein Theil der tapferen Mannschaft, die bis zum letzten Augenblicke auf ihrem Posten blieb, fand ihren Tod dabei. Truxtun konnte den Feind nicht verfolgen; er hatte 14 Todte und 25 schwer Verwundete. Sein Schiff war nur noch ein Wrack; doch kam er glücklich in Jamaica an. Das französische Schiff war die Fregatte „La Vengeance"; sie lief äußerst übel zugerichtet in Curacoa ein, mit 110 Verwundeten an Bord; 50 Mann waren getödtet worden. Die „Vengeance" hatte 400 Leute als Bemannung, die „Constellation" nur 310 Mann; außerdem war letztere schwächer an Zahl und Kaliber des Geschützes.

Der Congreß votirte Truxton in Anerkennung seiner Tapferkeit eine Goldmedaille; eine Anerkennung, die er wohl verdient hatte. *)

Im Mai dieses Jahres wurde Kapitän Bainbridge nach Algier geschickt, um dem Dey den vertragsmäßigen Tribut zu bezahlen. Er erreichte auf dem „George Washington," einem amerikanischen Kriegsfahrzeuge im Monat September den Ort seiner Bestimmung und lieferte das Geld in die Hand des Deys ab. So wie das geschehen war, erzählt Cooper, wurde ihm im Auftrage des Deys der Befehl gegeben, „sein Schiff für einen dem letzteren absolut persönlichen Zweck in Bereitschaft zu halten." Die Sache war, daß der Dey ein Geschäft abzumachen hatte, daß jedem seiner eigenen Unterthanen den Kopf kosten konnte. Bainbridge wurde unter fürchterlichen Drohungen gezwungen, mit Depeschen für den Großsultan nach Constantinopel zu segeln. Wir

*) Siehe Cooper's Nav. History, vol. I, p. 172. Ebenso Benton's Abridgem., vol. II, p. 469. Für die Medaille votirten 87 gegen 4; unter Letzteren John Randolph.

müssen den Leser für die Einzelheiten dieses Besuches in der Hauptstadt der Türkei auf unsere Seegeschichte verweisen; man wird mit Vergnügen lesen, wie klug sich Bainbridge in der Sache benommen hat. Nach seiner Rückkehr verlangte er, ehe er in den Hafen von Algier einlief, das förmliche Versprechen des Deys, daß er nicht nochmals zu seinem Depeschenträger gepreßt werde. Er hatte demungeachtet manchen schweren Auftritt mit ihm und nur der ihm vom Großsultan ausgestellte Firman konnte ihn vor persönlichen Gewaltthätigkeiten schützen. Dennoch genoß der derbe Seemann die Gunst des Deys in so hohem Grade, daß auf seine Bitten einigen fünfzig Franzosen, die zur Zeit des Krieges mit Frankreich in die Sclaverei geschleppt worden waren, die Freiheit geschenkt wurde.

Wie oben erwähnt, verließen die amerikanischen Gesandten bei der französischen Regierung die Ver. Staaten im Anfange Novembers 1799 und kamen am 27. zu Lissabon an. Dort hörten sie, daß Napoleon die Revolution vom 18. Brumaire ausgeführt, das Directorium verjagt und sich selbst als erstem Consul die Executivgewalt beigelegt hatte. Am 8. December beschlossen sie, ihre Reise fortzusetzen; widrige Winde aber verzögerten dieselbe und sie liefen erst am 16. Januar 1800 in den Hafen von Corunna ein. Talleyrand, der sich in jeden Regierungswechsel trefflich zu schicken wußte, war immer noch im Amte; die Gesandten beschlossen daher, zuerst an ihn zu schreiben, ehe sie weiter reisten. Die Antwort lautete, daß man sie mit Ungeduld erwarte und mit Herzlichkeit empfangen werde; sie möchten sich doch ohne Verzug auf den Weg machen. Am 20. März kamen die Gesandten in Paris an. Napoleon empfing sie sogleich und ernannte seinen Bruder Joseph Bonaparte, Fleurien und Röderer zu Commissären, mit denen auch die Unterhandlungen unverweilt begonnen wurden.

Indessen schien bei dem Auseinandergehen der beiderseitigen Ansprüche und Erwartungen eine Verständigung oft kaum möglich. Dazu war die Abwesenheit Napoleon's von Paris für die französischen Bevollmächtigten ein ebenso großes Hinderniß, als die zu Trenton für unsere Bevollmächtigten ausgefertigten Instructionen hemmend waren. Die Ver. Staaten bestanden auf Entschädigung für die gegen ihren Handel verübten Gewaltthätigkeiten; Frankreich konnte aber nicht daran denken, Entschädigungen zu bezahlen, da es kein Geld hatte. Auf der andern Seite bestand Frankreich auf der Fortdauer der früheren Verträge, während Amerika solche durch die neueren Ereignisse für aufgehoben erklärte. Nur wenn die Wirksamkeit dieser Verträge zugegeben würde, erklärten die französischen Commissäre auf eine Entschädigung sich einlassen zu wollen: sonst aber wiesen sie alle darauf gerichteten Anträge zurück. Die Amerikaner schlugen vor, die Verträge in so weit aufzuheben, als sie ihrer Nation Verpflichtungen auflegten; in den anderen Beziehungen aber sie zu erneuern und auf dieser Basis die Entschädigungen anzuerkennen. Darauf ging Frankreich ebenso wenig ein, als die Amerikaner auf die ihnen gemachten Vorschläge.

Zuletzt verfielen die amerikanischen Bevollmächtigten auf den Gedanken, statt einer definitiven Ausgleichung der anhängigen Streitpunkte mittelst einer sogenannten Convention die wesentliche Stellung der beiden Theile zu reguliren und die streitigen Punkte zur künftigen Ausgleichung vorzubehalten. Die Hauptsache war, dem ungewissen Verhältnisse zwischen beiden Nationen ein Ende zu machen und ihre gegenseitige Neutralität anzuerkennen. Darauf ging man französischer Seits ein und so wurde denn am 3. September 1800 eine Convention abgeschlossen und unterzeichnet. Die älteren Verträge wurden für spätere Verhandlungen suspendirt und von den Entschädigungsansprüchen ward für jetzt abgesehen. Alle von der einen wie von der andern Seite gekaperten Schiffe wurden zurückgegeben.*) In den anderen Artikeln wurde die Rückgabe von allem weggenommenen Eigenthume, welches noch nicht als gute Prise zugesprochen worden war, an die Eigenthümer vorgesehen (vorausgesetzt, daß es nicht aus Contrebande bestand) und die Form von Ursprungszeugnissen festgesetzt, welcher sich die Kauffahrer zu bedienen haben sollten.

Auch war die Zahlung der Schulden vorgesehen und überhaupt räumten sich die beiden Theile wechselseitig alle Vortheile ein, welche sie den am meisten von ihnen begünstigten Nationen eingeräumt hatten. Die Vorkehrungen gegen fernere Beeinträchtigungen des amerikanischen Handels, wie sie seither von französischen Kaperschiffen verübt worden waren, machten den Gegenstand weiterer zwanzig Artikel aus und die französische Regierung garantirte den getreuen Vollzug dieser Zusicherungen. Gibbs (vol. II, p. 439) ist der Meinung, daß für die Ver. Staaten kein Nutzen aus diesem Vertrage erwachsen sei und daß sie besser gethan haben würden, bei ihrer früheren Politik zu verharren. Der jüngere Adams (vol. I, pag. 575) gibt zwar zu, daß der Vertrag den eigentlichen Beschwerdepunkten zwischen beiden Nationen nur wenig abgeholfen und für das den Amerikanern zugefügte Unrecht keinerlei Ersatz gewährt habe. Dagegen habe er uns ein viel werthvolleres Gut geliefert — das Ende des beklagenswerthen Zwitterzustandes und die Beseitigung aller Furcht vor einem Kriege und einer Wiederkehr von künftigen Störungen der freundschaftlichen Beziehungen zu Frankreich. Jedenfalls genügt es, zu erwähnen, daß dieser Staatsvertrag die neutrale Politik der Ver. Staaten, welche mehrere Jahre in so großer Gefahr schwebte, neuerdings zur Geltung brachte und den Weg zu der Periode der Entwickelung und des Glückes anbahnte, welche darauf folgte. Es ist schwer, sich eine bestimmte Ansicht über die so lange bestandenen Wirren und Meinungs-Conflicte zu bilden; allein abgesehen davon, ist jenes Resultat ganz allein hinreichend, um den Urhebern desselben die Anerkennung der so sehr dabei interessirten Bürger zu sichern.

Als der Congreß zum ersten Male in der Stadt Washington eröffnet wurde, hatte der Präsident die Nachricht von der abgeschlossenen Convention noch nicht erhalten. Kurz darauf jedoch kam General Davie mit der Depesche hier an und die Berathungen über die Convention füllten jetzt beinahe

*) Diese beiden Artikel wurden vom Senate nicht bestätigt: die darin verhandelten Punkte wurden erst erledigt, nachdem Adams vom Amte zurückgetreten war. In einem Briefe vom December schreibt Jefferson an Madison: „Diese Convention ist in der That ein Vertrag ohne alle Beschränkung hinsichtlich seiner Dauer. Es sind einige sehr mißfällige Bestimmungen darin, die uns mit England in Verwickelung bringen können. Ich hoffe, die Sache wird in beiden Häusern ernstlichen Widerstand finden. Die ganze Unterhandlung ist Stümperei." — Dann wieder: „Die Föderalisten werden diesen Vertrag nachdrücklich anfechten. Die Schiffe herauszugeben, ist für sie ein ärgerlicher Punkt, den sie nicht leicht verdauen werden."

ausschließlich die kurze Sitzung des Congresses aus. Der Senat verweigerte zwei Artikeln darin die Bestätigung zu ertheilen; der Präsident ratificirte den also abgekürzten Vertrag und ernannte James A. Bayard zum bevollmächtigten Minister nach Paris, um die Ratification zu überbringen und die also glücklich angeknüpfte Verbindung weiter zu cultiviren. Bayard weigerte sich jedoch, die Ernennung anzunehmen und so blieben die Dinge im Status quo bis zur Administration von Adam's Nachfolger.

Nach Washington's Tode nahmen die Zerwürfnisse in der Partei der Föderalisten einen noch erhöhteren Charakter von Verbissenheit und Gewaltsamkeit an. Die Partei ihrer Gegner sah dem inneren Zerfalle mit Spannung zu und rüstete sich, diesen günstigen Umstand bestens zu benützen. Die Folge unserer Erzählung wird lehren, wie klug die Leiter der demokratischen Partei bei dieser Gelegenheit zu handeln wußten.

Der Staat New York, einer der wichtigsten der Union, sollte die Wahl für die Mitglieder der Legislatur in Kurzem vornehmen. Die Parteien standen sich in beinahe gleicher Stärke gegenüber und man berechnete mit Spannung, welche davon Siegerin bleiben werde. Hamilton
1800. arbeitete unermüdlich für die Föderalisten: Aaron Burr für die andere Seite.*)

Der Familienzwist der Clintons, der Livingstons und Anderer schwächte die demokratische Partei im Staate. Burr gab sich daher Mühe, dieselben auszugleichen und die ganze Partei gegen die Föderalisten zu organisiren, was ihm bei seiner politischen Gewandheit auch gelang. Die einleitenden Schritte, die Wahl einer populären Candidaten-Liste für die Stadt New York, die Ueberredung der darin aufgestellten Candidaten, die Wahl anzunehmen und die Durchführung der Wahl, das Alles wußten Burr's Feinheit und Tact glücklich durchzuführen. Gouvernör Jay erhielt ein Schreiben von einem der „ausgezeichnetsten und einflußreichsten Föderalisten in den Ver. Staaten" (Hamilton, wie man allgemein glaubte), worin ihm eine Art Staatsstreich vorgeschlagen wurde. Er solle nämlich die Legislatur, deren Majorität aus Föderalisten bestand, auf der Stelle zusammenrufen und die Art der Wahl der Wahlmänner für die Präsidentschaft abändern lassen. Wenn das Volk dieselben districtenweise wähle, so wäre die Majorität gewiß und dann würde die Partei der Föderalisten bei der Präsidentenwahl triumphiren. Wir haben bereits Gelegenheit gehabt, von dem ehrenwerthen Charakter John Jay's zu sprechen: auch hier wieder verdient seine auf jenes Schreiben ertheilte Antwort die vollste Anerkennung. „Eine solche Maßregel, sagte er, würde nur ein Partei-Manöver sein, das zu unterstützen mir die Ehre verbietet." So unterblieb die Sache und die Folgen davon waren ganz jene, welche der Schreiber des Briefes an Jay vorhergesehen hatte.*)

Das Resultat der New Yorker Wahl machte die Niederlage der Föderalisten-Partei immer wahrscheinlicher. Die einzelnen Glieder derselbelben waren in größter Verlegenheit und ohne jeden leitenden Gedanken; es gab, wie Gibbs sagt, keine Basis, worauf eine aufrichtige Wieder-

*) Man sehe Hammond's History of Political Parties in State of New York, vol. I, p. 146.

*) Der fragliche Brief findet sich in 'Life of John Jay', vol. I, p. 42—114.

vereinigung hätte stattfinden können. Einige waren der Ansicht, man solle ganz offen verfahren, Adams geradezu aufgeben und sich für General Pinckney oder einen anderen energischen Mann aus der Partei erklären. Andere wünschten dies zwar auch, wußten aber nicht, wie sie es anfangen sollten und Andere endlich bestanden darauf, den jetzigen Präsidenten unter allen Umständen von neuem zu wählen.

Die Mitglieder der Föderalisten-Partei im Congresse hielten kurz vor Schluß der Sitzung eine Wahlberathung (Caucus) und kamen überein, John Adams und Charles Cotesworth Pinckney als Candidaten der Föderalisten-Partei aufzustellen, wobei nicht eigentlich erklärt, sondern nur stillschweigend verstanden war, daß Adams der Candidat des Präsidenten-Amtes und Pinckney der für die Vicepräsidentschaft sein solle. Ein Theil der Partei und zwar ein sehr großer hatte den Beschluß gefaßt, die Wiedererwählung von Adams dadurch zu vereiteln, daß man im Geheimen verbreite, er sei nicht tauglich für das Amt; seine Charakterschwäche und anderes dergleichen mache es unräthlich, ihn wieder zu erwählen; man solle General Pinckney den Vorzug geben. Der jüngere Adams stellt dies als Heuchelei hin und sagt: „In dem Augenblicke, als eine intrigante Minorität eine Handlungsweise beschloß, die ganz nahe an Verrätherei streift, war auch die Befürchtung weiser und patriotischer Bürger vollständig gerechtfertigt, daß jetzt der Sturz der Föderalisten-Partei unvermeidlich sei."

Die demokratische Partei war dagegen weit besser organisirt und zerfiel weder über die Wahl ihrer Candidaten, noch über die zur Durchführung ihrer Sache nöthigen Schritte. Aaron Burr hatte sich solche Verdienste um die Partei erworben, daß sein Name neben den von Jefferson auf die Candidatenliste kam, und man zweifelte nicht, daß er namentlich in den Mittelstaaten vielen Anklang finden werde. So standen sich also die Parteien ungleich gerüstet gegenüber und der entscheidende Tag des Kampfes rückte immer näher.*)

Im Monat Juni wurde auf Verfügung des Präsidenten der Sitz der Regierung sammt allen Bureaux und Archiven nach Washington verlegt, wo der nächste Congreß im November seine Sitzungen halten sollte. Es wird gewiß interessiren, wenn wir eine getreue Schilderung jenes Ortes, wie er damals aussah, aus einem Briefe der Frau Adams an ihre Tochter hier mittheilen. Der Brief datirt vom November 1800 und lautet wie folgt: „Ich kam am letzten Sonntage ohne weiteren Unfall hier an, eine Irrfahrt von zehn Meilen abgerechnet, die wir nach Verfehlen des Weges von Baltimore nur dem Umstande zuzuschreiben hatten, daß wir weder einen Menschen noch einen Weg, sondern nichts als Wald von dort bis zur Ankunft in hiesiger Stadt zu sehen bekamen. Diese „Stadt" besteht aber uur dem Namen nach. Nur hier und dort ist eine kleine Hütte ohne Glasfenster in der dichten Waldung sichtbar, die sich meilenweit nach allen Seiten ausdehnt. Dies ist die ganze Stadt." Ueber

*) In einem Briefe an Dr. Rush in Philadelphia, datirt vom 23. September, spricht Jefferson von der Feindseligkeit der Geistlichen des Landes gegen ihn und seine Grundsätze; er traut ihnen selbst die Absicht zu, „deren Realisirung jedoch geradezu unmöglich wäre," Kirche und Staat wieder zu vereinigen. „Der durchgängig herrschende gesunde Menschenverstand, fügte er hinzu, wird dies nicht zugeben, und sie glauben jetzt, wenn ich an das Ruder käme, würde ich gegen jene Absicht wirken. Darin haben sie auch vollkommen Recht, denn ich habe auf dem Altare des ewigen Gottes feierlich gelobt, jede Tyrannei über den menschlichen Geist zu bekämpfen, in welcher Form sie auch auftreten mag, ob von Fürsten oder von Pfaffen.

die Amtswohnung des Präsidenten sagt sie: „Das Haus ist nach einem großartigen und prächtigen Maßstabe angelegt. Es fordert einige dreißig Diener, die Zimmer in Ordnung zu halten und die gewöhnlichen Dienste im Hause und in den Stallungen zu leisten. Ein Etablissement, das mit dem Salaire des Präsidenten in wenig entsprechendem Verhältnisse steht. Nur die Beleuchtung dieses Hauses kostet schweres Geld und die Feuer, die wir unterhalten müssen, um den täglichen Fieberanfällen widerstehen zu können, gehören ebenfalls zu den ermunternden Annehmlichkeiten des Ortes.

„Wenn sie mir nur einige Schellen anmachen (es ist keine einzige im ganzen Hause und auf alle Erinnerungen erhält man nichts als Versprechungen) und mir Holz genug herbeischaffen, das Feuer zu unterhalten, so habe ich mir vorgenommen, zufrieden zu sein. Ich glaube es an jedem wenn noch so traurigen Orte drei Monate aushalten zu können: kannst Du Dir aber denken, daß man hier mitten im dichtesten Walde kein Holz haben kann? Es sind keine Leute da, um es zu fällen und herbeizuschaffen. Briesler traf mit einem Manne das Uebereinkommen, uns mit dem Artikel zu versehen; allein er lieferte erst einen kleinen Theil davon, kaum einige Cords, und das ist größtentheils verwendet worden, um die Mauern zu trocknen, ehe wir einzogen. Nun erklärte der Mann, er könne Niemand bekommen, es klein zu machen und herbeizufahren. Er beschloß dann, Kohlen zu brennen; aber wir können keine Kamine bekommen, noch Leute, welche sie setzen. Wir sind wahrhaftig hier „in einem neuen Lande." Das Haus ist wohnlich genug, nur ist nicht ein einziges Zimmer fertig. Außer dem Hause ist auch keine einzige Bequemlichkeit: weder ein Hof, eine Einzäunung, noch ein Schoppen. Im Audienzsaale trockne ich die Wäsche. Die Haupttreppen werden erst im nächsten Frühjahre fertig. Wir haben im Ganzen sechs wohnbare Zimmer u. s. w."

Wahrhaftig keine königliche Pracht in dieser Amtswohnung! Wenn Adams sich sehr abgeneigt zeigte, sie zu beziehen, lassen sich bessere Gründe dafür finden, als sie Jefferson boshafter Weise in den Briefen an seine Freunde unterstellte.

Indeß waren die oben geschilderte Schwierigkeiten für die neue Stadt weniger ominös, als zwei Feuersbrünste, die gleich im ersten Winter ausbrachen. Die erste zerstörte die Bureaux des Secretärs des Krieges nebst vielen darin befindlichen wichtigen Actenstücken; während der zweiten ging das Schatzamt in Flammen auf, wobei einige wichtige Register zerstört wurden. Die „Aurora", ein demokratisches Blatt, war natürlich sogleich mit der Insinuation bei der Hand, daß das Feuer angelegt worden sei und daß „gewisse Personen" am besten wissen müßten, was die in so summarischer Weise aus der Welt geschafften Urkunden so Gefährliches enthalten hätten, damit jede Prüfung des Inhaltes unmöglich gemacht werde.

Während des Sommers wurde der zweite Census der Vereinigten Staaten aufgenommen. 1799. Die ganze Bevölkerung war in zwölf Klassen getheilt; jedes Geschlecht der freien weißen Bevölkerung in fünf Klassen, nach den Altersstufen; die eilfte Klasse bestand „aus allen anderen Personen," nicht besteuerte Indianer jedoch ausgeschlossen; in der zwölften Klasse endlich waren die Sclaven aufgezählt. Es herrscht zwar einige Verschiedenheit in den

Bevölkerungslisten, das wahrscheinliche Resultat aber ist Folgendes: In den freien Staaten betrug die Zahl der freien Weißen 2,601,509; der Farbigen 107,154; der Sklaven 35,946. Im Ganzen 2,684,609. In den Sklavenstaaten lebten 1,702,980 Weiße, 61,241 freie Farbige und 857,095 Sklaven; im Ganzen 2,621,316, also beinah eine und eine halbe Million Zunahme während der letzten zehn Jahre.

Im Verlauf des politischen Kampfes, worin die Föderalisten begriffen waren, hatte sich Hamilton nach sorgfältiger Prüfung überzeugt, daß John Adams in den Neu-England Staaten nicht verdrängt werden konnte und daß es keine Möglichkeit war, für General Pinckney eine hinreichende Stimmenzahl zu erhalten. Es mußte also etwas geschehen, wenn nicht der glückliche Ausgang des Kampfes für die Föderalisten zum Vortheil von Pinckney ausfallen sollte; ein Resultat, was Hamilton und viele Andere über Alles fürchteten.

Adams, der sich nie in seinen Reden beherrschen konnte, hatte oft und vielmal jenen Theil der Föderalistenpartei, welcher seine Maßregeln nicht billigte als eine „brittische Fraktion" bezeichnet und namentlich Hamilton damit angegriffen. Dies gab Letzterem Veranlassung den Präsidenten darüber zur Rede zu stellen. Er schrieb ihm am 1. August und verlangte den Beweis der gegen ihn ausgesprochenen Verdächtigungen. Es erfolgte darauf keine Antwort; wahrscheinlich wurde auch keine erwartet. So schrieb Hamilton am 1. Oktober abermals an Adams und gebrauchte absichtlich die schärfsten Worte, indem er derartige Reden und Anklagen als „niederträchtige und elende Verläumdungen" erklärte. Nicht zufrieden damit, that er einen ferneren Schritt, dessen Resultat von dem entschiedensten Einflusse auf den schwebenden Streit zwischen den Föderalisten und Demokraten war.*)

Hamilton's vertrauliche Beziehungen mit den Mitgliedern des Kabinets gaben ihm über manche Thatsachen und Umstände Aufschluß, welche er zur Diskretirung von Adams zu benutzen beschloß, um, **1800.** wenn möglich ihm eine Niederlage von der eigenen Partei zu bereiten. So schrieb er denn im Oktober die berühmte Flugschrift: „Ein Schreiben über die Amtsführung und den Charakter John Adams des Präsidenten der Ver. Staaten."

Seine Absicht war nach Gibbs (2. Bd. p. 429) sich und seine Partei gegen unbegründete Beschuldigungen zu verwahren, und die ganze Stärke der Partei zu dem bevorstehenden Wahlkampfe zu vereinigen. Hamilton sagt zwar ganz offen in dieser Broschüre, was er an Adams auszusetzen habe, und daß von seinem amtlichen Verfahren zu befürchten stehe, daß sie die Politik der Föderalisten in die Luft sprenge; allein er versichert anderseits, daß er nicht im entferntesten beabsichtige, der Wiedererwählung Adams Schwierigkeiten entgegenzusetzen oder ihm auch nur eine einzige Stimme zu entziehen.†)

Der fragliche Brief erschien erst in der letzten Woche Oktobers, also ganz kurz vor

*) Einige sehr scharfe und nichts weniger als höfliche Bemerkungen gegen den zweiten Präsidenten und seine vorgefaßten Meinungen s. in Garland's Life of John Randolph vol. I. p. 142 ff.

†) Die Enttäuschung, welche das Erscheinen dieses Pamphlets verursachte, war allgemein. Alles erwartete Aufschlüsse von der höchsten Wichtigkeit, eine peinliche Blosstellung des Präsidenten zu finden; und die Enthüllungen waren so unbedeutend, daß der Verfasser selbst seine Freunde ersuchen mußte, dem Angegriffenen darum keine einzige Stimme zu entziehen. Der jüngere Adams macht großes Wesen von diesem Briefe. Vol. I. p. 676 ff.

der Wahl der Präsidenten-Wahlmänner in den Staaten, im Drucke. Hamilton's Absicht war, ihn nur confidentiell, namentlich in den südlichen Staaten zu vertheilen. Durch Zufall oder Schlechtigkeit aber kam ein Exemplar davon in die Hand von Aron Burr, welcher ihn sofort in den Zeitungen veröffentlichte und so die Sache vor das große Publikum brachte. Natürlich wurde die Sache von Burr und der demokratischen Partei in bester Weise ausgebeutet und man muß auch zugestehen, daß es ein plumper Fehler Hamilton's war, so kurz vor der Wahl die Zerrissenheit der Partei bloszulegen. So niederdrückend und ärgerlich dieser Schritt auf die Föderalisten wirkte, so belebend und triumphversprechend war er für die republikanische Partei. Bis dahin war das Vertrauen der Letzteren, Adams verdrängen zu können, so schwankend, daß selbst Jefferson, ihr Führer, es öfters für zweckmäßiger erklärte, den Kampf vorerst aufzugeben, um bei der nächsten Wahl desto sicherer zu gehen. Das Hamilton'sche Pamphlet aber schwellte ihre Segel so mächtig, daß von nun an alle Zweifel schwanden. Duane, der ein Exemplar desselben an General Collot in Paris schickte, sagte davon, daß „es der Partei mehr Nachtheil zugefügt habe, als alle Bemühungen der Aurora."

Um jedoch gerecht zu sein, muß man einräumen, daß Hamilton selbst dann entschuldigbar schien, wenn seine Angriffe gegen Adams noch weit heftiger gewesen wären, als sie es wirklich waren. Dieser hatte ihn seit Jahren mit Sarkasmen, Spott und verläumderischen Insinuationen sowohl in der Unterhaltung als in seiner Correspondenz verfolgt. Die schon oben angezogenen „Cunningham'schen Briefe" geben Zeugniß, was Adams in dieser Art Parteikrieg zu leisten im Stande war.

Die Aufregung im Lager der Parteien nahm zu, als die Zeit der Wahl des Präsidenten und Vicepräsidenten näher kam. Es wurden alle denkbaren Ränke geschmiedet, die Legislaturen in den Staaten, wo ihnen die Wahl der Wahlmänner überlassen war, zu gewinnen und der Parteimanövres war kein Ende, um durch Gegenversprechungen und Zusagen aller Art die Wahl bestimmter der Partei ergebener Männer durchzusetzen.*)

So standen die Dinge, als der sechste Congreß am 17. November 1800 seine zweite Sitzung anfing.

Der Präsident hielt die Eröffnungsrede am 22. November in dem Sitzungssaale des Senates. Da es die letzte ist, welche er hielt und sie der Sage nach mehr als die früheren der Ausdruck seiner alleinigen Ueberzeugung war, wollen wir sie vollständig wiedergeben.

„Meine Herren vom Senate und vom Haus der Repräsentanten! Ich habe sogleich nach dem Schlusse der letzten Congreßsitzung den von Ihnen erlassenen Bestimmungen gemäß, die Anordnung zur Uebersiedelung der Bureaux, Register und sonstiger öffentlichen Effecten nach dem neuen Regierungssitze getroffen. Sobald sie ausgeführt war, sind die Geschäfte von

†) S. Benton a. a. O. vol. II. p. 408. „Im März hatte der Senat dem Präsidenten anempfohlen, den Redakteur des "Aurora," Duane wegen ehrenrühriger und falscher Verläumdung des Senates zu verfolgen, die er sich bei dem Angriffe mehrerer von dieser Behörde erlassenen Gesetze habe zu Schulden kommen lassen. Noch in einer anderen Untersuchung ähnlichen Charakters fand das Interesse Derer, welche die Aufruhr-Akte als das Mittel benutzten, die Föderalisten zu stürzen, Nahrung. Wir würden kaum die Thatsache der Erwähnung werth halten, wäre sie nicht benutzt worden, um bei der Wahlagitation die Föderalisten zu beschuldigen, daß sie die Monarchie einführen wollten.

hier aus betrieben worden, die Regierungsbeamten haben ihre Wohnungen hier aufgeschlagen.

Ich wünsche dem Volke der Ver. Staaten bei Installation der neuen Regierung an ihrer bleibenden Stätte herzlich Glück, und eben so Ihnen meine Herren, die sie von hier aus künftig auf das Gedeihen unseres Landes Ihre Sorge richten werden. Wenn auch die Einrichtungen unseres neuen Wohnortes noch manches zu wünschen übrig lassen, wird doch die nächste Zukunft allen billigen Anforderungen wohl entsprechen.

Mögen die Tugend und das Glück in dieser neuen Wohnstätte sich bleibend niederlassen! Möge in dieser Stadt jene Frömmigkeit und edle Gesinnung, jene Festigkeit und geistige Freiheit, welche denjenigen geziert haben, dessen Namen sie trägt, für alle Zeiten als erhebendes Beispiel vorleuchten! Mögen hier — mögen in unserem ganzen Lande, Einfachheit der Sitten, Reinheit des Herzens und wahre Religion einen steten Cultus haben!

Es wird vielleicht geeignet sein, die Frage zu erörtern, ob sie die direkte Regierungsgewalt, welche die Verfassung dem Congresse über den District Columbia eingeräumt hatte, sofort ausüben wollen. Im Falle Sie diese Absicht hätten, wird es vielleicht überflüssig sein, zu erwähnen, von welchen Rücksichten Sie bei der Organisation der Territorien geleitet werden sollten. Es wird dieses die Hauptstadt eines mit beispielloser Schnelligkeit zur Blüthe und Machtentfaltung heranreifenden Reiches werden, dessen Volk alle die Tugend und Energie in sich besitzt, welche, wenn sie nicht weggeworfen oder in beklagenswerther Weise auf Abwege geleitet werden, ihm eine lange Geschichte voll Glück und Größe sichern werden.

In Uebereinstimmung mit dem in letzter Sitzung des Congresses erlassenen Gesetze sind die Offiziere und Soldaten der interimistischen angeworbenen Armee entlassen worden. Es gewährt mir Vergnügen, hier anzuerkennen, daß die Bereitwilligkeit, mit welcher diese Männer ihre Entlassung hingenommen haben, das ehrenvollste Zeugniß für die patriotischen Motive ablegen, durch welche sie zur Anwerbung bestimmt worden sind.

Die Vollstreckung der Gesetze und die Gerechtigkeitspflege sind in jedem Staate Momente von hoher Wichtigkeit, daß ich nicht umhin kann, Sie abermals auf die Mängel der Organisation der Ver. Staaten Gerichtshöfe aufmerksam zu machen. Es giebt kaum einen Gegenstand, dessen Erledigung nach dem wirklichen Bedürfnisse des Volkes von größerer Bedeutung für die Wohlfahrt unseres Reiches sein könnte, als dieser, und die gemachten Erfahrungen geben uns hinreichende Mittel zur Verbesserung des Zustands an die Hand.

Mit dem Könige von Preußen wurde ein Freundschafts- und Handels-Vertrag abgeschlossen und bestätigt. Die Ratification ist eingetroffen und ich habe verordnet, den Vertrag mittelst Proklamation zu veröffentlichen.

Die der Erfüllung des Artikels 6 unseres Vertrages mit England entgegenstehenden Schwierigkeiten sind noch nicht beseitigt, vielmehr schweben noch die Unterhandlungen darüber. Da es die Ehre der beiden Nationen erheischt, diese Schwierigkeiten in gutem Glauben zu heben, so bezweifele ich nicht, daß das ernstliche Bemühen der Ver. Staaten, ein freundschaftliches Verständniß darüber herbeizuführen, von gutem Erfolge begleitet sein werde.

Die außerordentlichen Bevollmächtigten der Ver. Staaten bei der französischen Regierung sind von dem ersten Consul mit der ihrem Charakter schuldigen Rücksicht empfangen und es sind von Ihm drei Commissäre ernannt worden, um die Unterhandlungen sofort beginnen zu lassen.

Wenn auch keine Anzeichen vorliegen, daß der Frieden mit irgend einer auswärtigen Macht gestört werden könnte, sollten wir doch nicht verhindern, unsere Vertheidigungsmittel in einem achtunggebietenden Stande zu erhalten. Wir wissen, wie hoch uns die Ausrüstung einer genügenden Seemacht zum Schutze unseres Handels und zur Zurückweisung übermüthiger Beeinträchtigungen in dem Ansehen bei dem Auslande, wie in unserer Selbstachtung gehoben hat. Es sollte darum unsere Marine den durch unsere ausgedehnte Seeküste herbeigeführten Bedürfnissen entsprechend, und nicht nur für einen Vertheidigungskrieg stets gerüstet, sondern auch auf einer Basis organisirt sein, daß sie im Falle ausbrechender Feindseligkeiten ohne jeden Verzug schlagfertig gemacht werden könnte.

Damit in Verbindung steht die Befestigung unserer wichtigsten Häfen und Seeplätze, für welche schon so beträchtliche Summen aufgewendet wurden, ohne daß sie der Vollendung näher gerückt sind.

Eben so verdient die Errichtung von Waffen-Fabriken die besondere Aufmerksamkeit des Congresses. Mit großen Kosten sind dieselben soweit vorgeschritten, daß das Resultat als gesichert angesehen werden kann, wenn die Werke nicht aufgegeben, sondern durch die Unterstützung des Congresses noch fortdauernd ermuntert werden.

Die Einkünfte des laufenden Jahres haben die der früheren Jahre überschritten, ein Beweis von der Weisheit und Wirksamkeit der vom Congresse getroffenen Einrichtungen."

Sowohl das Haus als der Senat gaben in ihren Antwort-Adressen die Versicherung ihres unbedingten Vertrauens in die Weisheit und den guten Willen des Präsidenten und erklärten ihm ihren aufrichtigen Entschluß, gemeinschaftlich mit ihm die angedeuteten Zwecke erstreben zu wollen.

Die wichtigsten Ereignisse der gegenwärtigen Congreßsitzung waren die neue Gerichtsorganisation und die Wahl eines Präsidenten durch den Congreß.

1801. Was die Gerichtsorganisation betrifft, so that eine Reform unbedingt Noth, denn die Masse der Geschäfte, welche in Folge stets neuer Specialverordnungen den Richtern oblag, war in schreiendem Mißverhältniß zu ihren Arbeitskräften. Selbst in der gegen den betreffenden Gesetzesvorschlag erhobenen Opposition zeigte sich, daß auch die Republikaner die Nothwendigkeit zugaben, daß Manches in dem gegenwärtigen Zustande geändert werde. Nach den Bestimmungen der neuen Bill sollten die Richter der Supreme-Court in's Künftige von der Erledigung der vor die Circuit-Courts gebrachten Rechtssachen befreit sein, und ausschließlich als „Appel- und Cassationshof" (Court of Error) fungiren. Die ganze Union ward in sechs Gerichtsbezirke (Circuits) getheilt. In fünf dieser (Circuits) wurden d r e i Richter ernannt, welche die seither der Supreme-Court obliegenden Geschäfte zu erledigen hatten. In dem sechsten Bezirke wurde nur e i n solcher Richter ernannt, der mit zwei von den Districtsrichtern die Circuit-

Court bilden sollte. Die Opposition gegen die Bill hatte wesentlich aus Mißtrauen statt, daß der Präsident die ihm dadurch in die Hand gegebene Anstellung einer großen Zahl einflußreicher Beamten mißbrauchen werde. In der That war diese Befürchtung auch ganz begründet, denn Adams besetzte diese sämmtlichen Stellen mit seinen Anhängern aus der eigenen Partei am Vorabend seines Rücktritts vom Amte, und nachdem dieser Rücktritt und der Triumph der anderen Partei bereits eine entschiedene Sache war. Dieser Mißgriff warf den dunkelsten Schatten auf die ganze Administration von Adams, und Jefferson, sein Nachfolger, war darüber mehr aufgebracht, als über irgend eine andere Maßregel, welche der zweite Präsident je zuvor durchgesetzt hatte.

Da Ellsworth's die Stelle eines Ober-Richters niedergelegt und Gouvernör Jay die ihm angebotene Ernennung abgelehnt hatte, ernannte der Präsident den John Marshall am 27. Januar 1801 zu diesem hohen Amte. So sehr beide Theile aus persönlichen Begünstigungen anderer Candidaten über diese Wahl murrten, muß man doch zugestehen, daß sie in Betracht der wirklichen Verdienste dieses ausgezeichneten Mannes eine sehr glückliche war.

In dieser Zeit war das Resultat der Wahl der Wahlmänner für die bevorstehende Wahl des Präsidenten und Vicepräsidenten in den meisten Staaten bekannt, obgleich es erst einige Zeit nachher offiziell verkündigt wurde. Die Republikaner hatten ihren Wahlfeldzug mit großer Geschicklichkeit und vieler Hoffnung auf ihren Sieg geführt. Aron Burr scheint der Hauptheld auf ihrer Seite gewesen zu sein: jedenfalls war er der Aufgabe gewachsen. Mit scharfem Auge entdeckte er jedes Manövre der Föderalisten und stellte es blos, ohne daß sie wußten, woher der Schlag kam. Adams und Jefferson wurden durch ihre Stellungen verhindert, anders als mit der Feder an dem Wahlkampfe Theil zu nehmen, und man muß sagen, daß sie sich dieser Waffe nach ihren besten Kräften bedienten. Die Thätigkeit der Föderalisten war gleich ernstlich für Adams, wie für Pinckney, obgleich Viele den Ersteren gern geopfert, und sich auf den Zweiten vereinigt hätten. Viele die an dem Erfolge der eigenen Partei verzweifelten, waren aus Haß gegen Jefferson geneigt, mit der demokratischen Partei für Burr zu stimmen, nur um Jefferson keine Chance zu lassen. Hamilton warnte jedoch vor diesem Vorurtheile. „Jefferson," sagte er, „ist bei weitem weniger gefährlich. Er hat wenigstens Anspruch auf Charakter; was aber Burr betrifft, so ist er, wie selbst seine politischen Freunde zugestehen müssen, ein verworfener Mensch, bankerott, und nur darauf aus, sich auf Kosten des allgemeinen Besten, ohne Rücksicht auf die Mittel, zu bereichern und in die Höhe zu schwingen. Er ist ein wahrer Catilina, ein kaltblütiger herzloser Schurke." Trotz der Warnung aber war der Parteihaß gegen Jefferson so groß, daß nur wenig gefehlt hätte, und unser Land hätte die Schande gehabt, einen seiner verworfensten Söhne auf den höchsten Ehrenplatz erhoben zu sehen!

Am 1. Februar 1801 wurden die versiegelten Wahlstimmen der Staaten von Jefferson selbst, als Präsidenten des Senats eröffnet. Man kann sich einen Begriff machen von dem herrschenden Geiste, wenn man liest, daß nur e i n e e i n z i g e Stimme von dem in den vorbereitenden Wahlabstimmungen (Caucus) festgestellten

Bestimmungen abwich. Für John Adams und Pinckney hatten sich New Hampshire, Vermont, Massachusetts, Connecticut, New Jersey und Delaware ganz und vollständig erklärt; Rhode Island erklärte sich einstimmig für Adams, nur hatte dieser Staat eine Stimme für John Jay als Vicepräsident abgegeben und die übrigen drei für Pinckney. Außerdem stimmten sieben Wahlmänner von Pennsylvanien, fünf von Maryland und vier von Nord Carolina für die Föderalisten. Adams hatte also 65, Pinckney 64 Stimmen. Auf der anderen Seite waren New York, Virginien, Süd Carolina, Georgia, Tennessee und Kentucky ganz für Jefferson und Burr gegangen. Dazu kamen acht Stimmen von Pennsylvanien, fünf von Maryland und acht von Nord Carolina; im Ganzen 73. Beide hatten also die absolute Majorität aller Stimmen (die Hälfte von 138) und das Haus hatte dennoch abzustimmen, wer von beiden Präsident sein sollte?*)

Zu einem Wahlsiege waren die Stimmen von neun Staaten erforderlich. Beim ersten Ballot (am 11. Februar) erhielt Jefferson die Stimmen von New York, New Jersey, Pennsylvanien, Virginien, Nord Carolina, Georgien, Tennessee und Kentucky — also von acht Staaten. Burr dagegen erhielt die Stimmen von New Hampshire, Massachusetts, Rhode Island, Connecticut, Delaware und Süd-Carolina — also von sechs Staaten. Vermont und Maryland waren getheilt. Fünfunddreißig Mal wurde unausgesetzt (selbst am Sonntag) ballotirt. Am 17. fielen von 106 Anwesenden 51 Stimmen auf Jefferson. Einige Mitglieder, die krank waren, hatten sich im Bette in den Sitzungssaal tragen lassen.

Gerüchte aller Art liefen durch und füllten die Gemüther mit Sorge und Bangigkeit. Jefferson geht so weit, in einem Brief an Monroe zu behaupten, „daß die Föderalisten beabsichtigt hätten, durch ein Gesetz die Dictatur einzuführen, nur um die Wahl zu verhindern. Nur die feste Erklärung der Partei, daß sie in einem solchen Falle die Mittelstaaten zu den Waffen rufen würde, habe sie zurückgehalten. Die Aussicht auf eine neue Convention zur Feststellung einer Verfassung habe ihnen Respect eingeflößt. Beim bloßen Worte „Convention" seien sie in Krämpfe gefallen."

Die Föderalisten waren in einer wahrhaft fatalen Lage. Sie mußten einem von zwei Männern den Vorzug geben, welchen sie beiden gleich abgeneigt waren und mißtrauten. Es waren sechs neutrale Wähler, von dem jeder den Ausschlag geben konnte. Diese waren Bayard, der einzige Abgeordnete von Delaware; Morris von Vermont, Craik, Thomas, Dennis und Baer von Maryland. Caucus auf Caucus wurden gehalten; der geheimen Versammlungen war kein Ende. Zusagen und Verpflichtungen aller Art werden eingegangen, gefordert, gewährt und angenommen. Kam der 4. März herbei, ohne daß die Wahl entschieden war, was mußte die Folge sein? Usurpation oder Bürgerkrieg!

*) Davis in seiner ganz neuen Biographie Aaron Burr's behauptet, Jefferson habe bei Eröffnung der Stimmzettel die vier Stimmen von Georgien für sich und Burr escamotirt, um so Adams und Pinckney absolut von der Wahl durch das Haus auszuschließen. Mit den Stimmen von Georgien hätte die Wahl durch das Haus zwischen Adams, Jefferson und Burr (letzteren als gleichbestimmt) geschehen müssen, und dann hätte Jefferson nicht gewählt werden können, weil die Föderalisten im Hause die Majorität gehabt. Der etwas spät an's Tageslicht kommende „Unterschleif" mag von Davis verantwortet werden.

Endlich gab Bayard nach und versprach für Jefferson stimmen zu wollen, nachdem dieser sich förmlich verpflichtet hatte, die Staatsschulden anzuerkennen, den Handel zu unterstützen, die Marine zu heben und subalterne Beamten wegen Verschiedenheit ihrer politischen Gesinnung nicht aus dem Amte zu entfernen.

So kam es denn beim 35. Ballot am 17. Februar zum endlichen Ausschlage. Jefferson in höchster Aufregung, des Ausgangs ziemlich gewiß, aber noch immer von der Standhaftigkeit seiner Partei abhängend, Adams voll Verdruß, daß die letzte Stunde seiner Macht schlage, welches auch das Resultat sei — mit welchem Gefühle mögen sie den Tag verlebt haben? Die Probe des 35. Ballots gelang — die sechs Neutralen hatten zugesagt, weiße Stimmzettel zu geben, und sie hatten Wort gehalten. Im 36. Ballot erhielt Jefferson die Stimmen von New York, New Jersey, Pennsylvanien, Virginien, Nord-Carolina, Georgia, Kentucky, Tennessee, Maryland und Vermont, welches jetzt durch Mathias Lyon allein vertreten war, in allem also zehn Staaten; die absolute Majorität, ihn auf den Präsidentenstuhl zu erheben. Für Burr stimmten New Hampshire, Massachusetts, Rhode Island und Connecticut, also nur vier Staaten. Delaware und Süd-Carolina gaben weiße Zettel ab. So wurde denn durchgeführt was Jefferson die „republikanische Revolution von 1801“ zu nennen beliebte.“*)

Die Rolle, die der Präsident Adams noch zu spielen hatte, war in der That höchst traurig. Dem Wesen nach war er ohne alle Macht; dem natürlichen Weltlaufe zufolge wendeten fast Alle dem untergehenden Gestirne den Rücken, um dem verschlagenen Führer der triumphirenden Gegenpartei zu huldigen. So sah sich John Adams in der kurzen Zeit bis zu seinem Rücktritte beinahe gänzlich verlassen und **1801.** noch am Tage der Niederlegung seines Amtes reiste er verbittert und gedemüthigt in seine Heimath ab. Es war ihm unerträglich, dem Triumphe seines glücklichen Nebenbuhlers beizuwohnen: er nahm am 4. März in aller Frühe Abschied von der Hauptstadt und dem öffentlichen Leben überhaupt.*)

„Seine Amtszeit war, wie sein Enkel sagt, eine Reihe fortgesetzter Prüfungen, in deren Verlauf er die Festigkeit und Unabhängigkeit des Charakters auf eine schwerere Probe gesetzt sah, als er sie je zuvor in seinem öffentlichen Leben zu bestehen hatte. Zum ersten Mal sank seine so feststehende Popularität unter den fortgesetzten Angriffen seiner Feinde. Er mußte sich tief gesunken in der Achtung des Volkes vom öffentlichen Leben zurück ziehen, und sein Name war lange Jahre hindurch das Stichwort aller Gehässigkeit und Anfeindung. Demungeachtet aber hatte er die Aufgabe, die er sich bei dem Antritte seines Amtes vorgesetzt, würdig gelöst. Er hatte stets furchtlos und gewissenhaft seine Pflicht erfüllt, ohne jemals die Vorschriften der Klugheit und Rücksicht zu verletzen. Und nie hat eine Vereinigung dieser Eigenschaften sich nützlicher erwiesen, als während seiner Administration, in welcher er durch

*) Das Nähere über die Abstimmung mit den Namen 2c. s. in Benton's Ab. vol II. p. 533 f.

*) Der jüngere Adams billigt diesen schleunigen Rückzug aus verschiedenen Gründen. S. dessen Werk vol. I. p. 599.

seinen unbeugsamen Muth die Politik der Neutralität aufrecht erhalten und die Gefahren überwunden hat, welche die Wohlfahrt der Nation in dem Augenblicke bedrohte, als er das Steuer ergriff.*)"

Gibbs geht am Schlusse seines 2. Bandes in eine ausführliche Erörterung der verschiedenen Ursachen ein, welche die Niederlage der Föderalisten herbeigeführt haben sollen. Seine Bemerkungen verdienen Nachdenken und Beachtung, obgleich wir der Ansicht sind, daß er in seinen Vorwürfen gegen John Adams zu strenge ist, wenn er ihn „wahnsinnig, eifersüchtig und argwöhnisch, krankhaft reizbar und von lächerlicher Eitelkeit und Selbstsucht beherrscht" nennt, „der nur nach Befriedigung gestrebt habe, seinen Rachedurst an Hamilton auf Kosten seines eigenen Ansehens und des Erfolges seiner Partei zu befriedigen." Indessen glauben Wir mit jenem warmen Vertheidiger der Föderalisten, dessen vortrefflichem Werke wir viele Belehrung verdanken, daß denselben von ihren triumphirenden Nebenbuhlern nur sehr dürftige Gerechtigkeit widerfahren ist und wir wollen dieses Kapitel mit Anführung der Stelle aus seinem Werke beschließen, in welcher er die hohen Verdienste der großen Männer, die zuerst mit der Leitung unserer Regierung betraut waren, gewiß nicht zur Ungebühr in das richtige Licht setzt.

Mit Ausnahme der von Adams begangenen Fehler, die sich auch nur als ein Abweichen von der Politik der Föderalisten darstellen, verdient die Periode der ersten zwölf Jahre unserer constitutionellen Central-Regierung die Bewunderung und Anerkennung unseres Landes, und die Geschichte wird sie ihnen nicht versagen. Man kann sagen, daß sie in jenen Tagen wahrhaft riesengroß dagestanden. So würdevoll und erhaben wie Washington's Charakter war, so groß und hervorragend wie er unter seinen Zeitgenossen dasteht, so standen mit ihm und um ihn her noch andere Männer, welche auf der Schaubühne des öffentlichen Lebens zu jeder Zeit eine ausgezeichnete Rolle gespielt haben würden und wirklich auch gespielt haben. Männer, wie sie nur eine Revolution erzeugt, wie sie in Zeiten behaglichen ruhigen Glückes ungekannt und thatenlos vorübergehen; wie sie nur unter stürmischen Wehen geboren werden, dann aber einen Patriotismus und eine Energie beweisen, welche mit der Gefahr wachsen; kurz, Männer, deren Muth und fruchtbare Erfindungskraft erst in der dringenden Noth sich bewähren. Solche Männer waren die großen Führer der Föderalistenpartei; die Männer, deren Namen wie ein Heiligthum in der Hütte wie im Palaste verehrt werden, Muster ihrer Zeit und aller kommenden Geschlechter. Löscht diese Namen aus unserer Geschichte aus und sagt, was uns dann bleibt?"

„Der Charakter ihrer Administration harmonirt natürlich mit dem Geiste und der Gesinnung Derer, welche an ihrer Spitze standen; sie hatten die Aemter, die sie bekleideten, nicht als einen von der Partei ihnen ausgezahlten Lohn, sondern als eine vom öffentlichen Vertrauen der Nation ihnen auferlegte Pflicht angesehen und bemühten sich, des Vertrauens würdig zu sein. Sie betrachteten Ehrfurcht gegen das Gesetz als die wahre republikanische Tugend; ihre auswärtige Politik zeichnete

*) Einige scharfsinnige und treffende Züge bezüglich der Präsidentschaft und des Charakters von Adams findet der Leser in "Baldwin's Sketches of Party leaders" etc. angeführt. Ein Auszug aus diesem Werke s. in dem Anhange zu gegenw. Kap.

sich durch eine reine sich nie verleugnende Liebe zu ihrem Vaterlande aus; ihre innere Politik ragte hervor durch Talent, Unbestechlichkeit und Klugheit. Fest, redlich und klug wurden sie nie von Haß oder Vorurtheil gegen andere Nationen fortgerissen, noch von der Furcht vor Gefahr eingeschüchtert. Mit keinem anderen Zwecke vor Augen, als das öffentliche Wohl, hielt sie das Bedenken nicht zurück, daß sie verkannt und falsch beurtheilt werden könnten. Demungeachtet wurde die Macht ihren Händen entrissen. Das Vertrauen des Volkes wurde nicht durch offenen Angriff, sondern durch hinterlistige Intrigue von ihnen abwendig gemacht, und die Regierung ging auf ihre frühesten und unablässig wühlenden Feinde über."

*) Gibbs Administrations of Washington and Adams vol. II. p. 513.

Anhang zum dreizehnten Kapitel.

John Adams und der Fall des Föderalismus.

Wir glauben, es ist schwer auf die Administration Washington's zurückzublicken, ohne von Mißbilligung ergriffen zu sein, daß sich eine Opposition gegen dieselbe bilden konnte, ganz abgesehen von der Art, wie sie geführt wurde. Die Regierung war ja nur erst ein Versuch; sie hatte sich eben so wenig wie die Verfassung bewährt; alles wogte auf offenem Meere und war noch ein Chaos. Es gab weder Analogien noch Präzedenzien, um sich in dem Arbeiten dieses ganz ungeübten Werkes Raths zu erholen. Wäre die Regierung noch so schlecht gewesen, so war sie doch unendlich besser, als die Anarchie und Verwirrung, welche unvermeidlich entstanden wären, wenn die bestehende Ordnung eingerissen worden wäre. Dazu kamen die Schwierigkeiten und Prüfungen aller Art: innere wie äußere. Die von der Regierung ergriffenen Maßregeln waren größtentheils ganz gut, mehrere absolut nothwendig und keine einzige unverbesserlich schlecht. Es wurden alle Ansichten geprüft; es waren alle Parteien vertreten und der Mann gab die endliche Entscheidung ab, welchen die allgemeine Wahl dazu berufen hatte, in dessen Patriotismus, Reinheit und Weisheit kein Billigdenkender den leisesten Zweifel setzen konnte. Wenn wir das Alles in Betracht ziehen, müssen wir über die wahrhaft unbändige Opposition erstaunen, mit welcher jede beabsichtigte Maßregel größtentheils mit den unhaltbarsten, unvernünftigsten, ja oft sogar bübischen und rein faktiosen Gründen angegriffen wurde. Allein die Administration blieb stets Siegerin in diesem Kampfe, und wenn wir den fortgesetzten Angriff und die gegen sie aufgethürmten Schwierigkeiten prüfen, können wir nicht anders als dem großen Chef eine staatsmännische Begabung zuerkennen, welche hinter seinem im Felde bewiesenen Talente nicht zurück steht. Ja es scheint uns, daß der Staatsmann Washington größer war, als der General Washington.

— — — — — — — — — —

— — — — — — — — — —

Bis dahin hatten die Föderalisten in allen großen Fragen die Oberhand gehabt; in der Finanzverwaltung, den internationalen Beziehungen, dem britischen Vertrage, der Neutralitätspolitik, der Frage über die Befugniß der Executivgewalt bei Amtsentsetzungen, dem Rechte der Legislaturen, unsere Staatsverfassung dadurch unwirksam zu machen, daß sie die Mittel zu der Ausführung versagte, endlich bei der ersten Gelegenheit einen Widerstand gegen die Gesetze mit Waffengewalt zu unterdrücken. Dadurch, daß das Volk Adams, der allen obigen Maßregeln beipflichtete, vor seinem Mitbewerber wählte, bewies es, daß es die Politik der Administration guthieß. Damals waren die Aussichten der Republikaner sehr tief gesunken. Jefferson selbst scheint wenig Hoffnung gehabt zu haben, denn in einem Briefe an Madison vom 1. Januar 1797 fragt er: ob es nicht für das allgemeine Wohl besser sein möge, sich mit Adams wegen seiner Wiedererwählung zu verständigen, da er die einzige zuverlässige Barriere ist, daß Hamilton nicht an seine Stelle kommt?

Wir sind der Ansicht, daß die Föderalisten auch das Uebergewicht in der Zahl talentvoller Männer hatten. Washington, Hamilton, Marshall, Henry, Ames, die Lees, Adams, Otis, Pickering, Livingston, die Pinckney und Luther Martin sind nur ein Theil der in jener glänzenden Milchstraße schimmernden Namen, welche der ersten Administration zur Seite standen. Dazu waren alle alten Militärs höheren wie niederen Standes beinah ohne Ausnahme Anhänger der Administration.

Der Uebermuth der Franzosen und die Zurückweisung unserer Bevollmächtigten, die Angriffe auf unseren Handel, die von der neuen Administration ergriffenen Maßregeln zur Aufrechthaltung der nationalen Ehre und zum Schutze unserer Rechte, das Alles trug dazu bei, die Popularität der Administration zu erhöhen und die Opposition nieder zu halten.

Es kann kaum bezweifelt werden, daß die herrschende Partei eine längere Zeit hätte am Ruder sein können, wenn sie nicht selbst auf ihren Sturz hingearbeitet hätte. Ihr Verfahren zeichnete sich zuletzt keineswegs durch besondere Klugheit aus. Adams war in vielen Beziehungen die schlechteste Wahl gewesen, die man treffen konnte. Allerdings hatte er dem Lande große Dienste geleistet und das Volk war ihm dafür Dank schuldig. Dazu gehörte er einer angesehenen Familie an, und der Staat aus dem er stammte, war zu jener Zeit viel einflußreicher, als er es jetzt ist; er hatte vieles zu dem Erfolge der Revolution beigetragen und von Anfang herein der Tyrannei am entschiedensten Trotz geboten. Adams war auch ein Mann von bestimmtem Charakter, tadellosem Rufe, großem Muthe, feuriger Beredtsamkeit und unermüdlicher Energie. Sein Patriotismus, seine Rechtlichkeit und Großherzigkeit waren im ganzen Laude anerkannt. Er war einer der ersten Kämpfer für die Freiheit gewesen, hatte den Antrag gestellt, Washington zum Feldherrn zu ernennen, hatte die Unabhängigkeits-Erklärung vertheidigt und war ihr beredtester Advokat im Congresse gewesen. Er hatte mehr, als irgend ein Anderer durch seinen Eifer, seine Beredsamkeit und Furchtlosigkeit im Congreß die Zuversicht der Patrioten wach erhalten und in den trübsten Zeiten des Kampfes jene Maßregeln durchgesetzt, deren es zu unserer Rettung und zum Erfolg bedurfte. Außerdem hatte er einen wesentlichen Antheil an den Unterhandlungen, welche für das endliche Gelingen unseres Werkes und die Sicherung der erfochtenen Vortheile so unendlich wichtig waren. Man kann sagen, daß sein Leben eine Art Verkörperung der politischen Geschichte der Revolution darbot.

Allein er hatte große Fehler des Temperaments wie des Charakters. Er war kühn, allein seine Kühnheit artete in Tollköpfigkeit aus. Er war freimüthig, allein er trieb die Offenheit bis zur Rücksichtslosigkeit. Er war zutraulich und wurde das Werkzeug der plumpesten Intrigue, während sein Mißtrauen ihn von denen entfernte, die es am aufrichtigsten meinten. Er hatte den Kopf voll Wissen und voll Sparren. Sein Urtheil war nichts weniger als gesund und doch hatte er eine solche Einbildung von seiner höheren Weisheit, daß er sich für beinah unfehlbar hielt. Seine Eitelkeit war ungeheuer groß und dabei empfindlich und reizbar — sie war die Thüre, durch welche sich listige Menschen seines ganzen Willens bemächtigen konnten. Er glaubte sich Washington an die Seite stellen zu können und beklagte sich, nicht so viele Chance und nicht so viele Stimmen für die Präsidentschaft erhalten zu haben. Im Grund genommen war er in der That ein guter, edelherziger Mensch, aber er hatte so abstoßende Manieren, daß er ganz das Gegentheil von allem dem erschien. Dabei besaß er nicht die mindeste Selbstbeherrschung; man konnte seine Seele lesen wie seine Botschaften. Er sprach aus, was ihm durch den Kopf fuhr und lieferte so beständig seinen Feinden wie seinen Freunden Ursache gegen ihn zu klagen.

In manchen Beziehungen war er wenig mehr als ein Narr, z. B. in seiner Eifersucht auf Hamilton. Gegen diesen hatte er eine unbezwingliche Abneigung und er betrachtete ihn wie seinen bösen Genius. Hamilton hetzte ihn wie ein Dämon: er saß des Nachts als Alp auf ihm, und beraubte ihn am Tage des Friedens und der Ruhe. Er war fest überzeugt, daß Hamilton immerwährend gegen ihn intriguire und Pläne schmiede. Alles was ihn ärgerte, mußte Hamilton gethan haben. In jedem Zeitungsangriff, in jedem falschen Gerüchte sah er die Hand des nie müden vom Teufel besessenen Hamilton. Er beschuldigte denselben bei jeder Gelegenheit einer jeden Sache, mit eben so wenig Grund als Zartgefühl. Das bloße Nennen seines Namens machte ihn wüthend. Zuletzt wurden seine Denunciationen und Angriffe zu rücksichtslos und zu stark, um länger unbeachtet bleiben zu können. Hamilton schrieb ihm und verlangte eine Erklärung; als darauf keine Antwort erfolgte, schrieb er ihm zum zweiten Mal und nannte ihn in bündigen Worten einen Lügner und Verläumder.

Unglücklicherweise war Adams von Natur aus starrköpfig und, was noch unglücklicher ist, er war unbeständig und schwankend. Die Kriegslust hatte sich im Lande allgemein entzündet; Frankreich, das uns so sehr gereizt, konnte keinen Krieg mit uns führen und hätte bald um Frieden anhalten müssen. Da ernennt Adams in einer seiner Launen, ohne sein Kabinet zu berathen, Angesichts der frechen Verhöhnungen und Unbilden, die wir von Frankreich zu erleiden gehabt, zur Schande unserer Nation neuerdings Abgeordnete, um abermals bei dem französischen Directorium den Weg der Versöhnung zu versuchen. Natürlich ließ Frankreich eine solche Gelegenheit nicht vorübergehen, der Streit wurde beigelegt, allein der einmal entbrannte Volksunwille richtete sich jetzt gegen die Administration, die sich so schmachvoll benommen hatte. Als Washington den Streich erfuhr, war er, wie er selbst sagt, „vor Schreck außer sich!" Alles lehnte sich dagegen auf, der öffentliche Geist des Volkes fand sich gedemüthigt, erniedrigt. Ob der Umstand, daß nach Washington's Tod Hamilton der (auf Washington's Veranlassung) ernannte Obergeneral im Falle eines Krieges war, Etwas zu jenem Ausgange beigetragen hat, ist nicht gewiß: aber sicher ist, daß wenn die Administration durch kluge Benutzung des erwachten Volksgeistes Frankreich gezwungen hätte, um Frieden zu bitten, ein solches Resultat der herrschenden Partei eine Glorie und Popularität gegeben hätte, daß wenigstens für Jahre alle Opposition dagegen machtlos abgeprallt wäre.

Die Fremden- und Aufruhr-Gesetze trugen ebenfalls das Ihrige zum Sturz der Administration bei. Wäre es zum Kriege gekommen, so hätten sie wahrscheinlich wenig Bedeutung gehabt; der Krieg hätte alle solche minder wichtige Fragen in den Hintergrund gedrängt. So aber konnten die Republikaner sich damit wieder hervor wagen, denn da sie dem Krieg gegen Frankreich entgegen gestanden hatten, ungeachtet derselbe populär war, so konnten sie aus dem von Adams gethanen Schritt nicht viel politisches Kapital machen.

Die öffentliche Meinung hatte jenen beiden Gesetzen längst den Stab gebrochen, obgleich sie vor und nach ihrem Erlasse ihre Vertheidiger und Lobredner hatten. Sie wurden zur Zeit großer Aufregung erlassen, als dreißigtausend fremde Emissäre gegen die bestehende Ordnung wühlten und die Presse einen Charakter von Schrankenlosigkeit angenommen hatte, wie man ihn früher nie gekannt hatte. Demungeachtet ist es unerhört und willkürlich, auf bloßen Verdacht des Präsidenten hin eine hier wohnhafte Person in's Exil zu senden, und den Amtscharakter der Regierungsbeamten durch ausnahmsweise Strafgesetze beschützen zu wollen, welche von der Regierung selbst ausgehen. Nach diesem Grundsatze könnte die Centralgewalt alle Verhältnisse unter ihre besondere Gesetzgebung nehmen. Was aber noch mehr ist, wo liegt die Grenze zwischen freier Kritik durch die Presse und der Beleidigung öffentlicher Beamten? Der Beruf der Presse ist es, die Wahrheit zu Tage zu bringen. Lügen und Verläumden ist allerdings tadelnswerth, aber die Erforschung der Wahrheit ist mit dem, was man Lügen und Verläumden nennen kann, so innig verwebt, daß es unpolitisch ist, durch besondere Gesetze Letzteres bestrafen zu wollen. Das Gesetz kann auch nie radikal wirken und überdieß glaubt das Publikum nicht an Zeitungsverdächtigungen, wenn ihnen die Beweise nicht beiliegen. Außerdem würde ein solches Gesetz in Zeiten großer Aufregung die Gerichte zum Kampfplatze des leidenschaftlichsten Parteihasses machen.

Dann kamen noch andere Verhältnisse in's Spiel. Washington starb und die Unterstützung, die er der Administration Adams, nicht diesem persönlich — gewährt hatte, fiel weg. Er hatte zwar noch kurz vor seinem Tode Patrick Henry zum Kämpen für die Administration angeworben, allein der Tod raffte auch diesen hinweg. Jetzt blieb nur noch Hamilton, der freilich ein Heer für sich allein war. Im Jahre 1799 verdankte die Partei seinem Einflusse den Sieg in den Wahlen; allein er hatte sich jetzt von Adams abgewendet. Er hatte sich für Pinckney entschieden, allerdings einen Mann von dem seltensten Patriotismus und Charakter. Adams beging noch dazu die Thorheit, zwei Mitglieder seines Kabinets zu entlassen, was seinen Sturz beschleunigen mußte. Endlich erschien auch noch Hamilton's Pamphlet gegen Adams kurz vor den New Yorker Wahlen. Die Föderalisten waren entmuthigt und in verschiedene Lager getheilt, so gewannen Jefferson und Burr den Tag. In dem Kampfe zwischen diesen beiden vor dem Hause gab Hamilton seine Stimme Jefferson, so wenig er ihn leiden mochte. Hamilton war jetzt in das Privatleben zurück getreten, und sein großer Nebenbuhler nahm den höchsten Platz im Staate ein. Jefferson hatte endlich das höchste Ziel seines Ehrgeizes erreicht und es kam also jetzt auf die Probe an, ob er die Gewalt auch behaupten könne — was oft schwerer ist, als sie zu gewinnen!

Vierzehntes Kapitel.

1797—1801.

Fortschreiten des nationalen Wohlstandes.

Einleitende Bemerkungen über den Nationalwohlstand—Die nördlichen Staaten für die Administration—Vorschlag in Massachusetts Bemerkung Jefferson's—Nordostgrenze—Mathias Lyon in Vermont—Aufschwung und Industrie in den nördlichen und Mittelstaaten—Die Zeitungspresse in jenen Tagen—Noah Webster—Der Vorbehalt von Connecticut—Sklaverei in New York abgeschafft—Charakter des Gesetzes—Ausgleichung der Staatsberechnungen mit der Föderalregierung—Sullivan's vertrauliche Briefe—Georgien und seine neue Verfassung—Die Südkaroliner jener Zeit nach Allston—Schreiben an Burr's Tochter—Die Baumwollen-Production in jener Zeit—Aufschwung im Westen—Verfassung von Kentucky—Henry Clay in der Convention—Sein erster politischer Kampf—Territorium westlich vom Chattahoochee—Spanien räumt das Natchez Gebiet—Das Mississippi-Territorium—Grundzug seiner Regierung—Rascher Aufschwung—Lage der nordwestlichen Gebiete—Beschäftigungen der Bewohner—Census—Regierungswechsel—Indiana-Territorium errichtet—Verträge mit den Cherokees und den Creeks—Louisiana und seine Beziehungen zu den Ver. Staaten—Henry Clay's Rede in Lexington—Jefferson's Brief an den Sohn des Obrist Nicholas—Schluß des gegenwärtigen Bandes—Anhang zum 14. Kapitel: Statistische Tabellen.

Indem wir in der bisherigen Weise die Geschichte der Ver. Staaten erzählten, mußten wir uns nothwendig auf die Verhältnisse beschränken, welche ihrem Wesen nach die Geschicke, den Aufschwung und die Blüthe dieser Staaten und ihren Gesammt-Complex bedungen haben, und wir konnten nur gelegentlich einen Seitenblick auf die inneren Zustände der einzelnen Staaten und die gewaltige Entwickelung des weiten Westens in Bevölkerung und politischer Macht werfen. Wir sind aber jetzt an einem Abschnitte angekommen, wo wir in einem besonderen Kapitel alle bisher unberührt gebliebenen Einzelnheiten, deren Interesse für den Leser vorausgesetzt werden darf, kurz nachholen können, so daß er ein übersichtliches Bild des Zustandes der nördlichen, südlichen und westlichen Staaten unseres ausgedehnten Gebietes enthält. Unsere Aufgabe ist es, die Geschichte der Union zu erzählen; wir nehmen daher kein Interesse an allen den Einzelnheiten der politischen Special-Geschichte der zu ihr gehörigen Staaten. Diese bleiben besser dem Lokal-Geschichtschreiber vorbehalten; was dagegen das Volk im Allgemeinen, sein Fortschreiten und seine Entwickelung betrifft, so gehören diese unbedingt in unser Bereich und tragen nicht wenig dazu bei, unserer so eben ausgesprochenen Absicht theilweise zur Erläuterung zu dienen.

Die Frage über den bewaffneten Widerstand gegen die gewaltsamen Anmaßungen der Franzosen, erregten überall das lebhafteste Interesse, nicht allein in der Nationalversammmlung, sondern in jedem öffentlichen und Privatkreise der Union. Wir haben bereits in dem vorigen Kapitel einige Streiflichter auf die damalige Aufregung und einzelne daraus hervorgegangene Scenen fallen lassen und wollen hier eine etwas ausführliche Schilderung dieses Zustandes einflechten. In den nördlichen Staaten war der Eindruck, den die Maßregeln der Administration in dem oben erwähnten Betreff sowohl wie in vielen anderen hervorbrachte, ein ganz anderer als in den südlichen und westlichen Staaten. Der civilisirende Einfluß, den der Handel im Gegensatze zum Ackerbau übt, machte sich dort schon bemerkbar. Anfangs war zwar die öffentliche Meinung gegen die Schritte des Präsidenten, allein sie trat nur schwach und ohne Nachhaltigkeit hervor. In der Legislatur von Pennsylvanien wurde ein Antrag eingebracht, die von Adams empfohlenen und vom Congresse genehmigten Vertheidigungsmaßregeln zu mißbilligen, allein er wurde, wiewohl nur mit kleiner Majorität, abgeworfen.

In jener Zeit der Prüfung war Neu England das eigentliche Bollwerk von Adams Administration. Die Gesetzgebungen sprachen ihre förmliche Billigung der von dem Gouvernement befolgten Politik aus; der Generalhof von Massachusetts ging sogar soweit, in Vereinigung mit fünf anderen Staaten einen förmlichen Antrag zur Verbesserung der Verfassung vorzuschlagen, welche darin bestehen sollte, daß alle nicht eingeborene Amerikaner persönlich unfähig sein sollten, in Amerika ein Amt zu bekleiden. Jefferson sprach sich über dieses Abfallen von ihren ursprünglichen Grundsätzen höchst entrüstet aus." „Dieses Volk," sagte er, „ist so pfäffisch verdummt, daß nichts als der bigotteste Hundegehorsam von ihm zu erwarten ist."

Im Jahre 1798 wurde der erste Schritt gethan, die Nordostgrenze zu reguliren. Die Commissäre einigten sich, den Passamaquoddy als den in dem Vertrage von 1783 namhaft gemachten St. Croix-Fluß anzunehmen, und daß der nach Norden fließende Arm und nicht der westlich durch die Schoodic-Seen fließende der Hauptstrom sei. An den Quellen des ersteren Arms wurde ein Grenzmal errichtet; dabei aber blieb es auch bis zum Jahre 1842. Jedoch wurde schon durch diesen Anfang zur bestimmteren Feststellung der Grenzen dem Landbesitze in den östlichen Staaten, namentlich in Maine, größere Sicherheit gegeben. Daß der Zustand überhaupt nicht sehr störend war, ist aus der Thatsache zu entnehmen, daß ihn zwei so mächtige Nationen, wie England und die Ver. Staaten ein halbes Jahrhundert lang unerledigt fortbestehen ließen.

Mathias Lyon, welcher durch sein Auftreten im Congresse, wie wir früher erwähnt, eine gewisse Notorietät erhalten hatte, benahm sich nach seiner Rückkehr ehrenvoll. Fairhaven, so erzählt ein Bewunderer Lyons und des „Green-Mountain-Staates," grenzt an Skeenesborough und ist die blühendste Stadt im ganzen Staate. Der Ort verdankt seinen Aufschwung dem Oberst Lyon, dessen Unternehmungsgeist und Ausdauer in Errichtung von Manufakturen von unendlicher Wichtigkeit für die Bevölkerung war und sie zu großem Danke gegen ihn verpflichtete. Er errichtete eine Gießerei, worin alle Arten hohler eiserner Gefäße gegossen wurden; ferner zwei Schmieden, eine Eisenschneidmaschine, um Nageleisen zu verfertigen, eine Papiermühle, eine Druckerpresse und mehrere Mahl- und Sägemühlen. Es ist eine interessante Thatsache, daß Obrist Lyon eine Menge Dinge in seiner Officin auf Papier eigener Fabrikation, von der Rinde des Baß-wood-Baumes gefertigt und zu jeden ordinären Drucker-Zwecken geeignet, drucken ließ; so namentlich eine von ihm selbst herausgegebene Zeitung unter dem renomistischen Titel: „Die Geißel der Aristokratie und die Schatzkammer politischer Wahrheit.“ Die Typen fabrizirte er gleichfalls selbst. Lyon war mit der Tochter des Gouvernörs von Vermont verheirathet, welcher die ganze Zeit über, daß er diese erhabene Würde bekleidete, mit patriarchischer Einfachheit fortfuhr, eine Schenkwirthschaft zu betreiben.

Wir haben hier nur ein Beispiel vorführen wollen, wie sich im Norden ein thätiges Geschäftsleben entwickelte. Einen ferneren Beleg dazu finden wir in der Errichtung des Staatshauses zu Boston in einem edlen Baustyle, in dem Aufschwunge dieser Stadt, des Geschäftslebens in ihrem Hafen und in der ganzen Stadt. Ueberall wurden Abzugskanäle, so wesentlich für die Gesundheit der Einwohner, in den Städten errichtet. Damals war das gelbe Fieber eine die Ver. Staaten häufig heimsuchende Pflege. Wir haben schon erwähnt, wie es in Philadelphia wüthete; im Ganzen aber suchte diese Pest zu vier verschiedenen Malen die Seeplätze der Ver. Staaten, namentlich im Norden mit großer Bösartigkeit heim. Die Wasserleitung in Philadelphia und das kostspielige und großartige Crotonwerk in New York verdienen als Denkmäler des Unternehmungsgeistes und der Unterstützung aufgeführt zu werden. Sie dienen als Beispiele, welche nützliche Unternehmungen in diesem Theile der Union ausgeführt wurden, und wie allgemein man bestrebt war, sich alle Vortheile der materiellen Civilisation anzueignen.

Ueber die Ursache und die Behandlung des gelben Fiebers lagen sich die Aerzte so in den Haaren, daß einer der berühmtesten derselben, Cobbet, die Ver. Staaten in Folge eines Streites mit Dr. Rush von Philadelphia, dem Freunde Jefferson's, verließ und nach Europa auswanderte.

Wir haben schon wiederholt auf die Thätigkeit und die „Umsturz-Wuth“ der Journalisten jener Zeit hingedeutet. In commercieller Beziehung aber verdient die Zeitungspresse unseres Landes eben sowohl wie in politischer eine besondere Notiz. In Philadelphia erschienen zu jener Zeit acht Tagesblätter; zu New York sechs. Diese beiden Städte waren aber auch die großen Centralpunkte des Handels und des politischen Lebens in der Union, und schon die Möglichkeit, daß solche Unternehmungen bestehen konnten, ist ein untrüglicher Beweis des Unternehmungsgeistes und der Bildungsfähigkeit des Volkes Die Journale glichen im Allgemeinen den zu jener Zeit in England erscheinenden. Wie sehr sich ihre Zahl vermehrt und ihr Preis sich seitdem vermindert hat, ist unsern Lesern bekannt und in keinem Lande der Welt kann etwas Aehnliches vorkommen. Man kann die Journalistik Amerikas am besten würdigen, wenn man vergleicht, was sie zu Ende des vorigen Jahrhunderts war, und was sie heute ist, und der Fortschritt den dieser Zweig des öffentlichen Lebens in den einzelnen Staaten gemacht hat, kann einen sicheren Maßstab für den Aufschwung der verschiedenen Staaten abgeben. Nur eine Stadt südlich vom Delaware zeichnete sich in früherer Zeit in diesem Zweige geistigen Lebens aus; Baltimore nämlich, das drei Tagesblätter hatte. Außer diesen belief sich die Anzahl der damals erscheinenden Journale auf zwei hundert; sie erschienen theils wöchentlich, theils halbwöchentlich. Boston hatte kein täglich erscheinendes Blatt. Der erste Schriftsteller, der sich ausschließlich mit Herausgabe einer Zeitung beschäftigte, war Dr. Noah Webster, der Verfasser des bekannten Wörterbuchs der englischen Sprache. Er gab kurz vor der Wahl von Adams zum Präsidenten die „New Yorker Minerva" oder "Commercial Advertiser" heraus. Die Arbeiten der ausgezeichnetesten Staatsmänner und politischen Führer jener Zeit — Jefferson allein ausgenommen, der eine merkwürdige Abneigung gegen die Oeffentlichkeit in Zeitschriften gehabt zu haben scheint — zeigen, wie allgemein die Benutzung dieses Weges für nationale, wie für Parteizwecke gewesen ist. Wie wir schon früher erwähnt haben, unterstützten etwa hundert achtzig Journale die Adams'sche Administration; zwanzig andere, meistens von Nichtamerikanern herausgegebene, waren im Dienste der Opposition, ersetzten aber durch die Heftigkeit ihrer Sprache wie durch die Masse ihrer Leser die zu Gunsten der Föderalisten auftretende größere Zahl.

Als Connecticut seine Ansprüche auf die Ländereien im Westen abgetreten hatte, behielt es immer noch einen beträchtlichen Strich im heutigen Ohio, welcher als der „Westliche District oder der Connecticuter Vorbehalt" bekannt war. Auch dieser wurde endlich im Jahre 1800 an die Ver. Staaten und von diesen an Ohio überlassen. Der bedeutende Schulfond von Connecticut stammt aus dem Erlöse dieser „vorbehaltenen Ländereien" her.

Es herrschte große Verwirrung über den Besitz von Ländereien, worüber der Staat Pennsylvanien und auch der Staat Connecticut sogenannte Grants oder Bewilligungen ertheilt hatten. In jener Zeit einigten sich nun beide Staaten, diese Ungewißheit aufhören zu machen, indem Pennsylvanien unter Mitbetheiligung von Connecticut Denjenigen eine Geldentschädigung von einem gewissen Betrage für den Acker Ratenweise zu zahlen anfing, welche ihre Ansprüche von Bewilligungen der pennsylvanischen Regierung herleiteten, so daß die Eigenthümer, welche von Connecticut erworben hatten, jetzt einen unbestrittenen Besitztitel erhielten.

Wir wollen hier als eine besondere Merkwürdigkeit erwähnen, daß es zu jener Zeit nicht möglich war, in der Assembly einen Antrag auf unmittelbare Abschaffung der Sklaverei durchzusetzen. In der Legislatur von New York dagegen ging eine auf richtigerer Würdigung der Verhältnisse beruhende Bill, die Sklaverei allmälig aufzuheben, ohne Schwierigkeit durch. Da die von den Urhebern der Bill dabei im Auge gehabte Absicht in Erfüllung ging, so wollen wir eine Skizze der darin festgesetzten Bestimmungen geben.

Vor allem, hieß es darin, sollten die gegenwärtig als Sklaven im Staate lebenden Farbigen ihr ganzes Leben durch Sklaven bleiben; sie durften aber weder im Staate verkauft, noch aus dem Staate weggebracht werden. Geschah eins von beiden, so bewirkte es die sofortige Freiheit des Sklaven.

Neu Einwandernde konnten Sklaven mitbringen und behalten, vorausgesetzt, daß sie solche ein Jahr vor ihrer Herkunft geeignet hatten; sie durften sie aber eben so wenig verkaufen; selbst nicht in dem Staate. Alle von Sklaven nach dem nächsten vierten Juli geborene Kinder wurden frei erklärt, sollten aber von den Eigenthümern ihrer Mutter als gesetzlich zur Arbeit verpflichtet verwendet werden dürfen, bis die Männer acht und zwanzig, die Mädchen fünf und zwanzig Jahre alt geworden. Der in diesem Akte befolgte Emancipationsweg war vielleicht nicht gerade der beste, allein er gestand denn doch den Negern Menschenrechte zu und beabsichtigte, diesen Rechten in der menschlichen Gesellschaft Geltung zu verschaffen, eine Sache, die bei der Emancipation einer dienenden Klasse immer höchst gewagt ist.

Während der Adams'schen Administration wurde der Sitz der Regierung des Staates New York von der Stadt gleichen Namens nach Albany verlegt. Das überall hervortretende Bestreben, den Regierungssitz in gewisse Entfernung von den großen Handelsplätzen zu verlegen, ist eine merkwürdige Thatsache und der Beweggrund verdient von dem Geschichtsforscher näher untersucht zu werden. Eben so zeigte sich eine andere nicht minder auffallende Erscheinung in mehr als einem Staate, nämlich die Gewissenlosigkeit gesetzlich bestehender Korporationen in Erfüllung ihrer rechtlich eingegangenen Geldverbindlichkeiten. Alle Bemühungen der Föderalregierung, die einzelnen Staaten zur Liquidation ihrer nach Beendigung des Revolutionskrieges bestehenden Schulden anzuhalten, waren vergeblich. Es wurde deßhalb eine Akte angenommen, wonach alle Staaten von dem noch unbezahlten Saldo ihrer von den Ver. Staaten übernommenen Schulden befreit sein sollten, wenn sie den gleichen Betrag in Anlage von Festungswerken verwenden, oder ihn in fünfjährigen Raten in Ver. Staaten Obligationen in das Föderalschatzamt abtragen würden. New York bediente sich des ersteren Wegs zur Abtragung seiner Schulden; aber kein einziger der übrigen Staaten kümmerte sich im Geringsten darum, den Preis, um den er seine Freiheit erkauft hatte, auch zu bezahlen.

In Sullivan's „vertraulichen Briefen" findet sich eine hauptsächlich auf die Verhältnisse der nördlichen Staaten Bezug habende Stelle, welche hier angeführt zu werden verdient." Gegen das Ende des Jahrhunderts ging in den Verhältnissen der Gesellschaft eine bedeutende Veränderung vor sich. Der Gleichungsprozeß in Frankreich machte sich fühlbar, und selbst die Kleidertracht wechselte unter seinem Einflusse. Die Haare zu pudern kam aus der Mode; die kurzen anliegenden Hosen gaben weiten bequemen Beinkleidern Raum. Der Haarzopf fiel und der Titus ward allgemein. Die bunten Stoffe verschwanden; dunkele oder ganz schwarze Kleider traten an ihre Stelle. Die Schuhschnallen erhielten ihren Abschied, überhaupt wurden die äußeren Formen mit zunehmendem Wohlstande immer eleganter. Damals gab es jedoch noch nicht so viel Gedräng in fashionablen Abendgesellschaften wie jetzt. Man war geselliger und weniger prunksüchtig, woran wohl die kleinere Ausdehnung der feinen und reichen Gesellschaft die Ursache gewesen sein mag. Die Amerikaner haben den Charakter leichter vergnügungslustiger Geselligkeit nicht, wie die Franzosen und Deutschen. Sie gleichen vielmehr den Engländern in ihren häuslichen Gebräuchen. Es müssen noch Viele leben, die sich der offenen, herzlichen, wahrhaft geselligen und dabei ungenirten Cirkel erinnern, wie sie vor dreißig bis vierzig Jahren üblich waren? (Es ist dies im Jahre 1833 geschrieben.) Ist das Alles für immer dahin? Und wenn es ist, was mag die Ursache davon sein, und sind unsere heutigen Zustände besser?"

Wenn wir unsere Aufmerksamkeit nach einer anderen Seite der Union richten, finden wir, daß der Staat Georgien im Jahre 1798 der ausdrücklichen Anordnung seiner Verfassung von 1789 gemäß seine Staatseinrichtungen nach Maßgabe der seither gemachten Erfahrungen neu modellirte. Die beschlossenen Aenderungen betrafen indeß kein Grundprinzip; die Qualification der Assembly-Mitglieder und des Gouvernörs durch Grundbesitz wurde immer noch beibehalten, wenn auch durch eine Herabsetzung der Größe dieses Besitzes der Kreis befähigter Bewerber für diese Aemter erweitert wurde. Die Schranken, welche das Erforderniß des Staatsbürgerrechts und des wirklichen Aufenthalts der Neueingewanderten gegen jede Betheiligung der Nichteingeborenen an der Lenkung der Staatsgeschäfte errichtet hatte, wurden zwar nicht eingerissen, aber niederer gemacht. Der Gouvernör mußte zwölf Jahr Bürger der Union gewesen sein, und sechs Jahre im Staate gewohnt haben; zu Senatoren waren nur die wählbar, welche neun Jahre Bürger und drei Jahre Einwohner des Staates waren. Die Volksvertretung wurde mit Einschluß der „Dreifünftel-Stimmen für die Sklavenbevölkerung" in ein richtigeres Verhältniß zu der vom Congreß festgesetzten Basis der Vertretung nach der Volkszahl im Congresse gebracht; so sollte jeder Bezirk von 1200 Seelen vier Repräsentanten haben, und so abwärts, damit jeder Bezirk wenigstens einen Abgeordneten schickte, wenn seine Bevölkerung auch noch so gering war. Künftige Abänderungen der Staatsverfassung sollten durch eine in zwei aufeinander folgenden Sitzungen ausgesprochene Zustimmung von zwei Drittheilen der beiden Häuser bedingt sein, auch vor der Wahl der zweiten Legislatur die allgemeinste Veröffentlichung erhalten.

Die in Kentucky und Virginien stattgehabten Demonstrationen gegen einzelne Akten der Adams'schen Administration haben wir in einem früheren Kapitel weitläufig geschildert, auch erwähnt, welcher Antheil Jefferson an dieser Gährung zugeschrieben wird. Es ist daher auch billig, daß wir die späteren Ansichten dieses ausgezeichneten Führers der republikanischen Partei über die Virginischen und Kentuckyschen Beschlüsse hier anführen. In einem 1811 an den Grafen Tracy geschriebenen Briefe sagt er: „Die wahren Schranken unserer Freiheit sind unsere Staats-Regierungen, und die beste conservative Gewalt, die sich hätte erdenken lassen, birgt sich in unseren Einrichtungen, wie wir sie vor der Revolution besessen haben und heute noch besitzen. Siebenzehn verschiedene Staaten, in allen ihren Beziehungen nach Außen zu einem einzigen verschmolzen, in allen ihren inneren Angelegenheiten aber souverän von einer selbstgewählten Volksregierung mit einer legislativen vollziehenden und richterlichen Gewalt verwaltet, mit einer freien Presse als Aufklärerin und Wühlerin, können niemals durch die Ränke eines einzigen Mannes so willenlos gemacht werden, daß sie sich seiner Usurpation despotischer Macht unterwürfen. Eben so wenig könnte ein solcher Usurpator diese siebenzehn Staaten durch Waffengewalt unter sein Joch bringen. Wenn er einen einzelnen Staat mit Krieg überzogen hat und im Zaume hält, erheben sich sechszehn andere, über ein Terrain von zwei tausend Meilen Durchmesser verbreitet, überall durch eine verfassungsmäßige Legislatur zur Berathung, durch militärische Organisation zum Handeln vorbereitet! Die ganze waffenfähige Mannschaft geübt in den Waffen und zum Dienste verpflichtet, mit Artillerie und Kavallerie auf erste Aufforderung zu marschiren bereit! Die Republik ging in Frankreich unter, weil sie „ganz und untheilbar" war; es existirte keine Provinzialorganisation, unter welcher sich das Volk hatte sammeln und unter der Herrschaft des Gesetzes zum Widerstande gegen den Usurpator vereinigen können, der mit einer kleinen Militärgewalt die Volksrepräsentanten verjagt und sich zum Chef der Nation aufwarf. Bei uns aber würde es anders gehen; sechszehn Staaten, von siebenzehn jeder einzelne organisirt und reducirt, und alle sechszehn unter einer gemeinsamen Leitung würden einem Usurpator so viel zu schaffen machen, daß sein Ehrgeiz ganz sicherlich bei dem ersten Versuche scheitern würde."

Dagegen lassen sich von dieser getrennten Organisation der Staaten mit mehr Grund andere Gefahren befürchten; die nämlich: daß einzelne Staaten aus gelegentlichen Ursachen zur Unzufriedenheit den Versuch machen möchten, sich von der Union loszureißen. Das ist allerdings möglich und würde durch die oben geschilderte Separat-Organisation begünstigt werden. Allein auf der anderen Seite ist es nicht wahrscheinlich, daß lokale Mißstimmung sich so einfressen kann, daß sie das gesunde heilsame Band, das alle Staaten an die Union anknüpft, zernagen könnte. Wenn übrigens einmal eine solche Gesinnung in einer Anzahl Staaten vorherrschend geworden wäre, so würde es nicht fehlen, daß sie bald zur Herrschaft käme, im Congresse das Uebergewicht erhielt und dann die Ursachen ihrer Beschwerden auf friedlichem, verfassungsmäßigem Wege beseitigt werden könnten. Unsere Parteizersplitterung indeß wird, so nachtheilig sie auch in manchen anderen Beziehungen wirken mag, wieder eine Schranke dagegen bilden, daß lokale Ursachen der Unzufriedenheit in einem Staate nicht so leicht dahin gelangen werden, auf eine Losreißung von der Union hinzuarbeiten ꝛc.

Dr. Sullivan's unterhaltendes und unterrichtendes Werk hat uns mit einer Anzahl werthvoller Schilderungen von Menschen und Sitten in unserem Lande bereichert. Wir wollen indeß hier nur die Bemerkungen eines Süd-Caroliners über seinen Staat anführen. Diese können als Typus für alle anderen Staaten dienen. „Hinsichtlich unserer Manieren," schreibt Joseph Allston an die Tochter Aaron Burr's, „darf ich sagen, daß wenn irgend ein Staat sich durch höhere Bildung auszeichnet, es sicherlich Süd-Carolina ist! Wir haben eigentlich nur zwei Klassen in unserer Gesellschaft: sehr Reiche und sehr Arme, was freilich in staatsökonomischer Hinsicht kein Vortheil, aber desto günstiger für Herstellung einer feinen Gesellschaft ist! Unsere Plantagenbesitzer besitzen große Glücksgüter und sind durch klimatischen Einfluß der Arbeit wenig zugethan, füllen daher ihre Muße mit schöner Literatur oder anderen „eleganten Studien“ aus. Man begegnet daher nur Wenigen, welche nicht höchst gebildet und dabei gute Gesellschafter wären. Der Besitz von Sklaven macht uns stolz, ungeduldig und giebt uns eine so wegwerfende Miene, daß jeder unangenehm berührt wird, der damit nicht vertraut ist, allein unser Ehrgefühl, die Feinheit unseres Gefühls und unsere Großherzigkeit werden gewiß nicht in den Handelsstädten des Nordens zu finden sein!“ „Der Geist der hiesigen Bevölkerung ist, wie beinah überall im Süden, rasch, lebhaft und scharf.“ „Von Temperament ist der Süd-Caroliner heiter; er liebt Geselligkeit, ist offen, großmüthig und voll Vertrauen. Leicht erzürnt geräth er selbst vom bloßen Scheine einer Beleidigung außer sich, allein sein Zorn gleicht dem Funken des Kieselsteins: erleuchtet und erlischt. Ich will von seiner Gastfreundschaft gegen Fremde nicht sprechen — sie ist so allgemein, daß sie nicht als eine Tugend angesehen werden kann. Nur der Mangel derselben wird bemerkt — sie selbst rühmt man so wenig, wie die Ehrlichkeit eines Menschen.“

Uebrigens sind die Süd-Caroliner nicht blos durch die Eleganz ihrer Manieren ausgezeichnet; auch ihre Moralität ist gesund und rühmenswerth. Die Spielwuth ist nur unter der gemeinen Volksklasse zu finden; unter „Gentlemen“ verachtet man dieses Laster. Die Lust an Pferderennen ist zwar auch hier zu Hause: allein es wird doch nur zum Vergnügen und nicht wie ein Geschäft betrieben. Die Jagd wird von vielen auf dem Lande residirenden Herren geliebt; das ist aber doch sicher nichts Böses.

Die Damen sind, wie ich zugeben muß, hier im Allgemeinen weniger hübsch, als in allen nördlichen Staaten. Es fehlt ihnen die Frische, welche nach dem Geschmacke Vieler ein unentbehrliches Ingredienz der Schönheit ist. Dagegen giebt ihnen wieder die Blässe einen Anstrich von Zartheit und Schmachten, was sie höchst interessant macht. Auf ihre Erziehung wird vielleicht mehr verwendet, als irgendwo sonst in den Ver. Staaten. Viele sind sehr unterrichtet, und Alle was man gebildet nennt. Uebrigens wäre es eine größere Schande für eine junge Dame, sich in der Gesellschaft oder dem Besuchzimmer eine Blöße in „anmuthigen Manieren“ zu geben, als nichts von den vier Spezies zu wissen oder in den bekanntesten Dingen eine Ignorantin zu sein? Es ist daher überflüssig zu sagen, daß unsere Damen sich äußerst graziös zu benehmen wissen, und die Gesellschaft über Alles lieben. Eine Charlestoner Schöne weiß nicht was Langeweile ist. Mit der Pracht ihrer Toiletten und dem Reichthum ihrer Equipagen hält nichts den Vergleich aus. Da sie sehr jung in die Welt treten, und ihre Beziehungen zu dem männlichen Geschlechte sehr zwanglos sind, so ist es sehr gewöhnlich, sie in sehr frühem Alter heirathen zu sehen.“

Wir wollen hier einige Notizen über den Baumwollenhandel anführen. Wir wissen, daß seit dem Jahre 1798 der Anbau von Indigo allgemein aufgegeben wurde; allein welcher neuer Stapelartikel ihn verdrängte, ward erst viel später bekannt. Der Werth der Baumwolle wurde auch nur allmälig gewürdigt. In jenem Jahre glaubten die Pflanzer noch, sie tauge zu nichts, als „Strümpfe daraus zu machen." Merkwürdiger ist schon der Fall von William Brisbane in Süd-Carolina. Er hatte sich durch die Ernten von drei Jahren (1796—1798) von untergeordneten Verhältnissen zum reichen Mann hinaufgeschwungen und verkaufte seine Besitzungen an William Seabrook, dem wir so vielen Dank für seine statistischen Notizen über die Baumwolle schuldig sind, um einen für übertrieben gehaltenen Preis. Demungeachtet arbeitete Seabrook den Kaufpreis mit zwei Ernten ab. Sea Island Baumwolle brachte im Jahre 1799 zu Liverpool von fünf bis fünf ein Drittel Schilling pr. Pfund. Damals lag noch der Anbau sowie die Zubereitung des Artikels für den Markt in der Wiege; beide kosteten auch verhältnißmäßig wenig. Allein ungeachtet des hohen Marktpreises und der geringeren Productionskosten ist der heutige Ertrag der ungeheuer vergrößerten Quantität halber, vielleicht doch noch vortheilhafter, als damals.

So wunderbar rasch und großartig der Aufschwung der alten Staaten an der atlantischen Küste in Bevölkerung, Reichthum und allen Mitteln der Civilisation während der Administration Washington's und Adams war, so ward er doch noch von denjenigen der Staaten jenseits der Berge weit übertroffen. Der erstaunliche Aufschwung und die Entwickelung dieser Republiken gewähren eben so großes Interesse, wie das dem Geschichtschreiber, Philosophen und Staatsmann dadurch gebotene Studium der Gründe und Ursachen, wie ein Staat zur Größe und Macht emporsteigen kann.

Im Jahre 1799 berief Kentucky eine Convention, um seine Staatsverfassung zu revidiren. Die General-Repräsentation des Staates sollte auch künftig noch aus einem Senate und Repräsentantenhaus bestehen. Letzteres und ein Viertel des Senates sollten jährlich vom Volke erwählt werden. Auch der Gouvernör wurde vom Volke alle vier Jahre erwählt, konnte aber erst sieben Jahre nach Ablauf seines Amtstermins wiedergewählt werden. Der Lieutenant-Gouvernör, ebenfalls vom Volke wählbar, war eine Nachahmung des Vicepräsidenten der Ver. Staaten. Die Zahl der Repräsentanten durfte nicht geringer als acht und fünfzig, nicht höher als hundert sein; die der Senatoren nicht geringer als vier und zwanzig und nicht höher als acht und dreißig. Freie männliche Einwohner (Neger natürlich ganz ausgeschlossen) sollten Wähler sein, wenn sie zwei Jahre im Staate und ein Jahr in der County gewohnt hatten.

In diesen Bestimmungen findet sich nichts Ungewöhnliches; allein es verdient bemerkt zu werden, daß in der Revisions-Convention ein junger Advokat als Mitglied saß, welcher, ein geborener Virginier und erst seit Kurzem in dem Staate wohnhaft, berufen war in der Zukunft eine der glänzendsten Rollen in der Geschichte unseres Vaterlandes zu spielen. Es war dieses Henry Clay, der bei diesem seinem ersten Auftreten auf der Schaubühne des politischen Lebens seine tiefste Abneigung gegen das Institut der Sklaverei dadurch ausdrückte, daß er den von einer „respektablen Minorität" gestellten Antrag auf allmälige und in rechtssichernder Weise zu geschehende Aufhebung desselben unterstützte. Der Antrag wollte die jetzt in Sklaverei lebende Generation darin belassen, alle künftig von Sklaven geborene Kinder aber in einem gewissen Alter frei erklären. Den Eignern sollte es zur Pflicht gemacht sein, sie bis zu diesem Alter so zu unterrichten, daß sie sich in ihre neue Lage zu finden vermöchten. So gerecht und wohlthätig auch der Antrag für den Staat Kentucky war, so zeigte sich die Bevölkerung doch absolut feindselig dagegen und der neu entstehende Ruf Henry Clay's litt einige Zeit durch den Haß, den ihm seine warme Unterstützung jenes Antrages zugezogen hatte. Allein seine eigene Ueberzeugung von der Gerechtigkeit seiner Sache blieb unerschüttert und seine Sympathie für seine in Sklaverei gehaltenen Mitmenschen wurde durch die ihm gezeigte Abwendung der Volksgunst, die einem jungen ehrgeizigen Gemüthe so wehe thun muß, nicht ausgelöscht.

Wir haben schon erwähnt, daß ein Conflikt zwischen der Föderal-Regierung und dem Staate Georgien bezüglich des Territoriums westlich von Chattahookee entstanden war. Süd-Carolina hatte früher einen Strich Landes am Mississippi in Anspruch genommen — gerade so wie Connecticut am Ohio — ohne Berücksichtigung des Umstandes, daß zwischen dem eigenen Gebiete und dem in Anspruch genommenen der Staat Georgien in der Mitte lag, wie Pennsylvanien in der Mitte zwischen Connecticut und dem Ohio-Gebiet lag. Carolina trat nun seine Ansprüche an Georgien ab, so daß dieser Staat von jetzt an die Streitigkeit gegen die Unionsregierung aufnahm und für sich allein fortsetzte.

Die Verwickelung wurde durch zwei besondere Umstände noch größer. Der südliche Theil des streitigen Gebietes hatte, wie die Föderal-Regierung behauptete, zu West-Florida gehört und fiel daher durch den Friedens-Vertrag von 1783, mittelst dessen Großbritannien dieses Ländergebiet an die Ver. Staaten abgetreten hatte, den Letzteren und nicht dem angrenzenden Staate als Eigenthum zu. Nun hatte aber Spanien ein großes Stück dieses Gebietes in Besitz genommen und bis jetzt noch nicht geräumt, ungeachtet solches durch den im Jahre 1796 zu Madrid abgeschlossenen Frieden an Amerika förmlich abgetreten worden war.

Der spanische Gouvernör des Natchez-Districts verzögerte die Räumung unter den ärgerlichsten Vorwänden und stellte die Geduld des Obristen Ellicot, des Commissärs der Ver. Staaten zur Regulirung der südlichen Grenzen zwischen ihnen und Spanien, auf die härteste Probe. Natchez selbst wurde erst im März 1798 von den Spaniern geräumt. Der Befehl, die Räumung in dieser Weise zu verzögern, wurde geheim gehalten, so daß Ellicot nur durch Zufall Kenntniß der wahren Absicht erhielt. Als die Spanier endlich nicht mehr ausweichen konnten, führten sie die Räumung in der Stille der Nacht aus, als ob sie sich einer Sache schämten, deren sich zu schämen gar kein Grund vorlag. Am Morgen des 30. März fand Ellicot die Thoren des Forts offen und die Garnison abgezogen; die Boote und Galeeren waren kaum noch im Morgennebel sichtbar.

Mittlerweile hatte auch Georgien der Vernunft Gehör gegeben, und seine vermeintlichen Rechte auf jenes Landgebiet den Ver. Staaten gegen die Zahlung einer baaren Summe abgetreten. Auch der Indianer-Anspruch auf die Ländereien zwischen dem Yazoo an den Chattahookee und an

Tennessee wurde abgekauft, und durch eine am 7. April d. J. genehmigte Congreß-Akte unter dem Namen des Mississippi-Territoriums organisirt. Die Regierungsform war der in dem Nord-West-Territorium eingeführten ähnlich; die Frage über Einführung oder Ausschluß der Sklaverei wurde auf Hitzigste durchgefochten. Thatcher von Massachusetts stand an der Spitze der Partei, welche mit Eifer und Entschlossenheit für den Ausschluß kämpfte, aber in der Minorität blieb.

Winthrop Sargent, der als gewesener Sekretär des Gouvernörs des Nord-West-Territoriums Erfahrung hatte, wie die Angelegenheiten eines solchen Embryo-Staates gehandhabt werden mußten, wurde zum Gouvernör bestellt und kam im folgenden August mit den ernannten Richtern und einer Anzahl Emigranten-Familien aus dem nördlichen Ohio in dem Territorium an. Im April folgenden Jahres war die Organisation ausgeführt. Es befanden sich damals, abgesehen von Indianern und Sklaven, in weit auseinander liegenden Ansiedelungen zerstreut ungefähr 5000 Personen in dem Gebiete. Die einzigen Verbindungsstraßen mit den Staaten des atlantischen Oceans waren der Mississippi- und Ohio-Fluß oder mittelst der einsamen Indianer-Pfade zu den Niederlassungen am Cumberland oder denen am Oconee in Georgien, fünfhundert Meilen davon entfernt.

Allein schon im nächsten Jahre hatte die Bevölkerung so zugenommen, und es zeigte sich ein solcher Grad von Unzufriedenheit über die willkürlichen Maßregeln des Gouvernörs Sargent und seines Rathes, daß auf die wiederholt an den Congreß gebrachten Beschwerden als „specielle Vergünstigung" eine Akte passirt wurde, welche die Organisation „des zweiten Grades" einer Landes-Regierung ausnahmsweise zu einer früheren Zeit gestattete, ehe noch die Bedingungen der Ordonnanz vom 13. Juli 1787 dafür eingetreten waren. Demzufolge wurde ein Repräsentantenhaus eröffnet und die General-Assembly trat im December ihre Geschäfte an, da die Mitglieder des Rathes neuerdings ernannt worden waren. Die mit Georgien über einen Theil des Gebietes bestehenden Anstände wurden demnächst ausgeglichen, indem eine aus dem Verkaufe von Ländereien zu erzielende Summe als Preis desselben stipulirt wurde.

Indem wir unsere Aufmerksamkeit jetzt nach der nord-westlichen Region richten, finden wir, daß sich nach dem Ende des Indianerkrieges und der Wiederherstellung der Ruhe in den so oft verwüsteten Ansiedelungen bald eine Zeit der Blüthe und raschen Entwickelung einstellte. Die Einwohner, nachdem sie fünf Jahre lang hinter den Wällen ihrer Forts Schutz vor einem beinahe sicheren Tode gefunden, den ihnen die umherlauernden Barbaren im Ueberfalle oder aus dem Hinterhalte drohten, so oft sie sich heraus wagten, konnten jetzt wieder furchtlos und glücklich ihren Arbeiten nachgehen. Der Farmer richtete seine Gebäude auf, rottete den Wald aus, und bestellte den Acker. Mühlen wurden erbaut, Straßen gemacht, Brücken aufgeschlagen, so rasch es nur die geringe Bevölkerungszahl gestattete. Aus den östlichen und mittleren Staaten kamen eine Menge neuer Ansiedler, von der Fruchtbarkeit des Bodens und der Schönheit des Klima's in dem herrlichen Ohio gelockt, an, während Virginien und die Militär-Vergütungs-Ländereien der Ver. Staaten hauptsächlich von denen angesiedelt wurden, welche durch ihre Militär-Dienste während des Revolutions-Krieges dort eine Landbewilligung erhalten hatten.

Die verständigen Farmer im süd-östlichen Theile des Ohio fingen bald an, die Früchte ihrer gut angewendeten Industrie zu ernten. Hanf, Flachs, Baumwolle und Seide wurden erzeugt, und die Spinnräder und Webstühle wurden von den wohlhabenden Bewohnern dieses glücklichen Landes in lebhafter Thätigkeit erhalten. Namentlich zeichnete sich die weibliche Jugend in dieser neuen ihren Neigungen und häuslichen Bedürfnissen so sehr entsprechenden Industrie aus. Sicher waren eine Menge der heutigen Mode-Krankheiten unserer Frauen und Töchter unter den geschäftigen frischen und gewandten Frauen jener Zeit gänzlich unbekannt.

Die Einwanderung nahm in immer größerem Maße zu; Städte sprangen wie durch Zauber aus dem Boden; Landstriche von anerkannter Fruchtbarkeit wurden immer dichter bevölkert, die Flüsse waren mit Fahrzeugen bedeckt und wurden benutzt, um immer neue Pioniere tiefer in die noch unbekannte Wildniß zu führen. Der Connecticut-Vorbehalt war einer Landgesellschaft überlassen worden, welche die Urbarmachung ihres Gebiets in vollem Ernste angriff und die in ihrer Verwaltung entstandenen Schwierigkeiten mit großer Bereitwilligkeit dadurch beseitigte, daß sie sich unter die Oberhoheit der Ver. Staaten stellte, und dem Nord-West-Territorium zutheilen ließ. Die Verbindung der entlegensten Ansiedelungen mit den alten Staaten hatte immer noch durch eine Wildniß statt, worin Feuermale als Wegweiser dienten, sofern nicht eine Wasserstraße benutzt werden konnte — in Kurzem aber waren diese Verbindungsstraßen zu beiden Seiten gelichtet und alle acht oder zehn Meilen stieß man auf eine bewohnte Hütte die von einem angebauten Strich Landes umgeben war.

Der Glanz der alten „Forts" mit ihren Palisaden und Blockhäusern war dahin und die oft so tapfer gegen die Indianer vertheidigten Einzäunungen kamen in Verfall und verschwanden endlich gänzlich. Die äußersten Posten hatten alle das Aussehen, wie z. B. Jamesville zu jener Zeit beschrieben wird. „Der Ort bestand aus einem in der Wildniß gelegenen Wirthshaus, in dem sich einige weiße Jäger aufhielten, während ringsumher die Wigwams der Indianer lagen. Wirth und Gäste vertrieben sich die Zeit mit Jagen, Fischen, Handeln und Trinken." Das heutige Columbus wird beschrieben „als eine Reihe in dem dichtesten Urwald gelegener Blockhütten ohne Thüren und Fenster, die Oeffnungen durch eine vorgehängte Decke geschützt."

Detroit war jetzt der Mittelpunkt einer Reihe entlegenen Ansiedelungen geworden, welche eben so wie die am Maumee und anderen Flüssen zu dem Nord-West-Territorium gehörten. Am Wabash und Illinois hinab fanden sich Ueberbleibsel der ehemals hierher gedrungenen französischen Pioniere, die dem römisch-katholischen Glauben treu geblieben und der von Osten her so energisch vordringenden Bevölkerung wenig gewogen waren.

Während des Sommers 1798 wurde eine Volkszählung vorgenommen, und es ergab sich, daß die Gesammtzahl der freien weißen Ansiedler voll fünftausend betrug. Sonach war die Bevölkerung zu dem zweiten Grade der Territorial-Organisation berechtigt. Am 29. Oktober ordnete daher der Gouvernör St. Clair die Wahl von zwanzig Repräsentanten für das Unterhaus an, nämlich einen für fünfhundert männliche Einwohner. Die Gewählten, sagt Monette, zeichneten sich durch Tüchtigkeit und Talent so aus, daß sie gewiß durch keine andere Legislative in den Ver. Staaten selbst aus späterer Zeit übertroffen wurden!

Wahlfähig waren Diejenigen, welche seit drei Jahren Bürger waren, und in dem Districte wohnten, der sie wählte. Sie mußten ferner in eigenem Namen zweihundert Acker freies Land besitzen. Wähler mußten zwei Jahre Bürger sein, im District wohnen und fünfzig Acker Land eigenthümlich besitzen. Das Haus trat im Januar 1799 in Cincinnati zusammen und wählte zwei Mitglieder in den Rath. Diese mußten fünf hundert Acker eignen; der Präsident hatte deren fünf zu wählen. Hierauf vertagte sich das Haus bis zum nächsten September.

Die „Geschichte der Pioniere" giebt eine lebhafte Schilderung der physischen Beschwerlichkeiten, die sich diesem ersten Zusammentreten entgegen stellten. „Diese Zusammenkunft in der ungünstigsten Jahreszeit erforderte keine geringe Anstrengung und Entbehrung von Seiten der Abgeordneten. Sie hatten Entfernungen von zwei bis vier hundert Meilen zu Pferde durch die tiefste Wildniß zurück zu legen; Decken und Lebensmittel mußten sie mitführen, größtentheils die Nacht im Walde obdachlos zubringen, schwimmend über die Ströme setzen und ihren Weg durch die Wälder mittelst der angebrannten Bäume oder durch Hülfe des Kompasses heraus finden, wie es gerade ging. Wege gab es nicht — Reitpfade oder alte Jägersteige etwa ausgenommen. Und nun hatten sie nach jenen unbedeutenden Arbeiten denselben mühsamen Weg zurück zu machen u. s. w.

Wir haben in einem früheren Kapitel auf die thätigen Bemühungen William H. Harrison's bei dem Congresse hingewiesen, daß ein systematischer Plan für den Verkauf der ausgedehnten öffentlichen Ländereien festgesetzt werde. Im Mai 1800 genehmigte der Präsident die Congreß-Akte, welche den westlichen Theil jenes Territoriums durch eine gerade nach Norden laufende Linie, von der Mündung des großen Miami in den Ohio an bis sie den Breitengrad durchschneidet, der durch den südlichen Endpunkt des Michigan-Sees geht, von dem Territorium abschnitt. Detroit verblieb nach dieser neuen Eintheilung in dem Nord-West-Territorium; aber alles Land vom großen Miami westlich zum Mississippi und vom Ohio nordwestlich zu den Quellen dieses „Vaters der Wasser" und zum Superior-See fiel in das neu organisirte Territorium, dem der Name Indiana beigelegt wurde. Kapitän Harrison wurde zum ersten Gouvernör und Superintendent der Indianer-Angelegenheiten ernannt. Das ganze Gebiet hatte wohl damals keine 5500 Seelen Bevölkerung. Es theilte sich in drei Hauptansiedelungen, den Clarke's Grant an den Fällen des Ohio, die alte französische Niederlassung am Wabash und eine an dem Mississippi von Kaskaskio bis zum Cahokia. Die in dem Gebiete hausenden Indianer zählten gewiß über hundert tausend.

Eins der sonderbarsten Ereignisse für den Staat Tennessee war die Anklage gegen dessen Senator Blount und Ausschließung desselben vom Congresse, weil er der verrätherischen Absicht überführt ward, in Gemeinschaft mit den Indianern vom Mississippi und den Engländern aus Canada einen Flibustierzug gegen Louisiana beabsichtigt zu haben. Im Gegensatze zu dieser Föderalpolitik erwählte ihn darauf sein eigener Staat zum Gouvernör. Es fehlt uns der Raum, die Einzelnheiten des Falls zu erzählen; man kann aber die Congreß-Verhandlungen in Benton's Abridgement rc. finden und sie werden das Interesse des Lesers gewiß in Anspruch nehmen.

Mit den Cherokee-Indianern wurde ein Zusatz-Vertrag auf den Grund des im Jahr 1791 zu Houlston mit diesem Stamme abgeschlossenen Uebereinkommens eingegangen, weil sich eine gewisse Zahl Einwanderer von Tennessee in ihrem Gebiete niedergelassen hatte. Sie traten demnach am 2. Oktober 1798 zu Tellico einen Complex von Ländereien gegen eine Entschädigung von $5000 in Waaren und eine Jahresrente von $1000 eigenthümlich an die Ver. Staaten ab. Sie verpflichteten sich außerdem die Straße zwischen dem Cumberland-Fluß und Cumberland-Gebirge offen und frei zu lassen, wogegen ihnen gestattet ward, auf dem abgetretenen Territorium zu jagen, bis dasselbe angesiedelt sein werde.

Während der Administration von Adams wurden noch folgende Indianer-Verträge ratificirt: der mit den Creeks; der von Robert Morris unter Zustimmung der Ver. Staaten mit den Senecas abgeschlossene Vertrag, wodurch sie ihre Ansprüche auf das ihnen von dem Staate Massachusetts überlassene Land im Territorium von New-York aufgaben und endlich der Vertrag, durch den die Mohawks dem Staate New-York alle Ansprüche auf das in seinem Gebiet gelegene Gebiet abtraten.

Das rasche Vordringen der großen Republik nach Westen und Süden erregte bei der Regierung des unter spanischer Herrschaft stehenden Louisiana großes Bedenken, was durch das gezwungene Aufgeben des Natchez-Districts von Seiten der Spanier noch erhöht wurde, da jetzt das angrenzende Land dem Strome der Einwanderung ganz offen lag.

Um das Jahr 1798 wurde der erste „commercielle Agent" oder Consul der Ver. Staaten in der Stadt New Orleans anerkannt. Damals waren die französischen Kaper dem Handel der Ver. Staaten in Westindien und am Golf von Mexiko sehr lästig geworden. Ein Theil der weggenommenen Schiffe wurde in den Hafen von New Orleans gebracht, dort verurtheilt und mit ihren Ladungen zu Spottpreisen weggeschleudert; unsere Matrosen wurden auf die unwürdigste Weise mißhandelt und überhaupt unser ganzer Handel in die mißlichste Lage gebracht.

Die Sache erforderte die ernsteste Beachtung und da die Ver. Staaten in New Orleans weder einen Consul noch einen Vice-Consul hatten, setzte es Obrist Ellicot (derselbe, der die Spanier aus Natchez abzuziehen genöthigt hatte), bei dem Gouvernör Don Gayoso durch, daß Daniel Clarke jun. als provisorischer Consul anerkannt wurde, bis der Präsieent eine regelmäßige Ernennung gemacht habe. Clarke's festes und männliches Auftreten, erzählt uns Ellicot, gab unserem Handel in dortiger Gegend bald eine neue Gestalt und erwirkte uns von den spanischen Behörden Privilegien, wie wir uns deren früher nie zu erfreuen gehabt."

„Während die Dinge in dieser Lage blieben," fährt Monette fort, „genossen die amerikanischen Bürger in Louisiana eine unbeschränkte Handelsfreiheit und wohlwollendes Entgegenkommen, weßhalb auch die Einwanderung aus den westlichen Staaten und damit die commercielle Wichtigkeit der Stadt New Orleans in stetem Zunehmen waren. Allein am Schlusse des Jahres 1798 trat eine leidige Reaktion ein: der König nahm die den Gouvernören eingeräumte Befugniß zur Bewilligung von Ländereien zurück, und in Folge davon wurden Allen, die sich innerhalb der spanischen Grenzen niederzulassen beabsichtigten, viele Schwierigkeiten in den Weg gelegt. Die den Bürgern der Ver. Staaten früher zugestandenen Vorrechte wurden zurückgehalten, und die dem Erwerbe von Ländereien neuerdings entgegengestellten Schwierigkeiten wirkten besonders lästig und waren darauf berechnet, die vom Westen herströmende Einwanderung zurück zu schrecken."

„Die nachtheiligste Verfügung des Kronintendanten für den Frieden und die Ruhe von Louisiana aber war eine übelberathene und eigenmächtige Beschränkung des Freihafenrechts zu New Orleans, welche ganz im Widerspruche mit dem Frieden von Madrid stand. Dadurch entstand eine höchst lästige Hemmung des Handels und Verkehrs der jenseits des Gebirges wohnenden Bevölkerung und die Sache hatte einen so vexatorischen Charakter, daß sich der Präsident in Hinblick auf die vielfachen Intriguen und Streitigkeiten, welche die Eröffnung der Mississippi-Schifffahrt, des einzigen Abzugskanals für die Produkte des Innern seither beständig verursacht hatte, genöthigt sah, dem Volksunwillen nachzugeben. Er beschloß, selbst mit Gewalt die spanischen Behörden zu zwingen, den Amerikanern das Recht freier Waaren-Niederlagen in New Orleans einzuräumen.

Der drohende Bruch zwischen den beiden Nationen wurde glücklicherweise durch das Einlenken des neuen Intendanten Ramon de Lopez vermieden, der im Spätjahre 1799 an die Stelle des verstorbenen Gayoso ernannt worden war.

Das Freihafenrecht wurde neuerdings bewilligt, Handel und Verkehr belebten sich wieder und allgemeine Eintracht herrschte zwischen dem Volke im Westen und den spanischen Besitzungen am oberen Mississippi sowohl, wie an den fruchtbaren reichen Niederungen des Delta. Die noch vor kurzem bestehende Animosität, erzeugt durch die neu aufgelegten Lasten und Beschränkungen und das ergangene Verbot hatte jetzt dem Wunsche Platz gemacht, den Verkehr immer lebhafter zu machen und sich dort einen bleibenden Sitz durch Erwerb von Grundeigenthum zu gründen. Dieser Zustand wechselseitiger Begünstigungen und freundschaftlichen Verkehrs dauerte mit wenigen Unterbrechungen zwei Jahre lang bis zu der zweiten Reaktion im Herbste des Jahres 1802 fort.

Es war bei Gelegenheit der Aufregung, welche die Fremden- und Aufruhr-Akte erzeugten, daß Henry Clay, den wir bereits bei unsern Lesern eingeführt haben, seinen ersten Triumph der Beredsamkeit feierte. Einer seiner Biographen schildert seine Erfolge bei jener Gelegenheit in folgenden Worten. „Damals wurde der Gegenstand bei allen Gelegenheiten im ganzen Staate von den fähigsten und hervorragendsten Männern besprochen. Aber unter Allen erwarb sich keiner frischere Lorbeeren und keiner wußte sich des Gegenstandes so vollkommen zu bemeistern und ihn mit solcher Klarheit, Ueberzeugung und Beredsamkeit darzustellen, wie Henry Clay. Der bei dieser Gelegenheit von ihm bewiesene Eifer und Erfolg seiner Anstrengungen zu Gunsten der Rechte des Volkes erwarben ihm den ehrenvollen Beinamen des „Großen Volksmannes" (Commoner) und die Auszeichnung, überall als Führer der demokratischen Partei anerkannt zu werden."

Es ist uns nur eine einzige Anekdote aus der damaligen Periode seines Lebens bekannt. Bei einer Volksversammlung in Lexington hatte er in einer ergreifenden Rede die Gefahren geschildert, welche der Freiheit und den Rechten des Volkes aus der willkürlichen Macht drohen, welche durch jene Gesetze der Exekutivbehörde in die Hand gegeben worden sei. Athemlos lauschte das Volk seinen Worten, und als er sie beschwor, ihre ganze Kraft zum Widerstande zu vereinen, folgte eine Scene unbeschreiblichen Enthusiasmus. Kein anderer Redner wurde mehr angehört, Clay und Georg Nicholas, der vor ihm in gleichem Sinne gesprochen hatte, wurden von der begisterten Menge im Triumphe durch die Straßen von Lexington getragen!

Wir haben bereits erwähnt, was die gegen jene Gesetze stattgehabte Agitation bewirkte. Eben so haben wir die Ansichten Jefferson's über diesen Gegenstand angeführt, wie sie sich in den berühmten Beschlüssen von Virginien und Kentucky und in seinem Schreiben an den Grafen Destut Tracy ausgesprochen finden. Es dürfte hier an dem Platze sein, noch einen anderen von Jefferson im Jahre 1821 an den Sohn des Obristen Nicholas, der ihn in jener Agitation zur Entkräftung der fraglichen Gesetze unterstützte, geschriebenen Brief anzuführen. „Zu jener Zeit," heißt es darin, „als die Republikaner unseres Landes durch das föderalistische Uebergewicht im Congresse ganz muthlos geworden, waren sie entschlossen, den Kampf dort aufzugeben, und ihre ganze Macht in den Legislaturen der Einzelstaaten zu entfalten, um jener Uebermacht einen Damm entgegen zu setzen." Nachdem hierauf entwickelt ist, wie die Beschlüsse von Virginien und Kentucky zum Widerstande ermuthigt hatten, wie Madison denselben offen beigetreten war, während er — Jefferson — als damaliger Vicepräsident zurückhalten mußte, fährt er fort: „Ich befand mich mit Ihrem Vater, Obrist N. C. Nicholas zusammen und wir überlegten, wie Kentucky dazu gebracht werden könne, eine energische Protestation gegen jene gehässigen Gesetze einzulegen. Man drang in mich, die Anträge zu entwerfen, welche Ihr Vater in der gesetzgebenden Versammlung vorzulegen versprach, indem er zugleich zusicherte, daß die von mir gestellte Bedingung, mich nicht als den Verfasser zu nennen, streng gehalten werden solle. Alles geschah, wie verabredet; Niemand ahnte, daß ich die Beschlüsse entworfen hatte, und ich gab nicht zu, daß Ihr Vater selbst nach Ablauf mehrerer Jahre den Hergang veröffentliche. Ob er in einer unbewachten Stunde das Geheimniß verrathen hat, weiß ich nicht; allein die Zeitungen schrieben mir wiederholt die Autorschaft zu, was ich meiner unverbrüchlichen Regel gemäß mit Stillschweigen überging." Um dem Sohne nicht zu wehe zu thun, daß er seinem Vater den Ruhm, ein so historisch merkwürdiges Dokument selbst entworfen zu haben, absprach, fügte Jefferson am Schluß seines Schreibens besänftigend hinzu, „daß das kleine Verdienst, sie niedergeschrieben zu haben, neben jenem sie in der Legislatur durchgeführt zu haben, gar nicht in Betracht komme."

Mit diesen Streiflichtern auf verschiedene Gegenstände von Interesse und historischer Bedeutung in der großen Entwickelungsperiode unseres Landes können wir füglich das gegenwärtige Buch und damit den zweiten Theil unseres Werkes schließen. Wir haben jetzt die Darstellung der ersten zwölf Jahre der constitutionellen Geschichte der Ver. Staaten hinter uns. Wir haben gesehen, was die föderale Partei in der Zeit, wo sie die Oberhand hatte, zu leisten im Stande war. Wir haben den Rückgang und die Niederlage dieser großen Partei und den Uebergang der Macht in die Hände ihrer Nebenbuhler sorgfältig geschildert. Wir haben jetzt die Aufgabe, die Geschichte jener Administrationen zu erzählen, welchen, mit der von Jefferson anfangend, künftig die Sorge für die ausgedehnten und immer ausgedehnter werdenden Interessen unseres Landes anvertraut war. Wir werden bemüht sein, dieses mit der nämlichen Unparteilichkeit und Treue zu thun, wie sie das Verdienst des Geschichtschreibers sind, und wie sie gewiß auch den Seiten aufgeprägt sind, die dermalen schon dem Leser vorliegen.

Anhang zum vierzehnten Kapitel.

Statistische Tabellen.

In dem Fortgange unserer Geschichte haben wir es uns angelegen sein lassen, alle zum Verständniß nothwendigen Thatsachen und Einzelnheiten bezüglich des Handels, der Bevölkerung, des Einkommens 2c. unseres Landes einzuschalten. Es wird indessen zum Zwecke des Contrastes sowohl wie des Vergleichs geeignet sein, die wichtigeren Ergebnisse der Statistik, wie sie sich mit der constitutionellen Geschichte unseres Landes darstellen, bis zum Schlusse der Adams'schen Administration hier besonders aufzuführen.

I. Bevölkerung der Ver. Staaten.

1. Census von 1790.

Staaten.	Freie Weiße.	And. freie Personen.	Sklaven.	Im Ganzen.
Vermont	85,268	255	16	85,539
New Hampshire	141,097	630	158	141,885
Maine	96,002	538	....	96,540
Massachusetts	373,324	324	....	378,787
Rhode Island	64,470	3,407	948	68,825
Connecticut	232,374	2,808	2,764	237,946
New York	314,142	4,654	21,324	340,120
New Jersey	169,954	2,762	11,423	184,139
Pennsylvanien	424,099	6,537	3,737	434,373
Delaware	46,308	3,899	8,887	59,094
Maryland	208,649	8,043	103,036	319,728
Virginia	442,117	12,866	292,627	747,610
Nord Carolina	288,405	4,975	100,571	393,951
Süd Carolina	140,178	1,801	107,094	249,073
Georgia	52,886	398	29,264	82,548
Kentucky	61,133	114	12,430	73,677
Westl. Territorien.	31,913	362	3,417	35,691
	3,176,419	55,411	697,696	3,929,526

2. Census von 1800.

Staaten.	Freie weiße und alle and. freien Personen.	Sklaven.	Im Ganzen.
Vermont	154,465	......	154,465
New Hampshire	183,850	8	183,858
Maine	151,719	......	151,719
Massachusetts	422,375	......	422,375
Rhode Island	68,742	380	69,122
Connecticut	250,051	951	251,002
New York	565,445	20,613	586,058
New Jersey	198,727	12,422	211,149
Pennsylvanien	600,842	1,706	602,548
Delaware	58,120	6,153	64,273
Maryland	241,985	107,707	349,692
Virginien	539,181	346,968	886,149
Kentucky	180,616	40,343	220,959
Nord Carolina	344,907	133,196	478,103
Süd Carolina	199,440	146,151	345,591
Georgien	102,985	59,699	162,686
Tennessee	92,018	13,584	105,602
Nord-West-Territorium	45,365	......	45,365
Indiana Territorium	5,506	135	5,641
Mississippi Territorium	5,361	3,489	8,850
District Columbia	10,849	3,244	14,093
	4,422,913	896,849	5,319,762

II. Handel der Ver. Staaten.

Jahr.	Betrag der Ausfuhr in Summen.	Betrag der Einfuhr in Summen.
1791	$19,012,041	$52,200,000
1792	20,753,098	31,500,000
1793	26,109,572	31,100,000
1794	33,026,233	34,600,000
1795	47,989,472	69,756,268
1796	67,064,097	81,436,164
1797	56,850,206	75,379,406
1798	61,527,097	68,551,700
1799	78,665,522	79,068,148
1800	70,971,780	91,252,968

III. Einnahmen und Ausgaben der Ver. Staaten.

Jahr.	Einnahmen.	Ausgaben.
1791	$10,210,025 75	$7,207,539 02
1792	8,740,766 77	9,141,569 67
1793	5,720,624 28	7,529,575 55
1794	10,041,101 65	9,302,124 77
1795	9,419,802 79	10,435,069 65
1796	8,740,329 65	8,367,776 84
1797	8,758,916 40	8,626,012 78
1798	8,209,070 07	8,613,517 68
1799	12,621,459 84	11,077,043 50
1800	12,451,184 14	11,989,739 92

Für das Jahr 1791 sind Einnahmen und Ausgaben vom 1. März 1789 bis 31. December 1791 vorgetragen.

IV. Die föderalen Administrationen.

1. Die erste Administration: 1789 bis 1797, acht Jahre.

Präsident: Georg Washington, Virginien.

Vice-Präsident: John Adams, Massachusetts.

Staats-Sekretäre: Thomas Jefferson, von Virginien, 26. September 1789; Edmund Randolph, von Virginien, 2. Januar 1764; Thimothy Pickering von Pennsylvanien, 10. December 1795.

Finanz-Sekretäre: Alexander Hamilton von New-York, 11. September 1789; Oliver Wolcott von Connecticut, 3. Februar 1795.

Secretäre des Krieges: Henry Knox von Massachusetts, 12. September 1789; Thimothy Pickering von Massachusetts, 2. Januar 1795; James McHenry von Maryland, 27. Januar 1796.

General-Postmeister: Samuel Osgood von Massachusetts, 26. September 1789; Thimothy Pickering von Pennsylvanien, 7. November 1791; Joseph Habersham von Georgien, 25. Februar 1795.

General-Staats-Anwälte: Edmund Randolph von Virginien, 26. September 1789; William Bradford von Pennsylvanien, 27. Januar 1784; Charles Lee von Virginien, 10. Dec. 1795.

2. Die zweite Administration: 1797 bis 1801, vier Jahre.

Präsident: John Adams, Massachusetts.

Vice-Präsident: Thomas Jefferson, Virginien.

Staats-Secretäre: Thimothy Pickering (bestätigt); John Marshall von Virginien, 13. May 1800.

Finanz-Sekretäre: Oliver Wolcott (bestätigt); Samuel Dexter von Massachusetts, 31. December 1800.

Sekretäre des Kriegs: James McHenry (bestätigt); Samuel Dexter von Massachusetts, 13. Mai 1800; Roger Griswold von Connecticut, 3. Februar 1801.

Marine-Sekretäre: Georg Cabot von Massachusetts, 3. Mai 1798 (abgelehnt); Benjamin Stoddert von Maryland, 21. Mai 1798.

General-Postmeister: Joseph Habersham (bestätigt).

General-Staats-Anwalt: Charles Lee von Virginien (bestätigt).

V. Der oberste Gerichtshof.

Oberst-Richter: John Jay von New-York, 26. September 1789; John Rutledge von Süd-Carolina, 1. Juli 1795 (der Senat verweigert die Bestätigung); William Cushing von Massachusetts, 27. Januar 1796 (abgelehnt); Oliver Ellsworth von Connecticut, 4. März 1796; John Jay von New York, 19. December 1800 (abgelehnt); John Marshall von Virginien, 31. Januar 1801.

Beisitzende Richter: John Rutledge von Süd-Carolina, 26. September 1789; William Cushing von Massachusetts, 27. September 1789: Robert H. Harrison von Maryland, 28. September 1789; James Wilson von Pennsylvanien, 29. September 1789; John Blair von Virginien, 30. September 1789; James Iredell von North Carolina, 10. Februar 1790; Thomas Johnson von Maryland, 7. November 1791; William Patterson von New York, 4. März 1793; Samuel Chase von Maryland, 27. Januar 1796; Bushrod Washington von Virginien, 20. December 1798.

VI. Bevollmächtigte Minister an auswärtigen Höfen.

In Großbritannien: Gouvernör Morris von New Jersey, Commissär, 13. Oktober 1789; Thomas Pinckney von Süd-Carolina, bevollmächtigter Minister, 12. Januar 1792; John Jay von New York, außerordentlicher Gesandter, 19. April 1794, Rufus King von New York, bevollmächtigter Minister, 20. Mai 1796.

In Frankreich: William Short von Virginien, chargé d'affaires, 6. April 1790; Gouvernör Morris von New Jersey, bevollmächtigter Minister, 12. Januar 1792; James Monroe von Virginien, bevollmächtigter Minister; 28. Mai 1794; Charles Cotesworth Pinckney von Süd-Carolina, bevollmächtigter Minister, 9. September 1796; Charles Cotesworth Pinckney, Elbridge Gerry und John Marshall, jeder für sich und alle zusammen außerordentliche Gesandte und bevollmächtigte Minister, 5. Juni 1797; Oliver Ellsworth, Patrick Henry und William Vans Murray, außerordentliche Gesandte und bevollmächtigte Minister, 26. Februar 1799; William Richardson Davie von Nord-Carolina, an der Stelle von Patrick Henry, 10. December 1799; James Bayard von Delaware, bevollmächtigter Minister, 19. Februar 1801.

In Spanien: William Carmichael von Maryland, chargé d'affaires, 11. April 1790; William Carmichael und William Short, Commissäre, 16. März 1792; William Short von Virginien, Minister-Resident, 28. Mai 1794; Thomas Pinckney von Süd-Carolina, außerordentlicher Gesandte, 24. November 1794; David Humphreys von Connecticut, außerordentlicher Gesandte, 20. Mai 1796.

In den Niederlanden: William Short von Virginien, Minister-Resident, 16. Januar 1792; John Quincy Adams von Massachusetts, Minister-Resident, 30. Mai 1794; William Vans Murray von Maryland, Minister-Resident, 2. März 1797.

In Portugal: David Humphreys von Connecticut, Minister-Resident, 21. Februar 1791; John Quincy Adams von Massachusetts, bevollmächtigter Minister, 30. Mai 1796; William Smith von Süd-Carolina, bevollmächtigter Minister, 10. Juli 1797.

In Preußen: John Quincy Adams von Massachusetts, bevollmächtigter Minister, 1. Juni 1797.

www.ingramcontent.com/pod-product-compliance
Lightning Source LLC
LaVergne TN
LVHW021234110826
845150LV00002B/330

* 9 7 8 1 4 2 5 5 6 2 4 0 3 *